Chronik des Jahrhunderts

Chronik

des

Jahrhunderts

2001

Bertelsmann Lexikon Verlag

© Wissen Media Verlag GmbH, Gütersloh, München 2002
(vormals Bertelsmann Lexikon Verlag GmbH)

Projektleitung: Annette Grunwald
Redaktion: Petra Schuldt (Text); Ursula Thorbrügge, Monika Flocke,
    Stefanie Grote (Bild)
Redaktionelle Mitarbeit: Dr. Annette Zehnter
Autoren: Beatrix Gehlhoff, Ernst Christian Schütt (Chronikteil)
Fachautoren Übersichtsartikel: Beatrix Gehlhoff (Musik); Dr. Hans H. Hanke
    (Architektur); Ulrike Haufe-Künkler (Gesundheit); Dominik Kuppels
    (Bücher); Prof. Dr. Ingrid Loschek (Mode); Hans-Otto Neubauer (Auto);
    Dr. Rainer Nolden (Theater); Felix R. Paturi (Wissenschaft und Technik);
    Susanne Reckmann (Kunst)
Anhang: Dr. Annette Zehnter, Britta Kruse, Dominik Kuppels,
    Dr. Rainer Nolden, Petra Schuldt
Aufklappseiten: Ingrid Reuter
Fachautoren Thementeil: Arnd Augustin (Dennis Tito);
    Petra vom Baur (Scharon und Arafat); Dr. Hans H. Hanke/Kerstin Hanke
    (Jüdisches Museum); Christian Hackmann (Carla Del Ponte,
    Renate Künast, Wim Duisenberg, Thomas Haffa); Elisabeth Schnober
    (Nkosi Johnson); Ernst Christian Schütt (Schumacher)

Satz: JOSCH Werbeagentur GmbH, Essen

Chronik 11. September 2001
Projektleitung: Detlef Wienecke
Koordination und redaktionelle Vorbereitung: Wolf Dammann,
    Redaktion 4 GmbH, Hamburg
Autoren: Jörg Mandt, Hamburg; Jürgen Petschull, Hamburg
Redaktion: Monika Unger
Redaktionelle Mitarbeit: Ilka Sundermann
Art Direction: Teresa Nunes, Redaktion 4 GmbH, Hamburg
Layout: Nina Mascher, Susanne Lenk, Katja Zanabi,
    alle Redaktion 4 GmbH, Hamburg
Bildredaktion: Max Lengwenus, Redaktion 4 GmbH, Hamburg
Übersetzer: Frank Auerbach (Seite 364, 365, 376 – 377, 378 – 379)
Satz und Litho: w&co MediaServices, Hamburg

Druck: MOHN Media •Mohndruck GmbH, Gütersloh

ISBN 3-577-17291-6

Inhalt 2001

Der vorliegende Band aus der »Chronik-Bibliothek des Jahrhunderts« führt Sie zuverlässig durch das Jahr 2001 und gibt Ihnen – aus der Sicht des Zeitzeugen, aber vor dem Hintergrund des Wissens von heute – einen Überblick über die weltweit wichtigsten Ereignisse in Politik und Wirtschaft, Kultur und Sport, Alltag und Gesellschaft. Eine Zeittafel auf vier Aufklappseiten bietet Ihnen alle Highlights des Jahres auf einen Blick. Darüber hinaus werden die Ereignisse des 11. September 2001, die Reaktionen, Hintergründe und Folgen in einer ausführlichen Chronik behandelt. Herausragende Menschen und Themen stellt der vertiefende Rückblick in ausgewählten Essays vor.

Chronik

Chronik (ab Seite 8)

Jeder Monat beginnt mit einem Kalendarium, in dem die wichtigsten Ereignisse chronologisch geordnet und in knappen Texten dargestellt sind. Pfeile verweisen auf ergänzende Bild- und Textbeiträge auf den folgenden Seiten.
Wichtige Ereignisse werden – zusätzlich zu den Eintragungen im Kalendarium – in Wort und Bild beschrieben. Jeder der 352 Einzelartikel bietet eine in sich abgeschlossene Information. 550 teils farbige Abbildungen und grafische Darstellungen illustrieren die Ereignisse und Entwicklungen des Jahres 2001 und werden damit zu einem historischen Kaleidoskop besonderer Art.

Chronik-Kästen (ab Seite 13)

Auf 31 Seiten ergänzen Artikel, die durch die grau unterlegte »Chronik«-Marke kenntlich gemacht sind, Bilder und Berichte zu wichtigen Ereignissen des Jahres 2001.
Im vorliegenden Band finden Sie folgende Chronik-Kästen:

▷ Chronik Ausblick
▷ Chronik Dokument
▷ Chronik Hintergrund
▷ Chronik Rückblick
▷ Chronik Stichwort
▷ Chronik Zur Person

Übersichtsartikel (ab Seite 28)

20 Übersichtsartikel, am blauen Untergrund zu erkennen, stellen Entwicklungen des Jahres 2001 zusammenfassend dar.

Anhang (ab Seite 206)

Hinter dem Chronikteil findet sich ein Überblick über Postwertzeichen, die im Jahr 2001 in Deutschland neu ausgegeben wurden.
Der weitere Anhang zeigt das Jahr 2001 in Statistiken und anderen Übersichten.
Das Kapitel »Sportereignisse und -rekorde« spiegelt die Höhepunkte des Sportjahres 2001. Sie finden alle Ergebnisse der großen internationalen Wettbewerbe u. a. im Automobilsport, Eiskunstlauf und im Fußball.
Der Nekrolog enthält Kurzbiografien von Persönlichkeiten, die 2001 verstorben sind.

Das Jahr im Überblick (ab S. 242)

Die wichtigsten Ereignisse des Jahres thematisch geordnet auf vier Ausklappseiten.

Chronik »Der 11. September 2001« (ab Seite 248)

Die Attentate des 11. September markierten den tragischen Wendepunkt des Jahres. Zur Bewältigung und Dokumentation der Geschehnisse zeichnet der folgende Sonderteil Ursachen, Ereignisse, Reaktionen und Hintergründe ausführlich nach.

Menschen und Themen 2001

Thementeil (ab Seite 388)

Ausgewählte Essays bieten einen vertiefenden Rückblick auf wichtige Entwicklungen und Schicksale sowie politische, wirtschaftliche und gesellschaftliche Ereignisse – ausgehend von wichtigen Personen des Jahres.

Politik

Wirtschaft

Gesellschaft

Wissenschaft und Technik

Kultur

Sport

Register (ab Seite 480)

Das *Personenregister* nennt alle Personen, deren Namen in diesem Band verzeichnet sind. Wer ein bestimmtes Ereignis nachschlagen möchte, das Datum aber nicht präsent hat, findet die Information über das *Sachregister*.

Bildquellen (Seite 488)

story:

D.G.C.

Das Jahr 2001

Ein Datum prägt für die meisten Menschen nicht nur der westlichen Welt das Jahr 2001 wie kein anderes – der 11. September. Es ist jener Tag, an dem das Unvorstellbare Wirklichkeit wird, an dem die Menschen wie gebannt vor dem Fernseher sitzen und nicht glauben wollen, was sie da sehen. Der Tag, an dem das World Trade Center in New York, das Symbol der Wirtschaftsmacht der USA, wie das sprichwörtliche Kartenhaus in sich zusammenfällt und vermutlich 3478 Menschen unter sich begräbt, nachdem zwei entführte Passagierflugzeuge in die über 400 m hohen Türme gelenkt worden sind. Der Tag, an dem das US-Verteidigungsministerium mit einer weiteren Linienmaschine, die auf dem Flug nach Los Angeles sein sollte, angegriffen und teilweise zerstört wird, wobei 189 Tote zu beklagen sind. Der Tag, an dem wahrscheinlich mutige Passagiere verhindern, dass ihr Flugzeug zur Angriffswaffe gegen ein weiteres symbolträchtiges Ziel wird. Sie müssen ebenso sterben wie die anderen Passagiere – insgesamt 265 Menschen –, die an diesem Vormittag nichts ahnend ein Flugzeug bestiegen haben, das Terroristen in ihrem wahnhaften Kampf gegen die Supermacht USA in todbringende Waffen verwandeln.

In das Entsetzen, die Hilflosigkeit, die Trauer mischt sich bald Wut auf die Urheber der grauenvollen Gewalttaten, aber auch die Frage nach den Ursachen und Hintergründen solcher Taten. Es ist der Wunsch, verstehen zu können, was da geschah, um auf diese Weise das Grauen zu bannen. US-Präsident George W. Bush, der erst im Januar sein Amt angetreten und noch kein rechtes Profil entwickelt hat, steht von einer Minute zur anderen vor einer ungeheuren Bewährungsprobe. Er lässt sich nicht zu einer Spontanreaktion hinreißen. Zunächst werden Ermittlungen über die Täter und ihre Hintermänner angestellt, wobei sich der erste Verdacht erhärtet: Der aus Saudi-Arabien stammende islamistische Fanatiker Osama bin Laden und seine Organisation Al-Qaida, die schon für die verheerenden Anschläge auf die US-Botschaften in Daressalam und Nairobi 1998 verantwortlich gemacht wurden, haben offenbar die Attentate vom 11. September geplant und ausführen lassen. Bush kündigt einen Krieg gegen den Terror an, schmiedet zuvor aber eine umfassende internationale Allianz. Ihr gehören nicht nur die NATO-Staaten an – die die Terroranschläge als Angriff von außen werten und deshalb zum ersten Mal in der Geschichte der Militärallianz den Bündnisfall erklären –, sondern auch Russland, China und eine Reihe arabischer und anderer islamischer Staaten. Für sie, die durch ihre Zustimmung nicht zuletzt auf wirtschaftliche und politische Vorteile hoffen, ist das Ja eine zweischneidige Sache, denn die meisten haben im eigenen Land bereits mit radikalen Islamistengruppen zu tun, die weiteren Zulauf erhalten könnten, wenn die Führungsspitze allzu stark auf Westkurs geht.

Am 7. Oktober beginnt der Krieg in Afghanistan, der sich gegen Osama bin Laden und Al-Qaida, aber auch gegen die in Kabul herrschenden fundamentalistischen Taliban richtet, die den Terroristen Unterschlupf gewähren. Von den Bombenangriffen der Amerikaner und Briten profitiert die oppositionelle Nordallianz, die am 13. November Kabul einnimmt. Ende November steht auch die letzte Taliban-Hochburg Kandahar vor dem Fall. Bin Laden ist jedoch noch nicht gefasst. Mit dem militärischen Erfolg der Nordallianz ergibt sich ein neues Problem. Wie kann die Macht im seit 1979 von Bürgerkriegen erschütterten Afghanistan neu verteilt werden? Diese Frage soll eine Konferenz klären, die ab Ende November auf dem Petersberg bei Bonn tagt. Leid, Hunger und Not der afghanischen Bevölkerung sind damit noch lange nicht beendet, auch wenn insbesondere in Kabul die Erleichterung vieler Menschen zu spüren ist, die nach fünf Jahren der Taliban-Herrschaft wieder ein wenig mehr Freiheit genießen.

Eine Geschichte voller Gewalt und Leid setzt sich 2001 im Nahen Osten fort. Der mit viel Hoffnung 1993 in Gang gesetzte Friedensprozess ist tot.

Die israelische Regierung, ab März unter dem Hardliner Ariel Scharon, zeigt sich ebenso wenig zu Kompromissen bereit wie die radikalen Palästinensergruppen, die hinter den zahlreichen Selbstmordattentaten des Jahres stecken. Auf Gewalt folgt Vergeltung, die wieder neue Gewalt nach sich zieht, eine Lösung am Verhandlungstisch scheint unerreichbar fern.

In Deutschland hat die rot-grüne Bundesregierung einiges von ihrem Anfangselan verloren. Gleich zu Beginn des Jahres straucheln die Bundesminister Andrea Fischer und Karl-Heinz Funke, weil sie die BSE-Krise nicht entschlossen genug angepackt haben – eine Krise übrigens, von der am Jahresende fast niemand mehr spricht. Verteidigungsminister Rudolf Scharping macht vor allem durch ungeschickte Auftritte von sich reden. Und die Konjunkturflaute, die sich zur Rezession auszuwachsen droht, lässt die Erfolge beim Abbau der Arbeitslosigkeit dahinschmelzen. Das Versprechen, das Bundeskanzler Gerhard Schröder beim Regierungsantritt 1998 gab, die Zahl der Arbeitslosen werde 2002 auf 3,5 Millionen gedrückt, dürfte kaum noch einzulösen sein. Als die Berliner Koalition auch noch in der Außenpolitik Uneinigkeit zeigt – einige Grüne wollen die »uneingeschränkte Solidarität« mit den USA im Afghanistan-Krieg nicht mittragen –, greift der Kanzler zum äußersten Mittel, der Vertrauensfrage. Die Abstimmung geht am 16. November zu seinen Gunsten aus, nur vier Grüne votieren gegen einen Einsatz von Bundeswehrsoldaten im Anti-Terror-Kampf und damit gegen Schröder. Bei allen kleinen und großen Krisen kann die Regierung 2001 auch Erfolge verbuchen, z.B. die Verabschiedung einer grundlegenden Reform des Rentensystems.

Obgleich die Regierung einige Angriffsflächen bietet, ist die CDU/CSU-Opposition noch weit gehend mit sich selbst beschäftigt. Die Spendenaffäre wirkt weiter nach, Generalsekretär Laurenz Meyer tut sich mit einigen unglücklichen Kampagnen hervor, und mit Blick auf die Bundestagswahl 2002 wird intern heftig über die Frage des Kanzlerkandidaten gestritten: Soll die vielfach angefeindete CDU-Chefin Angela Merkel die Spitzenposition einnehmen? Sind die Chancen nicht größer mit CSU-Chef Edmund Stoiber oder gar Merkels Vorgänger Wolfgang Schäuble?

Infolge der Landtagswahlen 2001 gibt es zwei Wechsel: In Hamburg wird nach 44 Jahren die SPD von der Macht verdrängt; ein »Bürgerblock« unter Beteiligung des umstrittenen Rechtspopulisten Ronald Schill übernimmt das Ruder in der Hansestadt. In Berlin platzt im Juni die Koalition aus CDU und SPD, bei den vorgezogenen Neuwahlen im Oktober erlebt die Union ein Debakel, während die Sozialdemokraten stärkste Partei werden. Klaus Wowereit, seit Juni Regierender Bürgermeister, hat sich zuvor in einem für deutsche Spitzenpolitiker höchst ungewöhnlichen Bekenntnis geoutet: »Ich bin schwul, und das ist auch gut so«, ein Satz, der geradezu zum geflügelten Wort wird.

Natürlich gibt es auch 2001 eine Reihe von Ereignissen, die zwar nicht die Welt bewegen, aber doch echte Glücksfaktoren sind: Die Karl-May-Persiflage »Der Schuh des Manitu« wird zum erfolgreichsten deutschen Film aller Zeiten, über neun Millionen Zuschauer amüsieren sich über »Bully« alias »Abahachi«. Die deutsche Fußballnationalelf schafft im letzten Moment die WM-Qualifikation und kann sich 2002 in Japan auf die Erstrundengegner Kamerun, Saudi-Arabien und Irland freuen. Michael Schumacher wird souverän Weltmeister in der Formel 1, und Jan Ullrich, der bei der Tour de France wieder einmal hinter Lance Armstrong das Nachsehen hat, wird im Oktober Straßenweltmeister im Zeitfahren. Norwegen bekommt mit Mette-Marit eine Kronprinzessin, die alsbald die Herzen ihrer Landsleute für sich einnimmt, und gegen Ende des Jahres erblicken in Belgien und Japan zwei potenzielle Herrscherinnen das Licht der Welt. Kaum weniger öffentliche Aufmerksamkeit genießt ein drittes Baby – Jaden Gil, der Sohn von Steffi Graf und Andre Agassi.

◁ *Ein Moment des Innehaltens an der Stätte des Grauens: Bei den Aufräumarbeiten am »Ground Zero«, dort, wo das World Trade Center stand, versammeln sich am 7. Oktober Helfer zu einem Gebet für die Opfer der Terroranschläge.*

Beatrix Gehlhoff

Dezember 2000

Mo	Di	Mi	Do	Fr	Sa	So
				1	2	3
4	5	6	7	8	9	10
11	12	13	14	15	16	17
18	19	20	21	22	23	24
25	26	27	28	29	30	31

1. Dezember, Freitag

Mit den Stimmen von SPD und Bündnis 90/Die Grünen billigt der Bundestag den Bundeshaushalt für 2001. → S. 15

Bundestagspräsident Wolfgang Thierse verhängt neue Sanktionen gegen die CDU. Sie soll auf weitere 7,7 Mio. DM aus der staatlichen Parteienfinanzierung verzichten. Die neuen Sanktionen beziehen sich u.a. auf die von Altkanzler Helmut Kohl angeführten anonymen Spenden in Höhe von 2,1 Mio. DM sowie die Spende des Rüstungslobbyisten Karlheinz Schreiber in Höhe von 1 Mio. DM (→ 2.3./S. 56).

Erstmalig in Deutschland entscheidet das Berliner Verwaltungsgericht, dass Prostitution nicht sittenwidrig ist, wenn Frauen dem Gewerbe auf freiwilliger Basis nachgehen. → S. 15

Mexikos Präsident Vicente Fox beordert wenige Stunden nach seiner Vereidigung die Armee in der südöstlichen Unruheprovinz Chiapas in die Kasernen zurück. Fox hatte in seiner Antrittsrede erklärt, den seit 1994 andauernden Konflikt mit der Zapatistischen Nationalen Befreiungsarmee rasch lösen zu wollen.

2. Dezember, Samstag

Nach einem der schnellsten Gesetzgebungsverfahren in der Geschichte der Bundesrepublik tritt das Gesetz zum völligen Verbot der Verfütterung von Tiermehl in Kraft. Damit reagiert die Politik auf das Bekanntwerden des ersten BSE-Falles bei einer in Deutschland geborenen Kuh (→ 9.1./S. 22).

Beim Einsturz eines Einkaufszentrums in Dongguan (Südchina) werden nach Angaben der Behörden acht Menschen getötet und 32 verletzt. Das einstöckige Gebäude in der Stadt rd. 100 km nördlich von Hongkong war 1992 errichtet worden.

Als erster Kandidat kassiert der Wuppertaler Geschichtsprofessor Eckhard Freise den Hauptgewinn in der RTL-Show »Wer wird Millionär?«.

Der Film »Dancer In The Dark« des dänischen Regisseurs Lars von Trier gewinnt den Europäischen Filmpreis als bester Film des Jahres 2000.

3. Dezember, Sonntag

Bei den Landtagswahlen im österreichischen Burgenland erleiden die in Wien regierende Koalitionspartner ÖVP (35,3%) und FPÖ (12,6%) Verluste. Dagegen können die auf Bundesebene oppositionellen Sozialdemokraten ihre Position auf 46,6% ausbauen. Die Grünen schaffen erstmals den Einzug in den Landtag.

Der Brasilianer Gustavo Kuerten bezwingt im Finale des Masters Cup den US-Amerikaner Andre Agassi. → S. 17

4. Dezember, Montag

Der demokratische Kandidat Al Gore erleidet im Rennen um das US-Präsidentenamt vor dem Obersten Gerichtshof der USA eine Niederlage. Der Supreme Court weist ein Urteil des Obersten Gerichts von Florida über die umstrittene Handauszählung nach Tallahassee zurück und mahnt Klarstellung an (→ S. 20.1./S.30).

Die Agrarminister der Europäischen Union beschließen im Kampf gegen die Rinderseuche BSE ein Verbot von Tiermehlverfütterung für zunächst sechs Monate und ein Verkaufsverbot für alle Rinder, die älter als 30 Monate sind und nicht auf BSE getestet wurden (→ 9.1./S. 22).

5. Dezember, Dienstag

In Burundi beschießen mutmaßliche Rebellen einen Airbus der belgischen Fluggesellschaft Sabena mit Maschinengewehren. Dabei werden zwei Personen leicht verletzt. Die Tochtergesellschaft der Swiss Air ist die einzige noch afrikanische Linie, die bisher die frühere belgische Kolonie anflog.

Boris Becker und seine Frau Barbara geben nach sieben Jahren Ehe überraschend ihre Trennung bekannt. → S. 17

6. Dezember, Mittwoch

Bundeskanzler Gerhard Schröder (SPD) kommt 30 Jahre nach dem historischen Kniefall von Willy Brandt vor dem Ghetto-Denkmal zu einem Besuch nach Warschau. Nach einer Rede vor dem polnischen Parlament nimmt Schröder mit Ministerpräsident Jerzy Buzek an der Enthüllung eines Brandt-Denkmals und der Benennung eines Platzes nach dem früheren Bundeskanzler teil.

Im Kampf gegen die Rinderseuche BSE laufen in Deutschland die Pflicht-Schnelltests für alle über 30 Monate alten Schlachttiere an. Andernfalls darf das Fleisch dieser Tiere nicht mehr in den Handel gelangen (→ 9.1./S. 22).

Die Bundesregierung hebt das völlige Arbeitsverbot für Asylbewerber, die seit Mai 1997 nach Deutschland gekommen sind, auf. Das Bundeskabinett beschließt eine Verordnung, wonach Asylbewerber und sog. geduldete Ausländer künftig nach einjähriger Wartezeit eine Arbeitserlaubnis bekommen. Damit können sich rd. 85 000 Menschen um eine Beschäftigung bemühen.

Das Bundesverfassungsgericht zieht nicht nach Berlin oder Potsdam um. Die 16 Verfassungsrichter sprechen sich dafür aus, den Sitz des Gerichts trotz Platzmangels in Karlsruhe zu belassen.

Als Nachfolger des scheidenden Adolf Ogi wird Samuel Schmid zum Schweizer Bundesrat gewählt. → S. 14

7. Dezember, Donnerstag

Ein 19-jähriger Palästinenser und ein 20-jähriger Marokkaner geben zu, am 2. Oktober 2000 einen Brandanschlag auf die Synagoge von Düsseldorf verübt zu haben. Die Tat war offenbar durch den Konflikt im Nahen Osten motiviert.

Begleitet von Massenprotesten beginnt vor dem philippinischen Senat in Manila der Prozess um die Amtsenthebung von Präsident Joseph Estrada. Ihm wird vorgeworfen, umgerechnet mehr als 20 Mio. DM von Betreibern einer illegalen Lotterie sowie aus Tabaksteuern kassiert zu haben (→ 20.1./S. 33).

8. Dezember, Freitag

Als drittes Verfassungsorgan nach Bundesregierung und Bundesrat beschließt der Bundestag mit den Stimmen von SPD, Bündnisgrünen und PDS einen Antrag auf Verbot der rechtsextremistischen NPD (→ 30.1./S. 26).

Der Richterwahlausschuss des Bundestages wählt erstmals einen Kandidaten der Grünen zum Richter am Bundesverfassungsgericht. Der Ausschuss votiert einstimmig für den parteilosen Verfassungsrechtler Brun-Otto Bryde aus Gießen.

Vier Umweltschützer und Menschenrechtler aus Äthiopien, Indonesien, der Türkei und den USA erhalten in Stockholm die Alternativen Nobelpreise.

9. Dezember, Samstag

25 000 Menschen gehen in Köln gegen rechte Gewalt auf die Straße. Sie demonstrieren damit gegen einen Aufmarsch von 100 Rechtsextremisten, die zeitgleich durch die Kölner Innenstadt ziehen.

Der israelische Ministerpräsident Ehud Barak erklärt nach nur 17 Monaten Amtszeit überraschend seinen Rücktritt. Bei den innerhalb von 60 Tagen fälligen Neuwahlen will er sich wieder um das Amt bewerben. → S. 14

10. Dezember, Sonntag

Der Ex-Kommunist Ion Iliescu wird Staatschef von Rumänien. Iliescu erhält in der Stichwahl 67% der Stimmen, sein rechtsextremer Rivale Corneliu Vadim Tudor 33%. → S. 13

Der südkoreanische Präsident Kim Dae Jung nimmt in Oslo den Friedensnobelpreis entgegen. Der 75-Jährige wird für seinen lebenslangen Einsatz für Menschenrechte und Demokratie sowie seine Aussöhnungspolitik mit dem kommunistischen Nordkorea geehrt. In Stockholm überreicht der schwedische König Carl XVI. Gustaf die Nobelpreise an die anderen zwölf Preisträger. → S. 16

11. Dezember, Montag

Auf dem Gipfeltreffen der Europäischen Union in Nizza einigen sich die Staats- und Regierungschefs auf einen neuen Vertrag, der u.a. die Stimmenverhältnisse im Ministerrat und die Zusammensetzung der Kommission neu regelt und so den institutionellen Rahmen für die Aufnahme neuer Mitglieder schaffen soll. → S. 12

Die Deutsche Börse AG kündigt an, selbst an die Börse gehen zu wollen. Der Schritt soll im Laufe des ersten Halbjahres 2001 vollzogen werden.

Entgegen der Darstellung portugiesischer Behörden kommt ein positiv auf BSE getestetes Rind von den Azoren nicht aus Sachsen-Anhalt. Ein Gentest der Universität Göttingen hat ergeben, dass das Tier weder von einer Kuh in Sachsen-Anhalt noch von einem Bullen in Niedersachsen abstammt (→ 9.1./S. 22).

Der 60-jährige ehemalige brasilianische Nationalspieler Pelé wird in Rom zum Weltfußballer des Jahrhunderts gewählt. Zugleich wählt der Weltfußballverband FIFA den Franzosen Zinedine Zidane (Juventus Turin) zum zweiten Mal nach 1998 zum Weltfußballer des Jahres.

12. Dezember, Dienstag

Der Bundesgerichtshof (BGH) entscheidet, dass Rechtsextremisten von deutschen Gerichten auch dann verurteilt werden können, wenn sie die sog. Auschwitzlüge aus dem Ausland über das Internet verbreitet haben.

Im juristischen Streit um die Präsidentenwahl entscheidet der Supreme Court der USA nach eineinhalbtägigen Beratungen gegen die umstrittenen Handauszählungen in Florida (→ S. 180).

Der Ratspräsident der EU, Frankreichs Staatschef Jacques Chirac, verteidigt die Beschlüsse des Gipfels von Nizza (→ 11.12./S. 12) vor dem Europäischen Parlament gegen heftige Kritik.

Zweieinhalb Jahre nach Beginn ihres Grenzkrieges schließen Äthiopien und Eritrea in der algerischen Hauptstadt Algier Frieden. Eine Kommission mit Sitz in Den Haag soll innerhalb von 18 Monaten die Grenze endgültig festlegen. Über die Einhaltung der Waffenruhe wird ab Ende Januar 2001 eine 4500 Mann starke UNO-Friedenstruppe wachen.

Das Bundesverfassungsgericht entspricht einer Verfassungsbeschwerde des Verlags Gruner + Jahr und stellt fest, dass die 1995 verbotene Schockwerbung des italienischen Textilherstellers Benetton nicht verfassungswidrig ist.

13. Dezember, Mittwoch

Die Bundesregierung will das Rabattgesetz abschaffen. Preisnachlässe sollen ab Mitte 2001 in jedem Einzelfall frei aushandelbar sein. Bisher sind Rabatte nur bis zu einer Höhe von 3% des Kaufpreises möglich. Zusatzgeschenke durften nur einen geringen Wert haben (→ 25.7./S. 125).

In einer Ansprache an die Nation erklärt der demokratische Vizepräsident Al Gore, dass er nach der für ihn negativen Entscheidung des Supreme Court den Kampf um das Amt des amerikanischen Präsidenten aufgibt. Damit wird der Republikaner George W. Bush 43. Präsident der USA (→ 20.1./S. 30).

Tschechien und Österreich einigen sich unter Vermittlung des EU-Kommissars Günter Verheugen auf eine Prüfung der Umweltverträglichkeit des umstrittenen Kernkraftwerks Temelin. Das Kraftwerk soll nicht auf Vollbetrieb laufen, bis die Prüfungsergebnisse der EU vorliegen.

US-Präsident Bill Clinton fordert bei einem Besuch in Belfast eine endgültige Entwaffnung aller paramilitärischen Gruppen in Nordirland (→ 5.9./S. 161).

Lange galten sie als Traumpaar, nun steht ihre Ehe vor dem Aus: Tennis-Altstar Boris Becker und Ehefrau Barbara auf dem Titel der »Gala« vom 7. Dezember.

NR. **50** 7. DEZEMBER 2000 **4,—** DM 40,- öS 4,50 sfr

Gala
WOCHE

Keiner hat es geahnt. Sie waren das strahlendste Paar Deutschlands. **Jetzt haben sie sich getrennt**

Barbara und Boris Becker

Warum?

14. Dezember, Donnerstag

Die Pläne der Europäischen Union für eine militärische Eingreiftruppe erleiden einen Rückschlag. Insbesondere der Widerstand der Türkei verhindert beim NATO-Außenministertreffen in Brüssel vorerst die Zusammenarbeit der beiden Organisationen im Krisenfall. Die EU will bis 2003 eine Kriseneingreiftruppe von rd. 60 000 Mann aufstellen.

Der russische Präsident Wladimir Putin und der kubanische Staats- und Parteichef Fidel Castro vereinbaren in Havanna eine engere wirtschaftliche, wissenschaftliche und medizinische Zusammenarbeit für die Jahre 2001 bis 2005. Es ist der erste Besuch eines russischen Staatsoberhauptes in Kuba nach dem Ende der UdSSR.

15. Dezember, Freitag

Die rot-grüne Regierungskoalition beschließt, Kernpunkte der geplanten Rentenreform von Arbeitsminister Walter Riester (SPD) zu ändern. Die Fraktionsspitzen von SPD und Grünen einigen sich auf den Fortfall des umstrittenen Ausgleichsfaktors. Dieser sah von 2011 an Abstriche nur für Neurentner vor. Stattdessen sollen die notwendigen Abstriche im Rentenniveau gleichmäßig erfolgen (→ 11.5./S. 86).

»Schwarzgeldaffäre« ist nach der Entscheidung der Gesellschaft für deutsche Sprache (GfdS) in Wiesbaden das Wort des Jahres 2000.

Fast 15 Jahre nach der Atomkatastrophe wird das Kernkraftwerk Tschernobyl in der Ukraine endgültig stillgelegt. → S. 14

Zum Abschluss der UN-Konferenz in Palermo auf Sizilien unterzeichneten mehr als 120 Staaten die Konvention gegen organisierte Kriminalität. Lediglich 80 Staaten erkennen zwei Zusatzprotokolle gegen Menschenhandel und das Unwesen von Schleuserbanden an.

16. Dezember, Samstag

Der künftige US-Präsident George W. Bush nominiert den früheren Generalstabschef Colin Powell als Außenminister seiner Regierung. Der 63-jährige Powell wird damit der erste Farbige an der Spitze des Außenministeriums (→ 20.1./S. 30).

Begleitet von Protesten wird der österreichische Rechtspopulist Jörg Haider von Papst Johannes Paul II. empfangen. Anlass des Rom-Besuchs ist die Übergabe einer 25 m großen Fichte aus Kärnten, die als Weihnachtsbaum auf dem Petersplatz steht.

Die Ostseeautobahn A 20 ist nunmehr zu einem Drittel befahrbar, nachdem weitere 52 km der Strecke zwischen Wismar und Rostock freigegeben worden sind. Die rd. 320 km lange Küstenautobahn soll ab 2005 eine durchgehende Verbindung von Lübeck bis zur polnischen Grenze bei Stettin herstellen.

17. Dezember, Sonntag

Der Bundesverteidigungsminister Rudolf Scharping (SPD) beginnt eine sechstägige Nahost-Reise. Erste Station ist Ägypten, anschließend sind Besuche in Israel und den palästinensischen Autonomiegebieten vorgesehen.

In Deutschland gibt es einen zweiten bestätigten BSE-Fall. Das bayerische Gesundheitsministerium teilt mit, dass ein Schlachtrind aus dem Oberallgäu an der Rinderseuche erkrankt war (→ 9.1./S. 22).

Die Olympiasieger Heike Drechsler, Nils Schumann und der Bahnrad-Vierer sind die »Sportler des Jahres 2000«. → S. 17

18. Dezember, Montag

In einer beispiellosen Aktion kritisieren mehr als zwei Drittel der österreichischen Richter und Staatsanwälte die versuchte Einflussnahme der rechtspopulistischen FPÖ auf die Justiz. Anlass für die von rd. 1300 Juristen unterzeichnete Petition ist die Forderung von FPÖ-Politikern nach Absetzung von Ermittlern in der »Spitzel-Affäre«. FPÖ-Politiker werden verdächtigt, sich mit Hilfe ihnen nahe stehender Beamter illegal Daten aus dem Polizeicomputer beschafft zu haben.

Der Portugiese Luís Figo sichert sich zum ersten Mal den »Goldenen Ball«. Bei der vom Fachblatt »France Football« durchgeführten Wahl des besten Fußballers in Europa belegt er den ersten Platz.

19. Dezember, Dienstag

Das Bundesverfassungsgericht hebt ein Urteil des Bundesverwaltungsgerichts auf, das den Zeugen Jehovas den Status einer Körperschaft des öffentlichen Rechts verweigerte. Die Gleichstellung mit anderen Religionsgemeinschaften dürfe ihnen nicht vorenthalten werden, nur weil sie ablehnten, an Wahlen teilzunehmen.

Das britische Unterhaus stimmt einem Gesetz zu, mit dem das Klonen von Embryonen für therapeutische Zwecke erlaubt wird. → S. 15

Der Aufsichtsrat des Airbus-Konsortiums gibt in Toulouse grünes Licht für den Bau des Super-Airbus A 380, der bisher unter dem Arbeitstitel A3XX bekannt war (→ 20.2./S. 44).

20. Dezember, Mittwoch

Die Ernennung von Jiri Hodac zum Direktor des öffentlich-rechtlichen Fernsehsenders Ceska Televize (CT) führt in der Tschechischen Republik zu heftigen landesweiten Protesten. → S. 15

21. Dezember, Donnerstag

Der Bundesrat billigt die Entfernungspauschale für Berufspendler.

Ein Jahr nach dem Untergang des Öltankers »Erika« vor der bretonischen Küste einigen sich die EU-Verkehrsminister auf höhere Sicherheitsstandards für Hochseeschiffe. Vereinbart werden u.a. strengere Kontrollen in den Häfen der EU und die Möglichkeit, besonders risiko-behafteten Schiffen das Anlegen zu verbieten.

22. Dezember, Freitag

Drei schwer bewaffnete Kunstdiebe stehlen zwei Werke des französischen Malers Auguste Renoir und ein Bild des Niederländers Rembrandt van Rijn aus dem Stockholmer Nationalmuseum.

Die US-amerikanische Popdiva Madonna Luise Ciccione und ihr Freund, der britische Filmregisseur Guy Ritchie, heiraten in Schottland. → S. 17

23. Dezember, Samstag

In der jugoslawischen Teilrepublik Serbien finden vorgezogene Parlamentswahlen statt, bei denen die Reformer eine Zweidrittelmehrheit erreichen. → S. 13

Die Vereinten Nationen beenden nach mehrwöchigen Verhandlungen den Streit um neue Beitragssätze. Die USA zahlen künftig weniger zum regulären Haushalt, begleichen dafür aber ihre Schulden.

Im Zusammenhang mit der Niederschlagung einer Gefängnisrevolte in der Türkei sind bei der Erstürmung von 20 Haftanstalten seit dem 19. Dezember 28 Menschen ums Leben gekommen – 26 Häftlinge und zwei Soldaten. Mit ihrem Hungerstreik haben sich die Häftlinge gegen ihre Verlegung in kleinere Zellen gewehrt. Sie fürchten dort verstärkte Repressalien der Wärter.

24. Dezember, Sonntag

Der Inder Viswanathan Anand wird in Teheran neuer Schachweltmeister des internationalen Verbandes FIDE. Er liegt im Finale gegen Alexei Schirow (Spanien) bereits uneinholbar mit 3,5 : 0,5 Punkten in Führung.

25. Dezember, 1. Weihnachtstag

Bei einem Feuer in einem Kaufhaus- und Vergnügungskomplex in der zentralchinesischen Stadt Luoyang kommen 309 Menschen ums Leben. → S. 15

Johannes Paul II. verkündet seine Weihnachtsbotschaft und erteilt den Segen Urbi et Orbi – der Stadt und dem Erdkreis. Anders als sonst tritt der Papst dazu nicht auf die Mittelloggia des Petersdomes, sondern spricht auf dem Petersplatz. Nach Berichten italienischer Medien sollen dem 80-jährigen Pontifex maximus dadurch lange Wege erspart werden.

26. Dezember, 2. Weihnachtstag

Drei Neonazis überfallen im brandenburgischen Guben einen asiatisch aussehenden Jugendlichen und stechen ihm ein Messer in den Rücken. Einer der Täter ist ein Jugendlicher, der bereits im Prozess um die tödliche Hetzjagd auf den Asylbewerber Omar Ben Noui im Jahr 1999 verurteilt worden war.

Russlands Präsident Wladimir Putin unterzeichnet ein Gesetz über die Wiedereinführung der Melodie der alten sowjetischen Hymne für die neue russische Nationalhymne. Einen neuen Text entwirft zum Jahreswechsel der 87-jährige Schriftsteller Sergei Michalkow, der bereits für die früheren Versionen verantwortlich zeichnete. Zugleich wird der zaristische Doppeladler offizielles Staatswappen. Als Staatsflagge Russlands wird die weiß-blau-rote Trikolore bestätigt.

27. Dezember, Mittwoch

In Bayern, Berlin und Sachsen-Anhalt werden Wurstwaren mit falscher Aus-

zeichnung entdeckt. Produkte mit Rindfleisch waren als »rindfleischfrei« deklariert worden. Bis Jahresende werden zwei neue Fälle der Rinderseuche bestätigt. Die betroffenen Tiere stammen aus dem Unterallgäu und dem Landkreis Osnabrück. Damit gibt es mittlerweile sieben BSE-Fälle in ganz Deutschland (→ 9.1./S. 22).

Bundesfinanzminister Hans Eichel (SPD) weist Vorwürfe zurück, wonach er die Flugbereitschaft der Bundeswehr missbräuchlich genutzt habe. Eichel lässt ergänzend am 28. Dezember eine Liste seiner Flüge veröffentlichen.

28. Dezember, Donnerstag

Bei einem von der radikal-islamischen Hamas verübten Bombenanschlag auf einen Linienbus in Tel Aviv werden mehrere Personen verletzt. Zuvor war ein Treffen von Israels Premier Ehud Barak und Palästinenserpräsident Jasir Arafat verschoben worden. Sie wollten über einen neuen US-Friedensplan beraten. Er sieht u.a. einen Verzicht der Palästinenser auf die Rückkehr der Flüchtlinge nach Israel und den Rückzug Israels aus dem arabischen Teil von Jerusalem vor (→ 10.8./S. 140).

29. Dezember, Freitag

Der Schweizer Radsport-Verband sperrt wegen Dopings den französischen Radprofi Richard Virenque, der seit 1999 in der Nähe von Genf wohnt. Virenque hatte zuvor nach 27-monatigem Leugnen den Doping-Missbrauch gestanden; er darf bis zum 31. Oktober 2001 kein Rennen bestreiten.

30. Dezember, Samstag

Ghanas Oppositionsführer John Kufuor wird in der Stichwahl zum neuen Präsidenten des westafrikanischen Landes gewählt. Er setzt sich gegen den amtierenden Vizepräsidenten John Atta Mills durch und tritt am 7. Januar 2001 die Nachfolge des seit 19 Jahren im Amt scheidenden Präsidenten Jerry Rawlings an. Es ist der erste demokratisch legitimierte Machtwechsel in Ghana seit der Unabhängigkeit von Großbritannien 1957.

Mit dem Sieg der 23-jährigen Alida endet nach 106 Tagen die zweite Staffel der TV-Show »Big Brother« in Köln-Hürth.

31. Dezember, Sonntag

Bundeskanzler Gerhard Schröder (SPD) kündigt in seiner Neujahrsrede tief greifende Konsequenzen aus der BSE-Krise an und beauftragt die Präsidentin des Bundesrechnungshofes, Hedda von Wedel, mit der Erarbeitung einer »konsequenten Schwachstellenanalyse auf allen politischen Ebenen« (→ 9.1./S. 22).

Militante Palästinenser erschießen nahe der jüdischen Siedlung Ofra bei Ramallah im Westjordanland Benjamin Kahane, den Sohn des 1990 in New York ermordeten jüdischen Extremisten Meir Kahane, sowie dessen Ehefrau.

Der Millenium-Dome in London schließt seine Pforten. Die ein Jahr lang gezeigte Ausstellung in dem imposanten Zelt an der Themse hat 6,5 Mio. Besucher angelockt; mit 12 Mio. war gerechnet worden.

Weihnachten ist nicht nur das Fest der Geschenke, sondern auch der liebevoll-festlichen Innendekoration: Dezember-Ausgabe der britischen Zeitung »Homes & Gardens«.

HOMES
& GARDENS®

DECEMBER 2000 £2·80

GET READY FOR CHRISTMAS
SMART IDEAS FOR TABLES,
TREES & DECORATIONS

DRESSED FOR THE SEASON
AN IRISH DRESS DESIGNER'S HOME
A TOILE-FILLED APARTMENT
A SWEDISH COUNTRY COTTAGE

TRULY TRADITIONAL
CHRISTMAS RECIPES

HAPPY CHRISTMAS

Gipfel von Nizza ebnet den Weg für EU-Erweiterung

11. 12., Nizza. Der bisher längste Gipfel in der Geschichte der Europäischen Union legt die institutionellen Grundlagen für die Erweiterung der EU.

Nach einer 19-stündigen Marathonsitzung wird gegen 4.20 Uhr morgens auch das letzte Hindernis beiseite geräumt: Als Gegenleistung für die Zustimmung des belgischen Premiers Guy Verhofstadt zu den Gipfelbeschlüssen verspricht Frankreichs Staatspräsident Jacques Chirac, dass künftig alle informellen EU-Gipfel in Brüssel stattfinden sollen. Belgien hatte eine Einigung blockiert, weil es mit der ihm von der französischen EU-Ratspräsidentschaft zugedachten Stimmenanzahl im Ministerrat unzufrieden war. Die schließlich gefundene Lösung besteht darin, dass der Stimmenabstand zwischen den großen und den kleinen Ländern verringert wird. Die drei Beneluxstaaten haben nun zusammen genauso viele Stimmen wie ein großes Land. Die EU-Chefs verständigen sich auf ein kompliziertes Mehrheitssystem. Es wird die Abstimmungen im EU-Ministerrat vielleicht noch schwieriger machen als bisher (→ S. 13).

Auf dem Europäischen Rat der Staats- und Regierungschefs der 15 EU-Staaten lag von vornherein ein hoher Erwartungsdruck. Es ging um eine Reform der Gemeinschaft, mit der die Voraussetzungen für die geplante Erweiterung der EU geschaffen werden sollten. Schließlich einigen sich die EU-Staats- und -Regierungschefs auf einen neuen Vertrag für die Union. Damit bestehen keine grundsätzlichen Hindernisse mehr für den Beitritt von Malta, Zypern und mindestens zehn Ländern Mittel- und Osteuropas sowie für das weitere Zusammenwachsen Europas.

Die zum Teil dramatischen Verhandlungen begannen am 7. Dezember mit der Europakonferenz in Anwesenheit von Vertretern der Beitrittsstaaten. Es wurde bekräftigt, dass die EU grundsätzlich bis zum 1. Januar 2003 für diejenigen Beitrittskandidaten aufnahmefähig ist, die alle Anforderungen erfüllen. Am Nachmittag des 7. Dezembers begann der Europäische Rat seine Arbeit. Einer der ersten Tagesordnungspunkte war die Proklamation der Grundrechtecharta

△ *Jacques Chirac legt Gerhard Schröder die Hände auf die Schultern; Joschka Fischer (r.) blättert in seinen Papieren.* »*Der Gipfel von Nizza wird in die Geschichte Europas als ein großer eingehen*«, *sagt Chirac.* »*Das Gewicht Deutschlands ist gewachsen*«, *urteilt der nur teilweise zufriedene Schröder.*

◁ *Vor Beginn des Gipfels von Nizza demonstrieren etwa 10 000 Menschen (im Bild eine Delegation der Jungen Europäischen Föderalisten) für ein föderales Europa der Bürgerinnen und Bürger an Stelle eines von ihnen als undemokratisch kritisierten* »*Regierungseuropas*«.

der EU, die allerdings noch nicht rechtsverbindlich ist. Die unter Vorsitz von Altbundespräsident Roman Herzog ausgearbeitete Charta könnte ein Vorläufer einer europäischen Verfassung sein.

Dann begannen die Beratungen über die liegen gebliebenen Reformen von Amsterdam 1997, wobei die französische Ratspräsidentschaft bald in die Kritik geriet, weil ihre Vorschläge zur EU-Reform allzu sehr von nationalen Interessen dominiert schienen.

Chirac steckt in der Zwickmühle: Einerseits muss er als Ratspräsident die nationalen Positionen vermitteln, andererseits braucht er – wegen ungeklärter Finanzaffären – dringend einen Gipfelerfolg zur Stärkung seines innenpolitischen

Prestiges. Schon im Vorfeld war die Frage der Stimmengewichtung im Ministerrat, vor allem hinsichtlich der Behandlung von Frankreich und Deutschland, ein Streitpunkt. Bundeskanzler Gerhard Schröder (SPD) vermied es, darüber eine offene Auseinandersetzung mit den Franzosen zu führen. Daher muss sich Deutschland als mit Abstand bevölkerungsreichstes Land der EU mit ebenso vielen Stimmen zufrieden geben wie Frankreich, Großbritannien und Italien. Schröder setzt gleichwohl ein demografisches Element durch: Hinter einer Entscheidung müssen mindestens 62% der Bevölkerung der EU-Mitgliedstaaten stehen. Vor allem auf Intervention Schröders, der sich – wie bei seinem Besuch in Warschau

vor dem EU-Gipfel versprochen – als Anwalt Polens versteht, wird der Nachbar Deutschlands nach seinem Beitritt genau so viele Stimmen im EU-Ministerrat erhalten wie Spanien.

Durchsetzen kann sich Schröder mit der Verabschiedung einer Erklärung zur Zukunft der Union. Unter der Überschrift »Post-Nizza-Prozess« soll 2004 eine neue Regierungskonferenz der EU einberufen werden, auf der es vor allem um die Kompetenzabgrenzung zwischen der Europäischen Union, den Mitgliedstaaten und deren Ländern geht – ein wichtiges Thema für Deutschland und insbesondere die deutschen Bundesländer, die ihre Interessen stärker in die EU einbringen wollen (→ 16.6./S. 105) .

Weichenstellung für die Union der 27

Chronik Hintergrund

Die Vereinbarungen von Nizza sollen die EU für die Aufnahme neuer Mitglieder fit machen.

EU-Kommission: Frankreich, Spanien, Italien, Großbritannien sowie Deutschland verzichten in dem bislang 20-köpfigen Gremium ab 2005 auf ihren zweiten Kommissar zugunsten der Beitrittsländer. Ist die EU auf 27 Mitglieder angewachsen, wird über eine Verkleinerung der Kommission entschieden.

Stimmengewichtung: Im Rat werden die Machtverhältnisse neu festgelegt und die zwölf Kandidatenländer gemäß ihrer Größe eingeordnet. Die Gesamtstimmenzahl wird drastisch erhöht. Vom 1. Januar 2005 an hat Deutschland 29 Stimmen, genauso viele wie Frankreich, Italien und Großbritannien. Spanien und – nach einem Beitritt – Polen bekommen jeweils 27 Stimmen. Die Niederlande (13) erhalten eine Stimme mehr als Belgien.

Der sog. demografische Faktor wird künftig stärker berücksichtigt. Damit wird u.a. der Tatsache Rechnung getragen, dass Deutschland rd. 20 Mio. Einwohner mehr hat als Frankreich. Eine Entscheidung ist künftig erst dann gültig, wenn die Bevölkerungszahl der zustimmenden Länder zusammen mindestens 62% der Gesamtbevölkerung der EU ausmacht. Demzufolge könnte Deutschland mit zwei anderen großen EU-Staaten Ent-

scheidungen blockieren. Dafür haben die kleinen Länder die Möglichkeit der Blockade bei einer Reihe von Entscheidungen, bei denen zwei Drittel der Staaten zustimmen müssen. In der erweiterten Union sind für eine qualifizierte Mehrheit künftig 255 von insgesamt 345 Stimmen nötig. Eine Sperrminorität liegt bei 91 Stimmen; drei große Staaten und ein kleines Land können sie erreichen.

Mehrheitsentscheidungen: Um die EU handlungsfähiger zu machen, werden die Mehrheitsentscheidungen im EU-Ministerrat ausgeweitet. Für rd. die Hälfte der 73 Artikel der EU-Politik gilt künftig, dass per Mehrheitsbeschluss und nicht wie bislang einstimmig entschieden wird.

Umstritten ist in Nizza u.a. der Bereich Asyl und Einwanderung. Hier wird der deutschen Forderung entsprochen, wonach das Vetorecht erst fällt, wenn die Staaten einstimmig eine gemeinsame Asyl- und Einwanderungspolitik vereinbaren. In der Frage gemeinsamer Steuersätze gibt es wegen britischer Widerstände fast keine Fortschritte. Frühestens fünf Jahre nach Wirksamwerden des Vertrages von Nizza können die EU-Länder einstimmig beschließen, bei einigen Detailfragen der indirekten Besteuerung und der Unternehmensbesteuerung die Einstimmigkeit durch die qualifizierte Mehrheit zu ersetzen.

Künftige Stimmenverteilung im EU-Ministerrat*

Mitgliedsland	Stimmen (bisher)	EU-Kandidaten	Stimmen
Deutschland	29 (10)	Polen	27
Frankreich	29 (10)	Rumänien	14
Großbritannien	29 (10)	Tschechien	12
Italien	29 (10)	Ungarn	12
Spanien	27 (8)	Bulgarien	10
Niederlande	13 (5)	Slowakei	7
Belgien	12 (5)	Litauen	7
Griechenland	12 (5)	Estland	4
Portugal	12 (5)	Lettland	4
Österreich	10 (4)	Slowenien	4
Schweden	10 (4)	Zypern	4
Dänemark	7 (3)	Malta	3
Finnland	7 (3)	*Insgesamt: 345 Stimmen*	
Irland	7 (3)	*qualifizierte Mehrheit: 255 Stimmen*	
Luxemburg	4 (2)	* Gewichtung nach dem Vertrag von Nizza	

Wende in Serbien

23. 12., Belgrad. Die bisherige demokratische Opposition ist – wie erwartet – Siegerin bei der Parlamentswahlen in Serbien; sie gewinnt eine Zweidrittelmehrheit.

Das aus 18 Parteien bestehende Bündnis Demokratische Opposition Serbiens (DOS) erreicht 64,2% der Stimmen und verfügt damit über 176 der insgesamt 250 Sitze im Parlament. Zoran Djindjic, der Chef der Demokratischen Partei und neben dem neuen Präsidenten Vojislav Kostunica Organisator der demokratischen Wende in Jugoslawien, wird demnach der neue Ministerpräsident (→ 25.1./S. 32).

Die bisher regierenden serbischen Sozialisten des früheren jugoslawischen Präsidenten Slobodan Milosevic kommen auf 13,6% bzw. 37 Abgeordnete. Mit der extrem nationalistischen Radikalen Partei (8,5% bzw. 23 Mandate) und der Serbischen Einheitspartei des am 15. Januar 2000 ermordeten mutmaßlichen Kriegsverbrechers »Arkan« Zeljko Raznatovic (5,3% bzw. 14 Sitze) überwinden nur

noch zwei weitere Parteien die Fünf-Prozent-Hürde.

Djindjic will bis zum 15. Januar ein Kabinett bilden. Den vom Haager UNO-Tribunal als Kriegsverbrecher angeklagten Milosevic will er in Serbien vor Gericht stellen lassen (→ 28.6./S. 104).

Die Siegesfeiern der DOS-Anhänger werden vom landesweiten Zusammenbruch der Stromversorgung getrübt. Die Sicherung der Energieversorgung gehört zu den Hauptaufgaben der künftigen Regierung, ebenso die Abwendung einer militärischen Krise im Presevo-Tal an der Grenze zum Kosovo. Seit dem Ende des Kosovo-Kriegs im Juni 1999 ist dort, auf der serbischen Seite der Grenze, eine 5 km breite entmilitarisierte Zone eingerichtet. Kosovo-albanische Freischärler sind dorthin eingesickert und reklamieren das Gebiet für sich.

Noch ungelöst ist das Verhältnis Serbiens zur anderen jugoslawischen Teilrepublik Montenegro. Dort soll 2001 ein Referendum über die Unabhängigkeit stattfinden.

Iliescu feiert Comeback

10. 12., Bukarest. Der Ex-Kommunist Ion Iliescu wird neuer Staatspräsident von Rumänien. Er erhält in der Stichwahl 67% der Stimmen, sein Rivale Corneliu Vadim Tudor nur 33%. Iliescu war bereits von 1990 bis 1996 Staatschef. Bei den gleichzeitig stattfindenden Parlamentswahlen wird seine Partei der Sozialen Demokratie (PDSR) stärkste Kraft.

In den sechs Jahren unter Iliescu war Rumänien hinter dem allmählich einsetzenden wirtschaftlichen Aufschwung in den osteuropäischen Reformländern zurückgeblieben. Außenpolitisch orientierte sich Iliescu vor allem an Moskau, wirtschaftlich verhinderte er Reformen, prowestliche Demonstranten ließ Iliescu von Bergarbeitern niederknüppeln, um seine Macht zu sichern.

Unter dem bürgerlichen Präsidenten Emil Constantinescu gab es zwar mehr Demokratie, doch kam das Land nicht näher an einen Beitritt zur Europäischen Union oder zur NATO heran. Deshalb hatte sich Constantinescu gar nicht erst wieder zur Wahl gestellt.

Iliescu galt als das geringere Übel gegenüber dem rechtsextremen Tudor, dem Chef der Partei »Großrumänien«. Der Dichter und Historiker war durch antisemitische Hetze und Drohungen gegen die ungarische Minderheit aufgefallen. Tudor hat im ersten Wahlgang am 26. November 28,3% der Stimmen erreicht, Iliescu 36,8%.

Der neue Staatschef Ion Iliescu

Der Likud-Chef Ariel Scharon wird bei der Wahl gegen Barak antreten.

Barak wirbt um neues Vertrauen

9. 12., Jerusalem. Nach nur 17 Monaten im Amt kündigt Israels Ministerpräsident Ehud Barak seinen Rücktritt an. Er will sich jedoch erneut um das Amt bewerben. In Israel wird der Regierungschef direkt vom Volk gewählt.

Der Chef der Arbeitspartei will möglichst rasch ein Abkommen mit den Palästinensern erreichen und dann die Wahl des Regierungschefs am → 6. Februar 2001 (S. 42) zu einem Volksentscheid über die Frage »Friedensvertrag – ja oder nein?« machen. Neue Gespräche mit Arafat gibt es bis Jahresende jedoch nicht.

Zugleich will Barak eine Kandidatur des früheren Premiers Benjamin Netanjahu verhindern. Der Likud-Politiker gehört nicht der Knesset an und kann sich ohne gleichzeitige Neuwahl des Parlaments nicht für das Amt des Regierungschefs bewerben. Netanjahu zieht denn auch am 19. Dezember seine Kandidatur zurück, nachdem die Knesset die von ihm geforderte Auflösung abgelehnt hat. Damit steht der Likud-Vorsitzende Ariel Scharon als Herausforderer fest.

Eine Gegenkandidatur gegen Barak aus dem Regierungslager wird abgewendet: Friedensnobelpreisträger Schimon Peres will zunächst gegen Barak antreten, jedoch verweigert ihm am 21. Dezember der linksliberale Meretz-Block die für seine Kandidatur notwendige Unterstützung.

Tschernobyl endgültig abgeschaltet

15. 12., Tschernobyl. Fast 15 Jahre nach der Atomexplosion im ukrainischen Kernkraftwerk wird die Anlage endgültig abgeschaltet.

In der 140 km von Tschernobyl entfernten Hauptstadt Kiew erteilt der ukrainische Präsident Leonid Kutschma um 12.18 Uhr MEZ das Kommando an Direktor Witali Tolstonogow, das Kraftwerk stillzulegen. In der energiearmen Ukraine ist dieser Schritt unpopulär. Zudem bangen die rd. 500 Beschäftigen des bis zuletzt arbeitenden Blocks 3 um ihre Existenz. Erst westliche Kreditzusagen – die vor allem in Deutschland zwischen den Regierungsparteien SPD und Bündnis 90/Grüne umstritten waren – in Höhe von rd. 1,5 Mrd. US-Dollar zum Weiterbau der beiden Ersatzreaktoren sowjetischer Bauart in Rowno und Chmelnizki bewogen Kutschma zur Abschaltung von Tschernobyl.

Dort hatte am 26. April 1986 eine unkontrollierte Kernschmelze den vierten Reaktorblock zur Explosion gebracht. An den Folgen der schlimmsten Katastrophe in der Geschichte der friedlichen Nutzung der Kernenergie sind bis heute nach Schätzungen russischer Wissenschaftler etwa 30 000 Menschen gestorben.

Während der Reaktorblock 4 mit einer – immer poröser werdenden – Schutzhülle (»Sarkophag«) umge-ben wurde, blieb der intakte Teil von Tschernobyl für die ukrainische Energieversorgung unverzichtbar.

Bereits am 29. September 1986 ging der umgerüstete Reaktor 1 wieder in Betrieb, im November folgten Reaktor 2 und 3. Im Oktober 1991 geriet Reaktor 2 in Brand und wurde abgeschaltet. Im November 1996 wurde auch Reaktor 1 abgeschaltet, Reaktor 3 blieb bis zum 15. Dezember 2000 in Betrieb. Mit der Abschaltung beginnt die endgültige Stilllegung des Atommeilers. Nach Ansicht von Energie-Experten wird die größte radioaktive Gefahr frühestens 2008 beseitigt sein.

◁ *Leonid Kutschma (sitzend) bei seinem Abschiedsbesuch in Tschernobyl am 14. Dezember. Kutschma hatte die endgültige Abschaltung der Atomanlage Tschernobyl über Jahre hinausgezögert. Um den symbolischen Akt der Abschaltung am 15. Dezember möglich zu machen, war der letzte Reaktor des Atommeilers einen Tag zuvor wieder auf Minimalleistung hochgefahren worden. Die ukrainische Atombehörde hatte ihn bereits Anfang Dezember wegen eines Lecks im Kühlsystem vom Netz genommen.*

Bern: Schmid wird neuer Bundesrat

6. 12., Bern. Die Vereinigte Bundesversammlung wählt Samuel Schmid zum Schweizer Bundesrat. Der Ständerat aus dem Kanton Bern gehört wie der nach 13 Jahren ausscheidende Adolf Ogi der Schweizerischen Volkspartei (SVP) an. Er übernimmt das Departement für Verteidigung, Bevölkerungsschutz und Sport.

Im sechsten Wahlgang erzielt Schmid mit 121 Stimmen die notwendige Mehrheit. Mit seiner Wahl bleibt die seit 1959 geltende sog. Zauberformel bei der Besetzung der Bundesratssitze erhalten, obwohl Schmid nicht der offizielle Kandidat der SVP war. Der »starke Mann« der Partei, der europakritische Populist Christoph Blocher, hatte auf die Zürcher Regierungsrätin Rita Fuhrer gesetzt.

Bundesrat Samuel Schmid von der konservativen Schweizerischen Volkspartei wird vereidigt. Er kommt aus Rüti bei Büren an der Aare.

Felicitas Weigmann siegt im Streit mit dem Bezirksamt Wilmersdorf.

Prostitution nicht immer sittenwidrig

1. 12., Berlin. Zum ersten Mal in Deutschland entscheidet das Berliner Verwaltungsgericht, dass Prostitution nicht sittenwidrig ist, sofern Frauen dem Gewerbe auf freiwilliger Basis nachgehen.

Die Richter entscheiden zu Gunsten der Betreiberin des »Café Psst« im bürgerlichen Bezirk Wilmersdorf, Felicitas Weigmann, die auch Zimmer an Prostituierte vermietet.

Bund will 2001 weniger ausgeben

1. 12., Berlin. Nach viertägigen Beratungen billigt der Bundestag mit 315 gegen 235 Stimmen den Haushalt von Bundesfinanzminister Hans Eichel (SPD). Der Bund kann 2001 somit 477 Mrd. DM ausgeben. Aus dem ursprünglichen Entwurf hatte der Haushaltsausschuss 1,7 Mrd. DM herausgestrichen. Das Etatvolumen ist um 1,8 Mrd. DM oder 0,4 % kleiner als 2000.

Die Neuverschuldung soll 43,7 Mrd. DM betragen, 2,4 Mrd. DM weniger als zunächst geplant. Die Ausgaben des Bundes für Investitionen erhöhen sich dank der Zinseinsparungen infolge der Erlöse aus dem Verkauf von UMTS-Lizenzen auf 58 statt 54,6 Mrd. DM. Während Eichel den Haushalt als Fortsetzung des Konsolidierungskurses würdigt, spricht die Opposition kritisch von »Buchhaltertricks«.

Kampf um TV-Freiheit

20. 12., Prag. Die Ernennung von Jiri Hodac zum Direktor des öffentlich-rechtlichen Fernsehsenders Ceska Televize (CT) löst in Tschechien einen »Fernseh-Krieg« aus. Aus Protest gegen die Berufung von Hodac besetzen Redakteure die Nachrichtenzentrale und organisieren ein Notprogramm über Kabel und Satellit. Sie sehen in der Berufung den Versuch einer politischen Einflussnahme. Hodac gilt ihnen als Interessenvertreter des Parlamentspräsidenten und früheren Regierungschefs Vaclav Klaus, von dessen Demokratischer Bürgerpartei (ODS) die sozialdemokratische Minderheitsregierung abhängig ist. Beistand in ihrem Kampf für die Rundfunkfreiheit erhalten die Redakteure u.a. von Staatspräsident Vaclav Havel. Am → 11. Januar 2001 (S. 32) erklärt Hodac seinen Rücktritt.

In einem Prager TV-Shop: Zensur für Sendungen von Fernsehteams, die der neuen Leitung die Loyalität verweigern; die Tafel rechtfertigt die Störung.

»Therapeutisches Klonen« erlaubt

19. 12., London. Mit 366 gegen 174 Stimmen billigt das Unterhaus eine Änderung des Embryonenschutzgesetzes. Großbritannien will damit als weltweit erstes Land das Klonen menschlicher Embryozellen erlauben.

Stimmt auch das Oberhaus zu, dürfen Mediziner an bis zu 14 Tage alten menschlichen Zellen zum Zwecke des »therapeutischen Klonens« forschen. Ziel ist die Bekämpfung degenerativer Krankheiten wie Alzheimer oder Parkinson. Auch in der Krebs- und Diabetes-Forschung sowie im Bereich der Organtransplantation werden so Fortschritte erhofft.

Das »reproduktive Klonen«, mit dem identische Kopien von Menschen geschaffen werden könnten, bleibt ebenso wie die Entwicklung von Mischwesen aus Mensch und Tier verboten.

In Deutschland ruft der britische Vorstoß Proteste in Politik und Kirchen sowie in der Ärzteschaft hervor: Damit würden Embryonen als »Ersatzteillager« missbraucht. Zudem weisen Forscher darauf hin, dass noch nicht hinreichend geklärt sei, ob das therapeutische Klonen tatsächlich den erhofften medizinischen Fortschritt erbringe.

China: 309 Tote bei Brand im Kaufhaus

25. 12., Luoyang. Ein Feuer in einem sechsstöckigen Gebäude mit Tanzclub und Kaufhaus kostet 309 Menschen, 174 Frauen und 135 Männer, das Leben.

Die meisten Opfer haben in der zentralchinesischen Stadt an einem weihnachtlichen Tanzvergnügen teilgenommen und waren nach dem Ausbruch des Feuers um 21.35 Uhr Ortszeit in den oberen Stockwerken des Gebäudes von Flammen und dichtem Rauch eingeschlossen. Auch für eine Gruppe von Arbeitern, die eine Kaufhauskette im ersten und zweiten Stock renovierten, waren die Fluchtmöglichkeiten abgeschnitten. Die Zahl der weiblichen Opfer ist deshalb so hoch, weil Frauen bei dem Fest freien Eintritt hatten.

Das Feuer war im Keller ausgebrochen und hatte sich rasch nach oben ausgebreitet. Brandursache sind nach den Ermittlungen der Behörden Fehler bei Schweißarbeiten. Es ist eine der schwersten Brandkatastrophen in der jüngeren Geschichte Chinas. Demonstranten protestieren gegen schlampige Sicherheitskontrollen.

Die Überreste der Möbelabteilung in dem Dongdu-Gebäude; über ein Dutzend Personen werden nach Pressemeldungen als Schuldige festgenommen.

Nobelpreis für Bemühungen um Aussöhnung in Korea

10. 12., Oslo. Südkoreas Präsident Kim Dae Jung nimmt in der norwegischen Hauptstadt den Friedensnobelpreis entgegen.

Das Nobelkomitee begründet die Vergabe der Auszeichnung an den 75-Jährigen mit dessen »Arbeit für Demokratie und Menschenrechte«, insbesondere für »Frieden und Versöhnung mit Nordkorea«. Kim sagt in seiner Dankesrede bei der feierlichen Zeremonie im Rathaus, er empfinde »grenzenlose Dankbarkeit«. Wegen seines Engagements für die Menschenrechte galt er seit Ende der 70er Jahre regelmäßig als Anwärter auf den Friedensnobelpreis.

In Stockholm überreicht König Carl XVI. Gustaf die anderen Auszeichnungen. Alle Nobelpreise sind mit umgerechnet jeweils 2,1 Mio. DM dotiert und werden seit dem Jahr 1901 traditionsgemäß am Todestag des schwedischen Preisstifters Alfred Nobel überreicht.

Der seit 1987 im französischen Exil lebende Schriftsteller, Übersetzer, Regisseur und Künstler Gao Xingjian erhält als erster Chinese überhaupt den Literatur-Nobelpreis. Der 60-Jährige habe »ein Werk von universaler Gültigkeit« geschaffen, heißt es in der Begründung der Schwedischen Akademie. Darin werde »die Literatur aus dem Kampf des Individuums, die Geschichte der Massen zu überleben, wiedergeboren«.

Den Nobelpreis für Physik teilen sich Jack Kilby (USA) und Zhores

Herbert Kroemer (r.) entwarf 1957 einen sog. Heterostruktur-Transistor aus verschiedenen Materialien.

Alferov (Russland) mit dem 1928 in Weimar geborenen Herbert Kroemer, der seit 1959 in den USA lebt und an der Universität von Kalifornien in Santa Barbara forscht und lehrt. Der Nobelpreis würdigt die Grundlagenarbeiten der drei Wissenschaftler im Bereich der Informationstechnologie mit der Entwicklung von elektronischen Bauteilen und Mikrochips. Die daraus hervorgegangenen Techniken wie Computer, Internet und Mobiltelefone hätten einen tief greifenden Einfluss auf die Menschheit gehabt, erklärt das Karolinska Institut.

Den Nobelpreis für Chemie erhalten die US-Amerikaner Alan Heeger und Alan MacDiarmid sowie der Japaner Hideki Shirakawa für die gemeinsame Entwicklung Strom leitender Kunststoffe. Der Medizinpreis geht an den in Wien geborenen US-Bürger Eric Kandel, den US-Amerikaner Paul Greengard und den Schweden Arvid Carlsson für bahnbrechende Forschungen zur Parkinson-Krankheit, der Schizophrenie und anderer nervlicher Leiden.

Den Wirtschafts-Preis teilen sich James J. Heckman und Daniel L. McFadden (beide USA) für die Entwicklung von Theorien und Methoden zur empirischen Analyse des Verhaltens von Individuen.

Der Chef des Nobelkomitees Gunnar Berge (l.) vergleicht in seiner Laudatio die Friedensarbeit von Kim Dae Jung (r.) mit Willy Brandts Ostpolitik.

Carl XVI. Gustaf (r.) gratuliert Gao Xingjian, der seit 1987 in Paris lebt und dessen Stücke in China seit seiner Emigration nicht mehr aufgeführt werden.

Scheidungskrieg im Hause Becker

5. 12., München. Der 33 Jahre alte frühere Tennisstar Boris Becker gibt der Öffentlichkeit die Trennung von seiner Frau Barbara bekannt. In seinem Fax heißt es:»Seit geraumer Zeit haben wir feststellen müssen, dass unsere Auffassungen über die Prioritäten unserer Beziehung zu unterschiedlich sind.«
Von Scheidung ist zunächst noch nicht die Rede, allerdings reist Barbara, die einen amerikanischen Vater hat, nach Bekanntgabe der Trennung mit den beiden Söhnen – dem sechsjährigen Noah Gabriel und dem einjährigen Elias Balthasar – nach Florida.
Was zunächst nach einer einvernehmlichen Trennung aussieht, wird bald zu einem Rosenkrieg, in dessen Verlauf Pressemeldungen zufolge Barbara Becker sogar an Heiligabend ihrem mit Geschenken vor der Tür stehenden Mann den Eintritt verwehrt.
Am 13. Dezember meldet die Presse, Barbara Becker habe bei einem Bezirksgericht des Miami-Vororts Dade Klage eingereicht und fordere das alleinige Sorgerecht für ihre beiden Söhne, ferner Unterhaltszahlungen sowie das exklusive

Ein schönes Paar: Barbara und Boris Becker bei einer Sport-Gala am 25. Mai 2000 in Monaco. Die Beckers hatten am 17. Dezember 1993 in Leimen geheiratet. Barbara Becker Feltus hat zugunsten der Familie eine mögliche Schauspielkarriere aufgegeben. Bei der Scheidung geht es um viel Geld: Beckers Vermögen wurde 1999 auf mindestens 120 Mio. DM geschätzt. Rasch auftauchende Gerüchte über andere Frauen in Beckers Leben, wie die 26-jährige farbige Hip-Hop-Sängerin Sabrina Setlur, werden ebenso schnell wieder dementiert.

Wohnrecht« in dem 3,1 Mio. DM teuren Anwesen auf der Promi-Insel Fisher Island.
Am 15. Dezember reicht Boris beim Amtsgericht München einen Scheidungsantrag ein. Die Scheidung erfolgt am → 15. Januar 2001 (S. 34) in München.

Kuerten ist die Nr. 1 im Tennis

3. 12., Lissabon. Der 24-jährige deutschstämmige Brasilianer Gustavo Kuerten ist der beste Tennisspieler des Jahres 2000.
Kuerten gewinnt durch ein 6:4, 6:4, 6:4 im Finale gegen den US-Amerikaner Andre Agassi den erstmals ausgetragenen Masters Cup, den Nachfolger der ATP-Tennisweltmeisterschaft.
Kuerten tritt in die Fußstapfen des US-Amerikaners Pete Sampras, den er tags zuvor im Halbfinale ausgeschaltet hat. Durch seinen Sieg verdrängt Kuerten auch den 20-jährigen Russen Marat Safin vom Gipfel der »Champions Race«. Weltmeister wird (nach dem Vorbild der Formel 1) derjenige, der in der Saisonwertung die meisten Punkte erzielt hat.
Das Jahresendturnier wurde erstmals nach neuem Modus ausgetragen: Qualifiziert waren die Spieler, die eines der vier Grand-Slam-Turnier gewonnen haben, also Agassi (Australien), Kuerten (Paris), Sampras (Wimbledon) und Safin (New York). Dazu kamen die vier in der WM-Wertung bestplatzierten Tennisprofis.

Madonna traut sich

22. 12., Dornoch. Der US-Popstar Madonna (Madonna Louise Veronica Ciccone) und der britische Filmregisseur Guy Ritchie sind ein Ehepaar. Der 32-jährige Ritchie und die zehn Jahre ältere Madonna geben einander vor Pastorin Susan Brown von der protestantischen Kirche auf Schloss Skibo im Norden Schottlands das Ja-Wort.
Madonna war bereits von 1985 bis 1989 mit dem Schauspieler Sean Penn verheiratet.
Hochzeitsgäste sind die engsten Familienmitglieder und einige prominente Freunde. Als Trauzeugen sind die Schauspielerin Gwyneth Paltrow und der Produzent Matthew Vaughn zugegen. Ritchie, dessen Familie zum schottischen Clan der Macintosh gehört, heiratet im Kilt. Das Brautkleid Madonnas hat die Modeschöpferin Stella McCartney entworfen. Das Paar hat sich nur am Tag vor der Hochzeit kurz der Öffentlichkeit gezeigt, als es den gemeinsamen viermonatigen Sohn Rocco Ritchie in der

Kirche von Dornoch taufen ließ. Aus einer Beziehung zu ihrem Fitnesslehrer Carlos Leon hat Madonna bereits eine Tochter, die vierjährige Lourdes.

Madonna und Guy Ritchie mit dem vier Monate alten Rocco Ritchie

Sportler des Jahres

17. 12., Baden-Baden. Die Weitspringerin Heike Drechsler, der 800-m-Läufer Nils Schumann und der Bahnrad-Vierer (Robert Bartko, Jens Lehmann, Guido Fulst und Daniel Becke) werden für ihre Olympiasiege im australischen Sydney mit dem Titel »Sportler des Jahres 2000« belohnt.
Bei der Abstimmung setzt sich Drechsler einen Tag nach ihrem 36. Geburtstag mit 5232 Punkten gegen die Kanutin Birgit Fischer (4434 Punkte) und die Dressurreiterin Isabell Werth (1637) durch. Die Thüringerin errang in ihrer Karriere 26 internationale Medaillen, darunter zweimal Olympia-Gold (1992 und 2000), sowie vier EM-Titel und den Weltmeistertitel 1983.
Der erste 800-m-Olympiasieg eines Deutschen gibt den Ausschlag für die Wahl Schumanns. Er liegt mit 3765 Punkten vor Rennfahrer Michael Schumacher (2854) und Rad-Profi Jan Ullrich (2427).
Der Bahnrad-Vierer setzt sich bei der Sportlerwahl – ähnlich überlegen wie in Sydney – mit 5033 Punkten gegen die Mannschaften der Springreiter (1977) und der Dressurreiter (1956) durch.

Weitspringerin Heike Drechsler wird die »Sportlerin des Jahres«.

Januar 2001

Mo	Di	Mi	Do	Fr	Sa	So
1	2	3	4	5	6	7
8	9	10	11	12	13	14
15	16	17	18	19	20	21
22	23	24	25	26	27	28
29	30	31				

1. Januar, Neujahr

Mit Jahresbeginn tritt die erste Stufe der Steuerreform in Kraft, welche die Bundesbürger im Jahr 2001 um insgesamt 45 Mrd. DM entlastet. → S. 24

Die Ratspräsidentschaft der Europäischen Union geht mit dem Jahreswechsel von Frankreich auf Schweden über. Wichtigstes Thema bleibt die Erweiterung der EU.

Russland begrüßt das neue Jahr mit der wieder eingeführten sowjetischen Nationalhymne. »Russland, unser heiliger, mächtiger Staat« – so intoniert zu Mitternacht im Fernsehen ein Männerchor den neuen Text zur Melodie der umstrittenen alten Hymne.

2. Januar, Dienstag

Erstmals in der Geschichte der Bundeswehr treten 244 Frauen zur freiwilligen Grundausbildung an der Waffe an. → S. 25

Mehr als 1200 Bauern protestieren im oberpfälzischen Pilsach gegen den Abtransport von 62 Rindern aus einem Bauernhof, der von der Rinderseuche BSE betroffen ist. Die Bauern verlangen, dass beim Auftreten der Rinderseuche nicht alle Tiere einer Herde getötet werden, sondern nur Rinder des betroffenen Jahrgangs sowie die vorhergehende und die nachfolgende Generation (→ 9.1./S. 22).

Über 20 Jahre nach dem Ende der Schreckensherrschaft der Roten Khmer billigt die Nationalversammlung von Kambodscha einstimmig die Schaffung eines internationalen Tribunals, das die Verbrechen jener Zeit untersuchen und die Schuldigen zur Rechenschaft ziehen soll. Zwischen 1975 und 1979 fielen den Roten Khmer etwa 1,7 Mio. Menschen zum Opfer.

Nach einer Gewinnwarnung des Jenaer Software-Unternehmens Intershop bricht der Wert der Aktie des am Neuen Markt notierten, auf E-Commerce-Systeme spezialisierten Unternehmens um 71% auf 9,75 € ein und zieht am ersten Börsentag im neuen Jahr auch die übrigen sog. Wachstumswerte mit in die Tiefe (→ 8.8./S. 149).

3. Januar, Mittwoch

Der 107. US-Kongress tritt zu seiner ersten Sitzung zusammen. Der noch amtierende Vizepräsident Al Gore vereidigt die neuen Senatoren, darunter die in New York für die Demokraten gewählte First Lady Hillary Rodham Clinton (→ S. 31).

In Neuss wird die erste deutsche Indoor-Skianlage eröffnet. → S. 34

4. Januar, Donnerstag

Die Arabische Liga erteilt den US-Vorschlägen für die Lösung des Nahostkon-

flikts eine Absage. Die Außenminister stellen sich auf einer Sondersitzung in Kairo einmütig hinter Palästinenser-Präsident Jasir Arafat, der die Hoheit über den Jerusalemer Tempelberg und ein bedingungsloses Rückkehrrecht der palästinensischen Flüchtlinge nach Israel verlangt. Beide Forderungen weist die Regierung in Jerusalem zurück (→ 10.8./S. 140).

5. Januar, Freitag

Das Bundesverfassungsgericht rügt in einem Beschluss die »zu beobachtende einseitige Praxis« des Bundesbeauftragten für Asylangelegenheiten zu Lasten der Asylbewerber.

6. Januar, Samstag

Mit der Auszählung der Stimmen der Wahlmänner wird auf einer Sondersitzung des Kongresses der Sieg des Republikaners George W. Bush bei der US-Präsidentenwahl am 7. November 2000 auch formal besiegelt. Bush bekam 271 Stimmen, für seinen demokratischen Kontrahenten Al Gore stimmten 266 Wahlmänner (→ 20.1./S. 30).

Die Partei des Milliardärs Thaksin Shinawatra, Thai-Rak-Thai (»Thais lieben Thais«), geht aus den Parlamentswahlen in Thailand als Sieger hervor, verfehlt aber knapp die absolute Mehrheit.

Mit der Schließung der Heiligen Pforte am Petersdom beendet Papst Johannes Paul II. in Rom das unter der katholischen Kirche begangene Heilige Jahr 2000. Nach offiziellen Angaben besuchten in den vergangenen zwölf Monaten rd. 25 Mio. Pilger Rom und den Vatikan.

Als erster Pole gewinnt Adam Malysz die deutsch-österreichische Vierschanzentournee der Skispringer. In der Gesamtwertung verweist Malysz den Finnen Janne Ahonen auf Platz zwei. Die beiden deutschen Athleten Martin Schmitt und Sven Hannawald belegen die Plätze drei und vier. → S. 35

7. Januar, Sonntag

Russlands Präsident Wladimir Putin sagt eine vollständige Rückzahlung der Altschulden aus sowjetischer Zeit, rd. 100 Mrd. DM weltweit, davon 43 Mrd. DM gegenüber Deutschland, zu. Bei der Verabschiedung von Bundeskanzler Gerhard Schröder (SPD), der mit seiner Frau auf Einladung Putins in Moskau das orthodoxe Weihnachtsfest verbracht hat, versichert der Präsident, Russland werde seine Verpflichtungen erfüllen.

Der langjährige Oppositionsführer John Kufuor wird als neuer Präsident des westafrikanischen Staates Ghana vereidigt. Kufuor hat sich Ende Dezember in einer Stichwahl gegen Vizepräsident John Atta Mills durchgesetzt und löst damit den bisherigen Amtsinhaber Jerry Rawlings ab, der sich 1981 an die Macht geputscht und schrittweise die Demokratie eingeführt hatte.

8. Januar, Montag

Rebellierende Soldaten unternehmen in der Côte d'Ivoire einen Putschversuch gegen Präsident Laurent Gbagbo. Sie beset-

zen zeitweilig die Radio- und Fernsehsender, werden aber von regierungstreuen Truppen vertrieben.

Nach heftigen Schneestürmen sind im Norden Chinas Tausende vom Hunger bedroht. Bisher kamen 21 Personen ums Leben. Im Norden Indiens forderte die Kältewelle bislang mindestens 136 Todesopfer, im benachbarten Bangladesch erfroren 31 Menschen.

Eine Explosion in einem Gas-Kraftwerk der ThyssenKrupp Stahl AG richtet in Duisburg Schäden in Millionenhöhe an. Menschen werden nicht verletzt.

9. Januar, Dienstag

Sechs Wochen nach dem ersten Auftreten der Rinderseuche BSE in Deutschland treten die Bundesminister für Gesundheit und Landwirtschaft, Andrea Fischer (Bündnis 90/Die Grünen) und Karl-Heinz Funke (SPD), zurück. → S. 22

Der Fußballclub Borussia Dortmund verpflichtet den bei Sparta Prag spielenden Tomas Rosicky. Der Kaufpreis von über 25 Mio. DM für Rosicky, der einen Vertrag bis 2006 erhält, ist der teuerste Bundesliga-Transfer aller Zeiten.

10. Januar, Mittwoch

Die bisherige Grünen-Sprecherin Renate Künast, die einen grundlegenden Wechsel in der Agrarpolitik unter verstärkter Förderung des ökologischen Landbaus durchsetzen will, wird an die Spitze des neuen Ministeriums für Verbraucherschutz, Ernährung und Landwirtschaft berufen. Ihre Kollegin im Gesundheitsministerium ist Ulla Schmidt (SPD). → S. 23

Der Philosophieprofessor und Kulturmanager Julian Nida-Rümelin (SPD) beginnt in Berlin seine Arbeit als Kulturstaatsminister. Der bisherige Kulturreferent der Stadt München ist Nachfolger von Michael Naumann, der Anfang 2001 als Herausgeber und Chefredakteur zur Hamburger Wochenzeitung »Die Zeit« wechselte.

Die frühere Präsidentin der bosnischen Serbenrepublik, Biljana Plavsic, stellt sich dem UN-Kriegsverbrechertribunal in Den Haag. Der 70-Jährigen werden Völkermord, Verbrechen gegen die Menschlichkeit und andere Verstöße gegen das Völkerrecht vorgeworfen (→ 28.6./S. 104).

11. Januar, Donnerstag

Nach einem gut dreiwöchigen Journalistenstreik tritt der umstrittene tschechische Fernsehdirektor Jiri Hodac zurück. → S. 32

Der Fusion des Online-Dienstes America Online (AOL) mit der Mediengruppe Time Warner zum größten Medienkonzern der Welt stimmt nach der Billigung durch die europäischen Wettbewerbshüter und die US-Wettbewerbsbehörde FTC auch die Kommunikationsbehörde Federal Communications Commission (FCC) unter Auflagen zu. Beide Partner verpflichten sich u.a., ihre Kabelnetze für Internet-Konkurrenten zu öffnen. AOL hat mehr als 26 Mio. Online-Kunden, Time Warner verfügt über Film- und Fernsehstudios, Kabelfernsehnetze sowie Verlage und Vergnügungsparks.

12. Januar, Freitag

US-Forschern ist es erstmals gelungen, gezielt das Erbgut eines Menschenaffen zu verändern. Nach einem Bericht der Fachzeitschrift »Science« wurde der Rhesusaffe am 2. Oktober 2000 am Primaten-Forschungszentrum der Universität Portland geboren. Der Versuch soll Wege zu neuen Therapien für schwere Leiden wie Diabetes, Brustkrebs, die Parkinson-Krankheit und Aids aufzeigen (→ S. 164).

Einen Tag nach seiner Rückkehr aus den USA gesteht der frühere Fußball-Bundesliga-Trainer Christoph Daum ein, Kokain konsumiert zu haben. → S. 35

13. Januar, Samstag

Bei einem Erdbeben der Stärke 7,6 auf der Richterskala kommen im mittelamerikanischen El Salvador mindestens 726 Menschen ums Leben. → S. 32

Das Revolutionsgericht in Teheran spricht Freiheitsstrafen zwischen vier und zehn Jahren für 14 iranische Teilnehmer einer Iran-Konferenz aus, zu der im April 2000 die den Grünen nahe stehende Heinrich-Böll-Stiftung nach Berlin eingeladen hatte. Die Tagung war von Teheran als »anti-islamisch« verurteilt worden.

14. Januar, Sonntag

Portugals sozialistischer Staatschef Jorge Sampaio wird mit einem Stimmenanteil von 55,8% für weitere fünf Jahre gewählt. Der Liberalkonservative Joaquim Ferreira do Amaral erhält als wichtigster Herausforderer 34,5% der Stimmen. Die Wahlbeteiligung ist mit 50,9% die niedrigste seit der Rückkehr des Landes zur Demokratie im Jahr 1974.

Die Spielvereinigung Unterhaching gewinnt das Hallen-Masters des Deutschen Fußball-Bundes. Im Finale besiegt sie Werder Bremen 5:4 nach Neunmeterschießen.

15. Januar, Montag

Nach dem Tod eines jüdischen Siedlers riegelt Israel den Gasastreifen erneut ab und sagt Friedensgespräche mit den Palästinensern ab. Der Mann war von Palästinensern verschleppt und getötet worden. Radikale jüdische Siedler setzten aus Rache mehrere Häuser von Palästinensern in Brand (→ 10.8./S. 140).

Nur einen Monat nach dem Einreichen der Scheidung sind Ex-Tennisstar Boris Becker und seine Frau Barbara geschieden. → S. 34

16. Januar, Dienstag

Bundesaußenminister Joschka Fischer (Bündnis 90/Die Grünen) sagt als Zeuge im sog. OPEC-Prozess aus und schildert detailliert seine Zeit in der Frankfurter Sponti-Szene der 70er Jahre. → S. 24

Der kongolesische Staatspräsident Laurent-Désiré Kabila wird bei einem Attentat getötet. → S. 33

Nach der Havarie eines Tankers ist die Tier- und Pflanzenwelt der Galapagos-Inseln von einer Ölpest bedroht (→ S. 51).

»Nun wird's ernst«, meint die US-amerikanische Zeitschrift »Newsweek«, an die Adresse von George W. Bush gerichtet. Der Republikaner wird am 20. Januar in Washington in sein Amt eingeführt.

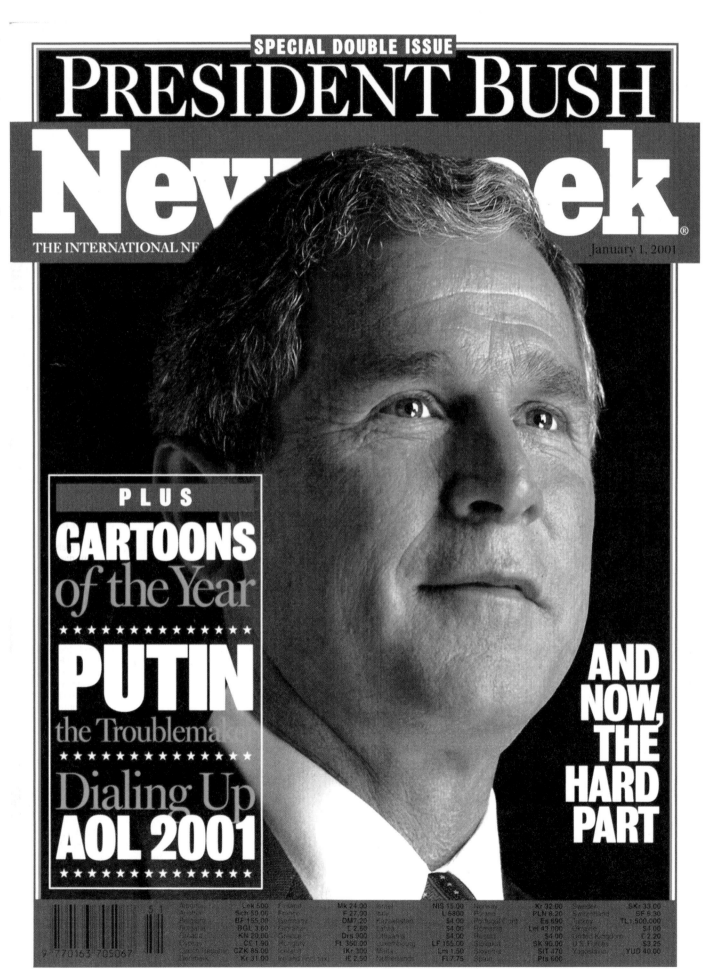

SPECIAL DOUBLE ISSUE

PRESIDENT BUSH

Newsweek

THE INTERNATIONAL NE...

January 1, 2001

PLUS

CARTOONS
of the Year

★★★★★★★★★★★★★★★★★★

PUTIN
the Troublema...

★★★★★★★★★★★★★★★★★★

Dialing Up
AOL 2001

★★★★★★★★★★★★★★★★★★

AND NOW, THE HARD PART

17. Januar, Mittwoch

In einer kontroversen Debatte im Deutschen Bundestag stellt sich Bundeskanzler Gerhard Schröder (SPD) demonstrativ hinter den wegen seiner Sponti-Vergangenheit unter Druck geratenen Bundesaußenminister Joschka Fischer (Bündnis 90/Die Grünen). Dagegen erklärt die CDU-Vorsitzende Angela Merkel, es sei nicht erkenntlich, ob der Minister gänzlich der Gewalt abgeschworen habe (→ 16.1./S. 24).

Im Prozess um die tödliche Kampfhund-Attacke auf ein Kind im Juni 2000 verurteilt das Hamburger Landgericht einen der Halter zu dreieinhalb Jahren Haft. Seine mit angeklagte Freundin erhält ein Jahr Jugendstrafe auf Bewährung. → S. 27

Die Mitgliedstaaten der Organisation Erdöl exportierender Länder (OPEC) drosseln nach einer Entscheidung des OPEC-Gipfels in Wien ab 1. Februar ihre Ölförderung um 1,5 Mio. Barrel pro Tag; dies entspricht rd. 5% der Produktion.

Im US-Bundesstaat Kalifornien spitzt sich die seit Monaten anhaltende Energiekrise dramatisch zu. Erstmals kommt es zu gezielten Stromabschaltungen. Wegen einer verfehlten Marktliberalisierung leidet Kalifornien seit längerem unter akutem Elektrizitätsmangel.

18. Januar, Donnerstag

Der »genetische Fingerabdruck« verurteilter Straftäter darf nach einer Entscheidung des Bundesverfassungsgerichts gespeichert werden, sofern Straftaten von erheblicher Bedeutung begangen wurden und weitere Strafverfahren zu erwarten sind. Der Richter, der eine DNA-Identifizierung anordnet, müsse aber eine umfasse Einzelfallprüfung vornehmen.

Die Bundeshauptstadt Berlin und das Land Brandenburg gedenken der Krönung des ersten preußischen Königs am 18. Januar 1701, vor 300 Jahren, in Königsberg.

Die USA und Frankreich erzielen mit Holocaust-Überlebenden eine Vereinbarung über Entschädigungen für Nazi-Verfolgte. Dabei geht es um Juden, deren bei französischen Banken deponierte Guthaben von der mit Deutschland kollaborierenden Vichy-Regierung eingefroren worden waren. Damit werden drei bei US-Gerichten eingereichte Klagen hinfällig, die sich im Namen von 64 000 Betroffenen gegen acht Banken richteten.

19. Januar, Freitag

Einen Tag vor seinem Ausscheiden aus dem Amt räumt US-Präsident Bill Clinton ein, in der Lewinsky-Affäre nicht die volle Wahrheit gesagt zu haben. Im Gegenzug will die Justiz gegen ihn keine Anklage erheben. Clinton verliert aber für fünf Jahre die Anwaltslizenz in seinem Heimatstaat Arkansas und muss 25 000 US-Dollar Strafe zahlen (→ S. 31).

In Köln wird der von dem Architekten Oswald Mathias Unger entworfene Neubau des städtischen Wallraf-Richartz-Museums eröffnet. Den Anstoß zum Neubau hatte Kunstmäzen Peter Ludwig gegeben. → S. 27

20. Januar, Samstag

Der Republikaner George W. Bush wird als 43. Präsident der USA vereidigt. → S. 30

In einem unblutigen Volksaufstand wird der unter Korruptionsverdacht stehende philippinische Präsident Joseph Estrada gestürzt. → S. 33

21. Januar, Sonntag

Papst Johannes Paul II. bestimmt 37 neue Kardinäle. Sie sollen am → 21. Februar (S. 45) in ihr Amt eingeführt werden. Ernannt werden drei Nordamerikaner, zehn Südamerikaner, fünf Asiaten, zwei Afrikaner sowie elf Europäer, unter ihnen zwei Deutsche: Kurienbischof Walter Kasper und der Theologe Leo Scheffczyk aus der Diözese München-Freising; bei einer Nachnominierung kommen u.a. die deutschen Bischöfe Karl Lehmann und Johannes Joachim Degenhardt hinzu.

Als erste Frau gewinnt Jutta Kleinschmidt mit ihrem Beifahrer Andreas Schulz in einem Mitsubishi Pajero die Wüstenrallye Paris–Dakar. → S. 35

22. Januar, Montag

Trotz seines Konflikts mit dem Vatikan kann der Limburger Bischof Franz Kamphaus vorerst seinen liberalen Kurs in der Schwangeren-Konfliktberatung fortsetzen und weiter die für eine straffreie Abtreibung benötigten Scheine ausstellen.

In Großbritannien ist das Klonen von Embryonen für therapeutische Zwecke künftig erlaubt. Nach dem Unterhaus stimmt auch das Oberhaus einer entsprechenden Gesetzesänderung zu (→ 19.12.00/S. 15).

Die Erdatmosphäre erwärmt sich nach einer UNO-Studie dramatischer als bislang angenommen. Wissenschaftler erwarten in diesem Jahrhundert eine globale Erwärmung von 1,4 °C bis 5,6 °C, nachdem bisher mit 1 °C bis 3,5 °C gerechnet worden war. Der Meeresspiegel werde bis 2100 um bis zu 88 cm ansteigen (→ S. 121).

23. Januar, Dienstag

Bayerns Sozialministerin Barbara Stamm (CSU) tritt zurück. Sie zieht damit die Konsequenzen aus schweren Vorwürfen in der BSE-Krise und im Schweinemast-Skandal. → S. 23

Sprachwissenschaftler wählen den von Rechtsextremisten gebildeten Begriff »National befreite Zone« zum »Unwort des Jahres 2000«. Damit würden auf zynische Weise Gebiete umschrieben, aus denen Ausländer durch terroristische Übergriffe vertrieben worden seien.

Spitzenvertreter des deutschen Transrapid-Konsortiums und der chinesischen Betreiber unterzeichnen den Vertrag für den Bau der ersten kommerziellen Strecke der Magnetschwebebahn Transrapid in Schanghai. → S. 27

24. Januar, Mittwoch

Aufgrund heftiger Proteste, auch aus den eigenen Reihen, zieht die CDU nach einem Tag ein Plakatmotiv zurück, auf dem Kanzler Gerhard Schröder ähnlich wie bei Verbrecherfotos von vorn und von beiden Seiten sowie mit einem Aktenzeichen am unteren Bildrand gezeigt und der »Renten-Lüge« bezichtigt wird. CDU-Generalsekretär Laurenz Meyer räumt ein, man habe nicht bedacht, wie das Plakat allgemein aufgenommen werde.

Fernsehübertragungen aus Gerichtssälen bleiben in Deutschland verboten. Das Bundesverfassungsgericht weist mit fünf gegen drei Stimmen eine Klage des privaten Nachrichtensenders n-tv ab. → S. 26

Der britische Nordirland-Minister Peter Mandelson tritt zurück. Er ist in die Kritik geraten, weil er einem wohlhabenden indischen Geschäftsmann zu einem britischen Pass verholfen haben soll. Premierminister Tony Blair ernennt den bisherigen Schottland-Minister John Reid zu Mandelsons Nachfolger. Der als enger Vertrauter Blairs geltende Mandelson hatte im November 1998 wegen einer Finanzaffäre bereits den Posten des Handelsministers räumen müssen.

Mit einem Bad im eiskalten Ganges begehen Millionen Hindus im nordindischen Bundesstaat Uttar Pradesh das rituelle Reinigungsfest Kumbh Mela. Das Bad am Zusammenfluss von Ganges und Yamuna soll alle Sünden abwaschen. → S. 34

25. Januar, Donnerstag

Der bisherige Oppositionsführer Zoran Djindjic wird vom serbischen Parlament mit 168 gegen 55 Stimmen zum Regierungschef gewählt. → S. 32

Der Europarat wirft der Ukraine, insbesondere wegen des Falls des vermutlich ermordeten Journalisten Georgi Gongadse, schwere Verletzungen der Pressefreiheit vor.

Bei einem Flugzeugabsturz kommen in Venezuela alle 24 Insassen ums Leben. Neben den vier Besatzungsmitgliedern der DC-3 der venezolanischen Fluggesellschaft Rutaca sterben 20 Touristen aus den USA, den Niederlanden, Italien, Ungarn, Österreich und Venezuela. Die Maschine war auf dem Weg zu der Karibikinsel Margarita.

26. Januar, Freitag

Ein Erdbeben der Stärke 7,9 auf der Richterskala richtet in mehreren Distrikten des indischen Bundesstaates Gujarat schwere Verwüstungen an. Das Beben fordert nach offiziellen Angaben mehr als 30 000 Todesopfer. → S. 32

Der schwedische Telekommunikations-Konzern Ericsson zieht sich aus der verlustreichen Handy-Produktion komplett zurück. Der nach Nokia und Motorola weltweit drittgrößte Hersteller kündigt an, die Mobiltelefon-Sparte an den US-Elektronik-Konzern Flextronics abgeben zu wollen.

27. Januar, Samstag

Bei schweren Zusammenstößen zwischen Gegnern des im Schweizer Wintersportort Davos tagenden Weltwirtschaftsforums und der Polizei werden etwa 100 Personen festgenommen. Im Anschluss an eine nicht genehmigte Demonstration werfen Teilnehmer Fensterscheiben ein, errichten Barrikaden und stecken Autos in Brand.

28. Januar, Sonntag

Das Erfolgsmusical »Cats« verabschiedet sich nach 15 Jahren vom Operettenhaus an der Hamburger Reeperbahn. Die deutsche Premiere des Musicals von Andrew Lloyd-Webber im April 1986 markierte den Beginn des Musical-Booms in Deutschland.

Andre Agassi (USA) gewinnt zum zweiten Mal in Folge die offenen australischen Tennismeisterschaften. Am Vortag hat seine Landsfrau Jennifer Capriati das Damenfinale für sich entschieden. → S. 35

Die Baltimore Ravens gewinnen das Endspiel um die Super Bowl der National Football League (NFL). Vor 75 000 Zuschauern im Raymond James Stadion besiegt das Team die New York Giants souverän mit 34:7 und sichert sich erstmals die begehrte Vince Lombardi Trophy.

29. Januar, Montag

Im Zuge der Bundeswehrreform will Bundesverteidigungsminister Rudolf Scharping (SPD) 39 große Standorte schließen. Darüber hinaus werden 20 Kleinststandorte mit bis zu 50 Beschäftigten aufgelöst. Scharping legt eine entsprechende Liste dem Verteidigungsausschuss des Bundestages vor. → S. 25

Die Staatsanwaltschaft in Berlin stellt ihre Ermittlungen gegen Bundesfinanzminister Hans Eichel (SPD) wegen der sog. Flugaffäre ein. Es seien, so ein Justizsprecher, keine Anhaltspunkte für das Vorliegen einer Straftat festgestellt worden. Bei der Staatsanwaltschaft waren mehrere Anzeigen gegen Eichel eingegangen.

30. Januar, Dienstag

Die Bundesregierung beantragt beim Bundesverfassungsgericht in Karlsruhe ein Verbot der rechtsextremistischen Nationaldemokratischen Partei Deutschlands (NPD). → S. 26

Der sächsische Ministerpräsident Kurt Biedenkopf (CDU) entlässt seinen Finanzminister Georg Milbradt. Er führt unüberwindbare Meinungsverschiedenheiten über die Politik bis zur nächsten Landtagswahl im Jahr 2004 als Begründung für diesen Schritt an. Nachfolger Milbradts, der bisher als aussichtsreicher Kandidat für die Nachfolge Biedenkopfs galt, wird der bisherige Chef der Dresdner Staatskanzlei, Thomas de Maizière (→ 25. 5./S. 87).

31. Januar, Mittwoch

Ungeachtet ihrer Finanzaffäre kann die CDU zunächst 41 Mio. DM staatliche Zuschüsse behalten. Die von Bundestagspräsident Wolfgang Thierse (SPD) verhängte Sanktion sei rechtswidrig, weil im Parteiengesetz nicht vorgesehen, entscheidet das Berliner Verwaltungsgericht und hebt die Strafe auf.

Gut zwölf Jahre nach dem Bombenanschlag auf ein Flugzeug über Lockerbie wird ein Libyer als Attentäter zu lebenslanger Haft verurteilt. → S. 31

Die BSE-Krise bringt die Bundesminister Andrea Fischer und Karl-Heinz Funke am 9. Januar zu Fall (»Münchner Merkur« vom 10.1.). Die bayerische Sozialministerin Barbara Stamm muss erst am 23. Januar ihren Hut nehmen.

Bayerns Bauern in der Sinn-Krise

Politik

Stoiber sagt nicht mehr definitiv nein / Blickpunkte

Heute mit Reiseteil

Münchner Merkur

80282 München ☎ (089) 5306-0 • www.merkur-online.de

Österreich 20,– ÖS · Italien 2.800,– Lit

Nr. 8 · 2. Woche · Münchner Zeitung · Mittwoch, 10. Januar 2001 · 2,00 DM

Schnee und Wolken

Das Wetter heute: Wechsel von Sonne und Wolken bei Temperaturen zwischen minus 1 und plus 4 Grad. Nachts Abkühlung auf minus 5 Grad.

Weltspiegel

Becker-Angebot

Im Trennungsstreit zwischen Boris und Barbara Becker zeichnet sich eine schnelle Einigung ab. Presseberichten zufolge hat der frühere Tennisstar seiner Frau ein Angebot vorgelegt, das die Auseinandersetzung beenden soll – ohne dass beide weiter vor Gericht in Miami streiten.

Wirtschaft

Rezession in USA?

Vor dem Amtsantritt von George W. Bush spukt in den USA das Gespenst der Rezession. Führende Finanzinstitute erwarten eine „harte Landung" der US-Wirtschaft. Die Deutsche Bank geht angesichts der nachlassenden Weltkonjunktur auch für Europa von Zinssenkungen aus.

München

In Haftzelle erhängt

Ein Verdächtiger im millionenschweren Korruptionsskandal im Münchner Baurererat hat sich am Wochenende in einer Augsburger Haftzelle erhängt. Der 44-jährige Beamte soll bei der Vergabe von Küchenbauten Schmiergelder kassiert haben.

Börsen

Dax · Dollar

Euro gibt nach

Der Kurs des Euro wurde gestern auf 0,9401 (Vortag: 0,9497) US-Dollar festgesetzt. Der Dollar kostete damit 2,0804 (2,0594) DM. Der Dax schloss bei 6400,86 Punkten (plus 8,69 Punkte).

Oberbayern

Tote Snowboarder

Zwei Snowboarder aus Oberbayern sind in Österreich beziehungsweise Südtirol tödlich verunglückt. Ein Seehausener wurde im Schnalstal unter einer Lawine begraben. Ein Holzkirchner kam im Zillertal ums Leben.

Politik

Bush mit Problem

Der gewählte US-Präsident George W. Bush hält an der umstrittenen Nominierung von Linda Chavez als Arbeitsministerin fest. Chavez hatte eine illegale Einwanderin in ihrem Haushalt arbeiten lassen.

BSE stürzt Regierung in die Krise

Fischer und Funke erklären ihren Rücktritt – Stamm und Miller wollen bleiben

Berlin/München (pf/mik) – Aus der BSE-Krise ist eine Regierungskrise geworden. Gestern Abend traten Gesundheitsministerin Andrea Fischer (Grüne) und ihr Kollege im Landwirtschaftsressort, Karl-Heinz Funke (SPD) zurück. Beide waren in den vergangenen Tagen heftig kritisiert worden.

Sichtlich bewegt bezeichnete Fischer es vor der Presse „als etwas bizarr, dass ausgerechnet eine Grünen-Politikerin als erste die Verantwortung" für die BSE-Krise übernehme. Die Ursache des Problems liege in der industriellen Landwirtschaft. Hier müsse ein Umdenken stattfinden. Auch in der Gesundheitspolitik hätte sie „reichlich Erfahrung sammeln können", wie wirtschaftliche Interessen die politische Diskussion dominierten.

Funke erklärte, was er „für agrarpolitisch richtig halte", sei in starken Teilen der Koalition nicht mehr mehrheitsfähig. Die Forderung nach einer Neuorientierung der Landwirtschaft sei immer stärker geworden. Dafür wolle er den Weg frei machen. Schröder will sich erst heute äußern. Mit Spannung wird dabei erwartet, ob er auch die Ressortstruktur ändern will. Oppositionspolitiker sprachen in einem Stellungnahmen von einer schweren Regierungskrise.

Schon seit Monaten stand Andrea Fischer wegen ihrer Gesundheitspolitik in der Kritik. Auch in der BSE-Krise wurden ihr Versäumnisse vorgeworfen. Am Wochenende verschärfte sich der Druck deutlich, nachdem bekannt geworden war, dass ein wichtiger EU-Bericht wochenlang nicht an das Landwirtschaftsministeri-

um weitergegeben worden war.

Funke war erst in den letzten Tagen in den Mittelpunkt der Kritik gerückt – vor allem, weil er sich gegen eine stärkere Förderung der ökologischen Landwirtschaft sperrte. Damit ging er auf Konfrontation zu Gerhard

Kapitulation: Andrea (Grüne,l.) und Karl-Heinz Funke (SPD) traten gestern von ihren Ämtern zurück.   dpa

Schröder, der ein Ende der Agrarfabriken fordert. Besser gefiel dem Kanzler ein Papier von Staatssekretär Martin Wille, der nun als Nachfolger Funkes gehandelt wird. Für Fischers Position ist die nordrhein-westfälische Umweltministerin Bärbel Höhn im Gespräch.

Trotz der Rücktritte in Berlin soll in Bayern alles bleiben wie gehabt. Die CSU-Minister Barbara Stamm (Gesundheit) und Josef Miller (Landwirtschaft) erklärten am Abend, sie wollten weiterhin im Amt bleiben. (Siehe Kommentar und Blickpunkte.)

3,8 Millionen sind arbeitslos

Nürnberg (mm) – Der milde Winter und die stabile Konjunktur haben zum Jahresende 2000 den witterungsbedingten Anstieg der Arbeitslosigkeit gebremst. Nach gestrigen Angaben der Bundesanstalt für Arbeit (BA) waren im Dezember bundesweit 3 808 900 Männer und Frauen arbeitslos. In Bayern hat der Wintereinbruch die Zahl der Arbeitslosen im Dezember ansteigen lassen. 329 300 Menschen waren ohne Job. Das waren 29 300 mehr als im November. (Siehe Wirtschaft.)

Kaum Chance für Standorte

München (mm) – Die Bundeswehr-Standorte in Freising, Garmisch-Partenkirchen, Bad Aibling, Lenggries sowie möglicherweise Murnau sollen im Zuge der Bundeswehrreform geschlossen werden. Das erfuhr die CSU-Bundestagsabgeordnete Ilse Aigner aus Feldkirchen-Westerham am Rande der geheimen Beratungen von Bundesverteidigungsminister Rudolf Scharping mit Spitzenmilitärs der Bundeswehr in Bonn. Diese Vermutungen wurden noch vor kurzem dementiert.

Hunde als Lebensretter

München (pio) – Zwei Hunde haben einem Pfleger (20) das Leben gerettet, der in der Abendstunden beim Gassigehen abseits des Weges in einer Grünanlage bewusstlos zusammen gebrochen war. Durch das Bellen der Tiere wurden ein Mann und eine Frau stutzig. Sie suchten die Umgebung ab und fanden den hilflosen Mann, der etwa 45 Minuten im Schnee gelegen hatte. Er war bereits stark unterkühlt und wurde in ein Münchner Krankenhaus gebracht. (Siehe München.)

Uran: Sorge um bayerische Polizisten

Waffen-Lagerung in Deutschland

München (wm) – Die Diskussion um eine mögliche Gefährdung von Bundeswehr-Soldaten durch Uran-Munition im Kosovo und in Serbien, bereitet auch der bayerischen Polizei Sorgen. Da nicht ausgeschlossen werden könne, dass Einsatzkräfte der Polizei auf dem Balkan mit Resten dieser Munition oder kontaminierten Gegenständen in Berührung gekommen sind, forderte die Gewerkschaft der Polizei gestern in München die sofortige Untersuchung aller bisher im Kosovo eingesetzten Kräfte und der Polizisten vor Ort.

Unterdessen verlangte die Bundesregierung von der Nato im Moratorium für

den Einsatz uranhaltiger Munition bis zur vollständigen Aufklärung über die Gefahren.

Die Nato in Brüssel hat dem von Deutschland und Italien geforderten Verbot uranhaltiger Munition in Brüssel eine vorläufige Absage erteilt, sich aber über die möglichen Krebs-Gefahren besorgt gezeigt.

Die US-Armee bestätigte, dass sie Uran-Munition in Deutschland lagert. Dementiert wurden allerdings Berichte, wonach die uranangereicherten Projektile bei Übungen in Deutschland, auch in Grafenwöhr (Bayerischer Wald), verschossen worden sind. (Siehe auch Politik.)

Übergewicht in Kindheit bringt Herzprobleme

Chicago (dpa) – Eine US-Studie hat einen Zusammenhang zwischen Übergewicht in der Kindheit und späteren Herzproblemen gezeigt. Blutproben der kleinen Pummelchen ließen die ersten Spuren einer Entzündung der Arterienwände erkennen, die bei Erwachsenen als Vorstufe von Herzkrankheiten bekannt ist. Manche der betroffenen Kinder waren erst acht Jahre alt. Das Problem heißt C-reaktives Protein oder CRP. Er kommt bei übergewichtigen Kindern drei bis fünf Mal so häufig im Blut vor wie bei Normalgewichtigen im gleichen Alter, schreibt die federführende Autorin Marjolein Visser von der Vrije Universität (Amsterdam) im amerikanischen Fachjournal „Pediatrics".

Bund warnt vor Sonderweg bei Rinderseuche

München (mm) – Die Bundesregierung hat vor dem bayerischen Sonderweg gewarnt, nicht mehr sämtliche Tiere einer von BSE betroffenen Herde zu töten. Bayerns Bauern forderten dagegen, Panscher von Futtermitteln bekannt zu geben. Unterdessen bestätigte sich bei zwei Rindern in Schleswig-Holstein und Niedersachsen der BSE-Verdacht. Erstmals wurde auch in Baden-Württemberg gestern Abend BSE-Alarm ausgelöst. Das verdächtige Tier im Landkreis Biberach stammt ersten Angaben zufolge allerdings aus Bayern. (Siehe Seite 3.)

BSE-Kuh: Kalb in Handel gelangt

Lindau (dpa) – Fleisch eines geschlachteten Kalbes der an BSE erkrankten Kuh aus einem Stall nahe Lindau ist vor rund einem halben Jahr in den Handel gelangt. „Das Fleisch ist wohl inzwischen verzehrt worden", sagte der Veterinärdirektor des Landratsamtes Lindau, Rupp. Das Kalb sei im Januar vergangenen Jahres geboren und im Juni in Kempten geschlachtet worden. Bei der Mutterkuh war die Rinderseuche bereits ausgebrochen.

Ude: Regieren schwieriger

München (ad) – Durch den Wechsel des SPD-Stadtrats Norbert Kreitl zu den Freien Wählern verliert Rot-Grün im Münchner Rathaus die Mehrheit. Bisher verfügte

Stadtrat Kreitl verlässt die SPD.   Foto: Schwarz

das Bündnis über 41 von 81 Stimmen im Stadtrat (inklusive OB Christian Ude). Jetzt braucht Rot-Grün zur Mehrheit stets eine Stimme von ÖDP, David contra Goliath oder einer der anderen kleineren Gruppierungen.

ANZEIGE

Himmlisches Schattenspiel

Wie ein goldener Schleier, so golden wie der Münchner Friedensengel, verhüllte der Schatten der Erde den Mond und verfärbte ihn wenig später kupfer-

rot. Zehntausende Menschen wurden gestern Abend Zeugen einer totalen Mondfinsternis. Um genau 20.50 Uhr begann die totale Verdunkelung und

dauerte exakt 62 Minuten lang. Erst am 9. November 2003 können Europa wieder eine vergleichbare, totale Mondfinsternis erleben.   Foto: Kurzendörfer

Ohne Rindfleisch: Volle Wursttheke   *Rinder in Sachsen-Anhalt; ist ein Tier der Herde an BSE erkrankt, müssen auch alle anderen sterben.*

Neuorientierung nach Rücktritten wegen Rinderwahn

9.1., Berlin. Mit ihrem Rücktritt ziehen Gesundheitsministerin Andrea Fischer (Grüne) und Landwirtschaftsminister Karl-Heinz Funke (SPD) die Konsequenz aus Vorwürfen, sie hätten sich im Umgang mit der BSE-Krise Versäumnisse zu Schulden kommen lassen. Die Rinderkrankheit BSE, die möglicherweise auf Menschen übertragbar ist und eine Variante der tödlich verlaufenden Creutzfeldt-Jacob-Krankheit auslösen könnte, ist am 24. November 2000 erstmals bei einer in Deutschland geborenen Kuh diagnostiziert worden. Bis da-

hin hatte das Land als »BSE-frei« gegolten. Entdeckt wurde das kranke Rind wenige Tage nach dem Beginn stichprobenartiger Tests auf Rinderwahn.

Als Sofortmaßnahmen beschlossen Bundestag und Bundesrat ein völliges Verbot der Tiermehlverfütterung. Krankhaft veränderte Eiweiße in dem Futterzusatz gelten als BSE-Auslöser. Allerdings darf Tiermehl schon seit 1994 nicht mehr an Wiederkäuer verfüttert werden. Ab 6. Dezember wurde außerdem bei allen Schlachtrindern, die älter als 30 Monate (ab

29.1.2001: 24 Monate) sind, ein BSE-Test zur Pflicht.

Als weitere Vorsichtsmaßnahme werden beim Auftreten eines BSE-Falls auch alle übrigen Tiere der Herde getötet und auf BSE untersucht. Bayern schert im Januar 2001 aus dieser Praxis aus. Hier muss nicht die gesamte Herde gekeult werden, allerdings darf das Fleisch der Tiere auch nicht verwertet werden. Ab dem 13. Juli gilt bundesweit, dass nicht mehr die gesamte Herde, sondern nur noch die Alterskohorte des erkrankten Tieres getötet werden muss.

Die Verbraucher reagierten panikartig auf die ersten Fälle von BSE in Deutschland. Der Rindfleischmarkt brach faktisch zusammen. Für zusätzliche Verunsicherung sorgten Untersuchungen, bei denen sich zeigte, dass einige Wurstwaren entgegen den Angaben auf dem Etikett Rindfleisch enthielten. In der Fleisch verarbeitenden Industrie wurde zudem in manchen Fällen sog. Risikomaterial (Hirn, Augen, Rückenmark und Teile der Innereien) verwendet, obwohl dies nach einer EU-Verordnung seit dem 1. Oktober 2000 verboten ist.

Andrea Fischer

Beim Machtwechsel in Berlin 1998 wurde die Grünen-Politikerin Andrea Fischer (*1960) zur Bundesgesundheitsministerin berufen. Wie ihre Amtsvorgänger musste sie sich vorrangig um das Thema Kostenbegrenzung im Gesundheitswesen kümmern. Ihr Konzept, die Finanzmittel der Krankenkassen zu budgetieren, ist heftig umstritten. Ihren Rücktritt begründet Andrea Fischer mit dem unzureichenden Vertrauen der Bürger in die Bewältigung der BSE-Krise. Sie habe persönlich zwar Fehler gemacht, doch müsse sie auch für eine Entwicklung einstehen, die vor allem frühere Bundesregierungen zu verantworten hätten.

Sichtlich bedrückt: Fischer und Funke am 5. Januar in Berlin

Karl-Heinz Funke

Das Mitglied der Sozialdemokratischen Partei Deutschlands Karl-Heinz Funke (* 1946) übernahm im Jahr 1981 das Bürgermeisteramt in seiner Heimatstadt Varel/Friesland, von 1990 bis 1998 war er Landwirtschaftsminister in Niedersachsen, danach hatte er das Amt auf Bundesebene inne. In dieser Funktion musste er den deutschen Bauern manch bittere Pille schmackhaft machen, insbesondere den im Rahmen der EU-Agrarreform Agenda 2000 vorgesehenen Subventionsabbau. Funke beklagt bei seinem Rücktritt den schwindenden Rückhalt in der Regierung für seine Politik. Er wolle den Weg für einen Neuanfang frei machen.

Künast propagiert Qualität statt Überschuss

10.1., Berlin. Mit der Ernennung der Grünen-Politikerin Renate Künast zur Ministerin im neu zugeschnittenen Ressort für Verbraucherschutz, Ernährung und Landwirtschaft setzt Bundeskanzler Gerhard Schröder in der Agrarpolitik neue Akzente.

Vor allem die Blickrichtung will der Regierungschef ändern: Künftig solle die Lebensmittelproduktion von der Verkaufstheke, also vom Verbraucher aus, betrachtet werden. Dies sei auch im Interesse der Landwirte, die zur Sicherung ihrer Zukunft auf das Vertrauen der Konsumenten angewiesen seien. Der Bauernverband müsse sich jedoch darauf einstellen, dass sein Einfluss auf die Agrarpolitik geringer werde. Außerdem wolle die Bundesregierung nicht nur in Deutschland, sondern auch auf europäischer Ebene eine verbraucherfreundlichere Landwirtschaftspolitik durchsetzen.

Künast, bislang gemeinsam mit Fritz Kuhn Parteivorsitzende von Bündnis 90/Die Grünen (→ 9.3./ S. 58), stellt am 8. Februar ihren neuen Kurs vor: »Wir wollen in Zukunft keine Überschüsse produzieren, sondern Qualität. Wir werden keine Tierquälerei finanzieren, sondern artgerechte Tierhaltung. Wir werden keinen Raubbau, sondern den Schutz von Boden und Wasser finanzieren.«

Um ihr Programm durchzusetzen, will Künast die Subventionen für die Landwirtschaft – 27 Mrd. DM pro Jahr, die knapp zur Hälfte aus der EU-Kasse stammen – neu verteilen. Geld soll es künftig nur noch für Erzeuger geben, die ökologische Mindeststandards einhalten.

Darüber hinaus verlangt Künast »gläserne« Produktionsabläufe für Lebensmittel. Vom Futtermittelhersteller über den Landwirt und die verarbeitende Industrie bis zum Verkauf müsse die Herkunft dokumentiert werden. Für Futtermittel will sie eine Positivliste einführen

und sie will durchsetzen, dass Antibiotika nicht erst 2005 (wie von der EU vorgesehen) aus dem Futter verbannt werden.

Ein Gütesiegel soll dem Verbraucher den Griff zu hochwertiger Nahrung erleichtern. Es gilt für Lebensmittel, die nach bestimmten ökologischen Mindeststandards hergestellt sind. Bis 2010 strebt Künast für solche Öko-Lebensmittel einen Anteil von 20% am Gesamtmarkt an (2000: 2,5%).

Mit einer groß angelegten Werbekampagne will die Ministerin die Verbraucher überzeugen, dass der Preis nicht das entscheidende Kriterium beim Lebensmitteleinkauf sein dürfe (→ S. 147).

Ein Hemmnis für die Agrarwende könnte die EU darstellen, da es gerade im Bereich Landwirtschaft viele zentrale Regelungen gibt. Eine empfindliche Niederlage muss die deutsche Verbraucherschutzministerin bald nach ihrem Amtsantritt einstecken. Um den Rindfleischmarkt zu stützen, beschließt die EU ein »Aufkaufprogramm«, bei dem zunächst 2 Mio. Rinder vernichtet werden. Erst bei der zweiten Aktion im März, bei der EU-weit noch einmal 1,2 Mio. Rinder geschlachtet werden, kann Künast durchsetzen, dass jedes Land selbst entscheiden kann, ob das Fleisch der Tiere vernichtet oder verwertet wird (→ S. 390–401).

Ein Glücksschwein von der Bäuerin für Renate Künast (l.)

Kostenbegrenzung steht obenan

10.1., Berlin. Mit der Leitung des Bundesgesundheitsministeriums übernimmt die stellvertretende SPD-Fraktionsvorsitzende Ulla Schmidt einen der heikelsten Posten in der Regierung. Die Explosion der Gesundheitskosten dauerhaft zu stoppen ist weder ihrer unmittelbaren Vorgängerin Andrea Fischer (Grüne) noch einem der anderen Ressortchefs der letzten 20 Jahre geglückt.

Schmidt hebt nach ihrem Amtsantritt einige der Kostensenkungsmaßnahmen ihrer Vorgängerin auf, darunter die Budgetierung der Arzneimittelkosten. Sie verzichtet darauf, gegenüber der Ärzteschaft die Forderung nach Rückzahlung von 1,5 Mrd. DM für über das Budget hinaus verschriebene Medikamente durchzusetzen.

Kritik zieht die Ministerin mit ihrer Politik gegenüber den Krankenkassen auf sich. Zum Ausgleich für die unterschiedliche Mitgliederstruktur der Kassen plant sie die Einführung eines Mindestbeitragssatzes von 12,5% des Bruttomonatseinkommens. Zudem wird für 2001 der Termin 30. September zum Kassenwechsel ausgesetzt. Dies verhindere den gerade erst in Gang gebrachten Wettbewerb unter den Kassen, heißt es bei den Kritikern. Eine grundlegende Reform des Gesundheitswesens plant die rot-grüne Bundesregierung, wie im Sommer bekannt wird, erst in der nächsten Legislaturperiode. Ein wichtiger Gesichtspunkt für das Konzept soll die Stärkung der Eigenverantwortung jedes Einzelnen für seine Gesundheit sein (→ S. 66).

Ulla Schmidt mit Kanzler Schröder

Sozialministerin muss gehen

23.1., München. Bayerns Sozialministerin Barbara Stamm (CSU) erklärt ihren Rücktritt, nachdem sie wegen des Schweinemast-Skandals und der BSE-Krise immer stärker unter Druck geraten ist. Nachfolgerin ist Christa Stewens (CSU), bisher Umwelt-Staatssekretärin.

Tierärzte haben offenbar jahrelang nicht zugelassene und mit Antibiotika und wachstumsfördernden Hormonen versetzte Medikamente an bayerische und österreichische Landwirte verkauft. Die Ministerin soll davon gewusst haben – sie bestreitet dies –, aber nicht eingeschritten sein. In Sachen Rinderwahn beharrte Stamm lange auf der Versicherung, Bayern sei BSE-frei. Inzwischen hat das Bundesland die meisten Fälle zu verzeichnen.

Minister mit Sponti-Vergangenheit

16. 1., Frankfurt am Main. Bundesaußenminister Joschka Fischer (Grüne) sagt im Prozess gegen den früheren Terroristen Hans-Joachim Klein als Zeuge aus. Weil er sich hier zu seiner Zugehörigkeit zur Frankfurter Hausbesetzerszene der 70er Jahre bekennt, gerät er politisch unter Druck.

In dem Verfahren vor dem Frankfurter Landgericht geht es um den Überfall auf die Erdölminister der OPEC-Staaten 1975 in Wien. Klein ist des dreifachen, gemeinschaftlich begangenen Mordes angeklagt; er wird im Februar zu neun Jahren Haft verurteilt.

Fischer und Klein lernten sich Anfang der 70er Jahre in Frankfurt in der z.T. gewaltbereiten Sponti-Szene kennen. Von der Aussage des Ministers erhofft sich das Gericht Einblicke in die Situation, aus der heraus Klein damals zum Terroristen wurde.

Fischer war schon Anfang des Jahres in die Kritik geraten, nachdem Fotos veröffentlicht worden waren, die ihn in einer Prügelei mit Polizisten während einer Demonstration 1973 zeigen. Für weiteren Wirbel sorgt die Auskunft der früheren RAF-Terroristin Margrit Schiller, sie habe vorübergehend mit Fischer in einer Wohngemeinschaft gewohnt, was der Minister bestreitet. Die Frankfurter Staatsanwaltschaft nimmt deshalb im Februar Ermittlungen wegen des Anfangsverdachts uneidlicher Falschaussage auf, stellt diese jedoch alsbald wieder ein.

△ Für Auskünfte über die Frankfurter Hausbesetzerszene ist der einstige Sponti und heutige Außenminister Joschka Fischer vor dem Frankfurter Landgericht als Zeuge geladen. Der Grünen-Politiker sagt u.a. aus, er habe in den 70er Jahren in Frankfurt zur »Putzgruppe« gehört, welche die gewaltsame Verteidigung besetzter Häuser organisieren sollte. Zugleich distanziert er sich von seiner damaligen Haltung und erklärt, er habe nie die Absicht gehegt, einen Menschen zu verletzen oder gar zu töten.

◁ Fischer 1985 auf einer Parteiversammlung der hessischen Grünen. Wenig später wurde er erster grüner Minister – er übernahm das Umweltressort in Hessen.

Steuerentlastung und neue Regeln für Autofahrer

1. 1., Berlin. Mit dem neuen Jahr treten in Deutschland in etlichen Bereichen neue gesetzliche Regelungen in Kraft; ferner wird die erste Stufe der Steuerreform mit einer Gesamtentlastung der Bürger um 45 Mrd. DM wirksam. Weitere Änderungen gelten ab dem 1. April.

Steuerreform: Das steuerfreie Existenzminimum liegt bei 14 093 DM pro Jahr. Der unterste Steuersatz beträgt 19,9% (bisher 22,9%), der Spitzensteuersatz ab Einkommen von 107 600 DM liegt bei 48,5% (51%). Kapitalgesellschaften müssen Gewinne mit 25% besteuern (bisher 30% für ausgeschüttete, 40% für einbehaltene Gewinne).

An die Stelle der Gewerbesteuer tritt bei Personengesellschaften die pauschalierte Anrechnung auf die Einkommensteuer.

Sozialbeiträge: Der Beitrag zur gesetzlichen Rentenversicherung sinkt um 0,2 Punkte auf 19,1%. Sozialbeiträge auf Urlaubs- und Weihnachtsgeld müssen bei der Berechnung von Arbeitslosen- und Krankengeld berücksichtigt werden.

Ökosteuer: Durch die nächste Stufe der Ökosteuer verteuert sich Benzin um 7 Pf./l (inklusive Mehrwertsteuer) und Elektrizität um 5,8 Pf./kWh.

Abgasnorm: Es werden nur noch Fahrzeuge nach der Abgasnorm Euro-3 neu zugelassen. Für Altwagen, die dieser Norm nicht entsprechen, steigt die Kfz-Steuer.

Entfernungspauschale: Alle Berufspendler erhalten unabhängig vom Verkehrsmittel eine Kilometerpauschale von 0,70 bzw. 0,80 DM (ab dem elften Kilometer).

Verkehrsrecht: Einbahnstraßen, die entsprechend beschildert sind, können von Radfahrern auch entgegen der Fahrtrichtung benutzt werden. Ab → 1. April (S. 78) wird Handy-Telefonieren beim Fahren mit einem Bußgeld belegt, und wer als Autofahrer mit 0,5 Promille erwischt wird, muss mit mindestens 500 DM Geldbuße, einem Monat Fahrverbot und vier Punkten in der Verkehrssünderkartei rechnen.

BAföG: Ab 1. April erhalten durch die Neuregelung der Ausbildungsförderung weitere 81 000 Schüler und Studenten aus einkommensschwachen Familien eine Unterstützung. Der Höchstfördersatz steigt von 1030 DM auf 1140 DM pro Monat, der Elternfreibetrag wird auf 2760 DM angehoben. Als weiteres Instrument der Ausbildungsförderung wird der Bildungskredit eingeführt, ein Darlehen, mit dem Studenten teure Materialien, Exkursionen, Studienaufenthalte oder Praktika im Ausland finanzieren können (→ S. 28).

n Deutschland ein noch ungewohntes Bild: Frauen in Tarnuniform

In Kampfeinheiten erhalten Frauen dieselbe Ausbildung wie Männer.

Deutsche Frauen treten Dienst mit der Waffe an

2. 1., Berlin. Zum ersten Mal in der Geschichte der Bundesrepublik Deutschland treten Frauen bei den Streitkräften zum Dienst mit der Waffe an. Das Recht hierzu hat vor einem Jahr eine Elektronikerin vor dem Europäischen Gerichtshof durchgesetzt.

244 junge Frauen – 151 beim Heer, 76 bei der Luftwaffe und 17 bei der Marine – beginnen die Grundausbildung bei der Bundeswehr. Bis Mitte des Jahres erhöht sich ihre Zahl auf 705. Am 2. Juli treten die ersten 227 Offiziersanwärterinnen zum Dienst an.

Bislang waren Frauen in den deutschen Streitkräften nur in Sanitäts- und Militärmusikkorps zugelassen. Der Europäische Gerichtshof entschied jedoch im Januar 2000, dass diese Regelung den Gleichheitsgrundsatz verletze. Im Oktober 2000 hob der Bundestag die Bestimmung des Grundgesetzes auf, die Frauen den Dienst mit der Waffe untersagte.

Während der Ausbildung absolvieren Frauen und Männer dasselbe Programm. Führungskräfte sind in Seminaren auf die gemischten Truppen vorbereitet worden. Verwertet wurden u. a. Erfahrungen, die Streitkräfte anderer Länder, z. B. der USA oder der Niederlande, gesammelt haben.

Verkleinerung soll Bundeswehr flexibler machen

29. 1., Berlin. Der Bundesverteidigungsminister Rudolf Scharping (SPD) stellt dem zuständigen Bundestagsausschuss seine Pläne zur Reform der Streitkräfte vor. Um die Bundeswehr flexibler und leistungsfähiger zu machen, soll die Truppe von 310 000 auf 282 000 Soldaten verringert werden. Infolgedessen muss fast jeder zehnte Standort geschlossen werden.

Die rot-grüne Bundesregierung hat die Eckpunkte einer Bundeswehrreform im Juni 2000 beschlossen. Grundlage sind die Vorschläge einer von Scharping eingesetzten Wehrstruktur-Kommission unter Vorsitz des Altbundespräsidenten Richard von Weizsäcker, die allerdings für einen weit radikaleren Umbau der Streitkräfte plädierte. Konkret bedeutet dies einen Abbau der Truppenstärke bis 2006 um fast 30 000 Soldaten und die Verringerung der Zahl der Zivilbeschäftigten um ein Drittel auf rd. 85 000.

Die Folge: 59 Standorte, darunter 39 große Niederlassungen, müssen geschlossen und 40 Verbände verkleinert werden.

Gegen diese Maßnahmen erhebt sich in den Bundesländern starker Protest: Die betroffenen Gemeinden fürchten durch die Schließung der Kasernen den Verlust von Arbeitsplätzen und Kaufkraft. Scharping reagiert, indem er im Februar ein leicht verändertes Konzept vorlegt, nach dem einige der großen Standorte erhalten bleiben. Er betont jedoch, die veränderte Sicherheitslage nach dem Ende der Ost-West-Konfrontation erlaube es nicht, »an Bestehendem und Gewohntem festzuhalten«.

Zentrales Problem der Bundeswehrreform ist deren Finanzierung. Finanzminister Hans Eichel (SPD) beharrt auf seinem Sparkurs, so dass sich Scharping im Mai mit einem Kompromiss zufrieden geben muss: Der Bundeswehretat

(2002: 46,2 Mrd. DM) wird bis 2006 nicht reduziert. Für ihre Reformvorhaben erhalten die Streitkräfte von 2003 bis 2006 einen Zuschuss von je 500 Mio. DM. Außerdem können sie Erlöse aus dem Verkauf von Liegenschaften und nicht mehr benötigter Ausrüstung nutzen.

Der Generaloberst-Hoepner-Kaserne in Wuppertal droht die Schließung.

Die NPD kommt auf den Prüfstand

30. 1., Karlsruhe. Als erstes Verfassungsorgan stellt die Bundesregierung beim Bundesverfassungsgericht einen Antrag auf Verbot der rechtsextremen Nationaldemokratischen Partei Deutschlands (NPD). Ein Urteil wird im Sommer 2002 erwartet.

Zur Begründung heißt es, die NPD stehe Demokratie und Rechtsstaat feindlich gegenüber, missachte Menschenwürde und Grundrechte und bekämpfe aus ideologischen Gründen Andersdenkende und Fremde. Sie stehe dem Gedankengut der verbotenen NSDAP nahe und verherrliche den Nationalsozialismus.

Wie Bundesinnenminister Otto Schily (SPD) mitteilt, ist der Nachweis gelungen, dass die NPD auf eine aktiv kämpferische, aggressive Weise die freiheitlich-demokratische Grundordnung beseitigen wolle. Die Partei sei gewaltbereit und antisemitisch. Es sei erforderlich, die Verfassungswidrigkeit der NPD feststellen zu lassen, um ihre verfassungsfeindliche Agitation und ihr Eintreten für eine totalitäre Staats- und Gesellschaftsordnung zu beenden.

In Berlin mobilisiert die NPD ihre Anhänger zum 1. Mai.

Im März reichen auch Bundestag und Bundesrat Verbotsanträge ein. Sechs Bundesländer schließen sich dem Antrag nicht an. Sie fürchten, das vorgelegte Material könne nicht ausreichen, um die Verfassungsfeindlichkeit der NPD nachzuweisen. Dann gewänne die Partei lediglich zusätzliche Publizität und könne zudem die Rolle der »unschuldig Verfolgten« einnehmen. Zudem sei es inkonsequent, nicht auch andere rechtsextreme Parteien wie DVU oder Republikaner verbieten zu lassen.

Darüber hinaus gibt es Zweifel, ob dem Rechtsextremismus mit einem Parteienverbot beizukommen sei. Vielmehr müsse die politische Auseinandersetzung verstärkt werden.

Zuletzt wurde 1956 die KPD verboten

Chronik Hintergrund

Laut Grundgesetz sind Parteien ein unverzichtbarer Bestandteil der demokratischen Ordnung, doch müssen sie sich umgekehrt auch zur Demokratie bekennen. Bestehen Zweifel an einer solchen Haltung, können Regierung, Parlament oder Länderkammer beim Bundesverfassungsgericht ein Verbot beantragen. Allein die Karlsruher Richter dürfen über die Verfassungswidrigkeit einer Partei befinden und sie verbieten.

Sollte dies im Verfahren gegen die NPD geschehen, würde in der Bundesrepublik erstmals seit dem Jahr 1956 eine politische Partei verboten. Damals erging – fünf Jahre nach Beginn des Verfahrens – ein Verbot gegen die Kommunistische Partei Deutschlands (KPD), weil sie die »obersten Prinzipien einer freiheitlich-demokratischen Grundordnung« nicht anerkenne.

TV bleibt bei Gericht vor der Tür

24. 1., Karlsruhe. »Gerichtsfernsehen« wird es auch in Zukunft in Deutschland nicht geben. Der Erste Senat des Bundesverfassungsgerichts weist eine Beschwerde des Senders n-tv ab, der durch das Verbot von TV-Übertragungen oder -Aufzeichnungen von laufenden Gerichtsverhandlungen die Rundfunk- und Informationsfreiheit verletzt sah.

Dagegen argumentieren die Richter, dass die Verbannung von Fernsehkameras aus den Gerichtssälen dazu diene, ein faires Verfahren und den Schutz der Persönlichkeitsrechte sicherzustellen. Angeklagte und Zeugen würden durch die Ausstrahlung an den Pranger gestellt und könnten sich gehemmt oder auch zu medienwirksamem Verhalten animiert fühlen.

In einem Minderheitenvotum plädieren drei der acht Verfassungsrichter dafür, die Begrenzungen zu lockern und z. B. bei Verfahren vor Verwaltungsgerichten Fernsehkameras zuzulassen.

Die Verkündung des Karlsruher Urteils über die Zulässigkeit von TV-Kameras im Gerichtssaal wird fürs Fernsehen aufgezeichnet – durchaus kein Widerspruch, da nicht aus der laufenden Verhandlung berichtet wird. Die Verfassungsrichter sind mehrheitlich der Ansicht, dass der Gesetzgeber nach der Verfassung zwar nicht verpflichtet, aber doch berechtigt sei, die vorgeschriebene Öffentlichkeit von Prozessen auf die sog. Saalöffentlichkeit zu beschränken.

US-Amerikaner sehen Court TV

Chronik Hintergrund

In den USA gehören Live-Übertragungen aus dem Gerichtssaal schon lange zum Alltag. Vor allem Sensationsprozesse erzielen hohe Einschaltquoten. Der Oberste Gerichtshof der USA hatte 1981 die Zulässigkeit der Fernsehberichterstattung aus laufenden Verfahren bejaht. In den folgenden Jahren wurde Gerichtsfernsehen in der überwiegenden Zahl der Bundesstaaten zugelassen.

Seit 1991 gibt es mit Court TV einen eigenen Gerichtskanal, der täglich und in der Regel live von zwei bis drei Prozessen berichtet. Die Übertragungen werden durch Sondersendungen ergänzt, in denen die Prozesse analysiert und Einzelheiten des Rechtssystems erläutert werden.

Chinesen kaufen den Transrapid

23. 1., Peking. Vertreter des Transrapid-Konsortiums und der chinesischen Betreiber unterzeichnen den Vertrag über den Bau einer Transrapid-Trasse zwischen dem Flughafen Pudong und der Innenstadt Schanghais. Schon 2004 soll die rd. 30 km lange Strecke in Betrieb genommen werden. Bei einem Durchschnittstempo von 430 km/h wird die Magnetschwebebahn den Weg in etwa sieben Minuten zurücklegen.

Der in den 70er Jahren entwickelte Transrapid ist bislang über Teststrecken nicht hinausgekommen. Auf der Airport-Anbindung in Schanghai soll der Zug nun erstmals kommerziell genutzt werden. In Deutschland ist eine geplante Verbindung zwischen Hamburg und Berlin 2000 aus Kostengründen aufgegeben worden. Betrieben wird der Transrapid nur auf einer Versuchsanlage im Emsland.

Der Transrapid kann nicht auf dem vorhandenen Schienennetz fahren, sondern benötigt eine eigene, auf Stelzen stehende Trasse. Der räderlose Zug schwebt auf einem elektromagnetischen Kraftfeld im

Der Transrapid 08 (Modell) wird ab 2004 Schanghai und den 30 km entfernten Flughafen Pudong verbinden.

Zentimeterabstand über der Fahrspur. Diese reibungsarme Fortbewegung ermöglicht Geschwindigkeiten über 400 km/h.

Wegen der großen Investitionskosten bereitet die wirtschaftliche Nutzung der Magnetschwebebahn Probleme. Bei den Planungen für die Strecke Hamburg–Berlin stieß auch der Flächenverbrauch für die neue Trasse auf Kritik. Umstritten ist außerdem, ob der Transrapid auf Kurzstrecken eingesetzt werden soll, auf denen seine Schnelligkeitsvorteile gegenüber Auto oder Schienenfahrzeugen weniger ins Gewicht fallen. Dennoch ist die Magnetschwebebahn in Deutschland als Nahverkehrsmittel im Gespräch, u.a. von der Münchner Innenstadt zum 28 km entfernten Franz-Josef-Strauß-Flughafen oder als Metrorapid im Ruhrgebiet. In China setzt man auch auf größere Entfernungen: 2003 wird entschieden, ob die Verbindung von Schanghai nach Schangzhou (200 km) und nach Peking (1300 km) ebenfalls vom Transrapid bedient werden soll.

Fahrlässiger Umgang mit Kampfhunden

17. 1., Hamburg. Die Halter zweier Kampfhunde, die im Juni 2000 auf einem Schulhof im Hamburger Stadtteil Wilhelmsburg einen sechsjährigen Jungen angefallen und getötet haben, werden zu dreieinhalb Jahren Haft bzw. einem Jahr Jugendstrafe auf Bewährung verurteilt.

Das Hamburger Landgericht wirft den Hundebesitzern, einem 24-Jährigen und seiner 19-jährigen Freundin, vor, sie hätten »in einer Mischung aus Unwissenheit, Unverstand und in Egoismus wurzelnder Sorglosigkeit« bewusst fahrlässig gehandelt. Beiden sei die Gefahr bekannt gewesen, die von ihren Tieren ausging, da diese schon andere Tiere und Menschen angegriffen hatten. Obwohl die Behörden für beide Hunde einen Leinen- und Maulkorbzwang erlassen hatten, ließen sie sie frei laufen.

Der Tod des Vorschülers hatte u.a. in Hamburg zum Erlass einer strengeren Hundeverordnung geführt.

Neubau für Kölner Kunstsammlung

19. 1., Köln. Das Wallraf-Richartz-Museum eröffnet in neuen Räumlichkeiten am Rathausplatz. Den Anstoß zu dem Neubau gab der Kunstmäzen Peter Ludwig, der weitere Teile seiner bedeutenden Sammlung unter der Bedingung stiftete, dass die städtische Sammlung wieder ein eigenes Haus erhielte; sie war seit 1986 im neu erbauten Museum Ludwig untergebracht.

Das von dem Architekten Oswald Mathias Ungers entworfene Gebäude des Wallraf-Richartz-Museums schließt eine seit dem Zweiten Weltkrieg in der Altstadt von Köln klaffende Baulücke in unmittelbarer Nähe des Gürzenich. Der 63 Mio. DM teure Bau ist mit hellem Tuffstein verkleidet, wie er für viele der romanischen Kirchen Kölns verwendet wurde. Zwei umlaufende Reihen mit grau-schwarzen Schiefertafeln verkünden die Namen der Künstler, deren Werke die Besucher im Innern der Kunstgalerie vorfinden.

Der Neubau des Wallraf-Richartz-Museums fügt sich in die historische Bebauung eines Viertels ein, das im Mittelalter die Werkstätten von Malern und Goldschmieden beherbergte. Hier befand sich u.a. das Atelier des Malers Stefan Lochner, dessen Werke heute in der städtischen Kunstgalerie zu bewundern sind. Neben der Kölner Malerschule bilden die niederländische Malerei und die Kunst des 19. Jahrhunderts Schwerpunkte des Museums.

Bildungswesen 2001:

Verbesserung im Einzelnen

Chronik Übersicht

Die BAföG-Novelle sowie die Umorientierung in Sachen Gesamthochschulen und Professorenbesoldung sind die großen Bildungsthemen im Bereich der Hochschulen. Die Diskussion über die Zukunft der Schule – in Zeiten des sich abzeichnenden Lehrermangels – bestimmen u. a. der Ganztagsunterricht sowie Einrichtungen für Hochbegabte. Gesamthochschulen, die universitäre und Fachhochschulausbildung unter einem Dach vereinen, sind die Domäne Nordrhein-Westfalens. Eingerichtet in den 70er Jahren mit dem Ziel, auch bildungsfernen Schichten eine akademische Ausbildung zu ermöglichen, wird diese Institution zunehmend in Frage gestellt. So heißt es Anfang 2001 in einem von der NRW-Landesregierung bei einem Expertenrat in Auftrag gegebenen Gutachten, dass es nicht gelungen sei, universitäre und Fachhochschulstudiengänge zu integrieren. Das Gremium empfiehlt daher, die fünf Gesamthochschulen in Duisburg, Essen, Siegen, Paderborn und Wuppertal in Universitäten umzuwandeln.

Kernpunkte der von Bundesbildungsministerin Edelgard Bulmahn (SPD) ausgearbeiteten Dienstrechtsreform an den Hochschulen, die 2002 in Kraft treten soll, sind die Einführung einer Leistungskomponente bei der Bezahlung von Lehrenden, die Gleichstellung von Fachhochschulen und Hochschulen bei den Besoldungsstufen und die Einrichtung einer Juniorprofessur, deren erfolgreicher Abschluss einer Habilitation gleichkommt. Dieses Instrument soll bei einer monatlichen Grundbesoldung von 6000 DM (erste Hälfte) bzw. 6500 DM während der zweiten Hälfte der auf sechs Jahre angelegten Juniorprofessur ein unabhängiges Arbeiten ermöglichen. Im Vorgriff auf die Neuregelung schreiben die Universitäten in Marburg und Göttingen sowie die Berliner Humboldt-Universität 2001 die ersten Juniorprofessorenstellen aus.

Die BAföG-Reform, die zum 1. April in Kraft tritt, hält an dem Prinzip fest, dass die Höhe der staatlichen Unterstützung vom Einkommen der Eltern abhängt; nur die FDP sprach sich bei der parlamentarischen Beratung für eine elternunabhängige Förderung aus. Durch die Anhebung der Freibetragsgrenze, bis zu der die Elterneinkommen nicht angerechnet werden, und durch höhere BAföG-Sätze soll erreicht werden, dass wieder mehr Kinder aus einkommensschwachen Familien studieren. Nach Berechnungen des Bildungsministeriums erhöht sich die Zahl der Geförderten durch die Reform um 81 000.

Als zusätzliches Förderinstrument wird ebenfalls zum 1. April ein sog. Bildungskredit eingeführt, ein besonders günstiges Darlehen, das Studierende unabhängig von ihrem BAföG-Anspruch beantragen können, um z. B. Exkursionen zu finanzieren. Eine Ausweitung des Angebots an Ganztagsschulen wird 2001 von Politikern verschiedener Parteien befürwortet, mit dem Argument, dass damit die Chancengleichheit gefördert werde, oder auch unter Hinweis auf eine bessere Vereinbarkeit von Familie und Beruf. Allerdings bleibt die Frage, wie ein solches ausgeweitetes Unterrichtsangebot finanziert werden kann, meist unbeantwortet. Die rheinland-pfälzische SPD zieht mit dem Thema Ganztagsschulen in den Landtagswahlkampf (→ 25.3./S. 58); sie will bis 2006 etwa 300 Schulen des Landes in Ganztagseinrichtungen umwandeln und dafür 1000 neue Stellen im pädagogischen Bereich schaffen. Über eigene Schulen für besonders begabte Kinder wird seit einigen Jahren in Deutschland debattiert. Nun macht der Freistaat Sachsen ernst: Zum Schuljahresbeginn 2001/02 nimmt die ehemalige Fürstenschule Sankt Afra in Meißen als erstes staatliches Hochbegabten-Gymnasium den Betrieb auf. Über 80 Mio. DM hat das Land in die Eliteschule investiert, die keine Spezialisten, sondern »Mehrfachbegabungen« fördern will.

Helmut Schmidt (M.) bei der Einweihung der International University Bremen. Die Privathochschule beginnt im Herbst mit dem Lehrbetrieb.

Bayerns SPD (r. Chef Wolfgang Hoderlein) wirbt für die Ganztagsschule.

Das Hochbegabten-Gymnasium Sankt Afra im sächsischen Meißen

△ Nicht an Ausbildung nach den Erfordernissen der Wirtschaft, sondern an Werteerziehung mangelt es nach dem Urteil von Petra Gerster und Christian Nürnberger.

▷ Diese Schüler aus dem saarländischen Merzig sollen in zwölf Jahren zum Abitur geführt werden.

Lehrer – als knappes Gut umworben: Imagekampagne aus Nordrhein-Westfalen

Durch Anzeigenwerbung will NRW junge Menschen zum Lehramtsstudium bewegen.

Eine Imagekampagne soll gegen den sich abzeichnenden Lehrermangel helfen

Über Jahre und Jahrzehnte hinweg wurde in Deutschland nur ein Bruchteil der ausgebildeten Pädagogen in den Schuldienst übernommen, nun werden Lehrer knapp. Dies gilt insbesondere für die Grund-, Haupt- und Berufsschulen sowie generell für die naturwissenschaftlichen Fächer und Mathematik.

Mit einer gemeinsamen Imagekampagne wollen die Kultusminister der Länder deshalb ab 2002 junge Menschen zu einem Lehramtsstudium bewegen; einige Länder starten schon 2001 Werbeaktionen. So werden Abiturienten in Baden-Württemberg per Brief vom Kultusministerium auf den künftig steigenden Lehrerbedarf hingewiesen, und Nordrhein-Westfalen versucht mit Slogans wie » Lehrer – Menschen mit Klasse« die Studienwahl zu beeinflussen. Angesichts der Verschlechterung der Arbeitsbedingungen für Lehrer und der Lernbedingungen für Schüler, die als Folge der Einsparungen im Bildungsbereich seit Jahren zu beobachten ist, erscheint die Wirksamkeit einer solchen Kampagne fraglich.

Die Kultusminister waren durch eine Ende 2000 gestartete Abwerbeaktion Hessens aufgeschreckt worden. Anfang 2001 verständigten sich die Länder darauf, sich gegenseitig zumindest während des laufenden Schuljahrs keine Lehrer abspenstig zu machen.

George W. Bush als neuer US-Präsident vereidigt

20. 1., Washington. In einer feierlichen Zeremonie wird der Republikaner George W. Bush (*1946) als 43. Präsident der Vereinigten Staaten vereidigt. Vizepräsident wird der 60-jährige ehemalige Verteidigungsminister Richard »Dick« Cheney.

Nach der Präsidentenwahl am 7. November hatten die US-Bürger quälend lange auf den Ausgang der Abstimmung warten müssen. Erst nach einem Monat stand das Ergebnis fest: Bushs Gegenkandidat, der zu dieser Zeit unter dem Demokraten Bill Clinton als Vizepräsident amtierende Al Gore, konnte zwar die Mehrheit der Wählerstimmen, nicht aber die der Wahlmännerstimmen auf sich vereinigen.

Jeder Bundesstaat der USA entsendet je nach Bevölkerungszahl eine bestimmte Anzahl von Wahlmännern, die gemeinsam ihre Stimmen für denjenigen Kandidaten abgeben, der in ihrem Staat die Mehrheit gewonnen hat. Da das Ergebnis im Bundesstaat Florida äußerst knapp ausgefallen war und Bush nach der ersten Zählung nur mit wenigen hundert Stimmen vorn lag, entspann sich ein beispielloses juristisches Gerangel, in dem Bush schließlich die Oberhand behielt. Am Ende hatte er die Stimmen Floridas und damit 271 Wahlmännerstimmen hinter sich, Gore 266.

In seiner Antrittsrede macht der neue Präsident deutlich, dass er stärker als sein Vorgänger auf die Eigenverantwortung der Bürger setzt. Er mahnt zur Besinnung auf bewährte Tugenden – »Anstand, Mitgefühl, Mut und Charakter« –, beschwört nach dem zermürbenden Hin und Her um den Wahlausgang die Einheit der Nation und ruft jeden Einzelnen dazu auf, sich für die Gemeinschaft zu engagieren: »Ich bitte Sie, Bürger zu sein – Bürger, nicht Zuschauer – Bürger, nicht Untertanen.«

Als wichtigste Punkte seines Regierungsprogramms nennt Bush die Bildungspolitik sowie Reformen bei der sozialen Sicherung und dem staatlichen Gesundheitssystem. Von der Vorstellung ausgehend, dass die Bürger selbst über ihr Geld entscheiden sollen, werden staatliche Hilfs- und Unterstützungsprogramme zugunsten von Steuersenkungen gekürzt. Der Wirtschaft der USA will Bush

George W. Bush leistet seinen Amtseid als Präsident der USA; neben ihm Tochter Jenna und Ehefrau Laura.

durch Stärkung der Eigeninitiative und den Abbau von Steuern »neuen Anstoß« geben. Ebenfalls der Unterstützung der Wirtschaft dienen energiepolitische Maßnahmen, die der Präsident im Mai ankündigt: Geplant sind die Erschließung weiterer heimischer Energiequellen, u.a. von Erdölfeldern in weitgehend unberührten Regionen des Bundesstaates Alaska, sowie der Ausbau der Atomenergie. Diese Vorhaben sind ebenso umstritten wie der Ausstieg der USA aus den internationalen Vereinbarungen zum Schutz des Weltklimas (→ 27.7./S. 121).

Eines der Lieblingsprojekte des neuen US-Präsidenten ist der Aufbau einer Nationalen Raketenabwehr, die zum einen eine weltraumgestützte Technologie zur Abwehr ballistischer Raketen, zum anderen den Bau von Angriffssatelliten umfasst. Die Pläne stoßen international auf Vorbehalte, zumal sie gegen den 1972 von den USA noch mit der damaligen Sowjetunion geschlossenen ABM-Abrüstungsvertrag verstoßen.

Bush setzt auf bewährte Kräfte

In seinem Kabinett, auf dessen Zusammensetzung Vize Richard Cheney maßgeblichen Einfluss gehabt haben soll, stützt sich US-Präsident George W. Bush auf erfahrene Politiker, von denen etliche schon seinem Vater George Bush senior während dessen Präsidentschaft (1989–1993) zur Seite standen. Cheney war seinerzeit Verteidigungsminister, der neue Außenminister Colin Powell leitete den Generalstab, die Nationale Sicherheitsberaterin Condoleezza Rice arbeitete ebenfalls eng mit Bush senior zusammen.

Die US-Armee begrüßt den neuen Präsidenten George W. Bush mit Frau Laura (l.) und seinen Vize Richard Cheney mit Frau Lynne.

Bye Bill, hello Hillary

Chronik Hintergrund

Während der bisherige US-Präsident Bill Clinton sich nach acht Amtsjahren von der politischen Macht verabschiedet, setzt seine Frau Hillary Rodham Clinton zum Karrieresprung an. Im am 7. November 2000 neu gewählten Senat vertritt sie den Staat New York.

Es ist das erste Mal in der Geschichte der USA, dass eine Präsidentenfrau selbst ein politisches Amt übernimmt. Schon als ihr Mann 1993 ins Weiße Haus einzog, galt die erfolgreiche Anwältin als treibende Kraft hinter sozialpolitischen Projekten. Insbesondere die Reform des Gesundheitswesens trug ihre Handschrift; der Kongress verweigerte dem Vorhaben allerdings die Zustimmung.

Für ihre eigene politische Laufbahn übersiedelte Hillary Clinton 1999 in den Bundesstaat New York und führte 16 Monate beinahe ununterbrochen Wahlkampf. Der Lohn: Mit 55% gegenüber 43% der Stimmen ließ sie den Republikaner Rick Lazio bei der Senatswahl hinter sich.

Dem Mann der neuen Senatorin fällt es sichtlich schwer, sein Amt aufzugeben. Ließe die Verfassung eine dritte Amtszeit des Präsidenten zu, so lässt er seine Mitbürger wissen, wäre er erneut angetreten. Seinem Nachfolger gibt er drei Leitlinien auf den Weg: Die USA müssten Haushaltsdisziplin wahren, sie müssten weiterhin eine Führungsrolle in der Welt einnehmen, und sie müssten im eigenen Land für die Integration aller Bevölkerungsgruppen sorgen.

Eine Bilanz der Ära Clinton nimmt sich in der Presse zwiespältig aus: Einerseits werden die Verdienste gewürdigt – unter Clinton habe die US-amerikanische Wirtschaft eine ihrer längsten Aufschwungperioden erlebt, er habe den Haushalt konsolidiert und sich außenpolitisch stark engagiert, u. a. im Nahen Osten, in Bosnien und in Nordirland. Andererseits werfen Skandale und Affären Schatten auf seine Amtszeit. 1998 wurde sogar im Zusammenhang mit seiner Beziehung zu einer Praktikantin im Weißen Haus ein Verfahren zur Amtsenthebung gegen Clinton eingeleitet. Seine politische Handlungsfähigkeit war dadurch zeitweilig stark eingeschränkt.

Die zweite Hälfte seiner achtjährigen Amtszeit hatte Clinton nicht nur mit Skandalen zu kämpfen. Er musste seine Gesetzesvorhaben auch so weit den Wünschen der Republikaner anpassen, dass die Vorlagen das von ihnen dominierte Repräsentantenhaus passieren konnten. Dieses Problem stellt sich seinem Nachfolger zunächst nicht. George W. Bush kann sich auf 221 Republikaner gegenüber 212 Sitzen der Demokraten stützen.

Al Gore vereidigt Hillary Clinton (mit Mann Bill und Tochter Chelsea).

Experten untersuchen Trümmerteile des Verkehrsflugzeugs, das 1988 über dem schottischen Lockerbie abstürzte.

Sühne für Lockerbie

31. 1., Camp Zeist. In den Niederlanden verurteilt ein schottisches Gericht einen Libyer, der 1988 einen Bombenanschlag auf ein US-amerikanisches Verkehrsflugzeug verübt hat, zu lebenslanger Haft. Der PanAm-Jet mit 259 Menschen an Bord war über der schottischen Ortschaft Lockerbie abgestürzt. Alle Insassen sowie elf Dorfbewohner fanden den Tod.

Das Gericht sieht es als erwiesen an, dass der Angeklagte, der libysche Geheimagent Abdel Basset Ali al Megrahi, am 21. Dezember 1988 einen Bombenkoffer an Bord der Boeing 747 schmuggelte, die von London nach New York fliegen sollte. Der zweite Angeklagte Lamen Khalifa Fhimah wird dagegen mangels Beweisen freigesprochen. Nach dem Anschlag von Lockerbie war bald der Verdacht einer libyschen Beteiligung aufgekommen; das Attentat galt als Rache für den Abschuss einer iranischen Passagiermaschine durch ein US-Kriegsschiff über dem Persischen Golf.

Libyen verweigerte die Auslieferung der beiden Verdächtigen. Daraufhin verhängte die UNO 1992 ein Luft- und Rüstungsembargo gegen den nordafrikanischen Staat. 1997 nahm sich der Internationale Gerichtshof in Den Haag des Falles an. Schließlich einigten sich die beteiligten Staaten USA, Großbritannien und Libyen auf ein Verfahren nach schottischem Recht auf niederländischem Boden.

Freigesprochen: Der zweite Angeklagte Lamen Khalifa Fhimah (44)

Zu lebenslanger Haft verurteilt: Abdel Basset Ali al Megrahi (48)

30 000 Erdbebentote im Westen Indiens

26.1., Neu-Delhi. Der Westen Indiens wird von einem verheerenden Erdbeben der Stärke 7,9 auf der Richterskala erschüttert, dem wahrscheinlich mehr als 30 000 Menschen zum Opfer fallen. Auch in den Nachbarstaaten Pakistan und Nepal sind Tote zu beklagen. Der Gesamtschaden wird auf umgerechnet rd. 9,5 Mrd. DM veranschlagt.

Es ist das schwerste Beben auf dem indischen Subkontinent seit 1950. Die Naturkatastrophe trifft besonders den an der Grenze zu Pakistan gelegenen Bundesstaat Gujarat; die Stadt Bhuj wird praktisch dem Erdboden gleich gemacht. Betroffen ist ein vergleichsweise gering besiedeltes Gebiet, das aber zu den am stärksten erdbebengefährdeten Regionen Asiens gehört.

Dennoch ist man auf eine Katastrophe nicht eingerichtet. Viele Gebäude stürzen ein, weil sie mit billigen Materialien errichtet worden sind. Eine erdbebensichere Bauweise können sich die wenigsten Bewohner dieser Region leisten.

Die Wirtschaft des Bundesstaates, der gleichwohl einer der reichsten des Landes ist, kommt vergleichsweise glimpflich davon. Bei den großen modernen Fabrikanlagen werden nur geringe Schäden festgestellt.

Verheerendes Bild: Eingestürzte Häuser in der Stadt Ahmemabad

In einem Dorf östlich von Bhuj: Eine Bewohnerin vor ihrem zerstörten Haus

Naturkatastrophe trifft El Salvador

13.1., San Salvador. Mindestens 726 Menschen kommen bei einem schweren Erdbeben in El Salvador ums Leben, weitere 4500 erleiden z. T. schwere Verletzungen; über 180 000 Häuser werden zerstört oder stark beschädigt. Insgesamt sind etwa 1 Mio. Menschen, rd. ein Sechstel der Bevölkerung, von der Katastrophe betroffen. Stürme und heftige Regenfälle erschweren die Rettungs- und Aufräumarbeiten.

Im Februar fordert ein weiteres Erdbeben noch einmal 240 Todesopfer; im Juni wird El Salvador erneut von schweren Erdstößen heimgesucht, die erhebliche Sachschäden anrichten.

Ausländische Hilfsorganisationen werfen der Regierung in San Salvador Versagen bei der Bewältigung der Katastrophe vor. Die Rettungsarbeiten seien unzureichend koordiniert worden. Hilfe sei zudem nicht immer nach Bedürftigkeit, sondern nach politischen Gesichtspunkten verteilt worden.

Doch es gibt auch Kritik an der Katastrophenhilfe von außen. So bemängelt die Bundesregierung in Berlin die schleppende Auszahlung von Geldern der Europäischen Union, die El Salvador schon vor zwei Jahren nach den Verwüstungen durch den Hurrikan »Mitch« zugesagt worden waren.

Neue Führung in Serbien

25.1., Belgrad. Erstmals seit dem Ende des Zweiten Weltkriegs erhält die jugoslawische Teilrepublik Serbien eine nicht-kommunistische Regierung. Der bisherige Oppositionsführer Zoran Djindjic wird als Ministerpräsident vereidigt.

Bei der vorgezogenen Wahl des serbischen Parlaments am 23. Dezember 2000 gewann das aus 18 Parteien bestehende Oppositionsbündnis DOS 176 der 250 Sitze, die bisher regierenden Sozialisten des früheren jugoslawischen Präsidenten Slobodan Milosevic (→ 28.6./S. 104) erhielten nur 37 Mandate.

Zu den drängendsten Aufgaben seiner Regierung zählt Zoran Djindjic die »Abrechnung« mit dem alten Regime, die Einrichtung von Kontrollinstanzen sowie nicht zuletzt die Bekämpfung der organisierten Kriminalität.

Zoran Djindjic regiert in Belgrad.

Prager Fernsehstreit

11.1., Prag. Nach einem Streik der TV-Journalisten und massiven Protesten der Bevölkerung erklärt der umstrittene Intendant des öffentlich-rechtlichen Fernsehens in der Tschechischen Republik, Jiri Hodac, seinen Rücktritt.

Hodacs Ernennung zum Generaldirektor des öffentlich-rechtlichen Senders CT im Dezember 2000 (→ 20.12.2000/S. 15) hatte die Befürchtung einer Einflussnahme durch die politischen Parteien ausgelöst. Dem neuen Intendanten werden enge Verbindungen zur Demokratischen Bürgerpartei (ODS), der zweitstärksten Fraktion im Parlament, nachgesagt. Am 9. Februar bestimmt das Abgeordnetenhaus Jiri Balvin zum neuen Leiter des Senders. Dieser sichert den CT-Journalisten vertraglich die Unabhängigkeit ihrer Berichterstattung zu.

Protest auf dem Wenzelsplatz

Neue Führung in Manila

20. 1., Manila. Nach dem Sturz des philippinischen Präsidenten Joseph Estrada wird seine bisherige Stellvertreterin Gloria Arroyo als neues Staatsoberhaupt vereidigt.

Gegen den seit 1998 amtierenden Estrada wurde im November 2000 ein Impeachment-Verfahren eingeleitet. Der Staatschef stand im Verdacht, von Betreibern illegaler Spielsalons rd. 20 Mio. US-Dollar angenommen und 7 Mio. Dollar aus Steuereinnahmen veruntreut zu haben. Der deutsche Bundesnachrichtendienst äußerte darüber hinaus die Vermutung, Estrada habe sich an den rd. 20 Mio. Dollar

Staatschefin Gloria Arroyo

Lösegeld bereichert, die 2000 für die Freilassung westlicher Geiseln auf der Insel Jolo gezahlt wurden.

Am 16. Januar wurde das Amtsenthebungsverfahren jedoch faktisch beendet, da der Senat beschloss, Unterlagen über Estradas Konten und Briefwechsel nicht einzusehen. Die Mehrheit der Senatoren befand, die Anklagepunkte reichten nicht aus, um das Recht des Präsidenten auf Geheimhaltung seiner Kontenbewegungen zu beschneiden.

Daraufhin verschärften sich die seit Dezember anhaltenden Proteste. Täglich zogen Hunderttausende durch die Straßen Manilas. Auch Vertreter der Wirtschaft setzten sich nachdrücklich für einen Rückzug des Präsidenten ein.

Als am 20. Januar auch Militär, Polizei und mehrere Minister offen gegen Estrada Stellung beziehen, verlässt dieser seinen Amtssitz, betont aber, er trete nicht zurück. Am selben Tag wird Vizepräsidentin Arroyo für das höchste Staatsamt vereidigt; sie ist die Tochter von Diosdado Macapagal, der die Philippinen von 1961 bis 1965 regierte. Arroyo verspricht, konsequent gegen Korruption vorzugehen, und erlässt eine Direktive, die Regierungsbeamten alle Geschäftsbeziehungen zu Verwandten verbietet. Estrada wird im April verhaftet.

△ *Demonstranten in Manila fordern am 30. November 2000 den Rücktritt von Joseph Estrada. Die mitgeführten Clowns-Gesichter sollen den Regierungsstil des Staatsoberhauptes symbolisieren.*

◁ *Bevor Joseph Estrada (*1937) Politiker wurde, machte er sich als Schauspieler in über 100 Kinofilmen einen Namen. Politische Erfahrung sammelte er als Bürgermeister von San Juan, einer Vorstadt von Manila, dann ab 1987 als Senator und ab 1992 als Vizepräsident unter Fidel Ramos, dessen Nachfolge er 1998 antrat. Im Wahlkampf machte Estrada Versprechungen à la Robin Hood.*

Kabilas Sohn bemüht sich um Frieden im Kongo

16. 1., Kinshasa. Der Präsident der Demokratischen Republik Kongo, Laurent-Désiré Kabila, wird von einem seiner Leibwächter ermordet. Als Nachfolger wird sein Sohn Joseph Kabila eingesetzt, den jedoch die Rebellen in dem vom Bürgerkrieg zerrissenen Land nicht anerkennen.

Laurent Kabila hatte 1997 im damals noch Zaire genannten Land den Diktator Mobutu Sésé-Séko gestürzt und selbst die Macht übernommen. Seither ist das Land zum Kriegsschauplatz geworden. Soldaten aus Simbabwe, Angola und Namibia kämpfen auf Seiten der Regierungstruppen; den Rebellen, darunter die Kongolesische Bewegung für Demokratie (RCD), stehen Verbände aus Ruanda und Uganda zur Seite. Bei den Auseinandersetzungen geht es um ethni-

sche Konflikte, aber auch um wirtschaftliche Interessen und politische Divergenzen: Das Regime des zunächst als Retter gefeierten Laurent Kabila erwies sich bald als korrupt und diktatorisch. Mindestens 2 Mio. Menschen fielen dem Bürgerkrieg bislang zum Opfer.

Um einen 1999 geschlossenen, aber wiederholt nicht eingehaltenen Waffenstillstand zu überwachen, schickt die UNO im März 2001 Blauhelmsoldaten in die Demokratische Republik Kongo, deren Zahl Joseph Kabila am 21. Mai für unzureichend erklärt. Er fordert außerdem, dass die ausländischen Truppen das Land verlassen müssten. Dann seien freie und faire Wahlen möglich. Die Betätigung politischer Parteien, die unter seinem Vater de facto verboten war, lässt Kabila wieder zu.

Der neue Präsident Joseph Kabila will sein Land zum Frieden führen.

Ex-Traumpaar Becker vor dem Scheidungsrichter

15.1., München. Überraschend schnell spricht ein Familiengericht die Scheidung des früheren Tennisstars Boris Becker und seiner Frau Barbara aus.

Erst einen Monat zuvor hatte der 33-Jährige die Scheidungsklage eingereicht. Etwa zeitgleich mit ihrem Mann beantragte Barbara Becker, die auch die Staatsbürgerschaft der USA besitzt, an ihrem neuen Wohnort Miami eine Scheidung. Das dortige Verfahren wurde mit einer öffentlichen Anhörung des Ehemannes eingeleitet, die auch im Fernsehen übertragen wurde. Die Aussicht auf die Ausbreitung intimer Details veranlasste die Eheleute offenbar dazu, sich außergerichtlich zu einigen und München als Ort des Verfahrens zu wählen (→ 5.12.2000/S. 17).

Die gesetzlich vorgegebene einjährige Trennungszeit gilt als erfüllt, weil die Eheleute glaubhaft gemacht haben, dass sie zwar unter einem Dach, aber getrennt voneinander gelebt haben.

Das Aus für das einstige Traumpaar hatte Anfang Dezember 2000 die Medienwelt aufgeschreckt. Seither ist kaum ein Tag vergangen, an dem keine Neuigkeiten über das Ende der Ehe zu erfahren waren. Als wahr erweisen sich Gerüchte über eine weitere Vaterschaft Boris Beckers. Nach einem DNA-Test erkennt er am 7. Februar die Tochter eines Models als sein Kind an.

Der »Becker-Hecht«, das Markenzeichen des Tennisstars

Familie Becker im Jahr 1995

Gläubige Hindus vertrauen darauf, durch ein Bad im Ganges von Sünden befreit zu werden.

75 Millionen Pilger am heiligen Ganges

24.1., Allahabad. *Zum Höhepunkt des hinduistischen Pilgerfestes Kumbh Mela tauchen schätzungsweise 32 Mio. Menschen in das zu dieser Jahreszeit eiskalte Wasser des Ganges, um sich von ihren Sünden reinzuwaschen. Das Fest wird alle zwölf Jahre bei einer bestimmten astrologischen Konstellation dort gefeiert, wo die den Hindus heiligen Flüsse Ganges und Yamuna mit dem mythischen Sarasvati, dem Strom der Erleuchtung, zusammenfließen. Der Schauplatz des Geschehens, das nordindische Allahabad, ist die bedeutendste der heiligen Stätten des Hinduismus. Die Kumbh Mela 2001, die vom 9. Januar bis zum 21. Februar begangen wird und offiziellen Schätzungen zufolge rd. 75 Mio. Menschen anzieht, ist wegen eines nur alle 144 Jahre in dieser Form auftretenden Standes der Sterne besonders günstig.*

Indoor ganzjährig Skifahren: Rosi Mittermaier und Christian Neureuther machen's vor.

Wetterunabhängige Skipiste im Ruhrgebiet

3.1., Neuss. *Rosi Mittermaier, deutsche Ski-Königin der 70er Jahre, und ihr Ehemann Christian Neureuther eröffnen die erste deutsche Indoor-Skipiste. Die überdachte Wintersportanlage konkurriert mit einer ähnlichen Halle im nahe gelegenen Bottrop, die wenige Tage später eingeweiht wird. Der Skihang unterm Hallendach verspricht für jeden etwas. Die 300 m lange und 60 m breite Piste hat im oberen Teil ein Gefälle von 28%, unten stehen für Kinder und Anfänger Hänge mit 10 bis 15% Gefälle zur Verfügung. Snowboarder sollen durch eine Buckelpiste und verschiedene Sprungmöglichkeiten angelockt werden. Zwei Schlepplifte und ein Vierersessellift sorgen dafür, dass niemand zu Fuß zur »Bergstation« in 110 m Höhe aufsteigen muss. Zehn Schneekanonen berieseln die Winterwelt, die konstant auf −5 °C temperiert ist.*

Der kleine Adam macht Polen stolz

6.1., Bischofshofen. Der 1,69 m kleine Pole Adam Malysz gewinnt die 49. deutsch-österreichische Vierschanzentournee und damit die prestigeträchtigste Skisprung-Trophäe der Welt.

Beim letzten Springen vor 30 000 Zuschauern auf der Paul-Ausserleitner-Schanze distanziert der 23-Jährige die Konkurrenz um Längen. Malysz siegt mit den Tagesbestweiten von 127 und 134 m (274,8 Punkte) überlegen vor dem Finnen Janne Ahonen (243,4) und Vorjahressieger Andreas Widhölzl (242,6) aus Österreich.

In der Gesamtwertung liegt Malysz, der auch das dritte Springen in Innsbruck gewann, mit 1045,9 Punkten weit vor Ahonen (941,5) und dem Deutschen Martin Schmitt (920,1), der nur mit einem Sieg in Oberstdorf seine Favoritenstellung bestätigen konnte.

Der 23 Jahre alte Adam Malysz aus Wisla sprang lange Zeit der Konkurrenz hinterher, die Hilfe eines Psychologen brachte den nur 50 kg schweren Skispringer mit seinen – bis dahin belächelten – Skiern Marke »Elan« auf die Erfolgsspur: Malysz erreicht als erster Springer der Tournee-Geschichte mehr als 1000 Punkte und hat den bisher größten Abstand auf den Gesamt-Zweiten. Seit dem Olympiasieg von Wojciech Fortuna bei den Winterspielen 1972 in Sapporo ist Malysz' Sieg der größte Erfolg eines polnischen Skispringers. Für seinen Tournee-Sieg kassiert Malysz nicht nur Geldprämien, er bekommt außerdem einen 100 000 DM teuren Sportwagen.

Kleinschmidt bei Paris–Dakar vorn

21.1., Dakar. Als erste Frau gewinnt die in Monaco lebende Deutsche Jutta Kleinschmidt mit ihrem Münchner Beifahrer Andreas Schulz in einem Mitsubishi Pajero die zum 23. Mal ausgetragene Wüstenrallye Paris–Dakar.

Nach 10 739 km und 20 Prüfungen über 6180 km verweist die 38-jährige Physik-Diplomingenieurin und Dakar-Dritte 2000 ihre Markenkollegen Hiroshi Masuoka/Pascal Maimon (Japan/Frankreich) mit dem bis dahin knappsten Vorsprung von 2:39 min auf den zweiten Platz.

Neben ihrem eigenen Können profitiert die »Dakar-Queen« auch von den ihre Konkurrenten benachteiligenden Ausrastern des als exzentrisch bekannten Jean-Louis Schlesser (Frankreich). Der Sieger der beiden letzten Jahre kassiert eine Gesamtstrafe von 2:10 h.

Sensationelles Comeback für Capriati

28.1., Melbourne. Andre Agassi (USA) siegt zum zweiten Mal in Folge bei den Internationalen Tennismeisterschaften von Australien. Im Endspiel bezwingt er den Franzosen Arnaud Clement in drei Sätzen glatt mit 6:4, 6:2 und 6:2.

Der jetzt 30 Jahre alte Agassi braucht für seinen – nicht nur von Freundin Steffi Graf bejubelten – insgesamt siebten Grand-Slam-Sieg gegen den überforderten Clement lediglich eine Stunde und 46 Minuten.

Weitaus überraschender ist der Sieg von Jennifer Capriati (ebenfalls USA) gegen die an Nummer eins gesetzte Martina Hingis (Schweiz). Mit dem glatten 6:4 und 6:3 über die hohe Favoritin feiert die 24-jährige Capriati ihren ersten Sieg bei einem Grand-Slam-Turnier überhaupt.

Das einstige Tennis-Wunderkind hat schwere Zeiten hinter sich: Mit 14 Jahren schon stand »Jenny-Baby« unter den Top Ten, mit 16 hatte sie schon mehr als 1 Mio. US-Dollar Preisgeld kassiert, 1992 gewann sie – gegen Steffi Graf – Olympisches Gold in Barcelona. Dann folgte eine tiefe persönliche Krise, sie wurde verhaftet wegen Ladendiebstahls (1993) und Marihuana-Besitz (1994).

△ *Jennifer Capriati nach dem Sieg von Melbourne. »Von heute an werde ich nie mehr Angst vor einem Match haben, das ich bestreite«, sagt sie den Journalisten.*

◁ *»Mein Ziel ist es, immer besser zu werden«, erklärt der US-amerikanische Tennisstar Andre Agassi.*

Geständiger Daum aus den USA zurück

12.1., Köln. Einen Tag nach seiner Rückkehr aus den USA gesteht der frühere Fußball-Bundesliga-Trainer Christoph Daum ein, Kokain konsumiert zu haben. »Von einer Sucht oder Krankheit« könne aber nicht die Rede sein, erklärt Daum auf einer Pressekonferenz.

Der bis zu den Vorwürfen als Bundestrainer designierte Daum war am 21. Oktober 2000 von seinem Verein Bayer Leverkusen entlassen worden, nachdem eine von ihm selbst eingeleitete Haarprobe auf Kokain ein positives Ergebnis erbracht hatte. Er hatte sich daraufhin in die USA abgesetzt.

Zunächst hatte Daum von Florida aus versucht, die gegen ihn erhobenen Vorwürfe mit Gegenanalysen zu entkräften. Nun gesteht er öffentlich ein, er habe – wenn auch nur gelegentlich im privaten Bereich – Kokain genommen. Eine Rückkehr auf die Trainerbank eines Bundesligisten gibt es für Daum aber – vorerst – nicht.

Der als »Lautsprecher der Liga« bekannt gewordene Daum, der mit dem VfB Stuttgart 1992 in Deutschland und mit Besiktas Istanbul 1995 in der Türkei Landesmeister geworden ist, heuert am 7. März erneut bei Besiktas an.

Wohnen und Design 2001:

Minimal oder gemütlich

Chronik Übersicht

Minimalistische Schlichtheit in der Form, gepaart mit raffinierter Multifunktionalität, sind ein Trend in der von Vielfalt bestimmten Möbel- und Designwelt.

Klare, gerade Linienführung, spiegelglatte Oberflächen und scharfe Kanten geben Sitzmöbeln, vor allem aber Regalen, Schränken, Schubladenmöbeln und anderen Aufbewahrungssystemen etwas Virtuelles: In ihrer kargen Simplizität erscheinen sie eher als Skizzen denn als ausgeführte Modelle, und wenn dann noch Glas als Material hinzu kommt, ist es nicht mehr weit bis zum optischen Verschwinden der Möbel. Solche transparenten Objekte finden sich zunehmend auch in Schlafräumen. Ein Beispiel ist der Schrank »Arioso« von Team by Wellis, der auch funktionell spektakulär wirkt: Die Winkeltüren verschieben sich nicht nur an der Frontseite, sie bilden auch mit der oberen Abdeckung eine Einheit, so dass sich der Schrank in seinem ganzen Volumen quasi aufklappen lässt. Da keine tragenden Trennwände erforderlich sind, kann der »Innenausbau« unendlich variabel vorgenommen werden.

Flexibilität und vielseitige Nutzbarkeit, wie sie deutsche Käufer besonders schätzen, finden sich mittlerweile auch bei italienischen Herstellern der anspruchsvollen Kategorie. So stellt Cassina das Polstermöbelprogramm »Reef« vor, bei dem sich Seitenteile und Rückenlehnen ausklappen und in verschiedenen Stufen verstellen lassen. Die deutsch-schweizerische Firma Interprofil bietet diverse Sitz- und Ruhemöbel, deren Rückenlehnen oder Kissen sich flexibel an den Körper des Benutzers anschmiegen und ihm nahezu überall hin folgen, wie auch immer er sich auf dem Möbel bewegen mag.

Doch es gibt auch den Gegenpol: Für Classicon hat Stardesigner Konstantin Grcic das Sitzobjekt »Chaos« entworfen, das breiter ist als tief. Es ist vertikal durch einen leichten Knick in zwei ungleich große Teile geschieden, am Übergang von der Sitzfläche zur Rückenlehne leicht abgeschrägt und ein wenig nach hinten geneigt: Ein zudem noch wippendes Möbel, das eher zu einem rastlosen als zu einem Bequemlichkeit suchenden Benutzer passt.

Wer auf Gemütlichkeit nicht verzichten möchte, der kann sich für Möbel aus Seegrasgeflecht oder Bananenblättern – eine Alternative zum Rattan – entscheiden und sich einen hochflorigen, mit Silberfäden durchzogenen Teppich auf den Fußboden legen: Auch mit diesen Gegentrends folgt er dem Zeitgeist.

△ Bunt in den Farben, verrückt in den Formen, verspielt bis zum Kitsch – ein Kultsofa für den indezenten, den 60er Jahren verpflichteten Geschmack von Bretz Brothers Design (Gensingen)

◁ Die Ruheliege »Soft«, die Werner Aisslinger für den italienischen Edel-Hersteller Zanotta entworfen und im Vorjahr erstmals vorgestellt hat, erreicht 2001 Serienreife. Das in zarten Farben im Waffelmuster schimmernde, federleicht wirkende Objekt besteht aus Levagel, einem von Bayer ursprünglich für medizinische Zwecke entworfenen transparenten Material. Aisslinger experimentiert, angeregt von modernen Fahrradsätteln, seit 1999 mit Möbeln aus Gel.

Lila liegt im Trend – das gilt auch für die Wände, wie dieser Entwurf von Ulf Moritz mit Farbverläufen für die Marburger Tapetenfabrik belegt.

Wider den Funktionalismus: Zum Sitzen kaum taugliches Mini-Möbel »Chaos«, entworfen von Konstantin Grcic für Classicon

△▷ Wie eine Skulptur erscheint der 93 cm hohe und 2 m breite Küchenkubus aus blankem Metall, den Norbert Wangen entworfen hat. Er bietet Kochfeld, Mikrowelle, Backofen, Kühlschrank, Spülbecken und Spülmaschine. All dies ist unter einer großen Abdeckplatte verborgen, die sich beiseite schieben und dann als Arbeitsfläche oder als Esstisch nutzen lässt.

△▷ Transparenz ist Trumpf – dieser Devise folgt die Schweizer Firma Team by Wellis. Ihre Matt- und Klarglas kombinierende, in limitierter Edition hergestellte Vitrine (o.) fällt nicht unbedingt aus dem Rahmen, doch der Schlafzimmerschrank »Arioso« (r.) erscheint gewöhnungsbedürftig; erhältlich auch in halbtransparentem Mattglas und Holz.

Februar 2001

Mo	Di	Mi	Do	Fr	Sa	So
			1	2	3	4
5	6	7	8	9	10	11
12	13	14	15	16	17	18
19	20	21	22	23	24	25
26	27	28				

1. Februar, Donnerstag

Bundeskanzler Gerhard Schröder (SPD) und Frankreichs Premierminister Lionel Jospin vereinbaren, dass künftig zweimal jährlich deutscher Atommüll aus der französischen Wiederaufarbeitungsanlage La Hague nach Gorleben gebracht werden soll.

Den vierten Tag in Folge liefern sich albanische Demonstranten und Soldaten der internationalen Friedenstruppe in der zum Kosovo gehörenden, geteilten Stadt Kosovska Mitrovica gewaltsame Auseinandersetzungen. Auslöser der Unruhen war der Tod eines 15-Jährigen am 29. Januar. Der Junge starb bei einem Granatenangriff auf sein Wohnhaus. Für den Anschlag machen Kosovo-Albaner Serben verantwortlich.

2. Februar, Freitag

In Ecuador wird wegen der Protestaktionen der indianischen Bevölkerung gegen die massive Anhebung der Energiepreise der Ausnahmezustand verhängt. → S. 43

Nach jahrelanger Flucht wird der französische Finanzmanager Alfred Sirven auf den Philippinen verhaftet und wenige Stunden später nach Frankfurt am Main ausgeflogen, von wo er nach Paris überführt wird. Sirven gilt als Schlüsselfigur im Schmiergeldskandal um den französischen Ölkonzern Elf Aquitaine. Der einstige Top-Manager, der 1997 untertauchte, soll außerdem Millionenbeträge veruntreut haben (→ 30.5./S. 90).

Wegen der Tötung eines Obdachlosen im Juli 2000 in Ahlbeck auf Usedom verurteilt das Landgericht Stralsund drei 16- bis 19-jährige Angeklagte aus der rechtsextremen Szene zu langjährigen Freiheitsstrafen. Der 24 Jahre alte Haupttäter bleibt wegen Mordes lebenslang in Haft.

3. Februar, Samstag

Auf der internationalen Konferenz für Sicherheitspolitik in München bekräftigt der US-amerikanische Verteidigungsminister Donald Rumsfeld die Pläne seiner Regierung zum Aufbau einer nationalen Raketenabwehr. Er verspricht jedoch, die europäischen Bündnispartner in das Konzept einzubinden.

4. Februar, Sonntag

Alt-Rocker Udo Lindenberg eröffnet in Dresden das Festival »Rock gegen rechte Gewalt«. Weitere Stationen sind Hamburg, Rostock und Berlin. → S. 44

Im Endspiel der Handball-Weltmeisterschaft entthront Gastgeber Frankreich vor 13 000 Zuschauern im ausverkauften Palais Omnisports in Paris Titelverteidiger Schweden durch ein 28:25 nach Verlängerung. Die deutschen Handballer beenden die Titelkämpfe auf Platz acht. → S. 48

5. Februar, Montag

Wegen der Veruntreuung von rd. 20 Mio. DM verurteilt das Landgericht Koblenz den ehemaligen Manager der Caritas Trägergesellschaft, Hans-Joachim Doerfert, zu einer Haftstrafe von sieben Jahren und drei Monaten. Im Zuge der Ermittlungen gegen den Finanzjongleur musste im November 2000 der damalige Bundesverkehrsminister Reinhard Klimmt (SPD) zurücktreten, weil er ebenfalls in die Affäre verwickelt war.

Der russische Präsident Wladimir Putin entlässt wegen der Versorgungsprobleme in Sibirien seinen Energieminister Alexander Gawrin. Bei Temperaturen von bis zu –50 °C frieren Tausende Menschen in ungeheizten Wohnungen.

Trotz gedämpfter Stimmung an den Aktienmärkten verzeichnen die Papiere der Deutschen Börse AG einen guten Start. Am ersten Handelstag schließt die Aktie mit 374 € um 11,6 % über dem Ausgabepreis von 335 €. Die gut 2,8 Mio. Wertpapiere waren 23-fach überzeichnet.

Die Bertelsmann AG übernimmt die Mehrheit an Europas führendem Fernseh- und Radiokonzern RTL Group. Im Gegenzug erhält die belgische Finanzholding Groupe Bruxelles Lambert (GBL) 25,1 % der Anteile an Bertelsmann.

6. Februar, Dienstag

Der rechtsgerichtete Likud-Politiker Ariel Scharon gewinnt mit 62,5 % der Stimmen die Direktwahl zum israelischen Ministerpräsidenten. → S. 42

7. Februar, Mittwoch

Der frühere Präsident Haitis, Jean-Bertrand Aristide, wird für eine zweite Amtszeit vereidigt. Der ehemalige Priester, der das Amt schon von 1991 bis 1996 innehatte und damals nicht für eine unmittelbare Wiederwahl kandidieren durfte, hat die Wahl am 26. November 2000 mit fast 92 % der Stimmen gewonnen.

8. Februar, Donnerstag

Verbraucherschutzministerin Renate Künast (Bündnis 90/Die Grünen) kündigt in einer Regierungserklärung einen grundlegenden Kurswechsel in der Agrarpolitik an. Der Anteil des Ökolandbaus solle in den nächsten Jahren von derzeit etwa 2,5 % auf 20 % gesteigert werden (→ 10.1./S. 23).

9. Februar, Freitag

Bei der Kollision des US-amerikanischen Atom-U-Boots »USS Greeneville« mit dem japanischen Fischtrawler »Ehime Maru« vor der Küste von Hawaii ertrinken neun Japaner, darunter vier Schüler einer japanischen Fischereischule. → S. 43

An der Spitze der Regulierungsbehörde für Telekommunikation übernimmt Matthias Kurth die Nachfolge von Klaus-Dieter Scheurle, der im Dezember 2000 in die Privatwirtschaft gewechselt ist. Kurth war bisher stellvertretender Präsident und führte die Behörde seit Scheurles Ausscheiden kommissarisch.

Die US-Raumfähre Atlantis dockt an die Internationale Raumstation ISS an. An Bord sind fünf US-Astronauten, die das Herzstück der ISS, das 1,4 Mrd. US-Dollar teure Forschungslabor »Destiny«, installieren sollen. Die Station wird 2006 komplett eingerichtet sein. Die Kosten für das Mammutprojekt belaufen sich auf umgerechnet mehr als 200 Mrd. DM.

10. Februar, Samstag

Der Streit um das öffentlich-rechtliche Tschechische Fernsehen CT wird offiziell beendet. Vertreter der streikenden Belegschaft und Übergangsintendant Jiri Balvin verpflichten sich in einem Abkommen zur konstruktiven Zusammenarbeit (→ 11.1./S. 32).

11. Februar, Sonntag

Aus den Parlamentswahlen im Fürstentum Liechtenstein geht die Fortschrittliche Bürgerpartei (FBP) mit 13 Mandaten im 25-köpfigen Landtag als Siegerin hervor. Sie stellt mit Otmar Hasler künftig den Ministerpräsidenten. Die bisherige Regierung von der Vaterländischen Union (VU) unter Leitung von Mario Frick gibt nach der Wahlniederlage ihren Rücktritt bekannt. Die VU kommt nur noch auf elf (zuvor 13) Mandate. Einen Sitz erhält die grün-alternative Freie Liste (zuvor zwei).

Bei den 27. alpinen Ski-Weltmeisterschaften in Sankt Anton schneidet das Team des Deutschen Skiverbands (DSV) mit drei Medaillen unerwartet gut ab. Hinter Österreich rangiert der DSV zusammen mit Frankreich und Norwegen an zweiter Stelle der Nationenwertung. → S. 49

12. Februar, Montag

Die Europäische Union erteilt Irland wegen seiner inflationären Haushaltspolitik eine formelle Rüge. Erstmals wird damit ein Mitgliedstaat von der EU wegen Verstoßes gegen die gemeinsame Wirtschaftspolitik kritisiert.

Genforscher aus mehreren Ländern haben das menschliche Erbgut weitgehend entziffert. Nach den nun vorgestellten neuen Erkenntnissen besitzt der Mensch 26 500 bis 40 000 Gene und damit nicht einmal halb so viele wie bisher angenommen. Die Bundesregierung will, dies kündigt die Bundesforschungsministerin Edelgard Bulmahn (SPD) am selben Tag an, für die Erforschung des menschlichen Erbguts in den nächsten drei Jahren 870 Mio. DM zur Verfügung stellen.

Zum ersten Mal in der Geschichte der Raumfahrt setzt eine Raumsonde auf einem Asteroiden auf. Die Sonde NEAR (Near Earth Asteroid Rendezvous), die am 17. Februar 1996 zu den 270 Mio. km entfernten Asteroiden Eros gestartet ist, hat nach Angaben der US-Raumfahrtbehörde NASA den Aufschlag auf dem Himmelskörper offenbar unbeschadet überstanden.

Ein Berufungsgericht in San Francisco setzt der Tätigkeit der Internet-Musiktauschbörse Napster enge Grenzen. Zwar wird Napster nicht geschlossen, doch das kostenlose Herunterladen von urheberrechtlich geschützter Musik soll es künftig nicht mehr geben. → S. 44

13. Februar, Dienstag

Mit einem gezielten Raketenangriff haben die israelischen Streitkräfte einen hohen palästinensischen Offizier getötet. Die Regierung in Jerusalem bestätigt, dass der 54-jährige Major Massud Ajjad liquidiert worden ist. Er habe Verbindungen zur radikalislamischen Hisbollah-Miliz gehabt.

14. Februar, Mittwoch

Demonstrationen von Rechtsextremisten an symbolträchtigen Terminen wie z. B. dem Holocaust-Gedenktag (27. 1.) können künftig leichter verboten werden. Das Bundesverfassungsgericht urteilt, dass die Provokationswirkung solcher Versammlungen eine erhebliche Beeinträchtigung des sittlichen Empfindens der Bürgerinnen und Bürger bedeuten und somit als Störung der öffentlichen Ordnung angesehen werden kann.

Bei dem schwersten Anschlag in Israel seit mehr als drei Jahren tötet ein palästinensischer Busfahrer in Holon südlich von Tel Aviv acht Israelis und verletzt 20 weitere. Der Täter fährt absichtlich in eine Gruppe wartender Soldaten.

Im Emirat Bahrain stimmt eine große Mehrheit der Wähler während eines zweitägigen Referendums für demokratische Reformen. 98,4 % billigen eine nationale Charta, die u. a. die Umwandlung des Emirats in eine konstitutionelle Monarchie mit einem Zwei-Kammer-Parlament vorsieht.

15. Februar, Donnerstag

Im sog. OPEC-Prozess wird der Ex-Terrorist Hans-Joachim Klein wegen Mordes, versuchten Mordes und Geiselnahme zu neun Jahren Haft verurteilt. Das Frankfurter Landgericht befindet ihn für schuldig, unter dem Befehl des Top-Terroristen »Carlos« am Überfall auf die Wiener OPEC-Konferenz beteiligt gewesen zu sein, bei dem im Dezember 1975 drei Menschen erschossen wurden (→ 16.1./S. 24).

Das Bundesumweltministerium bestätigt Berichte, wonach es im Sommer 2000 vier Transporte mit Atommüll gab. Es habe sich aber nicht um hoch radioaktives Material gehandelt, das unter das 1998 verhängte Transportverbot gefallen wäre. Unbestrahlte Uran- und Plutonium-Brennelemente aus der 1991 stillgelegten Atomfabrik Nukem im hessischen Hanau seien ins französische La Hague transportiert worden.

Bürgerkriegsflüchtlinge aus Bosnien, die seit mindestens sechs Jahren in Deutschland leben und seit mindestens zwei Jahren eine Arbeit haben, dürfen nach einem Beschluss der Länder-Innenminister dauerhaft in der Bundesrepublik bleiben.

Ein undichtes Torpedorohr und ein vermutlich schadhafter Torpedo haben nach Erkenntnissen einer russischen Regierungskommission im August 2000 die Katastrophe an Bord des russischen Atom-U-Boots »Kursk« ausgelöst. Das russische Militär hatte dagegen wiederholt behauptet, ein Zusammenstoß mit einem ausländischen U-Boot habe das Unglück in der Barentssee verursacht, bei dem 118 Menschen umkamen (→ 21.10./S. 183).

Boris Becker gibt nach seiner Scheidung dem Nachrichtenmagazin »Der Spiegel« Auskunft über seine Befindlichkeit (Ausgabe vom 5.2.).

DER SPIEGEL

Nr.6/5.2.01·5,00DM

4 390700 705005 06

SPIEGEL-
Gespräch mit
Boris Becker „Ich"

16. Februar, Freitag

Erstmals seit über zwei Jahren bombardieren alliierte Kampfflugzeuge irakische Luftabwehreinrichtungen nahe der Hauptstadt Bagdad. Nach Angaben des US-Verteidigungsministeriums haben die 24 US-amerikanischen und britischen Maschinen fünf Kommando- und Radaranlagen beschossen. Zur Begründung wird auf zunehmende Provokationen der Iraker verwiesen. → S. 43

Bei dem schwersten Anschlag im Kosovo seit Monaten werden zehn Serben in einem Bus-Konvoi getötet. Die KFOR-Friedenstruppe nimmt zwei Albaner als Verdächtige fest. Der jugoslawische Präsident Vojislav Kostunica ruft die Kosovo-Serben zum Gewaltverzicht auf.

17. Februar, Samstag

Der unter kambodschanischer Flagge fahrende Frachter »East Sea« mit 908 kurdischen Flüchtlingen aus dem Irak an Bord wird von der Schiffsführung bei Saint-Raphaël an der südostfranzösischen Küste absichtlich auf Grund gesetzt. Den Kurden wird zugestanden, mit einem acht Tage gültigen Passierschein bei den französischen Behörden einen Antrag auf Asyl zu stellen. → S. 43

18. Februar, Sonntag

Mit einer friedlichen Demonstration von rd. 1500 Atomkraftgegnern am nordrhein-westfälischen Brennelemente-Zwischenlager Ahaus beginnen die Protestaktionen gegen den geplanten Castor-Transport aus Frankreich. Zuvor ist auf die Bahnstrecke zum Atomlager Gorleben in Niedersachsen ein Anschlag verübt worden. Unbekannte haben zwei Schienenstücke herausgesägt (→ 29.3./S. 57).

Das französische Erotik-Drama »Intimacy« des französischen Regisseurs Patrice Chéreau gewinnt bei der 51. Berlinale den Goldenen Bären. Hauptdarstellerin Kelly Fox erhält den Silbernen Bären. Stark vertreten sind auf der Berlinale erneut fernöstliche Filme. → S. 48

19. Februar, Montag

Bundesinnenminister Otto Schily (SPD) stellt im brandenburgischen Forst die bundesweit erste Einheit des Bundesgrenzschutzes gegen Rechtsextremismus vor. Die 80 Grenzschützer der sog. BGS-Verstärkungseinheit sollen vor allem auf Bahnhöfen und in Zügen patrouillieren und so den Druck auf die rechte Szene erhöhen.

Im brasilianischen Bundesstaat São Paulo endet nach rd. 30 Stunden die Revolte von etwa 27 000 Häftlingen in 29 Zuchthäusern. Nach Medienberichten hatten die Meuterer zeitweise 7000 Menschen in ihrer Gewalt. Bei den Revolten kamen nach amtlichen Angaben mindestens 17 Menschen ums Leben.

Die europäischen Stahlunternehmen Arbed, Aceralia und Usinor fusionieren zum weltweit größten Stahlkonzern. Der neue Stahlriese wird nach eigenen Angaben mehr als 110 000 Mitarbeiter beschäftigen und einen geschätzten Jahresumsatz von rd. 59 Mrd. DM haben.

20. Februar, Dienstag

Das Bundesverfassungsgericht erschwert Hausdurchsuchungen. Staatsanwälte und Polizisten dürfen diese künftig nur noch unter deutlich strengeren Voraussetzungen anordnen. Ferner müssen die Gerichte dafür Sorge tragen, dass der grundsätzlich für Durchsuchungs- und Beschlagnahme-Anordnungen zuständige Ermittlungsrichter rechtzeitig erreichbar ist.

Der Weg für die Erweiterung des Hamburger Airbus-Werks zum Bau des Großflugzeugs A380 ist frei. Das Oberverwaltungsgericht hebt den Baustopp gegen die umstrittene Erweiterung des Geländes an der Elbbucht Mühlenberger Loch auf. → S. 44

Die Bundesregierung schließt sich der internationalen Kritik am jüngsten US-Luftangriff gegen den Irak nicht an. »Wir haben die USA nicht zu kritisieren«, erklärt Bundesaußenminister Joschka Fischer (Bündnis 90/Die Grünen) nach dem ersten Treffen mit seinem neuen US-Amtskollegen Colin Powell in Washington. Die Bundesregierung teile die Besorgnis der USA, dass die Region ein großes Sicherheitsrisiko darstelle (→ 16.2./S. 43).

Der chinesische Staats- und Parteichef Jiang Zemin empfängt Bundesverteidigungsminister Rudolf Scharping (SPD). Das Treffen ist der protokollarische Höhepunkt des ersten Besuches eines gesamtdeutschen Verteidigungsministers in der Volksrepublik China.

21. Februar, Mittwoch

Ausländische Kriegsverbrecher können von deutschen Gerichten auch wegen anderer Straftaten als Völkermord verurteilt werden. Der Bundesgerichtshof verwirft die Revision eines bosnischen Serben, den das Oberlandesgericht Düsseldorf 1999 zu neun Jahren Haft verurteilt hat. Neben Beihilfe zum Völkermord wurden ihm auch Freiheitsberaubung und gefährliche Körperverletzung zur Last gelegt.

Mit einer Zeremonie auf dem Petersplatz in Rom erhebt Papst Johannes Paul II. 44 Geistliche in den Kardinalsrang. Unter den neuen Kardinälen sind vier Deutsche, u. a. der Vorsitzende der deutschen Bischofskonferenz, Karl Lehmann. → S. 45

Bei Schweinen in einem Schlachthaus in der südenglischen Grafschaft Essex wird die hoch ansteckende Maul- und Klauenseuche (MKS) entdeckt. → S. 45

Das Pop-Duo Steely Dan wird in Los Angeles von der National Academy of Recording Arts & Sciences mit einem Grammy für das beste Album des Jahres (»Two against Nature«) ausgezeichnet. Jeweils drei Grammys bekommen auch der wegen seiner anstößigen Texte umstrittene Rapper Eminem und Steely Dan auch die irische Rockband U2, die Girl-Band Destiny's Child und die Country-Sängerin Faith Hill. → S. 48

22. Februar, Donnerstag

Das UN-Kriegsverbrechertribunal in Den Haag verurteilt drei bosnische Serben wegen Folter und Vergewaltigung muslimischer Frauen im Bosnienkrieg zu Haftstrafen zwischen zwölf und 28 Jahren. Nach Angaben der Staatsanwaltschaft wird damit zum ersten Mal sexuelle Versklavung als Straftatbestand anerkannt.

Die französische Polizei verhaftet in Biarritz ein mutmaßliches Mitglied der Kommando-Ebene der baskischen Untergrundorganisation ETA. Zuvor sind bei der Explosion einer Autobombe im spanischen Baskenland zwei Menschen getötet und vier weitere verletzt worden.

Die Türkei gibt aufgrund einer schweren Finanzkrise den Wechselkurs der Lira frei und ermöglicht damit eine Abwertung der Landeswährung. Der jüngsten Krise an den Finanzmärkten ist ein heftiger Streit zwischen Ministerpräsident Bülent Ecevit und Staatspräsident Ahmet Necdet Sezer vorausgegangen, in dem es um die Bekämpfung der Korruption ging.

23. Februar, Freitag

Trotz der CDU-Finanzaffäre bleibt die hessische Landtagswahl vom 7. Februar 1999 gültig. Das hessische Wahlprüfungsgericht stellt sein Verfahren ein. Das Gremium hat seit Anfang März 2000 wegen der Mitfinanzierung des CDU-Wahlkampfs aus schwarzen Auslandskonten der Partei die Gültigkeit der Wahl geprüft.

24. Februar, Samstag

Der ehemalige jugoslawische Geheimdienstchef Rade Markovic, ein Gefolgsmann des gestürzten jugoslawischen Präsidenten Slobodan Milosevic, wird in Belgrad festgenommen. Markovic soll für den Mord an einem Journalisten und andere Verbrechen gegen Oppositionelle mitverantwortlich sein.

25. Februar, Sonntag

Bei den vorgezogenen Parlamentswahlen in Moldawien erringt die Kommunistische Partei von Wladimir Woronin mit 50,2 % der Stimmen die absolute Mehrheit im Parlament. Zweitstärkste Kraft wird ein Bündnis der linken Mitte unter Regierungschef Dumitru Braghis, das dem noch amtierenden Präsidenten Petru Lucinschi nahe steht. Das Parlament ist im Januar aufgelöst worden, weil sich die Abgeordneten nicht auf einen neuen Präsidenten einigen konnten.

Mit zweimal Gold, einmal Silber und einmal Bronze sind die deutschen Skispringer die erfolgreichsten Athleten bei den Nordischen Ski-Weltmeisterschaften in Lahti. Überschattet werden die Titelkämpfe von mehreren Dopingfällen bei Gastgeber Finnland. → S. 49

Zum Abschluss der Rodel-Weltmeisterschaft in Calgary holt Oympiasieger Georg Hackl aus Berchtesgaden – nach drei Goldmedaillen deutscher Rodler – hinter dem Italiener Armin Zöggeler Silber.

26. Februar, Montag

Die 15 Außenminister der Europäischen Union unterzeichnen in Nizza den dort am → 11. Dezember 2000 (S. 12) ausgehandelten EU-Reformvertrag, der die Union auf ihre geplante Erweiterung vorbereitet.

Je 100 Bewohner der beiden koreanischen Staaten reisen zu einem Familientreffen in den jeweils anderen Landesteil. Seit dem 1953 beendeten Koreakrieg hatten die Verwandten keinen Kontakt mehr zueinander.

Der deutsch-US-amerikanische Autobauer DaimlerChrysler gibt bekannt, dass er für 2001 mit einem Defizit in Milliardenhöhe rechnet. → S. 44

27. Februar, Dienstag

Polen kann bei Fortschritten im Bereich innerer Reformen mit einer raschen Aufnahme in die Europäische Union rechnen. Diese Zusage erhält der polnische Präsident Aleksander Kwasniewski bei einem Treffen mit dem deutschen Bundeskanzler Gerhard Schröder (SPD) und Frankreichs Staatspräsident Jacques Chirac in Neustadt an der Weinstraße.

Der Leichtathletik-Weltverband IAAF will seine wegen Nandrolon-Dopings gegen den deutschen Langstreckler Dieter Baumann verhängte Sperre bis zum 25. Februar 2003 verlängern. Die neuerliche Sperre erfolgt, da der 5000-m-Olympiasieger von 1992 am 25. Februar trotz des fehlenden internationalen Startrechts bei den deutschen Hallen-Meisterschaften in Dortmund angetreten ist. Baumanns ursprüngliche Sperre wäre am 21. Januar 2002 abgelaufen.

Vor 80 000 Zuschauern im ausverkauften Stade de France in Saint-Denis verliert die deutsche Nationalelf ein Testspiel gegen den Fußball-Weltmeister Frankreich 0:1. Das entscheidende Tor für die Gastgeber erzielt Superstar Zinedine Zidane (Juventus Turin) in der 27. Minute.

28. Februar, Mittwoch

Ein Erdbeben der Stärke 6,8 auf der Richterskala erschüttert den Bundesstaat Washington im Nordwesten der USA. Bei dem Beben wird eine Frau getötet, rd. 150 Menschen erleiden Verletzungen. Das Epizentrum liegt 55 km südwestlich von Seattle. Die angerichteten Schäden werden auf mehr als 1 Mrd. US-Dollar geschätzt.

Bei einem schweren Zugunglück werden in Großbritannien 13 Personen getötet und mehr als 70 Personen verletzt. Ein auf die Gleise gestürztes Auto führt nahe der Stadt Selby in Yorkshire zu einer Kollision zwischen einem Newcastle nach London fahrenden Schnellzug und einem Güterzug mit 17 Kohlewaggons. Der Fahrer des Autos kommt mit Prellungen und Schnittwunden davon.

Die Polizei in Kalimantan auf Borneo erhält sofortigen Schießbefehl, um der Gewalt in der indonesischen Provinz ein Ende zu bereiten. Seit zehn Tagen haben Einheimische vom Volk der Dayak umgesiedelte Einwanderer aus Madura verfolgt sowie deren Häuser zerstört. Fast 400 Menschen sollen bereits getötet worden sein. Etwa 30 000 Menschen haben seit Ausbruch der Unruhen Kalimantan verlassen.

Die Weltbevölkerung wächst nach Berechnungen der Vereinten Nationen schneller als bisher angenommen. 2050 werden nach einer neuen Prognose vermutlich 9,3 Mrd. Menschen auf der Erde leben. Das wären 431 Mio. mehr als noch 1998 geschätzt.

Der Mainzer Bischof Karl Lehmann, Vorsitzender der deutschen Bischofskonferenz, ist einer der 44 Geistlichen, die Papst Johannes Paul II. in den Kardinalsrang erhebt; »Mainzer Rhein-Zeitung« vom 22. Februar.

Narretei bis zum Abwinken: MCV stellte Straßenfastnachtsprogramm vor / Seite 16

Mainzer Rhein-Zeitung

UNABHÄNGIGE MAINZER TAGESZEITUNG

Donnerstag, 22. Februar 2001

15. Jahrgang · Nr. 45 · G 6833
Einzelpreis DM 1,30 · Ausgabe Z

LOKALES

Mit dem Bus fast bis zur Haustür

Die Mainzer Verkehrsgesellschaft verbessert ab Anfang März den Service: Versuchsweise können die Fahrgäste abends auf der Linie 60 zwischen den Haltestellen aussteigen. Nach drei Monaten wird geprüft, ob das Projekt ausgeweitet wird. ► Seite 15

Mainz: Weniger Tote auf Mainzer Straßen ► Seite 17
Stadtteile: Ortsvorsteher in Ketten ► Seite 18
Rheinhessen: 720 000 Mark für die Burg Windeck ► Seite 14

SPORT

FC Bayern auch in Moskau souverän

Der FC Bayern München kann für das Viertelfinale der Champions League planen. Nach dem 3:0 (1:0) bei Spartak Moskau, zu dem Mehmet Scholl (2) und Paulo Sergio die Tore erzielten, ist der deutsche Meister kaum noch aufzuhalten. Vor 70 000 Zuschauern im Moskauer Luschniki-Park ließen sich die Bayern auch von den miserablen Platzverhältnissen nicht stoppen und boten eine souveräne Vorstellung. Spartak kassierte die erste Heimniederlage in der „Königsklasse". ► Seite 23

Mannschaftsspringen wurde verschoben

Vergebens hatten sich Weltmeister Martin Schmitt und seine Springerkollegen so gut vorbereitet: Der Mannschaftswettbewerb von der Großschanze bei der Nordischen Ski-WM in Lahti musste wegen orkanartiger Winde abgesagt und auf Samstag verschoben werden. Im Langlauf-Sprint liefen Peter Schlickenrieder und René Sommerfeldt knapp an einer Medaille vorbei, weil sie sich gegenseitig behinderten. ► Seite 23

PANORAMA

Junge Rechtsextreme vor Gericht

Im vergangenen September hatten vier rechtsextreme Jugendliche Molotowcocktails in ein Asylbewerberheim in Wuppertal geschleudert. Nun folgte das Urteil: zehn Jahre Freiheitsstrafe wegen versuchten Mordes. Wie ihre Opfer, eine vierköpfige Familie, darauf reagierten, lesen Sie auf Panorama. ► Seite 9

KULTUR

Napster geht auf die Musikindustrie zu

Die Internet-Musiktauschbörse Napster hat der Industrie ein Milliardenangebot im Fall einer Zusammenarbeit und der Beilegung des Rechtsstreits unterbreitet. Abogebühren sollen das Geld einspielen. Mehr zum Angebot auf der Seite Kultur. ► Seite 10

GRAFIK DES TAGES

Straßenverkehr fordert weniger Opfer

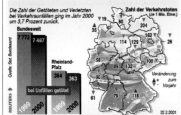

Die Zahl der Getöteten und Verletzten bei Verkehrsunfällen ging im Jahr 2000 um 3,7 Prozent zurück.

Zahl der Verkehrstoten (je 1 Mio. Einw.)

Bundesweit
7 772 7 487

Rheinland-Pfalz
384 363

bei Unfällen getötet
1999 2000

Veränderung zum Vorjahr

22.2.2001

Die Zahl der Verkehrstoten sank 2000 auf einen neuen Tiefstand. Mit 7487 Todesopfern bundes- und 363 landesweit verzeichneten die Statistiker die niedrigsten Zahlen seit Anfang der 50-er Jahre.

AUF EINEN BLICK

WETTER/SERVICE ► Obst schützt vor Krebs ► Seite 8
ROMAN ► Das Dünengrab ► Seite 26
TV-TIPP ► Das Leben geht weiter, Do, 20.15 Uhr, 3sat ► Seite 11

WIR FÜR SIE

Vertrieb: 06131/2827-0
Anzeigen: 06131/2827-0

DM1.0024

Lehmann erhält Kardinalspurpur

Papst zeichnet in Rom 44 Kirchenmänner aus

■ Aus dem Vatikan berichtet Dietmar Brück

ROM. Rom erlebte einen spektakulären Tag für die Weltkirche, der gleich in doppelter Weise historisches Format hatte: Papst Johannes Paul II. zeichnete die stattliche Zahl von 44 Kirchenmännern mit dem Kardinalspurpur aus. Darunter waren allein vier Deutsche, ein einmaliger Vorgang in der nationalen Kirchengeschichte. 50 000 Gläubige, Hunderte von Bischöfen, Politikern und anderen Repräsentanten der Gesellschaft hatten sich vor den Stufen des Petersdoms eingefunden, um die neuen Kardinäle zu feiern. Wie stark die Delegation aus dem Bistum Mainz und den anderen deutschen Diözesen waren, ließ sich an dem kräftigen Applaus ermessen, den der Mainzer Bischof Karl

Lehmann, aber auch seine Amtsbrüder Johannes Joachim Degenhardt, Walter Kasper und der Theologe Leo Scheffczyk erhielten. Der Papst mahnte die Kardinäle zur unbedingten Glaubenstreue. Das Konsistorium sei ein Zeichen für die Völker

+++ THEMA DES TAGES +++

Bischof Lehmanns liebster Kniefall
Porträt der vier neuen deutschen Kardinäle
► „Welt" und Lokales, S. 15

verbindende Weltkirche, so der Pontifex weiter. Lehmann erklärte nach dem Zeremoniell zufrieden: „Ich bin im Kreis der Kardinäle gut aufgenommen worden."

► Seite 2: Kommentar

Feierliche Zeremonie auf dem Petersplatz in Rom: Papst Johannes Paul II. (links) verleiht dem Mainzer Bischof Karl Lehmann die Kardinalswürde – und bat ihn auf Deutsch, alle Menschen in Mainz zu grüßen. ■ Foto: dpa

Fußball-WM im Privat-TV

Milliardenpoker um Sportrechte im Fernsehen: Kirch-Gruppe wird sich mit ARD und ZDF nicht einig

Deutschlands Wohnzimmer-Sportler müssen „umschalten". Erstmals seit Beginn der TV-Übertragungen von Weltmeisterschaften 1954 sitzen die Fußball-Fans bei ARD und ZDF nicht mehr in der ersten Reihe. Die Kirch-Gruppe konnte sich nicht mit den Öffentlich-Rechtlichen über die Weitergabe der Übertragungsrechte für die Turniere 2002 und 2006 einigen. Es geht – mal wieder – ums liebe Geld.

MÜNCHEN. Nächstes Jahr suchen die Fußballer in Japan und Südkorea einen Weltmeister. 2006 ist Deutschland Gastgeber für die weltbesten Kicker. Wer sich auf spannende Spiele im Fernsehen freut, der muss zu RTL oder SAT.1 oder vielleicht Pro 7 wechseln. Denn der Münchener Medienunternehmer Leo Kirch konnte sich mit ARD und ZDF nicht über einen Vertrag einigen, der die Übertragungsrechte regeln sollte. Abpfiff für das öffentlich-rechtliche Fernsehen – alle drei Verhandlungspartner bestätigten das endgültige Scheitern der Verhandlungen. Jetzt muss die

Kirch-Gruppe einen neuen Partner finden, der die für 3,4 Milliarden Mark erworbenen Rechte für Europa in Deutschland ins Bild setzt. Es ging bei den Verhandlungen um rund 250 Millionen Mark für das WM-Paket 2002 und etwa 500 Millionen Mark für das Turnier vier Jahre später in Deutschland. Knackpunkt der Gespräche war wohl, dass die Kirch-Gruppe kein Gesamtpaket für beide Weltmeister-

schaften geschnürt hat. Auch die Radio-Rechte will der Medien-Mogul jetzt an private Anbieter verkaufen, die ARD-Anstalten sollen offenbar keine Erlaubnis erhalten, von den Spielen zu berichten.

Und so wird die „Fernseh-WM" 2002 wohl aussehen:
● 24 der insgesamt 64 WM-Spiele sollen „frei" übertragen werden.
● Darunter sind alle Spiele der deutschen Elf, das Eröff-

nungsspiel, die Halbfinals und das Endspiel.
● Live soll die „komplette" WM in Kirchs Bezahlfernsehen „Premiere World" ausgestrahlt werden.

Unterschiedlich reagierten die Verhandlungspartner auf das Scheitern der Gespräche. „Das ist eine endgültige Entscheidung, es gibt kein Zurück", erklärte Kirch-Manager Dieter Hahn. „Der Himmel stürzt nicht ein, aber es ist für mich unverständlich, dass sich Kirch mit uns einigen wollte", kommentierte der ARD-Vorsitzende Fritz Pleitgen die Entscheidung. Und ZDF-Intendant Dieter Stolte, der von einer „vertanen Chance" sprach, fügte hinzu: „Die Folgen werden wir zu spüren bekommen, je näher wir an die Austragung der Spiele im Jahr 2006 in Deutschland herankommen." Nach Meinung der schleswig-holsteinischen Ministerpräsidentin Heide Simonis (SPD) hat die Kirch-Gruppe bei den Verhandlungen über die Übertragungsrechte „zu hoch gepokert".

► Seite 2: Kommentar

Zank um Formel 1

Medien-Riese bietet Ecclestone Gespräch an

MÜNCHEN. Kirch – oder was? Im Streit um die Position des Münchener Medienkonzerns im Formel-Eins-Geschäft will die Kirch-Gruppe auf Autohersteller und Motorsport-Funktionär Bernie Ecclestone zugehen. „Wenn Ecclestone das wünscht und die Autohersteller daran interessiert sind, wird sich die Kirch-Gruppe Gesprächen

nicht verschließen", sagte ein Sprecher. Ecclestone und der Präsident des Motorsportverbandes FIA, Max Mosley, haben sich gegen die geplante Aufstockung der Beteiligung von EM.TV und Kirch an der Formel-Eins-Holding SLEC von 50 auf 75 Prozent ausgesprochen. Die SLEC vergibt die wertvollen Übertragungsrechte.

► Seite 2: Kommentar

Warten auf Test

BSE-Fall noch offen

RHEINLAND-PFALZ. Weiter Rätselraten um den vielleicht ersten BSE-Fall in Rheinland-Pfalz. Die Untersuchungen bei der Tübinger Bundesforschungsanstalt für Viruskrankheiten sind noch nicht abgeschlossen. Die verendete Kuh soll von einem Hof im Westerwald stammen. Drei weitere Positiv-Tests gab es dagegen in Bayern. Auch in Frankreich (6) und Belgien (3) wurden weitere BSE-Fälle bekannt.

In Kampf gegen die Rinderseuche setzen immer mehr Bundesländer auf Hilfsprogramme für Bauern. Hessen macht 15 Millionen Mark frei. Die – international strikt überwachte – Lieferung deutschen Rindfleischs nach Nordkorea wird immer wahrscheinlicher.

► Seite 3: Hatte Westerwälder Kuh BSE?

Schutz vor Alkohol

STOCKHOLM. Jugendliche sollen binnen fünf Jahren wirksam vor Alkoholwerbung geschützt werden. Das forderten die Weltgesundheitsorganisation (WHO) sowie Gesundheitsminister und -experten aus 51 Ländern zum Abschluss einer Konferenz in Stockholm. Laut WHO ist mehr als jeder zweite Jugendliche in Europa schon mindestens ein Mal betrunken gewesen.

Schwarz-Job sehr gefragt

NÜRNBERG. Schwarzarbeit ohne Ende: Arbeitsämter und Zollverwaltung verhängten 2000 in mehr als 250 000 Fällen Geldbußen. Mit insgesamt 325 Millionen Mark erreichten sie einen Rekordwert (1999: 261 Millionen Mark). Die Behörden gehen davon aus, dass dies nur die Spitze des Eisbergs ist.

► Wirtschaft: Illegale selbst vor Arbeitsamt

Kurt Beck am Lesertelefon

Heute von 12.30 Uhr bis 14 Uhr: Ministerpräsident stellt sich Ihren Fragen

RHEINLAND-PFALZ. Wollten Sie schon immer einmal mit Ministerpräsident Kurt Beck (SPD) sprechen? Jetzt haben Sie die Chance: Der Regierungschef ist heute von 12.30 Uhr bis 14 Uhr unter der Telefonnummer 0800/ 2 82 72 00 für Sie am Lesertelefon gebührenfrei zu erreichen.

Ministerpräsident Kurt Beck regiert seit Oktober 1994. Zu seinem politischen Markenzeichen gehört es, möglichst oft „nah bei den Leuten zu sein". In der Wählergunst ist er – so alle Umfra-

Landtags-Wahl
noch 31 Tage

gen – seinem Herausforderer Christoph Böhr haushoch überlegen. Die Parteien trennen vor der heißen Phase im Landtagswahlkampf am

Aschermittwoch ins vier Prozent. Beck, derzeit auch amtierender Bundesratspräsident, hat in den vergangenen Monaten immer wieder versucht, rot-grüne Reformwerke abzumildern. Seine SPD/FDP-Regierung nimmt für sich in Anspruch, eine für den Mittelstand verbesserte Steuerreform durchgesetzt und fürs Pendlerland die Ökosteuer mit der Entfernungspauschale abgefedert zu haben. Im Landtagswahlkampf verspricht sie mehr Ganztagsschulen und einen Verbraucheranwalt.

BÖRSE AKTUELL: +++ Neuer Markt bodenlos +++ Schluss-DAX: 6347.99 (−103.58) +++ Autobauer locken +++

Überwältigender Wahlsieg für Hardliner Scharon

6. 2., Jerusalem. Ariel Scharon, der als Hardliner geltende Vorsitzende der rechtskonservativen Likud-Partei, geht mit 62,5% der Stimmen als klarer Sieger aus der Direktwahl des israelischen Ministerpräsidenten hervor. Amtsinhaber Ehud Barak von der Arbeitspartei kommt dagegen nur auf 37,5%.

Es ist das erste Mal, dass die Wahl des Regierungschefs nicht mit der Neuwahl des Parlaments einhergeht – und auch das letzte Mal: Im März schafft das Parlament die erst 1996 eingeführte Direktwahl des Ministerpräsidenten ab.

Notwendig geworden ist der Urnengang, da Barak am → 9. Dezember 2000 (S. 14) seinen Rücktritt angekündigt hat. Der seit 1999 amtierende Premier war mit seiner Politik gegenüber den Palästinensern heftig in die Kritik geraten. Barak hoffte jedoch darauf, mit seiner Rücktrittserklärung den Friedensprozess so beschleunigen zu können, dass bis zur Neuwahl ein Rahmenabkommen mit den Palästinensern zustande käme. Diese Erwartung erfüllte sich nicht.

Sein Nachfolger Scharon setzt wegen der angespannten Lage im Konflikt mit den Palästinensern (→ 10.8./S. 140) auf eine große Koalition der »Nationalen Einheit« unter Einschluss der Arbeitspartei, die schließlich ihre Bereitschaft zur Regierungsbeteiligung erklärt und mit Schimon Peres einen international geachteten Politiker für das Amt des Außenministers aufbietet.

Der 73-jährige Ariel Scharon (M.) wird von seinen Likud-Parteifreunden mit Beifall begrüßt.

Am 7. März präsentiert Ariel Scharon seine Regierung, in der Likud und Arbeitspartei je acht Minister stellen; die ultra-orthodoxe Schas-Partei entsendet fünf Ressortchefs, drei weitere Minister gehören kleinen Parteien an.

Der neue israelische Ministerpräsident erklärt sich zur Wiederaufnahme der Verhandlungen mit den Palästinensern »prinzipiell bereit«, nennt aber als Voraussetzung ein Ende der Gewalt. Die Gründung eines unabhängigen Palästinenserstaates lehnt Scharon ebenso ab wie jede Einschränkung der israelischen Souveränität über Jerusalem. Er will den Palästinensern lediglich Autonomie in den von ihnen verwalteten Gebieten des Westjordanlands und im Gasastreifen zugestehen. Die dortigen jüdischen Siedlungen sollen erhalten bleiben (→ S. 402–415).

Peres stammt aus Weißrussland.

Nobelpreisträger im Außenamt

Mit Schimon Peres holt Ariel Scharon den israelischen Politiker mit dem größten internationalen Renommee in sein Kabinett: Gemeinsam mit dem damaligen Regierungschef Yitzhak Rabin (1995 ermordet) und Palästinenserführer Jasir Arafat wurde Peres 1994 für seine Verdienste bei der Einleitung der israelisch-palästinensischen Verständigung mit dem Friedensnobelpreis geehrt. Der neue Außenminister kann auf lange Regierungserfahrung zurückblicken: Er leitete das Verteidigungsressort sowie das Außenministerium und war von 1984 bis 1986 sowie 1995/96 Regierungschef. 2000 bewarb sich Peres vergeblich um das Amt des Staatspräsidenten.

Ehud Barak, 1942 geboren

Vergeblich um Frieden bemüht

Im Mai 1999 gewann der Vorsitzende der israelischen Arbeitspartei, Ehud Barak, die Direktwahl zum Ministerpräsidenten mit 56% der Stimmen gegen Amtsinhaber Benjamin Netanjahu (Likud). Mit Barak verband sich die Hoffnung auf eine Erneuerung des Friedensprozesses. Tatsächlich gelangen ihm wichtige Verhandlungserfolge, bald jedoch galt vielen sein Einlenken in einzelnen Fragen als allzu große Nachgiebigkeit gegenüber den Palästinensern. Nach der Wahlniederlage erklärt Barak seine Bereitschaft, in einer großen Koalition Verteidigungsminister zu werden, zieht damit aber so heftige Kritik auf sich, dass er seine Entscheidung revidiert.

U-Boot der US-Navy versenkt Kutter

9. 2., Honolulu. Bei der Kollision eines Atom-U-Boots der US-Marine mit einem japanischen Fischerei-Schulschiff im Pazifik vor der Küste Hawaiis kommen neun Japaner ums Leben.

Nach amerikanischen Angaben hat die »USS Greeneville« ein schnelles Auftauchmanöver mittels Ballasttanks geübt und zuvor die Wasseroberfläche offenbar nicht mit der nötigen Sorgfalt auf Schiffe abgesucht. Außerdem befanden sich zum Zeitpunkt des Unglücks 16 Zivilisten an Bord, die – unter Aufsicht von Matrosen – an Schaltstellen des U-Boots saßen. Ferner soll der Kapitän des U-Boots laut Presseberichten vor dem Auftauchen das aktive Sonargerät, das die Umgebung mit Signalen abtastet, nicht eingeschaltet haben.

Die »Ehime Maru« mit 35 Menschen an Bord wird von dem U-Boot gerammt und sinkt innerhalb weniger Minuten. 26 Besatzungsmitglieder werden gerettet. Die

Die »USS Greeneville« – Fernsehschirm in einem Pressecenter in Japan

neun Toten sind vier 17-jährige Schüler, zwei Lehrer und drei Bootsleute, die sich zum Zeitpunkt des Zusammenstoßes unter Deck befanden.

US-Präsident George W. Bush, Außenminister Colin Powell sowie ein hoher Admiral der US-Navy sprechen der japanischen Regierung eine förmliche Entschuldigung aus und versprechen Entschädigungszahlungen. Dennoch gibt es in Japan eine Reihe von Protestkundgebungen, auf denen u. a. der Abzug der 47 000 US-Soldaten aus dem Land gefordert wird.

Irak gerät erneut unter Beschuss

16. 2., Bagdad. Zum ersten Mal seit Monaten fliegen die USA und Großbritannien Luftangriffe gegen den Irak. In den Wochen zuvor sind wiederholt US-Kampfflugzeuge, welche die Flugverbotszonen über dem Land kontrollierten, von der irakischen Luftabwehr mit Raketen beschossen worden.

Die Zonen, in denen ein Flugverbot für die irakische Luftwaffe gilt, wurden nach dem Golfkrieg eingerichtet. Sie sollten dazu dienen, die Kurden im Norden und die Schiiten im Süden vor Übergriffen des irakischen Diktators Saddam Hussein zu schützen. Seitdem hat es wiederholt Zwischenfälle, aber auch größere Militärschläge der Alliierten gegen den Irak gegeben. Allerdings mutmaßen internationale Beobachter, dass es bei den Operationen der Briten und US-Amerikaner nicht nur um den Schutz der Zivilbevölkerung, sondern auch um die Zerstörung irakischer Militäranlagen gehe.

Flucht im Laderaum

17. 2., Boulouris. An der französischen Mittelmeerküste in der Nähe von Saint-Raphaël stranden 908 kurdische Flüchtlinge aus dem Irak. Der Kapitän und die Mannschaft des Frachters »East Sea« haben das Schiff offenbar absichtlich auf einen Felsen auflaufen lassen und sind seither flüchtig.

Die Kurden, darunter 300 Kinder unter zehn, berichten, dass sie mindestens neun Tage lang im Laderaum des Frachters eingepfercht waren und dabei nur gelegentlich mit Wasser und Nahrung versorgt wurden. Für den Transport mussten sie pro Erwachsenen 2000 und pro Kind 1500 US-Dollar zahlen.

Indios setzen sich durch

2. 2., Quito. Wegen der anhaltenden Proteste gegen die drastische Erhöhung der Preise für Gas, Benzin, Diesel und öffentliche Verkehrsmittel gilt in Ecuador der Ausnahmezustand.

Getragen wird der Protest vor allem von den Indios, der ärmsten Bevölkerungsgruppe des Landes, die je-

doch mit der Organisation Conaie über eine mächtige Interessenvertretung verfügt. Am 7. Februar vereinbaren Präsident Gustavo Noboa und Conaie-Chef Antonio Vargas, den Preisanstieg für Bezieher niedriger Einkommen zu verringern. Der Ausnahmezustand wird aufgehoben, der Protest beendet.

In einer Kaserne in Fréjus kommen die Flüchtlinge vorerst unter.

Antonio Vargas (2. v. l.) feiert in Quito die Vereinbarung mit der Regierung.

Initiativen gegen Rechtsextremismus

4. 2., Dresden. Udo Lindenberg eröffnet das von ihm initiierte Konzertprogramm »Rock gegen rechte Gewalt«. Neben anderen Künstlern tritt dabei der farbige Sänger Xavier Naidoo mit seiner Gruppe »Söhne Mannheims« auf.

Mit dem Konzert, das nach dem Auftakt in Dresden auch in Hamburg, Rostock und Berlin zu hören ist, will der Alt-Star ein Zeichen gegen Rechtsextremismus und Fremdenhass setzen und gerade Jugendlichen Mut machen, sich durch die Gewalttätigkeit der Neonazi-Szene nicht einschüchtern zu lassen.

Angesichts der steigenden Zahl rechtsextremistisch motivierter Straftaten werden 2001 weitere Initiativen auf den Weg gebracht. Anfang des Jahres startet das Aktionsprogramm »Jugend für Toleranz und Demokratie – gegen Rechtsextremismus, Fremdenfeindlichkeit und Antisemitismus«, in dessen Rahmen das Bundesfamilienministerium insgesamt 40 Mio. DM für Jugendbildungsarbeit und kommunale Projekte bereitstellt. In Berlin beginnt im Januar ein Fortbildungsprogramm für Lehrer über Ideologien und Organisationsformen der Rechtsextremisten und Handlungsstrategien für den Umgang mit dem Thema an Schulen.

Im Alten Schlachthof in Dresden gibt Udo Lindenberg das erste Konzert.

Naturschutzgebiet weicht Industrie

20. 2., Hamburg. Das Oberverwaltungsgericht hebt einen in erster Instanz ergangenen Baustopp auf und macht damit den Weg für die Erweiterung des Airbus-Geländes in Hamburg-Finkenwerder frei. Dem Bau des neuen europäischen Großraumflugzeugs A380 steht nun nichts mehr entgegen.

Damit das Firmengelände des Airbuskonsortiums EADS für die Montage des neuen Airbus-Modells erweitert werden kann, muss ein Teil des unter Naturschutz stehenden Mühlenberger Lochs zugeschüttet werden. Diese Elbbucht birgt das größte Süßwasserwatt Europas.

Während die Europäische Kommission die Aufgabe der Wasserfläche, für die an anderer Stelle ein Ausgleich geschaffen wird, schon 2000 billigte, haben Umweltschützer und Anwohner Klage erhoben. Ihnen geht es nicht nur um den Verlust der ökologisch wertvollen Fläche, sondern auch um die zu erwartende erhebliche Zunahme der Flugbewegungen. Durch die Starts und Landungen von Großraumjets mit Flugzeugteilen würden sich Lärm, Luftbelastung und Sicherheitsrisiken für die Nachbarn, aber auch für das verbleibende Naturschutzgebiet erhöhen, fürchten sie. Dennoch hebt das Oberverwaltungsgericht den Baustopp auf. Im Mai scheitern auch zwei Klagen von Naturschutzverbänden vor dem Bundesverfassungsgericht.

Mit dem A380, der je nach Version über etwa 550 bis 650 Sitzplätze verfügen soll, will das Airbus-Konsortium das Monopol des US-Flugzeugbauers Boeing bei den übergroßen Passagiermaschinen brechen. Die Montage in Hamburg soll 2003 beginnen. Dadurch entstehen nach Werksangaben 2000 Arbeitsplätze bei Airbus und 2000 weitere bei Zulieferfirmen. Für 2004 steht der Jungfernflug des Großraumflugzeugs auf dem Programm.

Die Elbbucht Mühlenberger Loch hinter dem Airbus-Gelände

Sieg für das Urheberrecht

12. 2., San Francisco. Ein US-amerikanisches Berufungsgericht bestätigt die Verfügung vom Sommer 2000, wonach die Musiktauschbörse Napster alle Titel, die durch das Urheberrecht geschützt sind, nicht unentgeltlich über das Internet verbreiten darf.

Napster-Gründer Shawn Fanning hatte 1999 die Idee, Anbieter und Nutzer von Musikdateien im Internet zusammenzuführen. Gegen die kostenlose Weitergabe von Musiktiteln reichten fünf große Musikkonzerne Klage ein, welche die Urheber- und Verwertungsrechte verletzt sahen.

Im Oktober 2000 schloss Napster noch eine strategische Allianz mit der Bertelsmann eCommerce Group. Bis zum Sommer 2001 wird die Tauschbörse nun in einen kostenpflichtigen Abonnementsdienst umgewandelt, der Tantiemen an die Inhaber der Urheberrechte abführt.

Sanierungsfall DaimlerChrysler

26. 2., Sindelfingen. Der Automobilhersteller DaimlerChrysler rechnet für 2001 mit einem Milliardendefizit. Dies gibt Vorstandschef Jürgen Schrempp auf der Bilanzpressekonferenz des 1998 durch Fusion entstandenen deutsch-US-amerikanischen Unternehmens bekannt.

Schuld an den roten Zahlen sind die hohen Kosten für die Sanierung der maroden US-Sparte Chrysler sowie für den japanischen Autobauer Mitsubishi, an dem DaimlerChrysler mit 34 % beteiligt ist. Schrempp räumt ein, dass auch »hausgemachte Probleme« zu der Schieflage beigetragen haben.

Schon 2002 soll das Unternehmen aber wieder die Gewinnschwelle erreichen. Dafür sind insbesondere bei Chrysler harte Schnitte nötig. Vorgesehen ist u. a., mehr als ein Fünftel der 125 000 Arbeitsplätze zu streichen, sechs Werke zu schließen und die Materialkosten innerhalb von drei Jahren um 15 % zu senken. Durchsetzen soll das Konzept der kürzlich berufene 47-jährige Dieter Zetsche, der erste deutsche Chef eines US-amerikanischen Autobauers.

Maul- und Klauenseuche sucht Großbritannien heim

21.2., London. In Großbritannien bricht die hoch ansteckende Maul- und Klauenseuche (MKS) aus, die vor allem Rinder, Schweine, Schafe und Ziegen befällt. Um eine weitere Verbreitung zu verhindern, werden bis Ende Mai rd. 3,1 Mio. Tiere getötet.

Nach den ersten Verdachtsfällen in einem südenglischen Schweinemastbetrieb verhängt die EU ein Exportverbot für britische Tiere sowie deren Fleisch und Milch. Ein Übergreifen der Seuche kann dennoch nicht vollständig verhindert werden: Im März werden in den Niederlanden Fälle von MKS registriert; auch aus Frankreich und Irland werden Erkrankungen gemeldet. Mehrere Verdachtsfälle in Deutschland (→ S. 390–401) erweisen sich als unbegründet.

Am schlimmsten von der Seuche betroffen ist jedoch Großbritannien. Hier werden auf 1672 Höfen Erkrankungen registriert. Die britischen Landwirte, die schon unter der Rinderseuche BSE (→ 9.1./S. 22) stärker zu leiden hatten als die Bauern im übrigen Europa, sehen sich nun in vielen Fällen in ihrer Existenz bedroht. Die Regierung kündigt am 28. Februar an, dass die Betroffenen Entschädigungen in Höhe von insgesamt knapp 250 Mio. € erhalten sollen.

Ende Mai gilt die Maul- und Klauenseuche weitgehend als besiegt. Die EU-weiten Vorsichtsmaßnahmen zur Bekämpfung der Seuche, z. B. Einschränkungen beim Trans-

2,5 Mio. Schafe werden in Großbritannien getötet, um die Ausbreitung von MKS zu stoppen.

Desinfektionsbäder an den Grenzen können nicht verhindern, dass MKS in die Republik Irland eingeschleppt wird.

port lebender Rinder und Schweine, werden gelockert.

Die Maul- und Klauenseuche wird durch Viren hervorgerufen. Menschen können sich zwar infizieren, doch zeigen sich bei ihnen nur leichte Symptome, ohne dass die Erkrankung eine Gefahr darstellt. In der Landwirtschaft bewirkt MKS jedoch riesige Schäden. Die Krankheit kann bei Tieren einen tödlichen Verlauf nehmen.

MKS ist hoch ansteckend und verbreitet sich extrem leicht. Das Virus wird nicht nur von Tier zu Tier direkt übertragen, sondern auch durch ausgeatmete Luft, infiziertes Tierfleisch oder durch Personen und Gegenstände, die mit einem erkrankten Tier in Kontakt gekommen sind. Tritt ein MKS-Fall auf, wird deshalb die gesamte Herde getötet und der Hof unter Quarantäne gestellt und desinfiziert.

In der Europäischen Union galt MKS seit Ende der 80er Jahre als ausgerottet, doch drohte das Virus wiederholt von Asien aus in Europa Fuß zu fassen. Zuletzt traten im Sommer 2000 in Griechenland Krankheitsfälle auf.

Eine Impfung gegen MKS ist zwar möglich, in der EU aber seit 1991 verboten, denn auch geimpfte Tiere können das Virus übertragen, ohne dass sie selbst erkranken.

Purpur für 44 Geistliche

21.2., Rom. In einer feierlichen Zeremonie auf dem Petersplatz erhebt Papst Johannes Paul II. 44 Geistliche aus 27 Ländern in den Kardinalsrang. Höhepunkte des Ritus sind der Treueschwur der neuen Purpurträger und die Übergabe des Kardinalshutes.

Die Zahl der Kardinäle steigt auf 185 und erreicht so einen historischen Höchststand. Alle Kardinäle, die nicht älter als 80 Jahre sind, haben die Aufgabe, nach dem Tod eines Papstes seinen Nachfolger zu wählen. Bei einem solchen Konklave kämen derzeit 135 Geistliche zusammen. Mit den jüngsten Ernennungen ergibt sich eine Verschiebung in dem zur

Papstwahl berechtigten Kardinalskollegium. Nur noch 65 Geistliche sind Europäer, die bislang die absolute Mehrheit stellten.

Unter den neuen Kardinälen sind auch vier Deutsche, darunter der Vorsitzende der deutschen Bischofskonferenz, Karl Lehmann, der u. a. in der Frage der Schwangerenberatung nicht immer auf der Linie des Vatikans lag. Weitere neu ernannte deutsche Kardinäle sind der Sekretär des Päpstlichen Rates zur Förderung der Einheit der Christen, Bischof Walter Kasper, der Paderborner Erzbischof Johannes Joachim Degenhardt sowie der emeritierte Münchner Theologieprofessor Leo Scheffczyk.

Im Purpurgewand: Degenhardt, Lehmann, Kasper, Scheffczyk (v.l.)

Multimediale Welten

Chronik Übersicht

Der künstlerische Schwerpunkt des Jahres 2001 liegt auf Fotografie, Video und multimedialen Installationen. Neben einer Verschmelzung der Kunstgattungen werden enge Verbindungen zur Unterhaltungsindustrie deutlich. Die Aufnahmen des niederländischen Künstlers Anton Corbijn, der zunächst durch Videoclips bekannt wurde, gelten schon heute als Ikonen der Pop-Fotografie. In seinen kontrastreichen Schwarzweiß-Fotos schaut er hinter die Fassade der internationalen Pop-Stars; er zeigt sie empfindsam, nachdenklich oder melancholisch, ohne ihre Persönlichkeit zu verletzen.

Demgegenüber kennzeichnen kühle Distanz, technische Perfektion und die digitale Veränderung der Realität in eine neue Wirklichkeit die Fotografien des deutschen Fotokünstlers Andreas Gursky.

Der Brite Richard Billingham ist 2001 für den Turnerpreis nominiert. Er wurde durch drastische und erschreckende Fotos seiner Familie in ihrem trostlosen sozialen Umfeld und durch triste Stadtlandschaften bekannt. Die Fotos, die 2001 u.a. in Birmingham, Göteborg, Dublin und Wilhelmshaven gezeigt werden, zeigen Hoffnungs- und Beziehungslosigkeit.

Glamourös geht es dagegen bei der Schweizerin Sylvie Fleury zu. In ihren Installationen stellt sie sowohl Marken- und Luxusartikel als auch Alltagsgegenstände aus, die sie z. B. durch goldene oder silberne Farbüberzüge optisch überhöht; die Installationen spiegeln Lebensgefühl und Sehnsüchte der Menschen wider.

Die US-amerikanische Künstlerin Jenny Holzer schickt Botschaften durch digitale Leuchtschriftbänder über die Decke der Neuen Nationalgalerie in den nächtlichen Himmel über Berlin. Begleitet wird die Installation durch Werke aus dem Fundus der Künstlerin, die sie als Projektionen auf den Außenwänden von historisch, politisch oder kulturell bedeutenden Gebäuden im Zentrum Berlins erscheinen lässt.

Der Leipziger Maler Neo Rauch präsentiert sich in Ausstellungen in Leipzig, München, Zürich und Berlin. Aus Elementen von Dada, Comic und sozialistischem Realismus entwickelt der Künstler seine individuelle, komplexe figurative Bildsprache.

Die Terroranschläge vom → 11. September (S. 158) in den USA hinterlassen auch in der Kunstszene ihre Spuren. Es sollen Kunstwerke im Wert von rd. 100 Mio. Dollar zerstört worden sein. Viele Kunstmessen, darunter die traditionsreiche »Armory Show«, werden abgesagt.

Künstler wie der Deutsche Günther Uecker reagieren demonstrativ mit neuen, auf die Anschläge bezogenen Werken; auf der Art Cologne zeigt er das Werk »Zeichen und Schriften«. Dabei stellt er Textstellen aus dem Koran und der Bibel gegenüber und verbindet sie miteinander.

Nah sind wir, Herr,
nahe und greifbar.
Gegriffen schon,
Herr,
ineinander verkrallt,
als wär
der Leib eines jeden
von uns
dein Leib, Herr.
Bete, Herr,
bete zu uns,
wir sind nah.
Windschief gingen
wir hin,
gingen wir hin, uns
zu bücken
nach Mulde und Maar.
Zur Tränke gingen wir

Jenny Holzer, Leuchtschriftbänder am Jüdischen Museum in Berlin

Neo Rauch, »Tabu«, Öl auf Papier

Sylvie Fleury, »Razor Blade«, Installation im ZKM Karlsruhe

Günther Uecker, Installation »Zeichen und Schriften« in Köln

Anton Corbijn und eine seiner Fotografien in Düsseldorf 2001

Videos und Videoinstallationen prägen auch die Kunstbiennale in Venedig 2001

Die 49. Biennale in Venedig steht unter dem Motto »Plateau der Menschheit«. Am Eingang des Arsenale empfängt den Besucher die etwa 5 m große, hockende Figur »Boy« des Australiers Ron Mueck.

Der Schwerpunkt der Exponate liegt im Bereich Video und Videoinstallationen, von einfachen Schwarzweißfilmen bis zu High-Tech-Produktionen. Die Finnin Salla Tykkä zeigt in ihrem eher leisen Video »Lasso« ein junges Mädchen, das sehnsüchtig einen jungen Mann beobachtet, der in einem Haus Lassoschwingen übt. Der in der Musik- und Filmindustrie bekannte Brite Chris Cun-

ningham ist mit dem optisch und akustisch perfekt aufeinander abgestimmten Video »Flex« vertreten, das ein Paar im virtuellen Raum zeigt. Für den kanadischen Pavillon haben Janet Cardiff und George Bures Miller den Film »The Paradise Institute« inszeniert. Dabei verfließt die Grenze zwischen Realität und Fiktion durch einander überschneidende optische und akustische Wahrnehmungen. Auch das Video »Two Minutes out of Time« des Franzosen Pierre Huyghe repräsentiert ein Stück Unterhaltungsindustrie; er lässt die Manga-Figur »Ann Lee« nicht als Comicfigur agieren, sondern als »reale« Per-

son, die von ihrem Leben in der Comic-Industrie erzählt.

Die Länderpavillons stehen vielfach im Zeichen eines einzelnen Künstlers. Der Maler Luc Tuymans setzt sich im belgischen Pavillon mit der kolonialen Vergangenheit des Landes auseinander; der US-amerikanische Bildhauer Robert Gober erinnert mit seinem museal präsentierten Strandgut an einen Fall von Polizeibrutalität aus dem Jahr 1997, und Mark Wallinger macht im britischen Pavillon mit der Skulptur »Ecce homo« und dem Video »Threshold to the Kingdom« in ironischer Weise auf moralische, politische und soziale Probleme aufmerksam. Im deut-

schen Pavillon, der mit dem Goldenen Löwen ausgezeichnet wird, installiert Gregor Schneider sein »Totes Haus ur«. Hinter der unscheinbaren Eingangstür im Stil der 50er Jahre hat er Teile seines Elternhauses in Rheydt bei Mönchengladbach aufgebaut, das zum zentralen Punkt seiner Kunst wurde. In Venedig ist so ein düsteres Labyrinth entstanden, aus verwinkelten Korridoren, Zimmern, engen Sackgassen, Fenstern, die keine sind, und Kriechklappen, durch die sich Besucher zwängen müssen. Ein Besuch des Hauses löst beim Betrachter Beklemmungen, Unwohlsein, Orientierungslosigkeit und Angst aus.

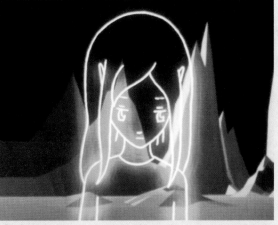

Ron Mueck, »Boy«; 5 m große, bemalte Polyesterfigur des Australiers am Eingang des Arsenale auf der Biennale 2001 in Venedig

Pierre Huyghe, die Manga-Figur »Ann Lee« aus der Videoinstallation »Two Minutes out of Time« im französischen Pavillon

Gregor Schneider, »Totes Haus ur«

Goldener Bär für Chéreaus »Intimacy«

18. 2., Berlin. Auf der 51. Berlinale wird der Film »Intimacy« des französischen Regisseurs Patrice Chéreau mit dem Goldenen Bären ausgezeichnet. Hauptdarstellerin Kerry Fox erhält einen Silbernen Bären. Ebenfalls Silber geht an den dänischen Film »Italienisch für Anfänger« von Lone Scherfing.

Der 56-jährige Chéreau, der schon 1983 mit »Der verführte Mann – L'Homme Blessé« für viel Gesprächsstoff sorgte, erzählt in dem ebenso faszinierenden wie verstörenden Film, wie einfach es ist, eine Affäre anzufangen, und wie schwer, sie fortzuführen – so die Selbstdeutung des Regisseurs.

»Intimacy« behauptet sich gegenüber einer starken Konkurrenz. Zu sehen sind u. a. Steven Soderberghs Drogen-Thriller »Traffic«, der Kannibalen-Streifen »Hannibal« in der Regie von Ridley Scott, Mike Nichols Krebsdrama »Wit« mit der überragenden Emma Thompson in der Hauptrolle und Gus Van Sants »Forrester – Gefunden!« mit Sean Connery und Robert Brown.

Wieder einmal sind fernöstliche Filme stark auf der Berlinale vertreten. Den Silbernen Bären für die beste Regie sichert sich Lin Cheng-Sheng aus Taiwan für »Betelnut Beauty«, der große Preis der Jury geht an »Beijing Bicycle« von Wang Xiaoshuai (VR China).

△ *Kerry Fox und Mark Rylance in »Intimacy«. Dargestellt ist die Beziehung zweier Menschen, die einander über ein wöchentliches intimes Treffen hinaus nicht kennen. Als dieser Bann durchbrochen wird, verstricken sich die Liebenden in ein Geflecht aus gegenseitigen Verpflichtungen und enttäuschten Erwartungen, das schließlich alle positiven Empfindungen erstickt.*

◁ *Patrice Chéreau mit Goldenem Bären. Der Franzose machte sich zunächst als Schauspiel- und Opernregisseur einen Namen, u. a. 1976 mit einer eigenwilligen, aber wegweisenden Inszenierung des »Ring des Nibelungen« bei den Bayreuther Wagner-Festspielen.*

Drei Grammys für Rapper Eminem

21. 2., Los Angeles. Bei der 43. Verleihung der begehrten amerikanischen Musikpreise im Staples Center erhält die Gruppe Steely Dan für »Two Against Nature« den prestigeträchtigen Grammy für das Album des Jahres 2000.

In 100 Kategorien von Pop über Musical und Film bis zur Klassik vergibt die US-amerikanische National Academy of Recording Arts & Sciences alljährlich ihre »Grammy« genannten Preise. Umstrittenster Preisträger ist diesmal der Rapper Eminem, der in vier Kategorien nominiert wurde und dreimal die höchste Auszeichnung mit nach Hause nehmen kann. Aus Protest gegen seine rüden Texte, die u. a. Verachtung und Gewaltbereitschaft gegenüber Homosexuellen zum Ausdruck bringen, haben sich vor dem Staples Center Demonstranten versammelt. Sie wollen eine Preisvergabe an Eminem verhindern – vergeblich. Der Rapper straft sich unterdessen selbst Lügen, indem er mit dem bekennenden Schwulen Elton John seinen Hit »Stan« vorträgt und dafür stürmischen Beifall einheimst.

Weit weniger Aufregung lösen die Rockmusiker Steely Dan aus, die nach 20 Jahren erstmals wieder ein Album veröffentlicht haben und damit gleich den Hauptpreis abräumen. Den besten Song des Jahres schrieb ebenfalls eine Rockformation: Der Preis geht an »Beautiful Day« von U2.

Frankreich nutzt seinen Heimvorteil

Beifall und Konfettiregen für die siegreiche »Equipe Tricolore«

4. 2., Paris. Zum zweiten Mal nach 1995 sichern sich Frankreichs Handball-Männer den Titel des Weltmeisters. Vor 13 000 Fans im Palais Omnisports schlägt das Team von Daniel Costantini im Finale Titelverteidiger Schweden mit 28:25 (22:22, 11:10) nach Verlängerung.

Gegen die im Durchschnitt knapp 29 Jahre »alten« Schweden ist Jerôme Fernandez (acht Tore) bester Werfer. Für den Europameister und vierfachen Weltmeister Schweden ist Stefan Lövgren ebenso erfolgreich. Platz drei geht an Jugoslawien (27:17 gegen Ägypten).

Deutschlands Handballer belegen nach dem unglücklichen Viertelfinal-Aus gegen Frankreich (23:26 n.V.) nur Platz acht (24:30 gegen die Ukraine).

Rapper Eminem mit dem Grammy

Martin Schmitt jubelt über den Mannschaftstitel auf der Großschanze.

Kombinations-Gold für Marko Baacke (r.), Bronze für Ronny Ackermann

Dopingskandal bei Weltmeisterschaften in Lahti

25. 2., Lahti. In Finnland enden die Nordischen Ski-Weltmeisterschaften. Für Schlagzeilen sorgen bei den zehntägigen Titelkämpfen die Leistungen der deutschen Skispringer, aber auch der Dopingskandal um die Läufer des Gastgeberlandes Finnland.

Martin Schmitt vom SC Furtwangen avanciert mit zwei Goldmedaillen sowie jeweils einmal Silber und Bronze zum »König der Lüfte«. Als erster Skispringer wird der 23-Jährige zum zweiten Mal in Folge Weltmeister auf der Großschanze.

Gemeinsam mit Sven Hannawald (Hinterzarten), Michael Uhrmann (Rastbüchl) und Alexander Herr (Schonach-Rohrhardsberg) verteidigt er den Mannschaftstitel auf der Großschanze. Im neu eingeführten Mannschaftswettkampf von der Normalschanze belegen die deutschen »Adler« Platz drei.

Der 21-jährige Marko Baacke (Ruhla) sprintet zum ersten Weltmeistertitel für deutsche Kombinations-Skisportler seit 1985. Mit seinem dritten Platz komplettiert der Oberhofer Ronny Ackermann das

Der Finne Jari Isometsä gesteht die Einnahme verbotener Mittel ein.

gute Abschneiden der Deutschen. Der für Spanien startende Allgäuer Mühlegg versilbert seine Bronzemedaille im 10-km-Jagdrennen, weil der zweitplatzierte Finne Jari Isometsä die Einnahme verbotener Mittel zugeben muss.

Auch die 4 x 10-km-Staffel der Finnen verliert ihren Titel, weil bei Startläufer Janne Immonen der verbotene Blutplasma-Expander HES nachgewiesen wird.

Mühlegg gewinnt am Ende noch die 50-km-Freistil vor Rene Sommerfeldt (Oberweißenbrunn).

Deutsche überraschen bei der alpinen Ski-WM

Martina Ertl küsst ihren Sieger-Ski.

11.2., Sankt Anton. Mit elf Medaillen, davon dreimal Gold, ist Österreich bei den 27. alpinen Ski-Weltmeisterschaften die erfolgreichste Nation.

Die Hoffnungen der Gastgeber, sie könnten – wie im laufenden Weltcup – die anderen zu Statisten degradieren, erfüllen sich aber nicht: Sportler aus sieben Ländern tragen sich in die Siegerlisten ein; Favorit Hermann Maier bleibt sieglos.

Drei Medaillen holen überraschend die deutschen Alpinen: Gold gewinnt Martina Ertl in der Kombination und jeweils Bronze erringen Hilde Gerg im Super-G und Florian Eckert (alle Lenggries) in der Abfahrt. Eckert sichert dem Deutschen Skiverband das erste Männer-Edelmetall nach dem Doppel-Olympiasieg von Markus Wasmaier 1994.

Bronze für Eckert (r.) hinter Hannes Trinkl (M., 1.) und Hermann Maier (2.)

<u>Umwelt 2001:</u>

Reaktorsicherheit, Waldschutz und Luftverschmutzung

Chronik Übersicht

Die Sicherheit von Atomkraftwerken in Zeiten des internationalen Terrorismus, globale Zusammenhänge beim Raubbau am Wald und Maßnahmen gegen die Luftverschmutzung sind Umwelt-Themen des Jahres 2001.

Nach den Terroranschlägen in den USA vom → 11. September (S. 158; S. 248 ff.) erhebt sich die Frage, inwieweit Kernkraftwerke gegen den gezielten Angriff mit einer großen Verkehrsmaschine gesichert sind. Die Reaktor-Sicherheitskommission des Bundes sieht dies in einer ersten, im Oktober veröffentlichten Stellungnahme als fraglich an, da beim Bau ein solches Bedrohungsszenario nicht berücksichtigt worden sei. Das Bundesumweltministerium vertritt die Auffassung, dass die Anlagen einstweilig ihren Betrieb einstellen könnten, sofern die Innenbehörden einen terroristischen Anschlag für möglich halten; allerdings sei dies derzeit nicht der Fall. Als eine Art Vorbeugemaßnahme ist im Gespräch, die im Atomkonsens (→ S. 57) festgeschriebene Restlaufmenge zwar beizubehalten, die Industrie jedoch dazu zu bewegen, ältere, weniger gut gesicherte Anlagen früher als ursprünglich vorgesehen abzuschalten.

Dass Ernährungsgewohnheiten Einfluss auf die ökologische Entwicklung in entfernten Regionen haben, lässt sich aus dem erstmals vorgelegten Gesamtwaldbericht der Bundesregierung ablesen. Während die Waldfläche in Deutschland zunimmt, werden weltweit pro Jahr etwa 15 Mio. ha Wald vernichtet. Hauptursache für den Waldverlust in den Tropen ist dem Bericht zufolge der Anbau von Sojabohnen, einer Pflanze, die weltweit als Futtermittel genutzt wird. Durch Förderung des Anbaus heimischer Futtermittel, aber auch durch den Verzicht auf Fleisch könnten also auch die Deutschen den Raubbau an den tropischen Wäldern verringern helfen.

Hinsichtlich der Luftverschmutzung wird in Deutschland eine lange, wichtige Etappe abgeschlossen: Nach der Großfeuerungs-Anlagenverordnung von 1983 müssen bis zum 1. April 2001 alle mit Kohle, Gas und Öl befeuerten Kraft- und Heizkraftwerke durch Einbau von Filter- und Entschwefelungssystemen modernisiert oder anderenfalls vom Netz genommen werden. Für die sanierungsbedürftigen Braunkohlenanlagen in Ostdeutschland bedeutete dies in den 90er Jahren die Ausrüstung mit moderner Umwelttechnik oder die Stilllegung. Der Erfolg der Verordnung: Seit 1983 ist bei den Anlagen der Ausstoß von Schwefeldioxid um 95%, der von Stickstoffverbindungen um 75% verringert worden.

Für eine deutliche Verringerung der Luftbelastung im Bereich Verkehr soll die EU-weite Senkung der Abgasgrenzwerte für Pkw und Lkw zum → 1. Januar (S. 24) sorgen. Im März werden auf EU-Ebene schärfere Abgasnormen auch für Motorräder beschlossen. Für ab dem 1. Januar 2003 neu zugelassene Motorräder werden Grenzwerte gelten, die um 60% unter den bisher gültigen liegen.

Hinzu kommt ab dem 1. November 2001 in Deutschland die steuerliche Begünstigung von 3 Pf./l für schwefelarme Benzin- und Dieselkraftstoffe, mit denen die Belastung durch Vorläufersubstanzen des für den Sommersmog verantwortlichen Ozons um 40% und der Ausstoß Krebs erregender Rußpartikel bei Dieselmotoren um 10% gesenkt werden können. Ab 2011 soll in der EU die Verwendung schwefelfreien Benzins vorgeschrieben werden; in Deutschland ist dies schon ab 2003 angestrebt. Bei schwerem Heizöl wird per Verordnung der Schwefelgehalt ab Jahresbeginn 2003 auf 1% begrenzt; bei leichtem Heizöl wird ab 2008 der Grenzwert auf 0,1% halbiert.

Für eine Verbesserung der Luftqualität soll darüber hinaus auch die neue Lösemittelverordnung sorgen, welche in den betroffenen Branchen – Metalllackierung, Textilreinigung, Druck – Grenzwerte für die Emission organischer Lösemittelverbindungen vorschreibt, die an der Entstehung von Ozon beteiligt sind.

Neues Naturschutzgesetz soll Artenvielfalt und Agrarwende fördern

Die rot-grüne Bundesregierung bringt im Juni eine Neuregelung zum Naturschutz in den Bundestag ein. Mit dem im November vom Bundestag verabschiedeten Gesetz werden die Artenvielfalt gefördert, die Agrarwende (→ 10.1./S. 23) unterstützt und die Weichen für einen bundesweiten Biotop-Verbund gestellt.

In Umsetzung der Fauna-Flora-Habitat-Richtlinie der EU von 1997 soll ein Netz von miteinander verbundenen Biotopen entstehen; die Bundesländer sind aufgefordert, bis 2004 mindestens ein Zehntel ihrer Fläche dafür auszuweisen, sei es durch Schaffung von Schutzgebieten, durch planungsrechtliche Vorgaben oder durch Vereinbarungen mit den Landwirten. Ausgleichzahlungen für Naturschutzmaßnahmen sind dann Sache der Länder. Das Gesetz enthält ferner schärfere Naturschutzauflagen für die Land-, Forst- und Fischereiwirtschaft; so ist die Umwandlung von Grünland in Ackerflächen an erosionsgefährdeten Hängen und in Moorgebieten verboten. Naturschutzorganisationen erhalten ein Verbandsklagerecht auf Bundesebene.

Baum des Jahres: Die Esche

Vogel des Jahres: Der Haubentaucher, hier ein Paar am Nest

Insekt des Jahres: Die Plattbauch-Libelle

Tier des Jahres: Der Feldhase (Lepus europaeus)

Gefahrenquelle Lärm: Um unheilbare Hörschäden bei Jugendlichen zu vermeiden, fordert das Umweltbundesamt Diskotheken-Besitzer auf, die Musiklautstärke in ihren Räumen freiwillig zu begrenzen.

Longyearbyen am Eisfjord: Über die Hälfte der Fläche von Spitzbergen steht unter Naturschutz. Der World Wide Fund for Nature setzt sich dafür ein, dass die ganze norwegische Inselgruppe Nationalpark wird.

Umweltminister Jürgen Trittin unterzeichnet am 23. Mai in Stockholm die Konvention zum Giftstoff-Verbot.

»Dreckiges Dutzend« wird verboten

Am 23. Mai unterzeichnen in der schwedischen Hauptstadt Vertreter von 110 Staaten die Stockholmer Konvention zum weltweiten Verbot von zwölf langlebigen, besonders gefährlichen organischen Giftstoffen. Dazu gehören acht Pestizide einschließlich DDT, zwei Industriechemikalien – polychlorierte Biphenyle (PCB) und Hexachlorbenzol – sowie Dioxine und Furane. Die Krebs erregende, immunschwächende und Missbildungen hervorrufende Wirkung dieser Substanzen ist eindeutig erwiesen.

Die Konvention tritt in Kraft, sobald sie von mindestens 50 Staaten ratifiziert worden ist. Damit ist frühestens bis 2004 zu rechnen. Danach sind Herstellung, Verkauf und Anwendung des »dreckigen Dutzend« verboten. Noch ungeklärt ist, wer die Kosten für die Entsorgung von etwa 500 000 t gelagerten Materials übernimmt. In den Industrieländern sind Produktion und Gebrauch der langlebigen organischen Schadstoffe (persistent organic pollutants, POP) schon jetzt nicht mehr bzw. nur in engen Grenzen erlaubt.

Fischer schöpfen Öl vom Wasser, nachdem ein Tanker vor den Galapagos-Inseln havariert ist.

Die Ölpest bleibt Dauer-Bedrohung

Kaum ein Jahr vergeht, in dem nicht von ölverseuchten Stränden berichtet wird. 2001 sind neben dem Untergang der Bohrinsel vor Brasilien (→ 20.3./S. 61) zwei Vorfälle zu vermelden. Im Januar schlägt ein ecuadorianischer Tanker vor den Galapagos-Inseln leck. Die einzigartige Tierwelt des Archipels wird allerdings kaum in Mitleidenschaft gezogen. Auch Dänemark kommt bei einem Öl-Unfall glimpflich davon: Nach einer Kollision in der Kadet-Rinne der Ostsee laufen aus einem Tanker 1900 l Schweröl aus, doch eine Verschmutzung der Strände der Inseln Falster und Mön kann verhindert werden.

Freiwillige Helfer vor der dänischen Insel Bogö

März 2001

Mo	Di	Mi	Do	Fr	Sa	So
			1	2	3	4
5	6	7	8	9	10	11
12	13	14	15	16	17	18
19	20	21	22	23	24	25
26	27	28	29	30	31	

1. März, Donnerstag

Nach langwierigen Verhandlungen nimmt Deutschland diplomatische Beziehungen zu Nordkorea auf. Bislang unterhielt die Bundesrepublik zu der kommunistischen Demokratischen Volksrepublik Korea offizielle Kontakte lediglich unterhalb der diplomatischen Ebene.

Die US-Weltraumbehörde NASA verzichtet nach jahrelangen Entwicklungsarbeiten aus Kostengründen auf das Nachfolgemodell für ihre 20 Jahre alten Raumfähren. Das von Lockheed Martin konstruierte Super-Raketenflugzeug mit der Kurzbezeichnung X-33 hat bereits Entwicklungskosten von 1 Mrd. Dollar verschlungen. Damit werden die herkömmlichen Shuttles noch mindestens bis zum Jahr 2015 ins All fliegen.

2. März, Freitag

In der CDU-Parteispendenaffäre wird das Ermittlungsverfahren gegen den ehemaligen Bundeskanzler und Parteivorsitzenden Helmut Kohl gegen Zahlung von 300 000 DM vorläufig eingestellt. Die Staatsanwaltschaft hatte gegen Kohl wegen des Verdachts der Untreue ermittelt, weil er die Annahme von Spendengeldern in Höhe von 2 Mio. DM nicht ordnungsgemäß angezeigt hatte. → S. 56

Die Zahl rechtsextremistischer und fremdenfeindlicher Straftaten hat im Jahr 2000 einen neuen Höchststand erreicht. Nach Angaben des Bundesinnenministeriums sind 15 951 derartige Delikte registriert worden. Das ist gegenüber 1999 ein Anstieg von 58,9%.

3. März, Samstag

Ungeachtet internationaler Proteste kündigt ein Kongress bosnisch-kroatischer Nationalisten in Mostar die 1995 im Friedensabkommen von Dayton festgelegte Staatsstruktur von Bosnien-Herzegowina auf und proklamiert eine eigene Regierung. Die kroatische Nationalversammlung wird jedoch weder international noch von der bosnischen Regierung anerkannt.

John Ruiz (USA) ist neuer Schwergewichts-Weltmeister der World Boxing Association (WBA). Der 29-jährige Profiboxer entthront vor 12 000 Zuschauern in Las Vegas seinen neun Jahre älteren Landsmann, den Titelverteidiger Evander Holyfield, in zwölf Runden durch einen einstimmigen Punktsieg. → S. 65

4. März, Sonntag

Beim Einsturz einer 115 Jahre alten Straßenbrücke werden im Norden Portugals 77 Menschen in den Tod gerissen. → S. 61

Bei dem Selbstmordanschlag eines vermutlich palästinensischen Terroristen werden in der israelischen Küstenstadt Netanja vier Menschen getötet und mehr als 60 z. T. schwer verletzt.

Die Zentrale des britischen Rundfunk- und Fernsehsenders BBC wird zum ersten Mal Ziel eines Bombenattentats nordirischer Terroristen. Für den Anschlag auf die BBC, bei dem eine Person verletzt wird, machen die Sicherheitsbehörden die nordirische Untergrundorganisation »Real IRA« verantwortlich.

Die Schweiz wird vorerst nicht einen Beitritt zur Europäischen Union beantragen. Bei einer Volksabstimmung lehnen 76,7% der Abstimmenden die Forderung einer Bürgerinitiative ab, unverzüglich Beitrittsverhandlungen mit der EU aufzunehmen. → S. 59

5. März, Montag

Die Bundeswehr steckt nach einem vertraulichen Papier des Führungsstabes der Streitkräfte in einer schweren Finanzkrise. Heer und Luftwaffe seien »kritisch unterdotiert«, heißt es in einer von der Nachrichtenagentur dpa verbreiteten Bewertung. Ein Sprecher des Verteidigungsministeriums weist diese Einschätzung zurück.

In San Diego im US-Bundesstaat Kalifornien erschießt ein 15-jähriger Junge zwei Mitschüler und verletzt 13 Menschen z. T. schwer. Die Polizei nimmt den Täter fest.

Die Europäische Kommission und die Fußballverbände UEFA und FIFA einigen sich auf eine grundlegende Neuregelung des Fußball-Transfersystems. Dazu zählen eine zeitliche Obergrenze von fünf Jahren bei Verträgen, eine festgelegte Transferzeit innerhalb des Jahreszyklus und ein besserer Schutz für kleinere Vereine. Die EU-Kommission hatte das bisherige Transfersystem als illegal bezeichnet und Änderungen verlangt.

6. März, Dienstag

Der chinesische Militäretat wird um 17,7% aufgestockt. → S. 60

Bei der Explosion in einer Schule in Fang Lion in der ostchinesischen Provinz Jiangxi kommen 41 Menschen ums Leben, 27 weitere werden verletzt.

Die Deutsche Bahn und die Gewerkschaften vereinbaren eine neue Tarifstruktur. Danach bleibt der Kündigungsschutz bis 2004 bestehen, an die Stelle des bisherigen Flächentarifs treten jedoch Branchentarifverträge.

Die Münchner Kirch-Gruppe als Rechte-Inhaberin und die beiden öffentlich-rechtlichen Sender ARD und ZDF einigen sich über die TV-Übertragungsrechte für die Fußball-Weltmeisterschaften 2002 und 2006. Zwei Wochen zuvor sind die Verhandlungen noch für gescheitert erklärt worden. → S. 64

7. März, Mittwoch

Der Aufsichtsratsvorsitzende der Deutschen Bahn AG, Dieter Vogel, tritt mit sofortiger Wirkung zurück. Vogel begründet seinen Schritt mit mangelnder Rückenstärkung durch die Bundesregierung während der anhaltenden Diskussio-

nen um seine Person. Neuer Aufsichtsratsvorsitzender wird Preussag-Chef Michael Frenzel.

Fußballcoach Christoph Daum, der 2000 nach einem positiven Drogentest auf das ihm zuvor angetragene Amt des deutschen Nationaltrainers verzichten musste, unterzeichnet beim türkischen Klub Besiktas Istanbul einen Vertrag mit einer Laufzeit von 18 Monaten. Zwischen Januar 1994 und Mai 1996 hatte Daum schon einmal bei Besiktas gearbeitet und in dieser Zeit den Klub zum Pokalsieg (1994) und auch zur Meisterschaft (1995) geführt (→ 12.1./S. 35).

8. März, Donnerstag

Unweit des Flugplatzes Werneuchen, etwa 30 km von ihrem Wohnort Eberswalde entfernt, wird die Leiche eines zwölfjährigen Mädchens gefunden, das seit dem 22. Februar vermisst wurde. Das Kind ist einem Sexualmord zum Opfer gefallen. → S. 59

Das Hamburger Landgericht verhängt gegen den mehrfach vorbestraften 40-jährigen Reemtsma-Entführer Thomas Drach eine Haftstrafe von 14 Jahren und sechs Monaten. → S. 58

Italiens Staatspräsident Carlo Azeglio Ciampi löst beide Parlamentskammern auf und macht damit den Weg für Neuwahlen am → 13. Mai (S. 90) frei.

9. März, Freitag

Claudia Roth wird in Stuttgart zur Vorsitzenden von Bündnis 90/Die Grünen gewählt. → S. 58

Nach dem Bundestag billigt auch der Bundesrat die BAföG-Reform. Danach erhalten zusätzlich 81 000 Schüler und Studenten aus ärmeren Familien Ausbildungsförderung (→ S. 28).

Ungeachtet weltweiter Proteste zerstören die radikal-islamischen Taliban-Milizen, die etwa 90% von Afghanistan kontrollieren, die beiden 58 und 38 m hohen Buddha-Statuen in Bamiyan aus religiösen Motiven durch Sprengungen und Granatenbeschuss. → S. 60

Etwa 10 000 Ukrainer fordern in Kiew den Rücktritt des von Affären belasteten Staatschefs Leonid Kutschma. Die Demonstranten werfen dem Präsidenten eine diktatorische Amtsführung und die Verstrickung in den Mord an einem regierungskritischen Journalisten vor.

10. März, Samstag

Etwa 60 000 Menschen demonstrieren im nordspanischen Bilbao gegen den Terror der baskischen Untergrundorganisation ETA.

11. März, Sonntag

Papst Johannes Paul II. spricht in Rom 233 Glaubensopfer des spanischen Bürgerkrieges (1936–1939) selig. Die Märtyrer waren, so der Vatikan, von Anarchokommunisten wegen ihres Glaubens getötet worden. Noch nie zuvor in der Kirchengeschichte wurde so viele Christen auf einmal selig gesprochen.

Beim Finale des alpinen Ski-Weltcups in Åre gewinnt der Österreicher Hermann Maier den Gesamtweltcup sowie die Disziplinwertungen im Riesenslalom, Super-G und in der Abfahrt. → S. 65

Bei den Eisschnelllauf-Weltmeisterschaften in Salt Lake City verteidigt die Berlinerin Monique Garbrecht-Enfeldt in Weltrekordzeit ihren Titel über 1000 m. Über 5000 m holt Gunda Niemann-Stirnemann in Weltrekordzeit ihren 19. Titel. → S. 65

12. März, Montag

Einen Sturm der Empörung entfacht der grüne Umweltminister Jürgen Trittin, als er in einem WDR-Interview CDU-Generalsekretär Laurenz Meyer mit einem Skinhead vergleicht. → S. 56

Im Kampf gegen die Langzeitarbeitslosigkeit will die Bundesregierung Arbeit Suchende mithilfe neuer Vorschriften bei der Arbeitsvermittlung schneller zu einem Job verhelfen. Für jeden Betroffenen soll das Arbeitsamt künftig einen konkreten Plan zur Wiedereingliederung erstellen. Die Ämter sollen innerhalb einer bestimmten Frist Stellen- oder Bildungsangebote machen. Richten sich Arbeitslose nicht nach diesem Plan, müssen sie mit Leistungskürzungen rechnen (→ S. 76).

In Uganda wird der seit 1986 amtierende Präsident Yoweri Museveni im Amt bestätigt. Nach offiziellen Angaben erhält er die Stimmen von 69,3% der rd. 10 Mio. Wahlberechtigten. Sein Hauptrivale Kizza Besigye erhält 27,8% der Stimmen. Unabhängige Beobachter und Journalisten berichten allerdings von zahlreichen Unregelmäßigkeiten beim Wahlvorgang.

13. März, Dienstag

Der Europäische Gerichtshof in Luxemburg weist eine Klage gegen die Förderung von Ökostrom durch das deutsche Stromeinspeisegesetz ab. Die Verpflichtung, Strom aus erneuerbaren Energien zu einem festen Preis ins Netz einzuspeisen, verstoße nicht gegen EU-Recht.

14. März, Mittwoch

Zwei Jahre nach dem Kosovo-Krieg rücken jugoslawische Truppen mit dem Einverständnis der NATO in die Pufferzone zwischen Südserbien und dem Kosovo ein. Sie sollen die zunehmenden Übergriffe albanischer Extremisten verhindern.

Der 31. Band der Asterix-Serie, »Asterix und Latraviata«, kommt in den Handel. 2,5 Mio. Exemplare des Titels stehen für den deutschsprachigen Raum bereit.

15. März, Donnerstag

Begleitet von einem internationalen Staraufgebot vergibt die Deutsche Phono-Akademie in Berlin erstmals den Musikpreis »Echo 2001« für Popkünstler aus dem In- und Ausland. Ausgezeichnet werden u. a. Comedy-Star Michael Mittermeier, die Sängerin Jeanette, die schwedische Gruppe Rednex und der umstrittene US-Rapper Eminem. Der Popsänger Ayman erhält zwei Preise – als erfolgreichster nationaler Künstler und als Newcomer des Jahres. Als besten internationalen Künstler kürt die Jury Carlos Santana.

Kommentar zur Gründung der Vereinten Dienstleistungsgewerkschaft am 19. März auf dem Titelblatt der ver.di-Branchenzeitung: »Aufregend bunt, beruhigend stark«

Druck+Papier

Nr. 4 APRIL 2001 JAHRGANG 139

Image-Kampagne: ver.di will werben
„Aufregend bunt – beruhigend stark" – neue Gewerkschaft präsentiert sich als gesprächsbereite Organisation. ➤ 4

Buntheit und Eigenwilligkeit einbringen
Was bleibt: Detlef Hensche hielt Rückblick auf die Erfolge und Misserfolge der Industriegewerkschaft Medien. ➤ 5

Haben Neue Medien nur Begleitfunktion?
Books on Demand: Die Entwicklungen vollziehen sich mit geradezu unanständiger Geschwindigkeit – Serie Teil 2. ➤ 9

E 12856

DIE ver.di BRANCHENZEITUNG

In dieser Ausgabe...

... kommt DRUCK+PAPIER erstmals nicht mehr als „Zeitung der IG Medien" heraus: Im 139. Jahrgang nun also der Untertitel: „Die ver.di-Branchenzeitung" – bis zum Ende dieses Jahres auf jeden Fall im vorliegenden Format. Wie die ver.di-Presse vom nächsten Jahr an aussehen soll, darüber wird zur Zeit mit Hochdruck beraten. Erklärter Wille des letzten Gewerkschaftstages der IG Medien jedenfalls ist, dass unsere Zeitung für die Mitgliedergruppen, die bisher DRUCK+PAPIER bekommen, erhalten bleiben muss (Seite 2). Was der verantwortliche Redakteur bei der IG-Medien-Auflösung und der ver.di-Gründung an Emotionen beobachtet – und zum Teil auch selber empfunden – hat, ist auf Seite 5 niedergeschrieben.

Erinnerungen an meine Leipziger Zeit wurden wach, als ich den Beitrag von Martin Lösche (Foto) bearbeitet habe (Seite 11). Er bespricht ein Buch, das jetzt in der Heldenstadt des Wende-Herbstes herausgekom-

Foto: Gundula Lasch

men ist. Lösche war von 1978 bis 2000 Pfarrer in Leipzig, Mitbegründer der Friedensgebete in der Nikolaikirche und aktiv in der kirchlichen Friedensbewegung in der DDR. Heute engagiert er sich in Projekten für Obdachlose. Der Gottesmann empfindet den Bildband als ein sehr ungewöhnliches Buch allein schon seiner buchbinderischen Verarbeitung her. Leipziger Fotografen hatten Bilder von den Montagsdemonstrationen 1989 aufgestellt und gefragt, wer sich darauf wiedererkennt. Daraus wurden eindrückliche Porträts von Leipziger Bürgerinnen und Bürgern und was aus ihnen seit der Wende geworden ist.

Henrik Müller ⌐

F ür die Gewerkschaftsbewegung in der Bundesrepublik Deutschland ist mit der Gründung der Vereinten Dienstleistungsgewerkschaft ver.di ein neues Zeitalter angebrochen. Nur dreieinhalb Jahre nach dem Entstehen der ersten Ideen für das Projekt ist eine Herkulesarbeit vollbracht: Nachdem sich die Deutsche Angestellten-Gewerkschaft (DAG), die Deutsche Postgewerkschaft (DPG), die Gewerkschaft Handel, Banken und Versicherungen (HBV), die Industriegewerkschaft Medien und die Gewerkschaft Öffentliche Dienste, Transport und Verkehr (ÖTV) zuvor per Delegiertenbeschluss selber aufgelöst hatten, wurde am 19. März 2001 in Berlin mit der Unterzeichnung der Gründungsurkunde und der Eröffnung des ver.di-Gründungskongresses der Zusammenschluss zur mit knapp drei Millionen Mitgliedern weltgrößten Arbeitnehmerorganisation vollzogen. Mit der Rückkehr der DAG in den Deutschen Gewerkschaftsbund wurde zugleich die vor 50 Jahren entstandene Spaltung der Einheitsgewerkschaft überwunden.

Formalrechtlich bleiben die einzelnen Organisationen zwar noch bis zur für Juli erwarteten Eintragung von ver.di ins Vereinsregister bestehen, aber politisch ist die neue Gewerkschaft von Anfang an voll handlungsfähig. Bereits einen Tag nach Kongressende rief ver.di ihre Mitglieder bei der Lufthansa zum Streik auf.

Im Verhältnis der Mitglieder zu ihrer Gewerkschaft ändert sich durch den Zusammenschluss juristisch nur wenig. Alle beiderseitigen Rechte und Pflichten bleiben bestehen: Alle Tarifverträge der Gründungsorganisationen sind weiterhin in vollem Umfang gültig, die Ansprüche auf die gewerkschaftlichen Leistungen wie zum Beispiel Rechtsschutz und Streikunterstützung bleiben unverändert. In so genannten Verschmelzungsbericht heißt es dazu u.a.: „Ver.di bietet ihren Mitgliedern eine neue Qualität der Interessendurchsetzung und der demokratischen Teilhabe. Mit dem Zusammenschluss zur ver.di entsteht die größte Dienstleistungsgewerkschaft der Welt. Durch die damit einhergehende soziale Mächtigkeit und die Beseitigung von Konkurrenzen (...) verbessern sich die Gestaltungs- und Durchsetzungsmöglichkeiten der Mitgliederinteressen."

Der 19köpfige Bundesvorstand, an seiner Spitze der bisherige ÖTV-Vorsitzende Frank Bsirske, wurde mit 913 Ja-Stimmen (bei 39 Nein-Stimmen), also einer Zustimmungsquote von 95,9 Prozent, in einem einheitlichen Wahlgang gewählt. Die bisherige IG Medien wird in diesem Gremium durch Gerd Nies und mit vier stellvertretenden Vorsitzenden und durch Frank Werneke als Bundesleiter des Fachbereichs Medien repräsentiert. Dem nahezu einstimmig gewählten, 111köpfigen Gewerkschaftsrat als höchstem ehrenamtlichen Gremium von ver.di gehören neun Kolleginnen und Kollegen aus der alten IG Medien an. Der bisherige IG-Medien-Vorsitzende Detlef Hensche

Aufbruchstimmung prägte den ver.di-Start

Solidarität im neuen Format: Fünf Organisationen haben sich zur größten Gewerkschaft der Welt verschmolzen – „Soziale Mächtigkeit" verstärkt die Durchsetzungskraft

Foto: Jürgen Seidel

AUFREGEND BUNT.

BERUHIGEND STARK.

MEHR BEWEGEN

ver di
Vereinte Dienstleistungsgewerkschaft

stand nach 25jähriger Arbeit im obersten Führungsgremium seiner Gewerkschaft für eine Funktion in ver.di aus Altersgründen nicht mehr zur Verfügung.

Ver.di-Vorsitzender Frank Bsirske würdigte vor 5000 Delegierten, Mitarbeiterinnen, Mitarbeitern und Gästen in seiner zupackenden und vielumjubelten Grundsatzrede auch das Erbe und die Traditionen der fünf Gründungsgewerkschaften. Zur IG Medien sagte er, ihr habe man es zu verdanken, dass „ver.di nicht nur die jüngste Gewerkschaft in Deutschland ist, sondern sich zugleich die älteste nennen darf. Der Deutsche Buchdruckerverband, aus dem die IG Medien hervorging, war 1866 die erste Gewerkschaft in Deutschland. Wenn wir an bedeutende Gewerkschaftsvorsitzende der letzten 50 Jahre denken, dann zählt Loni Mahlein sicherlich dazu. Dabei ist diese IG Medien quicklebendig geblieben."

Emotional war der ver.di-Gründungskongress, dem auch Bundespräsident Johannes Rau und Bundeskanzler Gerhard Schröder ihre Aufwartung machten, von einer enormen Aufbruchstimmung begleitet. Nachdenklichkeit, mitunter auch eine gehörige Portion Skepsis, hatten hingegen den Verschmelzungsgewerkschaftstag der Industriegewerkschaft Medien geprägt. So war bei der Bekanntgabe des Abstimmungsergebnisses über die Selbstauflösung und die Verschmelzung zu ver.di der Beifall – auch im Vergleich zu den Kongressen der anderen vier Organisationen – eher verhalten: Mit genau 80 Prozent Zustimmung hatte die Mediengewerkschaft zwar mit einer ausreichenden (75 Prozent waren erforderlich), aber dennoch der niedrigsten Quote der fünf beteiligten Organisationen den Weg zur Vereinten Dienstleistungsgewerkschaft frei gemacht.

Henrik Müller ⌐

16. März, Freitag

Bei Gefechten zwischen albanischen Separatisten und mazedonischen Regierungssoldaten in Tetovo gerät eine Kaserne unter Beschuss, in der deutsche KFOR-Soldaten untergebracht sind. Bei dem Angriff zieht sich ein deutscher Soldat durch herumfliegende Glassplitter leichte Verletzungen zu (→ 22.8./S. 142).

Die Länder der EU ebnen den Weg für ein zweites Rinderschlachtprogramm. Der zuständige Ausschuss stimmt dem umstrittenen Aufkauf- und Schlachtplan für Rinder zu. Der Plan des österreichischen Agrarkommissars Franz Fischler sieht vor, dass staatliche Stellen den Bauern ältere Kühe, die derzeit wegen der BSE-Krise unverkäuflich sind, zu festen Preisen abnehmen. Die Zahl wird auf rd. 1 Mio. Tiere geschätzt (→ 10.1./S. 23).

Die in der OPEC zusammengeschlossenen Ölförderstaaten vereinbaren eine Kürzung ihrer Fördermengen um 4% oder täglich 1 Mio. Barrel. Damit will die OPEC einem Verfall des Rohölpreises trotz saisonal schwacher Nachfrage und einer weltweiten Abschwächung des Wirtschaftswachstums vorbeugen.

Bei einer Explosionsserie in mehreren Baumwollfabriken der nordchinesischen Stadt Shijiazhuang kommen mindestens 108 Menschen ums Leben. Nach einer Woche nimmt die Polizei den Hauptverdächtigen fest. Der 41-jährige taubstumme Mann gesteht die Tat.

17. März, Samstag

In Mazedonien ruft die Albaner-Guerilla UCK die Bevölkerung zur Unterstützung im Kampf gegen die Regierung und die mazedonischen Sicherheitskräfte auf. In der Region um die westmazedonische Stadt Tetovo dauern die Gefechte den vierten Tag in Folge an. Der Weltsicherheitsrat verurteilt das Vorgehen der albanischen Extremisten, die aus dem Ausland unterstützt würden (→ 22.8./S.142).

Wenige Stunden nach einem Bombenanschlag im spanischen Urlaubsort Rosas an der Costa Brava, bei dem ein Polizist getötet wird, machen die spanischen Sicherheitskräfte vor einem Hotel in Gandia in der Gegend von Valencia eine andere Autobombe unschädlich. Zu den Terroranschlägen bekennt sich die baskische Separatistenorganisation ETA.

18. März, Sonntag

Die CDU geht aus der Kommunalwahl in Hessen als Sieger hervor. Trotz der Schwarzgeldaffäre um Ministerpräsident Roland Koch verbessert sie sich landesweit um 6,2 Prozentpunkte auf 39,2% der Stimmen. Überraschend verfehlt in Frankfurt die CDU-Oberbürgermeisterin Petra Roth im ersten Wahlgang die absolute Mehrheit.

Erstmals seit 24 Jahren zieht ein sozialistischer Bürgermeister ins Rathaus der französischen Hauptstadt Paris ein. Der linke Spitzenkandidat Bertrand Delanoë erringt bei der zweiten Runde der Kommunalwahlen mit der vereinten grünen und sozialistischen Liste 92 von 163 Sitzen im Stadtrat. → S. 60

19. März, Montag

Mit der Unterzeichung der Gründungsurkunde für die Vereinte Dienstleistungsgewerkschaft ver.di entsteht die größte freie Einzelgewerkschaft der Welt. Die Vorsitzenden von ÖTV, DAG, HBV, Postgewerkschaft und IG-Medien unterzeichnen den Verschmelzungsvertrag in Berlin. Der bisherige ÖTV-Chef Frank Bsirske wird zum Vorsitzenden gewählt. → S. 59

Nach nur zwei Wochen im Amt tritt in Argentinien der wegen seines Sparprogramms heftig kritisierte Wirtschaftsminister Ricardo Lopez Murphy zurück. Zu seinem Nachfolger wird Domingo Cavallo ernannt, der das Ressort schon früher leitete.

Vier Monate nach dem Börsengang wird das Papier der Deutschen Post AG in den DAX aufgenommen. Damit hat es erstmals ein Unternehmen der Logistik-Branche unter die 30 wichtigsten deutschen Aktientitel geschafft. Für die »Aktie Gelb« muss der Titel KarstadtQuelle in den Nebenwerte-Index MDAX weichen.

20. März, Dienstag

Die größte Bohrinsel der Welt versinkt fünf Tage nach einem Explosionsunglück vor der brasilianischen Küste im Atlantik. → S. 61

21. März, Mittwoch

Wenige Stunden vor Ablauf des Ultimatums der mazedonischen Regierung verkünden die Rebellen der selbst ernannten albanischen Nationalen Befreiungsarmee UCK eine einseitige Feuerpause. Die Regierung in Skopje reagiert zurückhaltend auf die Ankündigung (→ 22.8./S. 142).

Bundeskanzler Gerhard Schröder (SPD) will den deutschen Arbeitsmarkt weiter für ausländische Fachkräfte öffnen. Die Einführung einer Greencard für die Computer- und Telekommunikationsbranche sei nur ein erster Schritt gewesen, sagt Schröder bei der Eröffnung der weltgrößten Computermesse CeBIT in Hannover.

22. März, Donnerstag

Der frühere DDR-Staats- und Parteichef Egon Krenz scheitert vor dem Europäischen Gerichtshof für Menschenrechte mit der Beschwerde gegen seine Verurteilung durch das Berliner Landgericht 1997. Die damalige Verurteilung zu einer sechseinhalbjährigen Haftstrafe wegen Totschlags von DDR-Flüchtlingen verstößt demnach nicht gegen die Europäische Menschenrechtskonvention. Bereits vor dem Bundesgerichtshof und dem Bundesverfassungsgericht hat Krenz, der seine Strafe im offenen Vollzug verbüßt, ohne Erfolg für eine Aufhebung gestritten.

Im »Boxkampf des Monats« siegt Weltmeisterin Regina Halmich klar über den TV-Moderator Stefan Raab, der sich einen Nasenbeinbruch holt. → S. 64

23. März, Freitag

Die krisenhafte Lage auf dem Balkan steht im Mittelpunkt eines Treffens des russischen Außenministers Igor Iwanow mit seinen 15 EU-Kollegen am Rande des EU-Gipfels in Stockholm. Dabei übt Russland Kritik am Westen wegen der ausbleibenden Entwaffnung albanischer Extremisten.

Die überalterte russische Raumstation »Mir« wird planmäßig zum Absturz gebracht. → S. 61

24. März, Samstag

Mehr als 10 000 Atomkraftgegner demonstrieren in Lüneburg weitgehend friedlich gegen den bevorstehenden Castor-Transport ins Zwischenlager Gorleben (→ 29.3./S. 57).

Der Westen Japans wird von Erdstößen erschüttert, die zwei Todesopfer fordern. Das Epizentrum des Bebens mit einer Stärke von 6,4 auf der Richterskala liegt vor der Küste Hiroshimas.

Profiboxer Sven Ottke bleibt Weltmeister im Supermittelgewicht in der IBF-Version. In Magdeburg schlägt er den US-Amerikaner James Crawford durch K. o. in der achten Runde.

Der in Hamburg lebende ukrainische Profiboxer Wladimir Klitschko verteidigt erstmals seinen Weltmeistertitel im Schwergewicht nach Version der World Boxing Organization (WBO). Er besiegt in München Derrick Jefferson aus den USA durch technisches K.o. in der zweiten Runde.

25. März, Sonntag

Bei den Landtagswahlen in Baden-Württemberg und Rheinland-Pfalz werden die großen Regierungsparteien in ihrer Position bestätigt. → S. 58

Die fünf nordeuropäischen Länder Dänemark, Finnland, Island, Norwegen und Schweden treten dem Schengen-Abkommen von 1985 bei und schaffen die Grenzkontrollen für Bürger aus EU-Ländern ab. → S. 59

Bei den Wiener Landtagswahlen erreicht die Sozialdemokratische Partei Österreichs (SPÖ) überraschend die absolute Mehrheit im Stadtparlament. → S. 60

In der Europäischen Union beginnt die Sommerzeit (bis 28.10.).

Bei der 73. Oscar-Vergabe wird »Gladiator« mit fünf Oscars zum erfolgreichsten Film gekürt. → S. 64

26. März, Montag

Mit Praxisschließungen und Kundgebungen protestieren ostdeutsche Ärzte gegen die Gesundheitspolitik der Bundesregierung, insbesondere gegen aus ihrer Ansicht zu niedrige Arzneimittelbudgets und sinkende Honorare. Die Kassenärztliche Vereinigung weist darauf hin, dass die ostdeutschen Ärzte bei der Behandlung der Patienten nur 77% der Mittel ausgeben könnten, über die Westkollegen zur Verfügung hätten. Dabei sei der Krankenstand in den neuen Bundesländern weit höher.

27. März, Dienstag

Illegal aus Asien importiertes Fleisch soll nach einem Bericht der Tageszeitung »The Times« für den Ausbruch der Maul- und Klauenseuche in Großbritannien verantwortlich sein. In einem Bericht des Agrarministeriums wird eingeschmuggeltes Fleisch, das in einem China-Restaurant im Nordwesten Englands angeboten wurde, als wahrscheinlichster Seuchenauslöser genannt (→ 21.2./S. 45).

Beim schwersten Zugunglück in Belgien seit 1974 kommen acht Menschen ums Leben. Weitere zwölf werden verletzt, drei von ihnen schwer. Der Nahverkehrszug von Löwen nach Wavre prallt frontal auf einen entgegenkommenden Zug, der auf dem falschen Gleis der zweispurigen Strecke fährt. Der Lokführer hat ein Haltesignal nicht beachtet.

28. März, Mittwoch

Die Deutsche Post AG behält bis Ende 2007 ihr Beförderungsmonopol für Standardbriefe bis 200 g sowie Massendrucksachen bis 50 g. Dies beschließt das Bundeskabinett, um zu verhindern, dass Postunternehmen aus EU-Staaten in Deutschland tätig werden, ohne dass die Deutsche Post AG ähnliche Möglichkeiten in den anderen EU-Staaten hat.

29. März, Donnerstag

Bundeskanzler Gerhard Schröder (SPD) trifft in Washington zu seinem ersten Gespräch mit US-Präsident George W. Bush zusammen. Ein Hauptthema des Treffens ist der Klimaschutz. Schröder versucht ohne Erfolg, den US-Präsidenten zur Einhaltung des Kyoto-Klimaschutzabkommens zu bewegen (→ 27.7./S. 121).

Begleitet von einem massiven Polizeiaufgebot erreicht der Castor-Atomtransport mit einem Tag Verspätung sein Ziel, das Zwischenlager Gorleben. → S. 57

Mit den Stimmen der Regierungskoalition verabschiedet der Bundestag die Reform des Mietrechts. Darin wird u. a. die Kündigungsfrist für Mieter auf einheitlich drei Monate verkürzt. Für Vermieter beträgt sie künftig maximal neun Monate. Ferner dürfen Mieten künftig nur noch um 20% innerhalb von drei Jahren steigen, bisher waren es 30% (→ 1.9./S. 166).

30. März, Freitag

Nach neunmonatigen Beratungen entscheiden sich die norddeutschen Bundesländer Hamburg, Niedersachsen und Bremen für Wilhelmshaven als Standort des ersten deutschen Tiefwasserhafens. Um die Ansiedlung hat sich auch Cuxhaven beworben.

31. März, Samstag

Die Europäische Union hält ungeachtet der Absage der USA am Klimaschutzabkommen von Kyoto fest. Dies erklärt der schwedische Umweltminister Kjell Larsson beim Treffen mit seinen EU-Kollegen in Kiruna. Die EU-Staaten wollen das Kyoto-Protokoll bis zum Jahr 2002 ratifizieren (→ 27.7./S. 121).

Bei einer Massenpanik während einer religiösen Zeremonie kommen im pakistanischen Pakpattan 40 Menschen ums Leben. Die meisten der Opfer werden von der Menge gegen eine Wand gedrückt und ersticken.

Die finanzielle Misere der Berliner Bühnen ist das Thema des März-Heftes von »Theater heute«. »Sale – Ausverkauf« titelt das angesehene Magazin.

THEATER HEUTE

Theater*heute*

H 5433 E

NR.03 MÄRZ 2001

17,–DM/SFR·135,–ÖS

ENDLICH KOMPLETT DER KRITIK-KERR

ERZÄHLTHEATER DEA LOHER «DIE SCHERE»

POP UND PATHOS PARTY IN GÖTTINGEN

**STÜCKABDRUCK PHILIP ARP
«DIE WUNDERSAME ÜBERQUERUNG DER WÜRM»**

·· Berliner Theaterruine zum Verkauf

·· Gera/Altenburg – was man

aus Fusionen nicht lernen kann

·· Volkstheater Rostock vor dem Aus?

Verfahren gegen Kohl eingestellt

2.3., Bonn. Gegen Zahlung von 300 000 DM stellt das Landgericht das Ermittlungsverfahren gegen den früheren Bundeskanzler und CDU-Parteivorsitzenden Helmut Kohl ein. Die Staatsanwaltschaft ermittelte seit Anfang 2000 wegen Verdachts der Untreue zum Nachteil seiner Partei.

Kohl hat zwischen 1993 und 1998 Spenden an die CDU in Höhe von 2 Mio. DM angenommen und diese nicht ordnungsgemäß verbucht. Die Namen der Spender bekannt zu geben, weigert er sich, da er diesen ehrenwörtlich Anonymität zugesichert habe. Nach dem Parteiengesetz müssen Spenden ab 20 000 DM offen gelegt werden.

Die Affäre um die anonymen Spenden ist nur ein Teil des CDU-Spendenskandals, der seit November 1999 schrittweise bekannt geworden ist. Ein am 2. Dezember 1999 eingesetzter parlamentarischer Untersuchungsausschuss befasst sich seither mit dem möglichen Einfluss von Spenden auf Entscheidungen der früheren Bundesregierung.

Zusätzliche Brisanz erhält der Finanzskandal am 24. April, als bekannt wird, dass der frühere CDU-Schatzmeister Walther Leisler Kiep seiner Partei 1 Mio. DM überwiesen hat, die er bei Durchsicht seiner Konten gefunden habe, aber nicht seinem Privatvermögen zurechnen könne. Das Geld, so vermutet CDU-Bundesgeschäftsführer Willi Hausmann, stammt von einem vor neun Jahren aufgelösten Schweizer Konto der Stiftung »Norfolk«, über die die CDU geheime Auslandskonten unterhielt. Die Öffentlichkeit erfährt außerdem, dass die CDU-Führung bereits vor den Wahlen in Baden-Württemberg und Rheinland-Pfalz (→ 25.3./S. 58) von der »Kiep-Million« wusste. Ende August werden gegen Kiep sogar Vorwürfe erhoben, die in Richtung Geldwäsche zielen. Er soll eine Spende des Waffenhändlers Karlheinz Schreiber in Höhe von 100 000 DM für private Zwecke verwendet und später den gleichen Betrag auf ein Treuhandkonto seiner Partei überwiesen haben.

Ex-Schatzmeister Walther L. Kiep

Ex-CDU-Chef Helmut Kohl

Polemische Debatte um Nationalstolz

12.3., Köln. Wegen harscher Äußerungen in der WDR-Sendung »Morgenecho« über CDU-Generalsekretär Laurenz Meyers Beiträge zur Patriotismus-Debatte wird Bundesumweltminister Jürgen Trittin (Bündnis 90/Grüne) seinerseits heftig attackiert.

Trittin sagt: »Laurenz Meyer hat die Mentalität eines Skinheads und nicht nur das Aussehen. Laurenz Meyer hat selber bekundet, dass er stolz darauf sei, dass er Deutscher ist. Das ist so die Flachheit, der geistige Tiefflug, der jeden rassistischen Schläger in dieser Republik auszeichnet.« Erst auf Drängen von Bundeskanzler Gerhard Schröder (SPD) findet sich der Umweltminister zu einer Entschuldigung bereit. Ein Antrag von CDU/CSU und FDP, Trittin aus seinem Ministeramt zu entlassen, wird zurückgewiesen.

In die durch Trittins Äußerungen neu entfachte Diskussion um den Nationalstolz schaltet sich auch Bundespräsident Johannes Rau ein: »Man kann nicht stolz sein auf etwas, was man selber gar nicht zu Stande gebracht hat«, erklärt er. Man könne froh oder dankbar sein, dass man Deutscher sei. »Aber stolz kann man darauf nicht sein.«

Finanzaffäre ist für die CDU noch lange nicht abgehakt

Chronik Hintergrund

Als im April 2000 Angela Merkel zur Vorsitzenden der CDU gewählt wurde, hofften Mitglieder und Anhänger der Partei, dass sich mit ihrer Person ein neuer Aufwärtstrend für die von der Spendenaffäre belastete Union verknüpfen werde. Dass nach wie vor immer noch neue Details des Skandals um nicht verbuchte Spenden, schwarze Konten und verschwundene Akten ans Licht kommen, erschwert den Neubeginn jedoch erheblich.

Zumindest in finanzieller Hinsicht kann die CDU jedoch aufatmen. Am 31. Januar gibt das Berliner Verwaltungsgericht in einem Urteil bekannt, dass Bundestagspräsident Wolfgang Thierse (SPD) die Union im Februar 2000 zu Unrecht mit einer Geldbuße in Höhe von 41,3 Mio. DM belegt hat. Vielmehr hätten die Christdemokraten für 1999 Anspruch auf die volle Parteienfinanzierung.

Thierse hatte die Strafe wegen des Rechenschaftsberichts der CDU für 1998 verhängt. Dieser habe ein Vermögen des Landesverbandes Hessen in Höhe von rd. 18 Mio. DM nicht ausgewiesen und entspreche damit nicht den Vorschriften des Parteiengesetzes. Das Berliner Gericht befand jedoch, dass der Wortlaut des Parteiengesetzes keine Sanktionen aufgrund von falschen Angaben vorsieht. Auch wenn der Rechenschaftsbericht materielle Fehler enthalte, sei er doch form- und fristgerecht eingereicht worden. Auch anhaltende interne Querelen machen der CDU zu schaffen.

Obgleich formal Einigkeit besteht, dass erst im Frühjahr 2002 die Frage entschieden werden soll, wer bei der Bundestagswahl als Kanzlerkandidat der Union antritt, wird hinter den Kulissen bereits mit aller Macht um dieses Privileg gerungen. Friedrich Merz, der Vorsitzende der CDU/CSU-Fraktion, zieht seinen Anspruch zurück. So bleibt neben Merkel der CSU-Vorsitzende und bayerische Ministerpräsident Edmund Stoiber aussichtsreichster Kandidat. Auch Wolfgang Schäuble wird ins Spiel gebracht (→ 10.11./S. 197).

Die CDU-Vorsitzende Angela Merkel mit dem Fraktionschef der Partei, Friedrich Merz; Merkel muss hart um ihren Führungsanspruch kämpfen. Den Parteivorsitz hat sie seit 2000 inne. Zuvor war sie unter Parteichef Wolfgang Schäuble Generalsekretärin.

Atomkraftgegner – als Polizisten und Umweltminister verkleidet

Bei Dannenberg trägt die Polizei Blockierer von den Bahngleisen.

Grüne wegen Castor-Transport in Bedrängnis

29. 3., Gorleben. Sechs Castor-Behälter mit hoch radioaktivem Atommüll erreichen das niedersächsische Zwischenlager Gorleben. Proteste und Blockaden haben den Transport, mit dem Abfälle aus deutschen Kernkraftwerken von der französischen Wiederaufbereitungsanlage La Hague zurückgebracht wurden, erheblich verzögert.

Es ist der erste derartige Transport seit 1997, als die damalige Bundesumweltministerin Angela Merkel (CDU) die Castoren stoppen ließ, weil an der Außenhaut von 16 Behältern eine bis zu 3000fach überhöhte Strahlung gemessen worden war.

Besonders das letzte Bahnteilstück von Lüneburg bis zur Umladestation Dannenberg, von wo aus die Castor-Behälter auf Tiefladern ins 20 km entfernte Gorleben gebracht werden, ist Schauplatz massiver Protestaktionen. Die Initiative »X-tausendmal quer«, in deren Namen Atomkraftgegner die Schienenverbindung wiederholt besetzen und auch beschädigen, erklärt dazu, der Castor-Transport nach Gorleben solle verzögert werden, damit der Preis für den Weiterbetrieb der Atomanlagen steige.

Die Grünen, deren Wurzeln auch in der Anti-Atomkraft-Bewegung liegen, geraten wegen der Castor-Transporte in eine schwierige Situation. Auf dem Parteitag Anfang März hatte man sich auf eine Formel geeinigt, wonach die Partei nicht zu Aktionen aufrufen wollte, die sich gegen den von ihr mitgetragenen Atomkonsens richten. Man werde sich aber im Umfeld der Transporte an Demonstrationen beteiligen, die für einen schnelleren Atomausstieg eintreten.

Abkommen zur geordneten Beendigung der Kernenergie

Chronik Hintergrund

Ein zentrales Projekt des rot-grünen Regierungsprogramms – der Ausstieg aus der Nutzung der Atomenergie – wird am 11. Juni durch die Unterschriften von Bundeskanzler Gerhard Schröder (SPD) und den Vertretern der Energiekonzerne besiegelt. Vereinbart worden ist das Abkommen »zur geordneten Beendigung der Kernenergie« bereits vor Jahresfrist. Streit um die genaue Formulierung des Papiers führte allerdings zu einer Verzögerung der Unterschriften.

Basis des Atomkonsenses ist die sog. Restenergiemenge: Für die 19 Kernkraftwerke in Deutschland wird eine Gesamtlaufzeit von jeweils 32 Kalenderjahren angenommen. Daraus errechnet sich, dass die Atommeiler vom 1. Januar 2000 an zusammen eine Reststrommenge von 2623 Mrd. kWh erzeugen dürfen. Die Verteilung auf die einzelnen Kraftwerke ist Sache der Energiewirtschaft. Erste Stilllegungen von Atomkraftwerken wird es voraussichtlich 2002 (Obrigheim) und 2004 (Stade) geben; als letztes AKW soll dann 2021 Neckarwestheim 2 vom Netz gehen.

Schröder erklärt, dass mit der Vereinbarung zugleich Zukunftsperspektiven für eine wettbewerbsfähige, klimaverträgliche und Beschäftigung sichernde Energieversorgung festgelegt worden seien. Nach den Vorstellungen der Regierung sollen bis 2010 12,5% des in Deutschland benötigten Stroms aus Wind, Sonne und Wasser erzeugt werden.

Dennoch bleibt der Atomkonsens heftig umstritten. Der Parteispitze der Grünen und Umweltminister Jürgen Trittin wird aus den eigenen Reihen vorgeworfen, zu langen Fristen für den Ausstieg zugestimmt zu haben. Friedrich Merz, Fraktionschef der Union im Bundestag, warnt dagegen vor einer baldigen Abhängigkeit Deutschlands von Stromimporten. Für den Atomausstieg gebe es nur ideologische Gründe; deshalb würden CDU/CSU den Schritt nach einem Regierungswechsel rückgängig machen.

Das AKW Stade soll als eines der ersten Kernkraftwerke 2004 stillgelegt werden. Dennoch wird es noch Jahre dauern, bis auch der letzte Atommeiler vom Netz geht. Parallel soll die Stromlieferung aus Wind, Sonne und Wasser gefördert werden.

Wähler schenken Beck und Teufel ihr Vertrauen

25.3., Stuttgart/Mainz. Aus den Landtagswahlen in Baden-Württemberg und Rheinland-Pfalz gehen die amtierenden Regierungen gestärkt hervor.

In Rheinland-Pfalz fährt die SPD von Ministerpräsident Kurt Beck einen Zugewinn von 4,9 Prozentpunkten ein, während der Koalitionspartner FDP leichte Verluste hinnehmen muss. Enttäuschend fällt das Ergebnis der CDU aus, deren Spitzenkandidat Christoph Böhr nach Ansicht von Wahlforschern nicht aus dem Schatten des populären Regierungschefs heraustreten konnte und auch in den

Landtagswahl in Baden-Württemberg				
Partei	Stimmen in %		Sitze	
	2001	1996	2001	1996
CDU	44,8	41,3	63	69
SPD	33,3	25,1	45	39
FDP	8,1	9,6	10	14
Grüne	7,7	12,1	10	19
Republikaner	4,4	9,1	–	14
Sonstige	1,7	2,8	–	–

Landtagswahl in Rheinland-Pfalz				
Partei	Stimmen in %		Sitze	
	2001	1996	2001	1996
SPD	44,7	39,8	49	43
CDU	35,3	38,7	38	41
FDP	7,8	8,9	8	10
Grüne	5,2	6,9	6	7
Republikaner	2,4	3,5	–	–
Sonstige	4,6	2,2	–	–

eigenen Reihen umstritten blieb. CDU-Chefin Angela Merkel kommentiert den niedrigsten Stimmenanteil, den ihre Partei in Rheinland-Pfalz je erzielt hat, mit den Worten, sie habe sich für das Land ein besseres Ergebnis gewünscht. Beck, der 1994 den damaligen Ministerpräsidenten Rudolf Scharping (ebenfalls SPD) ablöste, wird am 18. Mai vom Landtag in Mainz wieder gewählt. Zu seinen Hauptanliegen für die kommende Legislaturperiode zählen der Aufbau eines 300 Schulen umfassenden Ganztagsschulangebots sowie die Einstellung von 1000 Lehrern und Erziehern (→ S. 28).

In Baden-Württemberg, wo die FDP an der Seite der CDU an der Regierung beteiligt ist, kann der seit 1991 regierende christdemokratische Ministerpräsident Erwin Teufel ebenfalls zulegen; seine Partei wächst um 3,5 Prozentpunkte. Dem Regierungschef gelingt es, die Wähler am rechten Rand des politischen Spektrums einzubinden. Die Republikaner, im letzten Landtag noch mit 14 Sitzen vertreten, scheitern an der Fünf-Prozent-Hürde. Teufel wird am 13. Juni im Stuttgarter Landtag wieder gewählt.

Ein beachtliches Ergebnis erzielt die Spitzenkandidatin der SPD, Ute Vogt, die sich im Wahlkampf einen hohen Bekanntheits- und Sympathiegrad erwerben konnte.

△ *Voller Zuversicht: Die Spitzenkandidaten für die baden-württembergische Landtagswahl posieren für ein Gruppenfoto; v.l. Ministerpräsident Erwin Teufel (CDU), Wirtschaftsminister Walter Döring (FDP), Rolf Schlierer (Republikaner), Ute Vogt (SPD) und Dieter Salomon (Bündnis 90/Grüne).*

◁ *Der rheinland-pfälzische Ministerpräsident Kurt Beck (SPD) geht mit seiner Frau Roswitha zur Wahl. Der sehr populäre Regierungschef wird bei der Landtagswahl eindrucksvoll bestätigt und setzt seine Koalition mit der FDP fort. Ein Schwerpunkt für die kommende Legislaturperiode liegt in der Bildungspolitik.*

Grünes Duo Roth/Kuhn

9.3., Stuttgart. Claudia Roth wird zur Bundesvorsitzenden von Bündnis 90/Die Grünen gewählt. Die 45-jährige Menschenrechtsexpertin wird dem linken Parteiflügel zugerechnet.

An der Seite von Fritz Kuhn, der seit Juni 2000 im Amt ist, übernimmt Roth die Parteiführung als Nachfolgerin von Renate Künast, die an die Spitze des Verbraucherschutzministeriums gewechselt ist (→ 10.1./S. 23). In ihrer Kandidaturrede hat sich die designierte Vorsitzende für eine Renaissance grüner Werte ausgesprochen. Um die zentralen Zukunftsthemen müsse eine »sinn- und identitätsstiftende« Grundsatzdebatte geführt werden. Erste Bewährungsprobe für Roth ist der Protest gegen Atommülltransporte (→ 29.3./S. 57).

Claudia Roth folgt Renate Künast.

Entführung gesühnt

8.3., Hamburg. Zu 14 Jahren und sechs Monaten Haft verurteilt das Landgericht Hamburg den Kidnapper Thomas Drach, der 1996 bei der Entführung des Multimillionärs Jan Philipp Reemtsma eine führende Rolle spielte. Das Gericht stellt fest, Drach habe sich des erpresserischen Menschenraubs schuldig gemacht und sei der »Chefplaner« gewesen.

Seine Komplizen sind schon früher gefasst und verurteilt worden. Drach konnte sich absetzen und wurde erst 1998 in Buenos Aires aufgespürt. Es folgte ein zweijähriges juristisches Tauziehen um seine Auslieferung nach Deutschland. Drachs Opfer musste 33 Tage angekettet in einem Kellerverlies ausharren und kam erst nach Zahlung von 30 Mio. DM Lösegeld frei.

Thomas Drach vor Gericht

Freie Fahrt im Schengen-Raum

25.3., Kopenhagen. Die fünf nordischen Staaten Dänemark, Finnland, Schweden, Norwegen und Island treten dem Schengen-Raum bei. Die Bürger der nun 15 europäischen Schengen-Staaten können sich von Skandinavien bis Italien, von Portugal bis Griechenland frei bewegen, ohne an der Grenze ihren Pass vorzuzeigen.

Unterzeichnet wurde der Vertrag 1985 im Luxemburger Weinort Schengen. Zehn Jahre später fielen die Personenkontrollen an den Grenzen. Inzwischen gehören alle EU-Staaten außer Großbritannien und Irland sowie die Nicht-EU-Mitglieder Norwegen und Island zum Schengen-Raum.

Als Ausgleich für die fehlenden Grenzkontrollen haben sich die Schengen-Staaten verpflichtet, ihre Außengrenzen stärker zu sichern, u. a. durch ein gemeinsames elektronisches Fahndungssystem.

Schweizer sagen Nein zu Europa

4.3., Bern. In einer Volksabstimmung lehnen 76,7% der Schweizer Stimmbürger die Initiative »Ja zu Europa« ab, die eine sofortige Aufnahme von Beitrittsverhandlungen mit der Europäischen Union fordert.

Seit Jahren bemühen sich Europafreunde in der Schweiz um eine Annäherung ihres Landes an die EU, kommen dabei aber nur in winzigen Schritten voran. Schon 1992 wurde einem Beitrittsgesuch zum Europäischen Wirtschaftsraum (EWR), dem gemeinsamen Binnenmarkt der beiden damaligen europäischen Wirtschaftsbündnisse EG und EFTA, von den Bürgern eine Absage erteilt.

Sieben bilaterale Verträge der Schweiz mit der EU, die den Eidgenossen den Zugang zum europäischen Markt erleichterten, führten im Mai 2000 zu einer vorsichtigen Annäherung. Dies reicht offenbar den meisten Schweizern erst einmal aus. Zu den bekanntesten EU-Gegnern zählt der Initiator der »Aktion für eine unabhängige und neutrale Schweiz«, Christoph Blocher, zugleich der starke Mann in der rechtskonservativen Schweizerischen Volkspartei (SVP).

Supergewerkschaft ver.di gegründet

19. 3., Berlin. Aus dem Zusammenschluss der bisherigen Arbeitnehmerorganisationen ÖTV (Öffentliche Dienste, Transport und Verkehr), DAG (Deutsche Angestellten-Gewerkschaft), HBV (Handel, Banken und Versicherungen), DPG (Deutsche Post-Gewerkschaft) und IG Medien entsteht die Vereinte Dienstleistungsgewerkschaft ver.di. Sie wird etwa 1000 Berufe betreuen.

Die mit rd. 3 Mio. Mitgliedern weltweit größte Einzelgewerkschaft wird, so hoffen ihre Gründer, bei Tarifauseinandersetzungen größere Durchschlagskraft entwickeln und stärkeren Einfluss auf politische Entscheidungen nehmen können als ihre kleineren Vorgängerorganisationen.

Mit 95,9% der Stimmen wählen die Delegierten des ver.di-Gründungskongresses am 20. März den bisherigen ÖTV-Chef Frank Bsirske zu ihrem ersten Vorsitzenden. Angesichts des Mitgliederschwundes und der zunehmenden Überalterung der Gewerkschaften ruft Bsirske dazu auf, die Anwerbung neuer Mitglieder aus bisher nicht in den Blick geratenen Personengruppen in Angriff zu nehmen. ver.di müsse auch die Vertreterin der geringfügig und befristet Beschäftigten, der Leiharbeiter, der Telearbeiterinnen, der Arbeitslosen und der Selbstständigen sein.

△ *Der ver.di-Gründungskongress in Berlin; in den Vorgängerorganisationen hat es lange Vorbehalte gegen die »Supergewerkschaft« gegeben. Unmittelbar vor dem Zusammenschluss wurde dann aber in allen beteiligten Arbeitnehmerorganisationen die notwendige Zustimmung von 80% (bei der IG Medien: 75%) erreicht.*

◁ *Jung und dynamisch: Frank Bsirske, der erste Grüne an der Spitze einer Gewerkschaft, kündigt eine Tarifpolitik an, die stärker die Belange des Einzelnen berücksichtigt. Man wolle den Menschen nicht vorschreiben, wie sie zu leben hätten, sondern sich auf ihre unterschiedlichen Wünsche einstellen.*

Entsetzen nach Sexualmord an Kind

8.3., Werneuchen. Ein seit zwei Wochen verschwundenes Mädchen aus dem brandenburgischen Eberswalde wird ermordet aufgefunden. Am 28. März wird ein u. a. wegen Eigentumsdelikten mehrfach vorbestrafter 25-Jähriger als Tatverdächtiger festgenommen.

Der Sexualmord an der Zwölfjährigen sowie weitere derartige Verbrechen an Kindern im Laufe des Jahres setzen eine Diskussion über bessere Schutzvorkehrungen und Fahndungsmöglichkeiten in Gang. Der rechtspolitische Sprecher der CSU, Norbert Geis, regt in diesem Zusammenhang an, die genetischen Daten aller in Deutschland lebenden Männer beim Bundeskriminalamt erfassen zu lassen, stößt mit dem Vorschlag aber auf breite Ablehnung.

Polizisten und freiwillige Helfer suchen nach dem vermissten Mädchen.

Von der Buddha-Statue bleibt nur die Höhlung im Fels.

Der Nationale Volkskongress in der Großen Halle des Volkes in Peking

Kulturerbe zerstört

9. 3., Bamiyan. Ungeachtet internationaler Appelle zerstören die Taliban-Milizen in Afghanistan, die rd. 90% des Landes unter Kontrolle haben, die weltberühmten Buddha-Statuen von Bamiyan. Die Statuen, so heißt es, seien schädlich für den Islam, ihre Zerstörung ehre dagegen den Glauben und die afghanische Nation.

Die beiden 58 und 38 m hohen, in den Fels gehauenen Buddha-Skulpturen gehörten zu einer Klosteranlage, die bis zum 7. Jahrhundert im Bamiyan-Tal existierte. Die größten stehenden Buddha-Statuen der Welt fallen einem Edikt der Taliban zur Zerstörung fremder Kulturgüter zum Opfer. Auch zahlreiche kleinere Statuen und Bildnisse aus anderen Kulturen und Religionen werden vernichtet.

Vergeblich hat u. a. die UNESCO versucht, das Regime in Kabul umzustimmen. Auch viele islamische Staaten sprachen sich gegen eine Zerstörung des vorislamischen kulturellen Erbes Afghanistans aus.

Geld für Chinas Armee

6. 3., Peking. Vor den Delegierten des Nationalen Volkskongresses begründet Chinas Finanzminister Xiang Huaicheng die Erhöhung des Verteidigungsbudgets um 17,7% mit »drastischen Veränderungen« in der internationalen Lage. Damit die Volksbefreiungsarmee schlagkräftig bleibe, müssten die Streitkräfte modernisiert und die Soldaten besser entlohnt werden.

China unterhält die mit 2,5 Mio. Soldaten weltweit größte Armee, wendet aber für den Militäretat nach Angaben der Pekinger Führung auch nach der Erhöhung nur umgerechnet rd. 35 Mrd. DM auf. Dies entspricht knapp 13% des Gesamthaushalts. Zum Vergleich: Der deutsche Verteidigungshaushalt liegt 2001 bei 46,8 Mrd. DM. Es gilt allerdings als sicher, dass weitere Rüstungsausgaben in anderen Haushaltsposten versteckt sind; möglicherweise liegen die chinesischen Militärausgaben dadurch bis zu fünfmal höher als offiziell angegeben.

Paris erhält sozialistische Führung

18. 3., Paris. Beim zweiten Durchgang der Kommunalwahl in Frankreich setzt sich in der Hauptstadt mit Bertrand Delanoë zum ersten Mal seit 24 Jahren der sozialistische Bürgermeisterkandidat durch. Im Pariser Rathaus kann er sich auf 92 der 163 Stadträte stützen.

Delanoë, der zunächst als »Zählkandidat« gegolten hatte, liegt mit 49,6% der Stimmen deutlich vor dem in eine Korruptionsaffäre verwickelten bisherigen Amtsinhaber Jean Tiberi (13,7%) und dem Neogaullisten Philippe Séguin (36,2%). Zum Erfolg des Sozialisten trägt entscheidend bei, dass das bürgerliche Lager mit zwei Kandidaten ins Rennen gegangen ist. Im übrigen Land erleidet die sozialistische Partei dagegen eine Reihe von Niederlagen.

Delanoë ist glücklich über seinen überraschenden Wahlerfolg.

Haiders FPÖ sinkt in der Wählergunst

25. 3., Wien. Bei den Landtags- und Gemeinderatswahlen in Wien erreicht die SPÖ überraschend die absolute Mehrheit. Die Sozialdemokraten gewinnen in Wien 7,8 Prozentpunkte hinzu und bekommen 46,9% der Stimmen bzw. 52 der 100 Mandate. Das Ergebnis gilt auch als persönlicher Erfolg des populären Bürgermeisters Michael Häupl.

Der Verlierer der Wahl ist die FPÖ des rechtspopulistischen Kärntner Landeshauptmanns Jörg Haider, die von 27,9 auf 20,2% zurückfällt. Die Freiheitlichen müssen damit schon die dritte Niederlage bei Landtagswahlen hinnehmen, seit sie im Februar 2000 auf Bundesebene eine Koalition mit der konservativen ÖVP eingegangen sind.

Weltraumveteran »Mir« hat ausgedient

23.3., Moskau. Die russische Raumstation »Mir«, die 15 Jahre lang in einem Abstand von 300 bis 400 km um die Erde kreiste, wird kontrolliert zum Absturz gebracht. In den frühen Morgenstunden stürzen, wie vorgesehen, rd. 1500 Trümmerstücke der Station in ein menschenleeres Gebiet im Pazifik östlich von Australien.

Mithilfe zweier angedockter Progress-Triebwerke war die »Mir« auf ihrer Umlaufbahn zunächst abgebremst worden, so dass sie immer tiefer sank und schließlich in die Erdatmosphäre eintrat. Dabei wurde der 140 t schwere Koloss aus Stahl und Aluminium rd. 80 km über der Erdoberfläche regelrecht auseinander gerissen. Die meisten Teile verglühen in einem Feuerball, der auf der Erde 90 Sekunden lang als orangefarbener Streifen mit vielen kleinen Punkten zu sehen ist.

Die verbliebenen Trümmerteile mit einem Gesamtgewicht von rd. 30 t stürzen in den Pazifik, wo sie mehrere 1000 m tief auf den Grund sinken. Die letzte Ruhestätte der »Mir« ist auch von den USA schon mehrfach als Endlager für ausge-

Beeindruckender Feuerzauber: Die abstürzende »Mir« am Himmel

diente Raumfahrzeuge und Schrott aus dem All genutzt worden.

Die »Mir«, einst der Stolz der Sowjetunion und auch nach deren Zusammenbruch noch ein Symbol für die Weltraummacht Russland, war störanfällig und überaltert. Für eine Modernisierung fehlte das Geld, obgleich sich bis zuletzt ehemalige Kosmonauten, Künstler und Politiker für den Erhalt der »Mir« eingesetzt und Spenden gesammelt hatten. Stattdessen investieren die Russen nun mit 15 anderen Nationen in die Internationale Raumstation ISS (' 28.4./S. 72). Eine russische Tageszeitung verabschiedet sich von der »Mir«: »Verzeih uns. Möge das Meer dein Daunenbett sein.« (→ S. 456–461)

Als die »Mir« 1986 auf ihre Umlaufbahn gebracht wurde, war sie der erste ständig im All stationierte Raumflugkörper, der als Forschungslabor genutzt wurde und Kosmonauten im All als Wohnraum diente. Für eine Betriebsdauer von sieben Jahren ausgelegt, zeigte die Raumstation schon 1992 Spuren von technischem Verschleiß; für den Bau einer zunächst geplanten größeren Ersatzstation fehlte jedoch das Geld.

Obgleich sich die Pannen häuften, konnten auf der »Mir« viele wichtige Erkenntnisse über das Leben im Weltraum gewonnen werden, die nun der internationalen Raumstation ISS (→ 28.4./S. 72) zugute kommen. Die »Mir« schrieb außerdem Geschichte, weil mit ihr 1995 die russisch-US-amerikanische Zusammenarbeit im All begann.

Einsturz einer Brücke

4.3., Castelo de Paiva. 77 Menschen kommen beim Einsturz einer 115 Jahre alten Straßenbrücke über den Douro im Norden Portugals ums Leben. Als die auf Steinpfeilern ruhende Metallkonstrukti-

on einbricht, stürzen ein voll besetzter Reisebus und zwei Pkw 50 m tief in den reißenden Fluss. Da der Douro Hochwasser führt, ist er an dieser Stelle über 20 m tief.

Die meisten der 77 Opfer stammen aus der Umgebung der Unglücksstelle. Die 67 Businsassen waren auf dem Heimweg von einem Tagesausflug.

Die Anwohner hatten seit längerem davor gewarnt, dass die 1886 fertig gestellte und daher für motorisierte Fahrzeuge nicht ausgelegte Brücke den Belastungen nicht länger standhalten würde. Erst im Januar hatten sie die Zufahrtsstraße blockiert, um für eine schnelle Erneuerung der Flussquerung zu demonstrieren. Ausreichende Mittel für einen Neubau hatte die Regierung in Lissabon aber erst für 2003 zugesagt.

Bauminister Jorge Coelho übernimmt die »volle Verantwortung« für das Unglück. Einen Rücktritt zum jetzigen Zeitpunkt könne er jedoch nicht mit seinem Gewissen vereinbaren, lässt er verlauten.

Blick auf den Ort des Schreckens

Ölpest vor Rios Küste

20.3., Rio de Janeiro. Die 33 000 t schwere, 120 m hohe und 100 m breite Bohrinsel P-36, die rd. 120 km vor der brasilianischen Küste verankert war, versinkt, nachdem sie fünf Tage zuvor durch mehrere Explosionen stark beschädigt worden ist. Dabei kamen vermutlich acht Arbeiter ums Leben. Fast 1,5 Mio. l Roh- und Dieselöl fließen ins Meer und bedrohen die Umwelt der Küstenregion.

Ein Rettungsschiff kommt den Arbeitern auf der Ölplattform P-36 zu Hilfe.

Fernsehen 2001:

Aus für die »Life Soaps«

Chronik Übersicht

Das Zeitalter der »Real-Life Soap Operas« scheint 2001 nach zahlreichen Flops zu Ende zu gehen. Die am 27. Januar gestartete dritte Staffel der RTL-Show »Big-Brother« findet während der 106 Tage kaum noch Interesse. Dies gilt auch für die zweite Generation des Schlüsselloch-Fernsehens, etwa die Acht-Wochen-Serie »Girlscamp« (SAT.1), »To Club« (RTL II) und ähnliche Programme.

Den Überdruss der Zuschauer spürt auch Margarethe Schreinemakers, die nach drei Jahren TV-Abstinenz ab 26. Mai bei RTL II die Abnehm-Show »Big Diet« moderiert. Nach drei Wochen wirft sie das Handtuch, und Nachfolgerin Jenny Elvers muss am 29. Juli nach 64 Tagen das vorzeitige Ende verkünden.

Der Meis(t)er der Nachmittags-Talkshow dankt am 16. März ab: Nach gut 1700 Sendungen mit ca. 14 000 Talkgästen seit 1992 nimmt Hans Meiser bei RTL seinen Abschied. Ohnehin ist das Format im Abwind: Alle Sender verlieren bei täglichen Talks Marktanteile.

Wegen einer Babypause verlässt Gabi Bauer – im September 1997 gekommen – am 5. April die ARD-»Tagesthemen«. Partnerin von Ulrich Wickert wird Anne Will, bisher bei der »Sportschau«.

Weniger Publikumsinteresse als erhofft findet der SAT.1-Mehrteiler »Les Misérables« (14.–16.1.) nach dem Roman von Victor Hugo trotz der Weltstars Gérard Depardieu, John Malkovich und Jeanne Moreau. Ein ähnliches Schicksal – weniger Quote als erhofft – erleiden auch zwei ambitionierte Eigenproduktionen des Senders: »Wambo« mit Jürgen Tarrach in der Hauptrolle (13.5.) und der Zweiteiler »Vera Brühne« (24./25.5.). Unter der Regie von Hark Bohm ist in der Verfilmung des wohl spektakulärsten Strafprozesses der deutschen Nachkriegszeit Corinna Harfouch als Titelfigur u. a. mit Uwe Ochsenknecht, Ulrich Noethen, Hans-Werner Meyer, Mavie Hörbiger und Katja Flint zu sehen.

Dass auch die ARD den Mut zu Großproduktionen noch nicht verloren hat, zeigt sie im Herbst: Mit großem Aufwand kommt das Leben des Verlegers Axel Caesar Springer – nach der Biografie des früheren »Stern«-Chefredakteurs Michael Jürgs – am 9./10. Oktober auf den Bildschirm. Heiner Lauterbach spielt die Hauptrolle in dem ca. 12 Mio. DM teuren Streifen »Der Verleger« (Regie: Bernd Böhlich), der einen zeitlichen Bogen vom Jahr 1945 bis zum Jahr 1980 schlägt. Am 17., 19. und 21. Dezember steht bei der ARD »Die Manns - Ein Jahrhundertroman« auf dem Programm. In dem Film von Heinrich Breloer und Horst Königstein spielen u. a. Armin Mueller-Stahl (als Thomas Mann), Monica Bleibtreu (Katia Mann), Veronica Ferres (Nelly Kröger-Mann), Jürgen Hentsch (Heinrich Mann), Sebastian Koch (Klaus Mann) und Katharina Thalbach (Therese Giehse) mit.

Das Zweite Deutsche Fernsehen legt sich am 2. Juni eine neue Visitenkarte zu: Das Blau als Grundfarbe wird zum lebendigen Orange, das »Z« im Kürzel wird zur »2«. Es ist das vierte Logo in der Geschichte des ZDF seit 1963. Vollständig seinen Namen und sein Konzept wechselt am 1. September »TM3«. Der einstige Frauensender wird zum Mitmachfernsehen »Neun Live«.

Um an der Quiz-Welle teilzuhaben, verpflichtet die ARD im Sommer Jörg Pilawa, der nach acht Jahren und über 2000 Sendungen SAT.1 verlässt. Er betreut bei der ARD eine Rate-Show und andere Unterhaltungssendungen.

In die entgegengesetzte Richtung wechselt Jürgen von der Lippe, der am 9. Juni zum 90. und letzten Mal »Geld oder Liebe« moderiert. Bei SAT.1 erlebt der erfolgsverwöhnte Moderator allerdings einen Flop: Für »Blind Dinner« wird schon nach vier Ausgaben das Ende verkündet.

»Ratekönig« Günther Jauch, der beliebteste und bekannteste deutsche Fernsehmoderator, präsentiert u. a. die »10 Millionen SKL Show« (RTL), in der die höchste Summe der deutschen TV-Geschichte ausgespielt wird.

△ *Jörg Pilawa startet am 25. Juli in der ARD das dreimal wöchentlich ausgestrahlte »Quiz mit Jörg Pilawa«. Bei ihm spielen Kandidatenpaare um das große Geld.*

◁ *Günther Jauch bittet am 8. September in der RTL-Show »Großer IQ-Test« bei der Suche nach dem intelligentesten Deutschen ein ganzes Land in den Ratesessel.*

Die Gesichter der ARD-»Tagesthemen«: Anne Will und Ulrich Wickert

In der Serie »Girlscamp« leben zehn Single-Frauen in einer Villa auf der Kanaren-Insel El Hierro und warten auf gelegentlichen Herrenbesuch.

Margarethe Schreinemakers am 27. Mai in »Big Diet« bei RTL II: Dort sollen zwölf Übergewichtige 105 Tage lang gegen ihre Pfunde kämpfen.

Corinna Harfouch spielt die Titelrolle in Hark Bohms Justizdrama »Vera Brühne« (SAT.1.).

△ Heiner Lauterbach (2. v. r.) spielt den »Verleger« in dem zweiteiligen ARD-Spielfilm über den Aufstieg Axel Caesar Springers (1912 bis 1985) zu Europas bedeutendstem Zeitungsmacher – hier 1948.

◁ Beinahe 3 Mio. Zuschauer (Marktanteil: 10,9%) sehen am 13. Mai die über 5 Mio. DM teure und viel beworbene SAT.1-Produktion »Wambo« von Regisseur Jo Baier (l.) mit Bettina Redlich und Jürgen Tarrach. Der von den Kritikern gefeierte Tarrach spielt den bayerischen Publikumsliebling Herbert Stieglmeier alias Walter Sedlmayr, der bis zu seiner Ermordung am 14. Juli 1990 seine Homosexualität weit gehend zu verbergen wusste. Für diese Rolle hatte der in Berlin lebende Rheinländer Tarrach intensiv Bayerisch lernen müssen.

Karl-Heinz von Hassel – stets korrekt gekleidet

ARD-»Tatort« mit neuen Gesichtern

Im Jahr 2001 geben drei lang bewährte »Tatort«-Kommissare ihre Dienstwaffe ab. Stoever und Brockmöller – alias Manfred Krug und Charles Brauer – dürfen nach 16 Dienstjahren am 7. Januar ihr Abschiedslied trällern: »Alles geht einmal vorbei, bye-bye Blackbird. Mord und Totschlag sind nun aus, wir zwei geh'n nach Haus, bye-bye Tatort. Andere wetzen ihre Schuhe, Paul und Brocki haben ihre Ruhe.«

Mit Karl-Heinz von Hassel als Frankfurter Fahnder Brinkmann – stets die Fliege korrekt unterm Kinn – tritt 2001 auch der letzte »Tatort«-Kommissar der 80er Jahre endgültig in den Ruhestand.

Kurzfilm-Oscar geht nach München

25. 3., Los Angeles. Ziemlich ausgewogen verteilt die Jury der US-amerikanischen Academy of Motion Pictures Arts & Sciences ihre diesjährigen Preise. Mit fünf bzw. vier Oscars liegen Ridley Scotts »Gladiator«, Steven Soderberghs »Traffic« und Ang Lees »Tiger & Dragon« fast gleichauf.

Das Historiendrama »Gladiator« wird nicht nur als bester Film ausgezeichnet, sondern kann auch auf den besten Hauptdarsteller – den Australier Russell Crowe – verweisen und erhält Oscars für Ton, Kostüme und Spezialeffekte. Der Regie-Oscar geht an Steven Soderbergh, dessen Drogen-Thriller außerdem über den besten Nebendarsteller – Benicio del Toro – verfügt und für Drehbuch und Schnitt geehrt wird.

Als bester nicht englischsprachiger Film geht »Tiger & Dragon« durchs Ziel, der außerdem für die Filmmusik, Kamera und Ausstattung Oscars erhält. Beste Hauptdarstellerin des abgelaufenen Filmjahres ist Julia Roberts – ausgezeichnet für ihre Titelrolle in »Erin Brockovich«. Mit Florian Gallenberger ist auch ein Deutscher unter den Oscar-Preisträgern 2001. Der 29-Jährige hat mit seiner Abschlussarbeit für die Münchner Filmhochschule nach Ansicht der Jury den besten Kurzfilm des vergangenen Jahres gedreht. Sein »Quiero Ser« erzählt die Geschichte zweier Straßenkinder in Mexiko.

◁△ *Florian Gallenberger mit Oscar; sein preisgekrönter Film »Quiero Ser« erzählt von zwei Brüdern, die sich in Mexiko als Straßenkinder durchschlagen. Als der eine den anderen bestiehlt, verlässt dieser seinen Bruder und schafft den Weg in eine gesicherte Existenz.*

△ *Julia Roberts und Russell Crowe, als beste Hauptdarsteller ausgezeichnet, strahlen bei der Oscarverleihung um die Wette.*

◁ *Der Film kehrt in die Antike zurück: Szene aus dem mit fünf Oscars bedachten Historiendrama »Gladiator«*

Halmich lässt die Fäuste sprechen

22. 3., Köln. 7,65 Mio. Menschen verfolgen live vor dem Fernseher den »Boxkampf des Monats«: Die 24-jährige Box-Weltmeisterin Regina Halmich vermöbelt den Entertainer Stefan Raab nach Strich und Faden.

Im Kölner »Capitol« muss der letztjährige Teilnehmer am Schlager-Grand-Prix in dem über fünf Runden zu je zwei Minuten angesetzten Kampf Prügel einstecken. In der dritten Runde verpasst die 1,60 m kleine und 51 kg leichte Halmich dem wesentlich schwereren Raab eine blutige Nase. Der populäre Entertainer bricht sich dabei das Nasenbein.

Schlagstark: Regina Halmich

Streit um Fußballrechte

6. 3., München. Die Kirch-Gruppe als Rechte-Inhaberin und die beiden öffentlich-rechtlichen Sender ARD und ZDF einigen sich über die TV-Übertragungsrechte für die Fußball-Weltmeisterschaften 2002 und 2006.

Zwei Wochen zuvor waren die Verhandlungen noch für gescheitert erklärt worden, weil die Partner bei den Rechten für die besonders attraktive WM 2006 in Deutschland zu keiner Einigung kamen. Vor allem die ARD hatte verlangt, Kirch müsse die Rechte für 2006 schon vorzeitig fest zusichern.

Die Politik brachte beide Parteien dann wieder an den Verhandlungstisch. Sogar Bundeskanzler Gerhard Schröder (SPD) drängte auf neue Gespräche.

Bis zu 25 Begegnungen, darunter das Eröffnungsmatch, die Halbfinalspiele, das Endspiel und dazu alle Partien der Deutschen sowie jeweils das Spiel des Tages sollen bei ARD und ZDF zu sehen sein.

Die Vereinbarung sieht vor, dass die Kaufsumme für 2002 bei etwa 225 Mio. DM liegen und mit der Übertragung anderer Sportrechte an Kirch verrechnet werden soll. Für die WM 2006 besitzen ARD und ZDF nur eine Kaufoption, der Preis für diesen Wettbewerb soll bis zu 500 Mio. DM betragen. Er könnte sich bei einem weiteren Rechteaustausch noch verringern.

Begeistert gefeiert wird Janica Kostelic nach ihrer Ankunft in Zagreb.

Evander Holyfield auf dem Rückzug, John Ruiz greift an.

Triumph für »Herminator«

11.3., Åre. Die Sieger im alpinen Ski-Gesamtweltcup, der in Norwegen zu Ende geht, heißen Hermann Maier (Österreich) und Janica Kostelic (Kroatien).

Der »Herminator« sichert sich nicht nur den Sieg in der Gesamtwertung, sondern auch in den Disziplinwertungen von Super-G, Abfahrt und Riesenslalom – letzteren am Schlusstag im Duell mit dem Schweizer Michael von Grünigen. Den Slalom-Weltcup gewinnt Maiers Teamkollege Benjamin Raich.

Das mit Spannung erwartete Schlussduell zwischen der führenden Kostelic und Renate Götschl (Österreich) um den Gesamtweltcup fällt quasi aus. Die durch eine Verletzung und Magenkrämpfe gehandicapte 19-Jährige aus Zagreb sichert sich mit 1256 Punkten den ersten Triumph für ihr Land, weil Vorjahressiegerin Götschl in Abfahrt, Riesenslalom und Slalom ausscheidet. Die Disziplin-Titel gehen an Sonja Nef (Schweiz, Riesenslalom), Régine Cavagnoud (Frankreich, Super-G; → 31.10./ S. 187) und Janica Kostelic (Slalom).

Ruiz entthront Holyfield

3.3., Las Vegas. Der 29 Jahre alte und 102,5 kg schwere John Ruiz ist neuer Boxweltmeister im Schwergewicht nach der Version der World Boxing Association (WBA). Vor 12 000 Zuschauern besiegt der US-Amerikaner seinen neun Jahre älteren Landsmann und Titelverteidiger Evander Holyfield nach einem verbissenen Kampf über zwölf Runden durch einen einstimmigen Punktsieg (116:110, 115:111, 114:111).

Für Holyfield – schon viermal Champion – ist es die fünfte Niederlage im 43. Kampf. In der elften Runde muss er nach einem rechten Haken an die Schläfe zu Boden – zum fünften Mal in seiner Karriere. Die Zeit bis zum Schlussgong übersteht er nur noch, weil er klammernd an seinem Gegner hängt.

Doch auch Ruiz, Sohn von US-Einwanderern aus Puerto Rico, ist am Ende schwer gezeichnet. In der vierten Runde muss er einen Kopfstoß hinnehmen, in Runde zehn wird er von Holyfield von einer linken Geraden unterhalb der Gürtellinie getroffen.

Glücklich: Régine Cavagnoud

Erfolgreich: Hermann Maier

Niemann im Doppelpack

11.3., Salt Lake City. Knapp ein Jahr vor den Winterspielen 2002 beeindrucken die deutschen Eisschnelllauf-Damen im Oquirrh Olympic Oval die Konkurrenz.

Gunda Niemann-Stirnemann (Erfurt) siegt über 3000 m und 5000 m. Weltmeisterin mit Weltrekord über 1000 m wird die Berliner Sprintkönigin Monique Garbrecht-Enfeldt. Gerade hatte Sabine Völker (Erfurt) den Weltrekord von Chris Witty (USA) auf 1:14,14 min verbessert, da bleibt die Berlinerin eine weitere Hundertstelsekunde unter der Bestmarke und verweist Völker auf Platz zwei. Den vierten Titel steuert Anni Friesinger (Inzell) über 1500 m bei.

Gunda Niemann-Stirnemann

Gesundheit 2001:

Debatte um Medizinethik

Chronik Übersicht

Die Kostendämpfung und medizinethische Probleme stehen 2001 im Vordergrund der gesundheitspolitischen Debatte.

Mit dem Wechsel von Ulla Schmidt (SPD) an die Spitze des Bundesgesundheitsministeriums (→ 10.1./S. 23) kommt Bewegung in festgefahrene Diskussionen. An einem regelmäßigen »runden Tisch« zur Reform des Gesundheitswesens, bei der es vor allem um die Senkung der nach wie vor steigenden Kosten gehen soll, beteiligt sie wichtige Gruppen wie Krankenkassen, Ärzteverbände und Pharmaindustrie. Mit einem Gesetzentwurf zur Reform ist allerdings vor dem Ende der Legislaturperiode im Herbst 2002, das macht die Ministerin wiederholt deutlich, nicht zu rechnen.

Bereits für das erste Halbjahr 2001 melden die Krankenkassen ein Defizit von 4,9 Mrd. DM. Allein die Ausgaben für Arzneimittel seien um 11% gestiegen. Die Bemühungen gehen dahin, eine Erhöhung der Krankenkassenbeiträge, die derzeit bei durchschnittlich 13,6% liegen, gleichwohl zu vermeiden.

Im Juli beschließt der Bundestag vorübergehende Arzneimittel-Festbeträge, Maßnahmen zur gerechteren Verteilung der Kassenarzthonorare in den alten und neuen Bundesländern und eine Neuregelung zum Krankenkassenwechsel, mit der die Mitgliederabwanderung von den teuren Großkassen eingedämmt werden soll. Zur Verringerung der Ge-

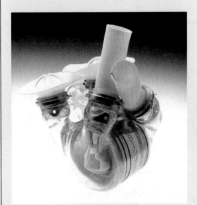

Neue Titan-Plastik-Herzpumpe

sundheitskosten wird ferner ein Sonderprogramm für chronisch Kranke angekündigt, an dem sich die Krankenkassen gemeinsam beteiligen.

Einsparungen erhofft man sich auch durch eine Preissenkung für bestimmte Arzneimittel und die geplante »Wirkstoffverordnung«: Künftig soll der Arzt nur noch Wirkstoffe eines Medikaments verschreiben und der Apotheker das preisgünstigste Präparat auswählen.

Neue biomedizinische Vorstöße heizen die wissenschaftliche und vor allem die medizinethische Debatte neu an. Im Januar erlaubt das britische Parlament das Klonen menschlicher embryonaler Stammzellen zu therapeutischen Zwecken. Im März kündigt der italienische Frauenarzt Severino Antinorio an, bald den ersten Menschen zu klonen. Hingegen spricht das US-Repräsentantenhaus im August ein klares Nein zum Klonen aus.

In Deutschland mehren sich Forderungen nach Zulassung der Forschung an embryonalen Stammzellen – Zellen von wenige Tage alten Embryonen, aus denen sich beliebige Gewebe bilden können. Diese Forschung ist umstritten, da hierbei Embryonen vernichtet werden. Während Kritiker und Befürworter der Stammzellenforschung noch öffentlich diskutieren, fordern Wissenschaftler bereits den Import von Stammzellen aus dem Ausland.

Auch neue gendiagnostische Verfahren provozieren Kontroversen. Die Bundesgesundheitsministerin stellt die Zulassung von Gentests bei im Reagenzglas erzeugten Embryonen in Aussicht. Diese sog. Präimplantationsdiagnostik (PID) soll es künftigen Eltern ermöglichen, die Gefahr abzuwenden, ein schwer erbkrankes Kind zu bekommen. Um eine breite gesellschaftliche Diskussion über biotechnische und medizinethische Fragen anzuregen, gründet die Bundesregierung den Nationalen Ethikrat, dem Vertreter aus Wissenschaft, Kirchen, Politik, Gewerkschaften, Industrie und Selbsthilfegruppen angehören.

△ *Die Kosten für Arzneimittel machen einen erheblichen Teil der Gesundheitsausgaben aus. Daran sind auch die stetig steigenden Preise für Medikamente beteiligt. Während die Bundesregierung eine Festlegung der Höchstpreise überlegt, fordern Krankenkassen die Zulassung des Versandhandels.*

◁ *Als Hauptziele ihrer Politik sieht Gesundheitsministerin Ulla Schmidt (SPD) die Reduzierung der Gesundheitskosten und die Stärkung der vorbeugenden Medizin. Im August präsentiert sie ein Sachverständigengutachten zur gesundheitlichen Versorgung in Deutschland. Hierin wird u. a. die Einrichtung eines »Mediziner-TÜVs« zur regelmäßigen Qualitätskontrolle gefordert.*

Der erste Patient mit einem eigenständigen künstlichen Herz

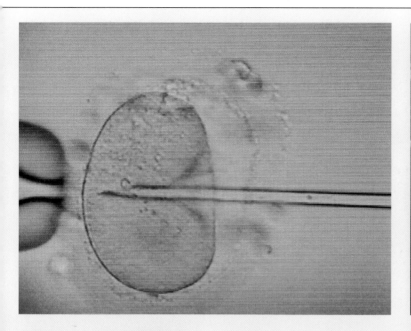

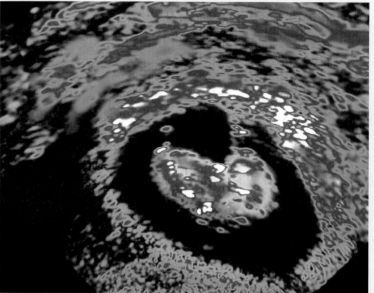

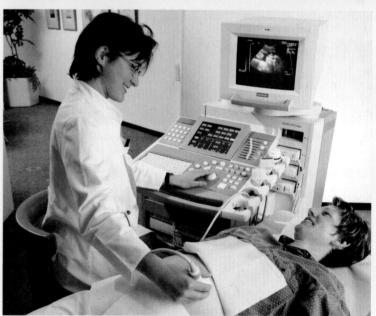

△ *Die Befruchtung im Reagenzglas macht den Weg frei zur Diagnostik bei den entstehenden Embryonen, bevor sie in die Gebärmutter implantiert werden (sog. Präimplantationsdiagnostik; PID).*

△▷ *Nur Embryonen im Alter von bis zu 14 Tagen werden zur Stammzellenforschung benötigt. Bei einem neun Wochen alten Embryo hat die Spezialisierung der Körpergewebe bereits begonnen.*

◁ *Eine Beruhigung für manche Schwangere: Mithilfe von PID können bestimmte Erbkrankheiten sehr früh erkannt werden.*

▷ *Medizinethische Fragen betreffen nicht nur Patienten und Ärzte, sondern die ganze Gesellschaft.*

Bayer nimmt Lipobay (Baycol) vom Markt

Im August erreicht eine beunruhigende Botschaft die Öffentlichkeit: Weltweit, u.a. auch in Deutschland, werden über 50 Todesfälle mit der Einnahme von Lipobay, einem blutfettsenkenden Arzneimittel des deutschen Pharmakonzerns Bayer, in Zusammenhang gebracht

Der Cholesterinsenker mit dem Wirkstoff Cerivastatin, der in den USA unter dem Namen Baycol vertrieben wird, steht unter dem Verdacht, bei gleichzeitiger Einnahme eines weiteren blutfettsenkenden Mittels eine gefährliche oder gar tödliche Muskelerkrankung zu verursachen. Der Hersteller nimmt das Präparat daraufhin weltweit vom Markt. Da bereits vorher bedenkliche Nebenwirkungen dieses Cholesterinsenkers bekannt waren, fordern kritische Stimmen generell strengere Zulassungs- und Kontrollverfahren für Medikamente (→ 9.8./S. 149).

Um zu verhindern, dass Ärzte miteinander unverträgliche Mittel verschreiben und Patienten sie einnehmen, will Bundesgesundheitsministerin Ulla Schmidt einen Arzneimittelpass einführen, in dem die Medikamente verzeichnet sind.

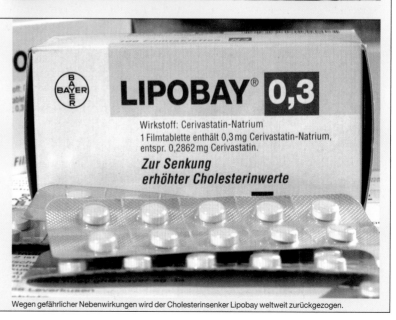

Wegen gefährlicher Nebenwirkungen wird der Cholesterinsenker Lipobay weltweit zurückgezogen.

April 2001

Mo	Di	Mi	Do	Fr	Sa	So
						1
2	3	4	5	6	7	8
9	10	11	12	13	14	15
16	17	18	19	20	21	22
23	24	25	26	27	28	29
30						

1. April, Sonntag

Telefonieren mit dem Handy ohne Freisprecheinrichtung beim Auto- oder Radfahren wird in Deutschland mit einem Bußgeld belegt. → S. 78

Ein halbes Jahr nach dem Machtverlust wird Jugoslawiens Ex-Präsident Slobodan Milosevic in Belgrad verhaftet. Ihm soll wegen Korruption und Amtsmissbrauch in Serbien der Prozess gemacht werden. Das UN-Kriegsverbrechertribunal in Den Haag fordert seine Auslieferung (→ 28.6./S. 104).

Ein US-Aufklärungsflugzeug und ein chinesischer Kampfjet kollidieren über dem Südchinesischen Meer. Dabei stürzt der Jet ab, die US-Maschine muss auf der Insel Hainan notlanden. → S. 73

Im Rathaus von Amsterdam werden kurz nach Mitternacht die standesamtlichen Trauungen von homosexuellen Paaren vollzogen. Unmittelbar zuvor ist ein Gesetz in Kraft getreten, welches gleichgeschlechtlichen Paaren neben der Eheschließung auch die Adoption von Kindern erlaubt (→1.8./S. 148).

Die Aufsichtsräte beider Unternehmen stimmen der Übernahme der Dresdner Bank AG durch das Versicherungsunternehmen Allianz zu. → S. 78

2. April, Montag

Österreich beginnt mit der Auszahlung von Entschädigungen an Opfer des Nationalsozialismus. Die Antragsteller erhalten als Abgeltung für enteignete Wohnungen und für Ansprüche aus eingezogenem Vermögen pauschal jeweils 7000 US-Dollar.

Israelische Kampfhubschrauber töten durch Raketenbeschuss im Gasastreifen einen Funktionär der radikalen Palästinenser-Organisation »Islamischer Dschihad«. Einige Stunden zuvor hatten militante Palästinenser einen israelischen Soldaten bei Nablus im Westjordanland erschossen (→10.8./S. 140).

3. April, Dienstag

Die Pflegeversicherung muss nach einem Urteil des Bundesverfassungsgerichts in Karlsruhe zum Teil neu gestaltet werden. Die Richter verfügen, dass Eltern spätestens ab 2005 einen geringeren Beitrag zahlen sollen als Kinderlose (→ S. 77).

Wegen der Ermordung von sieben jüdischen Zwangsarbeitern im Jahr 1945 verurteilt das Landgericht Ravensburg den 82-jährigen ehemaligen SS-Offizier Julius Viel zu zwölf Jahren Haft.

Chile beschließt als einer der letzten lateinamerikanischen Staaten die Abschaffung der Todesstrafe. → S. 74

4. April, Mittwoch

Im Prozess um den Brandanschlag auf die Düsseldorfer Synagoge im Oktober 2000 wird ein Deutscher marokkanischer Herkunft zu zwei Jahren und drei Monaten Haft verurteilt. Bereits im März war ein 19 Jahre alter Komplize zu eineinhalb Jahren Jugendstrafe auf Bewährung verurteilt worden. Nach eigenen Aussagen wollten die Täter ein Zeichen gegen die von Israel ausgeübte Gewalt im Nahen Osten setzen.

Die deutsche Bundesregierung beschließt die Lieferung von bis zu 30 000 t Rindfleisch nach Nordkorea. Das Fleisch wird auf BSE getestet und nach Anlaufen des EU-Rinderschlachtprogramms geliefert. Die Kosten für diese umstrittene Aktion belaufen sich auf etwa 50 Mio. DM (→ 5.6./S. 108).

5. April, Donnerstag

Im Bundesland Sachsen wird die rechtsextreme Organisation »Skinheads Sächsische Schweiz« (SSS) verboten. Nach Auskunft von Landesinnenminister Klaus Hardraht hat die 1996 gegründete Gruppierung verfassungsfeindliche Ziele.

Großaufgebote von Polizei und Justiz nehmen in Frankfurt am Main und Mailand sechs mutmaßliche Mitglieder islamistischer Terrororganisationen fest. Sie sollen Verbindung zu dem in Afghanistan lebenden mutmaßlichen Terroristen Osama bin Laden gehabt haben, der für Anschläge auf US-Einrichtungen verantwortlich gemacht wird.

Der Fahrer des Lastwagens, in dem 58 Chinesen der illegalen Einreise nach Großbritannien im Juni 2000 erstickt waren, wird zu einer Haftstrafe von 14 Jahren verurteilt.

Moderatorin Gabi Bauer nimmt Abschied von den ARD-»Tagesthemen«. Sie wird im Sommer Mutter von Zwillingen. Ihre Nachfolgerin ist »Sportschau«-Moderatorin Anne Will (→ S. 62).

6. April, Freitag

Bundeskanzler Gerhard Schröder (SPD) fordert von den Arbeitsämtern ein härteres Vorgehen gegen Arbeitslose, die einen angebotenen Job ablehnen. »Es gibt kein Recht auf Faulheit in unserer Gesellschaft«, erklärt der SPD-Vorsitzende in einem Interview mit der »Bild«-Zeitung.

Der Bundestag in Berlin beschließt einstimmig eine gesetzliche Regelung der Arbeit von Untersuchungsausschüssen. Damit werden vor allem die Rechte der Minderheiten im Parlament gestärkt.

Die Speicherung des »genetischen Fingerabdrucks« eines Straftäters darf lediglich bei Verbrechen von erheblicher Bedeutung angeordnet werden, stellt das Bundesverfassungsgericht fest. Die Karlsruher Richter geben damit den Verfassungsbeschwerden vier jeweils zu Bewährungsstrafen verurteilter Straftäter statt.

Das höchste Gericht Pakistans hebt das Korruptionsurteil gegen die ehemalige Ministerpräsidentin Benazir Bhutto auf und ordnet ein neues Verfahren an. Wegen

Korruption war Bhutto im April 1999 zu fünf Jahren Haft verurteilt worden, hatte jedoch vor der Urteilsverkündung das Land verlassen.

7. April, Samstag

Die US-Weltraumbehörde NASA bringt nach zwei gescheiterten Missionen eine neue Sonde auf den Weg zum Mars. »Mars Odyssey 2001« soll den Roten Planeten nach sechs Monaten erreichen und bis zum Juli 2004 umkreisen.

Tödliche Schüsse von Polizeibeamten auf einen 19-jährigen unbewaffneten Schwarzen lösen in Cincinnati (US-Bundesstaat Ohio) mehrtägige schwere Rassenunruhen aus.

Beim Bundesliga-Spitzenspiel zwischen Borussia Dortmund und dem 1. FC Bayern München (1:1) sorgt Schiedsrichter Hartmut Strampe mit insgesamt zwölf gelben Karten sowie zweimal Rot und einmal Gelb-Rot für einen Rekord in der Bundesliga-Geschichte.

8. April, Sonntag

Sophie, als Gemahlin des britischen Prinzen Edward Gräfin von Wessex, gibt den Rückzug aus ihrer Londoner PR-Agentur bekannt. → S. 75

US-Golfprofi Eldrick Tiger Woods gewinnt das 65. US-Masters auf der Anlage des Augusta Country Clubs. → S. 79

Katja Poensgen aus Heppenheim geht im japanischen Suzuka als erste Frau in der Geschichte der Motorrad-Weltmeisterschaft an den Start eines 250-ccm-Rennens. → S. 79

9. April, Montag

Bundeskanzler Gerhard Schröder (SPD) sichert Russlands Präsidenten Wladimir Putin im Rahmen des Petersburger Dialogs, an dem mehr als 130 deutsche und russische Vertreter aus Politik, Wirtschaft, Wissenschaft und Kultur teilnehmen, die volle Unterstützung Deutschlands auf dem Weg zu einer europäischen Werte- und Wirtschaftsordnung zu.

Deutschland und der Iran unternehmen erste praktische Schritte zur Verbesserung ihrer Wirtschaftsbeziehungen. Erstmals seit zehn Jahren tritt die Gemischte Wirtschaftskommission beider Länder wieder zusammen.

Als erster Balkanstaat unterzeichnet Mazedonien in Luxemburg ein Assoziierungs- und Stabilitätsabkommen mit der Europäischen Union.

Mit einem ersten Rammschlag für drei Brücken in die neue Hamburger Hafencity geht Europas größtes Städtebauprojekt offiziell an den Start. Die Hafencity am Rande des Freihafens soll auf einem Gebiet von rd. 155 ha entstehen.

10. April, Dienstag

Erstmals seit 1998 wird wieder Atommüll aus Deutschland nach Frankreich gebracht. Waggons mit Brennelementen aus Kernkraftwerken in Hessen, Bayern und Baden-Württemberg werden nach Rhein-

land-Pfalz transportiert und dort für die Weiterfahrt nach La Hague zusammengekoppelt. Bei Protestaktionen in Philippsburg nimmt die Polizei 15 Greenpeace-Aktivisten fest. Sie haben versucht, sich an Bahngleisen festzuketten.

In den Niederlanden ist die aktive Sterbehilfe unter bestimmten Bedingungen gesetzlich erlaubt. Nachdem die Abgeordneten der Zweiten Kammer das Gesetz schon im November 2000 mit 104 gegen 40 Stimmen gebilligt haben, lässt auch der Senat als Kammer der Länder das Gesetz passieren. → S. 74

Auf den Balearen müssen Urlauber künftig eine Ökosteuer zahlen. Ungeachtet der Proteste aus der Reisebranche beschließt das Parlament der spanischen Region mit den Stimmen der rot-grünen Koalition eine Abgabe von durchschnittlich 1€ pro Person und Tag (→ S. 126).

Durch eine der längsten Operationen der Geschichte haben Mediziner in Singapur in vier Tagen ein an den Köpfen zusammenhängendes siamesisches Zwillingspaar getrennt. Der Zustand der beiden elf Monate alten Mädchen ist nach dem Eingriff stabil.

11. April, Mittwoch

Ein Untersuchungsausschuss des Berliner Abgeordnetenhauses zur Spendenaffäre der Landes-CDU nimmt seine Arbeit auf. Er soll prüfen, ob es zwischen der 40 000-DM-Spende einer Immobilienfirma an die CDU und einem umstrittenen Kredit der Berliner Bankgesellschaft einen Zusammenhang gibt. Im Mittelpunkt der Affäre steht CDU-Fraktionschef Klaus Landowsky, Vorstand des betroffenen Tochterunternehmens der Berliner Bankgesellschaft (→ 16.6./S. 110).

Auf der Hauptversammlung von Daimler-Chrysler in Berlin verteidigt Vorstandschef Jürgen Schrempp seinen Kurs der Internationalisierung des Konzerns gegen heftige Kritik der Aktionäre. Gleichzeitig gibt er den Kauf von zusätzlichen 3,3% am japanischen Autohersteller Mitsubishi bekannt (→26.2./S. 44).

Bei einer Massenpanik in einem Fußballstadion der südafrikanischen Stadt Johannesburg kommen 43 Menschen ums Leben, mindestens 85 Fußballfans werden verletzt.

12. April, Donnerstag

Nach monatelanger Geiselhaft auf der philippinischen Insel Jolo kommt der US-Amerikaner Jeffrey Schilling nach einem Feuergefecht zwischen Armee-Einheiten und Angehörigen der militanten Muslimgruppe Abu Sayyaf frei. Schilling war im August 2000 auf Jolo verschleppt worden.

13. April, Karfreitag

Zum ersten Mal in seiner 22-jährigen Amtszeit nimmt Papst Johannes Paul II. wegen seiner angeschlagenen Gesundheit nicht an der traditionellen Kreuzweg-Prozession beim Kolosseum in Rom teil. Nur zum Abschluss der Prozession trägt das katholische Kirchenoberhaupt das Kreuz einige Meter auf den letzten beiden Stationen des Weges.

Als die April-Ausgabe von »Private Banking« – von der Deutschen Bank für Privatanleger herausgegeben – erscheint, sind die Einzelheiten der Riesterschen Rentenreform noch nicht abschließend geklärt. Am 11. Mai wird das Gesetzeswerk im Bundesrat verabschiedet.

Private Banking

Magazin für Vermögensanlage • Vorsorge • Immobilien
www.db-privatebanking.de/magazin

4/2001 • 6 Euro

Alter in Jahren

Renten
Türkische Lira:
Abwertung mit Folgen?

Branchen
Automobilindustrie: Optimismus
nach einem guten Start ins Jahr

Kabinett
Wenn aus Fälschungen
Kunst wird

Der neue Vertrag
der Generationen

Private Vorsorge ist jetzt erste Bürgerpflicht. Doch die Details
von Walter Riesters Rentenreform sind weiter umstritten.

Deutsche Bank
Private Banking

14. April, Samstag

Beim unabhängigen nationalen Fernsehsender Russlands, NTW, übernimmt die vom halbstaatlichen Unternehmen Gasprom eingesetzte Führung handstreichartig die Kontrolle und entlässt missliebige Redakteure. → S. 72

Die türkische Regierung legt ein Sanierungsprogramm zur Überwindung der schweren Finanz- und Wirtschaftskrise vor. Vorgesehen sind u. a. Privatisierungen, eine Reform des Bankensystems sowie die Senkung der Staatsausgaben. Die Regierung erwartet, dass die Wirtschaftsleistung 2001 um 3% schrumpfen wird.

15. April, Ostersonntag

In seiner traditionellen Osterbotschaft ruft Papst Johannes Paul II. zum Frieden in der Welt auf. Rd. 100 000 Gläubigen, die sich auf dem Petersplatz in Rom versammelt haben, und Millionen von Fernsehzuschauern in aller Welt wünscht das Oberhaupt der katholischen Kirche in 61 Sprachen ein frohes Osterfest.

Die SFOR-Friedenstruppe in Bosnien verhaftet den mutmaßlichen bosnisch-serbischen Kriegsverbrecher Dragan Obrenovic. Obrenovic sei als Kommandeur einer serbischen Brigade im Bosnien-Krieg für die Tötung Tausender bosnischer Muslime verantwortlich gewesen, u. a. bei dem 1995 in der UN-Schutzzone Srebrenica verübten Massaker.

In der Formel 1 feiert Ralf Schumacher auf Williams-BMW seinen ersten Sieg. Beim Großen Preis von San Marino gewinnt der jüngere Bruder von Weltmeister Michael Schumacher vor David Coulthard (McLaren-Mercedes) und Rubens Barrichello (Ferrari). → S. 79

16. April, Ostermontag

Mehrere zehntausend Menschen haben nach Schätzungen der Veranstalter an den diesjährigen Ostermärschen der Friedensbewegung teilgenommen.

17. April, Dienstag

Das Bundesamt für Verfassungsschutz in Köln startet ein Aussteigerprogramm für Rechtsextremisten. Dazu gehören Hilfen bei der Suche nach einem Ausbildungs- oder Arbeitsplatz sowie einer Wohnung. Vor allem Führungskräfte der rechten Szene sollen damit angesprochen werden (→4.2./S. 44).

Der nordrhein-westfälische Minister für Europa- und Bundesangelegenheiten, Detlev Samland (SPD), tritt wegen einer Steueraffäre zurück. Samland hat rd. 100 000 DM aus Aufsichtsratsbezügen bei der Rheinbraun AG nicht versteuert. Sein Nachfolger wird Ernst Schwanhold.

Nach heftiger internationaler Kritik zieht Israel seine Soldaten aus dem besetzten Gebiet im Gasastreifen zurück. Erstmals seit der Räumung des autonomen Palästinensergebietes 1994 hatten israelische Truppen eine 800 m breite Zone besetzt (→10.8./S. 140).

Italien fordert die deutsche Justiz auf, den seit 56 Jahren unbehelligt in Hamburg le-

benden früheren SS-Chef von Genua, Friedrich Engel, vor Gericht zu stellen. Engel war kurz zuvor von Fernsehjournalisten ausfindig gemacht und interviewt worden. Der 92-Jährige war 1999 in Turin wegen der Ermordung von 246 italienischen Zivilisten in den Jahren 1944/45 in Abwesenheit zu lebenslanger Haft verurteilt worden.

Nach längerer Irrfahrt läuft der Frachter »Etireno« in den Hafen von Cotonou (Benin) ein. Das UNO-Kinderhilfswerk UNICEF hegt den – später entkräfteten – Verdacht, dass sich an Bord Kindersklaven befinden. → S. 74

18. April, Mittwoch

Die PDS-Führung erkennt in einer Stellungnahme erstmals den Zusammenschluss von KPD und SPD zur SED im Jahr 1946 als Zwangsvereinigung an und entschuldigt sich dafür. → S. 78

Zwei Wochen vor dem Bundesparteitag der FDP in Düsseldorf nominiert der designierte Parteichef Guido Westerwelle Cornelia Pieper für das Amt der Generalsekretärin. Pieper ist seit 1997 eine der drei stellvertretenden FDP-Vorsitzenden. Seit 1995 hat sie außerdem den Landesvorsitz ihrer Partei in Sachsen-Anhalt inne (→ 4.5./S. 88).

In dem ostafrikanischen Staat Burundi scheitert ein Militärputsch. Nach Regierungsangaben hat eine Gruppe junger Soldaten der von Tutsi geführten Armee ein Rundfunkgebäude in der Hauptstadt Bujumbura gestürmt und Präsident Pierre Buyoya für gestürzt erklärt. Die Putschisten werden im Gebäude von loyalen Truppen eingeschlossen.

19. April, Donnerstag

Nach sechswöchiger Verhandlungsdauer ziehen 39 internationale Pharmakonzerne im Streit um billigere Aids-Medikamente ihre Klage gegen die Regierung von Südafrika zurück. → S. 72

Juden in aller Welt gedenken der 6 Mio. Opfer des Holocaust. Um 10 Uhr heulen in ganz Israel die Sirenen, das öffentliche Leben kommt für zwei Minuten zum Erliegen.

20. April, Freitag

Im Beisein von 5000 Gästen eröffnet Bundeskanzler Gerhard Schröder (SPD) die 26. Bundesgartenschau, die in Potsdam stattfindet. → S. 78

Die Mannheimer Adler werden Deutscher Eishockeymeister. Im vierten Playoff-Finalspiel sichern sie sich den entscheidenden dritten Sieg bei Titelverteidiger München Barons.

21. April, Samstag

Knapp ein Jahr nach dem tödlichen Angriff von Kampfhunden auf einen kleinen Jungen in Hamburg tritt in Deutschland das »Gesetz zur Bekämpfung gefährlicher Hunde« in Kraft. Neben Einfuhrverboten für vier Hunderassen sind darin auch Strafen für die Züchtung anderer Rassen vorgesehen. Bei Verstößen können die Hunde eingezogen werden (→17.1./S. 27).

Als weltweit erste Stadt wird Nürnberg mit dem Menschenrechtspreis der UNESCO bedacht. Der mit 10 000 US-Dollar dotierte Preis würdigt den Beitrag der Stadt zum Aufbau einer Menschenrechtskultur.

22. April, Sonntag

Bei den vorgezogenen Parlamentswahlen in der jugoslawischen Teilrepublik Montenegro bekommen die Verfechter einer staatlichen Unabhängigkeit um Präsident Milo Djukanovic nur eine knappe Mehrheit. → S. 75

Die Staats- und Regierungschefs von 34 amerikanischen Staaten beschließen in der kanadischen Stadt Québec, eine Freihandelszone von Alaska bis Feuerland bis spätestens Dezember 2005 zu schaffen. Sie soll nur demokratische Staaten umfassen.

Bundeskanzler Gerhard Schröder (SPD) warnt die deutsche Wirtschaft zur Eröffnung der Hannover Messe vor Konjunkturpessimismus. Auf der weltgrößten Messe traditioneller Industriebranchen zeigen 7000 Aussteller aus 65 Ländern bis zum 28. April ihre neuesten Produkte.

23. April, Montag

Bundesaußenminister Joschka Fischer (Bündnis 90/Die Grünen) steht nicht mehr unter dem Verdacht der uneidlichen Falschaussage. Die Staatsanwaltschaft Frankfurt am Main stellt die Ermittlungen gegen den Vizekanzler offiziell ein (→ 16.1./S. 24).

Nach gut zwölf Stunden endet eine politisch motivierte Geiselnahme im »Swissotel« von Istanbul. Unter den 120 Geiseln in der Gewalt tschetschenischer Rebellen waren auch 126 Deutsche. → S. 75

24. April, Dienstag

Der frühere CDU-Schatzmeister Walther Leisler Kiep hat seiner Partei 1 Mio. DM überwiesen, wie CDU-Bundesgeschäftsführer Willi Hausmann mitteilt. Kiep erklärt in einem auf den 21. März datierten Brief, das Geld gehöre nicht zu seinem Privatvermögen und müsse wohl Eigentum der Partei sein (→ 2.3./S. 56).

25. April, Mittwoch

Die Schere zwischen Arm und Reich geht in Deutschland immer weiter auseinander. Dies ergibt der von Bundesarbeitsminister Walter Riester (SPD) vorgestellte erste Armuts- und Reichtumsbericht der Bundesregierung. Laut dem Report »Lebenslagen in Deutschland« konzentrieren sich 42% des Privatvermögens auf ein Zehntel der westdeutschen Haushalte. Die Hälfte der Bevölkerung muss sich mit einem Anteil von zusammen 4,5% zufrieden geben. Im Osten besitzt das obere Zehntel sogar 48% des Privatvermögens (→ 19.10./S. 185).

Der frühere philippinische Präsident Joseph Estrada wird in seiner Residenz verhaftet. Er soll Bestechungsgelder entgegengenommen, öffentliche Mittel veruntreut und Freunde vor Strafverfolgung geschützt haben (→ 20.1./S. 33).

In einem Grundsatzurteil entscheidet das Bundesverwaltungsgericht, dass die Deut-

sche Telekom der Konkurrenz den direkten Zugriff auf die Anschlussleitungen der Kunden ohne technische Extras oder Zusätze gewähren muss. Nur so könne, so die Richter, für nicht marktbeherrschende Mitbewerber Chancengleichheit im Wettbewerb hergestellt werden.

Die US-Aufsichtsbehörde für Telekommunikation (FCC) stimmt einer Übernahme des Mobilfunkunternehmens VoiceStream Wireless Corp. durch die Deutsche Telekom AG zu.

26. April, Donnerstag

Der Bericht der Drogenbeauftragten der Bundesregierung, Marion Caspers-Merk, für das Jahr 2000 weist eine um 12% auf 2030 angestiegene Zahl von Rauschgifttoten in Deutschland aus.

Der als Reformer geltende Junichiro Koizumi (LDP) wird von beiden Häusern des Parlaments in Tokio zum japanischen Ministerpräsidenten gewählt. → S. 73

27. April, Freitag

Archäologen vom Field Museum in Chicago stellen in der Zeitschrift »Science« ihre Berechnungen vor, wonach die Ruinenstadt in Peru mit 4600 Jahren die älteste bekannte Stadt Amerikas ist.

28. April, Samstag

Im Norden von Mazedonien werden acht Soldaten bei einem Schusswechsel mit albanischen Freischärlern an der Grenze zur südserbischen Provinz Kosovo getötet.

Der erste Weltraumtourist Dennis Tito startet vom Weltraumbahnhof Baikonur mit einer »Sojus«-Rakete zur Internationalen Raumstation ISS. → S. 72

Gerhard Mayer-Vorfelder wird in Magdeburg mit überwältigender Mehrheit zum Präsidenten des Deutschen Fußball-Bundes (DFB) gewählt. Er ist Nachfolger des aus Gesundheitsgründen ausscheidenden Egidius Braun. → S. 79

29. April, Sonntag

Nach Angaben der Weltbank in Washington leben mehr als 1,2 Mrd. Menschen in bitterer Armut. Ihnen steht weniger als ein US-Dollar am Tag zur Verfügung. Die ärmsten Länder sind die afrikanischen Staaten Äthiopien, Burundi und Sierra Leone mit einem Pro-Kopf-Einkommen von weniger als 130 Dollar im Jahr.

Ausschreitungen zwischen rivalisierenden Fußballfans fordern in Lubumbashi in der Demokratischen Republik Kongo mindestens zehn Todesopfer. Nach Angaben des staatlichen Fernsehens werden die Menschen zu Tode getrampelt oder ersticken, als am Rande eines Fußballspiels eine Massenpanik ausbricht.

30. April, Montag

Die spanische Polizei sprengt den gefährlichsten Drogenhändlerring des Landes und beschlagnahmt fast 2 t Kokain. Wie die Drogenfahnder in Madrid mitteilen, sind sieben mutmaßliche Mitglieder der Schmugglerbande bei der Aktion festgenommen worden.

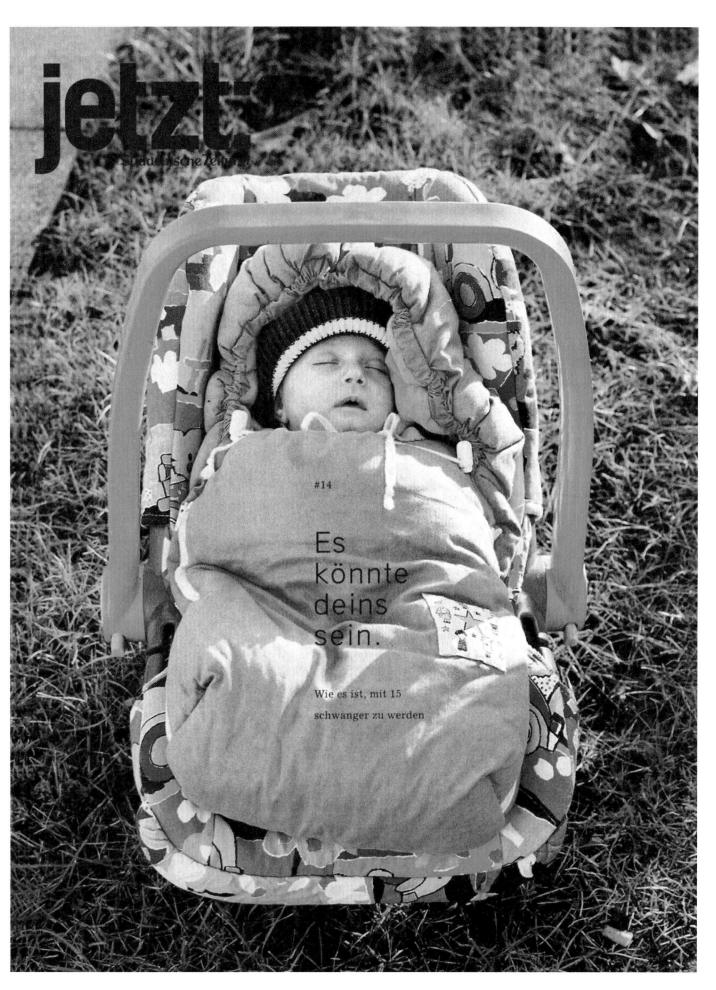

»Es könnte deins sein« – »Jetzt«, die Jugendbeilage der »Süddeutschen Zeitung«, widmet sich in der Ausgabe vom 2. April dem Thema Teenager-Mütter und fragt, wie es ist, mit 15 schwanger zu werden.

jetzt

#14

Es
könnte
deins
sein.

Wie es ist, mit 15

schwanger zu werden

Dennis Tito macht Urlaub im All

28. 4., Baikonur. Begleitet von zwei Profi-Kosmonauten startet der US-amerikanische Multimillionär Dennis Tito mit einer russischen »Sojus« zu einem Urlaub in den Weltraum. Zwei Tage später dockt die Rakete an der internationalen Raumstation ISS an.

Dort erwartet Tito eine dreiköpfige Crew. Es ist bereits die zweite Besatzung der Raumstation, die seit Herbst 2000 bewohnt ist. Nach ihrer bis 2005 angestrebten Fertigstellung sollen sich bis zu sieben Astronauten permanent in der Station mit zwei Wohneinheiten und sechs Forschungslabors aufhalten. 16 Staaten, darunter auch Deutschland, sind am Bau des fußballfeldgroßen Himmelsobjektes beteiligt, das in 400 km Entfernung um die Erde kreist.

Die NASA hatte sich lange gegen den Weltraum-Urlauber gesperrt: Er sei zu wenig trainiert und werde allein durch seine Anwesenheit die Astronauten auf der ISS bei der Arbeit behindern. Widerstrebend gab die US-Weltraumbehörde schließlich die Zustimmung zu dem Projekt, zu dem sich die Russen bereit gefunden hatten, weil sie für ihr Engagement im All eine Finanzspritze gut gebrauchen konnten. Für die entgangene Forschungsarbeit auf der ISS forderte die NASA aber Schadenersatz. Für seinen Trip,

Im Funkkontakt mit Journalisten: Dennis Tito auf der ISS

der am 6. Mai mit einer sicheren Landung in der kasachischen Steppe zu Ende geht, bezahlt der erste Weltraumtourist 20 Mio. US-Dollar.

Der 60-jährige Tito hat sich mit seinem Ausflug ins All einen Lebenstraum erfüllt. Bevor er sich mit einer Investment-Beratungsgesellschaft selbstständig machte, hatte er Raumfahrtwissenschaften studiert und bei der NASA als Ingenieur gearbeitet. Sein Barvermögen

wird auf 200 Mio. US-Dollar geschätzt. Ursprünglich wollte er auf die russische »Mir« fliegen, doch die Betreibergesellschaft MirCorp musste die Raumstation aus Geldmangel aufgeben (→23.3./S. 61).

Bei seinem Aufenthalt im All hat Tito zwar mit Übelkeit und anderen Symptomen der Raumkrankheit zu kämpfen, er ist aber trotzdem begeistert: »Ich komme gerade aus dem Paradies zurück«, erklärt er nach der Landung (→ S. 456–461).

Billige Aids-Medikamente erlaubt

19. 4., Pretoria. Der Rechtsstreit um billigere Aids-Medikamente zwischen der südafrikanischen Regierung und 39 Pharmakonzernen ist beigelegt. Die Unternehmen ziehen ihre Klage gegen die Regierung zurück.

Bei der Auseinandersetzung ging es um ein Gesetz, das Einfuhr oder Herstellung billiger Versionen von noch unter Patentschutz stehenden Medikamenten ermöglicht, mit denen Aids-Kranke versorgt werden sollten. Die Pharmakonzerne hatten Südafrika vorgeworfen, mit der Zulassung sog. Generika ihre Patentrechte zu verletzen.

In Südafrika ist nach Angaben der Vereinten Nationen etwa jeder Fünfte im Alter zwischen 15 und 49 Jahren mit dem Aids-Virus infiziert, wobei der Scheitelpunkt der Infektionskurve voraussichtlich noch

nicht erreicht ist. Diese auch im Verhältnis zu anderen afrikanischen Staaten hohe Infektionsrate ist nach UN-Einschätzung auch auf mangelhafte Aufklärung zurückzuführen (→ S. 446–455).

Jubel bei Aids-Aktivisten nach dem Gerichtsentscheid in Pretoria

Gasprom übernimmt Fernsehsender NTW

14. 4., Moskau. Die neue, vom halbstaatlichen russischen Erdgas-Monopolisten Gasprom eingesetzte Sendeleitung des bislang Kremlkritischen Fernsehsenders NTW übernimmt handstreichartig das Sendezentrum im Moskauer Stadtteil Ostankino und verweist sich widersetzende Redakteure des Hauses. Die Aktion wird als Schlag gegen die Pressefreiheit in Russland gewertet.

Bereits seit einem Jahr hat der Kreml versucht, auf juristischem und wirtschaftlichem Wege die Kontrolle über den hoch verschuldeten Konzern Media Most zu gewinnen, zu dessen Herzstück NTW gehört. Am 5. April erklärte sich Gasprom schließlich zum Herrn über den Privatsender. Nach der gerichtlichen Beschlagnahme von 19% des Aktienpaketes verfüge man mit 46 von 81% stimmberechtigter Aktien über die Mehrheit des TV-Senders, hieß es.

Medienmogul Gussinski

1993 wurde NTW von dem ehemaligen Theaterregisseur Wladimir Gussinski gegründet. Bei den Präsidentenwahlen 1996 unterstützte Gussinski, der durch Bankgeschäfte ein großes Vermögen erworben hatte, Amtsinhaber Boris Jelzin finanziell und über NTW und erhielt 1998 die Zulassung als gesamtrussischer Sender. Insbesondere wegen seiner kritischen Berichterstattung über den Tschetschenienkrieg fiel NTW 2000 beim neuen Präsidenten Wladimir Putin in Ungnade, Gussinski setzte sich ins Ausland ab.

Drei Tage nach der Einnahme des NTW-Sendezentrums stellt Gasprom die liberale Media-Most-Tageszeitung »Sewodnja« ein und entlässt die Redaktion des oppositionellen Magazins »Itogi«.

Die Maßnahmen gegen die Medienorgane werden damit gerechtfertigt, dass Media Most mit 200 Mio. US-Dollar verschuldet sei und diese Schulden beim Gläubiger Gasprom nicht bedienen könne. Das Angebot von Ex-CNN-Chef Ted Turner, bei NTW einzusteigen, ist durch die Aktienübernahme des Erdgaskonzerns überholt.

Kollision über Südchinesischem Meer

1. 4., Peking. Im internationalen Luftraum über dem Südchinesischen Meer kommt es zu einer Karambolage zwischen einem US-amerikanischen Aufklärungsflugzeug und einem chinesischen Abfangjäger.

Während die chinesische Maschine abstürzt und den Piloten in den Tod reißt, wird die amerikanische EP-3 mit 24 Mann an Bord zwar beschädigt, kann aber auf der südchinesischen Insel Hainan notlanden. Die Besatzung wird dort von den Behörden festgehalten.

Der Zwischenfall, für den beide Seiten sich gegenseitig verantwortlich machen, führt zu einer schweren Belastung der Beziehungen zwischen den USA und China. Erst als am 4. April US-Außenminister Colin Powell und tags darauf Präsident George W. Bush ihr Bedauern über den Tod des chinesischen Piloten zum Ausdruck bringen, beruhigt sich die Situation. Am 12. April kann die US-Crew Hainan verlassen und an Bord einer amerikanischen Chartermaschine in die Heimat zurückfliegen.

Washington besteht allerdings auf einer Rückgabe der havarierten Maschine. Eine Einigung kommt erst im Juli zustande. Das Flugzeug wird, in seine Einzelteile zerlegt, per Schiff in die USA gebracht.

Peking verlangt seit langem ein Ende der amerikanischen Spionageflüge vor der chinesischen Küste. Vor dem Zwischenfall hatten chinesische Kampfjets wiederholt US-Spionagemaschinen abzudrängen versucht, auch wenn sie über dem Südchinesischen Meer in internationalem Luftraum flogen.

Das notgelandete US-Flugzeug wird auf der Insel Hainan festgehalten.

Bericht über die Freilassung der US-Crew in einer chinesischen Zeitung

Koizumis neuer Kurs für Japan

26. 4., Tokio. Mit deutlicher Mehrheit wählen beide Kammern des japanischen Parlaments Junichiro Koizumi von der konservativen LDP zum Regierungschef. Der frühere Gesundheitsminister ist Nachfolger des durch Bestechungsskandale angeschlagenen Yoshiro Mori (LDP), der von seiner Partei zum Rücktritt gedrängt worden war.

Der bei der Parteibasis beliebte Koizumi konnte sich am 24. April bei der Wahl zum LDP-Vorsitzenden gegen vier Rivalen, darunter Ex-Premier Ryutaro Hashimoto, behaupten; damit war seine Wahl zum Regierungschef gesichert.

Der 59-Jährige, geschiedener Vater zweier Söhne, sticht mit seiner schlanken Figur, der eleganten Kleidung und der kaum gebändigten grauen Mähne schon äußerlich aus der LDP-Einheitsgarde hervor. Seinen Ruf als Reformer bestätigt er durch die Aufnahme junger, unverbrauchter Politiker, darunter fünf Frauen, ins Kabinett. Allerdings bleiben auch sieben Minister der Vorgängerregierung im Amt.

Größte Herausforderung für Koizumi ist die Bewältigung der Wirtschaftskrise mit fallenden Börsenkursen, Deflation und einer für März 2002 prognostizierten Staatsverschuldung von 130% des Bruttoinlandsprodukts. Noch im April beschließt die Regierung ein Notprogramm zur Stützung der Konjunktur; es sieht u. a. Hilfen für die am Rande des Ruins stehenden Banken, Steuererleichterungen sowie Liquiditätshilfen für den Aktien- und Immobilienmarkt vor.

»Aufrichtiges Bedauern« statt der geforderten Entschuldigung

Chronik Hintergrund

Der diplomatische Streit um die Flugzeugkollision wird mit Briefen geführt und auf dem Postweg beigelegt. Zunächst schreibt die Witwe des abgestürzten chinesischen Piloten – wohl abgestimmt mit der Führung in Peking – an US-Präsident George W. Bush. Ihr Brief gipfelt in den Sätzen: »In dieser ... Angelegenheit, in der die Verantwortung alleine bei den Vereinigten Staaten liegt, sind Sie offenbar zu feige, um sich zu entschuldigen ... Sind das etwa die Menschenrechte, Humanität und Menschlichkeit, von denen Sie jeden Tag reden?«

In seinem Antwortbrief vermeidet Bush die geforderte Entschuldigung. Er habe, wie US-Außenminister Colin Powell erklärt, lediglich »in einer menschlichen Weise einer trauernden Witwe« geschrieben. Nicht dieses Schreiben, sondern erst der Brief, den US-Botschafter Joseph W. Prue-her am 11. April dem chinesischen Außenminister Tang Jiaxuan übermittelt, genügt Peking, um die US-Crew ausfliegen zu lassen. In dem Schreiben heißt es: »Sowohl Präsident Bush als auch Außenminister Powell haben ihr aufrichtiges Bedauern über Ihren vermissten Piloten und Ihr Flugzeug zum Ausdruck gebracht. Bitte übermitteln Sie dem chinesischen Volk und der Familie des Piloten Wang Wei, dass uns ihr Verlust sehr Leid tut ...«

Neues Gesicht Japans: Koizumi

Den Haag legalisiert die Sterbehilfe

10. 4., Den Haag. Mit 46 Ja- und 28 Nein-Stimmen bei einem Abwesenden billigt die Erste Kammer (Länderkammer) des niederländischen Parlaments das Gesetz über die Entkriminalisierung der Sterbehilfe. Die Entscheidung wird u. a. von den Kirchen heftig kritisiert.

Bereits im November 2000 hatte die Zweite Kammer mit den Stimmen der Regierungskoalition aus Sozialdemokraten, Links- und Rechtsliberalen für das sog. Euthanasie-Gesetz gestimmt; auch die Oppositionspartei Grün-Links votierte dafür. Die Regelung kann nun nach Unterzeichnung durch Königin Beatrix in Kraft treten.

Die Niederlande sind damit weltweit das erste Land, in dem aktive Sterbehilfe entkriminalisiert wird. Zwar bleibt sie weiterhin verboten, doch der Arzt kann straffrei gestellt werden, wenn folgende Voraussetzungen gegeben sind:

▷ Der Patient hat den Arzt »freiwillig, nach reiflicher Überlegung und wiederholt« um Sterbehilfe gebeten
▷ Sein Zustand ist »aussichtslos«, sein Leiden »unerträglich«
▷ Eine Schmerztherapie hat sich als »aussichtslos« erwiesen
▷ Ein unabhängiger zweiter Arzt ist hinzugezogen worden
▷ Die lebensbeendende Maßnahme wird »mit größter medizinischer Sorgfalt« durchgeführt.

Demonstranten warten auf die Entscheidung des Parlaments.

Jeder Fall von aktiver Sterbehilfe muss gemeldet und von einer Kommission aus einem Ethiker, einem Juristen und einem Mediziner nachträglich gebilligt werden. Ist dies der Fall, bleibt der Arzt straffrei, bei Missbrauch droht ihm eine Haftstrafe bis zu zwölf Jahren.

Die Niederlande wollen mit dem Gesetz die seit Jahren geduldete aktive Sterbehilfe juristisch fassen. Allein 1999 gab es mehr als 2000 Fälle, die gemeldet wurden. In Belgien ist eine entsprechende Regelung in Vorbereitung.

Scharfe Kritik an dem Gesetz kommt von den Kirchen, die in der Sterbehilfe einen Verstoß gegen das fünfte Gebot – »Du sollst nicht töten!« – sehen. Der Vatikan meint, die Niederlande richteten sich damit gegen eine zwei Jahrtausende alte europäische Zivilisation.

Auch in Deutschland gibt es massive Vorbehalte. So erklärt der Präsident der Bundesärztekammer, Jörg-Dietrich Hoppe: »Aus meiner Sicht hat jeder das Recht auf einen würdigen Tod, niemand aber das Recht darauf, getötet zu werden.«

Anders als zukünftig in den Niederlanden ist aktive Sterbehilfe in Deutschland uneingeschränkt verboten. Auch das Bereitstellen eines Giftbechers am Bett des Patienten mit Todeswunsch ist eine strafbare Handlung, wenn der Arzt oder nahe Angehörige des Kranken dies tun. Stammt das Gift jedoch z. B. von einem Bekannten, handelt es sich um straffreie Beihilfe zum Freitod.

Passive Sterbehilfe, also der Verzicht des Arztes auf lebensverlängernde Maßnahmen, ist dann erlaubt, wenn der Patient bereits im Sterben liegt und dies seinem »mutmaßlichen Willen«, den er nicht mehr äußern kann, unmissverständlich entspricht. Patienten, die sich noch äußern können, haben grundsätzlich das Recht, eine Behandlung abzuwehren oder abzulehnen. Für die Behandlung mit Schmerzmitteln, die, stark dosiert, lebensverkürzend wirken können, gilt, dass sie erlaubt ist, wenn der Tod eine »unbeabsichtigte Nebenfolge« der Therapie und der Patient über das Todesrisiko aufgeklärt ist.

Kindersklaverei im Blickpunkt

17. 4., Cotonou. Nach längerer Irrfahrt läuft der Frachter »Etireno« in den Hafen des Staates Benin ein. Die 250 Kindersklaven, von denen das UN-Kinderhilfswerk UNICEF im Vorfeld berichtet hatte, sind offenbar nicht an Bord. Die 20 Kinder auf dem Schiff sind in Begleitung Erwachsener.

Auch wenn sich der Verdacht in diesem Fall nicht erhärtet – er richtete sich u. a. gegen den in Deutschland tätigen Profifußballer Jonathan Akpoborie als Miteigentümer des Schiffes –, bleibt das Problem bestehen, dass in Westafrika nach UNICEF-Schätzungen jährlich etwa 200 000 Minderjährige in Leibeigenschaft geraten. Sie werden von den Eltern an Menschenhändler verkauft und müssen Sklavenarbeit in Plantagen leisten.

Nach dem Einlaufen der »Etireno« im Hafen von Cotonou (Benin)

Chile will keine Todesstrafe mehr

3. 4., Santiago de Chile. Als eines der letzten Länder Mittel- und Südamerikas schafft Chile die Todesstrafe ab.

Das Parlament in Santiago setzt mit 66 zu 37 Stimmen bei drei Enthaltungen die lebenslange Haft als Höchststrafe für Schwerverbrechen fest. Nach 40 Haftjahren kann dann der Verurteilte die Aussetzung seiner Reststrafe beantragen. In Kriegszeiten ist die Verhängung der Todesstrafe jedoch weiterhin möglich.

Im Jahr 2000 wurden nach Ermittlungen der Menschenrechtsorganisation amnesty international in 28 Ländern insgesamt 1457 Hinrichtungen vollstreckt, 90% davon in China, Saudi-Arabien, in den USA und im Iran.

Erneute Krise bei den Royals

3. 4., London. Unter dem Druck ihrer Schwiegermutter, Königin Elisabeth II., zieht sich Sophie Rhys-Jones, Gräfin von Wessex, aus ihrer PR-Firma zurück. Anlass ist die Veröffentlichung eines Interviews, in dem sie über Politiker des Landes und Mitglieder der königlichen Familie hergezogen war.

Die Frau des britischen Prinzen Edward war einem Reporter des Boulevardblattes »News of the World« auf den Leim gegangen, der als Scheich verkleidet in ihre Agentur kam und sie in ein angebliches Privatgespräch verwickelte, bei dem heimlich ein Tonband mitlief.

Nachdem einzelne Äußerungen Sophies dementiert worden waren, veröffentlichte »News of the World« den gesamten Dialog. Nun konnte jeder nachlesen, dass die Gräfin von Wessex z. B. Premier Tony Blair für »zu präsidentenhaft« hält und seine Frau als »noch

Der Graf und die Gräfin von Wessex: Sophie Rhys-Jones und Edward

viel schlimmer« ansieht. Außerdem glaubt sie nicht, »dass viele Leute Camilla als Königin wollen« – gemeint ist Camilla Parker Bowles, die Geliebte des Thronfolgers Prinz Charles.

Geiselnahme in Istanbuler Luxushotel

23. 4., Istanbul. Nach zwölf Stunden geht die Geiselnahme einer pro-tschetschenischen Gruppierung im »Swissotel« in der türkischen Metropole unblutig zu Ende. 13 bewaffnete Männer haben am Vorabend das Hotel gestürmt und 120 Menschen, darunter 16 Deutsche, in ihre Gewalt gebracht. Wie von den Geiselnehmern gefordert, verlas der türkische Nachrichtensender NTV eine per Fax übermittelte Stellungnahme, in der ein Ende der russischen Militäraktion in Tschetschenien gefordert wurde.

Türkische Spezialeinheiten können die Rebellen zur Aufgabe bewegen. Der Kopf der Gruppe, Muhammad Emin Tokcan, ein türkischer Staatsbürger tschetschenischer Abstammung, ist bei der Polizei kein Unbekannter: Er hatte 1996 eine Schwarzmeer-Fähre gekapert. Damals konnte er nach der Aktion untertauchen, wurde 1999 gefasst, verurteilt und Ende 2000 im Zuge einer Amnestie aus der Haft entlassen.

Die Türkei ist ein bevorzugtes Aktionsfeld tschetschenischer Rebellen, denn hier lebt eine große Exil-Gemeinde aus der Kaukasusrepublik. Erst im März hatten Tschetschenen ein russisches Flugzeug auf dem Weg von Istanbul nach Moskau entführt und zur Landung in Saudi-Arabien gezwungen, wo die Maschine gestürmt wurde.

In Tschetschenien selbst führen Rebellen einen Guerillakrieg gegen die russische Armee, die nach Terroranschlägen in Moskau und anderen Städten im Herbst 1999 drei Jahre nach dem ersten Tschetschenienkrieg dort einmarschiert ist und die Kaukasusrepublik seit Frühjahr 2000 vollständig besetzt hält. Ein Aufbau ziviler Strukturen ist ihr jedoch nicht gelungen. Wiederholt wurden den russischen Truppen massive Menschenrechtsverletzungen an der Zivilbevölkerung angelastet. Präsident Wladimir Putin hält jedoch an einer militärischen Lösung des Tschetschenien-Konflikts fest.

Das gestürmte »Swissotel«

Geiselnehmer Tokcan (r.)

Dämpfer für den Abspaltungskurs

22. 4., Podgorica. Die von Präsident Milo Djukanovic geführte Koalition »Der Sieg gehört Montenegro« wird bei Parlamentswahlen mit 42,1% der Stimmen zwar stärkste Partei, verfehlt aber mit 35 von 77 Abgeordnetensitzen deutlich die absolute Mehrheit der Mandate. Die Bemühungen um eine Loslösung von Serbien, mit dem Montenegro die Bundesrepublik Jugoslawien bildet, bekommen damit einen Dämpfer.

Die Gruppierung »Gemeinsam für Jugoslawien«, die eine Abspaltung Montenegros von Serbien ablehnt, liegt fast gleichauf: Sie erhält 40,7% der Stimmen und 33 Mandate.

Der Präsident hat die Wahl als Testlauf für ein Referendum über die Verselbstständigung Montenegros bezeichnet. In einer solchen Volksabstimmung müssten mindestens zwei Drittel für eine Abspaltung von Serbien votieren.

Beobachter bringen das Wahlergebnis damit in Zusammenhang, dass die Balkan-Kontaktgruppe, zu der neben EU-Staaten auch die USA und Russland gehören, vorher unmissverständlich klar gemacht hat, dass sie einen Verbleib »eines demokratischen Montenegro in einer demokratischen Föderation Jugoslawien« begrüßen würde. Sie fürchtet andernfalls einen Dominoeffekt bei den kroatischen und serbischen Nationalisten in Bosnien sowie bei den Albanern im Kosovo und in Mazedonien.

Präsident Milo Djukanovic

Arbeit und Soziales 2001:

Zielgruppen: Eltern, Behinderte, zukünftige Rentner

Chronik Übersicht

Mit der Neuregelung der Altersvorsorge wird 2001 zwar eines der großen Reformvorhaben der rotgrünen Bundesregierung auf den Weg gebracht, doch bleibt die erhoffte Wirkung z. T. aus. Der Beitragssatz zur Rentenversicherung kann nicht weiter gesenkt werden. Die Ursache liegt darin, dass seit August die Arbeitslosenzahlen wieder steigen. Weitere gesetzliche Neuerungen bringen Verbesserungen für Behinderte und Eltern.

Das ab dem 1. Juli gültige neue Sozialgesetzbuch IX soll dafür sorgen, dass Behinderte selbstbestimmter leben können. Mussten sie z. B. bisher von Behörde zu Behörde laufen, was oft nur mit fremder Hilfe möglich war, so soll ihnen nun eine zentrale Servicestelle Auskünfte erteilen und Hilfe bieten. Um Behinderten die Eingliederung in den Arbeitsmarkt zu erleichtern, erhalten sie einen Rechtsanspruch auf Assistenz, Blinde z. B. auf einen Vorleser,

Gehörlose auf einen Gebärdendolmetscher.

Während es beim im Juli verabschiedeten Familienpaket (→ 13.7./S. 124) vor allem um Finanzielles geht, ist mit der zum Jahresbeginn wirksam gewordenen Reform von Erziehungsgeld und Erziehungsurlaub – von nun an »Elternzeit« genannt – auch der Anspruch verbunden, für eine bessere Vereinbarkeit von Familie und Beruf zu sorgen und Väter stärker in die Erziehungspflichten einzubinden: Künftig können beide Elternteile gemeinsam – ganz oder zeitweise – die Elternzeit in Anspruch nehmen (bisher nur abwechselnd) und dabei jeweils in Teilzeit bis zu 30 Wochenstunden (bisher: 19) arbeiten.

Das zentrale, 2001 vom Bundestag verabschiedete soziale Reformwerk ist die Neuordnung der Rentenversicherung (→ 11.5./S. 86). Über Steuererleichterungen und/oder durch direkte Zuschüsse staatlich gefördert wird alternativ zur privaten auch die betriebliche Altersvorsorge, sei es als sog.

Direktversicherung, also der vom Arbeitgeber zugunsten des Arbeitnehmers abgeschlossenen Lebensversicherung, sei es in den Pensionskassen, die nach ähnlichem Prinzip funktionieren, bei denen die Arbeitnehmer aber direkt Mitglied sind, oder bei sog. Pensionsfonds, die als Investmentfonds ein etwas höheres Risiko in sich bergen.

Da die betriebliche Altersvorsorge gegenüber der privaten zumindest in der Anfangsphase finanzielle Vorteile bietet, rechnen Experten damit, dass viele Arbeitnehmer diese Form wählen werden. Um sie überbetrieblich zu organisieren, schließen sich in einigen Branchen die Tarifparteien zusammen. Den Anfang machen IG Metall und Arbeitgeberverband Gesamtmetall, die am 29. Oktober ein gemeinsames überbetriebliches Altersversorgungswerk gründen. Anders als die Metaller erreichen die Beschäftigten der Chemie-Industrie in ihrem Tarifabschluss zur betrieblichen Altersversorgung auf Anhieb eine Betei-

ligung der Arbeitgeber an der angesparten Summe. Für jeweils 100 € vom Arbeitnehmer gibt es eine Aufstockung um 13 €.

Ziel der Rentenreform ist es, die Beiträge zur gesetzlichen Rentenversicherung langfristig stabil zu halten und kurzfristig sogar zu senken. Diese Absicht muss Walter Riester zumindest für das Jahr 2002 aufgeben. Im Oktober verkündet er, der Beitragssatz bleibe bei 19,1%. Einen Strich durch die Rechnung macht dem Bundesarbeitsminister die Entwicklung auf dem Arbeitsmarkt. Nachdem die Arbeitslosenzahl 39 Monate lang kontinuierlich gesunken ist, liegt sie ab August wieder Monat für Monat über den Zahlen des Vorjahrs. Die für den Herbst 2002 anvisierte Zahl von 3,5 Mio. Arbeitslosen scheint in weite Ferne gerückt. Damit fließt auch weniger Geld in die Rentenkasse, was sich durch eine gesetzliche Absenkung der monatlichen Schwankungsreserve von bisher 100 auf 80% des Auszahlungsbeitrags allein nicht kompensieren lässt.

»Bild« vom 6. April mit Schröders Stammtisch-Drohung an Drückeberger

MoZArT: Riester für bessere Kooperation von Arbeits- und Sozialamt

»Job Aqtiv« für rasche Vermittlung

Hatte Bundeskanzler Gerhard Schröder (SPD) im April über die »Bild«-Zeitung mit dem Motto »Es gibt kein Recht auf Faulheit« Langzeitarbeitslose noch unter Generalverdacht gestellt, so legt Arbeitsminister Walter Riester (SPD) im September nach der Parole »Fördern und Fordern« den Entwurf für ein sog. Job-Aqtiv-Gesetz vor, mit dem die Arbeitsvermittlung zielgenauer werden soll. Die Neuregelung, die nach Verabschiedung durch den Bundestag zum Jahresbeginn 2002 in Kraft treten soll, sieht vor, dass Arbeitsamt und Arbeitsloser eine Eingliederungsvereinbarung schließen, die beide Seiten in die Pflicht nimmt: Die Arbeitsverwaltung muss frühzeitig passende Stellen- und Qualifizierungsangebote vorlegen, der Arbeitslose muss nachweisen, dass er ein solches Angebot nur ablehnt, wenn es einen triftigen Grund dafür gibt.

△ Die betriebliche Weiterbildung stellt die IG Metall in ihrem Forderungskatalog bei der Tarifrunde 2001 besonders heraus; Metaller aus Stuttgart demonstrieren am 19. April für einen Rechtsanspruch auf eine regelmäßige Feststellung von Qualifizierungsmöglichkeiten und -wünschen.

◁ IG-Metall-Chef Klaus Zwickel (M.) und seine Vorstandskollegen stellen das Modell eines gemeinsamen Altersversorgungswerks der Tarifparteien vor, das im Oktober Wirklichkeit wird.

△ Behindertengerecht sollen nicht nur öffentliche Gebäude, sondern auch Verkehrsmittel sein; dies steht im Sozialgesetzbuch IX. Die Berliner Verkehrsbetriebe haben sich mit ihrem neuen Großraum-Eindeckerbus auf diese Anforderung eingestellt.

◁ Wohnungsleerstand, wie hier in Frankfurt an der Oder, bleibt ein großes soziales Problem in Ostdeutschland. In einigen neuen Ländern werden spezielle Rückholagenturen eingerichtet, die in den Westen abgewanderte Bürger zur Rückkehr in die alte Heimat bewegen und dabei betreuen wollen.

Das Ehepaar Kindermann aus Rudolstadt, hier 1998 mit 13 Kindern, wäre Nutznießer der Reform.

Höhere Pflege-Beiträge für Kinderlose

Das Bundesverfassungsgericht stellt am 3. April in einem Urteil fest, dass das Pflegeversicherungsgesetz in Teilen verfassungswidrig ist, da es Kinderlose und Eltern bei der Höhe der Versicherungsbeiträge gleich behandelt. Dies sei nicht gerechtfertigt, da Kinderlose über die Geldzahlungen hinaus »nichts für den Erhalt des Bestandes der Beitragszahler« täten. Da die Versicherung auf dem Umlageprinzip beruhe, sei dies nur dann hinzunehmen, wenn die überwiegende Zahl der Beitragspflichtigen Kinder aufzieht – was in Deutschland schon 1994, bei Verabschiedung des Gesetzes, nicht der Fall gewesen sei. Der Spruch bezieht sich nur auf die gesetzliche, nicht auf die private Pflegeversicherung.

Die Karlsruher Richter geben dem Gesetzgeber auf, bis Ende 2004 eine Neuregelung zu verabschieden. Ob eine Reform auch bei den Renten- und Krankenkassenbeiträgen erforderlich sei, müsse bis dahin geprüft werden.

Beschwerdeführer in Karlsruhe war ein Trierer Kirchenmusiker mit zehn Kindern, der in seinem Anliegen u. a. vom Familienbund der Katholiken unterstützt wurde.

PDS-Chefin Gabi Zimmer (r.) und ihre Stellvertreterin Petra Pau nehmen Abschied vom Mythos einer freiwilligen Vereinigung von KPD und SPD.

Glücklich unter einem gemeinsamen Firmendach vereint: Henning Schulte-Noelle (l., Allianz) und Bernd Fahrholz (Dresdner Bank)

Distanz zur SED-Bildung

18. 4, Berlin. PDS-Chefin Gabi Zimmer und die Berliner Landesvorsitzende Petra Pau entschuldigen sich für die Zwangsvereinigung von KPD und SPD im April 1946.

In der persönlichen Stellungnahme von Zimmer und Pau heißt es über den Zusammenschluss der beiden linken Parteien in der Sowjetischen Besatzungszone (SBZ) zur SED, er sei »auch mit politischen Täuschungen, Zwängen und Repressionen« vollzogen worden: »Viele, die sich damals ... verweigerten, bezahlten dies mit ihrer Freiheit, ihrer Gesundheit, nicht wenige mit ihrem Leben.«

Unter dem Druck der sowjetischen Besatzungsmacht war 1946 in Berlin die SED-Gründung erfolgt, obwohl sich die West-Berliner Sozialdemokraten mit 82% dagegen ausgesprochen hatten – im Ostteil der Stadt wurde eine Abstimmung untersagt. Kritische SPDler in der SBZ, die sich der Vereinigung widersetzten, wurden verfolgt.

SPD-Generalsekretär Franz Müntefering erklärt, mit der Entschuldigung erfülle die PDS eine langjährige Forderung seiner Partei, und der PDS-Vorsitzende des Landesverbandes Mecklenburg-Vorpommern, Helmut Holter, sieht in einer solchen kritischen Aufarbeitung der SED-Geschichte eine »vertrauensbildende Maßnahme« im Verhältnis seiner Partei zur SPD. Holter gehört der einzigen rot-roten Koalition auf Landesebene an.

Fusion Allianz–Dresdner

1. 4., Frankfurt am Main. Die Aufsichtsräte der Allianz und der Dresdner Bank billigen die Übernahme des Geldinstituts durch das Münchner Versicherungsunternehmen. Die Allianz Group rückt mit einem Börsenwert von 110 Mrd. € zum viertgrößten Finanzkonzern der Welt auf. Das Unternehmen verfügt über 20 Mio. Privatkunden mit einem zu verwaltenden Vermögen von 1000 Mrd. €.

Die Allianz, die bisher schon über eine Beteiligung von 22% an der Dresdner verfügte, bietet den Aktionären der Bank 53,13 € pro Aktie (Börsennotierung vor der Fusion: 51,39 €), was einem Gesamtkaufpreis von 24 Mrd. € entspricht. Die Beteiligungen beider Unternehmen bei der HypoVereinsbank werden aufgelöst.

Den Anstoß zur Fusion gibt die Rentenreform der Bundesregierung, die den Aufbau einer kapitalgedeckten privaten bzw. betrieblichen Altersvorsorge vorsieht (→ 11.5./S. 86). Auf diesem Markt scheint ein Unternehmen, das von der Versicherung bis zur Geldanlage die ganze Produktpalette bietet, gut positioniert.

Der Allianz-Vorstandsvorsitzende Henning Schulte-Noelle steht an der Spitze der neuen Allianz Group, Dresdner-Bank-Chef Bernd Fahrholz wird sein Stellvertreter. Fahrholz war erst im April 2000 an die Spitze der Dresdner Bank gerückt.

Potsdam freut sich auf viele Blumen

20. 4., Potsdam. *Bundeskanzler Gerhard Schröder eröffnet die Bundesgartenschau in Potsdam, für die ein 73 ha großes Gelände in eine Blumenpracht verwandelt worden ist. Kernstück der Schau, die bis zum 7. Oktober ihre Tore für Besucher geöffnet hat, ist ein 200 m langes und 12 m breites Gewächshaus, das im Anschluss in eine kommerziell betriebene Naturerlebniswelt umgestaltet werden soll* (→ S. 134).

◁ Gut gelaunt: Bundeskanzler Gerhard Schröder mit Gartenschau-Maskottchen »Fritz«

Bußgeld für Handy-Nutzung im Auto

1. 4., Berlin. Das Telefonieren mit dem Handy ohne Freisprechanlage beim Rad- oder Autofahren wird mit einem Bußgeld von 30 bzw. 60 DM belegt.

Bereits seit dem 1. Februar ist es in Deutschland verboten, beim Auto- oder Radfahren ein Mobiltelefon zu benutzen, das mit einer Hand ans Ohr gehalten werden muss. Dies gilt auch beim Halt an der roten Ampel und im Stopp-and-Go-Verkehr. Nach einer Übergangsphase mit mündlichen Verwarnungen wird der Verstoß von nun an mit einer Geldbuße geahndet.

Große Freude über den Sieg: Ralf Schumacher

Egidius Braun und Gerhard Mayer-Vorfelder

Freut sich auf das Siegerjackett: Tiger Woods

Schumi II auf dem Siegerpodest: Der erste Sieg im 70. Anlauf

15. 4., Imola. Vor 130 000 Fans am »Autodromo Enzo e Dino Ferrari« feiert Ralf Schumacher beim Großen Preis von San Marino seinen ersten Formel-1-Sieg.

In seinem 70. Rennen liegt der »kleine Schumacher« auf Williams-BMW vor David Coulthard (McLaren-Mercedes) und Rubens Barrichello (Ferrari) auf Platz eins. Weltmeister Michael Schumacher musste seinen Ferrari bereits in der 25. Runde an der Box abstellen.

Weitere Neuerung: Erstmals seit September 1999 gewinnt ein anderes Team als Ferrari oder McLaren-Mercedes. Den Dauerrivalen der vergangenen Jahre erwächst mit Williams-BMW ein ernst zu nehmender Titelkonkurrent.

Neue Machtstruktur im Deutschen Fußball-Bund

28. 4., Magdeburg. Die Delegierten des 37. Bundestages des Deutschen Fußball-Bundes (DFB) wählen mit 254 von 256 möglichen Stimmen den früheren Präsidenten des VfB Stuttgart, Gerhard Mayer-Vorfelder, an die Spitze des größten Sportfachverbandes der Welt. Der CDU-Politiker ist Nachfolger des nach neun Jahren aus dem Amt scheidenden Egidius Braun.

Zugleich vollzieht sich im deutschen Fußball die Trennung von Liga und Verband: Gerhard Mayer-Vorfelder führt den Deutschen Fußball-Bund mit seinen 21 Landes- und fünf Regionalverbänden; den Profi-Fußball mit den 36 Erst- und Zweitliga-Klubs steuert künftig Liga-Chef Werner Hackmann.

Ein echter Profi: Tiger Woods setzt neue Golf-Bestmarken

8. 4., Augusta. US-Golfprofi Eldrick Tiger Woods gewinnt auf dem Kurs des National Augusta Golf Clubs im Bundesstaat Georgia das 65. US-Masters-Turnier mit 272 Schlägen vor seinen Landsleuten David Duval (274) und Phil Mickelson (275).

Der 25-Jährige hat nun als erster Golfer gleichzeitig die Titel beim Masters, bei den US Open, den British Open und der PGA-Championship (alle 2000) inne. In Augusta feiert er seinen 27. PGA-Turniersieg und darf sich von Titelverteidiger Vijay Singh (Fidschi) das grüne Siegersakko überstreifen lassen.

Woods' Erfolgsserie endet am 17. Juni in Tulsa: Bei den US-Open 2001 wird er nur Zwölfter.

Poensgen feiert Debüt

8. 4., Suzuka. Als erste Frau startet Katja Poensgen bei der Motorrad-WM in der Viertelliter-Klasse. Die beiden WM-Teilnehmerinnen vor ihr fuhren in der 125-ccm-Klasse. Auf dem Kurs in Japan belegt die 24-jährige Aprilia-Pilotin aus Heppenheim beim Rennen der 250-ccm-Maschinen den 22. Rang und lässt mit diesem Erfolg alle Kritiker verstummen.

Am 3. Juni schreibt Katja Poensgen ein weiteres Mal WM-Geschichte: Beim Grand Prix von Italien in Mugello kommt sie als 14. ins Ziel, holt als erste Frau zwei WM-Punkte und verschafft sich damit endgültig Respekt in der Männerdomäne Motorradsport.

Sieben Wochen später, am 22. Juli beim Rennen auf dem Sachsenring, trennen sich der »schnellste Zopf der Welt« und ihr Team Racing Factory wegen finanzieller Streitigkeiten. Doch für Poensgen ist damit die Saison nicht beendet: Im August unterschreibt sie einen Vertrag beim Team Shell Advance und startet fortan auf einer Honda TSR 250. Die am 23. September 1976 in Mindelheim (Allgäu) geborene Blondine fuhr 1993 beim ADAC Junior Cup ihr erstes Rennen auf dem Nürburgring.

Rasant: Katja Poensgen auf der Aprilia bei ihrer WM-Premiere in Suzuka

Film 2001:

Comeback der Komödie

Chronik Übersicht

Nach Jahren voller Horror, Grusel und Action schwenkt Hollywood 2001 auf die komödiantische Linie ein. Fast scheinen die Zeiten der Screwballs wieder angebrochen zu sein.

Den Reigen der Hollywood-Komödien eröffnen Mel Gibson und Helen Hunt mit »Was Frauen wollen«. Gibson ist hier einmal nicht der Actionheld, sondern ein Werber mit Macho-Allüren, der sich notgedrungen mit all den Dingen beschäftigen muss, die Frauen tun, um gut auszusehen. Manches Mal schüttelt er dabei den Kopf und kann nicht begreifen, warum die Frauen für ihr Äußeres solche Leiden auf sich nehmen.

Mit einem, wie es scheint, typisch weiblichen Problem kämpft auch Renée Zellweger in »Bridget Jones – Schokolade zum Frühstück«. Der Film, der auf der Zeitungskolumne von Helen Fielding basiert, handelt vom ewigen Kampf gegen die Pfunde.

Weitere Komödien des Jahrgangs 2001 sind z. B. »The Mexican«, der trotz der Starkombination Julia Roberts und Brad Pitt beim Publikum nicht recht ankommt, der Film »Forrester – Gefunden« (mit Sean Connery und Rob Brown), der Spaß mit Sozialkritik verbindet, oder »Lucky Numbers« mit John Travolta, der als Wetteransager bei einer lokalen Fernsehstation eine Situation entscheidend zu verändern versucht, indem er Lottokugeln manipuliert.

Ebenfalls in die Kategorie Komödie, allerdings in Kombination mit Actionszenen, fallen u. a. Barry Levinsons »Banditen«, ein Gaunermärchen um die beiden »schweren Jungs« Bruce Willis und Billy Bob Thornton, sowie »Der Schneider von Panama«. Eine ganz besondere Note erhält die Agentensatire durch einen ihrer Hauptdarsteller, Pierce Brosnan alias James Bond, dem Jamie Lee Curtis zur Seite steht.

Gegenüber dieser Konkurrenz haben es Horrorfilme wie »Hannibal«, in dem Anthony Hopkins einmal mehr seine kannibalischen Gelüste befriedigt, oder auch ein Monumentalepos wie »Pearl Harbor« (→ 21.5./S. 94) schwer. Ein weiteres einschneidendes Ereignis der jüngeren amerikanischen Geschichte, die Kubakrise 1962, beleuchtet der Film »Thirteen Days«, in dem Kevin Costner als Präsidentenberater agiert.

Das Leben in der Cyberworld wird in mehreren Filmen thematisiert; zum einen werden Computerspiele zur Filmwirklichkeit – wie in »Tomb Raider« oder »Final Fantasy« –, zum anderen liefert die undurchschaubare IT-Industrie Stoff z. B. für den High-Tech-Thriller »Conspiracy«, in dem Ryan Philippe als junger Hacker in die Fänge eines mächtigen Konzerns gerät.

Ein erstaunliches Phänomen des Filmjahres 2001 ist die relativ große Zahl von »Wiederaufnahmen«: Nicht nur Stanley Kubricks »2001 – Odyssee im Weltraum« von 1968 kommt erneut in die Kinos, sondern z. B. auch der Horrorklassiker »Der Exorzist« von 1973 oder Francis Ford Coppolas Vietnamkriegsabrechnung »Apocalypse Now« von 1979. Hinzu kommen Remakes bekannter Klassiker wie Tim Burtons Version von »Planet der Affen« oder auch »Shadow of the Vampire«, eine Hommage an Friedrich Wilhelm Murnaus Meisterwerk »Nosferatu« von 1922.

Zudem werden Kinder wieder stärker als Kinogänger entdeckt. Zwei Zeichentrickfilme, »Ein Königreich für ein Lama« und »Shrek«, locken die jungen Besucher in die Lichtspielhäuser. Unter den deutschen Produktionen finden besonders »Emil und die Detektive« und die Karl-May-Persiflage »Der Schuh des Manitu« (→ 19.7./S. 128) Anklang, und am Ende des Jahres löst die Verfilmung des ersten Harry-Potter-Bandes einen wahren Kino-Boom aus (→ 4.11./S. 202).

Der deutsche Film bietet 2001 u. a. mit den preisgekrönten Streifen »Die innere Sicherheit« und »Das Experiment« (→ 22.6./S. 111) anspruchsvolle Unterhaltung. Das Thema Teenager wird z. B. in »Wie Feuer und Flamme« über Punks in der DDR neu beleuchtet.

Audrey Tautou ist die stets optimistische und hilfsbereite Titelheldin in »Die fabelhafte Welt der Amélie«; Regie führt Jean-Pierre Jeunet.

»Shrek«, der Grünling aus Steven Spielbergs Dreamwork-Studios, sieht zwar furchterregend aus, entpuppt sich aber als sympathisch.

Ron, Harry Potter und Hermine brechen jede Menge Kinorekorde.

Das Computerspiel »Tomb Raider« als Film (mit Angelina Jolie)

Jack Nicholson ist in »Das Versprechen« (Regie: Sean Penn) einem Kindermörder auf der Spur. Vorbild ist ein Roman von Friedrich Dürrenmatt.

Oliver Hirschbiegels Psychothriller »Das Experiment« mit Moritz Bleibtreu wird als deutscher Beitrag für die Oscar-Verleihung 2002 gemeldet.

Nur ein Ball leistet ihm Gesellschaft: Tom Hanks strandet in »Cast Away« auf einer einsamen Insel und bewährt sich als moderner Robinson.

In »Was Frauen wollen« muss sich Mel Gibson durch Wimperntusche und Enthaarungscreme in die weibliche Psyche einfühlen.

Der Österreicher Michael Haneke hat Elfriede Jelineks Roman »Die Klavierspielerin« mit Isabelle Huppert und Benoît Magimel verfilmt.

Juliette Binoche (M.) wirbelt in »Chocolat« mit ihren Schokoladenspezialitäten ein ganzes Dorf durcheinander; Regisseur ist Lasse Hellström.

Mai 2001

Mo	Di	Mi	Do	Fr	Sa	So
	1	2	3	4	5	6
7	8	9	10	11	12	13
14	15	16	17	18	19	20
21	22	23	24	25	26	27
28	29	30	31			

1. Mai, Maifeiertag

Die betriebliche Mitbestimmung ist in Deutschland das Hauptthema der bundesweit etwa 1000 Kundgebungen zum Tag der Arbeit.

Im Berliner Stadtteil Kreuzberg kommt es wie schon mehrfach am 1. Mai trotz des Einsatzes von 9000 Polizisten zu Krawallen. Insgesamt werden bei den Ausschreitungen rd. 600 Personen festgenommen. 166 Polizisten und eine nicht genannte Zahl von Demonstranten müssen ärztlich versorgt werden.

Bei einem Brand im Freizeitpark »Phantasialand« in Brühl bei Köln werden 63 Menschen verletzt. Auslöser des Feuers in einer Holz-Achterbahn war vermutlich ein Kabelbrand. → S. 91

Der Schweizer Radprofi Marcus Zberg gewinnt nach 206 km im Spurt das zum 40. Mal ausgetragene Radrennen »Rund um den Henninger Turm« in Frankfurt am Main.

2. Mai, Mittwoch

Knapp zwei Jahre nach dem Umzug der Bundesregierung von Bonn nach Berlin wird im Spreebogen das neue Bundeskanzleramt eröffnet. → S. 95

Für neuerliche Irritationen in den seit dem Luftzwischenfall über dem Südchinesischen Meer (→ 1.4./S. 73) gespannten Beziehungen zwischen den USA und China sorgt ein Missverständnis im US-Verteidigungsministerium. Fälschlicherweise ist eine Anordnung ergangen, in der von einem Abbruch der Militärkontakte zu China die Rede ist.

3. Mai, Donnerstag

Dem seit dem 1. April in Untersuchungshaft einsitzenden früheren jugoslawischen Präsidenten Slobodan Milosevic wird die Anklageschrift des UNO-Kriegsverbrechertribunals in Den Haag zugestellt. Nach Angaben seiner Anwälte nimmt Milosevic das Schreiben nicht an (→ 28.6./S. 104).

4. Mai, Freitag

Der bisherige Generalsekretär Guido Westerwelle ist neuer FDP-Chef. Westerwelle erhält auf dem Parteitag in Düsseldorf 572 von 642 abgegebenen Stimmen. → S. 88

Der erste Pilotenstreik in der Geschichte der Deutschen Lufthansa führt in Deutschland zu erheblichen Behinderungen und Verspätungen. Die Flugzeugführer wollen beträchtliche Gehaltserhöhungen durchsetzen. → S. 88

5. Mai, Samstag

Nach der Offensive der mazedonischen Armee gegen albanische Rebellen im Norden des Landes fordert die Regierung in Skopje die Bevölkerung erneut auf, das Kampfgebiet zu verlassen. Alle Zivilisten der Region sollten sich in die Stadt Kumanovo begeben (→ 22.8./S. 142).

6. Mai, Sonntag

Als erster Papst betritt Johannes Paul II. eine Moschee. Das fast 81-jährige Oberhaupt der römisch-katholischen Kirche besucht im Rahmen seiner Syrien-Reise die Omaijaden-Moschee, in der eine Reliquie von Johannes dem Täufer aufbewahrt sein soll. → S. 90

Die israelische Armee dringt mit Panzern erstmals auf autonomes Gebiet im Westjordanland vor. Bei dem Angriff einer Armee-Einheit auf Tulkarem werden nach israelischen Angaben mindestens elf Palästinenser verletzt (→ 10.8./S. 140).

Nach einer Woche im All kehrt der US-amerikanische Weltraumtourist Dennis Tito wohlbehalten auf die Erde zurück. Er landet zusammen mit zwei russischen Kosmonauten in einer »Sojus«-Raumkapsel planmäßig in der kasachischen Steppe (→ 28.4./S. 72).

Venus Williams gewinnt zum zweiten Mal nach 1999 das mit 565 000 US-Dollar dotierte WTA-Tennisturnier am Hamburger Rothenbaum. Im Finale setzt sie sich mit 6:3 und 6:0 gegen Meghann Shaughnessy (beide USA) durch.

7. Mai, Montag

Mit Gewalt verhindern demonstrierende Serben in der bosnischen Stadt Banja Luka die Grundsteinlegung für den Wiederaufbau einer im Bosnienkrieg zerstörten Moschee. Etwa 4000 bosnische Serben liefern sich Straßenschlachten mit einigen hundert Muslimen. Dabei werden mindestens 42 Menschen verletzt.

In der nordostspanischen Stadt Saragossa demonstrieren rd. 350 000 Menschen gegen die Gewalttaten der baskischen Untergrundorganisation ETA.

Nach 35 Jahren auf der Flucht kehrt der schwer kranke britische Posträuber Ronald Biggs nach Großbritannien zurück. Er wird bei seinem Eintreffen in London sofort verhaftet. → S. 91

8. Mai, Dienstag

Zum Abschluss seiner zweitägigen Beratungen in Berlin wählt der Kongress der Sozialdemokratischen Partei Europas (SPE) den britischen Außenminister Robin Cook zum neuen Vorsitzenden. Cook ist Nachfolger von Bundesverteidigungsminister Rudolf Scharping, der die SPE über sechs Jahre geleitet hatte.

Dank der Übernahme durch neun Kreditinstitute unter Führung der Deutschen Bank entgeht der wegen verlustreicher Expansionsversuche sowie hoher Papierpreise in die Schieflage geratene Schreibwarenhersteller Herlitz der Insolvenz.

9. Mai, Mittwoch

Der Bundesgerichtshof in Karlsruhe stärkt die Stellung der Kunden von Lebensversicherungen. Die Versicherer müssen künftig klarere Angaben zu den Kosten eines Neuvertrags und zum Rückkaufwert der Versicherung im Fall einer Kündigung machen.

Israels Außenminister Schimon Peres eröffnet die neue Botschaft seines Landes in Berlin (→ S. 134).

Ohne größere Zwischenfälle verläuft ein Transport von Atommüll aus dem 1990 stillgelegten Kernkraftwerk Rheinsberg in Brandenburg in das Zwischenlager Lubmin in Vorpommern. 6500 Beamte des Bundesgrenzschutzes sichern den Versand der 246 abgebrannten Brennstäbe.

Bundeskanzler Gerhard Schröder trifft in Gera seine ihm bisher unbekannten Kusinen Inge Siegel und Heidelinde Munkewitz. Schröders Schwester Gunhild Kamp-Schröder war bei Nachforschungen im Zusammenhang mit dem Grab ihres Vaters Fritz auf dessen Bruder Kurt und seine Töchter gestoßen.

In Accra, der Hauptstadt des westafrikanischen Staates Ghana, kommen bei einer Massenpanik in einem Fußballstadion 126 Menschen ums Leben. Die meisten von ihnen werden zu Tode getrampelt.

10. Mai, Donnerstag

US-Bundesrichterin Shirley Kram weist im dritten Anlauf die Sammelklagen ehemaliger Zwangsarbeiter gegen deutsche Banken ab. Damit ist die letzte größere juristische Hürde zur Auszahlung von 10 Mrd. DM an ehemalige Zwangsarbeiter während der NS-Zeit überwunden (→ 30.5./S. 89).

Die Unionsparteien legen ein gemeinsames Zuwanderungskonzept vor. Nach Ansicht der Parteivorsitzenden Angela Merkel (CDU) und Edmund Stoiber (CSU) ist Deutschland kein klassisches Einwanderungsland. Die Zahl der Immigranten müsse sich daher an der Integrationsfähigkeit des Landes ausrichten.

Der Rat der Europäischen Zentralbank mit Sitz in Frankfurt am Main verringert den entscheidenden dritten Leitzins von 4,75 auf 4,50%. Auch die beiden anderen Leitzinssätze werden um jeweils 0,25 Prozentpunkte gesenkt.

11. Mai, Freitag

Nach monatelangem Tauziehen billigen Bundestag und Bundesrat die nachgebesserte Rentenreform der rot-grünen Bundesregierung. → S. 86

Der Schweizer Bundespräsident Moritz Leuenberger weiht das neue Botschaftsgebäude seines Landes in Berlin ein (→ S. 134).

12. Mai, Samstag

Außenseiter Estland gewinnt überraschend den Grand Prix Eurovision de la Chanson. Der Song »Everybody« des Duos Tanel Padar und Dave Benton setzt sich bei dem Schlagerwettbewerb vor 38 000 Fans im Parken-Stadion von Kopenhagen durch. Gastgeber Dänemark kommt auf Rang zwei, Michelle bringt Deutschland auf Rang acht. → S. 94

13. Mai, Sonntag

Der umstrittene Medienmogul Silvio Berlusconi gewinnt bei Parlamentswahlen in Italien mit seiner Mitte-Rechts-Allianz »Haus der Freiheit« die absolute Mehrheit im Senat und im Abgeordnetenhaus. Verlierer der Wahl sind die Linken. → S. 90

Unter starken Sicherheitsvorkehrungen wird im spanischen Baskenland ein neues Regionalparlament gewählt. Dabei können die seit 1980 regierenden gemäßigten Nationalisten des Bündnisses PNV/EA ihre Position als stärkste Kraft ausbauen. Die der Untergrundorganisation ETA nahe stehenden radikalen Separatisten büßen erheblich an Stimmen ein.

Bei der Eishockey-Weltmeisterschaft verteidigt Tschechien durch ein 3:2 über Finnland im Finale in Hannover den Titel. Bronze gewinnt Schweden, das die USA 3:2 bezwingt. Deutschland ist im Viertelfinale gegen Finnland ausgeschieden. → S. 96

Die Französin Amelie Mauresmo gewinnt in Berlin die German Open der Tennis-Damen gegen Jennifer Capriati (USA).

14. Mai, Montag

Vier Monate nach dem Machtwechsel auf den Philippinen sind 34 Mio. Wähler zur Stimmabgabe bei den Parlamentswahlen aufgerufen. Neben dem Abgeordnetenhaus werden auch die Hälfte der Senatssitze und die Gemeinderäte neu gewählt. Das Regierungslager um Präsidentin Gloria Macapagal Arroyo gewinnt die Unterhauswahl und verfügt künftig auch im Oberhaus über eine knappe Mehrheit (→ 20.1./S. 33).

Knapp zehn Monate nach dem Absturz eines Flugzeugs vom Typ Concorde bei Paris, bei dem 113 Menschen ums Leben kamen, wird eine Einigung über Entschädigungen für Familien der Opfer erzielt. Über die Summe wird Stillschweigen vereinbart.

15. Mai, Dienstag

Der wegen einer Parteispendenaffäre in die Kritik geratene Chef der CDU-Fraktion im Berliner Abgeordnetenhaus, Klaus Landowsky, tritt wie angekündigt zurück. Zum Nachfolger wählt die Fraktion den bisherigen Stellvertreter Landowskys, Frank Steffel (→ 16.6./S. 110).

In einem der letzten großen Terroristenprozesse wird Andrea Klump in Stuttgart zu neun Jahren Haft verurteilt. Sie hat gestanden, 1988 gemeinsam mit dem mutmaßlichen RAF-Terroristen Horst Meyer an einem versuchten Sprengstoffanschlag auf eine Diskothek im spanischen US-Militärstützpunkt Rota beteiligt gewesen zu sein. Eine Mitgliedschaft in der sog. Roten Armee Fraktion (RAF) konnte Klump nicht nachgewiesen werden.

Am 53. Jahrestag der Staatsgründung Israels protestieren im Gasastreifen und im Westjordanland Zehntausende Palästinenser, um an Flucht und Vertreibung ihrer Landsleute aus dem heutigen Israel zu erinnern. Bei den blutigen Auseinandersetzungen seit Monaten im Nahen Osten werden sechs Menschen getötet und fast 150 verletzt.

Die in Dresden erscheinende »Sächsische Zeitung« nimmt in ihrer Ausgabe vom 3. Mai die Wohn- und Lebensverhältnisse von Ministerpräsident Kurt Biedenkopf (CDU) aufs Korn.

Sächsische Zeitung

DONNERSTAG, 3. MAI 2001

Dresden

www.sz-online.de

56. Jahrgang · Nr. 102 · 1,30 DM/ 0,66 Euro

Kino

Hochzeitsprofi mit Liebeskummer - Jennifer Lopez in „Wedding Planer“ S.16

Ratgeber

Zeckengefahr - die kleinen Vampire sind wieder unterwegs S.24

Plusz

Inspiration im Fotoladen - Gerd Kempe am Freiberger Burgtheater

Ja wo wachsen sie denn, die hellen Köpfe?

Wie aufgereiht rückten gestern die Spargelstecher auf einem Feld bei Nieschütz - an der Sächsischen Weinstraße zwischen Meißen und Riesa gelegen - vor. Um bis Mitte Juni das begehrte Edelgemüse täglich frisch vom Feld weg zu vermarkten, beschäftigen die Spargelbauern derzeit Saisonkräfte. Das kühle Aprilwetter hatte den Start der Erntesaison um rund zehn Tage verzögert. In Sachsen wird auf einer Anbaufläche von rund 200 Hektar Spargel herangezogen, das sind 30 Hektar mehr als im Vorjahr. Foto: SZ/Thomas Lehmann

Sieben Richtige

Heute schon gewonnen?

Einfach die Spielkarte anlegen: Stimmen sechs oder sieben Symbole der Leiste in Art und Position überein, haben Sie schon gewonnen - vorausgesetzt, Sie rufen noch heute zwischen 16 und 18 Uhr an (24 Pf./Min.):
☎ 01805 25 32 11
Finden Sie zusätzlich zu Ihren sieben oder sechs richtigen Symbolen auch eine Übereinstimmung beim Super-Symbol, verdoppelt sich Ihr Gewinn sogar! **Siehe Lokalteil**

NOTIERT

Champions League: Valencia darf hoffen

Leeds. Der FC Valencia darf auf die zweite Endspiel-Teilnahme in Folge in der Champions League hoffen. Mit dem 0:0 bei Leeds United verschaffte sich der Vorjahresfinalist am gestrigen Abend eine günstige Ausgangsposition für das Rückspiel. 36 000 Zuschauer im ausverkauften Stadion an der Elland Road sahen eine kampfbetonte Begegnung, in der die Engländer mehr Feldanteile und die besseren Torgelegenheiten besaßen. (sid) **Sport**

USA brechen militärische Kontakte zu China ab

Washington. Die Spannungen zwischen Washington und Peking haben einen weiteren Höhepunkt erreicht: Die USA haben offiziell alle Militärkontakte zu China „bis auf weiteres“ abgebrochen. Wie ein Regierungsvertreter gestern in Washington mitteilte, ordnete Verteidigungsminister Donald Rumsfeld die Maßnahme bereits am Montag an. Sie trat sofort in Kraft. (AP)

Deutsche Internetsurfer weltweit auf Platz drei

Frankfurt/Main. Die deutschen Internetnutzer liegen auf der Weltrangliste der fleißigsten Surfer weiter auf Platz drei. Die Deutschen rufen im Schnitt 818 Seiten pro Monat auf und rangieren damit hinter Südkorea und Hongkong, wie die Marktforschungsfirma Nielsen/NetRatings gestern in Frankfurt am Main mitteilte. Südkoreanische Surfer besuchen im Schnitt 2 164 Seiten pro Monat. Die weltweite Internetgemeinde wuchs im Monat März um fast sieben Millionen auf 379 Millionen Benutzer. (AP)

Biedenkopf-Affäre

Kein Pfennig für Koch, Gärtner und Putzfrau

Bericht: Miete zu hoch / Steuer-Nachzahlungen drohen

Ein Bericht zur Biedenkopf-Affäre um Mietzahlungen und private Nutzung von Dienstleistungen liegt vor. Er gibt Antworten und wirft neue Fragen auf.

Dresden. Sachsens Ministerpräsident Kurt Biedenkopf (CDU) drohen Steuer-Nachzahlungen von mehr als 20 000 Mark. Zu diesem Ergebnis kommt ein Prüfbericht, den Staatskanzleichef Georg Brüggen (CDU) gestern vorstellte. Gleichzeitig entlastet das Papier das Ehepaar Biedenkopf von zahlreichen Vorwürfen, die in den vergangenen Wochen erhoben wurden.

Laut Prüfbericht dürfen die Biedenkopfs das Personal im Gästehaus der Staatsregierung in Dresden ohne zusätzliche Zahlungen nutzen. Die üblichen Serviceleistungen, zum Beispiel Kochen und Putzen, seien Bestandteil eines „Nutzungsüberlassungsvertrages“. Anders verhalte es sich bei Einsätzen in Biedenkopfs Haus am Chiemsee. Brüggen wollte nicht ausschließen, dass die Bediensteten dort auch zu privaten Anlässen aushalfen. Dadurch könnte ein geldwerter Vorteil von rund 31 600 Mark entstanden sein, der zu versteuern wäre. Das Gleiche trifft auf Privatfahrten von Ingrid Biedenkopf mit Dienstwagen der Fahrbereitschaft zu. Das letzte Wort hat die Finanzverwaltung.

Der Prüfbericht ist das Werk einer Arbeitsgruppe, die die Staatskanzlei nach öffentlichem Druck kurz vor Ostern eingesetzt hatte. Die Gruppe befragte ehemalige und jetzige Bewohner des Gästehauses und ließ Gutachten anfertigen. Weitere Gutachten sind noch in Arbeit. Bisher habe es keine Hinweise auf eine Vorteilsnahme Biedenkopfs ergeben, sagte Brüggen.

Eine Überraschung enthält der Bericht zum Mietzins. Danach hat Biedenkopf wegen falscher Berechnung der Wohnungsgröße knapp 16 000 Mark zu viel Miete gezahlt. Ein Gutachter kam sogar zu dem Ergebnis, dass die Wohnung der Mietpreisbindung unterlag und Biedenkopf deshalb 45 000 Mark zu viel zahlte. (SZ/sk) S.4/6

Bundesregierung

Dosenpfand beschlossen

Einzelhandel kündigt weiteren Widerstand an

Berlin. Gegen den massiven Widerstand von Handel und Industrie hat das Bundeskabinett gestern das Pflichtpfand auf Getränkedosen und Einwegflaschen beschlossen.

Mit der Umstellung auf das Euro-Bargeld ab 2002 soll ein Pfand von rund 50 Pfennig (0,25 Euro) fällig werden, ab einem Inhalt von 1,5 Liter knapp eine Mark (0,50 Euro). Bundestag und Bundesrat müssen noch zustimmen. Der Einzelhandel kündigte an, weiter gegen das „Zwangspfand“ zu kämpfen. Umwelt- und Verbraucherverbände, der Getränkefachgroßhandel und mittelständische Brauereien begrüßten die Regelung. Verweigert die Länderkammer die Zustimmung, greift die alte Verordnung. Danach müssten noch in diesem Jahr nur Bier- und Mineralwasserdosen mit einem Pfand belegt werden, weil hier die Mehrwegquote mehrmals unterschritten wurde. Es sei kaum zu erklären, dass dann auf die Bierdose ein Pfand erhoben würde, auf die Cola-Büchse aber nicht, sagte Umweltminister Jürgen Trittin. (dpa) S.2/4

Staatsschauspiel

22 Dresdner Premieren geplant

Dresden. 22 Premieren, sechs davon im Theater in der Fabrik, kündigt das Staatsschauspiel Dresden für die Spielzeit 2001/2002 an.

Im Schlosstheater sind dabei vier Uraufführungen geplant. Das Schauspielhaus eröffnet am 22. September mit Lessings „Nathan der Weise“ die Saison. Der Premiere wird Heinrich von Kleists „Robert Guiskard: Ein Fragment“ vorangestellt, mit dem das Haus 1911 eröffnet wurde. Der designierte Intendant Holk Freytag setzt auf neue Regiehandschriften. So inszenieren Johann Kresnik, Michael Thalheimer, Niels-Peter Rudolph in Dresden. Außerdem hat das Theater sein Logo völlig geändert. (SZ/md)

Berlin

Möglicherweise Polizei-Fehler

Berlin. Bei dem Polizeieinsatz während der Krawalle am 1. Mai in Berlin ist der Polizei möglicherweise eine schwere Panne unterlaufen.

Der SFB berichtete gestern Abend, die Polizei habe Teilnehmer einer verbotenen Versammlung aufgefordert, in Richtung Mariannenplatz abzuziehen. Dort fand aber zur gleichen Zeit ein friedliches Straßenfest mit Tausenden Teilnehmern statt. Einsatzleiter Gernot Piestert sagte dem Sender, sollte dies so geschehen sein, sei dies aus polizeitaktischer Sicht „töricht“. Innensenator Eckart Werthebach geriet wegen seines verschärften Sicherheitskonzepts unter Beschuss. (dpa) S.3/4

Dresden

US-Wissenschaftler schickt sein Archiv an die Elbe

Der US-Wissenschaftler Cornelius Schnauber hat Dresden sein Privatarchiv geschenkt. Es enthält Tausende Originaldokumente bedeutender Künstler, Politiker und Wissenschaftler des 20. Jahrhunderts.

Jetzt sind die ersten hundert Filmrollen im Stadtarchiv eingetroffen. Gestern war auch Schnaubers Assistentin Susanne Nonn vor Ort, um mit Spezialisten die nächsten Schritte zu besprechen.

Schnaubers Engagement für seine sächsische Heimat ist damit nicht beendet. Zur Synagogen-Weihe holt er Steven Spielberg nach Dresden. Zudem knüpfte er die Kontakte zwischen Spielbergs Shoa Foundation und Sachsen. Über eine sächsische Zweigstelle des Holocaust-Archivs gab es jetzt in Los Angeles Gespräche zwischen Ministerpräsident Kurt Biedenkopf und dem Stiftungschef. (SZ/gm) S.9

Auch das gibt's

Robuster Käfer

Frankfurt/Main. Zehn Jahre hat ein vergrabener VW-Käfer scheinbar unbeschadet überstanden. Ein 31-Jähriger war in seinem Garten in Frankfurt am Main auf den Kleinwagen gestoßen. Den habe der Vorbesitzer des Grundstücks angeblich aus Ärger mit Behörden unter die Erde gebracht, erfuhr die Polizei von einer Nachbarin. Das bodenerprobte Auto mache einen funktionsfähigen Eindruck. (dpa)

WETTER

Heute Früh ist es noch sonnig und warm. Gegen Nachmittag wird es von Westen her wolkiger. Es bleibt aber noch trocken. Die Temperatur steigt auf 23 bis 26 Grad. **Panorama**

BÖRSE

Stand 2.5., 23 Uhr	Punkte	Veränderung
Dax	6 197,51	- 67,00
Nemax	1 58,82	+ 89,90
EuroStoxx	4 492,33	- 32,68
Dow Jones	10 875,24	- 23,10
Euro-Kurs	1 Euro = 0,8907 USD	

42118

4 394110 501301

Ausland: 35 Kc / 33 Sk / 13 öS / 190 pts / 2.200 Lit / 1,250 DT
250 pts (Kanaren) / 420 Dr / 220 Ft / 750.000 TL

DDN

Kneipenkultur

Der letzten Glocke schlägt das Stündlein

Die Briten dürfen demnächst rund um die Uhr trinken – dafür sorgt die Reform der Pub-Öffnungszeiten

Von Jochen Wittmann, London

Wenn deutsche Touristen abends in einer britischen Kneipe ein Bierchen trinken wollen, trifft es sie regelmäßig wie ein Schlag: Kurz vor 23 Uhr schrillt eine Glocke, und der Landlord, der Wirt, schreit „Last Orders!“ - was bedeutet: Wer jetzt kein Bier bestellt, bekommt keins mehr. Spätestens um halb zwölf dann wird man aus dem Pub gewiesen und findet sich mit einer Horde angetrunkener Briten auf der Straße wieder. Der Kulturschock der frühen Polizeistunde hat Besucher vom Kontinent schon seit jeher verstört, aber das soll jetzt anders werden. Der Staatsminister im Innenministerium Mike O'Brien verkündete gestern eine Reform der Öffnungszeiten: Bald soll in Großbritannien das Trinken rund um die Uhr möglich sein.

Im Grunde haben ja die Deutschen Schuld. Die Regierung führte 1915, als man sich im Krieg mit dem deutschen Kaiserreich befand, die strikten Trinkzeiten ein, um sicherzustellen, dass die Arbeiter in den Munitionsfabriken nüchtern zur Morgenschicht erschienen. Seitdem hat sich aber nichts daran geändert, was zu einer spezifisch britischen Ausprägung der Kneipenkultur führte. Wenn es zu den „Last Orders“ kommt, schwappt die Stimmung regelmäßig auf den Höhepunkt. Und viele Gäste bestellen sich gleich mehrere „Pints“, weil keiner beim Zieltrinken auf Zeit seinen Schwips verpassen will. Wenn dann innerhalb der halben Stunde „Drinking-up Time“ die letzten Bierchen im Sturztrunk konsumiert werden müssen, ist die Folge absehbar.

Demnächst darf im Pub, der britischen Kneipe, auch nach 23 Uhr der Zapfhahn geöffnet sein. Foto: AP

Nach den Plänen des Innenministeriums sollen die Öffnungszeiten in Zukunft entzerrt werden. Im Prinzip ist dann der Alkoholverkauf - nicht nur in Pubs, sondern auch in Geschäften und Restaurants - 24 Stunden am Tag erlaubt. Gasthäuser können sich um eine erweiterte Schanklizenz bewerben, die Polizei überwacht dabei so genannte Problem-Pubs. Die neuen Regelungen sollen laut O'Brien dafür sorgen, dass in Zukunft zivilisierter und kontrollierter getrunken wird. Wenn die Zapfhähne nicht mehr generell um 23 Uhr geschlossen werden, hätte man nicht mehr den plötzlichen Schwall von Betrunkenen in den Straßen. Allerdings wird das neue Gesetz nur in England und Wales gelten, für Schottland und Nordirland werden weiterhin spezielle Regelungen in Kraft bleiben.

INHALT

KONTAKT

Abo-Service/Zustellung	☎ 01802 328 328 (12 Pfennig pro Gespräch)
Mo-Fr 7-19 Uhr; Sa 8-12 Uhr	Fax 0351-48 64 28 11
Kleinanzeigenannahme	☎ 0351-840 444
Mo-Fr 8-19 Uhr	Fax 0351-48 64-24 39
Tickettelefon	☎ 0351-84 04 20 02
Leserreisentelefon	☎ 01803-234 143
Mo-Fr 9-19 Uhr	
E-Mail-Adressen	redaktion@dd-v.de
anzeigen@dd-v.de	abo@dd-v.de
SZ-Lesertelefon	☎ 0351-48 64 22 73
SZ-Redaktion Fax	Fax 0351-48 64 23 54

16. Mai, Mittwoch

Nach gut zehn Jahren steht der Mord an dem damaligen Treuhand-Chef Detlev Karsten Rohwedder vor der Aufklärung. Nach Erkenntnissen des Bundeskriminalamts deutet die Genanalyse eines am Tatort gefundenen Haares auf eine Beteiligung des mutmaßlichen RAF-Terroristen Wolfgang Grams an dem Attentat in Düsseldorf am 1. April 1991 hin.

Mit den Stimmen der CDU weist der sächsische Landtag in Dresden die Rücktrittsforderung der PDS gegen Ministerpräsident Kurt Biedenkopf zurück. Drei Parlamentarier der SPD enthalten sich in der offenen Abstimmung, die übrigen Sozialdemokraten votieren mit der PDS. Biedenkopf wird seit Wochen vorgehalten, sich persönliche Vorteile im Amt verschafft zu haben (→ 25.5./S. 87).

Beim Absturz einer türkischen Militärmaschine in Zentralanatolien kommen alle 34 Insassen ums Leben. Die Maschine befand sich auf dem Flug von Diyarbakir nach Ankara.

Der FC Liverpool gewinnt den UEFA-Pokal. Im Endspiel in Dortmund besiegen die Engländer die spanische Mannschaft CD Alaves 5:4. → S. 96

17. Mai, Donnerstag

George W. Bush will die USA mit einer Wachstumsoffensive aus der Energiekrise führen. In den nächsten 20 Jahren müssten mindestens 1300 neue Kraftwerke gebaut werden, erklärt der US-Präsident in Washington. Das bislang unberührte arktische Naturreservat von Alaska will Bush für Ölbohrungen öffnen, die Umweltrichtlinien für Ölraffinerien sollen gelockert werden (→ 20.1./S. 30).

Ein Generalstreik gegen die von der sozialistischen Regierung geplante Rentenreform legt das öffentliche Leben in Griechenland weitgehend lahm. Etwa 2,5 Mio. Griechen beteiligen sich an dem Ausstand.

18. Mai, Freitag

In seiner zweiten »Berliner Rede« warnt Bundespräsident Johannes Rau bei Fragen der Gentechnik vor unkritischem Fortschrittsglauben. Die Forschung an menschlichen Embryonen lehnt das deutsche Staatsoberhaupt entschieden ab.

Bei einem Selbstmordanschlag vor einem belebten Einkaufszentrum in der israelischen Hafenstadt Netanja sterben sieben Menschen, darunter der Attentäter. Mehr als 100 Personen werden verletzt. Zu dem Attentat bekennt sich die radikal-islamische Hamas. Die israelische Armee reagiert auf den Anschlag mit der Beschießung von Gebäuden der palästinensischen Polizei und einer Eliteeinheit in Nablus und Ramallah (→ 10.8./S. 140).

19. Mai, Samstag

In der Grote Kerk von Den Haag werden Prinz Constantijn, der jüngste Sohn von Königin Beatrix und Prinz Claus, und Laurentien Brinkhorst, die Tochter von Landwirtschaftsminister Laurens Brinkhorst und seiner Frau Jantien, nach reformiertem Ritus getraut. → S. 91

Gut drei Tage nach dem Beginn ihres Ausflugs wird eine eingeschlossene Schweizer Studentengruppe aus der Gomois-Höhle im französischen Jura geborgen. → S. 91

Durch den Ausgleich zum 1:1 in der Nachspielzeit im Auswärtsspiel gegen den Hamburger SV wird der FC Bayern München zum 17. Mal Deutscher Fußballmeister. → S. 97

20. Mai, Sonntag

Zum Abschluss einer UNO-Konferenz über die 49 am wenigsten entwickelten Länder verabschieden die 157 Teilnehmerstaaten in Brüssel einen Aktionsplan, der einen Verzicht auf Zölle und Quoten vorsieht. Die Industriestaaten wollen ihre Märkte für Waren aus diesen Ländern vollständig öffnen.

Die griechische Küstenwache nimmt in der Ägäis 110 Menschen fest, die illegal nach Griechenland einwandern wollten. Die Afghanen und irakischen Kurden befanden sich an Bord einer unter US-Flagge fahrenden Yacht.

Bei der Präsidentenwahl in der Mongolei wird Staatschef Natsagiyn Bagabandi mit rd. 58% der Stimmen für eine zweite Amtszeit wiedergewählt.

Mit der Goldenen Palme der 54. Internationalen Filmfestspiele von Cannes wird der italienische Film »Das Zimmer des Sohnes« von Nanni Moretti ausgezeichnet. → S. 94

Fußball-Bundesligist Bayer Leverkusen trennt sich mit sofortiger Wirkung von Coach Berti Vogts. Der 54-jährige Ex-Bundestrainer hatte seinen Posten erst ein halbes Jahr inne. Nachfolger wird Klaus Toppmöller.

Der SC Magdeburg ist erstmals deutscher Handballmeister. → S. 96

21. Mai, Montag

Der Mitchell-Bericht über die Ursachen der Konfrontation zwischen Israelis und Palästinensern wird in Washington vorgestellt. Die internationale Kommission unter Vorsitz des früheren US-Senators George Mitchell schlägt zur Beilegung des Nahostkonflikts einen Stufenplan vor. Dazu gehören die sofortige Einstellung der Gewalt, ein Siedlungsstopp sowie schließlich die Wiederaufnahme von Friedensverhandlungen.

Auf dem Deck des modernsten und größten Flugzeugträgers der US-Flotte, der »USS John C. Stennis«, wird auf Hawaii das Kriegsmelodram »Pearl Harbor« uraufgeführt. Die USA waren nach Pearl Harbor 1941 in den Krieg gegen Japan und Deutschland eingetreten. → S. 94

22. Mai, Dienstag

Wegen des brutalen Überfalls auf den Gendarmen Daniel Nivel am Rande der Fußball-WM am 21. Juni 1998 im nordfranzösischen Lens verurteilt das Schwurgericht von Saint-Omer einen deutschen Hooligan zu fünf Jahren Haft. Ferner darf der 30-Jährige Frankreich zehn Jahre lang nicht betreten. → S. 94

In New York kommt das Originalmanuskript des Kultromans »On the Road« von Jack Kerouac unter den Hammer. →S. 95

Der dreimalige Formel-1-Weltmeister Michael Schumacher verlängert seinen Vertrag bei Ferrari vorzeitig um zwei Jahre bis 2004. Schumacher fährt seit 1996 für den erfolgreichen italienischen Rennstall (→ 14.10./S. 187).

23. Mai, Mittwoch

Das »Museum der Phantasie« von Lothar-Günther Buchheim wird in Bernried am Starnberger See eröffnet. Das von dem Olympia-Architekten Günter Behnisch entworfene Haus beherbergt die bedeutende Expressionisten-Kollektion des Kunstsammlers. → S. 95

Vier Tage nach dem Gewinn der deutschen Fußballmeisterschaft sichert sich der FC Bayern München im Giuseppe-Meazza-Stadion in Mailand den Titel der Champions League. → S. 96

24. Mai, Christi Himmelfahrt

Die Demokraten haben erstmals seit 1994 wieder die Mehrheit im US-Senat. Der als liberal geltende Senator Jim Jeffords aus Vermont teilt seinen Austritt aus der Republikanischen Partei von Präsident George W. Bush mit. Bislang herrschte im Senat mit jeweils 50 Sitzen für jede Partei Stimmengleichheit.

Der ungarische Schriftsteller György Konrád wird mit dem internationalen Karlspreis der Stadt Aachen ausgezeichnet. Auf diese Weise sollen seine Verdienste um das Zusammenwachsen Europas gewürdigt werden. → S. 88

25. Mai, Freitag

Bundeskanzler Gerhard Schröder (SPD) trifft zu seinem ersten Österreichbesuch seit dem Ende der achtmonatigen EU-Sanktionen in Wien ein. Schröder spricht zunächst mit SPÖ-Chef und Oppositionsführer Alfred Gusenbauer, was ihm von Teilen der Öffentlichkeit heftige Kritik einträgt. → S. 87

Der sächsische Landesrechnungshof kritisiert in einem Prüfungsbericht die Nutzung des Gästehauses in Dresden durch Ministerpräsident Kurt Biedenkopf (CDU). Bedenklich sei, dass Angestellte für private Zwecke der Bewohner arbeiten. → S. 87

Beim Einsturz einer Tanzhalle in Jerusalem werden bei einer Hochzeitsfeier 23 Gäste getötet und über 350 verletzt. Es ist das schwerste zivile Unglück in der Geschichte Israels. → S. 94

26. Mai, Samstag

Im zentralafrikanischen Ruanda werden zehn Menschen wegen Kriegsverbrechen während des Bürgerkriegs 1994 zum Tode verurteilt. Ein Gericht befindet sie des Völkermordes und der Verbrechen gegen die Menschlichkeit für schuldig. 23 weitere Angeklagte müssen lebenslang in Haft.

Der FC Schalke 04 gewinnt zum dritten Mal nach 1937 und 1972 den deutschen Fußball-Vereinspokal. Der deutsche Vi-

zemeister setzt sich im Berliner Olympiastadion mit 2:0 gegen den Zweitliga-Aufsteiger 1. FC Union Berlin durch. → S. 97

27. Mai, Sonntag

Zwei Wochen nach ihrer Niederlage bei den Parlamentswahlen (→ 13.5./S. 90) erzielen die italienischen Linksparteien bei Kommunalwahlen Erfolge. In Rom, Neapel und Turin werden sie wie bisher die Bürgermeister stellen.

Bei den Parlamentswahlen im griechischen Teil von Zypern wird die oppositionelle linke Fortschrittspartei AKEL mit 34,7% der Stimmen (1996: 33,2%) stärkste Kraft. Dennoch bleibt die konservative Regierung von Staats- und Regierungschef Glafkos Klerides im Amt, weil die bürgerlichen Parteien die Mehrheit behaupten.

Der Tscheche Roman Sebrle stellt in Götzis mit 9026 Punkten einen Zehnkampf-Weltrekord auf. Sebrle ist der erste Zehnkämpfer, der eine Punktzahl über 9000 erreicht. Bei den Olympischen Spielen in Sydney war der Tscheche Zweiter geworden. → S. 96

28. Mai, Montag

In der Zentralafrikanischen Republik scheitert ein Putschversuch von Angehörigen des Militärs gegen Präsident Ange-Félix Patassé. Das Land mit rd. 3,5 Mio. Einwohnern gilt als einer der ärmsten Staaten Afrikas.

29. Mai, Dienstag

Die deutsche Fußball-Nationalelf besiegt in einem Freundschaftsspiel im Bremer Weserstadion die Slowakei 2:0.

30. Mai, Mittwoch

Nach zweijährigen Debatten über die Entschädigung von NS-Zwangsarbeitern stellt der Bundestag mit klarer Mehrheit die Rechtssicherheit für deutsche Unternehmen fest. Damit kann die Auszahlung der Gelder beginnen. → S. 89

Der erste Prozess um Schmiergeldzahlungen des ehemals staatlichen Ölkonzerns Elf Aquitaine endet in Paris mit Freiheitsstrafen für den früheren französischen Außenminister Roland Dumas und weitere Angeklagte. → S. 90

Die Europäische Kommission in Brüssel verhängt gegen den VW-Konzern wegen wettbewerbswidriger Verkaufspraktiken ein Bußgeld in Höhe von rd. 60 Mio. DM. Der Konzern soll VW-Händler in den Jahren 1996 und 1997 gehindert haben, von sich aus Preisnachlässe für das Modell Passat zu gewähren.

31. Mai, Donnerstag

Mehrere 100 000 meist jugendliche Berber protestieren in der algerischen Hauptstadt Algier gegen das harte Vorgehen der Sicherheitskräfte in der Kabylei im Nordosten des Landes. Dort sollen bei Unruhen seit Jahresbeginn mindestens 50 Menschen ums Leben gekommen sein. Die Rif-Kabylen, ein Berberstamm, fühlen sich seit langem von der arabischen Führung des Landes unterdrückt und wirtschaftlich vernachlässigt.

Vorschau auf das Champions-League-Endspiel zwischen Bayern München und dem FC Valencia im »Kicker« vom 21. Mai

sportmagazin

kicker

aktuell · fachlich · kritisch

http://www.kicker.de

DM 3,50
Nr. 42 / 21. Woche
21. 5. 2001

Belgien 85 bfr, England 1,80 £,
Frankreich 17,00 FF, Griechenland 900 Dr.
Italien 5000 lit., Niederlande 4,75 hfl.
Österreich 28 öS., Schweiz 3,50 sfr.
Spanien (Luftfracht) 475 Ptas.
Kan. Inseln (Luftfracht) 500 Ptas.
CR 65 Kc.

Meisterschaft
Europacup
Abstieg

Endspiele

UEFA CHAMPIONS LEAGUE.

**FC Bayern –
FC Valencia**

**Effenberg: Dieser Pott
muss endlich her!**

Die große Leserumfrage
WÄHLT DIE kicker 2001
Tolle Preise:
1 Opel Astra Cabrio 1,6
8 Reisen zum WM-Qualifikationsspiel
Deutschland - England

ROLF RÜSSMANN Sein Plan mit Stuttgart **TOMAS ROSICKY** Seine Dortmunder Bilanz **HANS MEYER** Sein Gladbacher Erfolgsgeheimnis **MICHAEL SCHUMACHER** Sein Lieblings-GP Monaco

Rentenreform zugunsten von Privatvorsorge

11. 5., Berlin. Nach der Billigung letzter Änderungen durch den Bundestag verabschiedet die Länderkammer die von der rot-grünen Bundesregierung ausgearbeiteten Vorschläge zur staatlichen Förderung privater Altersvorsorge. Damit kann die gesamte Rentenreform zum Jahresbeginn 2002 in Kraft treten.

Obwohl die Unionsparteien insgesamt die Reform als »bürokratisches Ungetüm« ablehnen und eine »soziale Schieflage« beklagen, stimmen neben den rot-grün regierten Ländern auch Berlin und Brandenburg mit CDU/SPD-Regierungen zu. Auch von Mecklenburg-Vorpommern mit einer SPD/PDS-Koalition kommt ein Ja, obwohl sich die PDS gegen die Reform ausgesprochen hat; dies sorgt für Verstimmung beim kleinen Koalitionspartner in Schwerin.

In dem nun verabschiedeten Teil des Reformvorhabens – nur er bedurfte der Zustimmung des Bundesrates – ging es um direkte Zuschüsse bzw. Steuervergünstigungen, mit denen der Staat die Arbeitnehmer beim Aufbau einer privaten Altersvorsorge unterstützen will. 2008, in der Endstufe des Programms, das Bezieher kleiner Einkommen und Familien mit Kindern besonders begünstigt, will der Staat bis zu 21 Mrd. DM bereitstellen. Auch selbst genutztes Wohneigentum wurde in letzter Minute in die Förderung einbezogen.

Mit der neuen »Riester-Rente« sollen Kürzungen bei der gesetzlichen Rente ausgeglichen werden. Staatliche Zuschüsse beim Vorsorgesparen erhalten Arbeitnehmer, die ab 2002 1%, ab 2004 2%, ab 2006 3% und ab 2008 4% ihres Bruttoeinkommens dafür verwenden.

Mithilfe einer neuen Rentenformel soll der Beitragssatz zur gesetzlichen Rentenversicherung (derzeit 19,1%) trotz der Alterung der Gesellschaft stabil gehalten werden. Ziel ist es, ihn bis zum Jahr 2020 unter 20% und bis zum Jahr 2030 unter 22% zu belassen.

Durch die neue Formel verringert sich langfristig das Rentenniveau. Der sog. Eckrentner mit 45 Versicherungsjahren bei Durchschnittsverdienst erhält derzeit 70% des Durchschnittseinkommens als Rente; im Jahr 2030 werden es – nach der heute gültigen Berech-

Kanzler Gerhard Schröder (r.) und sein Arbeitsminister Walter Riester (beide SPD) freuen sich über die Reform.

nungsgrundlage – nur noch 64% sein. Zwar sinkt langfristig das Rentenniveau im Vergleich zum Lohn, das bedeutet jedoch nicht, dass die Renten nicht mehr steigen – dies geschieht nur langsamer als früher.

Ein weiterer Aspekt der Reform betrifft den Ausbau einer eigenständigen Alterssicherung für Mütter bzw. – in selteneren Fällen – Väter. So erhalten Personen, die wegen der Erziehung eines Kindes unter-

durchschnittlich verdienen bzw. wegen mehrerer Kinder zu Hause bleiben, bei der Rentenberechnung Zuschläge. Darüber hinaus können bedürftige Rentner Zahlungen in Höhe des Sozialhilfesatzes erhalten, ohne dass auf das Vermögen der Kinder zugegriffen wird, sofern deren Jahreseinkommen nicht über 100 000 € liegt.

Für neu geschlossene Ehen bzw. bestehende Ehen mit Partnern un-

ter 40 Jahren gilt ein neues Hinterbliebenenrecht. Es sieht u. a. eine Senkung des Niveaus bei der Witwen-/Witwerrente von bisher 60 auf 55% der Rente des Verstorbenen und Kinderzuschläge vor. Als Alternative zur Hinterbliebenenrente wird ein sog. Rentensplitting eingeführt. Dabei werden die während der Ehe erworbenen Rentenanwartschaften je zur Hälfte zwischen beiden Partnern aufgeteilt.

Strenge Förderkriterien

Damit eine Anlage als förderfähig anerkannt wird, muss sie strengen Kriterien genügen. Ob dies der Fall ist, soll eine eigens einzurichtende Zertifizierungsstelle prüfen. Wichtig ist, dass die Anlage bis zum Beginn der Altersrente bzw. bis zum 60. Geburtstag des Anlegers gebunden ist und weder beliehen noch anderweitig verwendet werden kann (Ausnahme: Beleihung zur Finanzierung selbst genutzten Wohneigentums). Die Anlage muss ab Auszahlungsbeginn eine lebenslange, gleich bleibende bzw. steigende Monatsrente gewährleisten. Beim Fondssparen muss eine Versicherungskomponente eine feste Rente ab 85 Jahren garantieren.

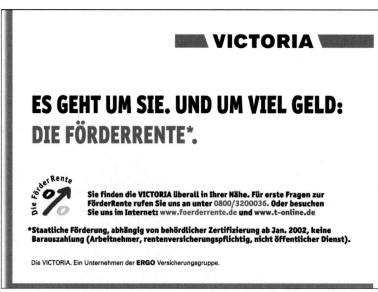
Schon vor dem Start der Riester-Rente werben die Versicherungen.

Bei Wien-Besuch eckt Schröder an

25.5., Wien. Bundeskanzler Gerhard Schröder reist zu einem 24-stündigen Aufenthalt nach Österreich. Mit der Reihenfolge und Gewichtung seiner dortigen Gespräche sorgt er für Aufregung. Schröder ist erst der zweite Regierungschef eines EU-Staates, der nach der Aufhebung der Sanktionen gegen Österreich im September 2000 an die Donau kommt. Die Strafmaßnahmen hatten die EU-Länder wegen der Beteiligung der rechtspopulistischen FPÖ an der Regierung in Wien verhängt.

Schröder trifft sich zuerst mit dem SPÖ-Vorsitzenden Alfred Gusenbauer und nimmt an einer Veranstaltung der Aktion Kritische Wähler statt, die den Protest gegen die rechtskonservative Regierung in Wien organisiert. Erst danach kommt es zu einer Begegnung zwischen Schröder und dem österreichischen Bundeskanzler Wolfgang Schüssel von der konservativen ÖVP. Zwischen beiden Ländern bestünden »hoch entwickelte Arbeitsbeziehungen«, heißt es danach, und Schröder spricht von »identischen Interessen« beider Länder insbesondere in der Frage der EU-Erweiterung. Es folgt eine Visite bei Bundespräsident Thomas Klestil.

In der Weigerung des deutschen Kanzlers, mit FPÖ-Vertretern zu sprechen, sieht die konservative österreichische Zeitung »Die Presse« eine »Verachtung für das kleine Alpenvolk«.

Schröder (l.) und Gusenbauer

Rechnungshof kontra Biedenkopf

25.5., Dresden. In einem Bericht des sächsischen Landesrechnungshofes wird Ministerpräsident Kurt Biedenkopf (CDU) wegen der privaten Nutzung von Dienstpersonal und einer zu niedrigen Mietzahlung an den Freistaat kritisiert.

Seitdem Biedenkopf 1990 zum Regierungschef von Sachsen gewählt wurde, wohnt er mit seiner Frau in einer Einliegerwohnung im Gästehaus der Landesregierung in der Dresdner Schevenstraße und wird dort von Dienstpersonal – derzeit sechs Personen, darunter Haushaltshilfen und ein Koch – betreut. In der Presse erhobene Vorwürfe, er habe diesen vom Land entlohnten Personalstab auch zu privaten Zwecken genutzt und zahle zudem eine unangemessen niedrige Miete, hat der Regierungschef immer zurückgewiesen. Nun stellt der Rechnungshof fest, dass Biedenkopf allein für das Dienstpersonal pro Jahr zwischen 80 000 und 100 000 DM und außerdem eine deutlich höhere Quadratmetermiete hätte zahlen müssen.

Der lange uneinsichtige Biedenkopf gibt nach. Anfang Juni mietet er eine Wohnung in Radebeul bei Dresden, in der er künftig »dauerhaft« leben wolle. Am 8. Juni zahlt der Landesvater 122 808 DM auf ein Konto des Freistaates Sachsen ein, um seiner Verpflichtung zur Nachzahlung Genüge zu leisten. Der Betrag setzt sich zusammen aus 98 000 DM für den Personaleinsatz im Gästehaus und im Biedenkopf-Feriensitz am Chiemsee, 15 660 DM für ein Büro, das seine Abgeordnetenmitarbeiterin nutzte, 8486 DM für die Nutzung von Dienstfahrzeugen und 662 DM für die Unterbringung von Familienangehörigen im Gästehaus. Erstmals räumt Biedenkopf auch eine persönliche Mitverantwortung in der Affäre ein; die »Grauzone zwischen privaten und dienstlichen Bereichen« in der Schevenstraße sei zu lange geduldet worden.

Sachsens Landeschef ist auch aus anderen Gründen in die Schlagzeilen geraten: Ein Untersuchungsausschuss im Dresdner Landtag beschäftigt sich mit der Frage, ob der Landesvater einem Freund bei der Vermietung einer Immobilie an staatliche Behörden auf unangemessene Weise geholfen habe. Biedenkopf bestreitet dies.

Können noch lachen: Das »Herrscherpaar« Kurt und Ingrid Biedenkopf

△ »*Hotelähnlich*« *sei das Ehepaar Biedenkopf in der Schevenstraße untergebracht gewesen, meint der Landesrechnungshof.*

◁ *Georg Milbradt, seit zehn Jahren sächsischer Finanzminister, wird im Januar von Biedenkopf wegen »unüberbrückbarer Differenzen« in der Nachfolgefrage entlassen. Nach Biedenkopfs Ankündigung, noch vor Ende der Legislaturperiode 2004 sein Ministerpräsidentenamt aufzugeben, hatte sich Milbradt als Nachfolgekandidat offenbar zu früh aus der Deckung gewagt. Dass er im September zum CDU-Landesvorsitzenden gewählt wird, obwohl Biedenkopf sich für den Gegenkandidaten ausgesprochen hat, düpiert den Regierungschef.*

FDP mit neuer, junger Mannschaft

4. 5., Düsseldorf. Mit 572 von 642 Stimmen (entsprechend 89,4%) wird Guido Westerwelle auf dem Parteitag der Freien Demokraten zum neuen FDP-Vorsitzenden gewählt.

Westerwelle, von Haus aus Jurist und seit 1994 FDP-Generalsekretär, ist mit 39 Jahren der jüngste Vorsitzende in der Geschichte der 1948 gegründeten Partei. Er will, so bekräftigt er in Düsseldorf, deutlich machen, dass die Liberalen eine »Partei für das ganze Volk« seien. Mit dem Vorurteil, die FDP vertrete nur die »feinen Leute«, müsse Schluss sein.

Westerwelle folgt Wolfgang Gerhardt (57) nach, der nach sechs Jahren an der FDP-Spitze in der Parteiarbeit ins Glied zurücktritt, den Fraktionsvorsitz im Bundestag aber behält. Nachfolgerin Westerwelles im Generalsekretariat wird die Landesvorsitzende von Sachsen-Anhalt, Cornelia Pieper. Die 42-Jährige, die zu DDR-Zeiten als Dolmetscherin arbeitete, gilt als Hoffnungsträgerin in den neuen Ländern, in denen die Liberalen traditionell schwach vertreten sind. Unmittelbar nach ihrer Nominierung im April verkündete sie,

Generationswechsel bei der FDP: Guido Westerwelle und Cornelia Pieper

dass mit der alten FDP-Forderung nach Abschaffung des Solidaritätszuschlags in Ostdeutschland keine Stimmen zu gewinnen seien.

Spannend wird es bei der Wahl der stellvertretenden Parteivorsitzenden. Mit 88,9% wird der rheinland-pfälzische FDP-Chef Rainer Brüderle glanzvoll bestätigt. Der Landesvorsitzende von Baden-Württemberg, Walter Döring, erhält dagegen nur 50,7% der Delegiertenstimmen, während der nordrheinwestfälische Parteichef Jürgen Möllemann mit 66,3% neu ins Stellvertreteramt gewählt wird. Döring wird abgestraft, weil er Möllemann wegen seines »Projekts 18« öffentlich als »größenwahnsinnig« bezeichnet hat.

Die Strategie, mit der die FDP in die Bundestagswahlen 2002 ziehen will, geht auf Jürgen Möllemann zurück, der mit 9,8% (+5,8) bei den Landtags-Wahlen in Nordrhein-Westfalen 2000 die Partei wieder auf Erfolgskurs gebracht hat. Nur mit hohen Zielen lassen sich gute Ergebnisse erzielen, lautet die Devise: Selbstbewusst erklären die Liberalen einen Stimmenanteil von 18% zu ihrem Ziel für die Bundestagswahl 2002 – vom Zittern um das Überspringen der Fünf-Prozent-Hürde ist nicht mehr die Rede. Außerdem will sich die FDP alle Optionen offen halten und ohne Koalitionsaussage antreten. Von seiner Lieblingsidee, als Kanzlerkandidat ins Rennen zu gehen, muss Möllemann Abschied nehmen. Der neue Parteichef Guido Westerwelle macht deutlich, dass nur einer – »und das bin ich!« – die FDP im Bundestagswahlkampf führen werde.

Die Piloten streiken für mehr Geld

4. 5., Frankfurt am Main. Erstmals in der Geschichte der Lufthansa treten deren Piloten in Streik. Auf allen großen deutschen Flughäfen kommt es zu erheblichen Behinderungen und Verspätungen. Die Kosten, die der Luftlinie an diesem Streiktag entstehen, werden mit etwa 20 Mio. DM beziffert.

Die rd. 4200 Lufthansa-Piloten wollen mit der Arbeitskampfmaßnahme, die von der Pilotengewerkschaft Cockpit organisiert ist, Gehaltserhöhungen von mehr als 30% durchsetzen. Entsprechende Tarifverhandlungen werden bereits seit Anfang Februar geführt – nun will die Gewerkschaft den Druck auf die Airline erhöhen. Cockpit verweist auf den Einkommensverzicht, den die Piloten während der Sanierungsphase der Lufthansa geübt hätten, sowie auf international übliche Gehälter.

Nach weiteren ganztägigen Streiks verständigen sich beide Seiten Ende Mai auf ein Schlichtungsverfah-

»Top-Bezahlung für Top-Leistung« – streikende Lufthansa-Piloten auf dem Flughafen Frankfurt am Main

ren. Das am 8. Juni verkündete Ergebnis der Schlichtung ist ein Tarifvertrag mit einer Laufzeit vom 1. Februar 2001 bis zum 30. April 2004. Er sieht Einkommensverbesserungen für die Piloten im Gesamtvolumen von 28% für 2001 vor: Das Grundgehalt steigt um 12%, hinzu kommt eine Erfolgsbeteiligung von durchschnittlich 16%. In den Folgejahren sollen die Einkommen entsprechend der allgemeinen Tarifentwicklung in Deutschland erhöht werden. In den Wochen darauf erteilen die Cockpit-Mitglieder dem Tarifvertrag in einer Urabstimmung ihre Zustimmung.

Kritik ernten die Piloten ausgerechnet von Gewerkschaftsseite: Aus der Dienstleistungsgewerkschaft ver.di heißt es, mit der Gehaltserhöhung für die Flugzeugführer werde die Einkommensgerechtigkeit zwischen den Beschäftigungsgruppen der Lufthansa verletzt. Für das Boden- und Kabinenpersonal – insgesamt 51 000 Arbeitnehmer – hat ver.di im Februar nur Gehaltserhöhungen von 3,5% aushandeln können.

Karlspreis geht an Intellektuellen

24. 5., Aachen. Der ungarische Schriftsteller und Soziologe György Konrád erhält für seine Verdienste um die europäische Einigung den Karlspreis 2001. Altbundespräsident Roman Herzog würdigt Konráds Lebenswerk, das »ungezählte Menschen wieder ermutigt« habe, »den aufrechten Gang zu wagen«.

Konrád, Sohn eines Kaufmanns jüdischer Herkunft, entkam dem NS-Terror. 1969 veröffentlichte er in Ungarn seinen ersten Roman, »Der Besucher«, der bereits das Thema der Verantwortung des Intellektuellen anschlägt; spätere Romane wie »Der Stadtgründer« (1975) oder »Der Komplize« (1980) erschienen zuerst oder nur im Westen. In politischen Essays wie den »Mitteleuropäischen Meditationen« (1986) entwarf Konrád die Vision eines nicht mehr in Blöcke geteilten Europas, wie es in den 90er Jahren Wirklichkeit wurde.

Die Zwangsarbeiter-Entschädigung ist geregelt

30. 5., Berlin. Der Deutsche Bundestag gibt grünes Licht für die Auszahlung von Entschädigungsgeldern an ehemalige NS-Zwangsarbeiter.

Mit einer überwältigenden Mehrheit stellt das deutsche Parlament fest, dass eine ausreichende Rechtssicherheit für deutsche Unternehmen gegen Entschädigungsklagen gegeben ist, und ermächtigt die Stiftung »Erinnerung, Verantwortung und Zukunft«, insgesamt 10 Mrd. DM zur Auszahlung an die meist hochbetagten Opfer, die letzten Überlebenden der Zwangsarbeit, zur Verfügung zu stellen. Diese erhalten eine Einmalzahlung von bis zu 5000 DM oder von bis zu 15 000 DM, sofern sie in einem Konzentrationslager Sklavenarbeit geleistet haben. Im Juni 2001 werden in den USA, in Polen und Tschechien die ersten Gelder überwiesen.

Dem Beschluss des Bundestags ist ein langwieriges, vielfach als peinlich erlebtes Gezerre vorausgegangen. Nachdem ab März 1998 in den USA erste Sammelklagen gegen deutsche Unternehmen, darunter den Automobilhersteller Ford, wegen der Entschädigung von Zwangsarbeitern eingereicht worden waren, entschloss sich die rotgrüne Bundesregierung, tätig zu werden. Im Februar 1999 gaben Bundeskanzler Gerhard Schröder und zwölf deutsche Unternehmen die Zusage, einen Stiftungsfonds für ehemalige NS-Zwangsarbeiter einzurichten. Fünf Monate später wurde der FDP-Politiker Otto Graf Lambsdorff zum Beauftragten des Kanzlers für die Verhandlungen mit den Opferverbänden ernannt.

Im Dezember 1999 einigten sich Deutschland, die USA und Vertreter der Opfer darauf, dass der Entschädigungsfonds insgesamt 10 Mrd. DM umfassen soll. Die Hälfte davon sollte vom Bund, die andere Hälfte von der deutschen Wirtschaft stammen. Im Juli 2000 wurde die Stiftung »Erinnerung, Verantwortung und Zukunft« offiziell gegründet, und damit wurden auch die Bedingungen hinsichtlich Auszahlungsmodus, Verteilungsschlüssel usw. gesetzlich festgeschrieben. Die USA erklärten sich bereit, auf ihre Gerichte dahingehend einzuwirken, dass sie Entschädigungsklagen gegen deutsche Unternehmen ablehnten. Im November 2000 wies ein US-Gericht 46 entsprechende Sammelklagen zurück.

Unterdessen bemühte sich die Stiftungsinitiative der deutschen Wirtschaft, ihren Anteil am Entschädigungsfonds zusammenzubringen. Etwa 200 000 Firmen – alle deutschen Unternehmen ab einer bestimmten Größenordnung, nicht nur solche, die im Zweiten Weltkrieg Zwangsarbeiter beschäftigt hatten – wurden angeschrieben, doch nur 6300 sagten eine Beteiligung an dem Fonds zu. Als im Fe-

Otto Graf Lambsdorff (am Pult), seit Juli 1999 Beauftragter von Bundeskanzler Gerhard Schröder (hinten) für die Entschädigungsverhandlungen, spricht vor dem Bundestag. Seine diskrete und umsichtige Verhandlungsführung wird allgemein gewürdigt. Er habe sehr respektabel als ehrlicher Makler zwischen der deutschen Industrie, der Bundesregierung und den Vertretern der Opfer verhandelt, heißt es in der Presse.

bruar 2001 immer noch etwa 1,4 Mrd. DM an der zugesagten Summe fehlten, erhöhte die Stiftungsinitiative den Beitrag, den sie von den Firmen erwartete, von 1 auf 1,5 Promille des Jahresumsatzes. Im März hatte man dann die 5 Mrd. DM gesammelt.

Rechtssicherheit, also die Gewähr, dass bereits anhängige und eventuelle zukünftige Klagen in den USA abgewiesen würden, sahen die an der Stiftungsinitiative beteiligten Unternehmen zu diesem Zeitpunkt noch nicht gegeben. Die US-Richterin Shirley Kram hatte kurz zuvor eine Abweisung von Sammelklagen zur Zwangsarbeiter-Entschädigung verweigert – vielleicht auch, um die deutsche Seite zur Bereitstellung des gesamten Geldes zu drängen. Erst nach der Abweisung der Klagen in der Berufungsverhandlung war der Weg für die nun vom Bundestag getroffene Entscheidung frei.

August 1942: Russische Zwangsarbeiter werden ins Barackenlager gebracht. Mehr als 56 Jahre nach dem Ende des Zweiten Weltkriegs erhält diese Opfergruppe des NS-Regimes endlich eine Entschädigung.

März 2001: Ein ehemaliger Zwangsarbeiter, mittlerweile 78, drängt auf eine zügige Entschädigung. Nach Schätzungen starben im Verlauf der Verhandlungen zur Zwangsarbeiterfrage täglich 200 Anspruchsberechtigte.

Wahlsieg für Medienzar Berlusconi

13. 5., Rom. Aus den Parlamentswahlen in Italien geht das von Medienzar Silvio Berlusconi geführte Mitte-Rechts-Bündnis als Sieger hervor. Es erhält in beiden Kammern die absolute Mehrheit.

Berlusconis eigene Partei, die Forza Italia, wird mit 29,4 % (1996: 20,6 %) stärkste Kraft, während die verbündete postfaschistische Alleanza Nationale (AN) und die rechtspopulistische Lega Nord Verluste erleiden.

Eindeutiger Verlierer der Wahl ist jedoch das vom römischen Bürgermeister Francesco Rutelli geführte Linksbündnis »Ulivo«.

Beobachter erklären die Wahlschlappe der bisher regierenden Linken u. a. mit Zerstrittenheit und Versäumnissen, etwa bei der Reform des Wahlrechts oder der Justiz. Der Erfolg Berlusconis wird auch damit in Verbindung gebracht, dass die drei TV-Kanäle in seinem Besitz ihn tatkräftig unterstützt haben. Dass der 64-Jährige 1994 als Premier schon nach wenigen Monaten das Handtuch werfen musste, stört seine Wähler offenbar ebenso wenig wie die gegen ihn angestrengten Prozesse wegen Be-

Berlusconi in Mailand bei der Stimmabgabe zu einer chaotisch verlaufenden Wahl: Wegen des nicht zu bewältigenden Andrangs müssen die Wahllokale bis weit in die Nacht hinein geöffnet bleiben, während übers Fernsehen schon Ergebnisse von Hochrechnungen verkündet werden. Berlusconi koaliert mit der postfaschistischen Alleanza Nationale, der rechtspopulistischen Lega Nord und kleineren Parteien.

trugs, Bestechlichkeit oder Steuerhinterziehung.

Am 11. Juni wird der Medienunternehmer als Premier vereidigt. Die meisten EU-Staaten reagieren besorgt, nicht nur wegen der Verquickung von Medien-, Wirtschafts- und politischer Macht bei Berlusconi, sondern auch wegen fremdenfeindlicher Äußerungen aus den Reihen seiner Koalitionspartner AN und Lega Nord.

Historische Geste: Papst in Moschee

6. 5., Damaskus. Als erstes Oberhaupt der katholischen Kirche betritt Papst Johannes Paul II. ein muslimisches Gotteshaus. In der syrischen Hauptstadt betet er in der Omaijaden-Moschee gemeinsam mit Muslimen.

Der Papst ist am Vortag in Damaskus eingetroffen. In der Omaijaden-Moschee, in der laut Überlieferung eine Reliquie von Johannes dem Täufer aufbewahrt ist, ruft er Christen und Muslime dazu auf, einander für begangenes Unrecht um Vergebung zu bitten.

Trotz angeschlagener Gesundheit und trotz seines hohen Alters unternimmt Johannes Paul II. (*1920) im Jahr 2001 weitere Auslandsreisen. Im Juni besucht er die orthodox geprägte Ukraine, in der er durchaus nicht bei allen willkommen ist – zu den Messen unter freiem Himmel reisen vor allem seine Landsleute aus dem benachbarten Polen an.

Im September stattet der Papst Armenien, das 1700 Jahre Christianisierung feiert, einen Besuch ab. Johannes Paul II. erinnert daran, dass die Armenier als Erste das Christentum als Staatsreligion einführten, er spricht aber auch von dem Massaker an den Armeniern im damaligen Osmanischen Reich während des Ersten Weltkriegs.

Ungewöhnliche Begegnung an ungewöhnlichem Ort: Großmufti Scheich Ahmad Kuftaro (l.), Papst Johannes Paul II. in der Omaijaden-Moschee

Ex-Minister Dumas als korrupt verurteilt

30. 5., Paris. Der frühere französische Außenminister Roland Dumas wird wegen »Hehlerei und Veruntreuung öffentlicher Gelder« zu einer Haftstrafe von zweieinhalb Jahren verurteilt, von denen zwei Jahre zur Bewährung ausgesetzt werden; hinzu kommt eine Geldbuße von rd. 150 000 €. Dumas kündigt Berufung an.

Die Richter befinden den 78-jährigen sozialistischen Politiker für schuldig, vom früher staatlichen Ölkonzern Elf Aquitaine illegal Geld entgegengenommen zu haben. Dumas soll von Zuwendungen des Unternehmens an seine frühere Geliebte Christine Devier-Joncours profitiert haben, deren Anstellung als Elf-Beraterin er selbst betrieben hatte. Devier-Joncours wiederum hatte vom damaligen Elf-Manager Alfred Sirven gegen großzügige Bezahlung den Auftrag erhalten, Dumas zu veranlassen, seinen politischen Widerstand gegen den Verkauf von Waffen an Taiwan aufzugeben. Für Devier-Joncours lautet das Urteil drei Jahre Haft, davon die Hälfte auf Bewährung, sowie rd. 225 000 € Geldstrafe. Sirven, der Millionenbeträge aus Elf-Gewinnen beiseite geschafft haben soll, erhält vier Jahre Haft und eine Geldbuße von rd. 300 000 €.

Die Affäre um den ehemaligen Staatskonzern ist erst in Ansätzen aufgeklärt.

Muss ins Gefängnis: Der ehemalige Außenminister Roland Dumas

Niederlande jubeln über ein Traumpaar

19. 5., Den Haag. *In der Grote Kerk geben sich Laurentien Brinkhorst und der niederländische Prinz Constantijn das Ja-Wort. Die 34-jährige Braut ist die Tochter des niederländischen Landwirtschaftsministers, der Bräutigam (31) der jüngste Sohn von Königin Beatrix. Die standesamtliche Eheschließung fand bereits am Vortag statt. Unter den Hochzeitsgästen sind Prinzessin Viktoria von Schweden, der britische Prinz Edward und der japanische Prinz Akishino.*

Auch Constantijns älterer Bruder, Kronprinz Willem-Alexander (34), hegt Heiratsabsichten. Seine Verbindung mit Maxima Zorreguieta, deren Vater während der Militärdiktatur in Argentinien Minister war, ist allerdings unter den Niederländern umstritten.

◁ Das glückliche Hochzeitspaar mit Königin Beatrix

Aus überschwemmter Höhle endlich frei

19. 5., Gomois. Fünf Studenten und drei Studentinnen aus der Schweiz, die im französischen Jura seit 70 Stunden in einer überschwemmten Höhle eingeschlossen sind, werden von Rettungsmannschaften befreit. Die Ärzte bezeichnen den Zustand der Wanderer im Alter zwischen 20 und 30 Jahren nach einer ersten Untersuchung als »grundsätzlich gut«.

Die acht jungen Leute haben die Gomois-Höhle im Rahmen eines Kurses in »Erlebnispädagogik« besucht – dabei geht es darum, die eigenen Grenzen kennen zu lernen und Gruppenverhalten in Extremsituationen zu ermitteln. Nach heftigen Regenfällen sind sie von einem Wasseranstieg überrascht worden. An ihrer Befreiung waren bis zu 200 Retter beteiligt. Mit Sprengungen und Pumparbeiten sorgten sie dafür, dass die Studenten wieder ans Tageslicht kommen. Über die 32-jährige Gruppenleiterin heißt es in der Presse, es sei leichtsinnig von ihr gewesen, nach einem kräftigen Gewitter in die Höhle einzusteigen. Rettungskräfte bescheinigen ihr allerdings eine umsichtige und professionelle Betreuung der als Höhlengänger unerfahrenen Studenten.

Brand in der Achterbahn

1. 5., Brühl. Beim Brand der Holz-Achterbahn auf dem Gelände des Freizeitparks »Phantasialand« in der Nähe von Köln werden 63 Menschen verletzt. Todesopfer gibt es entgegen ersten Befürchtungen nicht.

Als das Feuer am Maifeiertag um 13.45 Uhr ausbricht, sind etwa 150 Passagiere in fünf Wagen auf der hölzernen Achterbahn unterwegs.

Nach der automatisch erfolgten Notbremsung klettern sie großenteils ohne fremde Hilfe an bis zu 18 m hohen Leitern nach unten und müssen dann um ihr Leben rennen. Ursache der Katastrophe ist offenbar ein Kabelbrand. Der Sachschaden wird auf 20 bis 30 Mio. DM geschätzt. Zum Zeitpunkt des Feuers halten sich fast 20 000 Besucher auf dem Gelände des Parks auf.

Von der Achterbahn ist nach dem Brand nur noch das Metallgerüst übrig.

Posträuber Biggs wieder in London

7. 5., London. Nach über 35 Jahren auf der Flucht kehrt Posträuber Ronald Biggs nach Großbritannien zurück. Er landet mit einer aus Rio kommenden Maschine in der britischen Hauptstadt.

Biggs gehört zu den 15 Männern, die 1963 einen Zug auf dem Weg von Glasgow nach London überfielen und dabei nach damaligem Wert umgerechnet 30 Mio. DM erbeuteten. Im Januar 1964 zu 30 Jahren Haft verurteilt, gelang ihm nach 15 Monaten die Flucht aus dem Gefängnis. Als die britische Polizei ihn vier Jahren später in Australien aufspürte, konnte der Ganove dank eines Tipps rechtzeitig fliehen und lebte danach in Brasilien. 1974 wurde er auch dort ausfindig gemacht, doch eine Auslieferung nach Großbritannien war nicht möglich, da er künftiger Vater eines brasilianischen Kindes war.

Nun ist Biggs, mittlerweile 71 Jahre alt und gezeichnet von mehreren Schlaganfällen, wieder in der Heimat und wird auf die Krankenstation des Londoner Belmarsh-Gefängnisses gebracht. Finanziert hat die Rückhol-Aktion die Boulevardzeitung »Sun«. Eine junge Anwältin will sich für einen Gnadenerlass einsetzen.

Verkehr 2001:

Schnörkellose Flugrouten

Chronik Übersicht

Weiter wachsende Verkehrsströme und die fast ungebremste Verlagerung vom öffentlichen zum Individualverkehr sowie beim Gütertransport von der Schiene auf die Straße kennzeichnen 2001 die Verkehrslage in Deutschland. Allerdings gibt es auch Veränderungen: In den ersten Monaten des Jahres veranlassen die stark gestiegenen Treibstoffpreise die Bundesbürger dazu, ihr Auto öfter stehen zu lassen. Wie die Mineralölwirtschaft mitteilt, sinkt der Verkauf von Ottokraftstoffen im ersten Quartal 2001 gegenüber dem gleichen Zeitraum des Vorjahres um 5,4%, der Diesel-Absatz geht um 1,6% zurück.

Die Terroranschläge in den USA vom → 11. September (S. 158) haben zur Folge, dass viele Menschen auf Flugreisen verzichten. Etliche Airlines geraten dadurch in eine bedrohliche Lage (→ 2.10./S. 178).

Erst im April sind wegen des wachsenden Flugverkehrs in Deutschland im Rahmen der Neuordnung des europäischen Luftwegenetzes neue Flugrouten eingeführt worden, die für mehr Platz am Himmel sorgen. Die bereits 1993 beschlossene Reform der europäischen Flugrouten soll die Kapazität der Luftverkehrswege um 30% erhöhen. Grundlage ist eine Umstellung der Navigationstechnik: Bislang führten die Routen entlang sog. Flugfeuer, Funkanlagen am Boden, mit denen die Piloten ihre genaue Lage bestimmten. Deshalb waren die Maschinen häufig auf einem Zickzackkurs unterwegs. Künftig werden die Piloten durch Satelliten geleitet.

Geändert wird außerdem die vertikale Nutzung des Luftraums. Verkehr und Gegenverkehr sind nun vielfach auf derselben Flughöhe erlaubt, damit entstehen in der vertikalen Schichtung neue Kapazitäten. Nach Angaben der Deutschen Flugsicherung ist der Luftverkehr über Deutschland 2000 um 5,1% auf gut 2,6 Mio. Flüge gewachsen. Bis 2020 rechnet die DFS mit einer Verdoppelung. Auch auf der Erde nimmt der Verkehr weiter zu, insbesondere – trotz der kurzfristigen Delle infolge der hohen Benzinpreise – der im eigenen Pkw. »Die öffentlichen Verkehrsmittel sind eindeutig auf dem absteigenden Ast«, erklärt Johann Hahlen, Präsident des Statistischen Bundesamtes, im April 2001 bei der Vorstellung der Ergebnisse des Mikrozensus vom Vorjahr. Demnach fahren die

Königin Beatrix tauft am 27. April die »Pride of Rotterdam«; die größte Fähre der Welt soll zwischen Rotterdam und Hull verkehren.

Deutschen immer häufiger mit dem Auto zur Arbeitsstelle – 2000 waren es 64% gegenüber 60% im Jahr 1996. Vor allem die Bewohner der neuen Bundesländer tragen zu dem erheblichen Anstieg bei. 1991 benutzte dort lediglich ein Drittel der Pendler das Auto für den Weg zur Arbeit, inzwischen sind es mit 61% beinahe so viele wie in Westdeutschland. Beträgt die Entfernung zum Arbeitsplatz mehr als 10 km, benutzen sogar über 80% der erwerbstätigen Bundesbürger den Pkw.

Unter Umweltgesichtspunkten ist dies der falsche Weg – wie eine Studie des Heidelberger Instituts für Energie- und Umweltforschung (IFEU) über die Umweltauswirkungen von Bus, Straßen- und U-Bahn im Vergleich zu denen des Pkw zeigt. Zwar werden Autos immer »sauberer«, doch liegt der Energieverbrauch beim Pkw durchschnittlich dreimal höher als im öffentlichen Nahverkehr. Der hat allerdings laut einer Studie des ADAC in Sachen Service noch einiges nachzuholen. Vor allem die Informationen zu Preisen und Verbindungen sind nach Angaben der Tester meist schwer zu durchschauen.

Der neue Airbus A340-600 hebt am 23. April in Toulouse zu einem ersten Testflug ab. Die Maschine mit Platz für 380 Passagiere und einer Reichweite von 13 900 km wird voraussichtlich ab 2002 eingesetzt.

Axel Dannenberg, Luftfahrtdatenmanager der Deutschen Flugsicherung, zeigt die Verdichtung der Flüge im Luftraum Frankfurt am Main. Durch die Umstellung der Flugrouten sollen Verspätungen abgebaut werden.

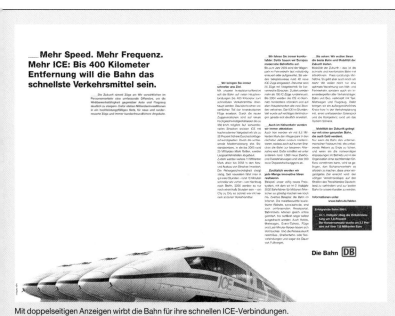

_____Mehr Speed. Mehr Frequenz.
**Mehr ICE: Bis 400 Kilometer
Entfernung will die Bahn das
schnellste Verkehrsmittel sein.**

Die Bahn **DB**

Mit doppelseitigen Anzeigen wirbt die Bahn für ihre schnellen ICE-Verbindungen.

Die Bahn **DB**

ICE 3 Messfahrt
363 km/h
3. September 2001

Bahnchef Hartmut Mehdorn präsentiert einen ICE 3, der auf einer Messfahrt 363 km/h erreicht.

Beim Zusammenprall zweier Regionalzüge am 27. September bei Lindau werden 80 Menschen verletzt.

Trennung von Schienennetz und Zugbetrieb?

Die Deutsche Bahn AG befindet sich 2001 mitten in der Umstrukturierung vom Staatsbetrieb zu einem wettbewerbsfähigen Privatunternehmen. Zentrale Fragen sind die »Entflechtung« von Schienennetz und Bahnbetrieb sowie die Streichung nicht kostendeckender Strecken im Umfang von rd. 13 Mio. Zugkilometer zum Fahrplanwechsel am 10. Juni. Bundesverkehrsminister Kurt Bodewig (SPD) will die Netz AG aus dem DB-Konzern herauslösen, um mehr Wettbewerb zu ermöglichen. Sein Konzept: Eine eigenständige Gesellschaft übernimmt die Schienenwege und verlangt dafür von den Bahnbetrieben Trassenpreise. Bis 2015 will Bodewig eine Verdoppelung des Güterverkehrs auf der Schiene erreichen. Dem hält Bahnchef Hartmut Mehdorn entgegen, nur die Verzahnung von Netz und Betrieb sorge für mehr Effizienz.

Diskussionsstoff bietet auch die Finanzierung der Infrastruktur. Die Bundesregierung will bis 2003 insgesamt 26,4 Mrd. DM in die Erhaltung der Schienenwege investieren. Die Eisenbahnergewerkschaft Transnet hält 10 bis 11 Mrd. DM pro Jahr für notwendig .

Über fünf Jahre nach der Brandkatastrophe auf dem Düsseldorfer Flughafen wird das neue Terminal des Airports am 1. Juli eröffnet. Auf dem drittgrößten deutschen Passagierflughafen herrscht Hochbetrieb.

Verkehrsminister Kurt Bodewig (SPD) überzeugt sich am 25. September in Frankfurt am Main vom Funktionieren der verschärften Sicherheitsmaßnahmen auf deutschen Flughäfen nach den Terroranschlägen in den USA.

Hochzeit endet in Katastrophe

25. 5., Jerusalem. Durch einen tragischen Unfall sterben bei einer Hochzeitsfeier 23 Gäste. Hinzu kommen 350 z.T. schwer Verletzte, darunter die Braut, die einen Becken- und Brustbeinbruch erleidet, während der Bräutigam mit leichten Blessuren davonkommt. Es ist das schwerste zivile Unglück in der Geschichte Israels.

Als während der Festlichkeit die Decke einer Tanzhalle in der obersten Etage eines dreistöckigen Gebäudes einbricht, halten sich über 600 Personen auf der Tanzfläche auf. Sie stürzen, da auch die Böden der darunter liegenden Stockwerke dem Druck nicht standhalten, bis zu 15 m in die Tiefe.

Das 15 Jahre alte Gebäude war für eine so hohe Belastung offenbar nicht ausgelegt. Schon einige Wochen zuvor soll bei einer ähnlichen Feier der Fußboden gebebt haben. Die Polizei ermittelt gegen den Besitzer des Hauses.

Kriegsmelodram »Pearl Harbor«

21. 5., Hawaii. Der Film »Pearl Harbor« hat auf einem Flugzeugträger in jenem Hafen auf der Insel Hawaii Premiere, der am 7. Dezember 1941 Ziel eines japanischen Überraschungsangriffs war. Die Vereinigten Staaten traten danach in den Krieg gegen Japan und Hitlerdeutschland ein.

Regisseur Michael Bay und dem Produzenten des 135 Mio. US-Dollar teuren Films, Jerry Bruckheimer, geht es in »Pearl Harbor« allerdings weniger um eine Dokumentation der Ereignisse, die sich als traumatische Erfahrung ins Bewusstsein der Amerikaner eingeschrieben haben. Das damalige Geschehen bildet – bei aller Beschwörung patriotischer Gefühle – eher die Kulisse für eine melodramatische Dreiecksgeschichte, deren Figuren durch die wenig bekannten Schauspieler Ben Affleck, Josh Hartnett und Kate Beckinsale verkörpert werden. »Krieg, erst recht in dieser im wesentlich friedlichen Zeit, muss verkauft werden, und deshalb sieht der Film ... wie jener über die Titanic aus: groß, gewaltig, aber die Liebe siegt«, heißt es in der »Süddeutschen Zeitung«.

Stars in Cannes: Melanie Griffith mit ihrem Mann Antonio Banderas (l.).

Goldene Palme verliehen

Nanni Moretti mit Goldener Palme

20. 5., Cannes. Die Goldene Palme der 54. Internationalen Filmfestspiele geht an »Das Zimmer des Sohnes« von dem italienischen Regisseur Nanni Moretti.

Moretti, der bereits 1994 für »Liebes Tagebuch« in Cannes mit dem Hauptpreis bedacht worden ist, schildert in seinem neuen Werk, wie eine wohl situierte, glückliche Familie den Verlust eines Kindes verkraften muss.

Als beste Hauptdarsteller werden Isabelle Huppert und Benoit Magimel ausgezeichnet, die in der Verfilmung des Elfriede-Jelinek-Romans »Die Klavierspielerin« durch den Österreicher Michael Haneke zu sehen sind. Haneke wird zudem mit dem Grand Prix bedacht.

Fünf Jahre Haft für deutschen Hooligan

22. 5., Saint-Omer. Ein in der nordfranzösischen Stadt tagendes Schwurgericht verurteilt einen Fußball-Hooligan aus Hannover wegen des brutalen Angriffs auf den französischen Gendarmen Daniel Nivel bei der Fußball-WM 1998 zu fünf Jahren Haft. Der Staatsanwalt hatte zehn Jahre gefordert.

Der 30-Jährige aus Hannover saß seit der Tat am 21. Juni 1998 in Frankreich in Untersuchungshaft. Er hat nach der Überzeugung des Gerichts bei der Fußball-Weltmeisterschaft 1998 gemeinsam mit anderen Hooligans in Lens den damals 43-jährigen Nivel halb tot geprügelt. Seither leidet der Polizist unter schwersten Sprach- und Verständnisschwierigkeiten, er ist unheilbar behindert. Die Ehefrau Lorette Nivel zeigt sich über das Strafmaß enttäuscht.

Ein Gericht in Essen hat am 9. November 1999 vier andere beteiligte Hooligans zu Haftstrafen zwischen dreieinhalb und zehn Jahren verurteilt.

Der brutale Überfall auf Nivel löste in Frankreich und Deutschland Entsetzen aus und setzte eine Diskussion über den Umgang mit Fußball-Rowdys in Gang. Direkte Folge waren umfangreiche Sicherheitsmaßnahmen im Vorfeld der Fußball-Europameisterschaft 2000 in Belgien und den Niederlanden. Dabei wurden u. a. potenzielle Gewalttäter mit Kontrollen und Ausreiseverboten an einer Fahrt zu den Spielstätten gehindert.

Estland siegt bei Song-Wettbewerb

12. 5., Kopenhagen. *Mit dem Lied »Everybody«, das an amerikanischen Funk der 80er Jahre erinnert, gewinnt das Sänger-Duo Tanel Padar und Dave Benton für Estland den Grand Prix Eurovision de la Chanson.*

Gastgeber Dänemark landet zur Enttäuschung der 38 000 Zuschauer im Nationalstadion »Parken« nur auf dem zweiten Platz. Die 29-jährige Michelle verhilft Deutschland mit »Wer Liebe lebt« zu Rang acht.

◁ Tanel Padar (l.) und der aus der Karibik stammende Dave Benton (M.) im Jubel der Esten

Blick über die Spree auf Schröders neue Wirkungsstätte   Licht und transparent: Eingangsbereich des Kanzleramts

Groß und freundlich – das Kanzleramt

2. 5., Berlin. Mit der symbolischen Schlüsselübergabe an den Hausherrn Gerhard Schröder wird das neue Bundeskanzleramt am Spreebogen nach vierjähriger Bauzeit eröffnet. Damit ist der Regierungsumzug nach Berlin offiziell abgeschlossen.

Den Auftrag zum Bau des Kanzleramts erhielten die Architekten Axel Schultes und Charlotte Frank noch vom damaligen deutschen Regierungschef Helmut Kohl. Entstanden ist mit einem Kostenvolumen von 465 Mio. DM ein 36 m hohes Zentralgebäude, in dem der Kanzler arbeitet und zumindest zeitweise mit seiner Familie auch wohnt; hinzu kommen Kabinett- und Bankettsäle. In den 18 m hohen Seitenflügeln sind insgesamt 370 Mitarbeiterbüros untergebracht.

Trotz der gewaltigen Ausmaße – das deutsche Kanzleramt ist die wohl größte Regierungszentrale in Europa – wirkt das Gebäude mit der weißen Betonfassade insbesondere im Eingangsbereich licht. Schröder, der im Vorfeld die Monumentalität des Baus gerügt hatte, weiß in seiner Rede zur Schlüsselübergabe nun auch die positiven Seiten zu würdigen.

2,4 Mio. Dollar für Romanmanuskript

22. 5., New York. Das Manuskript zu dem Roman »On the Road« des US-amerikanischen Schriftstellers Jack Kerouac wird vom Auktionshaus Christie's zu einem Rekordpreis von 2,426 Mio. US-Dollar versteigert.

Kerouac hat den Roman, der in den späten 40er Jahren spielt, 1951 in einem dreiwöchigen Schreibmarathon unter Einsatz von Aufputschmitteln auf einer Schreibmaschine getippt und diese Fassung kaum korrigiert. Das Ergebnis ist eine 36 m lange, von Klebestreifen zusammengehaltene Manuskriptrolle aus leicht durchscheinendem Papier, die nun der US-Multimillionär Jim Irsay erwirbt.

Als Buch erschien das Werk im Original erst 1957. Im Mittelpunkt des autobiografisch gefärbten Romans, mit dem der Autor Kerouac zur Kultfigur der US-amerikanischen Protestbewegung der 60er Jahre wurde und sich als bedeutender Vertreter der Beat-Generation profilierte, steht der Ich-Erzähler Sal Paradise, der sich als Schriftsteller versucht.

Mit seinem Freund Dean Moriarty – und weiterer wechselnder Begleitung – unternimmt Sal Paradise rastlose Reisen durch die USA. Die beiden Männer erfahren dabei den Gegensatz zwischen ihrem eigenen, von Jazz, Rauschmitteln und flüchtigen sexuellen Begegnungen geprägten Leben und den Normen einer fest gefügten Wohlstandsgesellschaft.

Buchheim-Museum endlich Realität

23. 5., Bernried. *In einem von Günter Benisch entworfenen Gebäude wird das »Museum der Phantasie« mit Sammlungen des Malers und Autors Lothar-Günther Buchheim eröffnet. Kernstück ist eine bedeutende Expressionisten-Kollektion. Den Traum eines eigenen Museums konnte sich Buchheim erst spät verwirklichen; die Bürger seiner Heimatgemeinde Feldafing hatten sich 1997 gegen das Projekt ausgesprochen.*

◁ Buchheim, Autor des Kriegsromans »Das Boot«, mit Skulpturen von Karl-Heinz Richter

Kerouacs Manuskript

FC Bayern wieder ganz oben in Europa

23.5., Mailand. Seinem Keeper Oliver Kahn verdankt der FC Bayern München den Sieg im Finale der Champions League über den FC Valencia: Nach dem 1:1 in der Verlängerung pariert Kahn im Elfmeterschießen – beim Stand von 5:4 für die Bayern – den Schuss von Mauricio Pellegrino.

Der Erfolg beendet für die Münchener eine 25-jährige Wartezeit: Nach dem Titel-Hattrick im Europapokal der Landesmeister von 1974 bis 1976 gingen die Endspiele 1982, 1987 und 1999 alle verloren.

Vor 74 000 Zuschauern im Mailänder Giuseppe-Meazza-Stadion erwischt der Vorjahresfinalist Valencia den besseren Start: In der dritten Minute entscheidet der niederländische Schiedsrichter Dick Jol nach einem Gerangel im Bayern-Strafraum auf Handelfmeter für Valencia. Gaizka Mendieta verwandelt unhaltbar ins linke untere Eck. Vier Minuten später ertönt – diesmal auf der anderen Seite – erneut der Elfmeterpfiff: Jocelyn Ang-

loma hat Stefan Effenberg umgerissen, Mehmet Scholl tritt an – und scheitert an Santiago Canizares. Kurz nach Wiederanpfiff bekommt Amedeo Carboni im Duell mit Carsten Jancker den Ball im eigenen Strafraum an die Hand. Stefan Effenberg verwandelt in der 50. Minute den dritten Strafstoß dieses Spiels zum 1:1.

Bayern-Kapitän Stefan Effenberg reckt stolz die Trophäe in die Höhe.

Zehnter WM-Titel für Tschechien

13.5., Hannover. Drei Jahre nach dem Olympiasieg in Nagano setzen Tschechiens Eishockeyspieler ihre Siegesserie fort: Mit 3:2 (0:1, 0:1, 2:0) nach Verlängerung gegen Finnland sichern sie sich im Finale der 65. Weltmeisterschaft vor 10 513 Zuschauern in der Preussag-Arena den dritten Titel in Folge und den zehnten insgesamt.

Der vorjährige WM-Dritte aus Finnland verspielt nach den Toren von Juha Lind und Juha Ylonen einen 2:0-Vorsprung. Martin Prochazka und Jiri Dopita sowie David Moravec mit dem »Sudden Death« nach 70:38 min machen den Triumph der Tschechen perfekt.

Die Bronzemedaille sichert sich Schweden, das im Spiel um Platz drei die USA 3:2 (1:0, 1:1, 1:1) besiegt. Gastgeber Deutschland scheitert im Viertelfinale 1:4 gegen Finnland.

Bei dem fünften Titelturnier auf deutschem Boden wird mit 407 542 Besuchern bei 56 Spielen in Hannover, Köln und Nürnberg die zweitbeste Kulisse in der WM-Geschichte nach den Titelkämpfen 1997 in Finnland (526 000) gezählt.

Triple für die »Reds«

16.5., Dortmund. Der englische Fußball-Rekordmeister FC Liverpool besiegt in einem packenden UEFA-Cup-Endspiel im ausverkauften Dortmunder Westfalenstadion den spanischen Außenseiter CD Alaves in der Verlängerung mit 5:4 (4:4) und feiert eine glanzvolle Rückkehr an die europäische Fuß-

ball-Spitze. Der FC Liverpool hat zuvor bereits in England den Ligapokal und den FA-Cup gewonnen. Tragisch für den Endspiel-Debütanten aus Spanien, der zweimal einen Zwei-Tore-Rückstand aufgeholt hat: Für das »Golden Goal« in der 117. Minute sorgt Hermes Aldo Desio per Eigentor.

Robbie Fowler, Schütze des 4:3, und Sami Hyypia küssen den Cup.

SC Magdeburg ist Handballmeister

20.5., Magdeburg. Der SC Magdeburg siegt am letzten Spieltag der Handball-Bundesliga mit 30:23 (12:11) gegen die SG Flensburg-Handewitt, kann die Norddeutschen in der Tabelle noch abfangen und wird erstmals gesamtdeutscher Handballmeister.

Vor 7000 Fans nimmt Kapitän Steffen Stiebler den Meisterteller entgegen. Nach zehn ostdeutschen Titeln zwischen 1970 und 1991 ist dies für Magdeburg die erste Meisterschaft im vereinten Deutschland. Bis dahin musste sich das Team mit einem DHB- und zwei europäischen Pokalsiegen begnügen. Das Prunkstück der Mannschaft von Alfred Gislason ist die Abwehr. Sie trug schon am 28. April zum EHF-Pokal-Triumph gegen Metkovic Jambo aus Kroatien bei. Am selben Tag sicherte sich die SG Flensburg-Handewitt den Pokalsieger-Cup gegen Ademar Leon. Es blieb für den »ewigen Zweiten« der einzige Erfolg 2000/01.

Sebrle als Erster über 9000 Punkte

27.5., Götzis. Der 26-jährige Tscheche Roman Sebrle erreicht beim traditionsreichen Meeting im österreichischen Burgenland als erster Zehnkämpfer der Welt mehr als 9000 Punkte.

Der Olympia-Zweite von Sydney 2000 erzielt 9026 Punkte und verbessert damit die knapp zwei Jahre alte Weltrekordmarke seines drei Jahre älteren Landsmannes und Trainingspartners Tomas Dvorak um 32 Punkte.

Sebrles besonderer Dank gilt dem Ungarn Attila Zivoczky, der sich wie versprochen im abschließenden 1500-m-Lauf als Tempomacher betätigt und damit Sebrle zu seiner persönlichen Bestzeit treibt. »Diese Leistung wird für mich bis in den Tod hinein das Wertvollste sein«, sagt Sebrle nach seinem einzigartigen Triumph.

43 Jahre nach dem Russen Wassili Kusnezow, der im Mai 1958 als erster Athlet die 8000-Punkte-Marke übertroffen hatte, überwindet Roman Sebrle die nächste »Schallmauer« in der Leichtathletik. Als Traumgrenze gelten nun noch 9 m im Weitsprung.

Bayern München mit »Last-Minute-Tor« Meister

9. 5., Hamburg. Mit einem Freistoß-Tor in der vierten Minute der Nachspielzeit rettet der Schwede Patrik Andersson dem FC Bayern München den Meistertitel. Durch das 1:1 beim Hamburger SV überflügeln die Bayern den FC Schalke 04 und haben am Ende einen Punkt mehr als die »Königsblauen«, die seit 1958 die Meisterschale nicht mehr erringen konnten.

Das Fernduell im Zeitraffer

15.57 Uhr: 2:0 für Unterhaching

16.15 Uhr: In Gelsenkirchen steht es 2:2, Schalke hat ausgeglichen.

16.58 Uhr: Drei Minuten nach dem 2:3 gleicht Schalke zum 3:3 aus.

16.59 Uhr: 4:3 durch Jörg Böhme.

17.15 Uhr: Mit dem 5:3 besiegelt Ebbe Sand den Schalker Sieg.

17.16 Uhr: Sergej Barbarez trifft zum 1:0 für den HSV.

17.20 Uhr: Patrik Andersson erzielt den Ausgleich für die Bayern.

17.21 Uhr: Abpfiff in Hamburg.

Ein Sieg zu Hause gegen die SpVgg. Unterhaching und eine Niederlage der Bayern in Hamburg hätte den Schalkern – dank besserer Tordifferenz – den Titel gebracht. Doch lange Zeit tut sich Schalke schwer gegen die Hachinger, die sogar zweimal in Führung gehen. Am Ende heißt es 5:3 (2:2) für Schalke, während es in Hamburg immer noch 0:0 steht.

Eine Minute nach Sands Treffer zum 5:3 in Schalke trifft der Bosnier Sergej Barbarez zum 1:0 für den HSV. Damit wäre Schalke Meister, das ausverkaufte Parkstadion steht Kopf. Doch nur vier Minuten dürfen sich die Schalker Spieler und 65 000 Fans beim letzten Spiel im Parkstadion in Gelsenkirchen als Meister fühlen, dann wird HSV-Torhüter Mathias Schober zur tragischen Figur: Nach einem Rückpass von Tomas Ujfalusi nimmt er den Ball regelwidrig im eigenen Strafraum mit der Hand auf. Schiedsrichter Markus Merk pfeift indirekten Freistoß für die Bayern. Andersson läuft an, und der scharf getretene Ball landet durch die HSV-Mauer hindurch im Netz. Die Schalker Fans versinken in Tränen. Noch nie seit Einführung der Drei-Punkte-Regel genügten 63 Zähler für den Gewinn der Meisterschaft,

Jubel über den Ausgleich, der die Meisterschaft bedeutet: Bayerns Torhüter Oliver Kahn

nie zuvor wurde ein Verein trotz neun Saisonniederlagen Titelträger, erstmals wird die Meisterschaft durch ein Tor in der Nachspielzeit am letzten Spieltag entschieden. Die 306 Spiele der Bundesligasaison sahen 9 474 962 Fans, im Schnitt 30 964 Zuschauer. 897 Tore bedeuten durchschnittlich 2,93 Treffer pro Spiel, Sand (Schalke) und Barbarez (HSV) erzielten jeweils 22 Tore. Acht Trainer mussten in der 38. Saison vorzeitig gehen. Der VfL Bochum, Eintracht Frankfurt und die SpVgg Unterhaching steigen ab, der 1. FC Nürnberg, Borussia Mönchengladbach und der FC St. Pauli rücken auf.

Kanzler Gerhard Schröder freut sich mit Schalke 04.

Pokalsieg tröstet Schalke

26. 5., Berlin. Eine Woche nach dem in letzter Minute verpassten Meistertitel sorgt der zweifache Torschütze Jörg Böhme dafür, dass die »Königsblauen« wieder lachen können: Mit seinen Toren zum 2:0 über den krassen Außenseiter 1. FC Union Berlin sichert er dem FC Schalke 04 den dritten Erfolg im DFB-Vereinspokal nach 1937 und 1972. Allerdings erweist sich der Zweitliga-Aufsteiger aus dem Berliner Stadtteil Köpenick im 58. Pokalfinale vor 73 011 Zuschauern im ausverkauften Olympiastadion lange Zeit als ebenbürtig. Schalkes Torhüter Oliver Reck pariert einen Fernschuss von Bozo Durkovic (fünfte Minute), eine Minute später zielt Unions Hristo Koilow knapp vorbei, und Harun Isa (23. Minute) trifft aus spitzem Winkel nur das Lattenkreuz.

Nur mühsam kommt der hohe Favorit besser ins Spiel. Nach dem 0:0 zur Pause verpasst erneut Bozo Durkovic mit einem Pfostenschuss (50. Minute) die nicht unverdiente Führung. Dann verwandelt Böhme in der 53. Minute einen Freistoß aus 25 m direkt in den Winkel und erhöht fünf Minuten später durch einen von Union-Keeper Sven Beuckert an Emile Mpenza verursachten Foul-Elfmeter zum 2:0.

Mode 2001:

Coole Romantik – modische Gegensätze ziehen sich an

Chronik Übersicht

In der Mode wird so Widersprüchliches wie Coolness und Romantik, Abgetragenes und Perfektes vereint. Unter dem neuerdings topmodischen Glocken- oder Faltenrock blitzt ein breiter Tüllsaum hervor, die streng geschnittene Kostümjacke fällt durch ein Revers aus Stoffrosen auf, die weiße Bluse ist mit üppigen Stoffrüschen asymmetrisch besetzt. Die Kanten all der Rüschen und Blüten bleiben unversäumt und dürfen ausfransen, denn das Perfekte soll willkürlich wirken.

Wichtigster Aufputz auf Blusen und Pullovern sind wir aufgenähte Patches (Stoffflecken) in Kontrastfarben, aus Leder, Pelz oder Tüll. Manches sieht nach gekonntem Flickwerk aus, etwa wenn den schräg verarbeiteten Tweedrock von Louis Vuitton ein abgerissener Jeansbund belebt oder wenn die teuren Gucci- oder Dolce & Gabbana-Jeans durchlöchert oder ausgefranst sind. Man spricht von Punk-Couture.

Abgesehen davon feiern Jeans-Hosen und -Jacken ein Comeback, vor allem wenn letztere mit Nerz gefüttert sind. Denn Pelz ist wieder gefragt, allerdings weniger als Mantel oder Jacke, sondern als Accessoire – von Schal, Haube, Tasche, Muff bis zu Knopf oder Brosche. Auch Leder – schwarz und glänzend – wirkt cool und erfährt durch aufgesetzte Patches romantische Bewegtheit.

Die Designermode ist differenzierter denn je. Der Spaß-Faktor steht im Vordergrund bei John Galliano mit Umhängen und Röcken aus Häkelblumen oder bei Jean-Charles de Castelbajac und Custo mit Pop-Art-Comics. Die Mode von Prada, Helmut Lang und Jil Sander dagegen bleibt durchaus minimalistisch. Doch auch die ausgefallenste Designermode ist höchste Schneiderkunst; das gilt für Alexander McQueens Federnrock samt Oberteil in Form eines Puzzles wie für John Gallianos schräg verarbeitete Zeitungsdruckstoffe und Glamour-Hippies (Dior) oder Tom Fords ganz aus Bändern zusammengesetzte, schmale Shiftkleider (Gucci). In der Designer-Abendmode spielt neben Transparenz das Korsett als erotisches Oberteil eine dominante Rolle.

Manche Couture-Häuser erproben ihr Image durch rasch wechselnde Designer: Anstelle von Alexander McQueen wird der durch seine Häkelkünste bekannt gewordene Julien MacDonald an das Haus Givenchy berufen, Tom Ford von Gucci übernimmt auch das Design von Yves Saint-Laurent Femme, und für Chloé ist nicht mehr Stella McCartney, sondern Phoebe Philo, für Louis Féraud Yves Mispelaere verantwortlich.

Die allgemein modische Silhouette bleibt schmal, wofür Hüfthosen und taillenkurze Pullover, die möglichst den Bauch frei lassen, sprechen. Selbst Mäntel, vielfach im Trenchcoat-Stil, versprechen keine bequeme Weite. Die Sommermode setzt auf große, wirre Dessins, wobei Military-Tarnmuster und Animalprints besonders favorisiert werden, während im Herbst von einem Comeback von Schwarz die Rede ist.

In der Business-Mode bewährt sich das Tweed-Kostüm, ob im Stile des Klassikers von Coco Chanel – nun aber mit Handtasche aus demselben Stoff – oder mit auffälligem Hahnentritt- bis dezentem Fischgrätmuster.

Schuhe bleiben wichtigster Modefaktor, je spitzer und höher, desto modischer, selbst bei hochschaftigen Stiefeln. Dennoch gibt es den Bequemschuh, flach und mit dicker Sohle. Den Blickfang Bein nutzt die Strumpfmode mit groben Netzstrümpfen oder Hahnentrittmustern.

Bei der dominanten Modefrisur herrscht Ausgefranstes und wirr

Neue Herstellungstechnik

Issey Miyake stellt sein zusammen mit Dai Fujiwara entwickeltes, zukunftsweisendes Bekleidungskonzept »A-POC« (»A Piece of Cloth«) im Juni im Vitra Design Museum Berlin vor. »A-POC« besteht aus in Farbe, Muster und Struktur unterschiedlichen textilen Schläuchen, aus denen der Kunde an vorgegebenen Schnittlinien, aber auch beliebig Kleidungsstücke schneidet. Ohne Zusammennähen oder Versäumen können sie zu einem individuellen Outfit inklusive Tasche und Mütze kombiniert werden. Miyake und Fujiwara haben damit den konventionellen Herstellungsprozess von Bekleidung – Stoffherstellung, Schnittkonstruktion, Gradieren und Nähen – revolutioniert. Dank computerprogrammierter Stoffherstellung kann das Endergebnis, das fertige Kleidungsstück, von der Trägerin als Unikat gestaltet werden.

nach vorne Gekämmtes vor. Besonders die männliche Jugend gefällt sich in weißblond gefärbten, mit Wachs zu kurzen Stacheln gestyltem Haar. Piercings und Tattoos sind bei der Jugend noch immer sehr gefragt.

Tweedkostüm mit vorne offener Jacke und knielangem Rock von Joseph Janard

Figurbetonter Mantel über Hüfthosen mit ausgestellten Bootlegs von Joseph Janard

Kleid mit Wasserfalldekolleté von John Richmond, gestylt mit modischen Tattoos zum Aufkleben

Mantel aus Pelz mit gedrucktem Animalprint, in der Taille angekraust, von Giuliana Teso

Freizeitoutfit: Kapuzenjacke und Hose im Jogging-Stil, darüber pelzgefütterte Outdoorjacke mit Camouflage-Dessin – Jean-Paul Gaultier

Pelzgefütterter Maximantel über minikurzem Shiftkleid mit breitem Hüftgürtel; eine Kombination im Stil der Sixties von Cerruti

Schultercape aus Häkelrosetten mit Fransen im Hippie-Stil zu karierter Hose, ab den Knien als »Faltenröcke« gearbeitet; John Galliano

Ledertop mit senkrechten Wasserfallrüschen, mit Tüll unterlegt, zu ethnisch gemusterter, enger Hose von Gattinoni

Hosenträger als Blickfang der Frühjahr/Sommer-Kollektion von Giorgio Armani: Hier eine weite Streifenhose zu latzförmigem Top

Ensemble aus Hose und Unterarmtasche mit überdimensionalem Hahnentrittmuster zu einem Lurex-Cardigan von Rocco Barocco

Juni 2001

Mo	Di	Mi	Do	Fr	Sa	So
				1	2	3
4	5	6	7	8	9	10
11	12	13	14	15	16	17
18	19	20	21	22	23	24
25	26	27	28	29	30	

1. Juni, Freitag

Der Bundestag stimmt einer Erweiterung des deutschen Mandats für die internationale Kosovo-Friedenstruppe (KFOR) zu. Demnach können Bundeswehrsoldaten künftig auch in der Pufferzone zwischen dem Kosovo und Serbien eingesetzt werden. Zugleich wird das Mandat um ein Jahr verlängert.

Bei einem Familientreffen im Königspalast in Katmandu werden König Birendra, Königin Aishwarya und sieben weitere Mitglieder der nepalesischen Königsfamilie erschossen. → S. 107

Bei dem schwersten Terroranschlag in Israel seit vier Jahren werden 20 junge Israelis getötet und mehr als 100 verletzt. Ein palästinensischer Selbstmordattentäter sprengt sich in einem Nachtclub am Strand von Tel Aviv in die Luft (→ 10.8./S. 140).

2. Juni, Samstag

Während einer Nahostreise übernimmt Bundesaußenminister Joschka Fischer nach dem am Vortag verübten Attentat in Tel Aviv eine Vermittlerrolle. Er bewegt Palästinenserpräsident Jasir Arafat dazu, eine »bedingungslose, sofortige Waffenruhe« auszurufen. Arafat kommt damit einem massiven Vergeltungsschlag der israelischen Armee zuvor.

Im Qualifikationsspiel für die Fußball-Weltmeisterschaft 2002 trennen sich Finnland und Deutschland in Helsinki 2:2.

3. Juni, Pfingstsonntag

Auf dem Treffen der Sudetendeutschen Landsmannschaft in Augsburg verlangt Bayerns Ministerpräsident Edmund Stoiber (CSU) als Gastredner von der tschechischen Regierung die Aufhebung der sog. Benes-Dekrete, die nach dem Zweiten Weltkrieg erlassen wurden. Darin waren Vertreibung und Enteignung der Sudetendeutschen verfügt worden.

Der Ökonom Alejandro Toledo setzt sich in der Stichwahl um das Amt des peruanischen Präsidenten gegen den sozialdemokratischen Ex-Staatschef Alan García durch. → S. 106

Der einbalsamierte Leichnam des im Jahr 2000 selig gesprochenen Papstes Johannes XXIII. wird in Rom umgebettet. → S. 108

Der mit Spannung erwartete Boxkampf der Töchter berühmter Väter endet mit einem Sieg für Laila Ali: Die 23 Jahre alte Tochter von Muhammad Ali besiegt in Verona die 16 Jahre ältere Jacqui Frazier-Lyde nach Punkten. → S. 111

4. Juni, Pfingstmontag

Der für das Team Telekom startende Olympiazweite Alexander Winokurow aus Kasachstan gewinnt in Stuttgart die einwöchige Deutschlandtour der Radprofis vor dem Spanier Aitor Garmendia.

5. Juni, Dienstag

Nordkorea wird von der längsten Dürre seit Bestehen des Landes heimgesucht. Nach Angaben der staatlichen Nachrichtenagentur KCNA sind bereits 80 bis 90% der gepflanzten Kartoffeln und der Saat für Weizen, Gerste und Mais im Boden vertrocknet. → S. 108

6. Juni, Mittwoch

Ein Schwurgericht in Los Angeles verurteilt den Tabakkonzern Philip Morris zu Zahlungen von mehr als 3 Mrd. US-Dollar an einen krebskranken Raucher.

Ein 2:0 über Gastgeber Albanien erreicht die deutsche Fußball-Nationalmannschaft beim WM-Qualifikationsspiel in Tirana.

7. Juni, Donnerstag

Nach tagelangem Tauziehen verkündet der Landesvorsitzende der Berliner SPD, Peter Strieder, das Ende des seit 1991 bestehenden Regierungsbündnisses mit der CDU (→ 16.6./S. 110).

Die CDU verabschiedet auf dem Kleinen Parteitag in Berlin einstimmig ihr Zuwanderungskonzept. Die Zuwanderung soll gesteuert und die Integration gefördert werden. Das Asylrecht soll unangetastet bleiben, Missbrauch dagegen bekämpft werden (→ 4.7./S. 124).

Die Labour-Partei von Premierminister Tony Blair gewinnt bei den britischen Unterhauswahlen die absolute Mehrheit der Mandate. → S. 105

In einem Referendum lehnen die Wähler der Republik Irland den Vertrag von Nizza ab und blockieren mit diesem Votum vorerst die Osterweiterung der Europäischen Union. → S. 105

Der frühere argentinische Präsident Carlos Menem wird in Buenos Aires wegen illegaler Waffenverkäufe unter Hausarrest gestellt. Im Falle eines Schuldspruchs drohen ihm bis zu zehn Jahre Haft. Die Staatsanwaltschaft wirft ihm vor, entgegen einem Embargo der Vereinten Nationen zwischen 1991 und 1995 Waffen nach Kroatien und Ecuador geschmuggelt zu haben.

8. Juni, Freitag

Der reformorientierte iranische Präsident Mohammed Khatami wird mit überwältigender Mehrheit für eine weitere vierjährige Amtszeit gewählt. → S. 107

Ein Amokläufer richtet an einer Grundschule der japanischen Stadt Ikeda ein Blutbad an. Der Mann dringt mit einem Küchenmesser bewaffnet in die Schule ein und tötet acht Kinder. 13 Schüler und zwei Lehrer werden verletzt.

Ein belgisches Gericht in Brüssel verhängt im Prozess gegen vier ruandische Angeklagte hohe Haftstrafen wegen ihrer Beteiligung am Völkermord von Hutu-Milizen an Tutsi in Ruanda 1994. → S. 106

9. Juni, Samstag

Nach dem Scheitern der großen Koalition in Berlin starten PDS, Bündnisgrüne und FDP eine Unterschriftensammlung für vorgezogene Wahlen (→ 16.6./S. 110).

Die US-Amerikanerin Jennifer Capriati gewinnt in Paris die Internationalen Tennismeisterschaften von Frankreich. Im Endspiel besiegt sie Kim Clijsters (Belgien) in drei Sätzen 1:6, 6:4 und 12:10.

Sven Ottke bleibt IBF-Boxweltmeister im Supermittelgewicht. Der 34-Jährige besiegt in Nürnberg den Franzosen Ali Ennebati durch technisches K.o. in der elften Runde.

10. Juni, Sonntag

Der Berliner SPD-Fraktionschef Klaus Wowereit wird auf dem Sonderparteitag einstimmig zum Spitzenkandidaten für das Amt des Regierenden Bürgermeisters gewählt. Bei wenigen Enthaltungen wird zudem der Kurs der SPD-Spitze auf Auflösung der Koalition unterstützt. Wowereit bekennt sich auf dem Parteitag zu seiner Homosexualität. »Ich sage euch was zu meiner Person: Ich bin schwul und das ist auch gut so. Ich habe nie schwule Politik gemacht, sondern als Schwuler Politik« (→ 16.6./S. 110).

Die CDU geht aus den sächsischen Landrats- und Bürgermeisterwahlen als Siegerin hervor. In 14 von 18 Landkreisen gewinnen die von der Partei nominierten Kandidaten. Die CDU stellt auch 153 Bürgermeister.

Bei schweren Überschwemmungen im Süden des US-Bundesstaates Texas kommen 18 Menschen ums Leben. Weite Teile der Millionenstadt Houston stehen nach sintflutartigen Niederschlägen unter Wasser.

Der Brasilianer Gustavo Kuerten gewinnt in Paris die offenen französischen Tennismeisterschaften. Im Finale besiegt er den Spanier Alex Corretja in vier Sätzen 6:7 (3:7), 7:5, 6:2 und 6:0.

Mit dem Gewinn des Konföderationen-Pokals sichert sich Fußball-Welt- und -Europameister Frankreich seinen dritten Titel in Folge. Die »Equipe Tricolore« setzt sich in Yokohama durch einen Treffer von Patrick Vieira (28. Minute) mit 1:0 gegen Japan durch und kassiert dafür umgerechnet 5 Mio. DM Siegprämie.

Beim Großen Preis von Kanada der Formel 1 in Montreal setzt sich im Bruder-Duell Ralf Schumacher (Williams-BMW) gegen seinen älteren Bruder Michael Schumacher durch. Dritter wird der Finne Mika Häkkinen (McLaren-Mercedes), dessen Teamkollege David Coulthard ausscheidet (→ 14.10./S. 187).

Der Italiener Gilberto Simoni holte sich den Gesamtsieg beim 84. Giro d'Italia. Olympiasieger Jan Ullrich (Team Telekom) beendet seine Giro-Premiere auf dem 52. Rang. Das Rad-Etappenrennen war von Doping-Skandalen überschattet.

11. Juni, Montag

Bundesregierung und Stromwirtschaft unterzeichnen den Atomkonsens, der den schrittweisen Ausstieg aus der friedlichen Nutzung der Atomenergie regelt. Das letzte deutsche Kernkraftwerk soll in etwa 20 Jahren vom Netz gehen. Zudem darf kein neuer Atommeiler gebaut werden (→ S. 57).

Bei der ersten Hinrichtung durch US-Bundesbehörden seit 1963 stirbt der Oklahoma-Attentäter Timothy McVeigh im Bundesgefängnis von Terre Haute im US-Bundesstaat Indiana durch eine Giftinjektion → S. 108

In Rom wird die 59. italienische Nachkriegsregierung unter Führung des Medienunternehmers und Multimillionärs Silvio Berlusconi vereidigt. Dem Mitte-Rechts-Kabinett gehören auch mehrere Minister der rechtspopulistischen Lega Nord und der postfaschistischen Alleanza Nationale an (→ 13.5./S. 90).

12. Juni, Dienstag

US-Präsident George W. Bush trifft zum Auftakt seines Europabesuchs in Spanien ein. Wichtigste Themen seiner sechstägigen Reise, die ihn nach Belgien, Schweden, Polen und Slowenien führt, sind die geplante NATO-Osterweiterung, die US-Raketenabwehrpläne sowie das Nein der USA zum Klimaprotokoll von Kyoto.

Die französische Nationalversammlung billigt mit großer Mehrheit den Vertrag von Nizza, der die Voraussetzungen für die Erweiterung der EU schaffen soll. Frankreich ist nach Dänemark der zweite Staat, der die Nizza-Vereinbarungen ratifiziert (→ 11.12.2000/S. 12).

Die Deutsche Telekom und British Telecom vereinbaren eine weit reichende Mobilfunkallianz. Beabsichtigt ist eine enge Kooperation der Mobilfunktöchter T-Mobile und BT Wireless beim Aufbau der UMTS-Netze in Großbritannien und Deutschland.

13. Juni, Mittwoch

Wegen der Aussagen ihres stellvertretenden Vorsitzenden Peter Porsch zum Mauerbau in Berlin gerät die PDS unter heftige Kritik. Porsch hatte die Errichtung der Mauer im Jahr 1961 als historisch verständlich und legitim bezeichnet; niemandem wäre mit einer Entschuldigung für die Mauer geholfen.

Das Bundeskabinett in Berlin verabschiedet den Entwurf für den Bundeshaushalt 2002. Die Vorlage von Bundesfinanzminister Hans Eichel (SPD) ist erstmals in Euro ausgewiesen und sieht einen Anstieg der Ausgaben um 1,6% auf knapp 248 Mrd. € vor. Die Neuverschuldung sinkt von für 2001 veranschlagten 22,3 Mrd. € auf 21,1 Mrd. €.

Nach einer Entscheidung des Bundesgerichtshofs in Karlsruhe steht geschiedenen Frauen, die während der Ehe Hausfrauenarbeit geleistet haben, ein höherer Unterhaltsanspruch zu. → S. 109

Mit zahlreichen Gottesdiensten beginnt in Frankfurt am Main der 29. Deutsche Evangelische Kirchentag. Das bis zum 17. Juni dauernde Laientreffen steht unter dem Motto »Du stellst meine Füße auf weiten Raum«.

*Militante Globalisie-
rungsgegner liefern sich
am Rande des EU-Gip-
fels in der schwedischen
Metropole Göteborg
Straßenschlachten mit
der Polizei; »Afton-
bladet« vom 15. Juni.*

14. Juni, Donnerstag

Vor dem Beginn des EU-Gipfeltreffens (→16.6./S. 105) kommt US-Präsident George W. Bush in Göteborg mit den Staats- und Regierungschefs der EU-Staaten zusammen.

15. Juni, Freitag

Die ersten ehemaligen NS-Zwangsarbeiter erhalten Geld. Überweisungen von insgesamt etwa 200 Mio. DM sind nach Angaben der Stiftung »Erinnerung, Verantwortung und Zukunft« mit Sitz in Berlin zunächst an die polnischen und tschechischen Partnerorganisationen sowie an die Jewish Claims Conference gegangen (→ 30.5./S. 89).

UNO-Friedenstruppen sollen nach einem Beschluss des Weltsicherheitsrates in New York noch mindestens ein Jahr lang in der Demokratischen Republik Kongo bleiben, um dort die Einhaltung des Waffenstillstandes zu kontrollieren. Zugleich bekräftigt das UN-Gremium seine Absicht, die Zahl der Blauhelm-Soldaten in dem afrikanischen Bürgerkriegsland von derzeit 2400 auf über 5000 aufzustocken (→16.1./S. 33).

Nach gut 18-monatiger Zwangspause kehren Vertreter der Organisation für Sicherheit und Zusammenarbeit in Europa (OSZE) nach Tschetschenien zurück. Sie sollen von einem Büro in Snamenskoje aus die Menschenrechtslage in der zu Russland gehörenden Kaukasus-Republik beobachten.

16. Juni, Samstag

SPD und Bündnis 90/Die Grünen stürzen mithilfe der PDS den langjährigen Berliner Regierenden Bürgermeister Eberhard Diepgen (CDU) durch ein Misstrauensvotum und wählen SPD-Fraktionschef Klaus Wowereit zum Nachfolger. → S. 110

Die Staats- und Regierungschefs der Europäischen Union setzen bei ihrem von schweren Krawallen überschatteten Gipfeltreffen in Göteborg einen Zeitrahmen für die Erweiterung der Gemeinschaft. → S. 105

17. Juni, Sonntag

Mit einer Kranzniederlegung in Berlin gedenkt die Bundesregierung des gescheiterten Arbeiteraufstandes in der DDR am 17. Juni 1953.

Die Nationale Bewegung für Simeon II. gewinnt die Parlamentswahlen in Bulgarien. → S. 106

18. Juni, Montag

Bundeskanzler Gerhard Schröder (SPD) unterstützt den Wunsch Polens nach einem Beitritt zur Europäischen Union im Jahr 2004. Dies erklärt er bei einer Begegnung mit seinem polnischen Amtskollegen Jerzy Buzek in Frankfurt an der Oder.

19. Juni, Dienstag

Der Abzug syrischer Truppen aus der libanesischen Hauptstadt Beirut ist offiziell beendet. Die Syrer waren 1976 nach Beginn des libanesischen Bürgerkrieges ein-

marschiert und fungierten seitdem als eine Art Schutzmacht.

Mehr als 10 000 Anhänger feiern in der Berliner Max-Schmeling-Halle die US-amerikanische Pop-Queen Madonna, die nach elf Jahren erstmals wieder in Deutschland gastiert. Der Auftakt der Welttournee war am 9. Juni in Barcelona. Es folgen noch Auftritte u. a. in Paris, London und New York. → S. 110

20. Juni, Mittwoch

Bundesinnenminister Otto Schily (SPD) kündigt an, dass der mit der allgemeinen Rentenreform (→ 11.5./S. 86) beschlossene Abschlag auch auf die Beamtenpensionen übertragen werden soll. Demnach müssen sich die knapp 2 Mio. Beamten auf die Kürzung ihrer Altersversorgung einstellen. Vorgesehen ist im Zeitraum 2003 bis 2010 eine Absenkung der Pensionen um insgesamt 5%.

Pakistans Militärmachthaber Pervez Musharraf wird als neuer Präsident des Landes vereidigt. Er hat sich im Oktober 1999 an die Macht geputscht.

Königin Elisabeth II. eröffnet das neu gewählte britische Parlament. In ihrer Thronrede verliest sie die Regierungserklärung des im Amt bestätigten Premierministers Tony Blair. Dabei stehen Reformen bei Bildung und Gesundheit im Mittelpunkt (→ 7.6./S. 105).

21. Juni, Donnerstag

Mit einem eindringlichen Appell an die USA, die Todesstrafe abzuschaffen, beginnt der zweitägige erste Weltkongress gegen die Todesstrafe. Walter Schwimmer, der Generalsekretär des Europarates, bezeichnet zur Eröffnung die Todesstrafe als inhuman und erklärt, sie müsse in einem demokratischen Rechtsstaat abgeschafft werden.

Millionen Menschen werden im südlichen Teil Afrikas Zeugen der ersten totalen Sonnenfinsternis des 21. Jahrhunderts. → S. 108

22. Juni, Freitag

Der Bundestag billigt nach kontroverser Debatte die Reform des fast 30 Jahre alten Betriebsverfassungsgesetzes. Für die Novelle stimmen SPD, Bündnis 90/Die Grünen und PDS, dagegen CDU/CSU und FDP. Das neue Betriebsverfassungsgesetz bringt eine größere Mitbestimmung der Arbeitnehmer mit sich. Die Novelle stößt auf große Kritik bei den Arbeitgeberverbänden. → S. 109

Das türkische Verfassungsgericht verbietet die islamistische Tugendpartei. Das Verfahren gegen die größte Oppositionspartei im Land, die mit 102 Abgeordneten im Parlament vertreten ist, war 1999 eingeleitet worden. Ihr wird u.a. vorgeworfen, einen militanten Islamismus zu fördern.

Der Film »Die innere Sicherheit« von Christian Petzold wird in Berlin mit dem Deutschen Filmpreis in Gold ausgezeichnet. Als beste Hauptdarsteller werden Katrin Saß (in »Heidi M.«) und Moritz Bleibtreu (in »Das Experiment«) preisgekrönt. → S. 111

23. Juni, Samstag

Bundeskanzler Gerhard Schröder (SPD) und die 16 Ministerpräsidenten der Bundesländer einigen sich nach dreitägigen Verhandlungen auf eine Neuregelung des Länderfinanzausgleichs und den zweiten Solidarpakt für Ostdeutschland, in dessen Rahmen ab 2005 bis 2019 eine Summe von 156,4 Mrd. € vom Bund an die ostdeutschen Länder fließen soll. → S. 109

500 000 Schwule und Lesben ziehen – vielfach bunt kostümiert – am traditionellen Christopher Street Day in Berlin vom Kurfürstendamm zur Siegessäule im Tiergarten.

Ein Erdbeben der Stärke 7,9 auf der Richterskala fordert im Süden Perus 118 Tote und mehr als 1500 Verletzte.

Die drei Startenöre Luciano Pavarotti, José Carreras und Placido Domingo unterstützen mit einer Aufführung vor der Verbotenen Stadt in Peking die Bewerbung der chinesischen Hauptstadt um die Olympischen Spiele 2008 (→ 16.7./S. 130). Das Konzert vor 30 000 Menschen findet unter strengen Sicherheitsvorkehrungen statt.

24. Juni, Sonntag

Der FDP-Politiker Ingolf Roßberg gewinnt die überregional beachtete Oberbürgermeisterwahl in der sächsischen Landeshauptstadt Dresden. Der auch von SPD, PDS und Grünen unterstützte Roßberg kommt auf 47% der Stimmen, Amtsinhaber Herbert Wagner (CDU) erhält 40% und der als parteiloser Kandidat angetretene letzte SED-Oberbürgermeister Wolfgang Berghofer 12,2%.

Die Bemühungen von Papst Johannes Paul II. um Aussöhnung mit den orthodoxen Christen erleiden einen Rückschlag. Der Führer der größten Glaubensgemeinschaft in der Ukraine, der Metropolit der moskau-orientierten Orthodoxen, kommt nicht zu einem interreligiösen Treffen mit dem Papst in Kiew. Jüdische, muslimische und andere orthodoxe Kirchenführer nehmen hingegen teil.

Nach dem Ausbruch des mehr als 2400 m hohen Vulkans Mayon auf der philippinischen Insel Luzon fliehen 23 000 Menschen aus ihren Dörfern am Fuße des Berges. Der im Südosten der Insel gelegene Vulkan ist weltweit einer der aktivsten.

25. Juni, Montag

Nach mehr als drei Jahren setzt Österreich – befristet bis zum 3. Juli – wieder die Kontrollen an den Grenzen zu Deutschland und Italien in Kraft. Anlass sind befürchtete Krawalle beim bevorstehenden Weltwirtschaftsforum Osteuropa in Salzburg.

Der geflüchtete frühere peruanische Geheimdienstchef Vladimiro Montesino wird von Venezuela an Peru ausgeliefert. In seiner Heimat soll ihm wegen politischer Morde, Korruption und Unterschlagung von Staatsgeldern in der Ära Fujimori der Prozess gemacht werden (→ S. 106).

26. Juni, Dienstag

Der baden-württembergische Verwal-

tungsgerichtshof in Mannheim weist die Berufungsklage einer muslimischen Lehrerin ab, die sich weigert, im Unterricht ihr Kopftuch abzulegen. Deshalb war sie nicht in das Beamtenverhältnis übernommen worden. Nach Auffassung der Mannheimer Richter habe bei Lehrern die staatliche Neutralitätspflicht Vorrang vor der Religionsfreiheit.

27. Juni, Mittwoch

Zum Abschluss seines fünftägigen Ukrainebesuchs spricht Papst Johannes Paul II. 28 Opfer des Stalinismus und des Nazi-Terrors selig. Zu einer Messe unter freiem Himmel in der Stadt Lwiw – dem früheren Lemberg – kommen etwa 1 Mio. Menschen (→6.5./S. 90).

Mit der Verabschiedung eines weltweiten Strategieplans gegen die Immunschwächekrankheit Aids endet in New York ein Sondergipfel der Vereinten Nationen. Es war das erste Mal, dass sich Staats- und Regierungsvertreter in der Vollversammlung mit einem Gesundheitsthema befassten.

Das Landgericht München spricht der früheren Sprinterin Katrin Krabbe 1,5 Mio. DM Entschädigung zu. Der Leichtathletik-Weltverband hatte eine Sperre Krabbes wegen Medikamentenmissbrauchs unzulässigerweise um zwei Jahre verlängert.

28. Juni, Donnerstag

Die jugoslawische Regierung überstellt den früheren Staatschef Slobodan Milosevic an das UNO-Kriegsverbrechertribunal in Den Haag. → S. 104

Die Aufspaltung des weltgrößten Softwarekonzerns Microsoft ist vorerst abgewendet. Ein Berufungsgericht hebt das Zerschlagungsurteil aus dem Jahr 2000 auf. Der Vorwurf, das Unternehmen habe sein Quasi-Monopol auf dem Markt für Betriebssysteme wettbewerbswidrig ausgenutzt, wird aber teilweise aufrecht erhalten.

29. Juni, Freitag

Eine internationale Geberkonferenz für Jugoslawien, an der 42 Staaten und 25 internationale Organisationen teilnehmen, sagt Belgrad nach der Auslieferung von Ex-Präsident Slobodan Milosevic ans UN-Kriegsverbrechertribunal großzügige Finanzhilfen zu (→ 28.6./S. 104).

Die Vollversammlung der Vereinten Nationen in New York bestätigt UNO-Generalsekretär Kofi Annan für eine zweite fünfjährige Amtszeit.

Der Rechtsextremist Manfred Roeder wird vom Landgericht Rostock wegen Volksverhetzung und Verleumdung des Staates zu zwei Jahren und drei Monaten Haft verurteilt.

30. Juni, Samstag

Eine nordkoreanische Familie, die im Büro des UNO-Flüchtlingshilfswerk in Peking Zuflucht gesucht hat, wird nach Südkorea ausgeflogen, wo sie Asyl erhält. In ähnlichen Fällen hatte China Nordkoreaner bislang immer in ihre Heimat zurückgeschickt.

Die Kunst-Biennale in Venedig ist das Titelthema des Juni-Heftes von »art«.

www.art-magazin.de

art

DAS KUNSTMAGAZIN

Nr. 6
Juni 2001
DM 15,30
Schweiz sfr. 15,30
Österreich öS 115

Biennale Venedig

Was Sie nicht verpassen dürfen:
Künstler, Orte und Ereignisse

Service: Die schönsten Routen zur Kunst in Venedig

Jugoslawien liefert Milosevic aus

28. 6., Belgrad. Die serbische Regierung überstellt Slobodan Milosevic an das UN-Kriegsverbrechertribunal in Den Haag.

Der frühere jugoslawische Präsident wird am 29. Juni ins Untersuchungsgefängnis des Tribunals im niederländischen Scheveningen gebracht und am 3. Juli erstmals dem Richter vorgeführt. Milosevic erkennt das Gericht nicht an und verweigert jede Aussage. Mit dem Beginn des Prozesses gegen ihn wird erst 2002 gerechnet.

Internationale Unterstützung: Am Tag nach der Auslieferung tritt, wie lange geplant, in Brüssel unter der Federführung der EU-Kommission und der Weltbank eine internationale Geberkonferenz zusammen, an der 42 Staaten und 25 internationale Organisationen teilnehmen. Sie beschließen, Jugoslawien für den wirtschaftlichen Wiederaufbau sowie für Reformmaßnahmen in der Verwaltung und bei den Sicherheitsbehörden eine Summe von 1,28 Mrd. US-Dollar (teils als Kredit) zur Verfügung zu stellen. Das Geld soll noch 2001 ausgezahlt werden.

Konflikt in Jugoslawien: Mit seiner Entscheidung, den im Oktober 2000 gestürzten Staatschef auszuliefern, setzt sich Zoran Djindjic, Ministerpräsident der jugoslawischen Teilrepublik Serbien, über eine zuvor getroffene Anordnung des jugoslawischen Verfassungsgerichts und über Bedenken des jugoslawischen Präsidenten Vojislav Kostunica hinweg. Djindjic beruft sich dabei auf einen Passus in der Verfassung, wonach die serbische Regierung eingreifen könne, wenn durch Beschlüsse auf Bundesebene fundamentale Interessen des Teilstaates verletzt würden.

Auf der Bundesebene führt Djindic' Vorstoß zu einer Regierungskrise: Der jugoslawische Ministerpräsident Zoran Zizic tritt am 29. Juni zurück, sein Nachfolger wird am 24. Juli der bisherige Finanzminister Dragisa Pesic.

Die Vorgeschichte: Den Haftbefehl gegen Milosevic erließ Den Haag bereits am 27. Mai 1999. Es bestehe der dringende Verdacht, dass er Kriegsverbrechen im zu Jugoslawien gehörenden Kosovo angeordnet habe, hieß es. Zu diesem Zeitpunkt führte die NATO wegen der Unterdrückung und Vertrei-

3. Juli: Milosevic wird erstmals dem Haager Gericht vorgeführt.

29. Juni: Tausende demonstrieren in Belgrad gegen die Auslieferung.

bung der albanischen Bevölkerungsmehrheit im Kosovo Krieg gegen Jugoslawien.

Umschwenken in Belgrad: Nach dem Sturz von Milosevic im Oktober 2000 lehnten die nun demokratisch legitimierten Führungen Jugoslawiens und der Teilrepublik Serbien eine Zusammenarbeit mit Den Haag zunächst kategorisch ab, erklärten sich aber nach einigem Zögern bereit, den früheren Präsidenten im eigenen Land vor Gericht zu stellen. Milosevic wurde u. a. wegen Unterschlagung von Staatsgeldern in Höhe von 250 Mio. DM und wegen Amtsmissbrauchs angeklagt und am 1. April

in seinem Haus in Belgrad festgenommen.

Angesichts der von der internationalen Staatengemeinschaft bei Auslieferung von Milosevic angekündigten finanziellen Unterstützung für Jugoslawien wird er nun nach Den Haag überstellt.

Ausweitung der Anklage: Die Haager Anklage gegen Milosevic bezieht sich zunächst auf Kriegsverbrechen im Kosovo, doch die Chefanklägerin des Tribunals, Carla Del Ponte, weitet sie auf mutmaßliche Verbrechen in den Kriegen in Kroatien 1991/92 und in Bosnien (1992–1995) aus (→ S. 416–425).

(→ S. 416–425).

Gerichtshof ahndet Kriegsverbrechen

Chronik Hintergrund

Das UN-Kriegsverbrechertribunal in Den Haag wurde 1993 von den Vereinten Nationen gegründet. Es ist für die strafrechtliche Verfolgung von Kriegsverbrechen, Verbrechen gegen die Menschlichkeit und Völkermord zuständig, die nach dem 1. Januar 1991 auf dem Gebiet des früheren Jugoslawien begangen wurden. Zu den prominentesten per internationalem Haftbefehl gesuchten Angeklagten gehören der frühere Chef der bosnischen Serben, Radovan Karadzic, und der bosnische Serbengeneral Ratko Mladic. Ihnen werden Verbrechen während des Bosnienkrieges (1992 bis 1995) zur Last gelegt.

Neben Jugoslawien vollziehen auch Kroatien und die bosnischen Serben in der Frage der Zusammenarbeit mit dem Haager Tribunal 2001 eine Wende. So stellt sich die frühere Präsidentin der bosnischen Serbenrepublik, Biljana Plavsic, am 9. Januar freiwillig, der kroatische Ministerpräsident Ivica Racan sichert am 6. Juli die Auslieferung zweier kroatischer Generäle zu und riskiert damit eine Regierungskrise.

Die bosnisch-kroatische Föderation, die mit der bosnischen Serbenrepublik den Staat Bosnien-Herzegowina bildet, lässt im August drei hohe muslimische Offiziere verhaften, die in Den Haag angeklagt sind.

Unter den Urteilen, die 2001 gefällt werden, finden zwei besondere Aufmerksamkeit:

▷ Am 22. Februar werden drei bosnische Serben wegen Folter und Vergewaltigung, begangen an muslimischen Bosnierinnen, zu hohen Haftstrafen verurteilt. Es ist das erste Verfahren, in dem es allein um sexuelle Gewalt gegen Frauen geht

▷ Radislav Krstic, Hauptbeteiligter am Massaker von Srebrenica, bei dem 1995 über 7000 Muslime getötet wurden, wird am 2. August zu 46 Jahren Haft verurteilt.

Labour-Regierung glänzend bestätigt

7.6., London. Bei den Wahlen zum britischen Unterhaus erringt die Labour-Partei von Premierminister Tony Blair einen spektakulären Sieg. Die positive Konjunkturentwicklung – die Wirtschaft wuchs 2000 um 3,0% – und die niedrige Arbeitslosenquote von 5,5% im Jahr 2000 rechnen viele Wähler offenbar der Regierung an.

Im Vergleich zur Parlamentswahl von 1997, die Labour nach 18 Jahren in der Opposition wieder an die Macht brachte, verliert die Partei des Regierungschefs bei einem Stimmenanteil von 42,3% (1997: 43,2%) zwar sechs Mandate, sie verfügt aber im Unterhaus mit 413 von 659 Sitzen weiterhin über eine komfortable Mehrheit.

Die Konservativen, die den Wahlkampf vor allem mit der Ablehnung des Euro geführt haben, können ihr katastrophales Ergebnis von 1997 nur unwesentlich verbessern. Sie erhalten mit 32,6% der Stimmen (1997: 30,7%) 166 Mandate. Als Konsequenz der Wahlniederlage erklärt Parteichef William Hague seinen Rücktritt. Zu seinem Nachfolger wählen die Konservativen im September den Euro-Skeptiker Iain Duncan Smith.

Die kleinere Oppositionspartei der Liberaldemokraten gewinnt hinzu und erreicht mit 18,5% und 52 Sitzen das beste Ergebnis seit 1929.

Der britische Premier Tony Blair freut sich mit seiner Frau Cherie über den – nach seinen Worten – »historischen Sieg« der Labour-Partei. Der 48-Jährige gewinnt wie beim letzten Urnengang 1997 auch diesmal mit deutlicher Mehrheit seinen Wahlkreis Sedgefield in Nordostengland. Am Tag nach der Wahl stattet Blair, wie es dem Protokoll entspricht, zusammen mit seiner Frau Königin Elisabeth II. im Buckingham Palast in London einen Besuch ab.

Nach seinem grandiosen Wahlerfolg – noch nie in der britischen Geschichte ist eine Regierungspartei nach der ersten Amtszeit mit einer so großen Mehrheit wieder gewählt worden – kündigt Blair an, er wolle in der nächsten Legislaturperiode den maroden öffentlichen Gesundheitsdienst sanieren und die bereits in Angriff genommene Bildungsreform energisch umsetzen. Über den Beitritt zur Euro-Zone sollen die Briten in einem Referendum entscheiden.

Die Unterhauswahlen waren zunächst für den 3. Mai vorgesehen, doch dann wurde der Termin angesichts der grassierenden Maul- und Klauenseuche (→ 21.2./S.45) um einen guten Monat verschoben.

Iren wollen keine Osterweiterung

7.6., Dublin. In einem Referendum entscheiden sich die Iren gegen den Vertrag von Nizza. Bei einer Wahlbeteiligung von 33,7% sprechen sich 46% der Wähler für und 54% gegen das Vertragswerk aus, mit dem die Europäische Union für die Aufnahme neuer Mitglieder fit gemacht werden soll. Damit ist der Erweiterungsprozess der EU vorerst blockiert.

Die am → 11. Dezember 2000 (S. 12) auf dem EU-Gipfel in Nizza ausgehandelte und im Februar paraphierte Vereinbarung muss, um in Kraft zu treten, von allen 15 EU-Mitgliedstaaten ratifiziert werden; in Irland geschieht dies per Volksabstimmung. Kommentatoren führen das Abstimmungsverhalten der Iren auf die Befürchtung zurück, nach der Aufnahme osteuropäischer Staaten in die EU könnte Irland vom Subventionsempfänger zum Geberland werden.

EU will an ihrem Zeitplan festhalten

16.6., Göteborg. Auf ihrem zweitägigen Gipfel, der von heftigen Krawallen begleitet ist, bekräftigen die EU-Staats- und Regierungschefs ihre Absicht, ungeachtet des Vetos aus Irland (→ 7.6./S. 105) am Zeitplan für die Osterweiterung der Union festzuhalten. Der Vertrag von Nizza (→ 11.12.2000/S. 12) soll nicht neu verhandelt werden.

Die EU stellt der Gruppe der politisch und wirtschaftlich am weitesten fortgeschrittenen Beitrittskandidaten Estland, Polen, der Slowakei, Slowenien, Tschechien und Ungarn in Aussicht, dass sie bereits 2004 als Unions-Mitglieder an den Wahlen zum Europaparlament teilnehmen können. Die Beitrittsverhandlungen sollen möglichst bis Ende 2002 abgeschlossen sein; eine definitive Verpflichtung auf diesen Zeitrahmen geht die EU auf Initiative von Frankreich und Deutschland aber nicht ein.

Der Gipfel im schwedischen Göteborg ist von schweren Ausschreitungen überschattet. Gewalttätige Globalisierungsgegner richten Verwüstungen an und liefern sich Straßenschlachten mit der Polizei. Drei Demonstranten werden von Polizisten angeschossen.

Euro-Skeptiker im neuen Kabinett von Tony Blair stärker vertreten

Chronik Hintergrund

Nach seinem Wahlsieg führt der britische Premier Tony Blair eine umfassende Kabinettsumbildung durch. Für die größte Überraschung sorgt seine Entscheidung, anstelle von Robin Cook – der Parlamentspräsident wird – den bisherigen Innenminister Jack Straw mit dem Außenressort zu betrauen. In der Berufung von Straw, der sich als Euro-Kritiker profiliert hat, sehen politische Beobachter einen Hinweis darauf, dass Blair sich mit der Entscheidung über die Einführung der europäischen Gemeinschaftswährung in Großbritannien Zeit lassen will.

Entgegen seinem Ruf bekräftigt Straw nach seiner Ernennung, er werde den pro-europäischen Kurs Cooks fortsetzen. Dieser warb zuletzt massiv für die Einführung des Euro und eckte damit bei dem mächtigen Finanzminister Gordon Brown an; Brown – der sein Amt behält – hat bisher eine Festlegung in der Währungsfrage vermieden.

Im neuen, 22-köpfigen Kabinett Blair sind sieben Frauen vertreten, mehr als je zuvor in einer britischen Regierung. Wirtschaftsministerin wird Patricia Hewitt, die bisher als Staatssekretärin in diesem Ressort tätig war.

Einige weitere Minister wechseln das Ressort: So leitet der bisherige Handelsminister Stephen Byers nun das Verkehrsministerium, und Nick Brown, der wegen seines Umgangs mit der Maul- und Klauenseuche Kritik hat einstecken müssen, verwaltet künftig das Arbeitsressort.

Neuer Außenminister: Jack Straw

Toledo verspricht Peruanern Reformen

3. 6., Lima. Bei der Stichwahl um das Amt des peruanischen Präsidenten kann sich Alejandro Toledo nur knapp gegen seinen Konkurrenten, den früheren sozialdemokratischen Präsidenten Alan García, durchsetzen. Der 55-jährige Toledo, der für die Partei »Peru ist möglich« angetreten ist, erhält 51,9% der Stimmen, der Anfang des Jahres aus dem Exil nach Peru zurückgekehrte García 48,1%.

Die Stichwahl wurde angesetzt, da Toledo im ersten Wahlgang im April mit 36% die erforderliche absolute Mehrheit deutlich verfehlte. García erzielte damals mit 26% das zweitbeste Ergebnis.

Der bisher als Wirtschaftsberater für internationale Organisationen tätige Toledo stammt aus bescheidenen Verhältnissen und hat indianische Vorfahren. Auf ihn kommt nun die – angesichts einer fehlenden absoluten Parlamentsmehrheit für seine Partei besonders schwierige – Aufgabe zu, die auf die autoritäre Amtsführung seines Vorgängers Alberto Fujimori zugeschnittene Verfassung zu reformieren, die Streitkräfte zu professionalisieren, die Unabhängigkeit der Justiz zu sichern und die seit einigen Monaten verfolgte Politik des knappen Geldes fortzuführen, um eine neuerliche Inflation zu verhüten. Vor allem aber gilt es, energisch gegen die in dem Andenstaat grassierende Korruption anzugehen.

△ *Alejandro Toledo, stets modisch gekleidet, begrüßt am Tag nach seinem Wahlsieg Journalisten vor seinem Haus in Lima. Der Ökonom ist mit einer Belgierin verheiratet.*

◁ *Als Dieb und Betrüger wird der frühere Präsident Alberto Fujimori auf diesem Protestplakat bezeichnet.*

Bulgaren wählen Ex-König Simeon

17. 6., Sofia. Die Parlamentswahlen in Bulgarien gewinnt die Nationale Bewegung für Simeon II. (NDSW), die das Ziel hat, den früheren König Simeon II. zu unterstützen. Der 1946 nach drei Jahren Herrschaft von den Kommunisten ins Exil gezwungene Ex-Monarch aus dem Hause Sachsen-Coburg-Gotha nennt sich heute Simeon Sakskoburggotski.

Die NDSW erringt 43,05% der Stimmen, während sich die ODS des bisherigen Ministerpräsidenten Iwan Kostow mit 18,24% und die sozialistische BSP mit 17,35% begnügen müssen. Die Partei der türkischen Minderheit kommt auf 6,75%. Mit ihr geht die NDSW eine Koalition ein. Sakskoburggotski wird neuer Ministerpräsident.

Neuer bulgarischer Regierungschef: Simeon Sakskoburggotski

Ein unrühmliches Ende für Fujimori

Chronik Rückblick

Mit der Wahl von Alejandro Toledo zum Staatsoberhaupt verknüpft sich für Peru die Hoffnung auf Rückkehr zu einer echten Demokratie nach Jahren autoritärer Herrschaft unter Präsident Alberto Fujimori. Dieser hatte sich im November 2000 nach wachsenden Protesten gegen seine Amtsführung nach Japan abgesetzt und von dort aus seinen Rücktritt erklärt – einen Schritt, den das Parlament nicht akzeptierte; es erklärte Fujimori seinerseits für abgesetzt. Ihm wurden u. a. die Manipulation des Ergebnisses der Präsidentschaftswahl im Frühjahr 2000 vorgeworfen, bei der er nach offiziellen Zahlen 75% erreicht hatte. Toledo, der damals ebenfalls kandidiert hatte, organisierte den Widerstand gegen Fujimori. Diesem wurden Videoaufnahmen seines Geheimdienstchefs Vladimiro Montesino bei der Übergabe von Bestechungsgeldern an einen oppositionellen Abgeordneten zum Verhängnis. Nach Fujimoris Sturz übernahm Parlamentspräsident Valentin Paniagua interimistisch das Präsidentenamt.

Ruanda-Völkermord in Belgien gesühnt

8. 6., Brüssel. Ein belgisches Gericht verurteilt vier Beteiligte am 1994 in Ruanda von Hutu-Milizen an Tutsi begangenen Völkermord zu langjährigen Haftstrafen. Damals waren bis zu 1 Mio. Menschen getötet worden.

Unter den Verurteilten sind auch zwei katholische Nonnen. Sie werden für schuldig befunden, Hunderte von Tutsi, die in ihrem Kloster Zuflucht gesucht hatten, an die Hutu-Milizen ausgeliefert zu haben und auch persönlich an ihrer Tötung beteiligt gewesen zu sein. Reue zeigen sie während des Prozesses nicht. Seit 1993 können belgische Behörden, Kriegsverbrechen auch dann verfolgen, wenn kein Belgier beteiligt ist.

Königliche Familientragödie endet in einem Blutbad

1. 6., Katmandu. Mit Erschrecken reagiert die Weltöffentlichkeit auf die Nachricht, dass der nepalesische Thronfolger Dipendra bei einem Familientreffen im Narayanhiti-Palast ein Blutbad angerichtet hat. Der 29-Jährige erschießt – so stellt sich später heraus – seine Eltern, den 55-jährigen König Birendra und die drei Jahre jüngere Königin Aishwarya, sowie sieben weitere Mitglieder der königlichen Familie und richtet anschließend die Waffe gegen sich selbst.

Der Bruder des getöteten Königs, Prinz Gyanendra, der selbst bei dem Abendessen im Palast nicht anwesend war, versucht gegenüber der Bevölkerung die Tat zunächst als tragischen Unfall darzustellen – als der Kronprinz mit einer automatischen Waffe hantierte, hätten sich Schüsse gelöst – und ruft den mit schweren Kopfverletzungen im Koma liegenden Dipendra am 2. Juni zum König aus. Als Dipendra am 4. Juni den Verwundungen, die er sich selbst beigebracht hat, erliegt, wird Gyanendra zum Monarchen des Himalaja-Staates proklamiert. In einem später vorgelegten Untersuchungsbericht heißt es, Dipendra habe die Bluttat in angetrunkenem Zustand begangen. Vermutungen gehen dahin, dass die Brautwahl des Kronprinzen nicht die Zustimmung der Eltern fand. Insbesondere Königin Aishwarya soll darauf bestanden haben, dass Di-

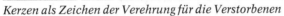
Kerzen als Zeichen der Verehrung für die Verstorbenen

Dipendra (M.) mit Geschwistern und Eltern (vorn)

pendra nach den in Nepal immer noch weit verbreiteten Traditionen eine von den Eltern arrangierte Verbindung einging. Dieser hatte jedoch auf einer Liebesheirat bestanden und, als ihm diese wiederholt verweigert wurde, schließlich zur Waffe gegriffen.

Nicht nur wegen der widersprüchlichen Nachrichten über den Tathergang löst die königliche Famili-

entragödie in Nepal schwere Unruhen aus: Die Nepalesen, die in der übergroßen Mehrheit Hindus sind, sehen in ihrem König eine Verkörperung des Gottes Vishnu und sind daher auch in ihrem religiösen Empfinden schwer getroffen.

Die Polizei verhängt eine Ausgangssperre und geht mit Gewalt gegen Demonstranten vor, die an die Version, Dipendra sei der

Mörder seiner Verwandten, nicht glauben wollen. Mindestens ein Mensch kommt ums Leben.

Der neue König Gyanendra ist bei den knapp 24 Mio. Nepalesen eher unbeliebt. Von seinem Sohn Paras, der nun Kronprinz ist, heißt es, er habe ebenfalls schon wild um sich geschossen und durch seine rücksichtslose Fahrweise mehrere Menschenleben auf dem Gewissen.

Reformer Khatami wieder gewählt

8. 6., Teheran. Der iranische Präsident Mohammed Khatami wird vom Volk mit großer Mehrheit für eine zweite vierjährige Amtszeit gewählt.

Hatte er bei seiner Wahl 1997 noch 69% der Stimmen erhalten, so entscheiden sich nun sogar 75% für den Politiker, an den sich große Reformhoffnungen knüpfen. Der Kandidat der konservativen Geistlichkeit, Ahmed Tavakoli, kommt als Zweitplatzierter nur auf 15%.

Trotz des Wahlergebnisses ist der Kampf zwischen der geistlichen Führung und den Reformern durchaus noch nicht entschieden. Kritiker werfen Khatami vor, sich nicht energisch genug gegen die Fundamentalisten um Ayatollah Ali Khamenei zur Wehr zu setzen.

Plakate mit Khatami (r.) und Ayatollah Ruhollah Khomeini

Von Hamburg nach Teheran

Chronik Zur Person

Mohammed Khatami – als Zeichen seiner direkten Abstammung vom Propheten Mohammed trägt er einen schwarzen Turban und den Beinamen Seyed – hat als Einziger aus der Führungselite des Iran Auslandserfahrungen: Von 1978 bis 1980 leitete er das Islamische Zentrum in Hamburg. 1982 wurde er zum Kulturminister ernannt, jedoch 1992 auf Drängen der Konservativen entlassen. Als Rückschläge für die Reformhoffnungen gelten u. a. Urteile gegen liberale Schriftsteller und Journalisten.

Giftspritze tötet Oklahoma-Attentäter

11. 6., Terre Haute. Das Todesurteil gegen den Oklahoma-Attentäter Timothy McVeigh wird im Bundesgefängnis des US-Bundesstaates Indiana mit einer Giftspritze vollstreckt.

Der bei seinem Tod 33-jährige McVeigh verübte am 19. April 1995 einen Bombenanschlag auf ein Verwaltungszentrum in Oklahoma City. Bei diesem Terrorakt starben 168 Menschen. Der Attentäter wurde zum Tode verurteilt.

McVeigh wird nun im Beisein von zehn Journalisten und zehn Angehörigen der Opfer hingerichtet. Die Exekution wird nach Oklahoma City übertragen, wo 300 Überlebende des Anschlags und Angehörige der Opfer an Monitoren zuschauen. Politische Beobachter fürchten, dass McVeigh, obwohl er sich stets als Einzelkämpfer darstellte, zum Märtyrer der Rechtsradikalen werden könnte.

Die etwa 100 Gegner der Todesstrafe, die sich vor den Gefängnistoren versammelt haben, lehnen die Vollstreckung des Urteils vor allem aus prinzipiellen Erwägungen ab. Zahlenmäßig stärker ist die Gruppe der Gegendemonstranten, die McVeighs Hinrichtung befürworten.

△ *Gegner der Todesstrafe demonstrieren vor dem Gefängnis in Terre Haute.*

◁ *22. April 1995: Timothy McVeigh wird drei Tage nach dem Anschlag in den Gerichtssaal geführt. Er ist der Polizei bei einer Verkehrskontrolle zufällig ins Netz gegangen.*

Nordkorea leidet unter Hungersnot

5. 6., Pjöngjang. Infolge einer lang anhaltenden Dürre wird Nordkorea von einer Hungerkatastrophe heimgesucht. Wie die staatliche Nachrichtenagentur des kommunistisch regierten Landes meldet, sind bereits 80 bis 90% der Kartoffelpflanzen und der Saat für Weizen, Gerste und Mais im Boden vertrocknet.

Die 22 Mio. Einwohner leiden seit 1995 unter Nahrungsmangel. Nach offiziellen Angaben sind bereits 200 000 Menschen an den Folgen gestorben; nach unabhängigen Schätzungen ist etwa die Hälfte aller Kinder unterernährt. Die Mangelsituation, die u. a. durch Misswirtschaft und den Rückgang des Viehbestandes hervorgerufen ist, hat sich durch einen kalten Winter und die wochenlang anhaltende Trockenperiode noch verschärft.

Die Absicht der deutschen Regierung, Rindfleisch aus dem EU-Schlachtprogramm, das im Zusammenhang mit der BSE-Krise durchgeführt wurde, nach Nordkorea zu liefern, wird nur schleppend umgesetzt. Statt der ursprünglich geplanten 30 000 t werden zunächst nur 6000t nach Pjöngjang verschifft. Das tiefgefrorene Fleisch trifft im November dort ein.

Im Glassarg aufgebahrt: Johannes XXIII., der 1958 zum Papst gewählt wurde und 1963 starb

Papst Johannes XXIII. wird umgebettet

3. 6., Rom. *Der einbalsamierte Leichnam des 2000 selig gesprochenen Papstes Johannes XXIII. wird umgebettet. Zehntausende Gläubige begleiteten die Zeremonie für das 1963 verstorbene Kirchenoberhaupt. Die sterbliche Hülle wird zunächst bei einer Messe auf dem Petersplatz in einem Glassarg für einige Stunden aufgebahrt und dann in einer Prozession in die Haupthalle des Petersdoms gebracht.*

Durch Schutzbrillen beobachten Schulkinder die Sonnenfinsternis über dem südlichen Afrika.

»Sofi« über dem schwarzen Kontinent

21. 6., Lusaka. *Millionen Menschen werden im südlichen Teil Afrikas Zeuge der ersten totalen Sonnenfinsternis des 21. Jahrhunderts. Mit doppelter Schallgeschwindigkeit zieht der knapp 200 km lange Kernschatten des Mondes über Angola, Sambia, Simbabwe, Malawi, Mosambik und Madagaskar hinweg. Einheimische, Touristen und Wissenschaftler beobachten die Naturerscheinung durch Schutzbrillen.*

Neuordnung der Arbeitnehmerrechte

22. 6., Berlin. Mit den Stimmen der Regierungskoalition aus SPD und Bündnis 90/Grüne sowie der PDS verabschiedet der Bundestag das neue Betriebsverfassungsgesetz. Nach der Zustimmung des Bundesrats am 13. Juli kann die Reform zum 28. Juli in Kraft treten.

Der nach kabinettsinternen Debatten zwischen Wirtschaftsminister Werner Müller (parteilos) und Arbeitsminister Walter Riester (SPD) von der Bundesregierung vorgelegte Kompromiss zur Reform des Gesetzes, das zuletzt 1972 novelliert worden ist, weitet die Mitbestimmung in Betrieben aus. So sind z. B. künftig auch betriebliche Qualifizierungen, Grundsätze für Gruppenarbeit, der Umweltschutz im Betrieb und die Förderung von Frauen Themen, über die der Betriebsrat mitbestimmen kann. Mit seiner Forderung, die Änderung von Arbeitsabläufen und Arbeitsplätzen der Mitbestimmungspflicht zu unterwerfen, konnte sich Riester innerhalb des Bundeskabinetts nicht durchsetzen.

Die Gesetzesnovelle sieht außerdem vor, dass schon in Betrieben ab 200 (zuvor: ab 300) Beschäftigten

Wirtschaftsminister Werner Müller (l.) und Arbeitsminister Walter Riester

ein Betriebsrat als Interessenvertreter der Arbeitnehmer von der Arbeit freigestellt wird. Ferner wird die Anzahl der Betriebsräte in Relation zur Anzahl der Beschäftigten heraufgesetzt. In Betrieben mit über 100 Mitarbeitern soll es z. B. künftig sieben solcher Arbeitnehmervertreter geben; bisher lag der Schwellenwert bei 150 Mitarbeitern. In der Geschlechterzusammensetzung des Betriebsrats soll

sich das Verhältnis von Männern und Frauen in dem Unternehmen abbilden.

In kleineren Betrieben mit bis zu 50 Beschäftigten gilt ein vereinfachtes Verfahren für die Wahl eines Betriebsrates. In Unternehmen mit bis zu 100 Beschäftigten kann dieses Verfahren, bei dem zwei Wahlversammlungen im Abstand von sieben Tagen vorgesehen sind, wahlweise angewandt werden.

Geberländer dürfen mehr behalten

23. 6., Berlin. Nach zähem Ringen verständigen sich Bund und Länder auf eine Neuordnung des Finanzausgleichs. Die Einigung kommt letztlich dadurch zustande, dass der Bund erhebliche finanzielle Zugeständnisse macht: Die Länder erhalten 1 Mrd. DM mehr aus Steuereinnahmen.

Der Finanzausgleich soll dafür sorgen, dass dem im Grundgesetz verankerten Prinzip gleicher Lebensverhältnisse im gesamten Bundesgebiet entsprochen wird. Dazu werden die Mehrwertsteuereinnahmen der Länder nach einem bestimmten Schlüssel umverteilt, um die Unterschiede in der Finanzkraft der Länder auszugleichen. Gegen das bisherige System hatten die Geberländer Bayern, Baden-Württemberg und Hessen beim Bundesverfassungsgericht geklagt und Ende 1999 z. T. Recht bekommen.

Nach der nun gefundenen komplizierten Neuregelung können reiche Länder mindestens 12 % ihrer Steuermehreinnahmen behalten.

Eine fröhliche Runde: SPD-Länderchefs stellen sich den Fotografen.

Hausfrauenarbeit höher bewertet

13. 6., Karlsruhe. In einem Grundsatzurteil stellt der Bundesgerichtshof fest, dass von der Frau im Verlauf einer Ehe geleistete Familienarbeit einen wirtschaftlichen Wert hat, der mit dem Erwerbseinkommen des Mannes die Lebensverhältnisse in der Familie prägt.

Als Konsequenz aus dem Urteil ergibt sich, dass bei der Berechnung des Unterhaltsanspruchs nach einer Scheidung eine Summe für Haushaltsführung und Kindererziehung anzusetzen ist, wie sie in etwa dem nach der Scheidung erzielten oder erzielbaren Einkommen der Frau entspricht. Bisher wurde einer Frau, die nach der Scheidung eine Erwerbstätigkeit aufnahm, ihr eigenes Einkommen von dem Unterhaltsanspruch abgezogen – was dazu führte, dass es sich für sie häufig nicht »lohnte«, eine Arbeit aufzunehmen.

Nun gilt auch für solche Frauen – wie bisher schon für geschiedene Paare, bei denen während der Ehe beide Partner erwerbstätig waren –, dass die Differenz zwischen den Einkommen beider Partner gleichmäßig unter ihnen aufgeteilt wird.

Solidarpakt II für Ostdeutschland

23. 6., Berlin. Bundeskanzler Gerhard Schröder und die Ministerpräsidenten der Bundesländer einigen sich auf ein mittelfristiges Konzept zur Förderung der Wirtschaftsentwicklung in Ostdeutschland. Die Verständigung kommt in einer Paketlösung mit dem Länderfinanzausgleich (→ 23.6./S.109) zustande.

Der »Solidarpakt II« greift nach dem Auslaufen der bisherigen Förderung in den neuen Bundesländern. Im Zeitraum von Anfang 2005 bis Ende 2019 sollen die ostdeutschen Länder vom Bund insgesamt 156,4 Mrd. € erhalten, wobei die zweckungebundenen Zahlungen zunächst langsamer, dann schneller von 10,5 Mrd. € auf 2,1 Mrd. € sinken. Danach sollen die ostdeutschen Länder aus eigener Kraft zurechtkommen. Zweckgebundene Mittel sollen in besondere Aufbauvorhaben fließen und vor allem zur Verbesserung der Infrastruktur genutzt werden.

Große Koalition in Berlin am Ende

16. 6., Berlin. Der Regierende Bürgermeister von Berlin, Eberhard Diepgen (CDU), wird durch einen Misstrauensantrag im Abgeordnetenhaus gestürzt. Danach wählt das Stadtparlament mit den Stimmen von SPD, Grünen und PDS den bisherigen SPD-Fraktionschef Klaus Wowereit zu seinem Nachfolger. Wowereits rot-grüner Minderheitssenat führt bis zu Neuwahlen am → 21. Oktober (S. 184) die Amtsgeschäfte.

Diepgen, der schon in den 80er Jahren einmal Regierender Bürgermeister war, stand seit 1991 an der Spitze einer großen Koalition, die zuletzt im Herbst 1999 durch Wahlen zum Berliner Abgeordnetenhaus bestätigt worden ist. Am 7. Juni hat die SPD das Regierungsbündnis wegen der schweren Finanzkrise bei der Bankgesellschaft Berlin aufgekündigt.

Die Haushaltslage in Berlin hatte sich im Mai dramatisch zugespitzt, da die Bankgesellschaft Berlin wegen riskanter Immobiliengeschäfte aus den 90er Jahren in finanzielle Schwierigkeiten geraten war. Das Bundesland Berlin ist an dem Geldinstitut mit 56,6% beteiligt. Es muss nun, um die Verluste der Bank auszugleichen und die zur Weiterführung der Geschäfte erforderlichen Bürgschaften zu geben, bis zu 6 Mrd. DM zusätzlich bereitstellen. Obwohl die Ursachen der Krise in eine Zeit fallen, in der die SPD mit der CDU die Stadtregierung stellte,

Eberhard Diepgen (CDU, r.) gratuliert Nachfolger Klaus Wowereit (SPD).

schieben die Sozialdemokraten dem größeren Koalitionspartner die Schuld zu und scheiden aus der Regierung aus.

Der neue Chef im Berliner Rathaus machte schon vor seiner Ernennung zum Regierenden Bürgermeister Schlagzeilen, indem er sich am 10. Juni zu seiner Homosexualität bekannte: »Ich bin schwul – und das ist auch gut so«, lautete Wowereits Bekenntnis. Es wurde gemunkelt, dass er mit seinem Outing einem kompromittierenden Bericht in der »Bild«-Zeitung zuvorkommen wollte.

Während die SPD mit Wowereit an der Spitze in den Wahlkampf zieht, schlägt die Berliner CDU das Angebot der Bundespartei, den früheren Parteichef Wolfgang Schäuble ins Rennen zu schicken, aus und entscheidet sich für Frank Steffel als Spitzenkandidaten. Auch die PDS meldet ihren Anspruch auf den höchsten Regierungsposten des Stadtstaates an: Gregor Gysi, der im Vorjahr seinen Rückzug aus der aktiven Politik erklärt hatte, fühlt sich zum Regierenden Bürgermeister berufen und stellt sich den Berlinern zur Wahl.

Klaus Landowsky stolpert über die Berliner Parteispendenaffäre

Sein Rückzug kommt für Eberhard Diepgen zu spät: Klaus Landowsky.

Chronik Hintergrund

Noch vor Bekanntwerden der Schieflage bei der Bankgesellschaft Berlin gerät der CDU-Landespolitiker Klaus Landowsky ins Schussfeld. Landowsky war jahrelang sowohl CDU-Fraktionsvorsitzender als auch Vorstand der Berliner Hypothekenbank, die zur Bankgesellschaft Berlin gehört.

1995 nahm er eine Parteispende in bar von einem Immobilienkonzern entgegen, dem die Hypothekenbank zeitgleich einen hohen Kredit eingeräumt hatte. Landowsky gibt den Posten bei der Bank und sein politisches Amt auf.

Berlin begeistert sich für Madonna

19. 6., Berlin. Im Rahmen ihrer »Drowned World Tour« mit dem Untertitel »Substitute For Love« (Ersatz für Liebe) gibt Madonna das erste von vier Konzerten in der Max-Schmeling-Halle.

Die 42-jährige Pop-Ikone aus Bay City (US-Bundesstaat Michigan), die im Verlauf ihrer 1983 gestarteten Gesangskarriere elfmal an die Spitze der US-Hitparade gelangte, begeistert die 10 800 Zuschauer in der ausverkauften Halle mit einer sorgfältig einstudierten, dramaturgisch, choreografisch, musikalisch und tänzerisch beeindruckenden Show, der allerdings, wie einige bemängeln, das progressive Moment fehlt.

Wie beim Welttournee-Auftakt in Barcelona am 9. Juni – Madonna hatte der spanischen Kult-Metropole kurzfristig den Vorzug vor Köln gegeben – beginnt die blond gefärbte Diva mit dem Song »Ray of Light«, vorgetragen im Punk-Outfit mit Schottenrock und begleitet von zehn Tänzern mit Gasmasken sowie sechs Musikern. Häufige Kostümwechsel folgen: Madonna wird ihrem Ruf als Perfektionistin im Rollen- und Identitätswandel voll gerecht und zeigt sich dem Publikum u. a. als Geisha, als Cowgirl und als spanische Senorita.

Nach ihren Konzerten in Berlin – Madonna ist hier erstmals seit elf Jahren wieder zu sehen – tritt der Weltstar aus den USA mit dem bürgerlichen Namen Madonna Louise Ciccone u. a. in London, Paris und New York auf.

Superstar Madonna in Berlin

Preisgekrönter RAF-Film

22.6., Berlin. In der Deutschen Staatsoper unter den Linden wird mit viel Glamour und Prominenz – auch Bundeskanzler Gerhard Schröder gibt sich die Ehre – der 51. Deutsche Filmpreis verliehen. Die Auszeichnung in Gold geht an den Film »Die innere Sicherheit«. Regisseur Christian Petzold schildert darin auf eindringliche Weise die seelischen Konflikte und realen Probleme einer Heranwachsenden (gespielt von Julia Hummer), die mit den Eltern durch verschiedene europäische Länder zieht und nirgendwo zu Hause ist – die Eltern sind als von der Polizei gesuchte Ex-Terroristen untergetaucht und leben seit Jahren mit wechselnder,

falscher Identität. Die Situation spitzt sich zu, als das Mädchen sich zum ersten Mal verliebt.

Zusätzlich zu den 500 000 DM, die an alle nominierten Filme gehen, erhält der Regisseur für den Preis in Gold weitere 500 000 DM. Die mit 300 000 DM dotierte silberne »Lola« – so soll der Deutsche Filmpreis in Anspielung auf Marlene Dietrichs kesse Lola in »Der blaue Engel«, auf Barbara Sukowa in Rainer Werner Fassbinders »Lola« und auf Tom Tykwers Erfolgsfilm »Lola rennt« mit Franka Potente künftig heißen – geht an Tykwers »Der Krieger und die Kaiserin« sowie an »Crazy« von Hans-Christian Schmid.

Als beste Hauptdarstellerin wird Katrin Saß ausgezeichnet, die in »Heidi M.« (Regie: Michael Klier) als gestandene Berliner Geschäftsfrau agiert, die unverhofft mit einer neuen Liebe konfrontiert wird. Bester Hauptdarsteller ist Moritz Bleibtreu, der in Oliver Hirschbiegels »Das Experiment« den Häftling Tarek Fahd verkörpert. Der Film erhält außerdem den Publikumspreis. Für die beste Regie wird Esther Gronenborn (»alaska.de«) ausgezeichnet.

Richy Müller, Barbara Auer als Ex-Terroristen in »Die innere Sicherheit«

Julia Hummer gibt als ihre Tochter eine überzeugende Vorstellung.

Hoch gelobt: Katrin Saß, Moritz Bleibtreu

Laila Ali gewinnt das Töchter-Duell

3.6., Verona. *Laila Ali tritt in die Fußstapfen ihres berühmten Vaters. Die 23 Jahre alte Profiboxerin besiegt im »Turning Stone Casino« die 16 Jahre ältere Jacqui Frazier-Lyde über acht Runden nach Punkten. Muhammad Ali und Joe Frazier hatten dreimal die Fäuste gekreuzt, zweimal siegte Ali – einer der besten Profi-Boxer überhaupt. Frazier-Lyde, Rechtsanwältin und Mutter von drei Kindern, bezieht vor den Augen ihres 57-jährigen Vaters in ihrem achten Profikampf die erste Niederlage. Ali ist nun in zehn Kämpfen siegreich.*

◁ Laila Ali und Jacqui Frazier-Lyde liefern sich in Verona ein erbittertes Duell.

Auto 2001:

Variationen des Üblichen

Chronik Übersicht

Der allgemeine Nachfrageeinbruch in der deutschen Wirtschaft wirkt sich auch auf die Neuzulassungen von Kraftfahrzeugen aus. Die Produktion bleibt durch diese Tendenz allerdings weit gehend unbeeinflusst, da praktisch in gleichem Umfang der Export deutscher Fahrzeuge steigt. Hier macht sich insbesondere die Stärke des US-Dollars bemerkbar. Hinsichtlich des Erscheinungsbildes des Autos fallen Variationen innerhalb des üblichen Rahmens auf. Bei Limousinen mit Stufen- oder Fließheck zeichnet sich eine größere Außenhöhe ab, die ein bequemeres Ein- und Aussteigen ermöglicht (Beispiel Peugeot 307). Der Einfluss der Kompakt-Vans macht sich insofern bemerkbar, als der Bedarf an vielfältig nutzbarem Platzangebot zunehmend zum Kaufargument wird. Trotzdem bleiben die auf herkömmlichen Limousinen basierenden Kombiwagen ein wesentlicher Bestandteil der Angebotspalette. Cabriolets erfreuen sich nach wie vor großer Beliebtheit. Hier bietet Chrysler mit einer viersitzigen Version ein attraktives Angebot. Im Geländewagen-Sektor werden die abgerüsteten Versionen (sog. SUV = Sports Utility Vehicle) verstärkt favorisiert, die weniger für den harten Geländeeinsatz als für

Fahrten auf Asphalt konstruiert sind. Als Beispiele seien der Ford Maverick und der Jeep Cherokee genannt.

Die Neuauflage der Mercedes-Benz-Typenreihe SL knüpft an die erfolgreichen Vertreter der letzten Jahrzehnte in dieser Baureihe an. In der Golf-Klasse versucht Fiat mit dem neuen Stilo Anschluss zu halten. Opel bietet mit dem Speedster einen sportlichen Aspekt, wobei auf den britischen Lotus Elise zurückgegriffen worden ist.

Von der neu gestalteten BMW-7er-Reihe kommt nur die Achtzylinder-Version auf den Markt – eine beeindruckende Häufung innovativer Technik. Der »Zwölfer« als Ergänzung soll später folgen. Als ersten Vertreter der W-Motorenreihe präsentiert VW den W 8, der sich später zu einem W 12 entwickeln soll.

Die internationale Zusammenarbeit schreitet weiter voran. So übernimmt General Motors Teile der koreanischen Daewoo-Gruppe. Dass bisher nur in Großbritannien mit Produktionsstätten vertretene japanische Hersteller nun auch in Kontinentaleuropa Fuß fassen (Nissan/Renault und Toyota/Peugeot), belegt die Bedeutung, die man dem Euro-Markt beimisst.

Bei den Importwagen führt Frankreich mit großem Abstand vor Italien und Japan.

Ford Maverick: Abrüstung vom Gelände auf den Boulevard

Die Zwillinge Bravo/Brava werden vom Fiat Stilo abgelöst.

Opel Speedster nach Lotus-Vorbild: 2,2 l, 67 PS, 220 km/h

Mercedes SL, fünfte Generation: Hoher Anspruch mit neuer Technik

Ob Mini oder Zwölfzylinder, BMW setzt bei den alternativen Kraftstoffen auf den Wasserstoff, der idealerweise unter Einsatz erneuerbarer Energien produziert wird.

Experiment mit Alternativantrieb

Wie in den Vorjahren bemüht sich die Automobilindustrie um geringere Verbrauchswerte, spektakuläre technische Neuentwicklungen bleiben jedoch aus.

Große Erwartungen werden in den Wasserstoff als Alternativenergie gesetzt. Eine Strömung favorisiert den Einsatz von Wasserstoff in den herkömmlichen Motoren, eine andere befasst sich mit dem Weg, bei dem die Brennstoffzelle zur Erzeugung elektrischer Antriebsenergie genutzt wird. BMW arbeitet mit dem direkten Verfahren, übrigens auch bei dem neuen Mini, dem einzigen Überbleibsel aus dem Rover-Abenteuer.

Mit der Verwendung von Erdgas (CNG) als Alternativantrieb wird ebenfalls erfolgreich experimentiert. In diesem Fall wäre die Versorgungs-Infrastruktur erheblich schneller und problemloser zu gewährleisten als beim Wasserstoff. Die Fortentwicklung von Dieselmotoren steht weiterhin unter positivem Vorzeichen. Wesentliche Förderer sind die französischen Hersteller.

Beim BMW-Zwölfzylinder 750 HL ermöglicht eine Tankfüllung eine Reichweite von 350 km.

Zwei Motoren stecken unter einer Haube

Mit dem Toyota Prius kommt erstmals ein Serienfahrzeug mit Hybridantrieb auf den deutschen Markt. Der Hersteller plant, jährlich etwa 1500 Fahrzeuge an den Kunden zu bringen. In Japan sind seit der Einführung 1997 etwa 45 000 Fahrzeuge verkauft worden. Bei den Bemühungen der Automobilindustrie, Fahrzeuge mit niedrigen Verbrauchswerten zu entwickeln, stellt der Hybridantrieb (lateinisch: von zweierlei Herkunft) ein Erfolg versprechendes Konzept dar. Durch die Kombination von Elektro- und Verbrennungsmotor werden die Vorteile unterschiedlicher Antriebs-

arten genutzt: Beim Anfahren und bei niedrigeren Geschwindigkeiten ist der Elektromotor die Hauptantriebsquelle, bei höherem Tempo arbeitet der Benzinmotor in wachsendem Maße mit. Problempunkte sind dabei das optimale Zusammenspiel beider Systeme sowie das zusätzliche Gewicht des zweiten Motors.

Beim Toyota Prius sorgt der Hybridantrieb nach Herstellerangaben dafür, dass der Mittelklassewagen mit rd. 5 l Benzin je 100 km auskommt und dabei deutlich weniger Schadstoffe ausstößt als Fahrzeuge mit herkömmlichem Motor.

Der Toyota Prius mit der Kraft der zwei Herzen – äußerlich unauffällig und 44 000 DM teuer

Juli 2001

Mo	Di	Mi	Do	Fr	Sa	So
						1
2	3	4	5	6	7	8
9	10	11	12	13	14	15
16	17	18	19	20	21	22
23	24	25	26	27	28	29
30	31					

1. Juli, Sonntag

In Deutschland tritt das Sozialgesetzbuch IX in Kraft, in dem es um die Rechte Behinderter geht. Im Vordergrund steht das Konzept, Behinderten eine möglichst selbstständige Lebensführung zu ermöglichen (→ S. 76).

Turnusgemäß übernimmt Belgien die Ratspräsidentschaft der EU.

David Trimble von der protestantischen UUP tritt als Chef der Regionalregierung Nordirlands zurück. Er begründet seinen Schritt damit, dass die angekündigte Entwaffnung der katholischen Untergrundorganisation IRA nicht erfolgt sei. Damit gerät der Friedensprozess in Nordirland in eine schwere Krise (→ 5.9./S. 161).

Der Deutsche Industrie- und Handelstag (DIHT), die Spitzenorganisation der deutschen Industrie- und Handelskammern, bekommt einen neuen Namen. Von nun an heißt es Deutscher Industrie- und Handelskammertag (DIHK).

Für seinen Text »Muttersterben« erhält der deutsche Autor Michael Lentz in Klagenfurt den mit rd. 42 000 DM dotierten Ingeborg-Bachmann-Preis.

2. Juli, Montag

Erstmals beginnen Frauen in Deutschland eine Offizierslaufbahn bei der Bundeswehr. 227 Frauen treten die Ausbildung zu höheren Dienstgraden an, 137 beim Heer, 53 bei der Luftwaffe und 37 bei der Marine (→ 2.1./S. 25).

Die PDS-Spitze verurteilt den Bau der Berliner Mauer, spricht aber keine ausdrückliche Entschuldigung für die Toten an der innerdeutschen Grenze aus. Die Parteivorsitzende Gabi Zimmer erklärt in Berlin, die vom Parteivorstand beschlossene Erklärung zum Mauerbau am 13. August 1961 gehe über eine »bloße Entschuldigung« hinaus. Kein Ideal oder höherer Zweck könne die Toten an der Mauer rechtfertigen, heißt es in dem Papier.

Nach monatelangen Verhandlungen wird in der jugoslawischen Teilrepublik Montenegro eine Koalitionsregierung gebildet und vom Parlament in Podgorica bestätigt. Die Minderheitsregierung ist aus Parteien zusammengesetzt, die eine Unabhängigkeit Montenegros von der Bundesrepublik Jugoslawien anstreben (→ 22.4./S.75).

Mit der Frankfurter Ökobank scheitert nach 13 Jahren das ambitionierteste Finanzprojekt der Alternativbewegung. Nach geplatzten Krediten in Millionenhöhe wird das Geschäft rückwirkend zum Jahresende 2000 an die Bankaktiengesellschaft Hamm (BAG) übertragen. Gleichzeitig soll die Suche nach einem Partner, der sich ethischen und ökologischen Zielen verpflichtet fühlt, fortgesetzt werden.

Von einem Busfahrerstreik auf der spanischen Inselgruppe der Balearen, darunter Mallorca, der nach drei Tagen zu Ende geht, sind etwa 500 000 Urlauber betroffen. Die Busfahrer wollten mit der Arbeitskampfmaßnahme höhere Löhne durchsetzen.

Yoko Ono, die Witwe des 1980 ermordeten Ex-Beatles John Lennon, enthüllt im Airport von Liverpool das neue Logo. Dies geschieht im Vorgriff auf die offizielle Umbenennung des Flughafens in »John Lennon Airport«. → S. 128

3. Juli, Dienstag

Der frühere Trierer Caritas-Manager Hans-Joachim Doerfert wird vom Landgericht München zu zehneinhalb Jahren Haft verurteilt, nachdem er der Untreue und Bestechlichkeit mit einem Schaden von mindestens 10 Mio. DM überführt worden ist. Vereinbarungen, die Reinhard Klimmt in seiner Eigenschaft als Präsident des 1. FC Saarbrücken mit Doerfert getroffen hatte, zwangen im Herbst 2000 den damaligen Bundesverkehrsminister zum Rücktritt.

Das US-Spionageflugzeug, das am → 1. April (S. 73) nach einer Kollision mit einem chinesischen Kampfjet in Südchina notgelandet war, wird in Teile zerlegt in die USA ausgeflogen.

Beim Landeanflug auf die südsibirische Stadt Irkutsk zerschellt eine TU-154 mit 145 Personen an Bord bei der Ortschaft Burdakowka und geht in Flammen auf. Keiner der Insassen überlebt das Unglück, das vermutlich auf einen Pilotenfehler zurückzuführen ist.

Erstmals in der Medizingeschichte wird in Louisville (US-Bundesstaat Kentucky) das erkrankte Herz eines Patienten durch ein Kunstherz komplett ersetzt. Das künstliche Organ »AbioCor« arbeitet völlig eigenständig und ohne Drähte und Schläuche nach außen.

4. Juli, Mittwoch

In Berlin werden die Empfehlungen vorgelegt, welche die von der CDU-Politikerin Rita Süssmuth geleitete Zuwanderungskommission der Bundesregierung ausgearbeitet hat. Programmatisch bekennt sich die Kommission dazu, dass Deutschland Zuwanderinnen und Zuwanderer braucht. → S. 124

Ex-Bundeskanzler Helmut Kohl gewinnt in erster Instanz den Rechtsstreit um die Veröffentlichung von Stasi-Akten, die seine Person betreffen. Das Gericht sah in der Herausgabe gegen den Willen Kohls das Persönlichkeitsrecht verletzt. → S. 124

Der Bundesgerichtshof in Karlsruhe verkündet, dass Anwälte, die ihr Honorar aus illegalen Geldern erhalten, wegen Geldwäsche belangt werden können.

Vorstand und Aufsichtsrat der Deutschen Bahn AG beschließen in Berlin ein neues, vereinfachtes Tarifsystem, das ab Herbst 2002 gelten soll. Ähnlich wie bei manchen Flugbuchungen werden die Tickets teurer, je kürzer der Abstand zum Fahrtantritt ist. Kinder bis zu 14 Jahren fahren in Begleitung eines Elternteils kostenlos.

---

5. Juli, Donnerstag

Hannelore Kohl, die Ehefrau von Altkanzler Helmut Kohl (CDU), begeht im Bungalow des Paares in Ludwigshafen-Oggersheim Selbstmord. Sie ist 68 Jahre alt geworden. → S. 125

6. Juli, Freitag

Ohne Aussprache beschließt der Bundestag einen Gesetzentwurf der rot-grünen Bundesregierung, der das Zeugnisverweigerungsrecht von Journalisten stärkt und den Schutz vor der Beschlagnahme von Recherche-Materialien ausweitet.

Mindestens 19 Menschen kommen bei schweren Unwettern über Europa ums Leben. Zwölf davon sind Besucher eines Freiluftkonzerts in Straßburg. Sie werden von einer umstürzenden Platane erschlagen. → S. 129

7. Juli, Samstag

Die angekündigte Auslieferung von zwei Generälen an das UN-Kriegsverbrechertribunal in Den Haag löst in Kroatien eine Regierungskrise aus. Drei Minister und der Vizeregierungschef treten aus Protest gegen die Auslieferungsentscheidung der Regierung zurück (→ S. 104).

Bei schweren Rassenkrawallen in der nordenglischen Stadt Bradford werden mehr als 120 Personen verletzt. → S. 123

Dirigent Daniel Barenboim und die Berliner Staatskapelle spielen bei einem Konzert auf dem Israel-Festival in Jerusalem als Zugabe Musik von dem in Israel wegen seiner antisemitischen Einstellung verpönten Richard Wagner und rufen damit wütende Proteste hervor. Die Mehrheit des Publikums reagiert allerdings mit Applaus auf den Auszug aus »Tristan und Isolde«.

Durch ein Golden Goal im Finale gegen Schweden gewinnt die deutsche Damen-Fußballnationalmannschaft in Ulm zum dritten Mal in Folge die Europameisterschaft. → S. 131

8. Juli, Sonntag

In der südostspanischen Region Murcia bricht die Legionärskrankheit aus, die vermutlich über Kühltürme und Klimaanlagen übertragen worden ist. Innerhalb von zwei Wochen gibt es 324 bestätigte Fälle der gefährlichen Bakterien-Infektion, drei davon mit tödlichem Ausgang.

9. Juli, Montag

Aus Gesundheitsgründen wird das Verfahren gegen den früheren chilenischen Diktator Augusto Pinochet vorläufig eingestellt. Der Ex-General sollte sich wegen Beihilfe zur Ermordung und Entführung von Regimegegnern im Jahr 1973 vor Gericht verantworten. → S. 120

Der ärztliche Direktor des Hamburger Universitätskrankenhauses Eppendorf (UKE), Heinz-Peter Leichtweiß, wird wegen eines Gesundheitsskandals auf eigenen Wunsch beurlaubt. In der Affäre geht es um einen Herzchirurgen, der trotz einer 1998 erlittenen schweren Hirnblutung mit Folgeerscheinungen wie Lähmungen und

---

Sprachstörungen weiter operiert und mindestens ein Kleinkind geschädigt haben soll.

Der teuerste Transfer der Fußballgeschichte ist perfekt. Der französische Mittelfeldstar Zinedine Zidane wechselt für eine Rekordablösesumme von rd. 150 Mio. DM von Juventus Turin zu Real Madrid. → S. 130

Das Tennis-Finale in Wimbledon gewinnt der Kroate Goran Ivanisevic in fünf Sätzen gegen den Australier Patrick Rafter. Bei den Damen war am 7. Juli die US-Amerikanerin Venus Williams über Justine Henin (Belgien) siegreich. → S. 133

10. Juli, Dienstag

Der syrische Präsident Baschar al Assad trifft zu einem zweitägigen Aufenthalt in Deutschland ein. Es ist der erste offizielle Besuch eines syrischen Staatsoberhaupts seit 23 Jahren. → S. 123

In der ostpolnischen Kleinstadt Jedwabne entschuldigt sich der polnische Staatspräsident Aleksander Kwasniewski öffentlich für ein vor 60 Jahren begangenes Pogrom an den 1600 jüdischen Bewohnern der Ortschaft. → S. 123

11. Juli, Mittwoch

Der dreitägige Gipfel zur Auflösung der Organisation Afrikanische Einheit (OAU) geht in der sambischen Hauptstadt Lusaka zu Ende. Nachfolgeorganisation der OAU ist die Afrikanische Union (AU). → S. 120

Die Punkband »Die toten Hosen« sponsort die Fußballmannschaft von Fortuna Düsseldorf. → S. 130

12. Juli, Donnerstag

Beim Aussetzen zweier Satelliten durch eine europäische »Ariane«-Rakete gibt es eine Panne. Der europäische Telekommunikationssatellit »Artemis« und ein japanischer Direktfunksatellit werden in eine zu niedrige Umlaufbahn gebracht. Offenbar hat es in der Endstufe der Rakete einen Defekt gegeben.

13. Juli, Freitag

Der Bundesrat verweigert Bundesumweltminister Jürgen Trittin (Bündnis 90/Grüne) die Zustimmung zu seinem Plan, zum Jahresbeginn 2002 ein Pflichtpfand auf alle Getränkedosen einzuführen. → S. 125

Das von der rot-grünen Bundesregierung ausgearbeitete sog. Familienpaket mit einem Volumen von 4,6 Mrd. DM wird vom Bundesrat verabschiedet. → S. 124

Das Internationale Olympische Komitee (IOC) entscheidet auf der Vollversammlung in der russischen Hauptstadt Moskau, die Olympischen Spiele 2008 nach Peking zu vergeben (→ 16.7./S.130).

14. Juli, Samstag

Bei einer Demonstration gegen die Kundgebung von Neonazis in Neubrandenburg (Mecklenburg-Vorpommern) kommt es zu schweren Ausschreitungen. Mindestens 14 Personen werden verletzt, 44 Demonstranten festgenommen.

Extrablatt der »Leipziger Volkszeitung« vom 18. Juli zur Entscheidung von BMW, ein neues Werk mit bis zu 10 000 Arbeitsplätzen in der Sachsen-Metropole zu errichten.

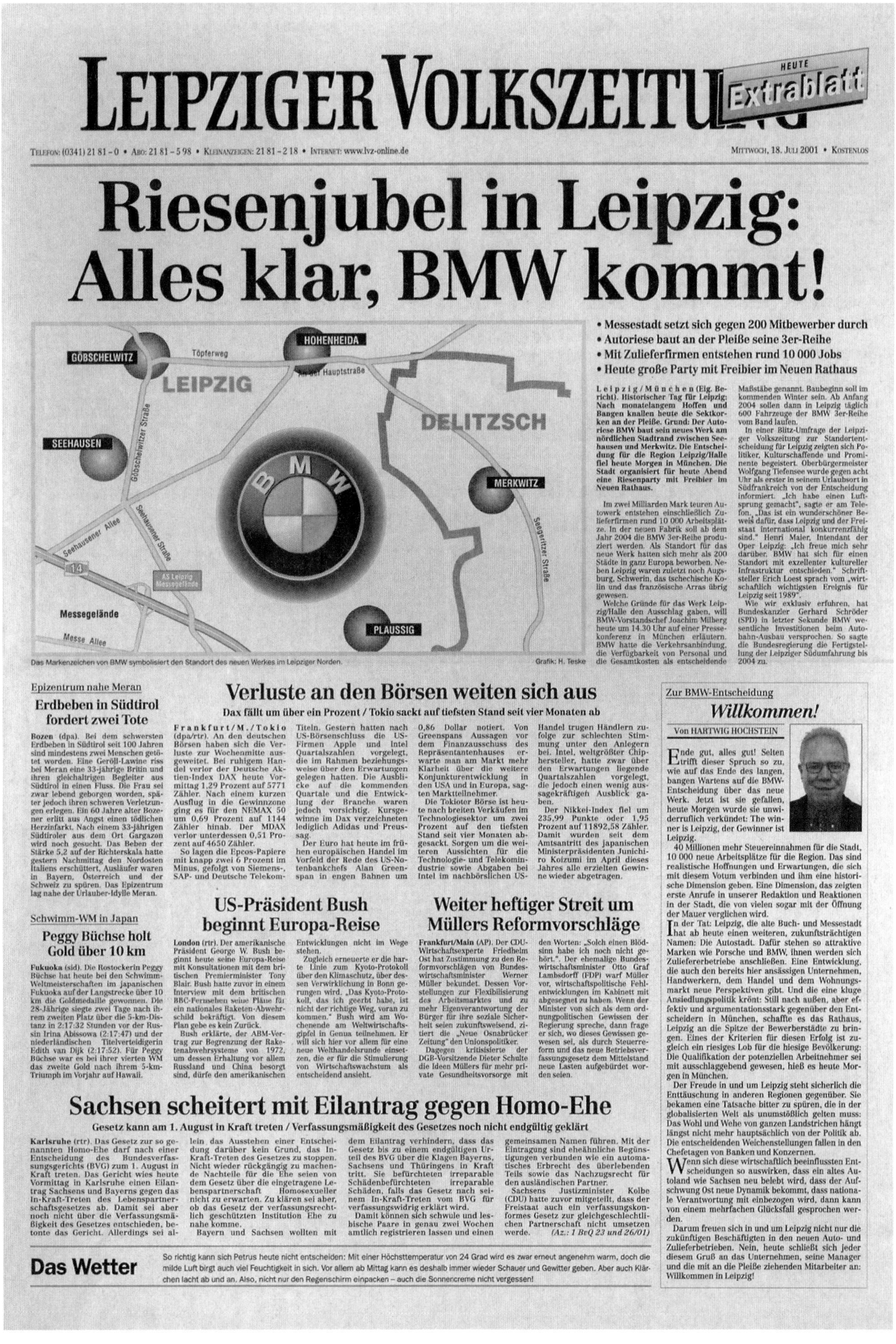

LEIPZIGER VOLKSZEITUNG

HEUTE Extrablatt

TELEFON: (0341) 21 81-0 • ABO: 21 81-5 98 • KLEINANZEIGEN: 21 81-2 18 • INTERNET: www.lvz-online.de

MITTWOCH, 18. JULI 2001 • KOSTENLOS

Riesenjubel in Leipzig: Alles klar, BMW kommt!

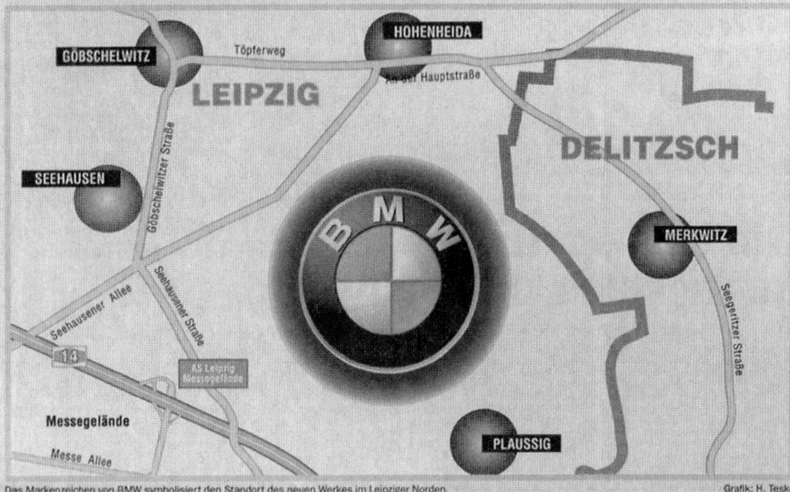

Das Markenzeichen von BMW symbolisiert den Standort des neuen Werkes im Leipziger Norden. Grafik: H. Teske

- **Messestadt setzt sich gegen 200 Mitbewerber durch**
- **Autoriese baut an der Pleiße seine 3er-Reihe**
- **Mit Zulieferfirmen entstehen rund 10 000 Jobs**
- **Heute große Party mit Freibier im Neuen Rathaus**

Leipzig/München (Eig. Bericht). Historischer Tag für Leipzig: Nach monatelangem Hoffen und Bangen knallen heute die Sektkorken an der Pleiße. Grund: Der Autoriese BMW baut sein neues Werk am nördlichen Stadtrand zwischen Seehausen und Merkwitz. Die Entscheidung für die Region Leipzig/Halle fiel heute Morgen in München. Die Stadt organisiert für heute Abend eine Riesenparty mit Freibier im Neuen Rathaus.

Im zwei Milliarden Mark teuren Autowerk entstehen einschließlich Zulieferfirmen rund 10 000 Arbeitsplätze. In der neuen Fabrik soll ab dem Jahr 2004 die BMW 3er-Reihe produziert werden. Als Standort für das neue Werk hatten sich mehr als 200 Städte in ganz Europa beworben. Neben Leipzig waren zuletzt noch Augsburg, Schwerin, das tschechische Kolin und das französische Arras übrig gewesen.

Welche Gründe für das Werk Leipzig/Halle den Ausschlag gaben, will BMW-Vorstandschef Joachim Milberg heute um 14.30 Uhr auf einer Pressekonferenz in München erläutern. BMW hatte die Verkehrsanbindung, die Verfügbarkeit von Personal und die Gesamtkosten als entscheidende Maßstäbe genannt. Baubeginn soll im kommenden Winter sein. Ab Anfang 2004 sollen dann in Leipzig täglich 600 Fahrzeuge der BMW 3er-Reihe vom Band laufen.

In einer Blitz-Umfrage der Leipziger Volkszeitung zur Standortentscheidung für Leipzig zeigten sich Politiker, Kulturschaffende und Prominente begeistert. Oberbürgermeister Wolfgang Tiefensee wurde gegen acht Uhr als erster in seinem Urlaubsort in Südfrankreich von der Entscheidung informiert. „Ich habe einen Luftsprung gemacht", sagte er am Telefon. „Das ist ein wunderschöner Beweis dafür, dass Leipzig und der Freistaat international konkurrenzfähig sind." Henri Maier, Intendant der Oper Leipzig: „Ich freue mich sehr darüber. BMW hat sich für einen Standort mit exzellenter kultureller Infrastruktur entschieden." Schriftsteller Erich Loest sprach vom „wirtschaftlich wichtigsten Ereignis für Leipzig seit 1989".

Wie wir exklusiv erfuhren, hat Bundeskanzler Gerhard Schröder (SPD) in letzter Sekunde BMW wesentliche Investitionen beim Autobahn-Ausbau versprochen. So sagte die Bundesregierung die Fertigstellung der Leipziger Südumfahrung bis 2004 zu.

Epizentrum nahe Meran

Erdbeben in Südtirol fordert zwei Tote

Bozen (dpa). Bei dem schwersten Erdbeben in Südtirol seit 100 Jahren sind mindestens zwei Menschen getötet worden. Eine Geröll-Lawine riss bei Meran eine 33-jährige Britin und ihren gleichaltrigen Begleiter aus Südtirol in einen Fluss. Die Frau sei zwar lebend geborgen worden, später jedoch ihren schweren Verletzungen erlegen. Ein 60 Jahre alter Bozener erlitt aus Angst einen tödlichen Herzinfarkt. Nach einem 33-jährigen Südtiroler aus dem Ort Gargazon wird noch gesucht. Das Beben der Stärke 5,2 auf der Richterskala hatte gestern Nachmittag den Nordosten Italiens erschüttert, Ausläufer waren in Bayern, Österreich und der Schweiz zu spüren. Das Epizentrum lag nahe der Urlauber-Idylle Meran.

Schwimm-WM in Japan

Peggy Büchse holt Gold über 10 km

Fukuoka (sid). Die Rostockerin Peggy Büchse hat heute bei den Schwimm-Weltmeisterschaften im japanischen Fukuoka auf der Langstrecke über 10 km die Goldmedaille gewonnen. Die 28-Jährige siegte zwei Tage nach ihrem zweiten Platz über die 5-km-Distanz in 2:17:32 Stunden vor der Russin Irina Abissowa (2:17:47) und der niederländischen Titelverteidigerin Edith van Dijk (2:17:52). Für Peggy Büchse war es bei ihrer vierten WM das zweite Gold nach ihrem 5-km-Triumph im Vorjahr auf Hawaii.

Verluste an den Börsen weiten sich aus

Dax fällt um über ein Prozent / Tokio sackt auf tiefsten Stand seit vier Monaten ab

Frankfurt/M./Tokio (dpa/rtr). An den deutschen Börsen haben sich die Verluste zur Wochenmitte ausgeweitet. Bei ruhigem Handel verlor der Deutsche Aktien-Index DAX heute Vormittag 1,29 Prozent auf 5771 Zähler. Nach einem kurzen Ausflug in die Gewinnzone ging es für den NEMAX 50 um 0,69 Prozent auf 1144 Zähler hinab. Der MDAX verlor unterdessen 0,51 Prozent auf 4650 Zähler.

So lagen die Epcos-Papiere mit knapp zwei 6 Prozent im Minus, gefolgt von Siemens-, SAP- und Deutsche Telekom-Titeln. Gestern hatten nach US-Börsenschluss die US-Firmen Apple und Intel Quartalszahlen vorgelegt, die im Rahmen beziehungsweise über den Erwartungen gelegen hatten. Die Ausblicke auf die kommenden Quartale und die Entwicklung der Branche waren jedoch vorsichtig. Kursgewinne im Dax verzeichneten lediglich Adidas und Preussag.

Der Euro hat heute im frühen europäischen Handel im Vorfeld der Rede des US-Notenbankchefs Alan Greenspan in engen Bahnen um 0,86 Dollar notiert. Von Greenspans Aussagen vor dem Finanzausschuss des Repräsentantenhauses erwarte man am Markt mehr Klarheit über die weitere Konjunkturentwicklung in den USA und in Europa, sagten Marktteilnehmer.

Die Tokioter Börse ist heute nach breiten Verkäufen im Technologiesektor um zwei Prozent auf den tiefsten Stand seit vier Monaten abgesackt. Sorgen um die weiteren Aussichten für die Technologie- und Telekomindustrie sowie Abgaben bei Intel im nachbörslichen US-Handel trugen Händlern zufolge zur schlechten Stimmung unter den Anlegern bei. Intel, weltgrößter Chiphersteller, hatte zwar über den Erwartungen liegende Quartalszahlen vorgelegt, die jedoch einen wenig aussagekräftigen Ausblick gaben.

Der Nikkei-Index fiel um 235,99 Punkte oder 1,95 Prozent auf 11892,58 Zähler. Damit wurden seit dem Amtsantritt des japanischen Ministerpräsidenten Junichiro Koizumi im April dieses Jahres alle erzielten Gewinne wieder abgetragen.

US-Präsident Bush beginnt Europa-Reise

London (rtr). Der amerikanische Präsident George W. Bush beginnt heute seine Europa-Reise mit Konsultationen mit dem britischen Premierminister Tony Blair. Bush hatte zuvor in einem Interview mit dem britischen BBC-Fernsehen seine Pläne für ein nationales Raketen-Abwehrschild bekräftigt. Von diesem Plan gebe es kein Zurück.

Bush erklärte, der ABM-Vertrag zur Begrenzung der Raketenabwehrsysteme von 1972, um dessen Erhaltung vor allem Russland und China besorgt sind, dürfe den amerikanischen Entwicklungen nicht im Wege stehen.

Zugleich erneuerte er die harte Linie zum Kyoto-Protokoll über den Klimaschutz, über dessen Verwirklichung in Bonn gerungen wird. „Das Kyoto-Protokoll, das ich geerbt habe, ist nicht der richtige Weg, voran zu kommen." Bush wird am Wochenende am Weltwirtschaftsgipfel in Genua teilnehmen. Er will sich hier vor allem für eine neue Welthandelsrunde einsetzen, die er für die Stimulierung von Wirtschaftswachstum als entscheidend ansieht.

Weiter heftiger Streit um Müllers Reformvorschläge

Frankfurt/Main (AP). Der CDU-Wirtschaftsexperte Friedhelm Ost hat Zustimmung zu den Reformvorschlägen von Bundeswirtschaftsminister Werner Müller bekundet. Dessen Vorstellungen zur Flexibilisierung des Arbeitsmarktes und zu mehr Eigenverantwortung der Bürger für ihre soziale Sicherheit seien zukunftsweisend, zitiert die „Neue Osnabrücker Zeitung" den Unionspolitiker.

Dagegen kritisisierte der DGB-Vorsitzende Dieter Schulte die Ideen Müllers für mehr private Gesundheitsvorsorge mit den Worten: „Solch einen Blödsinn habe ich noch nicht gehört.". Der ehemalige Bundeswirtschaftsminister Otto Graf Lambsdorff (FDP) warf Müller vor, wirtschaftspolitische Fehlentwicklungen im Kabinett mit abgesegnet zu haben. Wenn der Minister von sich als dem ordnungpolitischen Gewissen der Regierung spreche, dann frage er sich, wo dieses Gewissen gewesen sei, als durch Steuerreform und das neue Betriebsverfassungsgesetz dem Mittelstand neue Lasten aufgebürdet worden seien.

Sachsen scheitert mit Eilantrag gegen Homo-Ehe

Gesetz kann am 1. August in Kraft treten / Verfassungsmäßigkeit des Gesetzes noch nicht endgültig geklärt

Karlsruhe (rtr). Das Gesetz zur so genannten Homo-Ehe darf nach einer Entscheidung des Bundesverfassungsgerichts (BVG) zum 1. August in Kraft treten. Das Gericht wies heute Vormittag in Karlsruhe einen Eilantrag Sachsens und Bayerns gegen das In-Kraft-Treten des Lebenspartnerschaftsgesetzes ab. Damit sei aber noch nicht über die Verfassungsmäßigkeit des Gesetzes entschieden, betonte das Gericht. Allerdings sei allein das Ausstehen einer Entscheidung darüber kein Grund, das In-Kraft-Treten des Gesetzes zu stoppen. Nicht wieder rückgängig zu machende Nachteile für die Ehe seien von dem Gesetz über die eingetragene Lebenspartnerschaft Homosexueller nicht zu erwarten. Zu klären sei aber, ob das Gesetz der verfassungsrechtlich geschützten Institution Ehe zu nahe komme.

Bayern und Sachsen wollten mit dem Eilantrag verhindern, dass das Gesetz bis zu einem endgültigen Urteil des BVG über die Klagen Bayerns, Sachsens und Thüringens in Kraft tritt. Sie befürchteten irreparable Schädenbefürchteten irreparable Schäden, falls das Gesetz nach seinem In-Kraft-Treten vom BVG für verfassungswidrig erklärt wird.

Damit können sich schwule und lesbische Paare in genau zwei Wochen amtlich registrieren lassen und einen gemeinsamen Namen führen. Mit der Eintragung sind eheähnliche Begünstigungen verbunden wie ein automatisches Erbrecht des überlebenden Teils sowie das Nachzugsrecht für den ausländischen Partner.

Sachsens Justizminister Kolbe (CDU) hatte zuvor mitgeteilt, dass der Freistaat auch ein verfassungskonformes Gesetz zur gleichgeschlechtlichen Partnerschaft nicht umsetzen werde. *(Az.: 1 BvQ 23 und 26/01)*

Zur BMW-Entscheidung

Willkommen!

Von HARTWIG HOCHSTEIN

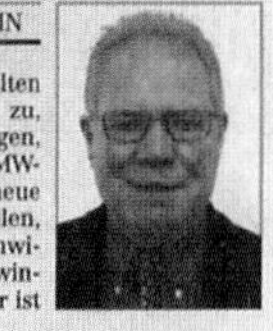

Ende gut, alles gut! Selten trifft dieser Spruch so zu, wie auf das Ende des langen, bangen Wartens auf die BMW-Entscheidung über das neue Werk. Jetzt ist sie gefallen, heute Morgen wurde sie unwiderruflich verkündet: The winner is Leipzig, der Gewinner ist Leipzig.

40 Millionen mehr Steuereinnahmen für die Stadt, 10 000 neue Arbeitsplätze für die Region. Das sind realistische Hoffnungen und Erwartungen, die sich mit diesem Votum verbinden und ihm eine historische Dimension geben. Eine Dimension, das zeigten erste Anrufe in unserer Redaktion und Reaktionen in der Stadt, die von vielen sogar mit der Öffnung der Mauer verglichen wird.

In der Tat: Leipzig, die alte Buch- und Messestadt hat ab heute einen weiteren, zukunftsträchtigen Namen: Die Autostadt. Dafür stehen so attraktive Marken wie Porsche und BMW, ihnen werden sich Zulieferbetriebe anschließen. Eine Entwicklung, die auch den bereits hier ansässigen Unternehmen, Handwerkern, dem Handel und dem Wohnungsmarkt neue Perspektiven gibt. Und die eine kluge Ansiedlungspolitik krönt: Still nach außen, aber effektiv und argumentationsstark gegenüber den Entscheidern in München, schaffte es das Rathaus, Leipzig an die Spitze der Bewerberstädte zu bringen. Eines der Kriterien für diesen Erfolg ist zugleich ein riesiges Lob für die hiesige Bevölkerung: Die Qualifikation der potenziellen Arbeitnehmer sei mit ausschlaggebend gewesen, hieß es heute Morgen in München.

Der Freude in und um Leipzig steht sicherlich die Enttäuschung in anderen Regionen gegenüber. Sie bekamen eine Tatsache bitter zu spüren, die in der globalisierten Welt als unumstößlich gelten muss: Das Wohl und Wehe von ganzen Landstrichen hängt längst nicht mehr hauptsächlich von der Politik ab. Die entscheidenden Weichenstellungen fallen in den Chefetagen von Banken und Konzernen.

Wenn sich diese wirtschaftlich beeinflussten Entscheidungen so auswirken, dass ein altes Autoland wie Sachsen neu belebt wird, dass der Aufschwung Ost neue Dynamik bekommt, dass nationale Verantwortung mit einbezogen wird, dann kann von einem mehrfachen Glücksfall gesprochen werden.

Darum freuen sich in und um Leipzig nicht nur die zukünftigen Beschäftigten in den neuen Auto- und Zulieferbetrieben. Nein, heute schließt sich jeder diesem Gruß an das Unternehmen, seine Manager und die mit an die Pleiße ziehenden Mitarbeiter an: Willkommen in Leipzig!

Das Wetter

So richtig kann sich Petrus heute nicht entscheiden: Mit einer Höchsttemperatur von 24 Grad wird es zwar erneut angenehm warm, doch die milde Luft birgt auch viel Feuchtigkeit in sich. Vor allem ab Mittag kann es deshalb immer wieder Schauer und Gewitter geben. Aber auch Klärchen lacht ab und an. Also, nicht nur den Regenschirm einpacken – auch die Sonnencreme nicht vergessen!

15. Juli, Sonntag

Nach zwei Fehlschlägen in Folge glückt ein neuerlicher Test für die geplante Raketenabwehr der USA. Eine Abwehrwaffe vernichtet über dem Pazifik erfolgreich eine Sprengkopf-Attrappe (→ 16.7./S. 120).

16. Juli, Montag

In einer in Moskau unterzeichneten Erklärung bekräftigen Russland und China ihren Widerstand gegen die umstrittenen Raketenabwehrpläne der USA. → S. 120

Ein dreitägiges Treffen zwischen dem pakistanischen Präsidenten Pervez Musharraf und dem indischen Premier Atal Behari Vajpayee in Agra endet ohne Annäherung, insbesondere in der Kaschmir-Frage. → S. 122

Der britische Mineralölkonzern BP steigt zum größten Tankstellenbetreiber in Deutschland auf. Mit Jahresbeginn 2001 übernimmt das Unternehmen, wie der bisherige Mehrheitsaktionär E.on in Düsseldorf mitteilt, 51% der Veba Oel AG, zu der die Tankstellenkette Aral gehört. Die etwa 1000 deutschen BP-Tankstellen werden künftig unter dem Markennamen Aral Benzin verkaufen.

Der Belgier Jacques Rogge wird als Nachfolger von Juan Antonio Samaranch zum IOC-Präsidenten gewählt. → S. 130

17. Juli, Dienstag

Nach einem fast zwei Jahre andauernden Streit mit der EU-Kommission in Brüssel sagt die Bundesregierung einen tief greifenden Umbau des deutschen Sparkassensystems zu. Dabei werden die Haftungsgarantien für Landesbanken und Sparkassen, in denen die EU-Kommission eine ungerechtfertigte Beihilfe des Staates sieht, weitgehend abgeschafft.

Bei einem Erdbeben der Stärke 5,2 auf der Richterskala kommen in Südtirol vermutlich vier Menschen ums Leben. Das Epizentrum liegt zehn Kilometer nördlich des Urlaubsortes Meran.

Von London aus startet ein Concorde-Überschallflugzeug erstmals nach dem Absturz einer Maschine gleichen Typs bei Paris vor knapp einem Jahr zu einem »Überprüfungsflug« nach Island. Am 25. Juli 2000 waren bei dem Unglück 113 Menschen ums Leben gekommen.

18. Juli, Mittwoch

Das Bundesverfassungsgericht lehnt einen Eilantrag Bayerns und Sachsens gegen das Gesetz über die Eintragung gleichgeschlechtlicher Partnerschaften ab. Damit kann das Gesetz zur Homo-Ehe wie geplant am → 1. August (S. 148) in Kraft treten.

Die von Bundespräsident Johannes Rau eingesetzte Kommission zur Reform der Parteienfinanzierung übergibt dem Auftraggeber ihren Bericht. Darin wird vorgeschlagen, die Parteien dazu zu verpflichten, ihre Finanzen nach kaufmännischen Grundsätzen offen zu legen. Außerdem empfiehlt die Kommission, den Straftatbestand »vorsätzlich falsche Rechnungslegung« einzuführen.

Im Rennen um das neue BMW-Werk mit bis zu 10 000 Arbeitsplätzen setzt sich Leipzig durch. Dies gibt der bayerische Autobauer in München bekannt. Spätestens ab 2005 soll hier die 3er-Reihe produziert werden. Neben Leipzig hatten sich u. a. auch Schwerin und Augsburg um das Werk beworben. → S. 125

19. Juli, Donnerstag

Die EU-Kommission in Brüssel gibt ihre Entscheidung bekannt, dass die Dresdner Bank und das Versicherungsunternehmen Allianz wie geplant fusionieren können. Nach der sechswöchigen wettbewerbsrechtlichen Standardprüfung habe Brüssel keine Bedenken gegen die Fusion (→ 1.4./S. 78).

Lord Jeffrey Archer, Bestseller-Autor und ehemaliger stellvertretender Vorsitzender der britischen Konservativen, muss wegen Meineids zwei Jahre ins Gefängnis. Archer hatte in den 80er Jahren einen Schmerzensgeldprozess gegen die Zeitung »Daily Star« gewonnen, die behauptet hatte, er habe sich mit einer Prostituierten getroffen. Später stellte sich heraus, dass er einen TV-Journalisten dazu überredet hatte, für ihn zu lügen.

In den deutschen Kinos läuft »Der Schuh des Manitu« an. Die Western-Komödie von Michael »Bully« Herbig wird von so vielen Zuschauern gesehen, dass sie zum erfolgreichsten deutschen Film aller Zeiten aufsteigt. → S. 128

20. Juli, Freitag

Nach langen Verhandlungen mit Deutschland hat die US-Kongressbibliothek die »Geburtsurkunde« Amerikas erhalten, eine Weltkarte aus dem Jahr 1507, auf der der wenige Jahre zuvor entdeckte neue Kontinent erstmals als »America« bezeichnet wird. Der deutsche Besitzer der historischen Karte, Fürst Johannes zu Waldburg-Wolfegg, soll 10 Mio. US-Dollar erhalten, die deutsche Bundesregierung soll eine Sonderausfuhrgenehmigung erteilt haben.

21. Juli, Samstag

Mit einem Kompromiss geht die zweiwöchige UN-Konferenz über den illegalen Handel mit Klein- und Leichtwaffen zu Ende. → S. 120

Unter dem Motto »Join the Love Republic« ziehen Hunderttausende bei der Love Parade durch Berlin. Erstmals ist die Parade nicht als politische Demonstration anerkannt. → S. 128

22. Juli, Sonntag

In Genua geht der von schweren Krawallen überschattete Gipfel der G8-Staaten zu Ende. Im Schlusskommuniqué verpflichten sich die Staats- und Regierungschefs, die Chancen der Globalisierung zu nutzen. → S. 118

23. Juli, Montag

Der Bundestag beginnt mit dem Umzug in das neu errichtete Paul-Löbe-Haus. In dem Gebäude des Architekten Stephan Braunfels haben die Abgeordneten ihre Büros (→ S. 134).

Der indonesische Volkskongress in Jakarta setzt Präsident Abdurrahman Wahid ab und vereidigt die bisherige Vizepräsidentin Megawati Sukarnoputri als seine Nachfolgerin. Der Kongress ist zusammengetreten, obwohl Wahid zuvor beide Parlamentskammern für aufgelöst erklärt und den Ausnahmezustand verhängt hat. → S. 122

Nach dem Ausbruch des Vulkans Ätna auf Sizilien ruft die italienische Regierung in der betroffenen Region den Notstand aus. → S. 129

Nach 343 Tagen auf hoher See geht der Weltumsegler Wilfried Erdmann an Land. Der 61-Jährige hat als erster Deutscher die Erde Einhand und nonstop in westlicher Richtung umsegelt. → S. 128

24. Juli, Dienstag

Bei einem Angriff tamilischer Rebellen auf eine Luftwaffenbasis am internationalen Flughafen von Colombo, der Hauptstadt Sri Lankas, werden acht Airbus-Maschinen zerstört bzw. beschädigt. 22 Personen kommen bei dem Überfall ums Leben. → S. 122

Der frühere bulgarische König Simeon II., der sich heute Simeon Sakskoburggotski nennt, wird von Parlament in Sofia zum neuen Ministerpräsidenten des Landes gewählt (→ 17.6./S. 106).

25. Juli, Mittwoch

Langzeitstudenten in Baden-Württemberg müssen weiterhin Gebühren zahlen. Das Bundesverwaltungsgericht in Berlin erklärt das 1997 von dem Bundesland erlassene Hochschulgebührengesetz im vollen Umfang für mit Bundesrecht vereinbar; es gebe keinen Anspruch auf ein unbegrenztes kostenfreies Studium in Deutschland. In dem Bundesland müssen Studenten seit 1998/99 1000 DM Gebühren pro Semester zahlen, wenn sie die Regelstudienzeit um mehr als vier Semester überschreiten.

Das aus dem Jahr 1933 stammende Rabattgesetz und die Zugabenverordnung treten in Deutschland offiziell außer Kraft. Damit sind Beschränkungen bei Preisnachlässen und Werbegeschenken ersatzlos gestrichen. → S. 125

Der Gründer und Vorstandschef des angeschlagenen Medienkonzerns EM.TV tritt zurück. Nachfolger soll spätestens zum 1. Januar 2002 der »Spiegel«-Manager Werner E. Klatten werden (→ S. 438–445).

26. Juli, Donnerstag

Polen wird von schweren Überschwemmungen heimgesucht. Zahlreiche Flüsse treten über die Ufer, Staudämme brechen, 26 Menschen kommen bei der Katastrophe ums Leben. → S. 129

Neuer Intendant des Bayerischen Rundfunks wird der bisherige Hörfunkdirektor des Senders, Thomas Gruber. Der 58-Jährige kann sich mit 26 zu 21 Stimmen überraschend gegen seinen Mitbewerber, den Fernsehdirektor des Bayerischen Rundfunks, Gerhard Fuchs, durchsetzen. Fuchs gibt daraufhin aus seinen Moderatorenposten beim »Presseclub« auf.

27. Juli, Freitag

Nachdem auch Japan einer Kompromisslösung zugestimmt hat, steht am Ende der Weltklimakonferenz in Bonn das sog. Bonner Abkommen über eine Reduzierung des Ausstoßes von Treibhausgasen. Damit kann das sog. Kyoto-Protokoll aus dem Jahr 1997 in Kraft treten. An der Konferenz nahmen 180 Staaten teil. → S. 121

28. Juli, Samstag

Der gewählte peruanische Präsident Alejandro Toledo legt im Parlament in Lima seinen Amtseid ab. Zu der Zeremonie sind zwölf lateinamerikanische Präsidenten und Regierungsvertreter aus aller Welt angereist (→ 3.6./S. 106).

Statt der erwarteten 3 Mio. verfolgen nur 2,22 Mio. Zuschauer zum Auftakt der Bundesligasaison das Prime-Time-Premiere des TV-Bundesligamagazins »ran« mit Moderator Jörg Wontorra. SAT.1 kehrt nach dem Quoteneinbruch bald zu einer früheren Sendezeit zurück. → S. 131

29. Juli, Sonntag

Bei den Wahlen zum japanischen Oberhaus erringt die Regierungspartei LDP von Ministerpräsident Junichiro Koizumi einen deutlichen Wahlsieg. Sie hat künftig die Mehrheit der Abgeordnetensitze in dieser zweiten Parlamentskammer (→ 26.4./S. 73).

Dreimal Gold, sechsmal Silber und sechsmal Bronze holt das Team des Deutschen Schwimm-Verbandes bei den Weltmeisterschaften, die im japanischen Fukuoka zu Ende gehen. → S. 132

Wie im Vorjahr gewinnt der US-amerikanische Radsportler Lance Armstrong vor dem Deutschen Jan Ullrich die Tour de France. → S. 133

30. Juli, Montag

Nach massiven Verlusten an der Tokioter Börse erreicht der Nikkei-Index für 225 führende japanische Aktienwerte mit 11 579,27 Punkten den niedrigsten Stand seit 16 Jahren.

31. Juli, Dienstag

Bei ihrem bisher schwersten Schlag gegen palästinensische Extremisten tötet die israelische Armee im Westjordanland bei einem Hubschrauberangriff auf das Hauptquartier der radikal-islamischen Hamas-Organisation in Nablus acht Palästinenser. Unter ihnen ist auch Dschamal Mansur, den Israel verdächtigt, einen Selbstmordanschlag mit 22 Toten Anfang Juni in Tel Aviv geplant zu haben (→ 10.8./S. 140).

Das US-amerikanische Abgeordnetenhaus spricht sich mit großer Mehrheit für ein Verbot des Klonens menschlicher Embryonen aus. Mit 265 gegen 162 Stimmen votieren die Abgeordneten für eine Vorlage, die ein vollständiges Verbot vorsieht. Die Gesetzesvorlage geht nun an den Senat, dessen demokratischer Mehrheitsführer Tom Daschle bereits seine Unterstützung erklärt hat. Auch Präsident George W. Bush hat sich für ein vollständiges Verbot ausgesprochen (→ 25.11./S. 200).

Hannelore Kohl ist das Titelthema der »Bunten« vom 12. Juli; die Ehefrau von Altbundeskanzler Helmut Kohl hat sich am 5. Juli das Leben genommen.

Nr. 29   12. 7. 2001   4,00 DM

BUNTE

Sky Dumont
Fühlt er (54) sich zu alt für seine junge Frau (25)?

Steffi Graf & Agassi
Gibt es schon einen Ehevertrag?

Kati Witt
Keine Angst vor kurzen Affären

Hannelore Kohl
Schmerzen
Depressionen
Einsamkeit

Die letzten Tage ihres Lebens — Freunde berichten

Krawalle überschatten Gipfel der G8-Staaten

22. 7., Genua. Nach drei Tagen geht in der norditalienischen Hafenstadt der G8-Gipfel zu Ende, zu dem sich die Staats- und Regierungschefs der sieben führenden Industrienationen und Russlands versammelt haben. Am Rande des Treffens kommt es zu Straßenschlachten zwischen der Ordnungsmacht und militanten Globalisierungsgegnern. Ein Demonstrant wird durch eine Polizeikugel getötet.

Der Vorfall ereignete sich am 20. Juli, als eine Gruppe von Demonstranten hinter zwei Polizeijeeps herlief, die auf einen kleinen Platz auswichen. Dort waren die Sicherheitskräfte in der Falle. Während die Gewalttäter mit Stangen das Auto traktierten, zog ein Hilfspolizist die Waffe. Als ein Demonstrant einen Feuerlöscher in den Jeep werfen wollte, fiel der tödliche Schuss. Das Opfer ist 23, der Täter – der erklärt, in Notwehr gehandelt zu haben – 20 Jahre alt.

Vor Beginn des Gipfels hatte die Polizei ein etwa 2 km² großes Gebiet rund um den Tagungsort mit 5 m hohen Stahlgittern hermetisch abgeriegelt. Auf Straßen und Plätzen wurden Schutzwälle aus Containern errichtet.

Zwar dringen die militanten Demonstranten nicht in diese »rote Zone« vor, doch außerhalb liefern sie sich stundenlang Straßenschlachten mit der Polizei, gehen mit Knüppeln, Steinen und Rauchbomben gegen die Ordnungsmacht

vor. Aus dem »schwarzen Block« vermummter Militanter heraus – ihre Zahl in Genua wird auf einige Tausend geschätzt – werden Scheiben eingeworfen, Autos in Brand gesteckt, Bankfilialen und Läden verwüstet. Die Sicherheitskräfte – bis zu 15 000 Polizisten und Soldaten sind im Einsatz – gehen mit Wasserwerfern, Tränengas und Schlagstöcken vor.

Insgesamt werden an den drei Gipfeltagen 561 Personen bei Krawallen verletzt. Die Sachschäden gehen in dreistellige Millionenhöhe. 288 Globalisierungsgegner werden festgenommen, darunter 70 Deutsche. Etwa 150 000 Menschen, die aus ganz Europa angereist sind, beteiligen sich an überwiegend friedlichen Demonstrationen.

Nach heftigen internationalen Protesten wegen des harten Umgangs der Sicherheitskräfte mit Demonstranten werden am 3. August drei Polizeichefs strafversetzt; zuvor hat der verantwortliche italienische Innenminister Claudio Scajola einen Misstrauensantrag im Parlament in Rom überstanden. Erste Ermittlungen der Staatsanwaltschaft ergeben, dass nur gegen 149 der festgenommenen Protestierer ein gültiger Haftbefehl vorgelegen hat.

Die G8-Gipfelteilnehmer reagieren auf die Proteste, indem sie die positiven Seiten der Globalisierung herausstellen und bekräftigen, dass sie mit den Mitteln international organisierter Politik die Chancen dieses Prozesses nutzen wollen: »Wir sind fest entschlossen, die Gobalisierung so zu gestalten, dass sie allen unseren Bürgern zugute kommt, und insbesondere den Armen der Welt. Die Einbeziehung der ärmsten Länder in die Weltwirtschaft ist der beste Weg, ihren fundamentalen Bestrebungen Rechnung zu tragen. Die Lage in vielen Entwicklungsländern – insbesondere in Afrika – erfordert ein entschiedenes globales Handeln. Die wirksamste Armutsbekämpfungsstrategie besteht darin, eine starke, dynamische, offene und wachsende Weltwirtschaft zu erhalten.«

Angesichts der Krawalle in Genua erklärt der kanadische Premier Jean Chrétien, dessen Land 2002 das G8-Treffen austragen wird, der Gipfel werde in dem kleinen, schwer erreichbaren Bergort Kananaskis stattfinden.

△ *Straßenschlacht zwischen der Polizei und den schon in der Ausstattung auf Krawall eingestellten »Tute Bianche« (weiße Overalls). Beobachter konstatieren, dass die militanten Globalisierungsgegner in Genua nicht spontan agieren, sondern nach einer sorgfältig vorbereiteten Strategie vorgehen.*

◁ *Rauchwolken in den Straßen von Genua am Rand der abgeriegelten »roten Zone«*

Protestdemo in Rom; das Plakat klagt die Polizei des Mordes an.

Nach dem tödlichen Schuss am 20. Juli: Der 23-jährige Carlo Giuliani liegt hinter dem Polizeijeep am Boden, neben ihm der Feuerlöscher.

Die G8-Gipfelteilnehmer, v.l. Junichiro Koizumi, Tony Blair, George W. Bush, Jacques Chirac, Silvio Berlusconi, Wladimir Putin, Jean Chrétien, Gerhard Schröder, Guy Verhofstadt (EU), Romano Prodi (EU)

Hilfszusagen für Entwicklungsländer

Das Abschlusskommuniqué der G8-Staaten in Genua enthält als Kernpunkte Hilfen für die Dritte Welt, ein Bekenntnis zum Klimaschutz und zu besseren Lebensbedingungen weltweit.

Zur Unterstützung der Entwicklungsländer wollen die G8-Staaten – Deutschland, Frankreich, Großbritannien, Italien, Japan, Kanada, Russland und die USA – ihre teil-weise noch abgeschotteten Märkte für Importe aus den am wenigsten entwickelten Ländern öffnen – dies gilt auch für Agrarprodukte –, sich für den Schuldenabbau der ärmeren Staaten einsetzen und diese stärker in den Welthandel einbeziehen. Bis Jahresende wollen die Industrieländer einen Fonds mit einem Umfang von 1,3 Mrd. US-Dollar einrichten, um Geld für die globale Bekämpfung von Krankheiten zur Verfügung zu stellen.

Hinsichtlich des Klimaschutzes bekennen sich die G8-Staaten in unverbindlicher Form dazu, die Treibhause langfristig reduzieren zu wollen (→ 27.7./S. 121). Die Zusammenarbeit im Kampf gegen Korruption, Internetkriminalität, Kinderpornografie und Menschenhandel soll intensiviert werden.

Seit 27 Jahren stimmen führende Industrieländer ihre Politik ab

Chronik Rückblick

Auf Schloss Rambouillet bei Paris kamen im November 1975 auf Initiative des deutschen Bundeskanzlers Helmut Schmidt und des französischen Präsidenten Valéry Giscard d'Estaing die Staats- und Regierungschefs der sechs führenden Industrienationen – Deutschland, Frankreich, Großbritannien, Italien, Japan und die USA – zum ersten Weltwirtschaftsgipfel zusammen.

Seitdem trifft sich die Runde alljährlich; seit 1977 gehört auch Kanada dazu, seit 1997 ist Russ-land als vollwertiges Mitglied dabei. Die Europäische Union bzw. ihre Vorläufer partizipiert seit 1977 mit dem Kommissionspräsidenten, seit einigen Jahren auch mit den Ratspräsidenten als stillem Teilnehmer an den Gipfeltreffen.

Den Staats- und Regierungschefs geht es darum, ihre Wirtschaftspolitik aufeinander abzustimmen und Fragen, die von weltumspannendem Interesse sind, zu diskutieren, etwa die Bedrohung durch den Terrorismus, den Drogenhandel oder auch Energieprobleme. Da die Treffen informell sind, können die Länder nur Verpflichtungen für sich selbst vereinbaren, die für andere Staaten nicht bindend sind.

Zusätzlich zu den Gipfeltreffen gibt es im Kreis der G8-Staaten regelmäßige Begegnungen der Finanz- und Außenminister sowie anderer Ressortchefs. Die Vorbereitung all dieser Treffen liegt in den Händen sog. Sherpas, hochrangiger Mitarbeiter der Staats- und Regierungschefs. Der deutsche Bundeskanzler Gerhard Schröder hat Staatssekretär Alfred Tacke mit dieser Aufgabe betraut.

Kritik an der Globalisierung

Chronik Stichwort

Mit dem Schlagwort **Globalisierung** wird jener Prozess der weltweiten Verflechtung des Wirtschaftslebens benannt, der in den letzten Jahren rasant an Tempo zugenommen hat und an dessen Ende ein den ganzen Globus umspannender einheitlicher Markt stehen wird. Anzeichen für eine fortschreitende Globalisierung sind u. a. die hohen Wachstumsraten des Welthandels, die zunehmende Anzahl multinationaler Konzerne und die anschwellenden internationalen Finanzströme.

Gegen diesen Prozess wenden sich die sog. Globalisierungsgegner, denn sie sehen durch den neoliberalen Kapitalismus als dem Motor der Globalisierung Umwelt- und Sozialstandards in den Industriestaaten bedroht; die Verarmung in der Dritten Welt ist für sie die Folge einer ungebremsten weltumspannenden Marktwirtschaft, die von der – national agierenden – Politik nicht kontrolliert werden könne.

Die übergroße Mehrheit der Globalisierungsgegner, deren Widerstandsbewegung ebenfalls international angelegt ist, tritt mit Mitteln des friedlichen Protestes für ihre Ziele ein; doch es gibt auch kleine, militante Gruppierungen, die gezielt zu internationalen Konferenzen anreisen, um diese durch Gewaltaktionen zu stören. 2001 geschah dies – vor dem G8-Gipfel in Genua – u. a. im April beim Weltwirtschaftsforum in Davos, im Mai bei der Konferenz der amerikanischen Staats- und Regierungschefs im kanadischen Québec, Mitte Juni beim EU-Gipfel in Göteborg (→ 16.6./S. 105) und Ende Juni/Anfang Juli bei der Tagung des Weltwirtschaftsforums Osteuropa in Salzburg. Um die Einreise von Militanten zu verhindern, führte der Schengen-Staat Österreich vorübergehend wieder Grenzkontrollen zu Deutschland und Italien ein.

Kleinwaffen auch an Rebellengruppen

21. 7., New York. Mit einem Minimalkonsens endet die erste UN-Konferenz über den Handel mit Klein- und Leichtwaffen. Vertreter aus 189 Staaten kommen in einer nicht verbindlichen Erklärung überein, den Handel mit Waffen und die Vergabe von Lizenzen für den Waffenbesitz gesetzlich zu regeln.

Am Widerstand der USA scheiterten weiter gehende Forderungen zur Einschränkung des Handels mit Revolvern, Pistolen, Schnellfeuergewehren, Maschinenpistolen und anderen Waffen, die von ein oder zwei Menschen bedient werden können. Weder auf Restriktionen beim Recht auf privaten Waffenbesitz noch auf ein Verbot von Waffenlieferungen an nicht-staatliche Akteure wie etwa Rebellengruppen wollte sich Washington verpflichten.

Insbesondere die afrikanischen Staaten wollten ein Verbot der Weitergabe von Waffen an Guerillagruppen erreichen. Damit eine Einigung zustande kam, beugten sich diese Staaten dem Druck der US-Delegation. Kanada, Japan und die europäischen Staaten verzichteten auf ihre Forderung, die Waffen zu markieren, um ihre Herkunft feststellen zu können.

Nach UN-Angaben wurden etwa vier Fünftel der in den 90er Jahren geführten Kriege mit Klein- und Leichtwaffen ausgetragen. Dabei wurden 4 Mio. Menschen getötet, davon war nur jeder zehnte ein Soldat.

Nach John Lennons Tod 1980 geschaffen: Die Plastik »Non Violence«

Putin und Jiang gegen Raketenabwehr

16. 7., Moskau. Während eines Besuchs des chinesische Staats- und Parteichefs Jiang Zemin in Russland bekräftigen er und der russische Präsident Wladimir Putin ihren Widerstand gegen die Raketenabwehrpläne der USA. Ferner schließen beide Staaten einen Freundschaftsvertrag.

Die Staatsmänner lehnen in einer öffentlichen Erklärung einen Ausstieg aus dem ABM-Vertrag, der 1972 zwischen den USA und der damaligen Sowjetunion geschlossen wurde, kategorisch ab. Er erlaubt zwei örtlich begrenzte Raketenabwehrsysteme, nicht jedoch eine landesweite Raketenabwehr, wie sie die US-Regierung plant – nach Washingtoner Lesart mit dem Ziel, sich vor möglichen Angriffen sog. Schurkenstaaten wie Irak oder Nordkorea zu schützen.

Allein im Jahr 2002 will US-Präsident George W. Bush 8,3 Mrd. Dollar für das Projekt ausgeben. Insgesamt sind 60 Mrd. Dollar für das erdgestützte Abwehrsystem veranschlagt.

Am Tag vor dem Treffen von Jiang und Putin kam aus den USA die Meldung eines erfolgreichen Tests der Missile Defense (MD) genannten Raketenabwehr: Eine Minuteman-Rakete habe einem fiktiven Angreifergeschoss ein sog. Kill Vehicle entgegen getragen, dieses habe die Attrappe mit Infrarotsensoren identifiziert und zerstört; die Unterscheidung des Angreiferobjekts von einem zur Irritation in der Nähe schwebenden schwarzen Ballons sei gelungen.

Nach einem Gespräch mit Bush auf dem G8-Gipfel (→ 22.7./S. 118) äußert sich Putin optimistisch: Eine Einigung mit den USA über die Raketenabwehr könnte langfristig zustande kommen. Darum geht es auch auf dem Gipfel am → 15. November (S. 198) in den USA.

Vierertreffen: Jiang Zemin (l.) mit seiner Frau Wang Yeping (r.), Wladimir Putin mit Ehefrau Ludmilla, die artig Blumen überreicht

Afrika will Union nach EU-Vorbild

11. 7., Lusaka. Auf ihrem am Vortag eröffneten Gipfel wählen Staatschefs aus 39 afrikanischen Ländern Amara Essy aus Côte d'Ivoire zum Generalsekretär der neu geschaffenen Afrikanischen Union (AU).

Zuvor haben sie die Auflösung der 1963 gegründeten Organisation der Afrikanischen Einheit (OAU) beschlossen. An ihre Stelle soll die Afrikanische Union treten, die sich am Vorbild der Europäischen Union orientiert. Angestrebt sind ein Rat der Regierungschefs, ein afrikanischer Gerichtshof sowie eine Zentralbank mitsamt gemeinsamer Währung. In der AU sind 53 Staaten vereint.

Verfahren gegen Pinochet zu Ende

9. 7., Santiago de Chile. Ein chilenisches Berufungsgericht stellt das Verfahren gegen Ex-Staatschef Augusto Pinochet aus Gesundheitsgründen vorerst ein. Sollte sich der Zustand des 85-Jährigen bessern, wird es wieder aufgenommen.

Pinochet sollte sich für die sog. Todeskarawane vom Oktober 1973 verantworten. Einen Monat nachdem sich der General an die Macht geputscht hatte, wurden 72 inhaftierte Regimegegner von Militärs getötet; Pinochet war wegen Beihilfe zu ihrer Entführung und Ermordung angeklagt. Insgesamt sollen unter seiner bis 1990 währenden Gewaltherrschaft 3000 Menschen umgebracht worden bzw. spurlos verschwunden sein.

Am 16. Oktober 1998 war der frühere Staatschef in London festgenommen worden. Dies geschah aufgrund eines spanischen Haftbefehls, denn von den Menschenrechtsverletzungen während der Militärdiktatur in Chile waren auch spanische Staatsbürger betroffen.

Die britische Regierung berief sich bei ihrer Entscheidung, Pinochet nicht an Spanien auszuliefern, sondern ihm die Ausreise in die Heimat zu gestatten, ebenfalls auf den Gesundheitszustand des Greises. Der Ex-General kehrte daraufhin im März 2000 nach Chile zurück, am 1. August 2000 wurde seine Immunität aufgehoben.

Scheitern der Weltklimakonferenz abgewendet

7.7., Bonn. Auf der Weltklimakonferenz, die nach zwölftägiger Dauer zu Ende geht, verständigen sich Vertreter aus 180 Staaten auf ein Abkommen, in dem sie sich zum Abbau der Treibhausgase verpflichten. Nach der Ratifizierung durch mindestens 55 Staaten, auf deren Konto mindestens 55% des Ausstoßes vom Treibhausgas CO_2 gehen, kann damit das sog. Kyoto-Protokoll von 1997 in Kraft treten. Darin haben sich die Staaten an die Absicht gebunden, den Ausstoß an Treibhausgasen weltweit zwischen 2008 und 2012 im Vergleich zu 1990 um 5% zu senken. So sagten die EU Reduktionen um 8%, die USA um 7% und Japan um 6% zu. In den Folgekonferenzen ging es darum, diese Verpflichtung so zu konkretisieren, dass eine Ratifizierung des Protokolls möglich wird. Diverse Mechanismen wurden eingeführt, um die Klimaschutzziele zwar auf dem Papier zu erreichen, tatsächlich aber die Treibhausgasreduktion im eigenen Land geringer ausfallen zu lassen, als in Kyoto festgeschrieben.

Ein solcher Mechanismus ist der sog. Handel mit Emissionen. In Bonn wird vereinbart, dass die Staaten ihr Reduktionsziel auch erreichen können, indem sie Umweltschutzprojekte in Entwicklungsländern finanzieren, die den CO_2-Ausstoß dort verringern. Lediglich ein »signifikanter Anteil« der Reduktion müsse, so heißt es

Die Installation des deutschen Künstlers und Klimaschutz-Aktivisten Kurt Jotter im Rhein attackiert die USA.

nun, im eigenen Land erfolgen. Ferner können aufgeforstete Waldflächen auf die Emissionen angerechnet werden, da Wälder als CO_2-Speicher fungieren. Nutzten alle Staaten diesen Mechanismus voll aus, ginge nach Berechnung des World Wide Fund for Nature (WWF) der CO_2-Ausstoß nur um 1,8% zurück.

Auf Strafen bei Nichteinhaltung der Klimaschutzziele verständigen sich die Kyoto-Staaten auf einer weiteren Konferenz im November in Marrakesch. Danach muss ein Staat, der die Emissionsgrenzen überschreitet, in der folgenden Periode zusätzlich das 1,3fache der zu viel emittierten Treibhausgas-Menge einsparen.

In Bonn – wie in Marrakesch – erweisen sich die Japaner als harte Verhandlungspartner bezüglich der eigenen Verpflichtungen. Auch Russland, Australien und Kanada können durch großzügige Anrechnung von Wäldern Abschwächungen für sich erreichen. Die USA sind im März 2001 aus dem Kyoto-Prozess ausgeschieden.

Keine Reduktion trotz deutlicher Hinweise auf globale, menschengemachte Erwärmung

Chronik Rückblick

Der Selbstverpflichtung der Staaten auf eine Reduktion der für die globale Erwärmung mitverantwortlichen Treibhausgase stehen steigende Kohlendioxid(CO_2)-Emissionen gegenüber. Seit 1990 ist der Ausstoß dieses wichtigsten Treibhausgases weltweit um 8% gestiegen. In den USA betrug der Anstieg in den 90er Jahren sogar 17%. In Deutschland hat sich der CO_2-Ausstoß seit 1990 um insgesamt rd. 15% verringert – eine Tendenz, zu der die schrumpfende Industrieproduktion in den ostdeutschen Ländern beitrug.

Welche Folgen der Ausstoß von

CO_2 hat, verdeutlicht der im Januar vorgelegte Bericht der Zwischenstaatlichen Kommission für Klimaveränderungen, die auf UN-Ebene tätig ist. Danach hat sich die globale Mitteltemperatur im 20. Jahrhundert um 0,6 °C (+/-0,2 °C) erhöht, wobei die 90er Jahre das wärmste Jahrzehnt waren.

Mit häufigeren Stürmen und Überschwemmungen, heftigeren Niederschlägen, zugleich auch mehr Dürre- und Hitzeperioden sei in Zukunft zu rechnen. In dem Bericht ist die Rede von »neuen und stärkeren Beweisen« dafür, dass die Erwärmung der letzten 50 Jahre überwiegend durch den Menschen verursacht wurde.

Proteste gegen George Bush senior auf dem Umweltschutzgipfel 1992

Friedlicher Wechsel in Indonesien

23. 7., Jakarta. Nach nicht einmal zwei Jahren Amtszeit wird der indonesische Präsident Abdurrahman Wahid vom Beratenden Volkskongress abgesetzt. Die bisherige Vizepräsidentin Megawati Sukarnoputri wird als neues Staatsoberhaupt vereidigt.

Die 54-Jährige, deren Vater Achmed Sukarno 1945 die Republik Indonesien gegründet und diese bis 1965 als Staatsoberhaupt geführt hatte, wäre schon vor zwei Jahren beinahe Präsidentin geworden. Im Juni 1999 war ihre Demokratische Kampfpartei aus den ersten freien Wahlen seit Jahrzehnten als stärkste Kraft hervorgegangen, hatte aber die absolute Mehrheit verfehlt.

Da Sukarnoputri es versäumte, sich im für die Präsidentenwahl zuständigen Beratenden Volkskongress Koalitionspartner zu suchen, wählte dieser nicht sie, sondern den schwer kranken Wahid zum Präsidenten; er erhielt die Stimmen von Muslimen, Nationalisten und Reformisten. Sukarnoputri wurde mit dem Stellvertreteramt bedacht.

Wahid bemühte sich als Präsident, ein Auseinanderbrechen des Staates der vielen Inseln, Völker und Religionen zu verhindern, indem er den nach Unabhängigkeit strebenden Provinzen größere Autonomie einräumte; die ethnischen Konflikte konnte er damit jedoch kaum

Sukarnoputri mit dem neuen Vizepräsidenten Hamzah Haz

eindämmen. Zum Verhängnis wurde ihm der Vorwurf, in zwei größere Korruptionsfälle verwickelt zu sein. Als die Untersuchungsbehörden ihm dies nicht nachweisen konnten, schob der Beratende Volkskongress die Anschuldigung der politischen Inkompetenz nach und leitete am 30. April ein Amtsenthebungsverfahren gegen den Präsidenten ein. Dieser wehrte sich gegen seine Entmachtung, zuletzt durch Ausrufung des Ausnahmezustands und Anordnung einer

Auflösung des Volkskongresses – vergeblich. Am 26. Juli reist Wahid in die USA aus.

In einer ersten Rede erklärt Sukarnoputri, sie wolle ein großes, einiges Indonesien. Obwohl durch politische Konzepte bisher wenig hervorgetreten, ist die neue Präsidentin insbesondere bei der Unterschicht beliebt. Politische Beobachter befürchten allerdings, sie könnte zum Spielball der alten Machteliten in Wirtschaft und Militär werden.

Tamilen-Tiger greifen Flughafen an

Von diesem Airbus sind nach dem Angriff nur Trümmer geblieben.

24. 7., Colombo. Bei einem Selbstmordangriff tamilischer Rebellen auf den militärischen Teil des Flughafens nahe der Hauptstadt von Sri Lanka sterben 22 Menschen, drei Airbus-Maschinen werden zerstört, fünf weitere beschädigt.

Eine Gruppe von etwa 20 Rebellen greift die Sicherheitskräfte der Luftwaffenbasis mit Granaten und Schusswaffen an. Dabei wird ein Treibstofftank getroffen, was einen Großbrand auslöst. Die Schäden an den Flugzeugen werden auf 300 Mio. US-Dollar geschätzt.

Urheber des spektakulären Anschlags sind die sog. Befreiungstiger von Tamil Eelam, eine Rebellengruppe, die seit 1983 für einen eigenen Tamilenstaat im Norden und Osten der mehrheitlich von Singhalesen bewohnten Insel Sri Lanka kämpft.

Keine Annäherung bei Kaschmir-Frage

16. 7., Agra. Ein dreitägiges Treffen zwischen dem pakistanischen Präsidenten Pervez Musharraf und dem indischen Regierungschef Ata Behari Vajpayee endet ohne ein Annäherung der Nachbarstaaten. Das Gipfeltreffen der verfeindeten Länder war das erste seit 1999. Seit ihrer Gründung 1947 haben beide Staaten bereits dreimal, davon zweimal wegen Kaschmir, Krieg gegeneinander geführt.

Die Himalaja-Region fiel 194 nach dem Ende der britischen Kolonialherrschaft über den indischen Subkontinent an Indien, obwohl die Bevölkerung von Kaschmir – wie die Pakistans mehrheitlich muslimisch ist. Nach dem ersten Krieg 1948 wurde das Gebiet geteilt, wobei Pakistan ein

Musharraf (l.) trifft den indischen Staatspräsidenten Kocheril Raman Narayanan.

Drittel und Indien zwei Drittel erhielt. Nach dem Ende des um Bangladesch geführten Krieges 1971 erkannten beide Seiten die Demarkationslinie in Kaschmir an.

Im Mai 1999 eskalierte die Situation in der Krisenregion ein weiteres Mal, nachdem pakistanische Söldner mit Unterstützung der Streitkräfte ein Gebiet im indischen Teil Kaschmirs besetzt hatten. Seitdem kämpfen dort pakistanische Rebellen – wie die indische Seite versichert, mit Unterstützung der Regierung in Islamabad – für einen Anschluss der Region an Pakistan.

Trotz hoch gespannter Erwartungen scheitert der Gipfel. Eine schon weit gehend ausgehandelte gemeinsame Abschlusserklärung wird nach dem Veto von Hardlinern in der indischen Delegation nicht verabschiedet.

Historische Geste: Staatspräsident Aleksander Kwasniewski legt am neuen Gedenkstein in Jedwabne einen Kranz nieder.

Gedenken an die Opfer eines 60 Jahre zurückliegenden Pogroms

10. 7., Jedwabne. *Der polnische Staatspräsident Aleksander Kwasniewski bittet bei einer Gedenkfeier um Vergebung für ein vor 60 Jahren begangenes Pogrom. Am 10. Juli 1941 waren unter deutscher Besetzung in dem ostpolnischen Ort Jedwabne bis zu 1600 jüdische Bürger in einer Scheune zusammengetrieben worden, in der sie bei lebendigem Leibe verbrannten. Bisher hatte man allein Deutsche für die Untat verantwortlich gemacht, doch dann stellte 2000 Jan Tomasz Gross die Behauptung auf, die katholische Bevölkerung habe das Verbrechen begangen. Dass Polen daran beteiligt waren, steht für seriöse Historiker außer Zweifel, strittig ist aber die Rolle der Deutschen. Gross' Buch hat in Polen eine Debatte über den Antisemitismus im eigenen Lande entfacht. Mit seiner historischen Entschuldigung, die er als Staatsoberhaupt abgibt, erntet Kwasniewski viel Sympathie, bei Teilen der Bevölkerung aber auch Kritik.*

Heftige Rassenkrawalle in Bradford

7. 7., Bradford. Bei schweren Straßenschlachten zwischen asiatisch-stämmigen und weißen Jugendlichen sowie den eingreifenden Polizeikräften werden in der englischen Industriestadt mehr als 120 Personen verletzt.

Der Unmut der etwa 1000 Jugendlichen pakistanischer und bengalischer Herkunft, mit denen die Polizisten vorrangig konfrontiert sind, entzündet sich an der Absicht der rechtsextremen Nationalen Front, in Bradford eine Demonstration abzuhalten. Die Unruhen dauern von Samstagabend bis in die frühen Morgenstunden des Sonntags an und sind so heftig, dass die Polizei ihrer selbst mit mehreren Hundertschaften kaum Herr werden kann. Dabei gehen mehrere Geschäfte und Pubs, ein Hotel und zwei Clubs von Labour und Konservativer Partei in Flammen auf. Mit gestohlenen Autos fahren Jugendliche direkt in die Polizeilinien, oder sie lassen brennende Fahrzeuge und Einkaufswagen auf diese zurollen. Außerdem werden Polizisten u. a. mit Ziegelsteinen, Hämmern und Benzinbomben beworfen. 36 Personen werden festgenommen.

Bereits in den 50er Jahren haben sich Einwanderer aus den Commonwealth-Staaten Pakistan und Indien in Bradford niedergelassen, das bisher als Musterbeispiel einer gelungenen Integration verschiedener Kulturen galt. Der Asiatenanteil ist in der Stadt mit 15% dreimal höher als im Landesdurchschnitt Großbritanniens. Nach Oldham, Leeds und Burnley ist Bradford die vierte nordenglische Stadt, in der sich Rassenkonflikte zwischen Jugendlichen explosiv entladen.

Ein Bild der Verwüstung in Bradford

Protest begleitet Assad-Besuch

10. 7., Berlin. Der syrische Präsident Baschar al Assad trifft zu einem zweitägigen Aufenthalt in Deutschland ein. Die von Protesten begleitete Visite ist der erste Staatsbesuch eines syrischen Staatsoberhaupts seit 23 Jahren.

Im Vorfeld der Visite hat der Zentralrat der Juden in Deutschland heftige Kritik an dem Gast geäußert, weil dieser das Vorgehen Israels im Nahost-Konflikt mit dem Holocaust an den Juden unter den Nationalsozialisten verglichen hatte und mit antisemitischen Äußerungen hervorgetreten war. Michel Friedman, Vizepräsident des Zentralrats, forderte eine Entschuldigung. In Berlin demonstrieren Menschenrechtsgruppen gegen den Assad-Besuch.

Bundeskanzler Gerhard Schröder erklärt, man mache sich nicht alle Meinungen des Gastes zu eigen, ein partnerschaftlicher Dialog sei aber im deutschen Interesse. Die Bundesregierung sieht in Baschar, der nach dem Tod seines Vaters Hafis al Assad im Juni 2000 in das höchste Staatsamt gelangt ist, offenbar einen Reformer innerhalb eines konservativen Machtapparats.

Ganz oben auf der Agenda der Gespräche steht der Friedensprozess im Nahen Osten. Außerdem geht es um Wasserprobleme, die das Verhältnis der Staaten in der Region belasten. Deutschland stellt Syrien dafür 62 Mio. DM zur Verfügung.

Schröder mit Baschar al Assad (r.)

»Deutschland braucht Zuwanderer«

4. 7., Berlin. Die von der rot-grünen Bundesregierung eingesetzte 21-köpfige Zuwanderungskommission legt ihre Empfehlungen vor.

Das von Rita Süssmuth (CDU) geleitete Gremium schlägt vor, noch in der laufenden Legislaturperiode ein Zuwanderungsgesetz zu verabschieden, das parteiübergreifend Zustimmung findet. Es sollte den Zuzug ausländischer Fachkräfte nach Deutschland ermöglichen – die Kommission geht zunächst von 50 000 Personen (plus Familienangehörige) aus. 20 000 von ihnen sollten dauerhaft in Deutschland bleiben können. Um unter den Bewerbern eine Auswahl zu treffen, sollte ein Punktesystem eingeführt werden, das u. a. Alter, Qualifikation und Deutschkenntnisse berücksichtigt. Weitere 20 000 Personen könnten Branchen mit Arbeitskräftemangel zunächst für fünf Jahre anwerben. Eine Zuwanderung von Spitzenkräften aus Wissenschaft und Wirtschaft sollte ohne jede Beschränkung erfolgen; die Kommission geht hier von 10 000 Personen aus. Ein weiterer Schwerpunkt der Empfehlungen liegt in der Integration der Zuwanderer und bereits hier lebender Ausländer.

Bestrebungen, das individuelle Grundrecht auf politisches Asyl in eine institutionelle Garantie umzuwandeln, erteilt die Kommission eine Absage und bekennt sich zur

Kommissionsmitglieder Hans-Jochen Vogel und Süssmuth mit Schily (v.l.)

deutschen Verpflichtung, nicht nur im eigenen Interesse, sondern auch aus humanitären Gründen Ausländer aufzunehmen.

Obwohl die Unionsparteien im Juni ein eigenes Konzept zur Zuwanderung vorgelegt haben, das von den Empfehlungen der Süssmuth-Kommission nicht weit entfernt ist, bleibt fraglich, ob bis zur Bundestagswahl im Herbst 2002 ein Zuwanderungsgesetz verabschiedet werden kann. Bundesinnenminister Otto Schily (SPD) präsentiert im August einen Gesetzentwurf, der

vom grünen Koalitionspartner als nicht weitgehend genug abgelehnt wird. Als Schily den Grünen dann im November entgegenkommt, so dass im Kabinett Einigkeit über die Novelle erzielt werden kann, mehren sich die kritischen Stimmen aus der Union. Strittig sind u. a. die Frage des Höchstalters für den Nachzug von Kindern – der Entwurf der Koalition sieht nun 14 Jahre vor, Schily war von zwölf ausgegangen – und das Anerkenntnis nicht-staatlicher und geschlechtsspezifischer Verfolgung als Asylgrund.

Kohl obsiegt im Stasi-Akten-Streit

4. 7., Berlin. Im Rechtsstreit um die Veröffentlichung seiner Stasi-Akten erhält Altbundeskanzler Helmut Kohl in erster Instanz Recht: Das Berliner Verwaltungsgericht entscheidet, dass die Herausgabe von Unterlagen eines Stasi-Opfers an Journalisten oder Wissenschaftler gegen seinen Willen das Persönlichkeitsrecht verletze.

Damit wird eine seit zehn Jahren geübte Praxis in Frage gestellt, von der vor allem ostdeutsche Prominente betroffen waren. Bundesinnenminister Otto Schily versucht die Bundesbeauftragte für die Stasi-Unterlagen, Marianne Birthler, per Ultimatum dazu zu bewegen, diese Handhabung aufzugeben. Birthler fordert statt dessen, das Gesetz klarzustellen, damit ihre Behörde verfahren kann wie bisher.

Protest des Leipziger Bürgerkomitees gegen Schließung der Stasi-Akten

Breite Zustimmng für Familienpaket

13. 7., Berlin. Nach dem Bundesta billigt auch der Bundesrat das vor der rot-grünen Bundesregierun vorgelegte Familienpaket. Kern stück ist die Erhöhung des Kinder geldes für das erste und zweite Kind um gut 15 € auf 154 € (301,20 DM zum 1. Januar 2002.

Ferner wird ein neuer, kombinier ter Freibetrag für Betreuung, Aus bildung und Erziehung geschaf fen, der 2160 € (4225 DM) beträgt Er liegt deutlich über den bisheri gen Freibeträgen. Berufsbedingte höhere Betreuungskosten könner bis zu einem Betrag von 1500 € (2934 DM) abgesetzt werden.

Die finanziellen Belastungen de öffentlichen Hand werden teilwei se kompensiert, indem z. B. die steuerliche Begünstigung der Be schäftigung von Haushaltshilfer abgeschafft wird. Es ergibt sich eine Entlastung der Familien un 2,35 Mrd. €.

Im Bundestag stimmen auch CDU/CSU, FDP und PDS bis au wenige Abgeordnete dem Gesetz entwurf zu. Im Bundesrat verwei gern die unionsregierten Länder Bayern, Hessen und Baden-Würt temberg ihr Plazet, weil sie mit ei nem zwischen Bundeskanzler Ger hard Schröder und den SPD-Län derchefs ausgehandelten Kompro miss zur Finanzierung der Reform nicht einverstanden sind.

Entscheidung ist vorerst vertagt

Chronik Hintergrund

Der Bundesinnenminister Otto Schily begründet seine Aufforderung, nach dem Kohl-Urteil Prominenten-Akten der Stasi generell zu sperren, damit, dass klagende Personen nicht privilegiert werden dürften. Nach anfänglichem öffentlich ausgetragenem Streit scheinen sich der Minister und die Stasi- Akten-Beauftragte Marianne Birthler stillschweigend einig, bis zu einer letztinstanzlichen Entscheidung in der Frage der Kohl-Akten weder heikle Unterlagen herauszugeben noch das entsprechende Gesetz anzutasten.

Hannelore Kohl begeht Selbstmord

5. 7., **Ludwigshafen.** Hannelore Kohl, die Frau von Altkanzler Helmut Kohl, begeht im Bungalow des Paares im Ludwigshafener Stadtteil Oggersheim Selbstmord. Die Verstorbene hinterlässt Abschiedsbriefe an ihren Mann, ihre Söhne und einige Freunde.

Wie das Büro des Altkanzlers in Berlin mitteilt, trieb ihr schlechter Gesundheitszustand Hannelore Kohl in den Freitod. Sie litt seit 1993 an einer äußerst seltenen, schmerzhaften Lichtallergie und war in den letzten Monaten gezwungen, in abgedunkelten Räumen zu leben. Nur nachts bzw. mitunter bei bedecktem Himmel konnte sie das Haus verlassen.

Hannelore Rennert – so der Mädchenname – wurde am 7. März 1933 in Berlin geboren, wuchs in Leipzig auf und kam 1946 in den Westen. In Ludwigshafen lernte sie 1948 den drei Jahre älteren Helmut Kohl kennen. Zwölf Jahre später – sie hatte inzwischen ihre Ausbildung zur Diplom-Dolmetscherin abgeschlossen – wurde geheiratet, 1963 kam der erste, 1965 der zweite Sohn zur Welt. Hannelore Kohl stand ihrem Mann während seiner politischen Laufbahn zur Seite. Ein eigenes Betätigungsfeld schuf sie sich als Präsidentin der Stiftung ZNS, die sich für Unfallopfer mit Schädigungen des zentralen Nervensystems einsetzt.

△ Nach der Trauerfeier für Hannelore Kohl am 11. Juli im Dom zu Speyer; hinter dem Sarg Helmut Kohl mit seinen beiden Söhnen und den Schwiegertöchtern

◁ Eintragung ins Kondolenzbuch in der CDU-Bundesgeschäftsstelle in Berlin

Vorerst kein Pflichtpfand auf Dosen

13. 7., **Berlin.** Die vom grünen Umweltminister Jürgen Trittin vorgelegte Novelle zur Verpackungsverordnung, welche die Einführung eines Pflichtpfands auf Getränkedosen zum 1. Januar 2002 vorsieht, scheitert im Bundesrat.

Trittin hat für das Pfand mit dem Argument geworben, dass die ökologisch günstigere Mehrweg-Verpackung gefördert und Dosenmüll in der Landschaft verhindert werden müsse.

Auch ohne Neuregelung wird im Frühjahr 2002 ein Pflichtpfand kommen, allerdings nur für Bier- und Mineralwasserdosen. Dies sieht ein Passus in der Verpackungsverordnung von 1991 vor, der nun in Kraft tritt, weil die Mindest-Mehrwegquote drei Jahre lang nicht erreicht worden ist.

Befürworter des Dosenpfands vor dem Umweltministerium

Feilscherlaubnis für die Deutschen

25. 7., **Berlin.** Mit der Abschaffung des Rabattgesetzes und der Zugabenverordnung können die Preise in Deutschland beim Einkaufen frei ausgehandelt werden.

Bisher durften Händler Preisnachlässe nur bis zu einer Höhe von 3% gewähren; eine Werbung um Kunden durch Zugaben war ihnen untersagt. Nun kann der Verbraucher beim Einkauf um den Preis beliebig feilschen.

Für den Wegfall des Gesetzes aus dem Jahr 1933 stimmte im Bundestag neben den Regierungsparteien SPD und Bündnis 90/Grüne auch die FDP. CDU/CSU und PDS verweigerten ihre Zustimmung, da sie befürchteten, dass kleine Unternehmen im Wettbewerb ins Hintertreffen geraten könnten. Die Regierung argumentierte dagegen, dass deutsche Firmen insbesondere im Internet-Handel durch das Rabattgesetz gegenüber ausländischen Konkurrenten benachteiligt seien.

Zukunftssignal für die Leipziger

18. 7., **Leipzig.** Im Rennen um den Standort des neuen BMW-Werks setzt sich Leipzig durch. Spätestens 2005 soll in der sächsischen Metropole die Produktion der 3er-Reihe aufgenommen werden, die derzeit noch in Regensburg erfolgt.

Die Neuansiedlung des Werks, das mit Investitionen des bayerischen Automobilbauers in Höhe von mehr als 1 Mrd. € einhergeht, bringt für die Region Leipzig/Halle 10 000 neue Arbeitsplätze. Bundeskanzler Gerhard Schröder bezeichnet die Entscheidung als »klares Zukunftssignal« an die neuen Länder, und der für den Aufbau Ost zuständige Staatsminister Rolf Schwanitz (SPD) erklärt, dies sei ein wesentlicher Schritt für die Angleichung der Lebensverhältnisse in Ost und West. Der sächsische Wirtschaftsminister Kajo Schommer (CDU) äußert die Hoffnung, dass sich weitere Firmen in der Region niederlassen. Unter mehr als 200 Bewerbern für das neue Werk hatte BMW neben Leipzig, das bereits über drei Autowerke verfügt, auch Schwerin, Augsburg, das tschechische Kolin und Aras in Frankreich in die engere Wahl gezogen.

Urlaub und Freizeit 2000:

Terrorschock für Reisende

Chronik Übersicht

Nicht die schwächelnde Wirtschaft, sondern die Terroranschläge in New York und Washington am → 11. September (S. 158) versetzen der Tourismusbranche 2001 einen empfindlichen Schlag. In den Wochen nach den Attentaten werden mindestens 25% der in Deutschland gebuchten USA-Reisen storniert; viele Veranstalter zeigen sich angesichts der Ausnahmesituation kulant und erledigen Umbuchungen kostenlos.

Umgekehrt erleiden auch deutsche Anbieter – und dabei insbesondere Hotels der oberen Preisklasse, die sich in den letzten Jahren als Tagungsorte internationaler Unternehmen etablieren konnten – empfindliche Einbußen, weil die Besucher aus den Vereinigten Staaten ausbleiben.

Generell sind ab Herbst eher Orte und Gegenden gefragt, die auch mit anderen Verkehrsmitteln als dem Flugzeug zu erreichen sind und die nicht als potenzielle Terrorziele gelten. In vielen Urlaubsorten rund ums Mittelmeer wird die Saison wegen der stärkeren Nachfrage verlängert. Fernreisende weichen nach Südafrika aus.

Die USA, normalerweise eines der Traumreiseländer der Deutschen, werden eher gemieden, wobei die Ostküste als besonders gefährlich gilt. Am schlimmsten betroffen ist das Hotelgewerbe in New York. Selbst Maßnahmen wie die Halbierung der Übernachtungspreise kann die Lage der auf internationale Gäste angewiesenen Spitzenhotels kaum verbessern. Mit einer 7 Mio. US-Dollar teuren Werbekampagne und der Einführung weit reichender Rabatte versucht die Vereinigung der Reiseveranstalter gegenzusteuern.

Bis zu den Terrorakten in den USA zeigt sich die deutsche Reisebranche sehr zufrieden. Trotz der Konjunkturflaute bleiben die Deutschen »Reiseweltmeister«. Die höchsten Zuwachsraten werden bei Kreuzfahrten und anderen Schiffsreisen, z.B. auf Flüssen und Kanälen von Moskau nach St. Petersburg, registriert.

Unter den Zielgebieten liegen Spanien und Italien vorn; besonders trendy ist aber die Türkei. Beliebtestes Einzelziel der Deutschen bleibt Mallorca, auch wenn dort 2002 eine Ökosteuer von 0,25 bis 2 € pro Tag eingeführt wird. Die Einnahmen von rd. 70 Mio. € pro Jahr sollen dem Umweltschutz und der Verbesserung bestehender Ferienanlagen zugute kommen. Insgesamt setzt die Regierung der Baleareninsel künftig auf einen Ausbau des Kongress-, Kultur- und Sporttourismus. Sonnenhungrige und Badeurlauber sollen aber weiterhin willkommen sein.

Für Deutschland rufen die Reisemanager 2001 ein »Jahr des Tourismus« aus. »Nix wie hin« empfiehlt das Logo mit dem schwarz-rot-goldenen Umriss des Landes. Bei jeder zweiten Reise bleiben die Bundesbürger im Inland, allerdings sind sie dann meist nur einige Tage unterwegs, z.B. um eine Stadt kennen zu lernen. Ein längerer Urlaub in Deutschland findet vor allem dann Interesse, wenn er pauschal gebucht werden kann. Die wichtigsten Gründe für Ferien im eigenen Land sind nach den Erkenntnissen der Reisebranche regionaltypisches Essen und Trinken, Sehenswürdigkeiten und das Ausspannen in schöner Natur. Preislich ergibt sich gegenüber einer Auslandsreise zumeist kein Vorteil, und auch die Entfernung spielt angesichts guter Flugverbindungen kaum eine Rolle.

Die vor Jahren mit großer Euphorie gestarteten Reiseanbieter im Internet bleiben – so zeigt sich 2001 – deutlich hinter den Erwartungen zurück. Zwar informieren sich viele Reiselustige online über ihre Zielgebiete und Pauschalangebote; bei der Buchung sitzen sie aber lieber einem menschlichen Berater gegenüber. Eine Befragung unter 70 000 Internetnutzern ergibt, dass nur knapp 6% eine Pauschalreise per Mausklick geordert haben, 10% einen Mietwagen und 17,8% ein Hotelzimmer. Experten rechnen deshalb mit einer Pleitewelle unter Anbietern, die nur im Internet präsent sind. Dagegen steigt die Zahl der Reisebüros.

Miami Beach im US-Bundesstaat Florida ist ein Lieblingsziel deutscher Urlauber; nach den Anschlägen vom 11. September bleiben die Gäste weg.

Das Golden Arch in Rümlang beim Züricher Flughafen, das am 18. März eröffnet, ist weltweit das erste Hotel der Fastfood-Kette McDonald's.

Bei den Mallorquinern sind deutsche Gäste, die – wie hier im Lokal »Ballermann 5« – gegen die Landessitten verstoßen, nicht sonderlich beliebt.

Das Bundesland Sachsen-Anhalt will mit Hinweis auf seine Geschichte und die Straße der Romanik kulturell interessierte Reisende anlocken.

Neue Bundesländer bieten viel Kultur

»Kulturtourismus« präsentiert sich 2001 zum ersten Mal als eigenes Marktsegment auf der Internationalen Tourismus-Börse (ITB) in Berlin, gleichwohl zeigen bereits 100 Aussteller aus 21 Ländern in diesem Bereich ihre Angebote. Verschiedene Kultureinrichtungen wie Museen, Festivals, Städte und Konzertveranstalter geben hier einen Überblick über Programme, Ideen und Konzepte. Gerade die neuen Bundesländer haben in Sachen Kulturreisen viel – und aus westlicher Sicht im elften Jahr nach der deutschen Vereinigung immer noch viel Neues – zu bieten. Unterstützt wird das Interesse durch einen monatlichen »Event-Kalender«, in dem sich die Bundesländer mit Themen wie »Musik und Museen« präsentieren.

Betuchte Urlauberklientel: Senioren

Reiselust bei der Gruppe »50 plus«

»Senioren-Reisen – Service-Reisen« – unter diesem Motto steht auf der diesjährigen ITB in Berlin ein ganzes Segment. Nach Branchenangaben gehören 33% der Touristen in Deutschland zur Altersgruppe »50 plus«. Grund genug, mit Angeboten, die auf die besonderen Bedürfnisse der älteren Reisenden zugeschnitten sind, um diese zumeist zahlungskräftige Klientel zu werben.

Microsoft-Gründer Bill Gates präsentiert am 6. Januar in Las Vegas die Spielkonsole »Xbox«.

Heiß umkämpfter Videospiel-Markt

Mit der »Xbox«, die Anfang 2001 in den USA vorgestellt wird, aber erst 2002 in Europa zu haben sein soll, dringt der Software-Gigant Microsoft erstmals in den Markt für Spielekonsolen vor. Das Gerät ist mit einem leistungsstarken Grafik-Chip ausgestattet und soll damit die eingeführte Konkurrenz – z. B. »Dreamcast« von Sega und »Playstation 2« von Sony – deutlich übertreffen. Auch Nintendo verspricht mit seinem »Gamecube«, der im Oktober in die US-amerikanischen Läden kommt, eine Qualitätssteigerung, was Geschwindigkeit und Effizienz des Videospiel-Systems angeht.

Neues von Nintendo, der »Gamecube«

Mit dem »Advance« erscheint die dritte »Game Boy«-Generation.

Western-Komödie nach Bayern-Art

19. 7., München. In den deutschen Kinos läuft »Der Schuh des Manitu« an, eine Western-Komödie von Michael »Bully« Herbig.

Gestützt auf Figuren, die dem TV-Publikum aus der Comedyshow »Bullyparade« bekannt sind, knüpft der Regisseur, ein verhinderter Filmhochschüler, zusammen mit seinen Gag-Schreibern Christian Tramitz und Rick Kavanian – die auch als Schauspieler auftreten – mit einer faustdicken Persiflage an den deutschen Karl-May-Klassiker »Der Schatz im Silbersee« aus dem Jahr 1963 an.

In bestem Münchnerisch tauschen sich Cowboy Ranger, ein eher phlegmatischer Typ, und sein agilerer Indianer-Freund Abahachi aus, wenn sie von Abenteuer zu Abenteuer stolpern. In der »Süddeutschen Zeitung« heißt es wohlwollend: »›Der Schuh des Manitu‹ ... ist in der Tat Unfug, aber sicher nicht unintelligent.«

Trotz Naserümpfens mancher Filmkritiker erobert diese bayerische Form des Humors bundesweit die Herzen vor allem junger und

Plakat zu Herbigs Erfolgsfilm

jüngster Zuschauer. Innerhalb von drei Wochen nach dem Kinostart sehen 3,8 Mio. Menschen den Film, so viele, wie 1963 im ganzen Jahr »Der Schatz im Silbersee«.

Anfang November steht fest, dass »Der Schuh des Manitu« der beliebteste deutsche Film aller Zeiten ist: 9 Mio. Zuschauer werden bis dahin gezählt, den ersten »Otto«-Film mit Komiker Otto Waalkes (1985) sahen »nur« 8,8 Mio.

Gegen den Wind rund um die Welt

23. 7., Cuxhaven. Als erster Deutscher umrundet der 61-jährige Wilfried Erdmann aus der Ortschaft Goltoft (Schleswig-Holstein) die Erde westwärts nonstop und allein in einem Segelboot.

Nach 343 Tagen auf See und knapp 60 000 km vorbei an den Küsten Portugals und Westafrikas, rund um das berüchtigte Kap Hoorn an der Südspitze Südamerikas, quer durch die endlosen Weiten des Südpazifiks, vorbei an Australien, durch den Indischen Ozean, Kapstadt an Steuerbord liegen lassend und dann Richtung Nordsee ist er wieder in Cuxhaven. Dort war er im August 2000 ausgelaufen. Sein erster Wunsch an Land: »Jetzt esse ich erst einmal ein Riesensteak.«

Gegen Winde und Meeresströmungen war Erdmann unterwegs. Die gängige Faustregel dafür lautet: Doppelte Strecke, dreimal mehr Zeit und viermal mehr Kraftaufwand. Vier Seglern ist dies bisher geglückt.

120 000 DM hat Erdmann in sein Boot »Kathena Nui« investiert. Die vollverschweißte Aluminium-

Wilfried Erdmann hoch im Mast

Konstruktion mit 10,50 m Länge, 3,25 m Breite und 1,70 m Tiefgang gilt als praktisch unsinkbar.

Der wenige mitgeführte Vorrat an Benzin trieb einen Generator an, der die Batterien lädt. Strom wird gebraucht für die Positionslampen, für die Navigation und für ein Satellitentelefon. Damit hielt Erdmann, der sein Abenteuer mit Büchern und Vortragsreisen finanziert, Kontakt zur Außenwelt.

Für Raver – hier aus Flensburg – immer wieder ein großes Fest : Die Love Parade

Über 800 000 Raver bei der Love Parade

21. 7., Berlin. *Unter dem Motto »Join the Love Republic« steht die 13. Love Parade, zu der sich nach Zählungen der Veranstalter 1,2 Mio. Menschen in der Innenstadt versammeln, um zu lauten Klängen durch die Straßen zu ziehen. Die Polizei meldet nur 800 000 Teilnehmer – deutlich weniger als in den Vorjahren. Die Gründe mögen darin liegen, dass der Termin verschoben werden musste und dass die Love Pariade nicht mehr den Status einer politischen Demonstration genießt – für die Beseitigung des Mülls müssen daher die Veranstalter sorgen.*

Das Logo enthüllt die Avantgardekünstlerin Yoko Ono, mit der Lennon ab 1969 verheiratet war.

Flughafen Liverpool nach Lennon benannt

2. 7., Liverpool. *Yoko Ono, die Witwe des 1980 ermordeten Ex-Beatles John Lennon, enthüllt auf dem Airport der englischen Industriestadt ein neues Logo. Mit der Eröffnung eines neuen Terminals im Frühjahr 2002 soll der Flughafen offiziell in »John Lennon Airport« umbenannt werden. Das Logo ziert ein Selbstporträt des Popmusikers sowie die aus dem Song »Imagine« stammende Zeile »above us only sky« (über uns nur der Himmel). In Liverpool wurde John Lennon nicht nur 1940 geboren, hier starteten die »Pilzköpfe« auch in den 60er Jahren ihre Karriere.*

Der neue Krater oberhalb Nicolosi mit gewaltiger Staub- und Aschewolke

Bulldozer schütten Wälle auf, um den Lavastrom zu kanalisieren.

Schwerster Ausbruch des Ätna seit 30 Jahren

23. 7., Rom. Eine Woche nach dem Ausbruch des Ätna auf Sizilien ruft die italienische Regierung den Notstand aus, um der Bevölkerung in der Region unbürokratisch helfen zu können.

Drei Wochen lang müssen die Bewohner der Dörfer am Vulkan um Haus und Besitz fürchten, doch der Ausbruch – der schwerste seit 30 Jahren – verläuft glimpflich: Menschen werden nicht verletzt, lediglich ein Ferienhaus, Teile der Bergstraße sowie Skiliftanlagen werden zerstört.

Als sich am 17. Juli in 2100 m Höhe mit Getöse eine neue Öffnung auftat, klirrten noch im 30 km entfernten Küstenort Catania die Fensterscheiben. Lavafontänen schossen auf, ein Strom heißen Gesteins ergoss sich ins Tal. Nach wenigen Tagen hatte er eine Länge von 4 km erreicht, doch vor der Ortschaft Nicolosi kam das glühende Gestein rechtzeitig zum Stillstand.

Bald trat 500 Höhenmeter oberhalb der neuen Öffnung an der Südflanke ebenfalls Lava aus. Innerhalb weniger Tage wuchs dort ein gut 100 m hoher neuer Kegel heran. Geologen erklären das Ausmaß der Eruptionen damit, dass die nach oben dringende Magma auf eine wasserführende Schicht im Berg gestoßen sei.

Der umgestürzte Baum; für zwölf Besucher endet ein Konzert mit jiddischer Musik in Straßburg tödlich.

Konzertbesucher von Platane erschlagen

6. 7., Straßburg. *Verheerende Gewitterstürme in Europa kosten mindestens 19 Menschen das Leben. Allein in Straßburg sterben zwölf Personen, als bei einem Freiluftkonzert eine Platane in die Zuschauermenge stürzt. Gegen den Veranstalter werden Vorwürfe laut, er hätte das Konzert angesichts der Wetterprognosen absagen müssen. In Deutschland sind besonders Baden-Württemberg und Bayern von dem Unwetter betroffen. Auf dem Starnberger und dem Ammersee kommen drei Segler um, in Kehl werden zwei Menschen durch Äste erschlagen.*

Schwere Schäden im polnischen Dorf Budzow durch die reißenden Fluten des Flusses Jachowka

Polen von Überschwemmungen betroffen

26. 7., Warschau. *Polen wird von einer Hochwasserkatastrophe heimgesucht, der in den folgenden Tagen 26 Menschen zum Opfer fallen. Oder, Weichsel und einige Nebenflüsse treten über die Ufer; Deiche halten den Wassermassen nicht stand. Besonders katastrophal ist die Situation in den südlichen Karpathen, wo zahlreiche Staudämme brechen. Hier werden die Behörden hart attackiert, da sie aus den Überschwemmungen von 1997 – damals starben in Polen 55 Menschen – keine angemessenen Lehren gezogen hätten.*

Belgischer Chirurg neuer IOC-Präsident

16. 7., Moskau. Der Belgier Jacques Rogge ist neuer Präsident des Internationalen Olympischen Komitees (IOC).

Der 59-jährige Chirurg und Orthopäde aus Gent bringt auf der 112. IOC-Session im Moskauer Haus der Gewerkschaften im zweiten Wahlgang 59 der stimmberechtigten 110 IOC-Mitglieder hinter sich. Er setzt sich damit gegen den Kanadier Richard Pound, den Südkoreaner Un Yong Kim und den Ungarn Pal Schmitt durch. Die Amerikanerin Anita Defrantz ist im ersten Wahlgang ausgeschieden. Kim hat am Vorabend der Wahl des achten IOC-Chefs noch versucht, mit mindestens 50 000 US-Dollar »Aufwandsentschädigung« für jeden seiner IOC-Kollegen eine Mehrheit zu ergattern.

Drei Tage vor der Wahl Rogges zum IOC-Chef ist Peking zum Austragungsort der Olympischen Spiele 2008 bestimmt worden. Der hohe Favorit setzte sich bereits im zweiten Wahlgang mit der absoluten Mehrheit von 56 Stimmen gegen Toronto (22), Paris (18) und Istanbul (9) durch. Im ersten Durchgang, in dem Osaka ausgeschieden war, hatte Peking bereits 44 Stimmen erreicht. Es sind die dritten Sommerspiele in Asien nach Tokio 1964 und Seoul 1988. 1993 war Peking bei der Vergabe der Spiele 2000 knapp an Sydney scheitert. Auch diesmal gibt es große Bedenken wegen der umstrittenen Menschenrechtspolitik des kommunistischen Landes.

△ Überschäumende Freude in Peking nach der Vergabe der Olympischen Sommerspiele 2008 an die chinesische Hauptstadt

◁ Der polyglotte Belgier Jacques Rogge – er beherrscht fünf Sprachen – war bisher Vorsitzender der europäischen Nationalen Olympischen Komitees (NOK). Der dreimalige Olympia-Teilnehmer im Segeln und spätere Rugby-Spieler ist der zweite Belgier nach Henri de Baillet-Latour (1925–1942) an der Spitze des Internationalen Olympischen Komitees und der achte IOC-Chef seit 1894. Rogge wird in Moskau für acht Jahre gewählt. Nach den neuen IOC-Regeln ist danach lediglich eine einmalige Wiederwahl für vier Jahre möglich.

Samaranch – der »Herr der Ringe«

Chronik Zur Person

Juan Antonio Samaranch (*1920) bestimmte 21 Jahre lang die Geschicke des Internationalen Olympischen Komitees. 1980 hatte der Spanier das Amt des IOC-Chefs angetreten. Seither haben sich die Spiele dank Vermarktung und der Zulassung von Profisportlern (1981) zum profitablen Unternehmen entwickelt. Zugleich geriet jedoch das 1894 gegründete IOC durch Dopingskandale und die Bestechungsaffären im Zusammenhang mit der Vergabe der Winterspiele 2002 in eine Krise.

Juan Antonio Samaranch

Fortuna-Kicker im »Hosen«-Trikot

11. 7., Düsseldorf. Die »Toten Hosen« sind neuer Hauptsponsor von Fortuna Düsseldorf. Die Punkband greift dem finanziell angeschlagenen Fußballverein mit 1 Mio. DM unter die Arme. Dafür spielt die Elf in der kommenden Saison mit einem Totenkopf-Emblem auf der Brust. Unterstützung können die Düsseldorfer gebrauchen: Den Klassenerhalt in der Regionalliga Nord verdankt die Fortuna nur dem Lizenzentzug des SV Wilhelmshaven.

◁ »Hosen«-Sänger Campino (M.) und Fortuna-Spieler im Trikot mit einem Totenkopf-Emblem

Real leistet sich Zinedine Zidane

9. 7., Madrid. Für umgerechnet ca. 150 Mio. DM wechselt der französische Welt- und Europameister Zinedine Zidane von Juventus Turin zu Real Madrid.

Er löst damit den Portugiesen Luis Figo, für den Real im Juli 2000 umgerechnet 116 Mio. DM an den großen Rivalen FC Barcelona zahlte, als teuersten Fußballer der Welt ab. Der königliche Klub, der 2002 sein 100-jähriges Jubiläum feiert, ist mit acht Titeln des Landesmeister- bzw. Champions-League-Pokals der erfolgreichste Fußballverein Europas und wurde 2001 zum 28. Mal spanischer Landesmeister.

Rekordsummen in der Bundesliga

28. 7., Mönchengladbach. Die 39. Saison der Fußball-Bundesliga beginnt mit einem Paukenschlag: Bei der Rückkehr in die Eliteliga schlägt Aufsteiger Borussia Mönchengladbach den Titelverteidiger FC Bayern München durch ein Tor von Arie van Lent 1:0.

Mit 276,4 Mio. DM haben die 18 Clubs so viel Geld wie noch nie ausgegeben. Spitzenreiter sind die als einzige schon an der Börse notierten Dortmunder Borussen. Nach den 25 Mio. DM für den bereits in der Winterpause geholten Tschechen Tomas Rosicky gibt der BVB nun weitere 51 Mio. DM für den Brasilianer Marcio Amoroso (AC Parma) aus, der damit teuerster Bundesligaspieler aller Zeiten ist. Die Bayern investieren ca. 43 Mio. DM für Torjäger Claudio Pizarro (Werder Bremen) und die Brüder Robert und Niko Kovac (Bayer Leverkusen/HSV).

Einziger neuer Trainer zu Saisonbeginn ist Klaus Toppmöller in Leverkusen; die Neulinge 1. FC Nürnberg, Mönchengladbach und FC St.

Gladbach–Bayern 1:0; Marcel Witeczek (r.) hält Stefan Effenberg fest.

Pauli vertrauen weiterhin auf ihre Aufstiegs-Trainer.

Durch Trikot-Sponsoring fließen 168,2 Mio. DM in die Kassen der 18 Eliteclubs, etwa 18% mehr als im Vorjahr. Für ein Novum sorgt Werder Bremen: Die Hanseaten starten mit blanker Brust ohne Hauptsponsor in die Saison.

Mit ca. 330 000 Dauerkarten bis zu Saisonbeginn wird eine neue Bestmarke aufgestellt. Primus ist hier Dortmund mit 44 000 verkauften Dauertickets.

Misserfolg mit »ran«-Verlegung

Chronik Hintergrund

Die samstägliche SAT.1-Fußballshow »ran« wird mit Beginn der neuen Bundesligasaison von 18.30 auf 20.15 Uhr verschoben. Es wird vermutet, dass damit für die Live-Übertragungen aller Spiele im Bezahl-Sender Premiere World die nötige Resonanz geschaffen werden soll. SAT.1 und Premiere gehören zum Imperium des TV-Unternehmers Leo Kirch. Der bezahlt für die Rechte im Free-TV und Pay-TV pro Saison im Schnitt 750 Mio. DM, die er refinanzieren muss. Doch SAT.1 trifft mit der Verlegung von »ran« auf den geballten Fan-Protest. Die Sendung hat zum Auftakt gut ein Drittel weniger Zuschauer als in der Vorsaison. Der Sender zieht die Notbremse, ab 8. September gibt es »ran« von 19 bis 20.15 Uhr.

»Golden Goal« beschert Fußball-Frauen den EM-Sieg

7. 7., Ulm. Claudia Müller schießt die deutsche Fußball-Nationalmannschaft der Frauen zum fünften Europameister-Titel, dem dritten in Folge. Die 27-jährige Stürmerin vom WSV Wolfsburg-Wendschott – von ihren Mitspielerinnen in Anspielung auf ihren Nachnamensvetter Gerd auch als »großes, schlankes Müller« bezeichnet – trifft nach zwei vergebenen Chancen in der 98. Minute zum 1:0 ins Tor der Schwedinnen.

In der regulären Spielzeit haben beide Mannschaften vor 18 000 Zuschauern im ausverkauften Ulmer Donaustadion keinen Treffer erzielt. Bei strömendem Regen kommt das Team von Bundestrainerin Tina Theune-Meyer nur schwer in Tritt; stattdessen nimmt nach der ersten Chance für die Deutschen in der Anfangsphase durch Sandra Smisek das Drei-Kronen-Team immer mehr das Heft in die Hand.

Dank ihrer Aggressivität und Zweikampfstärke dominieren die Schwedinnen das Mittelfeld. Einzige Deutsche in Normalform ist in der ersten Halbzeit Steffi Jones, die in der Abwehr Fehler ihrer Vorderfrauen ausbügeln muss und und sogar in der 31. Minute Schwedens Torfrau Caroline Jönsson ernsthaft auf die Probe stellt. Zwei Minuten später ist DFB-Torhüterin Silke Rottenberg bei einem tückischen Aufsetzer von Malin Moström gefordert; Therese Sjögran zielt wenig später knapp vorbei. In der zweiten Halbzeit kommen die Gastgeberinnen besser ins Spiel und kombinieren zeitweise wie beim 3:1 gegen denselben Gegner im Auftaktspiel. Allerdings vergibt die für Smisek eingewechselte Müller in der 65. und 68. Minute zwei große Gelegenheiten für ein Tor. Beide Male werden ihre Kopfbälle von der schwedischen Torfrau pariert.

Doch nun häufen sich die deutschen Chancen: In der 79. Minute scheitert Pia Wunderlich freistehend an Jönsson, den abgeprallten Ball setzt Renate Lingor statt ins schwedische Tor aber nur an das Lattenkreuz.

v.l.: Silvia Neid, Christel Arbini, Tina Theune-Meyer und Ursula Eder

DFB-Kapitänin Doris Fitschen

Deutscher Schwimmsport wieder an der Spitze

29.7., Fukuoka. Das Team des Deutschen Schwimm-Verbandes (DSV) findet nach der Pleite von Sydney 2000 – dreimal Bronze – auf die Erfolgsspur zurück. Dreimal Gold, sechsmal Silber und sechsmal Bronze bedeuten bei den 9. Schwimm-Weltmeisterschaften in Japan Platz drei hinter Australien (13-3-3) und den USA (9-9-8). Hannah Stockbauer ist nach dem Ausfall von Franziska van Almsick die neue Hoffnungsträgerin. Die 19 Jahre alte Schülerin aus Erlangen gewinnt nach ihrem Triumph über 800 m und Staffel-Silber (4 x 200 m Freistil) auch den erstmals vergebenen Titel über 1500 m Freistil in der Europarekordzeit von 16:01,02 min; über 400 m reicht es noch zu Bronze.

Antje Buschschulte holt sich nach Gold mit der 4 x 100-m-Freistilstaffel – zusammen mit Petra Dallmann, Katrin Meißner und Sandra Völker – sowie Silber über 50 m Rücken zum Abschluss noch Bronze über 100 m Rücken.

Der mit Abstand erfolgreichste Teilnehmer in Fukuoka ist der 18-jährige Australier Ian Thorpe: Er gewinnt sechs Goldmedaillen – über 200 m, 400 m, 800 m sowie 4 x 100 m, 4 x 200 m Freistil und 4 x 100 m Lagen – und ist nun mit insgesamt neun Titeln erfolgreichster WM-Schwimmer der Geschichte. Er stellt dabei noch vier Weltrekorde auf. Nicht zuletzt seinetwegen kommen in einer Woche 145 000 Zuschauer in die Marine Messe Fukuoka.

Ärgerlich hingegen die allzu häufigen Fehler bei der Zeitmessung: Der Niederländer Pieter van den Hoogenband wird im 100-m-Freistilfinale zunächst zum Sieger erklärt, ist aber tatsächlich nur Zweiter. Später muss der WM-Sponsor Seiko einräumen, dass die Zeitmessanlage in nicht weniger als 16 Fällen versagt hat. Daneben sorgen willkürliche Resultatskorrekturen für Unmut: So wird die Vorlaufzeit der australischen 4 x 200-m-Freistilstaffel mit Hinweis auf die offizielle Video-Aufzeichnung um 2/10 sec korrigiert. Nach mehrstündigem Chaos und diversen Protesten werden die erst- und zweitplatzierten Damenstaffeln aus Australien und den USA über 4 x 200 m Freistil disqualifiziert.

4 x 100 m Lagen: Ian Thorpe (hinten) und Anthony Ervin (USA) starten.

Van den Hoogenband, Thorpe (r.)

Hannah Stockbauer freut sich über Gold über 1500 m Freistil.

Silber: Steffen Driesen, Jens Kruppa, Thomas Rupprath, Torsten Spangeberg

Gold: Petra Dallmann, Sandra Völker, Antje Buschschulte, Katrin Meißner

Armstrong zum dritten Mal Tour-Sieger

29.7., Paris. Bei der 88. Tour de France heißt der Sieger wie in den beiden vorangegangenen Jahren Lance Armstrong. Der Mann vom Team US Postal hat nach 3455,2 km bei der Zielankunft auf den Pariser Champs Elysées in der Gesamtwertung einen Vorsprung von 6:44 min auf den beherzt kämpfenden Jan Ullrich (Team Telekom).

Zum vierten Mal nach 1996, 1998 und 2000 wird Ullrich »nur« Zweiter. Auf Platz drei rangiert Joseba Beloki (Spanien) mit 9:05 min Rückstand auf Armstrong. Der Franzose Laurent Jalabert sichert sich das Bergtrikot.

Armstrong und Ullrich drückten der Tour de France 2001 ihren Stempel auf, auch wenn schon beim ersten ernsthaften Schlagabtausch – dem Mannschaftszeitfahren über 67 km von Verdun nach Bar-le-Duc – Armstrong die Nase vorn hatte: Ullrichs Telekom-Team verlor 24 sec auf US Postal.

Nach Armstrongs Sturmlauf auf der ersten Alpenetappe blieb Ullrich nur noch die Hoffnung, dass auch der Amerikaner einmal einen schwachen Tag erwischen würde. Auf der zwölften Etappe in den Pyrenäen von Perpignan nach Aix-les-Thermes blies Ullrich beherzt zum Angriff, aber Armstrong konterte und nahm dem Merdinger noch einmal 23 sec ab.

Nach den insgesamt fünf Hochgebirgsetappen war die Tour entschieden, Armstrong fuhr schon uneinholbar im gelben Trikot.

△ Lance Armstrong in Gelb, dahinter folgt Jan Ullrich. Anfangs hält sich Armstrong zurück, aber auf der zehnten Etappe über 209 km von Aix-les-Bains nach Alpe-d'Huez zeigt er dann seine wahre Stärke: Am Fuß des 1850 m hohen Berges mit seinen 21 Spitzkehren schaut er sich kurz zu Ullrich um und klettert mit seinem charakteristischen Antritt scheinbar mühelos den Berg hinauf. Im Ziel hat er 1:59 min Vorsprung auf Ullrich. Auch beim Bergzeitfahren, der elften Etappe über 32 km von Grenoble nach Chamrousse, fährt Armstrong eine Minute Vorsprung auf Ullrich heraus.

◁ Erik Zabel und Sohn Rick – ganz in Grün nach der Zielankunft

Erik Zabel – »Mann in Grün«

Chronik Hintergrund

Erik Zabel, wie Jan Ullrich im Trikot des Teams Deutsche Telekom, gewinnt zum sechsten Mal in Serie das grüne Trikot des besten Sprinters.

Seit 1996 ist der 31-Jährige auf das »Maillot Vert« abonniert, diesmal wird das grüne Trikot jedoch erst im Schlussspurt vergeben. Den Etappensieg auf den Pariser Champs-Elysées muss Zabel zum Abschluss der 88. Tour de France zwar dem Tschechen Jan Svorada überlassen, dafür kann er aber auf der 21. und letzten Etappe den lange Zeit in Grün fahrenden Australier Stuart O'Grady (Crédit Agricole) noch abfangen. Dessen Teamkollege Jens Voigt aus Berlin fuhr 2001 einen Tag in Gelb und holte auf der 16. Etappe in Sarran erstmals einen Etappensieg.

Für Zabel hatte die Tour 2001 alles andere als wunschgemäß begonnen: Mit Rücksicht auf Ullrich und den erhofften Gesamtsieg ließ Teamchef Walter Godefroot Zabels Edelhelfer Gian-Matteo Fagnini, der sonst für Zabel die Spurts anzieht, zu Hause. Dennoch feiert Zabel drei Etappensiege und schraubt damit seine Gesamtzahl an Tour-Etappensiegen auf elf hoch.

Ivanisevic feiert großes Comeback

9.7., London. Der 29 Jahre alte Kroate Goran Ivanisevic gewinnt das – wegen Regens auf Montag verlegte – Endspiel von Wimbledon in dramatischen fünf Sätzen 6:3, 3:6, 6:3, 2:6, 9:7 gegen den Australier Patrick Rafter.

Ivanisevic sichert sich seinen ersten Grand-Slam-Titel. Es ist das erste Mal, dass dies einem Spieler gelingt, der nur dank einer Wild Card der Organisatoren ins Feld gerückt ist. Der Kroate tritt die Nachfolge von Pete Sampras (USA) an.

Weniger Mühe hat Venus Williams im Damenfinale: Die Titelverteidigerin aus den USA bezwingt die Belgierin Justine Henin in drei Sätzen mit 6:1, 3:6, 6:0.

Goran Ivanisevic reißt die Arme hoch: Endlich ein Grand-Slam-Sieg!

Wimbledon-Sieg im vierten Anlauf

Chronik Hintergrund

Zum vierten Mal steht Goran Ivanisevic im Wimbledon-Finale: 1992 hatte er gegen Andre Agassi verloren, 1994 und 1998 war Pete Sampras nicht zu schlagen. Zuletzt war der Kroate nach einer Schulterverletzung auf Platz 125 der Weltrangliste zurückgefallen. 2001 musste er bereits im Halbfinale eine nervenaufreibende Hängepartie bestehen: In einem wegen Regens auf drei Tage verteilten Match setzte er sich gegen Tim Henman durch.

Architektur 2001:

Gebäude als Symbole

Chronik Übersicht

Architekten glänzen mit Bauten für Kultur und Politik, immer weniger mit Wohnungsprojekten. Viel Glas und pathetische Großformen verleihen den neuen Repräsentationsbauten Eleganz.

Im Februar war das Paradies noch geschlossen. Seit März lustwandeln Tausende im »Eden Project« nahe St. Austell im englischen Cornwall. Seine durchsichtigen und 55 m hohen Luftkissen-Dome beherbergen 80 000 Pflanzen in einem »Regenwald«, einer »Wüstenzone« und anderen klimatischen Sonderwelten. Schöpfer des Eden Projects ist Stararchitekt Nicholas Grimshaw, der im Juni sein Nationales Wissenschaftszentrum für Raumfahrt in Leicester, England, mit einem 14 Geschosse hohen, transparenten Ausstellungsturm für spektakuläre Raketen krönt.

Vergleichbar mit dem Eden-Project ist die neue Pflanzenwelt der Bundesgartenschau 2001 in Potsdam (→ 20.4./S. 78). Die »Biosphäre«, entworfen von Frank Barkow und Regine Leibinger, besteht aus acht hohen Erdwällen, die ein Dach tragen. Darunter kann man auf mannigfachen Ebenen Mangrovensümpfe, Wasserfälle und viele seltene Pflanzen erwandern, bevor Bar und Kino zur Rast einladen.

Ein ernsthaftes Argument für die Olympiareife des Ruhrgebietes liefert Gelsenkirchen. Die Arena »AufSchalke« (→ 13.8./S. 150) bietet beste Sicht von 62 000 überdachten Plätzen und kann durch ein Schiebedach zur Veranstaltungshalle umfunktioniert werden. Aus dem vom Düsseldorfer Büro Hentrich, Petschnigg und Partner entworfenen lichten Oval kann der »Schubladenrasen« herausgefahren werden.

Der Umbau Berlins zur Hauptstadt wurde mit wichtigen neuen Botschaftsgebäuden und dem Kanzleramt fast vollendet.

Die indische Botschaft ist mit landestypischem rotem Sandstein gestaltet, nach einer Idee der Architekten Hilde Léon, Konrad Wohlhage und Siegfried Wernik. Seit Januar in Dienst genommen, erschließt ein hoher Spalt in der fast hermetischen Fassade einen asiatisch anmutenden Lichthof.

Spröden Charme besitzt die schweizerische Botschaft. Diener & Diener aus Basel haben dem angestammten Palais von 1870 einen kompakten Betonblock angefügt, der zwischen Baudenkmal und benachbartem Kanzleramt vermittelt. Passanten dürfen seit Mai in der offenen Vorhalle den Clou der Anlage erkunden: Mit Schweizer Pünktlichkeit soll dort alle zwölf Minuten ein künstliches Blatt von der Decke segeln, das die Künstlerin Pipilotti Rist beschriftet hat.

Eine Mauer aus Jerusalemer Sandstein sowie sechs Säulen als Zeichen für sechs Millionen ermordete Juden prägen die im Mai eröffnete Botschaft Israels, konzipiert von der Architektin Orit Willenberg-Giladi aus Tel Aviv.

Dem repräsentativen Reigen der nationalen Vertretungen schließt sich auch Österreich im Juli mit einem bunten und vielgestaltigen Entwurf Hans Holleins an.

Der am stärksten diskutierte Regierungsneubau ist das Kanzleramt. Architekt Axel Schulte hat es als Segment im »Band des Bundes«, als einen Bau der Demokratie mit »plausiblem Gesicht« entworfen (→ 2.5./S. 95).

Hochhäuser haben 2001 Konjunktur. Das New Yorker Sofitel-Hotel wird zum Hochhaus des Jahres gekürt. In Köln schillert der »Campanile« im Media Park, entworfen und mit einem Glaswolkenschleier bemalt von Jean Nouvel. In Wien wird der 138 m hohe »Twin-Tower« des Architekten Massimiliano Fuksas vollendet, ein Gebäude von unglaublicher Transparenz. Viele andere ambitionierte Wolkenkratzer sind derzeit noch im Bau.

Doch nach dem Anschlag auf das World Trade Center (→ 11.9./S. 158) wird über die Sicherheit der Hochhäuser neu nachgedacht: Es wird sich zeigen, ob die Verunsicherung der Menschen, die in Wohn- oder Bürotürmen leben und arbeiten, wieder in die alte Begeisterung umschlägt.

Der 148 m hohe »Campanile« in Köln, entworfen von Jean Nouvel

Der Rasen wächst in der Sonne, dann wird er in das Stadion geschoben; Hentrich, Petschnigg und Partner entwarfen die Arena »AufSchalke«.

Das größte Gewächshaus der Welt entwarf Nicholas Grimshaw für Cornwall. Es birgt unter seinen Luftkissen-Domen 80 000 Pflanzen.

Bei Schloss Sanssouci, auf einem alten Truppenübungsplatz, entstand die Potsdamer »Biosphäre« von Frank Barkow und Regine Leibinger.

Schweizer Botschaft mit Ergänzungsbau von Diener & Diener

Indiens Botschaft (Hilde Léon, Konrad Wohlhage und Siegfried Wernik)

Das Paul-Löbe-Haus mit Büros für Abgeordnete fügt sich neben dem Kanzleramt in das Band des Bundes ein (Stephan Braunfels).

Hans Hollein entwarf Österreichs Botschaft als postmodernes Haus: Lila, Rosa und Kupfergrün sollen ein fröhliches Land repräsentieren.

August 2001

Mo	Di	Mi	Do	Fr	Sa	So
		1	2	3	4	5
6	7	8	9	10	11	12
13	14	15	16	17	18	19
20	21	22	23	24	25	26
27	28	29	30	31		

1. August, Mittwoch

In Deutschland können homosexuelle Paare erstmals ihre Lebenspartnerschaft registrieren lassen. → S. 148

Der britische Premierminister Tony Blair trifft zu einem Kurzbesuch in Argentinien ein und sagt im Gespräch mit Staatspräsident Fernando de la Rúa Unterstützung bei der Bewältigung der schweren Wirtschafts- und Finanzkrise des Landes zu. Blair ist der erste britische Regierungschef, der Argentinien seit dem Krieg beider Staaten um die Falklandinseln vor 19 Jahren einen Besuch abstattet.

Das US-Repräsentantenhaus macht den Weg für die Ölförderung in einem Naturschutzgebiet im Bundesstaat Alaska frei. Die Zustimmung des Parlaments gilt als Erfolg für die Pläne von Präsident George W. Bush, verstärkt auf einheimische Energiereserven zu setzen.

2. August, Donnerstag

Das Kriegsverbrechertribunal in Den Haag verurteilt den bosnisch-serbischen General Radislav Krstic wegen Völkermords zu 46 Jahren Haft (→ S. 104).

Mindestens sechs Menschen erleiden bei der Explosion einer Autobombe im Westen Londons Verletzungen. Die Bombe, die vermutlich von der Real IRA, einer Splittergruppe der nordirischen Untergrundorganisation IRA, gelegt wurde, detoniert in einer belebten Straße nahe der U-Bahnstation Ealing Broadway.

Mit Beginn des neuen Schuljahrs verkürzt sich im Saarland die Schulzeit bis zum Abitur generell auf zwölf Jahre (→ S. 28).

Bahnkunden sollen künftig bei erheblicher Verspätung oder Ausfall eines Zuges Anspruch auf Ersatz der entstandenen Kosten bekommen. Dies teilt das Bundesverkehrsministerium mit, ohne indes schon einen konkreten Termin für die Einführung der Regelung zu nennen.

3. August, Freitag

Der nordkoreanische Staats- und Parteichef Kim Jong Il trifft nach einwöchiger Bahnreise zu einem Staatsbesuch in Moskau ein. Soweit bekannt, ist es die dritte Auslandsreise des kommunistischen Führers. Im Januar absolvierte er eine Visite in der Volksrepublik China.

Das Berner Wankdorf-Stadion wird gesprengt. Es war 1954 Schauplatz des ersten deutschen Titelgewinns bei einer Fußball-Weltmeisterschaft.

4. August, Samstag

Mehr als zwei Wochen nach seinem Ausbruch hat sich der Vulkan Ätna auf Sizilien weit gehend beruhigt. Der Vulkan schleudert zwar noch Asche in die Höhe, der Lavastrom ist jedoch nahezu zum Erliegen gekommen. Mit Zustimmung der italienischen Behörden dürfen Urlauber in das Touristenzentrum in halber Höhe des Berges zurückkehren (→ 23.7./S. 129).

Schwergewichtler Wladimir Klitschko verteidigt zum zweiten Mal seinen Weltmeistertitel der World Boxing Organization. Der Profiboxer aus der Ukraine bezwingt in Las Vegas Charles Shufford (USA) durch K.o. in der sechsten Runde.

5. August, Sonntag

In Afghanistan werden Mitarbeiter der Hilfsorganisation »Shelter Now« wegen angeblicher christlicher Missionstätigkeit verhaftet. → S. 144

Das israelische Verteidigungsministerium fordert die palästinensische Autonomiebehörde auf, sieben wegen Terroranschlägen gesuchte Männer festzunehmen. Andernfalls würden sie getötet.

6. August, Montag

UN-Generalsekretär Kofi Annan appelliert an Israel, die gezielte Tötung mutmaßlicher palästinensischer Gewalttäter sofort einzustellen. Dieses Vorgehen verstoße gegen internationales Recht. Die ohnehin schon »gefährliche Situation« werde durch das israelische Vorgehen weiter angeheizt (→ 10.8./S. 140).

Boliviens Präsident Hugo Bánzer Suárez tritt aus gesundheitlichen Gründen zurück. Sein Nachfolger ist Vizepräsident Jorge Quiroga. Bánzer hatte 1971 die Macht übernommen und einige Jahre diktatorisch regiert. → S. 145

Der belgische Brauerei-Konzern Interbrew kauft für 3,5 Mrd. DM die Bremer Traditionsbrauerei Beck. Interbrew, das zweitgrößte Brauereiunternehmen der Welt, hat erst vor kurzem 80% der Anteile an der nordrhein-westfälischen Altbier-Brauerei Diebels übernommen.

Im einröhrigen Gleinalmtunnel in der Steiermark stoßen zwei Pkw frontal zusammen. Ein niederländisches Ehepaar und seine drei Töchter kommen bei dem Unfall ums Leben.

Die südenglische Kleinstadt Bury St. Edmonds verfügt über die erste Parkbank mit Internet-Anschluss. Die Holzbank in den Abtei-Gärten weist zwei Telefonanschlüsse auf, in die jeder Passant seinen Laptop einstöpseln und sich ins Internet einwählen kann.

7. August, Dienstag

Der iranische Präsident Mohammed Khatami wird für eine zweite Amtszeit vereidigt. Vorausgegangen ist ein mehrtägiger Machtkampf zwischen konservativen und reformorientierten Kräften um die Besetzung des einflussreichen Wächterrats (→ 8.6./S. 107).

Die Aktie des Sportwagenherstellers Porsche wird erwartungsgemäß aus dem MDAX, dem Index für die nach Marktkapitalisierung und Börsenumsatz 70 stärksten Werte nach den 30 DAX-Titeln, verbannt, da das Unternehmen die Veröffentlichung von Quartalsberichten verweigert.

8. August, Mittwoch

Nachdem die Deutsche Bank ein 44 Mio. Stück umfassendes Aktienpaket der Deutschen Telekom verkauft hat, fällt die T-Aktie auf den tiefsten Stand seit drei Jahren. → S. 149

Vom Weltraumbahnhof Cape Canaveral im US-Bundesstaat Florida startet die Raumsonde »Genesis« zu ihrer Reise in Richtung Sonne. Die 2 m lange Kapsel soll Partikel aus den Sonnenwinden sammeln und zur Erde bringen.

9. August, Donnerstag

Bei einem Selbstmordanschlag in Jerusalem kommen 15 Menschen ums Leben (→ 10.8./S. 140).

Das Cholesterin senkende Medikament Lipobay wird vom Markt genommen, nachdem es in Verdacht geraten ist, in Kombination mit andern Wirkstoffen tödliche Nebenwirkungen haben zu können. → S. 149

In Meißen öffnet das erste staatliche Hochbegabten-Gymnasium in Deutschland seine Tore. Die Schule steht jungen Menschen mit Mehrfachbegabungen offen. Bis 2004 will Sachsen 85 Mio. DM in das Prestigeobjekt investieren (→ S. 28).

10. August, Freitag

Die israelische Polizei besetzt das Orienthaus in Jerusalem, ein Symbol der palästinensischen Autonomie. → S. 140

256 Menschen werden in Angola bei einem Rebellenangriff auf einen voll besetzten Zug getötet, rd. 160 weitere erleiden Verletzungen. Der Zug ist 120 km östlich der Hauptstadt Luanda auf eine Panzermine gefahren und entgleist. Zu dem Anschlag bekennt sich die Rebellenorganisation UNITA.

Bei der Dressur-Europameisterschaft in Verden gewinnt die deutsche Equipe die Goldmedaille. → S. 150

11. August, Samstag

Bei schweren Überschwemmungen im Nordosten Irans kommen vermutlich bis zu 300 Menschen ums Leben. In den Provinzen Golestan und Khorasan müssen rd. 10 000 Bewohner evakuiert werden. Während es in der Küstenregion am Kaspischen Meer die heftigsten Regenfälle seit Jahrzehnten gibt, werden andere Teile Irans von der schlimmsten Dürreperiode seit 30 Jahren heimgesucht.

12. August, Sonntag

In einem Interview mit der »Welt am Sonntag« fordert Bundespräsident Johannes Rau, das Klonen von Menschen müsse international geächtet werden. Er befürworte zwar die Gentechnologie-Forschung, doch müsse sorgfältig abgewogen werden, welchen Stellenwert wirtschaftliche Argumente bei der Entscheidungsfindung im Bereich der Gentechnik hätten (→ S. 66).

Der deutsche Regisseur Peter Sehr erhält für seinen Film »Love The Hard Way« den Silbernen Leoparden des Internationalen Filmfestivals von Locarno. Den Goldenen Leoparden für den besten Wettbewerbsfilm verleiht die Internationale Jury dem Streifen »Zur Revolution mit dem 2-CV« des Italieners Maurizio Sciarra.

Im kanadischen Edmonton gehen die Weltmeisterschaften der Leichtathleten zu Ende. → S. 151

13. August, Montag

In Mazedonien unterzeichnen die beteiligten Konfliktparteien ein Friedensabkommen (→ S. 143).

Mit Kranzniederlegungen und Trauerbeflaggung gedenken Bundesregierung, Bundestag und Berliner Senat des Mauerbaus vor 40 Jahren. Kanzler Gerhard Schröder und Bundestagspräsident Wolfgang Thierse fordern die Bürger zur Verteidigung der Menschenrechte auf und erinnern an die fast 1000 Todesopfer des früheren DDR-Grenzregimes. Am Rande vieler Gedenkveranstaltungen protestierten Vertreter von SED-Opfern gegen eine politische Annäherung von SPD und PDS im Berliner Wahlkampf.

Bundeskanzler Gerhard Schröder startet seine zweiwöchige Sommerreise durch die neuen Bundesländer. 34 Orte stehen auf dem Besuchsprogramm; außerdem sind Abstecher nach Polen und Tschechien geplant.

Mit Spielen des FC Schalke 04 gegen Borussia Dortmund und den 1. FC Nürnberg wird das neue Fußballstadion in Gelsenkirchen, die Arena »Auf Schalke«, eingeweiht. → S. 150

14. August, Dienstag

Im Nordirland-Konflikt verhärten sich die Fronten: Die katholische Untergrundorganisation IRA rückt nach fünf Tagen von ihrem Angebot, ihre Waffen unbrauchbar zu machen, ab, da die Protestanten dieses zurückgewiesen hätten. Vertreter der Protestanten erklären, die Rücknahme des Entwaffnungs-Versprechens zeige, dass die IRA am Terrorismus festhalten wolle. Der Vorschlag sei abgewiesen worden, weil darin von der IRA kein Zeitrahmen für die Entwaffnung genannt worden sei (→ 5.9./S. 161).

15. August, Mittwoch

Mit einem harten Sanierungskurs will der Auto-Hersteller Opel wieder in die Gewinnzone zurückkehren. Für das vergangene Jahr hat das Unternehmen einen Verlust von knapp 1 Mrd. DM bekannt gegeben. Nach Angaben von Vorstandschef Karl-Peter Forster wird möglicherweise auch ein Werk in Deutschland geschlossen. In jedem Fall werde die Produktion bei Opel in ganz Europa bis zum Jahr 2003 um 15% bzw. 350 000 Fahrzeuge pro Jahr verringert. Voraussichtlich müssten dabei mehrere 1000 Arbeitsplätze abgebaut werden.

Die Bodenseeinsel Reichenau wird in die UNESCO-Liste des Weltkulturerbes aufgenommen. Die Unterorganisation der Vereinten Nationen würdigt die Insel als »herausragendes Zeugnis von der religiösen und kulturellen Rolle eines großen Benediktinerklosters im Mittelalter«.

Sonderausgabe der norwegischen Zeitung »Aftenposten« vom 26. August anlässlich der Hochzeit von Kronprinz Haakon und Mette-Marit Tjessem Höiby. Nach anfänglicher Skepsis sind die Norweger begeistert von ihrer neuen Kronprinzessin, die einen vierjährigen Sohn mit in die Ehe bringt.

SØNDAG
Aftenposten

Morgenutgave. Søndag 26. august 2001. Uke 34. Nr. 389. 142. årg. Kr. 12,00. Fly/ekspr.: Vest-/Midt-Norge kr. 13,00. Nord-Norge kr. 14,00

KULTURBANKEN
støtter
samtidsfestivalen 2001
31. august-8. september
Se teaterspalten eller
www.nationaltheatret.no
DnB er hovedsponsor for Nationaltheatret

Takk for kjærligheten

Lykke. Norges nye kronprinsesse fikk mange vakre ord fra sin nye familie i går.
– Dronningen og jeg er blitt veldig glad i deg, og vi har dyp respekt for det du står for, sa kong Harald i sin tale, mens kronprinsen takket sin hustru for kjærligheten:
– Jeg tror ikke jeg har vært så fylt av kjærlighet som sammen med deg. Når vi kommuniserer, føler jeg meg som et helt menneske. Takk for at du gir meg den følelsen, sa brudgommen.

Askeladden. Det var ikke en gang ... Det er nå. Vi lever midt i eventyret. Skjønner vi det? Der går frøken Høiby inn i Domkirken og kommer ut som kronprinsesse Mette-Marit. Det er ingen Askepott-historie. Hvordan kan noen komme trekkende med en tander uskyldighet fra et dansk eventyr? Norsk tradisjon kjenner ingen Askepott. Hun er Mette-Marit Askeladd, skriver Aftenpostens kommentator.

FOTO: CHRISTIAN CHARISIUS/REUTERS

VIELSEN ◆ KJOLEN ◆ GJESTENE ◆ FESTEN ◆ FOLKET
12 sider, seksjon 2

16. August, Donnerstag

In der argentinischen Hauptstadt Buenos Aires protestieren Tausende Menschen gegen den rigiden Sparkurs der Regierung. Zuletzt sind Renten und Gehälter von Staatsangestellten um 13% gekürzt worden. Argentinien ist im Ausland mit umgerechnet mehr als 320 Mrd. DM verschuldet. Wenige Tage später sagt der Internationale Währungsfonds (IWF) dem südamerikanischen Land weitere Kredite in Höhe von 8 Mrd. US-Dollar zu.

Die weltgrößte Musikmesse Popkomm öffnet in Köln ihre Tore. Mehr als 820 Aussteller aus 33 Ländern, darunter Plattenfirmen, Künstleragenturen und Internetunternehmen, präsentieren drei Tage lang ihre Produkte und Dienstleistungen. Auf Kongressen und Diskussionsforen geht es u. a. um neue Vermarktungsstrategien und technische Entwicklungen im Online-Musikvertrieb.

In Wien werden die Sofiensäle durch einen Brand schwer beschädigt. → S. 145

17. August, Freitag

CDU-Chefin Angela Merkel startet ihre einwöchige Sommerreise, die sie durch acht ost- und westdeutsche Bundesländer führt. Die Tour steht unter dem Motto »Soziale Marktwirtschaft für morgen«.

Mit Irene Zubaida Khan übernimmt zum ersten Mal eine Frau die Leitung der Menschenrechtsorganisation amnesty international. → S. 143

18. August, Samstag

Die serbische Regierung von Ministerpräsident Zoran Djindjic gerät durch den Rückzug der Demokratischen Partei Serbiens aus der Koalition in eine Krise. Als Grund nennt die Partei des jugoslawischen Präsidenten Vojislav Kostunica die unzureichende Bekämpfung der organisierten Kriminalität und Korruption. Djindjic schließt nun vorgezogene Neuwahlen nicht aus (→ 25.1./S. 32).

Mindestens 70 Menschen kommen bei einem Hotelbrand in einem Vorort der philippinischen Hauptstadt Manila ums Leben. In dem Hotel wurden offenbar Sicherheitsvorschriften nicht eingehalten. Viele Menschen seien in ihren Zimmern erstickt, da es zu wenige Notausgänge gegeben habe, heißt es. Brandursache ist nach ersten Ermittlungen eine defekte Stromleitung.

19. August, Sonntag

Die Entwicklungsländer wollen angesichts der Globalisierung der Wirtschaft ihre ökonomische Unabhängigkeit stärken. Das ist das erklärte Ziel einer Konferenz der sog. Gruppe der 77, die in Teheran beginnt. An der Tagung nehmen Delegationen von 63 Entwicklungsländern teil. Die G-77 wurde 1964 gegründet und umfasst inzwischen 133 Staaten.

Bei einer Grubengas-Explosion in 1250 m Tiefe in der Schachtanlage Sasjadko in der ostukrainischen Stadt Donezk kommen vermutlich 50 Bergleute ums Leben, mehr als 20 werden z. T. schwer verletzt. Sasjadko ist mit 3,5 Mio. t geförderter Kohle pro

Jahr das größte Bergwerk des Landes. Vor zwei Jahren sind in derselben Grube 39 Bergleute bei einer Explosion getötet worden.

Die Staatsanwaltschaft Düsseldorf ermittelt in Sachen Mannesmann auch gegen IG-Metall-Chef Klaus Zwickel. In der Affäre geht es um mögliche »fremdnützige Untreue« des Aufsichtsrats, dem auch Zwickel angehörte. Bei der Übernahme von Mannesmann durch die britische Vodafone Anfang 2000 hatte man den Managern großzügige Abfindungen genehmigt.

20. August, Montag

Im Weltsicherheitsrat lehnen die USA eine von den Palästinensern geforderte internationale Beobachtergruppe für die Unruhegebiete im Nahen Osten ab. Ein solcher Vorschlag sei nicht praktikabel, erklärt der UN-Botschafter der USA, James Cunningham (→ 10.8./S. 140).

Nach einer Woche vergeblicher Bemühungen um die Freilassung der in Afghanistan inhaftierten Mitarbeiter der Hilfsorganisation »Shelter Now« verlassen die drei westlichen Diplomaten das Land. Die radikal-islamische Taliban-Miliz hat den Vertretern aus Deutschland, Australien und den USA ein Treffen mit den acht ausländischen Helfern verweigert (→ 5.8./S. 144).

UN-Generalsekretär Kofi Annan appelliert an den US-Kongress, die fälligen Mitgliedsbeiträge der USA zum Haushalt der Vereinten Nationen bedingungslos zu zahlen. Nach seinen Informationen solle das lange zugesagte Geld erst dann freigegeben werden, wenn die internationale Gemeinschaft sich bereit erklärt, US-Bürger von Bestrafungen durch den Internationalen Strafgerichtshof auszunehmen. Die USA schulden den UN umgerechnet 4,3 Mrd. DM.

21. August, Dienstag

Der Taifun »Pabuk« erreicht mit geringerer Kraft als befürchtet die japanische Hauptstadt. Auf seinem Weg nach Nordosten in Richtung Tokio wurden mindestens sieben Menschen getötet und etwa 39 verletzt. Vorsorglich sind etwa 7000 Einwohner in Notunterkünften untergebracht worden. Zahlreiche In- und Auslandsflüge, Fähren und Zugverbindungen fallen aus.

22. August, Mittwoch

In Mazedonien beginnt der NATO-Einsatz »Essential Harvest«, bei dem Waffen der Rebellenarmee UCK eingesammelt werden sollen. → S. 142

Hamburg, Hessen, Niedersachsen und Nordrhein-Westfalen beschließen einen Modellversuch zur Abgabe von Heroin an schwer Süchtige. → S. 148

23. August, Donnerstag

Die USA wollen aus dem 1972 mit der damaligen Sowjetunion geschlossenen ABM-Vertrag zur Begrenzung von Raketen-Abwehrsystemen aussteigen. Wie US-Präsident George W. Bush erklärt, müsse das Vertragswerk die USA, sich in Fragen der Verteidigung den Erfordernissen

des 21. Jahrhunderts anzupassen. Das Abkommen verbietet den von Bush geplanten Raketen-Schutzschirm im All (→ 16.7./S. 120; 15.11./S. 198).

24. August, Freitag

Mit einer Militärparade feiert die Ukraine den zehnten Jahrestag ihrer Unabhängigkeit. Die schwierigste Etappe sei geschafft, betont Präsident Leonid Kutschma bei der Zeremonie in der Hauptstadt Kiew. Für die Zukunft seien die Integration in Europa und die Weiterentwicklung der Demokratie die wichtigsten Aufgaben der Regierung.

Bundeskanzler Gerhard Schröder eröffnet die 43. Internationale Funkausstellung in Berlin. Besucher können sich bis zum 2. September auf dem Messegelände am Funkturm über die technischen Neuheiten der mehr als 900 Aussteller aus 40 Ländern informieren.

25. August, Samstag

Norwegens Kronprinz Haakon und seine bürgerliche Verlobte Mette-Marit Tjessem Höiby geben sich im Osloer Dom das Ja-Wort. → S. 145

Der Präsident des Bundesverbandes der Deutschen Industrie, Michael Rogowski, mahnt angesichts der konjunkturellen Flaute weitere Strukturreformen an. In der Krankenversicherung müssten Eigenvorsorge und Selbstverantwortung deutlich ausgebaut werden; zudem sollte die nächste Stufe der Steuerreform vorgezogen werden. Bundesfinanzminister Hans Eichel müsse aber an seinem Sparkurs festhalten.

26. August, Sonntag

In Istanbul löst die Polizei eine Friedensdemonstration kurdischer und türkischer Frauen auf und verhaftet mehrere Demonstrantinnen, nachdem die Frauen versucht haben, eine Erklärung an die Medien in kurdischer Sprache abzugeben. Die Benutzung des Kurdischen in öffentlichen Sendungen ist in der Türkei ausdrücklich verboten.

Die australischen Behörden verweigern dem norwegischen Frachter »Tampa« mit mehr als 430 afghanischen Flüchtlingen an Bord das Einlaufen in einen der Häfen des Landes. → S. 144

Mit einem Festakt im Magdeburger Dom wird die Schau »Otto der Große, Magdeburg und Europa« eröffnet. Auf der Ausstellung des Europarats sind bis zum 2. Dezember mehr als 400 Originale aus der Zeit vor einem Jahrtausend zu sehen. Kaiser Otto I. gilt als einer der bedeutenden Gestalter Europas im frühen Mittelalter. Unter seiner Herrschaft wurden erste Schritte zur Schaffung der heutigen europäischen Staatenwelt gemacht.

Fünf Goldmedaillen nehmen die deutschen Athleten von den Ruder-Weltmeisterschaften im schweizerischen Luzern mit nach Hause. → S. 150

Die Kanu-Weltmeisterschaften in Polen sind zu Ende. Deutschland hat fünfmal Gold und je dreimal Silber und Bronze gewonnen. → S. 150

Der deutsche Tennisprofi Thomas Haas gewinnt das ATP-Turnier von Long Island durch einen Finalsieg über den US-Amerikaner Pete Sampras.

27. August, Montag

Auf einem Parkplatz am Flughafen Madrid explodiert eine Autobombe. Bei dem vermutlich von der ETA begangenen Anschlag entsteht erheblicher Sachschaden, doch wird niemand verletzt. → S. 143

Nach der gezielten Tötung des Chefs der radikalen Volksfront zur Befreiung Palästinas durch israelische Raketen greift dessen Organisation als Vergeltung eine jüdische Siedlung im Westjordanland an. Ein Siedler wird getötet. Der Mord an Abu Ali Mustafa am Morgen in Ramallah sei ein Verbrechen, für das Israel einen hohen Preis bezahlen müsse, erklärt Informationsminister Jasser Abed Rabbo. Die israelische Regierung rechtfertigt den Mord mit Mustafas Verwicklung in mehrere Terroranschläge (→ 17.10./S. 182).

28. August, Dienstag

Bei einem Sprengstoffanschlag auf einen russischen Truppenkonvoi in der von Russland abtrünnigen Kaukasusrepublik Tschetschenien werden mindestens zwölf Menschen getötet.

Volkswagen und die IG Metall einigen sich über das Tarifmodell »5000 mal 5000«. → S. 149

Der Kapitän der deutschen Fußball-Nationalmannschaft, Oliver Bierhoff, wechselt vom AC Mailand zum AS Monaco. Der 33-jährige Spieler unterzeichnet bei dem französischen Erstligisten einen Einjahresvertrag.

29. August, Mittwoch

Nach wochenlangem Streit in den Parteien stimmt der Bundestag der Entsendung von 500 deutschen Soldaten nach Mazedonien zu (→ 22.8./S. 142).

Bei einer Bombenexplosion in der Innenstadt von Algier werden 34 Menschen verletzt. Nach Angaben aus Sicherheitskreisen handelt es sich um den ersten Anschlag in der algerischen Hauptstadt seit vier Jahren. In Algerien wurden seit 1992 mehr als 100 000 Menschen Opfer des Kampfes radikaler Islamisten gegen die Regierung.

Mit dem Film »Dust« des mazedonischen Regisseurs Milcho Manchevsky eröffnet das 58. Internationale Fimfestival in Venedig (→ 8.9./S. 168).

30. August, Donnerstag

Osttimor wählt erstmals ein eigenes demokratisches Parlament. Schätzungsweise 93% der etwa 425 000 Wahlberechtigten geben ihre Stimme ab. → S. 144

In Frankfurt am Main werden die Euro-Geldscheine offiziell vorgestellt. → S. 148

31. August, Freitag

Im südafrikanischen Durban beginnt die UN-Weltkonferenz gegen Rassismus. Vertreter aus 194 Staaten und Organisationen nehmen an dem Treffen teil. → S. 141

Gerard Mortier, scheidender Leiter der Salzburger Festspiele, zieht Bilanz; August-Heft der Zeitschrift »Opernwelt«.

OPERNWELT

OPERN WELT

August **8** 2001

DAS INTERNATIONALE OPERNMAGAZIN

H 5439E • Friedrich Berlin Verlag
www.opernwelt.de

DM/SFR 17,– • ÖS 135,– • LIRE 19.500,– • LFR 415,– • PTAS 1.700,– Nr. 8 AUGUST 2001

Gefährliche Liebschaft

Gerard Mortier zieht seine Salzburg-Bilanz

Meistersinger von Dresden
Theo Adam

Von der Bank an die Met
Marcello Giordani

Wieland Wagners Carmen
Kerstin Meyer

Essen als Opernmekka:
Reimanns «Lear»

Neue Eskalation der Gewalt im Nahostkonflikt

10. 8., Jerusalem. Die blutigen Auseinandersetzungen im Nahen Osten gipfeln in der Besetzung des Orienthauses, das als symbolisches Hauptquartier der Palästinenser in Ost-Jerusalem gilt, durch israelische Polizisten.

Am Tag zuvor wurden im Zentrum der Stadt bei einem Selbstmordanschlag, zu dem sich die radikale Palästinensergruppe Dschihad bekennt, 16 Menschen getötet. Wenig später griff die israelische Armee palästinensische Einrichtungen in Gasa und Ramallah mit Kampfflugzeugen an.

Im September 2000 hatten die Palästinenser nach einem als Provokation empfundenen Besuch des Likud-Chefs Ariel Scharon auf dem Tempelberg in Jerusalem zu einer zweiten Intifada aufgerufen, einem Volksaufstand mit dem Ziel, einen unabhängigen Staat zu erkämpfen. Nach der Wahl Scharons zum Ministerpräsidenten (→ 6.2./S. 42) verschärfte sich die Situation.

Am 4. April drang die israelische Armee erstmals in autonomes Palästinensergebiet ein, zwei Wochen später besetzte sie einen Teil des Gasastreifens. Im Mai wurden eine Reihe von Gewalttaten auf palästinensischer Seite von Israel mit der Beschießung des Gebäudes des palästinensischen Geheimdienstes in Gasa beantwortet. Die Regierung bekannte sich zu einer Strategie gezielter Mordanschläge auf palästinensische Aktivisten, da nur

Die verwüstete Pizzeria nach dem Anschlag eines palästinensischen Selbstmordattentäters am 9. August

so Schläge mit einer größeren Zahl ziviler Opfer verhindert werden könnten. Am 19. Mai flog die israelische Armee ihre bislang schwersten Luftangriffe auf Ziele im Westjordanland und im Gasastreifen. 20 Menschen wurden getötet.

Die Palästinenser reagierten immer wieder mit Selbstmordanschlägen.

Der blutigste seit Beginn der Intifada ereignete sich am 1. Juni vor einer Diskothek in Tel Aviv. 20 junge Israelis kamen ums Leben. Scharon erklärte zunächst einen befristeten Verzicht auf Vergeltungsschläge, doch nach neuen Gewaltakten Mitte Juli hielt die relative Waffenruhe nicht länger an. Am

1. August wurden bei einem israelischen Hubschrauberangriff auf das Hauptquartier der radikalen Palästinenserorganisation Hamas in Nablus acht Menschen getötet. Seither sind die Palästinensergebiete Schauplatz offener militärischer Auseinandersetzungen (→ 17.10./ S.182; S. 402–415).

Israelische Polizisten nehmen in Ost-Jerusalem einen Palästinenser fest.

Befürworter der Intifada führen die gelben Hisbollah-Fahnen mit sich.

Kriegerische Auseinandersetzungen in Beit Jalla (Westjordanland)

Bedrohte Autonomie

Chronik Hintergrund

Das Orienthaus liegt im arabischen Ostteil Jerusalems. Mit der Besetzung und Durchsuchung des Gebäudes sowie dem anschließenden Hissen der israelischen Fahne demonstriert die Regierung von Ariel Scharon ihren Anspruch auf ganz Jerusalem und macht zugleich deutlich, dass sie die palästinensische Autonomie nicht als unantastbar betrachtet.

Während der Gasastreifen zu 80% unter palästinensischer Selbstverwaltung steht, gehören im Westjordanland nur 11% vollständig in die Obhut des Autonomierates (Zone A). 29% unterstehen der palästinensischen Zivilverwaltung, werden militärisch aber durch Israel gesichert (Zone B). Das übrige Gebiet ist von Israel besetzt (Zone C). Im Gasastreifen und Westjordanland leben rd. 3. Mio. Palästinenser und etwa 175 000 jüdische Siedler.

In ökonomischer Hinsicht sind die Autonomiegebiete stark von Israel abhängig; die neuen gewaltsamen Auseinandersetzungen haben den einsetzenden wirtschaftlichen Aufschwung zerstört, nicht zuletzt wegen der wiederholten Abriegelung der Autonomiegebiete durch Israel. Vor allem der aufblühende Tourismus in den Palästinensergebieten ist zum Erliegen gekommen. Selbst zu hohen Feiertagen wie Weihnachten kommen kaum noch christliche Besucher.

Die Arbeitslosigkeit in den Autonomiegebieten ist seit Beginn der zweiten Intifada von 11% auf 45% gestiegen, nicht zuletzt deshalb, weil über 120 000 Palästinenser ihren Job in Israel verloren haben. Ein Drittel der Bevölkerung lebt unterhalb der Armutsgrenze. Nahrungsmittel, Kleidung und Unterkünfte fehlen. Ohne Hilfe von außen ist die Autonomiebehörde als größter Arbeitgeber zahlungsunfähig: Allein die EU-Staaten tragen bis Ende 2001 über 100 Mio. DM zum Haushalt bei.

Israels Fahne über Orienthaus

UN-Generalsekretär Kofi Annan bei seiner Eröffnungsrede

Streitpunkt Rassismus

31.8., Durban. In Südafrika wird unter Leitung der UN-Menschenrechtskommissarin Mary Robinson die Rassismus-Konferenz der Vereinten Nationen eröffnet. Wie die Vorgängertreffen 1978 und 1983 droht sie an einer Stellungnahme zum Nahostkonflikt zu scheitern.

Schon im Vorfeld hat es heftige Auseinandersetzungen gegeben. Israel und die USA drohten die Konferenz zu boykottieren, sollte Israel dort wegen seiner Politik gegenüber den Palästinensern an den Pranger gestellt werden. Beide Länder nehmen nur mit Delegationen auf Beamtenebene teil und reisen vorzeitig ab – fünf Tage bevor sich die Teilnehmer am 8. September doch noch auf eine gemeinsame Deklaration einigen.

Die Erklärung erkennt ausdrücklich »das unveräußerliche Recht des palästinensischen Volkes auf Selbstbestimmung und Gründung eines unabhängigen Staates« an und stellt fest, dass die Palästinenser unter ausländischer Besatzung lebten. Auf eine explizite Verurteilung Israels wird aber verzichtet, vielmehr heißt es, allen Staaten der Region einschließlich Israel stehe ein »Recht auf Sicherheit« zu. Schließlich wird auch an den Holocaust erinnert.

Ebenfalls umstritten ist das Thema Sklaverei und Kolonialismus. Die Schlusserklärung formuliert keine explizite Entschuldigung der ehemaligen Kolonialmächte für den Sklavenhandel, wie sie von afrikanischen Staaten verlangt worden ist; daraus hätten finanzielle Schadenersatzansprüche abgeleitet werden können. Es wird aber festgestellt, dass Sklaverei und Menschenhandel »entsetzliche Tragödien in der Geschichte der Menschheit und Verbrechen gegen die Menschlichkeit« gewesen seien.

UN-Generalsekretär Kofi Annan wertet die Konferenz in Durban als weltweites »Signal der Hoffnung« für alle Menschen, die unter Auswirkungen des Rassismus zu leiden hätten. Robinson betont, die eigentliche Arbeit beginne erst jetzt.

Eine Demonstrantin in Durban

NATO entwaffnet albanische Rebellen in Mazedonien

22.8., Skopje. Im Rahmen der NATO-Operation »Essential Harvest« (Bedeutende Ernte) rücken die ersten NATO-Soldaten in Mazedonien ein. Auf Ersuchen des mazedonischen Präsidenten Boris Trajkovski sollen sie die albanische Rebellenarmee UCK entwaffnen. Seit Januar haben schwere Kämpfe zwischen UCK-Verbänden und Regierungstruppen das Land erschüttert.

Der NATO-Rat hat schon am 29. Juni beschlossen, ein Truppenkontingent in den Balkanstaat zu entsenden. Als Voraussetzung forderte das Nordatlantikbündnis einen stabilen Waffenstillstand, die freiwillige Abgabe der Waffen durch die Rebellen sowie die Stärkung der verfassungsmäßigen Rechte der mazedonischen Albaner.

Nachdem diese Prämissen durch den Friedensvertrag vom 13. August erfüllt bzw. in Aussicht gestellt sind, trifft am 18. August ein Vorauskommando mit rd. 400 britischen Soldaten in Mazedonien ein, die dort ein Hauptquartier aufbauen und den Einsatz der 3500 Mann starken Hauptruppe vorbereiten sollen. Deren Auftrag lautet, in den folgenden 30 Tagen von den albanischen Rebellen freiwillig abgegebene Waffen einzusammeln und zu vernichten. Die NATO-Soldaten dürfen aber nicht von sich aus nach Waffen suchen und diese

beschlagnahmen. Die Bilanz am Ende der NATO-Operation »Essential Harvest«: 3875 Waffen sind eingesammelt worden. Am 27. September erklärt die UCK außerdem völlig überraschend ihre Selbstauflösung.

Auch Soldaten der Bundeswehr nehmen an dem NATO-Einsatz in Mazedonien teil, doch gehen ihrer Entsendung heftige innenpolitische Querelen voraus: Vor allem in der Unionsfraktion wird kontrovers über die Zustimmung zu dem Einsatz diskutiert. CDU und CSU halten zum einen den Auftrag, das bloße Einsammeln freiwillig abgegebener Waffen, für zu eng und unrealistisch. Zum anderen drängen sie auf eine bessere finanzielle Ausstattung der Bundeswehr zur Bewältigung des Einsatzes. In diesem letzten Punkt kann CDU-Chefin Angela Merkel einen Erfolg verbuchen. Statt wie ursprünglich geplant 120 Mio. DM will die Regierung nun 148 Mio. DM für den Mazedonien-Einsatz ausgeben.

Bei der Abstimmung am 29. August im Bundestag billigen schließlich 497 von 635 Abgeordneten die Entsendung der Bundeswehrsoldaten. Unter den 130 Nein-Stimmen finden sich die der PDS-Abgeordneten, die einen Einsatz ohne Mandat der Vereinten Nationen ablehnen, aber auch etliche Parlamentarier aus den Reihen der Regierungspar-

teien. Die rot-grüne Koalition steht damit in dieser Frage ohne eigene Mehrheit da.

Einen Monat später billigt das Parlament in Berlin – diesmal nur gegen die Stimmen der PDS – die Entsendung von 600 Bundeswehrsoldaten zu einer zweiten Mission in

Mazedonien, die zugleich der erste internationale NATO-Einsatz unter deutscher Führung ist.

Bei der Operation »Amber Fox« werden über 1000 Soldaten zum Schutz von 284 Beobachtern der OSZE und der EU in Mazedonien abgestellt.

Ruinen des orthodoxen Klosters St. Atanasia in der Nähe von Lesok; das Dorf 32 km westlich der mazedonischen Hauptstadt Skopje wird derzeit von Mazedoniern albanischer Abstammung kontrolliert. Die Kirche ist Mitte August durch eine Bombenexplosion zerstört worden. Am 28. August kommen mehrere hundert orthodoxe Mazedonier nach Lesok, um hier ein religiöses Fest zu begehen. Die meisten Einwohner des Dorfes sind aus Furcht vor weiteren Angriffen geflohen.

Albanische Flüchtlinge kehren aus dem Kosovo in ihre Heimat Mazedonien zurück.

Fahrzeuge der Bundeswehr auf dem Weg vom südlichen Kosovo nach Mazedonien

In der Militärbasis Erebino in der Nähe der Stadt Tetovo reinigt ein deutscher Soldat seine Waffe.

Ein britischer Soldat bewacht die von albanischen Rebellen abgegebenen Waffen.

Albanisch wird »offizielle Sprache«

Die kriegerischen Auseinandersetzungen in Mazedonien begannen Anfang 2001, als die »Nationale Befreiungsarmee« UCK, die denselben Namen trägt wie die aufgelöste albanische Untergrundarmee im benachbarten serbischen Landesteil Kosovo, ihre Angriffe auf staatliche Einrichtungen startete. Im März kam es zu Gefechten der UCK mit mazedonischen Sicherheitskräften im Grenzgebiet zum Kosovo, dann begann die UCK auch mit Militäraktionen rund um die Stadt Tetovo, die zu rd. 85 % von Albanern bewohnt wird, und dehnte ihre Aktivitäten im Frühsommer schließlich bis an den Rand der Hauptstadt Skopje aus. In den Kampfgebieten gab es schwere Zerstörungen, etwa 100 000 Menschen flohen vor den Kriegshandlungen. Im Süden des Landes kam es im Mai und Juni zur Verfolgung von Albanern.

Auf internationalen Druck hin wurde am 13. Mai in Mazedonien eine Allparteienregierung unter Einschluss der albanischen Partei der Demokratischen Prosperität (PDP) gebildet, die jedoch zu keiner gemeinsamen Linie fand. Im Juni legte Staatspräsident Boris Trajkovski einen Plan zur Beendigung des Konflikt vor. Darin schlug er u. a. die Isolierung und Entwaffnung der UCK-Rebellen sowie ein Wiederaufbauprogramm vor. An die NATO richtete er die Bitte, die Entwaffnung der UCK zu übernehmen. Die Rebellenarmee verlangte ihrerseits von der NATO die Entsendung einer Friedenstruppe, die einen auszuhandelnden Waffenstillstand garantieren sollte.

Am 13. August wurde schließlich ein Friedensvertrag unterzeichnet. Wichtiger Bestandteil des Abkommens sind 15 Reformen zur Stärkung der Rechte der albanischen Minderheit in Mazedonien, deren Anteil an der Bevölkerung auf rd. ein Viertel geschätzt wird. Folgende Maßnahmen sind u. a. vorgesehen:
▷ Die Formulierung, Mazedonien sei der »Nationalstaat des mazedonischen Volkes«, wird aus der Präambel der Verfassung gestrichen
▷ In Gebieten mit mindestens 20 % Albanern wird Albanisch »offizielle Sprache«
▷ Im öffentlichen Dienst wird bei Personaleinstellungen die ethnische Zusammensetzung der Bevölkerung berücksichtigt.

Am 24. September nimmt das mazedonisches Parlament die im Friedensplan vorgesehenen Verfassungsänderungen an.

Eine Frau an der ai-Spitze

17. 8., London. Die 45-jährige Irene Zubaida Khan aus Bangladesch wird erste Generalsekretärin von amnesty international (ai). Die Juristin war zuvor 21 Jahre lang für das Flüchtlingshilfswerk der Vereinten Nationen (UNHCR) tätig. Zubaida Khan gibt sich der Presse gegenüber zurückhaltend, doch ist zu erfahren, dass ai unter ihrer Leitung sich künftig noch stärker für die Rechte von Frauen einsetzen werde, die mit ihren Kindern oft unfreiwillig in Konflikte hineingezogen und häufig zu Hauptleidtragenden würden. Zudem müsse sich die Organisation stärker gegen ethnische Diskriminierung engagieren. Amnesty international setzte sich bisher vor allem für politische Gefangene ein und wies auf Menschenrechtsverletzungen durch staatliche Institutionen hin.

Irene Zubaida Khan studierte in Manchester und Harvard.

Bombe vor dem Flughafen

27. 8., Madrid. Mit einem Bombenanschlag auf den Großflughafen Barajas reagiert die baskische Untergrundorganisation ETA auf jüngste Fahndungserfolge der spanischen Polizei. Verletzt wird jedoch niemand.

Die Autobombe, die nach Polizeiangaben 50 kg Sprengstoff enthalten hat, explodiert in einem Parkhaus vor dem Inlands- und Europaterminal. Über 100 Fahrzeuge werden beschädigt, im Dach des Baus entsteht ein 35 m großes Loch.

Die spanische Polizei hat in den Wochen zuvor bei Razzien mehr als ein Dutzend mutmaßliche ETA-Angehörige festgenommen und zwei Kommandos der Organisation zerschlagen. Waffen, gefälschte Autokennzeichen und Sprengstoffe wurden beschlagnahmt.

Boris Trajkovski (r.) würdigt das Friedensabkommen; mit dabei Javier Solana (EU; l.) und NATO-Generalsekretär George Robertson (3.v.l.).

Eine Autobombe hat ein Parkhaus am Flughafen von Madrid schwer beschädigt. Die Verantwortung für den Anschlag übernimmt die baskische Separatistenorganisation ETA; Menschen kommen nicht zu Schaden.

Sorge um »Shelter Now«-Mitarbeiter

5. 8., Kabul. 24 Mitarbeiter der Hilfsorganisation »Shelter Now« werden wegen angeblicher Missionstätigkeit verhaftet. Das Schicksal der Inhaftierten – 16 Afghanen sowie vier Deutsche und je zwei Australier und US-Amerikaner – ist zunächst ungewiss, insbesondere nach den Terroranschlägen in den USA vom → 11. September (S. 158) und dem Beginn der US-Angriffe auf Afghanistan.

Die christliche Organisation, die sich als »Werkzeug der Liebe Gottes für alle und besonders für die Armen« versteht, kümmert sich um Flüchtlinge in Afghanistan und Pakistan. Die seit 1996 von den muslimisch-fundamentalistischen Taliban kontrollierte Regierung in Kabul wirft »Shelter Now« vor, unter muslimischen Afghanen für das Christentum missioniert zu haben. Eine Schule, die »Shelter Now« für 65 Kinder eingerichtet hat, wird geschlossen.

Der Glaubenswechsel eines Muslims wie der Versuch, einen Muslim zu einer anderen Religion zu bekehren, sind in Afghanistan mit der Todesstrafe bedroht. Ausländer, denen Missionierung nachgewiesen wird, sollen offiziell mit drei bis zehn Tagen Gefängnis sowie Aus-

Die Deutsche Margrit Stebner (M.) zählt zu den Mitarbeiterinnen von »Shelter Now«, die sich in Kabul wegen angeblicher Missionstätigkeit verantworten müssen. Am 8. September werden sie erstmals dem Obersten Gerichtshof der Taliban vorgeführt, um sich zu den Vorwürfen zu äußern. Sie erklären sich alle für nicht schuldig. Die Verhafteten klagen über ihre Isolation von der Außenwelt, insbesondere sei ihnen kein direkter Kontakt zu ihren Angehörigen erlaubt.

weisung bestraft werden. Nachdem es zunächst noch heißt, die westlichen »Shelter Now«-Mitarbeiter sollten alsbald freigelassen und abgeschoben werden, wollen die Taliban das Verfahren dann offenbar zu einem Schauprozess nutzen (→ 15.11./S. 195).

Australien weist Flüchtlinge ab

26. 8., Canberra. Der norwegische Frachter »Tampa« rettet 120 km vor den australischen Weihnachtsinseln 438 schiffbrüchige afghanische Flüchtlinge. Ihr Boot, mit dem sie sich auf dem Weg nach Australien befanden, wo sie um Asyl bitten wollten, droht zu sinken.

Die Regierung in Canberra lehnt die Aufnahme der Afghanen jedoch ab und löst damit ein wochenlanges, international scharf kritisiertes Gerangel um die Flüchtlinge aus. Als der Kapitän der »Tampa« sich weigert, die australischen Gewässer zu verlassen, übernehmen schwer bewaffnete australische Soldaten das Kommando an Bord. Nach acht Tagen, in denen sich die Lage auf dem hoffnungslos überfüllten Schiff immer weiter zuspitzt, erklärt sich der südpazifische Inselstaat Nauru zur Aufnahme der Flüchtlinge bereit, nachdem Australien für diesen Fall Finanzhilfen in Höhe von umgerechnet 22,3 Mio. DM zugesagt hat. Dann allerdings verpflichtet ein australisches Bundesgericht die Regierung zur Aufnahme der Afghanen; am 17. September wird dieses Urteil wieder aufgehoben. Die Flüchtlinge finden nun erst einmal in Nauru Unterschlupf.

Die Flüchtlinge auf dem Containerfrachter »Tampa«

Osttimor: Schritt zur Unabhängigkeit

30. 8., Dili. Aus der Wahl zur Verfassunggebenden Versammlung in Osttimor geht die Unabhängigkeitsbewegung Fretelin als Siegerin hervor, erreicht aber entgegen der Erwartung keine Zweidrittelmehrheit. Mit 57,3% der Stimmen stellt sie 55 der 88 Delegierten.

Die Versammlung soll nun eine Verfassung ausarbeiten und ab Dezember das erste Parlament des neuen Staates bilden. Am 20. Mai 2002 wird ein Präsident gewählt. Als Favorit gilt der ehemalige Untergrundkämpfer und Fretelin-Chef Xanana Gusmao. Nach Etablierung der staatlichen Instanzen werden die UN Osttimor in die Unabhängigkeit entlassen.

Osttimor war 400 Jahre lang eine portugiesische Kolonie. Als 1974 die Diktatur im Mutterland stürzte, erklärte im November 1975 auch Osttimor seine Souveränität. Wenig später besetzte und annektierte Indonesien die Insel. Unter der Führung der Fretelin begann der Kampf der Timoresen gegen die Besatzer, in dem in 24 Jahren vermutlich 200 000 Menschen starben. Erst 1999 kam eine Einigung zwischen Portugal und Indonesien über die Zukunft Osttimors zustande. Im selben Jahr stimmten die Bewohner mit 78,5% für ihre Unabhängigkeit. Nach diesem Referendum überzogen pro-indonesische Milizen das Land wochenlang mit Terror. Bis zu 2000 Menschen wurden ermordet und 80% der Infrastruktur zerstört.

Fretelin-Chef Xanana Gusmao

Boliviens Staatspräsident Jorge Quiroga (l.) mit Hugo Bánzer

Ein großer Verlust für Wien: Die ausgebrannten Sofiensäle

Quiroga löst Bánzer ab

5.8., Sucre. Als Nachfolger des gesundheitlich angeschlagenen Hugo Bánzer Suárez wird Jorge Quiroga Staatspräsident von Bolivien. Wegen einer Krebserkrankung muss Bánzer sein Amt vorzeitig aufgeben. Er hat sich 1971 an die Macht geputscht, bis 1979 als Diktator regiert und wurde dann als Chef der konservativen Demokratisch Nationalistischen Aktion 1997 in das oberste Staatsamt gewählt.

Quiroga – bislang Vizepräsident – hat bisher schon die Wirtschaftspolitik des Landes bestimmt. Der erwünschte Aufschwung ist allerdings ausgeblieben.

Feuer zerstört Sofiensäle

16.8., Wien. Die Sofiensäle in der österreichischen Hauptstadt brennen bis auf die Grundmauern nieder. Das Feuer ist vermutlich bei Reparaturarbeiten entstanden.

Der traditionsreiche Veranstaltungsraum wurde 1826 als Badehaus errichtet und nach der damaligen Erzherzogin Sofie benannt.

Das 600 m² große Schwimmbecken, das für Veranstaltungen mit einem Parkettboden abgedeckt wurde, verlieh dem Raum eine einzigartige Akustik. Die Wiener Philharmoniker nutzten ihn deshalb oft für Schallplattenaufnahmen. Zuletzt erklang in den Sofiensälen auch zeitgenössische Musik.

Norwegens Kronprinz in festen Händen

25.8., Oslo. *Der norwegische Kronprinz Haakon heiratet die Bürgerliche Mette-Marit Tjessem Höiby, die ihren vierjährigen Sohn mit in die Ehe bringt.*

Vertreter des gesamten europäischen Hochadels nehmen an der Zeremonie in der Osloer Domkirche teil. Bei der Fahrt des Brautpaares im offenen Wagen zum Königsschloss säumen Zehntausende jubelnde Untertanen die Straßen.

Zunächst war die geplante Eheschließung des Paares, das wie viele junge Norweger schon vor der Hochzeit in einer gemeinsamen Wohnung lebte, wegen des Vorlebens der Braut auf erhebliche Vorbehalte gestoßen. Um weiteren Gerüchten vorzubeugen, bekannte sie sich wenige Tage vor der Heirat zu ihrer Vergangenheit in der Osloer House-Szene, in der sie auch mit Drogen in Kontakt gekommen sei.

▷ Das Brautpaar mit dem Sohn der Braut und Blumenkindern auf dem Schlossbalkon

Essen und Trinken 2001:

Keine Zeit zum Kochen

Chronik Übersicht

Zu Beginn des Jahres 2001 wirkt der BSE-Schock aus dem Vorjahr noch nach. Nach Bekanntwerden der ersten Fälle der Rinderseuche in Deutschland reagieren die Verbraucher geradezu panisch (→ 9.1./S. 22). Rindfleisch verschwindet weitgehend von den Speisezetteln (es sei denn, es ist argentinischer Herkunft), stattdessen erleben neben Schwein und Geflügel bislang wenig verwendete Sorten wie z. B. Straußenfleisch einen Aufschwung. Am Ende des Jahres hat sich die Lage allerdings beruhigt, der Fleischkonsum, auch der von Rindfleisch, stabilisiert sich.

Weit stärkere Auswirkungen auf die Ernährungsgewohnheiten der Bundesbürger hat dagegen die Tatsache, dass für viele Essen im Alltag nur noch eine Nebensache ist, wie die Gesellschaft für Konsumforschung in einer Studie feststellt. Jeder Fünfte ist demnach ein Kochmuffel und nutzt »nahezu jede Erleichterung, die Nahrungsmittelindustrie und Schnellgastronomie bieten«, für 43% spielen Fertigprodukte in der Küche eine »sehr wichtige Rolle«, gegenüber einer Umfrage von 1998 bedeutet das eine Steigerung um acht Prozentpunkte.

Gedeckt wird dieser Bedarf u. a. durch immer mehr Tiefkühlprodukte. Der Pro-Kopf-Verbrauch in diesem Bereich ist von 20,4 kg im Jahr 1990 innerhalb von zehn Jahren auf 32,8 kg angestiegen. Die Lebensmittelindustrie bringt zudem immer mehr Produkte auf den Markt, die sich durch Wasserzusatz und/oder Erwärmen in der Mikrowelle binnen Minuten in eine mehr oder weniger komplette Mahlzeit verwandeln. 80% der in Deutschland erzeugten Lebensmittel werden mittlerweile in be- oder verarbeiteter Form angeboten. Wer auch in hektischen Zeiten nicht auf frische Zutaten verzichten will, kann in einer wachsenden Zahl von Supermärkten an der »Frischetheke« vorbereitete Waren bekommen, z. B. geschälten Spargel, geputzten Salat oder in Scheiben geschnittene Ananas.

Geht es allerdings um mehr als die alltäglichen Mahlzeiten, so wird in mancher deutschen Küche erheblicher Aufwand betrieben. Da Restaurantbesuche teuer sind und das Geld für solche Gelegenheiten knapper geworden ist, werden exotische Köstlichkeiten am heimischen Herd zubereitet, z. B. japanisches Sushi oder eine im eigenen Wok gebrutzelte chinesische Spezialität.

Christoph Kistner unterhält in Rheinmünster eine Straußenfarm.

Der Kaisersaal des Grand Hotel Esplanade in Berlin; wo einst Kaiser Wilhelm II. speiste, kann ab Dezember das »gemeine Volk« tafeln.

Nouvelle Cuisine an deutschen Zungen

»Sie sind eine Konjunkturlokomotive für das Genießen. Seit Sie da sind, spricht man in der Nouvelle Cuisine auch Deutsch.« Mit diesen Worten gratuliert Bundeskanzler Gerhard Schröder Starkoch Eckart Witzigmann zum 60. Geburtstag. Der Geehrte selbst feiert im Kreise von Schülern und Kollegen aus dem deutschsprachigen Raum und mit 700 Gästen in München. Hier läutete er in seinen Restaurants »Tantris« und »Aubergine« vor 30 Jahren eine Wende in der deutschen Kochkunst ein. Statt Vorgekochtes mit schweren Soßen zu servieren, arbeitete er nur mit frischen erstklassigen Zutaten.

75 der besten Köche aus dem deutschsprachigen Raum feiern auf den Stufen der Münchner Oper ihren berühmten Kollegen Eckart Witzigmann (vorn M.).

Landwirtschaft
»zurück zur Natur«

Aufgeschreckt durch das Auftreten der Rinderseuche BSE setzen sich viele Bundesbürger 2001 kritischer als bisher mit der Herkunft und den Produktionsmethoden von Lebensmitteln auseinander. Bundeskanzler Gerhard Schröder reagiert auf die Zeichen der Zeit, indem er die Grüne Renate Künast zur Ministerin beruft und den Schwerpunkt ihres Ressorts von der Landwirtschaft auf den Verbraucherschutz verschiebt. Ihrem Ziel, den Anteil ökologisch erzeugter Nahrungsmittel von derzeit 2,5 auf 20% zu steigern (→ 10.1./S. 23), will Künast u.a. durch die Einführung eines neuen, einheitlichen Öko-Siegels näher kommen. Das Anfang September präsentierte Siegel, eine grün umrandete Wabe mit der Aufschrift »Bio nach EG-Öko-Verordnung«, garantiert – entsprechend den 1991 verabschiedeten Normen der Europäischen Gemeinschaft – eine artgerechte Tierhaltung, den Verzicht auf Stickstoffdünger im Landbau und dass die Produkte nicht gentechnisch verändert sind.

Obwohl nach Angaben des Bundes für Umwelt und Naturschutz (BUND) 80% der Öko-Lebensmittel in Deutschland schärferen Kriterien genügten, wird die Einführung des Kennzeichens von Verbraucher- und Umweltver-

Verbraucherschutzministerin Renate Künast präsentiert am 5. September in Berlin das neue Gütesiegel für Produkte aus dem Öko-Landbau.

bänden sowie vom Bundesverband Bioland einhellig begrüßt.

Einen weiteren Erfolg kann die Ministerin im Oktober verbuchen. Der Bundesrat folgt in der Frage der Legehennenverordnung ihrem Vorschlag, zum Jahresbeginn 2007 die herkömmliche Käfighaltung von Legehennen zu verbieten. Danach dürfen die Tiere nur noch in Boden- oder Freilandhaltung ihre Eier legen. Statt mindestens 450 cm² pro Henne sind es dann 1100 cm², die jedem Tier zur Verfügung stehen.

Auch hier erntet Künast viel Lob von den Naturschutzverbänden, aber auch von Kleinbauern. Bayern und Baden-Württemberg hatten ein Verbot der herkömmlichen Käfighaltung erst ab 2010 angestrebt und das Schreckgespenst einer Abwanderung von Großbetrieben ins Ausland beschworen. Derzeit werden 36 Mio. Hennen oder 88% des Gesamtbestandes in Legebatterien gehalten.

Augenschmaus und Gaumengenuss: Immer mehr Sushi-Liebhaber wagen sich nun daran, die Leckereien selbst herzustellen.

Der Verbrauch von Tiefkühlkost ist in Deutschland in zehn Jahren um mehr als die Hälfte angestiegen. Fertiggerichte liegen im Trend.

Geldscheine für zwölf Länder Europas

30.8., Frankfurt am Main. Wim Duisenberg, Präsident der Europäischen Zentralbank (EZB), präsentiert vier Monate vor Einführung der europäischen Einheitswährung als allgemeines Zahlungsmittel offiziell die neuen Euro-Scheine. »In diesem Augenblick streift uns der Mantel der Geschichte«, würdigt »Mister Euro« den feierlichen Moment.

In zwölf Staaten der Europäischen Union – in Belgien, Deutschland, Finnland, Frankreich, Griechenland, Irland, Italien, Luxemburg, den Niederlanden, Österreich, Portugal und Spanien – wird der Euro vom 1. Januar 2002 an die nationalen Währungen ersetzen, die nach einer kurzen Übergangsfrist ihre Gültigkeit verlieren. Im bargeldlosen Zahlungsverkehr ist die Gemeinschaftswährung bereits seit dem 1. Januar 1999 verbindlich. Die Verantwortung für die Geldpolitik liegt seither bei der EZB, die mit den nationalen Zentralbanken das Europäische System der Zentralbanken (ESZB) bildet.

Die sieben Geldscheine im Wert von 5 bis 500 € sehen in allen zwölf Ländern gleich aus, bei den acht Euro- und Cent-Münzen sind nur

Wim Duisenberg macht die europäische Gemeinschaftswährung greifbar. Vom 1. Januar 2002 an kann in zwölf Ländern Europas mit den neuen Banknoten bezahlt werden. Mit Preisauszeichnungen in Euro haben die Bundesbürger schon länger Erfahrung. Für Verwirrung sorgt im Sommer 2001 jedoch, dass die Euro-Angaben oft viel größer sind als der Preis in DM.

die Vorderseiten identisch. Auf den Rückseiten sind nationale Motive abgebildet, in Deutschland der Eichenzweig, das Brandenburger Tor und der Bundesadler.

Die Umstellung auf den Euro bringt nicht zuletzt erhebliche logistische Probleme mit sich. Über 300 Mio. Bürger der Euro-Zone müssen zum Stichtag mit dem neuen Bargeld versorgt werden. Die Auslieferung der Scheine und Münzen an Geldinstitute, Handelsunternehmen sowie das Freizeit- und Gastgewerbe beginnt bereits im September. Mitarbeiter erhalten Schulungen, um Erfahrungen mit den Sicherheitsmerkmalen der neuen Währung zu sammeln. Die Bevölkerung soll dank einer umfangreichen Werbekampagne Vertrauen zum neuen Geld fassen (→ S. 426–437).

Modellversuch: Heroin vom Staat

22.8., Bonn. Das Bundesinstitut für Arzneimittel und Medizinprodukte genehmigt ein bundesweites Modellprojekt, in dessen Rahmen Schwerstabhängige vom Staat Heroin erhalten.

Ab Anfang 2002 sollen in Bonn, Frankfurt am Main, Hamburg, Hannover, Karlsruhe, Köln und München Drogenabhängige unter ärztlicher Kontrolle mit Heroin versorgt werden. Eine umfangreiche soziale und psychologische Betreuung flankiert die Maßnahme. Dabei soll untersucht werden, ob sich der gesundheitliche Zustand, die soziale Situation und die Therapiechancen der Abhängigen so eher verbessern lassen als mit dem gebräuchlichen Ersatzstoff Methadon. Ziel der Maßnahme ist es, die Zahl der Rauschgifttoten – im Jahr 2000 waren es 2030 Personen – zu verringern und die Beschaffungskriminalität einzudämmen. In den nächsten drei Jahren werden insgesamt 1120 Schwerstabhängige in den Versuch einbezogen. Sie gehören zu den etwa 60 000 Rauschgiftabhängigen, die mit den gängigen Therapien nicht erreicht werden können.

Homosexuelle Paare können heiraten

1.8., Berlin. In Deutschland tritt das Lebenspartnerschaftsgesetz in Kraft. Homosexuelle Paare können ihre Lebensgemeinschaft beim Standesamt o. ä. registrieren lassen und erhalten eheähnliche Rechte und Pflichten.

Die in einer »Homo-Ehe« verbundenen Partnerinnen bzw. Partner können demnach u. a. einen gemeinsamen Familiennamen tragen, sie haben gegenseitige Unterhaltspflichten und erhalten erb-, miet- und versicherungsrechtliche Ansprüche. Ähnliche Regelungen gibt es bereits in den skandinavischen Ländern, in Belgien, den Niederlanden, in Frankreich und einigen Regionen Spaniens.

Bayern, Sachsen und Thüringen haben gegen das Gesetz Verfassungsklage eingereicht, da es nach ihrer Ansicht gegen die im Grundgesetz verankerte besondere Schutzwürdigkeit von Ehe und Familie verstößt; eine einstweilige Verfügung, die das Inkrafttreten

verhindern sollte, wies das Bundesverfassungsgericht am 18. Juli ab. In Bayern ist dennoch eine Registrierung vorerst nicht möglich, da das Land die Ausführungsbestimmungen nicht rechtzeitig erlassen hat.

Die Grünen Claudia Roth und Volker Beck mit einem schwulen Paar.

Bei Sorgerecht keine Gleichheit

Chronik Hintergrund

Die wichtigsten Rechte und Pflichten der Lebenspartner:

▷ Die Partner haben gegenseitige Fürsorge- und Unterhaltspflichten

▷ Das Ausländerrecht für Ehegatten gilt auch für homosexuelle Paare

▷ Die Lebenspartner können einen gemeinsamen Familiennamen wählen. Das Erbrecht wird angepasst

▷ Bei der Kranken- und Pflegeversicherung werden die Lebenspartner Eheleuten gleichgestellt

▷ Ein gemeinsames Sorgerecht gibt es ebenso wenig wie gemeinsame Adoptionen. Hat einer der Partner ein Kind, erhält der andere ein Mitspracherecht in Dingen des täglichen Lebens

5000 Arbeitsplätze bei Volkswagen

28.8., Wolfsburg. Der Autobauer VW und die IG Metall einigen sich auf das Projekt »5000 mal 5000«, mit dem zunächst 3500 neue Arbeitsplätze geschaffen werden sollen; über 1500 weitere wird später entschieden. Die Vereinbarung gilt als beispielhaft für flexible Regelungen bei der Arbeitszeit.

An den Standorten Wolfsburg und Hannover will VW solche Arbeitsplätze zu einem Einheitslohn von 5000 DM monatlich neu einrichten. Die Beschäftigten sollen für die eigens geschaffene Tochtergesellschaft Auto 5000 GmbH einen Minivan bauen. Ihre Arbeits- und Entlohnungsbedingungen sind schlechter als die im Haustarif des Konzerns festgelegten, entsprechen aber, so die IG Metall, dem Flächentarifvertrag.

Die Regelarbeitszeit liegt bei 35 Stunden pro Woche – gegenüber den bei VW üblichen gut 28 Stunden an vier Wochentagen –, kann aber auf bis zu 42 Stunden (je sieben Stunden an sechs Wochentagen) ausgedehnt werden, wenn die Produktion dies erfordert. Überstunden werden einem Zeitkonto gutgeschrieben, von dem sie in produktionsschwachen Zeiten ohne

Josef Fidelius Senn (l., VW) und Hartmut Meine (IG Metall) sind sich einig.

Einkommensverlust »abgebummelt« werden können.

In der Frage des sog. Programmentgelts, das den Lohn an die Zahl der fertig gestellten Fahrzeuge koppelt, wird ein Kompromiss vereinbart: Werden Produktions- und Qualitätsziele wegen schlechter Arbeit nicht eingehalten, müssen die Beschäftigten sofort nacharbeiten.

Liegt die Verantwortung für die Verzögerung beim Unternehmen, wird die zusätzliche Arbeit bezahlt. Die IG Metall hat sich mit ihrer Zustimmung zu »5000 mal 5000« lange schwer getan. Sie fürchtet, dass Neueinstellungen auch in anderen Betrieben künftig nur noch unter Sonderbedingungen vorgenommen werden.

Bayer zieht ein Medikament zurück

9.8., Leverkusen. Wegen gefährlicher Nebenwirkungen nimmt der Pharmakonzern Bayer eines seiner umsatzstärksten Medikamente, den Cholesterinsenker Lipobay, vom Markt. Weltweit sind etwa 6 Mio. Patienten mit dem Medikament behandelt worden.

Das Präparat steht im Verdacht, in Kombination mit anderen Wirkstoffen Muskelschäden mit möglicherweise tödlichem Ausgang hervorzurufen. Weltweit werden über 50 Todesfälle mit dem Medikament in Verbindung gebracht, ohne dass ein ursächlicher Zusammenhang nachgewiesen ist (→ S. 67).

Die Ergebnisbelastung in der Bayer-Bilanz durch den Rückruf beziffert das Unternehmen für 2001 auf bis zu 650 Mrd. €. Die Ankündigung des Pharmariesen führt dazu, dass die Bayer-Aktie binnen Stunden um mehr als 16% nachgibt.

Seinen geplanten Gang an die New Yorker Börse verschiebt das Unternehmen vorerst. Bayer muss außerdem weltweit mit Schadenersatzklagen rechnen. In den USA werden schon zwei Wochen nach der Rücknahme von Lipobay die ersten Sammelklagen eingereicht.

Ein Crash auf Raten an der Börse

8.8., Frankfurt am Main. Nach der Platzierung von 44 Mio. Telekom-Aktien durch die Deutsche Bank im Auftrag eines Großkunden sinkt der Kurs des als »Volksaktie« gefeierten Papiers zunächst auf den tiefsten Stand seit drei Jahren. Besondere Verbitterung empfinden viele Anleger, weil die Deutsche Bank kurz zuvor eine Kaufempfehlung für die T-Aktie ausgesprochen hat.

Nach dem Höhenflug in den ersten Monaten 2000 hat sich an den internationalen Börsen ein Crash auf Raten vollzogen. Der Deutsche Aktienindex DAX, der die Entwicklung von 30 deutschen Standardwerten verzeichnet, sackt gegenüber dem Höchststand von über 8000 Punkten im März 2000 Anfang September auf weit unter 5000 Punkte ab und erreicht nach den Terroranschlägen in den USA vom → 11. September (S. 158) zeitweilig weniger als 4200 Punkte.

Noch dramatischer ist die Entwicklung am sog. Neuen Markt, dem

Telekom-Chef Ron Sommer

Börsensegment für Wachstumsunternehmen. Der Nemax 50, Mitte 1999 aufgelegter Index für die nach Marktkapitalisierung und Börsenumsatz 50 stärksten in- und ausländischen Werte, verliert von Anfang Juni bis Anfang September 2001 die Hälfte seines Wertes.

Als beispielhaft für die Entwicklung am Neuen Markt gilt das Münchner Filmrechte-Unternehmen EM.TV, das zum Börsenliebling avancierte und einen Aktienkurs von fast 120 € erreichte. Als sich jedoch für das Geschäftsjahr 2000 ein Verlust von 2,8 Mrd. DM abzeichnete, rutschte der Kurs ins Bodenlose: Eine Aktie von EM.TV ist Anfang September nicht einmal mehr 2 € wert (→ S. 438–445).

Um solch bösen Überraschungen vorzubeugen, hat die Deutsche Börse zum 1. März neue Regeln erlassen. Die notierten Unternehmen müssen nun standardisierte Quartalsberichte vorlegen und haben eine Meldepflicht, wenn Vorstandsmitglieder oder Aufsichtsräte mit Papieren des eigenen Unternehmens handeln.

Vertrauenskrise drückt Aktienkurse

Chronik Hintergrund

Vor allem psychologische Gründe tragen zum Kursrutsch an den Börsen bei. So wie in Zeiten der Euphorie die Wirtschaftskraft von Unternehmen maßlos überschätzt wurde, verschärft nun eine schwere Vertrauenskrise die Situation. Während negative Meldungen sogleich auf den Aktienkurs durchschlagen, werden positive Nachrichten kaum wahrgenommen.

Prognosen scheinen in dieser Situation gewagt. Die Rede ist vor allem von der notwendigen »Bodenbildung«, an die sich ein erneuter Aufschwung anschließen könnte. Wenn auch der letzte Optimist seine Aktien abgestoßen habe, so heißt es, könne es wieder aufwärts gehen.

V. l.: Nadine Capellmann, Heike Kemmer, Isabell Werth und Ulla Salzgeber

Auftritt der Popgruppe »Pur« bei der Eröffnung der Schalke-Arena

Dressur: Siege in Serie

10. 8., Verden. Die deutsche Dressur-Equipe sichert sich mit 5610 Punkten – vor den Niederlanden und Dänemark – zum 19. Mal in Folge den Titel des Mannschafts-Europameisters.

Zur Equipe gehören Nadine Capellmann (Aachen) mit Farbenfroh, Isabell Werth (Rheinberg) mit Antony, Heike Kemmer (Winsen/Aller) mit Albano und Ulla Salzgeber (Bad Wörishofen) mit Rusty.

Zwei Tage später bestätigen Ulla Salzgeber und ihr 13-jähriger lettischer Wallach Rusty ihre seit Monaten bestechende Form. Salzgeber gewinnt bei Dauerregen auch den Einzeltitel vor der Niederländerin Arjen Teeuwissen auf Goliath und Nadine Capellmann auf Farbenfroh.

Für Salzgeber ist dies zugleich der erste Einzeltitel bei einem internationalen Championat.

Fußball unter Schiebedach

13. 8., Gelsenkirchen. Ein Blitzturnier des FC Schalke 04 gegen Borussia Dortmund und den 1. FC Nürnberg, verbunden mit einem großen Showprogramm, weiht die neue Arena AufSchalke ein.

Die 358 Mio. DM teure und komplett privat finanzierte multifunktionale Arena bietet eine einzigartige Atmosphäre unter dem Schiebedach. Außer 45 000 Sitzplätzen gibt es auch ca. 17 000 Stehplätze, die

bei Bedarf in Sitzplätze umgewandelt werden. So haben etwa 62 000 Zuschauer – bei internationalen Spielen 54 000 – Platz und überall beste Sicht (→ S. 134).

Das 1973 eröffnete Parkstadion mit seinen 22 000 überdachten Plätzen hatte immer weniger den Ansprüchen an eine moderne Fußballarena genügt. Der sportliche Aufschwung der Schalker gab die Chance für einen Neubau.

Erfolge bei Ruder-WM

26. 8., Luzern. Auf dem Rotsee erkämpfen die Athleten des Deutschen Ruderverbandes (DRV) bei den Weltmeisterschaften fünf Goldmedaillen in den 14 olympischen Bootsklassen sowie einmal Silber und zweimal Bronze.

Für einen erfolgreichen Auftakt sorgen die Erfolge im Frauen-Einer durch Katrin Rutschow-Stomporowski und im Doppelzweier durch Kathrin Boron/Kerstin Kowalski (Potsdam). Für die 31-jährige Boron ist dies der insgesamt achte WM-Titel. Am zweiten Finaltag machen die Siege des leichten Frauen-

Doppelzweiers sowie der beiden Doppelvierer die beste WM-Bilanz seit 1991 perfekt.

Gold für Kerstin Kowalski und Kathrin Boron

Kanuten weiter Spitze

26. 8., Posen. Bei den 31. Kanu-Weltmeisterschaften behaupten die Akteure des Deutschen Kanu-Verbandes (DKV) auch ohne die nach Sydney 2000 zurückgetretene Rekord-Olympionikin Birgit Fischer ihre Ausnahmestellung.

Fünf Gold- sowie je drei Silber- und Bronze-Plaketten sind die Ausbeute der Titelkämpfe in Polen. Der erst 19 Jahre alte Berliner Ronald Rauhe avanciert mit zwei Titeln und einmal Silber zum erfolgreichsten WM-Teilnehmer.

Olympiasieger Andreas Dittmer (Neubrandenburg) gewinnt im

Kanadier-Einer nach seinem dritten WM-Titel über 1000 m noch die Bronzemedaille über 500 m.

Andreas Dittmer – erfolgreicher Kanute

Zweimal Gold für Deutsche bei Leichtathletik-WM

12.8., Edmonton. Erfolgreichste Nationen bei den achten Leichtathletik-Weltmeisterschaften sind die USA (neunmal Gold, je fünfmal Silber und Bronze) und Russland (6-7-6) mit jeweils 19 Medaillen. Das Team des Deutschen Leichtathletik-Verbandes (DLV) belegt mit zweimal Gold, viermal Silber und einmal Bronze Platz fünf in der Medaillenwertung.

Marion Jones (USA) gewinnt zweimal Gold – über 200 m und mit der US-Sprintstaffel – und einmal Silber (100 m). Der Kubaner Ivan Pedroso wird im Weitsprung mit 8,40 m zum vierten Mal in Folge Weltmeister. Haile Gebrselassie verpasst über 10 000 m sein fünftes Gold in Folge. Er unterliegt im Endspurt Charles Kamathi (Kenia).

Ihre langjährige Ausnahmestellung unterstreichen der tschechische Speerwerfer Jan Zelezny und Hicham El Guerrouj (Marokko), der über 1500 m in 3:30,68 min einen Hattrick feiert. Nach drei Olympiasiegen freut sich Zelezny – als erstes sportlich noch aktives IOC-Mitglied – mit 92,80 m über den dritten WM-Titel nach 1993 und 1995. Maurice Greene (USA) rennt zum dritten WM-Gold über 100 m.

Die Goldmedaillen für den DLV erringen Diskuswerfer Lars Riedel mit 69,72 m und Martin Buß (Leverkusen), der sensationell mit 2,36 m zum ersten deutschen Hochsprungweltmeister avanciert. Für den Chemnitzer Riedel ist es der fünfte Titelgewinn nach 1991, 1993, 1995 und 1997. Medaillen holen auch Nadine Kleinert-Schmitt (Silber im Kugelstoßen), Michael Möllenbeck (Bronze im Diskuswerfen) sowie der »Überflieger« dieser WM: Über 400 m gewinnt der für Dortmund startende Hamburger Ingo Schultz Silber. Der Bundeswehr-Oberleutnant betreibt erst seit drei Jahren Leistungssport.

Hinter den USA stürmt die deutsche Frauen-Sprintstaffel – das Quartett Melanie Paschke, Gabi und Birgit Rockmeier sowie Marion Wagner – überraschend zu Silber. Das Pech der US-Läuferin Suzien Reid beschert der deutschen 4 x 400-m-Staffel gleichfalls Silber: Die Schlussläuferin verliert beim Wechsel den Staffelstab. Florence Ekpo-Umoh, Shanta Ghosh, Claudia Marx und Grit Breuer belegen Platz zwei hinter Jamaika.

Martin Buß wird mit 2,36 m Weltmeister im Hochsprung.

Der Tscheche Jan Zelezny gewinnt seinen dritten WM-Titel (92,80 m).

Silber im Kugelstoßen holt Nadine Kleinert-Schmitt (Magdeburg).

Sensation über 100 m: Marion Jones aus den USA (r.) muss sich in 10,85 sec der Ukrainerin Shanna Pintusewitsch-Block (10,82 sec) geschlagen geben.

Über 800 m siegt der Schweizer Andre Bucher überlegen in 1:43,70 min.

Avard Moncur (Bahamas, r.) über 400 m vor Ingo Schultz (2.v.l.).

Musik 2001:

Sprechgesang in der Oper

Chronik Übersicht

Nimmt man das aktuelle Musiktheater als Spiegel des allgemeinen Lebensgefühls, so sieht es im ersten Jahr des 21. Jahrhunderts düster aus. Themen der Uraufführungen des Jahres 2001 sind die Auseinandersetzung mit dem Nationalsozialismus und die Beschäftigung mit tragischen Gestalten der Literatur. In musikalischer Hinsicht sind viele Komponisten noch auf der Suche nach einer neuen Tonsprache für die menschliche Stimme, einstweilen dominiert der Sprechgesang.

Peter Ruzicka spielt in »Celan« (UA 25. 3. Semperoper Dresden) in sechs Szenen durch, was dem Lyriker Paul Celan, der seine Familie im KZ verlor, durch den Kopf gegangen sein mag, bevor er sich 1970 durch den Sprung von einer Seine-Brücke in Paris das Leben nahm.

Das Schicksal Raoul Wallenbergs, der 119 000 ungarische Juden vor dem Zugriff der Nationalsozialisten rettete und nach Kriegsende in einem sowjetischen Gefängnis verschwand, thematisiert der 42-jährige Este Erkki-Sven Tüür. »Wallenberg« ist – zum Ende der Ära von Intendant John Dew – am 5. Mai in Dortmund erstmals zu sehen. Tüür konzentriert sich auf die Auseinandersetzung zwischen Wallenberg und SS-Obersturmbannführer Adolf Eichmann, doch fällt es dem Minimalisten hörbar schwer, die Gesangsstimmen in den Instrumentalpart zu integrieren.

Von dem Jazzduo »Johnny en Jones« (UA 8. 6. Amsterdam) erzählt Theo Loevendie. Allerdings geht es ihm weniger um das Schicksal der in den 30er Jahren weit über Hollands Grenzen hinaus bekannten Sänger, sondern um deren Freundin Caroline van Zoelen. Sie erinnert sich im Jahr 2001 an die Juden, die kurz vor Kriegsende im KZ umkamen, muss aber ihre eigene Schuld eingestehen, denn sie hat den Freunden damals nicht zur Flucht verholfen. Loevendie empfindet ohne direkte Zitate Atmosphäre und Musik der 30er Jahre nach.

Ein »Purgatorium« nennt Volker David Kirchner sein szenisches Oratorium »Ahasver« (UA 9.5. Bielefeld) über den ruhelos durch Welten und Zeiten wandernden Juden. Ein eindringlich-bedrohliches Gewebe aus Bildern und Klängen lässt eine überaus negative Sicht der Welt durchscheinen. Undurchschaubar und drohend zeigt sich die Außenwelt auch in der Kafka-Oper »K...« von Philippe Manoury, die bei ihrer Uraufführung am 7. März in der Pariser Bastilleoper überschwänglich gefeiert wird.

Theodor Fontanes Roman »Effi Briest« in der Fassung des Komponistenduos Iris ter Schiphorst/ Helmut Oehring hat am 8. März in der Bonner Kunst- und Ausstellungshalle Premiere. Die handelnden Personen werden nicht von verschiedenen Darstellern gespielt, sondern das weiblich-männliche Sopranistengespann Salome Kammer und Arno Raunig – mit berückenden Duettvokalisen – sowie Ingrid Caven als Stimme verkörpern jeweils Teile jeder Persönlichkeit.

Eine Literaturoper über Fjodor M. Dostojewskis »Der Idiot« (UA 18. 2.) haben sich die Vereinigten Bühnen Krefeld-Mönchengladbach zum 50-jährigen Bestehen ihrer Fusion bei Thomas Bloemenkamp bestellt. Der operiert mit einer traditionellen Opernstruktur sowie Personen zugeordneten Leitklängen und unterlegt das Ganze mit einem orchestralen Klangteppich, der von harmonisch bis clusterhaft changiert. »Repertoirefähig« urteilt die Kritik.

Detlev Glanert steuert 2001 eine der wenigen komischen Opern bei. Er setzt Christian Dietrich Grabbes Lustspiel »Scherz, Satire, Ironie und tiefere Bedeutung« in Musik um (UA 2. 2. Halle), allerdings fehlt es ihm dabei nach Einschätzung der Kritik bisweilen an ironischer Distanz. Komisch geht es auch in Gérard Zinsstags »Ubu Cocu« (UA 28.4. Sankt Gallen) zu. Der Komponist setzt Zitate aus der etablierten Klassik, Geräusche, akustische Signale und Mikrotonelemente zu einer Collage zusammen.

Parallelen zwischen Sir Francis Bacon, der im 16. Jahrhundert eine Wissenschaftsakademie gründen wollte, um durch die Erforschung von Natur und Gesellschaft Wege zur Verbesserung der menschlichen Existenz zu finden, und dem Maler Francis Bacon, der im 20. Jahrhundert mit »Screaming Pope« Ausdruck nur noch für menschliche Wut und Verzweiflung findet, zieht Manuel Hidalgo in »Bacon 1561– 1992« – Premiere ist am 21. Mai bei den Schwetzinger Festspielen.

Regisseur Peter Konwitschny überzeugt mit seiner Interpretation des »Falstaff« in Graz.

Viva Verdi – Musikwelt feiert Jubiläum

Zum 100. Todesjahr von Giuseppe Verdi, der ohnehin auf jedem Spielplan als sichere Bank gilt, sind die Werke des italienischen Komponisten noch häufiger zu sehen als sonst. Unter den Inszenierungen des Jubiläumsjahres sticht Peter Konwitschnys Fassung des »Falstaff« in Graz besonders hervor. In der alljährlichen Kritikerumfrage der Zeitschrift »Opernwelt« wird seine Interpretation von Verdis Alterswerk zur »Aufführung des Jahres« gekürt. Neben Rennern wie »Troubadour«, »La Traviata«, »Rigoletto«, »Otello« oder »Falstaff« werden 2001 auch seltener gespielte Verdi-Opern aufgeführt, auffälligerweise besonders an kleineren Häusern – z.B. »I vespri siciliani« am Staatstheater Darmstadt, »Ernani« in Osnabrück oder »Luisa Miller« in Essen. Außerdem gibt es eine Vielzahl von Konzerten und Vorträgen zum Thema Verdi.

Glanerts Literaturoper »Scherz, Satire, Ironie und tiefere Bedeutung«

Daniela Kurz: Tanz nach Philip Glass' »The Fall of the House of Usher«

Regine Sacher als Preußenkönigin Luise im Schlosspark von Neustrelitz.

Operette in Neustrelitz

Mit der Operette »Luise, Königin der Herzen« – Premiere ist am 14. Juni – hebt die Stadt Neustrelitz in Mecklenburg-Vorpommern ein weiteres Sommerfestival aus der Taufe. Im Schlosspark der ehemaligen Residenzstadt sind Szenen aus dem Leben der preußischen Königin Luise (1776–1810) zu sehen. Die schon zu Lebzeiten außerordentlich populäre Herrscherin, dargestellt von Regine Sacher, war eine gebürtige Prinzessin von Mecklenburg-Strelitz. Das Libretto zur Operette stammt von Horst Vinçon, die Musik ist ein Pasticcio aus Melodien von Johann Strauß, Jacques Offenbach und Franz Léhar.

Ulrich Neuweiler in Kirchners szenischem Oratorium »Ahasver«

Tüür bringt das Schicksal des Schweden »Wallenberg« auf die Bühne.

Von Schiphorst und Oehring in Musik gesetzt: Fontanes »Effi Briest«

September 2001

Mo	Di	Mi	Do	Fr	Sa	So
					1	2
3	4	5	6	7	8	9
10	11	12	13	14	15	16
17	18	19	20	21	22	23
24	25	26	27	28	29	30

1. September, Samstag

Auf der Anti-Rassismuskonferenz der Vereinten Nationen im südafrikanischen Durban bittet Bundesaußenminister Joschka Fischer im deutschen Namen für Sklaverei und Kolonialschuld um Verzeihung. Vergangenes Unrecht lasse sich nicht ungeschehen machen, erklärt Fischer. Indem man die Schuld anerkenne, könne man aber den Opfern und ihren Nachkommen die ihnen geraubte Würde zurückgeben (→ 31.8./S. 141).

Per Sondersitzung beschließt das Berliner Abgeordnetenhaus seine vorzeitige Auflösung und macht den Weg zu Neuwahlen am → 21. Oktober (S. 184) frei.

In Deutschland tritt ein neues Mietrecht in Kraft. → S. 166

Bei einem Brand im Vergnügungsviertel von Tokio kommen 44 Menschen ums Leben. Möglicherweise ist das Unglück auf Brandstiftung zurückzuführen.

In einem Qualifikationsspiel zur Fußball-Weltmeisterschaft 2002 unterliegt die deutsche Nationalelf im Münchner Olympiastadion dem Team aus England 1:5. → S. 169

2. September, Sonntag

Beim Großen Preis von Belgien in Spa-Francorchamps kann Formel-1-Weltmeister Michael Schumacher im Ferrari seinen 52. Grand-Prix-Sieg feiern. Zweiter wird der Schotte David Coulthard auf McLaren-Mercedes vor dem Italiener Giancarlo Fisichella auf Benetton-Renault (→ 14.10./S. 187).

3. September, Montag

Die Welternährungsorganisation FAO warnt vor einer drohenden Hungersnot in Mittelamerika. Nach Erdbeben und Wirbelstürmen hat eine lange Dürreperiode schwere Ernteschäden verursacht. Am stärksten betroffen seien El Salvador, Honduras, Nicaragua und Guatemala. Schätzungen zufolge sind rd. 1,6 Mio. Menschen in der Region auf Hilfslieferungen angewiesen.

4. September, Dienstag

Die USA räumen erstmals ein, dass sie seit vier Jahren geheime Forschungen auf dem Gebiet der biologischen Waffen betreiben. Regierungsbeamte betonen, dass es sich um defensive Programme im Einklang mit dem internationalen Biowaffen-Verbot von 1972 handele.

In der US-Computerbranche bahnt sich eine Elefantenhochzeit an: Die Konzerne Compaq und Hewlett Packard geben ihre Fusion bekannt. → S. 163

Die Deutsche Telekom verkauft weitere sechs ihrer neun regionalen Kabel-TV-Gesellschaften an die US-amerikanische Holding Liberty Media. Das Bundeskartellamt legt Einspruch ein.

Der Kunstsammler Gustav Rau schenkt dem UN-Kinderhilfswerk UNICEF Bilder im Wert von rd. 500 Mio. DM. Die Sammlung umfasst 800 Werke, darunter Gemälde von Paul Cézanne, Claude Monet, Max Liebermann und Edvard Munch. Sie soll teilweise verkauft werden, der Erlös soll vor allem Not leidenden Kindern in Afrika zugute kommen.

5. September, Mittwoch

In Belfast werfen radikale Protestanten eine Bombe auf Polizisten, die katholische Kinder auf ihrem Schulweg durch ein protestantisches Viertel begleiten. → S. 161

Verbraucherschutzministerin Renate Künast stellt in Berlin ein neues Bio-Siegel für Lebensmittel aus ökologischem Landbau vor. Bei Missbrauch der Kennzeichnung droht ein Bußgeld (→ S. 147).

Nach fast drei Wochen wird der Tarifstreit im mexikanischem Volkswagen-Werk Puebla beendet. Unternehmensleitung und Gewerkschaft einigen sich auf Lohnerhöhungen um 10,2%. In Puebla wird das in 80 Länder exportierte Modell »New Beetle« produziert.

6. September, Donnerstag

UN-Generalsekretär Kofi Annan beklagt, dass weltweit fast eine Milliarde Erwachsene nicht lesen und schreiben könnten. Ohne ausreichende Bildung für alle könne jedoch kein Land seine Entwicklungsziele erreichen. Menschen, die lesen gelernt hätten, seien zudem weniger anfällig für Vorurteile und Intoleranz, betont der UN-Generalsekretär.

In Bonn geht die Welternährungskonferenz zu Ende. → S. 163

Zum ersten Mal in Deutschland wird Euro-Bargeld aus einem Geldtransporter geraubt. Vermutlich zwei Täter erbeuten im Kreis Gießen Banknoten im Wert von 1,2 Mio. €.

Das schwere Seilbahnunglück im November 2000 bei Kaprun am österreichischen Kitzsteinhorn, bei dem 155 Menschen ums Leben kamen, ist durch einen defekten Heizlüfter ausgelöst worden. Dies ist das Ergebnis des Abschlussberichts, den die Ermittler in Salzburg vorlegen.

7. September, Freitag

In Nigeria kommt es zu blutigen Auseinandersetzungen zwischen Muslimen und Christen, bei denen vermutlich 165 Menschen sterben. Auslöser der Straßenkämpfe ist möglicherweise die Ernennung eines Muslims zum Koordinator für das Armutsprogramm der Regierung.

Der frühere BMW-Chef Bernd Pischetsrieder wird zum Vorstandsvorsitzenden des Autobauers VW gewählt. → S. 167

US-Präsident George W. Bush äußert sich besorgt über die stark gestiegene Arbeitslosigkeit in den Vereinigten Staaten. Nach Angaben des Arbeitsministeriums in Washington ist die Arbeitslosenquote im August auf 4,9% gestiegen; 2000 lag sie im Jahresdurchschnitt bei 4,0%.

Bei der ersten transatlantischen Operation entfernen Chirurgen in New York einer Patientin in Straßburg die Gallenblase. → S. 168

8. September, Samstag

In Ramallah im Westjordanland beschießen israelische Kampfhubschrauber Büros der Fatah-Bewegung. Nach Angaben der Palästinenserregierung ist Israel außerdem dabei, durch Panzer sowie den Bau von Gräben und Elektrozäunen Ost-Jerusalem vom Westjordanland abzutrennen (→ 10.8./S. 140).

Die indische Regisseurin Mira Nair wird in Venedig für ihren Film »Monsoon Wedding« mit dem Goldenen Löwen ausgezeichnet. → S. 168

9. September, Sonntag

Innerhalb weniger Stunden erschüttert eine Serie von Anschlägen Israel und das Westjordanland. Insgesamt werden sieben Menschen getötet und mehr als 40 verletzt. Der schwerste Anschlag ereignet sich bei Naharia im Norden Israels, als sich ein Selbstmordattentäter an einer Bahnstation in die Luft sprengt und dabei mindestens drei Israelis mit in den Tod reißt. Zu der Aktion bekennt sich die islamistische Hamas (→ 10.8./S. 140).

Nach der Präsidentenwahl in Weißrussland erklärt sich Amtsinhaber Alexander Lukaschenko schon vor der Bekanntgabe offizieller Ergebnisse zum Sieger. → S. 160

Auf den Führer der oppositionellen afghanischen Nordallianz, Ahmad Schah Massud, wird ein Mordanschlag verübt. Er erliegt am 14. September seinen schweren Verletzungen.

Bei der Kommunalwahl in Niedersachsen wird die CDU mit landesweit 42,6% der Stimmen erneut stärkste Partei. Die SPD erzielt 38,6%. In der Landeshauptstadt Hannover kann sich der seit 29 Jahren regierende SPD-Bürgermeister Herbert Schmalstieg behaupten.

Bei der Eröffnung des Jüdischen Museums in Berlin würdigt Bundespräsident Johannes Rau den außerordentlichen Beitrag der Juden zur Entwicklung der deutschen und europäischen Kultur. → S. 168

Jugoslawien ist neuer Europameister im Basketball. Im Endspiel des EM-Turniers in Istanbul besiegt der amtierende Weltmeister Gastgeber Türkei mit 78:69. Die Bronzemedaille sicherte sich Spanien durch ein 99:90-Erfolg über Deutschland. → S. 169

Der australische Tennisprofi Lleyton Hewitt gewinnt die US Open in New York durch einen Finalsieg über den US-Amerikaner Pete Sampras. Im Damen-Endspiel besiegte am Vortag Venus Williams ihre Schwester Serena in zwei Sätzen. → S. 169

10. September, Montag

Der Verteidigungsausschuss des Bundestages befragt in einer Sondersitzung Verteidigungsminister Rudolf Scharping (SPD) zu seinen umstrittenen Flügen mit Bundeswehrmaschinen. → S. 167

Bei der Parlamentswahl in Norwegen erleiden die regierenden Sozialdemokraten von Ministerpräsident Jens Stoltenberg erwartungsgemäß starke Verluste. → S. 160

11. September, Dienstag

Die USA erleben die schlimmsten Terroranschläge ihrer Geschichte. In New York und Washington kommen dabei vermutlich über 4000 Menschen um. → S. 158

Zum Auftakt der viertägigen Haushaltsdebatte im Bundestag bekräftigt Finanzminister Hans Eichel (SPD) seine Absicht, an seinem Sparkurs festzuhalten.

12. September, Mittwoch

Bundeskanzler Gerhard Schröder sichert den USA nach den Anschlägen vom Vortag uneingeschränkte Solidarität zu. Die Deutschen stünden in dieser schweren Stunde fest an der Seite Amerikas.

Panzer der israelischen Armee dringen in die seit Tagen belagerte autonome Palästinenserstadt Dschenin im Westjordanland vor und zerstören dort ein Wohngebäude und eine Polizeistation. Nach heftigen Kämpfen, bei denen mindestens drei Palästinenser getötet und fast 50 verletzt werden, ziehen sie sich zurück. Zur Begründung heißt es, in der Stadt seien palästinensische Selbstmordattentäter ausgebildet worden (→ 10.8./S. 140).

13. September, Donnerstag

In Frankfurt am Main öffnet die Internationale Automobil-Ausstellung IAA ihre Tore für Fachbesucher.

Der Europa-Skeptiker Iain Duncan Smith wird zum Vorsitzenden der Konservativen Partei Großbritanniens gewählt.

14. September, Freitag

Die israelische Armee dringt mit Panzern in die autonomen Palästinensergebiete ein. Dabei werden in Ramallah im Westjordanland mehrere Palästinenser und Soldaten verletzt (→ 10.8./S. 140).

Der Sicherheitsrat der Vereinten Nationen verlängert einstimmig die Mission seiner Friedenstruppen am Horn von Afrika um sechs Monate. Die über 4000 Blauhelmsoldaten überwachen den Waffenstillstand zwischen Äthiopien und Eritrea, der im Dezember 1998 den Grenzkonflikt zwischen beiden Ländern beendete.

15. September, Samstag

In Sachsen wird Ex-Finanzminister Georg Milbradt zum CDU-Landesvorsitzenden gewählt. Auf dem Parteitag in Glauchau setzt er sich in einer Kampfabstimmung gegen den von Ministerpräsident Kurt Biedenkopf favorisierten Umweltminister Steffen Flath durch (→ 25.5./S. 87).

Nach monatelanger Unterbrechung nehmen Süd- und Nordkorea wieder Gespräche zur Verbesserung ihrer Beziehungen auf. Themen sind u. a. die wirtschaftliche Zusammenarbeit und humanitäre Fragen.

Die Terroranschläge von New York und Washington: Erstmals seit 25 Jahren hat die »Frankfurter Allgemeine Zeitung« Bilder auf der Titelseite; sie zeigen den Angriff auf das World Trade Center und einen erschütterten Präsidenten George W. Bush (Ausgabe vom 12.9.).

Frankfurter Allgemeine

ZEITUNG FÜR DEUTSCHLAND

2,30 DM D 2954 A

Mittwoch, 12. September 2001, Nr. 212/37 D

Herausgegeben von Dieter Eckart, Jürgen Jeske, Berthold Kohler, Günther Nonnenmacher, Frank Schirrmacher

Angriff auf Amerika

World Trade Center zerstört / Tausende Tote / Großbrand im Verteidigungsministerium / Weißes Haus und Kapitol geräumt / Bush: Nationale Tragödie

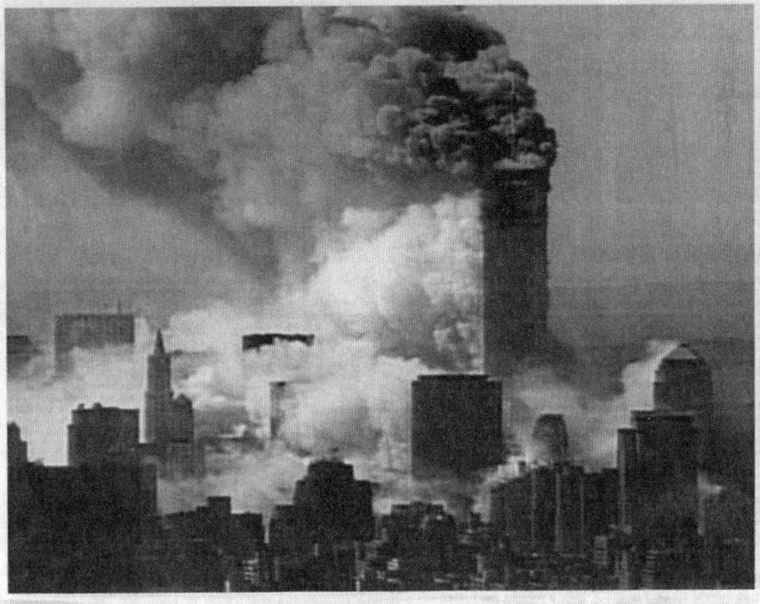

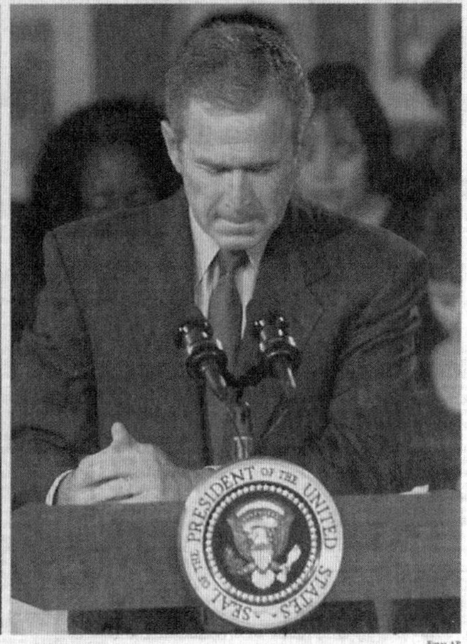

Fotos AP

Von unserem Washingtoner Korrespondenten Leo Wieland

WASHINGTON, 11. September. Die Vereinigten Staaten von Amerika sind am Dienstag zum Ziel beispielloser Terroranschläge geworden. Zunächst zerstörten zwei möglicherweise entführte Flugzeuge in der Hand von mutmaßlichen Selbstmordattentätern das World Trade Center in New York. Die beiden brennenden Türme stürzten wenig später ein. Dann brach in der Hauptstadt Washington aus zunächst noch ungeklärter Ursache – abermals wurde ein Flugzeug- oder Hubschrauberattentat vermutet – ein Großbrand im Verteidigungsministerium aus. Ein Teil des Pentagons stürzte ein. Aus Pennsylvania wurde der Absturz eines weiteren Passagierflugzeuges gemeldet. In New York wurde mit zehntausend Toten gerechnet.

Die amerikanische Bundespolizei FBI bestätigte, daß insgesamt vier Flugzeuge entführt worden seien. Die beiden American-Airlines-Flugzeuge, die ins World Trade Center stürzten, hatten insgesamt 156 Personen an Bord. Die Fluggesellschaft United Airlines teilte mit, sie vermisse außer dem bei Pittsburgh abgestürzten ein weiteres Flugzeug. Es wurde vermutet, daß dieses auf das Verteidigungsministerium gestürzt sei. Zwei, wenn nicht drei der entführten Flugzeuge waren von Boston aus gestartet.

Der New Yorker Bürgermeister Giuliani ordnete die Evakuierung des südlichen Manhattan an. Alle Brücken und Tunnels, die in das Stadtzentrum führten, blieben auf Stunden gesperrt. In Washington wurden das Weiße Haus und das Kapitol – dort wurde in der Nähe der „Museumsmeile" der National Mall ebenfalls ein Feuer gemeldet – geräumt. Alle Flughäfen des Landes wurden vorübergehend geschlossen, alle internationalen Flüge mit einem Ziel in den Vereinigten Staaten nach Kanada umgeleitet. Die New Yorker Börse stellte nach der Attacke auf das Welthandelszentrum ihren Handel ein, ebenso wie alle anderen Börsen im Lande. In Chicago wurde das höchste Gebäude, der Sears Tower, geräumt. In Washington waren nach dem Weißen Haus und dem Kapitol auch andere Ministerien geräumt worden. In New York wurde das Hauptquartier der Vereinten Nationen geschlossen.

Mit Entsetzen verfolgten die Amerikaner im Fernsehen die Bilder der Zerstörung, ohne zunächst Hinweise auf die Urheber, die Beweggründe oder die Zahl der Opfer zu kennen. Allein in dem 110 Stockwerke zählenden World Trade Center, aus dessen Trümmern Flammen und dichte schwarze Rauchwolken quollen, arbeiten an einem Wochentag mehr als fünfzigtausend Menschen.

Präsident George W. Bush, der sich am Vormittag in Florida aufhielt und dort in einer Schule in Sarasota Kindern eine Geschichte vorlas, wurde wenige Minuten nach neun Uhr vormittags (Ortszeit) von seinem Stabschef Andrew Card unterbrochen. Card flüsterte ihm die Nachricht von dem ersten Einschlag eines Flugzeuges im World Trade Center zu. Der bald darauf folgende Anflug eines zweiten Flugzeuges auf den Nordturm war dann schon live im Fernsehen zu beobachten. Erschüttert trat Bush danach mit einer kurzen Stellungnahme vor die Kameras und beklagte eine „nationale Tragödie".

Der Präsident sagte, noch bevor die Anschlagserie von dem amerikanischen Finanzzentrum New York auf das Regierungszentrum Washington übergriff, daß es sich „um einen offenkundigen Terrorangriff auf unser Land" handle. Er versprach, daß eine solche Attacke gegen die Weltmacht „keinen Bestand haben" werde. Einzelheiten über erste Reaktionen und Vergeltungs- oder Gegenmaßnahmen nannte er nicht. Bush brach in diesem, wie er sagte, „schwierigen Augenblick für Amerika" seinen Aufenthalt in Florida unverzüglich ab und kehrte in die Hauptstadt zurück.

Dort herrschten in den Vormittagsstunden Furcht, Schock und Konfusion. Unklar war, ob Vizepräsident Dick Cheney und der Krisenstab ebenfalls das Weiße Haus verlassen hatten oder im Bunkerkeller berieten. Die Führung des Kongresses sei an einen „sicheren Platz" gebracht worden, hieß es. Erste Fragen, die gestellt wurden, betrafen unter anderem die ausgebliebenen Luftabwehrmaßnahmen in dem dafür vorbereiteten Pentagon.

Es gab unmittelbar keinerlei Bekennerbriefe oder substantielle Hinweise auf die Urheber der Anschläge. Die ersten Spekulationen richteten sich auf „hausgemachten" Terrorismus nach dem Vorbild des Anschlags auf ein Regierungsgebäude in Oklahoma und auf nahöstliche Terroristen, eventuell unter der Führung des saudischen Millionärs Usama Bin Ladin. Die in Afghanistan herrschenden radikal-islamischen Taliban gaben an, Ibn Ladin habe nichts mit den Attentaten zu tun. Präsident Bush versicherte, er habe die Bundespolizei FBI angewiesen, „alle ihre Ressourcen" zu nutzen, um den Opfern unmittelbar zu helfen und die Urheber „zu jagen und zu finden". Er habe in diesem Sinn mit dem Vizepräsidenten und dem FBI-Direktor gesprochen. Die Grenze nach Mexiko wurde geschlossen.

Die Schließung der Flughäfen im ganzen Land war eine Vorsichtsmaßnahme, da vermutet wurde, daß es sich bei den Flugzeugattentaten um entführte Flugzeuge gehandelt haben könnte, und weitere Versuche blockiert werden sollten. Die Streitkräfte der Vereinigten Staaten wurden in Alarmbereitschaft versetzt. (Fortsetzung und weitere Berichte Seite 2, siehe Seite 3 und Wirtschaft.)

Bundestag debattiert über Haushaltsentwurf

hig. BERLIN, 11. September. Am Dienstag hat der Bundestag über den Haushaltsentwurf von Finanzminister Eichel (SPD) debattiert. Eichel sagte, er wolle trotz der Konjunkturschwäche an dem eingeschlagenen Sparkurs festhalten. Die Opposition warf der Regierung vor, für das „Knickerwachstum" verantwortlich zu sein. (Siehe Seite 4.)

Frankfurter Allgemeine

F.A.Z. im Internet: www.faz.de

■ FRANKFURTER ALLGEMEINE ZEITUNG GMBH ■ POSTANSCHRIFT: 60267 FRANKFURT AM MAIN ■ TELEFON: (069) 75 91-0 ■ ANZEIGEN FAX: (069) 75 91-23 33; TELEFON: (069) 75 91-33 44 ■ REDAKTION FAX: (0 69) 75 91 - 17 43; E-MAIL: REDAKTION@FAZ.DE; BRIEFE AN DIE HERAUSGEBER: LESERBRIEFE@FAZ.DE ■ VERTRIEB FAX: (069) 75 91-21 80; E-MAIL: VERTRIEB@FAZ.DE ■ ABONNENTEN-SERVICE: 01 80 - 2 34 46 77 ■ PROBE-ABONNEMENT: 01 80 - 2 52 52 ■

30037

4 390295 402303

Scharping sorgt im Ausschuß für Erstaunen

pca. BERLIN, 11. September. Verteidigungsminister Scharping hat im Verteidigungsausschuß Angaben zu seinem Aufenthalt in Mazedonien am 30. August gemacht, die unter den Mitgliedern des Ausschusses für Erstaunen gesorgt haben. In Form einer vertraulichen Mitteilung informierten Generalinspekteur Kujat und der Minister die Abgeordneten und Anwesenden – mehr als 70 Personen – über eine angebliche Behinderungstaktik der britischen Streitkräfte gegenüber den nach Mazedonien einrückenden Bundeswehrsoldaten. Dem Vernehmen nach soll Scharping Andeutungen Kujats verschärft und gesagt haben, daß Briten versucht hätten, durch unkooperatives Verhalten das Eintreffen der deutschen Kolonne in Mazedonien zu behindern. Welches Interesse die Briten an einer Behinderung der Deutschen gehabt haben könnten und was die umstrittene Nennung des dann doch nicht genutzten Übergangs Blace durch Scharping in einer Pressekonferenz am 30. August damit zu tun haben könnte, blieb unerklärt. Allerdings sorgten die Angaben Scharpings im Verteidigungsausschuß offenbar für eine heftige Meinungsverschiedenheit zwischen dem Generalinspekteur Kujat und Scharpings Staatssekretär Stützle. Mitglieder des Ausschusses wurden Zeugen, wie die beiden einander beschimpften. (Siehe Seite 5.)

Israelische Armee belagert Dschenin

jöb. JERUSALEM, 11. September. Die israelische Armee hat am Dienstag morgen um drei Uhr die autonome Stadt Dschenin an ihren Rändern besetzt und nach ihren Plänen für „längere Zeit" eingeschlossen. Damit antwortete die Armee auf den jüngsten Selbstmordanschlag in Naharija, bei dem am Sonntag drei Israelis ums Leben kamen. Der Attentäter war in Dschenin von der islamistischen Hamas auf seine Mordtat vorbereitet worden. Der Vorsitzende der Autonomiebehörde Arafat rief die Bürger Dschenins zu Standhaftigkeit gegenüber Israel auf und reiste danach nach Damaskus, wo ihn erstmals in seiner Amtszeit Präsident Baschir al-Assad empfangen wollte. (Siehe Seite 9.)

Massud vermutlich nicht mehr am Leben

Ha. NEU-DELHI, 11. September. In der an der afghanischen Grenze gelegenen pakistanischen Stadt Peshawar hat sich am Dienstag der Afghani im Vergleich zur pakistanischen Rupie erheblich verbessert. Beobachter sehen darin eine Bestätigung dafür, daß der militärische Führer der Nordallianz, Ahmed Schah Massud, tot ist. Der bisherige Stellvertreter Massuds, Fahim, soll zum neuen Militärchef der Regierung Rabbani ernannt worden sein. (Siehe Seite 9.)

Stoltenberg will trotz Niederlage im Amt bleiben

vL. OSLO, 11. September. Der norwegische Ministerpräsident Stoltenberg will auch nach der schweren Niederlage seiner sozialdemokratischen Arbeiterpartei bei der Parlamentswahl vorerst im Amt bleiben. Seine Partei war von 35 auf 24,4 Prozent der Stimmen, den niedrigsten Stand seit fast 80 Jahren, gesunken. In einem Parlament, in dem weder die Linke noch die bürgerlichen Parteien eine Mehrheit besitzen, dürften sich Gespräche über die Bildung einer neuen Regierung mehrere Wochen hinziehen. Die Christliche Volkspartei unter dem früheren Ministerpräsidenten Bondevik wird, obwohl sie nach leichten Verlusten nur 22 von 165 Sitzen im Storting – dem Parlament in Oslo – hat, darüber entscheiden, ob Norwegen künftig von einer linken oder einer bürgerlichen Koalition regiert werden wird. Bondevik sagte, das Wählervotum spreche für einen Regierungswechsel. Er wollte sich jedoch noch nicht auf einen Koalitionspartner festlegen. (Siehe Seite 5.)

Mehr im Internet

FAZ.NET berichtet im Internet rund um die Uhr über den verheerenden Angriff auf die Vereinigten Staaten mit ständig aktualisierten Nachrichten, Analysen, Bildreportagen und Videos.

Ins Herz

Von Klaus-Dieter Frankenberger

Zwei Flugzeuge stürzen in die Türme des World Trade Center, es kommt zu gewaltigen Explosionen, Flammen schlagen aus den oberen Stockwerken, die Wolkenkratzer brechen zusammen – diese Bilder aus dem Herzen Amerikas stammen nicht aus einem Katastrophenfilm. Was am Dienstag in New York geschehen ist, war furchtbare Wirklichkeit. Entführte, abstürzende Flugzeuge, Feuer im Pentagon, Feuer im Außenministerium. Präsident Bush nennt es eine nationale Tragödie.

Es handelt sich um einen Akt des Terrorismus von monströsen Ausmaßen. Aber es ist mehr als Terrorismus: Es ist ein Krieg gegen Amerika. Diese koordinierten und präzise ausgeführten Anschläge richten sich gegen die Vereinigten Staaten – gegen eines der imponierenden Symbole seiner wirtschaftlichen Vitalität in New York, gegen die militärische Zentrale der Supermacht in Washington, gegen symbolträchtige Einrichtungen der amerikanischen Politik und Gesellschaft. Und die Drohung gegen das daraufhin evakuierte Weiße Haus manifestiert mehr als alles andere, um was es denen ging, die hinter den Anschlägen stehen: ein Land lahmzulegen, es in Panik zu stürzen, an den Abgrund zu treiben.

Nach diesem Dienstag wird nichts mehr sein wie zuvor. Die Verwundbarkeit Amerikas durch den Terrorismus ist für jedermann sichtbar geworden. Seit Jahren haben Fachleute gesagt, daß der Terrorismus und die von nichtstaatlichen terroristischen Gruppen ausgehenden Gefahren die großen Bedrohungen des 21. Jahrhunderts sein werden. In vielen Fällen sind die Warnungen nicht ernst genommen worden; in Amerika, das schon leidvolle Erfahrungen mit dem Terrorismus gemacht hat, noch mehr als in anderen Ländern. Wie abgeschmackt klingen heute die Suggestionen, der Terrorismus sei meist eine Einbildung, eine Wahnvorstellung derer, die angeblich ohne politisches Feindbild nicht auskommen. Nun hat ein Anschlag jede Einbildungskraft übertroffen.

Die Gleichzeitigkeit der Angriffe auf verschiedene Punkte deutet darauf hin, daß die Täter über eine funktionstüchtige Organisation und sehr gute Kenntnisse verfügten, über technologische Raffinesse, über den kaltblütigen Willen zum Massenmord, über den Fanatismus zum Selbstmord. Dieser Typ von Tätern, der Antrieb und Motive aus einer kruden Mischung von politischem Extremismus und religiösem Fundamentalismus schöpft, ist eine Gefahr in jeder Hinsicht, eine Gefahr für jede Gesellschaft. Einer offenen Gesellschaft wie der der Vereinigten Staaten fällt es besonders schwer, sie unschädlich zu machen.

Wer sind die Täter? Wer steckt dahinter? Wer rechnet auf Gewinn, während er, vielleicht Tausende Kilometer entfernt, in einem amerikanischen Sender das terroristische Erdbeben im Herzen des mächtigsten Staats der Erde verfolgt? Zusieht, wie die Türme des World Trade Center einstürzen, wie sich Rauch und Staub über die Stadt ausbreiten, wie die Zahl der mutmaßlichen Opfer höher und höher steigt?

Es muß nicht so sein, daß die ersten Vermutungen, die Täter seien in den Reihen des islamischen Terrorismus zu suchen, tatsächlich zutreffen. Amerika hat viele Gegner, die ihm seine überragende Stellung und die Leistungsfähigkeit seiner Wirtschaft neiden, die ihm die Prägekaft seiner Gesellschaft und die populäre Kultur übelnehmen und sich durch die amerikanische Demokratie bedroht fühlen. Doch wer die Amerikanisierung der Welt mißbilligt, wird dadurch nicht zum Massenmörder. Wird man zum Massenmörder, wenn man sich in einer Art Zivilisationskrieg auf der Seite des Gerechten, Überlegenen, Reinen gegen die Mächte der Finsternis, gegen angebliche Vulgarisierung und Dekadenz sieht? Zum Massenmörder werden auch Kriminelle.

Amerikanische Regierungsstellen haben seit einiger Zeit gewußt, daß sich etwas zusammenbraut. Sie haben den Nahen und Mittleren Osten in den Blick genommen, jenen Raum, in dem in den letzten Wochen und Monaten die Stimmung gegen Amerika hochgeschlagen ist. Im Visier ist der Islamist Ibn Ladin. Ob er dahintersteckt, weiß man noch nicht. Gewiß ist nur: Der High-Tech-Terrorismus ist kein Spezialfach für die Kriminalistik oder für Thriller-Autoren. Es gibt ihn wirklich, als Mittel des Kriegs im 21. Jahrhundert.

16. September, Sonntag

Bei einem Gefecht vor der Küste Sri Lankas werden nach Angaben des Militärs mindestens elf Soldaten und 15 tamilische Rebellen getötet. Rd. 20 mit Sprengstoff beladene Boote der Rebellenorganisation »Befreiungstiger von Tamil Eelam« seien auf einen Truppentransporter zugerast, heißt es in Colombo. Die 1200 Soldaten an Bord hätten, unterstützt von Kampfhubschraubern und Flugzeugen, den Angriff zurückgeschlagen. Die »Befreiungstiger« kämpfen seit fast 20 Jahren für einen eigenen Tamilen-Staat im Nordosten Sri Lankas (→ 24.7./S. 122).

An der süditalienischen Küste landen zwei Schiffe mit fast 1000 Flüchtlingen, die nach Angaben der Polizei überwiegend aus der Türkei, dem Irak und aus Pakistan stammen. Sie werden in ein Auffanglager gebracht.

In der Formel 1 gewinnt der Kolumbianer Juan Pablo Montoya auf Williams-BMW den Großen Preis von Italien in Monza. Zweiter wird der Brasilianer Rubens Barichello im Ferrari, Dritter Ralf Schumacher im Williams-BMW vor seinem Bruder Michael (→ 14.10./S. 187).

In Taiwan kommen 88 Menschen durch den Taifun »Nari« ums Leben. Die meisten Opfer ertrinken oder werden durch Erdrutsche getötet. Auch im vietnamesischen Mekong-Delta gibt es schwere Überschwemmungen, denen fast 150 Menschen, überwiegend Kinder, zum Opfer fallen.

17. September, Montag

Bei heftigen Gefechten in Tschetschenien fügen die Rebellen den russischen Truppen die schwersten Verluste seit einem Jahr zu. Beim Abschuss eines Armeehubschraubers nahe der Hauptstadt Grosny sterben zwei Generäle aus dem Moskauer Generalstab, ferner acht weitere Offiziere und drei Mann Besatzung, bestätigt der Kommandeur der russischen Kaukasus-Truppen, General Waleri Baranow.

Die US-Zentralbank senkt die Zinsen um einen halben Prozentpunkt auf 3,0%. Es ist die achte Zinssenkung in diesem Jahr. Auch die Europäische Zentralbank nimmt den Leitzins von 4,25 auf 3,75% zurück. Dennoch kommt es am ersten Handelstag der New Yorker Börse nach den Terroranschlägen vom → 11. September (S. 158) zu drastischen Kurseinbrüchen.

Der Fußball-Bundesligist Hamburger SV beurlaubt seinen Trainer Frank Pagelsdorf. Sein Nachfolger wird der Österreicher Kurt Jara. Der ehemalige Nationalspieler war Trainer von Titelverteidiger FC Tirol Innsbruck. Davor trainierte er u. a. Grashopper Zürich, den FC St. Gallen und den FC Zürich. Selbst spielte er ebenfalls in der Bundesliga.

18. September, Dienstag

Im Konflikt zwischen Israel und den Palästinensern zeichnet sich eine Entspannung ab. Nach der Anordnung einer Waffenruhe durch Palästinenserpräsident Jasir Arafat stoppt Israel seine Militäraktionen. Gleichzeitig beginnt die Armee mit dem Rückzug aus den Gebieten, die unter palästinensischer Autonomieverwaltung stehen (→ 10.8./S. 140).

19. September, Mittwoch

Der Internationale Währungsfonds IWF gibt Jugoslawien eine weitere Kredit-Tranche in Höhe von 65 Mio. US-Dollar frei. Damit würden die wirtschaftlichen Fortschritte des Landes honoriert, sagt IWF-Vizepräsident Shigemitsu Sugisaki in Washington. Der Währungsfonds hat der Führung in Belgrad im Juni insgesamt 259 Mio. Dollar zugesagt, um die Reformpolitik zu unterstützen (→ 28.6./S.104).

Der britische Dirigent Simon Rattle unterzeichnet seinen Vertrag als Künstlerischer Leiter der Berliner Philharmoniker. Er wird Nachfolger von Claudio Abbado. → S. 168

20. September, Donnerstag

In den USA einigen sich Regierung und Kongress auf staatliche Hilfen für amerikanische Fluggesellschaften in Höhe von 15 Mrd. Dollar. Vorgesehen sind direkte Zuwendungen an die Unternehmen und Kreditbürgschaften. Die durch die schwache Konjunktur bereits angeschlagene Luftfahrtbranche ist wegen der Attentate in den USA in die Krise geraten. Weltweit wird mit dem Abbau von über 100 000 Arbeitsplätzen gerechnet (→ 2.10./S. 178).

Nach monatelangen Verhandlungen einigt sich der US-Autokonzern General Motors mit den Gläubigern von Daewoo Motor auf die Übernahme des bankrotten südkoreanischen Autobauers. Beide Seiten unterzeichnen in Seoul eine Übereinkunft zur Gründung eines Gemeinschaftsunternehmens. Danach wird General Motors vier Daewoo-Produktionsanlagen übernehmen. Für die Beteiligung an Daewoo im Umfang von 67% zahlt GM 400 Mio. US-Dollar.

21. September, Freitag

In Estland wird der Oppositionskandidat Arnold Rüütel zum Staatspräsidenten gewählt. Im Wahlmännergremium in Tallinn erhält der frühere kommunistische Spitzenpolitiker die erforderliche absolute Mehrheit erst im fünften Wahlgang. → S. 160

Bei einer Explosion in der Chemiefabrik im südfranzösischen Toulouse kommen mindestens 29 Menschen ums Leben. → S. 162

Die politische Arbeit für eine gerechte Welt ist nach den Worten von Bundespräsident Johannes Rau eines der wesentlichen Mittel, dem Terrorismus den Boden zu entziehen. Auch deswegen dürfe man den Hunger und das Elend in vielen Teilen der Welt nicht vergessen, erklärt Rau in einer Ansprache zum Auftakt der Woche der Welthungerhilfe. Der Präsident weist darauf hin, dass jeden Tag weltweit rd. 24 000 Menschen verhungern.

Papst Johannes Paul II. beginnt seine Reise nach Kasachstan und Armenien. Schon vor Beginn seiner 95. Auslandsreise hat er sich gegen mögliche Vergeltungsschläge der Vereinigten Staaten ausgesprochen. In Armenien will der 81-Jährige u.a. der Opfer des Völkermords von 1915 gedenken.

In Japan wird der erste Fall der Rinderseuche BSE bestätigt. Gewebeproben einer im August geschlachteten Kuh seien positiv, teilt ein Sprecher des Agrarministeriums mit. Japan hatte im Januar nach dem Auftreten der Rinderseuche den Import von Rindern und Rindfleisch aus 18 Ländern, darunter EU-Staaten, verboten.

22. September, Samstag

Der französische Philosoph Jacques Derrida wird in der Frankfurter Paulskirche als einer der bedeutendsten Denker der Gegenwart mit dem Theodor-Adorno-Preis ausgezeichnet. Zu seinen bekanntesten Büchern gehört »Die Schrift und die Differenz« von 1972.

Unter strengen Sicherheitsvorkehrungen beginnt in München das 168. Oktoberfest. Wegen der Terroranschläge in den USA wird auf den traditionellen Fass-Anstich verzichtet.

23. September, Sonntag

In Polen wählen 29 Mio. Bürger ein neues Parlament. Das Demokratische Linksbündnis von Leszek Miller wird stärkste Kraft. → S. 160

Bei der Wahl zur Hamburger Bürgerschaft verlieren die bisherigen Regierungsparteien SPD und Grüne ihre Parlamentsmehrheit. → S. 166

Zum Auftakt der Woche der ausländischen Mitbürger rufen die Kirchen zum Dialog zwischen Christen und Muslimen auf. Nach den Terroranschlägen in den USA dürfe der Islam nicht mit Fundamentalismus gleichgesetzt und stigmatisiert werden, betonen der Ökumenische Vorbereitungsausschuss und der Interkulturelle Rat.

24. September, Montag

Das mazedonische Parlament billigt 15 Verfassungsänderungen, die der albanischen Minderheit mehr Rechte einräumen (→ 22.8./S. 142).

25. September, Dienstag

Zum Auftakt seines Deutschlandbesuchs fordert der russische Präsident Wladimir Putin in einer Rede vor dem Bundestag die Schaffung eines globalen Sicherheitssystems. → S. 163

26. September, Mittwoch

In Brüssel beschließt der NATO-Rat grundsätzlich ein neues Mandat für einen Einsatz in Mazedonien. Das Unternehmen »Amber Fox« wird unter deutscher Führung stehen (→ 22.8./S. 142).

Das türkische Parlament stimmt unter Einschränkungen einer Abschaffung der Todesstrafe zu. → S. 163

Bei einem Frontalzusammenstoß von zwei voll besetzten Regionalzügen bei Lindau am Bodensee werden 82 Menschen, darunter viele Kinder, verletzt. Nach ersten Erkenntnissen hat einer der beiden Lokführer ein Haltesignal übersehen. In den beiden Zügen, die auf eingleisiger Strecke zusammenprallten, saßen überwiegend Schüler und Berufspendler.

27. September, Donnerstag

Ein als Polizist verkleideter Amokläufer erschießt im Parlament des Schweizer Kantons Zug 14 Menschen und tötet sich anschließend selbst. → S. 162

Die Armee der albanischen Rebellen in Mazedonien, UCK, gibt ihre Selbstauflösung bekannt (→ 22.8./S. 142).

Die Justizminister der EU verständigen sich als Konsequenz aus den Terroranschlägen in den USA auf eine Stärkung der grenzüberschreitenden Zusammenarbeit der Strafverfolgungsbehörden. Bei Beratungen in Brüssel beschließen sie konkrete Schritte zur Einrichtung der neuen Behörde Euro-Just, die nach den Worten von Bundesjustizministerin Herta Däubler-Gmelin zur Keimzelle einer EU-Staatsanwaltschaft werden könnte.

28. September, Freitag

In Karlsruhe wird das 50-jährige Bestehen des Bundesverfassungsgerichts gefeiert. Neben Bundeskanzler Gerhard Schröder und Bundespräsident Johannes Rau nehmen auch der Bundestags- und der Bundesratspräsident an der Festveranstaltung teil. → S. 167

29. September, Samstag

Wegen der schwachen Konjunktur zeichnet sich im laufenden Haushalt der Bundesregierung ein Defizit von rd. 3,5 Mrd. DM ab. Das Finanzministerium in Berlin bestätigt, dass die wirtschaftliche Entwicklung ungünstiger verlaufe als erwartet. Ein Hauptgrund für die drohende Milliardenlücke sei die Lage am Arbeitsmarkt.

Die Frauen-Union, die Frauenorganisation der CDU, wählt die 51-jährige Maria Böhmer zu ihrer Vorsitzenden. Böhmer ist Nachfolgerin der ehemaligen Bundestagspräsidentin Rita Süssmuth, die das Amt 15 Jahre lang innehatte.

30. September, Sonntag

Das israelische Sicherheitskabinett billigt eine Lockerung bei der Absperrung der Palästinensergebiete. Hinsichtlich des dauernden Bruchs der Waffenruhe sei vereinbart worden, weitere 48 Stunden abzuwarten. Danach habe die Armee freie Hand, auf Übergriffe zu reagieren (→ 10.8./S. 140).

In Kolumbien verhindern Rebellen der linksgerichteten Guerilla-Organisation FARC einen Friedensmarsch nach San Vicente. Sie stoppen einen aus 112 Bussen bestehenden Konvoi mit Horacio Serpa, Kandidat für die Präsidentschaftswahl 2002, und Tausenden seiner Anhänger mit der Warnung, die Straße sei vermint. Daraufhin bricht Serpa die Aktion ab, mit der er die FARC zu Zugeständnissen bei den bislang erfolglosen Friedensgesprächen bewegen wollte.

Beim Berlin-Marathon erreicht die Japanerin Naoko Takahashi mit einem ungefährdeten Start-Ziel-Sieg eine neue Weltbestzeit. Sie bewältigt die Strecke in 2:19:45 h und bleibt damit als erste Frau unter der Marke von 2:20 h. Bei den Männern liegt überraschend Joseph Ngolepus aus Kenia vorn. Der 26-Jährige beendet seinen ersten Marathonlauf in 2:08:46 h.

Ein Amokläufer richtet im Kantonsparlament der Schweizer Stadt Zug ein Blutbad an; »Neue Zürcher Zeitung« vom 21. September.

Der Zürcher Zeitung
222. Jahrgang

Freitag, 28. September 2001
Nr. 225

Neue Zürcher Zeitung

SCHWEIZER AUSGABE

Fr. 2.20 inkl. MWSt · DM 4.–, S 30.–, L. 4300.–, fFr. 15.–, Pta. 380.– NZZ Online: www.nzz.ch

Redaktion und Verlag: Neue Zürcher Zeitung, Falkenstrasse 11, Postfach, 8021 Zürich, Tel. 01 258 11 11 · Redaktion: Telefax 01 252 13 29, E-Mail: redaktion@nzz.ch · Verlag: Telefax 01 258 13 23, E-Mail: verlag@nzz.ch
Abonnements: Tel. 01 258 15 30, Telefax 01 258 18 39, E-Mail: leserservice-schweiz@nzz.ch · Anzeigen: Tel. 01 258 16 98, Rubriken: Tel. 01 258 16 70 · Weitere Angaben im Impressum (Inlandteil)

Vorschläge Bushs zur Luftraumsicherung

Abschuss von gekaperten Zivilflugzeugen als letztes Mittel

Präsident Bush hat in Chicago ein Massnahmenpaket zur Erhöhung der Sicherheit in der Luftfahrt vorgestellt. Er rechtfertigte die Kredite für die angeschlagenen Fluggesellschaften damit, Mobilität sei für das Unternehmertum unerlässlich. Zu reden gibt die Möglichkeit, als feindlich erkannte Passagierflugzeuge abzuschiessen.

R. St. Washington, 27. September

Vor Flughafenangestellten und Flugzeugpersonal in Chicago hat Präsident Bush am Donnerstag die Grundlinien eines Pakets für die Wahrung oder Wiederherstellung der Sicherheit der Luftfahrt skizziert. Damit das angeschlagene Vertrauen in die Luftfahrt wiederhergestellt werden kann, soll das Paket so schnell wie möglich dem Kongress zugeleitet werden. Den Ausführungen des Präsidenten vorangegangen waren Berichte, wonach Passagierflugzeuge, wenn sie offensichtlich als fliegende Raketen gegen wichtige zivile oder militärische Ziele verwendet würden, von Kampfflugzeugen abgeschossen werden könnten. Ähnlich hatte Vizepräsident Cheney am Sonntag nach dem Attentat auf die New Yorker Zwillingstürme und auf das Pentagon erklärt, wenn sich bewahrheitet hätte, dass das vierte Flugzeug zum Angriff auf das Weisse Haus bestimmt gewesen war, wäre es abgeschossen worden. Die Bemerkung hatte theoretischen Charakter, da die Zeit für einen solchen Abschuss nicht gereicht hätte. Auch sind um das Regierungsgebäude an der Pennsylvania Avenue offenbar keine Boden-Luft-Raketen in ständiger Bereitschaft.

Mehr Kompetenzen für den Bund

Präsident Bush kam in seiner kurzen Ansprache auf dieses allerletzte Mittel zur Abwendung eines Angriffs auf eine amerikanische Stadt nicht zu sprechen, doch aus Erklärungen von Verteidigungsminister Rumsfeld ging klar hervor, dass diese Eventualität vorgesehen ist. Die Luftraumüberwachung durch Kampfflieger wird verstärkt. Das Ziel des Luftraumschutzes ist es, Flugzeuge daran zu hindern, Unheil anzurichten ähnlich jenem vom 11. September. Dabei ist vorgesehen, für den äussersten Fall die Befehlsgewalt über einen eventuellen Abschuss an zwei regionale Kommandanten der Air Force im Generalsrang zu übertragen. Rumsfeld schilderte an einer Pressekonferenz, dass diesem äussersten Schritt in jedem Fall alle üblichen Massnahmen, um das Passagierflugzeug zur Landung zu zwingen, vorangehen müssten. Überdies seien der Verteidigungsminister und der Präsident über Telefon immer innerhalb einer Minute erreichbar – sofern die Zeit es erlaube, müssten sie kontaktiert werden.

Der Kongress wird diese und weitere Massnahmen erörtern und verabschieden. Das Gegenstück zu den ständigen Patrouillen in der Luft ist die Mobilisierung der Nationalgarde für die einzelnen Flughäfen. Die dafür zuständigen Gouverneure sind gegenüber dem Vorhaben ebenso aufgeschlossen wie die Bürgermeister jener Städte, in denen es Flughäfen gibt. Die Zahl der bewaffneten Air Marshals auf Inlandflügen soll erhöht, die Cockpits sollen besser geschützt werden, auf die Bewaffnung der Piloten will Bush verzichten. Washington ist die erhöhte Sicherheit im Flugwesen 500 Millionen Dollar wert. Unter anderem soll eine landesweite Standardisierung der Sicherheit vorgenommen werden. Zu einer vollständigen Übertragung der Sicherheitskompetenzen an die Föderation wird es nicht kommen, doch wird deren Einfluss laut Bush vergrössert.

In einer etwas überzogenen Interpretation der ökonomischen Abläufe nannte der Präsident die Wiederherstellung des Vertrauens in die Luftfahrt den ersten Schritt zum wirtschaftlichen Wiederaufstieg. Die Worte waren an die Fluggesellschaften gerichtet, die die Entlassung mehrerer zehntausend Beschäftigter bekannt gegeben hatten; die Zuhörer, deren Broterwerb gefährdet ist, schöpften aus ihnen neue Hoffnung, dass der Personalabbau weniger drastisch ausfallen werde. Am Vortag hatte Bush die CIA besucht und ihr mit einer Vertrauenserklärung an die Adresse des Direktors, Tenet, ebenfalls Mut eingeflösst. Der CIA war, wie auch dem FBI, nach dem 11. September von vielen Seiten Versagen vorgeworfen worden. Beide Organisationen sind unersetzlich. Es geht darum, deren Arbeit zu verbessern, und nicht um deren Abschaffung.

Ansätze zur verschärften Beobachtung von unüblichen oder mit Gefahren verbundenen Vorgängen sind vorhanden. In den letzten Tagen hat das FBI herausgefunden, dass viele Bewilligungen für das Fahren von Lastwagen mit gefährlichem Material in den letzten Jahren erschlichen wurden. Zehn Personen wurden in diesem Zusammenhang festgenommen, vier von ihnen waren Iraker. Die erhöhte Aufmerksamkeit wird begrüsst, aber die darüber verbreiteten Meldungen wirken nicht aufbauend und werden auch gern zu wilden Spekulationen darüber herangezogen, ob Terroristen über chemische und biologische Kampfstoffe verfügten.

Jesse Jackson nach Kabul?

Der schwarze Pfarrer Jesse Jackson, dem ein Sinn für spektakuläre Interventionen nachgesagt wird, steht über Zwischenträger in Verbindung mit dem Taliban-Regime und ist bereit, nach Kabul zu reisen. Jackson hat während des Golfkriegs und während der Strafaktion gegen Serbien Reisen in die Hauptstädte des Feindes unternommen und dort in Verhandlungen die Freilassung amerikanischer Gefangener erwirkt. Diesmal geht es vordergründig um die Freilassung von zwei seit vielen Wochen in Afghanistan festgehaltenen amerikanischen Entwicklungshelferinnen. Ihre Angehörigen sind begreiflicherweise an der Mission Jacksons interessiert.

Unklar ist, ob dieser die Reise selbst vorgeschlagen hat oder ob er einer Aufforderung aus Kabul Folge leistet; Taliban-Vertreter in Pakistan haben indessen erklärt, sie würden eine Vermittlungsmission Jacksons gutheissen, und erwarten allem Anschein nach, dass dann hauptsächlich über die Abwendung eines militärischen Schlags durch die Vereinigten Staaten gesprochen werde. Deshalb begegnet die Administration in Washington der Initiative Jacksons kühl. Aussenminister Powell unterstrich, die amerikanischen Forderungen an die Taliban seien nicht verhandelbar. Jackson versichert, er habe sowohl den Nationalen Sicherheitsrat wie das Aussenministerium von seinem Vorhaben unterrichtet.

HEUTE

Umfang 94 Seiten

Berlusconis Rechtshilfe à la carte
Italiens Parlament ist mit der Ratifizierung eines Rechtshilfeabkommens mit der Schweiz beschäftigt. Dabei wird anscheinend auf die persönlichen Interessen von Ministerpräsident Berlusconi Rücksicht genommen.
AUSLAND 3

Im Süden Tadschikistans
An der tadschikisch-afghanischen Grenze ist von Kriegsvorbereitungen wenig zu spüren. Die Grenztruppen vermitteln ein Bild betonter Normalität.
AUSLAND 9

Anti-Korruptions-Parolen in China
Wie die jüngste Tagung des Zentralkomitees gezeigt hat, müht sich Chinas KP nach wie vor mit dem Thema Korruption ab. Mehr als die üblichen Appelle zur Selbstdisziplin waren allerdings auch diesmal nicht zu hören.
AUSLAND 11

Ruf nach Staatshilfe in den USA
Die Gewährung milliardenschwerer Staatsbeihilfen für die amerikanischen Luftfahrtgesellschaften hat zahlreiche Branchen dazu bewogen, mit ähnlichen Hilfegesuchen in Washington vorstellig zu werden.
WIRTSCHAFT 21

Der Streit ums Zürcher Budget 2002
FDP und SVP haben das Budget 2002 als inakzeptabel bezeichnet. Dazu nimmt Finanzdirektor Huber Stellung.
ZÜRICH UND REGION 45

Der lange Weg nach Marathon
Viele Schweizer reisen in den nächsten Wochen wieder an internationale Marathonläufe. Aus der Masse ragt aber nur ein einziger Spitzenmann, Röthlin, hervor.
SPORT 55

Woody Allen und «sein» New York
Woody Allen, leidenschaftlicher New Yorker, ist davon überzeugt, dass seine Stadt die Katastrophe bewältigen wird. Er hofft auf einen Denkzettel für Hollywood.
FILM 67

BEILAGE

Techniken für sicherere Flughäfen
Nach den Terroranschlägen in den USA soll die Sicherheit auf Flughäfen verbessert werden. Es gibt dabei Techniken, die bisher kaum genutzt wurden.
MEDIEN UND INFORMATIK 81

9 771420 531009 01225

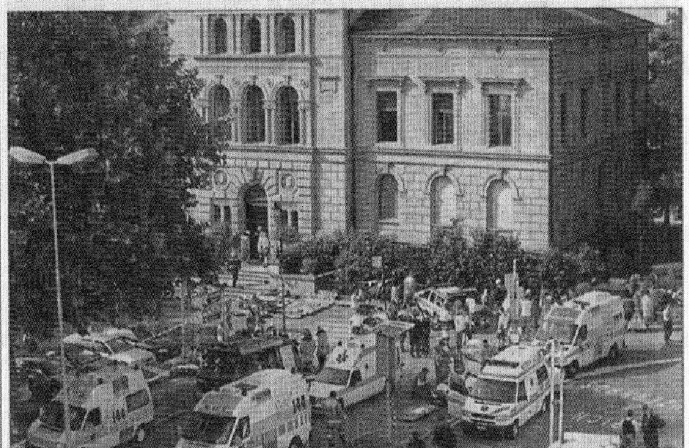

Ambulanzen, bereit zum Abtransport der Verletzten in die Spitäler von Zug und Cham. (Bild key)

15 Tote bei Anschlag auf Zuger Kantonsrat

Rache an den Behörden als Motiv für die Wahnsinnstat

P. S. Die Regierungsräte Peter Bossard und Jean-Paul Flachsmann, die Regierungsrätin Monika Hutter sowie 11 Angehörige des Kantonsrats sind am Donnerstagmorgen im Zuger Regierungsgebäude dem Anschlag eines Einzeltäters zum Opfer gefallen. 15 Personen wurden zum Teil schwer verletzt, unter ihnen Landammann Hanspeter Uster und Regierungsrat Walter Suter. Der Täter war kurz nach 10 Uhr 30 in polizeiähnlichem Tenue in den Kantonsratssaal eingedrungen. Er lief durch den Saal und schoss wiederholt mit einem Sturmgewehr und einer Pistole erst auf Parlamentarier, dann auf die Mitglieder der Regierung und die Vertreter der Medien. Schliesslich kam es zu einer heftigen Detonation, möglicherweise durch eine Handgranate. Beim Täter handelt es sich um den 57-jährigen Friedrich Leibacher aus dem Kanton Zürich. Er richtete sich unmittelbar nach seinem Wüten selber. Vor dem Regierungsgebäude entdeckte die Polizei in seinem Auto weitere Waffen und einen Bekennerbrief, in dem von einem «Tag des Zorns für die Zuger Mafia» die Rede ist. Als mögliches Motiv nennen die Untersuchungsbehörden die Tatsache, dass mehreren Anzeigen Leibachers gegen Personen des öffentlichen Lebens im Kanton Zug kein Erfolg beschieden war.

Politiker in der Schweiz und im Ausland zeigten sich bestürzt über die Tat. Bundespräsident Moritz Leuenberger begab sich am Donnerstagabend nach Zug, wo in der St.-Oswald-Kirche eine stille Andachtsfeier stattfand.

Weitere Berichte Seite 13, 14, 15

Drei Tote bei israelischem Armee-Angriff in Gaza

Vergeltung für Bombenanschlag

Gaza, 27. Sept. (dpa/afp/Reuters) Bei schweren Zusammenstössen sind im Gazastreifen mindestens drei Palästinenser getötet worden. Zu den Zusammenstössen kam es kurz nach dem Treffen von Israels Aussenminister Peres und dem Autonomie-Vorsitzenden Arafat. In der Nacht zum Donnerstag stiessen vier israelische Panzer und ein Bulldozer bei Rafah an der ägyptischen Grenze etwa 200 Meter auf autonomes Palästinensergebiet vor. Die Panzergranaten hätten ein Gebäude zerstört und mehrere Häuser schwer beschädigt, berichteten palästinensische Augenzeugen. Nach palästinensischen Berichten kam es zu einem mehrstündigen Gefecht, in dessen Verlauf 3 Palästinenser getötet wurden. Von den 27 Verletzten schwebten nach Aussagen palästinensischer Ärzte am Donnerstag noch 4 in Lebensgefahr. Es waren die schwersten Gefechte seit mehreren Wochen. Die israelische Armee begründete die Aktion mit einem Bombenanschlag vom Mittwoch, bei dem in der Nähe von Rafah 3 Soldaten verletzt worden waren.

Grünes Licht für «Amber Fox»

Die Nato und Skopje über Mission einig

lts. Brüssel, 27. September

Der Nordatlantikrat hat den Oberbefehlshaber der Nato, General Ralston, ermächtigt, den Truppeneinsatz für die Operation «Amber Fox» in Mazedonien anzuordnen. Nach intensiven Gesprächen, in die sich auch verschiedene europäische Hauptstädte eingeschaltet hatten, konnten die spät noch aufgetauchten Differenzen mit den mazedonischen Behörden ausgeräumt werden. Zwar hatte der mazedonische Präsident, auch auf Drängen der EU, in einem Brief an die Nato um die Bereitstellung der Schutztruppe gebeten, sich aber für ein kleines Kontingent ausgesprochen. Es waren vor allem die EU-Staaten, die innerhalb der Nato für eine «robuste» Operation plädierten, und zwar im Bestreben, durch eine ausreichende militärische Präsenz in der Fläche zur innerstaatlichen Stabilisierung von Mazedonien beitragen zu können.

Nach dem erzielten Kompromiss wird die unter deutscher Führung stehende Mission auf Drängen Skopjes statt der von der Nato vorgesehenen 1000 nur 700 Mann umfassen, allerdings mit der Möglichkeit, bei Bedarf weitere 300 Mann der bereits in Mazedonien stationierten nationalen Unterstützungseinheiten aufbieten zu können. Einigen konnten sich die zwei Seiten auch auf die zeitliche Festlegung des Mandats. Die Nato akzeptierte das Begehren der mazedonischen Behörden, die Präsenz von «Amber Fox» auf drei Monate zu befristen. Im Gegenzug willigte Skopje aber in eine Klausel ein, nach der in Abhängigkeit der Situation im Land eine Verlängerung der Tätigkeit in Erwägung gezogen werden kann. «Amber Fox» löst die als «Essential Harvest» bezeichnete Nato-Operation ab, bei der 4500 Soldaten der Nato die in den letzten 30 Tagen von den albanischstämmigen UCK-Kämpfern freiwillig herausgegebenen Waffen entgegengenommen und zerstört hatten.

Das personell wesentlich bescheidener ausgestattete und leicht bewaffnete Kontingent von «Amber Fox» hat den Auftrag, den Schutz der in

11. September: Terror gegen die USA

11.9., Washington/New York. Die USA erleben den schrecklichsten Anschlag in der Geschichte des internationalen Terrorismus. In New York werden die beiden Türme des World Trade Centers durch einen gezielten Angriff mit gekaperten Passagierflugzeugen zum Einsturz gebracht. Eine weitere Maschine stürzt auf das Pentagon in Washington. Mehrere tausend Menschen werden getötet.

Die mit Messern bewaffneten Täter, 19 Männer, aufgeteilt in Gruppen zu viert bzw. fünft, haben gegen acht Uhr Ortszeit insgesamt vier im Osten der USA gestartete Passagierflugzeuge mit zusammen 265 Menschen an Bord in ihre Gewalt gebracht. Um 8.45 Uhr schlägt die erste Maschine in den nördlichen der über 400 m hohen Türme des World Trade Centers ein. Die Konstruktion bleibt noch 105 Minuten stabil, dann kollabiert der Turm.

Um 9.03 Uhr rast ein zweites Flugzeug in den Südturm des WTC. Gut eine Stunde später bricht das 110-stöckige Gebäude zusammen.

Um 9.43 Uhr stürzt eine dritte Maschine auf das US-Verteidigungsministerium in Washington.

Um 10.29 Uhr zerschellt das vierte gekaperte Flugzeug in Pennsylvania. Es gibt deutliche Hinweise darauf, dass es an Bord zu einem Kampf gekommen ist. Offenbar haben Passagiere verhindert, dass die Maschine in den Landsitz des US-Präsidenten in Camp David oder ein anderes Ziel der Terroristen gesteuert wurde.

Das Ausmaß der Katastrophe insbesondere in New York ist auch nach Wochen noch nicht zu übersehen. Es wird vermutet, dass über 3000 Menschen in den Trümmern des World Trade Centers ums Leben kamen, darunter 250 Feuerwehrleute, 80 Polizisten und zahlreiche weitere Helfer, die nach den Einschlägen der Flugzeuge den vermutlich rd. 25 000 Menschen in den Zwillingstürmen zu Hilfe kamen. In Washington sind bei dem Anschlag 189 Menschen getötet worden. Allein der Schaden an Gebäuden beläuft sich auf 60 Mrd. Dollar, der Schaden für die US-Wirtschaft bewegt sich in Billionenhöhe. **Eine ausführliche Darstellung der Ereignisse des 11. September und der Folgen findet sich auf** **S. 248 ff.**

Die brennenden Türme des World Trade Centers in New York

Qualmwolken steigen aus dem Teil des Pentagons auf, der nach dem gezielten Absturz einer Passagiermaschine in sich zusammengebrochen ist.

Osama bin Laden lenkt Terrornetz

Chronik Hintergrund

Der aus Saudi-Arabien stammende mutmaßliche Terroristenführer Osama bin Laden gilt als »Hauptverdächtiger« für die Anschläge in den USA. Der Multimillionär hat vermutlich im von den islamisch-fundamentalistischen Taliban beherrschten Afghanistan Unterschlupf gefunden, von wo aus er sein Terrornetzwerk Al-Qaida dirigiert. Sein Hauptangriffsziel sind die USA und ihre Einrichtungen in aller Welt. So gehen vermutlich auch die ver-

Osama bin Laden

heerenden Anschläge auf die US-Botschaften in Nairobi und Daressalam 1998 mit 224 Toten auf das Konto Osama bin Ladens.

Seine Gefolgsleute werden nach Erkenntnissen der Geheimdienste in afghanischen Lagern für terroristische Aktivitäten ausgebildet. Sie leben dann u.a. in europäischen Ländern unauffällig als »Schläfer« und werden für ihren »Einsatz« aktiviert. Nach den Anschlägen in New York und Washington führt die Spur zweier Attentäter nach Hamburg. Mohammed Atta und Marwan Al-Shehhi, die zu den Entführern der Passagiermaschinen zählten, studierten an der TU Harburg.

Entsetzen, Trauer und Suche nach Bündnispartnern

Lähmendes Entsetzen verbreitet sich nach den Terroranschlägen in New York und Washington. Fassungslos verfolgen Millionen Menschen weltweit an Fernsehschirmen und Radiogeräten das Geschehen in den USA. Politiker in aller Welt verurteilen die heimtückischen Attentate. Insbesondere in den USA selbst, aber auch in vielen europäischen Ländern gibt es eine Reihe von Trauer- und Gedenkveranstaltungen. Die Europäische Union erklärt den 14. September zum europaweiten Trauertag. Um zwölf Uhr werden für die Opfer des Terrors drei Schweigeminuten eingehalten.

In den USA wird die nationale Trauer am 22. September offiziell durch vier Gottesdienste in New Yorker Stadien beendet; Geistliche verschiedener Religionen rufen dabei zu einem »Gebet für Amerika« auf. Künstler und andere Prominente finden sich zu einer groß angelegten Benefizveranstaltung ein, die via Fernsehen in alle Welt übertragen wird.

Nach dem ersten Schock beziehen sich die Reaktionen einerseits auf das Bedürfnis, die Schuldigen zu fassen und zu bestrafen, andererseits gibt es eine Vielzahl von Appellen, trotz der grauenvollen Taten Besonnenheit zu bewahren und insbesondere nicht alle Anhänger des Islam für die Taten einzelner Mitglieder ihrer Glaubensgemeinschaft verantwortlich zu machen. New Yorks Bürgermeister Rudolph Giuliani, der in den Stunden und Tagen nach dem Desaster überall präsent zu sein scheint und den Bürgern seiner Stadt Mut zuspricht, erklärt: »Hass, Vorurteile und Wut haben diese schreckliche Katastrophe verursacht, aber wir New Yorker sollten anders sein. Wir sollten tolerant sein und tapfer. Wir sollten unsere Arbeit tun und diesen Menschen so zeigen, dass sie uns nicht stoppen können.«

US-Präsident George W. Bush, der schon wenige Tage nach den Attentaten die Einberufung von 50 000 Reservisten angeordnet hat und die militärische Präsenz seines Landes in der Golfregion und im Indischen Ozean verstärken lässt, skizziert am 20. September in einer kämpferischen Rede vor dem Kongress in Washington die Vorgehensweise seines Landes. Als Drahtzieher der Anschläge nennt er den Muslim-Extremisten Osama bin Laden (→ S. 158), der in Afghanistan vermutet wird. Bush verlangt von der radikal-islamischen Talibanregierung die sofortige Auslieferung bin Ladens und bekräftigt noch einmal, dass die Gegenschläge der USA sich auch gegen jene richten würden, die Terroristen Unterschlupf gewähren. »Entweder seid ihr mit uns oder mit den Terroristen.«

14. September: Die Trauer um die Opfer ist groß – Kerzen vor einer New Yorker Feuerwache, die allein 15 Mann ihrer Besatzung vermisst. Während in den ersten Tagen von »Ground Zero«, wie der Ort der Katastrophe bald genannt wird, noch Überlebende gerettet werden können, stehen die Helfer später einer ebenso grauenvollen wie hoffnungslosen Arbeit gegenüber, dem Versuch, möglichst viele menschliche Überreste aus den Trümmern zu bergen.

Zuvor haben Bush und sein Außenminister Colin Powell sich auf diplomatischem Wege um eine möglichst umfassende Allianz gegen den Terror bemüht. Von Seiten der NATO-Verbündeten ist ihnen jede Unterstützung sicher. Der NATO-Rat in Brüssel erklärt noch am Abend der Anschläge den Verteidigungsfall, der allerdings erst in Kraft tritt, wenn die USA einen Angriff von außen offiziell feststellen. Bundeskanzler Gerhard Schröder versichert die USA der uneingeschränkten Solidarität der Deutschen. Diese schließe auch militärischen Beistand ein (→ 16.11./S. 196). Auch der russische Präsident Wladimir Putin signalisiert Zustimmung zu einem möglichen militärischen Vorgehen der USA. Größere Schwierigkeiten gibt es dagegen, auch die islamischen, insbesondere die arabischen, Staaten in die Allianz einzubinden.

Verzweifelt versucht eine Frau Nachrichten über ihren Mann zu erhalten.

Giuliani (l.), Bush (M.) und Feuerwehrchef Thomas Von Essen

Linksruck bei Parlamentswahl in Polen

23.9., Warschau. Bei der Parlamentswahl in Polen siegt erwartungsgemäß die Allianz aus Demokratischem Linksbündnis (SLD) und der gewerkschaftlich orientierten Union der Arbeit (UP) unter Führung von Leszek Miller.

Mit 41,0% der Stimmen bzw. 216 der 460 Sitze im Sejm ist das Wahlbündnis aber auf einen Koalitionspartner angewiesen. Wie von Staatspräsident Aleksander Kwasniewski vorgeschlagen, bildet das Linksbündnis eine Regierung mit der europaskeptischen früheren Blockpartei PSL. Miller wird am 19. Oktober als Regierungschef vereidigt. Er hatte bis zum Zusammenbruch der kommunistischen Herrschaft 1989 dem Zentralkomitee der polnischen KP angehört.

Nicht mehr im Parlament vertreten sind die konservative Wahlallianz Solidarität (AWS) und die liberale Freiheitsunion (UW), die nach der Wahl im Jahr 1997 eine Koalition gebildet hatten und mit Jerzy Buzek bisher den Ministerpräsidenten stellten.

Leszek Miller (2.v.r.) bei der Siegesfeier nach den Parlamentswahlen

Arnold Rüütel wird Estlands Präsident

21.9., Tallinn. Überraschend wird der frühere Reformkommunist Arnold Rüütel zum Staatspräsidenten Estlands gewählt. Der 73-Jährige löst den international renommierten Lennart Meri ab, der nach zwei Amtszeiten nicht wieder kandidieren durfte.

Rüütel setzt sich in einer Stichwahl gegen den Parlamentspräsidenten Toomas Savi durch. Gewählt wird er von einer Bundesversammlung, der die Parlamentsabgeordneten sowie Vertreter der Regionen und Kommunen angehören.

Der neue Präsident gehörte zu Sowjetzeiten zur Nomenklatura der Partei, wandelte sich aber in der Zeit der Perestroika Mitte der 80er Jahre vom Vertreter Moskaus zum Verfechter der staatlichen Eigenständigkeit seines Landes und zur Hinwendung nach Westen. 1991 war er als Vorsitzender des Obersten Sowjets der Estnischen Sowjetrepublik maßgeblich daran beteiligt, dass sein Land die Unabhängigkeit von Moskau erhielt.

Richtungswechsel in Oslo

10.9., Oslo. Die norwegische Regierung erleidet eine Wahlschlappe. Die Sozialdemokraten von Ministerpräsident Jens Stoltenberg, der bislang ein Minderheitskabinett leitete, bleiben zwar stärkste Partei im Parlament, rutschen aber gegenüber 1997 um über zehn Prozentpunkte auf 24,4% ab. Trotz der schweren Niederlage sieht Stoltenberg zunächst keinen Grund, sein Regierungsamt aufzugeben.

Als Ursache für die drastische Niederlage gilt neben Flügelkämpfen in der Regierungspartei vor allem die Ölpolitik. Stoltenberg hat die riesigen Einnahmen aus der norwegischen Ölförderung in staatlichen Fonds angelegt und sie nicht zur Sanierung des mangelhaften Sozialsystems genutzt. Damit hat er viele Wähler verprellt.

Erst knapp sechs Wochen nach der Wahl kommt eine neue Regierung zustande, ein Bündnis der konservativen Höyre-Partei mit Christdemokraten und Liberalen. Gemeinsam verfügen sie über 62 der 165 Sitze im Parlament. Die rechtsextreme Fortschrittspartei, die 26 Sitze innehat, will die Regierung unterstützen.

Ministerpräsident wird der Chef der Christdemokraten, Kjell Magne Bondevik, der schon von 1997 bis 2000 regiert hatte. Jan Petersen, der Vorsitzende der mit 38 Mandaten größten Regierungspartei Höyre, übernimmt das Amt des Außenministers.

Höyre-Chef Jan Petersen und seine Frau Vesla

Lukaschenko lässt wählen

9.9., Minsk. Bei der Präsidentenwahl in Weißrussland wird Amtsinhaber Alexander Lukaschenko mit 75,6% der Stimmen bestätigt. Internationale Beobachter sprechen von massivem Wahlbetrug. Der Oppositionskandidat Wladimir Gontscharik verlangt die Annullierung des Urnengangs.

Lukaschenko, seit 1994 Staatsoberhaupt und Regierungschef, wird wegen seiner autoritären Amtsführung auch im eigenen Land heftig angegriffen. In jüngster Zeit gab es vermehrt Hinweise darauf, dass eine Sondereinheit der Polizei auf politische Gegner des Präsidenten angesetzt ist.

Wahlplakate für Lukaschenko und Gontscharik (blauer Hintergrund)

Zerbrechlicher Friede in Nordirland

5.9., Belfast. In Nordirland gerät das Friedensabkommen neuerlich in Gefahr. Wegen des Streits um den Schulweg katholischer Kinder durch ein protestantisches Viertel in der Hauptstadt der halb-autonomen britischen Provinz eskaliert die Gewalt.

Radikale Protestanten werfen eine Bombe auf Polizisten, die katholische Kinder auf dem Schulweg beschützen. Es ist bereits der dritte Tag gewalttätiger Auseinandersetzungen vor der katholischen Schule. Mehrere Polizisten werden verletzt, als der selbst gebaute Sprengsatz explodiert. Für den Anschlag übernimmt eine Gruppe namens »Red Hand Defenders« die Verantwortung.

Schon zuvor ist der im sog. Karfreitagsabkommen von 1998 vereinbarte Friedensprozess zwischen Protestanten und Katholiken in Nordirland ins Stocken geraten. Grund ist die Weigerung der katholischen Untergrundarmee IRA, nachweisbar mit der zugesagten Vernichtung ihrer Waffenarsenale zu beginnen. Der Erste Minister der überkonfessionellen All-Parteien-Regierung, David Trimble von der protestantischen Ulster Unionist Party (UUP), war deshalb im Juli zurückgetreten. Der Streit auf politischer Ebene heizt die Stimmung unter den Extremisten auf beiden Seiten auf. Nach dem Konflikt um den Schulweg kommt es im September wiederholt zu Zusammenstößen und Straßenschlachten.

Um den Friedensprozess zu retten und mehr Zeit für die Suche nach einer Lösung zu gewinnen, greift die Regierung in London zweimal zu einem Trick. Da nach sechs Wochen ohne Regierungschef in Nordirland Neuwahlen ausgeschrieben werden müssten, setzt sie Mitte August und Ende September jeweils für einen Tag die Selbstverwaltung der Provinz außer Kraft, so dass die Konfliktparteien zweimal sechs Wochen Zeit für Verhandlungen gewinnen.

Das Verfahren hat schließlich Erfolg: Am 23. Oktober teilt die IRA mit, dass sie einen Teil ihrer Waffen unschädlich gemacht habe. Dies wird von der internationalen Abrüstungskommission bestätigt. Die britische Regierung beginnt ihrerseits mit dem Abbau von Militärbasen in Nordirland.

Unter Polizeischutz gehen katholische Kinder in Belfast zur Schule.

Gewaltspuren: Teenager neben einem ausgebrannten Auto

Ein britischer Soldat hält in Belfast Wache – das Gewehr im Anschlag.

Mühevolle Wahl für David Trimble

Chronik Ausblick

Mit einem Verfahrenstrick gelingt es am 6. November, Nordirland wieder eine voll funktionsfähige Regierung zu verschaffen. Mit den Stimmen der überkonfessionellen Alliance Party, deren Abgeordnete eigens ins protestantische Lager übergetreten sind, wird Friedensnobelpreisträger David Trimble erneut zum Ersten Minister gewählt.

Vier Tage zuvor hat er im ersten Wahldurchgang eine empfindliche Niederlage kassiert: Zwar erzielte er in der Regionalversammlung mit insgesamt über 70% eine ausreichende Stimmenzahl, doch verfehlte er die vorgeschriebene Mehrheit jeweils der protestantischen und der katholischen Abgeordneten ausgerechnet im eigenen Lager. Neben den Delegierten der radikal protestantischen Democratic Unionist Party (DUP) des Pastors Ian Paisley verweigerten zwei Rebellen aus seiner UUP Trimble die Zustimmung. Als sich dank der Alliance Party eine Lösung abzeichnete, setzte der britische Nordirlandminister John Reid eine Wiederholung der Wahl an – wogegen die DUP vergeblich einen Gerichtsentscheid zu erwirken versuchte. Der halb-autonome Status Nordirlands ist durch das »Karfreitagsabkommen« von 1998 festgelegt. In dem Friedensplan ist u.a. die Wahl einer Regionalversammlung vorgesehen, in der die Macht zwischen Protestanten und Katholiken geteilt wird. Das Parlament bestimmt die Regierung.

Trimble, G. Adams (Sinn Fein)

Feuerwehrleute bergen ein Opfer der Explosion in Toulouse.

Nur noch die Skelette der Fabrikhallen stehen nach der Detonation.

Explosion in Toulouse kostet 29 Menschen das Leben

21.9., Toulouse. Mindestens 29 Menschen kommen bei einer Explosion auf dem Gelände einer Düngerfabrik im französischen Toulouse ums Leben.

Bei der Detonation entsteht ein Trichter von 12 m Tiefe und 50 m Durchmesser. Nicht nur das Firmengelände gleicht einem Trümmerfeld, sondern auch die umliegenden Gebäude tragen schwere Schäden davon. Sieben der Todesopfer sind außerhalb der Fabrik getötet worden. Hunderte von Häusern sind nicht mehr reparabel, darunter ein Krankenhaus, Schulen und Gebäude der Universität Toulouse-le-Mirail. Der entstandene Schaden geht vermutlich in die Milliarden.

Über die Ursache der Katastrophe herrscht Unklarheit. Möglicherweise ist ein Hangar, in dem 300 t Ammoniumnitrate gelagert wurden, explodiert, nachdem ein kritischer Temperaturwert überschritten war. Nach den Terroranschlägen in den USA am → 11. September (S. 158) wird aber auch spekuliert, dass es sich um ein Attentat gehandelt haben könnte. Ebenso wird ein Sabotageakt nicht ausgeschlossen.

Die Chemiefabrik wurde in den 20er Jahren gebaut, damals noch außerhalb der Stadtgrenzen von Toulouse. Inzwischen steht sie aber mitten in einem Wohngebiet. Seit Jahren war diese Situation wegen der Gefährlichkeit der Produktion und der in der Fabrik gelagerten Stoffe kritisiert worden.

Die TotalFinaElf-Gruppe als Eigentümerin der Fabrik stellt als Soforthilfe einen Sonderfonds von 3 Mio. DM bereit. Auch Premierminister Lionel Jospin sagt Regierungsmittel in Millionenhöhe zu.

Blutbad im Parlament

27.9., Zug. Ein als Polizist verkleideter Amokläufer erschießt im Parlament des Schweizerischen Kantons 14 Menschen und tötet anschließend sich selbst. 15 weitere Personen werden z.T. erheblich verletzt.

Der 57-Jährige, den Nachbarn als »ganz still und unauffällig« beschreiben, war mehrfach vorbestraft und fiel durch permanente Querelen mit den Behörden auf. Offenbar fühlte er sich als Opfer einer Verschwörung. Im Bekennerschreiben legt er seinen Kampf gegen die Zuger »Mafia« ausführlich dar.

Nach dem Motto je mehr Demokratie, desto weniger Bodyguards gibt es in der Schweiz traditionell nur geringe Sicherheitsvorkehrungen für Politiker und politische Institutionen. Dies wird sich nun möglicherweise ändern.

Entsetzen prägt die Gesichter der Überlebenden in Zug.

Vor dem Kantonsparlament in Zug werden Verletzte versorgt.

Putin spricht vor dem Bundestag

25. 9., Berlin. Der russische Präsident Wladimir Putin trifft zu einem dreitägigen Staatsbesuch in Deutschland ein. Höhepunkt der Visite ist seine in weiten Passagen auf Deutsch gehaltene Rede vor dem Bundestag, in der er als Konsequenz aus den Anschlägen in den USA den Aufbau eines neuen globalen Sicherheitssystems unter Einschluss seines Landes fordert.

»Der Kalte Krieg ist vorbei«, erklärt Putin. Politiker in Ost und West müssten nun lernen, einander zu vertrauen. In Gesprächen mit der Presse deutet er schließlich sogar an, Russland sei bereit, Verhandlungen über eine Aufnahme in die NATO zu führen. Zuvor haben Bundeskanzler Gerhard Schröder und der russische Präsident eine verstärkte Zusammenarbeit im Bereich der Sicherheit vereinbart. Wirtschaftsfragen stehen beim Besuch in Nordrhein-Westfalen im Mittelpunkt. Putin fordert zu weiteren Investitionen in Russland auf und sagt Deutschland zusätzliche Erdöllieferungen zu, falls der Kampf gegen den Terrorismus eine neue Energiekrise auslösen sollte. Am 27. September beendet Putin seine Deutschlandreise in Dresden, wo er von 1984 bis 1990 als Offizier des damaligen sowjetischen Geheimdienstes KGB stationiert war. Bei einem Besuch der Gemäldegalerie Alte Meister gibt er drei Kunstwerke zurück, die während des Zweiten Weltkriegs verschollen waren und kürzlich in Russland wieder aufgetaucht sind. Menschenrechtler warnen anlässlich des Putin-Besuchs eindringlich vor einer unkritischen Haltung Deutschlands gegenüber der russischen Tschetschenien-Politik, nachdem Schröder ein Umdenken in dieser Frage angeregt hat. Die abtrünnige Kaukasus-Republik sei Teil einer Region, von der eine erhebliche Bedrohung ausgehe. Dagegen betont amnesty international, für die »massiven Menschenrechtsverletzungen« in Tschetschenien könne es keine Rechtfertigung geben.

Putin genießt den Applaus von Schröder und den Fraktionsspitzen.

Bürgerrechte der Türken gestärkt

26. 9., Ankara. Das türkische Parlament verabschiedet eine umfangreiche Verfassungsreform, mit der die Bürgerrechte erheblich gestärkt werden. Die Neuerungen sind dazu geeignet, Forderungen der Europäischen Union zu erfüllen, die in wenigen Wochen einen Bericht über die Fortschritte der Türkei auf dem Weg in die EU vorlegen wird. Eines der strittigsten Themen bleibt die Todesstrafe, die nach der Verfassungsreform nur noch in Kriegszeiten und bei Terrorismus gelten soll. Eine gänzliche Abschaffung, wie sie u. a. von Abgeordneten der DSP, der Partei des Regierungschefs Bülent Ecevit, gefordert wurde, konnte nicht durchgesetzt werden. Allerdings ist die Todesstrafe in der Türkei seit 1984 nicht mehr vollstreckt worden.

Das von Menschenrechtsorganisationen heftig kritisierte Verbot von Fernseh- und Radioprogrammen in kurdischer Sprache wird aus der Verfassung gestrichen. Ebenso werden eine Reihe von Bestimmungen über Bürgerrechte europäischen Vorstellungen und Normen angepasst. Die Position des Einzelnen gegenüber den Behörden erfährt eine deutliche Stärkung. Die Tageszeitung »Hürriyet« feiert gar »den neuen Türken«, der »nicht mehr beliebig durchsucht, nicht mehr abgehört, nicht mehr plötzlich verschwinden« werde. »Er wird reden und kritisieren dürfen.« Auch die Gleichberechtigung von Mann und Frau ist künftig in der Verfassung verankert. Kritiker bemängeln aber, dass die starke Position des Militärs durch die Änderungen der Verfassung nicht wirklich beschnitten wird; der Staatssicherheitsrat, dem Politiker und hohe Militärs angehören, bleibt bestehen.

Bülent Ecevit mit seiner Frau Rahsan

Strategien gegen den Welthunger

6. 9., Bonn. Mit Appellen an die Regierungen in aller Welt, sich auch finanziell stärker für die Bekämpfung des Hungers einzusetzen, geht die Welternährungskonferenz zu Ende. Über die nötigen Strategien gegen den Welthunger seien sich Agrar- und Entwicklungsexperten weit gehend einig, heißt es. Nun müssten die Erkenntnisse umgesetzt werden.

Einen »Management-Plan«, an dem Erfolge und Misserfolge der Ernährungspolitik zu messen seien, fordert der Generalsekretär der Deutschen Welthungerhilfe, Volker Hausmann. Nur so könnten die Anstrengungen beschleunigt werden. Zudem müsse man schneller auf Ernährungsprobleme in einzelnen Ländern reagieren.

Hightech-Firmen rücken zusammen

4. 9., Palo Alto. Das kalifornische Computer-Unternehmen Hewlett Packard übernimmt – sofern die Aktionäre zustimmen – den kleineren Konkurrenten Compaq. Beide Unternehmen mussten zuletzt in einem schrumpfenden Markt deutliche Verluste hinnehmen.

Der neue Konzern wird mit einem Umsatz von über 87 Mrd. US-Dollar hinter IBM zum Branchenzweiten. An der neuen Gesellschaft halten HP 64% und Compaq 36%. An der Spitze des neuen Konzerns steht die bisherige Chefin des größeren Partners, Carly Fiorina. Sie hält an der Fusion trotz Bedenken der Familie Hewlett, die im HP-Aufsichtsrat vertreten ist, fest.

Top-Managerin Carly Fiorina

Im Gebiet Los Chanares in Argentinien entdecken Wissenschaftler einen riesigen Dinosaurierfriedhof; hier wird ein Rückgrat freigelegt.

Der genetisch veränderte Affe ANDi aus Oregon; sein Name ergibt sich – rückwärts gelesen – aus »inserted DNA« (eingefügte DNA).

Wissenschaft und Technik 2001:

Evolution der Arten – Neues von der Genforschung

Chronik Übersicht

Wer versucht, in der Flut der Innovationen einen Schwerpunkt auszumachen, der findet ihn 2001 bei den Biowissenschaften, und zwar nicht nur bei modernster Gen- und Medizinforschung, sondern auch bei der Entdeckung bisher unbekannter Arten.

Mehrere Forscher verlangen aufgrund jüngster Funde, die Auffassungen vom prähistorischen Werdegang des Menschen zu revidieren. Bereits Ende Oktober 2000 hatten Wissenschaftler in Kenia Skelettreste eines Wesens entdeckt, das bald als »Millennium-Mensch« von sich reden machte. Etwas genauere Untersuchungen führen 2001 zu einer Beschreibung dieser Art mit Namen Ororin tugenensis. Es scheint glaubhaft, dass es sich dabei in gerader Linie um einen Vorfahren der Gattung Homo handelt, der vor rd. 6 Mio. Jahren lebte. Die Trennung der Menschartigen (Hominiden) und der afrikanischen Großaffen muss demnach noch weiter zurückliegen, vermutlich bei 9 bis 8 Mio. Jahren. Die Knochen aus Kenia sind fast doppelt so alt wie die des berühmten Urmenschen »Lucy«.

Einen weiteren Beleg für die neue Sichtweise gibt es im Juli 2001, als ein internationales Forscherteam in Äthiopien die Knochen eines Urmenschen (Ardipithecus ramidus kadabba) entdeckt, der mit recht großer Sicherheit ebenfalls ein Vorfahr der heutigen Menschen war.

Im März 2001 findet ein Forscherteam um die kenianische Paläoanthropologin Meave Leakey ferner die rd. 3,5 Mio. Jahre alten Knochen einer inzwischen als Kenyanthropus platyops (»flachgesichtiger Mensch aus Kenia«) beschriebenen Menschenart der Vorzeit. Sie beweisen, dass es damals zwei Linien in der Entwicklung unserer Vorfahren gab. Zeit-

genosse des Kenyanthropus war der Australopithecus.

Die ersten Säugetiermerkmale waren bisher von Arten bekannt, die vor etwa 150 Mio. Jahren die Erde bevölkerten. In Chinas Provinz Yunnan fanden Forscher vor einigen Jahren den nur 1,5 cm großen, gut erhaltenen Schädel eines Winzlings, der dort vor rd. 195 Mio. Jahren lebte. Das Fossil wird 2001 genau untersucht und die Art als Hadricodium wui beschrieben. In dem Wesen sehen prominente Forscher das erste bekannte Säugetier überhaupt. Zugleich ist es mit nur etwa 2 g Lebendgewicht das kleinste.

◁ Die Erforschung der DNA und ihrer Funktion als »Protein-Programmierer« schreitet an vielen Fronten voran. Dazu gehören auch Röntenlaser-Untersuchungen, mit deren Hilfe es gelungen ist, die hier grafisch dargestellte Struktur zu entschlüsseln.

Faszinierend sind die zahlreichen Dinosaurierfunde. Im argentinischen Patagonien stoßen Wissenschaftler auf einen riesigen Dinosaurierfriedhof aus der Zeit vor 150 Mio. Jahren. Schon im Vorjahr haben Grabungen in Argentinien die fossilen Skelette des größten bisher bekannten Fleisch fressenden und des mit 48 bis 59 m Länge größten Pflanzen fressenden Dinosauriers zutage gebracht. Auf den zweitgrößten Pflanzenfresser aller Zeiten – den Dinosaurier Paralititan stromeri – stoßen US-Forscher 2001 in Ägypten. Er muss lebend rd. 100 t gewogen und Füße von wenigstens 1 m Durchmesser besessen haben. Zwei bisher unbekannte Dinosaurier, die vor fast 100 Mio. Jahren lebten, stöbern US-Forscher in New Mexico auf – einen schnellen, zweibeinigen Fleischfresser mit Greifarmen und Klauen und einen langhalsigen, zweibeinigen Pflanzenfresser mit Zottelfell. Schließlich graben US-Wissenschaftler auf Madagaskar das bisher vollständigste Skelett eines Titanosauriers aus. In derselben Gegend im Nordwesten der Insel entdeckt das Team auch einen 1,8 m langen, schnellen Verwandten des Tyrannosaurus (beschrieben als Masiakasaurus knopfleri).

Am »anderen Ende der Evoluti-

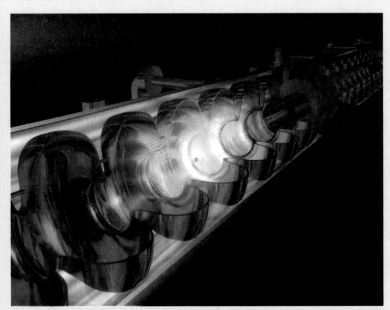

Der Elektron-Positron-Linearbeschleuniger TESLA in Hamburg kann Teilchen nahezu auf Lichtgeschwindigkeit beschleunigen.

Einen Höhenweltrekord (23 183 m) stellte in den USA das unbemannte Solarflugzeug »Helios« auf. Es ist von einem Computer ferngelenkt.

on« stehen Experimente, Pflanzen, Tiere und sogar Menschen genetisch zu verändern. Wurde in den Vorjahren immer wieder von »geglückten Versuchen« berichtet, deren Resultate Tiere mit künstlich verändertem Erbgut waren, so müssen die Experten 2001 angesichts der Pläne, Menschen genetisch zu verändern oder auch zu klonen, doch zugeben, dass kein einziges der bisher durchgeführten Tierexperimente zu einem gesunden Lebewesen geführt hat. Im Erbgut der künstlich erzeugten Arten befanden sich teilweise andere genetische Sequenzen als die im Labor vorsätzlich eingetragenen. Vermutlich entstehen diese Gensequenzen in natürlichen Rekombinationen von Genbruchstücken infolge des Eingriffs. Indes schreiten die Versuche mit genetisch veränderten Pflanzen und Tieren fort. Wie problematisch diese Arbeiten sind, beweist die »Erzeugung« des genetisch veränderten Äffchens ANDi. Zunächst hatte ein Forscherteam der Universität Oregon 224 Eizellen genetisch verändert. Nach der Befruchtung entstanden daraus nur 40 Embryonen, aus denen fünf Schwangerschaften resultierten. Drei Äffchen kamen lebend auf die Welt, nur ein einziges, ANDi, integrierte das »harmlose« zusätzliche Gen, das lediglich zur Markierung dient. Obwohl das Tierchen äußerlich gesund und munter wirkt, kann derzeit niemand

sagen, ob es nicht Defekte in sich trägt, die erst in höherem Alter evident werden.

Der weltweit erste Versuch, eine vom Aussterben bedrohte Tierart – das ostasiatische Rind Gaur – zu klonen, misslingt. Auch andere biologische Experimente erregen weltweit Aufsehen: So züchten US-Forscher erstmals Mäuse mit menschlichen Hirnzellen, indem sie den kleinen Nagern menschliche Stammzellen ins Gehirn spritzen. Begründung: Die Forscher wollen Medikamente und Therapien gegen Alzheimer und die parkinsonsche Krankheit untersuchen. Ähnliche Experimente unternimmt der Chinese Chen Xigu, der erstmals menschliches Erbgut in die Eizelle von Kaninchen pflanzt. Der Gentechniker aus Kanton räumt zwar ein, dass seine Arbeit »gegen höchste Ansprüche ethischer Standards verstoßen könne«, hält sie aber dennoch für vertretbar.

Auf rein technischem Sektor sei erwähnt, dass Wissenschaftler in den USA die genaueste Uhr der Welt bauen, eine neuartige optische Atomuhr, die 20-mal so präzise arbeitet wie die bisher besten, anders konstruierten Atomuhren. Die Innovation basiert auf Schwingungen eines einzelnen, in einem Vakuumbehälter eingeschlossenen Quecksilbermoleküls, das sichtbare Lichtstrahlen aussendet, deren Frequenz elektronisch ausgezählt wird.

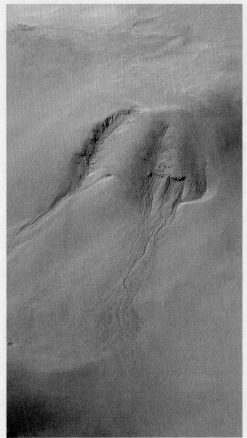

◁ *Die Indizien, dass es auf dem Mars einmal niedrige Lebensformen gab und vielleicht noch heute gibt, verdichten sich in vielfältiger Weise. Die Sonde »Global Surveyor« erbringt Hinweise auf frühere Wasserströme und heutiges Eisvorkommen, die ein Leben auf dem Mars denkbar erscheinen lassen; Wissenschaftler aus Budapest melden, sie hätten schwarze Flecken von 10 bis einigen 100 m Größe auf dem Roten Planeten entdeckt, die sich im Frühjahr vergrößern, um dann im Marsherbst und -winter zurückzugehen. Sie vermuten darin photosynthetisch aktive Lebensformen, vergleichbar mit Algen oder Flechten, wie sie sich in den polaren Regionen der Erde finden.*

Rätselhafte Planetensysteme entdeckt

Ratlosigkeit löst bei den Astronomen die Entdeckung zweier neuer Planetensysteme aus, die weder einander noch dem Sonnensystem ähneln. In einem der beiden umkreist außer einem massiven Planeten ein bisher nicht näher

identifiziertes Objekt einen sonnenähnlichen Stern. Es ist 17-mal so groß wie Jupiter, der weitaus größte Planet des Sonnensystems. Seine Existenz scheint fundamentale Gesetze der Himmelsmechanik über den Haufen zu werfen.

Bürgerblock triumphiert in Hamburg

23.9., Hamburg. Erstmals seit 44 Jahren steht in der Hansestadt ein Machtwechsel an. Bei der Bürgerschaftswahl erhält der sog. Bürgerblock, das angestrebte Bündnis aus CDU, der Partei Rechtsstaatliche Offensive (PRO) und FDP, eine Mehrheit von 64 der 121 Sitze.

Die SPD mit dem bisherigen Bürgermeister Ortwin Runde an der Spitze kann gegenüber dem Ergebnis von 1997 (dem schlechtesten seit 1945) zwar geringfügig zulegen, doch rutscht ihr Koalitionspartner, die Grün-Alternative Liste (GAL), um 5,4 Prozentpunkte ab. Damit ist die Mehrheit in der Bürgerschaft verloren.

Gewinnerin der Wahl ist die erst vor wenigen Monaten gegündete PRO des Amtsrichters Ronald Schill, die ihren Wahlkampf hauptsächlich auf die innere Sicherheit der Stadt abgestellt und für diesen Bereich vollmundige Versprechungen gemacht hat – u. a. die Halbierung der Verbrechensrate binnen 100 Tagen und die Neueinstellung von 2000 Polizisten. Vor allem in Problemstadtteilen kann Schill, der wegen etlicher harscher Urteile von seinen Gegnern als »Richter Gnadenlos« betitelt wird, viele Bürger überzeugen. Dabei konnte die Schill-Partei vor allem bei der älteren Generation Stimmen gewinnen. Insbesondere die beiden großen Parteien CDU und SPD mussten Wähler an den Richter abgeben. Grüne und Liberale ließen sich nicht von Schills Versprechungen beeindrucken. Erfolg hatte Schill aber auch mit der Mobilisierung von Nichtwählern.

Siegreich kann sich auch die FDP fühlen, die nach acht Jahren wieder

△ *Strahlende Wahlsieger, v.l.: Rudolf Lange (FDP), Ole von Beust (CDU), Ronald Schill (PRO); dem Amtsrichter, dessen in der Öffentlichkeit überwiegend unter dem Namen ihres Gründers bekannte Partei es aus dem Stand auf fast 20% der Stimmen bringt, könnten allerdings noch Probleme ins Haus stehen: Schill muss sich im Dezember wegen Rechtsbeugung selbst vor Gericht verantworten.*

Bürgerschaftswahl in Hamburg				
Partei	Stimmen in %		Sitze	
	2001	1997	2001	1997
SPD	36,5	36,2	46	54
CDU	26,2	30,7	33	46
PRO	19,4	–	25	–
GAL	8,5	13,9	11	21
FDP	5,1	3,5	6	–
DVU	0,7	4,9	–	–
Sonstige	3,6	2,8	–	–

ins Stadtparlament einzieht. Die CDU muss dagegen mit dem Verlust von 4,5 Prozentpunkten fertig werden; gleichwohl steht ihrem Spitzenkandidaten Ole von Beust nun der Weg zum Bürgermeisteramt offen.

Wie erwartet nehmen CDU, PRO und FDP Koalitionsverhandlungen auf, die erfolgreich abgeschlossen werden. Am 31. Oktober wählt die Bürgerschaft von Beust mit 62 Ja-Stimmen zum neuen Regierungschef. In seiner Mitte-Rechts-Koalition ist die FDP mit zwei Senatoren vertreten, die PRO stellt drei Regierungsmitglieder, darunter den neuen Innensenator Schill. Einen Kultursenator benennt von Beust zunächst nicht, nachdem seine Wunschkandidatin Nike Wagner unter Hinweis auf den dürftigen Kulturetat der Hansestadt abgewunken hat.

Abgewählt: SPD-Bürgermeister Ortwin Runde

Ratlos: GAL-Politiker Kurt Edler und Krista Sager

Kündigungsfrist für Mieter kürzer

1.9., Berlin. In Deutschland tritt ein neues Mietrecht mit folgenden wichtigen Änderungen in Kraft.

Kündigung: Der Mieter kann einen unbefristeten Mietvertrag mit drei Monaten Frist kündigen, ohne dass sich diese Zeitspanne wie bisher bei längerer Mietdauer ausdehnt. Dies gilt auch für Verträge, die vor dem 1. September 2001 geschlossen wurden, sofern darin nicht ausdrücklich andere als die gesetzlichen Kündigungsfristen vereinbart sind. Für den Vermieter gelten weiterhin gestaffelte Kündigungsfristen von bis zu neun Monaten bei einer Mietdauer von mehr als zehn Jahren.

Zeitmietverträge: Befristete Mietverträge dürfen nur noch dann geschlossen werden, wenn einer der drei anerkannten Gründe zur Beendigung des Mietverhältnisses – Eigenbedarf; Abriss, Umbau, Sanierung; Werkswohnung – im Vertrag genannt ist. Fehlt ein solcher Hinweis, ist der Vertrag unbefristet.

Betriebskosten: Die Betriebskosten müssen innerhalb eines Jahres abgerechnet werden, sonst kann der Vermieter keine Nachforderungen mehr stellen. Die Betriebskosten richten sich nicht mehr nach der Personenzahl, sondern nach der Größe der Wohnung, und sie müssen verbrauchsabhängig abgerechnet werden, sofern dies technisch möglich ist.

Mieterhöhungen: Die sog. Kappungsgrenze wird von 30 auf 20% gesenkt. Damit kann die Miete innerhalb von drei Jahren nur noch um höchstens 20% heraufgesetzt werden. Weiterhin darf aber die ortsübliche Vergleichsmiete nicht überschritten werden.

Modernisierung: Drei statt bislang zwei Monate im Voraus muss der Vermieter Modernisierungsmaßnahmen ankündigen und dabei Aussagen über Art, Beginn und Dauer der Arbeiten sowie über die zu erwartende Mieterhöhung nach der Modernisierung machen.

Kaution: Der Vermieter darf vom Mieter bis zu drei Monatsmieten Kaution verlangen. Diese muss er getrennt von seinem übrigen Vermögen verzinslich anlegen, wobei nun die Möglichkeit, eine lohnendere Anlage als das Sparbuch zu wählen, ausdrücklich im Gesetzestext erwähnt wird.

Bundesverfassungsgericht wird 50

28. 9., Karlsruhe. Das 50-jährige Bestehen des Bundesverfassungsgerichts wird mit einem Festakt im Badischen Staatstheater begangen. Mit Bundespräsident Johannes Rau, Kanzler Gerhard Schröder, Bundestagspräsident Wolfgang Thierse und Bundesratspräsident Kurt Beck ist in Karlsruhe die gesamte Staatsspitze vertreten. Außerdem beehren viele Präsidenten der Verfassungsgerichte europäischer Staaten die Grundgesetzhüter mit ihrer Präsidentin Jutta Limbach. Gefeiert wird auch mit einem Bürgerfest und einer Aufführung der Mozart-Oper »Die Hochzeit des Figaro«.

Obgleich das Karlsruher Gericht auch Kritik hat einstecken müssen – insbesondere den Vorwurf, es schwinge sich zum »Ersatzgesetzgeber« auf –, wird es nun mit reichlich Lob bedacht. Als »eine der geglücktesten Erfindungen des Parlamentarischen Rats« würdigt es Baden-Württembergs Ministerpräsident Erwin Teufel. Rau spricht von einem Gericht der Bürger, das mit vielen klugen und mutigen Entscheidungen den Grundrechten Kraft und Gestalt gegeben habe.

Zu den bekanntesten Urteilen zählen die Entscheidungen in Sa-

Rau, Limbach, Karlsruhes Oberbürgermeister Heinz Fendrich, Schröder

chen § 218. 1975 verpflichteten die Richter den Gesetzgeber, das ungeborene Leben strafrechtlich besser zu schützen. 1993 machten sie eine Beratung zur unabdingbaren Voraussetzung für eine straffreie Abtreibung. Doch wurde das Gericht auch wiederholt in tagespolitischen Fragen angerufen: So erlaubte es 1994 bewaffnete Auslandseinsätze der Bundeswehr, sofern der Bundestag zustimmt.

In den letzten Jahren kamen aus Karlsruhe mehrere Urteile, die die Situation von Familien stärkten. So verlangten die Richter 1998, dass Eltern einen Haushaltsfreibetrag und Kinderbetreuungskosten steuerlich absetzen können. In ihrem Urteil zur Pflegeversicherung vom April 2001 setzten sie fest, dass Eltern geringere Beiträge in die Pflegekasse zahlen müssen als Kinderlose (→ S. 76).

(→ S. 76)

Flüge bringen Scharping ins Zwielicht

10. 9., Berlin. Der Bundesverteidigungsminister Rudolf Scharping legt dem Verteidigungsausschuss des Bundestages eine Liste seiner gesamten 349 Dienstreisen seit Beginn seiner Amtszeit 1998 vor.

Er erklärt dazu, jeder einzelne Flug habe einen dienstlichen Anlass gehabt. Bei einer Vermischung von dienstlichem und privatem Anlass habe er die Flüge aus eigener Tasche bezahlt. Dem SPD-Politiker war von der Opposition vorgeworfen worden, er habe die Flugbereitschaft der Bundeswehr auch zu privaten Zwecken benutzt. Verschiedentlich sind die Einsetzung eines Untersuchungsausschusses und der Rücktritt Scharpings gefordert worden. Darüber hinaus wird dem Minister Geheimnisverrat vorgeworfen, denn er habe in einer Pressekonferenz den Grenzübergang genannt, über den deutsche Truppen vom Kosovo nach Mazedonien wechselten (→ 22.8./S. 142).

(→ 22.8./S. 142)

Cover der »Bunten« vom 23. August 2001 mit einem Bild von Verteidigungsminister Rudolf Scharping und seiner Freundin beim Baden an ihrem Urlaubsort auf Mallorca. Im Innern des Blattes sind weitere Fotos des »total verliebten« Paares zu sehen. Die öffentliche Präsentation seines Privatlebens zu einem Zeitpunkt, als in Berlin über den Mazedonieneinsatz von Bundeswehrsoldaten debattiert wird, halten auch einige seiner Parteifreunde für unpassend.

Führungswechsel bei Volkswagen

7. 9., Dresden. Ex-BMW-Chef Bernd Pischetsrieder wird neuer Vorstandsvorsitzender des Volkswagenkonzerns. Am 17. April 2002 löst er Ferdinand Piëch auf diesem Posten ab. Dies beschließt der Aufsichtsrat des Wolfsburger Unternehmens in der sächsischen Landeshauptstadt. Der Betriebsrat sieht in Pischetsrieder, der bei VW für die Qualitätssicherung zuständig ist, »genau den Richtigen«.

Piëch   *Pischetsrieder*

Kontrastreiches Filmfest Venedig

8.9., Venedig. Für ihren Film »Monsoon Wedding« wird die indische Regisseurin Mira Nair zum Abschluss des Filmfestivals in Venedig mit dem Goldenen Löwen ausgezeichnet.

Erzählt wird eine Geschichte aus der indischen Mittelschicht, die ein glückliches Ende nimmt. Denn die Monsunhochzeit wurde zwar von den Familien arrangiert, aber Braut und Bräutigam verlieben sich ineinander.

In harschem Kontrast dazu steht der Gewinner des »zweiten« Preises in Venedig, des großen Preises der Jury. Mit einer Reihe von Laiendarstellern hat der Österreicher Ulrich Seidl seinen Streifen »Hundstage« besetzt. Mit ihrer Hilfe zeichnet er ein provokantes Bild von der Hölle des Alltags in einer Wiener Vorstadtsiedlung. Überdruss und Aggression, Trauer und Wut bestimmen das Leben zwischen Reihenhaus, Einkaufszentrum und Swingerclub.

Außer Konkurrenz stellt Steven Spielberg in Venedig sein neuestes Werk vor, »A.I.«, die Abkürzung

Die indische Erfolgsregisseurin Mira Nair strahlt über ihren Goldenen Löwen von Venedig.

Künstliche Wesen mit menschlichen Gefühlen – Spielberg lässt in »A.I.« Roboter Liebe empfinden.

für »artificial intelligence«. Das Projekt geht auf den 2000 verstorbenen Regisseur Stanley Kubrick zurück, der sich 20 Jahre lang mit der Idee auseinander gesetzt hatte.

Die zentrale Frage des Films lautet, wodurch sich künstliche und menschliche Intelligenz voneinander unterscheiden, ja ob sie sich überhaupt unterscheiden.

Operation über den Atlantik hinweg

7.9., Straßburg/New York. Vermittels des Operationsroboters ZEUS und eines Tausende Kilometer langen Glasfaserkabels entfernen Ärzte in New York einer Patientin in Frankreich die Gallenblase. Es ist der erste komplette chirurgische Eingriff, der ferngesteuert von einem anderen Kontinent aus durchgeführt wird.

Die größte Schwierigkeit bei ferngesteuerten Operationen über große Entfernungen hinweg bestand bislang in der Verzögerung auf dem Übertragungsweg. Dank eines Glasfaserkabels mit einer Bandbreite von zehn Megabyte pro Sekunde werden jedoch nun das Bild aus dem OP in Straßburg zum Chirurgen in New York und dessen Befehl an den Roboter in weit kürzerer Zeit als der höchstens akzeptablen Drittelsekunde übertragen.

Die Operation verläuft glatt. Welchen Nutzen die transatlantische Operation haben könnte, steht noch dahin. Schließlich müssen vor Ort kompetente Ärzte den Eingriff überwachen.

Gerhard Schröder (r.) und Frau Doris (3. v.r.) mit Blumenthal (l.) vor dem Modell einer Synagoge

Museum zeigt Alltag der deutschen Juden

9.9., Berlin. *2000 Jahre deutsch-jüdische Geschichte präsentiert das Jüdische Museum, das mit viel politischer Prominenz eröffnet wird. Museumsdirektor Michael Blumenthal betont in seiner Eröffnungsrede: »Die Juden sind nicht nur als Opfer Teil der deutschen Geschichte, sondern auch als lebendige Mitglieder der Gesellschaft und Mitgründer der Nation.« Die Exponate geben Einblick in das Alltagsleben der deutschen Juden, in ihre kulturellen und religiösen Traditionen und ihr Zusammenleben mit ihren christlichen Nachbarn. Das von Daniel Libeskind entworfene Gebäude gleicht im Grundriss einem zerborstenen Davidstern, der zum gezackten Blitz geworden ist (→ S. 462–473).*

Adrienne Goehler (parteilos) freut sich mit dem frisch gebackenen Chef der Philharmoniker, Simon Rattle.

Rattle leitet die Berliner Philharmoniker

19.9., Berlin. *Der britische Dirigent Simon Rattle unterschreibt einen Vertrag als künstlerischer Leiter der Berliner Philharmoniker. Zu Beginn der Spielzeit 2002/03 wird er die Nachfolge von Claudio Abbado antreten. Der 46-Jährige verpflichtet sich zunächst für zehn Jahre. Fast zwei Jahre lang wurde um Rattles Vertrag gerungen. Schließlich seien die Philharmoniker, so meint Berlins Kultursenatorin Adrienne Goehler, das einzige Sinfonieorchester der Welt, das seinen Chefdirigenten demokratisch selbst bestimme.*

Rattle war 1980 bis 1998 Dirigent des City of Birmingham Symphony Orchestra und verschaffte sich selbst und seinem Orchester Weltgeltung.

Wachablösung und Schwesternduell

. 9., New York. Lleyton Hewitt ezwingt im Finale der US Open Altmeister Pete Sampras glatt in rei Sätzen mit 7:6 (7:4), 6:1 und :1. Der 20-jährige Australier raucht knapp zwei Stunden für einen Erfolg gegen den zehn Jahre älteren US-Amerikaner. Es ist sein erster Sieg bei einem Grand-Slam-Turnier.

Der Ausnahme-Tennisprofi Sampras ist mit insgesamt 13 Titeln bei Grand-Slam-Wettbewerben erfolgreichster Spieler aller Zeiten. Auch in Flushing Meadows hat er schon viermal gewonnen und auf seinem Weg ins Finale 2001 immerhin die ehemaligen US-Open-Sieger Patrick Rafter (Australien) und Andre Agassi (USA) sowie den russischen Titelverteidiger Marat Safin ausgeschaltet.

Doch nun scheint die Zeit für einen Generationenwechsel gekommen: Erstmals seit 1992 hat Sampras im laufenden Jahr kein einziges der vier Grand-Slam-Turniere gewinnen können. Dazu »Pete Perfect« in einem Vergleich zwischen den beiden Finalniederlagen: »Vergan-

Auch diesen Ball von Pete Sampras pariert der Australier Lleyton Hewitt.

Venus (r.) und Serena Williams

genes Jahr wurde ich von Kraft überwältigt, dieses Mal bin ich ausgespielt worden.«
In seiner siebten Final-Teilnahme bei den US-Open ist er nach dem hart umkämpften ersten Satz chancenlos gegen Hewitt, der im

Achtelfinale den Deutschen Thomas Haas besiegt hatte.
Das am Tag zuvor ausgetragene Damenfinale war ein Schwesternduell: Venus Williams verteidigte ihren im Vorjahr errungenen Titel gegen ihre jüngere Schwester Sere-

na souverän mit 6:2 und 6:4. Für die 21-jährige Venus – Olympiasiegerin von Sydney 2000 im Einzel und im Doppel – ist der Gewinn der US-Open der insgesamt vierte Einzel-Triumph bei einem Grand-Slam-Turnier.

Sebastian Kehl (l.) ist chancenlos gegen den überragenden englischen Kapitän David Beckham.

Deutsche Fußball-Nationalelf deklassiert

1.9., München. *Mit dem 1:5 gegen England in der WM-Qualifikation kassiert die deutsche Elf die höchste Heimniederlage seit 1931 – damals hieß es 0:6 gegen Österreich.*
Nach dem frühen 1:0 durch Carsten Jancker bereits in der 6. Minute werden die DFB-Kicker durch die Treffer der drei Liverpool-Stars Michael Owen (12./48./66.), Steven Gerrard (45.) und Emile Heskey (74.) vor 63 000 Zuschauern im Olympiastadion regelrecht deklassiert.
Die DFB-Elf wird nach einem 0:0 im letzten Qualifikationsspiel gegen Finnland am 6. Oktober nur Gruppenzweiter hinter England und verpasst die direkte Qualifikation für Japan und Südkorea 2002.

Marko Pesic (l.) und Dirk Nowitzki nach dem Achtelfinalsieg über Griechenland

Großer Respekt für Korbjäger Nowitzki

9. 9., Istanbul. *Basketball-Europameister wird – zum insgesamt achten Mal – Jugoslawien. Das von dem ehemaligen deutschen Bundestrainer Svetislav Pesic trainierte Team besiegt in einem packenden Finale in Istanbul Gastgeber Türkei mit 78:69 (38:40). Die Bronzemedaille sichert sich Spanien durch ein 99:90 über Deutschland.*
Für das deutsche Multi-Kulti-Team um den NBA-Star Dirk Nowitzki (Dallas Mavericks) bedeutet Platz vier das beste Ergebnis seit dem Titelgewinn 1993. Die Männer von Bundestrainer Henrik Dettmann unterliegen im Halbfinale höchst unglücklich der Türkei nach Verlängerung mit 78:79 (70:70, 41:41).

Theater 2001:

Ungewohnte Aktualität

Chronik Übersicht

Theater – ein eher langsam reagierendes Medium? In Bochum beweist Karin Beier mit Shakespeares »Richard III.« das Gegenteil. Nach den Terroranschlägen vom → 11. September (S. 158) hat sie ihre Inszenierung des Königsdramas spontan geändert und die Ereignisse, die die Welt verändert haben, einbezogen. Bildschirme auf der Bühne zeigen die ersten amerikanischen Luftangriffe auf Afghanistan; Bomben fallen auf Kabul, und ein als Muslim verkleideter Junge rammt Richard ein Flugzeug in den Bauch.

Die Folgen der Politik als private Tragödie schildert Dea Loher in ihrem Monolog »Licht«. Auch hier hat das Theater bemerkenswert schnell auf ein Ereignis reagiert, das ganz Deutschland schockierte: Hannelore Kohls Freitod am → 5. Juli (S. 125) thematisiert die 37-jährige Autorin in dem knapp drei Monate später in Hamburg (Thalia Theater, Studiobühne) uraufgeführten Stück, mit dem sie die Reihe »Magazin des Glücks« startet.

Auf satirische Weise beschäftigt sich die Polit-Revue »Merkels Brüder« im Berliner Maxim Gorki Theater mit Persönlichkeiten der Politik, die eine gewichtige Figur vorgaukeln müssen, während ihr Ich verkümmert. Mit den Elementen des Kabaretts, der Farce und des Musicals wird am Beispiel von Angela Merkel und anderen die Gefährdung durch die Bürde des Amtes demonstriert. Hajo Kurzenberger und Stephan Müller sind für Text, Dramaturgie und Regie verantwortlich.

Die jungen Dramatiker pflegen die Bühnen in diesem Jahr mit besonderer Sorgfalt. Deren (Einstands-) Erfolge verlangen nach Fortsetzungen. Igor Bauersimas »norway.today« war 2000 in Düsseldorf so erfolgreich, dass sich Intendantin Anna Badora auch das neue Stück des 1964 geborenen Schweizers tschechischer Abstammung zur Uraufführung sichert: »Tattoo«, eine Geschichte rund um den Kunstmarkt; für das Düsseldorfer Haus dramatisiert der Autor außerdem den Roman »Launischer Sommer« des Tschechen Vladislav Vancura. In Hannover stellt Bauersima sich mit »Futur de Luxe« vor.

Der Norweger Jon Fosse, bereits 2000 mit drei Dramen auf deutschen Bühnen vertreten, ist hierzulande mit zwei weiteren Stücken dabei: »Da kommt noch wer« (Düsseldorfer Schauspielhaus), die Geschichte der kleinen Weltflucht eines ungleichen Paares, und »Traum im Herbst« (Schaubühne am Lehniner Platz). Der Sieger der Saison sitzt in Zürich. Kaum hat Christoph Marthaler die Intendanz der renommierten Bühne übernommen, wird sie bereits zum »Theater des Jahres« gewählt.

Den unaufhaltsamen Sinkflug abzubremsen bemüht sich dagegen der viel gescholtene Tom Stromberg im zweiten Jahr seiner Intendanz des Deutschen Schauspielhauses in Hamburg. »Keine Experimente« heißt das stillschweigende Motto, und so ist der Spielplan dezidiert klassisch gestaltet: Schillers »Räuber« und Goethes »Clavigo« sowie Ibsens »Die Frau vom Meer« sollen die verschnupften Hamburger wieder mit der Bühne versöhnen, die unter Frank Baumbauers siebenjähriger Leitung viermal »Theater des Jahres« geworden ist.

Dauerthema während der gesamten Spielzeit ist, dass die finanzielle Decke der Bühnen immer dünner wird. Erst klagten nur die kleinen, in diesem Jahr jammern auch die großen Häuser. Spielpläne werden eingedampft, Ensembles verkleinert, Intendanten – natürlich nur die, die es sich leisten können – drohen mit vorzeitiger Kündigung ihrer Verträge, wenn nicht ein paar Millionen von Staat und/oder Stadt locker gemacht werden. Immer öfter werden Menschen im Theater (nicht im Zuschauerraum) gesichtet, die bislang dort nicht zu sehen waren: Unternehmensberater. Eine ihrer Patentlösungen (zumindest auf dem Papier): Der sog. Manager-Intendant.

(Siehe auch Übersicht »Uraufführungen« im Anhang.)

△ Eine »Machtübung« nennen die Autoren Hajo Kurzenberger und Stephan Müller ihre kabarettistische Polit-Revue »Merkels Brüder« über den allmählichen Verfall von Persönlichkeiten; in der Rolle der Vorsitzenden der CDU: Ruth Reinecke.

◁ Melodram mit Musik: Die Bühnenfassung von Lars von Triers Film »Dancer in the Dark«, der 2000 in Cannes mit der Goldenen Palme ausgezeichnet wurde, hat Burkhard C. Kominski am Düsseldorfer Schauspielhaus uraufgeführt. Esther Hausmann spielt die Rolle der Selma, im Film vom isländischen Pop-Star Björk verkörpert, Artus-Maria Matthiesen den Staatsanwalt.

»Launischer Sommer« von Bauersima mit Julia Grafflage, Stefan Schuster

◁ *Volker Hesse gibt mit der Uraufführung von Theresia Walsers »Die Heldin von Potsdam« seinen Einstand als Intendant und Regisseur am Berliner Maxim Gorki Theater. Katharina Thalbach spielt die arbeitslose Frau, die behauptet, von Skinheads zusammengeschlagen worden zu sein, als sie einer Türkin zu Hilfe eilte, und damit in die Schlagzeilen der Tageszeitungen gerät. »Liebenswürdig-tölpelhaft stapft die Thalbach über (dass das klar ist:) ihre Bühne. Sie versprüht – die Bockwurscht im Fäustchen – ihren geschult ungelenken Charme, spielt lauthalsige Nuancen auf ihrem Stimmapparat«, heißt es in der »Berliner Zeitung«.*

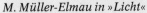

M. Müller-Elmau in »Licht«

Botho Strauß' »Pancomedia«

Armin Rohde als Richard III. und Johanna Gastdorf (Königin Elisabeth)

Albert Ostermaiers »Es ist Zeit. Abriss« in Bochum mit Lena Schwarz

Schlingensiefs »Hamlet« mit Irm Hermann, Sebastian Rudolph, Peter Kern

(Nazi-)»Gold« mit Hilt de Vos, Ulrike Kinbach, Daniel Christensen

Oktober 2001

Mo	Di	Mi	Do	Fr	Sa	So
1	2	3	4	5	6	7
8	9	10	11	12	13	14
15	16	17	18	19	20	21
22	23	24	25	26	27	28
29	30	31				

1. Oktober, Montag

In Bangladesch gehen die bisherigen Oppositionsparteien – die konservative Nationalpartei und die islamistische Jamaat-i-Islami – als Sieger aus der Parlamentswahl hervor. → S. 182

Bei einem Selbstmordattentat auf das Regionalparlament in Srinagar im indischen Teil von Kaschmir werden 42 Menschen getötet, die meisten von ihnen Soldaten. Die Täter, muslimische Separatisten, haben mit einem mit Sprengstoff beladenen Kleinwagen das Tor des Gebäudes gerammt.

Der 59-jährige Richard Myers wird als US-amerikanischer Generalstabschef vereidigt. Er löst Hugh Shelton ab, der nach 38 Jahren in militärischen Diensten in den Ruhestand geht.

Der japanische Mobilfunkanbieter NTT DoCoMo startet den weltweit ersten UMTS-Dienst. Der Mobilfunkstandard, bei dem Daten mit der 200fachen Geschwindigkeit der herkömmlichen Systeme übertragen werden können, soll ab 2002 auch in Europa erhältlich sein.

2. Oktober, Dienstag

Erstmals in ihrer Geschichte ruft die NATO den Bündnisfall aus. Zuvor haben die USA den NATO-Rat davon unterrichtet, dass der sich vermutlich in Afghanistan aufhaltende Osama bin Laden für die Terroranschläge vom → 11. September (S. 158) verantwortlich sei. Damit ist die Voraussetzung für das Inkraftsetzen des Bündnisfalles – ein Angriff von außen – gegeben (→ 7.10./S. 176).

US-Präsident George W. Bush spricht sich erstmals für die Gründung eines eigenen Palästinenserstaates aus. Das Existenzrecht Israels dürfe dadurch aber nicht eingeschränkt werden.

Die Bundesregierung beschließt drastische Verschärfungen der Sicherheitsüberprüfungen im Luftverkehr (→ 7.11./S. 197).

Die Schweizer Fluglinie Swissair muss wegen Zahlungsunfähigkeit ihren Betrieb vorübergehend einstellen. → S. 178

3. Oktober, Tag der deutschen Einheit

Mainz ist in diesem Jahr Schauplatz der zentralen Feier zum Tag der deutschen Einheit. Bundestagspräsident Wolfgang Thierse (SPD) erklärt, die Hoffnung vieler Deutscher im Zeitalter des Friedens nach dem Ende des Kalten Krieges habe sich nicht erfüllt.

Die Aktien der Deutschen Bank werden erstmals an der New Yorker Börse notiert. Europas größtes Geldinstitut startet am wichtigsten Handelsplatz der Welt mit einem Kurs von 52,70 US-Dollar.

4. Oktober, Donnerstag

Eine dreimotorige Passagiermaschine der russischen Fluggesellschaft »Sibir« wird über dem Schwarzen Meer versehentlich von einer Rakete der ukrainischen Streitkräfte getroffen. Alle 78 Insassen kommen ums Leben. → S. 182

Die israelische Friedensorganisation »Gush Schalom«, die britische Anti-Atomkraftgruppe »Trident Ploughshares«, der brasilianische Befreiungstheologe Leonardo Boff und der Venezolaner José Antonio Abreu, der ein landesweites Netz von Kinder- und Jugendorchestern aufgebaut hat, werden mit dem sog. Alternativen Nobelpreis geehrt. Die mit insgesamt 215 000 € dotierte Auszeichnung geht in diesem Jahr an Menschen, die sich – so Preisstifter Jakob von Uexküll – der Aufgabe widmen, »Gerechtigkeit, Versöhnung und die Durchsetzung der Menschenrechte als einzige Heilmittel gegen den Terrorismus« voranzubringen.

5. Oktober, Freitag

In den USA stirbt ein Journalist an Lungenmilzbrand. Die tödlichen Krankheitserreger stammen offenbar aus einem an ihn gerichteten Brief. → S. 179

Die Ministerkonferenz der Internationalen Schifffahrtsorganisation IMO vereinbart in London ein Verbot giftiger Schiffsfarben. Demnach sollen ab 2003 Schiffe nicht mehr mit TBT-haltigen Farben gestrichen werden dürfen.

In der Nähe von Kötzting im Bayerischen Wald wird der weltweit größte Ringlaser in Betrieb genommen. Mit der 8,7 Mio. € teuren Anlage können Abweichungen von der Erdrotation gemessen werden.

6. Oktober, Samstag

Die palästinensische Autonomiebehörde droht den militanten Gruppen im Gasastreifen und im Westjordanland erstmals offen eine Bestrafung an, wenn sie die von Präsident Jasir Arafat angeordnete Waffenruhe nicht einhalten (→ 17.10./S. 182).

Mit einem 0:0 gegen Finnland verspielt die deutsche Fußballnationalmannschaft die direkte Qualifikation für die Weltmeisterschaft 2002 in Japan und Südkorea. Sie muss nun zu Relegationsspielen gegen die Ukraine antreten (→ 14.11./S. 203).

7. Oktober, Sonntag

Die USA beginnen mit Angriffen auf Afghanistan. Die dort regierenden Taliban werden verdächtigt, dem mutmaßlichen Terroristen Osama bin Laden, der für die verheerenden Anschläge in New York und Washington verantwortlich sein soll, Unterschlupf zu gewähren. → S. 176

In einem Video, das über einen arabischen Sender verbreitet wird, ruft Osama bin Laden zum »heiligen Krieg« gegen die USA auf und rechtfertigt die Terroranschläge vom → 11. September (S. 158) mit den Worten: »Gott hat sie ihnen beschert.«

Bei einem Treffen in Washington vereinbaren die Finanzminister der G7-Staaten einen Aktionsplan, um die Finanzquellen des Terrorismus trocken zu legen. Dazu gehören striktere Maßnahmen gegen Geldwäsche und eine bessere Aufsicht über Offshore-Finanzplätze.

Mit 64,2% billigen die italienischen Wähler eine Verfassungsänderung, die den 20 Regionen des Landes größere Autonomie für die Bereiche Gesundheits- und Schulwesen einräumt.

8. Oktober, Montag

Der Block II des baden-württembergischen Kernkraftwerks Philippsburg wird vom Netz genommen, weil die Betreiber Sicherheitsvorschriften missachtet haben. → S. 185

Auf dem Mailänder Stadtflughafen Linate kommen beim Zusammenprall einer startenden SAS-Maschine mit einem deutschen Privatjet 118 Menschen ums Leben. → S. 182

9. Oktober, Dienstag

In Äthiopien wird Girma Wolde Giorgis vom Parlament zum Präsidenten gewählt. Der 76-Jährige ist Nachfolger von Negasso Gidada.

Nach Ansicht des Europäischen Gerichtshofes stellt die umstrittene europäische Biopatentrichtlinie einen hinreichenden Schutz des menschlichen Körpers vor Genmanipulation dar und wahrt die Menschenwürde. Damit sind auch Patente auf Leben rechtmäßig. Die Niederlande haben gegen die EU-Richtlinie geklagt.

Die ARD beginnt mit der Ausstrahlung des zweiteiligen Fernsehfilm »Der Verleger« über das Leben von Axel Springer. In der Titelrolle ist Heiner Lauterbach zu sehen (→ S. 62).

10. Oktober, Mittwoch

Der Tropensturm »Iris« mit Windgeschwindigkeiten von bis 225 km/h richtet im Karibikstaat Belize schwere Verwüstungen an. Mindestens 20 Menschen, überwiegend Touristen, die mit Booten unterwegs waren, kommen ums Leben. Tausende Häuser werden zerstört, rd. 13 000 Menschen werden obdachlos.

Ein Bußgeld von fast 72 Mio. € verhängt die EU-Kommission gegen den Autoproduzenten DaimlerChrysler. Das Stuttgarter Unternehmen habe grenzüberschreitende Autokäufe behindert, heißt es in Brüssel.

11. Oktober, Donnerstag

Der Bundestag verabschiedet eine Reform des Schuldrechts, die zum 1. Januar 2002 in Kraft treten soll. Demnach beträgt die gesetzliche Gewährleistungsfrist für Käufer künftig zwei Jahre; dies gilt auch für Reparaturen.

Nach fast zweijähriger Verhandlungsdauer wird der Prozess um die Brandkatastrophe auf dem Düsseldorfer Flughafen eingestellt. Die Angeklagten müssen Geldbußen zahlen. → S. 185

Der deutsche Rad-Profi Jan Ullrich wird nach einer spannenden Aufholjagd in Lissabon Weltmeister der Straßenfahrer im Zeitfahren. → S. 187

12. Oktober, Freitag

Die Menschenrechtskommissarin der Vereinten Nationen, Mary Robinson, fordert die USA dazu auf, aus humanitären Gründen ihre Luftangriffe auf Afghanistan zu unterbrechen. → S. 178

In Oslo gibt das Nobelkomitee seine Entscheidung über die diesjährigen Preisträger des Friedensnobelpreises bekannt. Ausgezeichnet werden die Vereinten Nationen und ihr Generalsekretär, der Ghanaer Kofi Annan. → S. 180

Das Amtsgericht im pfälzischen Frankenthal verurteilt einen 29-Jährigen, der in den Tagen nach den Terroranschlägen in den USA (→ 11.9./S. 158) in Anrufen bei der Polizei mit Bombenexplosionen gedroht hatte, zu sechs Monaten Haft ohne Bewährung.

13. Oktober, Samstag

Auf dem CSU-Parteitag in Nürnberg wird Edmund Stoiber mit 96,6% der Delegiertenstimmen als Vorsitzender der Christlich-Sozialen Union bestätigt. 1999 hatte der bayerische Ministerpräsident – nach der umstrittenen Entlassung von Justizminister Alfred Sauter – nur 90% erzielt.

14. Oktober, Sonntag

Aus der Parlamentswahl in Argentinien gehen die oppositionellen Peronisten gestärkt hervor. Präsident Fernando de la Rúa muss weiter ohne eigene Mehrheit in Senat und Abgeordnetenhaus regieren. Die Wahlbeteiligung liegt mit 77% auf einem Rekordtief. Viele Wähler sind aus Verärgerung über Korruption und Wirtschaftskrise nicht an die Urnen gegangen. 15% geben aus Protest einen leeren Wahlzettel ab.

Michael Schumacher wird zum vierten Mal Automobilweltmeister. Der deutsche Ferrari-Pilot hat schon seit dem 19. August in der Formel 1 uneinholbar vorn gelegen. → S. 187

Der Philosoph Jürgen Habermas erhält in Frankfurt den Friedenspreis des Deutschen Buchhandels (→ S. 188).

15. Oktober, Montag

Mit einer Kranzniederlegung in Seoul zum Gedenken an die koreanischen Opfer der japanischen Kolonialherrschaft (1910–1945) entschuldigt sich Japans Premierminister Junichiro Koizumi bei den Koreanern für die von seinen Landsleuten begangenen Gräueltaten. Eine Woche zuvor hat Koizumi in China eine vergleichbare Entschuldigung vorgebracht.

Das Paul-Löbe-Haus in Berlin wird als erstes der drei Nebengebäude des Parlaments offiziell eröffnet (→ S. 134).

16. Oktober, Dienstag

Nach Gesprächen mit dem pakistanischen Präsidenten Pervez Musharraf in Islamabad reist US-Außenminister Colin Powell nach Indien weiter, um auch dort für die Anti-Terror-Allianz seines Landes zu werben. Er fordert die beiden Nachbarstaaten auf, ihren Konflikt um Kaschmir (→ 16.7./S. 122) beizulegen.

Die italienische Zeitung »Repubblica« berichtet in ihrer Ausgabe vom 8. Oktober über die US-amerikanischen Luftangriffe auf Afghanistan. Die Bilder zeigen neben Präsident George W. Bush den bei den afghanischen Taliban vermuteten Osama bin Laden; der unter Terrorismus-Verdacht stehende Islamist hat sich über den arabischen Sender Al-Jazeera per Video zu Wort gemeldet.

17. Oktober, Mittwoch

Palästinensische Extremisten erschießen in Jerusalem den israelischen Tourismusminister Rehavam Zeewi. Die Tat löst eine neue Gewaltwelle aus. → S. 182

Norwegens sozialdemokratischer Ministerpräsident Jens Stoltenberg tritt nach der schweren Wahlniederlage seiner Partei am → 10. September (S. 160) von seinem Amt zurück. Sein Nachfolger ist Kjell Magne Bondevik, der eine Mitte-Rechts-Koalition führt.

18. Oktober, Donnerstag

Mit dem Einsatz von US-Spezialtruppen am Boden beginnt in Afghanistan die zweite Phase im Kampf gegen das Taliban-Regime (→ 7.10./S. 176).

Das Unterhaus in Tokio verabschiedet ein Gesetz, das erstmals seit dem Zweiten Weltkrieg den Einsatz japanischer Soldaten im Ausland – allerdings nur zur logistischen Unterstützung außerhalb der Kampfzonen – erlaubt.

Fußball-Bundesligist 1860 München entlässt seinen Coach Werner Lorant, der die »Löwen« neun Jahre lang trainiert hatte, und begründet die Entscheidung mit dem mäßigen Erfolg des Clubs in der laufenden Saison. Nachfolger ist Lorants bisheriger Assistent Peter Pacult.

19. Oktober, Freitag

Am Rande einer Tagung des Asiatisch-Pazifischen Wirtschaftsforums (APEC) in Schanghai kommen US-Präsident George W. Bush und Chinas Staats- und Parteichef Jiang Zemin zu ihrem ersten Gipfeltreffen zusammen (→ S. 177).

In Warschau legt Polens neuer Regierungschef Leszek Miller vor Staatspräsident Aleksander Kwasniewski seinen Amtseid ab (→ 23.9./S. 160).

Ein Gesetz, auf dessen Grundlage die rd. 400 000 Prostituierten in Deutschland sich u. a. sozialversichern können, verabschiedet der Bundestag. → S. 185

In der Parlamentsdebatte über den ersten Armutsbericht der Bundesregierung werfen sich die rot-grüne Koalition und die Opposition gegenseitig Versagen beim Umgang mit der Armut vor. → S. 185

Der Bundesrat billigt überraschend ein Gesetz, das die Batteriehaltung von Legehennen schon ab Anfang 2007 verbietet. EU-weit sollen Legebatterien erst ab 2012 untersagt sein (→ S. 146).

Die britische Regierung räumt ein, dass Forscher, die Schafhirne auf BSE testen sollten, versehentlich vier Jahre lang Rinderhirne untersucht haben. Die damit wertlos gewordene Studie mit dem unrichtigen Ergebnis, dass die Rinderseuche auch auf Schafe übertragbar sei, hätte nach Berichten britischer Medien dazu führen können, dass Millionen Schafe geschlachtet worden wären.

20. Oktober, Samstag

Unter dem Motto »United We Stand: What More Can I Give« versammelt sich ein re-

kordträchtiges Staraufgebot zu einem Benefizauftritt im New Yorker Madison Square Garden. Die gesammelten Spenden kommen den Angehörigen der Terroropfer vom → 11. September (S. 158) zugute.

21. Oktober, Sonntag

Die palästinensische Autonomiebehörde erlässt ein Verbot der sog. Abu-Ali-Mustafa-Truppen, des bewaffneten Arms der Volksfront zur Befreiung Palästinas. Die Gruppe hat die Verantwortung für den Mordanschlag auf Israels Tourismusminister Rehavam Zeewi übernommen (→ 17.10./S. 182). Auch den »Jerusalem-Brigaden« und der Gruppe »Islamischer Dschihad« werden sämtliche Aktivitäten untersagt.

Das russische Atom-U-Boot »Kursk« wird nach seiner Bergung aus der Barentssee in einem Marinehafen in der Nähe von Murmansk eingedockt. Im August 2000 sind beim Untergang des Schiffes 118 Seeleute gestorben. → S. 183

Mit 29,7% geht die SPD unter dem Regierenden Bürgermeister Klaus Wowereit als Siegerin aus der Wahl zum Berliner Abgeordnetenhaus hervor. Im Ostteil der Stadt liegt die PDS klar vorn. → S. 184

Die französische Astronautin Claudie Haigneré startet als erste Europäerin vom kasachischen Weltraumbahnhof Baikonur zur Internationalen Raumstation ISS. Zehn Tage später ist sie wieder zurück auf der Erde.

Die Bewohner Münchens sprechen sich in einem Bürgerentscheid mit deutlicher Mehrheit für den Bau eines neuen Fußballstadions aus. → S. 186

22. Oktober, Montag

Zum ersten Mal seit dem Unglück vom Juli 2000 fliegt eine Überschallmaschine vom Typ Concorde von London aus über den Atlantik. An Bord sind u. a. 92 Techniker.

Die Tennisstars Andre Agassi und Steffi Graf heiraten im privaten Rahmen in Las Vegas (→ 26.10./S. 186).

23. Oktober, Dienstag

Die nordirische katholische Untergrundorganisation IRA beginnt nachprüfbar mit der Vernichtung ihrer Waffen. Damit kommt der Friedensprozess in der britischen Unruheprovinz wieder in Gang (→ 5.9./S. 161).

Deutschland nimmt diplomatische Beziehungen zu den Cook-Inseln im Südpazifik auf. Die mit Neuseeland assoziierte Inselgruppe mit 16 000 Einwohnern verfügt über eine maritime Wirtschaftszone von über 2 Mio. km². Die Bundesrepublik ist in der Hauptstadt Avarua durch einen Honorarkonsul vertreten.

Die sechs führenden deutschen Wirtschaftsinstitute warnen in ihrem Herbstgutachten vor einer drohenden Rezession (→ S. 201).

Vor dem Koblenzer Landgericht beginnt der Prozess gegen den Fußballtrainer

Christoph Daum wegen unerlaubten Besitzes von Rauschmitteln (→ 12.1./S. 35).

24. Oktober, Mittwoch

Israelische Soldaten erschießen bei den blutigsten Auseinandersetzungen seit Beginn der Intifada im September 2000 im Westjordanland mindestens 15 Palästinenser (→ 17.10./S. 182).

Beim schwersten Tunnelunfall in der Geschichte der Schweiz kommen elf Menschen ums Leben. Im Gotthardtunnel sind zwei Lkw frontal zusammengestoßen. → S. 183

Das Verfahren um das Zugunglück von Brühl, bei dem Anfang 2000 neun Menschen starben, wird wegen geringer Schuld der Angeklagten eingestellt. Allerdings müssen die Beschuldigten zwischen 7000 und 20 000 DM an karitative Einrichtungen zahlen.

Die US-amerikanische Marssonde »Odyssey« erreicht nach sechs Monaten ihr Ziel und schwenkt auf eine Umlaufbahn um den Roten Planeten ein. Wichtigste Ziele der Mission sind die Suche nach Wasser und die Erkundung von möglichen Landeplätzen auf dem Mars.

25. Oktober, Donnerstag

In einem »Berliner Aufruf« fordern namhafte Persönlichkeiten des öffentlichen Lebens, darunter Christa Wolf, Antje Vollmer, Walter Jens, Martin Walser und Hans-Peter Dürr, dazu auf, den internationalen Terrorismus mit zivilen Mitteln zu bekämpfen. »Die verheerenden Terroranschläge in den USA stellen eine Herausforderung dar, Grundwerte aller Zivilisationen zu verteidigen«, heißt es in dem Aufruf. Doch wenden sich die Unterzeichner auch »gegen eine selbstzerstörerische Überreaktion«.

Das belgische Thronfolgerpaar Philippe und Mathilde genießt Elternfreuden. Prinzessin Elisabeth, die voraussichtlich einmal Königin ihres Landes werden soll, erblickt in Brüssel das Licht der Welt. → S. 186

26. Oktober, Freitag

Die Konferenz der Ministerpräsidenten der Länder fasst in Saarbrücken einen Grundsatzbeschluss zur Neuordnung der Rundfunkgebühren. Ab 2005 soll jeder Haushalt nur noch eine Gebühr zahlen; derzeit sind für jedes Gerät Gebühren fällig.

Die frühere deutsche Tennisspielerin Steffi Graf bringt in Las Vegas ihr erstes Kind zur Welt. Vater von Jaden Gil ist der noch aktive US-amerikanische Tennisprofi Andre Agassi. → S. 186

27. Oktober, Samstag

In Darmstadt wird die österreichische Lyrikerin Friederike Mayröcker von der Deutschen Akademie für Sprache und Dichtung mit dem renommierten Büchner-Preis ausgezeichnet. → S. 186

Bei der Fecht-Weltmeisterschaft in Nîmes holt die deutsche Degenfechterin Claudia Bokel Gold. → S. 187

28. Oktober, Sonntag

Israelische Truppen beginnen mit dem Abzug aus den vorübergehend besetzten palästinensisch verwalteten Städten Bethlehem und Beit Dschala.

Bei einem Überfall auf eine katholische Kirche in der pakistanischen Stadt Bahawalpur kommen mindestens 16 Menschen ums Leben. Die Attentäter schießen mit automatischen Waffen wahllos auf Gottesdienstbesucher. Es wird vermutet, dass der Anschlag im Zusammenhang mit den US-amerikanischen Angriffen auf Afghanistan steht (→ 7.10./S. 176).

29. Oktober, Montag

In Marrakesch beginnt die 7. Weltklimakonferenz, auf der die Umsetzung des sog. Kyoto-Protokolls zur Reduktion klimaschädigender Emissionen vereinbart werden soll (→ 27.7./S. 121).

CDU-Generalsekretär Laurenz Meyer spricht sich in einem Rundfunkinterview für einen neuen Umgang mit der PDS aus. Vor ihm haben schon andere führende Unionspolitiker dafür plädiert, die Nachfolgeorganisation der SED beispielsweise an Regierungen zu beteiligen, um sie mit den Ergebnissen der Politik in den Ländern zu konfrontieren.

Wegen der Maul- und Klauenseuche in Großbritannien (→ 21.2./S. 45) wird das Londoner Kaufhaus Harrods erstmals in seiner Geschichte kein Rentier importieren, das den Schlitten des Weihnachtsmannes zieht. Ein Sprecher erklärt, dass an Stelle des traditionellen Paarhufers Hunde und Pferde das Gespann ziehen sollen.

30. Oktober, Dienstag

Im Beisein von Bundestagspräsident Wolfgang Thierse beginnen in Berlin die Bauarbeiten für das Holocaust-Mahnmal. Das von Peter Eisenman entworfene Stelenfeld zum Gedenken an die im Nationalsozialismus ermordeten Juden und das zugehörige Informationszentrum werden voraussichtlich 2004 fertig gestellt sein.

Zum 40. Jahrestag des Anwerbeabkommens mit der Türkei würdigt Bundeskanzler Gerhard Schröder die Verdienste der in Deutschland lebenden Türken. Vor dem Hintergrund der Attentate in New York und Washington betont Schröder in seiner Rede die große Bedeutung des Austausches der Religionen und Kulturen. Auf diese Weise solle die Integration weiter gefördert werden. In Deutschland lebt jeder zweite Ausländer türkischer Abstammung. → S. 185

31. Oktober, Mittwoch

In Hamburg wird der Mitte-Rechts-Senat von Bürgermeister Ole von Beust (CDU) vereidigt. Es ist das erste Mal seit 44 Jahren, dass die Sozialdemokraten nicht an der Regierung der Hansestadt beteiligt sind (→ 23.9./S. 166).

Die französische Ski-Weltmeisterin Régine Cavagnoud erliegt den Verletzungen, die sie sich zwei Tage zuvor bei einem Trainingsunfall auf dem Pitztaler Gletscher in Österreich zugezogen hat. → S. 187

Amy Tan und Isabel Allende – das Magazin der »Süddeutschen Zeitung« hat anlässlich der Frankfurter Buchmesse ein »Gipfeltreffen« der beiden Bestseller-Autorinnen arrangiert (Ausgabe vom 5.10.).

Süddeutsche Zeitung
MAGAZIN

No.40 — 5.10.2001

CHILE CON CHINA

ZWEI EINWANDERINNEN, ZWEI EHEFRAUEN, ZWEI SCHRIFT-
STELLERINNEN VON WELTRUF. EIN FACHGESPRÄCH ZUR BUCHMESSE
ZWISCHEN AMY TAN UND ISABEL ALLENDE

USA schlagen zurück: Krieg gegen die Taliban

7. 10., Kabul. Knapp vier Wochen nach den verheerenden Terroranschlägen in New York und Washington (→ 11.9./S. 158) beginnen die USA mit britischer Unterstützung ihre angekündigte Militäraktion »Dauerhafte Freiheit« mit Luftangriffen auf Afghanistan.

Ziel der Offensive sind mutmaßliche Stützpunkte der Terrororganisation Al-Qaida und ihres Anführers Osama bin Laden, die US-amerikanischen Ermittlungen zufolge mit hoher Wahrscheinlichkeit für die Anschläge in den USA verantwortlich sind. Angegriffen werden außerdem Einrichtungen der herrschenden Taliban, die bin Laden Schutz bieten und seine Auslieferung verweigern.

Die oppositionelle Nordallianz in Afghanistan, die seit Jahren gegen die Taliban kämpft, gilt als Verbündeter der USA. Ihre Truppen am Boden sind mit den Verhältnissen und der Geografie des Landes vertraut. Afghanistan mit dem zentralen Hindukusch ist ein Hochgebirgsland mit vielen fast unzugänglichen Regionen. Zudem gibt es eine Vielzahl kaum überschaubarer Höhlensysteme, die von jeher als Unterschlupf genutzt werden.

Gleichzeitig mit den Luftangriffen starten die USA Hilfsflüge für die Not leidende afghanische Bevölkerung: Transportmaschinen werfen Lebensmittelpäckchen ab. Hilfsorganisationen kritisieren die Aktion, weil die Nahrung nicht gezielt zu den Bedürftigen gelange.

TALIBAN MILITARY BUILDINGS IN KABUL, AFGHANISTAN
POST STRIKE

SV871418

◁ Aufnahme von zerstörten Militärgebäuden

Am 10. Oktober beginnen die USA mit dem Abwurf von Streubomben auf militärische Ziele in der Nähe von Kabul und der Taliban-Hochburg Kandahar. Solche Bomben, die schon im Kosovo-Krieg 1999 schwere Schäden anrichteten, werden in Kanistern abgeworfen, die sich über dem Boden öffnen und Dutzende kleiner Sprengkörper freisetzen.

In einer Pressekonferenz räumt US-Präsident George W. Bush den Taliban am 11. Oktober eine »zweite Chance« ein: »Wenn ihr ihn und seine Leute herausrückt, werden wir uns noch einmal überlegen, was wir mit eurem Land machen«, erklärt er. Bush erläutert außerdem die Ziele der Militäraktion: »Wir führen einen Krieg gegen den Terrorismus im Allgemeinen … Erfolg oder Misserfolg hängen davon ab, den Terrorismus überall auf der Welt, wo er existieren mag, auszurotten.«

Am 19. Oktober bestätigen die USA erstmals, dass in Afghanistan auch Spezialeinheiten am Boden im Einsatz sind. Laut Pentagon handelt es sich dabei um eine kleine Anzahl von Elitesoldaten. Einen Tag später wird von bis zu 200 US-Soldaten in der Nähe von Kandahar berichtet.

Gefilterte Informationen

Unter Hinweis auf die drohende Gefährdung der Soldaten bemühen sich Militärspitze und politische Führung der USA bei der Militäraktion in Afghanistan um weit gehende Geheimhaltung ihrer Operationen. Um die Öffentlichkeit dennoch über den Fortgang des Geschehens auf dem Laufenden zu halten, werden vor allem Luftaufnahmen zerstörter militärischer Angriffsziele veröffentlicht, die den Eindruck eines Krieges ohne Blutvergießen erwecken. Die Taliban laden ihrerseits wiederholt ausländische Journalisten ein, um ihnen zivile Opfer und Schäden an Wohnhäusern zu zeigen, die nach ihren Angaben durch Luftangriffe der USA entstanden sind.

Am 21. Oktober wird schließlich bekannt, dass Bush dem Geheimdienst CIA den Befehl erteilt hat, bin Laden aufzuspüren, zu töten und sein Netzwerk zu zerschlagen. Seit 1973 ist es der CIA offiziell verboten, Anschläge auf ausländische Politiker zu verüben – außer in Kriegszeiten oder zur Selbstverteidigung der USA.

Der Gesuchte billigt am Tag der ersten Angriffe in einem Video, das der Satellitensender Al-Jazeera in Katar verbreitet, die Terroranschläge in New York und Washington und ruft zum »heiligen Krieg« gegen die USA auf (→ 13.11./S. 194).

Taliban-Kämpfer am 2. Oktober auf einem Panzer russischer Bauart

Bewaffnete Soldaten der Nordallianz am 5. Oktober in der Provinz Takhar

Außenminister Fischer (l.) bei Irans Präsident Mohammed Khatami

△ *Zerstörte Häuser in Kandahar; nach Angaben der Stadtbewohner sind die Schäden eine Folge der US-Luftangriffe.*

◁ *Flüchtlinge in der nordafghanischen Provinz Takhar sammeln von amerikanischen Transportmaschinen abgeworfene Lebensmittelpäckchen ein. Ob die Beutel den angestrebten Zweck – Hilfe für Hungernde – erfüllen, bleibt ungewiss. Journalisten berichten, es bestehe die Gefahr, die Hilfspakete mit Streubomben zu verwechseln, da beide gelb seien. Daraufhin wird die Farbe der Päckchen geändert.*

Umfassende Allianz gegen den Terror

Chronik Rückblick

Als Basis für ihr Vorgehen gegen Osama bin Laden und die afghanischen Taliban schmieden die USA in den Wochen vor Beginn ihrer Militäroperation durch intensive Reisediplomatie eine umfassende Anti-Terror-Allianz.

Nachdem der NATO-Rat am 2. Oktober den Bündnisfall erklärt hat, sind alle NATO-Staaten grundsätzlich zu Beistand verpflichtet. Von Beginn an sind britische Soldaten bei den Kämpfen in Afghanistan dabei. Frankreich hält Streitkräfte in Afrika und am Persischen Golf bereit. Deutschland will ebenfalls einen Militärbeitrag leisten (→ 16.11./S. 196). Spanien stellt logistische Unterstützung zur Verfügung. Der NATO-Partner Türkei sagt den USA die Nutzung seiner Flugplätze zu.

Darüber hinaus kann Russland als Bündnispartner gewonnen werden. Präsident Wladimir Putin verspricht u. a. die Lieferung von Erkenntnissen der eigenen Geheimdienste und die Öffnung des Luftraums für Kampfflugzeuge der USA. China, mit dessen Staatschef Jiang Zemin US-Präsident George W.

Bush am Rande der APEC-Konferenz am 19. Oktober in Schanghai zusammentrifft, sichert den USA Unterstützung im Kampf gegen den Terror zu.

Ein besonders wichtiger Partner der Anti-Terror-Allianz ist Pakistan, dessen Führung die Nutzung des Luftraums gestattet und geheimdienstliche Informationen zur Verfügung stellt (→ S. 179). Das im Norden Afghanistans gelegene Usbekistan erlaubt die Nutzung eines Luftstützpunktes für »humanitäre Aktionen«, z. B. Rettungseinsätze für Kommandotrupps. Afghanistans westlicher Nachbar Iran duldet den US-Einsatz, will aber nur Aktionen unter UN-Kommando mittragen.

Putin, Bush, Jiang Zemin (v. l.) in Schanghai

Ausguck auf dem Flugzeugträger »USS Carl Vinson« im Indischen Ozean

Afghanistan: Flüchtlingsstrom schwillt weiter an

12. 10., Dublin. Die Menschenrechtskommissarin der Vereinten Nationen, die frühere irische Präsidentin Mary Robinson, fordert in einem Rundfunkinterview die USA aus humanitären Gründen zur Unterbrechung der Luftangriffe auf Afghanistan auf.

»Wir brauchen eine Pause, um humanitäre Hilfsaktionen im großen Rahmen starten zu können und eine große Zahl afghanischer Flüchtlinge über die Grenzen zu lassen.« Ab Mitte November sei mit dem Einbruch des Winters zu rechnen. Bis dahin müsse die Versorgung der Zivilbevölkerung gesichert sein, sonst würden möglicherweise Tausende Menschen verhungern und erfrieren.

Infolge des Bürgerkriegs, der seit 1979 in Afghanistan herrscht, sind Infrastruktur und Produktionsanlagen weitgehend zerstört. Über die Hälfte der Erwerbstätigen sind in der Landwirtschaft beschäftigt, die aber faktisch kaum noch existiert. Üblicherweise betreiben die Afghanen Bewässerungsfeldbau, doch sind durch den Krieg 40% der Bewässerungssysteme zerstört. Zudem wird das Land seit drei Jahren von einer anhaltenden Dürre heimgesucht, der mindestens 80% des Viehbestandes zum Opfer gefallen sind. Darüber hinaus ist die Nutzung des Bodens für die Landwirtschaft in vielen Regionen wegen der Hinterlassenschaften des Krieges nicht mehr möglich: Nach Angaben der Vereinten Nationen ist Afghanistan das am stärksten verminte Land der Welt.

Im pakistanischen Torkham an der Grenze zu Afghanistan warten am 8. Oktober Hunderte Pakistani und Afghanen auf die Erlaubnis zur Einreise. Einige der Männer erklären, sie wollten sich zum Kampf der Taliban gegen die US-amerikanischen und britischen Militärschläge melden. Dass es an der Grenze zu Wartezeiten kommt, liegt jedoch am Andrang auf der afghanischen Seite. Pakistan, das bereits rd. 1,6 Mio. Flüchtlinge aus Afghanistan aufgenommen hat, ist bemüht, den Zustrom möglichst einzudämmen.

Schon vor Beginn der US-Militäraktion lebten 1,6 Mio. afghanische Flüchtlinge in Lagern in Pakistan, weitere rd. 1,5 Mio. haben im Iran Zuflucht gesucht. Die Flüchtlingslager, oft eingezäunt und von Sicherheitskräften des Aufnahmelandes streng bewacht, bestehen teilweise schon seit mehr als 15 Jahren. Innerhalb Afghanistans sind laut Schätzungen weitere 1 Mio. Menschen auf der Flucht vor Bürgerkrieg und Dürre. Es wird damit gerechnet, dass die Zahl der Flüchtlinge durch die Angriffe der USA um weitere 1,5 Mio. steigen wird. Die Nachbarn Pakistan und Iran haben Ende September ihre Grenzen zu Afghanistan geschlossen, um den Flüchtlingsstrom einzudämmen.

Schon im Juni 2001 stellte die Welternährungsorganisation FAO fest, dass ein Fünftel der rd. 25 Mio. Afghanen akut von einer Hungersnot bedroht waren. Um die Lebensmittelversorgung der Bevölkerung sicherzustellen, müssten diesen Angaben zufolge 2,2 Mio. t Getreide importiert werden.

Monate zuvor, am 14. Januar, hatte das Internationale Komitee des Roten Kreuzes angekündigt, es werde ab März die seit 1994 andauernde Verteilung von Lebensmitteln in Kabul einstellen, da die Armut nicht mehr eine Folge Krieges, sondern ein strukturelles Problem sei. Um hier zu helfen, besitze die Organisation kein Mandat.

Ende September nehmen Konvois des Welternährungsprogramms der UNO Hilfslieferungen nach Afghanistan auf; zunächst werden 200 t Weizen ins Land gebracht.

Swissair bleibt am Boden

2. 10., Zürich. »Aus finanziellen Gründen ist die Swissair nicht mehr in der Lage, ihre Flüge durchzuführen.« Dies teilt die mit über 15 Mrd. Franken verschuldete Schweizer Fluggesellschaft ihren Passagieren mit. Die kreditgebenden Banken wollen nun eine neue Fluglinie mit dem Traditionsnamen Swissair schaffen.

Die renommierte Schweizer Airline ist keineswegs die einzige Fluggesellschaft, die nach den Terroranschlägen in den USA vom → 11. September (S. 158) ins Straucheln kommen. Allein für die erste Woche nach den Attentaten beziffert Lufthansa-Vorstandschef Jürgen Weber die Verluste seiner Gesellschaft auf 80 Mio. €.

American Airlines und United Airlines, die weltweit größten Gesellschaften, planen die Entlassung von jeweils rd. 20 000 Mitarbeitern, die europäischen Linien setzen dagegen stärker auf einen Investitions- und Einstellungsstopp sowie Preiserhöhungen. Besonders zu schaffen macht den Europäern die Erhöhung der Versicherungsprämien; der Beitrag für »Kriegsrisiken« steige um das 15fache, teilt die Organisation der europäischen Luftlinien (AEA) mit.

Die Swissair-Flotte kann nicht fliegen, weil das Geld für Kerosin fehlt.

Frauen stehen – getrennt von den Männern – am Morgen des 3. November in Kabul vor dem Büro einer saudi-arabischen Hilfsorganisation an.

Radikale Wende bei Pakistans Führung

Chronik Hintergrund

Pakistan vollzieht nach den Terroranschlägen in den USA am → 11. September (S. 158) eine vollkommene Kehrtwendung seiner Politik. Die Militärregierung von Präsident Pervez Musharraf, der sich 1999 an die Macht geputscht hatte, zählte bis dahin zu den wenigen Unterstützern des Taliban-Regimes im Nachbarland. Deshalb und wegen des Atomwaffenprogramms hatten die USA Sanktionen gegen Pakistan verhängt und drohten das Land auf ihre Liste der »Schurkenstaaten« zu setzen.

Nach dem 11. September aber schwenkt Musharraf um, möglicherweise um sein Land nicht ebenfalls Angriffen auszusetzen. Er öffnet den USA den pakistanischen Luftraum und liefert Informationen des eigenen Geheimdienstes, der jahrelang die Taliban gefördert hat. Da die USA ohne Überfluggenehmigung Pakistans den Krieg in Afghanistan kaum führen können, verkündet Präsident George W. Bush am 22. September die Aufhebung sämtlicher Sanktionen gegen Pakistan und Indien.

Gegen die USA-freundliche Haltung der Regierung gibt es in Pakistan wiederholt Demonstrationen und auch Ausschreitungen. Allerdings gelingt es den Regierungsgegnern nicht, eine Massenbewegung für ihre Ziele zu mobilisieren.

Flüchtlingslager des iranischen Roten Halbmonds in der afghanischen Provinz Nimruz. Iran hat seine Grenze zu Afghanistan abgesperrt.

Demonstration von Taliban-Anhängern am 8. Oktober in Karatschi

Anthrax-Sporen schüren Angst vor Biowaffen

5. 10., Atlantis. Zum ersten Mal seit 25 Jahren gibt es in den USA ein Opfer von Lungenmilzbrand (Anthrax). Der Pressefotograf, der in einem Krankenhaus im Bundesstaat Florida stirbt, ist offenbar durch Krankheitserreger infiziert worden, die sich in einem Brief befanden. In den folgenden Wochen tauchen weitere derartige Sendungen auf; insgesamt sterben fünf Menschen an einer Milzbrandinfektion. Am 15. Oktober werden auch im Büro des demokratischen Senatsführers Tom Daschle in Washington Anthrax-Sporen entdeckt. Zwei Tage später wird das US-Ab-

geordnetenhaus wegen Milzbrandgefahr geschlossen, weil bei über 30 Mitarbeitern und Polizisten Sporen nachgewiesen wurden. Am 23. Oktober finden sich in der Poststelle des Weißen Hauses Spuren des Erregers.

Das Auftauchen der Milzbrandsporen weckt die Furcht vor einem Angriff mit Bio-Waffen. In den USA werden umfangreiche Sicherheitsmaßnahmen eingeleitet. Die entdeckten Erreger, so zeigt sich, stammen ursprünglich aus einem US-amerikanischen Labor. Über den Urheber der Anthrax-Sendungen herrscht zunächst Unklarheit.

Vor dem Capitol in Washington werden Schutzvorkehrungen gezeigt.

Ehrung für die UNO und ihren »General« Annan

12.10., Oslo. Der Friedensnobelpreis 2001 geht zu gleichen Teilen an die Vereinten Nationen und ihren Generalsekretär Kofi Annan. Dies teilt das norwegische Nobel-Institut mit. Sämtliche Nobelpreise werden am 10. Dezember in Oslo und Stockholm übergeben.

Mit der Auszeichnung wird das Engagement Annans und der UN für die Menschenrechte und die Beilegung globaler Konflikte gewürdigt. Der 63-jährige Annan, der seit 1997 an der Spitze der Weltorganisation steht, habe, so heißt es in der Begründung, »neues Leben« in die UN gebracht und engagiere sich für eine »besser organisierte und friedlichere Welt«. Das Komitee wolle »öffentlich kundtun, dass der einzige begehbare Weg zu globalem Frieden und Zusammenarbeit der über die UN ist«.

Die Ehrung wird weltweit mit großer Zustimmung aufgenommen. Bundespräsident Johannes Rau würdigt Annans »unermüdlichen Einsatz für den Weltfrieden«. Israels Außenminister Schimon Peres, der selbst 1994 mit Jasir Arafat als Vertreter der Palästinenser und dem damaligen israelischen Premier Yitzhak Rabin den Friedensnobelpreis erhielt, erklärt, Annan sei »ein Mensch mit einer humanitären Einstellung, der sich wirklich um die Ärmsten der Welt kümmert«. Und Esi Arthur, die Schwester des aus Ghana stammenden Preisträgers, urteilt: »Das ist eine große Ehre, nicht nur für Kofi, sondern für den afrikanischen Kontinent.«

Annan, der im Jahr 1997 als erster Schwarzafrikaner und als erster UN-Beamter die Leitung der Vereinten Nationen übernahm und im Juni 2001 für eine zweite Amtszeit gewählt wurde, hat sich erfolgreich für eine Reform und Aufwertung der Weltorganisation eingesetzt. Dank seiner Bemühungen konnte eine Vielzahl von Hilfsmaßnahmen für die Ärmsten eingeleitet werden. Nun auch das politische Gewicht der UNO weiter zu stärken ist offenbar eines der Anliegen des Nobel-Instituts.

Ein strahlendes Paar: UN-Generalsekretär Kofi Annan mit Ehefrau Nane

Ein Erzähler vieler Welten und Kulturen

»Für seine Werke, die hellhöriges Erzählen und unbestechliches Beobachten vereinen und uns zwingen, die Gegenwart verdrängter Geschichte zu sehen«, spricht das Nobelkomitee dem britischen Schriftsteller V. S. (Vidiadhar Surajprasad) Naipaul den Nobelpreis für Literatur zu.

Der Autor ist ein wahrhaftiger Kenner der Welt. 1932 wurde er als Sohn einer aus Indien stammenden Familie auf Trinidad geboren; als 18-Jähriger übersiedelte er nach England. Eine Vielzahl von Reisen führte Naipaul in die unterschiedlichsten Weltgegenden – in den Iran und nach Indien, nach Afrika und Lateinamerika. Von seinen Erfahrungen berichtete er in Essays und Romanen, wobei es ihm seine Herkunft erlaubte, ohne »politisch korrekte« Beschönigung seine Eindrücke zu schildern. Besonders vom postkolonialen Leben in der Karibik entwarf er ein schonungsloses Bild, u. a. in den Romanen »Wahlkampf auf Karibisch« (1958), »Blaue Karren im Calypsoland« (1959) und dem oft als sein Hauptwerk bezeichneten »Ein Haus für Mr. Biswas« (1961). In Schwarzafrika, das unter den Folgen des Kolonialismus besonders leidet, spielt »An der Biegung des großen Flusses« (1978).

Naipauls Reiseberichte, darunter »Indien. Eine verwundete Kultur« (1977), »Eine islamische Reise«, die beim Erscheinen 1981 für großes Aufsehen sorgte, oder »In den alten Sklavenstaaten« (1989) sind persönlich geprägt.

V. S. Naipaul (2000)

Preiswürdig: »Die Atome singen im Chor«

Der deutsche Physiker Wolfgang Ketterle, der am Massachusetts Institute of Technology arbeitet, und seine beiden US-amerikanischen Kollegen Carl Wieman und Eric Cornell von der University of Colorado in Boulder teilen sich den Nobelpreis für Physik.

Die Physiker haben eine Gaswolke von Atomen bei extrem niedrigen Temperaturen so zusammengepfercht, dass diese in einen neuen Aggregatzustand, das sog. Bose-Einstein-Kondensat, übergingen. »Die Atome singen im Chor«, befindet das Preiskomitee und beschreibt den Nutzen der Entdeckung so: »Die neue ›Kontrolle‹ über die Materie ... wird umwälzende Anwendungen u. a. bei Präzisionsmessungen und in der Nanotechnologie zur Folge haben.«

Ketterle stammt aus München.

Eric Cornell (l.) und Carl Wieman

Joseph Stiglitz

Michael Spence

George Akerlof

Ungleichgewicht der Information

Der Wirtschafts-Nobelpreis geht an die US-Amerikaner George Akerlof, Michael Spence und Joseph Stiglitz für ihre »Analyse von Märkten mit asymmetrischer Information«. Nach Ansicht des Nobelkomitees haben die Preisträger die Basis für eine Theorie gelegt, die sich auf unterschiedlichste Gegebenheiten anwenden lässt. George Akerlof zeigte z. B., wie ein Markt, in dem die Verkäufer bessere Informationen über die Qualität der Waren haben als die Käufer, so schrumpfen kann, dass nur noch eine Auswahl von Waren mit geringer Qualität angeboten wird.

Nurse (l.) und Hunt im Labor der britischen Krebsforschungsstiftung

Leland Hartwell

Neue Wege in der Krebsbekämpfung

Der Nobelpreis für Medizin geht an die Forscher Leland Hartwell (USA), Timothy Hunt und Paul Nurse (beide Großbritannien). Sie erhalten die Auszeichnung für ihre Arbeiten zur Kontrolle des Zellzyklus. Die Ergebnisse der Wissenschaftler könnten langfristig neue Perspektiven in der Krebstherapie eröffnen, heißt es in der Begründung des Karolinska Instituts. Die Preisträger haben erforscht, welche Moleküle die Teilung einer Zelle und damit das Wachstum eines Organismus kontrollieren. Erste Krebsmedikamente, die auf ihren Entdeckungen basieren, befinden sich bereits in der Erprobung.

William S. Knowles

Ryoji Noyori

Barry Sharpless stößt mit Sohn Ike an.

Produktionsbasis für Arzneimittel

Für ihre Forschung zur Herstellung vieler Medikamente werden die US-Amerikaner William Knowles und Barry Sharpless sowie der Japaner Ryoji Noyori mit dem diesjährigen Nobelpreis für Chemie geehrt. Schon vor 150 Jahren hat Louis Pasteur entdeckt, dass viele Substanzen auch in einer »spiegelbildlichen« Version existieren. Während die eine in Medikamenten die gewünschte Wirkung erzielt, ruft ihr »Spiegelbild« möglicherweise Schäden hervor. Den drei Nobelpreisträgern ist es gelungen, Katalysatoren zu finden, mit denen eine möglichst große Menge der »richtigen« Version erzeugt werden kann.

Wrackteile der ins Schwarze Meer gestürzten TU 154

Flugzeug abgeschossen

4.10., Moskau. Eine russisches Passagierflugzeug mit 78 Menschen an Bord stürzt auf dem Weg von Tel Aviv nach Nowosibirsk nach einer Explosion ins Schwarze Meer. Die Tupolew 154 ist versehentlich von einer Luftabwehrrakete der ukrainischen Streitkräfte getroffen worden, die auf der Halbinsel Krim ein Manöver abhalten.

Zunächst gibt es vielfältige Spekulationen über die Ursache des Unglücks, vor allem ein möglicher Terroranschlag wird in Betracht gezogen. Als jedoch in den Trümmern der abgestürzten Maschine Teile einer Rakete gefunden werden, widerlegt dies die entschieden vorgetragenen Dementis der ukrainischen Behörden.

Löscharbeiten und Bergung der Überreste der SAS-Passagiermaschine auf dem Mailänder Flughafen

118 Tote bei Zusammenstoß am Airport

8.10., Mailand. *Beim Zusammenstoß eines skandinavischen Passagierflugzeugs mit einem deutschen Privatjet auf dem Mailänder Flughafen kommen insgesamt 118 Menschen, die Insassen beider Maschinen und vier Airport-Mitarbeiter, ums Leben. Die Cessna ist bei dichtem Nebel offenbar irrtümlich auf die Startbahn der SAS-Maschine geraten, die nach dem Aufprall in einen Hangar für die Gepäckabfertigung einschlug und in Brand geriet. Das Bodenradar ist nach Angaben von Fluglotsen in Mailand seit einem Jahr ausgefallen.*

Nahost: Neue Gewalt-Eskalation

17.10., Jerusalem. Israels Tourismusminister Rehavam Zeewi wird durch zwei Schüsse tödlich verletzt. Zu dem Attentat bekennt sich die Volksfront zur Befreiung Palästinas. Der erste Mord an einem israelischen Regierungsmitglied durch palästinensische Extremisten löst eine neue Welle der Gewalt aus.

Der 75-jährige Zeewi, der entgegen allen Warnungen auf Leibwächter verzichtet hatte, war ein Mann der scharfen Töne. Der Mitvorsitzende des ultrarechten Parteienblocks »Nationale Union – Unser Haus Israel« forderte u. a. den »Transfer« aller Palästinenser aus dem Gasastreifen und dem Westjordanland nach Mekka und Jordanien. Aus Protest gegen die »zu weiche« Politik der Regierung kündigte er am 15. Oktober seinen Rücktritt an, der am Tag des Attentats wirksam werden sollte.

Bis zum bitteren Ende werde man den Terror bekämpfen, erklärt nach dem Mord an Zeewi Israels Premierminister Ariel Scharon, der wenige Stunden vor dem Anschlag noch erstmals laut über die mögli-

Rehavam Zeewi

che Bildung eines Palästinenserstaates nachgedacht hatte. Die israelische Regierung stellt den Palästinensern ein Ultimatum für die Auslieferung der Attentäter und beginnt nach dessen Ablauf eine neue Militäraktion in den Autonomiegebieten, die zu den blutigsten Auseinandersetzungen seit Beginn der Intifada führt. Erneut werden palästinensische Aktivisten gezielt von israelischen Soldaten getötet (→ 10.8./S. 140; S. 402–415).

Regierungswechsel in Bangladesch

1.10., Dacca. Trotz einer eindrucksvollen wirtschaftlichen Erfolgsbilanz erlebt die Regierungschefin von Bangladesch, Scheikh Hasina Wajed, bei der Parlamentswahl ein Debakel. Ihre Awami-Liga erreicht nur noch 62 von 300 Sitzen, nicht einmal halb so viele wie vor fünf Jahren.

Wahlgewinner sind die konservative Nationalpartei BNP und die islamistische Jamaat-i-Islami, die zusammen über 201 Mandate verfügen und mit dieser Zweidrittelmehrheit Verfassungsänderungen durchsetzen können. Die bisherige Oppositionsführerin Khaleda Zia von der BNP wird am 10. Oktober als neue Premierministerin vereidigt. Sie regierte schon einmal von 1991 bis 1996.

Angesichts eines Wirtschaftswachstums von zuletzt 5,9% – das auch dadurch begünstigt ist, dass Bangladesch in den letzten Jahren von Naturkatastrophen verschont blieb – gilt die Wahl als Reaktion auf

Khaleda Zia bei der Vereidigung

die Vorgänge in Afghanistan (→ 7.10./S. 176). Im Wahlkampf spielte außerdem die Rivalität der beiden Spitzenkandidatinnen eine Rolle: Hasina ist die Tochter des Staatsgründers Mujibur Rahman, der 1975 bei einem Militärputsch ermordet wurde; Zia ist die Witwe von General Zia ur-Rahman, der 1975 die Staatsführung übernahm.

Das Dockschiff »Giant 4«, unter dem die »Kursk« festgemacht ist

Am Jahrestag des Untergangs gedenken Matrosen ihrer Kameraden.

Wrack der havarierten »Kursk« endlich geborgen

21. 10., Rosljakowo. Mehr als 14 Monate nach seinem Untergang in der Barentssee wird das Wrack des russischen Atom-U-Boots »Kursk« ins Schwimmdock der Marine in der Nähe von Murmansk gebracht. Bei der Havarie sind 118 Seeleute umgekommen.

Die im Dezember 1994 in Dienst gestellte »Kursk« sank am 12. August 2000 in der Barentssee. Etliche Seeleute an Bord überlebten offenbar noch tagelang, doch ihre Hoffnung auf Hilfe blieb vergebens. Im Oktober 2000 wurden zwölf Leichen aus dem in 108 m Tiefe liegenden Wrack geborgen.

Im Sommer 2001 begann eine niederländische Bergungsfirma mit den Vorbereitungen zur Hebung der 155 m langen »Kursk«. Eine erhöhte Radioaktivität in der Umgebung des Wracks wurde nicht festgestellt.

In Rosljakowo sollen soweit möglich die übrigen Leichen geborgen, die Unglücksursache soll weiter untersucht werden. Nach Expertengutachten ist bei einem Manöverschießen ein defekter Torpedo im Abschussrohr detoniert. Nach wie vor gilt aber nicht als ausgeschlossen, dass die »Kursk« in einem simulierten Gefecht von einer Rakete getroffen wurde. Wegen der Desinformationspolitik, die Marine und Regierung nach dem Unglück betrieben, bezweifeln viele Angehörige der Opfer, dass sie je die Unglücksursache erfahren.

Unfall mit elf Toten blockiert Gotthard

24.10., Ariolo. *Nach dem Frontalzusammenstoß zweier Lastwagen und einer anschließenden Explosion verwandelt sich der Schweizer Gotthard-Tunnel in ein Flammenmeer, in dem elf Menschen umkommen. Rettungsmannschaften können zunächst nicht an den Unglücksort vordringen, weil dort durch den Brand von Autoreifen und Plastikplanen – der Ladung eines der Lkw – Temperaturen von über 1000 °C herrschen.*

Weil umfangreiche Aufräumarbeiten erforderlich sind und Deckenteile im Tunnel einzustürzen drohen, wird frühestens zum Jahresende mit der Wiedereröffnung der wichtigsten Schweizer Transitstrecke gerechnet. Damit verschärft sich noch das ohnehin drängende Problem des wachsenden Nord-Süd-Verkehrs über die Alpen.

◁ Ein Foto der Schweizer Polizei zeigt den verheerenden Brand im Gotthard-Tunnel.

Denkzettel für Berliner CDU

21.10., Berlin. Mit einem Desaster für die CDU und einem Triumph für SPD und FDP – sowie insbesondere im Ostteil der Stadt für die PDS – endet die Wahl zum Berliner Abgeordnetenhaus.

Die Neuwahl schon nach zwei Jahren ist nach dem Bruch der großen Koalition von CDU und SPD am → 16. Juni (S. 110) notwendig geworden. Den Finanzskandal, der zum Rücktritt des Regierenden Bürgermeisters Eberhard Diepgen (CDU) und zur Wahl des SPD-Politikers Klaus Wowereit zum Regierungschef der Hauptstadt geführt hat, lasten die Wähler offenbar zum allergrößten Teil der Union an. Sie verliert gegenüber dem Ergebnis von 1999 mehr als 17 Prozentpunkte. Allerdings wird dieser Erdrutsch auch dem CDU-Spitzenkandidaten Frank Steffel angelastet, der im Wahlkampf nicht immer eine glückliche Figur machte.

Wahl in Berlin

Partei	Stimmen in %		Sitze	
	2001	1999	2001	1999
SPD	29,7	22,4	44	42
CDU	23,7	40,8	35	76
PDS	22,6	17,7	33	33
FDP	9,9	2,2	15	–
Grüne	9,1	9,9	14	18
Sonstige	5,0	7,0	–	–

Die Sozialdemokraten legen deutlich zu, bleiben aber doch hinter dem Ergebnis von weit über 30% zurück, das Wahlforscher prognostiziert hatten. Die PDS kann ihre Stimmenzahl ebenfalls erheblich erhöhen, wobei sie im ehemaligen Ost-Berlin mit 47,6% doppelt so viele Wähler gewinnt wie die zweitstärkste Partei, die SPD. Dass aber auch im Westen 6,9% der Nachfolgepartei der SED ihre Stimme geben, wertet die PDS-Bundesvorsitzende Gabi Zimmer als »Durchbruch«. Einen nicht unerheblichen Anteil an diesem Erfolg hat offenbar der PDS-Spitzenkandidat Gregor Gysi.

Ihren Stimmenanteil gegenüber 1999 mehr als vervierfachen kann die FDP. Damit ziehen die Spree-Liberalen, die mit dem ehemaligen Bundeswirtschaftsminister Günter Rexrodt als Frontmann angetreten sind, nach zweimaligem Scheitern an der Fünf-Prozent-Hürde wieder ins Abgeordnetenhaus ein.

△ SPD-Anhänger feiern in der Wahlnacht den Sieg ihrer Partei und des seit vier Monaten amtierenden Bürgermeisters Klaus Wowereit.

◁◁ Gregor Gysi freut sich über Erfolge der PDS im Ostteil der Stadt, aber auch über die 6,9% für seine Partei im Westen.

◁ Frank Steffel (CDU) muss eine harte Niederlage einstecken.

Rot-rot oder Ampel?

Der Berliner SPD stehen nach der Wahl zwei Möglichkeiten offen, ein rot-rotes Bündnis mit der PDS oder eine sog. Ampelkoalition mit der FDP und Bündnis 90/Grüne. Nachdem Bundeskanzler Gerhard Schröder (SPD) deutlich gemacht hat, dass er die zweite Lösung bevorzugt, schwenkt die Landes-SPD ebenfalls auf diese Linie ein. Besonders in den Bereichen Verkehrs- und Sozialpolitik ist fraglich, ob sich die Partner der Sozialdemokraten in Koalitionsgesprächen zusammenraufen.

◁ Partner in spe? – Günter Rexrodt (FDP), Regina Michalik (Grüne), Peter Strieder und Wowereit (SPD)

AKW-Betreiber im »Blindflug«?

8.10., Karlsruhe. Wegen gravierender Verstöße gegen die Sicherheitsbestimmungen ordnet Bundesumweltminister Jürgen Trittin (Bündnis 90/Die Grünen) an, den Block II des Atomkraftwerks Philippsburg vom Netz zu nehmen.

Zuvor ist bekannt geworden, dass das Kraftwerk im August zwei Wochen lang in Betrieb war, obwohl drei der vier Flutbehälter keine ausreichende Konzentration an Borsäure aufwiesen. Bei einem größeren Leck hätte deshalb das Notkühlsystem möglicherweise versagt. Mindestens zwei Flutbehälter sind nötig, um bei einem Leck im Primärkreislauf eine Kernschmelze zu verhindern.

Nachdem der Mangel festgestellt worden war, fuhr der Betreiber des Atomkraftwerks Philippsburg, die Energie Baden-Württemberg AG (EnBW), den Reaktor nicht sofort herunter, sondern behob den Feh-

Greenpeace projiziert am 22. Oktober ein Dia auf den Kühlturm.

ler »bei laufendem Betrieb«. Das zuständige Ministerium wurde erst am 5. Oktober unterrichtet.

Der Landesumweltminister Ulrich Müller beschuldigt den Betreiber der organisatorischen Unzuverlässigkeit. Einen »Blindflug« dürfe es

beim Betreiben eines Kernkraftwerkes nicht geben.

Wann Philippsburg II wieder in Betrieb genommen werden dürfe, hänge stark von der »Fähigkeit zur Selbstkritik« bei der EnBW ab, meint der CDU-Politiker.

Armut betrifft fast 17% der Deutschen

19.10., Berlin. Gegenseitige Beschuldigungen von Regierung und Opposition, bei der Bekämpfung der Armut versagt zu haben, prägen die Bundestagsdebatte über den ersten Armutsbericht der Bundesregierung.

Der schon Ende April vorgelegte Bericht stellt für Deutschland eine wachsende Kluft zwischen Arm und Reich fest. 1998 lagen demnach bis zu 13,7 Mio. Bürger, vor allem Langzeitarbeitslose, allein erziehende Frauen und kinderreiche Familien, unter der Schwelle der Einkommensarmut. Dies bedeutet, dass ihre Einkünfte 50% oder weniger des durchschnittlichen Haushaltseinkommens betragen.

Für die rot-grüne Bundesregierung kündigt Ulrike Mascher, Staatssekretärin im Arbeitsministerium, eine Politik der aktiven Armutsbekämpfung sowie eine umfassende Reform der Sozialhilfe an. In regelmäßig erstellten Armutsberichten solle dann die Wirksamkeit der Maßnahmen überprüft werden.

Der FDP-Abgeordnete Heinrich Kolb mahnt in der Debatte vor allem Verbesserungen am Arbeitsmarkt an. Ein Arbeitsplatz sei »die beste Versicherung gegen Armut«.

Deutsche türkischer Herkunft: Zwei Berlinerinnen mit ihren Kindern auf dem Weg in ein Wahllokal

40 Jahre Anwerbeabkommen mit Türkei

30.10., Berlin. *Anlässlich des 40. Jahrestages des Anwerbeabkommens für türkische Arbeitnehmer würdigt Bundeskanzler Gerhard Schröder (SPD) die Verdienste der türkischstämmigen Bevölkerung. Sie habe »erheblich zum Erfolg der deutschen Wirtschaft beigetragen« und die Gesellschaft durch ihre Kultur bereichert. Durch einen bewussten Austausch zwischen den Religionen und Kulturen müsse nun der integrative Gedanke weiter gefördert werden. – Mit rd. 2 Mio. Menschen sind die Türken heute die größte Ausländergruppe. Seit Januar 2000 ist es durch das neue Einbürgerungsrecht für in dritter Generation in Deutschland lebende Türken sehr viel leichter geworden, die Staatsbürgerschaft des Landes zu erhalten, in dem sie geboren und aufgewachsen sind.*

Keine Sühne für Brandkatastrophe

11.10., Düsseldorf. Über fünf Jahre nach dem verheerenden Brand auf dem Flughafen Düsseldorf, bei dem 17 Menschen starben und 88 Verletzungen erlitten, wird der Prozess um die Katastrophe vom Landgericht eingestellt. Die neun Angeklagten kommen gegen Geldbußen straffrei davon.

Die Ermittlungen über das Unglück, das vermutlich durch unsachgemäß ausgeführte Schweißarbeiten entstand, brachten eine lange Kette von Schlampereien zu Tage, welche die Katastrophe erst ermöglichten. Laut Staatsanwaltschaft war eine individuelle Zurechnung der »furchtbaren Tatfolgen« jedoch nicht möglich. Obwohl der Prozess schon fast zwei Jahre geführt werde, habe man mit mindestens drei weiteren Jahren rechnen müssen. Dies sei durch das zu erwartende Strafmaß nicht zu rechtfertigen.

Mehr Rechte für die Prostituierten

19.10., Berlin. Der Bundestag verabschiedet ein Gesetz zur rechtlichen und sozialen Besserstellung von Prostituierten. Ab 1. Januar 2002 können die etwa 400 000 Prostituierten in Deutschland sich erstmals sozialversichern und gegebenenfalls ihren Lohn einklagen. Bisher galt professioneller Sex rechtlich als sittenwidrig, Lohn war deshalb nicht einklagbar. Auch jetzt sei das Gesetz nicht eindeutig genug formuliert, bemängelt die Prostituiertenorganisation Dona Carmen. Die Auslegung bleibe weiter den Gerichten überlassen.

Einem Bordellbesitzer steht ein »eingeschränktes Weisungsrecht« zu. Als Arbeitgeber darf er z. B. Arbeitsplatz und -zeit bestimmen, aber nicht vorschreiben, für welchen Freier und welche Sexualpraktiken seine Angestellte zur Verfügung stehen muss. Dennoch, so stellt das Gesetz fest, seien die Voraussetzungen für den Zugang zur Sozialversicherung gegeben. Geändert wird auch das Strafgesetzbuch: Prostitution ist nun unter normalen Umständen erlaubt, es sei denn, Frauen werden dabei persönlich oder wirtschaftlich ausgebeutet.

Belgiens künftige Königin

25.10., Brüssel. Belgien bekommt eine Thronfolgerin. Elisabeth Thérèse Marie Hélène, Tochter des Kronprinzen Philippe und seiner Frau Mathilde, erblickt in der Hauptstadt das Licht der Welt.

Dank einer Verfassungsänderung vom Juni 1991, die auch die weibliche Thronfolge ermöglicht, wird Prinzessin Elisabeth aus dem Hause Sachsen-Coburg voraussichtlich einmal die erste Frau auf dem Thron des Königreiches. Derzeit amtiert allerdings noch ihr Großvater, König Albert II., der 1993 die

Nachfolge seines kinderlos verstorbenen älteren Bruders Baudouin antrat. Danach steht Alberts Sohn Philippe (41), der 1999 die 13 Jahre jüngere, aus einer flämischen Adelsfamilie stammende Mathilde d'Udekem d'Acoz heiratete, als Thronfolger bereit.

Von Elisabeth, die einst ihren Vater beerben soll, wird erwartet, dass sie eine militärische Ausbildung absolviert, weil sie als Monarchin auch Oberbefehlshaberin ist. Außerdem sollte sie mehrere Universitätsdiplome erwerben, vorzugsweise in Jura und Geschichte.

Wenngleich die belgische Monarchie nur noch repräsentative Aufgaben hat, kommt ihr in dem vom Sprachenstreit zerrissenen und von einer Reihe politischer Skandale erschütterten Land eine herausragende Rolle als einigende Kraft zu. In der Presse heißt es dazu, die königliche Familie sei die einzige politische Institution, »die die Belgier noch verstehen können«.

Philippe und Mathilde mit Prinzessin Elisabeth

Tennis-Nachwuchs

26.10., Las Vegas. Jaden Gil, Sohn des Tennis-Traumpaars Steffi Graf und Andre Agassi, kommt in den USA zur Welt. »Das ist der stolzeste Tag unseres Lebens«, kommentieren seine Eltern, die vier Tage zuvor geheiratet haben, das Ereignis. »Wir sind dankbar für dieses wertvolle Geschenk und freuen uns auf das Leben und die Herausforderungen als Eltern.«

Was das Tennis betrifft, so wird es der neue Erdenbürger schwer haben, mit Vater und Mutter mitzuhalten. Die 32-jährige Graf, die

Steffi Graf und Andre Agassi mit Jaden Gil

1999 nach 17 Jahren ihre Profikarriere beendete, ist mit 22 Grand-Slam-Titeln und 377 Wochen an der Spitze der Weltrangliste die erfolgreichste Tennisspielerin aller Zeiten. Journalisten wählten sie zur deutschen Sportlerin des 20. Jahrhunderts. Ihre Karriere war allerdings auch von Verletzungen überschattet, und eine Steueraffäre, die ihren Vater und Manager ins Gefängnis brachte, belastete die Sportlerin sehr.

Seit sie sich ins Privatleben zurückgezogen hat, ist Graf oft als Zuschauerin bei Matches ihres Mannes zu sehen. Beide kannten sich schon lange und absolvierten u. a. 1992 zusammen den Siegertanz in Wimbledon. Gefunkt hat es offenbar aber erst 1999. Agassi zählt mit fast 50 Turniersiegen ebenfalls zur Elite der Tennisprofis. Der 31-Jährige spricht noch nicht vom Aufhören: 2001 gewann er zum dritten Mal die Australian Open (→ 28.1./S. 35). Im Gegensatz zu Graf hat Agassi Eheerfahrung: Zwei Jahre war er mit der Schauspielerin Brooke Shields verheiratet.

Büchner-Preis für Lyrikerin Mayröcker

27.10., Darmstadt. Die österreichische Schriftstellerin Friederike Mayröcker erhält den Georg-Büchner-Preis der Deutschen Akademie für Sprache und Dichtung, der als bedeutendste Auszeichnung für deutschsprachige Autoren gilt.

Die Laudatio auf die 76-Jährige hält der Lyriker Thomas Kling (*1957), der aus seiner Bewunderung für die Dichterin und ihre »ekstatischen Reisen durch die barocken Wunderkammern ihrer Letternwelt« kein Hehl macht.

Friederike Mayröcker veröffentlichte mehr als 70 Titel, vornehmlich Gedichtbände. Ihre Lyrik bildet in mehrdimensionalen sprachlichen Assoziationen eine chaotische Welt ab, ihre Experimentierfreude bezieht stark ihre Heimatsprache, das Wienerische, ein.

Friederike Mayröcker, wie stets ganz in Schwarz, mit Christian Meier, dem Präsidenten der Deutschen Akademie für Sprache und Dichtung, bei der Verleihung des Georg-Büchner-Preises in Darmstadt. Die Auszeichnung ging auch schon an ihren 2000 verstorbenen »Hand- und Herzgefährten« Ernst Jandl, für den sie jüngst ein »Requiem« schrieb.

München bekommt neue Fußballarena

21.10., München. Mit 65,8% sprechen sich die Einwohner der bayerischen Landeshauptstadt in einem Bürgerentscheid für den Bau eines Fußballstadions im Stadtteil Fröttmaning aus. Die Arena soll bis zur Fußball-WM 2006 fertig sein.

Zunächst war ein Umbau des seit 1972 genutzten Olympiastadions mit seinem Zeltdach in Erwägung gezogen worden, doch fand sich hierfür keine befriedigende architektonische Lösung. Für den Neubau der Sportstätte und ihrer Nebengebäude sowie die Anbindung ans Nahverkehrsnetz sind rd. 800 Mio. DM veranschlagt. Davon übernimmt die Stadt mit dem Bau einer U-Bahn-Strecke etwa ein Viertel; die weitere Finanzierung liegt bei den Fußballvereinen.

WM-Titel für Schumacher

14. 10., Suzuka. Der deutsche Ferrari-Pilot Michael Schumacher krönt seine erfolgreiche Titelverteidigung in der Formel 1-Weltmeisterschaft mit dem Sieg beim Großen Preis von Japan.

Mit seinen damit vier WM-Titeln hat er gleichgezogen mit dem Franzosen Alain Prost, den er mit der Zahl seiner Siege – mittlerweile 53 – überholt hat. Nur der legendäre Argentinier Juan Manuel Fangio hat noch einen Weltmeistertitel mehr errungen als Schumacher.

Der mit einer Jahresgage von ca. 75 Mio. DM teuerste Rennfahrer der Welt konnte schon beim Grand Prix von Ungarn am 19. August in Budapest mit einem Start-Ziel-Sieg seinen vierten WM-Titel feiern. So früh gelang die Entscheidung zuletzt dem Briten Nigel Mansell 1992.

In zwölf von 17 Rennen hieß der Sieger Schumacher. Neunmal siegte Michael, dreimal der sechs Jahre jüngere Bruder Ralf. Dieser hatte beim Großen Preis von Kanada in Montreal am 10. Juni im direkten Duell mit dem Bruder die Nase vorn. Bei seinen beiden anderen Saisonsiegen – in Imola und auf dem Hockenheimring – kam Michael Schumacher wegen technischer Defekte nicht ins Ziel.

Ansonsten fuhr Michael Schumacher immer in die Punkteränge und stellt mit 123 Zählern einen neuen Rekord auf. Die alte Bestmarke hielten er selbst und der Brite Nigel Mansell gemeinsam mit 108 Zählern. Auch die 58 Punkte Vorsprung auf den Gesamtzweiten sind neuer Rekord.

Von Schumachers Ausfällen in Imola und am Nürburgring konnte sein ärgster Widersacher, der Schotte David Coulthard, nicht profitieren. Die neue Nummer eins bei McLaren-Mercedes hatte – wie sein Teamkollege Mika Häkkinen – immer einmal wieder mit technischen Problemen zu kämpfen und schied viermal aus. Am Ende reicht es für Coulthard immerhin noch zu Platz zwei in der Gesamtwertung mit 65 Punkten vor dem Brasilianer Rubens Barrichello (Ferrari) mit 56 Zählern und Ralf Schumacher auf seinem BMW-Williams, der mit 49 Punkten Platz vier belegt. In der Teamwertung liegt Ferrari (179 Zähler) ebenfalls mit großem Abstand vor McLaren-Mercedes (102) und BMW-Williams (80).

Der zweifache Weltmeister Mika Häkkinen verabschiedet sich in Suzuka in – wie es heißt – eine einjährige Babypause. Der schnelle Finne belegt in seiner vorerst letzten Saison in der Gesamtwertung Platz fünf. Ganz Abschied von der Formel 1 nimmt Jean Alesi. Der Franzose, Jahrgang 1964, startete seit 1989 zu insgesamt 201 Grand-Prix-Rennen, gewann aber nur einmal.

Stolz reckt Michael Schumacher in Suzuka den Siegespokal in die Höhe.

Zum letzten Mal dabei: Jean Alesi

Nimmt eine Auszeit: Häkkinen

Trauer um Skistar Régine Cavagnoud

31. 10., Innsbruck. Die französische Skifahrerin Régine Cavagnoud ist tot. Die Weltmeisterin im Super-G von 2001 erliegt ihren schweren Verletzungen, die sie sich zwei Tage zuvor bei einem Zusammenprall mit dem deutschen Nachwuchstrainer Markus Anwander auf dem Pitztaler Gletscher zugezogen hat. Anwander wurde dabei lebensgefährlich verletzt.

Die 31 Jahre alte Régine Cavagnoud war beim gemeinsamen Training der französischen Weltcup- und der deutschen Europacup-Mannschaft in voller Fahrt mit Anwander zusammengeprallt. Der Trainer war gerade damit beschäftigt, die Piste zu präparieren. Ursache des Unglücks war offenbar ein Missverständnis im Funkverkehr.

Zeitfahr-WM für Ullrich

11. 10., Lissabon. Bei der Straßenweltmeisterschaft der Radprofis holt Jan Ullrich den Titel im Zeitfahren. Auf dem 38,2 km langen Kurs verweist der 27 Jahre alte Olympiasieger nach einer tollen Aufholjagd in 51:49 min den Schotten David Millar (6,3 sec zurück) und den Kolumbianer Santiago Botero (12 sec Rückstand) auf die Plätze. Für das Rennen auf dem anspruchsvollen Kurs mit sechs Steigungen auf jeder der zwei Runden durch den Parque Florestal verzichtete Ullrich auf sein Zeitfahr-Velo und benutzte ein 7,9 kg leichtes Straßenrad aus Aluminium.

Den Sieg beim Straßenrennen über 254,1 km holt sich der Spanier Oscar Freire Gomez in 6:07:21 h; Erik Zabel (Unna) wird Fünfter, Ullrich landet auf Platz 13.

Jan Ullrich im Ziel des Zeitfahrens

Claudia Bokel mit dem Degen Spitze

27.10., Nîmes. Bei den Fecht-Weltmeisterschaften in dem 2000 Jahre alten Amphitheater setzt sich die Deutsche Claudia Bokel im Finale gegen die zweimalige Weltmeisterin Laura Flessel-Colovic durch.

Der Kampf gerät zum Nervenspiel: Immer wieder versucht die von rd. 3500 französischen Fans angefeuerte Favoritin, die 28 Jahre alte Chemiestudentin aus Bonn am Fuß zu treffen. Doch ihr rennt schließlich die Zeit davon, und Bokels Defensivtaktik geht auf. Am Ende gewinnt sie mit 12:8 und holt sich erstmals den WM-Titel.

Die Goldmedaille ist für Bokel die vorläufige Krönung einer Karriere mit Höhen und Tiefen. Zuletzt hatte sie immer wieder mit Verletzungen und Krankheiten zu kämpfen.

Bücher 2001:

Dominanz des Politischen

Chronik Übersicht

Neueste Studien belegen, dass zunehmend weniger Deutsche zum Buch greifen. Nichtsdestoweniger ist 2001 ein Jahr mit steigenden Umsätzen und Rekordauflagen. Unter den 80 000 Neuerscheinungen büßt die Belletristik im Vergleich zum Sachbuch stark ein, während der Kinder- und Jugendbuchsektor ein Umsatzplus von 25 % verzeichnet.

Bei der Buchmesse in Frankfurt sollte Literatur aus Griechenland thematisch im Mittelpunkt stehen. Angesichts der Anschläge in New York und Washington (→ 11.9./S. 158) rücken jedoch Bücher zum Islam und zum Terrorismus ins Zentrum der Aufmerksamkeit. Noch rechtzeitig zur Messe im Oktober erscheint die von Louis Begley herausgegebene Essaysammlung »Dienstag 11. September 2001« mit Beiträgen bekannter Schriftsteller und Journalisten.

Peter Scholl-Latours neuester Titel »Afrikanische Totenklage. Der Ausverkauf des schwarzen Kontinents« weist die Verantwortung für Krieg, Hunger und Unterdrückung in Afrika den westlichen Industrieländern zu, deren Erdölgesellschaften und Trusts seit dem Zweiten Weltkrieg als postkoloniale Mächte die Geschicke des Kontinents lenken.

Essaysammlung von Louis Begley

Der Nobelpreis für Literatur geht an den Briten V.S. Naipaul (→ S. 180). Der Schriftsteller indischer Abstammung wird vielleicht auch deshalb den favorisierten US-Amerikanern Philip Roth, Thomas Pynchon und John Updike vorgezogen, weil in seinem Œuvre das Thema Islam an vorderer Stelle steht.

Den Friedenspreis des deutschen Buchhandels erhält der Philosoph Jürgen Habermas. In seiner neuesten Veröffentlichung, »Die Zukunft der menschlichen Natur. Auf dem Weg zu einer liberalen Eugenik?«, warnt er vor Eingriffen in das menschliche Erbgut.

Obwohl Lothar Machtan mit seiner These von der Homosexualität Hitlers in der Abhandlung »Wer war Hitler?« einen gewaltigen Pressewirbel verursacht, zeigen Historiker wenig Interesse. Das Bestreben, Aufsehen zu erregen, ist so offensichtlich, dass es fraglich bleibt, ob die Geschichtsbücher wirklich umgeschrieben werden müssen. Ähnlich auf Effekte aus ist der Niederländer Harry Mulisch, der in seinem Roman »Siegfried« versucht, dem Thema neue Aspekte abzupressen und Eva Braun dem Diktator einen Sohn schenken lässt.

Der Ungar Péter Esterházy legt mit »Harmonia Caelestis« eine romanhafte Aufarbeitung der eigenen Familiengeschichte vor. Esterházys Saga besticht nicht nur stilistisch. Die Dramatik der Schilderung, der immer wieder aufblitzende Humor und nicht zuletzt die epische Breite des Romans legen einen Vergleich mit Carlos Fuentes nahe.

Der Schwede Henning Mankell ist 2001 mit zwei Krimis in den deutschen Bestsellerlisten vertreten. Nach »Mittsommermord« wird »Der Mann, der lächelte« ebenfalls zum Publikumsrenner. Die Hauptfigur, Kommissar Wallander, wird durch einen Mordfall aus einer schweren Lebenskrise gerissen: Ein junger Anwalt glaubt, dass der Autounfall seines Vaters auf Mord hindeutet. Zwei Wochen später wird auch er tot aufgefunden. (Siehe auch Übersicht »Neuerscheinungen« im Anhang.)

Habermas (l.) erhält von Roland Ulmer (Börsenverein) den Friedenspreis.

Der schwedische Kriminalautor Henning Mankell mit seiner Frau

Der Ungar Péter Esterházy

Provokativ: Lothar Machtan

◁△ »Das Universum in der Nußschale« von Stephen Hawking (1942) widmet sich der »Supertheorie«, mit der sich der gesamte Kosmos beschreiben lässt.*

Der Mailänder Semiotiker U. Eco

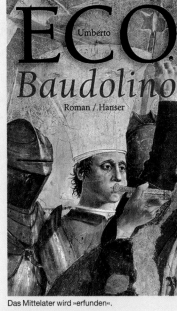

Das Mittelater wird »erfunden«.

Stephen Hawking: Fertig zum Beamen!

Der britische Physiker Stephen Hawking gilt als einer der brillantesten Köpfe unserer Zeit. Mit seinem ersten Buch, »Eine kurze Geschichte der Zeit« (1988), das sich allein in Deutschland 700 000-mal verkauft hat, versucht er, komplexe physikalische Zusammenhänge für Laien verständlich zu machen. In seinem neuesten Werk,

»Das Universum in der Nußschale«, stellt Hawking die Frage, ob sich sämtliche Naturgesetze durch eine finale Theorie zusammenführen lassen. Wird sich die »Star-Trek-Vision«, wie er sie nennt, erfüllen? Ein Anhang mit umfangreichen Worterklärungen, Register und Leseempfehlungen erleichtert den Zugang.

Umberto Eco: Zurück in die Vergangenheit

Baudolino wird 1155 von Kaiser Friedrich I. Barbarossa adoptiert und erlebt an dessen Seite die bedeutenden Ereignisse seiner Zeit. Als er gegen Ende seines Lebens einem Chronisten seine Geschichte erzählt, wird deutlich, dass viele Dinge seiner Phantasie entstammen. Doch Baudolino lenkt mit seinem Fabulieren den

weiteren Lauf der Historie. Auf spannende Weise fügt Eco historische Fakten des 12. Jahrhunderts, Fabelwesen und Liebesgeschichten zu einem bunten Gemälde zusammen, auch wenn sein neuestes Werk einem Vergleich mit seinem Roman-Erstling »Der Name der Rose« (1980) nach dem Urteil der Kritik nicht standhält.

Von Elfen und Bären – die in- und ausländische Kinder- und Jugendliteratur boomt

Als herausragende Neuerscheinung in der Kinder- und Jugendliteratur, die noch ganz im Bann des »Harry Potter«-Booms des Vorjahres steht, erweist sich »Artemis Fowl« von Eoin Colfer. Der Ire stellt dem nach Zauber- und Fabelgeschichten verlangenden Publikum den zwölfjährigen Artemis vor, der sich das Gold der Elfen verschaffen will, um die angestaubte Familienehre aufzupolieren. Der dazu notwendige »Raubzug« in das unterirdische Reich sowie die Gefangennahme einer leibhaftigen Elfe bescheren dem frechen Meisterdieb jedoch ungeahnte Probleme.

Die deutsche Überraschung auf dem Jugendbuchsektor liefert in diesem Jahr Axel Harke mit dem von Michael Sowa einfühlsam illustrierten Band »Ein Bär namens Sonntag«. Geschildert wird die Freundschaft zwischen dem kleinen Axel und dem Teddy Sonntag, dem der Junge in einer Traumwelt

unter dem Vorzeichen der Umkehrung der natürlichen Ordnung neu begegnet. Als Kuschelgefährte Sonntags im Reich der Teddybären erfährt Axel die Bedeutung der Liebe in einer oft gleichgültigen Umwelt.

Auch im Sachbuchbereich treten Veröffentlichungen für junge Leser hervor. Hartmut von Hentig überzeugt die Kritiker mit seinem Versuch der Klärung einer alten Frage. »Warum muss ich zur Schule gehen?« verweist in Briefform auf die soziale Funktion der Schule, in der das Heranreifen zum »Bürger« im Mittelpunkt stehen sollte.

Zwiespältig reagiert die Kritik auf die von Kanzlergattin Doris Schröder-Köpf und Ingke Brodersen herausgegebene Aufsatzsammlung »Der Kanzler wohnt im Swimmingpool oder Wie Politik gemacht wird«.

Auch beim Hörbuch zeigt sich der Trend zur Kinder- und Jugendlite-

ratur: Als Vorbote der Kinoverfilmung von John R. Tolkiens Fantasy-Klassiker »Der Herr der Ringe« (1954/55) wird die Vertonung der Trilogie zum Bestseller.

Der von Schauspieler Rufus Beck gelesene Band »Harry Potter und der Stein der Weisen« wird mit dem begehrten »Hörkules«-Preis prämiert.

△ *Der Bär Sonntag und Axel: Hintergründiges zum Schmunzeln*

▷ *Der Pädagoge von Hentig wendet sich direkt an die Schüler.*

November 2001

Mo	Di	Mi	Do	Fr	Sa	So
			1	2	3	4
5	6	7	8	9	10	11
12	13	14	15	16	17	18
19	20	21	22	23	24	25
26	27	28	29	30		

1. November, Donnerstag

Die Staatsanwaltschaft Berlin stellt das Ermittlungsverfahren gegen den früheren CDU-Vorsitzenden Wolfgang Schäuble und die ehemalige Parteischatzmeisterin Brigitte Baumeister wegen uneidlicher Falschaussage über die Umstände der Übergabe der 100 000-DM-Spende von Karlheinz Schreiber ein (→ 10.11./S. 197).

Vier Wochen nach Bekanntwerden der ersten Milzbrand-Erkrankung in den USA tauchen die Erreger erstmals in Europa auf. In einem Postsack der US-Botschaft in der litauischen Hauptstadt Vilnius werden Anthrax-Erreger gefunden (→ 5.10./S. 179).

2. November, Freitag

Zum Abschluss seines dreitägigen China-Besuchs besichtigt der deutsche Bundeskanzler Gerhard Schröder (SPD) in Schanghai zusammen mit Ministerpräsident Zhu Rongji die Baustelle der Magnetschwebebahn Transrapid. → S. 199

Zwei Verdachtsfälle auf Milzbranderreger in Deutschland bestätigen sich nicht. Im Arbeitsamt des thüringischen Rudolstadt war ein verdächtiger Brief mit pakistanischem Absender, aber deutschem Poststempel eingegangen; in Neumünster wurden 21 zunächst verdächtig erscheinende Pakete entdeckt.

3. November, Samstag

Vor dem Hintergrund andauernder Gewalt im Nahen Osten treffen der palästinensische Präsident Jasir Arafat und der israelische Außenminister Schimon Peres in der Ortschaft Pollensa auf Mallorca zu einem kurzen Meinungsaustausch zusammen.

Bei der Parlamentswahl in Singapur erringt die seit der Gründung des Staates 1965 regierende People's Action Party (PAP) von Ministerpräsident Goh Chok Tong erneut eine überwältigende Mehrheit. Die Opposition stellt nur zwei der 84 Sitze.

Deutschland bewirbt sich um die Olympischen Spiele 2012. Dies beschließt das Nationale Olympische Komitee (NOK) auf seiner Mitgliederversammlung in Hamburg. Bis zum April 2003 will das NOK den nationalen Kandidaten auswählen.

4. November, Sonntag

Bundespräsident Johannes Rau eröffnet auf dem ehemaligen Reichsparteitagsgelände der Nationalsozialisten in Nürnberg ein Dokumentationszentrum über die NS-Propaganda. → S. 202

Bei der Präsidentenwahl in Nicaragua setzt sich der rechtsgerichtete Bewerber Enrique Bolaños von der regierenden Liberalen Partei gegen den sandinistischen Kandidaten Daniel Ortega durch. → S. 199

In London erlebt die Verfilmung des Erfolgsbuches »Harry Potter und der Stein der Weisen« die Uraufführung. In Deutschland kommt der Kassenschlager am 22. November in die Kinos. → S. 202

Der Äthiopier Tesfaye Jifar gewinnt den 32. New-York-Marathon in der Rekordzeit von 2:07:43 h, bei den Frauen siegt die Kenianerin Margaret Okayo. Die rd. 30 000 Läufer und Läuferinnen aus über 100 Ländern werden vom größten Polizeiaufgebot in der Geschichte des traditionsreichen Wettkampfes bewacht.

5. November, Montag

Die griechische Küstenwache bringt ein türkisches Schiff mit fast 1000 illegalen Einwanderern – zumeist Kurden aus dem Irak und Afghanen – auf und schleppt es zur Insel Zakynthos. Der Frachter trieb nach einem Brand im Maschinenraum führerlos im Ionischen Meer.

6. November, Dienstag

Im zweiten Anlauf wird der Protestant David Trimble wieder zum nordirischen Regierungschef gewählt. Der im Juli wegen der mangelnden Entwaffnungsbereitschaft der katholischen Untergrundorganisation IRA zurückgetretene Trimble hatte am 2. November die nötige Mehrheit im eigenen protestantischen Lager zunächst verfehlt (→ 5.9./S. 161).

Bei der Explosion einer Autobombe werden in Madrid 100 Menschen verletzt, vier davon schwer. Die beiden mutmaßlichen Attentäter – nach Angaben der Polizei Mitglieder der baskischen Separatistenorganisation ETA – werden nach dem Anschlag festgenommen.

Neuer Bürgermeister von New York wird der Republikaner Michael Bloomberg. Er setzt sich mit knapper Mehrheit gegen seinen demokratischen Kontrahenten Mark Green durch. → S. 198

Im Kampf gegen die Rezession senkt die US-Notenbank Federal Reserve (Fed) die Leitzinsen in den USA mit dem zehnten Zinsschritt im laufenden Jahr auf den niedrigsten Stand seit Anfang 1962.

7. November, Mittwoch

Das Bundeskabinett bringt in Berlin das zweite sog. Anti-Terror-Paket auf den parlamentarischen Weg. → S. 197

Deutschland will ein Jahr lang bis zu 3900 Soldaten für den internationalen Anti-Terror-Einsatz bereitstellen. Einen entsprechenden Beschluss fasst die Bundesregierung (→ 16. 11./S. 196).

Die finanziell angeschlagene belgische Fluglinie Sabena meldet nach gescheiterten Rettungsversuchen und Fusionsgesprächen Konkurs an. Zwar soll der Flugbetrieb über die Regionalflug-Tochter Delta Air Transport wieder aufgenommen werden, dennoch wird etwa die Hälfte der 12 000 Beschäftigten ihren Arbeitsplatz verlieren.

15 Monate nach dem Absturz einer Concorde nahe Paris nehmen Air France und British Airways die Linienflüge mit dem Überschallflugzeug wieder auf. Im Juli

2000 waren bei dem Absturz 113 Menschen ums Leben gekommen. Anschließend war der Maschine die Flugerlaubnis entzogen worden, die sie nach sicherheitstechnischen Verbesserungen aber zurückerhielt.

8. November, Donnerstag

Ein palästinensischer Selbstmordattentäter sprengt sich im Dorf Baka El Scharkija im Westjordanland bei einer Polizeirazzia in die Luft und verletzt dabei zwei israelische Polizisten.

Die Europäische Zentralbank (EZB) senkt die Leitzinsen in der Euro-Zone angesichts der schwachen Konjunktur und rückläufiger Inflation zum vierten Mal im laufenden Jahr. Der zentrale Leitzins wird von 3,75 auf 3,25 % zurückgeführt.

9. November, Freitag

Bund, Länder und Gemeinden müssen in ihren Haushalten nach Angaben des Arbeitskreises Steuerschätzung in den Jahren 2001 und 2002 Steuerausfälle im Umfang von 32,1 Mrd. DM hinnehmen. Dennoch hält Bundesfinanzminister Hans Eichel (SPD) an seinem Sparkurs fest.

63 Jahre nach der Zerstörung des alten jüdischen Gotteshauses wird in Dresden eine neue Synagoge geweiht. → S. 203

Soldaten der Nordallianz unter dem Befehl des usbekischen Feldkommandeurs Abdul Raschid Dostum marschieren in die strategisch wichtige Stadt Masar-i-Scharif im Norden Afghanistans ein.

Heftige Regenfälle richten in Algerien schwere Verwüstungen an. → S. 200

10. November, Samstag

Mit einer kämpferischen Rede wirbt CDU-Chefin Angela Merkel auf dem Parteitag der CDU Baden-Württembergs in Rust über den Zeitplan der Bundes-CDU, über den Kanzlerkandidaten der Union erst Anfang 2002 zu entscheiden. → S. 197

Mit ihrer harten Haltung in der Flüchtlingspolitik gewinnt Australiens konservative Regierungskoalition unter Ministerpräsident John Howard zum dritten Mal in Folge die Parlamentswahlen.

Auf dem UN-Klimagipfel in Marrakesch einigen sich die Teilnehmer auf einen Kompromiss zur Verminderung von klimaschädlichen Treibhausgasen. Damit wird der Weg frei für eine Ratifizierung des Klimaschutz-Protokolls von Kyoto 1997 (→ 27.7./S. 121).

Durch eine Rettungsaktion von Anteilseignern und Banken wird die drohende Pleite des zweitgrößten deutschen Ferienfliegers LTU in letzter Minute abgewendet. Der Mitgesellschafter Rewe stellt zusätzliches Eigenkapital bereit, die Stadtsparkasse Düsseldorf übernimmt den bisher von der Schweizer Fluggesellschaft Swissair gehaltenen LTU-Anteil in Höhe von 49,9 % bis zum Einstieg eines Investors.

Im ersten Relegationsspiel um die Teilnahme an der Fußball-WM 2002 trennen sich in Kiew die Ukraine und Deutschland 1:1 (→ 14.11./S. 203).

11. November, Sonntag

Im Norden Afghanistans geraten der deutsche »Stern«-Journalist Volker Handloik und zwei französische Reporter in einen Hinterhalt von Kämpfern der Taliban und werden getötet.

12. November, Montag

Vor der 56. UN-Vollversammlung in New York fordert Bundesaußenminister Joschka Fischer (Bündnis 90/Die Grünen) eine Friedenslösung für Afghanistan unter dem Dach der Vereinten Nationen.

Ein Airbus A300-600 der Luftfahrtgesellschaft American Airlines zerschellt kurz nach dem Start im New Yorker Stadtteil Queens. Das Unglück fordert 265 Menschenleben. → S. 198

13. November, Dienstag

Soldaten der Nordallianz marschieren – entgegen dem Wunsch der USA – in die afghanische Hauptstadt Kabul ein. → S. 194

Bundeskanzler Gerhard Schröder (SPD) verknüpft das Votum des Bundestages über den Anti-Terror-Einsatz der Bundeswehr mit der Vertrauensfrage. Einen entsprechenden Antrag stellt Schröder bei der Bundestagsverwaltung (→ 16. 11./S. 196).

Das Berliner Landgericht verurteilt im »La Belle«-Prozess vier Angeklagte zu Freiheitsstrafen zwischen zwölf und 14 Jahren. Libyen wird eine Mitschuld an dem Bombenanschlag auf die Berliner Diskothek am 5. April 1986 zugewiesen. → S. 197

14. November, Mittwoch

Ohne größere Zwischenfälle erreicht ein Castor-Transport das atomare Zwischenlager Gorleben. Der Transport des Atommülls aus der französischen Wiederaufbereitungsanlage La Hague nach Niedersachsen dauerte zweieinhalb Tage.

Bei der Konferenz der Welthandelsorganisation in Dohar (Scheichtum Katar) einigen sich die 142 Mitgliedstaaten auf eine neue Runde zur Liberalisierung des Welthandels. → S. 200

Durch ein 4:1 in Dortmund über die Ukraine qualifiziert sich die deutsche Nationalelf für die Fußball-Weltmeisterschaft 2002. → S. 203

15. November, Donnerstag

Die von den Taliban seit Anfang August in Afghanistan festgehaltenen acht ausländischen Mitarbeiter der Hilfsorganisation »Shelter-Now« werden in der Stadt Ghasni befreit. → S. 195

Das Gipfeltreffen von US-Präsident George W. Bush und dem russischen Staatschef Wladimir Putin endet ohne Einigung hinsichtlich des geplanten US-Raketenabwehrsystems. → S. 198

Die Abschiebung des jugendlichen Serienstraftäters »Mehmet« in die Türkei im November 1998 war nach einer Entscheidung des bayerischen Verwaltungsgerichtshofes rechtswidrig. Der damals 14 Jahre alte Türke hatte 62 Straftaten begangen.

Die französische Zeitung »Le Monde« berichtet in ihrer Ausgabe vom 25./26. November über den Krieg in Afghanistan und über die Konferenz, die am 27. November auf dem Petersberg bei Bonn beginnt und über die Zukunft des Landes berät.

NOS DEUX SUPPLEMENTS DU WEEK-END
Le Monde TELEVISION
Le Monde ARGENT

Le Monde

www.lemonde.fr
57e ANNÉE – N° 17677 – 7,90 F - 1,20 EURO FRANCE MÉTROPOLITAINE
DIMANCHE 25 - LUNDI 26 NOVEMBRE 2001
FONDATEUR : HUBERT BEUVE-MÉRY – DIRECTEUR : JEAN-MARIE COLOMBANI

Slobodan Milosevic sera poursuivi par le TPI pour génocide en Bosnie

L'ANCIEN PRÉSIDENT yougoslave Slobodan Milosevic a été inculpé de génocide, vendredi 23 novembre, par le Tribunal pénal international de La Haye, pour sa responsabilité dans la guerre en Bosnie. Selon l'acte d'accusation déposé par la procureure générale du TPI, Carla Del Ponte, l'ancien chef d'Etat a *« entre le 1er mars 1992 et le 31 décembre 1995, seul ou de concert avec d'autres membres d'une entreprise criminelle conjointe, planifié, ordonné, commis, ou aidé à exécuter la destruction de tout ou partie de la population musulmane ou croate de Bosnie dans les territoires suivants : Sarajevo, Brcko, Bosanski Samac, Prijedor, Srebrenica »*. Cette guerre a fait au moins 200 000 morts et un million de réfugiés.

Lire page 6
et notre éditorial page 21

► www.lemonde.fr/milosevic

Le siège de Kunduz, la conférence de Bonn

● Les combattants pakistanais de Kunduz, alliés des talibans, seraient évacués par avion ● Les rivalités dans l'Alliance du Nord ralentissent la prise de la ville assiégée ● La France et l'Allemagne souhaitent que la conférence interafghane de Bonn aboutisse à une « administration provisoire » de l'Afghanistan

SOMMAIRE

● **Après les talibans :** La conférence interafghane de Bonn a été reportée de vingt-quatre heures. Elle réunira, à partir du mardi 27 novembre, les factions d'opposants aux talibans qui devront esquisser les bases de l'avenir politique de l'Afghanistan. Les parties en présence sont d'accord pour tenter de former un gouvernement provisoire puis, dans un deuxième temps, de désigner une Assemblée représentative. La prolongation des combats sur le terrain et les rivalités entre les vainqueurs compliquent la tâche des négociateurs. La conférence de Bonn, malgré les risques qu'elle présente, est un succès pour la diplomatie allemande. Jacques Chirac et Gerhard Schröder ont réaffirmé, vendredi à Nantes, leur engagement dans la coalition antiterroriste. Ce sommet n'a pas permis de débloquer le dossier de l'Airbus militaire européen A-400M. p. 2 et 3

● **La guerre contre Al-Qaida :** A Kunduz, dans le Nord-Est, où les talibans sont toujours encerclés, des témoignages – recueillis par l'envoyé spécial du quotidien suisse *Le Temps* – font état d'une opération, menée par le Pakistan, d'exfiltration par avion des combattants pakistanais. Mésententes et rivalités au sein de l'Alliance du Nord retardent la prise de la ville. Reportage de notre envoyé spécial à Jalalabad, Patrice Claude, où les moudjahidins s'installent dans le désordre. A Washington, la doctrine Bush expliquée par Richard Perle et Zbigniew Brzezinski. Les Etats-Unis continuent de s'opposer au contrôle des armes biologiques. Le Pentagone dément l'information d'un journal pakistanais selon laquelle 35 soldats des forces spéciales américaines auraient été tués dans le sud de l'Afghanistan lors d'affrontements avec les talibans. p. 4 et 5

► www.lemonde.fr/dossier-special

DOSSIER SPÉCIAL

L'Amérique mal aimée

Du jeune hacker chinois au sous-commandant Marcos en passant par une grande partie des intellectuels français, l'antiaméricanisme se porte toujours bien. *Le Monde* a enquêté sur les cinq continents pour tenter de comprendre cette étrange passion, mélange de détestation et de fascination. p. 13 à 20

La démocratie au lycée

MODIFICATION des horaires de la documentation, amélioration des menus à la cantine, développement de la contraception, lutte contre la violence : généralisés à la rentrée 2000, les conseils de la vie lycéenne, sont chargés d'émettre des avis sur le fonctionnement des lycées. Certains remplissent très bien leur rôle. *« On a un sentiment d'égalité, on se sent respectés par les profs »*, raconte un élève du lycée polyvalent Léonard-de-Vinci de Melun (Seine-et-Marne). D'autres semblent moins bien acceptés, moins bien implantés : *« Ça n'intéresse pas beaucoup les lycéens, et les adultes trouvent toujours des excuses pour refuser nos demandes »*.

Lire page 10

SOS-Néonazis Saragosse, un service d'intimidation à la carte sur Internet

MADRID
de notre correspondante

« Ton voisin, camarade de classe ou de bureau, s'habille de façon bizarre ? Il sent mauvais ? A les cheveux colorés ? Tout ce qu'il sait faire, c'est discutailler sur l'égalité, le communisme, et les "idées libertaires" ? Si tu veux lui flanquer une bonne frousse, n'hésite pas à nous envoyer son adresse. » Cette aimable proposition de services était, il y a quinze jours, inscrite sur le site Internet d'un groupe néonazi de Saragosse, en Espagne, les Skinheads Kripo (www.libreopinion.com/membres/kripo). En somme du matraquage sur mesure, une sorte de SOS-Nazis comme il y a SOS-Serruriers auquel il suffirait d'avoir recours pour régler un petit problème de haine au quotidien.

Il faut croire qu'à Saragosse on se teint mal les cheveux ou qu'il y a beaucoup de voisins irascibles : en quelques jours le site s'est rempli de suggestions, de cibles potentielles, avec noms, parfois photos, adresses ou numéros de plaque minéralogique. Le tout expliqué avec force détails par les délateurs d'Internet qui désignent ceux qu'ils ne supportent plus sous le gentil nom de *« ce porc de X... »*, la *« salope Z... »*, le *« sous-développé Y... »*.

Qui figurait sur la liste ? Vingt-deux « gêneurs » en tout. Des jeunes trop « bourgeois » ou au contraire trop « paumés », des écologistes ou membres d'ONG ou encore des militants de partis et de mouvements de gauche comme Izquierda Unida, la coalition procommuniste. Heureusement, avant que les néonazis passent à l'action, certaines futures victimes ont été alertées et elles ont porté plainte devant les tribunaux.

« Résultat, les propositions de services du groupe néonazi ont été retirées du site Internet, c'est déjà ça ! Mais il faut rester vigilants, nous savons qui sont ces jeunes, la police dit qu'elle les a sous contrôle, mais il ne faut pas oublier qu'ils sont en rapport avec une quinzaine d'organisations nationales et internationales du même type », confie José Maria Ballestin, membre de Izquierda Unida et surtout une des cibles de choix désignées. On proposait même sur Internet à qui *« prouverait lui avoir flanqué une raclée »* un abonnement gratuit d'un an à la revue *Guardia blanca* (Garde blanche), le bulletin édifiant de Kripo avec articles sur Rudolf Hess, les historiens négationnistes ou la supériorité de la race blanche.

Les néonazis de Saragosse ont-ils renoncé pour autant ? Pas vraiment. Une grande réunion « culturelle » est prévue pour la mi-décembre à Saragosse. En attendant, le site Internet de l'organisation qui utilise un serveur argentin a juste été modifié, il n'y manque ni une flamme purificatrice ni un insigne nazi ou une croix gammée. Un long texte explique aux internautes que les Skinheads Kripo, fondés en 1996 pour *« assurer un futur aux enfants blancs »*, ne sont qu'un groupe de *« jeunes anticonformistes et rebelles, orgueilleux d'être aragonais, espagnols et européens, travailleurs honnêtes »*, victimes d'une campagne de *« désinformation »*. Et de conclure : *« Priorité à ceux qui sont ici. Il y en a assez que le gouvernement donne des aides aux immigrants et aux ONG qui se les mettent dans la poche, alors que les jeunes de Saragosse triment pour s'acheter un appartement ! »*

Marie-Claude Decamps

SYGMA

CONSOMMATION

La bataille des grands crus

Confrontés à la concurrence internationale, les vins français cherchent à se distinguer. L'Institut des appellations d'origine (INAO) est saisi de demandes de hiérarchisation de la part de nombreux terroirs qui rêvent tous de se hisser un jour au niveau des bordeaux et des bourgognes. Mais n'est pas « grand cru » qui veut, vient de rappeler l'INAO aux vignerons de Cahors. p. 22

Des législatives et des femmes

MICHÈLE ALLIOT-MARIE

L'APPLICATION de la loi sur la parité reste difficile. A gauche comme à droite, les partis veulent éviter les sanctions financières. Michèle Alliot-Marie, présidente du RPR, reconnaît qu'elle aura du mal à atteindre son objectif : réserver 40 % des circonscriptions aux femmes.

Lire page 8

Afrique CFA, 1 100 F CFA ; Algérie, 35 DA ; Allemagne, 3,5 DM (1,79 €) ; Antilles-Guyane, 12 F (1,83 €) ; Autriche, 30 SCH (2,18 €) ; Belgique, 60 FB (1,49 €) ; Canada, 3 $ CAN ; Danemark, 15 KRD ; Espagne, 300 PTA (1,80 €) ; Grande-Bretagne, 1,25 £ ; Grèce, 600 DR (1,76 €) ; Irlande, 1,40 £ ; Italie, 3 500 L (1,81 €) ; Luxembourg, 60 FL (1,49 €) ; Maroc, 12 DH ; Norvège, 14 KRN ; Pays-Bas, 4 FL (1,81 €) ; Portugal CON., 300 PTE (1,50 €) ; Réunion, 12 F (1,83 €) ; Suède, 16 KRS ; Suisse, 2,90 FS ; Tunisie, 1,90 DT ; USA (NY), 2,50 $; USA (others), 2,50 $

M 0146 - 1125 - 7,90 F - 1,20 €

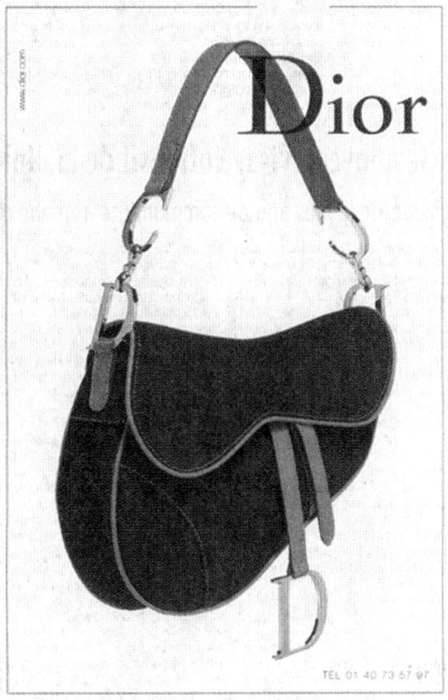

Qui osera dire non à l'élargissement de l'Europe ?

SI L'EUROPE accueille, en 2004, dix pays supplémentaires, pourquoi ne pas aller jusqu'à douze, et faire entrer en même temps la Bulgarie et la Roumanie ? Cette proposition, faite par Hubert Védrine, lundi 19 novembre, devant les ministres des affaires étrangères européens, sans consulter personne ni à Paris ni en Europe, est explosive.

Certes, la France plaide là en faveur de deux pays traditionnellement proches d'elle. Certes, M. Védrine n'ignore pas que ces deux pays sont dans l'incapacité de clore leurs négociations d'adhésion en 2002, comme l'espère la Commission pour les dix autres. Mais, à dessein ou non, la sortie de M. Védrine met publiquement en relief ce que de plus en plus de responsables européens confessent en privé : l'élargissement est une fuite en avant dramatique pour l'Europe.

« Nous sommes entrés dans un processus irréversible de faiblesse dont nous avons perdu le contrôle. La force d'entraînement est pratiquement irréversible », explique l'un d'eux. Faiblesse parce qu'aucun chef d'Etat et de gouvernement n'a osé dire une double vérité : d'abord, les Quinze, faute d'avoir su réformer les institutions de l'Union au sommet d'Amsterdam en 1997, puis à Nice en 2000, sont incapables d'accueillir de nouveaux membres sans mettre en danger la maison commune bâtie depuis cinquante ans. Ensuite, les pays candidats ne sont pas en mesure de remplir les exigences qu'il faudrait pour adhérer à l'Union.

Bruxelles avait clos avec la Hongrie les négociations sur la liberté de mouvement des capitaux, avant que l'on ne découvre, après le 11 septembre, que ce pays était sur la liste noire du GAFI, l'organisme international qui lutte contre le blanchiment de l'argent sale. *« Cela veut dire que les négociations sont totalement irréelles. Nous nous moquons de ce qui se passe dans les faits »*, poursuit le fonctionnaire. Un des nœuds du problème vient de la Pologne, principal candidat qui peine à se réformer, mais dont les Allemands veulent, pour des raisons de repentance historique, qu'elle fasse partie de la première vague d'élargissement. La France lui a emboîté le pas, à l'image d'un Jacques Chirac qui avait promis à Varsovie, dans la foulée de Helmut Kohl, une adhésion illusoire dès l'an 2000.

Arnaud Leparmentier

Lire la suite page 21

EGGLESTON ARTISTIC TRUST

PHOTOGRAPHIE

Eggleston, le coloriste

Le photographe américain William Eggleston expose à Paris, à la Fondation Cartier, jusqu'au 24 février, une rétrospective de 250 images, résultat d'un travail commencé dans les années 1960 et qui a influencé nombre d'artistes « coloristes » contemporains. Selon l'ancien conservateur du MoMA de New York, il est même *« l'inventeur de la photo couleur moderne »*. p. 28

16. November, Freitag

Der Bundestag spricht Bundeskanzler Gerhard Schröder (SPD) mit den Stimmen von 336 der 662 Abgeordneten das Vertrauen aus und macht zugleich den Weg frei für einen Anti-Terror-Einsatz der Bundeswehr. → S. 196

Das mazedonische Parlament in Skopje billigt das unter Vermittlung der EU und der USA zustande gekommene Friedensabkommen mit der albanischen Minderheit. Es sieht u. a. vor, dass Albaner gemäß ihrem Bevölkerungsanteil künftig ein Drittel der Arbeitsplätze im öffentlichen Dienst und in der Polizei besetzen. In Gebieten mit albanischer Bevölkerungsmehrheit ist Albanisch zudem künftig offizielle Sprache (→ S. 143).

Zum Beginn des Fastenmonats Ramadan beten ca. 100 000 Muslime am Tempelberg in der Altstadt von Jerusalem, ohne dass es zu den befürchteten Gewalttätigkeiten kommt.

17. November, Samstag

Bei der von Soldaten der Friedenstruppe Kfor überwachten Parlamentswahl in der südjugoslawischen Provinz Kosovo – der ersten seit dem Ende des Kosovo-Kriegs 1999 – wird die Demokratische Liga Kosovos (LDK) von Ibrahim Rugova stärkste Kraft. → S. 199

Fünf Jahre nach seiner Vertreibung durch die Taliban kehrt der frühere afghanische Präsident Burhanuddin Rabbani nach Kabul zurück und setzt sich dort wieder als Staatschef ein (→ 13.11./S. 194).

Eine seit mehr als einer Woche meuternde Eliteeinheit der serbischen Polizei beendet ihren Protest. Die von Ex-Staatschef Slobodan Milosevic gegründete Truppe hatte gegen ihre Beteiligung an der Auslieferung mutmaßlicher serbischer Kriegsverbrecher an das Haager UN-Kriegsverbrechertribunal protestiert (→ 28.6./S. 104).

Das Schweizer Parlament billigt eine staatliche Finanzspritze in Höhe von knapp 1,5 Mrd. Euro für die Fluggesellschaft Swissair. Damit soll der Flugbetrieb bis zum März 2002 aufrecht erhalten und der Start der Nachfolgegesellschaft Crossair mitfinanziert werden (→ S. 178).

18. November, Sonntag

Bei der Stichwahl um das Amt des bulgarischen Staatspräsidenten setzt sich Georgi Parwanow, der Chef der oppositionellen Sozialisten, mit 54,13% der Stimmen gegen Amtsinhaber Petar Stojanow durch. → S. 199

Der Australier Lleyton Hewitt gewinnt den in Sydney ausgetragenen Tennis-Masters-Cup. Im Finale besiegt Hewitt den Franzosen Sebastien Grosjean glatt in drei Sätzen. → S. 203

19. November, Montag

Auf dem SPD-Bundesparteitag in Nürnberg wird Bundeskanzler Gerhard Schröder mit großer Mehrheit als Parteivorsitzender bestätigt. Schröder führt die SPD seit April 1999. → S. 196

20. November, Dienstag

Der außen- und sicherheitspolitische Kanzlerberater Michael Steiner erklärt nach Kritik an seinen Umgangsformen seinen Rücktritt. Steiner soll Anfang November auf dem Rückflug von einer Asienreise bei einem Zwischenstopp in Moskau Bundeswehrsoldaten mehrfach unflätig beschimpft haben.

Im Prozess um den Sexualmord an einer Zwölfjährigen aus dem brandenburgischen Eberswalde (→ 8.3./S. 59) verurteilt das Landgericht Frankfurt an der Oder den Angeklagten zu einer lebenslangen Freiheitsstrafe. Das Gericht stellt bei der Urteilsverkündung eine besondere Schwere der Schuld fest, so dass die Strafe statt nach 15 Jahren frühestens nach 20 Jahren zur Bewährung ausgesetzt werden kann.

Bei der Parlamentswahl in Dänemark erhält die von der Liberalen Partei (Venstre) angeführte Opposition die Mehrheit der Sitze im Folketing. Der erfolgreiche liberale Parteichef Anders Fogh Rasmussen hat im Wahlkampf eine Verschärfung des Asylrechts angekündigt. → S. 199

21. November, Mittwoch

Der bisherige Botschafter bei den Vereinten Nationen, Dieter Kastrup, wird als Nachfolger des zurückgetretenen Michael Steiner außenpolitischer Berater von Bundeskanzler Gerhard Schröder (SPD).

Wegen verbotener Preisabsprachen bei Vitaminpräparaten verhängt die EU-Kommission gegen acht Pharmaunternehmen – darunter die deutschen Firmen BASF und Merck – ein Rekordbußgeld von insgesamt 855 Mio. Euro.

Bei einem schweren Unwetter auf der spanischen Kanareninsel La Palma kommen drei deutsche Urlauber ums Leben.

22. November, Donnerstag

Das Bundesverfassungsgericht stärkt die eigenständige Handlungsfähigkeit der Bundesregierung in außenpolitischen Fragen. Das Gericht weist eine Klage der PDS ab und bestätigt, dass die Regierung 1999 der Erweiterung der NATO-Strategie um Krisen-Reaktionseinsätze außerhalb des Bündnisgebietes auch ohne vorherige Befragung des Bundestages zustimmen durfte.

Fünf palästinensische Kinder werden im Gasastreifen in der Nähe des Flüchtlingslagers Chan Junis beim Spielen mit einem Blindgänger getötet. Die Panzergranate war in den Tagen zuvor abgeschossen worden.

23. November, Freitag

Bundeskanzler Gerhard Schröder und der französische Staatspräsident Jacques Chirac kommen in der westfranzösischen Stadt Nantes zu einem Gipfeltreffen zusammen. Dabei sprechen sich beide Politiker erstmals für eine europäische Verfassung aus.

Auf einer Kreuzung in der Ortschaft Beasain unweit der nordspanischen Stadt San Sebastian werden zwei baskische Polizis-

ten, die dort den Verkehr regeln, von unbekannten Tätern erschossen.

Der Aufsichtsrat des Volkswagen-Konzerns beschließt die Aufspaltung in zwei Markennamen. Danach werden die Marken VW, Skoda, Bentley und Bugatti zur Gruppe Volkswagen zusammengefasst; zur Markengruppe Audi gehören künftig auch Seat und Lamborghini.

24. November, Samstag

Mit deutlicher Mehrheit billigt der Bundesparteitag von Bündnis 90/Die Grünen in Rostock den Leitantrag der Parteispitze zum Einsatz der Bundeswehr im Anti-Terror-Kampf. → S. 196

Die israelische Armee tötet den Militärchef der radikal-islamischen Hamas-Bewegung, Mahmud Abu Hanud, und zwei weitere Hamas-Aktivisten. Ihr Wagen wird nördlich von Nablus im Westjordanland mit Raketen beschossen.

Beim Absturz einer viermotorigen Maschine vom Typ »Jumbolino« der Schweizer Luftfahrtgesellschaft Crossair in der Nähe von Zürich kommen 24 der 33 Insassen ums Leben.

Die Schriftstellerin Judith Hermann erhält den mit 40 000 DM dotierten Kleist-Preis. Das bekannteste Werk der 31-Jährigen ist der Erzählband »Sommerhaus, später«.

25. November, Sonntag

Nach etwa zwölftägiger Belagerung der Stadt Kundus übernimmt die Nordallianz die Kontrolle über die letzte Taliban-Bastion im Norden von Afghanistan. Truppen von General Abdul Raschid Dostum nehmen die Entwaffnung der Taliban-Kämpfer vor (→ 13.11./S. 194).

Der konservative Oppositionsführer Ricardo Maduro (Nationale Partei) gewinnt die Präsidentschaftswahl in Honduras. Er setzt sich gegen den Kandidaten der regierenden Liberalen, den Parlamentspräsidenten Rafael Pineda Ponce, durch. Honduras ist mit eines der ärmsten Länder Lateinamerikas.

Papst Johannes Paul II. spricht die aus Bayern stammende Franziskaner-Schwester Crescentia Höss (1682–1744) heilig.

Die US-Firma Advanced Cell Technology (ACT) in Worcester (US-Bundesstaat Massachusetts) hat nach eigenen Angaben den ersten menschlichen Embryo geklont. Das Ziel der Versuche sei die Gewinnung von Stammzellen zur Therapie von Krankheiten. → S. 200

26. November, Montag

Die USA beginnen ihren bisher größten Bodeneinsatz im Afghanistan-Krieg. Ein großes Kontingent Marine-Infanteristen landet nahe der Taliban-Hochburg Kandahar im Süden Afghanistans (→ 13.11./S. 194).

Die Bundesluftwaffe beginnt mit ihrem Einsatz im Rahmen des Anti-Terror-Kampfes. Drei Transall-Maschinen eröffnen einen Pendelverkehr von der pfälzischen US-Luftwaffenbasis Ramstein zum türkischen NATO-Stützpunkt Incirlik.

Von dort übernehmen US-Streitkräfte den Weitertransport der Militär- und Hilfsgüter.

Die USA beginnen eine neue Vermittlungsmission im Nahen Osten. William Burns und Anthony Zinni sollen als Nahost-Gesandte zwischen Israelis und Palästinensern vermitteln.

Erstmals seit drei Monaten können katholische Mädchen im Belfaster Stadtviertel Ardoyne wieder unbehelligt in ihre Schule gehen. Die Protestanten beenden ihre Proteste gegen den Schulweg der Mädchen durch ihr Wohnquartier (→ 5.9./S. 161).

27. November, Dienstag

Unter strengsten Sicherheitsvorkehrungen beginnt auf dem Petersberg bei Bonn die von den Vereinten Nationen ausgerichtete Afghanistan-Konferenz. → S. 195

Das britische Oberhaus billigt im Eilverfahren ein Gesetz, welches das Klonen von menschlichen Embryonen zu Zwecken der Fortpflanzung unter Strafe stellt.

Bei einem Feuerüberfall in der israelischen Stadt Afula werden vier Menschen getötet. Unter den Toten sind auch die beiden palästinensischen Attentäter, die von israelischen Sicherheitskräften erschossen werden.

Champions-League-Sieger FC Bayern München gewinnt den Weltpokal. In Tokio besiegt der deutsche Meister den Südamerika-Vertreter Boca Juniors Buenos Aires 1:0 nach Verlängerung.

28. November, Mittwoch

In der Bundestagsdebatte über den Kanzlerhaushalt bekräftigt Bundeskanzler Gerhard Schröder (SPD) das Festhalten an der Politik der Haushaltskonsolidierung.

Beim Absturz eines zweimotorigen Flugzeuges in der Nähe von Augsburg kommen alle vier Insassen ums Leben.

29. November, Donnerstag

Der Nationale Ethikrat befürwortet mehrheitlich einen auf drei Jahre befristeten Import menschlicher embryonaler Stammzellen zu Forschungszwecken. Dabei müssten allerdings – so der Vorsitzende des Gremiums, Spiros Simitis – strengste Auflagen eingehalten werden.

Ein Selbstmordattentäter sprengt sich in Nordisrael in einem Linienbus in die Luft. Er reißt drei Menschen mit in den Tod.

Der UN-Sicherheitsrat verlängert das humanitäre Programm für den Irak um weitere sechs Monate bis zum 30. Mai 2002. Dann sollen die seit 1990 geltenden Einfuhrbeschränkungen überprüft werden.

30. November, Freitag

Der Bundestag billigt den Haushalt 2002 mit den Stimmen der rot-grünen Koalition. Bundesfinanzminister Hans Eichel (SPD) räumt ein, sein Ziel eines ausgeglichenen Haushalts 2004 möglicherweise nicht zu erreichen. Die Ausgaben stiegen um 1,5% auf 484 Mrd. DM.

NR. 46 | 8. NOVEMBER 2001 | 4,30 DM | 2,20 € | 33,- öS | 4,30 sfr

Gala

DIE LEUTE DER WOCHE

Am 26. Oktober, vier Tage nach ihrer Hochzeit in Las Vegas, sind Steffi Graf und Andre Agassi Eltern geworden; am 8. November zeigt »Gala« die ersten Familienfotos.

BEN AFFLECK
Frisch verliebt und schon beim Juwelier

DEMI MOORE
Ihr neuer Nachbar heißt Bruce Willis ...

BARBARA BECKER
Jeden Tag drei Stunden Power-Yoga

Zärtlich und voller Gefühl: Das Baby hat sie verzaubert

Steffis kleines Wunder

193

Nordallianz vertreibt mit US-Hilfe die Taliban

13. 11., Kabul. Die afghanische Nordallianz rückt fast unbehelligt in die Hauptstadt ein und bringt das politische Zentrum des Landes in ihre Gewalt. Die Milizen handeln gegen den ausdrücklichen Wunsch ihres Bündnispartners USA, Pakistans und weiterer Länder, die in der Frage der Machtverteilung eine politische Lösung anstreben.

Dass die Nordallianz den Nordteil Afghanistans erobern, am 9. November die strategisch wichtige Stadt Masar-i-Scharif und vier Tage später Kabul besetzen kann, verdankt sie zu einem nicht unerheblichen Teil der Unterstützung durch die USA, die mit gezielten Bombardements ihre Gegner, die Taliban, entscheidend geschwächt haben (→ 7.10./S. 176).

Nach der Vertreibung der Taliban aus Kabul legen die Einwohner alsbald viele der Vorschriften ab, die fünf Jahre lang mit großer Strenge durchgesetzt wurden. Männer lassen sich rasieren, einige Frauen gehen unverschleiert auf die Straße und verzichten auf die bislang vorgeschriebene Begleitung eines männlichen Verwandten. Im Stadion, dem Schauplatz vieler Hinrichtungen, wird wieder Fußball gespielt. Am 18. November nimmt das Fernsehen nach fünf Jahren Zwangspause den Betrieb auf.

Auch die Nordallianz hält am islamischen Recht fest, interpretiert es aber weniger drakonisch als die Taliban. Den Frauen wird erlaubt, statt der Burka ein Kopftuch zu tragen, vor allem werden sie aber nicht mehr vom öffentlichen Leben, von medizinischer Versorgung, Bildung und Arbeit ausgeschlossen.

Mit der Einnahme Kabuls ist der Krieg in Afghanistan keineswegs zu Ende. Die Taliban, von ihren Führern zum Durchhalten aufgefordert, kämpfen weiter; die USA setzen ihre Jagd nach dem mutmaßlichen Terroristen Osama bin Laden, den sie für die Terroranschläge vom → 11. September (S. 158) verantwortlich machen, und seinem Netzwerk Al-Qaida fort.

Ende November hat die Nordallianz den größten Teil Afghanistans unter Kontrolle. Umkämpft ist nur noch die letzte Taliban-Hochburg Kandahar. Wenige Tage zuvor soll es in einem Gefangenenlager in der Festung Qala-i-Jhangi bei Masar-i-Scharif einen Aufstand von etwa 500 gefangenen Taliban-Söldnern gegeben haben, vorwiegend Araber, Tschetschenen und Pakistani. Von pakistanischer Seite wird die Vermutung geäußert, bei den Vorfällen habe es sich um ein Massaker an den Gefangenen gehandelt, ebenso wie es beim Vorrücken der Nordallianz verschiedentlich zu Lynchmorden an Taliban gekommen ist.

Am 26. November beginnen die USA ihren bislang größten Bodeneinsatz im Afghanistan-Krieg. 1000 Marine-Infanteristen landen mit schwerem Gerät in der Nähe von Kandahar. Ihre Hauptaufgabe ist das Aufspüren bin Ladens. Der, so heißt es, habe sich in einer Bergfestung verschanzt.

Ein junger Afghane lässt sich zum ersten Mal seit fünf Jahren rasieren.

Nach der Vertreibung der Taliban waschen Frauen unverschleiert Wäsche.

Kämpfer der Nordallianz auf einem Panzer vor den Toren Kabuls

Mit Kalaschnikow und Raketenwerfer auf Patrouille in Kabuls Straßen

Fortschritte bei der Afghanistan-Konferenz

7. 11., Königswinter. Auf dem Petersberg bei Bonn beginnen die Gespräche über die Zukunft Afghanistans. Daran beteiligt sind neben der militärisch siegreichen Nordallianz drei Exilgruppen, in denen jeweils der größte afghanische Bevölkerungsteil, die Paschtunen, dominiert. Geleitet wird das Treffen von den UN-Vermittlern Lakdhar Brahimi und Francesc Vendrell.

Delegationen auf dem Petersberg
Nordallianz (Vereinigte Front): Dem Bündnis aus Tadschiken, Usbeken und Hasara fällt bei der Afghanistan-Konferenz eine Schlüsselrolle zu. Mit Hilfe der USA hat sich die Nordallianz eine Machtposition erkämpft, die sie nun teilweise aufgeben muss, um andere Volksgruppen an der Regierung zu beteiligen.
Rom-Gruppe: Die als pro-westlich geltende Paschtunen-Fraktion, die sich um Ex-König Zahir Schah in dessen römischem Exil gesammelt hat, besitzt wenig reale Macht, verfügt aber über erheblichen Einfluss.
Peschawar-Gruppe: Die Vertretung der im pakistanischen Exil lebenden Paschtunen gilt als traditionsbewusst.
Zypern-Gruppe: Die Delegation, die von dem Tadschiken Humajun Oscharir, Schwiegersohn des Fundamentalisten Gulbuddin Hekmatyar, geleitet wird, vertritt u.a. Exilpolitiker mit Verbindungen zum Iran. Die Gruppe will die Taliban in die Verhandlungen einbeziehen.

Zentrale Fragen sind die Teilung der Macht zwischen den verschiedenen Volks- und Religionsgruppen sowie die Sicherung des Friedens durch ein internationales Militärkontingent. In dem Friedensplan, den die UNO für Afghanistan entwickelt hat, ist nach einer Rahmenvereinbarung, die bei der Konferenz auf dem Petersberg zustande kommen soll, die Schaffung eines provisorischen Rates und einer Übergangsverwaltung vorgesehen, die zwei Jahre Bestand haben soll. Eine besondere Bedeutung kommt in dem Plan der »Loya Dschirga«, dem »großen Kreis«, zu. Dabei handelt es sich um eine traditionelle afghanische Einrichtung, die als eine Art nationaler Ratsversammlung in früheren Jahrhunderten dazu diente, Streitigkeiten zwischen den einzelnen Volksgruppen zu schlichten. Dieses Instrument wollen die Vereinten Nationen neu beleben, um zunächst die Übergangsregierung billigen zu lassen und Afghanistan später eine neue Verfassung zu geben.

Die anfänglich mit großer Skepsis betrachtete Afghanistan-Konferenz kommt nach einer guten Woche zu einer Einigung. Den Weg dazu ebnet nicht zuletzt die Nordallianz, die ihre grundsätzliche Ablehnung gegenüber der Stationierung einer internationalen Truppe zur Friedenssicherung aufgibt. Die Regierung soll für zunächst sechs Monate der paschtunische Stammesführer Hamid Karsai leiten, der als gemäßigter Politiker gilt.

△ Vor Beginn der Afghanistan-Konferenz im Gästehaus der Bundesregierung auf dem Petersberg; vorn Pascha Khan Dzadran aus der Rom-Gruppe

◁ Rona Mansuri (l.) und Amena Afzali zählen zu den wenigen Frauen, die – als Delegierte oder Beraterinnen – an der Afghanistan-Konferenz teilnehmen. Dies ist gegenüber der Zeit des Taliban-Regimes, in der Frauen vom öffentlichen Leben ausgeschlossen waren und keine Rechte hatten, ein großer Fortschritt, doch das Ende der Taliban-Herrschaft bedeutet nicht, dass die Afghaninnen im westlichen Sinne gleichberechtigt sind.

Dreieinhalb Monate in der Hand der Taliban

15. 11., Ghasni. *Die acht westlichen Mitarbeiter der Hilfsorganisation »Shelter Now«, die am → 5. August (S. 144) von der Taliban-Regierung in Kabul festgenommen worden waren, werden aus einem Gefängnis in der Stadt Ghasni 145 km südwestlich von Kabul befreit. Die sechs Frauen und zwei Männer aus Deutschland, Australien und den USA sind wohlauf; mit US-Hubschraubern werden sie in die pakistanische Hauptstadt Islamabad geflogen und kehren von dort zunächst in ihre Heimatländer zurück. Die Befreiten berichten, dass sie durch Mitgefangene von den Terroranschlägen in den USA (→ 11.9./S. 158) unterrichtet worden seien. Dadurch habe sich die Situation deutlich verschärft. Wiederholt seien sie in neue Gefängnisse gebracht worden. Als die Nordallianz in Kabul einmarschierte, hätten die Taliban sie auf ihrer Flucht im Auto mitgenommen. Vor allem hätten sie befürchtet, nach Kandahar verschleppt zu werden. Das, so die Überzeugung der »Shelter Now«-Mitarbeiter, wäre ihr sicherer Tod gewesen. Doch unterwegs ließen die Taliban sie zurück.*

◁ Die vier deutschen »Shelter Now«-Mitarbeiter Georg Taubmann, Katrin Jelinek, Margrit Stebner und Silke Dürrkopf (v. l.) in Islamabad; die Nachricht von ihrer Befreiung löst große Erleichterung aus.

Schröder gewinnt bei Vertrauensfrage

16.11., Berlin. Der Bundestag spricht Bundeskanzler Gerhard Schröder (SPD) mit 336 gegen 326 Stimmen das Vertrauen aus. Nötig für die Kanzlermehrheit sind 334 Ja-Stimmen. Gebilligt ist damit auch der Beschluss des Bundeskabinetts zur Bereitstellung von bis zu 3900 Soldaten der Bundeswehr für den Anti-Terror-Einsatz.

Schröder ist der vierte Kanzler in der Geschichte der Bundesrepublik, der die Vertrauensfrage stellt. Er ist aber der erste, der sie mit einer Sachfrage verknüpft. Zunächst hatte Schröder den Widerstand gegen eine mögliche Entsendung deutscher Truppen im Anti-Terror-Einsatz in seiner Partei und bei den Grünen unterschätzt. Zudem entstand der Eindruck, als wolle er in Kauf nehmen, eine Bundestagsmehrheit für seine Politik mithilfe von CDU/CSU und FDP zu bekommen.

Erst am 13. November kündigte Schröder an, die Abstimmung über den Militäreinsatz mit der Vertrauensfrage zu koppeln. Daher stimmen nun neben der PDS, die den Kriegsbeitrag grundsätzlich ablehnt, auch Union und FDP gegen den Kanzler, obwohl sie die Entsendung der Soldaten befürworten. Die Abstimmung wird für Schröder zur Zitterpartie. Die Abgeordnete Christa Lörcher verlässt die SPD-Fraktion. Zwar werden die übrigen SPD-Abgeordneten auf Linie gebracht, doch beim kleineren Koalitionspartner gibt es Widerstand.

Acht Grüne hatten angekündigt, dem Kanzler – und zwar allein wegen der damit gekoppelten Sachfrage – nicht das Vertrauen aussprechen zu wollen. Allerdings einigte sich die Grünen-Fraktion darauf, dass dennoch vier von ihnen mit »ja« stimmen müssen, um die rot-grüne Koalition zu retten. Winfried Hermann, Hans-Christian Ströbele, Christian Simmert und Annelie Buntenbach bleiben bei ihrem Nein. 15 Abgeordnete der SPD geben ihre Bedenken zu Protokoll, wollen aber die Koalition nicht gefährden.

Die mehr als dreistündige Debatte nutzt die Opposition zu heftiger Kritik: Unions-Fraktionschef Friedrich Merz sieht die rot-grüne Koalition gescheitert: »Der heutige Tag ist der Anfang vom Ende der Regierung Schröder.« FDP-Chef

Gerhard Schröder mit Gratulanten; in der Debatte hat er u. a. erklärt, die zu treffende Entscheidung nehme »niemand auf die leichte Schulter«.

Guido Westerwelle wirft dem Kanzler vor, er stehe an der Spitze einer Koalition, »die nur noch durch Nötigung und Erpressung am Leben gehalten werden soll«.

Die Bundesregierung hatte den USA nach den Anschlägen vom → 11. September (S. 158) die uneingeschränkte Solidarität Deutschlands zugesichert und am 7. November die Bereitstellung deutscher Streitkräfte im Kampf gegen das von Osama bin Laden aufgebaute terroristische Netzwerk Al-Qaida beschlossen.

Erstmals sollen sich deutsche Soldaten an einem Militäreinsatz außerhalb Europas beteiligen. Dabei geht es um ABC-Abwehrkräfte, Spürpanzer »Fuchs« (etwa 800 Soldaten), eine Einheit zur Evakuierung von Verwundeten (250 Soldaten), Spezialkräfte (100 Soldaten), Lufttransportkräfte (500 Soldaten), Seestreitkräfte zum Schutz von Schiffen mit gefährlichen Ladungen (1800 Soldaten) sowie etwa 450 Unterstützungskräfte – insgesamt bis zu 3900 Berufs- und Zeitsoldaten. Das Einsatzgebiet umfasst die Arabische Halbinsel, Mittel- und Zentralasien, Nordostafrika sowie die angrenzenden Staaten.

Hans-Christian Ströbele

Schröder mit abtrünniger Christa Lörcher

SPD steht voll hinter Schröder

19.11., Nürnberg. Zum Auftakt des viertägigen Bundesparteitags der SPD wird Bundeskanzler Gerhard Schröder mit 88,58% der Stimmen als SPD-Chef wiedergewählt. Auch inhaltlich steht der Parteitag fast einmütig hinter dem Kanzler. Für Schröder votieren 450 Delegierte, 42 stimmen mit »nein«, 1 enthalten sich. Dies ist das beste Ergebnis seit dem Amtsantritt des SPD-Vorsitzenden 1999. Verteidigungsminister Rudolf Scharping muss bei der Wahl zu einem von fünf Stellvertretern eine Schlappe einstecken. 58,78% bedeuten damit Abstand schlechteste Ergebnis. In der Außen- und Sicherheitspolitik sowie in der Frage der inneren Sicherheit geben die über 500 Delegierten ihrem Kanzler Rückendeckung. Widerspruch gibt es nur in der Bildungspolitik: Gegen den Wunsch von Antragskommission und Parteiführung votiert der Parteitag gegen Studiengebühren.

Grünes Ja zum Afghanistan-Krieg

24.11., Rostock. Mit überraschend deutlicher Mehrheit akzeptiert der Bundesparteitag von Bündnis 90/Die Grünen das Abstimmungsverhalten ihrer Bundestagsfraktion zum Anti-Terror-Einsatz der Bundeswehr und zur Vertrauensfrage. Eindringlich hatte Außenminister Joschka Fischer um Zustimmung geworben. Den Gegnern jedes Militäreinsatzes rief er zu: »Okay, dann entscheidet, raus aus der Koalition, und tragt die Konsequenzen.« Dagegen warnten Hans-Christian Ströbele und andere Kritiker vor einer Ausweitung der Militäreinsätze.

Nach der Debatte mussten die Delegierten entscheiden, welcher der neun Anträge der Leitantrag sein sollte. Dabei erhielt das Papier des Bundesvorstandes mit 424 Stimmen eindeutig die Mehrheit. Um die Unterlegenen einzubinden, wurden vor der Schlussabstimmung noch Änderungen in den Leitantrag eingefügt, mit denen die humanitären Aspekte eines möglichen Bundeswehreinsatzes betont werden sollten. Danach votieren gut drei Viertel der etwa 700 Delegierten für den Vorstandsantrag.

Ministerpräsident Erwin Teufel applaudiert in Rust Angela Merkel.

CDU diskutiert »K-Frage«

10. 11., Rust. Auf dem Parteitag der CDU Baden-Württemberg verteidigt die Bundesvorsitzende Angela Merkel ihre Position, den CDU/CSU-Kanzlerkandidaten erst im Wahljahr 2002 zu bestimmen.

Im Vorfeld hatte sich die Führung der Südwest-CDU für eine frühere Nominierung des Unionskandidaten ausgesprochen. Gegen Merkel gibt es parteiintern Vorbehalte: Sie sei eine gute Parteichefin, heißt es, sie müsse aber nicht auch eine gute Kandidatin sei. Umfragen zufolge hätte der CSU-Vorsitzende Edmund Stoiber als Spitzenkandidat bessere Chancen gegen Bundeskanzler Gerhard Schröder (SPD). CSU-Landesgruppenchef Michael Glos hatte zuvor mit Wolfgang Schäuble einen dritten Bewerber ins Gespräch gebracht. Die Ermittlungsverfahren gegen Schäuble und Ex-CDU-Schatzmeisterin Brigitte Baumeister wegen einer möglichen uneidlichen Falschaussage über die Umstände der Übergabe einer 100 000-DM-Spende von Karlheinz Schreiber wurden am 1. November eingestellt.

Anti-Terror-Gesetze

7. 11., Berlin. Die rot-grüne Bundesregierung bringt das zweite Anti-Terror-Paket auf den Weg. Zwei Tage zuvor haben sich Otto Schily (SPD) und Bündnis 90/Die Grünen über ein neues Ausländerrecht verständigt (→ 4.7./S. 124). Damit hat sich der Bundesinnenminister im Gegenzug die Zustimmung des Koalitionspartners zu seinen Sicherheitsgesetzen gesichert; einige seiner ursprünglichen Vorschläge nahm er dabei zurück.

Seit den Anschlägen in den USA (→ 11.9./S. 158) hat die Bundesregierung eine Reihe von Maßnahmen zur Verbesserung der Sicherheitslage angeregt. Am 19. September beschloss das Kabinett das erste Anti-Terror-Paket.

3 Mrd. DM sollen im Etat 2002 zur Terrorismusbekämpfung zusätzlich zur Verfügung stehen. Das Geld geht u. a. an die Bundeswehr und den Bundesgrenzschutz, die Nachrichtendienste und das Bundeskriminalamt. Bundesfinanzminister Hans Eichel (SPD) will zur Finanzierung der Mehrausgaben ab 2002 die Tabaksteuer um zwei Cent (knapp vier Pfennig) pro Zigarette und die Versicherungssteuer in vielen Bereichen um einen Prozentpunkt anheben.

Ferner beinhaltet das erste Anti-Terror-Paket die Aufhebung des Religionsprivilegs im Vereinsgesetz. Dies soll u. a. fundamentalistisch-islamistische Vereinigungen treffen, die Gewalt gegen Andersdenkende zur Durchsetzung ihrer Glaubensüberzeugungen nicht ablehnen. Ein neuer Paragraf 129b im Strafgesetzbuch (StGB) ermöglicht die strafrechtliche Verfolgung von kriminellen und terroristischen Vereinigungen im Ausland.

Bundesweit wird seit dem 1. Oktober laut Vereinbarung von Bund und Ländern mithilfe der Rasterfahndung nach islamistischen Terroristen gesucht. Damit sollen sog. Schläfer ausfindig gemacht werden, die möglicherweise weitere Terroranschläge vorbereiten.

Das zweite Anti-Terror-Paket novelliert die Gesetze über das Bundeskriminalamt, den Bundesgrenzschutz und die Geheimdienste, das Ausländergesetz und ausländerrechtliche Vorschriften. Damit werden die Kompetenzen der Sicherheitsbehörden ausgeweitet.

Die wichtigste Änderung im Pass- und Personalausweisrecht ist, dass neben dem Lichtbild und der Unterschrift per Bundesgesetz in den Ausweispapieren drei weitere biometrische Merkmale aufgenommen werden können. Damit soll zweifelsfrei überprüft werden können, ob die Identität der betreffenden Person mit den abgespeicherten Originaldaten übereinstimmt.

Libyen steht am Pranger

13. 11., Berlin. Fast 16 Jahre nach dem Bombenanschlag auf die Berliner Diskothek »La Belle« verurteilt das Berliner Landgericht vier Angeklagte zu Haftstrafen.

Die Bombenlegerin, eine Deutsche, erhält wegen dreifachen Mordes und 104fachen Mordversuchs 14 Jahre Gefängnis. Zwei Palästinenser und ein Libyer müssen wegen Beihilfe zwölf bzw. 14 Jahre hinter Gitter. Eine fünfte Angeklagte wird freigesprochen.

Bei dem Anschlag auf die bei US-Soldaten beliebte Diskothek waren am 5. April 1986 drei Menschen getötet und 230 verletzt worden. Die USA hatten mit Bombenangriffen auf libysche Städte reagiert.

Das Gericht sieht es als erwiesen an, dass das Attentat »von Mitarbeitern des libyschen Geheimdienstes federführend geplant« wurde.

Hat gute Chancen: Edmund Stoiber

Im Gespräch: Wolfgang Schäuble

Der zerstörte »La Belle«-Club

Airbus-Absturz über New York

12.11., New York. Zwei Monate nach den Attentaten auf das World Trade Center (→ 11.9./S. 158) wird die größte Stadt der USA erneut von einer Flugzeugkatastrophe betroffen: Ein Airbus der Luftfahrtgesellschaft American Airlines stürzt weniger als drei Minuten nach dem Start vom John-F.-Kennedy-Flughafen über einem Wohngebiet im Stadtteil Queens ab.

Der Airbus mit der Flugnummer AA 587 war unterwegs nach Santo Domingo in der Dominikanischen Republik. Das Flugzeug zerschellt um 9.17 Uhr Ortszeit etwa 8 km vom Flughafen entfernt auf einer Haupteinkaufsstraße im Wohngebiet Rockaway Beach.

Die Absturzstelle bietet ein Bild der Verwüstung. Sechs Wohnhäuser werden weit gehend zerstört, sechs weitere schwer beschädigt. Von den 260 Flugzeuginsassen überlebt niemand das Unglück, zudem sterben fünf Anwohner.

Zunächst wird vermutet, es könnte sich um einen erneuten Terroranschlag oder einen Sabotageakt gehandelt haben. Später weisen die Ermittlungen auf einen möglichen Materialdefekt an der Heckflosse als Unglücksursache hin. Als denk-

Ein Bild der Verwüstung bietet die Absturzstelle im dicht besiedelten New Yorker Stadtteil Queens.

bar gilt, dass Turbulenzen einer vorausfliegenden Boeing 747 der Japan Airlines den folgenschweren Abriss des Seitenleitwerks ausgelöst haben.

Die Auswertung des Stimmenrekorders ergibt, dass die Piloten im Cockpit zweimal innerhalb von 14 Sekunden ein lautes »Knattern« im Rumpf hörten und bald darauf

die Kontrolle über das Flugzeug verloren.

Die Maschine bricht in mindestens vier Teile auseinander und stürzt über Queens ab.

Treffen Bush-Putin

15.11., Crawford. Ohne Einigung über das geplante US-Raketenabwehrsystem (NMD) endet das Gipfeltreffen von US-Präsident George W. Bush und Russlands Staatschef Wladimir Putin.

Bush hatte bereits im Vorfeld versucht, Putin mit dem Angebot eines

Abbaus von Nuklearwaffen die Einwilligung in eine Änderung des ABM-Vertrages von 1972 abzuhandeln, der sogar Tests der Raketenabwehrtechnik verbietet. Doch darauf geht Putin nicht ein (→ 16.7./S. 120).

Allerdings geben beide Staatschefs bekannt, die Zahl ihrer jeweiligen Atomwaffen um zwei Drittel in den nächsten zehn Jahren verringern zu wollen. Jedoch muss – so Putin – noch darüber gesprochen werden, ob die entsprechenden Sprengköpfe verschrottet oder nur in sicheren Arsenalen aufbewahrt werden sollen.

Die Gespräche fanden in Washington und auf Bushs Ranch in Crawford in Texas statt.

Putin und Bush in Crawford

Milliardär führt New York

6.11., New York. Der 108. Bürgermeister von New York heißt Michael Bloomberg. Er setzt sich knapp gegen seinen demokratischen Rivalen Mark Green durch. Gleich in seiner ersten Bewerbung um ein öffentliches Amt ist dem 59 Jahre alten Republikaner Erfolg be-

schieden. Der Milliardär, der mit Bloomberg L. P. eines der größten Medienunternehmen der Welt besitzt, investierte rd. 50 Mio. US-Dollar seines Privatvermögens in seinen Wahlkampf.

Bloomberg tritt die Nachfolge des Republikaners Rudolph Giuliani an, der als Krisenmanager nach den Terroranschlägen vom → 11. September (S. 158) große Popularität gewonnen hatte. Allerdings konnte Giuliani nach zwei Amtsperioden gemäß den Gesetzen des Bundesstaates New York nicht noch einmal antreten. Zum 31. Dezember 2001 räumt »Super-Rudy« daher sein Büro.

Rudolph Giuliani (l.) und Michael Bloomberg

Schröder-Visite in China erfolgreich

2.11., Schanghai. Mit einem positiven Fazit beendet der deutsche Bundeskanzler Gerhard Schröder seine dreitägige Chinareise: Die Partnerschaft zwischen Deutschland und der Volksrepublik China sei »auf Dauer« gegründet. Beide Seiten hätten ein enges Vertrauensverhältnis entwickelt.

Im Verlauf des Besuches werden Vereinbarungen über Investitionen deutscher Firmen unterzeichnet, u. a. im Chemiestandort Caojing nahe Schanghai, wo Bayer und BASF investieren wollen.

Am zweiten Tag wurde der Kanzler von Staats- und Parteichef Jiang Zemin empfangen. In einer Rede vor Studenten der Peking-Universität (Beida) rief Schröder die Chinesen dazu auf, die Chance zu ergreifen und die breite internationale Kooperation gegen den Terrorismus für den Aufbau gemeinsamer Sicherheitsstrukturen zu nutzen. Anschließend flog der Kanzler zu einem privaten Abendessen mit Ministerpräsident Zhu Rongji und

Zhu Rongji, Doris Schröder-Köpf, Loa An und Gerhard Schröder in Dalian

den beiden Ehefrauen in die nordostchinesische Hafenstadt Dalian. Nie zuvor hat sich Chinas Premier persönlich um einen ausländischen Regierungschef gekümmert.

Letzte Station ist Schanghai, wo der Kanzler die Baustelle der Transrapid-Trasse besichtigt, die den Flughafen mit dem U-Bahn- Netz verbinden soll (→ 23.1./S. 27).

Liberale Rechte regiert Nicaragua

4. 11., Managua. Zum dritten Mal in Folge verliert der Führer der linksgerichteten Sandinisten und frühere Staatschef Daniel Ortega eine Präsidentenwahl in Nicaragua. Er unterliegt dem Kandidaten der regierenden Liberalen Verfassungspartei, Enrique Bolaños. Ortega konnte nur 44,7% der Stimmen auf sich vereinen, sein Rivale Bolaños erreichte dagegen 53,7%.

Ortega hatte das mittelamerikanische Land als Mitglied einer Junta und ab 1985 als Staatschef regiert, nachdem seine linksgerichtete Sandinistische Nationale Befreiungsfront (FSLN) 1979 den Diktator Anastasio Somoza gestürzt hatte. Bei den Wahlen 1990 schickten die Nicaraguaner Ortega und die Sandinisten in die Opposition.

Die Weltbank und der Internationale Währungsfonds quittieren den Sieg von Bolaños mit Erleichterung. Er gibt ihnen die Gewähr für die Kontinuität des Wirtschaftsprogramms zur Entschuldung des nach Haiti ärmsten Staates in Lateinamerika. In der Regierungszeit Ortegas litt Nicaragua unter Sanktionsmaßnahmen der USA.

Duell unter Rasmussens

20.11., Kopenhagen. Die dänischen Sozialdemokraten erleiden bei den Parlamentswahlen eine schwere Niederlage. Der bisherige Oppositionschef Anders Fogh Rasmussen erreicht mit seiner Mitte-Rechts-Opposition 98 der 179 Sitze im Parlament.

Anders Fogh Rasmussen hatte seinen Wahlkampf vor allem auf eine restriktive Asylpolitik ausgerichtet und damit bei den Wählern Gehör gefunden, obwohl kaum 5% der 5,3 Mio. Einwohner Dänemarks Ausländer sind, weniger als in den meisten anderen Ländern der EU. Der seit 1993 amtierende sozialdemokratische Premier Poul Nyrup Rasmussen erreicht mit seinem Regierungsbündnis nur 79 Sitze. Erstmals seit 1924 lösen die Rechtsliberalen (Venstre), die 7,3 Prozentpunkte hinzugewinnen und 31,3% der Stimmen erreichen, die Sozialdemokraten als stärkste Partei ab. Die Sozialdemokraten, bei der letzten Wahl 1998 noch bei 35,9%, fallen auf 29,1% zurück.

Trotz des Wahlsiegs der Bürgerlichen ist die Regierungsbildung nicht einfach. Neben den Konservativen (9,1%) und der Christli-

chen Volkspartei (2,3%) ist Rasmussen auf die Unterstützung der 1995 gegründeten rechtspopulistischen Dänischen Volkspartei (12,0%) von Pia Kjærsgaard angewiesen. Am 27. November stellt Rasmussen sein Minderheitskabinett aus Konservativen und Liberalen vor.

Wahlsieger Anders Fogh Rasmussen

Sofia: Protestwahl um Präsidentenamt

18. 11., Sofia. Bei der Stichwahl um das Amt des bulgarischen Staatspräsidenten setzt sich Georgi Parwanow durch, der Chef der aus den Kommunisten hervorgegangenen oppositionellen Sozialisten.

Der bei der Bevölkerung keineswegs unbeliebte Amtsinhaber Petar Stojanow wird offenbar ein Opfer von Protestwählern. Er ist zwar als unabhängiger Kandidat angetreten, wurde aber von der regierenden Nationalen Bewegung von Simeon Sakskoburggotski und von dem bis Juli 2001 regierenden Verband der demokratischen Kräfte (SDS) unterstützt. Offenbar lasten ihm noch im Nachhinein viele Wähler die Versäumnisse der früheren Regierung an, andere wiederum sind enttäuscht über die ersten drei Monate der neuen Regierung des Ex-Monarchen Simeon II. (→ 17.6./S. 106).

Noch vor seinem Amtsantritt Anfang 2002 will Parwanow den Vorsitz bei den Sozialisten niederlegen.

Rugova Sieger der Wahlen im Kosovo

17. 11., Pristina. Die Demokratische Liga Kosovos (LDK) des gemäßigten albanischen Politikers Ibrahim Rugova wird bei den Parlamentswahlen in der jugoslawischen Provinz mit 46,3% eindeutig stärkste Partei.

Mit großem Abstand dahinter rangiert die Demokratische Partei (PDK) des früheren UCK-Kommandanten Hashim Thaci mit 25,5%. Die Allianz für eine Zukunft Kosovos (AAK) von Ramush Haradinaj – gleichfalls ein ehemaliger Kommandeur der Albanermiliz UCK – erreicht 7,8% der Stimmen. 11% entscheiden sich für die serbische Koalition »Povratak« (Rückkehr), der Rest der Stimmen geht an kleinere Parteien. Belgrad hatte die Kosovo-Serben offiziell zur Teilnahme am Urnengang aufgerufen.

Die Wahl der 120 Abgeordneten soll die Basis schaffen für eine parlamentarische Demokratie mit eigener Regierung und einem Präsidenten. Dies ist Voraussetzung für die in der UN-Resolution 1244 vorgesehene Selbstverwaltung des Kosovo innerhalb Jugoslawiens.

Neuer Anlauf für freien Welthandel

14. 11., Doha. Nach sechstägigen harten Verhandlungen im Golfstaat Katar einigen sich die 142 Mitglieder der Welthandelsorganisation (WTO) auf eine neue Runde zur weiteren Liberalisierung des weltweiten Handels. Im Zuge der im Januar 2002 beginnenden Gespräche geht es um eine breite Themenpalette vom Zollabbau bis zum freien Zugang zu Dienstleistungen und zum Abbau von Agrarsubventionen. Die Volksrepublik China und Taiwan sind nun WTO-Mitglieder. Große Differenzen gab es zuletzt u. a. um den Patentschutz für teure Arzneimittel (→ 19.4./S. 72), den Schutz geistigen Eigentums, die EU-Exportsubventionen, Quoten und Zölle für Textilien sowie die generellen Bereiche Umwelt, Arbeitsstandards, Investitionen und Wettbewerb. Die Vorläuferkonferenz in Seattle (USA) war im Dezember 1999 u. a. am Streit um Agrarsubventionen gescheitert.

In diesem Punkt kann die Europäische Union nun einen Erfolg verbuchen: Ihr hartnäckiger Widerstand gegen eine Formulierung, wonach die Exportsubventionen in der Landwirtschaft auslaufen sollen, zahlt sich aus: Im Abschlussdokument wird nicht mehr – wie von den Vereinigten Staaten gefordert – der

Ist am Ende zufrieden: WTO-Generaldirektor Mike Moore in Doha

schrittweise Abbau von Agrarsubventionen festgelegt.

In der neuen Welthandelsrunde verspricht die EU einen besseren Marktzugang im Agrarbereich. Die Exportsubventionen sollten reduziert und ihr Auslaufen im Auge behalten werden, heißt es nun.

Indien und Pakistan hatten sich auf der Konferenz energisch über den fehlenden Marktzugang für ihre Güter beschwert und wollten vor einer neuen Runde im Welthandel erst bisherige Vereinbarungen ein-

gelöst wissen. Hier blockten vor allem die USA ab: Ein Scheitern der Konferenz würde die Entwicklungsländer am härtesten treffen.

Als eigentlicher Gewinner der Konferenz sieht sich der Veranstalter: Das Scheichtum Katar habe sich durch die reibungslose Durchführung der Konferenz für internationale Ereignisse empfohlen, heißt es. Erkauft wurde dies mit rigiden Sicherheitsmaßnahmen. Doha glich tagelang einer Stadt im Ausnahmezustand.

In den USA erste Klon-Embryonen

25. 11., Worcester. Wissenschaftler des US-amerikanischen Biotechnik-Unternehmens Advanced Cell Technology (ACT) im US-Bundesstaat Massachusetts haben nach eigenen Angaben weltweit zum ersten Mal menschliche Embryonen geklont. Bei den Experimenten sind nach einem Bericht des Fachblatts »The Journal of Regenerative Medicine« Zellhaufen entstanden.

Ziel ist nach Firmenangaben die Gewinnung embryonaler Stammzellen, mit deren Hilfe u. a. verschlissenes Gewebe bei Kindern und Erwachsenen ersetzt werden soll. Allerdings – so heißt es dazu in einer Analyse der »Washington Post« – sei nicht bewiesen, dass die geklonten Embryonen tatsächlich Stammzellen liefern könnten. Jedoch ist gelungen, was bis dahin nur an Nutztieren und Labormäusen erprobt wurde: Das Klonen von Embryonen aus jeweils einer einzigen Zelle eines erwachsenen Lebewesens.

In der Öffentlichkeit rufen die Experimente scharfe Kritik hervor. US-Präsident George W. Bush bekräftigt, er sei generell gegen jede nur denkbare Art des Klonens von Menschen.

Unwetter sucht Algerien heim

9. 11., Algier. *Die heftigsten Unwetter seit Jahrzehnten richten in dem nordafrikanischen Land starke Verwüstungen an. Eine Woche nach den schweren Regenfällen werden nach offiziellen Angaben 707 Tote gezählt. Nach inoffiziellen Schätzungen haben die Unwetter aber mehr als 1000 Menschenleben gefordert.*

Die meisten der Todesopfer werden durch die sintflutartigen Regengüsse und Überschwemmungen fortgerissen und ertrinken in den schlammigen Fluten. Die Zahl der Obdachlosen wird auf mindestens 25 000 geschätzt, hauptsächlich in der Hauptstadt Algier. Besonders stark betroffen von der Katastrophe sind dabei die Armenviertel der Stadt.

◁ Zwei Tage nach dem Unwetter werden Autos aus dem Schlamm freigeschaufelt.

Wirtschaft 2001:

Konjunktur bricht ein

Chronik Übersicht

Das Jahr 2001 ist für die deutsche Wirtschaft ein Jahr gedämpften Wachstums. Dies trifft Bundesfinanzminister Hans Eichel (SPD), denn es bedeutet weniger Steuereinnahmen und, da auch der Arbeitsmarkt betroffen ist, mehr Ausgaben. Sein Ziel, bis 2006 einen ausgeglichenen Haushalt vorzulegen, ist gefährdet.

Zunächst hält die Bundesregierung noch an ihrer optimistischen Wachstumserwartung von 2,75% für 2001 fest. Erst am 27. April schraubt Eichels Ministerium die Konjunkturschätzung auf 2% herab, will die Steuerausfälle aber ohne zusätzliche Neuverschuldung oder höhere Steuern ausgleichen. Die wirtschaftliche Dynamik in Deutschland wird nach einem relativ guten Start ab dem Frühsommer abgebremst. Der große Schub, den die Steuerreform der Konjunktur – durch die Ankurbelung des privaten Konsums – geben sollte, bleibt aus; nicht zuletzt wegen zeitweise höherer Kosten beim Autofahren und Heizen.

Im Juni korrigieren die Wirtschaftsforschungsinstitute ihre Prognose auf nur noch 1,7% Wachstum. Dennoch lehnt Eichel staatliche Konjunkturprogramme ab und wendet sich auch dagegen, die nächste Stufe der Steuerreform von 2003 auf 2002 vorzuziehen. Darüber kommt es zu einem heftigen Streit zwischen Bundesregierung und der Opposition. Während Bundeskanzler Gerhard Schröder (SPD) die Parole von der »Politik der ruhigen Hand« ausgibt, fordern Union und FDP Programme für die Ankurbelung der schwachen Konjunktur, die mit einer steigenden Zahl von Insolvenzen einhergeht.

Die am 23. Oktober vorgelegte Prognose der sechs führenden Konjunkturinstitute sieht dann Deutschland sogar bei nur 0,7% Wachstum »am Rande einer Rezession«, rechnet aber mit einem neuen Aufschwung im Verlauf des Jahres 2002, sofern die weltpolitische Lage nicht zu einer weiteren Eskalation führt.

Für den Handel und die Verbraucher bringt der → 25. Juli (S. 125) den Fortfall des aus dem Jahre 1933 stammenden Rabattgesetzes. Damit sind die Beschränkungen bei Preisnachlässen bis 3% und bei Werbegeschenken ersatzlos gestrichen.

An den Börsen herrscht schon im März – nach schwachen Vorgaben aus den USA – Krisenstimmung. Der DAX fällt unter 5500 Punkte. Auch in den folgenden Monaten brauchen die Anleger gute Nerven. Am 30. August rutscht der Nemax 50 als Leitindex am Frankfurter Neuen Markt erstmals in seiner gut zweijährigen Geschichte unter 1000 Punkte. Die Anschläge auf das World Trade Center und das US-Verteidigungsministerium am → 11. September (S. 158) lösen weltweit ein wahres Börsenbeben aus.

Die Verunsicherung nach den Anschlägen bekommen vor allem die Fluggesellschaften und die Versicherer zu spüren: Die Lufthansa wird zum ersten einstelligen DAX-Wert, deutliche Abschläge verbuchen auch die Werte der Versicherungen, die zur Schadensabwicklung der Attentate erhebliche Mittel benötigen.

Aus Furcht vor einer Eskalation von Terror und Vergeltung fliehen die Investoren weltweit aus »Risikowerten«, und viele Verbraucher weichen bei Reisen auf erdgebundene Verkehrsmittel aus. Sowohl Fluggesellschaften wie Flugzeugbauer müssen daher teilweise deutliche Einschnitte vornehmen. Die Fluggesellschaft Swissair gerät → 2. Oktober (S. 178) in eine Existenzkrise und benötigt staatliche Garantien; die gleichfalls finanziell angeschlagene belgische Fluglinie Sabena meldet im November nach gescheiterten Rettungsversuchen Konkurs an.

Die in Québec (Kanada) versammelten Staats- und Regierungschefs von 34 amerikanischen Staaten beschließen am 22. April, die größte Freihandelszone der Welt (Free Trade Area of the Americas /FTAA) von Alaska bis Feuerland bis spätestens Dezember 2005 zu schaffen und nur für Demokratien zu öffnen.

Am 10. April rechnen die sechs führenden Wirtschaftsforschungsinstitute in ihrem Frühjahrsgutachten noch mit knapp über 2% Wachstum.

US-Präsident George Bush (M.) im Gespräch mit seinen Amtskollegen aus Panama und Argentinien, Mireya Moscoso und Fernando de la Rúa

Senkt mehrfach die Zinsen: US-Notenbankchef Alan Greenspan

Nach den Anschlägen: Der DAX geht am 11. September auf Talfahrt.

»Harry Potter« auch auf der Leinwand ein Erfolg

4. 11., London. Die von Millionen Fans in aller Welt sehnsüchtig erwartete Verfilmung des Romans »Harry Potter und der Stein der Weisen« erlebt im eigens umdekorierten Odeon-Kino am Londoner Leicester Square seine Uraufführung. Die umgerechnet ca. 300 Mio. DM teure Verfilmung des Kinderbuch-Bestsellers von Joanne K. Rowling schlägt nach der Kinopremiere in Großbritannien und den USA am 16. November alle Kassenrekorde.

Die deutschen Harry-Potter-Fans müssen sich noch bis zum 22. November gedulden. Rechtzeitig zur Uraufführung gibt auch die Autorin der Filmfassung von US-Regisseur Chris Columbus ihren Segen.

Auf Wunsch von Rowling sind alle wichtigen Rollen mit englischen Schauspielern besetzt worden, darunter Richard Harris, Maggie Smith und John Cleese. Die Stars sind jedoch die jugendlichen Helden, allen voran Daniel Radcliffe. Er verkörpert den Waisenjungen Harry Potter, der an seinem elften Geburtstag erfährt, dass er in Wahrheit der Sohn eines Zauberers und einer Hexe ist.

Merchandising-Artikel rund um Harry Potter lassen auf Umsatz hoffen.

Gespanntes Warten auf den Film

An der Zauberschule Hogwarts beginnt für ihn ein neues Leben. Dort lernt er auch Ron Weasley (verkörpert von Rupert Grint) und Hermine Granger (Emma Watson) kennen, die mit ihm zusammen manches Abenteuer bestehen – im Kampf gegen die bösen Mächte, vor allem gegen Lord Voldemort, der einst Harrys Eltern tötete.

Rechtzeitig zum Filmstart und zum Weihnachtsgeschäft warten auch T-Shirts, Kappen und zahllose andere Merchandising-Artikel auf kaufwütige Harry-Potter-Fans.

◁ Besucher vor dem Dokumentationszentrum in Nürnberg, der umgebauten Kongresshalle

Dokumente der Diktatur

4. 11., Nürnberg. *Bundespräsident Johannes Rau eröffnet das Dokumentationszentrum für NS-Propaganda auf dem früheren Reichsparteitagsgelände. In seiner Rede mahnt er mit Blick auf den Krieg in Afghanistan zur Besonnenheit im Kampf gegen den Terrorismus. »Auch im Kampf gegen den Terrorismus gilt: Der Zweck heiligt nicht jedes Mittel«, erklärt er.*

In dem Dokumentationszentrum zeigt eine Ausstellung unter dem Motto »Faszination und Gewalt«, mit welchen propagandistischen Methoden die Nationalsozialisten die Massen in ihren Bann gezogen haben. Zwischen 1933 und 1938 kamen alljährlich im September bis zu 1 Mio. NS-Anhänger in die »Stadt der Reichsparteitage«.

Das 21,5 Mio. DM teure Zentrum ist im Nordflügel der unvollendet gebliebenen NS-Kongresshalle untergebracht und wird vom Bund, vom Freistaat Bayern und von der Stadt Nürnberg finanziert. Die Räumlichkeiten auf ca. 1300 m² wurden nach Entwürfen des Grazer Architekten Günther Domenig in zweijähriger Bauzeit für die Ausstellung umgestaltet. Um dem alten rechtwinkligen Repräsentationsbau seine Monumentalität zu nehmen, hat er einen begehbaren Pfahl aus Metall und Glas durch das Gebäude »stoßen« lassen.

US-Popstar unter Absturzopfern

24. 11., Zürich. Der Absturz eines Passagierflugzeugs in der Nähe des Flughafens Kloten kostet 24 der 33 Menschen an Bord das Leben. Unter den Todesopfern ist auch die US-amerikanische Pop-Sängerin Melanie Thornton (»Love How You Love Me«), die zuvor noch in Leipzig aufgetreten war.

Die viermotorige Maschine vom Typ »Jumbolino« der Schweizer Luftfahrtgesellschaft Crossair ist mit 28 Passagieren und fünf Crewmitgliedern an Bord um 21.01 Uhr in Berlin-Tegel gestartet. Um 22.06 Uhr stürzt sie etwa 3,5 km vor dem Landeplatz bei leichtem Schneefall in ein Waldgebiet bei Birchwil, zerbricht beim Aufprall in zwei Teile und fängt Feuer. Die Maschine ist zu tief geflogen.

Der Anflug auf die Piste 28, eine ehemalige Startbahn des Flughafens, auf der das Flugzeug hätte landen sollen, gilt vor allem bei schlechtem Wetter in Pilotenkreisen als nicht unproblematisch.

Deutsche Elf schafft Qualifikation zur WM 2002

14.11., Dortmund. Im »Nachsitzen« löst die deutsche Fußball-Nationalelf mit einem 4:1 (3:0) gegen die Ukraine doch noch das Ticket für Japan und Südkorea 2002 und sichert sich zum 15. Mal seit 1934 die Teilnahme an einer Weltmeisterschaft.

Vor 52 400 begeistert mitgehenden Zuschauern im Westfalenstadion gelingt der deutschen Elf ein Blitzstart in das entscheidende Relegationsspiel. Durch Tore der beiden Leverkusener Michael Ballack (4. Minute) und Oliver Neuville (11.) sowie des Berliners Marko Rehmer (15.) ist das Spiel bereits nach einer Viertelstunde entschieden. Die Schwächen der Ukrainer im Kopfballspiel nutzen die deutschen Stürmer entschlossen aus.

Mit einem weiteren Kopfballtreffer schraubt der diesmal überragende Ballack (51.) das Ergebnis auf 4:0 hoch. Das ukrainische Gegentor durch Stürmer Andrej Schewtschenko (AC Mailand) in der Schlussminute kann den guten Gesamteindruck nicht trüben.

Im Hinspiel am 10. November hatte die Elf von Rudi Völler vor 80 000 Zuschauern im Olympiastadion in

Michael Ballack ist schneller am Ball als der Ukrainer Wladislaw Vaschuk.

Rudi Völler ist vom Spiel begeistert.

Kiew ein 1:1 erkämpft. Das Führungstor für die Ukrainer durch Gennadi Subow (18.) konnte Michael Ballack in der 31. Minute ausgleichen.

Zuvor hatte die deutsche Elf die direkte Teilnahme an der Weltmeisterschaft 2002 verpasst. Das Völler-Team erreichte im letzten Qualifikationsspiel gerade einmal ein 0:0

gegen Finnland. Ein Sieg hätte gereicht, weil der Konkurrent England zeitgleich in Manchester nicht über ein 2:2 gegen Griechenland hinauskam.

Festtagsstimmung in der neuen Dresdner Synagoge

Neue Dresdner Synagoge eingeweiht

9. 11., Dresden. *63 Jahre nach der Zerstörung des alten jüdischen Gotteshauses wird in der sächsischen Landeshauptstadt eine neue Synagoge geweiht. Es ist der erste Neubau einer Synagoge in den neuen Ländern nach der Wende. Das Gotteshaus steht an der Stelle der am 9. November 1938 von den Nationalsozialisten zerstörten alten Synagoge. Der Innenraum wird von einem goldfarbenen Metallgeflecht umschlossen, der das Stiftszelt von Moses symbolisiert.*

Hewitt ist die Nr. 1

18. 11., Sydney. Der Australier Lleyton Hewitt gewinnt den Tennis-Masters-Cup. Zugleich erklettert er die Spitzenposition der Weltrangliste.

Im Finale besiegt Hewitt den Franzosen Sebastien Grosjean glatt in drei Sätzen mit 6:3, 6:3, 6:4 – und dies trotz einer schmerzhaften Leistenzerrung, die er sich bereits im Vorrundenspiel gegen Andre Agassi (USA) zugezogen hat. Es ist Hewitts fünfter Sieg in Folge beim Masters Cup.

Zwei Tage vor dem Finale avancierte Hewitt zur jüngsten Nummer eins aller Zeiten im Herrentennis. Mit gerade einmal 20 Jahren, 8 Monaten und 23 Tagen stürzte er den Brasilianer Gustavo Kuerten vom Platz an der Sonne.

Bis dahin war der US-Amerikaner Jimmy Connors der jüngste Spieler an der Spitze der Weltrangliste. Er hatte sich 1974 mit 22 Jahren und 3 Monaten an die Spitze der 1973 von der Profi- Organisation ATP eingeführten Rangliste gesetzt.

Weltranglisten-Erster: Leyton Hewitt

Hewitt ist der dritte Australier auf dem Spitzenplatz nach John Newcombe (1974) und Patrick Rafter (1999). Ein 7:5, 6:2 über Rafter – seinen langjährigen Freund im Tenniszirkus – im letzten Gruppenspiel verhalf Hewitt vor 17 000 Tennis-Fans im SuperDome zum Sprung an die Spitze des Champions Race 2001.

Werbung 2001:

Umsätze sind rückläufig

Chronik **Übersicht**

2001 setzt in der Werbebranche Ernüchterung ein – und das schon vor den Anschlägen des → 11. September (S. 158; S. 248 ff.), die auch hier zum Umdenken zwingen. Die Wirtschaft investiert sehr viel verhaltener, die Zuwächse fallen geringer aus. Nach den Terrorangriffen auf die USA wird alles gemieden, was im weitesten Sinne mit diesen Ereignissen in Verbindung gebracht werden kann.

Dazu zählen Actionszenen ebenso wie Hochhäuser und Flugzeuge – sie erzeugen beim Betrachter nicht mehr in erster Linie ein Gefühl von Freiheit und Modernität, sondern von Angst und Gefahr. Auch Bilder von Manhattan sind – zumindest vorerst – in der Werbung fehl am Platz.

Für Verunsicherung in der Branche sorgen schon im Mai die Vorschläge von EU-Verbraucherkommissar David Byrne. Er regt an, ein Werbeverbot für Tabakprodukte in allen Zeitungen und Zeitschriften der EU zu erlassen, das auch für den Rundfunk, das Internet sowie das Sponsoring durch Tabakfirmen bei grenzüberschreitenden Veranstaltungen wie der Formel 1 gelten soll.

Auf Veränderungen des Marktes reagiert die siebtgrößte deutsche Werbegruppe, die Scholz & Friends GmbH, durch die Fusion mit dem am Neuen Markt notierten TV-Produktionsunternehmen United Visions Entertainment AG zur Scholz & Friends AG. Das Unternehmen positioniert sich damit als Kommunikationskonzern.

Verona Feldbusch ist – so zeigt eine im März veröffentlichte Umfrage im Auftrag des Gesamtverbands Werbeagenturen (GWA) – Deutschlands beliebtester Werbe-Promi (u. a. Iglo, Schwartau, JVC, Smart) vor Thomas Gottschalk, Boris Becker und Mika Häkkinen. Die omnipräsente Verona ergänzt ihre Produktpalette um Haarshampoo (Schwarzkopf) und verlockt im Herbst – gemeinsam mit Harald Schmidt – zur »Kaufregung« beim Kaufhauskonzern Karstadt.

Honda wirbt mit Asimo, einem Roboter aus der Forschungsabteilung

Vier Wochen vor Beginn der Bundesliga-Saison wird das Volksparkstadion in AOL-Arena umbenannt.

AOL erhält Namensrechte an HSV-Stadion

Amerika Online (AOL), der zweitgrößte Online-Dienst in Deutschland, geht nach dem Ausstieg des affärengeschädigten Boris Becker neue Wege in der Werbung: Eigentlich wollten die Fans des Hamburger SV das neue Volks-parkstadion nach ihrem Idol Uwe Seeler benennen. Doch die HSV-Führung entscheidet sich anders. Ab der Saison 2001/02 heißt das Stadion »AOL-Arena«. Rd 6 Mio. DM pro Saison ist AOL der auf fünf Jahre angelegte Deal wert.

◁ *Ein echter Coup gelingt dem Automobilhersteller Audi mit dem Wackel-Elvis für das Armaturenbrett. Jeder will die Figur kaufen, die wie einst der echte Elvis die Hüften kreisen lässt. Im Juli erwirbt das wirtschaftlich angeschlagene Medienunternehmen EM.TV die Lizenzrechte an der Elvis-Wackelpuppe, um sie – versehen mit Signatur und Copyright als Echtheitszertifikat – in den Handel zu bringen.*

E.on mixt die beiden Erzrivalen im Kampf um die Meisterschaft, Borussia Dortmund und Bayern München, in einem Werbemotiv.

Die Bundesliga steht unter Strom

Die Stromversorger lösen in der Saison 2001/02 die Automobil- und die Telekommunikationsbranche an der Spitze der Trikotwerber ab. E.on (Borussia Dortmund), RWE (Bayer Leverkusen), die Naturenergie AG (SC Freiburg) und Envia (Energie Cottbus) entscheiden sich für die Fußballerbrust als Werbeplatz.

Zusammen mit den Opel-Kickern von Branchenführer Bayern München machen die E.on-Werbeträger von Borussia Dortmund außerdem auch noch in Anzeigen und Werbespots Reklame für das Energieunternehmen. Die beiden Erzrivalen lösen den muskelbepackten Schauspieler Arnold Schwarzenegger im September bei E.on-Mixpower ab. Damit tritt kurz vor dem Marktstart des Angebots an die Stelle der »imageorientierten« Schwarzenegger-Kampagne eine »abverkaufsorientierte« Phase.

E.on engagiert sich seit 2000 für ca. 14 Mio. DM pro Jahr als Hauptsponsor bei Borussia. Bayern erhält von Opel den Bundesliga-Spitzenbetrag von 20 Mio. DM.

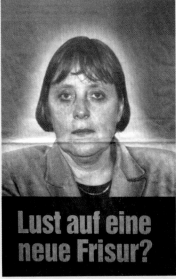

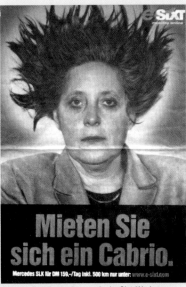

»Holger« und »Max« verwöhnen sich gegenseitig – mit Tiefkühlprodukten von Langnese-Iglo.

Angela Merkel stehen die Haare zu Berge – natürlich nicht in der Politik, sondern nur in der Sixt-Werbung.

Erstmals Schwulenpaar in der TV-Werbung

Zu Jahresbeginn startet der Lebensmittelhersteller Langnese-Iglo in Hamburg Fernsehspots, in denen ein homosexuelles Paar für die Marke »Iglo-4-Sterne« wirbt. Die Spots hat die Hamburger Agentur McCann-Erickson ersonnen. »Holger« und »Max« stehen für den guten kulinarischen Geschmack, der Homosexuellen häufig nachgesagt wird. Während der eine voller Vorfreude den Tisch deckt, bereitet der andere das edle Tiefkühlgericht.

Sixt-Werbung lässt Haare zu Berge stehen

Der für seine ungewöhnlichen Werbemotive bekannte Autoverleiher Sixt nimmt im Mai Angela Merkel aufs Korn. Die CDU-Vorsitzende, die sich nach eigenem Bekunden schon daran gewöhnt hat, dass man sich über ihren Haarschnitt lustig macht, bekommt von Sixt für eine Cabrio-Anzeige ungewollt eine Sturmfrisur verpasst. Merkel bleibt gelassen: Mögliche Fotohonorare sollten doch gemeinnützigen Zwecken zugeführt werden.

205

Neue Postwertzeichen 2001 in der Bundesrepublik Deutschland

Die Briefmarken sind verkleinert dargestellt.

Dauermarken

Bogenmarken

Die Dauerserie »Frauen der deutschen Geschichte« wird im Jahr 2001 durch weitere Werte ergänzt, deren Nennwert im Hinblick auf die zum 1. Januar 2002 erfolgende Umstellung des Bargeldverkehrs auf den EURO in beiden Währungen angegeben ist.

Am 11. Januar kommt die Marke zu 220 Pfennig/1,12 € an die Postschalter. Sie ist **Marieluise Fleißer** gewidmet, die am 23. November 1901 in Ingolstadt geboren wurde und hier am 2. Februar 1974 auch starb. Als Schriftstellerin gewann sie Bekanntheit durch mehrere Theaterstücke, Erzählungen und einen Roman.

Die ebenfalls an diesem Tag erschienene Wertstufe zu 300 Pfennig/1,53 € trägt das Porträt von **Nelly Sachs** (10. Dezember 1891 – 12. Mai 1970), die vor dem Terror der NS-Zeit 1940 nach Schweden floh und dort unter dem Einfluss von Selma Lagerlöf ihre dichterische Tätigkeit begann. In ihrer Wahlheimat fand sie bald Anerkennung und wurde 1966 mit dem Nobelpreis für Literatur ausgezeichnet.

Entwürfe: Professor Gerd und Oliver Aretz, Wuppertal

Zuschlagmarken

»Sport für alle« ist Thema der aktuellen Sonderserie mit Zuschlägen zugunsten der »Stiftung Deutsche Sporthilfe«, die am 8. Februar an die Postschalter kommt.

Schulsport (100 + 50 Pfennig/0,51 + 0,26 €) als Element der körperlichen Ertüchtigung, der Förderung des Sozialverhaltens und des Ausgleichs zur geistigen Belastung durch den Unterricht ist ein wesentlicher Bestandteil der Ausbildung junger Menschen.

Behindertensport (110 + 50 Pfennig/0,56 + 0,26 €) hilft bei der Gewinnung neuen Selbstvertrauens im Bewusstsein der eigenen körperlichen Leistungsfähigkeit und fördert die Integration in das berufliche und soziale Leben.

Freizeit- und Breitensport (110 + 50 Pfennig/0,56 + 0,26 €) halten fit und beugen durch Kontakte mit Gleichgesinnten der Isolation vor. Freude an der Bewegung ist ein wichtiger Faktor zur Steigerung der Lebensqualität.

Seniorensport (300 + 100 Pfennig/1,53 + 0,51 €) ist ein »Gesundbrunnen« für ältere Menschen, weil er die körperliche, geistige und soziale Aktivität fördert und wesentlich zur Lebensfreude beiträgt.

Entwürfe: Professor Fritz-Dieter Rothacker, Stuttgart

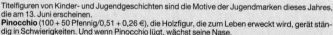

Titelfiguren von Kinder- und Jugendgeschichten sind die Motive der Jugendmarken dieses Jahres, die am 13. Juni erscheinen.

Pinocchio (100 + 50 Pfennig/0,51 + 0,26 €), die Holzfigur, die zum Leben erweckt wird, gerät ständig in Schwierigkeiten. Und wenn Pinocchio lügt, wächst seine Nase.

Pippi Langstrumpf (100 + 50 Pfennig/0,51 + 0,26 €) ist eine Schöpfung der schwedischen Autorin Astrid Lindgren. Pippi zieht in die Villa »Kunterbunt« ein und führt dort mit ihren Gefährten ein ungewöhnliches Leben nach ihren eigenen Vorstellungen, die sie manchmal in Konflikte mit den Erwachsenen bringen.

Heidi (110 + 50 Pfennig/0,56 + 0,26 €), Romanfigur der Schweizerin Johanna Spyri, erlebt nach ihrer unfreiwilligen Übersiedlung von der geliebten Almhütte in die Großstadt Frankfurt eine leidvolle Zeit und findet ihr Glück erst wieder, als sie in die Berge zurückkehren kann.

Jim Knopf (110 + 50 Pfennig/0,56 + 0,26 €) ist der Freund von Lukas, dem berühmtesten Lokomotivführer der Welt. Nach dem Verlassen ihrer Heimat Lummerland haben die beiden eine Menge Abenteuer zu bestehen. Michael Ende hat 1961 die Geschichte, die seither mit großem Erfolg auf der Bühne und im Fernsehen aufgeführt wird, für die »Augsburger Puppenkiste« geschrieben.

Tom Sawyer und Huckleberry Finn (300 + 100 Pfennig/1,53 + 0,51 €) sind zwei klassische Figuren der Jugendliteratur von Mark Twain. Die beiden Freunde leben am Mississippi, treiben dort ihren Schabernack, erleben aber auch manch gruselige und gefährliche Situation.

Entwürfe: Professor Gerd und Oliver Aretz, Wuppertal

Dauermarken

Rollenmarken

Auch die Rollenmarken-Dauerserie »Sehenswürdigkeiten« wird mit Ergänzungswerten fortgesetzt, deren Wertangabe sowohl »Pfennig« als auch Euro-Cent lautet.

Auf der am 11. Januar ausgegebenen Marke zu 100 Pfennig/0,51 € ist das auf einer Insel in der Nähe des Stadtzentrums liegende **Schloss Schwerin** abgebildet. Das nach einem Umbau im Stil der Neorenaissance 1857 fertig gestellte Gebäude war zunächst Residenz der Großherzöge von Mecklenburg-Schwerin und ist heute Sitz des Landtages von Mecklenburg-Vorpommern.

Der Turm des **Doms St. Nikolai** in Greifswald ist das Motiv des am selben Tag herausgegebenen Wertes zu 220 Pfennig/1,12 €. Das Gotteshaus in Form einer Basilika stammt aus dem Mittelalter und wurde mehrfach verändert. So besitzt der Turm einen Helm im Barockstil, der Kirchenraum wurde neugotisch eingerichtet. Der weithin sichtbare Dom ist das Wahrzeichen der Stadt.

Zwei weitere Marken der Serie erscheinen am 5. April. Auf der Wertstufe zu 47 Pfennig/0,24 € ist ein Teil des Bergparks **Wilhelmshöhe in Kassel** abgebildet, der als eine der großen Schöpfungen der europäischen Gartenarchitektur des 18. Jahrhunderts gilt. Auf der Marke sind die Kaskaden des Parks mit Oktogon und Pyramide zu sehen, auf der eine Statue des griechischen Sagenhelden Herkules steht.

Die evangelische **Kirche St. Reinoldi**, das Motiv der Marke zu 80 Pfennig/0,41 €, ist das älteste der mittelalterlichen Gotteshäuser in Dortmund. Sie wird in gotischem Stil an Stelle eines Sakralbaus aus dem 9. Jahrhundert errichtet.

Das zwischen 1268 und 1290 erbaute **Rathaus von Hildesheim** ist auf der am 2. Juli an die Postschalter kommenden Marke abgebildet. Das immer wieder umgebaute und dem jeweiligen Zeitgeschmack angepasste Gebäude fiel zum Ende des Zweiten Weltkriegs den Bomben fast völlig zum Opfer und

wurde von 1950 bis 1954 wieder aufgebaut. Die Nominale 720 Pfennig/3,68 € ist für die Frankatur von Päckchen vorgesehen.

Auf dem am 9. August ausgegebenen Ergänzungswert zu 440 Pfennig/2,25 € ist das Wahrzeichen von **Köln, der 750 Jahre alte Dom**, zu sehen. Um die Marke gibt es einigen Wirbel, denn das Motiv zeigt die Kathedrale mit einem kleinen Turm zwischen den beiden Haupttürmen – eine solche Bauplanung wurde nie realisiert.

Am 5. September folgen zwei weitere Werte der Serie. Auf der Wertstufe zu 50 Pfennig/0,26 € ist ein Teil der Saaldecke aus dem **Fuggerschloss Kirchheim** bei Augsburg abgebildet. Das Schloss wird in den Jahren 1578 – 1585 gebaut und nach seinem spanischen Vorbild auch »Bayerns Escorial« genannt. Motiv der Marke zu 400 Pfennig/2,05 € ist die von der UNESCO 1999 in die Liste des Welterbes der Menschheit aufgenommene **Wartburg bei Eisenach**, die in ihrer fast 1000-jährigen Geschichte oftmals Schauplatz bedeutender historischer Ereignisse war.

Die beiden letzten Ergänzungswerte des Jahres zu der Serie erscheinen am 8. November. Auf dem 20 Pfennig/ 0,10 €-Wert ist ein Blick in die **Böttcherstraße in Bremen** zu sehen, die Handwerksgasse und Kulturpassage der Stadt. Sie wurde Anfang des 20. Jahrhunderts von dem Kaufmann Ludwig Roselius geschaffen, der zunächst sein Wohnhaus und im weiteren Verlauf die gesamte Straße sanierte.

Die Marke mit der Nominale 510 Pfennig / 2,61 € zeigt das **Heidelberger Schloss**, das im 13. bis 18. Jahrhundert als Residenz der Kurfürsten von der Pfalz eine glanz- und wechselvolle Geschichte erlebte. Im Pfälzischen Erbfolgekrieg wurde es 1688/89 durch die Truppen des französischen Königs Ludwig XIV. eingenommen, geplündert und in Brand gesteckt. Heute ist es eine der bekanntesten Schlossruinen Europas.

Entwürfe: Sibylle und Professor Fritz Haase, Bremen

Zuschlagmarken

Die Wohlfahrtsmarken des Jahres 2001 (Erstausgabe am 11. Oktober), auf denen beliebte internationale Filmschauspieler vorgestellt werden, sorgt schon vor ihrem Erscheinen für Aufregung. Wegen nicht erlangter Veröffentlichungsrechte müssen beide schon fertig gedruckte Wertstufen zu 110 + 50 Pfennig/0,51 + 0,26 € mit dem Bildnis von Audrey Hepburn sowie die, auf der Ingrid Bergman und Humphrey Bogart abgebildet sind, durch neue Motive ersetzt werden.

Charlie Chaplin (1889 – 1977) war einer der größten Filmkomiker aller Zeiten, der in seinen Rollen auch fast immer die Tragik des Menschen im Kampf mit den Widrigkeiten des Lebens verkörperte. Filme wie »Goldrausch« (1925) und »Moderne Zeiten« (1936) begründeten seinen Weltruhm.

Marilyn Monroe (1926 – 1962) wurde durch Filme wie »Blondinen bevorzugt« (1952) und »Manche mögen's heiß« (1958) zum Star. Sie verkörperte das Schönheitsideal eines ganzen Jahrzehnts.

Greta Garbo (1905 – 1990), die »Göttliche«, begann ihre Filmkarriere 1924 mit dem Zweiteiler »Gösta Berlings Saga« und feierte Welterfolge u.a. mit »Mata Hari« (1932) und »Die Kameliendame« (1936). Im Alter von 36 Jahren zog sie sich zurück und führte ein abgeschiedenes Leben.

Die Filmrolle auf der zweiten Wertstufe zu 110 + 50 Pfennig/0,56 + 0,26 € zeigt deutlich die Verlegenheitslösung bei der Findung eines Ersatzmotivs für die zurückgezogene Marke.

Jean Gabin (1904 – 1976) war einer der großen Charakterschauspieler Frankreichs. In Filmen wie »Die große Illusion« (1937) und »Bestie Mensch« (1938) spielte er Männer aus dem Volk und Außenseiter. Ein Höhepunkt seiner Karriere waren seine Rollen als »Kommissar Maigret«.

Entwürfe: Antonia Graschberger, München

Bereits 2000 sind die Weihnachtsmarken als Gemeinschaftsausgabe von Deutschland und Spanien erschienen. Die Motive der diesjährigen Gemeinschaftsausgabe vom 8. November stammen von spanischen Künstlern. Zusätzlich zu den Einzelmarken kommt ein Block mit den deutschen und den spanischen Marken heraus, der in beiden Ländern identisch ist. Motiv der Briefmarke zu 100 + 50 Pfennig / 0,51 + 0,26 € ist das Gemälde »**Jungfrau mit Kind**« des 1965 in Madrid geborenen Alfredo Roldán.

Das Bild »**Anbetung der Hirten**« auf dem Wert 110 + 50 Pfennig / 0,56 + 0,26 € hat Jusepe de Ribera (1591-1652) geschaffen.

Entwürfe: José Luis Lopez Villalba, Spanien

Sondermarken

Jubiläen/Ereignisse

Zum 500. Geburtstag von Leonhart Fuchs erscheint am 11. Januar eine Gedenkmarke. Der aus Wemding im Nördlinger Ries gebürtige Mediziner und Botaniker promovierte bereits im Alter von 23 Jahren zum »Medicinae Doctor«. Neben seinen Tätigkeiten als Arzt und Hochschullehrer in verschiedenen Orten beschäftigte er sich intensiv mit der Pflanzenheilkunde und veröffentlichte u.a. zwei grundlegende botanisch-arzneikundliche Werke, die bis heute Gültigkeit besitzen. Auf der Marke ist Fuchs' Zeichnung des von ihm entdeckten Indianischen Pfeffers sowie ein Faksimile des Titels seines »New Kreüterbuchs« abgebildet.
Entwurf: Peter Nitzsche, Hamburg

Anlässlich seines 200. Geburtstages wird der Komponist Albert Lortzing am 11. Januar durch eine Sondermarke geehrt. In Berlin geboren verließ er im Alter von 10 Jahren die Stadt und übernahm Engagements als Schauspieler, Sänger und Kapellmeister, darunter von 1846 bis 1848 im Theater an der Wien. Er komponierte eine Reihe heute noch bekannter und beliebter Opern (»Zar und Zimmermann«, »Der Wildschütz« u.a.). 1851 starb er in großer Armut in Berlin.
Die Marke zeigt sein Bildnis aus dem Jahr 1845, eine Partiturskizze zu »Zar und Zimmermann« sowie seine Unterschrift.
Entwurf: Professor Hans Günter Schmitz, Wuppertal

1518 begegnete der 27-jährige, im elsässischen Schlettstadt geborene Martin Bucer dem Reformator Martin Luther und gewann im Kontakt mit ihm Zugang zur Reformation. Nach seinem Austritt aus dem Dominikanerorden 1521 war er von 1523 bis 1548 Prediger in Straßburg und erwarb sich hohe Anerkennung durch seine Bibelexegesen. Seine letzten Lebensjahre bis zum Tod am 1. März 1551 verbrachte er in Cambridge. An den 450. Todestag erinnert die am 8. Februar ausgegebene Marke mit Bucers Kupferstichporträt und wichtigen Lebensdaten.
Entwurf: Professor Peter und Regina Steiner, Stuttgart

Am 2. März erscheint eine Gedenkmarke zu Ehren des Schriftstellers Johann Heinrich Voß. Er wurde am 20. Februar 1751 in Sommerstorf/Mecklenburg geboren, studierte in Göttingen Theologie, Philologie und Philosophie und entwickelte bald ein besonderes Interesse für die Antike. Seine Sprachkenntnisse befähigten ihn zur Übersetzung klassischer griechischer Werke, unter denen Homers Odyssee und Ilias aufgrund ihrer Authentizität besondere Beachtung finden und auch heute noch als meisterhaft gelten. Auf der Marke ist das Porträt von Voß im Scherenschnitt über einer schreibenden Hand und dem Titel »ILIAS« abgebildet.
Entwurf: Hilmar Zill, Rostock

Am 21. März jährt sich der Geburtstag des Politikers Karl Arnold zum 100. Mal. Aus der Nähe von Biberach an der Riß stammend war er ab 1920 in der deutschen Arbeiterbewegung tätig, wurde 1946 Oberbürgermeister von Düsseldorf und 1947 zum ersten Ministerpräsidenten des Landes Nordrhein-Westfalen gewählt. Als engagierter Befürworter eines freien geeinten Europa wurde er einer der Gründerväter der Montanunion. Arnold starb am 29. Juni 1958 in Düsseldorf. Ihm zu Ehren wird am 8. März eine Sondermarke ausgegeben, die sein Porträt zwischen den Landesfarben von Nordrhein-Westfalen zeigt.
Entwurf: Ursula Maria Kahrl, Köln

Am 27. März 1901 wurde Erich Ollenhauer geboren, der am 8. März mit einer Gedenkmarke geehrt wird. Er fand über die Sozialistische Arbeiterjugend zur SPD und verließ von 1933 bis 1946 Deutschland, um im Ausland Widerstand gegen das NS-Regime zu leisten. Nach seiner Rückkehr arbeitete er führend am Wiederaufbau der SPD mit. Auf der Marke ist er als Redner abgebildet.
Entwurf: Professor Eckhard Jung und Florian Pfeffer, Bremen

Werner Joseph Mayer, der später das Pseudonym Werner Egk annimmt, wurde am 17. Mai 1901 in der Nähe von Donauwörth als Sohn eines Lehrers geboren. Seine Laufbahn als Musiker begann er nach Abschluss seines Studiums 1930. Neben Hörspielen und Funkopern machten ihn Textbearbeitung und Vertonung von weltbekannten Stücken berühmt. Die zu Egks 100. Geburtstag erschienene Gedenkmarke zeigt ihn als Dirigenten.
Entwurf: Professor Fritz und Sibylle Haase, Bremen

Der am 5. Dezember 1901 in Würzburg geborene Werner Heisenberg begann seine Laufbahn als Physiker 1924 nach Abschluss seines Studiums an der Universität München in Göttingen, wo er zusammen mit Max Born bahnbrechende Entdeckungen machte. So ist u.a. die Quantenmechanik sein Werk. Trotz Verfolgung in der Zeit des Nationalsozialismus war er während des Zweiten Weltkriegs für die wissenschaftliche Forschung im Rahmen des deutschen Kernenergieprojekts verantwortlich. Nach dem Krieg war er ab 1946 am Wiederaufbau der deutschen Forschung beteiligt.
Entwurf: Ingo Wulff, Kiel

Das Wirken des am 28. Januar 1950 in Düsseldorf gegründeten Verbandes der Kriegsbeschädigten, Hinterbliebenen und Sozialrentner Deutschlands (VdK) wird durch eine am 11. Januar erschienene Sondermarke gewürdigt. Der VdK als größter Sozialverband unseres Landes betätigt sich zum Wohle seiner Mitglieder auf zahlreichen Gebieten des Sozialebens und hat die Entwicklung in der Sozialgesetzgebung nachhaltig beeinflusst.
Entwurf: Corinna Rogger, Biberach

Die Ausgabe vom 11. Januar erinnert an die 300. Wiederkehr des Tages, an dem sich Kurfürst Friedrich III. von Brandenburg (1657 – 1713) im Schloss von Königsberg zum König in Preußen krönte. Die neue Würde galt allerdings nur für das nicht zum Heiligen Römischen Reich gehörigen Herzogtum Preußen, dessen Name von nun an auf den gesamten Staat überging. Motiv der Marke ist der preußische Adler mit den Jahrhundert-Jahreszahlen.
Entwurf: Professor Gerd und Oliver Aretz, Wuppertal

Als dem Bundesminister des Inneren unterstehende Polizei des Bundes wurde der Bundesgrenzschutz (BGS) am 16. März 1951 gegründet. Ursprünglich primär zur Überwachung der innerdeutschen Grenze vorgesehen, erhielt er 1994 per Gesetz die Aufgaben, sämtliche Grenzen der Bundesrepublik Deutschland zu schützen, den bisherigen Auftrag der Bahnpolizei zu übernehmen und die Sicherheit auf deutschen Flughäfen zu gewährleisten. Die 50-jährige Arbeit des BGS wird am 8. März durch eine Sondermarke, die das Emblem des BGS auf einer Uniform zeigt, gewürdigt.
Entwurf: Corinna Rogger, Biberach

Zur Erinnerung an das 50-jährige Bestehen der Goethe-Institute kommt am 5. April eine Gedenkmarke an die Postschalter. Nach einer ersten Gründung 1932 nur zur Förderung der deutschen Sprache im Ausland vorgesehen, werden den Instituten nach der Neugründung 1951 die Pflege der deutschen Kultur in aller Welt übertragen.
Entwurf: Irmgard Hesse, München

In dem 1251 gegründeten Katharinenkloster zu Stralsund, das nach der Reformation verschiedenen profanen Zwecken diente, wurde 1951 das Deutsche Meeresmuseum – zunächst nur in bescheidenem Umfang – eingerichtet. Heute ist es das einzige Museum dieser Art in Deutschland und das größte in Mitteleuropa. Den zusammentreffenden Jubiläen »750 Jahre Marienkloster« und »50 Jahre Deutsches Meeresmuseum Stralsund« ist die am 13. Juni erscheinende Sonderausgabe gewidmet, auf der die Giebelfassade des Gebäudes vor einer Meereskarte abgebildet ist.
Entwurf: Werner H. Schmidt, Frankfurt

Unser höchstes Gericht wurde im Jahr 1951 in Karlsruhe errichtet. Aufgabe des Bundesverfassungsgerichts ist es, über die Einhaltung des Grundgesetzes zu wachen und es zu interpretieren. Als oberstes Organ der Jurisdiktion gehört es zu den drei unseren Staat tragenden Säulen. Auf der am 5. September erscheinenen Marke sind die Plastik »Gerechtigkeit« und der Artikel 1 unseres Grundgesetzes abgebildet.
Entwurf: Professor Fritz Lüdtke, München

Die Union Network International (UNI) ist eine der größten und bedeutendsten internationalen Gewerkschaftsorganisationen. Der erste Weltkongress der UNI findet vom 5. bis zum 9. September in Berlin statt. Die zu diesem Anlass am 5. September erscheinende Sondermarke zeigt schemenhaft die Flaggen von Ländern, deren Gewerkschaften der UNI angehören.
Entwurf: Lutz Menze, Wuppertal

Berlin hatte einst die größte jüdische Gemeinde in Deutschland. Es lag also nahe, in der Stadt ein Museum einzurichten, das über die wechselvolle, in der Zeit des Nationalsozialismus mit entsetzlichem Leid geprägte Geschichte der Menschen jüdischen Glaubens berichtet. Im September wird der von Daniel Libeskind gestaltete Bau eröffnet, der schon heute als architektonisches Meisterwerk gilt. Aus diesem Anlass kommt am 5. September eine Sondermarke heraus, auf der der Grundriss des Museums im Licht abgebildet ist.
Entwurf: Professor Hans Günter Schmitz, Wuppertal

Am 13. Juni erscheint eine Sondermarke, die an das 250-jährige Bestehen der Hofkirche zu Dresden, des größten Gotteshauses in Sachsen, erinnert. Sie wurde im Zweiten Weltkrieg schwer beschädigt. Der 1945 begonnene Wiederaufbau wurde 1971 abgeschlossen.
Entwurf: Werner H. Schmidt, Frankfurt

Am 8. November erscheint eine Blockausgabe, mit der der 100-jährigen Geschichte der deutschen Antarktisforschung und des 175. Geburtstages von Georg von Neumayer (1826-1909) als wichtigstem Förderer der deutschen Südpolarforschung gedacht wird. Am 11. August 1901 startete das auf der Marke zu 110 Pfennig / 0,51 € abgebildete Polarforschungsschiff »Gauss« zur deutschen Südpolarexpedition, deren Kurs auf der Antarktiskarte (im Block rechts oben) eingezeichnet ist, unter der Leitung von Dr. Erich von Drygalski (1865-1949). Seit dieser Zeit sind unser Wissen über die Antarktis und die Möglichkeiten, sie zu erforschen, erheblich gewachsen.
Heute ist die Polar- und Meeresforschung zentraler Auftrag für das Alfred-Wegener-Institut in Bremerhaven. Es betreibt die auf dem Wert zu 220 Pfennig / 1,12 € gezeigte »Polarstern«, eines der leistungsfähigsten Polarforschungsschiffe der Welt, das speziell für die Erforschung der Polarmeere konstruiert wurde – Gebiete der Erde, die noch zahlreiche Geheimnisse bergen und die eine Schlüsselfunktion für die Klimaentwicklung haben.
Entwurf: Professor Ernst Kößlinger, Planegg

Sondermarken

Kampagnen

Kinder und Jugendliche sollen mit ihren Sorgen und Nöten nicht allein stehen. Zu diesem Zweck hat die BundesArbeitsGemeinschaft Kinder- und Jugendtelefon eine zentrale Fernsprechverbindung geschaffen, mit der junge Menschen in Notlagen und Krisen Rat einholen oder sich aussprechen können. An diese Einrichtung erinnert die am 11. Januar erscheinende Emission, auf der ein Telefonhörer mit der zentralen Rufnummer abgebildet ist.
Entwurf: Andrea Acker, Wuppertal

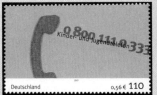

Volksmusik ist ein Spiegel der Kultur und des Brauchtums eines Volkes. Ihre Bedeutung als Gegengewicht zur populären Rock- und Popmusik soll durch die am 5. April ausgegebene Sondermarke hervorgehoben und bewusst gemacht werden. Das Motiv der Marke ist ein Akkordeon, auf dem gespielt wird.
Entwurf: Professor Ernst und Lorli Jünger, München

Kirchen sind seit fast 2000 Jahren Treffpunkte der Gläubigen und Zentren des kulturellen Lebens in Städten und Gemeinden. Viele Kirchengebäude haben eine lange Geschichte und stellen besondere architektonische Schätze dar. Auf die Aufgabe, sie zu bewahren und vor Verfall und Zerstörung zu retten, soll die am 12. Juli herausgekommene Marke hinweisen, auf der als prägnantes Beispiel die alte Dorfkirche von Canzow bei Woldegk in Mecklenburg abgebildet ist.
Entwurf: Marie-Helen Geißelbrecht, Hannover

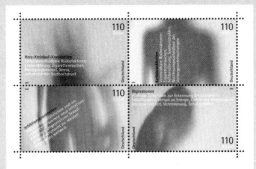

Am 12. Juli erscheint ein Briefmarkenblock, auf dessen vier Marken jeweils eine Krankheit, ihre Symptome und – soweit möglich – Behandlung dargestellt sind. Auf diese Weise soll das Gesundheitsbewusstsein der Menschen geschärft und ihre Bereitschaft zur gesunden Lebensführung, aber auch zur Vorsorge, erhöht werden.
Entwurf: Professor Hans Günter Schmitz, Wuppertal

Die Zeiten, in denen man nach Abschluss der Berufsausbildung »ausgelernt« hatte, sind vorbei. Wer heute vorwärts kommen will, muss lernbereit bleiben und sich ständig weiterbilden. Auf dieses Erfordernis weist die am 9. August herausgekommene Ausgabe hin, auf der Wilhelm Buschs Lehrer Lämpel mahnend den Zeigefinger erhebt. Ein Zitat des Zeichners und Schriftstellers ergänzt die Darstellung.
Entwurf: Professor Fritz und Sibylle Haase, Bremen

Serien

Mit vier Ausgaben wird in diesem Jahr die Serie abgeschlossen, in der die Parlamentsgebäude der Bundesländer vorgestellt werden. Am 8. März erscheint die Ausgabe mit der Abbildung des **Sächsischen Landtages**. Der Neubau wurde in den Jahren 1991 bis 1994 errichtet. Zwar ist er in erster Linie unter funktionalen Gesichtspunkten konzipiert, doch wurde bei seiner Gestaltung auf die Einbindung in den historischen Stadtkern von Dresden mit dem benachbarten Zwinger und der Semperoper Rücksicht genommen.
Der **Landtag von Sachsen-Anhalt** in Magdeburg ist auf der am 10. Mai herausgegebene Marke abgebildet. Nach einem Entwurf des Fürsten Leopold von Anhalt-Dessau (der »Alte Dessauer«) im 18. Jahrhundert gebaut, wurde der Komplex im Zweiten Weltkrieg weitgehend zerstört und in den 50er Jahren als Barockensemble wieder hergestellt. 1991 wurde er nach vorheriger Nutzung als Ingenieurschule dem Landtag als Sitz zugewiesen.

Das Gebäude des **Landtages von Schleswig-Holstein** am Ufer der Kieler Förde wurde 1888 als Kaiserliche Marineakademie eingeweiht und diente bis 1945 militärischen Zwecken. Die erheblichen Kriegsschäden konnten bis 1950 unter teilweiser Veränderung des ursprünglichen Aussehens behoben werden. Seitdem hat der Landtag in dem nun als »Landeshaus« bezeichneten Komplex, der auf der am 12. Juli herausgekommenen Marke zu sehen ist, seinen Sitz. Die Serie wird am 5. September mit der Ausgabe abgeschlossen, die das **Landtagsgebäude von Thüringen** in Erfurt zeigt. Der 1939 fertig gestellte Bau diente zunächst als Behördenhaus für den preußischen Regierungsbezirk Erfurt und wurde von 1952 bis zur Wiedervereinigung 1990 für den Rat des DDR-Bezirks Erfurt genutzt. In den Folgejahren wurde er saniert und erweitert.
Entwürfe: Professor Gerd und Oliver Aretz, Wuppertal

Die 1999 begonnene Serie »Bedrohte Tierarten« wird am 10. Mai durch die Ausgabe von zwei Marken fortgesetzt, auf denen in ihrem Bestand stark gefährdete Tierarten der Tropen abgebildet sind. Der **Berggorilla** als eine von drei Unterarten des Gorillas kommt heute nur noch in zwei voneinander räumlich getrennten Populationen in Bergregionen des östlichen Zentralafrika vor. Das **Indische Panzernashorn** ist wie die anderen vier Nashornarten als frei lebende Tierart äußerst bedroht. Es lebt nur noch in wenigen Nationalparks in Indien und Nepal. Die Marken werden auch auf selbst klebendem Papier mit wellenförmiger Schnitt-Trennung statt einer Zähnung ausgegeben.
Entwürfe: Professor Günter Jacki, Leonberg

In der Serie »Brücken« kommt am 5. April eine Briefmarke heraus, auf der die Eisenbahnhochbrücke in Rendsburg über den Nord-ostseekanal abgebildet ist. Sie wurde in den Jahren 1911 – 1913 gebaut und galt bei Fertigstellung als technisches Wunderwerk. Die Schwebefähre unterhalb der Eisenbahntrasse ist einmalig.
Entwurf: Jochen Bertholdt, Rostock

Als vierte Marke der Serie, die den besonderen Charakter des Briefes als Medium der Nachrichtenübermittlung heraus stellt, erscheint am 11. Oktober eine Marke, auf der ein gemaltes rotes Geschenkband mit einer Herzchenschleife zu sehen ist.
Entwurf: Jung und Pfeffer, Bremen

Die diesjährige, am 11. Mai herausgekommene Europa-Marke steht unter dem Thema »Wasser – Reichtum der Natur«. Damit soll auf das Wasser als wichtiges Grundnahrungsmittel für alle Lebewesen hingewiesen und die Bemühungen zur Sicherung seiner Verfügbarkeit und Qualität unterstützt werden.
Entwurf: Professor Hans Günter Schmitz, Wuppertal

In lockerer Folge soll mit einer am 9. August beginnenden Serie an markanten Beispielen auf die Schönheit und Vielfalt unseres Naturerbes aufmerksam gemacht werden. Himmelsberg, ein Stadtteil von Kirchhain mit 200 Einwohnern, wird von seinen alten Fachwerkhäusern geprägt. Mittelpunkt und Wahrzeichen des kleinen Ortes ist die vermutlich 750 Jahre alte Dorflinde mit einem Stammumfang von 9 Metern.
Entwürfe: Professor Fritz Lüdtke, München

Das Nachrichtenmedium Brief soll durch die zweite Ausgabe der Serie »Post« vom 5. April in das Bewusstsein der Menschen gerückt werden und auf ihn als individuelle Botschaft hinweisen. Auf der Marke ist das Wort »Post!« vier mal wiedergegeben, wobei die leicht verwischten Buchstaben die Dynamik des Unternehmens Post deutlich machen. Entwurf: Günter Gamroth, Nürnberg

Die am 8. März erschienene Zuschlagmarke »Für die Briefmarke« ist gleichzeitig dem 100. Jahrestag der Eröffnung der Wuppertaler Schwebebahn und der vom 24. bis zum 27. Mai in Wuppertal stattfindenden Nationalen Briefmarkenausstellung NAPOSTA 2001 gewidmet.
Entwurf: Professor Hans Günter Schmitz, Wuppertal

Die Ausgabe vom 9. August zum »Further Drachenstich« setzt die Reihe volkstümlicher Themen fort. Das über 500 Jahre alte Volksschauspiel wurde 1887 auf Druck der Kirche verweltlicht. Es findet in jedem Jahr im August statt und schildert metaphernhaft den Sieg des Guten über das Böse. Auf der Marke sind ein Schwert und ein Drache abgebildet. Entwurf: Detlef Glinski, Berlin

Geträumte Phantasietiere und -personen sind das Motiv der diesjährigen Kindermarke in Blockform, die am 5. September an die Postschalter kommt. Mit ihr soll wiederum bewusst gemacht werden, dass Kinder zu den wichtigsten Gliedern unserer Gesellschaft gehören und Anspruch auf kindgerechtes Umfeld und ebensolche Behandlung haben.
Entwurf: Professor Peter und Regina Steiner, Stuttgart
Entwurf: Detlef Glinski, Berlin

Anhang

Regierungen Bundesrepublik Deutschland, Österreich, Schweiz 2001

Neben den Staatsoberhäuptern der Bundesrepublik Deutschland, Österreichs und der Schweiz sind in der Zusammenstellung die einzelnen Kabinette des Jahres 2001 aufgeführt. Hinter den Namen der wichtigsten Regierungsmitglieder steht in Klammern der Zeitraum ihrer Tätigkeit.

Bundesrepublik Deutschland

Staatsform:
Parlamentarisch-demokratische Bundesrepublik
Bundespräsident:
Johannes Rau (seit 1999)

1. Kabinett Schröder, Koalition aus SPD und Bündnis 90/Die Grünen (seit 1998)
Bundeskanzler:
Gerhard Schröder (SPD; seit 1998)
Vizekanzler und Auswärtiges:
Joseph (Joschka) Fischer (Bündnis 90/Die Grünen; seit 1998)

Ministerien
Inneres:
Otto Schily (SPD; seit 1998)
Justiz:
Herta Däubler-Gmelin (SPD; seit 1998)
Finanzen:
Hans Eichel (SPD; seit 1999)
Wirtschaft und Technologie:
Werner Müller (parteilos; seit 1998)
Verbraucherschutz, Ernährung und Landwirtschaft:
Karl-Heinz Funke (SPD; 1998–9.1.2001), Renate Künast (Bündnis 90/Die Grünen; seit 10.1.2001)
Arbeit und Sozialordnung:
Walter Riester (SPD; seit 1998)
Verteidigung:
Rudolf Scharping (SPD; seit 1998)
Familie, Senioren, Frauen und Jugend:
Christine Bergmann (SPD; seit 1998)

Gesundheit:
Andrea Fischer (Bündnis 90/Die Grünen; 1998–9.1.2001), Ulla Schmidt (SPD; seit 10.1.2001)
Verkehr, Bau- und Wohnungswesen:
Kurt Bodewig (SPD; seit 2000)
Umwelt, Naturschutz und Reaktorsicherheit:
Jürgen Trittin (Bündnis 90/Die Grünen; seit 1998)
Bildung und Forschung:
Edelgard Bulmahn (SPD; seit 1998)
Wirtschaftliche Zusammenarbeit und Entwicklung:
Heidemarie Wieczorek-Zeul (SPD; seit 1998)

Bundeskanzleramt
Chef des Kanzleramtes: Frank-Walter Steinmeier (SPD; seit 1999)
Staatsminister: Hans Martin Buhry (SPD; seit 1999)
Staatsminister: Michael Naumann (SPD, 1999–31.12.2000), Julian Nida-Rümelin (SPD, seit 10.1.2001)
Staatsminister: Rolf Schwanitz (SPD; seit 1998)

Die Ministerpräsidenten der deutschen Bundesländer
Baden-Württemberg:
Erwin Teufel (CDU; seit 1991)
Bayern:
Edmund Stoiber (CSU; seit 1993)
Berlin:
Eberhard Diepgen (CDU; 1991–16.6.2001), Klaus Wowereit (SPD; seit 16.6.2001)

Brandenburg:
Manfred Stolpe (SPD; seit 1990)
Bremen:
Henning Scherf (SPD; seit 1995)
Hamburg:
Ortwin Runde (SPD; 1997–31.10.2001), Ole von Beust (CDU; seit 31.10.2001)
Hessen:
Roland Koch (CDU; seit 1999)
Mecklenburg-Vorpommern:
Harald Ringstorff (SPD; seit 1998)
Niedersachsen:
Sigmar Gabriel (SPD; seit 1999)
Nordrhein-Westfalen:
Wolfgang Clement (SPD; seit 1998)
Rheinland-Pfalz:
Kurt Beck (SPD; seit 1994)
Saarland:
Peter Müller (CDU; seit 1999)
Sachsen:
Kurt Biedenkopf (CDU; seit 1990)
Sachsen-Anhalt:
Reinhard Höppner (SPD; seit 1994)
Schleswig-Holstein:
Heide Simonis (SPD; seit 1993)
Thüringen:
Bernhard Vogel (CDU; seit 1992)

Österreich

Staatsform:
Parlamentarisch-demokratische Bundesrepublik
Bundespräsident:
Thomas Klestil (seit 1992)

1. Kabinett Schüssel, Koalition von ÖVP und FPÖ (seit 2000)
Bundeskanzler:
Wolfgang Schüssel (ÖVP; seit 2000)
Vizekanzlerin und Bundesministerin für öffentliche Leistung und Sport:
Susanne Riess-Passer (FPÖ; seit 2000)

Ministerien
Auswärtige Angelegenheiten:
Benita Ferrero-Waldner (ÖVP; seit 2000)

Inneres:
Ernst Strasser (ÖVP; seit 2000)
Finanzen:
Karl-Heinz Grasser (FPÖ; seit 2000)
Wirtschaft und Arbeit:
Martin Bartenstein (ÖVP; seit 2000)
Justiz:
Dieter Böhmdorfer (FPÖ; seit 2000)
Bildung, Wissenschaft und Kultur:
Elisabeth Gehrer (ÖVP; seit 2000)
Land- und Forstwirtschaft, Umwelt und Wasserwirtschaft:
Wilhelm Molterer (ÖVP; seit 2000)
Soziale Sicherheit und Generationen:
Herbert Haupt (FPÖ; seit 2000)
Verkehr, Innovation und Technologie:
Monika Forstinger (FPÖ; seit 2000)
Landesverteidigung:
Herbert Scheibner (FPÖ; seit 2000)

Schweiz

Staatsform:
Republik
Bundespräsident:
Moritz Leuenberger (SPS; für 2001)
Vizepräsident:
Kaspar Villiger (FDP; für 2001)

Ministerien
Auswärtige Angelegenheiten:
Joseph Deiss (CVP; seit 1999)
Inneres:
Ruth Dreifuss (SPS; seit 1993)
Justiz und Polizei:
Ruth Metzler-Arnold (CVP; seit 1999)
Verteidigung, Bevölkerungsschutz und Sport:
Samuel Schmid (SVP; seit 1.1.2001)
Finanzen:
Kaspar Villiger (FDP; seit 1995)
Volkswirtschaft:
Pascal Couchepin (FDP; seit 1998)
Umwelt, Verkehr, Energie und Kommunikation:
Moritz Leuenberger (SPS; seit 1996)
Bundeskanzlerin:
Annemarie Huber-Hotz (FDP; seit 2000)

Bundesrepublik Deutschland, Österreich und die Schweiz 2001 in Zahlen

Die Statistiken für die drei deutschsprachigen Länder umfassen eine Auswahl von grundlegenden Zahlen. Es wurden vor allem Daten aufgenommen, die zwischen den einzelnen Ländern vergleichbar sind. Maßgebend für alle Angaben waren die amtlichen Statistiken. Die Zahlen beziehen sich auf die jeweiligen Staatsgrenzen von 2001. Nicht in allen gesellschaftlichen Bereichen finden jährliche Erhebungen statt, sodass mitunter die Daten aus früheren Jahren aufgenommen werden mussten. Das Erhebungsdatum ist jeweils angegeben (unter der Rubrik »Stand«).

Bundesrepublik Deutschland

Erhebungsgegenstand	Wert	Stand[1]
Fläche (km²)	357 022	1998

Bevölkerung		
Wohnbevölkerung	82 036 000	1998
männlich	40 004 100	1998
weiblich	42 032 000	1997
Einwohner je km²	230	1998
Ausländer	7 319 600	1998
Privathaushalte	37 532 000	1998
Einpersonenhaushalte	13 297 000	1998
Mehrpersonenhaushalte	24 236 000	1998
Lebendgeborene	770 744	1999
Gestorbene	846 330	1999
Eheschließungen	430 674	1999
Ehescheidungen	192 416	1998

Familienstand der Bevölkerung		
Ledige insgesamt	32 599 800	1998
männlich	17 646 000	1998
weiblich	14 953 800	1998
Verheiratete	38 592 500	1998
Verwitwete und Geschiedene	10 844 900	1998
männlich	3 017 000	1998
weiblich	7 827 900	1998

Religionszugehörigkeit		
Christen	52 032 811	1987
katholisch	26 232 004	1987
evangelisch	25 412 572	1987
sonstige	388 235	1987
Juden	32 319	1987
andere, ohne Konfession	6 115 546	1987

Altersgruppen		
unter 5 Jahre	3 944 500	1998
5 bis unter 10 Jahre	4 399 400	1998
10 bis unter 15 Jahre	4 636 100	1998
15 bis unter 20 Jahre	4 603 500	1998
20 bis unter 30 Jahre	10 060 100	1998
30 bis unter 40 Jahre	12 717 900	1998
40 bis unter 50 Jahre	11 654 600	1998
50 bis unter 60 Jahre	10 249 200	1998
60 bis unter 65 Jahre	5 294 900	1998
65 bis unter 70 Jahre	3 915 100	1998
70 bis unter 80 Jahre	6 243 500	1998
80 und darüber	2 908 300	1998

Die zehn größten Städte		
Berlin	3 417 200	1998
Hamburg	1 700 800	1998
München	1 192 100	1998
Köln	963 600	1998

Erhebungsgegenstand	Wert	Stand[1]
Frankfurt am Main	643 600	1998
Essen	606 200	1998
Dortmund	593 600	1998
Stuttgart	584 600	1998
Düsseldorf	570 100	1998
Bremen	545 000	1998

Erwerbstätigkeit		
Erwerbstätige	36 100 000	1999
männlich	20 509 000	1998
weiblich	15 351 000	1998
nach Wirtschaftsbereichen		
Land- und Forstwirtschaft, Tierhaltung und Fischerei	1 024 000	1998
produzierendes Gewerbe	12 132 000	1998
Handel und Verkehr	8 205 000	1998
sonstige	14 500 000	1998
Ausländische Arbeitnehmer	2 837 000	1998
Arbeitslose	3 570 000	1999
Arbeitslosenquote (in %)	9,0%	1999

Betriebe		
Landwirtschaftliche Betriebe	516 303	1998
Bauhauptgewerbe	81 301	1998
Ausbaugewerbe	27 354	1998
Bergbau und verarbeitendes Gewerbe	48 357	1998
Energie- und Wasserversorgung	4 035	1996

Außenhandel (in Mio. DM)		
Einfuhr	814 028	1998
Ausfuhr	950 127	1998
Ausfuhrüberschuß	136 099	1998

Verkehr		
Eisenbahnnetz (km)	41 841	1998
beförderte Personen (in Mio.)	1 943	1999
beförderte Güter (in Mio. t)	287	1999
Straßennetz (km)	231 074	1998
davon Autobahn (km)	11 309	1998
Bestand an Kraftfahrzeugen	50 609 100	1999
davon Pkw	42 323 700	1999
davon Lkw	2 465 500	1999
Zulassung fabrikneuer Kfz	4 437 586	1999
Binnenschiffe zum Gütertransport (Tragfähigkeit in 1000 t)	2 552	1998
beförderte Güter (in 1000 t)	236 365	1998
Handelsschiffe/Schifffahrt (1000 BRT)	8 098	1998
beförderte Güter (in 1000 t)	217 388	1998
Luftverkehr		
beförderte Personen (in 1000)	107 000	1998
beförderte Güter (in 1000 t)	1 900,0	1998

Bildung		
Schüler an		
Schulen der allgemeinen Ausbildung	10 108 064	1998/99
Schulen der beruflichen Ausbildung	2 600 918	1998/99
Studenten an Universitäten	1 145 248	WS 99/00

Rundfunk		
Hörfunkteilnehmer	38 228	1999
Fernsehteilnehmer	34 048	1999

Gesundheitswesen		
Ärzte	291 171	1999
Zahnärzte	62 564	1999
Krankenhäuser	2 263	1998

[1] Letzte verfügbare Angabe

Erhebungsgegenstand	Wert	Stand[1]
Sozialleistungen		
Mitglieder der		
gesetzlichen Krankenversicherung	50 927 000	1999
Rentenversicherung der Arbeiter	20 704 000	April 1999
Rentenversicherung der Angestellten	22 176 000	April 1999
Knappschaftl. Rentenversicherung	211 300	1999
Empfänger von		
Arbeitslosengeld und -hilfe	3 509 000	1997
Sozialhilfe	2 893 000	1997
Finanzen und Steuern (in Mio. DM)		
Gesamtausgaben der öffentlichen Hand	1 882 576	1996
Gesamteinnahmen der öffentlichen Hand	1 749 119	1996
Schuldenlast des Staates	2 256 379	1998
Löhne und Gehälter		
Wochenarbeitszeit in der Industrie (Std.)	37,9	1998
Tarifl. Bruttostundenverdienst (DM)		
männlicher Facharbeiter	27,53	1998
weiblicher Facharbeiter	20,80	1998
Index der tariflichen Stundenlöhne in der gewerblichen Wirtschaft (1991=100)	126,5	1998
Preise		
Einzelhandelspreise ausgewählter Lebensmittel (DM)		
Butter, 1 kg	8,00	1994
Weizenmehl 1 kg	1,17	1994
Schweinefleisch, 1 kg	12,66	1994
Rindfleisch, 1 kg	19,17	1994
Eier, 10 Stück	2,82	1994
Kartoffeln, 5 kg	6,74	1994
Vollmilch, 1 l	1,32	1994
Zucker, 1 kg	1,90	1994
Index der Lebenshaltungskosten für 4-Personenhaushalt von Angestellten und Beamten mit höherem Einkommen (1995=100)	104,5[2] 104,9[3]	1999
4-Personen-Arbeitnehmer-Haushalt mit mittlerem Einkommen (1995=100)	104,7[2] 105,1[3]	1999
Bruttoinlandsprodukt (in Mrd. DM)	3 541,0	1996

[1] Letzte verfügbare Angabe [2] Früheres Bundesgebiet [3] Neue Länder und Berlin-Ost

	Berlin	Essen	Greifs-wald	Hamburg	Leipzig	München
Klimatische Verhältnisse						
Mittlere Lufttemperatur (°C)						
Dez. 2000	2,8	5,2	3,4	3,9	3,2	3,2
Januar	0,8	2,9	1,1	1,6	1,1	0,7
Februar	1,5	4,3	1,3	2,2	2,1	3,4
März	3,0	5,2	2,3	3,1	3,9	7,0
April	8,0	7,9	7,1	7,6	8,0	7,8
Mai	14,7	14,8	12,8	13,5	14,7	16,1
Juni	14,5	14,9	14,2	14,0	14,7	15,3
Juli	19,5	18,7	18,8	18,6	19,5	18,9
August	19,0	19,3	18,4	18,4	19,6	19,7
September	12,4	12,4	12,9	12,8	12,8	11,8
Oktober	12,4	14,3	12,4	12,9	12,8	13,7
Niederschlagsmengen (mm)						
Dez. 2000	49	50	33	51	26	46
Januar	35	81	30	26	21	58
Februar	43	78	27	47	19	52
März	51	101	37	42	84	126
April	30	98	53	70	46	63

	Berlin	Essen	Greifs-wald	Hamburg	Leipzig	München
Mai	44	25	51	55	44	100
Juni	46	97	42	112	46	145
Juli	67	84	39	48	129	42
August	38	61	72	115	42	136
September	146	144	133	180	75	124
Oktober	40	65	30	44	23	42
Sonnenscheindauer (Std.)						
Dez. 2000	60	54	35	40	91	77
Januar	56	68	45	43	67	93
Februar	67	67	110	57	71	87
März	94	51	122	95	78	84
April	119	96	124	117	145	142
Mai	274	259	286	285	280	265
Juni	186	182	173	161	189	230
Juli	250	213	268	238	259	272
August	199	189	197	196	207	254
September	76	71	83	74	82	76
Oktober	108	111	87	71	122	183

Quelle: Deutscher Wetterdienst

Österreich

Erhebungsgegenstand	Wert	Stand[1]
Fläche (km²)	83 858	1999
Bevölkerung		
Wohnbevölkerung	8 092 259	1999
männlich	3 929 007	1999
weiblich	4 163 252	1999
Einwohner je km²	96	1999
Ausländer	734 300	1998
Privathaushalte	3 250 300	1999
Einpersonenhaushalte	979 300	1999
Mehrpersonenhaushalte	2 271 000	1999
Lebendgeborene	78 138	1999
Gestorbene	78 200	1999
Eheschließungen	39 485	1999
Ehescheidungen	18 512	1999
Familienstand der Bevölkerung		
Ledige insgesamt	3 248 895	1991
männlich	1 719 860	1991
weiblich	1 529 035	1991
Verheiratete	3 533 635	1991
Verwitwete und Geschiedene	1 013 256	1991
männlich	248 185	1991
weiblich	765 071	1991
Religionszugehörigkeit		
Christen	6 852 570	1991
katholisch	6 081 454	1991
evangelisch	388 709	1991
sonstige	382 407	1991
ohne Konfession, ohne Angabe	943 216	1991
Altersgruppen		
unter 5 Jahre	429 320	1999
5 bis unter 10 Jahre	473 546	1999
10 bis unter 15 Jahre	467 544	1999

Erhebungsgegenstand	Wert	Stand[1]
15 bis unter 20 Jahre	484 149	1999
20 bis unter 30 Jahre	1 076 282	1999
30 bis unter 40 Jahre	1 415 165	1999
40 bis unter 50 Jahre	1 110 550	1999
50 bis unter 60 Jahre	1 008 458	1999
60 bis unter 65 Jahre	376 168	1999
65 bis unter 70 Jahre	353 099	1999
70 bis unter 80 Jahre	619 765	1999
80 und darüber	278 208	1999

Die zehn größten Städte

Wien	1 608 144	2000
Graz	240 967	2000
Linz	188 022	2000
Salzburg	144 247	2000
Innsbruck	111 752	2000
Klagenfurt	91 141	2000
Dornbirn	41 811	2000
Villach	57 422	2000
Wels	56 894	2000
St. Pölten	49 352	2000

Erwerbstätigkeit

Erwerbstätige	3 909 100	1999
männlich	2 221 400	1999
weiblich	1 687 700	1999
nach Wirtschaftsbereichen		
Land- und Forstwirtschaft	246 000	1998
produzierendes Gewerbe	927 142	1998
Dienstleistung	2 123 052	1998
Ausländische Arbeitnehmer	298 566	1998
Arbeitslose	221 743	1999
Arbeitslosenquote (in %)	6,9	1999

Betriebe

Landwirtschaftliche Betriebe	250 229	1997
Bauwesen	17 526	1998
Sachgütererzeugung	27 179	1998
Handel und Lagerung	61 723	1997

Außenhandel (in Mio öS/Mio. DM)

Einfuhr	898 761 (115 827)	1999
Ausfuhr	829 777 (116 099)	1999
Einfuhrüberschuß	69 484 (9 728)	1999

Verkehr

Eisenbahnnetz (km)	5 618	1999
beförderte Personen (in Mio.)	181,715	1999
beförderte Güter (in Mio. t)	78,09	1999
Bestand an Kraftfahrzeugen	5 988 736	1999
davon Pkw	4 009 604	1999
davon Lkw	318 757	1999
Zulassung fabrikneuer Kfz	407 930	1999
Luftverkehr		
beförderte Personen (in 1000)	6 323	1997
beförderte Güter (in 1000 kg)	57 305	1997

Bildung

Schüler an		
allgemeinbildenden Pflichtschulen	689 906	1999/00
allgemeinbildenden höheren Schulen	185 091	1999/00
berufsbildenden Pflichtschulen	130 005	1999/00
berufsbildenden höheren Schulen	121 211	1999/00
Studenten an Universitäten	226 115	1998/99

Erhebungsgegenstand	Wert	Stand[1]
Rundfunk		
Hörfunkteilnehmer	2 766 612	1999
Fernsehteilnehmer	2 670 743	1999
Gesundheitswesen		
Ärzte	30 078	1998
Zahnärzte	3 619	1998
Krankenhäuser	316	1998
Sozialleistungen		
Mitglieder der		
Krankenversicherung	5 446 000	1997
Pensionsversicherung der Arbeiter	954 114	1998
Pensionsversicherung der Angestellten	24 714	1998
Knappschaftl. Pensionsversicherung	565 854	1998
Empfänger von		
Arbeitslosengeld	121 236	1998
Notstandshilfe	94 479	1998

Finanzen und Steuern (in Mio. öS/Mio. DM)

Gesamtausgaben des Staates	1 338 570 (190 211)	1995
Gesamteinnahmen des Staates	1 003 890 (142 653)	1995

Löhne und Gehälter (in öS/DM)

Brutto-Monatseinkommen der Arbeitnehmer	28 620 (4 066)	1997
Brutto-Monatsverdienst der Arbeiter in Industrie- und Bauwirtschaft	24 743 (3 612)	1994

Preise
Einzelhandelspreise ausgewählter Lebensmittel (in öS/DM)

Butter, 1 kg	68,36 (9,40)	1999
Weizenmehl, 1 kg	8,79 (1,20)	1999
Schweinefleisch, 1 kg	103,96 (14,30)	1999
Rindfleisch, 1 kg	211,44 (29,09)	1999
Eier, 10 Stück	29,73 (4,09)	1999
Kartoffeln, 5 kg	46,30 (6,37)	1999
Vollmilch, 1 l	9,90 (1,36)	1999
Zucker, 1 kg	14,79 (2,03)	1999
Bruttoinlandsprodukt (in Mrd. öS/DM)	2 614,7 (357,29)	1998

	Wien	Inns-bruck	Salzburg	Klagen-furt	Graz	Feldkirch
Klimatische Verhältnisse[2]						
Mittlere Lufttemperatur (°C)						
Dez. 2000	2,7	3,0	2,5	1,4	2,3	4,0
Januar	0,5	−0,1	−0,6	−0,2	0,6	2,0
Februar	3,1	1,7	2,5	1,6	3,5	3,5
März	7,1	7,1	7,1	6,8	7,5	7,4
April	9,8	7,1	7,6	8,0	9,5	7,1
Mai	17,2	16,1	16,3	16,1	17,0	16,3
Juni	17,4	15,2	15,9	16,9	17,6	15,6
Juli	20,9	18,5	19,7	20,1	21,0	18,9

[1] Letzte verfügbare Angabe [2] Werte noch nicht endgültig geprüft. Änderungen möglich

	Wien	Inns-bruck	Salzburg	Klagen-furt	Graz	Feldkirch
Klimatische Verhältnisse[1]						
August	21,6	19,0	19,9	20,6	21,6	19,0
September	13,6	11,0	11,9	12,1	13,5	11,3
Oktober	13,2	13,1	13,9	12,7	14,1	13,3
November	4,5	2,2	2,4	2,2	k.A.	2,4
Niederschlagsmengen (mm)						
Dez. 2000	42	23	67	59	54	16
Januar	19	52	47	74	30	52
Februar	19	80	64	11	22	75
März	49	51	101	92	50	145
April	32	130	130	66	57	151
Mai	30	48	68	58	52	49
Juni	47	147	182	83	99	209
Juli	80	89	93	101	56	102
August	43	146	139	57	24	152
September	99	112	150	158	141	158
Oktober	9	34	49	23	16	66
November	55	101	104	39	k.A.	87
Sonnenscheindauer (Std.)						
Dez. 2000	39	98	77	45	67	66
Januar	68	89	95	68	62	89
Februar	123	121	97	160	158	110
März	108	122	99	153	114	96
April	187	150	142	203	199	137
Mai	305	k.A.	253	252	281	267
Juni	218	210	186	259	250	209
Juli	230	242	241	248	212	262
August	293	218	225	297	276	248
September	114	94	69	133	131	92
Oktober	122	214	185	165	168	199
November	82	90	72	124	139	75

[1] Werte noch nicht endgültig geprüft; Änderungen möglich

Schweiz

Erhebungsgegenstand	Wert	Stand[1]
Fläche (km²)	41 284	1999
Bevölkerung		
Wohnbevölkerung	7 164 400	1999
männlich	3 500 700	1999
weiblich	3 663 700	1999
Einwohner je km²	173,5	1999
Ausländer	1 406 630	1999
Privathaushalte	284 185	1990
Einpersonenhaushalte	920 330	1990
Mehrpersonenhaushalte	1 921 520	1990
Lebendgeborene	78 408	1999
Gestorbene	62 503	1999
Eheschließungen	40 646	1999
Ehescheidungen	20 809	1999
Familienstand der Bevölkerung		
Ledige insgesamt	2 976 000	1997
Verheiratete	3 327 700	1997
Verwitwete und Geschiedene	792 800	1997
Religionszugehörigkeit		
Christen	6 003 391	1990 [1]
protestantisch	2 747 821	1990 [1]
römisch-katholisch	3 172 321	1990 [1]
christ-katholisch	11 748	1990 [1]

[1] Letzte verfügbare Angabe

Erhebungsgegenstand	Wert	Stand[1]
ostkirchl.-orthodox	71 501	1990
mohammedanisch	152 217	1990
israelitisch	17 577	1990
andere, ohne Konfession, ohne Angabe	700 502	1990
Altersgruppen		
unter 5 Jahre	400 700	1999
5 bis unter 10 Jahre	427 600	1999
10 bis unter 15 Jahre	420 600	1999
15 bis unter 20 Jahre	414 900	1999
20 bis unter 30 Jahre	894 400	1999
30 bis unter 40 Jahre	1 198 600	1999
40 bis unter 50 Jahre	1 044 600	1999
50 bis unter 60 Jahre	920 400	1999
60 bis unter 65 Jahre	348 400	1999
65 bis unter 70 Jahre	312 400	1999
70 bis unter 80 Jahre	498 400	1999
80 und darüber	283 500	1999
Die zehn größten Städte		
Zürich	338 594	1997
Genf	172 586	1997
Basel	171 170	1997
Bern	124 412	1997
Lausanne	114 022	1997
Winterthur	87 337	1997
St. Gallen	70 601	1997
Luzern	57 690	1997
Biel	49 802	1997
Thun	39 420	1997
Erwerbstätigkeit		
Erwerbstätige	3 873 000	1999
männlich	2 255 000	1999
weiblich	1 618 000	1999
nach Wirtschaftsbereichen		
Land- und Forstwirtschaft, Tierhaltung und Fischerei	179 000	1997
produzierendes Gewerbe	1 026 000	1997
Handel, Banken und Dienstleistungen	2 600 000	1997
Ausländische Arbeitnehmer	947 000	1997
Ganzarbeitslose	162 235	1997
Betriebe		
Landwirtschaftliche Betriebe	79 479	1996
produzierendes Gewerbe	70 319	1985
Dienstleistungen	233 415	1985
Außenhandel (in Mio. sFr/Mio. DM)		
Einfuhr	120 057 (163 278)	1999
Ausfuhr	120 725 (164 186)	1999
Ausfuhrüberschuß	668 (908)	1999
Verkehr		
Eisenbahnnetz SBB (km)	5 035	1997
beförderte Personen (in 1000)	331 800	1995
beförderte Güter (in 1000 t)	47 500	1995
Straßennetz (km)	71 211	1998
Bestand an Kraftfahrzeugen	3 531 019	1996
davon Pkw	3 545 247	2000
davon Lkw	263 019	1996
Zulassung fabrikneuer Pkw	323 900	1990
Luftverkehr		
beförderte Personen (in 1000)	22 000	1995
beförderte Güter (in 1000 t)	470,0	1995

Erhebungsgegenstand	Wert	Stand[1]
Bildung		
Schüler an		
Sekundarstufe I	283 317	1999/00
Sekundarstufe II	302 978	1999/00
Studenten	95 687	1999/00
Rundfunk		
Hörfunkteilnehmer	2 805 000	1996
Fernsehteilnehmer	2 647 000	1996
Gesundheitswesen		
Ärzte	12 711	1996
Zahnärzte	3 460	1996
Krankenhäuser	432	1983
Sozialleistungen		
Mitglieder der Krankenkassen	7 195 000	1996
Mitglieder der beruflichen Vorsorge	3 148 000	1996
Finanzen und Steuern (in Mio. sFr/Mio. DM)		
Gesamtausgaben des Staates	47 424 (64 497)	1998
Gesamteinnahmen des Staates	43 016 (58 482)	1998
Schuldenlast des Staates	207 075 (281 622)	1998
Löhne und Gehälter		
Tarifl. Nominalstundenverdienst (sFr/DM)		
männlicher Facharbeiter	22,52 (25,75)	1990
weiblicher Facharbeiter	15,23 (17,41)	1990
Index der tariflichen Löhne in der gewerblichen Wirtschaft (1939=100)	1 919	1997
Preise		
Bruttoinlandsprodukt (in Mio. sFr/DM)	384 684 (459 598)	1997

[1] Letzte verfügbare Angabe

	Zürich	Basel	Bern	Genf	Davos	Lugano
Klimatische Verhältnisse						
Mittlere Lufttemperatur (°C)						
Dez. 2000	3,9	5,6	3,6	5,3	–1,0	5,6
Januar	1,7	3,5	1,5	3,4	–4,0	3,6
Februar	3,6	4,8	3,1	4,8	–3,3	6,3
März	6,9	8,5	7,4	9,0	1,5	9,0
April	7,0	8,5	7,0	8,5	6,1	1,4
Mai	15,5	15,7	15,3	16,3	9,6	17,3
Juni	15,2	16,2	15,7	17,2	9,0	19,4
Juli	18,7	19,7	18,9	20,1	12,5	21,7
August	19,2	20,3	19,4	20,4	13,5	22,3
September	11,7	12,7	12,0	13,1	5,5	15,7
Oktober	13,3	14,2	13,1	14,1	8,0	15,1
Niederschlagsmengen (mm)						
Dez. 2000	37	41	38	68	14	104
Januar	99	81	126	146	64	128
Februar	53	21	39	44	91	87
März	237	189	248	282	93	203
April	130	110	126	114	82	74
Mai	116	118	77	74	39	104
Juni	182	120	106	127	288	244
Juli	141	75	127	108	156	230
August	112	46	96	73	160	246
September	189	85	147	97	138	69
Oktober	81	64	74	80	53	99
Sonnenscheindauer (Std.)						
Dez. 2000	44	66	48	49	84	89
Januar	63	68	54	51	82	81
Februar	86	86	86	114	113	159
März	56	63	57	78	100	132
April	100	98	93	144	98	199
Mai	223	221	205	223	191	223
Juni	214	231	237	262	181	285
Juli	251	249	256	248	191	263
August	238	245	248	250	206	280
September	86	87	111	151	85	213
Oktober	156	161	177	173	187	172

Staatsoberhäupter und Regierungen der souveränen Staaten 2001

Die Einträge zu den souveränen Ländern des Jahres 2001 informieren über die Staatsform (hinter den Ländernamen), Titel und Namen des Staatsoberhauptes sowie in Klammern über dessen Regierungszeit. Es folgen – soweit vorhanden – die Regierungschefs, deren Amtszeit in Klammern angegeben ist. Wo es sinnvoll erscheint, sind kurze, kommentierende Einträge zur Situation des Landes beigefügt.

Afghanistan

Islamische Republik; *Staatsoberhaupt:* Burhanuddin Rabbani (seit 1992 nominell), Mullah Mohammed Omar (Taliban, seit 1996); *Regierungschef:* Gulbuddin Hekmatyar (seit 1993 bzw. seit 1996 nominell), Mullah Mohammad Rabbani (Taliban, seit 1996). Der nominelle Präsident Burhanuddin Rabbani kehrt im November nach Kabul zurück, nachdem die Nordallianz die Taliban aus der Hauptstadt vertrieben hat.

Ägypten

Präsidiale Republik; *Staatsoberhaupt:* Muhammad Husni Mubarak (seit 1981); *Regierungschef:* Atif Obaid (seit 1999)

Albanien

Präsidiale Republik; *Staatsoberhaupt:* Rexhep Mejdani (seit 1997); *Regierungschef:* Ilir Meta (seit 1999)

Algerien

Präsidiale Republik; *Staatsoberhaupt:* Abdelaziz Bouteflika (seit 1999); *Regierungschef:* Ali Benflis (seit 2000)

Andorra

Fürstentum; als Staatsoberhaupt fungieren der Präsident der Französischen Republik und der Bischof von Urgel; *Regierungschef:* Marc Forné Molne (seit 1994)

Angola

Republik; *Staatsoberhaupt:* José Eduardo dos Santos (seit 1979), seit 1999 auch Regierungschef

Antigua und Barbuda

Parlamentarische Monarchie im

Commonwealth; *Staatsoberhaupt:* Königin Elisabeth II. von Großbritannien und Nordirland; *Premierminister:* Lester Bryant Bird (seit 1994)

Äquatorialguinea

Präsidiale Republik; *Staatsoberhaupt:* Teodoro Obiang Nguema Mbasogo (seit 1979); *Regierungschef:* Angel Serafin Seriche Dougan (1996–24.2.2001), Cándido Muatetema Rivas (seit 4.3.2001)

Argentinien

Präsidiale Republik; *Staatsoberhaupt und Regierungschef:* Fernando de la Rúa (seit 1999)

Armenien

Republik; *Staatsoberhaupt:* Robert Kotscharjan (seit 1998); *Regierungschef:* Andranik Markarjan (seit 2000)

Aserbaidschan

Republik; *Staatsoberhaupt:* Hejdar A. Alijew (seit 1993); *Regierungschef:* Artur Rasisade (seit 1996)

Äthiopien

Föderale Republik; *Staatsoberhaupt:* Negasso Gidada (1995–9.10.2001), Girma Wolde Giorgis 8seit 9.10.2001); *Regierungschef:* Meles Zenawi (seit 1995)

Australien

Parlamentarische föderative Monarchie im Commonwealth; *Staatsoberhaupt:* Königin Elisabeth II. von Großbritannien und Nordirland; *Premierminister:* John Winston Howard (seit 1996)

Bahamas

Parlamentarische Monarchie im

Commonwealth; *Staatsoberhaupt:* Königin Elisabeth II. von Großbritannien und Nordirland; *Premierminister:* Hubert Alexander Ingraham (seit 1992)

Bahrain

Emirat; *Staatsoberhaupt:* Emir Scheich Hamad Ibn Isa al-Khalifa (seit 1999); *Regierungschef:* Scheich Khalifa Ibn Salman al-Khalifa (seit 1971)

Bangladesch

Republik; *Staatsoberhaupt:* Shahabuddin Ahmad (seit 1996); *Regierungschef:* Sheikh Hasina Wajed (1996–10.10.2001), Khaleda Zia (seit 10.10.2001)

Barbados

Parlamentarische Monarchie im Commonwealth; *Staatsoberhaupt:* Königin Elisabeth II. von Großbritannien und Nordirland; *Regierungschef:* Owen Arthur (seit 1994)

Belau (Palau)

Präsidiale Republik; *Staatsoberhaupt und Regierungschef:* Kuniwo Nakamura (1993–18.1.2001), Thomas Remengesau (seit 19.1.2001)

Belgien

Parlamentarische Monarchie; *Staatsoberhaupt:* König Albert II. (seit 1993); *Regierungschef:* Guy Verhofstadt (seit 1999)

Belize

Parlamentarische Monarchie im Commonwealth; *Staatsoberhaupt:* Königin Elisabeth II. von Großbritannien und Nordirland; *Regierungschef:* Said Wilbert Musa (seit 1998)

Benin

Präsidiale Republik; *Staatsoberhaupt und Regierungschef:* Mathieu Kérékou (seit 1996/98)

Bhutan

Konstitutionelle Monarchie; *Staatsoberhaupt:* König Jigme Singye Wangchuk (seit 1972); *Regierungschef:* Lyonpo Jigmi Thinley (seit 1998)

Birma

Siehe Myanmar

Bolivien

Präsidiale Republik; *Staatsoberhaupt und Regierungschef:* Hugo Bánzer Suárez (1997–6.8.2001), Jorge Quiroga Ramirez (seit 6.8.2001)

Bosnien-Herzegowina

Republik; *Staatsoberhaupt:* Zivko Radisic (Serbe, seit 1998); Halid Genjac (Muslim; 2000–16.6.2001), Beriz Belkic (Muslim, seit 16.6.2001), Ante Javelic (Kroate, 1998–7.3.2001), Jozo Krizanovic (Kroate, seit 30.3.2001; Vorsitz); *Regierungschef:* Martin Raguz (2000–22.2.2001), Bozidar Matic (22.2.–22.6.2001), Zlatko Lagumdjiza (seit 18.7.2001)

Botswana

Präsidiale Republik; *Staatsoberhaupt und Regierungschef:* Festus Mogae (seit 1998)

Brasilien

Präsidiale Bundesrepublik; *Staatsoberhaupt und Regierungschef:* Fernando Henrique Cardoso (seit 1995)

Brunei

Islamische Monarchie, Gesetzgebender Rat seit 1962 aufgelöst; *Staatsoberhaupt und Regierungschef:* Sultan Haji Hassan al-Bolkiah (seit 1967)

Bulgarien

Republik; *Staatsoberhaupt:* Petar Stojanow (1997–2002); *Regierungschef:* Iwan Kostow (1997–26.6. 2001), Simeon Sakskoburggotski (seit 24.7.2001)

Burkina Faso

Präsidiale Republik; *Staatsoberhaupt:* Blaise Compaoré (seit 1987); *Regierungschef:* Paramanga Ernest Yonli (seit 2000)

Burundi

Präsidiale Republik; *Staatsoberhaupt und Regie-*

...ngschef: Pierre Buyoya (seit ...996)

...hile

...räsidiale Republik; _Staatsober-haupt und Regierungschef:_ Ricar-o Lagos Escobar (seit 2000)

...hina

...ozialistische Volksrepublik; _...taatsoberhaupt:_ Jiang Zemin ...eit 1993); _Regierungschef:_ Zhu ...ongji (seit 1998)

...hina (Taiwan)

...iehe Taiwan

...osta Rica

...räsidiale Republik; _Staatsober-haupt und Regierungschef:_ Mi-...uel Ángel Rodríguez Echeverría ...seit 1998)

...ôte d'Ivoire (Elfenbeinküste)

...räsidiale Republik; _Staatsober-haupt:_ Laurent Gbagbo (seit ...000); _Regierungschef:_ Affi N'Guessan (seit 2000)

...änemark

...onstitutionelle Monarchie; _...taatsoberhaupt:_ Königin Mar-...rethe II. (seit 1972); _Regierungs-chef:_ Poul Nyrup Rasmussen ...1993–27.11.2001), Anders Fogh Rasmussen (seit 27.11.2001)

...eutschland

...iehe S. 210

Dominica

...arlamentarische Republik; _Staatsoberhaupt:_ Vernon Shaw (seit 1998); _Regierungschef:_ Pierre Charles (seit 2000)

Dominikanische Republik

Präsidiale Republik; _Staatsober-haupt und Regierungschef:_ Hipó-lito Mejía Domínguez (seit 2000)

Dschibuti

Präsidiale Republik; _Staatsober-haupt:_ Ismail Omar Guelleh (seit 1999); _Regierungschef:_ Barkad Gourad Hamadou (1978–3.7.2001), Dileita Mohamed Di-leita (seit 4.7.2001)

Ecuador

Präsidiale Republik; _Staatsober-haupt und Regierungschef:_ Gus-tavo Noboa (seit 2000)

Elfenbeinküste

Siehe Côte d'Ivoire

El Salvador

Präsidiale Republik; _Staatsober-haupt und Regierungschef:_ Fran-cisco Flores Pérez (seit 1999)

Eritrea

Republik; _Staatsoberhaupt und Regierungschef:_ Issayas Afewerki (seit 1993)

Estland

Republik; _Staatsoberhaupt:_ Len-nart Meri (1992–7.10.2001), Ar-nold Rüütel (seit 7.10.2001); _Regie-rungschef:_ Mart Laar (seit 1999)

Fidschi

Republik; _Staatsoberhaupt:_ Ratu Josefa Iloilo (seit 2000); _Regierungs-chef:_ Laisenia Qarase (seit 2000)

Finnland

Republik; _Staatsoberhaupt:_ Tarja Halonen (seit 2000); _Regierungs-chef:_ Paavo Lipponen (seit 1995)

Frankreich

Republik; _Staatsoberhaupt:_ Jac-ques Chirac (seit 1995); _Regie-rungschef:_ Lionel Jospin (seit 1997)

Gabun

Präsidiale Republik; _Staatsober-haupt:_ Omar Albert-Bernard Bon-go (seit 1967); _Regierungschef:_ Jean-François Ntoutoume Emane (seit 1999)

Gambia

Präsidiale Republik; _Staatsober-haupt und Regierungschef:_ Yayah Jammeh (seit 1994)

Georgien

Präsidiale Republik; _Staatsober-haupt:_ Eduard Schewardnadse (seit 1992); _Regierungschef:_ Geor-gi Arsenischwili (seit 2000)

Ghana

Präsidiale Republik; _Staatsober-haupt und Regierungschef:_ Jerry John Rawlings (1982–7.1.2001), John Agyekum Kufuor (seit 7.1.2001)

Grenada

Parlamentarische Monarchie im Commonwealth; _Staatsober-haupt:_ Königin Elisabeth II. von Großbritannien und Nordirland; _Regierungschef:_ Keith Mitchell (seit 1995)

Griechenland

Republik; _Staatsoberhaupt:_ Kon-stantinos Stephanopoulos (seit 1995); _Regierungschef:_ Kostas Si-mitis (seit 1996)

Großbritanien und Nordirland

Konstitutionelle Monarchie; _Staatsoberhaupt:_ Königin Elisa-beth II. (seit 1952); _Regierungs-chef:_ Tony Blair (seit 1997)

Guatemala

Präsidiale Republik; _Staatsober-haupt und Regierungschef:_ Alfonso Portillo Cabrera (seit 2000)

Guinea

Präsidiale Republik; _Staatsober-haupt:_ Lansana Conté (seit 1984); _Regierungschef:_ Lamine Sidime (seit 1999)

Guinea-Bissau

Präsidiale Republik; _Staatsober-haupt:_ Kumba Yala (seit 2000); _Regierungschef:_ Caetano N'Tcha-ma (2000–19.3.2001), Faustino Imbali (seit 21.3.2001)

Guyana

Präsidiale Republik; _Staatsober-haupt:_ Bharrat Jagdeo (seit 1999); _Regierungschef:_ Samuel Hinds (seit 1997)

Haiti

Präsidiale Republik; _Staatsober-haupt:_ René Préval (1996–7.2.2001), Jean-Bertrand Aristide (seit 7.2.2001); _Regierungschef:_ Jacques-Édouard Alexis

(1999–2.3.2001), Jean-Marie Chérestal (seit 2.3.2001)

Honduras

Präsidiale Republik; _Staatsober-haupt und Regierungschef:_ Car-los Roberto Flores Facussé (seit 1998)

Indien

Föderative Republik; _Staatsober-haupt:_ Kocheril Raman Nara-yanan (seit 1997); _Regierungs-chef:_ Atal Behari Vajpayee (seit 1998)

Indonesien

Präsidiale Republik; _Staatsober-haupt und Regierungschef:_ Ab-durrahman Wahid (1999–23.7.2001); Megawati Sukarnopu-tri (seit 23.7.2001)

Irak

Präsidiale Republik; _Staatsober-haupt und Regierungschef:_ Sad-dam Hussein (seit 1979/94)

Iran

Islamische präsidiale Republik; _Staatsoberhaupt und Regierungschef:_ Mohammed Khatami (seit 1997)

Irland

Republik; _Staatsoberhaupt:_ Mary McAleese (seit 1997); _Regierungs-chef:_ Bertie Ahern (seit 1997)

Island

Republik; _Staatsoberhaupt:_ Óla-fur Ragnar Grímsson (seit 1996); _Regierungschef:_ Davíd Oddsson (seit 1991)

Israel

Republik; _Staatsoberhaupt:_ Mo-sche Katzav (seit 2000); _Regie-rungschef:_ Ehud Barak (1999–7.3.2001), Ariel Scharon (seit 7.3.2001)

Italien

Republik; _Staatsoberhaupt:_ Carlo Azeglio Ciampi (seit 1999); _Regie-rungschef:_ Giuliano Amato (2000–11.6.2001), Silvio Berlusco-ni (seit 11.6.2001)

Jamaika

Parlamentarische Monarchie im Commonwealth; *Staatsoberhaupt:* Königin Elisabeth II. von Großbritannien und Nordirland; *Regierungschef:* Percival James Patterson (seit 1992)

Japan

Parlamentarische Monarchie; *Staatsoberhaupt:* Kaiser Akihito (seit 1989); *Regierungschef:* Yoshiro Mori (2000–26.4.2001), Junichiro Koizumi (seit 26.4.2001)

Jemen

Islamische präsidiale Republik; *Staatsoberhaupt:* Ali Abdullah Saleh (seit 1990); *Regierungschef:* Abdalkarim al-Eryani (1998–4.4.2001), Abdel Kader Bajamal (seit 4.4.2001)

Jordanien

Konstitutionelle Monarchie; *Staatsoberhaupt:* König Abdallah II. (seit 1999); *Regierungschef:* Ali Abu al-Ragheb (seit 2000)

Jugoslawien (Serbien und Montenegro)

Bundesrepublik; *Staatsoberhaupt:* Vojislav Kostunica (seit 2000); *Regierungschef:* Zoran Zizic (2000–29.6. 2001), Dragisa Pesic (seit 23.7.2001)

Kambodscha

Parlamentarische Monarchie; *Staatsoberhaupt:* König Norodom Sihanuk (seit 1991, gekrönt 1993); *Regierungschef:* Hun Sen (seit 1993 bzw. seit 1998 alleiniger Regierungschef)

Kamerun

Präsidiale Republik; *Staatsoberhaupt:* Paul Biya (seit 1982); *Regierungschef:* Peter Musonge Mafani (seit 1996)

Kanada

Parlamentarische Monarchie im Commonwealth; *Staatsoberhaupt:* Königin Elisabeth II. von Großbritannien und Nordirland; *Regierungschef:* Jean Chrétien (seit 1993)

Kap Verde

Republik; *Staatsoberhaupt:* António Mascarenhas Monteiro (1991–22.3.2001), Pedro Verona Rodrigues Pires (seit 22.3.2001); *Regierungschef:* António Gualberto do Rosário (2000–31.1.2001), José Maria Neves (seit 1.2.2001)

Kasachstan

Präsidiale Republik; *Staatsoberhaupt:* Nursultan Nasarbajew (seit 1990); *Regierungschef:* Kasymschomart Tokajew (seit 1999)

Katar

Emirat (absolute Monarchie); *Staatsoberhaupt:* Kronprinz Scheich Hamad ibn Khalifa at-Thani (seit 1995); *Regierungschef:* Scheich Abdullah bin Khalifa at-Thani (seit 1996)

Kenia

Präsidiale Republik; *Staatsoberhaupt und Regierungschef:* Daniel Arap Moi (seit 1978)

Kirgisistan

Präsidiale Republik; *Staatsoberhaupt:* Askar Akajew (seit 1990); *Regierungschef:* Kurmanbek Bakijew (seit 2000)

Kiribati

Präsidiale Republik; *Staatsoberhaupt und Regierungschef:* Teburoro Tito (seit 1994)

Kolumbien

Präsidiale Republik; *Staatsoberhaupt und Regierungschef:* Andrés Pastrana Arango (seit 1998)

Komoren

Präsidiale föderative Republik auf islamischer Grundlage; *Staatsoberhaupt:* Azali Assoumani (seit 1999); *Regierungschef:* Hamadi Madi (seit 2000)

Kongo, Demokratische Republik (bis 1997 Zaire)

Präsidiale Republik; *Staatsoberhaupt und Regierungschef:* Laurent-Désiré Kabila (1997–16.1.2001), Joseph Kabila (seit 26.1.2001)

Kongo, Republik

Republik; *Staatsoberhaupt und Regierungschef:* Denis Sassou-Nguesso (seit 1997)

Korea (Nordkorea)

Kommunistische Volksrepublik; *Staatsoberhaupt:* Kim Jong Il (faktisch seit 1994); *Regierungschef:* Hong Song Nam (seit 1997)

Korea (Südkorea)

Präsidiale Republik; *Staatsoberhaupt:* Kim Dae Jung (seit 1998); *Regierungschef:* Lee Han Dong (seit 2000)

Kroatien

Republik; *Staatsoberhaupt:* Stipe Mesic (seit 2000); *Regierungschef:* Ivica Racan (seit 2000)

Kuba

Sozialistische Republik; *Staatsoberhaupt und Regierungschef:* Fidel Castro Ruz (seit 1959/76)

Kuwait

Emirat; *Staatsoberhaupt:* Emir Scheich Dschabir Al Ahmad Al Dschabir As-Sabah (seit 1978); *Regierungschef:* Saad Abd Allah Salim As Sabah (seit 1978)

Laos

Volksrepublik; *Staatsoberhaupt:* Khamtay Siphandone (seit 1998); *Regierungschef:* Sisavath Keobounphan (1998–27.3.2001), Boungnang Vorachith (seit 27.3.2001)

Lesotho

Konstitutionelle Monarchie; *Staatsoberhaupt:* Letsie III. (seit 1996); *Regierungschef:* Bethuel Pakalitha Moisili (seit 1998)

Lettland

Parlamentarische Republik; *Staatsoberhaupt:* Vaira Vike-Freiberga (seit 1999); *Regierungschef:* Andris Berzins (seit 2000)

Libanon

Republik; *Staatsoberhaupt:* Émile Lahoud (seit 1998); *Regierungschef:* Rafik Hariri (seit 2000)

Liberia

Präsidiale Republik; *Staatsoberhaupt und Regierungschef:* Charles Taylor (seit 1997)

Libyen

Volksrepublik auf islamischer Grundlage; *Staatsoberhaupt:* Zentani Muhammed Zentani (nominell seit 1994; de facto seit 1969 Muammar al-Gaddhafi); *Regierungschef:* Mubarak Abdullah al-Shamikh (seit 2000)

Liechtenstein

Parlamentarische Monarchie; *Staatsoberhaupt:* Fürst Hans Adam II. (seit 1989); *Regierungschef:* Mario Frick (1993–5.4.2001), Otmar Hasler (seit 5.4.2001)

Litauen

Republik; *Staatsoberhaupt:* Valdas Adamkus (seit 1998); *Regierungschef:* Rolandas Paksas (2000– 20.6.2001), Algirdas Brazauskas (seit 3.7.2001)

Luxemburg

Großherzogtum; *Staatsoberhaupt:* Großherzog Henri (seit 2000); *Regierungschef:* Jean-Claude Juncker (seit 1995)

Madagaskar

Republik; *Staatsoberhaupt:* Didier Ratsiraka (seit 1997); *Regierungschef:* René Tantely Andrianarivo (seit 1998)

Malawi

Präsidiale Republik; *Staatsoberhaupt und Regierungschef:* Bakili Muluzi (seit 1994)

Malaysia

Parlamentarische Wahlmonarchie; *Staatsoberhaupt:* Salahuddin Abdul Aziz Shah Alhaj (1999–21.11.2001); *Regierungschef:* Datuk Seri Mahathir bin Mohamad (seit 1981)

Malediven

Präsidiale Republik; *Staatsober-*

haupt und Regierungschef: Maumoon Abdul Gayoom (seit 1978)

Mali

Präsidiale Republik; *Staatsoberhaupt:* Alpha Oumar Konaré (seit 1992); *Regierungschef:* Mande Sidibe (seit 2000)

Malta

Republik; *Staatsoberhaupt:* Guido de Marco (seit 1999); *Regierungschef:* Edward Fenech Adami (seit 1998)

Marokko

Parlamentarische Monarchie; *Staatsoberhaupt:* König Mohammed II. (seit 1999); *Regierungschef:* Abderrahmane Youssoufi (seit 1998)

Marshall-Inseln

Republik; *Staatsoberhaupt und Regierungschef:* Kessai H. Note (seit 2000)

Mauretanien

Präsidiale Republik; *Staatsoberhaupt:* Maaouiya Ould Sid' Ahmed Taya (seit 1984); *Regierungschef:* Al-Afia Ould Mohammed Khouna (seit 1998)

Mauritius

Republik; *Staatsoberhaupt:* Cassam Uteem (seit 1992); *Regierungschef:* Anerood Jugnauth (seit 2000)

Mazedonien

Republik; *Staatsoberhaupt:* Boris Trajkovski (seit 1999); *Regierungschef:* Ljubco Georgievski (seit 1998)

Mexiko

Präsidiale Bundesrepublik; *Staatsoberhaupt und Regierungschef:* Vicente Fox (seit 2000)

Mikronesien

Bundesrepublik; *Staatsoberhaupt und Regierungschef:* Leo A. Falcam (seit 1999)

Moldawien

Republik; *Staatsoberhaupt:* Petru

Lucinschi (1997–4.4.2001), Wladimir Woronin (seit 4.4.2001); *Regierungschef:* Dumitru Braghis (1999–19.4.2001), Wasile Tarlew (seit 19.4.2001)

Monaco

Parlamentarische Monarchie; *Staatsoberhaupt:* Fürst Rainer III. (seit 1949); *Regierungschef:* Patrick Leclerq (seit 1999)

Mongolei

Republik; *Staatsoberhaupt:* Natsagiyn Bagabandi (seit 1997); *Regierungschef:* Nambaryn Enkhbayar (seit 2000)

Mosambik

Republik; *Staatsoberhaupt:* Joaquím Alberto Chissano (seit 1986); *Regierungschef:* Pascoal Manuel Mocumbi (seit 1994)

Myanmar (Birma)

Sozialistische Republik; *Staatsoberhaupt und Regierungschef:* Than Shwe (seit 1992)

Namibia

Präsidiale Republik; *Staatsoberhaupt:* Sam Nujoma (seit 1990); *Regierungschef:* Hage Gottfried Geingob (seit 1990)

Nauru

Republik; *Staatsoberhaupt und Regierungschef:* Bernard Dowiyogo (2000–30.3.2001), René Harris (seit 30.3.2001)

Nepal

Parlamentarische Monarchie; *Staatsoberhaupt:* König Birendra Bir Bikram Schah Dev (1972–1.6.2001), König Gyanendra (seit 4.6.2001); *Regierungschef:* Girija Prasad Koirala (2000–19.7.2001), Sher Bahadur Deuba (seit 26.7.2001)

Neuseeland

Parlamentarische Monarchie im Commonwealth; *Staatsoberhaupt:* Königin Elisabeth II. von Großbritannien und Nordirland; *Regierungschefin:* Helen Clark (seit 1999)

Nicaragua

Präsidiale Republik; *Staatsoberhaupt und Regierungschef:* Arnoldo Alemán Lacayo (1997–2002)

Niederlande

Konstitutionelle Monarchie; *Staatsoberhaupt:* Königin Beatrix (seit 1980); *Regierungschef:* Wim Kok (seit 1994)

Niger

Präsidiale Republik; *Staatsoberhaupt:* Mamadou Tandja (seit 1999); *Regierungschef:* Hama Amadou (seit 2000)

Nigeria

Präsidiale Bundesrepublik; *Staatsoberhaupt und Regierungschef:* Olusegun Obasanjo (seit 1999)

Nordkorea

Siehe Korea (Nordkorea)

Norwegen

Parlamentarische Monarchie; *Staatsoberhaupt:* König Harald V. (seit 1991); *Regierungschef:* Jens Stoltenberg (2000–17.10.2001), Kjell Magne Bondevik (seit 19.10.2001)

Oman

Sultanat (absolute Monarchie); *Staatsoberhaupt und Regierungschef:* Sultan Qabus ibn Said ibn Taimur as-Said (seit 1970)

Österreich

Siehe S. 210

Pakistan

Föderative Republik; *Staatsoberhaupt:* Mohammad Rafiq Tarar (1998–20.6.2001), Pervez Musharraf (seit 21.6.2001); *Regierungschef:* Pervez Musharraf (seit 1999)

Palau

Siehe Belau

Panama

Präsidiale Republik; *Staatsober-*

haupt und Regierungschef: Mireya Elisa Moscoso Rodríguez (seit 1999)

Papua-Neuguinea

Parlamentarische Monarchie im Commonwealth; *Staatsoberhaupt:* Königin Elisabeth II. von Großbritannien und Nordirland; *Regierungschef:* Sir Mekere Morauta (seit 1999)

Paraguay

Präsidiale Republik; *Staatsoberhaupt und Regierungschef:* Luis Ángel González Macchi (seit 1999)

Peru

Präsidiale Republik; *Staatsoberhaupt:* Valentin Paniagua (2000–27.7.2001), Alejandro Toledo Manrique (seit 28.7.2001); *Regierungschef:* Javier Pérez de Cuellar (2000–27.7.2001), Roberto Dañino (seit 28.7.2001)

Philippinen

Präsidiale Republik; *Staatsoberhaupt und Regierungschef:* Joseph Estrada (1998–20.1.2001), Gloria Macapagal Arroyo (seit 20.1.2001)

Polen

Republik; *Staatsoberhaupt:* Aleksander Kwasniewski (seit 1995); *Regierungschef:* Jerzy Buzek (1997–19.10.2001), Leszek Miller (seit 19.10.2001)

Portugal

Republik; *Staatsoberhaupt:* Jorge Sampaio (seit 1996); *Regierungschef:* António Guterres (seit 1995)

Ruanda

Präsidiale Republik; *Staatsoberhaupt:* Paul Kagame (seit 2000); *Regierungschef:* Bernard Makuza (seit 2000)

Rumänien

Republik; *Staatsoberhaupt:* Ion Iliescu (seit 2000); *Regierungschef:* Adrian Nastase (seit 2000)

Russland

Präsidialrepublik, Föderation mit

bundesstaatlichem Charakter; *Staatsoberhaupt:* Wladimir Putin (seit 2000); *Regierungschef:* Michail Kasjanow (seit 2000)

Sahara (West)

Siehe Westsahara

Saint Kitts und Nevis

Konstitutionelle Monarchie im Commonwealth; *Staatsoberhaupt:* Königin Elisabeth II. von Großbritannien und Nordirland; *Regierungschef:* Denzil Douglas (seit 1995)

Saint Lucia

Konstitutionelle Monarchie im Commonwealth; *Staatsoberhaupt:* Königin Elisabeth II. von Großbritannien und Nordirland; *Regierungschef:* Kenny Anthony (seit 1997)

Saint Vincent und die Grenadinen

Konstitutionelle Monarchie im Commonwealth; *Staatsoberhaupt:* Königin Elisabeth II. von Großbritannien und Nordirland; *Regierungschef:* Arnhim Ulric Eustace (2000–28.3.2001), Ralph Gonsalves (seit 29.3.2001)

Salomonen

Konstitutionelle Monarchie im Commonwealth; *Staatsoberhaupt:* Königin Elisabeth II. von Großbritannien und Nordirland; *Regierungschef:* Mannasseh Sogavare (seit 2000)

Sambia

Präsidiale Republik; *Staatsoberhaupt und Regierungschef:* Frederick Chiluba (seit 1991)

Samoa-West

Parlamentarische Monarchie; *Staatsoberhaupt:* König Malietoa Tanumafili II. (seit 1962); *Regierungschef:* Tuilaepa Sailele Malielagaoi (seit 1998)

San Marino

Republik; *Staatsoberhaupt und Regierungschef:* Zwei sog. regierende Kapitäne (»Capitani reggen-

---

ti«), die alle sechs Monate wechseln

São Tomé und Príncipe

Präsidiale Republik; *Staatsoberhaupt:* Miguel Trovoada (1991–2.9.2001), Fradique de Menezes (seit 3.9.2001); *Regierungschef:* Guilherme Posser da Costa (seit 1999)

Saudi-Arabien

Islamische absolute Monarchie; *Staatsoberhaupt und Regierungschef:* König Fahd ibn Abd al Asis (seit 1982)

Schweden

Parlamentarische Monarchie; *Staatsoberhaupt:* König Carl XVI. Gustav (seit 1973); *Regierungschef:* Göran Persson (seit 1996)

Schweiz

Siehe S. 210

Senegal

Präsidiale Republik; *Staatsoberhaupt:* Abdoulaye Wade (seit 2000); *Regierungschef:* Moustapha Niasse (2000–3.3.2001), Mame Madior Boye (seit 3.3.2001)

Seychellen

Präsidiale Republik; *Staatsoberhaupt und Regierungschef:* France-Albert René (seit 1977)

Sierra Leone

Präsidiale Republik; *Staatsoberhaupt und Regierungschef:* Alhaji Ahmad Tejan Kabbah (seit 1996)

Simbabwe

Präsidiale Republik; *Staatsoberhaupt und Regierungschef:* Robert Gabriel Mugabe (seit 1987/80)

Singapur

Republik; *Staatsoberhaupt:* Sellapan Rama (S. R.) Nathan (seit 1999); *Regierungschef:* Goh Chok Tong (seit 1990)

Slowakei

Republik; *Staatsoberhaupt:* Ru-

---

dolf Schuster (seit 1999); *Regierungschef:* Mikulás Dzurinda (seit 1998)

Slowenien

Republik; *Staatsoberhaupt:* Milan Kucan (seit 1990); *Regierungschef:* Janez Drnovsek (seit 2000)

Somalia

Präsidiale Republik; *Staatsoberhaupt:* Abdulkassim Salad Hassan (seit 2000) ; *Regierungschef:* Ali Khalif Gallayd (seit 2000)

Spanien

Parlamentarische Monarchie; *Staatsoberhaupt:* König Juan Carlos I. (seit 1975); *Regierungschef:* José María Aznar (seit 1996)

Sri Lanka

Präsidiale Republik; *Staatsoberhaupt:* Chandrika Kumaratunga (seit 1994); *Regierungschef:* Ratnasiri Wickramanayake (seit 2000)

Südafrika

Parlamentarische Bundesrepublik; *Staatsoberhaupt und Regierungschef:* Thabo Mbeki (seit 1999)

Sudan

Islamische Republik, Militärregime; *Staatsoberhaupt und Regierungschef:* Omar Hassan Ahmed al-Bashir (seit 1989)

Südkorea

Siehe Korea (Südkorea)

Surinam

Präsidiale Republik; *Staatsoberhaupt:* Ronald Venetiaan (seit 2000); *Regierungschef:* Jules Ajodhia (seit 2000)

Swasiland

Konstitutionelle Monarchie (Verfassung seit 1973 außer Kraft); *Staatsoberhaupt:* König Mswati III. (seit 1986); *Regierungschef:* Barnabas Dlamini (seit 1996)

Syrien

Präsidiale sozialistische Republik;

Staatsoberhaupt: Baschar al Assad (seit 2000); *Regierungschef:* Mohammed Mustafa Miro (seit 2000)

Tadschikistan

Republik; *Staatsoberhaupt:* Emomali S. Rachmonow (seit 1992); *Regierungschef:* Akil Akilow (seit 1999)

Taiwan

Republik; *Staatsoberhaupt:* Chen Shui-bian (seit 2000); *Regierungschef:* Chang Chun-hsiung (seit 2000)

Tansania

Präsidiale föderative Republik; *Staatsoberhaupt:* Benjamin Mkapa (seit 1995); *Regierungschef:* Frederick Sumaye (seit 1995)

Thailand

Konstitutionelle Monarchie; *Staatsoberhaupt:* König Rama IX. Bhumibol (seit 1946); *Regierungschef:* Chuan Leekpai (1997–9.2.2001), Thaksin Shinawatra (seit 9.2.2001)

Togo

Präsidiale Republik; *Staatsoberhaupt:* Gnassingbé Eyadéma (seit 1967); *Regierungschef:* Agbéyomè Messan Kodjo (seit 2000)

Tonga

Konstitutionelle Monarchie; *Staatsoberhaupt:* König Taufa'ahau Tupou IV. (seit 1965); *Regierungschef:* Prinz Lavaka´ata Ulukalala (seit 2000)

Trinidad und Tobago

Präsidiale Republik; *Staatsoberhaupt:* Arthur N.R. Robinson (seit 1997); *Regierungschef:* Basdeo Panday (seit 1995)

Tschad

Präsidiale Republik; *Staatsoberhaupt:* Idriss Déby (seit 1990); *Regierungschef:* Nagoum Yamassoum (seit 1999)

Tschechische Republik

Republik; *Staatsoberhaupt:*

Václav Havel (seit 1993); *Regierungschef:* Milos Zeman (seit 1998)

Tunesien

Präsidiale Republik; *Staatsoberhaupt:* Zine el Abidine Ben Ali (seit 1987); *Regierungschef:* Mohamed Ghannouchi (seit 1999)

Türkei

Republik; *Staatsoberhaupt:* Ahmed Necdet Sezer (seit 2000); *Regierungschef:* Bülent Ecevit (seit 1999)

Turkmenistan

Präsidialrepublik; *Staatsoberhaupt und Regierungschef:* Saparmurad Nijasow (seit 1990)

Tuvalu

Konstitutionelle Monarchie im Commonwealth; *Staatsoberhaupt:* Königin Elisabeth II. von Großbritannien und Nordirland; *Regierungschef:* Ionatana Ionatana (1999–8.12.2000), Faimalaga Luka (seit 23.2.2001)

Uganda

Präsidiale Republik; *Staatsober-*

haupt: Yoweri Museveni (seit 1986); *Regierungschef:* Apolo Nsimbambi (seit 1999)

Ukraine

Republik; *Staatsoberhaupt:* Leonid D. Kutschma (seit 1994); *Regierungschef:* Viktor Juschtschenko (1999–27.4.2001), Anatoli Kinach (seit 29.5.2001)

Ungarn

Parlamentarische Republik; *Staatsoberhaupt:* Ferenc Mádl (seit 2000); *Regierungschef:* Viktor Orbán (seit 1998)

Uruguay

Präsidiale Republik; *Staatsoberhaupt und Regierungschef:* Jorge Batlle Ibáñez (seit 2000)

USA

Präsidiale Republik; *Staatsoberhaupt und Regierungschef:* Bill (William Jefferson) Clinton (1993–20.1.2001), George W. Bush (seit 20.1.2001)

Usbekistan

Präsidialrepublik; *Staatsoberhaupt:* Islam A. Karimow (seit

1990); *Regierungschef:* Utkir Sultanov (seit 1995)

Vanuatu

Republik; *Staatsoberhaupt:* John Bani (seit 1999); *Regierungschef:* Barak Sope (1999–13.4.2001), Edward Natapei (seit 13.4.2001)

Vatikanstadt

Wahlmonarchie; *Staatsoberhaupt:* Papst Johannes Paul II. (seit 1978); *Regierungschef:* Erzbischof Angelo Sodano (seit 1990)

Venezuela

Präsidiale Republik; *Staatsoberhaupt und Regierungschef:* Hugo Chávez Frías (seit 1999)

Vereinigte Arabische Emirate

Föderation monarchisch regierter Staaten; *Staatsoberhaupt:* Scheich Said Bin Sultan Al Nahajan von Abu Dhabi (seit 1971); *Regierungschef:* Scheich Raschid Bin Said Al Maktoum von Dubai (seit 1979)

Vereinigte Staaten von Amerika

Siehe USA

Vietnam

Sozialistische Republik; *Staatsoberhaupt:* Trân Duc Long (seit 1997); *Regierungschef:* Phan Van Kai (seit 1997)

Weißrussland

Republik; *Staatsoberhaupt:* Alexander Lukaschenko (seit 1994); *Regierungschef:* Michail M. Kwostow (seit 2000)

Westsahara

Republik (2001 von 33 Staaten weltweit anerkannt); *Staatsoberhaupt:* Mohamed Abd Al Asis (seit 1982); *Regierungschef:* Bouchraya Hamoudi Bayoune (seit 1999)

Zentralafrikanische Republik

Präsidiale Republik; *Staatsoberhaupt:* Ange-Félix Patassé (seit 1993); *Regierungschef:* Anicet-Georges Dologuéle (1999–1.4.2001), Martin Ziguélé (seit 1.4.2001)

Zypern

Präsidiale Republik; *Staatsoberhaupt und Regierungschef:* Glafkos John Klerides (seit 1993)

Ausgewählte Neuerscheinungen auf dem Buchmarkt 2001

Die Auswahl berücksichtigt nicht nur Neuerscheinungen von literarischem Interesse, sondern auch viel gelesene Bücher des Jahres 2001. Innerhalb der einzelnen Länder sind die erschienenen Werke alphabetisch nach Autoren geordnet (siehe auch den Übersichtsartikel auf S. 188).

Deutschland

Klaus Kinski
Fieber. Tagebuch eines Aussätzigen
Gedichte
Die Umstände der Herausgabe dieses Bandes stellen sich ebenso spannend dar wie die Gedichte selbst es sind. Der Herausgeber Peter Geyer stieß durch Zufall eines Nachts auf den Internetseiten eines Auktionshauses auf die bis dahin unveröffentlichten Werke eines K. Kinski, Schauspieler. Geyer überlegte nicht lange, sondern sah es als seine »Bürgerpflicht« an, diesen bisher unbekannten, aber womöglich großen Schatz der Poesie dem breiteren Publikum zugänglich zu machen. Er ersteigerte das Werk, das eine Jugendliebe Kinskis veräußern wollte, und ließ es zur Veröffentlichung vorbereiten.
Klaus Kinski schrieb »Fieber. Tagebuch eines Aussätzigen«, als er sich im Alter von 20 Jahren in Paris aufhielt – so erinnert sich sein langjähriger Freund und damaliger Weggefährte Thomas Harlan. Anfängliche Zweifel über die Authentizität der Zeilen schiebt Harlan beiseite: »Unfassbar, diese Beherrschung der Sprache, die apokalyptischen Projektionen eines Überempfindsamen.« Zwischen jugendlich-naiven finden sich fordernde, an François Villon geschulte Verse in z. T. deftiger Sprache; der Autor findet jedoch auch einfühlsame und versöhnliche Worte. Mit dem Fund kamen seltene, bisher unveröffentlichte Fotos zutage, die den Gedichtband perfekt ergänzen. Am Schluss steht ein Zitat des Besessenen, der auch zehn Jahre nach seinem Tod immer wieder im Mittelpunkt des Publikumsinteresses steht: »Die Leute werden über mich sagen, dass ich tot bin. Das stimmt nicht. Ich kann nicht sterben.« Dafür sorgen auch Kinskis (1926 bis 1991) unvergessliche Filme von »Leichen pflastern seinen Weg« (1968) bis »Fitzcarraldo« (1981).

Doris Schröder-Köpf/Ingke Brodersen
Der Kanzler wohnt im Swimmingpool oder: Wie Politik gemacht wird
Sachbuch
Wenn die Frau des Bundeskanzlers als Mitherausgeberin ein Politikhandbuch für Jugendliche präsentiert, so wundert es nicht, wenn das Werk auf der Frankfurter Buchmesse viel besprochen und auf Anhieb ein Bestseller wird. Dass Doris Schröder-Köpf und Ingke Brodersen für ihr inhaltlich solide zusammengestelltes Werk nicht nur positive Besprechungen ernten, zeigt, wie hoch die Trauben hängen, wenn es darum geht, bei jungen Menschen Interesse für das Thema Politik und Gesellschaft zu wecken. In 28 Beiträgen bekannter Persönlichkeiten von Ulrich Wickert über Matthias Beltz bis zu Thomas Gottschalk werden Themen wie die Funktion demokratischer Institutionen oder der Alltag des Kanzlers aufgearbeitet.

Martin Walser
Der Lebenslauf der Liebe
Roman
»Martin Walser besteigt die Zugspitze des Mittelmaßes« – unter dieses Motto stellt Thomas Steinfeld seine Besprechung des neuesten Romans des Schriftstellers in der »Süddeutschen Zeitung« und stellt fest, der Autor sei »in eine der Lieblingsrollen junger Schriftsteller geschlüpft: In die Rolle des Müllmanns, der die täglich anfallenden Berge von moralischem und intellektuellem Schrott sichtet und sortiert«. Andere Rezensenten werfen dem Autor eine ungeheure Geschwätzigkeit vor, wenn er vom Leben Susis berichtet, die an der Seite eines Düsseldorfer Juristen, Geschäftsmanns und Frauenhelden zu Reichtum und Wohlleben gelangt, zwei eher missratene Kinder großzieht, dann vom finanziellen und physischen Ruin ihres Mannes betroffen ist und schließ-

Kanada

Alistair MacLeod
Land der Bäume
(No Great Mischief)
Roman
Michael Ondaatje schreibt über den Autor von »Land der Bäume«: »Alistair MacLeod ist der größte zu entdeckende Schriftsteller unserer Zeit.« Der 2001 in deutscher Übersetzung erschienene Roman »Land der Bäume« wird mit dem IMPAC-Preis, dem höchstdotierten Literaturpreis weltweit, ausgezeichnet. Er thematisiert das Leben der Menschen, die im Südosten der Provinz Ontario, in Cape Breton, leben, einer rauen und wilden, aber auch fruchtbaren Gegend. Deren Bewohner zeichnen sich durch große Nähe zur Natur und enge Verbundenheit mit ihrem Land aus; wohin auch immer sie das Leben verschlägt, das Kap bleibt ihr wahres Zuhause. MacLeod, der selbst in Ontario aufwuchs, versucht diese Bodenständigkeit und das Gefühl der Gemeinschaft in mehreren Episoden aufzuzeigen. Dabei wird deutlich, dass es die Geschichten und die miteinander geteilten Erinnerungen sind, die aus einem gemeinsam bewohnten Raum eine Heimat machen.

Österreich

Robert Menasse
Die Vertreibung aus der Hölle
Roman
Wie der Ungar Péter Esterházy mit »Harmonia Caelestis« legt der Österreicher Robert Menasse mit »Die Vertreibung aus der Hölle« einen Familienroman vor. Parallel gesetzt sind die Geschichten des berühmten Amsterdamer Rabbis Menasse aus dem 17. Jahrhunderts – ein Lehrer Spinozas und Autor einflussreicher theologischer Werke – und des Wiener Historikers Viktor Abravenel, der in seiner Studentenzeit in den 70er Jahren des 20. Jahrhunderts einmal Trotzkist gewesen ist. Handelt es sich in einem Fall um eine historisch verbürgte Gestalt, konstatieren Kritiker im anderen Fall bei aller Fiktion eine große Nähe des Abravenel zum Autor Robert Menasse. Zwar spiegeln sich die Leben der beiden Figuren auf vielfältige Weise ineinander, doch die grausamen Erlebnisse des Rabbi, der unter dem antisemitischen Terror der Inquisition mit unter Folter erzwungener Scheingeständnissen zu leiden hat, kehren bei Abravenel in Form einer Farce wieder, etwa wenn seine trotzkistischen Genossen über ihn Gericht halten, weil er eine Frau geschwängert hat und ihr das Geld für die Abtreibung schuldig geblieben ist. Einigen Kritikern missfällt die Fallhöhe zwischen beiden Zeitebenen, andere sehen darin gerade eine Stärke des Romans.

Schweiz

Philipp Sarasin
Reizbare Maschinen. Eine Geschichte des Körpers 1765–1914
Sachbuch
Philipp Sarasin, Professor für Neuere Geschichte an der Universität in Zürich, thematisiert die Kultivierung des eigenen Körpers in der Gesellschaft. Ausgehend von den frühen Schriften der ersten Hygieniker aus dem 18. Jahrhundert präsentiert der Autor den Hygienediskurs des 19. Jahrhunderts und das Erwachen einer Körperkultur, die heute in die sog. Wellness-Bewegung einmündet. Aus den Bestrebungen der Hygieniker, den Menschen wie eine Maschine zu sehen, ergab sich zwangsläufig, dass er auch »gewartet« werden musste. So wurden erstmals Fragen aufgeworfen, was gut für den Menschen sei, und dementsprechend wurde ein Regelkatalog abgeleitet, was die »Maschine« zu tun und zu lassen habe, damit sie gut laufe. Sarasin beleuchtet und befragt die Körpergeschichte unter den verschiedensten Aspekten: Von der Rezeption der Antike über naturwissenschaftliche bis hin zu mediengeschichtlichen Ausführungen schöpft er das Spektrum seines Themas auf rd. 500 Seiten nahezu aus.

Peter Stamm
Ungefähre Landschaft
Roman
Der 1963 geborene Peter Stamm,

ler 1998 für seinen Debütroman »Agnes« und im Jahr darauf für den Erzählungsband »Blitzeis« von der Kritik gefeiert wurde, widmet sich in seinem jüngsten Werk, dem Roman »Ungefähre Landschaft«, wiederum seinem großen Thema Liebe, und Hauptfigur ist wiederum eine Frau. Kathrine arbeitet als Zöllnerin in einer Hafenstadt in Norwegen. Sie ist jung, schön und vor allem in den langen Sommernächten voller Begehren, doch ihre Begegnungen mit Männern bringen ihr kein Glück. Der Erbe der örtlichen Fischfabrik verliebt sich in sie und heiratet die allein erziehende

Mutter. Die Ehe scheitert, und Kathrine macht sich auf den Weg Richtung Süden. Die Begegnung mit einem Dänen, den sie von früher her kennt, verläuft enttäuschend, und bei ihrem Wanderleben verliert sie zunehmend den inneren Halt, bis sie auf Merten stößt. In der Beziehung zu ihm scheint sie sich in ein geordnetes Leben zu fügen.
Stamm weiß in karger, schlichter Sprache mit wenigen Strichen eine Szene vor dem Auge des Lesers heraufzubeschwören, doch mancher Kritiker warnt den Autor davor, sich in der Beschwörung ar-

chaischer Situationen in Sentimentalität zu verlieren.

USA

John Updike
Gertrude und Claudius
(Gertrude and Claudius)
Roman
Was geschah, bevor die Tragödie um den Dänenprinzen Hamlet, wie sie William Shakespeare in all ihrer Unentrinnbarkeit schildert, ihren Anfang nahm? Dieser Frage geht John Updike in seinem jüngsten Roman nach, der 2001 in deutscher Übersetzung erscheint. Hätte man

Gertrude nicht gezwungen, aus Staatsräson einen Mann zu heiraten, den sie nicht liebte, wäre Hamlet nicht so verzogen, so egoistisch gewesen, hätte er eine Aufgabe gehabt – vielleicht wäre dann alles ganz anders gekommen. In seinem Nachwort merkt der Autor an: »Den vertuschten Mord einmal beiseite gelassen, ist Claudius allem Anschein nach ein fähiger König, Gertrude eine edle Königin, Ophelia ein Kleinod von einem Mädchen, Polonius ein Umstandskrämer, aber kein übler Ratgeber, Laertes ein angenehmer junger Mann. Hamlet reißt sie alle in den Tod.«

Uraufführungen Schauspiel, Oper, Operette und Ballett 2001

Die bedeutendsten Uraufführungen aus Schauspiel, Oper, Operette und Ballett sind innerhalb der einzelnen Länder alphabetisch nach Autoren/Komponisten geordnet (siehe auch die Übersichtsartikel auf S. 152 und S. 170).

Dänemark

Lars von Trier
Dancer in the Dark
Theaterstück
Von der Leinwand auf die Bühne – in Düsseldorf wird dieser Weg, vor allem mit Werken von Woody Allen, seit Jahren schon fast in jeder Spielzeit beschritten. Diesmal ist es Lars von Triers »Dancer in the Dark«, dessen Hauptdarstellerin in der Filmversion, die isländische Sängerin Björk, in Cannes 2000 mit der Goldenen Palme belohnt wurde. Sie hat auch die Musik für den Film geschrieben.
Selma, so der Name der Titelheldin, ist kurz davor zu erblinden, und ihrem Sohn droht dasselbe Schicksal. Deshalb hat sie ihre geliebte Heimat, die ehemalige Tschechoslowakei, verlassen und ist nach Amerika emigriert: Hier gibt es die besseren Ärzte. Aber auch die besser bezahlten, und deshalb muss sie

für die Operation eine gewaltige Summe Geldes herbeischaffen. Sie arbeitet Tag und Nacht, legt jeden Cent beiseite – und wird dann Opfer eines Diebstahls. Wie Lars von Trier in seinem Film virtuos mit den Mitteln des Melodrams spielt und die elementaren Gefühle von Schuld, Sühne, Selbstopfer, Freundschaft und Sehnsucht nach Erlösung zum Blühen bringt, so schafft auch der Regisseur der Theaterfassung, Burkhard C. Kosminski, einen ans Herz gehenden Szenenreigen.

Deutschland

Rolf Hochhuth
Hitlers Dr. Faust
Theaterstück
Der Raketenpionier Hermann Oberth ist Held des neuen Stücks von Rolf Hochhuth, das im Okto-

ber im Schlossparktheater Berlin uraufgeführt wird. Bereits 1917 entwickelte der Wissenschaftler Modelle von Flüssigtreibstoffraketen und machte Selbstversuche zur Schwerelosigkeit im Raum. Deswegen gilt er heute als Begründer der modernen Raumfahrttechnik. Hochhuth zeigt, dass sich Oberth schon als Elfjähriger von den imaginierten Welten des Jules Verne begeistern ließ und die Fehler in dessen Gedankenmodell von einer Mondrakete aufdeckte. Oberths eigene Ideen wuchsen, und damit stand er vor dem allen (verantwortungsbewussten) Wissenschaftlern bekannten Konflikt, ob man der Menschheit eine Erfindung vorenthalten darf oder ob man sie um jeden Preis realisieren muss.
Das Thema ist nicht neu, aber immer wieder interessant und diskussionswürdig: Wie ist es um die Verantwortung des Wissenschaftlers bestellt? Darf er sich, um seine Ziele zu erreichen, von der Macht missbrauchen lassen? Hochhuth, der seit jeher ein Talent dafür hat, brisante und aktuelle Themen (»Der Stellvertreter«, »Die Hebamme«, »Wessis in Weimar«) weniger zu dramatisieren als in thesenhaften Diskussionsabenden auf die Bühnen zu bringen, zeigt »Hitlers Dr. Faust« aber auch als Menschen: Es geht nicht zuletzt um die Liebe zu

seiner Frau Tilla, um den Zusammenhalt des Paares und die Auseinandersetzungen, die beide über Jahrzehnte hinweg führen. Schließlich geht es auch um Oberths zukunftsweisende Utopie vom »Weltraumspiegel«, die nahezu unbekannt, aber verblüffend aktuell ist.
Freilich ließen, wie es in einer Kritik heißt, »sperrige Dialoge die dokumentarisch authentischen Figuren blass erscheinen. Statt Charaktere auszuloten, lieferte Hochhuth vor allem eine Lektion über die Verantwortung des Wissenschaftlers im bis in die Gegenwart gültigen Konflikt zwischen Ethik und Erkenntnis.«

Dea Loher
Licht. Magazin des Glücks 1
Theaterstück
Der Freitod von Hannelore Kohl schockiert in den ersten Juli-Tagen die Nation. Seit Wochen wird in den Medien berichtet, die Frau des Ex-Kanzlers leide an einer Lichtallergie. Kaum jemand vermag sich etwas unter dieser seltenen Krankheit vorzustellen.
Die 37-jährige Dea Loher, die zu den preisgekrönten Nachwuchsdramatikerinnen aus Deutschland gehört, hat einen 40-minütigen Theatermonolog verfasst, in dem sich Hannelore Kohl ihre Qualen

von der Seele spricht, ehe sie sich mit einer Überdosis Tabletten umbringt. Der neue Oberspielleiter des Hamburger Thalia-Theaters, Andreas Kriegenburg, hat die Studie einer Entfremdung mit einem Mann in der Titelrolle, Markwart Müller-Elmau, inszeniert und bringt sie im Oktober zur Uraufführung. Die Figur sitzt mit blonder Perücke und grauem Trachtenkostüm auf einer Glasveranda – eine Anspielung auf das Aquarium, das ihr Mann in seinem Bonner Dienstzimmer hatte – neben einem ausrangierten Kinderwagen und einem überdimensionalen Gartenzwerg. In der Inszenierung dieser verlogenen Spießeridylle mit einer aufs Hausfrauendasein reduzierten Frau bleibt bewusst offen, ob es sich bei der monologisierenden Person um »Helmut Kohl« handelt, der sich an seine Frau zu erinnern versucht, oder eben um seine Frau, die mit seiner Person verschmilzt. »Loher nimmt zur kurzen Studie einer lebenslangen Entfremdung ironische Anleihen beim surrealen Endspieler Samuel Beckett und seinen ›Glücklichen Tagen‹«, heißt es im »Hamburger Abendblatt«.

Dea Loher zeigt das Scheitern einer Frau auf der Suche nach dem Glück; Hannelore Kohl ist dabei eher ein zufälliger aktueller Anlass – sie steht stellvertretend für viele starke Frauen, die zum Wohle ihrer Männer auf die eigene Karriere, ein eigenes Leben verzichten und daran zugrunde gehen. »Licht« ist das erste von sieben geplanten Kapiteln in Tagebuchform, die Loher unter dem Arbeitstitel »Magazin des Glücks« als Reaktion auf aktuelle Geschehnisse verfassen will.

René Pollesch
Smarthouse ® (1-3)
Theaterstück
Vom Leben in einer schrecklich schönen Zeit erzählt René Pollesch. Vier junge Leute wohnen im »Smarthouse« und brauchen sich keine Gedanken mehr zu machen – weder um den Inhalt des Kühlschranks noch um die Temperatur der Heizungen oder die Lücken in der Speisekammer. Computergesteuert wird alles so geregelt, dass sich keiner in diesem Haus, in dem die Dinge denken, unwohl fühlt. In diesem perfekten Heim werden den Menschen die verborgensten Wünsche von der Haut abgelesen und

umgehend erfüllt. Sogar die Lieblings-CD erklingt, kaum dass jemand überlegt, sie eigentlich mal wieder hören zu wollen. Die totale Bedürfnisbefriedigung bedeutet natürlich auch, dass es keine Bedürfnisse gibt, die nicht in die Chips der Elektronenhirne einprogrammiert sind. Der Markt wird Natur und die Natur marktfähig. »›Smarthouse ® (1-3)‹«, heißt es in einer Ankündigung des Staatstheaters Stuttgart, wo Polleschs neues Stück im November uraufgeführt wird, »hat man sich als eine Mischung aus theatralischer Dauerwerbesendung und katastrophischer Hochtechnologie-Messe vorzustellen. Dabei sieht sich nicht zuletzt das Medium Theater immer wieder harten Prüfungen ausgesetzt: ›Wenn Sie das hier sehen können‹, wird das Publikum im Theaterraum informiert, ›benutzen Sie einen sehr alten Browser.‹«

Peter Ruzicka
Celan
Oper
Der jüdische Dichter Paul Celan (Paul Antschel), der 1920 in Czernowitz in der Bukowina geboren wurde, erlebte Judenverfolgung und Straflager. Über Bukarest und Wien emigrierte er 1948 nach Paris, wo er, getrieben vom Schuldgefühl des Davongekommenen, in der Dichtung nach einem Ausdrucksmittel für das Unsagbare suchte. Die Oper von Peter Ruzicka, zu der Peter Musbach das Libretto geschrieben hat, widmet sich dem Lyriker, sie erzählt aber nicht die Lebensgeschichte Celans. Bild- und Figurenkonstellationen aus seinem Leben wiederholen sich und werden zu Erinnerungsfeldern, in denen sich die traumatischen Erlebnisse spiegeln, die Celan bis zu seinem Selbstmord im April 1970 in Paris verfolgten. Die sieben Entwürfe (Szenen) gleichen einer »Versuchsanordnung« über innere Zustände und Wahrnehmungsprozesse, die sich auf die Gegenwart und den Umgang mit Geschichte zubewegen.
Über das im März an der Dresdner Staatsoper in der Regie von Claus Guth uraufgeführte Stück heißt es in einer Kritik des Bayerischen Rundfunks: »Endlich hat auch die Oper sich jenes so heiklen wie unumgänglichen Themas bemächtigt, das alle anderen Künste seit Jahr-

zehnten umtreibt: der zwölf Jahre deutscher Finsternis und ihrer Folgen.« Der Kritiker des »Tagesspiegel« meint: »Permanent stürzen Künstlerschicksal und Zeitgeschichte hier ineinander. Das Frappierende dabei: Ruzicka und Musbach bemühen kein einziges Wort, keinen Vers, keine Zeile von Celan selbst.« Die »Frankfurter Allgemeine Zeitung« äußert sich begeistert: »Ruzickas musikalische Materialverarbeitung wirkt mit ihrer ganzen instrumental-vokalen Wucht, mit den enervierenden Perkussionsrepetitionen über lauernden Liegetönen und den attackierenden Orchesterausbrüchen wie ein verzweifelt vergebliches Pochen an den verbarrikadierten Türen zu Paul Celans Innenwelt.«

Theresia Walser
Die Heldin von Potsdam
Theaterstück
Neonazis und deren Gewaltbereitschaft – keine Zeitung, kein Fernsehsender lässt sich dieses schlagzeilenträchtige Thema entgehen. So begierig, ihrer mehr oder minder tief empfundenen Empörung über neubraunes Krawallgetöse Ausdruck zu verleihen, sind manche Medien, dass sie Gerüchte nicht nachrecherchieren und für bare Münze nehmen, was sich auflagenfördernd auf der Titelseite verurteilen lässt.
Einen solchen authentischen Fall nimmt Theresia Walser als Vorlage für ihr Stück »Die Heldin von Potsdam«. 1994 hatte die arbeitslose und nicht krankenversicherte Elke Sager-Ziller, Mutter von drei Kindern, die nach einem schweren Sturz ins Krankenhaus kam, behauptet, die Verletzungen habe sie davongetragen, als sie eine alte Frau – bei Walser eine Türkin – in der Straßenbahn vor Skinheads gerettet habe. Der »Bild«-Zeitung war die Exklusiv-Geschichte 5000 DM wert, dem Sender »Radio 100,6« 1006 DM, und selbst die PDS spendierte 200 DM aus der Parteikasse für die selbstlose Heldin. Doch nach fünf Tagen gestand sie, alles nur erfunden zu haben.
Am Berliner Maxim Gorki Theater hat Volker Hesse die Uraufführung des Walser-Stücks inszeniert – als Auftaktveranstaltung seiner Intendanz, die er von Bernd Wilms übernommen hat (der seinerseits ans Berliner Deutsche Theater gewech-

selt ist). Die Heldin, gespielt von Katharina Thalbach, befindet sich »am diffusen Boden unseres Sozialrosts, wo niemand mehr sagen kann, ob jemand schon durchgefallen ist oder sich zwischen Jobs und Sozialhilfe noch eben so über Wasser hält«. (»Theater heute«) – »Es ist sicher der Glanzpunkt der Uraufführung«, so eine andere Kritik, »wenn Thalbach mit Kopfverband und Augenklappe in ihrem Krankenhausbett königlich Medienhofhaltung spielt, dabei immer das Elend dieser verkrachten Existenz durchscheinen lassend.«

Sasha Waltz
17-25/4
Ballett
Der Titel des Tanztheaterstücks erinnert an einen Aktenvermerk, und so ist es auch: 25/4 ist eine Flurstücksbezeichnung im Block 17 am unteren Kurfürstendamm in Berlin. Hier baute der Architekt Erich Mendelsohn 1928 einen Komplex mit Kino, Restaurants, Büros, Wohnungen und einer Tennisanlage. Im Zentrum des Flurstücks 25/4 lag das ehemalige Universum-Kino, das heute die Schaubühne am Lehniner Platz in Berlin beherbergt. Durch deren Räumlichkeiten führt die Choreografin Sasha Waltz in ihrem neuen Ballett, das im September uraufgeführt wird. Dafür hat Waltz die Trennwände entfernen lassen und die verschiedenen Säle des Theatergebäudes zu einer gigantischen Spielstätte vereint. Um die herum steht und sitzt das Publikum, das die wie in Trance agierenden Tänzer beobachtet und ihnen auf die verschiedenen Spielstätten, quasi wie bei einer Besichtigung des Gebäudes, von Saal zu Saal und bis in den Hof folgt. »Hoch oben auf Mendelsohns gestaffeltem Theaterdampfer«, schreibt die »Berliner Morgenpost«, »auf einer Verbindungsbrücke, auf benachbarten Garagendächern und -rampen, sogar auf dem von Pfützen übersäten Trottoir lässt die Choreografin ihre Leute teils gymnastisch, teils tänzerisch agieren, sich winden und heben ... Aber was Sasha Waltz als ›Dialog‹ mit dem baulichen Umfeld annonciert hat, klappt nicht. Sie findet keine klare tänzerische Sprache. Der Abend, der so stark begonnen hat, mündet in Gedanken- und Bewegungsleere.«

Filme 2001

Die neuen Filme des Jahres 2001 sind entsprechend der Nationalität der Regisseure dem Länderalphabet zugeordnet und hier wiederum alphabetisch nach Regisseuren aufgelistet. Bei ausländischen Filmen steht unter dem deutschen Titel der Originaltitel (siehe auch den Übersichtsartikel auf S. 80).

Deutschland

Vanessa Joop
Engel + Joe
Basierend auf einer Reportage des »Stern«-Journalisten Kai Hermann (in den 80er Jahren bekannt geworden mit »Wir Kinder vom Bahnhof Zoo«), erzählt Vanessa Joop in ihrem zweiten Spielfilm mit allen Mitteln des Gefühlskinos die Geschichte zweier Straßenkids, die in ihrer Liebe und in ihrem verzweifelten Festhalten an der Vision eines glücklichen Lebens die Widrigkeiten ihrer Umgebung hinter sich lassen. Joe (Jana Pallaske), die mit 15 von zu Hause ausreißt, und der Junkie Engel (Robert Stadlober) finden auf der Kölner Domplatte zueinander. Doch als Engel Randale macht, wandert er ins Gefängnis. Wieder in Freiheit, erfährt er, dass Joe schwanger ist, allerdings nicht von ihm, sondern von einem Mann aus wohl situierten Verhältnissen. Doch Engel will der »Daddy« des Babys sein, zu Dritt wollen sie aus dem Milieu ausbrechen.

Frankreich

François Ozon
Unter dem Sand
(Sous le Sable)
Einen stillen, geradezu bedächtigen Film hat François Ozon (»Tropfen auf heiße Steine«) mit »Unter dem Sand« geschaffen, der ganz von der Ausstrahlung der Hauptdarstellerin Charlotte Rampling lebt. Die Geschichte ist schnell erzählt: An ihrem ersten Urlaubstag an der Atlantikküste erwacht die Literaturprofessorin Marie am Strand aus dem Halbschlaf und stellt fest, dass ihr Mann verschwunden ist. Sie läuft den Strand auf und ab, um ihn zu suchen, spricht andere Urlauber an, alarmiert schließlich die Polizei – vergeblich. Alles deutet auf Tod durch Ertrinken hin. Marie flüchtet sich in eine Traumwelt, in der ihr Mann

noch lebt: Er beobachtet sie bei der Verrichtung von Alltagsdingen, aber auch beim Geschlechtsverkehr mit einem anderen Mann. Der Regisseur fängt seine Figur in intimen Momenten ein, bannt die magischen Momente der Vertrautheit und den Schmerz des Verlustes auf die Leinwand.

Großbritannien

Ken Loach
Bread and Roses
(Bread and Roses)
Ken Loach, der Altmeister eines sozialistisch orientierten realistischen Erzählkinos, berichtet in »Bread and Roses« ganz ohne Ethno- oder Sozialkitsch davon, wie in Los Angeles Reinigungskräfte – die meisten unter ihnen illegale Einwanderer aus Mexiko – einen Streik vorbereiten. Der Arbeitskampf, den sie nach wiederholten Demütigungen durch ihre Vorarbeiter mithilfe des Gewerkschafters Sam (Adrien Brody) organisieren, ist in den Mitteln ungewöhnlich, aber schließlich erfolgreich. Besonders eindrucksvoll ist Loach, wenn er sich den Beteiligten in ihrem privaten Leben nähert: Die Kränkungen, die die gerade in die USA gekommene Maya (Pilar Padailla) und ihre ältere Schwester Rosa (Elipidia Carillo) erleben, lassen sich allein durch politischen Kampf nicht heilen.

Sharon Maguire
Bridget Jones – Schokolade zum Frühstück
(Bridget Jones's Diary)
Helen Fielding ist die Schöpferin der Bridget Jones, die einen schlecht bezahlten Job in einem Verlag hat, bei den Männern immer die falsche Wahl trifft und sich nach der Arbeit in ihrer tristen Wohnung mit Junkfood voll stopft – ihr Leben ist ein ständiger Kampf gegen das Übergewicht. Fielding entwarf die

Figur der Loserin zunächst für eine Kolumne im »Independent« und machte sie dann zur Romanheldin. Nun begegnet uns Bridget Jones auf der Leinwand, gespielt von Hollywoodstar Renée Zellweger, die sich eigens für die Rolle ein paar Pfunde angefuttert hat. Bridget stolpert von einem Fettnapf in den nächsten, tritt auf einer Gartenparty im Bunny-Kostüm auf, verliebt sich in ihren Chef (gespielt vom smarten Hugh Grant) und verliert ihre Stelle. Die Regisseurin des Films, Sharon Maguire, ist mit Fielding, die auch am Drehbuch mitgewirkt hat, befreundet, und doch wird in einigen Kritiken beklagt, dass der rabenschwarze Humor der Romanfigur nicht auf die Leinwand übergesprungen sei: Bridget Jones sei nur noch witzig, nicht mehr grausam.

Mexiko

Alejandro González Inárritu
Amores Perres
(Amores Perres)
Drei Figuren führt der junge Regisseur Alejandro González Inárritu im Moloch Mexiko-Stadt anlässlich eines schlimmen Verkehrsunfalls zusammen: Einen alten Mann, der als Auftragsmörder tätig ist und mit einem Rudel Hunde durch die Stadt zieht, ein junges und erfolgreiches Model, das mitsamt Schoßhündchen zum Herausgeber eines Magazins gezogen ist, und einen jungen Mann, der von illegalen Hundekämpfen lebt. So wie die Hunde voller Aggressivität aufeinander losgehen, so schenken sich auch die Menschen nichts. Kunstvoll die Geschichten der drei Figuren und die Zeitebenen ineinander verschränkend, zeigt der Regisseur die größte Stadt der Welt in ihrer erbarmungslosen Brutalität.

USA

Robert Luketic
Natürlich blond
(Legally Blonde)
Luketics überdrehte Komödie über ein blondes Dummchen unter der intellektuellen Elite der Harvard-Universität entwickelt sich in den USA überraschend zum Kassenschlager – und dies nicht zuletzt

dank des irrwitzig-komischen Talents von Reese Witherspoon. Sie spielt jene stets in Pink gekleidete Elle, die ihrem Traummann, der nach dem Studium jüngster Senator der USA werden will, nach Harvard folgt und dort mit ihrem plüschig-kitschigen Gehabe sich vor grapschenden Professoren und tumben Kommilitonen kaum zu retten weiß. Doch dann steigt sie zur Jahrgangsbesten auf, stößt auf ihre große Liebe und findet auch noch die Lösung für einen schwierigen Mordprozess. »Die Handlung ist natürlich kompletter Unsinn, die meisten Gags vorsehbar und die Liebesszenen sogar mehr als peinlich. Trotz allem: Die Expedition in die pinkfarbene Welt der Elle Woods zwischen Beauty-Salon und Bibliothek ist einfach urkomisch«, meint der Kritiker Denis Krah.

Baz Luhrmann
Moulin Rouge
(Moulin Rouge)
Das Pariser Nachtleben der Jahrhundertwende – oder besser: die Bilder, die wir davon im Kopf haben – bildet den Rohstoff für Baz Luhrmanns Techno-Operette »Moulin Rouge«. Der Regisseur (»William Shakespeares Romeo & Julia«) lässt die an Schwindsucht leidende, dem Tode nahe Kurtisane Satine, verkörpert durch Nicole Kidman, mit Strass behängt und fieberglühend ein weiteres, letztes Mal über die Bühne wirbeln und ihre Belle-Epoque-Lieder hinausschreien, und er lässt sie, die doch bei einem wohlhabenden Mann gut aufgehoben scheint, dem Charme eines Verführers (Ewan McGregor) erliegen. Eingebettet ist das Drama dieser Liebe in eine über-opulente Kulisse mit schnell geschnittenen Massentanzszenen und rasch wechselnden Melodien und Rhythmen, wobei auch der Cancan in seiner Raserei eine modernere Farbe erhält.
Die Elendsgestalt des missgebildeten Künstlers Henri de Toulouse-Lautrec, die in John Hustons 1952 gedrehtem ersten »Moulin Rouge«-Film im Zentrum der Handlung stand, ist bei Luhrmann an den Rand gedrängt, doch ein Vergleich mit Hustons düsterem Psychogramm verbietet sich ohnehin: Bei Luhrmann ist alles schrill, überdreht und künstlich.

Sean Penn
Das Versprechen
(The Pledge)
Als »Requiem auf den Kriminalroman« bezeichnete der Schweizer Schriftsteller Friedrich Dürrenmatt sein 1958 veröffentlichtes Buch »Das Versprechen«, das im Zusammenhang mit dem Film »Es geschah am hellichten Tag« – an dessen Drehbuch er mitwirkte – entstand. »Das Versprechen« des US-amerikanischen Regisseurs Sean Penn ist die mittlerweile vierte Filmversion des Stoffes, und sie folgt in den Grundzügen dem Original: Ein vor der Pensionierung stehender Kommissar ermittelt im Fall eines Mädchenmordes auf eigene Faust, denn die offizielle Darstellung der Polizei, ein Außensei-

ter – der sich nach einem erzwungenen Geständnis in der Zelle das Leben nimmt – habe das Verbrechen begangen, will er nicht glauben. Er begibt sich dorthin, wo der mutmaßliche Mörder lebt, und benutzt ein Mädchen als Lockvogel – doch anders als in »Es geschah am hellichten Tag« tappt der Verbrecher nicht in die Falle, die ihm der Kommissar gestellt hat, sondern kommt auf dem Weg zum Schauplatz bei einem Verkehrsunfall ums Leben. Über diesen äußerlichen Handlungsfaden hinaus unterscheidet sich Sean Penns Film durch Atmosphäre und Ausstrahlung von der Vorgänger-Version: Sein Kommissar Jerry Black, eindrucksvoll verkörpert durch Jack Nicholson, ist ein großer Einsamer,

ein gebrochener Mann, der sich – als heruntergekommener Tankstellenbesitzer in den Weiten Nevadas – vor seiner jungen Freundin abschottet und nur im Zusammensein mit deren Tochter (dem Lockvogel) ein wenig Wärme findet.

Terry Zwigoff
Ghost World
(Ghost World)
US-amerikanisches Independent-Kino der besonderen Art bietet Terry Zwigoff mit seiner Verfilmung des Comics »Ghost World« von Daniel Clowes. Im Mittelpunkt der Handlung stehen die Teenager Enid (Thora Birch) und Rebecca (Scarlett Johansson), »the little jewish girl and her aryan friend«,

wie sie nur genannt werden. Auf verzweifelt komische Weise versuchen die beiden, in der von Waren und Marken bestimmten Welt – und sei es im Rückgriff auf vergangene Moden – eine eigene Identität zu gewinnen. In Seymour (Steve Buscemi), einem verschrobenen Mittvierziger, meinen sie endlich auf einen authentischen Menschen gestoßen zu sein, der noch eigene Überzeugungen hat; Enid glaubt in ihm auch ihre große Liebe gefunden zu haben. Die Kritik lobt das überzeugende Zusammenspiel von Ausstattung, Musik und Erzählrhythmus des Films. »Diese Außenseiter-Saga ist schrill, schräg und bluesig und lässt Gewinnertypen langweilig aussehen«, heißt es in einer Kritik.

Sportereignisse und -rekorde des Jahres 2001

Die Aufstellung erfasst Rekorde, Sieger und Meister in wichtigen Sportarten. Aufgenommen wurden nur solche Wettbewerbe, die in den vergangenen Jahren bereits regelmäßig ausgetragen worden sind oder ab 2001 kontinuierlich zu den Sportprogrammen gehörten. Die Sportarten erscheinen in alphabetischer Reihenfolge.

Automobilsport

Grand-Prix-Rennen (Formel 1)

Großer Preis von (Datum) Kurs/Strecke (Länge)	Sieger (Land)	Marke	ø km/h
Australien (4.3.) Melbourne (305,574 km)	Michael Schumacher (GER)	Ferrari	187,802
Malaysia (18.3.) Sepang (310,408)	Michael Schumacher (GER)	Ferrari	173,496
Brasilien (1.4.) Sao Paulo (305,939 km)	David Coulthard (SCO)	McLaren-Mercedes	185,402
San Marino (15.4.) Imola (306,466 km)	Ralf Schumacher (GER)	Williams-BMW	203,298
Spanien (29.4.) Barcelona (307,323 km)	Michael Schumacher (GER)	Ferrari	202,557
Österreich (13.5.) Spielberg (306,649 km)	David Coulthard (SCO)	McLaren-Mercedes	210,371
Monaco (27.5.) Monte Carlo (262,860 km)	Michael Schumacher (GER)	Ferrari	147,088
Kanada (10.6.) Montreal (305,049 km)	Ralf Schumacher (GER)	Williams-BMW	194,061
Europa (24.6.) Nürburgring (305,252 km)	Michael Schumacher (GER)	Ferrari	204,805
Frankreich (1.7.) Magny Cours (305,886 km)	Michael Schumacher (GER)	Ferrari	196,592
Großbritannien (15.7.) Silverstone (308,356 km)	Mika Häkkinen (FIN)	McLaren-Mercedes	216,802
Deutschland (29.7.) Hockenheim (307,035 km)	Ralf Schumacher (GER)	Williams-BMW	208,918
Ungarn (19.8.) Budapest (305,906 km)	Michael Schumacher (GER)	Ferrari	180,837
Belgien (2.9.) Spa (306,592 km)	Michael Schumacher (GER)	Ferrari	208,838
Italien (16.9.) Monza (306,976 km)	Juan Pablo Montoya (COL)	Williams-BMW	240,498
USA (30.9.) Indianapolis (306,235 km)	Mika Häkkinen (FIN)	McLaren-Mercedes	186,675
Japan (14.10.) Suzuka (310,792 km)	Michael Schumacher (GER)	Ferrari	189,453

Formel-1-Weltmeister (17 WM-Läufe)

Name (Land)	Marke	Punkte	Siege
1. Michael Schumacher (GER)	Ferrari	123	9
2. David Coulthard (SCO)	McLaren-Mercedes	65	2
3. Rubens Barrichello (BRA)	Ferrari	56	–

Langstreckenrennen

Kurs/Dauer (Datum)	Sieger (Land)	Marke	Runden
Nürburgring/24 h (26./27.5.)	Peter Zakowski (GER), Michael Bartels (Monaco), Pedro Lamy (POR)	Chrysler	
Le Mans/24 h (16./17.6.)	Frank Biela (GER), Tom Kristensen (DEN), Emanuele Pirro (ITA)	Audi R8	321 Rd.

Rallyes

Rallye (Datum)	Sieger (Land)	Marke
Monte Carlo (18.–21.1.)	Tommi Mäkinen (FIN) Risto Manniesmäki (FIN)	Mitsubishi Lancer
Korsika (18.–21.10.)	Jesus Puras (ESP) Marc Marti (ESP)	Citroen Xara WRC
Australien (4.–7.11.)	Marcus Grönholm (FIN) T. Rautinaimen (FIN)	Peugeot 206 WRC

Weltmeister

Fahrer	Richard Burns/Robert Reid (GBR)
Marke	Peugeot

Deutsche Tourenwagenmeisterschaft

Fahrer	Bernd Schneider (St. Ingbert)
Marke	Mercedes

Eiskunstlauf

Turnier	Ort	Datum
Weltmeisterschaften	Vancouver (CAN)	20. – 25.3.
Europameisterschaften	Bratislava (SVK)	21.–28.1.
Dt. Meisterschaften	Oberstdorf	5.–7.1.

Einzel	Damen	Herren
Weltmeister	Michelle Kwan (USA)	Jewgeni Pluschenko (RUS)
Europameister	Irina Slutskaja (RUS)	Jewgeni Pluschenko (RUS)
Deutsche Meister	Susanne Stadlmüller (Stuttgart)	Silvio Smalun (Erfurt)

Paarlauf

Weltmeister	Jamie Sale/David Pelletier (CAN)
Europameister	Jelena Bereschnaja/Anton Sicharulidse (RUS)
Deutsche Meister	Claudia Rauschenbach/Robin Szolkowy (Chemnitz)

Eistanz

Weltmeister	Barbara Fusar-Poli/Maurizio Margaglio (ITA)
Europameister	Barbara Fusar-Poli/Maurizio Margaglio (ITA)
Deutsche Meister	Stephanie Rauer/Thomas Rauer (Essen)

Fußball

Länderspiele	Ergebnis	Ort	Datum
Deutschland (+6/=3/−2)			
Frankreich – Deutschland	1:0	Paris	27. 2.
Deutschland –Albanien	2:1	Leverkusen	24. 3.
Griechenland – Deutschland	2:4	Athen	28. 3.
Deutschland – Slowakei	2:0	Bremen	29. 5.
Finnland –Deutschland	2:2	Helsinki	2. 6.
Albanien–Deutschland	0:2	Tirana	6. 6.
Ungarn–Deutschland	2:5	Budapest	15. 8.
Deutschland – England	1:5	München	1. 9.
Deutschland – Finnland	0:0	Gelsenkirchen	6.10.
Ukraine – Deutschland	1:1	Kiew	10.11.
Deutschland – Ukraine	4:1	Dortmund	14. 11.
Österreich (+3/=2/−5)			
Kroatien – Österreich	1:0	Rijeka	28. 2.
Bosnien-Herzegowina – Österreich	1:1	Sarajewo	24. 3.
Österreich – Israel	2:1	Wien	28. 3.
Österreich – Liechtenstein	2:0	Innsbruck	25. 4.
Österreich – Schweiz	1:2	Wien	15. 8.

Fußball/Länderspiele (Fortsetzung)

	Ergebnis	Ort	Datum
Spanien – Österreich	4:0	Valencia	1. 9.
Österreich – Bosnien-Herzegowina	2:0	Wien	5. 9.
Israel – Österreich	1:1	Tel Aviv	27.10.
Österreich - Türkei	0:1	Wien	10.11.
Türkei – Österreich	5:0	Istanbul	14.11.

Schweiz (+4/=1/–5)

	Ergebnis	Ort	Datum
Polen – Schweiz	4:0	Larnaca	28. 2.
Jugoslawien – Schweiz	1:1	Belgrad	24. 3.
Schweiz – Luxemburg	5:0	Zürich	28. 3.
Schweiz – Schweden	0:2	Genf	25. 4.
Färöer Inseln – Schweiz	0:1	Toftir	2. 6.
Schweiz – Slowenien	0:1	Basel	6. 6.
Österreich – Schweiz	1:2	Wien	15. 8.
Schweiz – Jugoslawien	1:2	Basel	1. 9.
Luxemburg – Schweiz	0:3	Luxemburg	5. 9.
Russland – Schweiz	4:0	Moskau	6.10.

Landesmeister

Deutschland	FC Bayern München
Österreich	FC Tirol Innsbruck
Schweiz	Grasshopper-Club Zürich
Albanien	Vllaznia Shkoder
Belgien	RSC Anderlecht
Bosnien-Herzegowina	Zeljeznicar Sarajevo
Bulgarien	Levski Sofia
Dänemark	FC Kopenhagen
England	Manchester United
Estland	FC Flora Tallinn
Färöer	B 36 Tórshavn
Finnland	United Tampere
Frankreich	FC Nantes
Georgien	Torpedo Kutaissi
Griechenland	Olympiakos Piräus
Irland	FC Bohemians
Island	ÍA Akranes
Italien	AS Rom
Jugoslawien	Roter Stern Belgrad
Kroatien	Hajduk Split
Lettland	Skonto Riga
Litauen	FBK Kaunas
Luxemburg	F 91 Düdelingen
Malta	FC Valletta
Mazedonien	Sloga Skopje
Moldawien	Serif Tiraspol
Niederlande	PSV Eindhoven
Nordirland	FC Linfield
Norwegen	Rosenborg BK Trondheim
Polen	Wisla Krakau
Portugal	Boavista Porto
Rumänien	Steaua Bukarest
Russland	Spartak Moskau
Schottland	Celtic Glasgow
Schweden	Hammarby IF
Slowakei	Inter Bratislava
Slowenien	NK Maribor
Spanien	Real Madrid
Tschechien	Sparta Prag
Türkei	Fenerbace Istanbul
Ukraine	Dynamo Kiew
Ungarn	Ferencvaros Budapest
Wales	Barry Town
Weißrussland	Belschina Bobruisk
Zypern	Omonia Nicosia

Landespokal

Deutschland	FC Schalke 04 – 1. FC Union Berlin 2:0
Österreich	FC Kärnten – FC Tirol Innsbruck 2:1 n.V.
Schweiz	Servette Genf – Yverdon Sports 3:0
Albanien	SK Tirana– Teuta Durres 5:0
Belgien	VC Westerlo – Lommelse SK 1:0
Bosnien-Herzegowina	Zeljeznicar Sarajevo – FK Sarajevo 3:2
Bulgarien	FC Lovetsch – Velbaschd Kjustendil 1:0 n.V.
Dänemark	Silkeborg IF – Akademisk BK 4:1
England	FC Liverpool – FC Arsenal 2:1
Estland	JK Trans Narva – Flora Tallinn 1:0 n.V.
Färöer	B 36 Tórshavn – KÍ Klaksvik 1:0
Finnland	Atlantis Helsinki – United Tampere 1:0
Frankreich	RC Straßburg – SC Amiens 5:4 i.E. (0:0 n.V.)
Georgien	Torpedo Kutaissi – Lokomotiwi Tiflis 4:3 i.E. (0:0 n.V.)
Griechenland	PAOK Saloniki – Olympiakos Piräus 4:2
Irland	FC Bohemians – Longford Town 1:0
Island	Fylkir Reykjavik – KA Akureyri 5:4 i.E. (2:2 n.V.)
Italien	AC Florenz – AC Parma 1:0 und 1:1
Jugoslawien	Partizan Belgrad – Roter Stern Belgrad 1:0
Kroatien	Dinamo Zagreb – Hajduk Split 2:0 und 1:0
Lettland	Skonto Riga – Dinaburg Daugavpils 2:0
Liechtenstein	FC Vaduz – FC Ruggell 9:0
Litauen	Atlantas Klaipeda – Zalgiris Vilnius 1:0
Luxemburg	Etzella Ettelbrück – FC Wiltz '71 5:3
Malta	FC Valletta – FC Birkirkara 3:0
Mazedonien	Pelister Bitola – Sloga Skopje 2:1
Moldawien	Serif Tiraspol – Nistru Otaci 5:4 i.E. (0:0 n.V.)
Niederlande	FC Twente – PSV Eindhoven 4:3 i.E. (0:0 n.V.)
Nordirland	FC Glentoran – FC Linfield 1:0 n.V.
Norwegen	Viking Stavanger – Bryne 3:0
Polen	Polonia Warschau – Gornik Zabrze 2:1 und 2:2
Portugal	FC Porto – Maritimo Funchal 2:0
Rumänien	Dinamo Bukarest – Fulgerul-Rocar Bukarest 4:2 i.E.
Russland	Lokomotive Moskau – Anschi Machatschkala 4:3 i.E. (1:1 n.V.)
Schottland	Celtic Glasgow – Hibernian Edinburgh 3:0
Schweden	IF Elfsborg Boras – AIK Solna 9:8 i.E. (1:1 n.V.)
Slowakei	Inter Bratislava – SCP Ruzomberok 1:0
Slowenien	HIT Nova Gorica – Olimpija Ljubljana 0:1 und 4:2
Spanien	Real Saragossa – Celta Vico 3:1
Tschechien	Viktoria Zizkov – Sparta Prag 2:1 n.V.
Türkei	Genclerbirligi– Fenerbace 4:1 i.E. (2:2 n.V.)
Ukraine	Schachtjor Donezk – ZSKA Kiew 2:1 n.V.
Ungarn	VSC Debrecen – Videoton Szekesfahervar 5:2
Wales	Barry Town – TNS Llansantffraid 2:0
Weißrussland	Belschina Bobruisk – Slawia Mozyr 1:0 n.V.
Zypern	Apollon Limassol – Nea Salamina 1:0

Champions League	Ergebnis	Ort	Datum
FC Bayern München – FC Valencia	5:4 n.E.	Mailand	23.5.

München: Kahn, Kuffour, Andersson, Linke, Sagnol (46. Jancker), Effenberg, Hargreaves, Lizarazu, Salihamidzic, Elber (100. Zickler), Scholl (108. Sergio). **Valencia:** Canizares, Angloma, Ayala (90. Djukic), Pellegrino, Carboni, Mendieta, Baraja, Kily Gonzalez, Aimar (46. Albelda), Carew, Sanchez (66. Zahovic). **Schiedsrichter:** Jol (Niederlande). **Tore:** 0:1 Mendieta (3.), 1:1 Effenberg (50.); Elfmeterschießen: Sergio verschießt, 1:1 Mendieta, 1:2 Salihamidzic, 1:2 Carew, 2:2 Zickler, Kahn hält gegen Carboni, Canizares pariert gegen Anderson, Kahn hält gegen Carboni, 3:2 Effenberg, 3:3 Baraja, 4:3 Lizarazu, 4:4 Kily Gonzalez, 5:4 Linke, Kahn hält gegen Pellegrino. **Zuschauer:** 74 500

UEFA-Pokal	Ergebnis	Ort	Datum
FC Liverpool – CD Alaves	5:4 G.G.	Dortmund	16.5.

Liverpool: Westerveld, Babbel, Henchoz (56. Smicer), Hyppiä, Carragher, Gerrard, Hamann, McAllister, Murphy, Heskey (65. Fowler), Owen (79. Berger). **Alaves:** Herrera, Eggen (23. Ivan Allonso), Karmona, Tellez, Contra, Desio, Geli, Tomic, Jordi Cruyff, Astudillo (46. Magno), Javi Moreno (65. Pablo). **Schiedsrichter:** Veissiere (Frankreich). **Tore:** 1:0 Babbel (3.), 2:0 Gerrard (16.), 2:1 Ivan Alonso (27.), 3:1 McAllister (41.), 3:2 Javi Moreno (48.), 3:3 Javi Moreno (51.), 4:3 Fowler (73.), 4:4 Jordi Cruyff (89.), 5:4 Geli (117., Golden Goal, Eigentor). **Zuschauer:** 48000

Gewichtheben/Superschwergewicht

	Reißen	Stoßen	Zweikampf
Weltrekordhalter (Land)			
Weltstandard (seit 1.1.1998)		262,5 kg	
Hossein Rezazadeh (IRN)	212,5 kg		472,5 kg

Leichtathletik

Weltmeisterschaften (Edmonton/CAN, 3.–12.8.)

Disziplin	Sieger (Land)	Leistung
Männer		
100 m	Maurice Greene (USA)	9,82
200 m	Konstandinos Kederis (GRE)	20,04
400 m	Arvard Moncur (BAH)	44,64
800 m	André Bucher (SUI)	1:43,70
1500 m	Hicham El Guerrouj (MAR)	3:30,68
5000 m	Richard Limo (KEN)	13:00,77
10 000 m	Charles Kamathi (KEN)	27:53,26
Marathon	Gezaghne Abera (ETH)	2:12:42
110 m Hürden	Allen Johnson (USA)	13,04
400 m Hürden	Felix Sanchez (DOM)	47,49
3000 m Hindernis	Reuben Kosgei (KEN)	8:15,16
4 x 100 m	USA	37,96
4 x 400 m	USA	2:57,54
20 km Gehen	Wladimir Raskasow (RUS)	1:20:31
50 km Gehen	Robert Korzeniowski (POL)	3:42:08
Hochsprung	Martin Buß (GER)	2,36
Stabhochsprung	Dimitri Markow (AUS)	6,05
Weitsprung	Ivan Pedroso (CUB)	8,40
Dreisprung	Jonathan Edwards (GBR)	17,92
Kugelstoß	John Godina (USA)	21,87
Diskuswurf	Lars Riedel (GER)	69,72
Hammerwurf	Szymon Ziolkowski (POL)	83,38
Speerwurf	Jan Zelezny (CZE)	92,80
Zehnkampf	Thomas Dvorak (CZE)	8902
Frauen		
100 m	Shanna Pintusewitsch-Block (UKR)	10,82
200 m	Marion Jones (USA)	22,39
400 m	Amy Mbacke Thiam (SEN)	49,86
800 m	Maria Mutola (MOZ)	1:57,17
1500 m	Gabriela Szabo (ROM)	4:00,57
5000 m	Olga Jegorowa (RUS)	15:03,39
10 000 m	Derartu Tulu (ETH)	31:48,81
Marathon	Lidia Simon (ROM)	2:26:01
100 m Hürden	Anjanette Kirkland (USA)	12,42
400 m Hürden	Nezha Bidouane (MAR)	53,34
4 x 100 m	USA	41,71
4 x 400 m	Jamaika	3:20,65
20 km Gehen	Olimpiada Iwanowa (RUS)	1:27:48
Hochsprung	Hestrie Cloete (RSA)	2,00
Stabhochsprung	Stacy Dragila (USA)	4,75
Weitsprung	Fiona May (ITA)	7,02
Dreisprung	Tatjana Lebedewa (RUS)	15,25
Kugelstoß	Janina Koroltschik (BLR)	20,61
Diskuswurf	Natalja Sadowa (RUS)	68,57
Hammerwurf	Yipsi Moreno (CUB)	70,65
Speerwurf	Osleydis Menendez (CUB)	69,53
Siebenkampf	Jelena Prochorowa (RUS)	6694

Deutsche Meisterschaften (Stuttgart, 29.6.– 1.7.)

Disziplin	Sieger (Vereinsort)	Leistung
Männer		
100 m	Tim Goebel (Köln)	10,21

Disziplin	Sieger (Vereinsort)	Leistung
200 m	Alexander Kosenkow (Wattenscheid)	20,64
400 m	Lars Figura (Dortmund)	45,93
800 m	René Herms (Pirna)	1:46,81
1500 m	Wolfram Müller (Pirna)	3:37,61
5000 m	Jan Fitschen (Wattenscheid)	13:41,75
10 000 m[1]	Thomas Greger (Hatzenbühl)	28:41,16
Halbmarathon Straße[2]	Carsten Eich (Fürth/München)	1:03:50
Mannschaft	SC DHfK Leipzig	3:15:40
Marathon[3]	Michael Fietz (Wattenscheid)	2:16:23
110 m Hürden	Mike Fenner (Wattenscheid)	13,49
400 m Hürden	Jan Schneider (Kindelsberg-Kreuztal)	49,63
3000 m Hindernis	Ralf Aßmus (Großengottern)	8:28,33
4 x 100 m	LG Salamander Kornwestheim	39,32
4 x 400 m	LG Olympia Dortmund I	3:05,66
3 x 1000 m[1]	TSV Bayer 04 Leverkusen I	7:14,86
10 km Gehen	Andreas Erm (Naumburg)	40:42,00
20 km Gehen[4]	Andreas Erm (Naumburg)	1:21:40
50 km Gehen[4]	Denis Franke /Fürth/München)	4:00:00
Mannschaft	LAC Quelle Fürth/München 1860	13:01:55
10 km Straßenlauf[5]	Tereffe Desaleng (Frankfurt/Main)	29:00
Mannschaft	TV Wattenscheid I	1:27:21
Hochsprung	Martin Buß (Leverkusen)	2,30
Stabhochsprung	Richard Spiegelburg (Leverkusen)	5,85
Weitsprung	Schahriar Bigdeli (Leverkusen)	8,05
Dreisprung	Thomas Moede (Berlin)	16,90
Kugelstoß	Oliver-Sven Buder (Ingolstadt)	19,97
Diskuswurf	Lars Riedel (Chemnitz)	67,28
Hammerwurf	Karsten Kobs (Leverkusen)	75,61
Speerwurf	Peter Blank (Frankfurt/Main)	88,70
Zehnkampf[6]	Jörg Goedicke (Berliner SC)	7801
Mannschaft	LG Domspitzmilch Regensburg	21 744
Frauen		
100 m	Gabi Rockmeier (Dortmund)	11,17
200 m	Gabi Rockmeier (Dortmund)	22,68
400 m	Grit Breuer (Magdeburg)	49,78
800 m	Yvonne Teichmann (Magdeburg)	2:01,78
1500 m	Kathleen Friedrich (Chemnitz)	4:15,17
5000 m	Sabrina Mockenhaupt (Sieg)	16:04,27
10 000 m[1]	Luminita Zaituc (Braunschweig)	32:35,90
Halbmarathon Straße[2]	Petra Wassiluk (Frankfurt/Main)	1:10:36
Mannschaft	LG Seesen	3:56:36
Marathon[3]	Luminita Zaituc (Braunschweig)	2:26:01
100 m Hürden	Kirsten Bolm (Köln)	12,98
400 m Hürden	Heike Meißner (Chemnitz)	55,03
4 x 100 m	LG Olympia Dortmund	42,99
4 x 400 m	TSV Bayer 04 Leverkusen	3:33,16
3 x 800 m[1]	TSV Bayer 04 Leverkusen I	6:26,99
5000 m Bahngehen	Melanie Seeger (Potsdam)	21:20,76
20 km Gehen[4]	Melanie Seeger (Potsdam)	1:30:52
10 km Straßenlauf[5]	Luminita Zaituk (Braunschweig)	32:40
Mannschaft	LG Braunschweig	1:44:57
Hochsprung	Alina Astafei (Mannheim)	1,84
Stabhochsprung	Annika Becker (Rotenburg)	4,55
Weitsprung	Heike Drechsler (Karlsruhe)	6,65
Dreisprung	Nicole Herschmann (Berlin)	13,54
Kugelstoß	Nadine Kleinert-Schmitt (Magdeburg)	18,69
Diskuswurf	Franka Dietzsch (Neubrandenburg)	63,31
Speerwurf	Steffi Nerius (Leverkusen)	61,26
Hammerwurf	Kirsten Münchow (Frankfurt)	66,72
Siebenkampf[6]	Karin Ertl (Fürth/München)	6152
Mannschaft	VfL Kamen	12729

[1] 18./19.5., Kandel [2] 24.3., Arnstadt [3] 28.10., Frankfurt/Main, [4] 8.4., Naumburg

[5] 23.9., Troisdorf, [6] 24.–26.8., Vaterstetten

Leichtathletik (Fortsetzung)
Weltrekorde (Stand: 15.11.2001)

Disziplin	Name (Land)	Leistung	Datum	Ort
Männer				
100 m	Maurice Greene (USA)	9,79	16. 6.1999	Athen
200 m	Michael Johnson (USA)	19,32	1. 8.1996	Atlanta
400 m	Michael Johnson (USA)	43,18	26. 8.1999	Sevilla
800 m	Wilson Kipketer (DEN)	1:41,11	24. 8.1997	Köln
1000 m	Noa Ngeny (KEN)	2:11,96	5. 9.1999	Rieti
1500 m	Hicham El Guerrouj (MAR)	3:26,00	14. 7.1998	Rom
Meile	Hicham El Guerrouj (MAR)	3:43,13	7. 7.1999	Rom
2000 m	Hicham El Guerrouj (MAR)	4:44,79	7. 9.1999	Berlin
3000 m	Daniel Komen (KEN)	7:20,67	1. 9.1996	Rieti
5000 m	Haile Gebrselassie (ETH)	12:39,36	13. 6.1998	Helsinki
10 000 m	Haile Gebrselassie (ETH)	26:22,75	1. 6.1998	Hengelo
110 m Hürden	Colin Jackson (GBR)	12,91	20. 8.1993	Stuttgart
400 m Hürden	Kevin Young (USA)	46,78	6. 8.1992	Barcelona
3000 m Hindernis	Brahim Boulami (MAR)	7:55,28	24. 8.2001	Brüssel
4 x 100 m	USA	37,40	8. 8.1992	Barcelona
4 x 200 m	Santa Monica Track Club (USA)	1:18,68	17. 4.1994	Walnut
4 x 400 m	USA	2:54,20	22. 7.1998	New York
4 x 800 m	Großbritannien	7:03,89	30. 8.1982	London
4 x 1500 m	BR Deutschland	14:38,80	17. 8.1977	Köln
20 km Gehen	Bernardo Segura (MEX)	1:17:25,6	8. 5.1994	Fana
50 km Gehen	Thierry Toutain (FRA)	3:40:57,9	29. 9.1996	Berlin
Hochsprung	Javier Sotomayor (CUB)	2,45	27. 7.1993	Salamanca
Stabhochspr.	Sergei Bubka (UKR)	6,14	31. 7.1994	Sestriere
Weitsprung	Mike Powell (USA)	8,95	30. 8.1991	Tokio
Dreisprung	Jonathan Edwards (GBR)	18,29	7. 8.1995	Göteborg
Kugelstoß	Randy Barnes (USA)	23,12	6. 6.1990	Los Angeles
Diskuswurf	Jürgen Schult (GER*)	74,08	6. 6.1986	Neubrandenburg
Hammerwurf	Juri Sedych (URS)	86,74	30. 8.1986	Stuttgart
Speerwurf	Jan Zelezny (CZE)	98,48	25. 8.1996	Jena
Zehnkampf	Roman Sebrle (CZE)	9026	26./27.5. 2001	Götzis
Frauen				
100 m	Florence Griffith-Joyner (USA)	10,49	16. 7.1988	Indianapolis
200 m	Florence Griffith-Joyner (USA)	21,34	29. 9.1988	Seoul
400 m	Marita Koch (GER*)	47,60	6.10.1985	Canberra
800 m	Jarmila Kratochvilova (TCH)	1:53,28	26. 7.1983	München
1000 m	Swetlana Masterkowa (RUS)	2:28,98	23. 8.1996	Brüssel
1500 m	Yunxia Qu (CHN)	3:50,46	11. 9.1993	Peking
Meile	Swetlana Masterkowa (RUS)	4:12,56	14. 8.1996	Zürich
3000 m	Junxia Wang (CHN)	8:06,11	13. 9.1993	Peking
5000 m	Jiang Bo (CHN)	14:28,09	23.10.1997	Schanghai
10 000 m	Junxia Wang (CHN)	29:31,78	8. 9.1993	Peking
100 m Hürden	Jordanka Donkova (BUL)	12,21	20. 8.1988	Stara Zagora
400 m Hürden	Kim Batten (USA)	52,61	11. 8.1995	Göteborg
4 x 100 m	Deutschland*	41,37	6.10.1985	Canberra
4 x 200 m	Deutschland*	1:28,15	9. 8.1980	Jena
4 x 400 m	UdSSR	3:15,17	1.10.1988	Seoul
4 x 800 m	UdSSR	7:50,17	5. 8.1984	Moskau
5 km Gehen	Kerry Saxby (AUS)	20:13,26	25. 2.1996	Perth
10 km Gehen	Nadeshda Rjashkina (URS)	41:56,23	24. 7.1990	Seattle
Hochsprung	Stefka Kostadinowa (BUL)	2,09	30. 8.1987	Rom
Stabhoch	Stacy Dragila (USA)	4,81	9. 6.2001	Palo Alto
Weitsprung	Galina Tschistjakowa (URS)	7,52	11. 6.1988	Leningrad
Dreisprung	Inessa Krawetts (URS)	15,50	10. 8.1995	Göteborg
Kugelstoß	Natalja Lissowskaja (URS)	22,63	7. 6.1987	Moskau
Hammerwurf	Mihaela Melinte (ROM)	76,07	29. 8.1999	Rüdlingen
Diskuswurf	Gabriele Reinsch (GER*)	76,80	9. 7.1988	Neubrandenburg
Speerwurf	Osleydis Menendez (CUB)	71,54	1. 7.2001	Kreta
Siebenkampf	Jackie Joyner-Kersee (USA)	7291	23./24. 9. 1988	Seoul

* bis 3.10.1990 GDR

Deutsche Rekorde (Stand: 15.11.2001)

Disziplin	Name (Vereinsort)	Leistung	Datum	Ort
Männer				
100 m	Frank Emmelmann (Magdeburg)	10,06	22. 9.1985	Berlin
200 m	Frank Emmelmann (Magdeburg)	20,23	18. 8.1985	Moskau
400 m	Thomas Schönlebe (Chemnitz)	44,33	3. 9.1987	Rom
800 m	Willi Wülbeck (Wattenscheid)	1:43,65	9. 8.1983	Helsinki
1000 m	Willi Wülbeck (Wattenscheid)	2:14,53	1. 7.1980	Oslo
1500 m	Thomas Wessinghage (Mainz)	3:31,58	27. 8.1980	Koblenz
Meile	Jens-Peter Herold (Potsdam)	3:49,22	2. 7.1988	Oslo
3000 m	Dieter Baumann (Leverkusen)	7:30,50	8. 8.1998	Monte Carlo
5000 m	Dieter Baumann (Leverkusen)	12:54,70	13. 8.1997	Zürich
10 000 m	Dieter Baumann (Leverkusen)	27:21,43	5. 4.1997	Baracaldo
110 m Hürden	Florian Schwarthoff (Heppenheim)	13,05	2. 7.1995	Bremen
400 m Hürden	Harald Schmid (Gelnhausen)	47,48	8. 9.1982	Athen
3000 m Hindernis	Damian Kallabis (Berlin)	8:09,64	11. 8.1999	Zürich
4 x 100 m	DLV*	38,29	9. 7.1982	Chemnitz
4 x 400 m	DLV*	2:59,86	23. 6.1985	Erfurt
20 km Gehen	Andreas Erm (Berlin)	1:18:42	17. 6.2000	Eisenhüttenstadt
50 km Gehen	Robert Ihly (Offenburg)	3:52:46,6	29. 9.1996	Berlin
Hochsprung	Carlo Thränhardt (Köln)	2,37	2. 9.1984	Rieti
Stabhochspr.	Tim Lobinger (Köln)	6,00	24. 8.1997	Köln
Weitsprung	Lutz Dombrowski (Chemnitz)	8,54	28. 7.1980	Moskau
Dreisprung	Ralf Jaros (Wattenscheid)	17,66	30. 6.1991	Frankfurt
Kugelstoß	Ulf Timmermann (Berlin)	23,06	22. 5.1988	Chanin
Diskuswurf	Jürgen Schult (Schwerin)	74,08	6. 6.1986	Neubrandenburg
Hammerwurf	Ralf Haber (Chemnitz)	83,40	16. 5.1988	Athen
Speerwurf	Raymond Hecht (Wattenscheid)	92,60	23. 7.1995	Oslo
Zehnkampf	Jürgen Hingsen (Uerdingen)	8832	8./9.6.1984	Mannheim
Frauen				
100 m	Marlies Göhr (Jena)	10,81	8. 6.1983	Berlin
200 m	Heike Drechsler (Jena)	21,71	29. 6.1986	Jena**
400 m	Marita Koch (Rostock)	47,60	6.10.1985	Canberra
800 m	Sigrun Wodars (Neubrandenburg)	1:55,26	31. 8.1987	Rom

iszeplin	Name (Vereinsort)	Leistung	Datum	Ort
)00 m	Christine Wachtel (Neubrandenburg)	2:30,67	17. 8.1990	Berlin
500 m	Christine Wartenberg (Halle)	3:57,71	1. 8.1980	Moskau
eile	Ulrike Bruns (Potsdam)	4:21,59	21. 8.1985	Zürich
)00 m	Irina Mikitenko (Frankfurt)	8:30,39	11. 8.2000	Zürich
)00 m	Irina Mikitenko (Frankfurt)	14:42,03	7. 9.1999	Berlin
) 000 m	Kathrin Ullrich (Berlin)	31:03,62	30. 6.1991	Frankfurt
00 m Hürden	Bettine Jahn (Chemnitz)	12,42	8. 6.1983	Berlin
)0 m Hürden	Sabine Busch (Erfurt)	53,24	21. 8.1987	Potsdam
x 100 m	DLV*	41,37	6.10.1985	Canberra
x 400 m	DLV*	3:15,92	3. 6.1984	Erfurt
km Gehen	Beate Anders (Berlin)	20:07,52	23. 6.1990	Rostock
) km Gehen	Beate Anders (Berlin)	42:11,50	15. 5.1992	Bergen
ochsprung	Heike Henkel (Leverkusen)	2,05	31. 8.1991	Tokio
tabhochspr.	Annika Becker (Rotenburg/Bebra)	4,55	1. 7.2001	Stuttgart
/eitsprung	Heike Drechsler (Jena)	7,48	9. 7.1988	Neubrandenburg
reisprung	Helga Radtke (Fürth/München)	14,46	3. 7.1994	Erfurt
ugelstoß	Ilona Slupianek (Berlin)	22,45	11. 5.1980	Potsdam
iskuswurf	Gabriele Reinsch (Cottbus)	76,80	9. 7.1988	Neubrandenburg
lammerwurf	Kirsten Münchow (Frankfurt/Main)	69,28	29. 9.2000	Sydney
peerwurf	Tanja Damaske (Berlin)	66,91	4. 7.1999	Erfurt
iebenkampf	Sabine Braun (Wattenscheid)	6985	30./31. 5. 1992	Götzis

ois 3.10.1990 DVfL-Auswahlmannschaft ** egalisiert

ferdesport

)isziplin/Turnier	Sieger	Pferd	Ort, Tag
Galopprennen			
)eutsches Derby	John Reid	Boreal	Hamburg, 1.7.
rix de L'Arc e Triomphe	Lanfranco Dettori	Sakhee	Paris, 7.10.
rabrennen			
)eutsches Derby	Heinz Wewering	Oscar Schindler	Berlin, 5.8.
rix d'Amerique	Giampaolo Minucci	Varenne	Paris, 28.1.
urniersport			
pringreiten			
/eltcup	Markus Fuchs (SUI)	Tinka's Boy	Göteborg, 22.4.
uropameister	Ludger Beerbaum (GER)	Gladdys S	Arnheim 1.7.
Mannschaft	Irland		Arnheim 30.6.
)eutsche Meister	Ludger Beerbaum	Goldfever	Münster, 15.7.
Damen	Meredith Michaels-Beerbaum	Shutterfly	Münster, 14.7.
)eutsches Derby	Franke Sloothaak (GER)	Landdame	Hamburg, 27.5.
Dressur			
/eltcup	Ulla Salzgeber (GER)	Rusty	Aarhus, 8.4.
uropameister	Ulla Salzgeber (GER)	Rusty	Verden, 12.8.
Mannschaft	Deutschland		Verden, 10.8.
)eutsche Meister	Rudolf Zeilinger	Livinjo	Münster, 15.7.
Damen	Nadine Capellmann	Farbenfroh	Münster, 14.7.

Disziplin/Turnier	Sieger	Pferd	Ort, Tag
Military			
Europameister	Pippa Funnell (GBR)	Supreme Rock	Pau, 13.10.
Mannschaft	Großbritannien		Pau, 14.10.
Deutscher Meister	Ingrid Klimke	Robinson's Concord	Luhmühlen
Dt. Derby	Dr. Bettina Hörich	Dusty Ches	Hamburg, 13.5.

Radsport

Disziplin, Datum	Platzierung, Name (Land)	Zeit, Rückstand
Straßenweltmeisterschaft (Lissabon/Portugal, 8.–14.10.)		
Männer 14.10.	1. Oscar Freire Gomez (ESP)	6:07:21
	2. Paolo Bettini (ITA)	gl. Zeit
	3. Andrej Hauptmann (SLO)	gl. Zeit
Frauen 13.10.	1. Rasa Polikeviciute (LIT)	3:12:05
	2. Edita Pucinskaite (LIT)	gl. Zeit
	3. Jeannie Longo-Ciprelli (FRA)	gl. Zeit
Rundfahrten (Etappen)		
Tour de France (20) Datum: 7.–29.7. Länge: 3453 km	1. Lance Armstrong (USA)	86:17:28
	2. Jan Ullrich (GER)	+ 6:44
	3. Joseba Beloki (ESP)	+9:05
Giro d'Italia (22) Datum: 20.5.–10.6.	1. Gilberto Simoni (ITA)	89:02:58
	2. Abraham Olano (ESP)	+ 7:31
	3. Unai Osa (ESP)	+8:37

Schwimmen

Weltmeisterschaften (Fukuoka/JPN, 22.7.–29.7.)

Disziplin		Sieger (Land)	Leistung
Männer			
Freistil	50 m	Anthony Ervin (USA)	22,09
Freistil	100 m	Anthony Ervin (USA)	48,33
Freistil	200 m	Ian Thorpe (AUS)	1:44,06
Freistil	400 m	Ian Thorpe (AUS)	3:40,17
Freistil	1500 m	Grant Hackett (AUS)	14:34,56
Freistil	4 x 100 m	Australien	3:14,10
Freistil	4 x 200 m	Australien	7:04,66
Brust	50 m	Oleg Lisogor (UKR)	27,52
Brust	100 m	Roman Sludnow (RUS)	1:00,16
Brust	200 m	Brendan Hansen (USA)	2:10,69
Delfin	50 m	Geoff Huegill (AUS)	23,50
Delfin	100 m	Lars Frolander (SWE)	52,10
Delfin	200 m	Michael Phelps (USA)	1:54,58
Rücken	50 m	Randall Bal (USA)	25,34
Rücken	100 m	Matt Welsh (AUS)	54,31
Rücken	200 m	Aaron Peirsol (US)	1:57,13
Lagen	200 m	Massimiliano Rosolino (ITA)	1:59,71
Lagen	400 m	Alessio Boggiatto (ITA)	4:13,15
Lagen	4 x 100 m	Australien	3:35,35
Lange Strecke 5 km		Luca Baldini (ITA)	55,37
Lange Strecke 10 km		Jewgeni Besrutschenko (RUS)	2:01:04
Lange Strecke 25 km		Juri Kudinow (RUS)	5:25:32
Kunstspringen			
1-m-Brett		Feng Wang (CHN)	444,03
3-m-Brett		Dimitri Sautin (RUS)	725,82
Turmspringen		Liang Tian (CHN)	688,77
Synchronspringen			
3-m-Brett		China	342,63
Turm		China	361,41
Wasserball		Spanien	

Schwimmen/Weltmeisterschaften (Fortsetzung)

Disziplin		Sieger (Land)	Leistung
Frauen			
Freistil	50 m	Inge de Bruijn (NED)	24,47
Freistil	100 m	Inge de Bruijn (NED)	54,18
Freistil	200 m	Giaan Rooney (AUS)	1:58,57
Freistil	400 m	Jana Klotschkowa (UKR)	4:07,30
Freistil	800 m	Hannah Stockbauer (GER)	8:24,66
Freistil	4 x 100 m	Deutschland	3:39,58
Freistil	4 x 200 m	Großbritannien	7:58,69
Brust	50 m	Xuejuan Luo (CHN)	30,84
Brust	100 m	Xuejuan Luo (CHN)	1:07,18
Brust	200 m	Agnes Kovacs (HUN)	2:24,90
Delfin	50 m	Inge de Bruijn (NED)	25,90
Delfin	100 m	Petria Thomas (AUS)	58,27
Delfin	200 m	Petria Thomas (AUS)	2:06,73
Rücken	50 m	Haley Cope (USA)	28,51
Rücken	100 m	Natalie Coughlin (USA)	1:00,37
Rücken	200 m	Diana Mocanu (ROM)	2:09,94
Lagen	200 m	Martha Bowen (USA)	2:11,93
Lagen	400 m	Jana Klotschkowa (UKR)	4:36,98
Lagen	4 x 100 m	Australien	4:01,50
Lange Strecke 5 km		Viola Valli (ITA)	1:00,23
Lange Strecke 10 km		Peggy Büchse (GER)	2:17,32
Lange Strecke 25 km		Viola Valli (ITA)	5:56:51
Kunstspringen			
1-m-Brett		Blythe Hartley (CAN)	300,81
3-m-Brett		Jingjing Guo (CHN)	596,67
Turmspringen		Mian Xu (CHN)	532,65
Synchronspringen			
3-m-Brett		China	347,31
Turm		China	329,94
Wasserball		Italien	
Synchronschwimmen			
Einzel		Olga Brusnikina (RUS)	99,434
Duett		Japan	98,910
Gruppe		Russland	98,917

Deutsche Meisterschaften (16.–20.5., Braunschweig)

Disziplin		Sieger (Vereinsort)	Leistung
Männer			
Freistil	50 m	Torsten Spanneberg (Berlin)	22,78
Freistil	100 m	Mitja Zastrow (Wuppertal)	50,20
Freistil	200 m	Stefan Herbst (Leutzsch)	1:49,65
Freistil	400 m	Heiko Hell (Elmshorn)	3:52,17
Freistil	1500 m	Heiko Hell (Elmshorn)	15:22,98
Freistil	4 x 100 m	EMSC München	3:26,91
Freistil	4 x 200 m	SGS Hannover	7:35,57
Brust	50 m	Mark Warnecke (DSV)	28,38
Brust	100 m	Jens Kruppa (Riesa)	1:03,03
Brust	200 m	Michael Fischer (Cannstadt)	2:17,70
Delfin	50 m	Thomas Rupprath (Wuppertal/Uerdingen)	23,86
Delfin	100 m	Thomas Rupprath (Wuppertal/Uerdingen)	52,60
Delfin	200 m	Thomas Rupprath (Wuppertal/Uerdingen)	1:56,96
Rücken	50 m	Stev Theloke (Chemnitz)	25,74
Rücken	100 m	Steffen Driesen (Wuppertal/Uerdingen)	55,13
Rücken	200 m	Steffen Driesen (Wuppertal/Uerdingen)	2:01,11
Lagen	200 m	Jirka Letzin (Leipzig)	2:02,65
Lagen	400 m	Jirka Letzin (Leipzig)	4:22,76
Lange Strecke 5 km[1]		Thomas Lurz (Würzburg)	55:15,00

Disziplin		Sieger (Vereinsort)	Leistung
Kunstspringen[2]			
1-m-Brett		Christian Löffler (Rostock)	389,5
3-m-Brett		Andreas Wels (Halle)	645,2
Turmspringen		Jan Hempel (Dresden)	683,8
Synchron 3-m-Brett		Andreas Wels (Halle) Tobias Schellenberg (Leipzig)	336,9
Synchron Turm		Jan Hempel (Dresden) Heiko Meyer (Dresden)	327,0
Wasserball		Spandau 04 Berlin	
Frauen			
Freistil	50 m	Sandra Völker (Hamburg)	24,7
Freistil	100 m	Sandra Völker (Hamburg)	54,5
Freistil	200 m	Sara Harstick (Hildesheim)	2:00,8
Freistil	400 m	Hannah Stockbauer (Erlangen)	4:13,1
Freistil	800 m	Hannah Stockbauer (Erlangen)	8:35,4
Freistil	4 x 100 m	SG Hildesheim	3:55,7
Freistil	4 x 200 m	SG Hildesheim	8:29,0
Brust	50 m	Simone Weiler (Heidelberg)	32,2
Brust	100 m	Simone Weiler (Heidelberg)	1:10,2
Brust	200 m	Simone Weiler (Heidelberg)	2:30,3
Delfin	50 m	Daniela Samulski (Berlin)	27,5
Delfin	100 m	Annika Mehlhorn (Baunatal)	59,8
Delfin	200 m	Annika Mehlhorn (Baunatal)	2:09,1
Rücken	50 m	Sandra Völker (Hamburg)	28,5
Rücken	100 m	Sandra Völker (Hamburg)	1:01,5
Rücken	200 m	Nicole Hetzer (Magdeburg)	2:12,9
Lagen	200 m	Annika Mehlhorn (Baunatal)	2:13,8
Lagen	400 m	Annika Mehlhorn (Baunatal)	4:41,1
Lange Strecke 5 km[1]		Peggy Büchse (Rostock)	59:46,0
Kunstspringen[2]			
1-m-Brett		Heike Fischer (Leipzig)	286,3
3-m-Brett		Heike Fischer (Leipzig)	524,8
Turmspringen		Christin Steuer (Berlin)	516,4
Synchron 3-m-Brett		Ditte Kotzian (Berlin) Conny Schmalfuß (Berlin)	280,32
Synchron Turm		Annika Walter (Rostock) Anke Piper (Rostock)	292,77
Synchronschwimmen			
Einzel		Gabi Kornbichler (Karlsfeld)	83,523
Duett		Gabi Kornbichler/Bettina Wrase (Karlsfeld)	82,200
Gruppe		TSB Flensburg	84,573

[1] Großkotzenburg, [2] Leipzig

Weltrekorde (Stand 15.11.2001)

Disziplin	Name (Land)	Leistung	Datum	Ort
Männer				
Freistil 50 m	Alexander Popow (RUS)	21,64	16. 6.2000	Moskau
Freistil 100 m	Pieter van den Hoogenband (NDL)	47,84	20. 9.2000	Sydney
Freistil 200 m	Ian Thorpe (AUS)	1:44,69	22. 7.2001	Fukuoka
Freistil 400 m	Ian Thorpe (AUS)	3:40,17	22. 7.2001	Fukuoka
Freistil 800 m	Ian Thorpe (AUS)	7:39,16	24. 7.2001	Fukuoka
Freistil 1500 m	Grant Hackett (AUS)	14:34,56	9. 7.2001	Fukuoka
Freistil 4x100 m	Australien	3:13,67	16. 9.2000	Sydney
Freistil 4x200 m	Australien	7:04,66	27. 7.2001	Fukuoka
Brust 50 m	Ed Moses (USA)	27,39	31. 3.2001	Austin
Brust 100 m	Roman Sludnow (RUS)	59,94	23. 7.2001	Fukuoka
Brust 200 m	Mike Barrowman (USA)	2:10,16	29. 7.1992	Barcelona
Delfin 50 m	Geoff Huegill (AUS)	23,44	27. 7.2001	Fukuoka
Delfin 100 m	Michael Klim (AUS)	51,81	12.12.1999	Canberra

Disziplin	Name (Land)	Leistung	Datum	Ort
Delfin 200 m	Michael Phelps (USA)	1:54,58	24. 7.2001	Fukuoka
Rücken 50 m	Lenny Krazelburg (USA)	24,99	28. 8.1999	Sydney
Rücken 100 m	Lenny Krazelburg (USA)	53,60	24. 8.1999	Sydney
Rücken 200 m	Lenny Krazelburg (USA)	1:55,87	27. 8.1999	Sydney
Lagen 200 m	Jani Sievinen (FIN)	1:58,16	11. 9.1994	Rom
Lagen 400 m	Tom Dolan (USA)	4:11,76	17. 9.2000	Sydney
Lagen 4×100 m	USA	3:33,73	23. 9.2000	Sydney
Frauen				
Freistil 50 m	Inge de Bruijn (NED)	24,13	22. 9.2000	Sydney
Freistil 100 m	Inge de Bruijn (NED)	53,77	20. 9.2000	Sydney
Freistil 200 m	Franziska van Almsick (GER)	1:56,78	6. 9.1994	Rom
Freistil 400 m	Janet Evans (USA)	4:03,85	22. 9.1988	Seoul
Freistil 800 m	Janet Evans (USA)	8:16,22	20. 8.1989	Tokio
Freistil 1500 m	Janet Evans (USA)	15:52,10	26. 3.1988	Orlando
Freistil 4×100 m	USA	3:36,61	16. 9.2000	Sydney
Freistil 4×200 m	Deutschland*	7:55,47	18. 8.1987	Straßburg
Brust 50 m	Penelope Heyns (RSA)	30,60	29. 9.1999	Durban
Brust 100 m	Penelope Heyns (RSA)	1:05,40	27. 9.1999	Durban
Brust 200 m	Hui Qi (CHN)	2:22,99	13. 4.2001	Hangzhou
Delfin 50 m	Inge de Bruijn (NED)	25,64	26. 5.2000	Sheffield
Delfin 100 m	Inge de Bruijn (NED)	56,61	17. 9.2000	Sydney
Delfin 200 m	Susan O'Neill (AUS)	2:05,81	17. 5.2000	Sydney
Rücken 50 m	Sandra Völker (GER)	28,25	17. 6.2000	Berlin
Rücken 100 m	Zihong He (CHN)	1:00,16	10. 9.1994	Rom
Rücken 200 m	Krisztina Egerszegy (HUN)	2:06,62	25. 8.1991	Athen
Lagen 200 m	Yan Yan Wu (CHN)	2:09,72	17.10.1997	Schanghai
Lagen 400 m	Jana Klotschkowa (UKR)	4:33,59	16. 9.2000	Sydney
Lagen 4×100 m	USA	3:58,30	23. 9.2000	Sydney

* bis 3.10.1990 GDR

Deutsche Rekorde (Stand: 15.11.2001)

Disziplin	Name	Leistung	Datum	Ort
Männer				
Freistil 50 m	Nils Rudolph	22,31	24. 8.1991	Athen
Freistil 100 m	Torsten Spanneberg	49,35	27. 7.2001	Fukuoka
Freistil 200 m	Michael Groß	1:47,44	29. 7.1984	Los Angeles
Freistil 400 m	Uwe Daßler	3:46,95	23. 9.1988	Seoul
Freistil 800 m	Jörg Hoffmann	7:52,55	13. 1.1991	Perth
Freistil 1500 m	Jörg Hoffmann	14:50,36	13. 1.1991	Perth
Freistil 4×100 m	DSV	3:17,20	23. 7.1996	Atlanta
Freistil 4×200 m	DSV	7:13,10	19. 8.1987	Straßburg
Brust 50 m	Mark Warnecke	27,59	28. 7.2001	Fukuoka
Brust 100 m	Mark Warnecke	1:01,33	20. 7.1996	Atlanta
Brust 200 m	Jens Kruppa	2:15,56	22. 8.1997	Sevilla
Delfin 50 m	Thomas Rupprath	23,86	20. 5.2001	Braunschweig
Delfin 100 m	Thomas Rupprath	52,54	18. 5.2001	Braunschweig
Delfin 200 m	Michael Groß	1:56,24	28. 6.1986	Hannover
Rücken 50 m	Thomas Rupprath	25,31	24. 7.2001	Fukuoka
Rücken 100 m	Stev Theloke	54,43	29. 7.1998	New York
Rücken 200 m	Ralf Braun	1:58,42	24. 5.1996	Braunschweig
Lagen 200 m	Christian Keller	2:01,06	5. 6.1993	Potsdam
Lagen 400 m	Patrick Kühl	4:16,08	16. 8.1989	Bonn
Lagen 4×100 m	DSV	3:35,88	23. 9.2000	Sydney
Frauen				
Freistil 50 m	Sandra Völker	24,72	16. 5.2001	Braunschweig

Disziplin	Name	Leistung	Datum	Ort
Freistil 100 m	Antje Buschschulte	54,39	15. 6.2000	Berlin
Freistil 200 m	Franziska van Almsick	1:56,78	6. 9.1994	Rom
Freistil 400 m	Anke Möhring	4:05,84	17. 8.1989	Bonn
Freistil 800 m	Anke Möhring	8:19,53	22. 8.1987	Straßburg
Freistil 1500 m	Astrid Strauß	16:13,55	5. 1.1984	Austin
Freistil 4×100 m	DSV	3:39,58	23. 7.2001	Fukuoka
Freistil 4×200 m	DSV*	7:55,47	18. 8.1987	Straßburg
Brust 50 m	Sylvia Gerasch	31,39	15. 6.2000	Berlin
Brust 100 m	Silke Hörner	1:07,91	21. 8.1987	Straßburg
Brust 200 m	Silke Hörner	2:26,71	21. 9.1988	Seoul
Delfin 50 m	Daniela Samulski	27,27	16. 6.2999	Berlin
Delfin 100 m	Kristin Otto	59,00	23. 9.1988	Seoul
Delfin 200 m	Cornelia Polit	2:07,82	27. 8.1983	Rom
Rücken 50 m	Sandra Völker	28,25	17. 6.2000	Berlinl
Rücken 100 m	Ina Kleber	1:00,59	24. 8.1984	Moskau
Rücken 200 m	Dagmar Hase	2:09,46	31. 7.1992	Barcelona
Lagen 200 m	Ute Geweniger	2:11,73	4. 7.1981	Berlin
Lagen 400 m	Petra Schneider	4:36,10	1. 8.1982	Guayaquil
Lagen 4×100 m	DSV*	4:03,69	24. 8.1984	Moskau

* bis 3.10.1990 DSSV

Ski alpin

Disziplin	Herren (Land)		Damen (Land)	
Weltcup				
Gesamt	Hermann Maier (AUT)	1618	Janina Kostelic (CRO)	1256
Abfahrt	Hermann Maier (AUT)	576	Isolde Kostner (ITA)	596
Slalom	Benjamin Raich (AUT)	545	Janina Kostelic (CRO)	824
Riesen- slalom	Hermann Maier (AUT)	622	Sonja Nef (SUI)	676
Super-G	Hermann Maier (AUT)	420	Régine Cavagnoud (FRA)	577

Weltmeisterschaft (28.1.-10.2.2001, St. Anton)

	Herren	Damen
Abfahrt	Hannes Trinkl (AUT)	Michaela Dorfmeister (AUT)
Slalom	Mario Matt (AUT)	Anja Paerson (SWE)
Riesen- slalom	Michael von Grünigen (SUI)	Sonja Nef (SUI)
Super-G	Daron Rahlves (USA)	Régine Cavagnoud (FRA)
Kombination	Kjetil Andre Aamodt (NOR)	Martina Ertl (GER)

Deutsche Meister

	Herren	Damen
Abfahrt	Florian Eckert	Maria Riesch
Slalom	Andreas Ertl	Annemarie Gerg
Riesenslalom	Marco Pastore	Annemarie Gerg
Super-G	Florian Eckert	Maria Riesch

Österreichische Meister

	Herren	Damen
Abfahrt	Fritz Strobl	Stefanie Schuster
Slalom	Kurt Engl	Christine Sponring
Riesenslalom	Christoph Alster	Eveline Rohregger
Super-G	Josef Strobl	Ingrid Rumpfhuber
Kombination	Matthias Lanzinger	Stefanie Schuster

Schweizerische Meister

	Herren	Damen
Abfahrt	Silvano Beltrametti	Corinne Rey-Bellet
Slalom	Michael von Grünigen	Sonja Nef
Riesenslalom	Michael von Grünigen	Sonja Nef
Super-G	Silvano Beltrametti	Corinne Rey-Bellet
Kombination	Paul Accola	Ella Alpiger

Tennis

Meisterschaften	Ort	Datum
Wimbledon	London	25. 6.– 9. 7.
French Open	Paris	28. 5.–10. 6.
US Open	Flushing Meadow	27. 8.– 9. 9.
Australian Open	Melbourne	15. 1.–28. 1.
Intern. Deutsche	Hamburg (Herren)	14. 5.–20. 5.
	Berlin (Damen)	7. 5.–13. 5.
Masters	Sydney (Herren)	12.11.–18.11.
	München (Damen)	29.10.– 4.11.
Davis-Cup	Melbourne (AUS)	30.11.– 2.12.
Federation Cup	Madrid (ESP)	7.11.–11.11.
World Team Cup	Düsseldorf	21. 5.–27. 5.

Turnier	Sieger (Land) – Finalgegner (Land)	Ergebnis
Herren-Einzel		
Wimbledon	Goran Ivanisevic (CRO) – Patrick Rafter (AUS)	6:3, 3:6, 6:3 2:6, 9:7
French Open	Gustavo Kuerten (BRA) – Alex Corretja (ESP)	6:7, 7:5, 6:2, 6:0
US Open	Lleyton Hewitt (AUS) – Pete Sampras (USA)	7:6, 6:1, 6:1
Australian Open	Andre Agassi (USA) – Arnaud Clement (FRA)	6:4, 6:2, 6:2
Intern. Deutsche	Albert Portas (ESP) – Juan Carlos Ferrero (ESP)	4:6, 6:2, 0:6, 7:6, 7:5
Masters	Lleyton Hewitt (AUS) – Sebastian Grosjean (FRA)	6:3, 6:3, 6:4
Davis-Cup	Australien – Frankreich	2:3
World Team Cup	Australien – Russland	2:1
Damen-Einzel		
Wimbledon	Venus Williams (USA) – Justine Henin (BEL)	6:1, 3:6, 6:0
French Open	Jennifer Capriati (USA) – Kim Clijsters (BEL)	1:6, 6:4, 12:10
US Open	Venus Williams (USA) – Serena Williams (USA)	6:2, 6:4
Australian Open	Jennifer Capriati (USA) – Martina Hingis (SUI)	6:4, 6:3
Intern. Deutsche	Amelie Mauresmo (FRA) – Jennifer Capriati (USA)	6:4, 2:6, 6:3
Masters	Serena Williams (USA) – Lindsay Davenport (USA)	ohne Spiel
Federation Cup	Belgien – Russland	2:1

Turnier	Sieger (Land) – Finalgegner (Land)		Ergebnis
Herren-Doppel			
Wimbledon	Donald Johnson (USA)/ Jared Palmer (USA)	Jiri Novak (CZE)/ Davis Rygl (CZE)	6:4, 4:6, 6:3, 7:6
French Open	Mahesh Bhupathi (IND)/ Leander Paes (IND)	Petr Pala (CZE)/ Pavel Vizner (CZE)	7:6, 6:3
US-Open	Wayne Black (SIM)/ Kevin Ullyett (SIM)	Donald Johnson (USA)/ Jared Palmer (USA)	7:6, 2:6, 6:3
Australian Open	Todd Woodbridge (AUS)/ Jonas Björkman (SWE)	David Prinosil (GER)/ Byron Black (SIM)	6:1 5:7, 6:4, 6:4
Intern. Deutsche	Jonas Björkman (SWE)/ Todd Woodbridge (AUS)	Daniel Nestor (CAN)/ Sandon Stolle (AUS)	7:6, 3:6, 6:3
Damen-Doppel			
Wimbledon	Lisa Raymond (USA)/ Rennae Stubbs (AUS)	Kim Clijsters (BEL)/ Ai Sugiyama (JPN)	6:4, 6:3
French Open	Virginia Ruano Pascual (ESP)/Paola Suarez (ARG)	Jelena Dokic (YUG)/ Conchita Martinez (ESP)	6:2, 6:1
US Open	Lisa Raymond (USA)/ Rennae Stubbs (AUS)	Kimberly Po-Messerli (USA)/ Nathalie Tauziat (FRA)	6:2, 5:7, 7:5
Australian Open	Serena Williams (USA)/ Venus Williams (USA)	Lindsay Davenport (USA)/ Corina Moriariu (USA)	6:2, 4:6, 6:4
Intern. Deutsche	Els Callens (BEL)/ Meghann Shagnessy (USA)	Cara Black (SIM)/ Jelena Lichowtsewa (RUS)	6:4, 6:3
Masters	Lisa Raymond (USA)/ Rennae Stubbs (AUS)	Cara Black (SIM)/ Jelena Lichowtsewa (RUS)	7:5, 3:6, 6:3
Mixed			
Wimbledon	Daniela Hanuchova (SVK/ Leos Friedl (CZE)	Liezel Huber (RSA)/ Mike Bryan (USA)	4:6, 6:3, 6:2
French Open	Virginia Ruano-Pascual (ESP)/Tomas Carbonell (ESP)	Paola Suarez (ARG)/ Jaime Oncins (BRA)	7:5, 6:3
US-Open	Rennae Stubbs (AUS)/ Todd Woodbridge (AUS)	Lisa Raymond (USA)/ Leander Paes (IND)	6:4, 5:7, 11:9
Australian Open	Corina Moriariu (USA)/ Ellis Ferreira (RSA)	Barbara Schett (AUT)/ Joshua Eagle (AUS)	6:1, 6:3

Abkürzungen zu den Sportseiten

ALG	Algerien	DEN	Dänemark	IRL	Irland	NAM	Namibia	SUI	Schweiz
ARG	Argentinien	ECU	Ecuador	IRN	Iran	NED	Niederlande	SUR	Surinam
AUS	Australien	ESP	Spanien	ISR	Israel	NGR	Nigeria	SVK	Slowakei
AUT	Österreich	ETH	Äthiopien	ITA	Italien	NOR	Norwegen	SWE	Schweden
BAH	Bahamas	FIN	Finnland	JAM	Jamaika	NZL	Neuseeland	TCH	Tschechoslowakei
BEL	Belgien	FRA	Frankreich	JPN	Japan	PHI	Philippinen	THA	Thailand
BLR	Weißrussland	GBR	Großbritannien	KAZ	Kasachstan	POL	Polen	TRI	Trinidad
BRA	Brasilien	GDR	Deutsche	KEN	Kenia	POR	Portugal	TUR	Türkei
BUL	Bulgarien		Demokratische	KOR	Südkorea	PRK	Volksrepublik	UKR	Ukraine
CAN	Kanada		Republik (bis 1990)	LAT	Lettland		Nordkorea	URS	Sowjetunion
CHN	China	GER	Deutschland	LIT	Litauen	ROM	Rumänien		(bis 1991)
COL	Kolumbien	GRE	Griechenland	LUX	Luxemburg	RUS	Russland	USA	Vereinigte Staaten
CRO	Kroatien	HUN	Ungarn	MAR	Marokko	RSA	Südafrika		von Amerika
CUB	Kuba	INA	Indonesien	MEX	Mexiko	SCO	Schottland	YUG	Jugoslawien
CZE	Tschechische Republik	IND	Indien	MVR	Mongolei	SLO	Slowenien		

Nekrolog 2001

Bekannte Persönlichkeiten aus allen Bereichen des gesellschaftlichen Lebens, die im Jahr 2001 gestorben sind, werden – alphabetisch geordnet – in Kurzbiografien dargestellt.

Aaliyah

eigentl. Dana Haughton; US-amerikanische Sängerin (*16.1.1979 in New York), stirbt am 25. August bei einem Flugzeugabsturz über den Bahamas.
Schon als kleines Mädchen wusste die Sängerin, dass sie berühmt werden wollte. Auf diesen Traum hat sie ihr ganzes Leben lang hingearbeitet.
Aaliyah gab mit neun Jahren ihr erstes Konzert, bereits mit 15 Jahren veröffentlichte sie ihr erstes Album, das gleich mit Platin ausgezeichnet wurde. Ihre dritte und letzte Platte nannte sie »Aaliyah«. Neben ihrer erfolgreichen Karriere als Sängerin machte sie erste Schritte ins Filmbusiness. Ihr großer Traum war eine Reise nach Ägypten, am liebsten hätte sie sich mit einer Zeitmaschine zu den alten Pharaonen bringen lassen. So wollte sie in ferner Zukunft auch Ägyptologie studieren.

Douglas Adams

britischer Schriftsteller (*11.3.1952 in Cambridge), stirbt am 11. Mai in Santa Barbara/Kalifornien.
Berühmt wurde Adams 1977 mit seiner Sciencefiction-Parodie »Per Anhalter durch die Galaxis«, die sich weltweit über 15 Mio. Mal verkaufte. In dieser irrwitzigen Geschichte lässt er den Erdling Arthur Dent durchs Universum ziehen und auf die unmöglichsten Dinge stoßen.
Jahrzehnte nach der Veröffentlichung seines Romans ließ das Internet bei Kultautor Adams den Wunsch aufkommen, seine literarischen Phantasien Wirklichkeit werden zu lassen. So rief er in London das Multimedia-Unternehmen Digital Village ins Leben. Mit www.h2g2.com, deren Kürzel für den englischen Titel seines Bestsellers stehen, richtete er eine eigene Internetseite ein, die als Online-Reiseführer praktische Informationen über die Erde bieten soll. Im World Wide Web sah er die Möglichkeit zu einer von unten nach oben kontrollierten und konzipierten Welt.

Michele Alboreto

italienischer Rennfahrer (*23.12.1956 in Mailand), stirbt am 25. April bei einer Testfahrt für Audi auf dem Lausitzring in Brandenburg.
Der Italiener war von 1981 bis 1994 Formel-1-Fahrer und wurde 1985 auf Ferrari Vizeweltmeister. In insgesamt 194 Rennen konnte er mehrfach den Sieg davontragen. 80-mal fuhr er für Ferrari. Zum geflügelten Wort im Rennsport wurde Alboretos Ausspruch: »Ein neuer Rennwagen ist wie eine neue Freundin. Wenn du das erste Mal mit ihr ausgehst, kann alles himmlisch werden – oder ein Desaster.«

Henri Alekan

französischer Kameramann (*10.2.1909 in Paris), stirbt am 15. Juni in Auxerre.
Alekan drehte über 130 Filme, wobei er sich vor allem durch seine Licht- und Schatteneffekte einen Namen machte. Großen Ruhm erntete er für seine Kameraarbeit in Jean Cocteaus »Die Schöne und das Biest« (1946) und in »Der Himmel über Berlin« (1992) unter der Regie von Wim Wenders.

Jorge Amado

brasilianischer Schriftsteller (*10.8.1912 in Itabuna/Bahia), stirbt am 6. August in Salvador da Bahia.
Amado, der von klein auf mit der gnadenlosen Ausbeutung der Großgrundbesitzer konfrontiert war und die Ermordung seines Vaters – eines Kakaopflanzers – miterlebte, war der bekannteste und bedeutendste brasilianische Schriftsteller der Gegenwart. Seine – vielfach sozialkritischen – Romane spielen stets in seiner Heimat, in afro-brasilianischer Umgebung; über das Volk, sein Leben, seine Mentalität und seine Sorgen und Probleme wollte er schreiben. Amados Werke wurden in über 50 Sprachen übersetzt und erreichten Auflagen in Millionenhöhe. Am bekanntesten sind »Gabriella wie Zimt und Nelken« aus dem Jahr 1958 und »Dona Flor« von 1966. Wegen seiner sozialistischen Gesinnung wurde er in den 30er Jahren verhaftet und musste später wiederholt emigrieren. Nun wird nach dem Tod des beliebten Schriftstellers in Brasilien eine dreitägige Staatstrauer angeordnet.

Chet Atkins

Country- und Westernmusik-Produzent (*20.6.1924 in Luttrell/Tennessee), stirbt am 30. Juni in Nashville.
Chester Burton Atkins, Begründer des Nashville-Sounds und neben Johnny Cash Symbolfigur der Countrymusik, machte in den 50er Jahren, der Zeit des aufkommenden Rock und Pop, die amerikanische Volksmusik wieder populär. Die neuen Musikstile standen für ihn nicht im Widerspruch zur Countrymusik, sein Erfolgsrezept war es, beide miteinander zu verbinden. Atkins war 1949 nach Nashville, ins Mekka der Countrymusik, gekommen und erlangte bald als Musiker, Produzent und Talentsu-

cher Renommee. Sein Gitarrenspiel war unverwechselbar, mehr als hundert Platten nahm er im eigenen Namen auf. Atkins produzierte Musikgrößen wie Elvis Presley, Hank Snow, Dolly Parton und die Everly Brothers. Ausdruck seines maßgeblichen Einflusses auf die US-Volksmusik war seine Wahl in die Country Music Hall of Fame 1973.

Ernst Baier

deutscher Eiskunstläufer (*27.9.1905 in Zittau), stirbt am 8. Juli in Garmisch-Partenkirchen.
Der erfolgreichste deutsche Eiskunstläufer stand für Harmonie und Ästhetik in seinem Sport. Er nutzte die Musik nicht als bloße Untermalung, sondern interpretierte sie – eine Revolution im damaligen Eiskunstlauf. Mit seiner langjährigen Partnerin und späteren Ehefrau Maxi Herber gewann er in den Jahren 1935 bis 1939 sämtliche Welt- und Europameisterschaften. Als Einzelläufer holte er 54 Medaillen. Nach dem Krieg konnte Baier große Erfolge mit seinem Eisballett und seiner Eisrevue feiern.

Balthus

eigentl. Balthazar Klossowski de Rola; polnisch-französischer Maler (*29.2.1908 in Paris), stirbt am 18. Februar in Rossinière/Schweiz.
Als Sohn einer nach Frankreich ausgewanderten polnischen Adelsfamilie beschäftigte sich Balthus bereits in der Kindheit mit der Malerei. Vor allem der Dichter Rainer Maria Rilke erkannte früh sein Talent. Den Autodidakten interessierten insbesondere die italienischen Meister der Renaissance sowie die Surrealisten. Er malte Landschaftsbilder und Straßenszenen, vor allem aber junge Mädchen in sinnlich-erotischer und rätselhafter Szenerie. Von Kritikern als pädophiler Erotomane verurteilt, sah er in seinen Gemälden religiöse Bilder unschuldig-engelsgleicher Kinder. Doch er wollte die Menschen auch schockieren. Noch heute stoßen seine Mädchenbilder auf erheblichen Widerstand. Balthus malte nur wenig. Sein Gesamtwerk umfasst nur etwa 300 Bilder, die ihm allerdings häufig Rekordsummen einbrachten. Gegen den Willen der Académie de France des Beaux-Arts ernannte der französische Kultusminister André Malraux Balthus 1961 zum Direktor der Villa Medici in Rom, die er zu einem hoch angesehenen Künstlertreffpunkt machte. 1976 erhielt er den Grand Prix National.

Christiaan Barnard

südafrikanischer Herzchirurg (*8.11.1922 in Beaufort-West), stirbt am 2. September auf Zypern.
Wie kein anderer steht Christiaan Barnard für die Herzverpflanzung. Seine Pionieroperation im Jahr 1967 machte ihn über Nacht zu einem weltberühmten Mann, auch wenn sein erster Patient den Eingriff

nur wenige Tage überlebte und weitere Operationen wenig zufrieden stellend waren. Der eigentliche Durchbruch kam erst in den 80er Jahren, als es gelang, die Abstoßungsreaktionen des Körpers in den Griff zu bekommen.
Der als Sohn eines Missionars in einfachen Verhältnissen aufgewachsene Barnard begann nach seinen Aufsehen erregenden ersten Transplantationen ein Jetsetleben zu führen. Doch nutzte er seine Popularität auch für politische und soziale Zwecke. Er sprach sich gegen das Apartheidsystem in seiner Heimat aus und führte gegen den Protest rechter Kräfte in Südafrika an schwarzen Kindern unentgeltlich Herzoperationen durch. 1998 gründete er die Christiaan-Barnard-Stiftung, die Kindern in der ehemaligen Sowjetunion und in Simbabwe hilft. Ethische Probleme bei der Herzverpflanzung hat Barnard nie gesehen, für ihn war das Herz nicht der Sitz der Gefühle, für ihn als Wissenschaftler hatte es lediglich die Funktion einer Pumpe, die man herausnehmen, austauschen oder mit Ersatzteilen versehen kann.

Birendra Bir Bikram Schah

König von Nepal (*28.12.1945 in Katmandu), stirbt am 1. Juni in Katmandu.
Der seit 1972 herrschende Birendra war der erste Monarch des Landes, der eine Ausbildung im Ausland absolviert hatte. Zunächst übernahm er das sog. Panchayat-System, das ihm erlaubte, ganz allein und eigenmächtig zu regieren. Parteien existierten nicht. 1990 zwang ihn ein Volksaufstand dazu, ein Mehrparteiensystem einzurichten. Zwar wurde nun ein Ministerpräsident gewählt, doch nahm der König weiterhin großen Einfluss auf die Politik, die seit einigen Jahren auch durch den von Kommunisten erklärten Volkskrieg gegen die Monarchie erheblich unter Druck stand. Birendra und seine Familie starben unter mysteriösen Umständen durch eine Schießerei im Königspalast. Angeblich war sein Sohn, Kronprinz Dipendra, der ebenfalls ums Leben kam, für das Blutbad verantwortlich.

Hedwig Bollhagen

deutsche Keramikerin (*10.11.1907 in Hannover), stirbt am 8. Juni in Marwitz.
Zu DDR-Zeiten standen die Menschen Schlange nach der HB-Gebrauchskeramik mit ihrer schlichten, am Bauhaus orientierten und zeitlosen Eleganz, dem typischen Dekor aus blauen Streifen oder schwarzen Punkten auf weißem Untergrund.
Nach der Gründung der DDR blieb Bollhagen lange unbehelligt, doch 1972 wurde auch ihr Betrieb in Volkseigentum umgewandelt. Noch im hohen Alter von 85 Jahren gelang ihr nach der Wende die Reprivatisierung ihrer Werkstatt. Bis zuletzt war sie Inspiration für den Nachwuchs. Nach ihrem Tod nun will das Berliner Kunstgewerbemuseum eine Sammlung ihrer Werke anlegen.

Donald George Bradman

australischer Kricketspieler (*27.8.1908 in Cootamundra/New South Wales), stirbt am 25. Februar in Adelaide.
Bradman wurde wie ein Held verehrt, selbst die Politik riss sich um das nur 1,62 m große Kricket-Genie. Er galt als der beste Kricketspieler der Welt. Der australische Premier John Howard nannte ihn die größte Persönlichkeit seines Landes. »The Don« war in seinem Spiel perfekt, sein Schlag war beispielhaft präzise. Zum Sir geadelt, war sein Name zugleich ein Synonym für den fairen Sportler.

Vera Brühne

(*16.2.1910 in Essen), stirbt am 17. April in München.
Die ehemalige Miss Germany wurde 1962 in einem der Aufsehen erregendsten Prozesse der deutschen Nachkriegsgeschichte zu zweimaliger lebenslanger Haft verurteilt. In einem reinen Indizienprozess wurde sie für schuldig befunden, 1960 einen Münchner Arzt und dessen Haushälterin umgebracht zu haben. Zum Verhängnis wurde ihr einerseits, dass der Ermordete sie testamentarisch zur Alleinerbin eingesetzt hatte, und andererseits die – später widerrufene – Aussage ihrer Tochter, ihre Mutter habe ihr gegenüber ein Geständnis abgelegt. Vera Brühne dagegen beteuerte bis zum Schluss ihre Unschuld. 1979 ließ der bayerische Ministerpräsident Franz Josef Strauß sie begnadigen.

George Harrison

britischer Musiker (*25.2.1943 in Liverpool), stirbt am 29. November in Los Angeles an den Folgen eines Hirntumors.
George Harrison war der stille Beatle, der mit der allgemeinen Hysterie um die Pilzköpfe nicht viel anfangen konnte. Der Gitarrist war eher schüchtern und zurückhaltend, umso mehr liebten ihn seine weiblichen Fans. 1958 lernte Harrison John Lennon kennen, bereits zwei Jahre später gab es die Beatles, die dann 1962 ihren legendären Auftritt im Hamburger Star Club hatten. Aus Harrisons Feder stammen so große Hits wie »Taxman«, »Here Comes The Sun« »If I Need Someone« oder »While My Guitar Gently Weeps«. Nach dem Auseinanderbrechen der Fab Four startete Harrison, der sich in zunehmendem Maße mit indischer Musik befasste und bei Ravi Shankar Sitarunterricht nahm, erfolgreich eine Solokarriere. Einer seiner ganz großen Songs als Solist war »My Sweet Lord«. George Harrison lebte in den letzten Jahren – besonders nach der Ermordung John Lennons – zurückgezogen. Dennoch wurde auch er

1999 Opfer eines Anschlags, dem er schwer verletzt entkam. Oft sagte der stille Beatle: »Alles andere kann warten, nicht aber die Suche nach Gott.« In seiner Geburtsstadt Liverpool wehten am Tag seines Todes die Fahnen auf Halbmast.

Joe Henderson

US-amerikanischer Jazzmusiker (*24.4.1937 in Lima/Ohio), stirbt am 30. Juni in San Francisco.
Der schüchterne und medienscheue Saxophonist begann seine Laufbahn beim Militär als Mitglied der US-Army-Band. Anfang der 60er Jahre gelang ihm der Durchbruch. Dem traditionellen Jazz verbunden, stand er auch modernen Einflüssen offen gegenüber. Er spielte mit allen Jazz-Größen, unter ihnen Miles Davis, Blood, Sweat and Tears, Herbie Hancock, Chick Corea und Freddie Hubbard. Jahrzehnte nur den Kennern der Jazzszene bekannt, stand Henderson zu Beginn der 90er Jahre plötzlich im Rampenlicht als er für seine Alben »Lush Life«, »So Near, So Far« und »Double Rainbow« drei Grammys erhielt.

William R. Hewlett

US-amerikanischer Unternehmer (*20.5.1913 in Ann Arbor/Michigan), stirbt am 12. Januar in Palo Alto/Kalifornien.
Der Stanford-Absolvent gründete 1939 zusammen mit seinem Studienkollegen David Packard die Computerfirma Hewlett Packard. Begonnen hatte alles in einer Garage in Palo Alto, wo die beiden zunächst eine Elektrowerkstatt einrichteten. Mit der aufkommenden Computertechnologie kam schnell der Erfolg, ihre Garage wurde zum Ausgangspunkt für Silicon Valley, das Tal der Computerindustrie. Hewlett Packard machte sich insbesondere mit elektronischen Taschenrechnern und Laserdruckern einen Namen. Längst ist Hewletts Unternehmen ein Riesenkonzern, der zu den führenden Computerherstellern der Welt gehört.

Regine Hildebrandt

deutsche Politikerin (*26.4.1941 in Berlin), stirbt in der Nacht zum 27. November in Woltersdorf.
Vor allem ihr unentwegter und wortgewaltiger Kampf für die Belange der Menschen aus der ehemaligen DDR machten die »Mutter Courage des Ostens« populär. Im Jahr 1990 gehörte die promovierte Biologin als

Ministerin für Arbeit und Soziales der ersten frei gewählten DDR-Regierung unter Lothar de Maizière (CDU) an. Nach der Wende nahm sie Brandenburgs Regierungschef Manfred Stolpe als Sozialministerin in sein Kabinett, das Regine Hildebrandt aber 1999 verließ, als Stolpe eine Koalition mit der CDU einging. Erst wenige Tage vor ihrem Tod wurde die energiegeladene Frau mit überwältigender Mehrheit wieder in den SPD-Vorstand gewählt.

Kurt Hoffmann

deutscher Filmregisseur (*12.11.1910 in Freiburg i. Br.), stirbt am 25. Juni in München.
Hoffmann gehörte zu den großen deutschen Filmmachern der 40er und 50er Jahre. Seine Stars waren neben Heinz Rühmann u. a. Horst Buchholz und Liselotte Pulver, die er entdeckte. Zahlreiche seiner Filme wurden zu Klassikern. So drehte er 1941 »Quax der Bruchpilot«, 1955 »Ich denke oft an Piroschka«, 1957 »Die Bekenntnisse des Hochstaplers Felix Krull« sowie »Das Wirtshaus im Spessart«, 1958 dann »Wir Wunderkinder«, 1963 »Schloss Gripsholm« und 1967 »Morgens um sieben ist die Welt noch in Ordnung«.

Hans Holt

eigentl. Karl Johann Hödl; österreichischer Schauspieler (*22.11.1909 in Wien), stirbt am 3. August in Baden bei Wien.
Hans Holt war der Inbegriff des charmanten, noblen Herrn. Bekanntheit erlangte der Schauspieler, der in über 80 Filmen zu sehen war, vor allem durch Heimatfilme wie »Die Trapp-Familie«. Fast ein halbes Jahrhundert war er dem Theater in der Josefstadt in Wien treu. Besonders gern spielte er Arthur Schnitzler, Hugo von Hofmannsthal und Ferenc Molnár. Ein großer Fernseherfolg war in den 80er Jahren die Serie »Ich heirate eine Familie«.

John Lee Hooker

US-amerikanischer Bluessänger- und Gitarrist (*22.8.1917 in Clarksdale/Mississippi), stirbt am 21. Juni in San Francisco.
Der bis ins hohe Alter höchst agile schwarze Musiker gilt als ein Begründer des Blues, wobei er mit seinem speziellen Stil für Gruppen wie die »Rolling Stones«, die »Animals« und die »Yardbirds« ein Vorbild war. Seinen ersten Erfolg hatte er mit »Boogie Chillen« im Jahr 1948. Es folgte »In The Mood«. Zu Beginn der 70er Jahre nahm Hooker zusammen mit der Gruppe »Canned Heat« »Hooker 'n' Heat« auf. 1990 landete er schließlich mit seinem Album »The Healer«, das er u. a. mit Carlos Santana einspielte, einen Riesenerfolg. Die Platte avancierte zu einer der bestverkauften Blues-Scheiben überhaupt.

Faisal Husseini

Palästinensischer Politiker (*vermutl. 17.7.1940 in Bagdad), stirbt am 31. Mai in Kuwait.
Der Tod des prominenten und international angesehenen PLO-Politikers war ein schwerer Schlag für alle, die auf eine friedliche Lösung des fanatisierten palästinensisch-israelischen Konfliktes gehofft hatten. Husseini hatte sich bis zuletzt um Vermittlung bemüht, wobei er in der Sache der Palästinenser unnachgiebig blieb. Er forderte einen Palästinenserstaat und Souveränität für Ost-Jerusalem. Mit seiner gemäßigten Politik geriet er in wachsende Auseinandersetzungen mit Jasir Arafat, dessen Vorgehen er als schädlich für die Ziele der Palästinenser ablehnte. Husseini entstammte einer einflussreichen Großgrundbesitzerfamilie im alten Palästina. Sein Vater gehörte zu den führenden Gegnern der Gründung des Staates Israel; er fiel im Kampf und wurde zum Helden. Husseini begann sein Engagement für Palästina ebenfalls militant, als Mitglied der Fatah. Lange galt er als Symbolfigur der Intifada gegen die israelische Besatzung. Später gehörte er zu den Initiatoren der seit 1991 geführten geheimen Friedensgespräche in Madrid. Als offizieller Vertreter der palästinensischen Auto nomiebehörde in Ost-Jerusalem und übte das Amt des Außenministers der PLO aus.

Tove Jansson

finnische Autorin (*9.8.1914 in Helsinki), stirbt am 27. Juni in ihrer Heimatstadt.
Tove Jansson war eine der ganz Großen der Kinderliteratur. Ihre Geschichten aus dem Mumintal wurden in über 30 Sprachen übersetzt. Die anrührenden Illustrationen fertigte die Autorin selbst. Die Mumins, liebenswerte Trolle mit großer, runder Nase, wurden zu Klassikern. Diese Wesen haben allzu menschliche Verhaltensweisen, sie freuen sich, sind glücklich, aber sie haben auch Sehnsüchte, geraten in Zweifel und fürchten sich. Bei ihren Geschichten hat Tove Jansson Autobiografisches verarbeitet. Vieles spiegelt ihre Kindheit in einem unkonventionellen Elternhaus, einem Künstlerhaushalt. Es gibt den Vater Mumin, den exzentrischen Künstler, Mutter Mumin, die Seele der Familie, die immer ihre Handtasche dabei hat, und schließlich den kleinen, nachdenklichen Mumin. Tove Jansson hatte zunächst in Helsingfors, Stockholm und Paris Kunst studiert, bevor sie mit ihrem ersten Buch, das 1945 erschien, das Schreiben für sich entdeckte.

James Louis (J. J.) Johnson

US-amerikanischer Jazzmusiker (*22.1. 1924 in Indianapolis/Indiana), nimmt sich am 4. Februar in seiner Heimatstadt wegen einer Krebserkrankung das Leben.
Der Posaunist, der schon im jugendlichen Alter Mitglied der Band von Benny Carter war, zählte zu den führenden Musikern, die in den 40er Jahren den Bebop entscheidend prägten – Johnson mit seinem

piel auf der Posaune, das er revolutionierte. Niemand hatte vorher daran geaubt, dass sich dieses Instrument für den ebop eignen würde. Mit seinem neuartigen Stil wurde J. J. Johnson zum Vorbild ür so bedeutende Posaunisten und Saxophonisten wie Lester Young, Roy Eldrige, izzie Gillespie und Charlie Parker. Nach er gemeinsamen Zeit mit Benny Carter is Mitte der 40er Jahre wechselte er zu ount Basie. Dann trat er mit seinem Jai & ai Quintett auf. Er arbeitete darüber hinus mit Woody Hermann und Miles Davis. n späteren Jahren schrieb er – sehr erfolgeich – Filmmusiken, u. a. zu »Barfuß im ark« (1966) oder in den 80er Jahren zu Scarface« und »Sea of Love«.

aurent-Désiré Kabila

räsident der Demokratischen Republik Kongo (*27.11.1939 in Moba), stirbt m 16. Januar auf dem Weg nach Simabwe an den Folgen eines Attentats.
ls Kabila 1997 an der Spitze der »Allianz er demokratischen Kräfte für die Befreing von Kongo-Zaire« den damaligen Präidenten Mobutu Sésé-Seko stürzte, galt er ls Hoffnungsträger und Befreier von eiem grausamen Diktator. So hatten ihn ie USA bei seinem Zug auf Kinshasa unterstützt. Doch Kabila führte keinerlei eformen durch, im Gegenteil: Schnell ntpuppte er sich ebenfalls als Autokrat, er mit brutaler Härte gegen Oppositioelle vorging. Das Land erfuhr weder eine Demokratisierung, noch hatte es Gelegeneit, zur Ruhe zu kommen. Kabila stand erner unter dem Verdacht, zum Völkerord an den Tutsi aufgerufen zu haben. m Ende war er weit gehend isoliert und n seit 1998 herrschenden Bürgerkrieg tarkem Druck ausgesetzt. Die riesigen Geldeinnahmen aus den Diamanten- und Kupferminen setzte er für seine eigenen achtpolitischen Zwecke ein. Wenn er Geld benötigte, ließ er es drucken, die olkswirtschaftlichen Schäden interesierten ihn nicht. Kabila, der Zaire wieder n Kongo umbenannte, hatte nach Aufentalten in ehemaligen Ostblockstaaten – er ar überzeugter Maoist – vor seiner Machtübernahme jahrelang im Unterrund gelebt.

osef Klaus

österreichischer Politiker (* 15.8. 1910 in Mauthen/Kärnten), stirbt am 25. Juli in Wien.
Der promovierte Jurist war der einzige ÖVP-Bundeskanzler, dem es in der Zweiten Republik gelang, mit seiner Partei die absolute Mehrheit zu gewinnen und eine Alleineierung zu bilden. Das Mitglied der christich-sozialen Gewerkschaftsbewegung übernahm 1949 das Amt des Landeshauptmanns des Bundeslandes Salzburg. 961 wurde Klaus Finanzminister, 1963 Bundesvorsitzender der ÖVP. 1964 bis 970 stand er als Bundeskanzler zunächst an der Spitze einer großen Koalition mit

der SPÖ, ab 1966 eines reinen ÖVP-Kabinetts. Dann löste ihn Bruno Kreisky (SPÖ) mit einem Minderheitskabinett ab. Josef Klaus verließ die politische Bühne.

Hannelore Kohl

Präsidentin der Stiftung ZNS und Ehefrau von Ex-Bundeskanzler Helmut Kohl (*7.3.1933 in Berlin), begeht am 5. Juli in Ludwigshafen Selbstmord.
Geschätzt wurde die ehemalige First Lady der Bundesrepublik Deutschland vor allem wegen ihres Charakters. Sie galt als warmherzig, bescheiden und als äußerst diszipliniert und pflichtbewusst. Man bewunderte ihren klaren Verstand und ihr Einfühlungsvermögen. Eigene Interessen stellte sie zugunsten der Politik und der Familie zurück. So war sie ihrem Mann auch stets eine treue Begleiterin, die sich – ganz traditionsbewusst – an seine Seite stellte und dabei in seinem Schatten blieb. Auch als Helmut Kohl 1982 Bundeskanzler wurde, schaffte sie es, die beiden gemeinsamen Söhne vor der Öffentlichkeit abzuschirmen und ihnen eine weit gehend normale Kindheit zu ermöglichen. Vor ihrer Heirat im Jahr 1960 machte sie ihr Diplom als Dolmetscherin für Französisch und Englisch und arbeitete dann bei BASF. Mitte der 80er Jahre rief sie das Kuratorium ZNS für Unfallopfer mit Schädigungen des zentralen Nervensystems ins Leben und übernahm auch seine Leitung. Bei einer Penicillin-Behandlung im Jahr 1993 zog sich Hannelore Kohl eine Lichtallergie zu, die sich zunehmend verschlechterte und keine Aussicht auf Heilung bot – sie war gezwungen, in der Dunkelheit zu leben. Offenbar hat sie dies veranlasst, ihrem Leben ein Ende zu setzen.

Alberto Korda

eigentl. Alberto Díaz Gutiérrez; kubanischer Fotograf (*17.9.1928 in Havanna), stirbt am 25. Mai in Paris.
Sein berühmtestes Bild wurde in den 60er Jahren für die junge Generation in den westlichen Ländern eine Ikone, Sinnbild ihrer revolutionären gesellschaftspolitischen Träume und Ausdruck ihrer Protestkultur. Millionenfach hing Alberto Kordas Porträt des kubanischen Revolutionsführers Ché Guevara mit seinem heldenhaften Gesichtsausdruck, den langen Haaren und der Baskenmütze mit rotem Stern in den Studentenbuden. Dabei war das Bild lange unbeachtet geblieben. Geschossen hatte es Korda anlässlich einer Trauerfeier für belgische Helfer, die bei einem Waffentransport für Kuba ums Leben gekommen waren. Veröffentlicht wurde das Foto dann zunächst in der Zeitung »Revolución«. Es blieb vergessen, bis Korda dem italienischen Verleger Giangiacomo Feltrinelli Abzüge schenkte, der das Foto als Poster nach Chés Tod millionenfach verkaufte. Korda allerdings hat nicht davon profitiert. Es gelang ihm erst in den letzten Jahren lediglich, umgerechnet

50 000 DM dafür zu erstreiten, dass sein Ché-Porträt für eine Wodkawerbung genutzt wurde.

Stanley Kramer

US-amerikanischer Filmproduzent und -regisseur (*29.9.1913 in New York), stirbt am 19. Februar bei Hollywood.
Der ehemalige Cutter und Drehbuchautor machte sich in Hollywood vor allem als Produzent des Westernklassikers »Zwölf Uhr mittags« (1952) mit Gary Cooper in der Hauptrolle einen Namen. Er führte aber auch selbst Regie, so bei »Die Caine war ihr Schicksal« (1954), »Das letzte Ufer« (1959) oder »Das Urteil von Nürnberg« aus dem Jahr 1961. Mit seiner Komödie »Rate mal, wer zum Essen kommt« mit Spencer Tracy und Katherine Hepburn machte er 1967 den Rassismus in den Vereinigten Staaten zum Filmthema. Mehrere der meist gesellschaftskritischen Filme des geachteten Moralisten wurden mit Oscars geehrt.

Evelyn Künneke

deutsche Sängerin und Schauspielerin (*15.12.1921 in Berlin), stirbt am 28. April in Berlin.
Ihre Karriere begann Evelyn Künneke – Tochter des Operettenkomponisten Eduard Künneke und der Opernsängerin Katarina Krapotkin – in den 30er Jahren als Tänzerin. Über Jahrzehnte prägte sie das deutsche Showbusiness mit. 1942 landete sie mit »Sing, Nachtigall, sing« einen Riesenhit. In den 70er dann wurde sie von Rainer Werner Fassbinder und Rosa von Praunheim für den Neuen Deutschen Film entdeckt. Später trat Deutschlands heißeste Oma, wie sie sich selbst nannte, vor allem im Kabarett und auf Kleinkunstbühnen auf und brachte die Schlagerzeiten von Hans Albers. Mit Brigitte Mira und Helen Vita war sie in »Drei alte Schachteln« zu sehen. Im Jahr 2000 erhielt sie für ihr Lebenswerk die Goldene Kamera.

Jack Lemmon

US-amerikanischer Schauspieler (*8.2.1925 in Boston), stirbt am 27. Juni in Los Angeles.
Er war einer der ganz Großen in Hollywood, einzigartig in seiner Kunst, die kleinen Helden des Alltags, die ewigen Verlierer, vom Schicksal gebeutelten Pechvögel zu mimen. Perfekt spielte er die gutmütige

Nervensäge, den Sensiblen, Wehleidigen und Ungeduldigen. Zusammen mit einem anderen Ausnahmestar Hollywoods, Walter Matthau, der im Jahr 2000 starb, war er unschlagbar. Unter der Regie von Billy Wilder machten sich die beiden als skurrile, schrullige Freunde unsterblich.
1959 gelang Jack Lemmon der Durchbruch in der Billy-Wilder-Komödie »Manche mögen's heiß«. Mitte der 60er Jahre begann die Zusammenarbeit mit Walter Matthau, zunächst in »Der Glückspilz«, 1967 in »Ein seltsames Paar« – Lemmon als penibler, auf die Nerven gehender Hypochonder Felix, Matthau als griesgrämiger, ungehobelter Oscar. Ungewöhnlich für Hollywood, konnten sie diesen Erfolg im hohen Alter wiederholen. 1993 kam »Ein verrücktes Paar« auf die Leinwand, 1995 folgte »Immer noch ein seltsames Paar«.
Doch Jack Lemmon war nicht nur Komiker. Vor allem in den 70er Jahren zeigte er sein schauspielerisches Können auch im ernsten Film. Er bekam den Oscar für seine Rolle des deprimierten Harry Stoner in »Rettet den Tiger« aus dem Jahr 1973. Bestechend war er darüber hinaus in »Das China-Syndrom« (1978) über einen Zwischenfall im Atomkraftwerk, und in »Vermisst« (1982) über den Umsturz in Chile im Jahr 1973.
Mehrfach wurde Jack Lemmon für den Oscar nominiert, zweimal erhielt er die begehrte Trophäe. 1988 wurde er bei den Filmfestspielen in Venedig mit dem Life Achievement Award geehrt, 1996 verlieh ihm die Berlinale den Goldenen Bären für sein Lebenswerk.

Anne Morrow Lindbergh

US-amerikanische Schriftstellerin und Flugpionierin (*22.7.1906 in Englewood/New Jersey), stirbt am 7. Februar in Passumpsic/Vermont.
Die Frau des Flugpioniers Charles Lindbergh, der 1927 als erster Mensch im Alleinflug nonstop von New York nach Paris den Atlantik überquerte, war ebenfalls begeisterte Fliegerin und außerdem engagierte Frauenrechtlerin. Sie saß mit ihrem Mann als Kopilotin im Flugzeug, als dieser 1930 einen Geschwindigkeitsrekord auf der Strecke zwischen Los Angeles und New York aufstellte. Aber sie liebte es auch zu schreiben und zu dichten. Seit Mitte der 30er Jahre begann sie, ihre Arbeiten zu veröffentlichen, und wurde dafür preisgekrönt. »Muscheln in meiner Hand« wurde millionenfach verkauft. Bekannt wurde sie der Weltöffentlichkeit aber auch durch den tragischen Verlust ihres ersten Kindes, das 1932 als Baby entführt und ermordet wurde.

Jay Livingston

US-amerikanischer Filmmusikkomponist (*28.3.1915 in McDonald/Pennsylvania), stirbt am 17. Oktober in Los Angeles.
Livingston schrieb nicht nur über 75 Filmmusiken, er komponierte auch echte Evergreens. Am bekanntesten ist wohl der Song »Que sera, sera«, den Doris Day 1955 im Hitchcock-Thriller »Der Mann, der zuviel wusste« trällerte. Der Song wurde –

wie auch »Mona Lisa«, gesungen von Nat King Cole – mit einem Oscar bedacht. Livingston startete seine Karriere in den 30er Jahren als Klavierspieler. In den 40er Jahren begann seine erfolgreiche Zusammenarbeit mit dem Texter Ray Evans, die 64 Jahre währte. Dafür wurde den beiden mit einem Stern auf dem Walk of Fame in Hollywood ein Denkmal gesetzt.

Robert Ludlum

US-amerikanischer Schriftsteller (*25.5. 1927 in New York), stirbt am 12. März in Naples/Florida.
Die Kritiker missachteten oder ignorierten ihn, sein Publikum liebte ihn. Ludlum war einer der erfolgreichsten Thriller-Autoren weltweit. Er verfasste 21 Bücher, die sich rd. 110 Mio. Mal verkauften und in 32 Sprachen übersetzt wurden. Seine spannungsgeladenen Romane spielen auf höchster politischer Ebene. Sie handeln von Korruption, geheimen Machenschaften, Konspiration und Intrigen. Seinen ersten Bestseller hatte Ludlum, der auch unter den Pseudonymen Jonathan Ryder und Michael Shepherd publizierte, 1971 mit »Der Scarlatti-Erbe«.

Manuela

eigentl. Doris Wegener; deutsche Schlagersängerin (*18.8.1943 in Berlin), stirbt am 13. Februar in Berlin.
Der Schlagerstar der 60er und 70er Jahre wurde 1963 über Nacht mit »Schuld war nur der Bossa Nova« berühmt. Manuela konnte 25 Singles in den Hitparaden platzieren, sie erhielt fünf goldene Schallplatten. Dauerbrenner wurden auch ihre Songs »Monsieur Dupont« und »Lord Leicester aus Manchester«. Die ehemals beliebteste Schlagersängerin Deutschlands versuchte in den 90er Jahren ein Comeback, konnte jedoch nie mehr an ihre früheren Erfolge heranreichen.

Ahmad Schah Massud

afghanischer Oppositionschef (*1953 in Kabul), fällt am 14. September im Norden Afghanistans (Basarak) einem Attentat zum Opfer.
»Selbst der amerikanische Präsident kann ihn nicht ersetzen«, sagte einer von Massuds Anhängern nach dessen Ermordung durch Selbstmordattentäter der Taliban. Der 48-jährige Tadschike Massud, Führer der gegen das islamistische Terrorregime kämpfenden Nordallianz, war der Löwe vom Pandschirtal, er galt als unbesiegbarer Held, war Kommandant und herausragender Stratege. Man verglich ihn bereits mit dem unsterblichen Mythos Ché Guevara. Er war ein charismatischer, gebilde-

ter Mann und galt als die »Seele des Widerstandes«. Vor der Errichtung der Taliban-Regierung war Massud bereits als Widerstandskämpfer gegen die 1979 einmarschierenden Russen zum Volkshelden geworden. Nach dem Abzug der Sowjets gehörte er als Verteidigungsminister der neuen Regierung an, die dann aber 1996 von den Taliban gestürzt wurde. Massud zog daraufhin mit seinen Anhängern in den Norden des Landes, von wo aus er seinen Kampf antrat. Anlässlich einer Einladung des Europäischen Parlaments im April 2001 hatte er noch eindringlich um die Unterstützung des Westens gebeten – mit der Begründung, die westlichen Länder müssten sich selber schützen. Ansonsten sei mit einer Ausweitung der Krise zu rechnen, bis hin nach Europa und Amerika.

William H. Masters

US-amerikanischer Sexualforscher (*27.12.1915 in Cleveland/ Ohio), stirbt am 16. Februar in Tucson/Arizona.
Der Begründer der experimentellen Sexualforschung leitete mit seiner Frau Virginia Johnson das Masters and Johnson Institute in St. Louis. Das Forscherehepaar ging davon aus, dass viele sexuelle Probleme auf Unwissenheit über physiologische Vorgänge zurückzuführen seien. Ihre experimentellen Studien dienten vor allem dazu, physiologische Details beim Sex zu ergründen. Darüber hinaus vertraten sie aber auch die Auffassung, dass gesellschaftliche Normen und Vorgaben sexuelle Gefühle hemmen und Scham- und Schuldgefühle hervorrufen. Mit ihrem Therapieansatz konnten Masters und Johnson große Erfolge vorweisen. Ihre Bücher »Die sexuelle Revolution« (1966) und »Die sexuelle Unzulänglichkeit« wurden zu Bestsellern.

Hans Mayer

deutscher Literaturwissenschaftler und Schriftsteller (*19.3.1907 in Köln), stirbt am 19. Mai in Tübingen.
Der »Außenseiter« und »Deutsche auf Widerruf« war einer der bedeutendsten Germanisten. Sein Name stand für die »gelebte Literatur«. Sein Forschungsfeld war weit: Literatur des 18. Jahrhunderts, Georg Büchner, Heinrich Mann, Bertolt Brecht, Jean-Paul Sartre, Günter Grass, Peter Handke u. a. Viele der Gegenwartsschriftsteller waren seine Freunde. Er war bekannt für seine Kulturkritik am Geist der Deutschen, dem wiedervereinigten Land stand der Marxist mit einer gewissen Distanz gegenüber.
Von grundlegender Bedeutung für die Literaturwissenschaft war Mayers Publikation »Georg Büchner und seine Zeit«. »Außenseiter« erschien 1975, 1982 verfasste er seine Autobiografie »Deutscher auf Widerruf«, zur Wende schrieb er mit »Der Turm von Babel« Erinnerungen an die Deutsche Demokratische Republik.

Der promovierte Jurist musste mit der Machtübernahme der Nationalsozialisten 1933 ins Exil. Er ging nach Straßburg, Paris, Genf und Zürich. 1948 entschied er sich, in die damalige Sowjetische Besatzungszone überzusiedeln, wo er bis 1963 die Professur für Deutsche und Vergleichende Literaturgeschichte in Leipzig innehatte. 1963 zog er wegen zunehmender Konflikte mit der DDR-Führung in die Bundesrepublik Deutschland und wurde 1965 Professor an der Technischen Hochschule Hannover. 1976 übernahm er eine Honorarprofessur an der Universität Tübingen. Auf seinen Wunsch hin wurde Hans Mayer auf dem Dorotheenstädtischen Friedhof in Berlin beigesetzt – dort, wo auch schriftstellerische Größen wie Bertolt Brecht, Heinrich Mann und Stephan Hermlin ihre letzte Ruhe gefunden haben.

David McTaggart

kanadischer Umweltschützer (*24.6. 1932 in Vancouver), stirbt am 23. März in Castiglione del Lago bei Perugia.
McTaggart war der Kopf von Greenpeace. Obwohl er erst 1971, ein Jahr nach der Gründung, dazustieß, gilt er doch als Vater der Umweltschutzorganisation. Er machte aus der Gruppe von Hippies, Friedensbewegten und Quäkern die bedeutendste internationale Gruppierung für Umweltkampagnen. Ab 1979 stand er an der Spitze von Greenpeace. Unter seiner Leitung fanden die vielfach spektakulären Aktionen gegen Atomtests in der Südsee, den Walfang oder gegen die Zerstörung der Antarktis statt. Ohne ihn wäre das Abkommen über das antarktische Schutzgebiet für Wale kaum zustande gekommen. Geschickt nutzte er den Bombenanschlag auf das Greenpeace-Schiff »Rainbow Warrior« im Jahr 1985 durch den französischen Geheimdienst, um daraus Gewinn für seine Organisation zu schlagen. Zuspruch und Mitgliederzahl stiegen enorm an. Nach der Niederlegung des Aufsichtsratsvorsitzes 1991 zog er sich zurück und lebte bis zu seinem Tod auf seiner italienischen Olivenfarm.

Timothy McVeigh

Oklahoma-Attentäter (*23.4.1968 in Lockport/New York), wird am 11. Juni in Terre Haute/Indiana hingerichtet.
Timothy McVeigh hat 1995 mit einer Autobombe ein Bundesgebäude in Oklahoma in die Luft gesprengt. Dabei starben 168 Menschen, darunter 19 Kinder, 800 wurden verletzt. Der Anschlag ging als einer der schlimmsten in die Geschichte der USA ein. Mehrere tausend FBI-Beamte beschäftigten sich mit dem Fall, hinter dem man zunächst einen von Ausländern begangenen Terrorakt vermutete.
Entdeckt wurde McVeigh eher zufällig bei einer Verkehrskontrolle. Während des Prozesses wurde der ehemalige Soldat beschuldigt, zusammen mit seinem Freund Terry L. Nichols die Tat schon lange vorbereitet zu haben. Er habe damit die Erstürmung der Branch-Davidian-Sektenzentrale im texanischen Waco durch die US-Bundespolizei, bei der 80 Menschen ums Leben gekommen waren, rächen wol-

len. Im Juni 2000 wurde McVeigh au[f]grund umfangreichen Belastungsmate[rials] als zum Tode verurteilt, sein Freund b[e]kam lebenslänglich.
McVeigh wurde durch eine Giftsprit[ze] getötet, Angehörige der Opfer konnten d[ie] Hinrichtung live verfolgen – entweder d[i]rekt im Bundesgefängnis oder per Video[ü]bertragung in Oklahoma. Der US-ame[ri]kanische Justizminister hatte seine Z[u]stimmung erteilt, um so den Hinterblieb[e]nen bei ihrer Trauerarbeit zu helfe[n.] McVeigh war seit 38 Jahren der erste Bu[n]desgefangene, der hingerichtet wurde.

Irene von Meyendorff

deutsche Schauspielerin estnischer Herkunft (*6.6.1916 in Reval), stirbt a[m] 28. September in King's Somborne/ Hampshire.
Die schöne und kühle Blonde wurde [in] frühen Jahren von der Ufa entdeckt, a[ls] Lehrling in Babelsberg. Lange spielte s[ie] die gebildete, intelligente Salondame. S[ie] war in dem Streifen »Wen die Götter li[e]ben« von 1942 zu sehen, gab die Gelieb[te] von Carl Raddatz in »Opfergang« (1944[).] Während des Krieges wurde sie von de[n] Soldaten innig verehrt.
Die aus adligem Hause stammende vo[n] Meyendorff verließ mit ihren Eltern au[s] Furcht vor den Bolschewiki ihre Heima[t] und ging nach Berlin. Privat war sie m[it] den höchsten Widerstandskreisen gege[n] das NS-Regime verknüpft. Ihre Famili[e] war verwandt mit den Stauffenbergs, ih[r] Mann, Heinz Zahler, Leibarzt von Göri[ng,] gehörte dem Kreisauer Kreis an.
Nach dem Krieg drehte Irene von Meye[n]dorff u. a. mit Helmut Käutner. 1960 ler[n]te sie bei Filmaufnahmen James Roberts[on] Justice kennen, mit dem sie nach Schot[t]land ging.

Morris

eigentl. Maurice d[e] Bévère; belgische[r] Comiczeichner (*1.12.1923 in Ko[r]trijk), stirbt am 16[.] Juli in Brüssel.
Der Vater vo[n] Lucky Luke, de[m] ewigen Westernhe[l]den, der schnelle[r] schießt als sei[n]
Schatten, in jeder Situation seine Zigare[t]ten dreht und sich stets als Lonesom[e] Cowboy fühlt, hatte zunächst Jura studi[ert,] seine akademische Ausbildung dann abe[r] an den Nagel gehängt, um sich dem dama[ls] noch wenig geschätzten Comiczeichne[n] hinzugeben. Nach dem Zweiten Weltkrie[g] richtete er in Brüssel ein Studio ein, 194[?] erschien sein erster Lucky-Luke-Comic i[m] »Almanach Spirou«, und noch im selbe[n] Jahr veröffentlichte er den ersten Band »Die Goldmine des Dick Digger«. End[e] der 40er Jahre ging Morris in die USA, jetz[t] konnte er das Land des Westerns gena[u] studieren, und er hatte das Glück, Ren[é] Goscinny zu begegnen, dem späteren Tex[t]er von Asterix und Obelix. Zurück in Bel[-]gien, nahmen die beiden 1955 ihre Zusam[-]menarbeit auf und machten Lucky Luk[e] zum Klassiker für Jung und Alt. Der cool[e]

Westernheld meisterte insgesamt 70 Abenteuer. Weltweit wurden über 250 Mio. Lucky-Luke-Hefte verkauft.

Tyll Necker

deutscher Unternehmer (*2.2.1930 in Berlin), stirbt am 29. März in Bad Oldesloe.

Der Geschäftsführer und Gesellschafter der Hako-Werke für Reinigungsmaschinen, der eigentlich Journalist werde wollte, war nicht nur der erfolgreiche Unternehmer, stets interessierte er sich auch für volkswirtschaftliche und politische Entwicklungen. Schon früh begann er daher sich wirtschaftspolitisch zu engagieren, bemühte sich, neue Wege zu gehen, damit die Wirtschaft floriere. Dem Bundesverband der Deutschen Industrie stand der Mann der klaren Worte 1987 bis 1990 und 1992 bis 1995 vor. Neben dem Abbau staatlicher Strukturen plädierte er u. a. für flexiblere Arbeitszeiten und die Lockerung von Flächentarifverträgen.

Albert Oeckl

deutscher Kommunikationswissenschaftler (*27.12.1909 in Nürnberg), stirbt am 23. April in Heidelberg.

Der studierte Jurist und Volkswirtschaftler ging als Begründer der Öffentlichkeitsarbeit in die bundesdeutsche Geschichte ein. Er lehrte in Heidelberg, Augsburg und Rom. Allseits bekannt wurde er mit seinem »Taschenbuch des öffentlichen Lebens«, dem »Oeckl«, der 1950 erstmals erschien und inzwischen für Politiker, Ökomomen und Journalisten ein unentbehrliches Nachschlagewerk geworden ist.

Albert Oeckl ging 1936 zu IG Farben, in die Direktions- und Presseabteilung, 1950 übernahm er die Geschäftsführung des Deutschen Industrie- und Handelstages (DIHT), 1959 schließlich wechselte er zur Öffentlichkeitsarbeit der BASF, wo er bis 1974 blieb.

Victor Paz Estenssoro

bolivianischer Politiker (*2.10.1907 in Tarija), stirbt am 7. Juni in seiner Heimatstadt.

Paz Estenssoro zählte zu den bedeutendsten Politikern Boliviens im 20. Jahrhundert. Er war dreimal Staatspräsident (1952–1956, 1960–1964, 1985–1989). Nachdem er 1941 die Nationalrevolutionäre Bewegung MNR ins Leben gerufen hatte, stand er 1943/44 als Finanzminister erstmals in der Regierungsverantwortung. Ein Umsturz 1946 zwang ihn, bis 1952 ins Exil zu gehen. Dann gelang es ihm, nach einem von weiten Teilen der Bevölkerung getragenen Aufstand, selbst an die Macht

zu kommen. Mit der Nationalisierung der Zinnminen, politischen Neuerungsmaßnahmen wie der Einführung des allgemeinen Wahlrechts und der Umstrukturierung von Landwirtschaft und Sozialsystem führte er einschneidende Reformen durch. Seine dritte Amtszeit wurde durch eine Militärrevolte direkt nach der Wahl beendet. Bolivien stand bis 1982 unter einer Militärherrschaft. Estenssoro ging erneut ins Exil. Nach seiner Wiederkehr übernahm er 1985 noch einmal das Amt des Staatspräsidenten. Auf der Basis von Notstandsgesetzen versuchte er, die hyperinflationäre und hoch verschuldete Wirtschaft Boliviens zu stabilisieren. Seine Maßnahmen provozierten aber zunehmend Widerstand in der Bevölkerung.

Rudolf Pörtner

deutscher Schriftsteller (* 30.4.1912 Bad Oeynhausen), stirbt am 12. September in Bonn.

Pörtner war bekannt für seine populärwissenschaftlichen archäologischen und historischen Veröffentlichungen. Dabei behandelte er nicht die großen antiken Stätten, sondern die kleinen vor Ort. Mit seinen Bestsellern wollte er den Alltag unserer Vorfahren lebendig werden lassen, so dass sich der Leser Jahrtausende zurückversetzt fühlte. Das war eines der Erfolgsrezepte des gelernten Journalisten, der mit seinen Büchern den Nerv der Zeit traf. Nach den Schrecken des Dritten Reiches war man froh, unbefangen in die Vergangenheit blicken zu können und dabei z. B. festzustellen, dass Deutschland einst, unter den Römern, ebenfalls eine Kolonie gewesen war. Bedeutende Werke waren »Mit dem Fahrstuhl in die Römerzeit« (1959), »Bevor die Römer kamen« (1961), »Die Wikinger Saga« (1971), »Alte Kulturen ans Licht gebracht« (1975), »Operation Heiliges Grab« (1977) und Anfang der 80er Jahre »Das Schatzhaus der deutschen Geschichte«. Neben der Archäologie beschäftigte sich Rudolf Pörtner auch mit Themen der jüngeren deutschen Geschichte. So gab er auch Sammelbände zur Geschichte im 20. Jahrhundert heraus.

John Phillips

US-amerikanischer Sänger und Songwriter (*30.8.1935 in Parris Island/South Carolina), stirbt am 18. März in Los Angeles.

Nur vier Jahre, von 1965 bis 1968, existierte seine Band, die Popgruppe The Mamas and the Papas. Doch unter Phillips' Leitung wurde sie zum Inbegriff von Flowerpower und Hippiekult. Der ehemalige Folksinger aus dem New Yorker Greenwich Village wurde durch seinen Song »California Dreamin'« 1966 über Nacht weltberühmt. Erst kürzlich wurde der Song ins die Grammy Hall of Fame zum Klassiker der Unterhaltungsmusik gekürt. Es folgten die Hits »Monday, Monday« und »Creeque Alley«. 1967 gehörte Phillips zu den Mitorganisatoren des Monterey Festivals, bei dem u. a. Jimi Hendrix, Janis Joplin und The Who ihre mittlerweile weltberühmt gewordenen Auftritte hatten. Einen weiteren unvergesslichen Song schrieb er mit »San Francisco« für Scott

McKenzie. Privat hatte Phillips große Probleme mit seinem Drogen- und Alkoholkonsum, der ihn 1992 zu einer Lebertransplantation zwang.

Anthony Quinn

US-amerikanischer Schauspieler (*21.4.1915 in Chihuahua/Mexiko), stirbt am 3. Juni in Boston/Massachusetts.

Obwohl in Mexiko geboren, war Anthony Quinn der große Grieche, der Urwüchsige, Ungezähmte. Lange musste der Schauspieler um seinen Erfolg kämpfen. Er spielte in über hundert Filmen mit, vielfach in historischen Rollen wie Mohammed oder Kublai Khan. Für seine Nebenrollen als mexikanischer Freiheitskämpfer 1951 in »Viva Zapata« und 1956 als Gauguin in »Vincent van Gogh« erhielt er einen Oscar. Doch auch die Auszeichnungen brachten ihm nicht den Durchbruch, und der kam auch nicht mehr in jungen Jahren. Als Quinn mit »Alexis Sorbas« 1964 über Nacht zur Kultfigur aufstieg, war er schon knapp 50.

Joey Ramone

US-amerikanischer Sänger (*19.5.1951 in Forest Hills/Queens), stirbt am 15. April in New York.

Ramone war der Begründer des Punkrock, seine Band, die Ramones, gehörten zu den bedeutendsten der letzten Jahrzehnte. Sie waren das große Vorbild der Sex Pistols. Mit ihrer Musik aus Punk und Rock brachen die Ramones mit den Traditionen, sie reduzierten die Musik auf das Wesentliche, nur wenige Griffe auf der Gitarre reichten ihnen aus, um ihre Songs zu spielen, die selten länger als zwei Minuten dauern. 1974 in Queens ins Leben gerufen, trat die Band in schwarzen Lederjacken, zerschlissenen Jeans und ausgetretenen Turnschuhen in 2200 Konzerten auf und produzierte über 20 Alben. 1996 feierte sie mit einer Tournee ihren Abschied von der Musikbühne. Songs wie »Sheena is Punk Rocker« und »Blitzkrieg Bop« haben sich mittlerweile fest in die Geschichte des Punkrocks eingeschrieben. Bekannt ist auch der Song »Bonzo goes to Bitburg« Mitte der 80er Jahre, der – ausnahmsweise – politische Bezüge hat und auf den Besuch des damaligen US-Präsidenten Ronald Reagan auf einem deutschen Soldatenfriedhof anspielt.

Boris Rauschenbach

russischer Physiker (*18.1.1915 in Petrograd, heute St. Petersburg), stirbt 27. März in Moskau.

Der Physiker deutscher Herkunft gehörte zu den Mitbegründern der sowjetischen Raumfahrttechnik. Seine Arbeiten waren grundlegend für das Satellitenprogramm, die Mondsonden und schließlich auch für die Entwicklung der Raumstation »Mir«. Rauschenbach wirkte ebenfalls 1961 an dem Aufsehen erregenden ersten Welt-

raumflug Juri Gagarins mit. Er war Mitglied der Akademie der Wissenschaften und lange Jahre Professor am Polytechnischen Institut in Moskau. Doch bevor die Kreml-Chefs seine Fähigkeiten für ihre Weltraumziele einsetzten, durchlebte Rauschenbach schwere Zeiten. Seine deutsche Herkunft wurde ihm in der Stalinzeit zum Verhängnis. Zunächst verlor er in den 30er Jahren seine Arbeit beim Raketeninstitut in Moskau, mit Beginn des Krieges wurde er zu Bauarbeiten verpflichtet, anschließend – bis 1948 – verbannt. Ein großer Wunsch des hoch gebildeten Mannes war die Wiederherstellung der deutschen Wolga-Republik.

Charles Regnier

deutscher Schauspieler (*22.7.1915 Freiburg/Schweiz), stirbt am 13. September in Bad Wiessee.

Der Charakterdarsteller Charles Regnier wurde dem breiten Publikum durch seine Filme in der Nachkriegszeit bekannt. Hier spielte er meistens in der für ihn so typischen kühlen, distanzierten und leicht arroganten Art zwielichtige, undurchsichtige Gestalten. Als Theatermann brillierte er in Fritz Kortners Inszenierung von Gotthold Ephraim Lessings »Minna von Barnhelm«, in Heinar Kipphardts Drama »In der Sache Robert J. Oppenheimer« und vor allem als Marquis de Sade in Peter Weiss' »Die Verfolgung und Ermordung des Jean Paul Marat«. In den 80er Jahren entdeckte ihn der anspruchsvolle deutsche Film. Regisseure wie Margarethe von Trotta und Ottokar Runze arbeiteten mit dem »Aristokraten«. Doch Charles Regnier war nicht nur Schauspieler, er übersetzte auch die Werke so berühmter Autoren wie Jean Cocteau, Jean Giraudoux, Sidonie G. Colette und Georges Simenon. Regniers Großvater war Franzose, sein Vater gebürtiger Amerikaner, er selbst wuchs in der Schweiz auf. Für seine Schauspielkarriere ging er nach Berlin. Vor den Nationalsozialisten, die ihn wegen unliebsamer Aufführungen in Haft genommen hatten, floh er nach Italien. Anfang der 40er Jahre kehrte er zurück und bekam ein Engagement an den Münchner Kammerspielen. Dann spielte er in Düsseldorf, Hamburg und Zürich. Später ging er mit Vorliebe auf Tournee.

Philip Rosenthal

deutscher Unternehmer und Politiker (*23.10.1916), stirbt am 27. September in Selb.

Sein Name stand für modernes Porzellan im schlichten Design. Jahrzehnte gehörte das Service von Rosenthal in den gutbürgerlichen, ästhetisch progressiven deutschen Haushalt. Und Rosenthal war die Verkörperung eines sozial und arbeitnehmerfreundlich eingestellten Unternehmers. Als Sohn des Gründers der berühmten Porzellanfabrik begannen für ihn mit der Machtübernahme der Nationalsozialisten wechselvolle Jahre. Sein Vater, ein konvertierter Jude, legte die Geschäftsführung nieder. Philip Rosenthal selbst ging nach England, um dort Philosophie, Politik und Volkswirtschaft zu studieren. Mit Ausbruch des Krieges heuerte er bei der Fremdenlegion an, musste dann aber mit der Niederlage der Franzosen wieder nach England zurückkehren. Dort nahm er Gelegenheitsjobs an – eine Zeit, die sein weiteres Denken und Handeln prägen sollte. Nach Deutschland zurückgekehrt, wurde ihm im Zuge der Wiedergutmachung das väterliche Unternehmen zugeschrieben. Er engagierte sich, Rosenthal zu einer besonderen Marke zu machen, und entwarf mit bekannten Designern aus aller Welt die avandgardistische Studio-Linie. Für ihn arbeiteten so renommierte Künstler wie Henry Moore, Salvador Dalí oder Friedensreich Hundertwasser. Damals sehr ungewöhnlich für einen Unternehmer, gehörte Philip Rosenthal der Sozialdemokratischen Partei an. Er war Staatssekretär und von 1969 bis 1983 Bundestagsabgeordneter. Danach zog er sich langsam zurück, erst aus der Politik, Ende der 80er Jahre auch aus dem Unternehmen, das in den 90er Jahren in eine schwere Krise geriet.

Gerd E. Schäfer

*deutscher Kabarettist (*14.7.1923 in Berlin), stirbt am 20. September in Berlin.*
Schäfer war einer der beliebtesten Volksschauspieler der DDR. Mit seinen Rollen, insbesondere der des Rentners Maxe Baumann, wurde er zum Volksliebling. Er stand für das Menschliche, Liebenswerte innerhalb der DDR, er symbolisierte den einfachen Menschen im sozialistischen Deutschland – gerade deswegen stieß er bei seinen Auftritten und Serien auf so viel Gegenliebe.

Emilie Schindler

*deutsche Unternehmer-Ehefrau (*22.10.1907) in Alt Moletein), stirbt am 5. Oktober in Strausberg bei Berlin.*
Sie war die Frau Oskar Schindlers, des Mannes, der während des Dritten Reiches über tausend Juden vor dem Vernichtungslager rettete. Die Zwangsarbeiter waren in seinen Munitionsfabriken in Polen und im Sudetenland beschäftigt. Das 1993 von Steven Spielberg verfilmte Buch »Schindlers Liste« machte den mutigen und entschlossenen Unternehmer, der 1974 starb, postum zu einem weltweit bekannten und geachteten Mann. Emilie Schindler, die eben solchen Einsatz gezeigt und sich nicht vor den Risiken gescheut hatte, blieb weit gehend unbeachtet. Verbittert über diese mangelnde Anerkennung, schrieb sie im hohen Alter ihre

Version der Geschichte auf. Kurz vor ihrem Tod konnte sie noch eine Ehrung erleben, die ausschließlich ihr galt. Das Haus der Geschichte in Bonn widmete ihr eine Ausstellung.
Nach dem Krieg war das Ehepaar Schindler nach Argentinien emigriert, Oskar Schindler konnte dort jedoch mit seinen Geschäften nicht recht Fuß fassen und kehrte 1957 nach Deutschland zurück. Emilie blieb verschuldet in Argentinien zurück. Fast bis zuletzt lebte sie dort zurückgezogen und in bescheidenen Verhältnissen mit zwei Hunden und zahlreichen Katzen. Im Sommer 2001 kam sie nach Deutschland, um bei der Eröffnung der Ausstellung dabei zu sein, und sie wollte nicht wieder zurück nach Argentinien, sondern in ihrer Heimat bleiben.

Einar Schleef

*deutscher Theaterregisseur, Autor, Choreograf und Bühnenbildner (*17.1.1944 in Sangerhausen), stirbt am 21. Juli in Berlin.*
Er war einer der bedeutendsten, aber auch umstrittensten und unbequemsten Regisseure des deutschen Theaters. Neben Heiner Müller und Adolf Dresen gehörte er zu den führenden Köpfen unter den Theaterleuten in der ehemaligen DDR. Seine Inszenierungen waren unkonventionell. Schleef, der in den 80er Jahren in die Bundesrepublik übersiedelte, brachte u. a. Rolf Hochhuths »Wessis in Weimar« (1993) in Berlin auf die Bühne. Bekannt wurde er daneben durch seine ungewöhnlichen Inszenierungen von Goethes »Faust« und »Götz von Berlichingen«, Elfriede Jelineks »Sportstück« und Bertolt Brechts »Herr Puntila und sein Knecht Matti«. Für den Roman »Zigaretten« erhielt Schleef 1989 den Alfred-Döblin-Preis, postum ist ihm von der Stiftung Rheinland-Pfalz für Kultur der Else-Lasker-Schüler-Dramatikerpreis verliehen worden. Seine Dramen-Trilogie »Totentrompeten« gelangte 1995/97/2000 in Schwerin zur Uraufführung.

Klaus Schlesinger

*deutscher Schriftsteller (*9.1.1937 in Berlin), stirbt am 11. Mai in Berlin.*
Der Sohn eines Arbeiters wuchs in der DDR auf und wurde durch Romane über den Alltag im sozialistischen Deutschland bekannt, über die Probleme, Wünsche, Hoffnungen und Enttäuschungen der Bürger. Detailgenau und exakt beschrieb er die Realität mit all ihren Schattenseiten, und eben deshalb geriet er zunehmend in Konflikt mit den Behörden der DDR. Als er sich dann 1976 mit seiner damaligen Frau, der Sängerin Bettina Wegener, dem Protest gegen die Ausbürgerung Wolf Biermanns anschloss, eskalierte der Konflikt. 1979 wurde er aus dem Schriftstellerverband ausgeschlossen, im Jahr darauf musste er die DDR verlassen. Seine persönliche Krise, die er durch die Übersiedlung durchmachte, verarbeitete er u. a. in dem

Werk »Fliegender Wechsel« (1990). 2000 erhielt er den Erich-Fried-Preis.

Karl Eduard von Schnitzler

*deutscher Fernsehmoderator (*28.4.1918 in Berlin), stirbt am 20. September in seiner Heimatstadt.*
Bis zum Tod blieb der ehemalige Kommentator des DDR-Fernsehens seiner politischen Auffassung treu. Noch nach dem Mauerfall brachte er als überzeugter Kommunist dem gestürzten DDR-Staats- und Parteichef Erich Honecker zu dessen 80. Geburtstag Blumen ins Gefängnis. Schnitzler schrieb sich als Moderator des Propagandasendung »Der schwarze Kanal« in die Geschichte des geteilten Deutschlands ein. In über 1500 Sendungen wollte er durch seine scharfen, gegen die Bundesrepublik und die ganze westliche Welt gerichteten Kommentare den Antikapitalismus und die sozialistische Gesinnung im eigenen Land stärken. In seinen Sendungen zeichnete er ein Schwarz-Weiß-Bild von den beiden deutschen Staaten: Gut gegen böse. Der DDR, dem Arbeiter- und Bauernstaat, gebührte die Zukunft, die BRD, der Klassenfeind, war dem Untergang geweiht. Der Sudel-Ede, wie er auch genannt wurde, war allerdings ein Kind des Feindes, nicht nur des Kapitals, auch des Adels. Er war Urenkel von Kaiser Friedrich, der 1888 nur 99 Tage regierte, bevor er einem Krebsleiden erlag, und Sohn eines Generalkonsuls und königlich-preußischen Legationsrates. Nach Tätigkeiten für die BBC im Krieg baute er in ihrem Auftrag in Köln den Nordwestdeutschen Rundfunk mit auf, bei dem er die politische Abteilung führte. 1947 siedelte er dann in die Sowjetische Besatzungszone über.

Karl Schönböck

*deutscher Schauspieler österreichischer Herkunft (*4.2.1909 in Wien), stirbt am 24. März in München.*
In etwa 180 Filmen und Fernsehspielen sowie in etwa 240 Theaterstücken war der beliebte Charakterdarsteller zu sehen. Schönböck war der Inbegriff des distinguierten Gentlemans und Herzensbrechers, immer gut gekleidet und gepflegt – bis ins hohe Alter. Der Oberlippenbart war sein Markenzeichen. Er spielte aus reiner Freude, es machte ihm Spaß, sich zu verwandeln und die Menschen gut zu unterhalten.

Claude E. Shannon

*US-amerikanischer Mathematiker (*30.4.1916 in Gaylord/Michigan), stirbt am 24. Februar in Medford/Massachusetts.*
Shannon schuf mit seinen Arbeiten zur Übermittlung von Informationen die Basis für die auf Computer gestützte globale Kommunikationstechnik und damit für die moderne Informationsgesellschaft. Mit seinen Arbeiten bewies der Mathema-

tiker, dass sich jegliche Information in einfache Sprache umsetzen lässt. Damit begründete er den Binärcode, das Rechnen in den Symbolen 0 und 1, heute Grundlage für alle digitalen Übertragungstechniken. Er nannte erstmals die kleinste digitale Informationseinheit »bit«. Shannon, der in Cambridge/Massachusetts studierte, sorgte mit seinem digitalen Ansatz an der Universität für Furore. Später waren seine Erkenntnisse von großer Wichtigkeit für die verschlüsselte Datenübertragung der US-Army im Zweiten Weltkrieg bzw. für das abhörsichere Telefonieren. Im Zuge dessen veröffentlichte er schließlich seine »Theorie der Kommunikation«, die ihm international Ehren einbrachte.

Giuseppe Sinopoli

*italienischer Komponist und Dirigent (*1.12.1946 in Venedig), stirbt am 21. April in Berlin während des Dirigats der Verdi-Oper »Aida« an einem Herzinfarkt.*
Der Chefdirigent der Dresdner Staatskapelle war ein außergewöhnlich vielseitiger Mensch. Er war nicht nur Musiker, sondern auch Arzt, Autor und Archäologe. Seine Kindheit verbrachte er in Sizilien, als Jugendlicher ging er nach Venedig, wo er Komposition und Musiklehre studierte, außerdem noch Medizin und Psychiatrie in Padua. Als promovierter Mediziner ging er schließlich nach Wien, wo er sich zum Dirigenten ausbilden ließ. Auch als Komponist trat er hervor. Insbesondere die Uraufführung seiner Oper »Lou Salomé« 1981 in München brachte ihm größte Anerkennung.
Der Durchbruch als Dirigent gelang Sinopoli 1980 mit seiner Interpretation von Giuseppe Verdis Oper »Macbeth«. Er war Chefdirigent und Musikdirektor der Londoner Philharmoniker, Chefdirigent des Orchesters der Accademia Nazionale di Santa Cecilia in Rom und trat an allen großen internationalen Opernhäusern auf. 1985 dirigierte er erstmals in Bayreuth, 1992 ging er nach Dresden, um dort die Staatskapelle zu leiten. 2003 sollte er Generalmusikdirektor der Semperoper werden. Postum erschien sein Roman »Parsifal in Venedig«. Sein Studium der Archäologie hatte er gerade abgeschlossen.

Kristina Söderbaum

*deutsch-schwedische Schauspielerin (*5.9.1912 in Stockholm), stirbt am 11. Februar im niedersächsischen Hitzacker.*
Kristina Söderbaum verlor früh ihre Eltern, verließ ihr Heimatland und ging nach Berlin, wo sie das Schauspielhandwerk erlernen wollte. 1937 begann mit dem Film »Jugend« ihre langjährige Zusammenarbeit mit dem Regisseur Veit Harlan, der später ihr Ehemann wurde. Problematisch für die Schauspielerin und den Regisseur wurden nach dem Krieg die Propagandafilme »Jud Süß« und »Kolberg«. Dennoch erhielt Söderbaum 1952

den Bambi als beliebteste deutsche Schauspielerin; sie wurde für ihre Leistungen in den Melodramen »Unsterblicher Geliebter« (1950) und »Hanna Amon« (1951) ausgezeichnet, bei denen wiederum ihr Mann Regie geführt hatte. Nach dessen Tod 1964 betätigte sich Kristina Söderbaum vor allem als Fotografin. Ein Comeback als Schauspielerin feierte sie Mitte der 70er Jahre.

Soraya

Ex-Ehefrau des iranischen Schahs Mohammad Resa Pahlawi (*22.6.1932 in Berlin), stirbt am 25. Oktober in Paris.
Die Tochter einer Deutschen und eines iranischen Arztes füllte als schöne, aber unglückliche Märchenprinzessin jahrelang die Seiten der Boulevardpresse. Soraya Esfandjari Bachtiarwar – so ihr vollständiger Name – heiratete 1951 den 15 Jahre älteren Mohammad Resa Pahlawi, den Schah des Iran. Von nun an stand die schöne Frau im Rampenlicht, verfolgt von der Presse – so sehr, dass die Jagd nach Informationen in der Bundesrepublik zu einer Staatsaffäre wurde. Die Ehe jedoch wurde zunehmend von der Frage des Thronfolgers belastet. Die Jahre verstrichen, die Verbidnung blieb kinderlos. Um nicht mit einer Nebenfrau leben zu müssen, verließ Soraya daher 1958 ihren Mann und ging nach Deutschland zurück. Wenig später wurde die Ehe geschieden; Mohammad Resa Pahlawis dritte Frau, Farah Diba, schenkte dem Monarchen 1960 den ersehnten Thronfolger. Soraya unterdessen wurde für die Öffentlichkeit die einsame Schöne und Sinnbild der Schwermut. Sie führte ein Leben im Jetset, blieb aber einsam. Ihr Versuch, mit der Verfilmung ihres Lebens eine Karriere als Schauspielerin zu starten, misslang. Doch bei den Dreharbeiten lernte sie ihre zweite große Liebe kennen, den italienischen Regisseur Franco Indovina; er starb einige Jahre später bei einem Flugzeugunglück. Zwei weitere Partner nahmen sich das Leben. So lebte Soraya zurückgezogen in Paris in ihrem »Palast der Einsamkeit«, wie sie ihre Autobiografie betitelt hatte.

Eberhard Stanjek

deutscher Fernsehmoderator (*20.9. 1935 in Berlin), stirbt am 7. Juli in München.
Er war einer der bekanntesten und beliebtesten Sportjournalisten. Eberhard Stanjek kam 1960 als Reporter nach Nürnberg zum Bayerischen Rundfunk. Bundesweit bekannt wurde er vor allem als Moderator der ARD-»Sportschau«, die er seit 1970 entscheidend prägte. 1977 übernahm Stanjek den Chefsessel in der Sportredaktion des Bayerischen

Rundfunks. Er kannte den Fußball in- und auswendig. Aufsehen erregte er, als er bei der Weltmeisterschaft 1982 seinen Kommentar des Spiels Deutschland–Österreich abbrach, da beide Mannschaften bei einem Spielstand von 1:0 für Deutschland den Ball nur noch im Mittelfeld hin- und herkickten: Das Ergebnis reichte beiden Teams, um weiterzukommen.

Isaac Stern

US-amerikanischer Geiger (* 21.7.1920 in Kremenz/Ukraine), stirbt am 22. September in New York.
Der viel bewunderte Musiker gehörte zu den größten Geigern seiner Zeit.
Sein Repertoire war immens: Er spielte Werke aus dem Barock, aus Klassik und Romantik ebenso wie Zeitgenössisches von Paul Hindemith, Alban Berg oder Sergei Prokofjew. Stern nahm über hundert Platten auf und trat im Jahr bis zu 200-mal in Konzerten auf. In einer kleinen ukrainischen Stadt wurde er geboren, kam aber noch als Baby mit seinen Eltern nach San Francisco und lernte dort Klavier und Violine spielen. Schon als Jugendlicher hatte er seinen ersten Auftritt mit dem Sinfonieorchester von San Francisco. Ende der 30er Jahre feierte er seine ersten Erfolge in New York, in der Carnegie Hall.
1956 war es Stern, der als erster US-Amerikaner nach dem Ende des Zweiten Weltkrieges in der Sowjetunion auftrat. Später engagierte er sich für den kulturellen Austausch zwischen Amerika und Israel und übernahm in den 60er Jahren die Leitung der American-Israel Cultural Foundation; 1973 rief er in Jerusalem das Music Centre ins Leben. In die Musikgeschichte schrieb sich Stern, der auch ein begnadeter Pädagoge war, durch seine ungewöhnliche Rettungsaktion der in den 50er Jahren vom Abbruch bedrohten Carnegie-Hall ein. Für ein »Lebenswerk, der Musik gewidmet und der Menschlichkeit verschrieben«, wurde Stern mit dem Albert-Schweitzer-Preis geehrt.

Gerhard Stoltenberg

deutscher Politiker (*29.9.1928 in Kiel), stirbt am 23. November in Bonn-Bad Godesberg.
Stoltenberg war das Sinnbild des geradlinigen, disziplinierten und seriösen Politikers. Der »kühle Klare aus dem Norden« mit seinem scharfen Verstand gehörte zu den prägenden Gestalten der politischen Bühne in der Bundesrepublik. Bereits 1947 trat er der CDU bei. Zehn Jahre später saß er im Bundestag. 1965 wurde er unter Kanzler Ludwig Erhard Bundesminister für Forschung, ein Amt, das er bis 1969 – zuletzt in der großen Koalition unter Kurt Georg Kiesinger – behielt. 1971

übernahm er für über elf Jahre das Amt des schleswig-holsteinischen Ministerpräsidenten und sorgte dort für einen durchgreifenden Strukturwandel. Bundeskanzler Helmut Kohl holte Stoltenberg 1982 nach Bonn zurück. Als Finanzminister leitete er eine umfassende Steuerreform ein, musste das Amt aber 1989 wegen regierungsinterner Querelen an Theo Waigel abtreten. Stoltenberg wechselte ins Verteidigungsministerium, wo ihn eine illegale Panzerlieferung an die Türkei 1992 zum Rücktritt zwang.

Beate Uhse

deutsche Unternehmerin (*25.10.1919 Gut Wargenau bei Cranz/Ostpreußen), stirbt am 16. Juli in Sankt Gallen.
Beinahe alle Deutschen kannten ihren Namen, der längst zu einer Marke aufgestiegen war. Die höchst erfolgreiche Unternehmerin im Erotikgeschäft wurde geschätzt, aber auch verurteilt. Bewunderung erntete sie für ihren Geschäftssinn, den sie damit bewies, dass sie ein kleines Versandunternehmen zu einem Konzern mit Jahresumsätzen in Millionenhöhe fortentwickelte. Kritik und Missachtung brachte ihr die Art ihres Geschäftes ein; über 2000 Ermittlungsverfahren musste die Sex-Unternehmerin im Laufe ihrer unternehmerischen Tätigkeit überstehen. Geboren wurde sie als Beate Köslin in Ostpreußen, mit 18 Jahren wurde sie Pilotin, in den letzten Kriegsjahren flog sie Jagdmaschinen für das deutsche Überführungsgeschwader. Ihr Mann, Jagdflieger und einst ihr Fluglehrer, wurde abgeschossen, und so stand sie bei Kriegsende mit ihrem Sohn allein da. Sie floh mit ihm nach Ostfriesland. Dort begann sie, über Verhütungsmethoden aufzuklären. Sie vertrieb die »Schrift X«, die schnell ihre Kunden fand. 1951 gründete sie das Spezial-Versandhaus für Ehe- und Sexualliteratur und hygienische Artikel. Der Kreis ihrer Kunden stieg in die Millionen. Mit ihrem Einstieg ins Filmgeschäft im Jahr 1975 sorgte sie für ein weiteres Wachstum ihres Konzerns.

Helen Vita

deutsche Chansonsängerin, Kabarettistin und Schauspielerin, (* 7.8.1928 in Hohenschwangau), stirbt am 16. Februar in Berlin.
Helen Vita, ein echtes Multitalent, machte in den letzten Jahren vor ihrem Tod vor allem durch ihre schauspielerische Zusammenarbeit mit Brigitte Mira und Evelyn Künneke von sich reden. Die drei großen Damen der deutschen Bühne tingelten mit ihrem Programm »Drei alte Schachteln« durch die Republik und brachten ihr Publikum mit

viel Selbstironie zum Lachen. Helen Vita emigrierte 1939 zusammen mit ihrer Familie in die Schweiz. Ende der 40er Jahre stand sie am Züricher Theater in Bertolt Brechts »Herr Puntila und sein Knecht Matti« auf der Bühne. Später machte sie in Deutschland Kabarett. Große Bekanntheit erlangte sie in den 60er Jahren als »Fromme Helene«, welche die indizierten »Allerfrechsten Chansons aus dem alten Frankreich« vortrug. Helen Vita wirkte in über 60 Filmen mit. Rainer Werner Fassbinder entdeckte sie für sich als Schauspielerin: 1980 spielte sie in seinem Streifen »Lili Marleen«, 1979/80 in der TV-Serie »Berlin Alexanderplatz«.

Iannis Xenakis

griechisch-französischer Komponist und Architekt (*1.5.1922 Braila/Rumänien), stirbt am 4. Februar in Paris.
Der studierte Ingenieur ging als Begründer der sog. stochastischen Musik in die Annalen ein. Bei seinen Kompositionen baute er auf mathematischen Verfahren auf. Xenakis entwarf für die Weltausstellung in Brüssel 1958 den Philips-Pavillon, mit dem er seine Musikkomposition »Metastaseis« von 1954 umsetzte. Es ging ihm um das Gesamtkunstwerk. Dies zeigte sich bei seinen Raumkonzeptionen aus Licht und Klängen, den sog. Polytopes.

Peter von Zahn

deutscher Journalist (*29.1.1913 in Chemnitz), stirbt am 26. Juli in Hamburg.
Der ARD-Vorsitzende und WDR-Intendant Fritz Pleitgen nannte Peter von Zahn in seinem Nachruf den Grandseigneur des Rundfunkjournalismus – ein Vorbild für nachfolgende Generationen. Seine markante Stimme und sein besonderer Stil machten ihn zu einem Ausnahmereporter. Er war einer der Pioniere des Journalismus der Nachkriegszeit, begleitete den Wiederaufbau des Hörfunks und beteiligte sich an der Gründung des Fernsehens in Deutschland. Als erster Amerika-Korrespondent erlangte er eine außergewöhnliche Popularität. Dabei schaffte er es, eine neue Form der Reportage zu entwickeln: Dokumentationen, die nicht nur informativ waren, sondern zugleich auch unterhaltend und lebendig. Peter von Zahn verfasste fast 3000 Hörfunkbeiträge und produzierte über 1000 Fernsehfilme. Zahlreiche Auszeichnungen ehrten sein journalistisches Schaffen. Dreimal erhielt er den Adolf-Grimme-Preis, den DAD-Fernsehpreis bekam er in Gold und Silber, dazu kamen die Goldene Kamera und der Bayerische Fernsehpreis. Peter von Zahn wurde als Sohn eines Offiziers geboren, er absolvierte ein Volontariat im Verlag; sein Jura-, Geschichts- und Philosophiestudium schloss er mit der Promotion ab. Der heutigen Berichterstattung konnte der Reporter der ersten Stunde nichts mehr abgewinnen – ihm fehlte die tiefgründige Recherche.

).3.2001:
Als Nachfolgerin von Re-
nate Künast wird Claudia
Roth Sprecherin von
Bündnis 90/Die Grünen.
→ S. 58

1.4.2001:
Der jugoslawische Ex-Staatschef Slobodan Milošević wird
in Belgrad verhaftet und im Juni
nach Den Haag überstellt
(→ 28.6./S. 104).

4.5.2001:
Guido Westerwelle wird in
Düsseldorf neuer FDP-Vor-
sitzender. → S. 88

Politik

1.6.20
Der B
Erwei
Mand
Kosov

19.3.2001:
Mit der Unterzeich-
nung der Grün-
dungsurkunde von
ver.di entsteht unter
dem Vorsitz von
Frank Bsirske die
größte freie Einzel-
gewerkschaft der
Welt. → S. 59

11.5.2001:
Nach monatelangem Tau-
ziehen billigen Bundestag
und Bundesrat die Renten-
reform. → S. 86

Wir

10.4.2001:
In den Niederlanden
wird die aktive Sterbe-
hilfe unter bestimmten
Bedingungen gesetz-
lich erlaubt. → S. 74

Dennis Tito

28.4.2001:
Dennis Tito, der erste
Weltraumtourist, startet
von Baikonur aus zur
Internationalen Raum-
station ISS. → S. 454

Gesellschaft

19.5.2001:
Prinz Constan-
tijn der Nieder-
lande und Lau-
rentien Brink-
horst heiraten in
Den Haag.
→ S. 91

9.3.2001:
Ungeachtet weltweiter
Proteste lässt das Taliban-
Regime in Afghanistan die
Buddha-Statuen in Ba-
miyan aus religiösen
Gründen zerstören.
→ S. 60

2.5.2001:
Im Spreebogen in Ber-
lin wird das neue
Bundeskanzleramt
nach Entwürfen von
Axel Schultes und
Charlotte Frank eröff-
net. → S. 95

23.5.2001:
In Bernrie
See wird d
Behnisch
seum der l
Lothar-Gü
eröffnet. →

K

Gerhard Mayer-Vorfelder

28.4.2001:
Gerhard Mayer-Vorfelder
wird als Nachfolger von
Egidius Braun Präsident
des Deutschen Fußball-
Bundes. → S. 79

Sport

19.5.2001:
Der FC Bayern Mün-
chen wird zum 17.
Mal Deutscher Fuß-
ballmeister. → S. 97

3.2001:
ofiboxer John Ruiz (USA)
rd nach seinem Sieg über
ander Holyfield in Las
gas Schwergewichts-Welt-
eister der WBA. → S. 65

23.3.2001:
Die russische Raumstation
»Mir« wid planmäßig zum
Absturz gebracht. → S. 61

7.4.2001:
Die NASA bringt eine neue Sonde auf dem
Weg zum Mars. »Mars Odyssey 2001« soll
den Roten Planeten bis 2004 umkreisen.

Wissenschaft

Dezember 2000

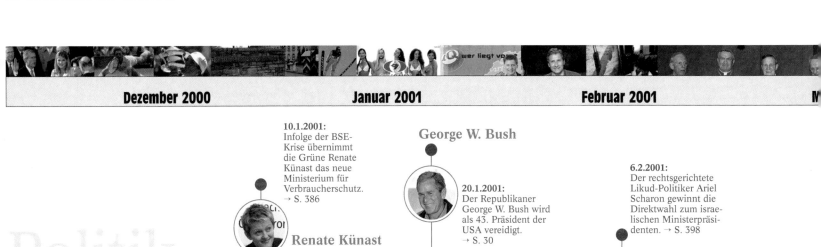

Politik

10.1.2001:
Infolge der BSE-Krise übernimmt die Grüne Renate Künast das neue Ministerium für Verbraucherschutz. → S. 386

Renate Künast

George W. Bush

20.1.2001:
Der Republikaner George W. Bush wird als 43. Präsident der USA vereidigt. → S. 30

6.2.2001:
Der rechtsgerichtete Likud-Politiker Ariel Scharon gewinnt die Direktwahl zum israelischen Ministerpräsidenten. → S. 398

Wirtschaft

23.1.2001:
Der Vertrag über den Bau einer Transrapidstrecke in Schanghai wird unterzeichnet. → S. 27

19.2.2001:
Die europäischen Stahlunternehmen Arbed, Aceralia und Usinor fusionieren zum weltweit größten Stahlkonzern.

Gesellschaft

Madonna

22.12.2000:
Die US-amerikanische Popsängerin Madonna heiratet den britischen Regisseur Guy Ritchie in Schottland. → S. 17

15.1.2001:
Ex-Tennisstar Boris Becker und seine Frau Barbara werden geschieden. → S. 34

Kultur

2.12.2000:
Der Film »Dancer in the Dark« des dänischen Regisseurs Lars von Trier erhält den Europäischen Filmpreis 2000.

22.12.2000:
Drei Kunstdiebe stehlen aus dem Stockholmer Nationalmuseum zwei Werke von Auguste Renoir und ein Bild von Rembrandt

19.1.2001:
Der von Oswald Mathias Ungers entworfene Neubau des Wallraf-Richartz-Museums in Köln wird eröffnet. → S. 27

Udo Lindenberg

4.2.2001:
Udo Lindenberg eröffnet in Dresden das Festival »Rock gegen rechte Gewalt«.

18.2.2001:
Der französische Film »Intimacy« von Patrice Chéreau gewinnt in Berlin den Goldenen Bären.

Sport

11.12.2000:
Der 60-jährige ehemalige brasilianische Nationalspieler Pelé wird in Rom zum Weltfußballer des Jahrhunderts gewählt.

3.1.2001:
In Neuss wird die erste deutsche Indoor-Skianlage eröffnet. → S. 24

25.2.2001:
Die deutschen Skispringer sind die erfolgreichsten Athleten der Nordischen Ski-Weltmeisterschaften in Lahti. → S. 49

Wissenschaft/ Forschung

14.12.2000:
Fast 15 Jahre nach der Atomkatastrophe wird das Kernkraftwerk Tschernobyl in der Ukraine stillgelegt.

12.1.2001:
US-Forschern ist es erstmals gelungen, gezielt das Erbgut eines Menschenaffen zu verändern.

22.1.2001:
Die Erdatmosphäre erwärmt sich nach einer UNO-Studie wesentlich dramatischer als bisher angenommen.

12.2.2001:
Genforscher aus mehreren Ländern haben das menschliche Erbgut weitgehend entziffert.

Das Jahr im Überblick

11.9.2001:
Die USA erleben die schlimmsten Terroranschläge ihrer Geschichte. In New York und Washington sterben dabei vermutlich rd. 5000 Menschen. → S. 248

Osama bin Laden

2.10.2001:
Erstmals in ihrer Geschichte ruft die NATO wegen der Anschläge auf die USA den Bündnisfall aus.

7.10.2001:
Die USA beginnen mit Angriffen gegen Afghanistan, weil die Taliban verdächtigt werden, Osama bin Laden zu beherbergen. → S. 176

16.11.2001:
Der Bundestag spricht Bundeskanzler Gerhard Schröder mehrheitlich das Vertrauen aus und befürwortet den Anti-Terror-Einsatz der Bundeswehr. → S. 196

27.11.2001:
Auf dem Petersberg bei Bonn beginnt die von den Vereinten Nationen ausgerichtete Konferenz zu Afghanistan. → S. 195

24.11.2001:
Mit deutlicher Mehrheit billigt der Bundesparteitag von Bündnis 90/Die Grünen in Rostock den Einsatz der Bundeswehr im Anti-Terror-Kampf. → S. 196

Politik

4.9.2001:
Die US-amerikanischen Computerkonzerne Compaq und Hewlett Packard geben ihre Fusion bekannt.

2.10.2001:
Die Swissair muss wegen Zahlungsunfähigkeit vorübergehend den Betrieb einstellen. → S. 178

6.11.2001:
Im Kampf gegen die Rezession senkt die US-Notenbank die Leitzinsen auf den niedrigsten Stand seit 1962.

10.11.2001:
Durch eine Rettungsaktion von Anteilseignern und Banken wird die Pleite des Ferienfliegers LTU vorerst abgewendet.

Wirtschaft

22.10.2001:
Die Tennisstars Andre Agassi und Steffi Graf heiraten in Las Vegas. Am 26.10. kommt ihr erstes Kind zur Welt (→ 26.10./S. 188).

Gesellschaft

9.9.2001:
Bundespräsident Johannes Rau eröffnet das Jüdische Museum in Berlin, dessen Entwurf von Daniel Libeskind stammt. → S. 462

13.10.2001:
In Frankfurt am Main wird dem Philosophen Jürgen Habermas der Friedenspreis des Deutschen Buchhandels verliehen.

27.10.2001:
Die österreichische Lyrikerin Friederike Mayröcker erhält in Darmstadt den Büchner-Preis. → S. 186

Kultur

14.11.2001:
Durch ein 4:1 in Dortmund über die Ukraine qualifiziert sich die deutsche Nationalelf für die Fußball-Weltmeisterschaft 2002. → S. 203

4 gegen Borussia Dort-
g wird die Gelsenkir-
:eingeweiht. → S. 150

13.10.2001:
Michael Schumacher auf Ferrari wird zum vierten Mal Automobilweltmeister. → S. 476

Sport

5.10.2001:
Bei Kötzting in Bayern wird der weltweit größte Ringlaser in Betrieb genommen. Damit können Abweichungen in der Erdrotation gemessen werden.

25.11.2001:
Die US-Firma Advanced Cell Technology in Worcester hat nach eigenen Angaben den ersten menschlichen Embryo geklont. → S. 200

Wissenschaft/ Forschung

amt einer
utschen
ernationale
ppe zu.

Klaus Wowereit

16.6.2001:
SPD, Grüne und PDS stürzen den Berliner Regierenden Bürgermeister Eberhard Diepgen (CDU). Klaus Wowereit (SPD) wird sein Nachfolger. → S. 110

6.8.2001:
UN-Generalsekretär Kofi Annan appelliert an Israel, die gezielte Tötung mutmaßlicher palästinensischer Gewalttäter sofort einzustellen (→ 10.8./S. 140).

Kofi Annan

22.8.2001:
In Mazedonien beginnt de NATO-Einsatz »Essential Harvest«, bei dem Waffen der Rebellenarmee UCK eingesammelt werden.
→ S. 142

11.6.2001:
Bundesregierung und Stromwirtschaft unterzeichnen den Atomkonsens, der den Ausstieg aus der Nutzung der Atomenergie regelt.

2.7.2001:
Mit der Frankfurter Ökobank scheitert nach 13 Jahren das ambitionierteste Finanzprojekt der Alternativbewegung.

19.7.2001:
Die EU-Kommission in Brüssel billigt die Fusion der Dresdner Bank mit dem Versicherungsunternehmen Allianz (→ 1.4./S. 78).

8.8.2001:
Nachdem die Deutsche Bank ein 44 Mio. Stück umfassendes Aktienpaket verkauft hat, fällt die T-Aktie auf den tiefsten Stand seit drei Jahren.
→ S. 149

23.6.2001:
500 000 Schwule und Lesben ziehen am traditionellen Christopher Street Day durch Berlin.

25.7.2001:
Das aus dem Jahr 1933 stammende deutsche Rabattgesetz tritt außer Kraft. → S. 125

1.8.2001:
In Deutschland können homosexuelle Paare erstmals ihre Lebenspartnerschaft registrieren lassen.
→ S. 148

25.8.2001:
Der norwegische Kronprinz Haakon heiratet in Oslo die Bürgerliche Mette-Marit Tjessem-Höiby.
→ S. 145

19.7.2001:
In den deutschen Kinos läuft die Western-Komödie »Der Schuh des Manitu« von Michael »Bully« Herbig an, die zum erfolgreichsten deutschen Film aller Zeiten wird. → S. 128

15.8.2001:
Die Bodenseeinsel Reichenau wird in die Liste des UNESCO-Weltkulturerbes aufgenommen.

erger
er
»Mu-
on
heim

1.7.2001:
Für seinen Text »Muttersterben« erhält der deutsche Autor Michael Lentz in Klagenfurt den Ingeborg-Bachmann-Preis.

Lance Armstrong

29.7.2001:
Der US-amerikanische Radsportler Lance Armstrong gewinnt vor dem Deutschen Jan Ullrich die Tour de France. → S. 133

13.7.2001:
In Moskau vergibt das IOC die Olympischen Spiele 2008 an Peking (→ 16.7./S. 130).

13.8.2001:
Mit Spielen des FC Schalke 0 mund und den 1. FC Nürnbe chener Arena »Auf Schalke«

3.7.2001:
In Louisville/Kentucky wird erstmals das erkrankte Herz eines Patienten durch ein komplettes Kunstherz ersetzt.

8.8.2001:
In Cape Canaveral wird die Raumsonde »Genesis« gestartet. Sie soll Partikel aus den Sonnenwinden sammeln.

Der 11. September 2001

Die Vorgeschichte der Attentate

Der Anschlag

Weltweite Reaktionen

Die Bergung

Die Trauer

Die Täter

Osama bin Laden und die Al-Qaida

Die Welt danach

Weltkarte des Terrors

Dokumente

New York: Die berühmte Skyline von Süd-Manhattan mit den »Twin Towers« des World Trade Centers vor dem Terroranschlag. Jährlich kommen über 30 Millionen Touristen in die US-Metropole, täglich besuchten 80 000 Gäste das WTC am Hudson River. Die von 1966 bis 1973 errichteten Türme waren die höchsten Wolkenkratzer New Yorks. Der Südturm (rechts) bot die höchste Außenansichtsplattform der Welt.

New York, 11. September, 10.28 Uhr: Der nördliche Turm des World Trade Centers stürzt ein. Bereits 23 Minuten vorher ist der südliche Büroturm in sich zusammengestürzt. Ganz Manhattan ist in eine riesige Wolke aus Betonstaub und Rauch gehüllt. An normalen Arbeitstagen arbeiteten im WTC bis zu 50 000 Menschen.

New York nach
dem 11. September:
Die Skyline von
Süd-Manhattan ohne
die bekannten
»Twin Towers« des
World Trade Centers.
Das Wahrzeichen
Süd-Manhattans – die
alles überragenden
»Twin Towers« des
WTC existiert nicht
mehr. Die in aller
Welt bekannte New
Yorker Skyline wird
nie wieder so sein wie
vor den Anschlägen.

Die Welt Anfang September 2001

»Nichts wird mehr so sein wie es einmal war!« – dieser Satz wurde nach den grausamen Terrorattentaten in New York und Washington am 11. September von Politikern unzählige Male zitiert. Aber was ist vor diesem »Tag, der die Welt veränderte« wirklich passiert? Hier ist ein Überblick über die wichtigsten Nachrichten der »Tage davor«.

1. SEPTEMBER

Niederlage für Deutschland

England demontiert deutsche Nationalelf mit 5:1. Das Team von Rudi Völler wird im Münchner Olympiastadion vor 63 000 Zuschauern bitter demontiert. Die Deutschen verspielen damit die direkte Qualifikation zur Weltmeisterschaft.

44 Tote beim Brand in Tokios Rotlichtviertel »Kabukicho«. Zuerst vermutete die Polizei eine Gasexplosion in einem vierstöckigen Gebäude mit Spielautomatenhalle und Hostessbar. Später stellte sich heraus, dass der Anschlag von chinesischen Mafiabanden verübt wurde.

Flüchtlingsdrama auf der »Tampa« geht weiter. Die Lage der 400 Flüchtlinge auf dem norwegischen Frachter ist weiter ungeklärt. Neuseeland und die Pazifik-Republik Nauru haben sich bereit erklärt, die Menschen aufzunehmen. Aber ein australisches Gericht verfügt, dass das Schiff die australischen Hoheitsgewässer nicht verlassen darf.

Matchwinner im Spiel gegen die deutsche Nationalmannschaft: Liverpool-Stürmer Michael Owen (re.) erzielt gleich drei Treffer in der 12., 48. und 66. Minute.

Erste Euro-Transporte rollen über Europas Straßen. In Deutschland werden die ersten Millionen Euro-Münzen in Spezial-Lastwagen aus stark bewachten Zentrallagern der niedersächsischen und der nordrhein-westfälischen Landeszentralbank zu geheim gehaltenen Lagern von Geldtransportfirmen gebracht.

Auch in Belgien rollen die ersten Euro-Transporter von der Nationalbank zu den größten Bankgesellschaften.

Attentat auf palästinensischen Geheimdienst-Offizier. Taiseer Chatab (42) wird durch eine Autobombe im Gasastreifen getötet.

2. SEPTEMBER

Autobombe in Jerusalem

Autobombe in Jerusalem explodiert – 2 verletzte Polizisten. Vor einem Studentenwohnheim in Nord-Jerusalem bringen Sprengstoffexperten eine Autobombe kontrolliert zur Detonation.

Michael Schumacher siegt im Grand Prix von Belgien. Der Ferrari-Pilot und Weltmeister gewinnt nach 1:08:05 Stunden. Zweiter: David Coulthard (McLaren-Mercedes).

Schauprozess gegen Shelter-Now-Mitarbeiter angekündigt. Die vier deutschen, zwei amerikanischen, zwei australischen und 16 afghanischen Mitarbeiter der Hilfsorganisation sollen vor Gericht gestellt werden. Das gibt die Taliban-Regierung bekannt.

Christiaan Barnard ist tot. Der südafrikanische Herzchirurg stirbt auf Zypern an den Folgen eines Asthmaanfalls. Barnard glückte – 1967 in Kapstadt – als erstem Arzt eine Herztransplantation .

3. SEPTEMBER

Belfast: Steinwürfe von Protestanten auf Schulkinder

Belfast: Bewaffnete Polizisten sichern katholischen Kindern den Weg zur Schule.

Straßenschlacht wegen Schulweg in Belfast. Rund 200 Protestanten versperren am ersten Schultag nach den Ferien katholischen Kindern den Durchgang durch ihr Viertel zur Schule. Gegen zahlreiche Steinewerfer muss die Polizei mit ihren Schlagstöcken den Schulweg der Vier- bis Siebenjährigen absichern.

Basketballer im EM-Viertelfinale. Nach einer grandiosen Aufholjagd gegen Griechenland zieht Deutschland mit einem 80:75 Sieg ins Viertelfinale ein. Viertelfinal-Gegner bei der EM in Istanbul ist Frankreich.

Putin gegen Erweiterung der NATO. Der russische Präsident Wladimir Putin lehnt eine Ausdehnung der NATO auf die baltischen Staaten ab.

Anti-Rassismus-Konferenz in Durban droht zu scheitern. Der Streit zwischen Israelis und Palästinensern droht die Konferenz zu torpedieren. Die eigentlich geplanten Themen finden kaum noch Beachtung.

41 Afghanen wandern illegal nach Griechenland ein. Mit einem Fischerboot sind 41 Afghanen auf der griechischen Insel Kos gelandet. Die Polizei nimmt sie am Strand fest. In den letzten 30 Tagen sind nach Angaben der Küstenwache über 450 illegale Zuwanderer über die Meerenge aus der Türkei gekommen.

Shelter Now vor Gericht

Shelter-Now-Mitarbeiter in Kabul vor Gericht. In Afghanistan ist der Prozess gegen die acht ausländischen Entwicklungshelfer vom Gerichtsvorsitzenden Mohammed Sakib eröffnet worden. Den Angeklagten wird christliche Missionierung vorgeworfen. Die Häftlinge werden vom Roten Kreuz versorgt.

USA geben Biowaffenforschung mit Anthrax zu. Regierungssprecher Ari Fleischer gibt bekannt, dass US-Wissenschaftler seit vier Jahren eine neue Variante des Milzbranderregers Anthrax züchten. Das Weiße Haus erklärt, man handle in Übereinstimmung mit dem Biowaffen-Verbot.

Bombenexplosion auf dem Markt von Bagdad. In der irakischen Hauptstadt explodiert im Marktviertel eine Bombe. Mehrere Menschen werden verletzt, die Regierung macht den Iran für die Explosion verantwortlich.

Kolumbien: Rebellen wollen Deutsche freilassen. Der Chef der FARC-Rebellen Manuel Marulanda ist bereit, die drei entführten Deutschen Ulrich Künzel, dessen Bruder Thomas Künzel und Reiner Bruchmann freizulassen. Einen Zeitpunkt nennt er nicht.

Carl-Uwe Steeb tritt als DTB-Teamchef zurück. Der Teamchef der deutschen Davis-Cup-Mannschaft »Charly« Steeb hat sein Amt niedergelegt. Boris Becker schließt ein Comeback als Nachfolger aus.

2004 erste Raumstation für Touristen geplant. Die russische Firma Energija plant bis zum Jahr 2004 die erste private Weltraumstation für Touristen, Wissenschaftler oder Film-Crews. Die »Mini Station 1« kann drei Menschen bis zu 20 Tage beherbergen.

Marion Jones läuft Jahresbestleistung. Bei den Goodwill Games in Brisbane läuft US-Sprinterin Marion Jones über 100 Meter in 10,84 Sekunden Jahresbestleistung.

Nürnberg – mehr Arbeitslose als im Vorjahr. Erstmals seit Antritt der rot-grünen Bundesregierung übersteigt die Zahl der Arbeitslosen (3,789 Millionen) den Wert des Vorjahresmonats.

Hessen lehnt Lehrerinnen mit Kopftuch ab. Muslimische Frauen, die ein Kopftuch tragen, dürfen an hessischen Schulen nicht unterrichten. Das hat das Kultusministerium verfügt.

Urteil gegen Richter Schill aufgehoben. Der Bundesgerichtshof (BGH) in Leipzig hebt das Urteil gegen den Richter Schill auf und verweist zur Neuverhandlung an das Landgericht Hamburg zurück. Schill war wegen Rechtsbeugung verurteilt worden.

»Titanic«-Star Kate Winslet verlässt ihren Mann. Nach 33 Monaten Ehe trennt sich die britische Schauspielerin Kate Winslet (25) von Ehemann Jim Threapleton (27).

Margit Stebner, US-Mitarbeiterin der Hilfsorganisation Shelter Now wird im Bus vor das Gericht in Kabul gebracht. Taliban-Polizisten bewachen das Fahrzeug.

Premier Lionel Jospin, Kanzler Gerhard Schröder und Präsident Jacques Chirac (v. li.)

Gipfeltreffen in Berlin

Schröder trifft Chirac und Jospin. Die Krise im Nahen Osten und die Lage in Mazedonien sind die Schwerpunkt-Themen beim deutsch-französischen Treffen von Staatspräsident Jacques Chirac und Premierminister Lionel Jospin mit Bundeskanzler Gerhard Schröder in Berlin.

Mette-Marit und Kronprinz Haakon shoppen in New York. Die norwegische Kronprinzessin Mette-Marit und Kronprinz Haakon wollen ihre Flitterwochen ungestört verbringen. Ein Fotograf entdeckt sie beim Shopping in New York.

Taliban-Richter: Todesstrafe auch für Ausländer möglich. Die in Afghanistan angeklagten Shelter-Now-Mitarbeiter könnten zum Tode verurteilt werden. Das hält der oberste Richter Mohammed Sakib für möglich. Prozess-Beobachter in der Hauptstadt Kabul hatten bisher mit einer kurzen Haftstrafe und anschließender Ausweisung der acht Entwicklungshelfer gerechnet.

Die Concorde darf wieder fliegen. 14 Monate nach dem verheerenden Unfall in Paris, bei dem 113 Menschen starben, darf die Concorde den Betrieb wieder aufnehmen. Die Erlaubnis der Aufsichtsbehörde für Zivilluftfahrt in London und Paris gilt jeweils für die britischen und französischen Maschinen.

NATO-Soldaten müssen in Mazedonien erstmals eingreifen. Erstmals seit dem Beginn ihrer Mission in Mazedonien haben britische NATO-Soldaten einen bedrohten

Im Rahmen ihres Mazedonien-Einsatzes sammelt die NATO 3300 UCK-Waffen ein.

albanischen Polizisten geschützt. Er wird auf der Straße nach Tetovo von Paramilitärs beschossen.

Israel bombardiert Arafats Leibgarde. Die israelische Armee nimmt Stellungen der »Force 17«, der Leibwache Arafats, unter Feuer. Beim Raketenangriff in Beit Hanoun, im nördlichen Gasastreifen, wird ein Palästinenser verletzt.

Matthäus wird neuer Trainer bei Rapid Wien. Der deutsche Rekordnationalspieler Lothar Matthäus (40) unterschreibt bei Rapid Wien den Vertrag für seinen ersten Trainer-Posten.

Bekanntmachung: Deutsche Bank geht an die New Yorker Börse. Schon im Oktober will die Deutsche Bank an der New York Stock Exchange (NYSE) notiert sein. Der Frankfurter Bankriese hat das Zulassungsverfahren passiert und das von der US-Börsenaufsicht verlangte US-GAAP vorgelegt.

6. SEPTEMBER

Stars feiern in New York die MTV Video Music Awards

Fatboy Slim und 'N Sync kassieren MTV Awards. In der New Yorker Metropolitan Opera vergibt der Musiksender MTV seine begehrten Awards. DJ Fatboy Slim kassiert sechs Preise, die Boygroup 'N Sync wird vier Mal ausgezeichnet.

Israelischer Soldat bei Tulkarem erschossen. Radikale Palästinenser schießen in der Nähe der Stadt Tulkarem im Westjordanland auf ein Auto mit zwei israelischen Soldaten.

Ein Soldat wird getötet, eine Armeeangehörige schwer verletzt.

Anschlag auf Fatah-Funktionär im Westjordanland. Bei einem israelischen Hubschrauberangriff im Westjordanland werden zwei Palästinenser getötet. Der Angriff gilt dem 27-jährigen Fatah-Chef der Autonomiestadt Tulkarem, Raad el Karmi, doch der soll den Angriff überlebt haben. Zur gleichen Zeit gehen in der geteilten Stadt Hebron zwei

Palästinenser mit Messern auf einen israelischen Soldaten los, der das Feuer eröffnet. Ein Angreifer wird verletzt.

Scharon will nicht verhandeln. Der israelische Ministerpräsident Ariel Scharon hält Friedensverhandlungen mit Palästinensern für unmöglich. Bei seinem Besuch in Moskau bezeichnet er Jasir Arafat als »Haupthindernis für den Frieden«. Arafat soll auch mit dem Muslim-Extremisten Osama bin Laden zusammenarbeiten. Der russische Präsident Wladimir Putin kündigt die Entsendung eines Sondergesandten in den Nahen Osten an.

US-Regierung zieht Microsoft-Klage zurück. Der Software-Konzern Microsoft soll nicht zerschlagen werden, das US-Justizministerium zieht seine Klage zurück.

Shelter-Now-Prozess: Richter revidiert Todesdrohungen. Taliban-Außenminister Wakil Motawakil stellt den Angeklagten die Begnadigung in Aussicht. Der Vorsitzende Richter Sakib widerspricht ihm, nimmt aber seine Todesdrohungen zurück.

Börsianer nervös: Die neuen Arbeitsmarktdaten drücken die Stimmung.

Nemax 50 fällt auf Allzeittief. Enttäuschung am Neuen Markt. Der Nemax 50 fällt auf 943,64 Punkte.

Moskau meldet Tod von 24 Rebellen in Tschetschenien. Bei einer Serie von Raketen-Angriffen russischer Kampfhubschrauber in Tschetschenien werden nach russischen Angaben 24 Menschen getötet.

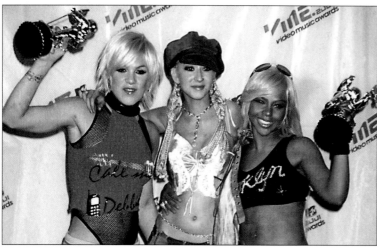

MTV Award für das beste Video (v.l.): Pink, Christina Aguilera und Lil' Kim

7. SEPTEMBER

Schwierige Anti-Rassismus-Konferenz in Durban

Durchbruch bei Anti-Rassismus-Konferenz im Nahost-Konflikt. Nach tagelangem Streit um strittige Nahost-Passagen in der Abschlusserklärung der Anti-Rassismus-Konferenz in Durban kann das größte Hindernis für einen erfolgreichen Abschluss ausgeräumt werden. Nachmittags ziehen die arabischen Staaten ihre Formulierung zum Nahost-Konflikt zurück, in der Israel namentlich angeprangert werden sollte.

Arbeitslosigkeit in den USA auf Rekordhöhe. Die amerikanische Wirtschaft steht am Rande der Rezession. Die Arbeitslosenquote stieg im August auf 4,9 % und erreicht damit den höchsten Stand seit 1997.

Michael Jackson feiert Comeback. Zu seinem 30-jährigen Bühnenjubiläum gibt der Pop-Superstar ein Konzert im New Yorker Madison Square Garden. Bei seinem Comeback singt der »König des Pop« zum ersten Mal wieder mit seinen vier

Brüdern. 1971 hatte er im Alter von 13 Jahren mit den »Jackson Five« seine Karriere begonnen. Unter den Gästen sind die Sängerinnen Whitney Houston, Britney Spears, Schauspieler Marlon Brando und die Schauspielerinnen Elizabeth Taylor und Liza Minnelli.

US-Außenministerium warnt vor Terror-Anschlägen. In Südkorea und Japan rufen die US-Botschaften ihre Landsleute zu besonderer Vorsicht auf. Der Grund: Das US-Außenministerium hat Hinweise auf mögliche Terror-Anschläge. Die Hinweise beziehen sich auf Militäreinrichtungen oder Orte, an denen sich Militärpersonal aufhalte, bestätigte der Sprecher des Ministeriums, Richard Boucher.

Die New Yorker Modewoche setzt auf viel Erotik und Spitze. Nach Paris, Mailand und London beginnt die New Yorker Modewoche im Bryant Park. Donna Karan, Anne Klein,

Tommy Hilfiger, Calvin Klein und Ralph Lauren sind nur einige der renommierten Designer, die in ihren Kreationen viel Haut präsentieren.

Kofi Annan will Sanktionen gegen Serbien beenden. In einem Brief an den Vorsitzenden des UN-Sicher-

heitsrates, Jean-David Levitte, fordert UN-Generalsekretär Kofi Annan die Aufhebung des seit dreieinhalb Jahren bestehenden Waffenembargos gegen Jugoslawien. Die neue jugoslawische Regierung arbeite bei den Bemühungen, Frieden und Stabilität in die Balkan-Region zu bringen mit.

Die Anti-Rassismus-Konferenz in Durban droht, am Nahost-Konflikt zu scheitern.

8. SEPTEMBER

EU fordert stärkere Rolle der USA im Nahost-Konflikt

EU vermisst Engagement der USA im Nahen Osten. Bei der Konferenz der 15 Außenminister der EU in Genval bei Brüssel fordern die EU-Diplomaten wieder eine stärkere Rolle der USA im Nahost-Konflikt. Nur Washington ist in der Lage, Druck auf den israelischen Ministerpräsidenten Ariel Scharon auszuüben und ihn zu Kompromissen zu veranlassen.

Abschlusserklärung der Anti-Rassismus-Konferenz. »Die Weltkonferenz gibt zu, dass Kolonialismus zu Rassismus, rassistischer Diskriminierung, Ausländerfeindlichkeit und damit zusammenhängender Intoleranz geführt hat … «, heißt es in der Abschlusserklärung der Anti-Rassismus-Konferenz in Südafrika.

Scharping bedauert Poolfotos. Bundesverteidigungsminister Rudolf Scharping (SPD) bedauert die Poolfotos von Mallorca mit Lebensgefährtin Kristina Gräfin Pilati.

Verletzte bei Bombenanschlag in Kabul. Im afghanischen Innenministerium der regierenden Taliban in Kabul detoniert eine Bombe. Der Sprengsatz verletzt mehrere Beamte, über Täter und Todesopfer ist nichts bekannt.

Westliche Helfer erstmals vor Taliban-Gericht. Zum ersten Mal seit ihrer Festnahme am 3. August 2001 erscheinen alle acht Mitarbeiter der Hilfsorganisation Shelter Now vor dem Gericht in Kabul. Richter Mohammed Sakib verspricht ihnen einen »gerechten und gnädigen« Prozess.

Tadschikischer Kulturminister erschossen. Unbekannte Täter erschießen am Morgen den tadschikischen Kulturminister Abdurachim Rachimow vor seinem Haus. Der 49-jährige ermordete Minister sollte die Feiern zum zehnten Jahrestag der Unabhängigkeitserklärung vorbereiten.

Außenminister Fischer und der Präsident der EU-Kommission Romano Prodi

Sieben Tote in Kaschmir. Bei der Explosion zweier Landminen im indisch verwalteten Teil Kaschmirs sterben sieben Menschen.

Geheimdienstchef von Saudi-Arabien abgelöst. Prinz Turki al-Faisal, größter Unterstützer der Taliban aus Riad, wird abgelöst.

9. SEPTEMBER

Anschlag auf Massud

Oppositionsführer Massud wird bei Anschlag getötet. Zwei als Journalisten getarnte Attentäter töten den afghanischen Oppositionsführer Ahmed Schah Massud. Der Sprengsatz war offenbar in ihrer Kamera versteckt.

Syrien lässt Oppositionelle verhaften. Die syrische Regierung hat fünf Angehörige der Bürger- und Menschenrechtsbewegung verhaften lassen. Darunter auch den ehemaligen Dekan der Wirtschaftsfakultät der Universität von Damaskus, Aref Dalilah.

Algerische Terroristen ermorden 14 Menschen. Islamistische Terroristen schießen im Westen Algeriens in der Nähe der Hafenstadt Oran auf die Teilnehmer einer Trauerfeier. 14 Menschen sterben.

Jüdisches Museum eröffnet. Bundespräsident Johannes Rau eröffnet in Berlin das neue Zentrum jüdischer Kultur.

Anschlagserie erschüttert Israel. Bei drei palästinensischen Selbstmordanschlägen werden sieben Menschen getötet.

Israel fliegt Luftangriffe. Mit Luftangriffen im Westjordanland antwortet Israel auf die Selbstmordanschläge. Kampfhubschrauber greifen Ziele in den palästinensischen Orten Ramallah, El Bireh und Jericho an.

Venus Williams gewinnt US Open in New York. Tennis-Olympia-Siegerin Venus Williams hat im Finale der US Open gegen ihre Schwester Serena (6:2, 6:4) den Titel verteidigt.

Ein Sprengsatz tötet Ahmed Massud (47).

10. SEPTEMBER

Unruhen in Nigeria

165 Menschen in Nigeria getötet. Bei tagelangen religiösen Unruhen zwischen Christen und Muslims im zentralnigerianischen Jos werden 165 Menschen getötet. Jugendliche der muslimischen Hausa-Minderheit kämpfen gegen Christen des Berom-Stammes.

Selbstmordattentat vor deutschem Konsulat. Zwei türkische Polizeioffiziere und der Attentäter werden bei einem Selbstmordanschlag in der Nähe des deutschen Konsulats in Istanbul getötet. Zur Tat bekennt sich die linksextreme »Revolutionäre Volksbefreiungsarmee/Front« (DHKP/C).

Sieben Angeklagte vor UN-Tribunal. In Den Haag beginnen drei Prozesse gegen die mutmaßlichen Kriegsverbrecher aus Bosnien. Den sieben Angeklagten wird Massenmord, Folter und Vertreibung vorgeworfen.

Acht Tote bei Luftangriff auf Irak. Britische und amerikanische Kampfflugzeuge greifen die Region Salija, rund 170 Kilometer südlich von Bagdad, an. Dabei werden acht Menschen getötet.

Nigeria: Tote und Verletzte in Jos

Pentagon: Irak wird gefährlicher. US-Verteidigungsminister Donald Rumsfeld befürchtet, dass vom Irak eine wachsende Gefahr ausgeht. Die Regierung von Saddam Hussein arbeite an der Entwicklung von biologischen Waffen.

Shelter-Now-Prozess geht ohne Richter weiter. Im afghanischen Kabul geht der Prozess gegen die Shelter-Now-Mitarbeiter weiter. Allerdings ohne den obersten Richter Mohammed Sakib, gibt ein Sprecher des Obersten Gerichtshof der radikalislamischen Taliban bekannt.

Die Vorbereitung

Vier Wochen vor dem 11. September: Wie die Anführer der Terroristen in Las Vegas die Anschläge auf New York und Washington planen. – Die Fahndungspanne: Hätten CIA und FBI die Katastrophe noch verhindern können? – Die letzte Nacht der »Gotteskrieger«: Gebete und Gebrauchsanweisungen zum Töten.

Las Vegas bei Nacht. Ausgerechnet in der größten Spielhölle der Welt trafen sich fünf fundamentalistische Muslime, die als Märtyrer ins Paradies kommen wollten.

Der teuflische Plan der »Gotteskrieger«

Es gibt Tage, die wir nicht vergessen, weil etwas Freudiges oder Furchtbares, Befreiendes oder Bedrückendes, Erlösendes oder Erschütterndes geschehen ist. Und es gibt Bilder, die sich in das kollektive Bewusstsein der Menschen eingebrannt haben: Wie John F. Kennedy 1963 in Dallas in seinem offenen Wagen tödlich getroffen wird. Wie das kleine vietnamesische Mädchen 1972 schreiend und splitternackt vor den US-Napalmbomben flüchtet. Wie Leute aus Ost und West in der Nacht vom 9. November 1989 gemeinsam auf der Berliner Mauer tanzen.

Bilder wie diese haben unser politisches Bewusstsein beeinflusst. Tage wie diese haben die Welt verändert.

Dienstag, der 11. September 2001 war so ein Tag.

Die Anschläge auf New York und Washington sind über Jahre und Monate mit bisher kaum denkbarer Präzision und Ausdauer geplant worden. Die Endphase, so weiß man heute, hat vier Wochen vorher begonnen, an einem überraschenden Ort, auf seltsame Weise.

13. AUGUST

Las Vegas. Montags ist gewöhnlich nicht viel los im »Olympic Garden Topless Cabaret«, das am billigen Ende des weltberühmten Las Vegas Boulevard liegt und damit prahlt, »Hundert der schönsten Frauen der Welt« zu beschäftigen. »Samantha« soll eine davon sein. Samantha ist ihr Künstlername, unter dem sie als Tänzerin auftritt, mit

wechselnden Haarfarben und nur mit einem G-String bekleidet. Am späten Abend dieses 13. August hatte Samantha eine Begegnung, die ihr nicht aus dem Sinn gegangen ist.

Etwa eine Stunde vor Mitternacht hatte sie einen Gast in eines der Séparées gelockt, einen verklemmt wirkenden Mann Mitte zwanzig, mit pausbäckigem Gesicht, vollem Kinnbart und dicker Brille. Der Mann hockte angespannt auf einem abgeschabten roten Plüschsessel, während Samantha routiniert knapp fünf Minuten lang ihre Show abspulte, für die sie üblicherweise zwanzig Dollar verlangt. Trinkgeld sei dennoch üblich. Aber nicht mal einen Dollar habe der Typ für ihre Bemühungen draufgelegt, bevor

er grußlos gegangen sei. Auch deshalb habe sie diesen komischen Kunden nicht vergessen.

Samantha erkannte ihn vier Wochen später wieder, als ihr FBI-Agenten 19 Fotos von arabisch aussehenden Männern vorlegten. Ja, das sei er gewesen: Marwan Al-Shehhi, 23 Jahre alt, laut Pass Bürger der Vereinigten Arabischen Emirate. Der verklemmte Kunde der Stripperin hat die entführte Boeing 767 der United Airlines mit der Flugnummer 175 vor Millionen von Fernsehzuschauern in aller Welt in den Südturm des World Trade Centers gejagt.

Die zweite Zeugin, eine kontaktfreudige Hotelangestellte des »Days Inn« an der Koval Lane, die sich gern persönlich um die Gäste kümmert, sah am selben Tag in der Lobby ihres Hotels einen südländisch aussehenden, sportlichen Mann mit breitem Schnauzbart. Sie versuchte, ein wenig mit ihm zu plaudern. »Ich habe ihn gefragt, ob er geschäftlich oder zum Vergnügen in Las Vegas sei«, erzählte sie später dem FBI. Er habe gesagt, er sei wegen »eines sehr wichtigen Geschäftes« hier. Kühl und abweisend habe er dabei gewirkt. Deshalb habe ihr Zusammentreffen nur wenige Minuten gedauert. Dennoch habe sie sein Gesicht nicht vergessen. Sie identifizierte den Mann auf einem Foto der US-Bundespolizei als Nawaf Alhazmi. Der Mann aus Saudi-Arabien war einer der Flugzeugentführer, die »American Airlines, Flug 77« in das Pentagon gesteuert haben.

Suzanne Gerfy, Managerin der Firma Payless Car Rental am McCarran International Airport in Las Vegas, erinnert sich ebenfalls an einen jungen Araber. Schlank und gepflegt, gut gekleidet und gut aussehend, Typ smarter Geschäftsmann, der viel in der Welt herumkommt. Der Mann habe einen Führerschein aus Florida vorgezeigt und einen Wagen der besseren Mittelklasse gemietet. Als Aufenthaltsort in Las Vegas gab er eines der Luxushotels an, zu dem ein Dutzend Spielcasinos gehört: das »Circus Circus« am Las Vegas Strip. Der Kunde, so erkannte sie, als ihr später die FBI-Bilder vorgelegt wurden, war zweifellos Ziad Samir Jarrah, 26 Jahre alt, ein Libanese. Jarrah hat die entführte Boeing 757 des United-Airlines-Fluges 93 nach einem längeren Irrflug, und offenbar nach einem Kampf mit Passagieren, in einen Wald bei Pittsburgh gestürzt.

Der Manager der »Econo Lodge«, ein motelähnliches, preiswertes Hotel am Ende des Las Vegas Boulevard hatte nicht nur im August dieses Jahres, sondern auch schon in den Monaten vorher mehrfach ein paar arabische Gäste, die er nicht mehr vergessen wird, nach allem, was geschehen ist. Bei ihm, da ist er sich nach ausführlicher Betrachtung der FBI-Fotogalerie, die die 19 Selbstmordattentäter zeigt, sicher, haben an diesem 13. August zwei Männer gewohnt: Hani Hanjour und Mohammed Atta. Die beiden haben nach Untersuchungen der amerikanischen Ermittler, die Steuerknüppel von zwei der vier entführten Maschinen bedient: Hanjour lenkte die Boeing des American-Airlines-Fluges 77 ins Pentagon. Und Mohammed Atta steuerte das erste der vier entführten Flugzeuge, die voll getankte Boeing 767 des American-

Die Führungscrew der Entführer

Diese fünf Männer waren die »Köpfe« des Terrorkommandos. Sie haben nach Ermittlungen des FBI die Anschläge auf das New Yorker World Trade Center und auf das Pentagon in Washington geplant und geleitet. Sie hatten Flugschulen in Florida, Kalifornien und Arizona besucht, und sie haben die entführten Passagiermaschinen gesteuert. Die anderen 14 der insgesamt 19 Täter galten als »Muskelmänner«, die an Bord die Cockpit-Besatzungen ausschalten und die Passagiere in Schach halten mussten.

Mohammed Atta, Sohn eines ägyptischen Rechtsanwalts, der jahrelang in Hamburg gelebt und studiert hat, gilt als Anführer der Attentäter. Vor zwei Jahren ist er mit einem offiziellen Visum in die USA eingereist. Er hat meist in Florida gelebt, traf sich aber häufig mit den anderen Tätern, die sich an verschiedenen Orten versteckt hielten. Atta hat auch das entscheidende Treffen zur Vorbereitung der Attentate in Las Vegas organisiert und geleitet. – Am 11. September lenkte er das erste der vier entführten Flugzeuge in den Nordturm des World Trade Centers in New York.

Marwan Al-Shehhi war der beste Freund von Atta. Während seines Aufenthaltes in Las Vegas schaute sich der strenggläubige Muslim in dem Etablissement »Olympic Garden« die Privatvorführung einer Stripperin an. – Al-Shehhi hat die zweite Maschine in den Südturm des World Trade Centers gesteuert.

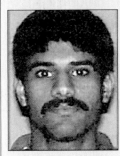 

Nawaf Alhazmi, der Mann mit dem saudi-arabischen Pass, hat jahrelang in San Diego/Kalifornien gewohnt. Beim Treffen in Las Vegas gab er sich im »Days Inn«-Hotel als Manager aus, der »wichtige Geschäfte« zu erledigen habe. Alhazmi war an Bord der Maschine, die ins Pentagon gestürzt ist.

Ziad Samir Jarrah, der Libanese, studierte in Greifswald und Hamburg, bevor er in die USA eingereist ist. Beim Treffen in Las Vegas wohnte er in dem luxuriösen Hotel-Casino »Circus Circus«. – Jarrah hat, offenbar bei einem Kampf mit Passagieren, das vierte Flugzeug in einen Wald bei Pittsburgh gestürzt.

Hani Hanjour ist als erster der Terroristen in die Vereinigten Staaten gekommen. Bereits seit Anfang der 1990er Jahre lebte er abwechselnd in San Diego/ Kalifornien und in Scottsdale/Arizona. In Scottsdale besuchte er schon 1996 und 1997 das »CRM Airline Training Center«, eine renommierte Flugschule. Der nur 1,60 Meter große Araber ist der einzige der Flugzeugentführer, der einen amerikanischen Pilotenschein gemacht hat. – Am 11. September hat Hanjour die dritte entführte Boeing, nach einem längeren Anflug auf Washington, in das Pentagon gesteuert.

Airlines-Fluges 11 in den nördlichen Turm des World Trade Centers. Das war der Auftakt des Infernos, das am 11. September die Welt erschütterte.

Was haben die fünf Massenmörder vom 11. September vier Wochen vorher in Las Vegas gemacht? Ausgerechnet in Las Vegas?

Ein paar Dutzend FBI-Ermittler sind nach den Attentaten dieser Frage nachgegangen. Sie sind den Spuren der fünf Araber in der Spielerstadt gefolgt. Angeführt wurden die Fahnder von einem ortskundigen Spezialagenten des Las-Vegas-Büros der US-Bundespolizei.

Mohammed Atta, der mit großer Sicherheit der Anführer des Terrorkommandos gewesen ist, und seine Leute wurden in wechselnden Zusammensetzungen an den üblichen Schauplätzen beobachtet: in verschiedenen Pizzarestaurants, bei »McDonald's«, in »Starbucks«-Cafés, in diversen Bars und Spielcasinos und im Olympic-Striptease-Lokal.

Dr. Osama Haikal, der Präsident der Islamischen Stiftung von Nevada, kann sich den Las-Vegas-Aufenthalt der offenbar Strenggläubigen nicht erklären: »Vieles, was sie hier getrieben haben, war eine Sünde. Der Besuch von Striptease-lokalen und Spielcasinos, selbst der Genuss von unreinem Fleisch und von Alkohol sind in den fundamentalistischen Gesellschaften, zu denen diese Männer ja gehört haben, sogar Verbrechen. Dafür wären sie in Ländern wie Afghanistan ausgepeitscht oder hingerichtet worden!«

Was Dr. Haikal nicht wußte: Für fundamentalistische Kämpfer von Osama bin Ladens Terrornetz »Al-Qaida« gibt es Sonderregelungen von den eigentlich unumstößlichen Gesetzen des Korans. Darüber hat vor einem New Yorker Gericht, vor dem Al-Qaida-Mitglieder wegen der Bombenattentate auf die amerikanischen Botschaften in Nairobi und in Daressalam im August 1998 angeklagt waren, ein ehemaliges Mitglied der Terrorgruppe ausgesagt. Der Überläufer und Kronzeuge der Anklage Jamal Al-Fadl berichtete: »Der Rat für islamische Fragen«, die oberste religiöse Instanz der Al-Qaida, habe den Kämpfern, die im feindlichen westlichen Ausland im Einsatz seien, vor ihren Missionen Ausnahmegenehmigungen von den eigentlich unumstößlichen Gesetzen des Propheten mit auf den Weg gegeben. Die Leute, die von westlichen Geheimdiensten »Schläfer« genannt werden, dürften sich dem Lebensstil ihrer feindlichen Umgebung vollständig anpassen, um nicht aufzufallen. Es sei ihnen deshalb erlaubt, ihre Bärte abzunehmen, sich zu parfümieren und modische Kleidung zu tragen. Sie dürften rauchen und Alkohol trinken – und offenbar auch in Striptease-Shows gehen. Denn, so sagt der Kronzeuge, einer der Koranwächter habe in seinem Beisein erklärt: »Allah sieht in euer Herz. Er weiß, dass ihr diese Verstellungen nur aus Liebe zu ihm macht.«

Mit solchen religiösen Freibriefen waren offenbar auch Mohammed Atta und seine Leute ausgestattet. Amerikanische Polizeipsychologen vermuten, die Fundamentalisten, die durch ihren Tod als Märtyrer ins Paradies kommen wollten, hätten sich noch einmal besonders für ihre Tat motivieren und ihr Feindbild festigen wollen. Deshalb seien sie zum Anschauungsunterricht in die größte Spielhölle der Welt geflogen, in das Sündenbabel Las Vegas, in die Stadt, die für gläubige Muslime am deutlichsten die westliche Dekadenz, die Vergötterung des Mammons, die moralische Verkommenheit der amerikanischen Gesellschaft repräsentiert.

Kann sein. Realistischer sehen die Kriminalisten die Las-Vegas-Visite der fünf Flugzeugentführer: Die Spielerstadt, in der Tag und Nacht Hunderttausende von Besuchern aus aller Welt unterwegs sind, sei ein idealer Ort für Leute, die in der Menge untertauchen und nicht auffallen wollen. Und: Atta, Al-Shehhi, Jarrah, Alhazmi und Hanjour, daran gibt es für die Ermittler keine Zweifel, seien der harte Kern der Terrorgruppe gewesen – die Führungscrew der Flugzeugentführer. Denn alle fünf sind gebildete Männer, sie haben studiert, sie sprechen gut Englisch und sie sind in der Welt herumgekommen. Im Gegensatz dazu, so stellt sich später heraus, sind die anderen 14 Mitglieder der Gruppe die »Muskelmänner« gewesen, die Leute fürs Grobe, die bei den Flugzeugentführungen die brutale Arbeit machen mussten.

»Die fünf Führungstypen um Mohammed Atta«, so ein FBI-Agent, »haben bei ihrem Treffen in Las Vegas mit großer Wahrscheinlichkeit in anonymen Hotelzimmern und an anderen unauffälligen Orten die letzten Einzelheiten ihres Planes besprochen.« Sie hätten die Angriffsziele festgelegt, drei herausragende Symbole der verhassten Supermacht USA: Das World Trade Center, das für die Wirtschaftskraft steht, das Pentagon, die Schaltzentrale des US-Militärs, und – das Weiße Haus! Denn die Ermittler glauben Indizien dafür zu haben, dass der Amtssitz des amerikanischen Präsidenten ursprünglich eines der Zielobjekte gewesen ist. Vermutlich sollte die Maschine, die bei Pittsburgh abgestürzt ist, das Weiße Haus zerstören.

Bei dem Treffen seien auch die Flüge, die Abflughäfen und -zeiten endgültig festgelegt worden. Boston, Newark in New Jersey und Washington. Es sollten Langstreckenmaschinen genommen werden, weil die mit vollen Kerosintanks eine gewaltige Sprengwirkung haben würden. Es sei in Las Vegas vermutlich auch beschlossen worden, wer an Bord welcher Maschine welche Funktionen haben sollte: Wer die Passagiere in Schach hält, wer die Piloten außer Gefecht setzt, wer welche Maschine in welches Ziel steuert. Und die Attentäter hätten Mitte August auch das Datum der Aktion bestimmt. Den 11. September, einen Dienstag, weil an diesem Wochentag in den USA erfahrungsgemäß die wenigsten Passagiere unterwegs sind und weil die Entführer deshalb mit weniger Gegenwehr rechnen konnten.

Nach ihrem Treffen in Las Vegas fliegen die fünf Männer am Morgen und Vormittag des 14. August vom McCarren International Airport in verschiedene Himmelsrichtungen davon, nach Südwesten und nach Südosten. Nun beginnt die letzte Phase der Vorbereitung. Sie weihen die anderen 14 Mittäter in ihre Pläne ein. Dann reisen die verschiedenen Tätergruppen aus Kalifornien und Florida zu den Einsatzorten an der amerikanischen Ostküste.

14. – 19. AUGUST

San Diego/Kalifornien. Nawaf Alhazmi, der wortkarge Mann aus dem »Days Inn« in Las Vegas, trifft nach der Rückkehr von seiner »wichtigen Geschäftsreise« im kalifornischen San Diego seinen langjährigen Freund und Partner wieder. Alhazmi und Khalid Almihdhar wohnen bereits seit November 1999 zusammen in einem Apartment im Erdgeschoss eines Stadthauskomplexes in der belebten Mount Ada Road. Sie haben einen blauen Toyota Corolla gekauft. Sie besuchen regelmäßig das Islamische Zentrum von San Diego. Anfang 2000 sind Alhazmi und Almihdhar, beide mit Pässen aus Saudi-Arabien, nach Malaysia gereist zu einem geheimnisvollen Treffen in Kuala Lumpur.

Die beiden haben später gemeinsam Flugunterricht im »Sorbi's Flying Club«, zwanzig Meilen nördlich von San Diego genommen. Rick Garza, der Chef des Unternehmens, erinnert sich: »Die beiden hatten zwar erzählt, dass sie Berufspiloten werden und später mehrmotorige Maschinen fliegen wollten, aber nach einem halben Dutzend Theoriestunden und nach zwei Flügen war mir klar, dass das wohl nichts werden würde. Sie haben sich einfach keine Mühe gegeben.« Aber für das, was sie wirklich vorhatten, haben ihre Flugkenntnisse später gereicht. In San Diego sind Alhazmi und Almihdhar häufig mit einem dritten Mann zusammen – mit Hani Hanjour, der ebenfalls beim terroristischen Führungskräftetreffen in Las Vegas dabei gewesen ist. Die drei

14. – 19. AUGUST

Florida. Ein paar tausend Meilen weiter östlich, an der Küste von Florida, stemmen zur gleichen Zeit in Fitnessstudios in Delray Beach und Dania Beach ein halbes Dutzend weitere Verschwörer Hanteln und schwere Gewichte. Auch der schlanke Anführer Mohammed Atta und der füllige Marwan Al-Shehhi. Die beiden sind seit vielen Jahren enge Freunde, sie haben zusammen in Hamburg in einer Wohnung gelebt, in der Marienstraße 54 im Stadtteil Harburg. Beide haben in Hamburg-Harburg die angesehene Technische Universität besucht. In Hamburg hat auch Ziad Samir Jarrah studiert.

Die drei Araber aus Hamburg haben monatelang in verschiedenen Flugschulen in Florida erfolgreich gelernt, wie man einmotorige Maschinen fliegt. Und Atta und Al-Shehhi haben sich fliegerisch noch für größere Aufgaben weitergebildet. Bei der Firma Simcenter Inc. in dem Ort Opa-Locka, lernten sie in einem originalgetreuen Boeing-727-Flugsimulator, wie man einen Passagierjet steuert. Der Fluglehrer wunderte sich, warum sie fast nur scharfe Kurven geübt haben. Starts und Landungen hätten sie nicht interessiert. Solche Kenntnisse brauchten die beiden später auch nicht.

20. AUGUST

Laurel/Maryland. Die drei Araber aus San Diego machen sich auf den Weg zur anderen Seite Amerikas. Nawaf Alhazmi und Khalid Almihdhar fahren tagelang mit dem Wagen quer durch die Vereinigten Staaten, von Südwesten nach Nordosten. Hani Hanjour fliegt. Am 20. August treffen sie sich wieder. Die drei beziehen gemeinsam mit zwei weiteren Männern das Zimmer 343 im »Valencia Motel« in Laurel, einem idyllischen Örtchen in Maryland. Hier wohnen sie bis zum entscheidenden Tag auf kleinstem Raum zusammen. In dem Ort Paterson in New Jersey ist es für eine andere Gruppe von angehenden Selbstmordattentätern ebenfalls ziemlich eng: Sechs Männer teilen sich ein kleines Apartment, das nur mit Teppichen und schmalen Matratzen möbliert ist. Eine Nachbarin erzählt später: »Es war immer ganz ruhig bei denen, die hatten keinen Fernseher und keine Musikanlage.« Manchmal habe man

Die Skyline von Boston: Auf dem Flughafen Logan begannen am frühen Morgen des 11. September die Flugzeugentführungen.

In den Registrierungsunterlagen der beiden Hotelketten werden jedoch keine Gäste mit diesen Namen gefunden.

Die beiden Araber bleiben für Geheimdienste und Behörden spurlos verschwunden. Dabei hätte man in Kalifornien nur die Pkw-Zulassungsstellen oder die großen Kreditkartenfirmen abfragen müssen – die Ermittler wären schnell auf die Namen Alhazmi und Almihdhar gestoßen. Möglicherweise hätten die Anschläge auf New York und Washington noch verhindert werden können…

Ausgerechnet an dem Tag, an dem das CIA die dringenden Suchmeldungen herausgibt, bucht Nawaf Alhazmi – wieder unter seinem richtigen Namen – per Internet ein One-Way-Ticket für den American Airlines Flug 77 am 11. September von Washington nach Los Angeles. Den Rechnungsbetrag lässt er von seinem Visa-Card-Konto abbuchen.

In diesem Haus in Delray Beach in Florida hat Mohammed Atta zuletzt gewohnt. Anfang September kündigte er sein Apartment, bevor er nach Portland flog.

allerdings im Flur gehört, wie die jungen Männer gemeinsam gebetet hätten.

24.–29. AUGUST

Florida. Innerhalb von fünf Tagen buchen 14 der insgesamt 19 jungen Araber ihre Flüge für den 11. September, die meisten über das Internet. Sechs geben bei der elektronischen Buchung das Vielfliegerkonto bei »Advantage« an, das Mohammed Atta vor Monaten für sich bei American Airlines eingerichtet hat. Die meisten Kosten werden über Kreditkarten-Konten abgebucht. Nur drei der künftigen Flugzeugentführer bezahlen ihre Tickets bar an den Schaltern der beiden Fluggesellschaften American Airlines und United Airlines in Fort Lauderdale. Die letzten fünf bestellen ihre Flugscheine Anfang September.

Ziad Samir Jarrah kauft am Montag, den 27. August in einem Fachgeschäft für Privatflieger in Fort Lauderdale detaillierte Karten des Luftraums an der amerikanischen Ostküste.

Ende August werden Atta und Co. zum letzten Mal in ihrer Stammkneipe in Venice gesehen, die »44th Aero Squadron« heißt und wie ein Bunker auf einem Luftwaffenstützpunkt dekoriert ist, mit Sandsäcken und diversen Flugzeugteilen. Der Besitzer Ken Schortzmann erinnert sich: »Es gab nie Probleme mit diesen Leuten. Sie haben nicht viel getrunken und waren immer freundlich.« Bezahlt habe meist Mohammed Atta. »Der hat große Päckchen mit Bargeld aus so einer komischen Tasche gezogen.«

27. AUGUST

Washington. Schon zwei Mal in diesem Jahr, im Februar und im Juni, hat der Chef der Central Intelligence Agency, George Tenet, vor terroristischen Anschlägen gegen amerikanische Einrichtungen gewarnt, in aller Welt und auch auf dem Boden der Vereinigten Staaten selbst. Man habe Hinweise bekommen, dass Osama bin Laden und sein Terrornetzwerk Al-Qaida neue Attentate planen. Auch deshalb tagt zwei Mal in der Woche in einem Lageraum im Weißen Haus ein so genanntes »Bedrohungskomitee« (»Threat Commitee«), zu dem führende Geheimdienstler und Beamte des Außenministeriums gehören.

An diesem Montag schickt die CIA ein »streng vertrauliches« Fahndungsersuchen mit dem Vermerk »Immediate!« (»Eilt!«) an die Bundespolizei FBI. Inhalt: Zwei mutmaßliche Terroristen seien in die Vereinigten Staaten eingereist. Die beiden seien vermutlich Mitglieder der Terrororganisation »Ägyptischer Dschihad«, die vor einiger Zeit mit der »Al-Qaida« von Osama bin Laden verschmolzen worden sei. Die Warnung geht auch an das »Office for Counterterrorism« im US-Außenministerium, an den amerikanischen Zoll und an die Einwanderungsbehörde.

Dringend gesucht werden: Nawaf Alhazmi und Khalid Almihdhar – die beiden Männer mit den saudi-arabischen Pässen, die zu dieser Zeit gerade von San Diego nach Maryland gereist sind und die sich nun auf den 11. September vorbereiten.

Alhazmi und Almihdhar sind auf einem Videoband zu sehen, das amerikanischen Geheimdienstlern zugespielt worden ist. Es zeigt die beiden Männer im Frühjahr 2000 bei einem Terroristentreffen in Malaysia – zusammen mit einem Mann, der bei dem Bombenanschlag auf den amerikanischen Zerstörer »USS Cole« im Hafen von Aden dabei gewesen sein soll.

Die Einwanderungsbehörde hat eine erschreckende Erkenntnis für die CIA: Die beiden Gesuchten sind bereits seit mehr als einem Jahr im Land! Sie sind unter ihren richtigen Namen in die Vereinigten Staaten gekommen. Auf den Einreiseformularen, die er am Los Angeles Airport ausgefüllt hat, hat Nawaf Alhazmi als Aufenthaltsort »Sheraton-Hotels in der Umgebung von L.A.« angegeben. Und Almihdhar hat bei seiner Einreise auf dem New Yorker Kennedy-Flughafen unter die Rubrik »Aufenthaltsadresse« geschrieben, er werde in Marriott-Hotels wohnen.

1.–9. SEPTEMBER

Florida und Boston. Mohammed Atta, Marwan Al-Shehhi und Ziad Samir Jarrah, die drei Freunde aus Hamburg, kündigen in der ersten Septemberwoche ihre Apartments in Delray Beach und Coral Springs. Sie räumen die Wohnungen vollständig leer. Marwan Al-Shehhi stopft einen prallen Plastiksack in einen Müllcontainer. Darin findet die Polizei später unter anderem einen Piloten-Kopfhörer, Luftraumkarten von Florida, ein bebildertes Kriegsbuch, verschiedene arabische Texte und ein Paketschneidemesser.

Mohammed Atta fliegt in den ersten Septembertagen mehrmals

zwischen Florida und Boston hin und her. Er trifft sich mit den Leuten, die sich bereits in der Nähe der Abflughäfen Boston und Newark/New Jersey einquartiert haben. Atta leitet offenbar mehrere Besprechungen. Und er macht sich mit dem Flughafen von Boston vertraut. Am Logan International Airport mietet er eine weiße Mitsubishi-Limousine. Später wird dieser Wagen auf den Videoaufzeichnungen der Überwachungskameras entdeckt, wie er fünf Mal die Einfahrt zu dem Teil des Airports passiert, den eigentlich nur Flughafenmitarbeiter befahren und betreten dürfen. Im Wageninneren sind schemenhaft mehrere Männer zu erkennen. In der Ablage des Mitsubishis wird nachher unter anderem eine spezielle Durchfahrterlaubnis gefunden.

7. SEPTEMBER

Hollywood/Florida. Vier Tage bevor sie das World Trade Center in Schutt und Asche legen, ärgern sich Mohammed Atta und Marwan Al-Shehhi über eine Getränkerechnung. 48 Dollar sind ihnen zu viel. Am Freitagnachmittag sind die beiden, begleitet von einem dritten Mann, in »Shuckum's Seafood Restaurant« gekommen, ein kleines Lokal in der Harrisonstreet in Hollywood, einer 120 000-Einwohner-Stadt nördlich von Miami. Der dritte Mann spielt im Hintergrund an einem Videoautomaten. Atta und Al-Shehhi setzen sich vorne an die Theke. Die beiden reden und trinken viel. Sie habe kein Wort verstanden, sagt die Serviererin Patricia Idrissi später. »Ich glaube, die haben Arabisch gesprochen.« Jedenfalls hätten sie nach etwa zwei Stunden fünf Wodka Marke Stolichnaya mit Orangensaft und fünf »Captain Morgan« mit Cola auf dem Zettel gehabt. Kostenpunkt 48 Dollar.

Als Patricia Idrissi die Rechnung brachte, sei der Wodkatrinker, später erkannte sie ihn auf Zeitungsfotos wieder, ziemlich patzig geworden. 48 Dollar seien ihm zu viel gewesen. Er wollte erst nicht bezahlen. Da habe sie den Manager zu Hilfe geholt. »Wenn ihr nicht zahlen könnt, dann kommt nach vorne, wir klären das schon irgendwie«, habe der beruhigend gesagt. Da sei Atta erst richtig wütend geworden. »Was? Du glaubst, ich kann nicht zahlen?«, hat er geschrien. Dann habe er ein Päckchen mit Hundert- und Fünfzig-Dollar-Scheinen herausgeholt und endlich die Rechnung beglichen. Bevor er rausging, habe er noch verächtlich drei Dollar Trinkgeld auf den Tresen geknallt und laut

und deutlich gesagt: »Ich bin Pilot bei American Airlines!«

9. SEPTEMBER

Florida. Mohammed Atta und Marwan Al-Shehhi verlassen an diesem Sonntag nach fast zweijährigem Aufenthalt endgültig den Sonnenstaat Florida. Atta gibt in Pompano Beach seinen Mietwagen zurück. Der Vermieter Brad Warrick erinnert sich: »Er war sehr freundlich. Er hat noch gesagt, dass das Motoröl mal wieder gewechselt werden müsste.« Am Nachmittag checken die beiden im »Panther Motel« in Deerfield aus, in dem sie in den letzten Tagen gewohnt haben. Dann fliegen Atta und Al-Shehhi von Fort Lauderdale aus in Richtung Norden.

8. – 9. SEPTEMBER

Ostküste der USA. An diesem Wochenende haben sich 17 der 19 Flugzeugentführer ganz in der Nähe der drei Flughäfen Boston, Newark und Washington einquartiert. Die Gruppen, die jeweils eine der vier Maschinen kapern sollen, wohnen zusammen in kleinen Hotels und Pensionen. Nur Mohammed Atta hält Abstand von seinem künftigen Einsatzort, offenbar aus Sicherheitsgründen. Vermutlich fürchtet er, dass er bei seinen häufigen Besuchen auf dem Logan International Airport von Boston aufgefallen sein könnte.

Deshalb bezieht der 33 Jahre alte Ägypter gemeinsam mit dem 28-jährigen Abdulaziz Alomari aus Saudi-Arabien ein Doppelzimmer im »Comfort Inn«, einem gemütlichen Hotel im Süden von Portland. Erst am frühen Morgen des Tattages wollen die beiden mit einer Zubringermaschine nach Boston fliegen. Der kurze Flug wird nur 30 Minuten dauern. Dann werden sie, wie Geschäftsleute, die in Eile sind, die Kontrollen passieren und so schnell wie möglich zu ihrer Anschlussmaschine gehen, zu der American-Airlines-Maschine mit der Flugnummer AA 11, die planmäßig um 7.59 Uhr nach Los Angeles starten soll.

8. – 9. SEPTEMBER

New York. New York erlebt ein prächtiges Wochenende. Der Indian Summer beginnt. Es ist warm und sonnig. Viele Zehntausend Menschen spazieren durch den Central Park, in dem sich die Blätter der Bäume rotbunt färben. Die Silhouetten der Wolkenkratzer heben sich scharfkantig vor einem glasblauen Himmel ab. Von der Aussichtsplattform des Empire State Buildings genießen Touristen aus aller Welt den Panoramablick über die faszinierendste Stadt der Welt. Im Vordergrund glitzern auch tagsüber die riesigen Neon-Reklamen am Times Square. Im Süden überragen die beiden Türme des World Trade Centers das südliche Manhattan. Im Hinter-

grund ist noch die Freiheitsstatue auf der Insel Liberty Island zu sehen.

Ein paar »stadtbekannte« Herren arbeiten auch an diesem Wochenende. Sie warten auf Passanten an Hauptstraßen, auf Plätzen und an den Ausgängen der U-Bahn-Stationen. Sie schütteln Hände und verteilen Zettel und kleine Geschenke – die Lokalpolitiker wollen Nachfolger des New Yorker Bürgermeisters Rudolph Giuliani werden. Letzterer hat »Big Apple« während seiner nun zu Ende gehenden, achtjährigen Amtszeit sicherer und sauberer gemacht, wegen der Trennung von seiner Frau aber viel an Popularität eingebüßt. Die beiden aussichtsreichsten Kandidaten für seine Nachfolge sind der Demokrat Mark Green, der Bürgerbeauftragte der New Yorker Stadtverwaltung, und der Republikaner Michael Bloomberg, ein bekannter Medienunternehmer und Selfmade-Milliardär.

10. SEPTEMBER

Washington. Montag. Wochenbeginn in der amerikanischen Hauptstadt. Präsident George W. Bush hat diesmal nur ein kurzes Wochenende auf seiner Farm in Crawford/Texas verbringen können. Am Tag zuvor, am Sonntagnachmittag, musste er symbolisch die neue Saison der National Football League eröffnen. Das Ereignis, das von den großen Fernsehsendern übertragen wurde, fand sozusagen direkt vor seinem Arbeits-

Wahlkampf in New York: Vom Sommer bis in den Herbst 2001 war Rudolph Giuliani (links) an der Seite des republikanischen Bürgermeisterkandidaten Michael Bloomberg – wie hier beim »Gay Pride March« am 24. Juni 2001.

zimmer statt, im Rose Garden des Weißen Hauses.

Auch das offizielle Programm der kommenden Woche wird aller Voraussicht nach nicht sehr aufregend werden. Auf dem Terminkalender des Präsidenten steht unter anderem: Empfang und Arbeitsessen für den befreundeten australischen Premierminister und ein traditionelles Barbecue für die Kongressabgeordneten auf dem Rasen des Weißen Hauses. Das wichtigste innenpolitische Anliegen von George W. Bush in dieser Woche: Gemeinsam mit seiner Frau Laura wird er eine nationale Kampagne für das Lesen beginnen, denn in den Vereinigten Staaten gibt es noch immer viele Millionen Analphabeten – Kinder, Jugendliche und Erwachsene. Diese Kampagne wird der Präsident am heutigen Montag in Jacksonville/Florida starten und sie am Dienstagvormittag in einer Schule in Sarasota fortsetzen.

Vor seinem Abflug in den südlichen Bundesstaat lässt sich George W. Bush wie an jedem Morgen im Oval Office einen kurzen Lagebericht über die wichtigsten Ereignisse in der Welt und in den USA geben. Einige Stichworte heute: Amerikanische und britische Kampfflugzeuge haben Raketenstellungen im südlichen Irak angegriffen. Senator Joseph R. Biden, der Vorsitzende des Senatsausschusses für auswärtige Beziehungen, hat Bushs Pläne für einen Raketenabwehrschirm heftig kritisiert. Im Norden Afghanistans ist der von den

Fast Green ATM
9/10/01

8:41 pm

UNO's Restaurant Parking Lot
280 Maine Mall Road
South Portland, ME

Portland/Maine: Im Hotel »Comfort Inn« verbrachte Mohammed Atta die Nacht zum 11. September. Am Tag davor wurden Atta (Abbildung rechts, im Hintergrund) und Abdulaziz Alomari von der Überwachungskamera eines Geldautomaten gefilmt.

Amerikanern unterstützte Anführer der Nordallianz bei einem Attentat tödlich verletzt worden. US-Außenminister Colin Powell fliegt heute nach Peru und Kolumbien. Er wird den dortigen Regierungen für den Kampf gegen die Drogenmafia einige Millionen Dollar zusagen.

Gegen 9 Uhr hebt die »Air Force One« mit dem Präsidenten an Bord in Richtung Florida ab.

An diesem Montag erinnern die Terrorismusexperten des Geheimdienstes CIA die Anti-Terror-Spezialisten der Bundespolizei FBI noch einmal an ihr Fahndungsersuchen von Mitte August. Die Frage ist noch immer: Gibt es endlich Erkenntnisse, ob, und wenn ja, wo sich die

Die Präsidentenfarm in Crawford/Texas: George W. Bush mit den Besuchern Sicherheitsberaterin Condoleezza Rice und Vize-Verteidigungsminister Paul Wolfowitz.

beiden mutmaßlichen Terroristen Nawaf Alhazmi und Khalid Almihdhar in den Vereinigten Staaten aufhalten? Die Antwort lautet wieder: Keine Erkenntnisse.

---

10. SEPTEMBER

Portland/Maine. Mohammed Atta und Abdulaziz Alomari schlendern scheinbar ziellos durch die alte Fischerstadt Portland an der idyllischen Küste des US-Bundesstaates Maine. Dabei werden sie an mehreren Schauplätzen von Überwachungskameras aufgenommen: Als sie aus einem ATM-Geldautomaten Bargeld ziehen, beim Einkaufen in einer Filiale der Supermarktkette Wal-Mart, beim Bezahlen in einer Tankstelle in der Nähe des Flughafens Portland Jetport. Am Abend ziehen sie sich früh auf ihr Zimmer zurück.

Nach allem, was man später erfahren hat, muss man sich vorstellen, dass an diesem Abend und in der folgenden Nacht 19 strenggläubige, fanatische junge Muslime in kleinen Gruppen an verschiedenen Orten in Hotelzimmern zusammensitzen und sich auf die Ereignisse des kommenden Tages vorbereiten. Mit endlosen, gemeinsamen Gebeten, mit Beschwörungen und mit gegenseitigen Versicherungen, stark zu bleiben bei dem Geschehen, das ihnen in wenigen Stunden bevorsteht. Mohammed Atta, der hochintelligente junge Mann mit den erstklassigen deutschen Universitätsnoten, der nach Überzeugung der amerikanischen Ermittler, der »Mastermind«, der Kopf des ganzen Unternehmens, ist, hat für diese letzte Nacht und für den kommenden Tag eine Art Drehbuch geschrieben, mit der Hand, auf Arabisch, fünf Seiten lang.

Das Papier wurde später in seinem Gepäck gefunden. Es ist eine Mischung aus authentischen Koranzitaten, Unterweisungen für das Mär-

tyrertum und Anweisungen zum Töten. In der Einleitung heißt es: »Jeder hasst den Tod, fürchtet den Tod. Aber die Gläubigen, die vom Leben nach dem Tod wissen und von der Belohnung nach dem Tod, werden diejenigen sein, die den Tod suchen.«

Unter der Überschrift »Am Abend, bevor du deine Tat verübst« hat Atta dann 15 Punkte aufgeschrieben, unter anderem diese:

»Du sollst rezitieren, dass du für Gott stirbst. Rasiere das gesamte überflüssige Haar, parfümiere deinen Körper, und wasche deinen Körper.«

»Rezitiere die Verse über Vergebung und das, was Gott für Märtyrer bereithält, denn sie kommen ins Paradies.«

»Stehe in dieser Nacht auf, und bete für den Sieg, dann wird Gott alles leicht machen und dich beschützen.«

»Erinnere dich an dein Gepäck, die Kleidung, das Messer und die Dinge, die du brauchst, an dein Ausweisdokument, deinen Reisepass und all deine Papiere.«

»Überprüfe vor der Reise deine Waffe, denn du wirst sie zur Ausführung deiner Tat brauchen.«

»Wie Mustafa, einer der Anhänger des Propheten, gesagt hat, töte und denke nicht an den Besitz derjenigen, die du töten wirst. Denn dies wird dich vom Zweck deiner Tat ablenken, denn dies ist gefährlich für dich.«

»Bete am Morgen in der Gruppe, denn das ist eine gute Belohnung, und jeder wird sich nach der Tat daran erinnern, dass du mit ihnen gebetet hast …«

Als der Morgen dieses Spätsommertages dämmert, beginnt für die 19 frommen Männer der letzte Tag ihres Lebens. Sie werden das größte Verbrechen der jüngeren Geschichte begehen. Sie werden etwa 4000 unschuldige Menschen töten.

Amerika, 11. September 2001: Terroristen stürzen Flugzeuge auf New York und Washington – Todesangst im World Trade Center: Wie die Menschen um ihr Leben kämpfen und viertausend umkommen – Panik im Weißen Haus: Der Präsident fliegt davon, und Washington reagiert hilflos – Das Protokoll einer Katastrophe.

20 Stunden, die die Welt verändern

VON JÜRGEN PETSCHULL

Videoaufnahmen am Flughafen von Portland zeigen wie die Terroristen Mohammed Atta (re.) und Abdulaziz Alomari den Sicherheitscheck beim Abflug passieren.

Frank Culbertson ist an diesem Tag nicht auf dieser Welt. Er ist schon seit vier Wochen nicht mehr hier. Da, wo er jetzt ist, geht die Sonne alle neunzig Minuten auf und auch wieder unter. Culbertson bewegt sich mit einer Geschwindigkeit von 28 000 Kilometern in der Stunde, und 400 Kilometer unter sich sieht er seinen türkisblauen Heimatplaneten vor der schwarzen Unendlichkeit des Universums.

An diesem Tag wird der 52-jährige Kommandant der Weltraumstation ISS Zeuge des kolla-

bierenden World Trade Centers. Seine Beobachtungen schildert er seinen Kollegen auf der Erde im Kennedy Space Center und in seinem Tagebuch, das er seit Beginn der Mission führt. »Von meinem Hochsitz über dem Atlantik«, so schreibt er etwa, »kann ich, wenn es unten dunkel ist, die Lichter der großen Städte an der amerikanischen Ostküste erkennen, Jacksonville, Atlantic City, New York und Boston.« Der Anblick des »blauen Juwels Erde« versetze ihn immer

wieder in eine »Stimmung des Friedens«.

Auch für manche Erdenbewohner fängt dieser Tag sehr schön an. An der Küste von Maine genießen Frühaufsteher einen wunderbaren Sonnenaufgang. Um Viertel nach fünf taucht der orange-rot-gelb leuchtende Riesenscheinwerfer aus dem glatten Wasser des Atlantiks auf. Am Horizont, ein paar Seemeilen vor der Hafeneinfahrt von Portland, sind im Gegenlicht noch große Schiffe auszumachen. Keine Wolke,

kein Dunst trübt die glasklare Sicht. Es wird schnell hell. Es beginnt der »Tag, an dem ein Übermaß an Wirklichkeit auf uns einstürzte«, wie die amerikanische Schriftstellerin Susan Sontag später schreiben wird.

5.15 UHR

Portland und Boston. Die ersten Gäste checken bereits gegen Viertel nach fünf Uhr aus dem »Comfort Inn«-Hotel im Süden von Portland aus: Auch die beiden Männer von

Zimmer 233, die während der letzten Nacht lange geredet und viel gebetet haben. Zum letzten Mal haben sie sich kurz vor Sonnenaufgang in Richtung Mekka verneigt.

Mohammed Atta und Abdulaziz Alomari verstauen ihr Gepäck in einen blauen Nissan-Altima-Mietwagen und fahren zum Portland Jetport, der nur eine Meile entfernt ist. Am Schalter der US Airways gibt Atta einen Koffer auf. Um 5.45 Uhr gehen die beiden Passagiere, die mit gebügelten Hosen und Hemden wie Geschäftsleute aussehen, eilig durch die Sicherheitskontrolle in der Abflughalle. Eine Überwachungskamera hält die Szene fest.

Die beiden Passagiere erreichen gerade noch rechtzeitig die Zubringermaschine nach Boston, ein zweimotoriges Flugzeug vom Typ Beech 1900. Der Pilot lässt pünktlich um 6 Uhr die Turbopropmotoren an. Nur acht der neunzehn Plätze sind heute Morgen besetzt. Der Geschäftsmann Roger Quirion (40) aus dem Ort Winslow sitzt ein paar Plätze hinter den beiden jungen Arabern. »Sie haben sich andauernd unterhalten. Es sah aus, als hätten sie über irgendwelche Geschäfte geredet wie andere Passagiere auch. Nichts an ihnen war ungewöhnlich.«

Nach 40 Minuten landet der kleine »Portland-Flieger« auf dem großen Logan International Airport in Boston. Atta und Alomari laufen durch die langen Gänge des Flughafengebäudes zum Abflugschalter der American Airlines. Im Warteraum nicken sie drei anderen, arabisch aussehenden Männern zu. Nach Atta und Alomari gehen die Passagiere mit den Namen Waleed Alshehri, Wail Alshehri und Satam Al Suqami ebenfalls in die Boeing 767 mit der Flugnummer AA 11. Die Stewardess Madeline Amy Sweeny, 35 Jahre alt, Mutter von zwei kleinen Kindern, begrüßt die Fluggäste an Bord.

Mohammed Atta setzt sich in der Business Class auf Platz 8D. Die anderen vier haben Plätze in seiner Nähe reserviert – bis zum Cockpit sind es nur ein paar Meter.

Als die Maschine vom Flughafengebäude zur Runway rollt, führt Mohammed Atta mit seinem Handy noch ein letztes Telefongespräch. Er ruft seinen besten Freund Marwan Al-Shehhi an. Der sitzt, nur ein paar Hundert Meter entfernt, in der startbereiten Boeing der United Airlines mit der Flugnummer 175, Business Class, Platznummer 6C. Bei diesem Gespräch gibt Atta den Einsatzbefehl für die Flugzeugentführungen.

American-Airlines-Flug Nr. 11 von Boston nach Los Angeles startet um 7.59 Uhr. In der Maschine sind 81 Passagiere und elf Besatzungsmitglieder. Chef im Cockpit ist Captain John Ogonowski, ein lang gedienter Pilot, 52 Jahre alt, Familienvater, ein sportlicher, jünger aussehender Mann.

7.58 UHR

Boston Airport. Zur gleichen Zeit hebt United-Airlines-Flug Nr. 175 von einer anderen Rollbahn des Logan International Airport Boston ab. Startzeit: 7.58 Uhr. An Bord: 65 Insassen, außer Marwan Al-Shehhi noch vier weitere arabische Männer.

In der ziemlich leeren Business Class machen es sich auch drei Manager aus Deutschland bequem: Der 43 Jahre alte Heinrich Kimmig, ein Unternehmer aus dem badischen Willstätt, Vorstandschef der Firma BCT Technology. Die Tochtergesellschaft der Badischen Stahlwerke entwickelt Computer-Software für den Maschinen- und Automobilbau und für die Luft- und Raum-

fahrt. Der junge Entwicklungsleiter Klaus Bothe (31) und der Personalchef des Unternehmens Wolfgang Menzel (60) begleiten Heinrich Kimmig auf dieser USA-Reise. Die drei wollen Kontakte pflegen und neue Aufträge für BCT Technology hereinholen.

Vorstandschef Heinrich Kimmig ist verheiratet und hat zwei Kinder im Alter von fünf und acht Jahren. Er ist Handballfan. Sein Unternehmen sponsert den Bundesligaclub SG Willstädt/Schutterwald. Wann immer er es einrichten kann, ist Kimmig bei den Heimspielen in der Hanauerland-Halle dabei. Gleich nach der Landung in Los Angeles will er zu Hause anrufen und sich erkundigen, wie das Spiel gegen den ThSV Eisenach ausgegangen ist, das ausgetragen wird, während er mit United-Airlines-175 über den nordamerikanischen Kontinent fliegt.

8.01 UHR

Newark/New Jersey. Fünfhundert Kilometer südlich von Boston bekommt Captain Jason Dahl vom

Flughafentower in Newark die Starterlaubnis für United-Airlines-Flug Nr. 93 mit dem Ziel San Francisco. An Bord der großen Boeing 757 sind nur 37 Passagiere und sieben Männer und Frauen vom Cockpit- und Kabinenpersonal. Unter den Fluggästen sind vier Personen aus dem Nahen und Mittleren Osten. Anführer dieser Gruppe ist Ziad Samir Jarrah (26), ein Libanese, der nicht nur Englisch, sondern auch sehr gut Deutsch spricht. Er hat jahrelang in Greifswald und Hamburg gelebt und studiert.

Als UA 93 um 8.01 Uhr von der Startbahn abhebt, kann Captain Jason Dahl bei fast unbegrenzter Sicht – »Severe Clear« wie es in der Fliegersprache heißt – vor seinem Cockpitfenster die Südspitze von Manhattan sehen, die von den beiden über 400 Meter hohen Türmen des World Trade Centers überragt wird. Ein paar Meilen rechts davon erhebt sich die amerikanische Freiheitsstatue über dem Wasser des Hudson. Wenn alles planmäßig verläuft, wird Captain Dahl in etwa fünf Stunden die

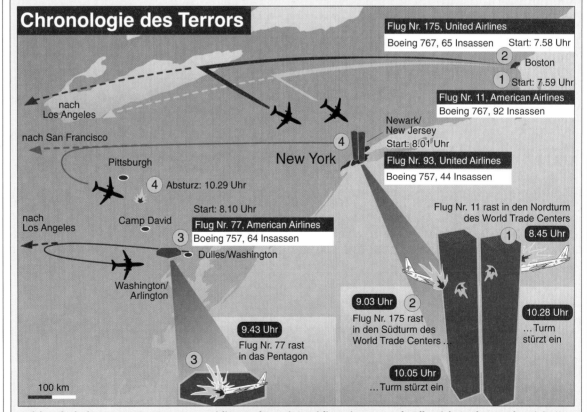

HINTERGRUND

Die Katastrophe beginnt frühmorgens kurz vor acht

Chronologie des Terrors

Flug Nr. 175, United Airlines
Boeing 767, 65 Insassen — Start: 7.58 Uhr
Boston
Start: 7.59 Uhr
Flug Nr. 11, American Airlines
Boeing 767, 92 Insassen

nach Los Angeles
nach San Francisco

Pittsburgh

Newark/New Jersey
Start: 8.01 Uhr
New York
Flug Nr. 93, United Airlines
Boeing 757, 44 Insassen

Absturz: 10.29 Uhr

nach Los Angeles
Camp David

Start: 8.10 Uhr
Flug Nr. 77, American Airlines
Boeing 757, 64 Insassen
Dulles/Washington

Washington/Arlington

100 km

Flug Nr. 11 rast in den Nordturm des World Trade Centers
8.45 Uhr

9.03 Uhr
Flug Nr. 175 rast in den Südturm des World Trade Centers ...

10.28 Uhr
...Turm stürzt ein

9.43 Uhr
Flug Nr. 77 rast in das Pentagon

10.05 Uhr
...Turm stürzt ein

Auf den Flughäfen von Boston (1 & 2), Newark (New Jersey, 4) und dem Dulles Airport/Washington (3) checken die Terroristen etwa gleichzeitig bei United Airlines und American Airlines ein – für vier verschiedene Flüge nach Los Angeles und San Francisco. Zwischen 7.58 und 8.10 Uhr heben die Boeings ab. Alles sieht nach normalen Linienflügen aus. Etwa nach 30 Minuten übernehmen die Entführer das Kommando an Bord und steuern ihre Ziele an.

Golden Gate Bridge überfliegen, kurz bevor er das Fahrwerk zur Landung in San Francisco ausfährt.

8.10 UHR

Washington. Auf dem Dulles International Airport macht sich American-Airlines-Flug Nr. 77 mit 58 Passagieren zum Start nach Los Angeles bereit. Das Kommando im Cockpit hat Captain Charles Burlingame, genannt »Chick«, ein früherer Navy-Pilot. Eine fünfköpfige Gruppe von Arabern wird von Hani Hanjour angeführt. Der Mann mit einem Pass von Saudi-Arabien hat lange Zeit in San Diego gelebt und in Arizona eine Flugschule besucht. AA 77 hebt pünktlich um 8.10 Uhr von der Rollbahn ab.

8.15 UHR

Ostküste der USA. Insgesamt sitzen jetzt 19 Männer mit arabischen Namen in vier Flugzeugen, die zur amerikanischen Westküste unterwegs sind. Vermutlich denken sie nach dem Start an die Ratschläge, die ihnen Mohammed Atta für diese Zeit und für diese Situation aufgeschrieben hat: »Dies ist die Stunde, in der du Gott treffen wirst, und bete zu Gott, wie Gott es in seinem Buch gesagt hat: Gott hilf mir, dies zu tun, und lass uns über die ungläubigen Nationen siegen. – Jeder soll bereit sein, seinen Teil zu übernehmen, und deine Tat wird durch Gottes Willen befürwortet.« – »Wenn du deine Tat beginnst, schlage hart wie ein Held zu, in dem Wissen, dass der Himmel auf dich wartet und du dort ein besseres Leben führen wirst und Engel rufen deinen Namen und tragen für dich die schönsten Kleider...«

Die Männer haben Messer und scharfe Paketschneider durch die Flughafenkontrollen geschmuggelt. Nachdem die vier Maschinen ihre Reiseflughöhe erreicht haben, stehen die Männer von ihren Plätzen auf, nehmen ihre Waffen und stürmen nach vorne in Richtung Cockpit.

8.20 UHR

Nashua/New Hampshire. Der erste Mensch, der auf amerikanischem Boden bemerkt, dass an diesem Morgen im Luftraum etwas Unheimliches geschieht, ist ein Air Traffic Controller der Flugüberwachung in Nashua. Der Mann sitzt in einem fensterlosen, bunkerartigen Gebäude und beobachtet seinen Radarbildschirm, auf dem sich kleine Punkte bewegen – Flugzeuge am Himmel über Neuengland. Sein Job ist es, den Langstreckenverkehr zu

betreuen. Er weist den Piloten Luftstraßen und Flughöhen zu und sorgt dafür, dass sich die Maschinen nicht zu nahe kommen.

Kurz nach acht Uhr erscheint die in Boston gestartete American-Airlines-Maschine mit der Nummer 11 auf seinem Schirm. Der Controller nimmt Kontakt auf. Captain Ogonowski meldet sich mit ruhiger Stimme. Der Pilot und der Controller tauschen routiniert Informationen aus. Um 8.15 Uhr überfliegt die Maschine das westliche Massachusetts. Per Funk gibt der Controller Anweisung: von 29000 Fuß auf 31000 Fuß Flughöhe steigen! Nichts passiert. Er wiederholt seine Durchsage. Keine Antwort. Der Controller wechselt zur Notruffrequenz 121,5. Wieder nichts.

Der Mann im Bunker der Luftfahrtkontrolle wird nervös. Da stimmt etwas nicht! Er holt einen Kollegen zu Hilfe. Jetzt fällt auch noch der Transponder – die elektronische Kennung – der Maschine aus.

Die beiden Männer starren auf den Punkt, der auf ihrem Bildschirm den Flug AA 11 darstellt und sich langsam vorwärts bewegt. Um 8.28 Uhr weicht dieser Punkt plötzlich von der vorgesehenen Westroute ab. Die Los-Angeles-Maschine macht eine scharfe Kurve. Jetzt fliegt sie genau nach Süden. Richtung New York!

Immer wieder versuchen die Controller, Kontakt aufzunehmen. Plötzlich knackt es in ihren Kopfhörern. Jemand hat wieder den Funk eingeschaltet. Sie hören Geräusche. Und dann die Stimme eines Mannes mit einem harten, arabischen Akzent. »Bleibt ruhig! Macht keinen Blödsinn«, sagt dieser Mann. »Euch wird nichts passieren!«

John Ogonowski aus Dracut/Massachusetts war Pilot der American-Airlines-Maschine, die als erste ins WTC stürzte.

Den Controllern ist sofort klar, was passiert ist: Ein Flugzeugentführer hat die Kontrolle übernommen – Flug AA 11 wird entführt! Das FBI ist sicher: Ab jetzt steuert Mohammed Atta die große Boeing.

Offenbar ist es dem überfallenen Piloten noch gelungen, den am Steuer verborgenen Sprechknopf zu drücken, damit die Leute am Boden erfahren, was in der Luft geschieht. Kurz darauf hören die Controller ein lautes Durcheinander und dann wieder diese Stimme: »Wir haben noch mehr Flugzeuge. Wir haben andere Flugzeuge.«

Die Männer im Kontrollzentrum in Nashua ahnen in diesem Moment noch nicht, was das bedeutet.

8.20 UHR

Boston Airport. Das Diensttelefon von Michael Woodward, dem Flugservice-Manager von American Airlines, klingelt. Eine Frau ist am Apparat. Die Stewardess Madeline Amy Sweeney nennt kaum hörbar ihren Namen und ihre Personalnummer. Sie sagt, sie sei an Bord des Boston-Los-Angeles-Fluges AA 11. Ihre Stimme klingt zuerst leise und gepresst und wird dann immer deutlicher. Sie sagt: »Unsere Maschine wird entführt!« Vier Männer aus dem Nahen oder Mittleren Osten – den fünften hat sie offenbar nicht gesehen – hätten mit Gewalt die Kontrolle an Bord übernommen. Einer von ihnen spreche sehr gut Englisch. »Sie haben zwei Kollegen niedergestochen!« Und: »Ein Flugzeugführer hat einem Business-Class-Passagier die Kehle durchgeschnitten!« Ein oder zwei der Entführer seien jetzt im Cockpit. Sie hätten die Tür hinter sich geschlossen.

Trotz des Dramas, das sich vor ihren Augen abspielt, berichtet Stewardess Sweeney, die sich mit ihrem Mobiltelefon in einer der hinteren Sitzreihen versteckt hat, präzise, was sie beobachtet. Sie gibt sogar die Sitzplatznummern durch, auf denen die Entführer beim Start gesessen haben, damit man am Boden ihre Namen feststellen kann. Sie versucht auch über das Bordtelefon, im Cockpit anzurufen, in der Hoffnung, Captain Ogonowski würde sich noch melden und sagen, was vorne los ist. Aber es antwortet niemand. John Ogonowski ist zu diesem Zeitpunkt wahrscheinlich schon tot.

Nachdem sie schon 25 Minuten miteinander geredet haben, fragt Manager Woodward, ob sie beurteilen könne, wo die Maschine jetzt sei, ob sie draußen etwas erkennen könne? Die Stewardess antwortet:

Der Nachrichtensender CNN unterbricht sei...

»Wir sind vorhin eine scharfe Kurve geflogen... Wir gehen jetzt steil runter... Ich sehe Wasser... Ich sehe Wasser und Gebäude! Oh mein Gott! Oh mein Gott...« Es waren die letzten Worte von Madeline Amy Sweeney.

Flug American Airlines 11 rast mit einer Geschwindigkeit von mehr als 800 Stundenkilometern auf die Südspitze Manhattans zu. Die Flughöhe sinkt dramatisch. 46 Minuten nach dem Start in Boston kracht die Boeing in Höhe der 90er Stockwerke in den Nordturm

AKING NEWS
CRASHES INTO
TRADE CENTER TOWER

CNN LIVE

Programm und zeigt Bilder vom World Trade Center, nachdem die Boeing 767 des American-Airlines-Fluges 11 mit 92 Insassen an Bord in den Nordturm gerast ist.

des World Trade Centers. Moham-med Atta hat sein Ziel erreicht.

8.45 UHR

Manhattan. Ein gigantischer Feuer-ball quillt aus dem 419 Meter hohen Symbol des großen Geldes, der Wirtschaftskraft und der Macht der Vereinigten Staaten von Ameri-ka. In Manhattan beginnt die Kata-strophe. Den ersten Kommentar gibt dazu ein Mann auf der Straße ab. »Oh shit…! Oh what a shit!«, schreit ein Feuerwehrmann, der

im südlichen Manhattan in der Church Street vor seinem knall-roten Löschwagen steht. Er hat sich gerade umgedreht und nach oben geblickt, als das Flugzeug in das Gebäude rast.

9.00 UHR

Manhattan. Wenige Minuten später richten sich bereits Dutzende von Kameras auf die Türme des World Trade Centers. Manhattan ist die Medienmetropole der Welt. Hier haben nicht nur die großen ameri-

kanischen Networks, sondern auch die wichtigsten ausländischen Fern-sehsender, Zeitungen und Maga-zine ihre Studios und Büros. Auf den Straßen, auf flacheren Häusern in der Nähe und auf entfernteren Wolkenkratzern sind nach dem ers-ten Flugzeugeinschlag Dutzende von Kameras in Stellung gebracht worden.

Die ganze Welt blickt um kurz nach 9 Uhr buchstäblich auf den Brennpunkt des Geschehens in den obersten Stockwerken des Nordtur-mes. Da nähert sich plötzlich noch

ein zweites Flugzeug der Südspitze von Manhattan. Im Anflug ist Uni-ted Airlines 175 mit 65 Menschen an Bord. Rund dreißig Minuten nach dem Start in Newark haben die fünf Flugzeugentführer die Kontrolle im Cockpit übernommen. Kurz danach hat die Maschine auf den Radarschirmen der Flugüber-wachung abrupt ihren Kurs geän-dert, von West nach Süd.

Ein paar Reihen hinter den drei deutschen Managern sitzt der ameri-kanische Geschäftsmann Peter Han-son mit seiner Frau und seiner zwei

CNN EXCLUSIVE

OF FIREFIGHTERS THAT MAY

Amateuraufnahmen vom Anflug der zweiten Maschine auf den Südturm des World Trade Centers (United Airlines, Flug 175, eine Boeing 767 mit 65 Insassen an Bord). In

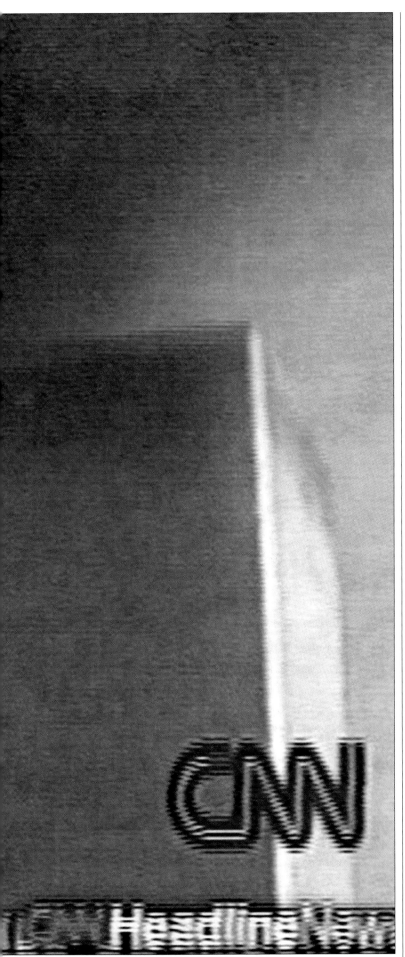

New York ist es jetzt 9.03 Uhr am Morgen.

Jahre alten Tochter in der Business Class. Hanson duckt sich hinter die Lehne seines Vordersitzes und ruft mit seinem Mobiltelefon seinen Vater in Connecticut an. Er sagt: »Unser Flugzeug wird entführt... Sie haben eine Stewardess erstochen... Ich glaube wir gehen jetzt runter... Keine Angst, es wird sehr schnell gehen...«

Ein paar Reihen weiter versucht ein Mann, seine Frau zu sprechen, der zufällig denselben Nachnamen wie die Stewardess von der ersten Maschine hat. Brian Sweeney erreicht seine Frau Julie nicht. Er hinterlässt seine letzten Worte auf dem Anrufbeantworter, der im Wohnzimmer ihres Hauses auf der Halbinsel Cape Cod in Massachusetts steht: »Hallo Jules, hier ist Brian. Ich bin im Flugzeug. Es wurde entführt, und es sieht nicht gut aus. Ich wollte nur, dass du weißt, dass ich dich liebe. Ich hoffe, dich wiederzusehen – wenn nicht: genieß bitte dein Leben und mach das Beste draus...« Die Stimme ihres Mannes, so sagt Julie Sweeney später, habe sich auf dem Band ganz ruhig angehört.

Nach einer Flugzeit von 45 Minuten verliert United-Airlines-Flug Nr. 175 rasant an Höhe. Vor der Südspitze Manhattans fliegt die Boeing eine weite Kurve über den Hudson und über die Freiheitsstatue hinweg, bevor sie wie eine riesige Cruise-Missile präzise in den zweiten Turm des World Trade Centers hineinfliegt. Genau um 9.03 Uhr.

Eine fliegerische Leistung sei dieses Anflugmanöver gewesen, schreiben die Zeitungen nachher. Doch ein erfahrener New Yorker Jumbo-Pilot, der seinen Namen nicht nennen darf, erklärt, das sei nichts Besonders gewesen. »Zwei Stunden im Flugsimulator, wie sie die Flugzeugentführer genommen haben, reichen völlig aus, um so etwas zu lernen. Nachdem sie im Cockpit die Kontrolle übernommen hatten, mussten die Täter den Autopiloten ausschalten. Danach konnten sie die Maschine mit dem Joystick fliegen, rauf und runter, links oder rechts herum. Ganz einfach. Sie brauchten keine Ahnung von der Schaltung, von Landeklappen, von Rudern oder Dämpfern zu haben!«

Bei den routinemäßigen Übungen im Simulator, auf dessen Monitor Flughäfen, Landschaften und Städte maßstabgerecht dargestellt sind, so erzählt der Jumbo-Pilot, seien er und seine Kollegen »zum Spaß öfter mal genau zwischen den beiden Türmen hindurchgeflogen.« Heute habe er ein elendes Gefühl, wenn er daran denke.

Der Anschlag auf den WTC-Südturm aus einer anderen Perspektive: Oben sieht man die Maschine im Anflug, unten, Sekunden später, explodiert sie im Turm.

9.03 UHR

Manhattan. In dieser Minute telefoniert der junge Kaufmann Steve Cafiero gerade mit seiner Mutter. Er steht am Fenster seines Büros im Südturm des World Trade Centers, in der 92. Etage. Er erzählt, dass gerade ein Flugzeug in den Nordturm geflogen ist. Dort sei ein gewaltiges Feuer ausgebrochen. Und er schildert, was nun in dem gegenüberliegenden Gebäude geschieht: »Ich sehe Menschen an den Fenstern, viele Menschen. Hinter ihnen brennt es... Einige schlagen jetzt mit Gegenständen die Scheiben ein... Sie klettern auf die Fensterbrüstungen... Sie springen... Mein Gott, sie springen hinunter, immer mehr Menschen springen... Um Gottes willen, sie springen alle in den Tod...«

Ihr Sohn, so sagt die Mutter später, sei trotz der entsetzlichen Geschehnisse, die sich direkt vor seinen Augen abspielten, erstaunlich gefasst gewesen. Er habe sehr angespannt und konzentriert geredet. Doch dann, ganz unvermittelt, habe er irgendetwas gerufen. Und dann laut geschrien! Sie habe kein Wort verstanden. Dann ist es still in der Leitung.

Steve Cafieros Mutter wartet noch stundenlang an ihrem Telefon. Später erfährt sie, dass das zweite Flugzeug genau in Höhe der 90er Stockwerke in den Südturm gerast ist. Genau da hat ihr Sohn gestanden. Steve Cafiero wird sofort tot gewesen sein.

9.03 Uhr: In einem riesigen Feuerball explodiert die zweite Maschine, United Airlines 175 von Boston nach Los Angeles, im Südturm des WTC.

8.45 UHR

Manhattan. Kirk Kjeldsen ist zum ersten Mal in seinem Leben auf dem Weg zur Arbeit in der Subway eingeschlafen. Nun hat er sich verspätet, weil er eine Station zu weit gefahren ist. Er müsste um diese Zeit schon ganz oben in der Spitze des World Trade Centers sein, im 106. Stock. Hier findet in dem berühmten Restaurant »Windows of the World« eine Konferenz des Konzerns Risk Waters Group statt. Kjeldsen soll darüber berichten. Er ist Reporter. Er arbeitet für das Fachmagazin »Waters«, ein Blatt für Finanzen und Technologie, das von der Risk Waters Group herausgegeben wird.

Als er endlich außer Atem in den Fahrstuhl des Nordturms springt, ist es schon 8.45 Uhr – sein erstes Gespräch sollte um 8.40 Uhr beginnen. Im Lift stehen zwei Dutzend Leute. Kjeldsen beobachtet den dunkelhäutigen Fahrstuhlführer, dessen Uniformjacke über seinem breiten Oberkörper spannt, und eine attraktive Geschäftsfrau im eleganten Businesskostüm. Er erinnert sich später, dass er diskret ihre Beine betrachtete und dabei eine »rosafarbene Tätowierung oberhalb des Fußgelenkes« entdeckte. In diesem Moment gibt es einen gewaltigen Schlag.

Kjeldsen erzählt: »Der Fahrstuhl hüpfte rauf und runter wie ein Yo-Yo. Die Fahrstuhltür ging drei Viertel auf und verklemmte sich. Das ganze Gebäude wackelte. Aber keiner schrie. Niemand geriet in Panik. Alle standen wir wie versteinert da. Dann hörten wir, dass draußen auf den Fluren eine Menge Glas in die Brüche ging.

Der Fahrstuhlführer sagte: »Was zum Teufel war das?«

Ich dachte: Verdammt, da ist wieder eine Bombe explodiert – wie bei dem Anschlag 1993!«

Es gelingt allen, aus dem verklemmten Fahrstuhl herauszukommen. Sie wissen nicht, in welcher Etage sie sind. »Es war unglaublich, wie schnell sich plötzlich überall dichter Rauch verbreitete«, erzählt Kjeldsen. »Wir rannten halb blind herum und stolperten über Glas und Zementbrocken, bis wir durch einen Notausgang zu einer Art Aussichtsplattform kamen, die ich vorher noch nie gesehen hatte. Der ganze Boden war mit Schuhen bedeckt. Und mit Taschen. Dann sah ich Körperteile. Und tote Menschen.«

Kjeldsen berichtet weiter: »Dann kamen plötzlich Leute von oben heruntergeflogen. Die flogen an uns vorbei in die Tiefe. Ich habe so was mal im Kino gesehen. Wenn sich da Menschen von Häusern stürzen, sieht das immer so geordnet aus wie beim Turmspringen. Aber das hier war furchtbar. Es war grausam und hässlich. Die Menschen stürzten durcheinander herunter, wie Lemminge, die sich massenweise das Leben nehmen. Neben mir schlugen Leute auf den Boden der Plattform auf. Ein Mann hatte keine Haut mehr. Der war mit grauweißem Puder bedeckt. Er sah aus wie ein Geist. Er hockte da und machte zwei, drei laute Atemzüge. Dann war er tot. Nun sah er aus wie einer von diesen großen Zementbrocken, die überall herumlagen.«

Kjeldsen und die anderen aus dem Fahrstuhl schließen sich einer Gruppe an, die die Treppen hinunterläuft. Immer schneller, immer weiter nach unten. In jedem Stockwerk kommen neue Flüchtlinge dazu. Schließlich sind es Hunderte. Es dauert etwa eine viertel Stunde, bis sie endlich das Erdgeschoss und den Ausgang erreichen.

Der Reporter hat sein Mobiltelefon gerettet. Er ruft von der Straße aus seine Freundin an, und erzählt ihr noch immer hustend und außer Atem, gerade seien »die obersten Stockwerke des World Trade Centers gesprengt worden«. Es habe viele Tote gegeben. Aber er habe Glück gehabt. Er sei heil herausgekommen. (Später erfährt Kjeldsen, dass die mehr als hundert Teilnehmer der Konferenz im »Windows of the World« alle umgekommen sind.)

Während er mit seiner Freundin telefoniert, blickt er nach oben. Am verqualmten Himmel taucht ein Schatten auf. Dann blitzt und brennt der Schatten plötzlich. «Es sah aus, als habe ein brennender Speer das Gebäude aufgespießt.» So beschreibt der Reporter den Moment, in dem das zweite Flugzeug in den zweiten Turm des World Trade Centers einschlägt.

9.10 UHR

Manhattan. Kameraleute des Nachrichtensenders CNN und der anderen großen Fernsehstationen nehmen den zweiten Einschlag live auf und übertragen die unglaubliche Szene in alle Welt. Nun ist endgültig klar: Dies ist kein Unglück, kein menschliches oder technisches Versagen, wie man nach dem ersten Flugzeug noch annehmen konnte; dies ist der furchtbarste Terroranschlag, den die Welt je erlebt hat.

Wahrscheinlich haben die Attentäter diese weltweite Publicity

Verstaubt, geschockt, aber überlebt! Eine Frau, die sich aus der Trümmerwüste in ein anderes Bürogebäude retten konnte.

mit eingeplant. Anzunehmen, dass sie die zweite Maschine absichtlich 18 Minuten später einfliegen ließen, damit die Fernsehleute genug Zeit hatten, ihre Kameras in Stellung zu bringen. So wurde die apokalyptische Terrorshow in allen Details aufgezeichnet, aus allen Perspektiven, in Großaufnahme und in Zeitlupe. Und weil die Bilder wieder und wieder gezeigt werden, ist das World Trade Center nicht ein Mal, sondern viele Tausend Male zerstört worden – und es wird noch in vielen Jahren immer wieder in sich zusammenstürzen. Selbst dem Meister des High-Tech-Thrillers, dem Bestsellerautor Tom Clancy, ging dieser Realismus zu weit. »Was heute geschehen ist, war einfach nicht glaubhaft«, sagte er.

9.15 UHR

New York. Bürgermeister Rudolph Giuliani ist in seinem Dienstwagen gerade auf der 15. Straße zur New York City Hall unterwegs, dem Rathaus der Stadt, einem schneeweißen großen Gebäude mit einem mächtigen Säuleneingang, da bekommt er die erste Schreckensnachricht dieses Tages. Er lässt sich sofort zum World Trade Center fahren. Der Bürgermeister erlebt noch mit, wie das zweite Flugzeug einschlägt. »Es war die schrecklichste Szene, die ich in meinem Leben gesehen habe«, sagt Rudolph Giuliani. Nach dem ersten Schock übernimmt er sofort die Kontrolle vor Ort. Er spricht mit Peter Ganci, dem

Chef der New Yorker Feuerwehr und mit dem Polizeipräsidenten. Er lässt sich von den Einsatzleitern im Polizeihauptquartier den ganzen Tag regelmäßig über die Lage unterrichten.

In einem Protokoll der Notrufzentrale der New Yorker Polizei ist das Geschehen in abgehackten Stichworten aufgezeichnet worden. Auszüge:

8 Uhr, 47 Minuten und 22 Sekunden: »Anrufer meldet Explosion im World Trade Center.«

Von nun an folgen die Meldungen in immer kürzer werdenden Abständen:

»Anruferin sagt: Flugzeug flog in Spitze von Gebäude.«

»Anrufer erklärt: Flugzeug ist möglicherweise ein Passagierflugzeug.«

»Anruferin berichtet: Großes Loch in der rechten Seite.«

»Anrufer meldet: Flammen und Qualmwolken an der Spitze des World Trade Centers!«

Nach 9 Uhr kommen immer mehr Hilferufe aus dem Inneren des World Trade Centers.

»Mann meldet: Bin im 87. Stock. Vier Personen sind bei mir. Es brennt!«

»47. Stock. Eine Frau erklärt; Gebäude wackelt, und es riecht nach Gas.«

»Christopher Hanley, Konferenzteilnehmer, meldet: Rauch im 106. Stock. Menschen kommen nicht runter.«

»Menschen schreien im Hintergrund. Anrufer kann nicht atmen. Rauch kommt durch die Tür im Stockwerk 103. Menschen sind gefangen.«

»Gary Lutnick vom Bankhaus Cantor Fitzgerald meldet: Rauch im 104. Stock«.

»Frau meldet: Das 86. Stockwerk bricht zusammen.«

Zwei Sanitäter melden um 8.59 Uhr ihr Eintreffen im World Trade Center – danach hört man nie wieder etwas von ihnen.

»Eine Anruferin sagt: Ihr Sohn und ein anderer Mann sind im Zimmer 8617 eingeschlossen.«

»Eine Frau meldet: Menschen sind auf dem Dach des Gebäudes. Brauchen Hilfe auf der Spitze.«

»Polizeihubschrauber: Wir sind nicht in der Lage, auf dem Dach zu landen. – Leute fallen aus dem Gebäude.«

»Mann ist eingeschlossen im 22. Stock – Loch im Flur – Rauch kommt rein – kann nicht atmen. Mann erklärt, er wird Fenster einschlagen.«

»Anruf aus dem 103. Stock, Zimmer 130: Ungefähr 30 Menschen. Eine der Frauen ist schwanger. Viel Rauch!«

Nachdem das zweite Flugzeug in den Südturm gerast ist, registriert das Protokoll der New Yorker Notrufzentrale Meldungen wie diese:

»Anruferin schreit! – WTC brennt! – Feuerwehr muss löschen!«

»Mann berichtet: Menschen springen aus dem Fenster – vermutlich fängt sie niemand auf.«

»Anrufer sagt, er ist im Büro mit 40 bis 60 Leuten, ist unsicher, welchen Weg er nehmen soll.«

»Ein Mann sagt: Er ist im 84. Stock und kann nicht mehr atmen – Anruf bricht ab.«

»Mann aus dem 104. Stock berichtet: Seine Frau ist im 91. Stock – macht sich Sorgen um seine Frau – Treppen sind alle blockiert.«

»Anrufer meldet: Fahrstuhl stecken geblieben. Menschen drin.«

»Anruferin sagt: Ihr Ehemann und dessen Freund sind noch am Leben, im 101. Stock.«

»Anrufer sagt: Mehrere Dutzend Menschen springen aus den Fenstern.«

»Anrufer im 105. Stock berichtet: Treppen stürzen ein.«

»Eine Frau sagt: Sind im Treppenhaus im 82. Stockwerk. Türen sind abgeschlossen. Brauchen jemand, der die Türen öffnet.«

»Anrufer berichtet: Treppenhaus im 105. Stock bricht zusammen.«

»Eine Frau sagt: Jemand winkt mit einer weißen Fahne aus dem ersten Gebäude, zehn Stockwerke unterhalb der Spitze.«

»Eine Anruferin: Wir sind im Fahrstuhl eingeschlossen, werden sterben.«

»Anrufer meldet: Menschen springen vom Turm. – Mann winkt

Weißer Rauch tritt aus den oberen Stockwer

mit Jacke, springt dann.«

»Anruferin Melissa meldet; Fußboden sehr heiß, auch die Türen. Sagt, sie wird sterben, möchte noch die Mutter anrufen.«

»Hilferuf aus dem 106. Stockwerk: Etwa 100 Menschen im Raum. Können die Treppen nicht hoch und nicht runter gehen. – Brauchen Anweisung, wie sie am Leben bleiben können«.

»Anrufer sagt: Menschen werden ohnmächtig.«

Schwarzer Rauch über New York: Menschen fliehen vor den brennenden Türmen.

...s World Trade Centers. Verzweifelte Menschen fliehen in Panik an die Fenster des Gebäudes. Aber jede Hilfe kommt zu spät – Minuten später stürzt das Gebäude zusammen.

Der erste Teil der Notrufaufzeichnungen endet um 10.01 Uhr mit dem Eintrag:

»Anrufer berichtet: Der Südturm des World Trade Centers stürzt ein. – Viele Menschen in den Trümmern.«

Eine halbe Stunde später hält das Protokoll auch das Ende des zweiten Turmes fest:

10.26 Uhr: »Anrufer meldet: der Nordturm lehnt sich zur Seite.«

10.28 Uhr: »Anrufer sagt: Nordturm fällt vermutlich gleich.«

10.31 Uhr: »Anrufer berichtet: Nordturm bricht gerade zusammen.«

8.47 UHR

World Trade Center. Die meisten Hinterbliebenen werden von den letzten Momenten ihrer Angehörigen nichts erfahren. Das ist vielleicht besser so. Doch es gibt auch Schicksale, die in allen Details bekannt geworden sind und die nun für den Schrecken der ganze Tragödie stehen. Die Geschichte von James Gartenberg zum Beispiel.

James Gartenberg, 35 Jahre alt, verheiratet, Vater einer zwei Jahre alten Tochter, Verkaufsmanager einer großen New Yorker Grundstücks- und Immobiliengesellschaft, ist an diesem Morgen um 8 Uhr in seinem Büro. Pünktlich wie immer. Vom 86. Stockwerk hat er einen fantastischen Blick über Manhattan. Gartenberg sitzt kurz vor neun an seinem Schreibtisch und bereitet mit seiner Assistentin Patricia Puma Geschäftsunterlagen für den beginnenden Arbeitstag vor, als ein gewaltiger Schlag das Gebäude erschüttert. Die Wände wackeln. Putz fällt von der Decke. Sekunden später dringt dünner Qualm durch die Türritzen.

Gartenberg ahnt nicht, was passiert ist. Er versucht, auf den Flur hinauszukommen – aber die Tür seines Büros lässt sich nicht mehr öffnen. Vergeblich stemmen sich er und seine Assistentin dagegen. Offenbar ist die Tür auf der Flurseite von herabgestürzten Brocken versperrt.

Aber die Telefone funktionieren noch. Wie durch ein Wunder. Gartenberg wählt als Erstes die Nummer seiner Frau Jill, die an der Upper East Side arbeitet. Sie meldet sich nicht. Er spricht auf ihren Anrufbeantworter: Es habe eine Explosion gegeben. Draußen brenne es offenbar. Er komme nicht mehr aus seinem Büro. Seine Stimme klingt leicht panisch, als er sagt: »Ich liebe dich.«

Patricia Puma, die Assistentin wählt die Notrufnummer 911. Besetzt! Kurz vor neun klingelt das Schreibtischtelefon. Am Apparat ist Adam Goldman aus Chicago, Gartenbergs bester Freund. Die beiden kennen sich seit ihrer High-School-Zeit. Sie waren zusammen in den Sommercamps. Sie waren jeweils Trauzeuge bei der Hochzeit des anderen. Goldman lebt in Chicago, er arbeitet bei einer Finanzgesellschaft. Die beiden Freunde telefonieren fast jeden Tag miteinander.

Wie fast immer, läuft auch an diesem Morgen in Goldmans Büro das Fernsehgerät. Der Sender CNN hat seine laufende Sendung wegen einer Sondermeldung unterbrochen: Ein Flugzeug ist in den Nordturm des World Trade Centers geflogen!

Goldman wählt sofort die Büronummer seines Freundes in der 86. Etage des Nordturmes.

»Bist du okay, James?« fragt Goldman.

»Ja, aber es brennt auf dem Flur«, sagt Gartenberg. »Ich bin hier gefangen. Ich komme nicht raus!«

Goldman merkt, wie ihm kalter Angstschweiß ausbricht. Er versucht, ruhig zu bleiben. Er sagt dem Freund, dass ein Flugzeug in das World Trade Center geflogen sei, und er sehe gerade auf seinem Fernsehschirm, dass starker Rauch an der Fassade des Nordturms entlangkriecht.

»Mein Gott«, sagt Gartenberg, »wir kommen hier nicht raus.«

»Bleib ruhig«, sagt Goldman.

»Verdammt, ich habe Angst!«, sagt Gartenberg. »Hol mich hier raus, Adam!«

Mit einer übermenschlichen Anstrengung gelingt es James Gartenberg und seiner Assistentin, gemeinsam die Tür Zentimeter für Zentimeter aufzudrücken. Sie zwängen sich durch einen schmalen Spalt hindurch. Nun stehen sie in der verglasten Rezeption des Büros. Die Scheiben zum Flur sind zerbrochen. Qualm dringt ein. Draußen auf den Gängen sind Flammen zu sehen.

Wie verzweifelt müssen diese Menschen gewesen sein? Sie stürzen sich vor dem sicheren Flammentod kopfüber in die Tiefe.

Gartenberg ruft vom Schreibtisch der Empfangsdame aus in der Zentrale seiner Firma in Midtown Manhattan an. Die stellvertretende Personalchefin Margaret Luberda ist am Apparat.

»Margaret, wir sind hier gefangen«, sagt Gartenberg.

»Wo seid ihr? Was ist los«, fragt Luberda, die noch keine Nachrichten gehört hat.

Gartenberg schildert ihr die Lage. Die Personalchefin ist geschockt. Sie verspricht, Hilfe zu holen. Sie ruft die Polizei an und wird zur Feuerwehr durchgestellt. Sie meldet: «Zwei unserer Angestellten sind in der Bürosuite 8617 im World Trade Center eingeschlossen!« Die Stimme des Feuerwehrmannes klingt beruhigend. Er sagt, man werde sich darum kümmern, Hilfe sei schon unterwegs.

Margaret Luberda ruft in Gartenbergs Büro an und sagt: »Sie holen euch raus, Jim!«

Während dieses Gespräches meldet sich auf einer anderen Leitung ein anderer Freund von Gartenberg: Andrew Rosen. Die beiden haben in der College-Football-Mannschaft gespielt. Rosen ruft von seinem Autotelefon aus an. Er ist gerade in Englewood Cliffs in New Jersey unterwegs und hat im Radio Nachrichten gehört.

Gartenberg bittet Rosen, sich bei Polizei und Feuerwehr nach Evakuierungsplänen für das World Trade Center zu erkundigen und ihn darüber zu informieren.

Als Nächstes ruft Gartenberg, der Gefangene von Zimmer 8617, eine New Yorker Fernsehstation an. Er will die Öffentlichkeit auf sein Schicksal aufmerksam machen und hofft dadurch auf schnellere Hilfe. Er wird gleich auf Sendung geschaltet. Der Moderator macht ein dramatisches Interview mit dem eingeschlossenen Mann im 86. Stock im Nordturm des World Trade Centers.

Gartenberg bekommt nicht mit, dass während seines Fernsehinterviews um 9.03 Uhr ein zweites Flugzeug in den zweiten Turm einschlägt. Sein Büro liegt auf der abgewandten Seite.

Gegen Viertel nach neun erreicht er endlich seine Frau. Jill Gartenberg ist etwas verspätet in ihr Büro gekommen. Die Eheleute reden minutenlang miteinander. Er versucht, tapfer zu wirken. »Ich liebe dich!«, sagt er. Sie sagt: »Ich liebe dich auch!«

Jill Gartenberg läuft anschließend auf die Straßen hinunter in Richtung World Trade Center. Sie sieht riesige Qualmwolken und Feuerwalzen an den Spitzen beider Türme. Mein Gott, denkt sie, da kommt niemand raus!

s zur Spitze des Nordturms quillt dicker Rauch aus dem Gebäude und verhindert, dass Hubschrauber auf dem Dach landen können.

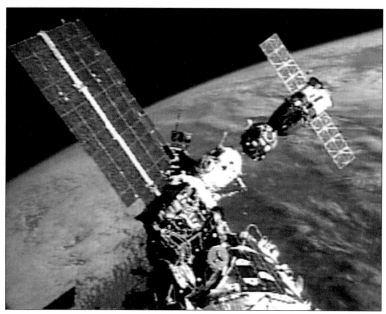

Mit der Weltraumstation ISS überfliegt Kommandant Frank Culbertson um 9.00 Uhr Manhattan in südöstlicher Richtung.

Margaret Luberda ist während der ganzen Zeit auf der zweiten Leitung mit Gartenbergs Büro verbunden. Als der jetzt wieder diesen Hörer nimmt, gratuliert sie ihm zu seinem »Fernsehinterview«.

Sie fragt: »Wie ist der Rauch jetzt?«

»Es wird schlimmer«, sagt er. »Soll ich das Fenster mit einem Stuhl einschlagen?«

Margaret Luberda ruft von ihrer zweiten Leitung aus die Feuerwehr an und fragt um Rat. Dann meldet sie sich wieder bei Gartenberg:

»Ist der Boden heiß?«

»Nein.«

»Kommt der Qualm vom Flur her?«

»Nein, aus der Empfangshalle!«

»Okay«, sagt sie, und meldet sich nach einer kurzen Pause mit dem Ratschlag: »Die Feuerwehr sagt, du sollst das Fenster lieber nicht einschlagen!« Und sie fügt hinzu: »Sie wissen genau, wo du bist. Sie werden dich rausholen!«

Das andere Telefon klingelt. Freund Adam Goldman meldet sich wieder. Gartenberg sagt, er sei noch okay, aber die Lage werde schlimmer. Kurz darauf fallen immer mehr, immer größere Brocken von der Decke. Margaret Luberda hört den Krach in ihrem Telefon mit. »Könnt ihr irgendwo in Deckung gehen?«, fragt sie.

»Wir sitzen schon unter dem Schreibtisch in der Rezeption,« sagt Gartenberg. Die Telefonleitungen sind lang genug. James Gartenberg und seine Assistentin Patricia Puma telefonieren weiter über verschiedene noch immer funktionierende Leitungen mit Verwandten und Freunden. Gartenberg sagt zu seinem Freund Goldman: »Adam, wenn ich hier nicht mehr rauskomme, kümmere dich bitte um alles!« Goldman verspricht es und sagt: «Halte durch, James, du kommst da raus, ganz bestimmt!«

Gartenberg spricht wieder mit seiner Frau.

»Ich liebe dich!«

»Ich liebe dich auch.«

»Sag auch Nicole, dass ich sie liebe!«

Jill Gartenberg verspricht, es ihrer gemeinsamen kleinen Tochter zu sagen.

Nach diesem Gespräch redet Gartenberg auf dem anderen Apparat noch einmal mit Margaret Luberda.

»Es wird schlimmer«, sagt er und hustet in ein feuchtes Tuch, das er sich vor den Mund presst. Seine Stimme wird schwächer und immer leiser.

»Immer... mehr... Rauch...!«, sagt er langsam.

Es sind die letzten Worte die Margaret verstehen kann. Sie hört noch Husten und Röcheln. Dann ist es still. James Gartenberg meldet sich nicht mehr.

Ein paar Minuten später sehen Gartenbergs Frau Jill, seine Freunde Adam Goldman und Andrew Rosen und seine Kollegin Margaret auf ihren Fernsehbildschirmen, wie der Nordturm des World Trade Centers in sich zusammenfällt.

10.30 UHR

Manhattan. Das ist das Ende der beiden geradlinigen, schnörkellosen Wolkenkratzer, die seit 1973 die Skyline von New York beherrscht haben:

Das Satellitenbild von Manhattan zeigt, was Astronaut Frank Culbertson aus dem Fenst

...er Weltraumstation ISS sieht: weiße Rauchschwaden über dem Finanzdistrikt.

Jeweils hundert Tonnen Kerosin in den Tanks der beiden großen Boeing-Maschinen haben ein Höllenfeuer von über 2000 °C Hitze entfacht. Die Flammen fressen sich gleichzeitig nach oben und nach unten. Die Stahlträger werden weich wie Plastik. Die langen Funkantennen kippen zuerst von den Spitzen der Häuser und fliegen wie Riesenspeere in die Tiefe. Dann bricht Stockwerk für Stockwerk ein – ein »statischer Schneeballeffekt«, wie Bauingenieure sagen. Schließlich sacken einige Zehntausend Tonnen Beton und Stahl in sich zusammen, wie in Zeitlupe, mit einem hässlichen, erst knirschenden, dann rauschenden, dann donnernden Geräusch. Fünf weitere bis zu 60 Stockwerke hohe Gebäude, die zum World Trade Center gehören, werden von den einstürzenden Gebäuden getroffen und zerstört.

Fast 4000 Menschen werden unter den glühenden Trümmern verschüttet und zerquetscht, begraben und zu Asche verbrannt. Unter den Opfern sind etwa 300 New Yorker Feuerwehrmänner, die das Leben der Menschen in den Türmen retten wollten. Einige der Opfer haben letzte Worte hinterlassen, Worte wie die, die Pat Forth, Mitarbeiter von Morgan Stanley auf den Anrufbeantworter seiner Schwester gesprochen hat: »Irgendwas passiert hier. Klingt wie ein Erdbeben. Alles brennt... Casey, ich weiß, dass ich gleich sterben werde. Bitte sag Mama, dass ich sie liebe. Und bitte vergib mir alles, was ich getan habe und womit ich dich verletzt haben könnte.« – »Mom, das Gebäude brennt, der Rauch kommt durch die Wände, ich kriege keine Luft,« sagte die 28-jährige Veronique Bowers noch am Telefon zu ihrer Mutter. – »Das sieht nicht gut aus. Es gibt keinen Weg hier raus. Pass auf Caitlin auf.« Mit diesen Worten verabschiedete sich der Broker Tom McGinnis aus seinem Büro im Südturm von seiner Frau Iliana. – Stuart Meltzer meldete sich aus der brennenden 105. Etage des Nordturmes bei seiner Frau: »Liebling, gerade passiert etwas Schreckliches... Ich glaube nicht, dass ich es schaffe, hier rauszukommen. Ich liebe dich. Kümmere dich um die Kinder.« – Lisa Rodriguez rief ihren Mann per Handy an, während sie versuchte, aus dem 82. Stockwerk durch das verqualmte Treppenhaus nach unten zu kommen. Ihre letzten Worte waren: »Ich schaffe es.«

9.00 UHR

Weltraumstation ISS. Kommandant Frank Culbertson ist mit Routinearbeiten beschäftigt. Er untersucht wie an jedem Tag seine beiden russischen Kollegen Wladimir Deschurow und Michail Tjurin. Dann lässt er sich selber untersuchen und gibt schließlich die medizinischen Daten der Besatzung an einen Arzt im Kennedy Space Center durch, mit dem er über Funk verbunden ist.

Als er fertig ist, sagt der Arzt: »Frank, wir haben hier übrigens auf der Erde keinen guten Tag.« Dann berichtet der Mediziner, was er zu diesem Zeitpunkt über die Flugzeugattentate auf das New Yorker World Trade Center weiß. »Ich war verblüfft und entsetzt«, schreibt Culbertson in sein Tagebuch, »zuerst dachte ich: Das ist kein echtes Gespräch, denn ich hörte noch immer meine Tom-Clancy-Cassetten, die ich mit an Bord habe.« Dann erzählte er den beiden russischen Kollegen Wladimir und Michail von den Anschlägen. Auch die seien »erschüttert und wie betäubt« gewesen. »Sie haben großes Mitgefühl gezeigt.«

Der Kommandant der Weltraumstation ruft auf seinem Computermonitor die Weltkarte auf, und stellt fest, dass sie gerade über Kanada sind und sich in südöstliche Richtung bewegen. In ein paar Minuten werden sie die amerikanische Ostküste in Höhe von Neuengland überqueren. »In aller Eile suchte ich mir ein Fenster, von dem aus ich New York sehen würde, und griff nach der nächstbesten Kamera. Ich blickte aus dem Fenster von Michails Kabine nach Süden.«

Culbertson hat einen glasklaren Blick auf die Halbinsel Manhattan. Er sieht da unten eine riesige, lang gezogene Qualmwolke. Und sogar Flammen. »Die Rauchsäule, die in südlicher Richtung über die Stadt trieb, hatte an ihrem unteren Ende etwas, das wie eine seltsame Blüte aussah«, schreibt er in sein Tagebuch, und weiter: »Nach einer der Meldungen, die wir in diesen Augenblicken erhielten, glaube ich, dass wir New York zu einem Zeitpunkt unter uns sahen, als der zweite Turm einstürzte, oder kurz nachher.«

Der Amerikaner im All schreibt später seine Empfindungen auf: »Es ist schwer zu beschreiben, wie man sich fühlt, wenn man als einziger Amerikaner nicht auf dem Planeten ist... Das Gefühl, dass ich da unten bei euch sein müsste, ist überwältigend...« Abgesehen von der Erschütterung darüber, dass unser Land angegriffen worden ist und Tausende von Amerikanern, vielleicht darunter auch einige Freunde, getötet wurden, ist das überwältigendste Gefühl hier, wo ich bin, das Gefühl der Isolation.«

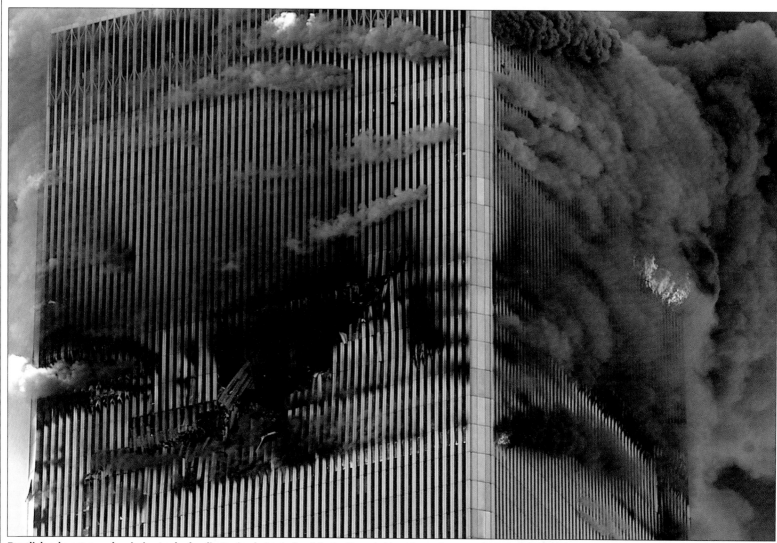

Deutlich erkennt man das riesige Loch, das die Boeing beim Aufprall in der Fassade hinterlassen hat. Wenige Minuten später stürzt der Büroturm ein.

Kommandant Culbertson schreibt schließlich: »Es ist schrecklich, von einem solch fantastischen Aussichtspunkt mit anzusehen, wie Rauch aus Wunden im eigenen Land hervorquillt.«

Sarasota/Florida. Der amerikanische Präsident sitzt an diesem Morgen in einer Schulklasse in Sarasota an der Westküste Floridas und ist gut gelaunt. Die Leiterin der »Emma E. Booker«-Grundschule, Gwendolyn Tose-Rigall, hat den hohen Gast gerade mit überschwänglicher Begeisterung willkommen geheißen. 16 frisch gewaschene, festlich gekleidete Schüler blicken George W. Bush erwartungsfroh an. Der wiederholt eine ebenso launige wie ernsthafte Rede, die er gestern schon in Jacksonville aus demselben Anlass vor ähnlichem Publikum mit großem Erfolg gehalten hat: Warum das Lesen so wichtig für jeden Menschen ist! Deshalb starte er hier und heute eine Kampagne gegen Analphabetentum, das in dem reichen Land Amerika leider noch immer erschreckend verbreitet sei. Diese Kampagne unter dem Titel »Putting Reading First!« (etwa »Lesen kommt zuerst!«) liege ihm ganz besonders am Herzen.

Kameraleute und Journalisten sind beim Auftritt des Präsidenten in Sarasota dabei, Lokalreporter aus Florida und ein paar Leute vom Pressetross aus Washington, die den Präsidenten überallhin begleiten. Einige der journalistischen Berufszyniker haben aus aktuellem Anlass einen Witz recycelt, der noch aus Ronald Reagans Zeiten stammt – denn der galt damals als genauso unbelesen wie heute George W. Bush. Der Witz lautet: Sagt einer: »Die Privatbibliothek des Präsidenten ist abgebrannt – alle drei Bücher wurden vernichtet!« Sagt der andere: »Das ist ja furchtbar, zwei davon hatte er doch noch gar nicht ausgemalt…«

Bushs kurze Ansprache über die Bedeutung des Lesens kommt in Sarasota gut an. Seine jungen Zuhörer sind begeistert. Nun demonstrieren einige von ihnen, wie flüssig und gut artikulierend sie lesen können.

In einer Grundschule in Sarasota erfährt Präsident George W. Bush vom Attentat.

Da kommt der Stabschef des Präsidenten, Andrew Card, unerwartet in den Klassenraum. Er beugt sich zu seinem sitzenden Chef herab und flüstert ihm etwas ins Ohr: Es sei ein Anschlag auf das New Yorker World Trade Center verübt worden. Die Sicherheitsberaterin Condoleezza Rice rufe deswegen aus Washington an. Sie wolle den Präsidenten dringend sprechen.

Das Gesicht von George W. Busch versteinert vor laufenden Fernsehkameras. Seine Augen starren eine Zeit lang ins Leere. Geistesabwesend bleibt er noch eine Weile sitzen. Als einer der jungen Vorleser fertig ist, lächelte er sogar noch, und sagt: »Sehr gut gemacht.«

Dann steht er auf und geht in ein Lehrerzimmer, in dem seine Begleiter nervös auf ihn warten. Jemand hält ihm ein Telefon entgegen. Auf einem Bücherschrank steht ein Fernseher. CNN ist eingeschaltet. Auf dem Bildschirm läuft unten die dicke Zeile »Breaking News«. Darüber sind die beiden Türme des World Trade Centers in Großaufnahme zu sehen. Flammen schlagen daraus hervor. Und schwarze Qualmwolken verdüstern den eben noch strahlend blauen Himmel über Manhattan. Wie Millionen Zuschauer in aller Welt starrt der amerikanische Präsident fassungslos auf diese Bilder. Einige Minuten zuvor hätte er live miterleben können, wie die zweite entführte Passagiermaschine der United Airlines als kerosingeladene riesige Rakete in den südlichen Turm eingeschlagen ist.

Condoleezza Rice ist am Telefon und schildert ihm die ersten Hintergründe: Es gebe keinen Zweifel. Dies seien koordinierte terroristische Anschläge. Insgesamt seien vier Passagierflugzeuge entführt worden. Zwei seien noch in der Luft. Vermutlich im Anflug auf Washington. Sie werde ihn über die Lage auf dem Laufenden halten.

Der Präsident zieht sich mit zwei, drei Begleitern in eine Ecke zurück und erarbeitet mit ihnen eine erste Stellungnahme. Bush bespricht den Text telefonisch mit seiner Sicherheitsberaterin. Anschließend führt er noch mehrere Gespräche. Schließlich geht er in den Klassenraum zurück, der jetzt vom grellen Scheinwerferlicht der Kamerateams ausgeleuchtet ist.

Der Präsident trägt mit steinernem Gesicht seine erste Erklärung nach den Terroranschlägen in New York vor. »Meine Damen und Herren, dies ist ein schwieriger Moment für Amerika. Unglücklicherweise muss ich zurück nach Washington …

10.05 Uhr: Eine gewaltige Explosion erschüttert die Stadt, dann stürzt der Südturm in sich zusammen.

Eine weitere Explosion um 10.28 Uhr, dann sackt der 110 Stockwerke hohe Nordturm in sich zusammen. Betonbrocken und Glassplitter fliegen durch die Luft.

Ich möchte allen Leuten hier in der Booker-Grundschule für ihre Gastfreundschaft danken.« Und zögernd spricht er weiter: »Wir haben heute eine nationale Tragödie. Zwei Flugzeuge sind in das World Trade Center gerast... es handelt sich um einen terroristischen Anschlag auf unser Land. Ich habe gerade mit dem Vizepräsidenten, dem Gouverneur von New York und dem Direktor des FBI gesprochen, und habe angeordnet, dass alles was in unseren Kräften steht, für die Opfer und ihre Familien getan wird. Ich habe befohlen, die Leute zu jagen, die diesen verbrecherischen Akt begangen haben. Terrorismus wird gegen unsere Nation keine Chance haben ...«

Präsident Bush verabschiedet sich mit den Worten »Möge Gott die Opfer, ihre Familien und Amerika segnen«. Zehn Minuten später startet die »Air Force One« auf dem Flughafen Sarasota/Bradenton. Weder die Cockpit-Crew, noch die Sicherheitsbeamten oder die Präsidentenberater wissen, wo es eigentlich hingehen soll. Zwei Journalisten, die mit an Bord sind, scheint es so, als ob die Maschine in einem großen Kreis herumfliegt.

10.30 UHR

Manhattan. Wie todbringende Lawinen wälzen sich gigantische dreckige Staubwolken durch die Straßenschluchten im südlichen Manhattan. Tausende rennen in Todesangst davon. Sie stolpern, husten, weinen, klammern sich Schutz suchend aneinander. Geschäftsleute mit zerrissener Kleidung, die Aktenmappen noch in den Händen, wanken grau gepudert wie Gespenster durch die Straßen. »Hier ist saubere Luft!«, rufen Polizisten, die Sauerstoffmasken tragen, und halten den Flüchtenden Schutzmasken entgegen. »Wenn ihr diesen Dreck einatmet, könnt ihr sterben!«

»Haut ab nach Norden«, schreien Feuerwehrmänner an der Ecke Reade und Church Street, »da seid ihr sicher.«

»Es war so, als ob ein Horrorregisseur diese Szenen inszeniert hätte«, sagt Clive Roberts, ein Werbefilmer aus der Madison Avenue. Er hatte einen Termin in der Church Street, gleich um die Ecke zum World Trade Center. Er ist davongekommen. Er erzählt: »Am schlimmsten war es, als die Flammen sich durch die Gebäude und an den Fassaden entlang fraßen, und die Menschen in panischer Angst in den Tod sprangen. Ein Mann habe minutenlang mit einem großen weißen Tuch um Hilfe gewinkt, erst als die

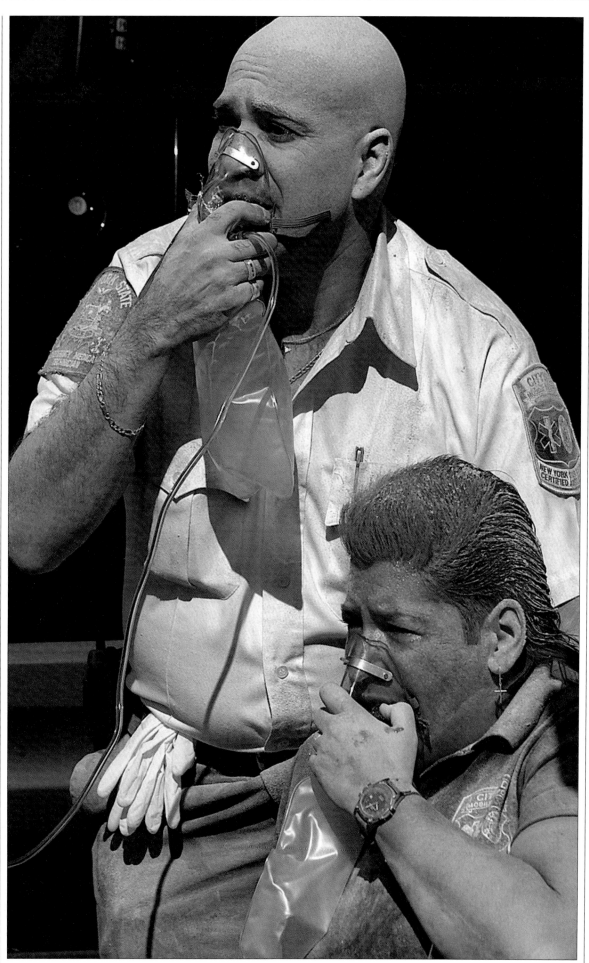

Feiner Betonstaub macht das Atmen gefährlich: Rettungskräfte inhalieren Sauerstoff nach ihrem ersten Einsatz.

Eine junge Frau flieht aus der »War Zone« und hält sich ein Stück Stoff gegen den beißenden Qualm vor Mund und Nase.

Nachdem die beiden Zwillingstürme eingestürz

Flammen ihn fast erreicht hatten, stürzte er sich in die Tiefe. »Ein Mann und eine Frau«, so erzählt Roberts, »sind Hand in Hand an der Fassade entlanggesegelt.« Ein Feuerwehrmann sei auf makabre Weise gestorben: Er wurde von einem herabstürzenden Körper erschlagen. »Es war wie im Krieg. Wir dachten nur noch: Tod!«, erzählt eine Frau, die im Krankenhaus wegen eines schweren Schocks behandelt werden musste.

10.30 UHR

Brooklyn. John Updike, der weltberühmte Autor und kritische Chronist des amerikanischen Alltags, ist an diesem Vormittag bei Verwandten in Brooklyn Heights zu Besuch. Von deren Apartment im neunten Stock blickt er nach Manhattan hinüber. Updike hat seine Eindrücke aufgeschrieben: »Der Anblick war, beim ersten Hinsehen, eher merkwürdig als schrecklich: Rauch mit Papierfetzen durchsetzt, ringelte sich in den wolkenlosen Himmel, und seltsame tintige Rinnsale liefen an der vertikal geriffelten Oberfläche des riesigen Gebäudes herab. Das WTC hatte einen blassen Hintergrund für unseren Ausblick von Brooklyn nach Lower Manhattan gebildet. Nicht geliebt wie die steinernen, in krönenden Spitzen auslaufenden Midtown-Wolkenkratzer aus den dreißiger Jahren, denen es den

Rang als New Yorks höchste Bauwerke abgelaufen hatte, bei bestimmtem Lichteinfall aber doch schön in seiner prä-postmodernen Mischung aus alles überragender Immensität und architektonischer Zurückhaltung. Als wir beobachteten, wie ein Feuerball aus dem Südturm schlug, erschien das, was sich da abspielte, immer noch als etwas, das nicht ganz real war, sondern im Fernsehen stattfand… Und eine Stunde später dann, während meine Frau und ich vom Dach des Gebäudes in Brooklyn aus zusahen, sackte der Südturm aus unserem Fernsehbild; er sank ganz gerade nieder wie ein Aufzug, das klirrende Beben und Stöhnen war für uns, eine Meile entfernt, deutlich wahrnehmbar. Wir wussten, Tausende waren in dieser Minute umgekommen, vor unseren Augen; wir klammerten uns aneinander, als ob auch wir untergehen müssten.«

9.30 UHR

Washington. Nach den Anschlägen in New York ist der Luftraum über der amerikanischen Hauptstadt gesperrt worden. Und im ganzen Land fordern Bodenkontrollen und Luftaufsichtsbehörden alle Verkehrsmaschinen auf, so schnell wie möglich auf dem nächstgelegenen Flughafen zu landen. Man will so die Spreu vom Weizen trennen: Die Maschinen, die oben bleiben, sind verdächtig. Man weiß noch immer

nicht, wie viele entführte Maschinen eigentlich noch unterwegs sind. Gerüchte über ein halbes Dutzend weiterer Kamikaze-Flieger werden verbreitet.

Zwei entführte Maschinen haben die Controller mit Sicherheit ausgemacht: United-Airlines-Flug Nr. 93 – um 8.01 Uhr in Newark/New Jersey gestartet, und American Airlines 77 – Abflugzeit 8.10 Uhr in Washington. Beide Maschinen sind von den Radarschirmen verschwunden. Beide werden nur wenige Flugminuten von Washington entfernt vermutet. Man befürchtet, dass die Selbstmordattentäter ihre fliegenden Kerosinbomben auf das Weiße Haus, auf das Capitol oder auf wichtige Regierungsgebäude stürzen wollen.

Vizepräsident Cheney zieht sich mit seinen engsten Beratern in den atombombensicheren Bunker unter dem Weißen Haus zurück. Von einer mit High-Tech-Geräten ausgestatteten Kommandozentrale aus spricht er mit Präsident George W. Bush, der mit der »Air Force One« immer noch über Florida kreist. Auch Verteidigungsminister Donald Rumsfeld wird aus dem Pentagon zu Bush durchgeschaltet.

Die drei mächtigsten Männer des Landes beraten über abhörsichere Funkverbindungen die Lage. Bush, so Insider nachher, will jetzt Führungsstärke beweisen. Er entscheidet: Das Militär soll Zivilmaschinen abschießen, wenn sie mit an Sicherheit grenzender Wahr-

Mit fassungslosem Blick in die Richtung, wo einmal die beiden Türme des World Trade Centers standen, fällt ein Mann auf die Knie.

sind, flieht ein Mann vor einer gewaltigen Lawine aus dichtem Staub und Rauch.

scheinlichkeit eine Bedrohung darstellen. Der Präsident habe gesagt, »die Piloten sollten das tun, was sie für notwendig halten, wenn verdächtige Flugzeuge sich trotz des Flugverbotes der Hauptstadt nähern und wenn sie eindeutige Aufforderungen zum Abdrehen missachten.« Die Besatzungen von Abfangjägern bekommen den Befehl: Startklar machen!

9.35 UHR

Washington. Der Polizeioffizier Richard Cox hat in seinem Dienstwagen die Nachrichten aus New York gehört. Und die Meldung, dass noch zwei weitere entführte Maschinen unterwegs sind. Möglicherweise in Richtung Washington. Officer Cox weiß auch von dem Flugverbot über der Hauptstadt. Er ist gerade auf dem Columbia Pike, einer großen Ausfallstraße, unterwegs, als er plötzlich über sich eine schon ziemlich tief fliegende Passagiermaschine sieht. Er wählt sofort die Nummer 911. Die Notrufzentrale von Arlington, einem großen Vorort

von Washington, meldet sich. Cox gibt durch: »Eine American-Airlines-Maschine fliegt in östlicher Richtung über den Columbia Pike, möglicherweise zum Pentagon …!«

American-Airlines-Flug Nr. 77 ist seit dem Start auf dem Dulles International Airport in Washington schon 85 Minuten unterwegs. Die Maschine fliegt über West Virginia, als die fünf Flugzeugentführer von ihren Sitzen aufspringen. Drei von ihnen, so rekonstruiert später das FBI, halten mit ihren Messern die Passagiere in Schach. Der Anführer Hani Hanjour und ein zweiter Mann dringen in das Cockpit ein. Captain Charles Burlingame und seine Crew haben keine Chance. Vermutlich werden sie sofort niedergestochen. Hanjour, der in Scottsdale / Arizona einen Pilotenschein für einmotorige Flugzeuge gemacht hat, fliegt danach mit der großen Boeing ein riskantes Wendemanöver: 180 Grad zurück. Ziel: Washington.

Auch von dieser Maschine aus rufen Passagiere mit ihren Mobiltelefonen Verwandte an. Eine von ihnen ist Barbara Olson, 46 Jahre

Feuerwehrleute kämpfen gegen die Flammen, damit sich das Feuer vom zerstörten Teil des Pentagons nicht weiter ausbreitet.

Vier Stockwerke des US-Verteidigungsministeriums Pentagon sind eingestürzt. FBI-Agenten und Helfer suchen nach Spuren.

Blick aus dem Hubschrauber: Beim Anschlag

alt, eine gut aussehende, intelligente Blondine, eine prominente Frau in den USA. Als konservative Politikerin war sie Chefermittlerin im Repräsentantenhaus. Sie untersuchte diverse Clinton-Affären. Dann wurde sie Anwältin, und nun ist sie politische Kommentatorin von CNN, dem Nachrichtensender, der jetzt brandaktuell und weltweit über die »Angriffe auf Amerika« berichtete. Ihr Ehe-

mann Ted ist Generalstaatsanwalt der USA.

Barbara Olson ruft ihren Mann an. Sie sagt: »Unser Flugzeug wurde entführt!« Sie teilt ihm mit, dass die Entführer Messer hätten. Sie fragt: »Was soll ich machen? Was sage ich dem Piloten, wie er sich verhalten soll?« Sie weiß nicht, dass Captain Burlingame zu diesem Zeitpunkt schon von den Entführern ermordet worden ist.

Die TV-Kommentatorin Barbara Olson war einer der Passagiere an Bord der American-Airlines-Maschine, die ins Pentagon stürzte. Kurz vorher sprach sie noch über Handy mit ihrem Mann.

Wenige Minuten nachdem Polizeioffizier Cox eine tief fliegende Maschine der American Airlines gemeldet hat, kracht die wackelnde, schlingernde Boeing mit 64 Menschen an Bord in das Pentagon. Sie kommt auf einer asphaltierten Hubschrauberlandefläche auf, durchbricht mit hoher Geschwindigkeit die dicken, aus den vierziger Jahren stammenden Außenmauern. Die Maschine haut wie eine gigantische Axt einen

zwei weitere entführte Maschinen im amerikanischen Luftraum unterwegs, vermutlich in der Gegend von Washington. Culbertson blickt nach unten: Bei günstigen Lichtverhältnissen kann er aus 400 Kilometern Höhe Flugzeuge erkennen, als stecknadelkleine Punkte, die sich über der Erdoberfläche bewegen und fadendünne Kondensstreifen hinter sich herziehen.

Culbertson war während seiner Militärzeit Pilot eines Phantom-Düsenjägers auf dem Flugzeugträger »USS John F. Kennedy«, danach hat er im Pentagon gearbeitet. Er wollte sich auf eine militärische Managementkarriere vorbereiten. Doch dann bekam er mit Anfang dreißig die Chance, den Beruf zu ergreifen, von dem er schon als 13-jähriger Junge geträumt hatte. Er ging zur NASA und wurde Astronaut. Nun sieht er bei seinen Erdumkreisungen das Pentagon regelmäßig wieder.

Der größte Verwaltungskomplex der Welt ist aus dem Orbit nicht zu übersehen: Dieses gewaltige fünfeckige Militärhauptquartier am Potomac, in dem 23 000 Menschen arbeiten. Obwohl an diesem Tag fast uneingeschränkte Sichtverhältnisse auf den nordamerikanischen Kontinent herrschen, liegt Washington plötzlich unter dichtem Dunst. »Aber woher dieser Dunst kam, war nicht zu erkennen«, schreibt Culbertson in sein Tagebuch. Während er sich über dieses Phänomen wundert, meldet sich das Space Center mit der nächsten Horrormeldung: Das dritte der vier entführten Flugzeuge sei in das Pentagon eingeschlagen. Ein Teil des Gebäudes sei zerstört und brenne. Daher der Qualm!

Bei einer der nächsten Erdumkreisungen bekommt Astronaut Culbertson eine Nachricht, die ihn persönlich erschüttert. »Ich erfuhr, dass der Kapitän der American-Airlines-Maschine, die in das Pentagon stürzte, ein Studienfreund von mir war – Chuck Burlingame.« Die beiden hatten sich auf der Militärakademie kennen gelernt. »Wir haben gemeinsam viele Kurse besucht«, notiert Culbertson in seinen Aufzeichnungen. »Ich kann mir gar nicht vorstellen, was er durchgemacht haben musste…« Später schreibt er noch: »Der Zwiespalt, in einer Raumstation zu sitzen, die ein besseres Leben auf der Erde möglich machen soll, und zu beobachten, wie Leben durch solche schrecklichen Willküakte zerstört wird, wirft einen um. Und die Vorstellung, dass, wenn wir landen, alles anders sein wird als zur Zeit unseres Starts, ist ziemlich beunruhigend…« – »Ich habe Vertrauen

auf den Westflügel des Pentagons starben 189 Menschen, darunter die 64 Insassen des entführten Flugzeugs.

tiefen Keil in das Militärhauptquartier der USA, durchschlägt den fünfeckigen, ringförmig angelegten Bürotrakt. Die Kerosintanks explodieren. Sofort steht alles in Flammen. Trümmerbrocken fliegen noch bis in den großen Innenhof des Pentagons. Genau gegenüber der Einschlagstelle liegt das Büro des Verteidigungsministers. Donald Rumsfeld hat gerade eine Besprechung mit ranghohen Militärs. Thema: Das neue, umstrit-

tene Raketenabwehrsystem zum Schutz der Vereinigten Staaten gegen Angriffe von außen.

Fette, grauschwarze Qualmwolken verdunkeln schnell den Himmel über dem Verteidigungsministerium und treiben über den Potomac in Richtung Weißes Haus, das nicht einmal zwei Meilen Luftlinie entfernt ist. »Ich sehe jetzt Rauch in Richtung Pentagon!« meldet der aufmerksame Polizeioffizier

Cox, der seinen Dienstwagen inzwischen am Columbia Pike angehalten hat, der Notrufzentrale. Es ist 9.43 Uhr.

9.50 UHR

Weltraumstation ISS. Das Kennedy Space Center gibt Kommandant Culbertson neue Nachrichten von der Erde durch: Nach den beiden Anschlägen in New York seien noch

zu unserem Land und unserer Führung, dass alles Erdenkliche getan wird, um unser Land und unsere Familien besser zu schützen und diese Untat zu sühnen…«

10.00 UHR

Washington. Die Führung der Vereinigten Staaten macht zu dieser Zeit allerdings nicht gerade einen Vertrauen erweckenden Eindruck. Präsident George W. Bush, an Bord der in Florida gestarteten »Air Force One«, weiß noch immer nicht, wo er eigentlich hinfliegen soll. Die Sicherheitsleute bestehen darauf, dass der Präsident Washington meiden soll, zumindest so lange, wie das vierte entführte Flugzeug noch unterwegs ist. Dessen mögliche Ziele, so wird befürchtet, könnten das Weiße Haus, das Capitol, Camp David oder sogar die »Air Force One« sein.

Das Weiße Haus und alle Regierungsgebäude werden evakuiert, ebenso das Capitol. Tausende von Regierungsmitarbeitern stehen schockiert und ratlos in den Straßen und Parks der Stadt herum.

Verteidigungsminister Donald Rumsfeld läuft durch den gerade zerstörten Teil des Pentagons. Die Feuerwehr versucht, die gewaltigen Brandherde unter Kontrolle zu bringen. Tote und Verletzte werden geborgen. Eigenhändig hebt der Verteidigungsminister Opfer des Anschlages auf die Tragen der Rettungssanitäter, bis die Sicherheitsleute den Minister in sein Büro zurückdrängen. Ein junger Marinesoldat pflanzt in den Trümmern die Flagge seines Corps auf, die er unversehrt aus einem Konferenzraum geborgen hat. Der Anschlag im Pentagon, so stellt sich später heraus, hat 125 Mitarbeiter das Leben gekostet. Beinahe tausend Menschen wurden verletzt.

Vizepräsident Dick Cheney verbringt den 11. September im atombombensicheren Bunker unter dem Weißen Haus. Beinahe jede halbe Stunde telefoniert er mit Präsident Bush, dessen Frau Laura sich ebenfalls im Atombunker aufhalten muss. Den dritten Mann in der Hierarchie des Staates, den Sprecher des Repräsentantenhauses, Dennis Hastert, bringen Secret-Service-Leute in einer gepanzerten Limousine an einen geheim gehaltenen Ort. Gegen Mittag fliegen führende Mitglieder des Kongresses per Hubschrauber dorthin. Hastert und die Teilnehmer des dreistündigen Treffens halten Kontakt zu Präsident Bush und Vizepräsident Cheney. Sie telefonieren über abhörsichere Leitungen mit Justizminister John Ashcroft und mit den Chefs von CIA und FBI, Tenet und Mueller.

US-Präsident George W. Bush telefoniert an Bord der »Air Force One« mit seinem Vizepräsidenten Dick Cheney.

Der neue FBI-Chef Robert Mueller hatte im Hauptquartier der US-Bundespolizei, im J. Edgar Hoover Building in der Stadtmitte von Washington, mit seinen Abteilungsleitern konferiert, als die erste Boeing in das World Trade Center flog. Nach der zweiten Attacke war klar: Dies ist ein Fall für Dale Watson, den Direktor der Abteilung für »Counterterrorism«.

Der Anti-Terror-Spezialist folgt den Vorschriften, die für Terrorangriffe dieser Größenordnung vorgesehen sind: Er erklärt für das FBI den »Nationalen Notfall«. Watson aktiviert im fünften Stock der FBI-Zentrale das »Strategic Information Operations Center« (SIOC), das 1998 neu eingerichtet worden ist. In einem mehr als tausend Quadratmeter großen Raum sind Kommunikationssysteme und Computer installiert. Auf Knopfdruck kann Kontakt zu allen FBI-Dienststellen im Land, zu Geheimdiensten, zu Militär- und Justizbehörden und zu politischen Führungsstellen hergestellt werden. Nach dem Einschlag der dritten Maschine ins Pentagon konzentriert sich auch hier alles auf das vierte Flugzeug, das jetzt seit mehr als einer Stunde von den Radarschirmen verschwunden ist. Das FBI bereitet sich auf einen möglichen Flugzeugangriff auf das Weiße Haus oder auf andere symbolträchtige Ziele in Washington vor.

Zu dieser Zeit, gegen 10.30 Uhr, herrscht auf allen Luftwaffenstützpunkten in den USA die höchste Alarmstufe – Delta Alert! Im östlichen Teil der Vereinigten Staaten sind schussbereite Abfangjäger in der Luft. Sogar über dem verqualmten Himmel von Washington donnern Düsenjäger der Air Force. Der Flugzeugträger »USS John F. Kennedy« ist aus dem Hafen von New York ausgelaufen und sichert zusammen mit einem Dutzend anderer Kriegsschiffe die amerikanische Ostküste gegen mögliche Attacken von der See und aus der Luft.

Noch immer ist das vierte entführte Flugzeug unterwegs. Mit unbekanntem Ziel.

10.05 UHR

United-Airlines-Flug Nr. 93. Seit dem Abflug in Newark sind gut zwei Stunden vergangen. Seit einer Stunde wissen die Passagiere, dass sie sterben werden. Die Frage ist nur: wie und wo?

Bald nach dem Start haben die Flugzeugentführer das Kommando übernommen. Auch sie sind mit Messern und Paketschneidern bewaffnet. Sie binden sich rote Stirnbänder um – dieses Detail hat einer der Passagiere über sein Mobiltelefon berichtet. Die Terroristen treiben die Passagiere, die sich in der

großen Boeing mit den 177 Plätzen verlieren, zu zwei Gruppen zusammen. Eine Gruppe nach hinten und eine nach vorne.

Als Flug UA 93 gegen 9.45 Uhr auf der planmäßigen Route nach San Francisco in zehntausend Metern Höhe den Luftraum von Cleveland anfliegt, hört die Bodenkontrolle Schreie aus dem Cockpit: »Raus hier! Raus hier!«. Das Mikrofon wird abgeschaltet. Wahrscheinlich haben die Entführer in den nächsten Minuten Flugkapitän Jason Dahl und seinen ersten Offizier umgebracht. Dahl war ein sehr beliebter Mann, 43 Jahre alt, verheiratet, zwei Kinder. Und ein erstklassiger Flieger, der bei United Airlines andere Piloten ausgebildet hat. Im Vorgarten seines Hauses in Littleton/Colorado weht seit 30 Jahren eine Flagge zum Gedenken an seinen Bruder Kenneth, der mit 20 Jahren in Vietnam gefallen ist.

Nach kurzer Zeit knackt es in den Lautsprechern. Die Bodenkontrolle hört wie im Cockpit von UA 93 ein Mann mit hartem, arabischem Akzent sagt: »Hier spricht der Captain. Es ist eine Bombe an Bord! Bleiben Sie in Ihren Sitzen.« Und noch einmal: »Es ist eine Bombe an Bord! Bleiben Sie ruhig… Wir werden auf Ihre Forderungen eingehen. Wir kehren zum Flughafen zurück…«

Spurensuche am Unglückskrater des abgestürzten United-Airlines-Flugs Nr. 93 im Wald von Pennsylvania. An Bord der Boeing 757, die in Newark startete, starben 44 Insassen.

Sicher scheint, dass dies die Stimme von Ziad Samir Jarrah gewesen ist. Der Anführer der Kidnapper hat jetzt die Führung der Maschine übernommen. Jarrah, ein 26 Jahre alter Libanese, der in Deutschland studiert und in Florida Pilotenunterricht genommen hat, versucht, den Eindruck zu erwecken, es handele sich um eine »normale« Entführung, um die Passagiere zu beruhigen. Kurz vor Cleveland ändert »Captain« Jarrah den Kurs: In 10 000 Metern Höhe fliegt die Boeing erst scharf nach Süden und dann nach Osten. Richtung Washington.

Was nun an Bord passiert, ist, im Gegensatz zum Geschehen in den anderen Maschinen, ziemlich genau überliefert, denn UA 93 ist am längsten in der Luft. Es wird viel telefoniert. Passagier Todd Beamer spricht mit einem Operator der Telefongesellschaft GTE, die die Bordtelefone in die Rücksitzlehnen eingebaut hat. Beamer sagt: »Wir sind entführt, wir sind entführt! Das ist mein Ernst. Sie haben 26 Passagiere in die Erste Klasse gesperrt. Ich und die anderen sind hinten ... Die Entführer haben Messer und Paketschneider. Und eine Bombe! Es sind Araber. Zwei haben sich im Cockpit eingeschlossen.«

Das Gespräch ist minutenlang. Der Operator informiert Beamer

darüber, was mit zwei anderen entführten Maschinen passiert ist, dass die Flugzeugentführer sie in die beiden Türme des World Trade Centers gejagt haben. Es habe mehrere Tausend Tote gegeben.

Beamer ist geschockt. Dann sagt er: »Ich muss los. Ich und ein paar andere müssen etwas unternehmen ... Rufen Sie meine Frau an und sagen Sie ihr, dass ich sie liebe ...«

Mark Bingham war an Bord der Maschine, die über Pennsylvania abstürzte. Er telefonierte kurz vorher mit seiner Mutter: »Mom, wir sind entführt worden!«

Noch drei weitere Passagiere telefonieren von Bord der UA 93. Der Public-Relations-Berater Mark Bingham ruft seine Mutter an. Er sagt: »Mom, hier ist Mark Bingham.« Er war so aufgeregt, dass er sich auch mit seinem Nachnamen meldete. »Drei oder vier Entführer haben das Flugzeug übernommen«, sagt er. Er werde zusammen mit einigen anderen Männern etwas unternehmen.

Tom Burnett meldet sich über eines der Kabinentelefone bei seiner Frau Deena. Am Ende ihres Gespräches sagt er: »Ich weiß, wir werden alle sterben. Aber drei von uns werden noch etwas versuchen!«

Jeremy Glick, Angestellter einer Computerfirma in New Jersey, ruft kurz darauf seine Frau an, die gerade bei seinem Schwiegervater in New York ist. Er sagt: »Lyz wir sind entführt worden!« Er fragt: »Stimmt es, dass das World Trade Center von gekidnappten Flugzeugen getroffen worden ist?« Seine Frau erzählt ihm, was in New York passiert ist. Dann sagt sie: »Schatz, Du musst etwas tun, Du musst etwas versuchen!« Er sagt: »Verdammt, wie konnte das passieren, dass die Leute mit Messern und Bomben ins Flugzeug gekommen sind ...? Ich liebe dich! Was immer passiert: Ich liebe dich! Versprich mir, dass du das Leben genießt, sei glücklich!« Jeremy Glick

sagt seiner Frau noch, sie solle in der Leitung bleiben. Dann verabschiedet er sich mit den Worten »Ich muss jetzt los!«

Lyz Glick, die Frau des Computerfachmannes aus New Jersey, hält noch immer den Hörer in der Hand. Sie hört undeutlich Geräusche und Stimmen aus dem entführten Flugzeug. Auch vereinzelte Schreie. Dann lautes Geschrei. Schließlich ertönt ein merkwürdiges, anhaltendes Zischen. Danach ist die Leitung tot. Lyz Glick presst verzweifelt den Hörer an ihr Ohr. Sie ruft immer wieder den Namen ihres Mannes. Eine halbe Stunde lang.

Was in den letzten Minuten des Fluges UA 93 passiert ist, haben Ermittler des FBI nach den Aufzeichnungen der Telefongespräche und des Voice-Recorders im Cockpit rekonstruiert: Die drei oder vier Männer, die sich an Bord zusammengetan hatten, waren alle zwischen dreißig und vierzig Jahre alt, kräftige, sportliche Typen. Bingham hat Rugby gespielt, Glick war Judokämpfer und Burnett gehörte zu einem High-School-Football-Team. Die Männer wissen, dass sie sterben werden. So oder so. Aber sie wollen wenigstens noch verhindern, dass ihre Maschine Hunderte oder Tausende von anderen Menschen mit in den Tod reißt, so wie es die Entführer geplant hatten. Offenbar haben die Passagiere sogar noch darüber abgestimmt, was getan werden sollte. »Selten hat ein demokratisches Verfahren einem nobleren Anliegen gedient«, schrieb später die in New York lebende deutsch-amerikanische Schriftstellerin Irene Dische. Das Ergebnis der Abstimmung: Die Männer sind in das Cockpit gestürmt. Sie haben sich auf die mit Messern bewaffneten Entführer gestürzt, haben »Captain« Jarrah aus dem Pilotensitz gerissen und dadurch die Boeing absichtlich abstürzen lassen – fernab von jeder großen Stadt.

United-Airlines-Flug Nr. 93 schlägt um 10.29 Uhr in ein weit von Pittsburgh/Pennsylvania entferntes, menschenleeres Waldstück ein, das Stony Creek genannt wird. Keiner überlebt.

Am frühen Abend kommt Jack Grandcolas von der Arbeit in sein Haus in San Rafael/Kalifornien zurück. Seine Frau Lauren war am vergangenen Wochenende zur Beerdigung ihrer Großmutter in New Jersey. Er wusste nicht mehr genau, welchen Rückflug sie gebucht hatte. Er glaubt, sie müsse bald wieder da sein – bis er auf dem Anrufbeantworter ihre Stimme hörte. Seine Frau Lauren sagt: »Wir sind entführt worden – aber die Kidnapper sind freundlich zu uns. Mach dir keine Sorgen.«

Nach stundenlangem Irrflug steigt George W. Bush auf der Luftwaffenbasis Barksdale in Louisiana aus der »Air Force One«.

10.40 UHR

Washington. »Viertes entführtes Flugzeug bei Pittsburgh abgestürzt,« melden die Nachrichtenagenturen. Washington ist erleichtert. Anders als New York wird die Hauptstadt offenbar von einem zweiten Schlag verschont. Die Machthaber des Landes atmen in ihren Krisenbunkern erst einmal auf, als im Fernsehen die ersten Live-Bilder aus Pennsylvania gesendet werden: qualmende Trümmer der United-Airlines-Boeing mitten im Wald. Doch schon bald gehen neue Gerüchte um: Es seien insgesamt ein Dutzend Flugzeuge entführt worden. – Nächstes Angriffsziel der Terroristen sei Camp David, der Landsitz der US-Präsidenten in der Nähe von Washington. – Am State Department sei eine Autobombe explodiert.

An diesem Vormittag findet in Washington ein internationales Politikseminar statt. Thema: Hat der Friedensprozess im Nahen Osten noch eine Chance? Leiter der Veranstaltung ist Dennis Ross, der frühere Sonderbotschafter der USA für den Nahen und Mittleren Osten. Als ihm die Nachricht von den Terrorangriffen auf Amerika mitgeteilt wird, will der Nahost-Experte sie nicht glauben. »Ich habe gedacht, ein paar Teilnehmer hätten ein hypothetisches Szenario entworfen und wollten nun eine akademische Übung daraus machen«, erzählt Ross.

»Entführte Flugzeuge wie Bomben in wichtige Gebäude fliegen – das sei etwas gewesen, das die Israelis schon mal befürchtet hätten. Aber gleich vier Flugzeuge auf einmal? Damit hätte niemand ernsthaft gerechnet.« Und hellseherisch warnt der erfahrene Dennis Ross vor unbedachten Gegenreaktionen seiner Regierung. Er sagt: »Wir können nicht mehr die üblichen Dinge machen, wenn sich herausstellt, dass Osama bin Laden dahinter steckt – irgendein paar Ziele bombardieren. Wenn wir auf dieselbe alte Weise reagieren, wird sich niemals etwas ändern!«

Die amerikanische Hauptstadt ist heute auch Schauplatz eines Schriftstellerkongresses. Er findet in einem Hotel im »Federal Triangle« statt, nur zwei Blocks vom Weißen Haus entfernt. Die Schreckensmeldungen aus New York und Washington bringen auch hier das Programm durcheinander. Die Dichter und Denker drängen sich um ein Fernsehgerät. »Im Fernsehen hatten wir gerade gesehen, wie ein Hochhaus zusammengestürzt war, ein Selbstmörderflugzeug war unterwegs. Wir aber blieben oben, wir hatten noch immer dieses wasserdichte Gefühl: Uns kann nichts passieren«, schreibt Stewart O'Nan, der Träger des William-Faulkner-Preises. »Die Leute auf dem Schriftstellerkongress waren nachdenkliche Intellektuelle. Sie waren niedergeschlagen und wütend, sie waren entsetzt, und doch fürchteten sie, welche Schrecken dieser Anschlag nach sich ziehen würde. Wir alle verstanden die Demütigung des Stolzen und Mächtigen, sahen, dass die Terroristen unsere eigene Technik (das Flugzeug und den Wolkenkratzer, zwei amerikanische Prunkstücke) gegen uns gewandt hatten. Wir wussten, welche Ungerechtigkeit das kapitalistische System auszeichnet, wir kannten die Konsequenzen der Globalisierung und waren abgestoßen von der gewalttätigen Eigenmächtigkeit, mit der die multinationalen Konzerne unsere Wirtschaft (und einen großen Teil der Weltwirtschaft) unterhalten. Doch wir hatten Schwierigkeiten, diesen Anschlag als politischen Akt zu verstehen.« Der Amerikaner Stewart O'Nan schreibt auch über George W. Bushs ersten Fernsehauftritt dieses Tages in der Schule in Sarasota: »Der Präsident verurteilte die Anschläge, fade wie immer, und flog davon in einen Bunker des Strategic Air Commands in Nebraska.«

11.00 UHR

Barksdale/Lousiana. Auf seinem Irrflug, der in Florida begonnen hat, ist US-Präsident George W. Bush zunächst in Louisiana gelandet, auf der Barksdale Air Force Base. Von hier aus richtet er eine zweite, kurze Rede an das amerikanische Volk zur aktuellen Lage der Nation. Der Präsident sagt: »Ich möchte dem amerikanischen Volk versichern, dass alle Kräfte der Regierung die örtlichen Behörden dabei unterstützen, Leben zu retten und den Opfern der Anschläge zu helfen… Ich bin im regelmäßigen Kontakt mit dem Vizepräsidenten, dem Verteidigungsminister, dem Nationalen Sicherheitsrat und mit meinem Kabinett. Wir haben alle angemessenen Sicherheitsmaßnahmen ergriffen, um die amerikanischen Bürger zu schützen. Unser Militär zu Hause und in der Welt ist in höchster Alarmbereitschaft, und wir haben alles getan, um die Arbeit der Regierung sicherzustellen.«

Und an die Adresse der Terroristen gewandt, sagt der mächtigste Mann der westlichen Welt: »Macht keinen Fehler: Die Vereinigten

Staaten werden diejenigen jagen und bestrafen, die verantwortlich sind für diese feigen Angriffe.«

13.44 UHR

Omaha/Nebraska. Präsident Bush fliegt weiter. Nächste Station: die größte Militärbasis des US-Bundesstaates Nebraska. Die unterirdischen Gebäude des »Strategic Air Command« sind als mögliches Ausweichquartier der US-Regierung für den Fall eines Atomwaffenkrieges gebaut worden. Von einem Büro in diesem atombombensicheren Bunker aus meldet sich der Präsident bei seinem Vize Dick Cheney, der im atombombensicheren Bunker unter dem Weißen Haus die Stellung in der Hauptstadt hält. Bush spricht auch mit Verteidigungsminister Rumsfeld, der versucht, im schwer angeschlagenen Pentagon Ordnung in das Chaos zu bringen. Bush lässt sich auch mit dem dritten Mann im Land verbinden, mit Dennis Hastert, dem Sprecher des Repräsentantenhauses, der zusammen mit führenden Mitgliedern des Kongresses an einem geheimen Ort untergetaucht ist. Und der Präsident sagt von Omaha aus auch einem Mann moralische, politische und finanzielle Unterstützung zu, der an diesem Vormittag an vorderster Front vor einem gewaltigen Trümmerhaufen steht: Rudolph Giuliani, der Bürgermeister von New York.

14.00 UHR

New York. Verdreckt, mit geröteten Augen, läuft am frühen Nachmittag ein großer, schlanker Mann durch das verwüstete Gebiet im Süden von Manhattan, das bereits »Ground Zero« oder »War Zone« – Kriegsgebiet – genannt wird. Sein Anzug und seine schütter werdenden dunklen Haare sind so staubgrau wie die ganze Gegend. Der Mann nimmt im Vorübergehen eine weinende, dunkelhäutige Polizistin in den Arm und tätschelt ihr tröstend die Wange. Dabei ist ihm selber zum Heulen zu Mute. Aber natürlich beherrscht er sich. Wie immer an diesem und in den kommenden Tagen…

An diesem 11. September ist dieser Mann ein Vorbild geworden, eine Vaterfigur. Mehr als das: eine Art Held. Bis zum heutigen Tag haben die Menschen in New York ihren Bürgermeister zwar geschätzt, aber nie von Herzen gemocht – und nun denken sogar die ständig kritisierenden Intellektuellen so über ihn: »Es gibt wohl kaum einen New Yorker, der für Rudolph Giuliani

Edward Fine hat den Anschlag überlebt. Er befand sich im 78. Stock des Nordturms und konnte über die Nottreppen fliehen.

nicht in irgendeinem Moment in diesen Tagen so etwas wie Liebe empfunden hat – dieses Wort ist nicht zu groß.« Selten hat der kritische »New Yorker« so hemmungslos bewundernd über einen Politiker geschrieben.

Kein Zweifel: Rudolph Giuliani, 57 Jahre alt, früher als Staatsanwalt Vorkämpfer gegen die Mafia und das sonstige Verbrechen, hat als Bürgermeister für Sicherheit und Sauberkeit in der Stadt gesorgt. Doch am Ende seiner fast achtjährigen Amtszeit hatte er keine gute Phase: Die Haushaltsprüfer rügten ihn wegen angeblicher Geldverschwendung, und viele Künstler empörten sich, weil er provozierende, moderne Kunst als »dekadent« bezeichnet hatte. Und die Boulevardblätter machten sich über Giulianis Privatleben her: über die Trennung von seiner Frau und seine neue Affäre. Sogar dass er Prostatakrebs hatte, wurde ihm zum Nachteil ausgelegt.

Doch nun, in den Stunden der Not ist Rudolph Giuliani präsent und kompetent wie keiner. Anders als Präsident George W. Bush, der fast den ganzen Tag über untergetaucht ist, ist Giuliani von den ersten Minuten an sichtbar im Einsatz. Bis zur Erschöpfung. Er ist schon vor Ort, als das zweite Flugzeug in das World Trade Center einschlägt. Er berät, organisiert und managt überall. Überall wird er gebraucht. Mitten im Chaos schafft er Vertrauen – obwohl er auch selber von den Folgen der Attentate betroffen ist. Erst kürzlich hat der Bürgermeister in einem der kleineren Gebäude des World Trade Centers eine neue Katastropheneinsatzzentrale der Stadt eingeweiht – dieses Gebäude wird von dem ersten einstürzenden Turm zerschlagen. Giuliani lässt daraufhin für sich und seine Leute in der benachbarten Barclay Street eine provisorische Einsatzzentrale installieren – doch diese wird von den Trümmern des zweiten Turmes demoliert. Anschließend muss der Bürgermeister zusammen mit Tausenden von New Yorkern um sein Leben rennen, als sich die gigantischen Drecklawinen durch die Straßen wälzen. Und dennoch ist er den ganzen Tag über bis weit nach Mitternacht vor Ort und bei den Menschen. In Polizeistationen, in Feuerwehrwachen und in Krankenhäusern.

Und zwischendurch findet er auch noch die richtigen Worte zur katastrophalen Lage. Er spricht vor kleinen Gruppen und vor den Fernsehkameras. Giuliani sagt: »New York lebt. Wir haben unvorstellbare Verluste erlitten. Wir trauern und

HINTERGRUND

World Trade Center: Kathedrale des Kapitals

Mit dem World Trade Center ist ein Wahrzeichen der Hauptstadt des Kapitals ausgelöscht. Bereits 1993 waren die Twin Towers Ziel eines Anschlages mit Toten und Verletzten. Experten schätzen die Kosten der Aufräumarbeiten und eines Wiederaufbaus auf 40 Milliarden Dollar.

WTC-Architekt Minoru Yamasaki starb bereits 1986.

Für jeden Besucher von New York waren sie das Wahrzeichen der Stadt des Kapitals. Eine Angst allerdings haben die Twin Towers zwischen Church Street und West Street von Anfang an ausgelöst – es war die Höhenangst. Die beiden 110-stöckigen, mit 180 000 Tonnen silbern glänzendem Edelstahl verkleideten Türme des World Trade Centers brachten es auf eine Höhe von 417 und 419 Metern.

Nur wenige Monate lang, nach der Einweihung am 4. April 1973 war der Nordturm des WTC das höchste Gebäude der Welt. Beide Türme zusammen boten folgende Superlative: 208 Aufzüge, die nicht mal eine Minute bis nach ganz oben benötigten, 50 000 Arbeitsplätze auf 450 000 Quadratmetern Bürofläche, insgesamt 740 000 Quadratmeter Nutzfläche, 450 Firmen aus über 60 Ländern, 50 Tonnen Müll täglich, 43 600 Fenster und täglich 80 000 Besucher, die zur verglasten Aussichtsetage hinauffuhren, bei schönem Wetter bis aufs Dach.

Das World Trade Center, gebaut von dem Architekten Minoru Yamasaki, einem japanischen Einwanderersohn, war für die Welt schon bald mehr als ein amerikanisches Symbol. Es verkörperte die Macht, den Einfluss und die Größe der westlichen Wirtschaftszivilisation. Dabei wollte der 1986 verstorbene Architekt Yamasaki mit dem Entwurf für die monolithischen Türme etwas anderes als ein weltweites Machtsymbol.

»Wir zerbrachen uns den Kopf und hatten über 100 Entwürfe. Ich weiß noch, wie die ganzen Modelle im Büro standen. Und plötzlich hatte Yama die Idee eines Zwillingsbaus. Zwei machtvolle Türme – wie zwei Partner, zwei Freunde«, erinnert sich Yamasakis Seniorpartner Henry J. Guthard. Als die beiden Monumente des Welthandels, nach den Rockefeller-Brüdern im Volksmund »Nelson und David« getauft, eingeweiht wurden, waren die Reaktionen in der Öffentlichkeit eher frostig. Die »New York Times« fand, die Dinger seien so zeitgemäß wie die Dinosaurier. Der Schriftsteller Norman Mailer erregte sich über die »leere Landschaft der Psychose«.

In den Achtzigern, der Dekade des Geldes, des Börsenbooms und der Gier wuchsen die zwei Türme mit der Skyline von New York zusammen. Ein Zeichen der Stärke, die schon vor dem 11. September auf andere provozierend wirkte. Vor allem auf Fanatiker anderer Wirtschaftssysteme und Kulturen. Am 26. Februar 1993 starben sechs Menschen bei einem Bombenanschlag auf das WTC, 1000 wurden verletzt. Der irakische Terrorist Ramzi Ahmed Jusef wurde später zu 240 Jahren Haft ohne Bewährung verurteilt. Damals hatte er ein mit

Ein Gerichtszeichner hielt den Prozess gegen den Terroristen Jusef fest. Beim Anschlag 1993 starben sechs Menschen.

Sprengstoff beladenes Fahrzeug in die Tiefgarage gesteuert, wo es explodierte. Als Drahtzieher hinter dem Anschlag gilt der blinde ägyptische Scheich Omar Abdel Rahman.

Ein US-Geheimdienst-Mitarbeiter berichtete, der Terrorist habe geprahlt, die beiden Türme würden durch die Explosion aufeinander fallen und mindestens 250 000 Menschen töten. Die Architektur der Twin Towers hielt stand. Wie aber konnten die zwei Türme am 11. September in weniger als zwei Stunden in sich zusammenbrechen? Der Bau wurde vom Architekten Yamasaki nach dem Stahlketten-Prinzip gebaut. Das heißt, dass fast das ganze Gewicht des Gebäudes auf der Außenwand lastet, die sich wie ein Netz um die 110 Stockwerke legt. Der Aufprall der Flugzeuge riss riesige Löcher in das Netz. Durch die Explosion wurde das Löschwassersystem zerstört, das Feuer mit über 2000 °C Hitze ließ die Stahlträger weich werden. Der Unterbau konnte die Last der oberen Stockwerke nicht mehr tragen. Die Twin Towers stürzten in sich zusammen. Die Aufräumarbeiten werden Milliarden Dollar kosten. Bürgermeister Rudolph Giuliani will, dass das World Trade Center wieder aufgebaut wird – als Symbol des Widerstands gegen den Terror.

HINTERGRUND

WTC-Mahnmal

In stundenlanger Nachtarbeit haben Bergungstrupps mit Schwerlastkränen das sieben Stockwerke hohe Reststück des World Trade Centers geborgen. Die Metallfassade, die immer wieder fotografiert und im Fernsehen gezeigt wurde, soll später als Mahnmal gegen den Terrorismus aufgestellt werden. Nach Vorstellungen der New Yorker Stadtverwaltung kann das Fassadenstück möglicherweise auch im Rahmen der Neubebauung des WTC-Grundstückes deutlich sichtbar installiert werden.

◁ **Die WTC-Fassade wird als Symbol des Anschlags auf New York Mahnmal.**

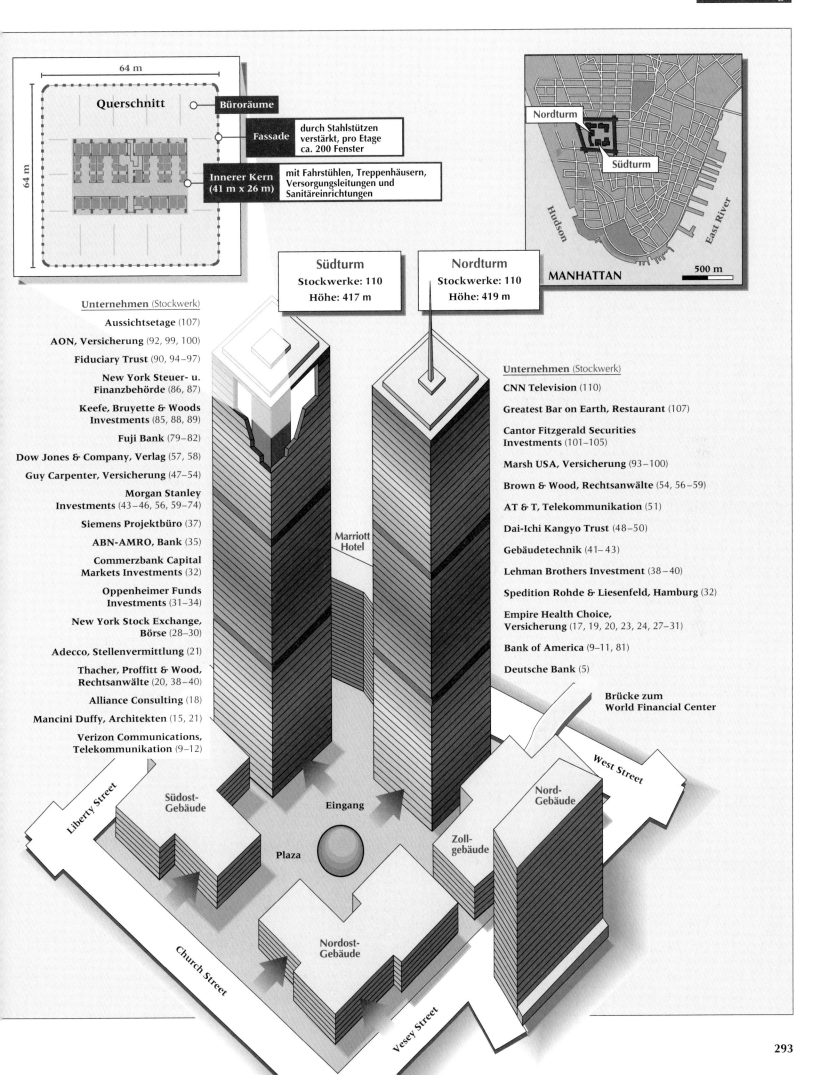

Querschnitt

64 m

64 m

- Büroräume
- **Fassade** — durch Stahlstützen verstärkt, pro Etage ca. 200 Fenster
- **Innerer Kern (41 m x 26 m)** — mit Fahrstühlen, Treppenhäusern, Versorgungsleitungen und Sanitäreinrichtungen

Nordturm
Südturm

MANHATTAN

Hudson

East River

500 m

Südturm
Stockwerke: 110
Höhe: 417 m

Nordturm
Stockwerke: 110
Höhe: 419 m

<u>Unternehmen</u> (Stockwerk)

Aussichtsetage (107)

AON, Versicherung (92, 99, 100)

Fiduciary Trust (90, 94–97)

New York Steuer- u. Finanzbehörde (86, 87)

Keefe, Bruyette & Woods Investments (85, 88, 89)

Fuji Bank (79–82)

Dow Jones & Company, Verlag (57, 58)

Guy Carpenter, Versicherung (47–54)

Morgan Stanley Investments (43–46, 56, 59–74)

Siemens Projektbüro (37)

ABN-AMRO, Bank (35)

Commerzbank Capital Markets Investments (32)

Oppenheimer Funds Investments (31–34)

New York Stock Exchange, Börse (28–30)

Adecco, Stellenvermittlung (21)

Thacher, Proffitt & Wood, Rechtsanwälte (20, 38–40)

Alliance Consulting (18)

Mancini Duffy, Architekten (15, 21)

Verizon Communications, Telekommunikation (9–12)

<u>Unternehmen</u> (Stockwerk)

CNN Television (110)

Greatest Bar on Earth, Restaurant (107)

Cantor Fitzgerald Securities Investments (101–105)

Marsh USA, Versicherung (93–100)

Brown & Wood, Rechtsanwälte (54, 56–59)

AT & T, Telekommunikation (51)

Dai-Ichi Kangyo Trust (48–50)

Gebäudetechnik (41–43)

Lehman Brothers Investment (38–40)

Spedition Rohde & Liesenfeld, Hamburg (32)

Empire Health Choice, Versicherung (17, 19, 20, 23, 24, 27–31)

Bank of America (9–11, 81)

Deutsche Bank (5)

Brücke zum World Financial Center

Marriott Hotel

Liberty Street

Südost-Gebäude

Eingang

Plaza

Zoll-gebäude

Nord-Gebäude

West Street

Church Street

Nordost-Gebäude

Vesey Street

Menschen auf einer rauchverqualmten Straße beobachten ein Gebäude, das durch den Einsturz des WTC Feuer gefangen hat.

leiden furchtbar. Aber New York wird es noch morgen geben und für alle Zeit!« Für die Täter und die Reaktion auf das Verbrechen findet er diese Worte: »Hass, Vorurteile und Wut haben diese furchtbare Tragödie ausgelöst, aber die Menschen dieser Stadt sollten differenziert reagieren. Wir müssen tapfer sein – aber auch tolerant. Wir müssen weiter unsere Arbeit tun und diesen Leuten zeigen, dass sie uns nicht daran hindern können, unser Leben weiterzuführen wie bisher.«

Einer der stärksten Kritiker Giulianis im New Yorker Stadtparlament, der Abgeordnete Jerrold Nadler, sagt nach einer Krisensitzung, die der Bürgermeister souverän geleitet hat: »Er ist großartig, wirklich großartig!« Die große Mehrheit der New Yorker, so ergab eine Umfrage nach dem 11. September, würde Giuliani am liebsten für eine dritte Amtsperiode wiederwählen, aber das verbietet die Verfassung der Stadt.

16.00 UHR

New York. Eines Tages werden sie in New York zwei Denkmäler errichten – eines für Rudolph Giuliani und ein zweites für einen Mann in einer Feuerwehruniform. Denn der Bürgermeister und die Feuerwehr sind als Helden aus der größten Katastrophe hervorgegangen, von der die größte Stadt Amerikas je heimgesucht worden ist.

Das Denkmal des Feuerwehrmannes könnte die Gesichtszüge von Chief Ray Downey tragen oder die von Captain Pat Brown. Es könnte aussehen, wie jeder Einzelne der etwa 300 Feuerwehrmänner, die an diesem Tag beim Einsatz im WTC ihr Leben verloren haben.

Die ersten der New Yorker »Fire Fighters« sind gegen neun Uhr am World Trade Center gewesen, Minuten nachdem das erste Flugzeug in den ersten Turm geflogen ist. Ein, zwei Stunden später sind Tausende im Einsatz. Das dramatische Sirenengeheul der Lösch- und Rettungswagen erfüllt den ganzen Tag über die Stadt.

Chief Ray Downey ist mit seinen Leuten als Erster in den Nordturm vorgerückt, als die obersten Stockwerke in Flammen standen und Hunderte von Menschen da oben eingeschlossen waren. Er macht solche Jobs seit 39 Jahren.

Downey ist 63 Jahre alt und Chef der »Special Operations« der Feuerwehr. Anders als in anderen Branchen, in denen die älteren Chefs die Entscheidungen am Schreibtisch fällen, müssen bei der Feuerwehr die erfahrenen Leute zuerst dahin, wo es brennt, qualmt und stinkt, wo es be-

Ein Polizist gibt einem erschöpften Mann, der sein Kind trägt, einen Schluck Wasser.

Nach der Explosion des WTC fliehen Menschen aus den Straßen Süd-Manhattans.

sonders dreckig und gefährlich ist. Sie verschaffen sich vor Ort einen Eindruck von der Lage, damit sie ihre Leute effektiv und möglichst sicher einsetzen können.

Es gibt keinen, der das besser kann als Ray Downey. So viele Katastrophen, wie er hat kaum einer mitgemacht: 1993 hat er die Rettungsarbeiten beim Bombenanschlag auf das World Trade Center koordiniert, 1995 ist er beim Attentat in Oklahoma City vor Ort und 1996 beim Absturz von TWA-Flug Nr. 800. Sie haben ihn sogar zum Hurrikan in die Dominikanische Republik geschickt. Downey, der alte Praktiker, ist als Berater in einen Ausschuss des amerikanischen Kongresses berufen worden. Er soll an einer »Nationalen Strategie für den Kampf gegen den Terrorismus« mitarbeiten.

Chief Downey hatte Erfahrung mit der Gefahr. Und Ahnung vom Tod. Bei der Beerdigung von drei Kameraden hat er vor ein paar Monaten gesagt: »In unserem Job sagst du dir immer: ›Ich nicht, mir passiert das nicht.‹ Aber wenn plötzlich etwas völlig Unerwartetes geschieht, dann kannst du nichts machen, dann kann es das Ende sein.«

So ist es gekommen. Beim Zusammenbruch des ersten Turmes hat Chief Downey noch einmal Glück. Er kann sich noch rechtzeitig in Sicherheit bringen. Gegen 10.30 Uhr sucht er mit seinen Leuten schon wieder in den Trümmern nach Überlebenden. Da kracht auch der zweite Turm zusammen und begräbt in weitem Umkreis alles unter sich. Tausende sterben in diesem Moment, darunter circa 300 Feuerwehrmänner. Einer von ihnen ist Chief Ray Downey.

In der Nähe von Downey ist auch der oberste Chef der New Yorker Feuerwehr, Peter Ganci, umgekommen. Neben Ganci starb sein Stellvertreter William Feehan. Der Seelsorger der »Fire Fighters«, Pater Mychal Judge, wurde von Trümmern erschlagen, als er einem Sterbenden die letzte Ölung geben wollte.

Von allen New Yorker Feuerwehrstationen aus werden die Namen von Vermissten an eine zentrale Ermittlungsstelle durchgegeben. Gegen 16 Uhr ist das Schicksal von mehr als 500 Männern noch nicht geklärt. Bis zum späten Abend stellt sich heraus, dass über 150 von diesen Vermissten am Leben sind, ein paar Dutzend von ihnen liegen verletzt in den Krankenhäusern.

Das ist, unter diesen Umständen, die gute Nachricht. Doch schnell spricht sich bei den Kameraden auch die furchtbare Nachricht herum: Ganze Einsatzteams sind an diesem Tag geschlossen in den Tod gegangen. Von den 15 Leuten der »Engine 54/Ladder 4 Company« kam keiner zurück. Von den zwölf Männern der »Engine Company 40« hat nur einer überlebt. Der erzählt nachher, er und seine Kameraden hätten sich vorher noch schnell ihre Sozialversicherungsnummer auf die Unterarme geschrieben, damit sie leichter identifiziert werden konnten, falls etwas passieren sollte. Das mache man immer so bei lebensgefährlichen Einsätzen. Doch diesmal gab es nicht viel zu identifizieren. In den tagelang glühenden und schwelenden Trümmern des World Trade Centers sind die Verschütteten zu Asche verbrannt.

Auch Captain Pat Brown (48) aus Queens. Er war ein hoch dekorierter Vietnamveteran, ein Draufgänger, der nicht mit dem Kämpfen aufhören konnte. Nervenkitzel und Gefahr waren seine Lebensdrogen. Deshalb ist er zur Feuerwehr gegangen. Wie oft haben sie ihm hinterhergerufen: »Geh da nicht rein, Paddy!«

Ein Fotograf am Unglücksort, dem so genannten »Ground Zero«. Er trägt eine Atemschutzmaske. Die Luft im »Big Apple« hat nach der Katastrophe erhöhte Asbestwerte.

Pat Brown ist immer reingegangen. Und wenn er wieder rausgekommen ist, wenn er wieder mal Menschen das Leben gerettet hatte, dann hat er nachts vor dem Einschlafen in der Bibel gelesen. So war Pat Brown.

In New York werden sie ihn und seine toten Kameraden nicht vergessen.

16.00 UHR

Washington. Wo ist der Präsident? Was macht eigentlich George W. Bush in diesen Stunden? Wird Amerika noch regiert? Die Öffentlichkeit wird unruhig. Immer hartnäckiger fragen Journalisten bei den Präsidenten-Sprechern nach, die im bombensicheren Keller unter dem Weißen Haus Zuflucht gesucht haben. Die vage Antwort: Die Sicherheitsdienste hätten Hinweise, dass die »Air Force One« gefährdet sein könnte. Deshalb halte sich die Präsidentenmaschine zurzeit noch auf dem sicheren Boden der Offutt Air Force Base in Omaha/Nebraska auf. In Kürze werde über den Rückflug des Präsidenten nach Washington entschieden.

Bis dahin füllt eine Frau die Informationslücke aus. Karen Hughes, Beraterin von George W. Bush, gibt im FBI-Hauptquartier eine Presseerklärung ab. Es wird eine aktuelle Zustandsbeschreibung der Lage der Nation. Auszüge: Der Präsident, der Vizepräsident und der Sprecher des Repräsentantenhauses sind an sicheren Orten. – Der Verteidigungsminister arbeitet im Pentagon. Der Außenminister kommt vorzeitig von einem Besuch in Mittelamerika zurück. – Der Verkehrsminister hat bis morgen 12 Uhr mittags alle Flughäfen geschlossen. – Alle notwendigen Maßnahmen für die Sicherheit der amerikanischen Bürger sind getroffen. – Alle US-Streitkräfte im In- und Ausland sind in höchste Alarmbereitschaft versetzt. – Präsident Bush habe angeordnet, dass alle Mitarbeiter der Geheimdienste und der Justizbehörden eingesetzt werden, um die Täter der Anschläge zu identifizieren und die verantwortlichen Hintermänner zur Rechenschaft zu ziehen.

Erst nach dem Ende der Pressekonferenz wird die Nachricht verbreitet, Präsident Bush sei jetzt auf dem Weg zurück nach Washington.

Um 16.30 ist die »Air Force One« in Nebraska gestartet. Die weißblaue Präsidentenmaschine vom Typ VC-25A, die Spezialanfertigung eines Boeing Jumbo-Jets, wird auf dem zweieinhalb Stunden dauernden Flug in die Hauptstadt von Abfangjägern eskortiert. Unterwegs telefoniert der Präsident zum zweiten Mal an diesem Tag mit demjenigen seiner Vorgänger, der zuletzt eine Entscheidung über einen Krieg fällen musste – mit seinem Vater. Der alte George Bush, der vor Bill Clinton im Weißen Haus regiert hat, führte die Amerikaner 1991 in den Golfkrieg.

17.20 UHR

New York. Im Gebäudekomplex des World Trade Centers haben insgesamt 50 000 Menschen gearbeitet, so viel wie in einer kleinen Großstadt. Außer den beiden Bürotürmen gehörten noch fünf kleinere Gebäude dazu. Das größte unter den kleinen ist Haus Nr. 7, ein geradliniger, dunkler Kubus, 47 Stockwerke hoch.

In der verglasten Fassade haben sich vor wenigen Stunden noch die beiden Tower gespiegelt. Als sie zusammenfielen, hat das Haus Nr. 7 schwere Trümmertreffer mitbekommen. Die Statik ist schwer angeschlagen. Alle Büros wurden evakuiert. Niemand darf das einsturzgefährdete Gebäude betreten. Doch es gibt eine Ausnahme: Ein paar mutige Mitarbeiter eines besonderen Unternehmens dürfen schnell noch wichtige Geschäftsunterlagen in Sicherheit bringen. Dokumente, Personalunterlagen, Disketten, Computerfestplatten, Fotos, Videos. Viele Papiere tragen den Vermerk »Confidential« und »Top Secret«.

Im Haus Nr. 7 arbeitete das New Yorker Büro einer weltweit operierenden »Firma«, deren Zentrale in der Nähe von Washington sitzt, in Langley/Virginia: Der einflussreichste US-Geheimdienst, die Central Intelligence Agency, hatte hier ihre New Yorker Niederlassung versteckt, die größte in den USA außerhalb von Washington. An den Eingangstüren stand der Name eines erfundenen Regierungsinstituts. »Chief of Station« war eine resolute

Dame – die erste Frau, die das CIA-Außenbüro leitete. Unter ihrer Führung arbeiteten ein paar hundert Beamte und Führungsagenten, deren Büros auf mehrere Etagen verteilt waren. Hauptaufgabe der Geheimdienst-Dependance: Anwerbung von Diplomaten aus den Mitgliedsländern der Vereinten Nationen, Kontaktpflege zu internationalen Geschäftsleuten, Betreuung und »Abschöpfen« von Agenten und Informanten, die aus dem Ausland in die USA zurückkamen. Dazu ist vor kurzem noch ein Spezialgebiet gekommen: Im World Trade Center wurden die Geheimdienstrecherchen gegen Osama bin Laden und sein Terrornetz Al-Qaida koordiniert. Hier liefen die Fäden der Ermittlungen der beiden größten Terrorfälle der letzten Jahre zusammen: Die Bombenattentate gegen die US-Botschaften in Nairobi und Daressalam im August 1998 und der Anschlag auf das Kriegsschiff »USS Cole« im Hafen von Aden (Jemen) im Oktober 2000.

Für die Drahtzieher des Terrors wird es eine diabolische Freude gewesen sein, als sie im Fernsehen verfolgen konnten, wie das CIA-Gebäude eingestürzt ist. Genau um 17.20 Uhr.

19.00 UHR

Washington. Die »Air Force One« setzt auf der Landepiste der Andrews Air Force Base auf, dem Regierungsflugplatz südwestlich von Washington. Seine Sicherheitsleute raten Präsident Bush, diesmal in einer gepanzerten Limousine, begleitet von einer Motorradeskorte, ins Weiße Haus zu fahren. Bush lehnt ab. Er will auch heute ankommen wie sonst. Er fliegt also mit dem »Marine Force One«-Hubschrauber zum Weißen Haus, begleitet von zwei gleich aussehenden Helikoptern, die mögliche Angreifer verwirren sollen. Ein Kamerateam darf filmen, wie der Präsident nach der Landung mit einer Aktentasche in der Hand an seinen Arbeitsplatz eilt. Dann lässt er sich von seinen engsten Beratern Bericht über die aktuelle Situation erstatten, auch über die psychologischen Auswirkungen der niemals für möglich gehaltenen Anschläge auf die amerikanische Bevölkerung.

Es droht eine Gefahr, die der Terrorismusexperte und Militäranalytiker Joseph C. Cyrulik bereits zwei Jahre zuvor so beschrieben hat: »Wenn Menschen ermordet und verwundet wären, wenn Häuser und öffentliche Einrichtungen zerstört und schwer beschädigt werden, wenn die Arbeit und das wirtschaft-

liche Leben unterbrochen werden, dann ist das Vertrauen in die Sicherheit gefährdet... Ein solcher Angriff kann das Vertrauen der Menschen in ihre Regierung, in ihr Militär und auch in sich selbst zerstören.«

Dem Präsidenten ist an diesem Abend klar, dass dies seine bisher größte Aufgabe wird: das Vertrauen der Amerikaner in ihre Führung zu stabilisieren. Seine erste größere Rede nach den Terroranschlägen ist deswegen von großer Bedeutung. Für die Vorbereitung ist nicht viel Zeit gewesen. George W. Bush ändert nur ein paar Worte in dem Manuskript, das ihm seine Redenschreiber vorlegen.

20.30 UHR

Weißes Haus. Kameras, Mikrofone und Scheinwerfer sind aufgebaut. Der Präsident betritt das Oval Office. George W. Bush ist sichtlich nervös. Bevor die Fernsehstationen auf Sendung gehen, knetet er seine Hände auf der Schreibtischplatte. Seine Augen blinzeln. Seine Lippen sind zu einem Strich zusammengepresst.

Pünktlich um 20.30 Uhr beginnt er: »Guten Abend. Heute sind unsere Mitbürger, unsere Lebensweise, unsere Freiheit selbst durch eine Reihe vorsätzlicher und tödlicher Terrorakte angegriffen worden. Die Opfer befanden sich in Flugzeugen oder in ihren Büros; Sekretärinnen, Geschäftsleute, Angehörige des Militärs und Angestellte von Bundesbehörden, Mütter und Väter, Freunde und Nachbarn. Tausende Leben wurden plötzlich durch böse, verabscheungswürdige Terrorakte beendet.«

Der Präsident fährt fort: »Die Bilder von Flugzeugen, die in Gebäude fliegen, von brennenden Feuern, von riesigen zusammenbrechenden Konstruktionen, haben uns mit Ungläubigkeit, schrecklicher Traurigkeit und einer leisen, unnachgiebigen Wut erfüllt. Diese Akte des Massenmordes sollten unsere Nation ängstigen, in Chaos stürzen und ihren Rückzug auslösen. Aber sie haben versagt; unser Land ist stark.«

George W. Bush versichert, dass alles unter Kontrolle sei und sagt pathetisch: »Die Vereinigten Staaten wurden für den Angriff als Ziel ausgesucht, weil sie das hellste Leuchtfeuer für Freiheit und Chancen auf der Welt sind. Und niemand wird dieses Licht vom Leuchten abhalten.«

Der Präsident gebraucht bei dieser Rede zum ersten Mal das Wort »Krieg«. »Die Vereinigten Staaten und ihre Freunde und Bündnispartner stehen gemeinsam mit allen, die Frieden und Sicherheit auf der Welt wollen, und wir stehen zusammen, um den Krieg gegen den Terrorismus

Nach ihren riskanten Rettungseinsätzen legen Feuerwehrleute eine kurze Pause ein.

Nichts blieb heil: Ein mit Staub bedecktes Fahrrad vor dem Polizeiabsperrband.

Totalschaden: Das ausgebrannte Autowrack liegt in der Nähe des WTC.

Am Abend nach der Katastrophe: Die Stadt ist in eine riesige schwarze Rauchwolke gehüllt – noch ist das ganze Ausmaß der verheerenden Anschläge nicht erkennbar.

zu gewinnen.« (...) » Die Suche nach denjenigen, die hinter diesen bösartigen Angriffen stehen, hat bereits begonnen. Ich habe die vollständigen Ressourcen unserer Nachrichten- und Strafverfolgungsbehörden für die Suche nach den Verantwortlichen und ihrer gerechten Bestrafung eingesetzt. Wir werden keine Unterscheidung treffen zwischen den Terroristen, die diese Akte begangen haben, und denjenigen, die ihnen Zuflucht gewähren.« Der Präsident beendet seine fünf Minuten dauernde Ansprache mit den Worten: »Niemand von uns wird diesen Tag je vergessen. Dennoch schreiten wir voran zur Verteidigung der Freiheit und alles Guten und Gerechten auf der Welt. Vielen Dank. Gute Nacht, und Gott segne Amerika.«

Kommentatoren meinen, dies sei eine ordentliche, aber keine sehr in-

spirierende Rede gewesen. Es melden sich kritische Stimmen, denen der pathetische Patriotismus zu flachsinnig erscheint. Nur wenige Intellektuelle analysieren in dieser Zeit die Lage so messerscharf und schmerzhaft wie die amerikanische Autorin und Gesellschaftskritikerin Susan Sontag. Sie schreibt unter anderem: »Als entsetzter und trauriger Amerikanerin und New Yorkerin scheint es mir, als sei Amerika niemals weiter von der Wirklichkeit entfernt gewesen als am Dienstag, dem Tag, an dem ein Übermaß an Wirklichkeit auf uns einstürzte.« – »Unsere politische Führung redet uns entschlossen ein, alles sei in Ordnung. Amerika fürchtet sich nicht. Unser Geist ist ungebrochen... Wir haben einen Präsidenten, der uns wie ein Roboter immer wieder versichert, dass Amerika nach wie vor aufrecht steht.« – »Ein Körnchen historischen

Bewusstseins könnte uns dabei helfen, das Geschehene und das Kommende zu verstehen.« – »Es wird sehr gründlich nachgedacht werden müssen... über das kolossale Versagen der amerikanischen Geheimdienste, die Zukunft der amerikanischen Politik, besonders im Nahen Osten und über vernünftige militärische Verteidigungsprogramme für dieses Land...« – »Lasst uns gemeinsam trauern. Aber lasst nicht zu, dass wir uns gemeinsam der Dummheit ergeben. Wo ist das Eingeständnis, dass es sich nicht um einen ›feigen‹ Angriff auf die ›Zivilisation‹, die ›Freiheit‹, die ›Menschlichkeit‹ oder die ›freie Welt‹ gehandelt hat, sondern um einen Angriff, der als Konsequenz der Politik, der Interessen und Handlungen der Vereinigten Staaten unternommen wurde...?«

Die New Yorkerin Susan Sontag schreibt auch: »Natürlich wer-

den uns keine grässlichen Bilder davon gezeigt, was den Menschen zugestoßen ist, die im World Trade Center gearbeitet haben. Solche Bilder könnten uns ja entmutigen.«

21.00 UHR

New York. Ein gewaltiger Trümmerberg qualmt wie ein Vulkan nach dem Ausbruch. Da, wo am Morgen das World Trade Center gewesen ist, mit den beiden weltbekannten Türmen und einem halben Dutzend Nebengebäuden, ist nur noch Schutt und glühende Asche, die wie Lava aussieht. Blauweißes Scheinwerferlicht taucht die Szene in gespenstisches Licht. Skelettartige Fassadenreste recken sich als Mahnmale in den Nachthimmel. Feuerwehrleute haben davor einen Mast aufgerichtet und eine ameri-

Sonnenaufgang am Morgen nach den Attentaten: Trotz der gewaltigen Rauchwolken, die über Manhattan stehen, wird deutlich, dass die Stadt eine andere Skyline hat.

kanische Fahne daran befestigt. Die Polizei hat Absperrungen errichtet auf denen »Crime Scene« steht.

Besonders stark wird am Schauplatz des Verbrechens die Ruine des Gebäudes World Trade Center Nr. 4 bewacht. Hier, an der Ecke Station Liberty Street und Church Street, sichern bewaffnete, private Sicherheitskräfte die zerstörte Niederlassung der kanadischen Bank of Nova Scotia. In einem Tresorraum im Keller lagern noch tausend Tonnen Gold und Silber.

Noch immer heulen die Sirenen. Erschöpfte Rettungstrupps stochern mit langen Stangen in den Überresten des World Trade Centers herum. Suchhunde verbrennen sich auf heißen Gesteinsbrocken die Pfoten. Die Aussicht, Überlebende zu finden, wird von Minute zu Minute geringer. Hunderte, Tausende von Menschen

drängen sich in den Straßen von Manhattan Schutz suchend zusammen. Viele haben Verwandte, Freunde, Kollegen verloren. Sie können sich nicht mit dem Gedanken abfinden, ihre Leute nie wieder zu sehen. Es wird viel geweint.

Familien, die Angehörige suchen, werden zum Medical Center der New Yorker Universität geschickt. Hier, in der 13. Straße, hat das Rote Kreuz eine zentrale Meldestelle eingerichtet. Helfer verteilen zehn Seiten lange Fragebögen. Die Sozialarbeiterin Desiree Diaz hält den neu Ankommenden immer wieder die gleiche kleine Ansprache: »Wir brauchen so viel Informationen wie möglich: Namen, Adressen der Vermissten. Wo haben sie genau gearbeitet, welches Gebäude, welches Stockwerk? Oder wo könnten sie sonst zuletzt gewesen sein?« Frau

Diaz fragt auch nach besonderen Kennzeichen, nach Narben zum Beispiel, und nach dem Hausarzt und dem Zahnarzt. Sie vergisst nie, nach dem Zahnarzt zu fragen – an ihrem Gebiss können Verbrennungsopfer am ehesten identifiziert werden.

An den Chelsea Piers, einem großen Sport-Komplex am Hudson River, haben Ärzte und Helfer auf Basketballfeldern und in Fitnessstudios Notlazarette errichtet. Die Eislaufbahn dient als Kühlhaus für Leichen und Leichenteile. Aber es werden nicht viele Tote und Verletzte gebracht. Es gibt erstaunlich wenig zu tun für eine Katastrophe dieser Größenordnung. »Diejenigen, die aus dem World Trade Center rausgekommen sind, haben keine oder nur geringe Verletzungen – und die, die nicht rausge-

kommen sind, sind auch nicht mehr gefunden worden«, sagt einer der Ärzte.

22.00 UHR

Washington. Nach dem Fernsehauftritt des Präsidenten tagt der Nationale Sicherheitsrat der USA stundenlang in den Bunkerräumen unter dem Weißen Haus. George W. Bush sitzt in einer Fliegerjacke auf einem blauen Sessel an der Kopfseite des großen Konferenztisches. Mit ihm diskutieren die politischen Machtträger des Landes über die Lage nach den Terroranschlägen. Dabei sind Vizepräsident Dick Cheney, Außenminister Colin Powell, die Sicherheitsberaterin Condoleezza Rice, Justizminister John Ashcroft und Andrew Card, der Stabschef des Weißen Hauses.

Nach den Wirren des Tages, nach seinem Irrflug quer über das Land und nach seiner zehnstündigen Abwesenheit von Washington, will George W. Bush keinerlei Zweifel an seiner Führungsfähigkeit aufkommen lassen. Mehrmals pocht der Ex-Gouverneur von Texas mit den Fingern auf den Konferenztisch und sagt, niemand solle seine Entschlossenheit unterschätzen. Er werde auch mit dieser Herausforderung fertig werden.

Seine Anweisung lautet zusammengefasst: Das Leben im Land müsse sich möglichst schnell normalisieren – zum Beispiel solle die Baseball- und Footballsaison nicht unterbrochen werden – andererseits müsse den Menschen der Ernst der Situation deutlich gemacht werden. Seiner Beraterin Karen Hughes sagt er dazu später: »Wir müssen den Leuten sagen, dass diese Anschläge ein kriegerischer Akt gewesen sind.« In den nächsten Tagen wird der amerikanische Präsident immer wieder die Parole ausgeben: Amerika ist im Krieg gegen den internationalen Terrorismus – dies ist der erste Krieg des 21. Jahrhunderts! Und er betont immer wieder: »Dies ist ein ganz anderer Feind, als diejenigen, mit denen wir es bisher in unserer Geschichte zu tun gehabt haben.«

23.00 UHR

Washington. Der Feind wird gejagt. Tausende von Agenten des FBI sind an diesem und in den nächsten Tagen unterwegs. Sie suchen die Spuren der 19 Flugzeugentführer und Massenmörder. Sie verfolgen deren Lebenswege über Jahre zurück. Sie sammeln Beweisstücke und Indizien. Und Hinweise auf die Hintermänner. In Amerika und in der ganzen Welt.

Die Ergebnisse der Recherchen landen im Herzen von Washington, im J. Edgar Hoover Building, einem mächtigen Betonklotz in der Pennsylvania Avenue 935. Hier, im »Strategic Information Operations Center«, in der fünften Etage, leitet Dale Watson, Chef der Abteilung für »Counterterrorism«, die Untersuchung des größten Verbrechens in der Geschichte des FBI. Die Ermittlungen laufen erfolgreich an. Noch während das letzte der vier entführten Flugzeuge in der Luft war, sind die 19 Flugzeugentführer identifiziert worden: Ihre arabischen Namen waren unschwer auf den Passagierlisten zu finden.

Per Computer wurden alle überprüft. Dabei machten die FBI-Leute in Washington eine peinliche Entdeckung. Zwei der 19 Attentäter standen auf ihrer Fahndungsliste! Nawaf Alhazmi und Khalid Almihdhar – die beiden Männer, die sich nach Erkenntnissen des CIA in Malaysia mit Mitgliedern des Al-Qaida-Terrornetzwerkes von Osama bin Laden getroffen hatten!

Bei den Überprüfungen aller Namen finden die Ermittler Hinweise auf deren Aufenthaltsorte in den USA und im Ausland. Eine besonders auffällige Spur führt nach Deutschland: Die Haupttäter Mohammed Atta, Marwan Al-Shehhi und Ziad Samir Jarrah sind aus Deutschland eingereist. Die drei, die mit offiziellen Visa in die Vereinigten Staaten gekommen sind, haben jahrelang in Hamburg gelebt.

In den US-Bundesstaaten Florida, Kalifornien, Arizona und Nevada, in Massachusetts und New Jersey durchsuchen FBI-Agenten Apartments und Hotelzimmer. Sie klappern auch Flugschulen und Flughäfen ab. Am Logan International Airport in Boston finden sie das wichtigste Beweisstück – einen herrenlosen Koffer, der am frühen Morgen in Portland/Maine aufgegeben worden ist. Er sollte vermutlich mit der entführten Maschine abstürzen und vernichtet werden, doch wegen der kurzen Anschlusszeit konnte das Gepäck nicht mehr in den American-Airlines-Flug Nr. 11 geladen werden.

FBI-Vizedirektor Dale Watson und seine Leute staunen über den Inhalt. Zwischen diversen Kleidungsstücken liegen Videobänder und Handbücher von Boeing-Maschinen, ein Koran und zwei handgeschriebene, arabische Schriftstücke – ein Testament und eine selbst verfasste Gebrauchsanweisung für Flugzeugentführer und Selbstmordattentäter. Als Besitzer des Gepäckstückes wird eindeutig Mohammed Atta festgestellt, der Anführer der Flugzeugentführer.

Die Ermittler finden in dem Koffer auch Notizzettel mit Namen, Bankverbindungen und Telefonnummern. Eine davon ist eine Handynummer der Mobil-Telefongesellschaft Verizon. Als ein FBI-Mann an diesem späten Dienstagabend diese Nummer anwählt, meldet sich eine monotone Stimme. Die Stimme sagt: »Der Kunde, dessen Anschluss sie gewählt haben, nimmt vorübergehend keine Gespräche an.«

Dies ist die letzte Nachricht von Mohammed Atta, der als Märtyrer ins Paradies kommen wollte und dem, nach allem was geschehen ist, viele die ewige Hölle wünschen.

Vom Hubschrauber aus kann man erst das ganze Bild der Verwüstung in Süd-Manhatta

rkennen. Im Vordergrund das ebenfalls beschädigte World Financial Center. Auch 15 Tage nach dem Anschlag steigt immer noch Rauch von der Unglücksstelle auf.

Die Erschütterung

Die Katastrophe erschüttert die Welt. Mit Entsetzen, Solidarität und spontanen Hilfsangeboten reagieren die Politiker aus Ost und West auf die verheerenden Terroranschläge in New York und Washington. Solidarität und Trauer mischen sich mit den konkreten Forderungen nach einem gemeinsamen Kampf gegen den Terrorismus.

»Die Terroranschläge auf die USA sind eine Kriegserklärung gegen die gesamte zivilisierte Welt. Wer diesen Terroristen hilft oder sie schützt, verstößt gegen alle fundamentalen Werte der zivilisierten Welt. Das deutsche Volk steht uneingeschränkt solidarisch an der Seite der Amerikaner.«
Bundeskanzler Gerhard Schröder nach dem Anschlag vor Journalisten in Berlin

»Die Vereinigten Staaten können auf die Unterstützung ihrer Verbündeten bauen. Diese barbarischen Akte stellen einen nicht hinnehmbaren Angriff gegen die Demokratie dar und unterstreichen die Notwendigkeit, dass die internationale Gemeinschaft und die Mitgliedstaaten der Allianz ihre Kräfte vereinigen, um die Geißel des Terrorismus zu bekämpfen. Täter, ihr werdet nicht davonkommen!«
NATO-Generalsekretär Lord George Robertson

»Im Namen Russlands wende ich mich an das Volk der USA: Wir sind an Ihrer Seite und teilen und fühlen Ihren Schmerz vollständig (…) Die Serie barbarischer Terrorakte gegen unschuldige Menschen ruft auch bei uns Entrüstung und Empörung hervor. Ohne Zweifel müssen derartige unmenschliche Aktionen bestraft werden.«
Russlands Präsident Wladimir Putin

»Dieser Terrorismus ist der neue Teufel der Welt. Großbritannien steht mit den Vereinigten Staaten Schulter an Schulter, um die Täter zu bestrafen. Dies ist kein Kampf der USA gegen den Terrorismus, sondern der ganzen freien Welt gegen den Terrorismus.«
Großbritanniens Premierminister Tony Blair

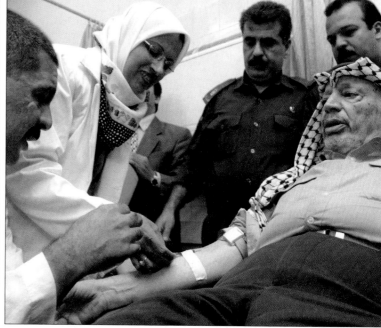

Nach dem US-Aufruf zu Blutspenden für die Verletzten, spendete auch Palästinenser-Präsident Jasir Arafat Blut. Seine Hilfe wurde medienwirksam inszeniert.

»Ich bin zutiefst geschockt. Das Geschehen ist für mich unbegreiflich, unbegreiflich, unbegreiflich. Ich spreche der US-Regierung und dem amerikanischen Volk das Beileid aller Palästinenser aus.«
Palästinenser-Präsident Jasir Arafat, der für die Opfer des Attentats in New York Blut spendete.

»Dieser Tag hat die Welt verändert. Wir hören Zahlen von Toten, aber ob die Zahlen drei- oder vierstellig sind, ob man die Täter ergreift, ob man Mittel gegen den Terror findet – das Leid, das heute über Menschen gekommen ist, ist nie ungeschehen zu machen. Wir denken an Mütter, die ihre Kinder verloren haben, wir denken an Kinder, die ihre Eltern nie wieder sehen.«
Bundespräsident Johannes Rau

»Die Reaktionen auf das Geschehene müssen genauso radikal sein, wie es die Teufel selbst gewesen sind. Der Kampf gegen den Terror ist ein Kampf der freien Welt gegen die Mächte der Finsternis, die die Werte der Freiheit und der westlichen Kultur zerstören wollen.«
Israels Ministerpräsident Ariel Scharon

»Wir alle sind fassungslos und entsetzt über die Terrorangriffe auf New York und Washington. Wir fühlen mit den Opfern und ihren Angehörigen und dem amerikanischen Volk. Deutschland steht angesichts dieses furchtbaren Verbrechens in fester Solidarität an der Seite der USA.«
Bundesaußenminister Joschka Fischer

NATO-Generalsekretär George Robertson (re.) mit US-Präsident George W. Bush

»Was in den USA geschehen ist, geht uns alle an. Das gesamte französische Volk steht dem amerikanischen in diesen Stunden zur Seite.«
Frankreichs Präsident
Jacques Chirac

»Der Terrorismus muss entschlossen bekämpft werden, wo immer er auftritt. In solchen Situationen ist jedoch kühles Handeln und eine vernünftige Lagebeurteilung wichtiger denn je.«
UN-Generalsekretär und Friedensnobelpreis-Träger Kofi Annan

»Die Anschläge sind brutal und fürchterlich. Die pakistanische Bevölkerung und die Regierung bedauern zutiefst den in seiner Grausamkeit bisher einmaligen, gewaltvollen Tod von Tausenden unschuldigen Menschenleben. Wir teilen in dieser Krise den Schmerz der Amerikaner.«
Pakistans Präsident General Pervez Musharraf

»Es ist unmöglich, die Geschehnisse in ihrer Grausamkeit zu begreifen. Die Vereinigten Staaten wurden mit einer der größten Tragödien der Geschichte konfrontiert, die Auswirkungen auf die ganze Welt haben könnte.«
Kanadas Ministerpräsident Jean Chrétien

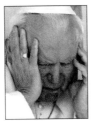

»Ich möchte dem amerikanischen Präsidenten und seinen Mitbürgern in diesen schwarzen und äußerst tragischen Stunden mein tiefes Beileid aussprechen. Ich werde für sie beten (…) Die Spirale des Hasses und der Gewalt darf nicht weitergehen.«
Papst Johannes Paul II.

»Wir haben mit dem nordamerikanischen Volk Schmerz und Trauer gefühlt.«
Der kubanische Staats- und Parteichef Fidel Castro bot der US-Regierung humanitäre Hilfe an. Er sprach von der Möglichkeit, bei den Attentaten Verletzte auf Kuba medizinisch zu betreuen.

»Die Vorfälle in den USA sind feige und hinterhältig. Mir fehlen die Worte, um die Geschehnisse in ihrer Grausamkeit zu fassen.«
Japans Ministerpräsident Junichiro Koizumi

Pakistans Präsident Pervez Musharraf bei einer TV-Ansprache nach den Anschlägen.

Saddam Hussein: Anschläge sind eine verdiente Niederlage für die USA

Keine zwölf Stunden nach den Anschlägen meldet sich der Erzfeind der Amerikaner Iraks Diktator Saddam Hussein zurück. Im irakischen Fernsehen lässt er eine Erklärung verlesen. Darin bezeichnet er die Terroranschläge als Quittung für die US-Politik: »Die amerikanischen Cowboys ernten die Früchte ihrer Verbrechen gegen die Menschlichkeit. Die Anschlagserie ist ein schwarzer Tag in der Geschichte der Vereinigten Staaten. Die USA schmecken die Niederlage für ihre schrecklichsten Verbrechen und ihre Vergehen gegen den Willen von Völkern, die nach einem freien und ehrlichen Leben streben.« Weiter heißt es in der Erklärung: »Die Explosionen sind ein schmerzlicher Schlag ins Gesicht der amerikanischen Politiker. Die Zerstörung der Zentren der US-Macht ist zugleich die Zerstörung jener amerikanischen Politik, die von menschlichen Werten abgekommen ist, um sich mit der zionistischen Welt zusammenzuschließen, das palästinensische Volk weiter zu massakrieren und die amerikanischen Pläne zur Beherrschung der Welt unter dem Deckmantel einer so genannten Neuen Weltordnung durchzusetzen.«

Seit 1990 gilt gegen den Irak das Wirtschaftsembargo. Mit seiner Erklärung lehnt sich Saddam Hussein gerade so weit aus dem Fenster, dass sich die Welt über den größenwahnsinnigen Diktator ärgern kann.

Palästinenser in Beirut feiern mit Tänzen die Anschläge auf das World Trade Center und das Pentagon in den USA. Im Libanon werden Freudenschüsse abgefeuert.

Bin Laden dementiert und ist trotzdem zufrieden

Der Hauptverdächtige, der Fundamentalistenführer Osama bin Laden, bestreitet jegliche Verantwortung für die Anschläge. Einen Tag nach den Attentaten schreibt die pakistanische Zeitung »Ausaf«, dass Osama bin Laden jegliche Verantwortung zurückweist, jedoch die Terrorwelle eine legitime Reaktion auf die Politik der USA ist. Der Mitteilung zufolge ist Osama bin Laden mit den Anschlägen zufrieden. Das Schreiben wird von einem Boten aus Afghanistan dem Herausgeber Hamid Mir und auch mehreren arabischen Journalisten überbracht. Der Herausgeber sagt gegenüber der britischen BBC: »Ich habe den Brief in der Nacht zum Mittwoch erhalten, zuvor ist mir telefonisch mitgeteilt worden, dass ein Bote unterwegs ist. Ich bin sicher, das Schreiben ist wirklich von Osama bin Laden, weil wir den Boten bereits kennen und bei Osama gesehen haben.«

EVAKUIERUNG

Nichts geht mehr, eine Stadt im totalen Chaos

Passanten vor einer Absperrung in der Canal Street in der Nähe des Unglücksortes.

Das Herz der Weltmetropole steht still. Ihre Einwohner stehen unter Schock, der Verkehr und die Telefonnetze brechen zusammen.

»Ich war geschäftlich in dem Gebäude. Es war fast unmöglich, in dem Rauch etwas zu sehen. Überall Wasser aus den Sprinkleranlagen. Irgendwie haben wir es die Treppe heruntergeschafft. Gleich danach brach das Gebäude in sich zusammen«, sagt Weinhändler Bernard

New Yorks Bürgermeister Rudolph Giuliani lässt Süd-Manhattan evakuieren.

La Borie, nur wenige Minuten nachdem um 10.28 Uhr (Ortszeit) der Nordturm des World Trade Centers eingestürzt ist und Tausende Menschen mit in den Tod gerissen hat. In Panik rennen die Menschen durch die Straßen, eine riesige Wolke aus Staub und Asche steht über Süd-Manhattan und bedeckt die Straßen wie Schnee.

»Ich sah die riesige Staubwolke. Tausende rannten schreiend den Broadway hinauf. Frauen rissen sich ihre Schuhe von den Füßen, damit sie schneller laufen konnten«, berichtet Augenzeuge Thomas Girst von der Unglücksstelle.

Nur ein paar Blocks vom so genannten Ground Zero entfernt, bleiben Menschen wie in Trance stehen, andere fallen sich weinend in die Arme. Polizei- und Rettungswagen rasen ununterbrochen an den Unglücksort.

Passanten blicken ungläubig auf die Stelle, wo eben noch die beiden Türme des World Trade Centers standen. New York im Chaos. Alle Flughäfen der Metropole werden sofort gesperrt, Bürgermeister Rudolph Giuliani lässt außerdem alle öffentlichen Gebäude, die Börse und den Hauptsitz der Vereinten Nationen evakuieren. Die Stadt ist plötzlich wie abgeschnitten vom Rest der Welt. Alle Telefonnetze in und um New York sind zusammengebrochen. Verzweifelte Menschen versuchen auf der Straße, ihre Angehörigen per Handy zu kontaktieren. Nichts geht mehr, der Verkehr ist zum Erliegen gekommen. Die Polizei hat alle Zufahrtsstraßen und Tunnel verbarrikadiert. Kein Zug fährt mehr, kein Bus und keine U-Bahn. Am Unglücksort beginnt die fieberhafte Suche nach Überlebenden.

Rund 10 000 Rettungskräfte, davon etwa 2000 Feuerwehrleute bemühen sich die ganze Nacht über, Überlebende aus den Trümmern zu bergen. Zwei Polizisten der New Yorker Hafenpolizei können lebend geborgen werden.

LÄHMUNG

Wirtschaft: Die New Yorker Börse, das Zentrum der amerikanischen Finanzwelt, ist v◄

Ganz Amerika ist im Ausnahmezustand

Nach dem Anschlag auf das Pentagon werden in Washington alle Regierungsgebäude geräumt, der US-Luftraum wird geschlossen. Die Börsenkurse stürzen ab.

Knapp eine Stunde nach den Anschlägen von New York, um 9.43 Uhr Ortszeit, stürzt die entführte Boeing 757 mit 64 Insassen über dem Hubschrauberlandeplatz ins Pentagon. In Panik werden die etwa 20 000 im Pentagon arbeitenden Personen evakuiert. Im krassen Kontrast zu den Anweisungen, die für Notfälle gelten, entsteht auf den Gängen des fünfeckigen Baus dichtes Gedränge. Sicherheitsbeamte brüllen: »Raus hier, raus hier!«

Sofort werden in Washington das Verteidigungsministerium, das Weiße Haus, das Außen- und Finanzministerium sowie weitere wichtige Regierungsgebäude evakuiert. Vor dem Außenministerium explodierte eine Autobombe.

Nach den Anschlägen untersagt die nationale Flugsicherheitsbehörde (FAA) allen Flugzeugen den Start. Die Flughäfen in den gesamten USA werden geschlossen. Die Maschinen, die bereits gestartet waren, werden zum nächstgelegenen Flughafen umgeleitet. Alle Transatlantikflüge, die in die USA unterwegs sind, werden nach Kanada umgeleitet oder zu ihren Startflughäfen zurückbeordert. Aus ganz Europa starten danach keine Flüge mehr in Richtung Amerika.

Ein Sprecher der Lufthansa bestätigt am Dienstagnachmittag in Frankfurt, dass alle Lufthansa-Maschinen, die sich zum Zeitpunkt der Schließung des US-Luftraumes noch östlich der Südspitze Grönlands befanden, zurückgerufen worden sind. Die Lufthansa streicht 21 Verbindungen in die USA. Über 4000 Flugpassagiere sitzen auf deutschen Flughäfen fest.

Einen Tag nach den Terroranschlägen und der Sperrung des nordamerikanischen Luftraumes stellt die angeschlagene US-Fluggesellschaft Midway Airlines den Betrieb ein. Nach Angaben der Finanzagentur Bloomberg werden 1700 Menschen entlassen. Midway flog 35 Städte in den USA mit einer Flotte von 40 Maschinen an. Weltweit sinken die Aktienkurse, der wichtigste Börsenindex Asiens, der Nikkei 225, verliert im Tagesverlauf 6,7 Prozent und schließt bei 9607,78 Zählern. Der Ölpreis für einen Barrel der Rohölsorte Brent klettert kurzfristig über 30 Dollar, pendelt sich aber einen Tag später wieder bei 28 Dollar ein.

Die New Yorker Börse bleibt bis zum Montag geschlossen. Die US-Börsenaufsicht Securities and Exchange Commission (SEC) hat sich einen Tag nach den Anschlägen gegen die Wiedereröffnung entschieden. Das gilt auch für die Computerbörse Nasdaq.

Die Suche nach den Tätern hat im Internet begonnen. Die Bundespolizei (FBI) hat eine Webseite für Hinweise zur Anschlagsserie eingerichtet. Auf der Internetseite können alle Informationen hinterlassen werden, teilt US-Justizminister John Ashcroft mit. Tausende FBI-Agenten kooperieren bereits bei den Ermittlungen. »Man braucht Mut, um in solchen Situationen wie dieser weiterzukommen«, sagt Ashcroft. Die Polizei sowie die Einwanderungs- und Drogenbehörden sind an den Untersuchungen ebenfalls beteiligt und kümmern sich um die Opfer und deren Angehörige.

. bis 16. September geschlossen.

Politik: Scharfschützen stehen auf dem Weißen Haus in Washington, das kurzfristig evakuiert wird und strengsten Sicherheitsmaßnahmen unterliegt.

NATO-Hauptquartier in Brüssel: Von der Betroffenheit zur Entschlossenheit

Die Welt ist in höchster Alarmbereitschaft

Sicherheitsstufe 1 fast überall auf der Welt. Russland setzt die Flugabwehr in Gefechtsbereitschaft, und die NATO stellt den Bündnisfall nach Artikel 5 fest.

Nach der Terrorwelle ist die Welt in Alarmbereitschaft. Die Vereinigten Staaten schließen alle Grenzübergänge nach Mexiko. Zwei Flugzeugträger und fünf weitere Kriegsschiffe werden von der Marinebasis in Norfolk im Bundesstaat Virginia zum Schutz der Ostküste abkommandiert. Darunter die »USS George Washington« und die »USS John F. Kennedy« sowie Fregatten und Zerstörer, von denen Flugzeuge abgeschossen werden können. In Asien dürfen US-Soldaten ihre Militärbasen nicht mehr verlassen.

Die Regierungen von Großbritannien, Frankreich, Kanada, Russland und China rufen die höchste Sicherheitsstufe aus, ebenso die meisten Staaten im Nahen Osten und Asien. In Russland ist die Flugabwehr gefechtsbereit, zu den dort besonders gesicherten Objekten gehören wie in den USA Atomkraftwerke.

Israel verhängt ein sofortiges Flugverbot für zivile Flugzeuge und versetzt die Luftwaffe in Alarmbereitschaft. Die Grenzen zu Jordanien und Ägypten werden abgeriegelt. In den USA werden israelische Diplomaten von ihrer Regierung aufgefordert, die Botschaft und die Konsulate ihres Landes zu verlassen. In Großbritannien dürfen Zivilflugzeuge nicht mehr über die Londoner Innenstadt fliegen. Die

NATO-Generalsekretär Lord George Robertson verkündet den Bündnisfall.

NATO räumt einen Teil ihres Hauptquartiers in Brüssel. Generalsekretär Lord George Robertson erlaubt Mitarbeitern mit weniger wichtigen Aufgaben, ihren Arbeitsplatz zu verlassen. Am Abend tritt der NATO-Rat zu einer Dringlichkeitssitzung zusammen. Der Bündnisfall nach Artikel 5 wird festgestellt.

Höchste Alarmstufe auch in Deutschland. Die Bundesregierung in Berlin ordnet einen verstärkten Schutz für Einrichtungen der Bundeswehr sowie für amerikanische und israelische Einrichtungen an. Im Auswärtigen Amt und im Innenministerium werden Krisenstäbe eingerichtet. Bundeskanzler Gerhard Schröder (SPD) beruft den Bundessicherheitsrat ein.

Vor der US-Botschaft in Berlin-Mitte …

…gedenken die Berliner – den Amerikanern besonders verbunden – den Opfern der grauenvollen Terroranschläge in den USA.

Entsetzen, Hilflosigkeit, Trauer

Die Welt ist fassungslos. Auch in Deutschland strömen Hunderte mit Blumen und Kerzen vor die US-Botschaften. Am Abend gedenken Politiker und Bürger in einem ökumenischen Gottesdienst den Opfern.

Weltweit unterbrechen die TV-Sender nach den Terroranschlägen ihre Programme und senden live in Sondersendungen, oft mit Material des amerikanischen Nachrichtensenders CNN und Bildern vom Aufprall der Flugzeuge im New Yorker World Trade Center.

In den meisten deutschen Firmen steht die Arbeit so gut wie still, in vielen Büros versammeln sich Mitarbeiter vor TV- und Radiogeräten, andere versuchen, über das Internet an die neuesten Nachrichten aus den USA zu kommen. Der Bundestag unterbricht seine Haushaltsdebatte. »Wir sollten nicht so tun, als ob wir die Debatte einfach fortsetzen könnten«, sagt die Vizebundestagspräsidentin Anke Fuchs im Plenum. Unmittelbar nach dem Abbruch der Aussprache versammeln sich Parlamentarier, Journalisten und Besucher des Reichstags vor den Fernsehschirmen, die im Vorraum installiert sind.

Die amerikanische Botschaft in Berlin-Mitte wird von Bundesgrenzschutz und Polizei sofort weiträumig abgesperrt. Auch bei der israelischen Botschaft und jüdischen Einrichtungen in der Hauptstadt werden besondere Sicherheitsmaß-

nahmen getroffen. In Hamburg, Berlin, München und Düsseldorf strömen Hunderte Menschen zu den US-Konsulaten, um ihr Mitgefühl mit den Opfern und deren Angehörigen auszudrücken. Trauer und Betroffenheit als Gemeinschaftsgefühl.

»Es ist kein Unterschied mehr zwischen Amerika und Deutschland. Ich habe Angst, dass so etwas jetzt auch bei uns passieren kann. Wir sind so machtlos, hierhin zu kommen ist doch das Einzige, was ich tun kann«, sagt Martina Kostede (32) in Berlin einem TV-Reporter in die Kamera. Ihre Meinung ist stellvertretend für viele Hundert andere, die mit Blumen, Kerzen und Briefen vor die US-Botschaft gekommen sind.

Am Abend des 12. September gedenken in der Berliner St.-Hedwigs-Kathedrale zahlreiche Politiker der Terroropfer in den USA. Auch Bundespräsident Johannes Rau und seine Frau, Bundestagspräsident Wolfgang Thierse, Bundeskanzler Gerhard Schröder sowie weitere Spitzenpolitiker und Botschafter nehmen an dem ökumenischen Gottesdienst teil. Mehr als tausend Menschen, darunter auch viele Bundestagsabgeordnete, stehen vor der Kirche, weil es drinnen keinen Platz mehr gibt. US-Botschafter Daniel Coats und Bundespräsident Rau werden bei ihrer Ankunft von den Umstehenden auf dem Bebelplatz mit heftigem Applaus begrüßt.

Glauben rechtfertige keine Gewalt. Es herrsche Trauer in Deutschland, dabei stehen Christen und Nichtchristen zusammen. Dieses zu wissen sei ein Trost. »Wir möchten klagen, auch anklagen. Wir möchten aber vor allem bitten, dass Gott uns gnädig ist«, sagt der katholische Berliner Erzbischof Georg Kardinal Sterzinsky.

Der evangelische Bischof Wolfgang Huber betont, dass kein politisches Ziel es rechtfertige, ein solches Verbrechen zu begehen. Möglicherweise werde sich herausstellen, dass die Urheber der Tat in islamischen Ländern zu suchen seien. Unterschiede im Glauben rechtfertigten aber keine Gewalt. Vielmehr müssten Gläubige aller Religionen gemeinsam für den Frieden eintreten. »Es muss Schluss sein damit, dass man sich auf Reli-

gionen beruft, wenn menschliches Leben zerstört und geschändet wird«, so Bischof Huber in seiner Predigt.

In Deutschland werden zahlreiche Veranstaltungen abgesagt. Die bayerische Landesvertretung in Berlin sagt eine Auftaktveranstaltung des Oktoberfestes ab.

Am Tag nach den Attentaten verlassen Diplomaten aus Deutschland, den USA und Australien Afghanistan. Sie haben sich bis zuletzt um die Freilassung der acht inhaftierten ausländischen Shelter-Now-Mitarbeiter eingesetzt. Auch die rund 80 Helfer der Vereinten Nationen verlassen das Land, sie betreuten Hilfsprojekte für die Bevölkerung in fünf Städten. 20 Mitarbeiter des Roten Kreuzes wollen jedoch vorerst in Afghanistan bleiben.

Deutsche Politiker gedenken in der Berliner St.-Hedwigs-Kathedrale den Opfern.

Kein Sport, keine Konzerte, kein Entertainment

Fast der gesamte US-Sport wird lahm gelegt, auch die Show-und-Entertainment-Branche reagiert: Kinos und die Theater am Broadway bleiben geschlossen, und Pop-Star Madonna sagt ein Konzert ab.

Der Sport ist in den USA nach den Anschlägen zusammengebrochen. Die Stadien bleiben leer. Erstmals seit der Landung der Alliierten in der Normandie am 6. Juni 1944 wird ein kompletter Spieltag der amerikanischen Baseball-Profiliga (MLB) abgesagt. Außerdem muss das berühmte Stadion des US-Rekordmeisters New York Yankees evakuiert werden.

Die beiden Spiele des US-Cups der Fußball-Frauen werden am Dienstagabend abgesagt. Die Partien Deutschland gegen China sowie der Gastgeberinnen USA gegen Japan, die beide in Columbus (Ohio) stattfinden sollten, werden gestrichen.

In Europa finden die angesetzten Spiele der Champions League trotzdem statt. Schalke verliert 0:2 gegen Athen, Dortmund spielt in Kiew 2:2 unentschieden. Der Dortmunder BVB-Präsident Gerd Niebaum übt heftige Kritik an der Entscheidung der UEFA, die Europapokalspiele am Dienstagabend planmäßig durchzuführen: »UEFA-Präsident Lennart Johansson hätte alle Spiele absagen müssen! Der Fußball darf sich in so einer Situation nicht so wichtig nehmen. Das ist eine Frage der Ethik. An so einem Abend kann man nicht so tun, als wäre alles ganz normal.«

Einen Tag später reagiert die UEFA auf die massive internationa-

Die Baseball-Profis der St. Louis Cardinals trainieren am 15.9.2001 in ihrem leeren Stadion. Wegen der Terroranschläge werden alle Spiele der MLB abgesagt.

Pop-Star Madonna lässt ihr Konzert in Los Angeles am 11. September ausfallen.

le Kritik und sagt alle Champions-League-Spiele, darunter auch die von Bayern München und Bayer Leverkusen ab.

In den USA bleiben die Fußball-Stadien der Major League Soccer (MLS) leer, auch alle Pferderennbahnen werden geschlossen. Die Professional Golf Association (PGA) hat die erste Runde der »World Golf Championship« verschoben. »Das ist der traurigste Tag Amerikas«, sagte Golf-Superstar Tiger Woods nach einer Übungsrunde auf dem Par-71-Kurs in Bellerive. Deutschlands bekanntester Profi, Bernhard Langer aus Anhausen, versuchte, beim Spielen auf andere Gedanken zu kommen: »Du kannst nicht deinen Kopf in den Sand stecken und

den ganzen Tag schreien. Obwohl ich mich so fühle.«

Der Trainer der Los Angeles Kings, der Ex-Coach der Berliner Eisbären Andy Murray, verliert bei den Attentaten zwei Betreuer. Der 53 Jahre alte Profi-Scout-Direktor und zweimalige Stanley-Cup-Gewinner Garnet Bailey sowie Amateur-Scout Mark Bavis saßen im zweiten Flugzeug, das am World Trade Center explodierte.

Fast sämtliche Veranstaltungen in den USA werden sofort abgesagt. Am New Yorker Broadway bleiben die Theater tagelang geschlossen, die meisten Kinos im ganzen Land setzten ihre Vorführungen aus. Auch die Latin-Grammy-Verleihung in Los Angeles und die Emmy-Verleihung in New York werden auf unbestimmte Zeit verschoben.

Zahlreiche Vergnügungsparks, darunter auch Disneyworld in Florida und Disneyland in Kalifornien, sowie die weltberühmten Hollywood-Studios von Paramount, Warner Bros. und Sony Pictures stellen ihren Betrieb ein. Nur in Las Vegas wird weiter gezockt, die Spielkasinos bleiben auch am Dienstag geöffnet.

In New York wird einer der größten Herbst-Events, die Fashion Week, verschoben. Am dritten Tag der Modewoche im Bryant Park bringen die Terroranschläge die Designer-Shows abrupt zum Stoppen.

Auch die Musiker reagieren auf den Terror: Viele Künstler lassen ihre Konzerte ausfallen oder verschieben ihre komplette USA-

Golf-Superstar Tiger Woods versucht sich mit Übungsrunden abzulenken.

Tournee, darunter Madonna, Janet Jackson, Black Crowes, Jimmy Eat World, Aerosmith, Charlatans, Weezer.

»Mit der Katastrophe in New York hat die Realität das Kino eingeholt – und weit überholt«, sagt Regisseur Wolfgang Petersen in der Wochenzeitung »DIE ZEIT«. Hollywood reagiert und lässt alle Werbematerialien der Filme »Collateral Damage« und »Big Trouble« vernichten, die Filmstarts werden verschoben. Szenen aus dem Film »Spiderman«, in denen sich der Leinwandheld am World Trade Center von einem Turm zum anderen schwingt, werden herausgeschnitten.

Kinostart abgesagt: Bei »Big Trouble« ging es um eine Atombombe im Flugzeug.

Die Hoffnung stirbt immer zuletzt. Fünf Überlebende können nach dem Einsturz der beiden Türme des World Trade Centers geborgen werden. Trotzdem wird die Suche nach weiteren Überlebenden mit fast übermenschlichem Einsatz fortgesetzt – Feuerwehr, Polizei und freiwillige Helfer hoffen immer noch auf ein Wunder.

Staub, Beton, Stahl und Tote – die Suche bis zur völligen Erschöpfung

Aus dem ganzen Land strömen die Helfer nach Downtown Manhattan. Rund um die Uhr arbeiten Feuerwehr, Polizei und Freiwillige, um Überlebende zu bergen – bis zur völligen Erschöpfung.

11. SEPTEMBER

Als 1993 in der Tiefgarage des World Trade Centers die Autobombe explodierte, trägt Steven Strobert eine schwangere Frau 96 Stockwerke über die Feuertreppen des WTC auf seinem Rücken hinunter. Immer wieder tröstet er sie: »Wir schaffen das, halte durch, wir schaffen das.« Der 33-jährige Obligationshändler bei Cantor Fitzgerald ist ein Mann wie ein Bär, nie hat er über diesen Tag nur ein Wort verloren, erinnert sich seine Frau Tara. Im letzten Oktober haben sie geheiratet, gemeinsam haben sie einen Sohn, Frankie. Steven Strobert war Student der Boston University, machte dort 1989 seinen Abschluss in Computertechnologie. Im letzten Jahr kaufte er für seine Familie ein kleines Haus in Ridgewood/New York. Oft brachte er eine Flasche Wein oder einen Strauß Rosen vom Job mit nach Hause, er liebte seinen Garten und die Bäume vor dem Haus.

An dem Morgen des 11. September hat Steven Strobert keine zweite Chance. Wie Raketen schlagen zwei von Terroristen entführte Flugzeuge in die Zwillingstürme des World Trade Centers ein. Der Tod ist unerträglich langsam. Vergeblich warten Tausende Menschen, wie Broker Steven Strobert, in ihren Büros in den oberen Etagen auf die Retter. Der beißende Qualm wird immer schlimmer, die Temperaturen steigen auf 2000 °C und lassen das Stahlgerüst, das den Wolkenkratzer zusammenhält, wie Butter schmelzen. Um 10.28 Uhr stürzt der über 400 Meter hohe Nordturm ein und begräbt den Vater und Ehe-

Zwei Helfer stützen eine Frau, bringen sie in einen Bus zur ärztlichen Versorgung.

mann Steven Strobert unter den Trümmern. Vier Tage später wird seine Leiche identifiziert. Er ist ein »9-11«, wie die New Yorker später die Opfer aus dem World Trade Center nennen. In einem Nachruf in der »New York Times«, schreibt seine Frau Tara: »Wir haben uns nur kurz gekannt, aber in den zweieinhalb

Jahren hatten wir ein erfülltes Leben. Er war der beste Mensch, den ich je getroffen habe.«

Zur ersten »Rettungswelle« gehören die Feuerwehrleute Tommy Kennedy, Terry McShane, Patrick Byrne, Joe Maffeo, Brian Cannizzaro, Salvatore Calabro und Joe Gullickson. Junge Männer aus Brooklyn

von der Feuerwache »Engine 202«. Sie haben sich selbst die »Brüder von Red Hook« genannt, sie spielten im Softballteam der Wache, den »Red Hook Raiders« und gründeten einen eigenen Zigarrenclub für Feuerwehrleute. Sie stürmen in den Südturm, laufen gegen den Strom der panisch fliehenden Menschen nach oben, um den vom Feuer eingeschlossenen Menschen zu helfen. Sie sterben auf ihrem Weg, als der Turm um 10.05 Uhr in sich zusammenbricht.

Und plötzlich ist es Nacht über Manhattan. Zahlreiche freiwillige Helfer machen sich nach den ersten Medienberichten auf den Weg in die »War Zone«. Unter ihnen ist auch Hans Dudek. Der 46-jährige Softwareberater aus Greenwich Village ist in seiner Heimat Hamburg als freiwilliger Feuerwehrmann tätig. Er sitzt völlig erschöpft in einer von zwei an den Ruinen des World Trade Centers aufgebauten Sanitätsstationen. »Ich war schon während des Einsturzes da. Das Schlimmste ist, dass die Jungs hier vor Ort nichts finden. Weil einfach nichts zu finden ist.« Die Berichte von Toten, die überall auf der Straße lägen, stimmen für ihn absolut nicht. »Ich habe keine Leichen auf der Straße gesehen. Ich habe die Menschen zwar springen gesehen, aber auch sie sind anschließend von den Schuttmassen begraben worden.« Ein Kollege hat zweieinhalb Stunden auf dem Trümmerfeld zugebracht und nichts gefunden: keine Überlebenden, keine Leichen, keine abgerissenen Körperteile, nichts. »Hier gibt es nur Staub, Beton und Stahl...«, sagt Dudek, der vor Ort fast ohne Verschnaufpause 24 Stunden am Stück bis zum Umfallen schuftet.

Von überall her kommen die Helfer, Feuerwehrleute aus St. Louis, Missouri oder Indiana werden eingeflogen. In den ersten Stunden wird von den Rettern alles improvi-

Ein überlebender Feuerwehrmann wird von seinen Kameraden vorsichtig aus den Ruinen des World Trade Centers geborgen. Sein Gesicht ist vom Schmerz gezeichnet.

Ein Bild wie aus dem Krieg: Ein New Yorker Feuerwehrmann in der »War Zone« in Süd-Manhattan. Die Straße ist zentimeterhoch mit Staub, Beton, Schutt und Büroakten bedeckt.

siert. Feuerwehrmänner brechen mit Eisenstangen Drogerieläden auf, um alles, was für Erste Hilfe verwendet werden kann, rauszuholen. Immer wieder muss den Helfern die dicke Ascheschicht aus dem Gesicht gewaschen werden, viele haben hochrote Augen durch den feinen Staub, andere haben schwere Atemprobleme, bekommen Sauerstoffflaschen von ihren Kollegen.

Der Steward Walter Schaub (28) hat an diesem Tag Dienst auf einem Linienflug von Newark nach Columbus. Als alle Flüge gestrichen werden, setzt er sich in sein Auto und rast nach Manhattan um zu helfen, denn Schaub ist bei der Frei-

willigen Feuerwehr in seinem Heimatort Keyport/New Jersey. Als er unterwegs wegen Geschwindigkeitsübertretung von der Polizei gestoppt wird und die den Grund für seine Raserei erfährt, gibt sie ihm sogar Geleitschutz. Nach sieben Stunden erreicht Walter Schaub Downtown Manhattan. Am Trümmerfeld beginnt er zu schuften. Er nimmt dafür unbezahlten Urlaub. Der Helfer: »Wir ziehen hier Sachen aus den Trümmern, von denen wir nicht wissen, was sie einmal waren.«

Zuversicht haben die Feuerwehrleute vor Ort kaum, es ist die Hoffnung, die sie unermüdlich vor-

HINTERGRUND

189 tote Menschen in Washington

Das Pentagon in Washington ist eines der größten Bürogebäude der Welt. Über 23 000 Menschen arbeiten täglich im US-Verteidigungsministerium. Während des Anschlags am 11. September hatten viele Mitarbeiter frei, denn der Flügel, in den die Boeing 757 stürzte, wurde gerade renoviert. Trotzdem starben nach offiziellen Angaben 189 Menschen, darunter 64 Personen des American-Airlines-Flugs 77. Fast drei Tage dauert es,

bis der Brand gelöscht werden kann. Die Feuerwehr setzt zur Brandbekämpfung auch Helikopter ein. Einer der ersten vor Ort war der katholische Priester Stephen McGraw: »Es war ein totales Chaos, ich bin gerade mit meinem Auto vorbeigefahren, als ein riesiger Feuerball auf dem Gebäude explodierte. Wir haben versucht, mit anderen Autofahrern und Passanten die Verletzten auf den Rasen vors Pentagon zu tragen.«

Die geparkten Autos sind völlig zerstört.

Ein verletzter Mann wartet in einer Bank in der Nähe des WTC auf Erste Hilfe.

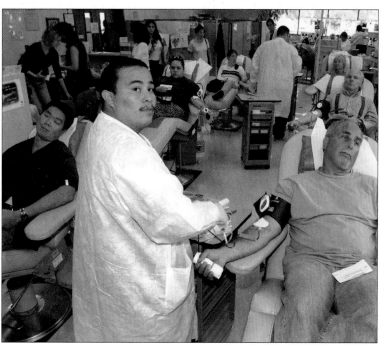

Überall im Land wird Blut gespendet. Allein in New York kamen 12000 Menschen.

HINTERGRUND

Die Bilanz

Am 21. November meldet die Tageszeitung »The New York Times«: Zahl der Todesopfer vom 11. September deutlich niedriger.

Die US-Behörden haben ihre Angaben über die Opfer der Anschläge vom 11. September nach unten korrigiert: Nach offiziellen Angaben forderte die Terrorwelle insgesamt 4132 Todesopfer. In New York, wo der Aufprall von zwei entführten Passagierflugzeugen die beiden Türme des World Trade Centers einstürzen ließ, gehen die städtischen Behörden von insgesamt 3899 Toten aus. 481 davon wurden bislang identifiziert, 3418 gelten als vermisst. Darin enthalten sind die 92 Insassen des Flugs Nr. 11 der American Airlines sowie die 65 Menschen an Bord des United-Flugs Nr. 175.

In Washington kamen beim Absturz eines entführten Passagierflugzeugs auf das Pentagon 189 Menschen ums Leben, davon 125 Personen im Verteidigungsministerium und die 64 Insassen des American-Airlines-Flugs Nr. 77. Beim Absturz des entführten United-Flugs Nr. 93 im Staat Pennsylvania kamen 44 Insassen ums Leben. Eine weitere Verringerung der Zahl der Todesopfer ist zu erwarten.

Uhr früh waren wir am ersten Tag in der »War Zone«. 24 Stunden auf den Beinen. Es war gefährlich im Dunkeln, da der Boden voller Schutt war und die Gebäude rundherum einsturzgefährdet waren.«

12. SEPTEMBER

»Wir geben die Hoffnung nicht auf, bisher können wir 87 Todesopfer offiziell bestätigen«, sagt Bürgermeister Giuliani. In einer späteren Rede vor den Vereinten Nationen (siehe auch Seite 132) spricht der New Yorker Bürgermeister von rund 25000 Menschen, die sich selber retten konnten oder von Helfern und Mitbürgern aus der Katastrophenzone gerettet wurden, bevor die Türme des World Trade Centers in sich zusammenbrachen.

18 große Räumungs- und Rettungsteams sind vor Ort rund um die Uhr im Einsatz. Bulldozer tragen rund 3000 Tonnen Trümmer vom Schuttberg ab. Neben zahlreichen Helfern, die zusätzlich aus anderen US-Bundesstaaten eingeflogen wurden, sind auch Spezialteams mit

---

antreibt. Ein abgekämpfter Feuerwehrmann hat seinen Helm abgesetzt, nimmt ein paar Züge aus der Sauerstoffflasche, bevor er wieder an die Arbeit geht: »Die Chance, noch Lebende zu finden, ist praktisch null. Das WTC bestand aus riesigen Stahlteilen, die haben sich alle miteinander verkantet und verkeilt. Es ist schwierig, schwierig, schwierig. Aber wir geben die Hoffnung nicht auf. Es gibt immer Wunder, also suchen wir weiter.«

Über 1100 Verletzte werden in den New Yorker Krankenhäusern behandelt, Bürgermeister Rudolph Giuliani ruft die Bevölkerung im Fernsehen zu Blutspenden auf. Und

12000 Menschen strömen zu den sechs Spendeplätzen in der Stadt. Auch Ärztin Sigrid Wolfram (31), die seit drei Jahren am Bellevue Hospital arbeitet, hilft 24 Stunden, Verletzte zu versorgen. Dem Magazin »Stern« schildert die Fachärztin für Notfallmedizin und Unfallchirurgie aus München ihren Tag: »Ich bin mit zwei Ärztinnen in die Katastrophenzone gefahren. Mit Verpflegung, Masken und Medizin. Wir haben dort eine Zeltstation aufgebaut und Feuerwehrmännern die Augen mit einer Salzlösung ausgewaschen, Brand- und Schnittwunden von den Trümmern verbunden. Ich sah, wie die Retter eine Leiche

nach der anderen rausgezogen haben. Wenn du siehst, wie die Feuerwehrmänner bis zum Umfallen, zur absoluten Erschöpfung schuften, dann hilft man automatisch. Man wird zur Maschine, die sucht, ausgräbt und wegschleppt. Ich bin durch meinen Beruf etwas abgehärtet. Im Krankenhaus sah ich nachts dann, wie Feuerwehrleute laut weinten – Riesenkerle, die mit Rauchvergiftungen oder Muskelkrämpfen eingeliefert wurden. Das war das Schlimmste, diese Männer heulen zu sehen, über all das, was sie gesehen hatten. Und weil sie sich Sorgen um ihre Kollegen und Freunde machten, die noch im Inferno steckten. Bis acht

Lasergeräten und Spürhunden auf der Suche nach Vermissten. Die Feuerwehrgewerkschaft meldet an diesem Tag, dass sie um 265 Feuerwehrleute trauert. Die New Yorker Behörden teilen außerdem mit, dass 80 Polizisten unter den Trümmern vermisst werden und wahrscheinlich ebenfalls tot sind. Trotzdem gibt es auch »gute« Meldungen an diesem Tag: Zwei Polizisten wurden in der Nacht lebend aus den Trümmern gezogen, es sind Beamte der Hafenpolizei. In den Krankenhäusern wurden bisher rund 2000 Verletzte versorgt.

Auch 24 Stunden nach dem Terrorangriff bietet sich für alle Helfer vor Ort immer noch ein Bild des Grauens. Die Trümmerberge stehen weiter in Flammen. »Es ist ein unvorstellbares, schreckliches Blutbad«, sagt Feuerwehrmann Scott O'Grady. »Von einem Kriegsgebiet zu sprechen und zu sagen, dass Leichen auf den Straßen liegen, würde nicht annähernd beschreiben, wie es ist.« »Die ganze Nacht hindurch bringen Fähren Leichen über den Hudson River«, erklärt ein Sprecher der Behörden in New Jersey. Drei Taxiunternehmen entfernen die Sitze aus ihren Fahrzeugen, um ebenfalls beim Abtransport der Leichen zu helfen.

Hoffnung keimt auf, als der TV-Nachrichtensender CNN berichtet, dass am Morgen (Ortszeit) sieben Überlebende geborgen werden. Sechs Feuerwehrmänner und ein Polizist, einer der Männer hat schwerste Verbrennungen erlitten. Unter den Helfern verbreitet sich diese Nachricht blitzschnell von Mund zu Mund und setzt noch einmal neue Kräfte frei.

Die wenigen noch stehenden Stockwerke des südlichen WTC-Turms fallen plötzlich in sich zusammen. Die Rettungskräfte werden zur Sicherheit aus diesem Gebiet abgezogen. Auch bei weiteren beschädigten Gebäuden geben die Mauern nach. Zu zwei Vermissten sollen die Retter noch Kontakt übers Handy haben, später bricht auch dieser Kontakt ab.

Am Abend liegt an der Fachhochschule New School eine 102 Seiten lange Liste mit rund 2000 Namen aus. Darauf sind alle Patienten verzeichnet, die seit der Katastrophe in New York und New Jersey ärztlich versorgt wurden. Polizisten müssen die Straße absperren. Menschen stehen geduldig Schlange, einige weinen leise, andere halten sich in den Armen, suchen Trost. Viele der Wartenden haben Vermisstenanzeigen dabei. Gesucht: Tamitha Freeman, (35), AON Corporation, 98. Stock im WTC 2. Sie hat

Die Arbeit bis zur Erschöpfung kann die unfassbare Katastrophe nicht aus den Köpfen der über 2000 Helfer verdrängen. Ein Retter

einen zweijährigen Sohn, Xavier. Kurz nach neun rief sie ihren Freund Lemont in Brooklyn an. Im Hintergrund hörte man Schreie und Chaos. Das Gespräch brach ab.

Auch für die vielen Retter bleibt die Arbeit gefährlich. Seit dem Anschlag werden in der Stadt stark erhöhte Asbest- und Dioxinwerte gemessen. Die amerikanische Umweltministerin Christie Whitman sagt der »New York Times«, dass die Umweltschutzbehörde EPA rund um die Uhr die Schadstoffbelastung in der Luft messe. Aber bisher habe keine der Substanzen die Grenzwerte überschritten.

13. SEPTEMBER

Am »Ground Zero« machen an diesem Tag zwei Meldungen die Runde unter den Rettern: 1. Die

Fahndungserfolge des FBI nach den Hintermännern des Attentats. 2. Die gute Nachricht von CNN, dass wieder sechs Menschen aus den Trümmern gerettet wurden. Aber später stellt sich heraus, dass die fünf Feuerwehrleute und ein Polizist keine Opfer des Anschlags vom Dienstag sind, sondern erst kurz vorher verschüttet wurden. Die Feuerwehrleute sollen bei den Bergungsarbeiten in einen Hohlraum gerutscht sein, aus dem sie sich selber wieder befreien konnten. Einer der Überlebenden, ein Feuerwehrmann, erzählt mehreren US-Zeitungen und dem TV-Sender Fox News, die unglaubliche Story, wie er angeblich den Einsturz der WTC-Türme überlebt hat. Er soll sich zum Zeitpunkt des Attentats im 83. Stockwerk aufgehalten haben. Nach der Explosion im Südturm

Selbst mit Plastikmülleimern schaufeln Helfer den Schutt von den Trümmermassen.

Feuerwehrleute bergen eine Leiche: Die Stadt hat 30 000 Leichensäcke angefordert.

wischt sich den Schweiß aus dem Gesicht.

Bürgermeister Rudolph Giuliani

Er steht wie ein Fels in der Brandung und macht den acht Millionen Menschen in seiner Stadt Mut. Und auch seine Botschaft kommt in der schwersten Zeit, die New York je erlebt hat, bei allen an: »Die großartigste Stadt der Welt wird sich nicht in die Knie zwingen lassen. New York wird die Krise überstehen, wir werden noch stärker daraus hervorgehen – emotional, politisch und wirtschaftlich.«

Der am 28. Mai 1944 geborene Rudolph Giuliani, Sohn italienischer Einwanderer, erhält von den Einwohnern New Yorks größte Sympathien für seine Arbeit nach den Anschlägen auf das World Trade Center. »Rudy«, wie die New Yorker ihren Bürgermeister nennen, ist in den Tagen nach der Katastrophe unermüdlich im Einsatz. Mal mit einer Baseballkappe der Polizei, dann wieder in einem Sweatshirt der Feuerwehr. Giuliani ist bei den Bergungstrupps in den Trümmermassen und kurz darauf bei Verletzten in einem Krankenhaus. Täglich auf zahlreichen Pressekonferenzen vor den TV-Kameras, sogar die Durchsage von Telefonnummern für Nachfragen nach Vermissten oder für Blutspender übernimmt der Chef selbst.

»Null Toleranz«, war seine Devise nach seiner Wahl als erster republikanischer Bürgermeister der Stadt seit 1965. Obdachlose ließ er von der Polizei aus den U-Bahn-Schächten vertreiben, selbst gegen Schwarzfahrer ging er rigoros vor. Sein größter Kampf galt dem organisierten Verbrechen. Schon als Kind machte Giuliani erste Erfahrungen mit der Mafia. Nachdem sich sein Großvater weigerte, Schutzgelder zu zahlen, musste er mehrere Tabakläden schließen. Auch seinem Vater, der ein kleines Restaurant besaß, machte die Mafia das Leben schwer. Als Krisenmanager von New York wurde Giuliani zu einem der populärsten Politiker der USA. Doch bei den Bürgermeisterwahlen am 7. November durfte er nach zwei Amtsperioden in Folge nicht mehr kandidieren. Der Milliardär Michael Bloomberg (59) wurde mit 719 189 Stimmen zu seinem Nachfolger gewählt.

Identifizierung der toten Opfer

Für die Angehörigen der Opfer wäre es zumindet ein Trost, wenn sie irgendwelche sterblichen Überreste ihrer Lieben hätten, die sie beisetzen könnten. Sie klammern sich deshalb an die Hoffnung, dass die Bergungskräfte Teile der Toten finden und die Fachleute sie identifizieren können. Robert Shaler, Gerichtsmediziner der Stadt New York, und seine Kollegen haben mit Hilfe von speziellen Computerprogrammen des FBI mit den DNS-Tests an den Tausenden Leichenteilen begonnen. Die Pathologen sammeln auch Fingerabdrücke, Röntgenaufnahmen und zahnmedizinische Aufzeichnungen der Vermissten, um die Opfer schneller identifizieren zu können. Die New Yorker Gerichtsmediziner haben sich das hoch gesteckte Ziel gesetzt, jedes einzelne geborgene Leichenteil zu identifizieren. Das soll geschehen, indem Gegenstände der Vermissten, zum Beispiel Zahnbürsten oder Kämme, auf DNS-Spuren hin untersucht werden. Wo dieses nicht möglich ist, werden auch engere Verwandte um DNS-Tests gebeten, um die Ähnlichkeit mit den Opfern festzustellen. Dieser Prozess kann ein Jahr oder länger dauern, bestätigt der Vizepräsident eines Genanalyse-Labors.

Zahllose Rettungshelfer haben Menschenketten gebildet, um die Trümmer des World Trade Centers vorsichtig abzutransportieren.

habe er sich instinktiv zusammengerollt und ganz klein gemacht. Wenig später habe der Boden unter ihm nachgegeben. Er sei in einer Art Höhle fast 300 Meter nach unten gefahren. »300 Meter im freien Fall – unverletzt!« Die Medien brauchen jetzt Storys von Helden und Überlebenden, da macht sich mancher trotz der Schicksale der vielen Tausende Opfer gern selbst einmal zum »Helden«.

Der Bürgermeister Giuliani informiert am Morgen in der täglichen Lage- und Pressekonferenz über den aktuellen Stand der Rettungsarbeiten. Demnach sind inzwischen 4763 Menschen auf der Liste der Vermissten. Aber Firmen, Verwandte und Freunde melden immer noch weitere Personen. 94 Leichen haben die Retter bisher gefunden und zur Identifizierungsstelle gebracht. 46 Leichen konnten identifiziert werden, außerdem sind »74 Körperteile« entdeckt

worden. Immer wieder appelliert Rudolph Giuliani an die vielen Retter, die Hoffnung nicht aufzugeben. Zugleich wird aber bekannt, dass die Stadtverwaltung inzwischen 30 000 Leichensäcke bereit hält. Die Zahnärzte in Manhattan werden aufgefordert, unbürokratisch zu helfen und Familienmitgliedern die Röntgenbilder vom Kiefer der Vermissten zur Identifizierung zur Verfügung zu stellen.

Im größten Teil Manhattans und in allen anderen Bezirken New Yorks normalisiert sich inzwischen das Leben. Außerhalb der abgesperrten Katastrophenzone gehen die Kinder wieder in die Schule, Geschäfte öffnen, Firmen nehmen ihre Arbeit wieder auf. Und am Nachmittag öffnen auch die drei Großflughäfen der Stadt wieder schrittweise.

Als Zeichen der Solidarität besucht Bundesaußenminister Joschka Fischer (Bündnis 90/Die Grünen)

die Feuerwehr der US-Metropole. An der Wache »Engine 54« legt er einen Kranz nieder. Die Wache hat 15 von 52 Männern verloren, als die Türme des WTC einstürzten. Der Außenminister überreicht außerdem einen Scheck über 100 000 Dollar (108 000 Euro) für die Angehörigen der Opfer.

12. SEPTEMBER

Das Thermometer fällt von 26,7 auf 18,3 °C, heftiger Regen erschwert die Arbeit der Rettungsmannschaften in den Ruinen. Noch immer suchen rund 1000 Helfer am »Ground Zero« nach Überlebenden. Aber der strömende Regen hat den mit Schutt und Asche überzogenen Finanzdistrikt in Süd-Manhattan in eine einzige Schlammlandschaft verwandelt. Am Morgen wird die Suche wegen eines schweren Gewitters abgebrochen. »Alle Arbeiten gehen

nur langsam voran«, sagt ein Behördensprecher. An mehreren Stellen muss sie ganz eingestellt werden, nachdem Experten vor dem Eindringen von Wassermassen des Hudson-Rivers durch brüchig gewordene unterirdische Dämme in die Hohlräume der Kellerfundamente warnen.

Auf seiner Pressekonferenz gibt Bürgermeister Giuliani die neuen Bergungszahlen bekannt: Über 4700 Menschen werden weiterhin vermisst, 134 Tote sind geborgen. Viele der Leichen sind schwer verstümmelt und können z.T. noch nicht identifiziert werden. Die Stadt hat inzwischen eine Leichenhalle für die Toten in einem Hangar des Flughafens La-Guardia eingerichtet. Experten glauben, dass mit großer Wahrscheinlichkeit sehr viele Opfer nie gefunden werden. Unter der ungeheuren Krafteinwirkung beim Einsturz der über 400 Meter hohen WTC-Zwillingstürme sind

Noch immer werden unter den Schutt- und Aschebergen Überlebende vermutet.

Ein Suchhund wird mit Hilfe einer Seilwinde von den Trümmern zurückgeholt.

sehr viele Körper zermalmt worden. Vom Unglücksort wurden bisher mehr als 10 000 Tonnen Schutt abgeräumt. Der Bürgermeister bestätigte noch einmal, dass nach wie vor fünf Menschen aus den Trümmern gerettet werden konnten. Er dementierte zugleich die angebliche Rettung von zehn Polizeibeamten. Eine Frau hatte den Bergungsmannschaften fälschlicherweise von einem Handy-Gespräch mit ihrem verschütteten Mann berichtet und erwähnt, dass weitere neun Männer mit ihm unter dem Schutt auf Hilfe warten. Ihre Angaben führen zu einer frenetischen Suche nach den Überlebenden, die abgeblasen wird, als sich die Angaben der Frau als Lüge herausstellen. Die Frau wird festgenommen.

Vor der Kulisse der immer noch rauchenden und dampfenden Trümmer des WTC steht ein Feuerwehrmann. Er hat seinen Mundschutz abgenommen und seine

HINTERGRUND

Feuerwehrleute – die neuen Helden werden gefeiert

»USA! USA!« oder »Thank You!«, so begrüßen in den ersten Tagen nach den Anschlägen Hunderte New Yorker die roten Feuerwehrwagen, die durch die Absperrungen des Katastrophengebietes fahren. Viele halten Fahnen in den Händen oder spreizen ihre Finger zum Victory-Zeichen. Dann lächeln die Männer mit ihren grauen Gesichtern aus den hupenden Feuerwehrautos.

Auch wenn nur fünf Überlebende aus den Trümmern des WTC geborgen werden, die »New York Fire Fighters« sind in diesen Tagen zu den Helden der Stadt geworden. Unermüdlich suchen sie nach Überlebenden, denn auch über 300 ihrer Kollegen gehören zu den Opfern vom 11. September.

Die Zahl der Feuerwehrleute wuchs in New York von 30 im Jahr 1737 auf 12 769 im Jahr 1990 an. Vor vielen Feuerwachen in der Stadt das gleiche Bild. Menschen bringen Essen, Süßes, Getränke, Blumen oder drücken einfach nur die Hände ihrer Helden. »God bless you!« (»Gott segne dich«) hören sie Hunderte Mal am Tag. Doch viele von ihnen weinen um die vermissten Freunde und Kameraden. Vor den Bürofenstern der Wache von »Engine 24« und »Ladder 5« in Greenwich Village brennen Kerzen, liegen Blumensträuße, Beileidsschreiben und Zettel, die trösten sollen: »Liebe Feuerwehrmänner, Ihr werdet nie vergessen werden von dieser Stadt oder von der Welt, egal, wie viel

Zeit vergeht. Ihr seid die tapfersten Männer im Universum, habt Feiglinge überwältigt – und uns Sicherheit gegeben. Ich liebe Euch alle!«

In der Halle der Wache haben sich während der ersten Tage viele Kollegen aus anderen Feuerwachen für ein paar Stunden ausgeruht. Neben staubigen Hosen und den Jacken mit den gelb-grauen Streifen. An der Wand hängen Metallschilder, in die die Namen der Männer eingraviert sind, die im Dienst ums Leben kamen. Der erste Feuerwehrmann starb bereits am 31. Juli 1880, der letzte am 3. April 1997. Insgesamt neun Männer in hundertzwanzig Jahren. Am 11. September 2001 starben elf Männer aus dieser Wache an einem einzigen Tag.

Die Bergungstrupps können erst nach einigen Tagen schwere Kräne einsetzen.

Ein Marinesoldat hält auf dem Hospitalschiff »USS Comfort« Ausschau. Das Schiff hat an der Spitze Süd-Manhattans festgemacht, um die Krankenhäuser zu entlasten.

HINTERGRUND

St. Paul's Chapel – eine Kirche überlebt die Katastrophe

Die Kirche am Broadway hat alle Feuersbrünste überstanden, die Manhattan jemals heimsuchten. Auch die jüngste Katastrophe.

Als die Türme des WTC – gleich um die Ecke – einstürzten, bröckelte in der St. Paul's Chapel nur der Putz von den Wänden. Hierher, wo am 30. April 1789 George Washington vereidigt wurde, kommen jetzt täglich die Retter und Helfer. »Wir graben, wir beten, dann schlafen wir, bis es wieder ans Graben geht. Und es wird auch noch eine Weile so weiter gehen«, sagt Irving Field, ein Feuerwehrmann aus North Carolina. In die Kapelle des Heiligen Paul haben die Männer auch Mychal Judge getragen. Der Geistliche war der beliebteste Mann der New Yorker Feuerwehr. Als die Zwillingstürme einstürzten, stand er Sterbenden in ihren letzten Minuten bei. Gerade als er einem toten Feuerwehrmann die Augen zudrückte, traf ihn ein Betonbrocken am Kopf. Auf dem Totenschein von Pfarrer Judge, darauf bestanden die Feuerwehrleute, steht die Nr. 1.

Schutzbrille auf den gelb-schwarzen Helm geschoben. Trotz des Regens ist er völlig verschwitzt und verdreckt, sein Blick ist leer: »Sie können sich nicht vorstellen, was es für uns bedeutet, da reinzugehen. In diese Trümmer, was heißt Trümmer, dieses Schlachtfeld. Ich möchte nicht beschreiben, was wir dort immer noch finden.« Die Helfer graben sich auch heute noch mit äußerster Vorsicht und mit bloßen Händen durch die Berge aus Schutt und Stahl. Retter Steve Simmons: »Du stehst da Schulter an Schulter mit anderen, die auch nicht wissen, wie sie mit diesem Wahnsinn umgehen sollen. Wissen Sie, dass all dieses ein Teil dieses riesigen, wunderbaren Hauses war, das begreift man ja gar nicht, wenn man da wühlt.«

Für Entrüstung sorgen Berichte über Plünderungen in den teilweise erhaltenen Ladenpassagen im Kellergeschoss des WTC. Zeitungen haben berichtet, dass Nationalgardisten und Sicherheitskräfte bei einer genaueren Besichtigung dieser Räume, geplünderte Geschäfte für Luxus-Uhren und Schmuck entdeckt hätten. An Tresoren seien Aufbruchspuren gefunden worden. Zunächst war unklar, ob die Diebe das allgemeine Chaos nach der Explosion der Türme durch den Aufprall der zwei entführten Flugzeuge genutzt haben oder ob sie später in die Kellergänge eingedrungen sind. Zwei Tatverdächtige, darunter ein Gefängnisbeamter, der sich als Polizist ausgab, sind mit gestohlenen Uhren gefasst worden, die sie wahrscheinlich zwei Tage nach der Katastrophe gestohlen haben.

---

15. SEPTEMBER

»Die Hoffnung stirbt zuletzt, aber man muss sich mehr und mehr darauf einstellen, dass aus einer Rettungsaktion nun eine Bergungsoperation wird,« sagt am Morgen ein Sprecher der New Yorker Feuerwehr. Hunderte, oft schon total erschöpfte Helfer graben zu ihrer großen Enttäuschung nur noch einige Tote und fast 400 Leichenteile aus. Nach Angaben des New Yorker Polizeichefs Bernard Kerik, sind bis heute 4972 Menschen von ihren Angehörigen vermisst, 152 Todesopfer wurden geborgen, davon 92 identifiziert.

Dennoch will hier niemand die Hoffnung aufgeben. »Es muss immer noch Hohlräume mit einigem Sauerstoff geben«, sagt Rot-Kreuz-Mitarbeiter Joe Egan am Morgen nach der vierten Nacht. »Wir geben den Glauben an Wunder nicht auf, schon wegen der Tausenden Angehörigen, die das auch

nicht tun.« Inzwischen hat die »USS Comfort«, ein großes Hospitalschiff der Marine, an der Südspitze Manhattans festgemacht. Dadurch sollen nicht nur die mit Verletzten überfüllten Krankenhäuser entlastet werden. Auch die Bergungsmannschaften können sich hier ausruhen.

Die New Yorker Polizei warnt, dass alle, die sich ohne Genehmigung in der abgesperrten Zone im Süden Manhattans aufhalten, verhaftet werden. Der Grund sind

Während der Arbeiten in den Trümmern des

immer wieder Schaulustige und selbst ernannte Helfer, die die Arbeiten stören.

Neben den Bergungsmannschaften arbeiten in der Zone jetzt auch zahlreiche Bautrupps intensiv an der Wiederherstellung der Arbeitsfähigkeit des an das World Trade Center angrenzenden World Financial Centers, sowie an der weiter südöstlich an der Wall Street gelegenen Börse. Sie soll am Montag wieder arbeiten. Dafür müssen alle Telefon- und Datennetze wieder-

hergestellt werden und zusätzliche sichere Zugänge für weit mehr als 100 000 Menschen, die in der Finanzwirtschaft beschäftigt sind, geschaffen werden.

16. SEPTEMBER

Es gibt kaum noch Hoffnung, Überlebende zu finden. Immer mehr Ärzte, Spezialisten und Krankenschwestern, die den Überlebenden hatten helfen wollen, kehren zu ihrer normalen Arbeit zurück. Mit

nur fünf Geretteten seit Dienstag sinken die Chancen, dass unter den haushohen Schuttbergen noch jemand lebt. Experten schätzen, dass die Bergungsarbeiten noch über sechs Monate andauern werden.

17. SEPTEMBER

Acht Tage nach der Katastrophe sind noch elf Such- und Rettungsteams mit mehr als 1000 Beamten im Einsatz. Die Zahl der Vermissten ist auf 5422 gestiegen. 241 Leichen

wurden bisher geborgen. Die Anzahl der gefundenen Opfer liegt bei 218, davon wurden 152 bereits identifiziert. Seit dem Beginn der Aufräumarbeiten haben 3788 Lastwagen rund 49 553 Tonnen Schutt auf die ehemalige Mülldeponie »Fresh Kills Landfill« auf Staten Island gebracht. Bauexperten schätzen inzwischen, dass 1,2 Millionen Tonnen Baumaterial von den Zwillingstürmen in die Tiefe stürzten. Die Arbeiten werden noch über ein Jahr andauern.

World Trade Centers in New York haben drei Feuerwehrmänner die amerikanische Flagge gehisst, als Symbol für Freiheit, Toleranz und Demokratie.

Die Trauer

Tränenüberströmte Gesichter, Gebete, Kerzenteppiche vor US-Gebäuden und Schweigeminuten zur Andacht an Opfer und Angehörige, fast überall auf der Welt das gleiche Bild von Trauer und Schmerz. In diesen schweren Stunden gibt es aber auch Momente der Hoffnung für die Idee Amerikas von Freiheit, Toleranz und Demokratie.

GEBETE

Das ganze Land ist vereint im stillen Schmerz

»Gott segne Amerika« singen die Kongressmitglieder auf den Treppen des Capitols – die Nation trauert um die Toten.

Die Menschen starben im Osten der USA, aber die Terrorserie trifft das ganze Land bis zum kleinsten Dorf tief ins Mark. Von San Diego in Kalifornien bis Portland in Maine liegen sich Menschen weinend in den Armen, treffen sich zu Mahnwachen oder in den Kirchen zu Gebeten.

In Washington versammeln sich spontan die Senatoren und Abgeordneten auf den Treppen des Capitols, nur wenige Meilen entfernt von der Unglücksstelle am Pentagon. Sie singen: »God Bless America.«

In allen Städten der USA stehen die Menschen in Gruppen vor Fernsehschirmen in Einkaufszentren, Restaurants und Bars. Dort verfolgen sie geschockt die eingehenden Meldungen über Tote und Verletzte. Viele Schulen schließen früher,

»Wir werden nie vergessen« – mit Fahnen und Transparenten trauert eine ganze Nation um die Toten der Terroranschläge.

besorgte Eltern holen ihre Kinder nach Hause. »In solchen Krisenzeiten will und muss ich ihnen nahe sein. Ich muss mich einfach vergewissern, dass meine Lieben o.k. sind«, sagt eine Mutter in Washington. Von der Ost- bis zur Westküste wehen die Flaggen auf Halbmast. Viele Firmen schließen ihre Türen und schicken die Angestellten nach Hause. Gegen Abend beginnen sich die Kirchen zu füllen. Gouverneur Rick Perry ruft die Texaner zum Gebet auf: »Gebete können helfen, wo Worte fehlen.«

SOLIDARITÄT

Bush am Trümmerberg des Todes

Präsident George W. Bush kommt an den Unglücksort in New York. Er spricht vor den Rettern und gewinnt die Sympathien der New Yorker.

»USA! USA! USA!«, rufen die erschöpften Männer der Bergungstrupps, die mit allen Kräften nach Überlebenden suchen. »USA! USA!«, schreien die Rettungssanitäter und die New Yorker Feuerwehrleute, die mehr als 300 ihrer Kameraden verloren haben, als Präsident George W. Bush drei Tage nach den Attentaten am »Ground Zero« eintrifft. Mit seiner Anteilnahme gewinnt der Präsident vielleicht nicht die Herzen der New Yorker, aber allemal ihre Sympathie. Und plötzlich scheint hier nichts mehr daran zu erinnern, dass die Acht-Millionen-Metropole vor einem Jahr lieber Al Gore als Präsidenten gesehen hätte.

Den trauernden Menschen ruft er zu: »Ich höre euch, der Rest der Welt hört euch, und die Leute, die diese Gebäude zum Einsturz gebracht haben, werden sehr bald etwas von uns allen zu hören bekommen!« Mehr als 400 Hände schüttelt der Texaner und findet warme Worte für die intellektuelle Hauptstadt Amerikas: »Die ganze Nation steht heute an der Seite der guten Menschen von New York.«

Mit Feuerwehrmann Bob Beckwith an seiner Seite dankt US-Präsident George W. Bush den unermüdlichen Helfern am »Ground Zero«.

Tränen der Fassungslosigkeit und der Wut

Die Stadt, die niemals schläft, trägt Trauer. Bürger, Polizisten und Feuerwehrmänner vereint der Schmerz um die Opfer von New York.

Wie ein Leichentuch liegen Staub und Schutt über den zerstörten Resten des World Trade Centers. Nach der ersten Panik herrscht jetzt eine gespenstische Stille in den Straßen von Süd-Manhattan. Nur die Sirenen der Rettungsteams heulen unaufhörlich. Die Stunde des ersten Schocks löst sich jetzt auf in Trauer und Wut.

Eine junge Frau sitzt zitternd auf dem Bürgersteig, sie weint: »Es ist so schrecklich, ich sah, wie ein Pärchen in Panik Hand in Hand aus dem 80. Stock des WTC sprang. Ihre Körper zerschellten auf der Straße. Diese Bilder werde ich nie vergessen. Was sind das für Menschen, die uns so etwas antun?«

Mit Gefühlen von Ohnmacht und Verzweiflung müssen selbst New Yorker Polizisten und Feuerwehrmänner umgehen. Männer, die als Helden in dieser Stadt schon so gut wie alles Grausame erlebt haben. Polizist Ralph Cannon war mit einer der ersten vor Ort: »Die Schreie der Menschen hallen in meinen Ohren. Selbst die Flammen brüllten mich an.«

Und Feuerwehrmann Hank Capriati beschreibt die hoffnungslose Situation der Helfer auf den Trümmern: »Viele meiner Kollegen liegen kraftlos am Boden. Ihr Blick ist starr, einige weinen. Zwei Feuerwehrmänner halten sich an den Händen fest, wir sind die ersten, die die Leichen bergen.«

Um 15.35 Uhr hissen drei Feuerwehrmänner mitten in den Trümmern die amerikanische Flagge. Ihr Zeichen in der Apokalypse: Die Idee Amerikas – Freiheit, Demokratie, Toleranz – lebt weiter. Für immer.

Am Morgen nach dem Unglück wird New Yorks First Avenue zur »Straße der Leichenwagen«. Das Gebiet um das New York University Hospital ist abgeriegelt. Direkt neben dem Krankenhaus liegt Manhattans Leichenhalle. Ein unscheinbares Gebäude, das wie ein Bürohaus aussieht. Krankenwagen rollen fast andächtig im Schritttempo heran. Ihre Sirenen sind ausgeschaltet, keine Eile mehr, denn es gibt kein Leben mehr zu retten. Sie transportieren die geborgenen Leichen. Aus der Halle kommt eine Gruppe Männer und Frauen in Schwarz. Sie wischen sich die Tränen aus dem Gesicht.

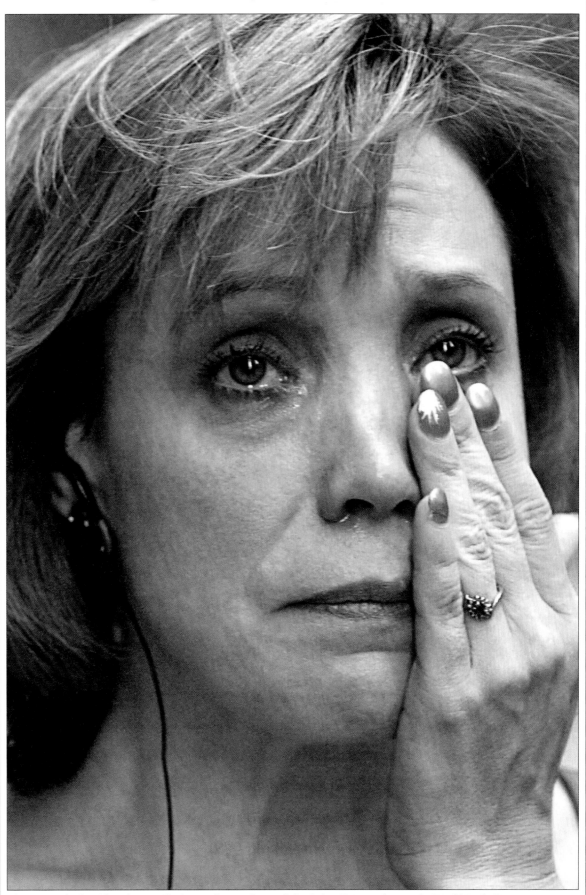

Die New Yorkerin Janine Llyette steht fassungslos vor den apokalyptischen Trümmerbergen des World Trade Centers.

Die Hoffnung stirbt immer zuletzt

Verzweifelt suchen Menschen auf Steckbriefen nach ihren Angehörigen. Ex-Präsident Clinton tröstet die Suchenden vor dem Krankenhaus.

In der Trauer rückt die Stadt zusammen. Unermüdlich eilen Angehörige auf der Suche nach Vermissten von einem Krankenhaus zum nächsten, von der Meldestelle für Vermisste in der Lexington Avenue zum Trümmerhaufen des World Trade Centers. Mütter suchen ihre Söhne, Brüder ihre Schwestern, Männer ihre Frauen – angetrieben von verzweifelter Hoffnung. In ihren Händen halten sie schnell am eigenen PC zusammengestellte Flugblätter. Sie alle zeigen fröhliche Menschen, die einen im Urlaub am Strand von Florida, andere unterm Weihnachtsbaum, wieder andere beim letzten Barbecue im Sommer mit Nachbarn. Die Stadt ist übersät mit diesen Steckbriefen und Fotokopien. »Missing Person« steht über den meisten in großen Lettern.

Hunderte der Suchenden stehen geduldig im Guard Armory Building, der alten Waffenkammer zwischen 25. und 26. Straße in Midtown an. Sie lassen sich registrieren. Michael Rodriguez sucht nach seiner 34-jährigen Schwester Lisa King: »Sie war Sachbearbeiterin im 89. Stock, Tower 2. Sie wiegt 140 Pfund, ist 1,75 Meter groß.« Weder im St. Vincent's noch im Bellevue Hospital ist sie als eingeliefert registriert. Verzweifelt hält er einen Steckbrief mit dem Foto seiner Schwester vor die Kameras der TV-Sender von CNN, NBC oder Fox News. Auch Ex-Präsident Bill Clinton versucht, den Hilfe suchenden Angehörigen der Opfer Trost zu spenden. Vor einem Krankenhaus nimmt er einige der Verzweifelten in den Arm.

Vor dem Armory Building sucht Pedro Lopez nach seinem Stiefvater: »Wenn ihn jemand gesehen hat, bitte helfen sie mir, ihn zu finden. Meine Mutter hat ein sieben Monate altes Baby.« Wie Hunderte andere gibt Lopez eine Telefonnummer an, unter der er zu erreichen ist. All diese Nummern werden gesammelt, bedeuten vielleicht Hoffnung und Trost.

An vielen Ecken und Plätzen der Stadt gibt es ganze Teppiche aus Kerzen, amerikanischen Flaggen, Blumen, selbst gemalten Bildern von Kindern und bedruckten Bändern. Der Union Square mit dem George-Washington-Denkmal aus Bronze ist für viele New Yorker zum Platz der öffentlichen Trauer geworden. Die Statue auf dem Pferd trägt jetzt eine US-Flagge mit dem Friedenszeichen in der Hand. Die Blesse des Bronzepferdes besteht aus dem rosafarbenen gepinselten Wort »Peace«. Davor, dahinter und daneben Kerzen, Zettel, Schleifen, Blumen und Kränze. Die Gemeinschaft der Stadt, die in der Katastrophe auseinander gerissen wurde, ist auf neue Art wieder vereint. T-Shirts, Kappen und immer wieder unzählige Flaggen – bei so viel Trauersymbolik gehen die wirklichen Ratschläge am Union Square fast unter. Zwischen all den bunten Trauerbekundungen hängen kleine Schilder mit Hinweisen auf Beratung und psychologische Hilfe, um das Trauma zu verarbeiten. Schlafstörungen, Albträume, Appetitlosigkeit, Vergesslichkeit, Herzrasen, depressive Verstimmungen und Angst können die Folgen für Opfer und ihre Angehörigen sein. Und Kinder, die Zeugen der Katastrophe wurden – auch vor dem Fernsehbildschirm –, sind hyperaktiv und ängstlich. Die Stadt richtet als Anlaufstelle in den Krankenhäusern Abteilungen für seelischen Beistand ein und organisiert Therapiegruppen für betroffene Mitbürger.

Bei all der nationalen Trauer und der konzentrierten Berichterstattung der Medien aus New York, werden die Toten vom Pentagon fast vergessen. Auf der Dover Air Force Base am Atlantik treffen mit Helikoptern täglich Dutzende Leichensäcke ein. In diesem Stützpunkt werden traditionell die Todesopfer von Terroranschlägen gegen die US-Streitkräfte gebracht. In Washington versuchen Helfer, die Angehörigen der Opfer schonend zu informieren. Staff Sergeant Mark Williams (30), der in seinen elf Jahren Militärdienst bis zum Dienstag noch nie in einem Kriegsgebiet war und in mehreren Schichten hintereinander nach Überlebenden suchte: »Ich wollte weinen, aber konnte es nicht. Ich hatte diese Soldaten unter mir.« Feldwebel Williams schildert auch eine Beobachtung, die ihm und anderen in diesen Tagen Hoffnung vermittelt hat: »In einem Pentagonkorridor mitten zwischen Rauch und Asche ist ein Büro weitgehend intakt geblieben. Auf dem Schreibtisch hat eine aufgeschlagene Bibel gelegen...«

Trauerbekundungen: Manuel Rojas tröstet seine Frau Libia, die bei einem nächtlichen Gebet in Miami/Florida für die Opfer des Anschlags in Tränen ausbricht.

Steckbriefe: Sie sind die letzte Hoffnung viele[r]

Gedenken: Kerzen, Flaggen und Postkarten an

erzweifelter New Yorker auf der Suche nach ihren Freunden und Verwandten.

Union Square

Gebete: Patricia Petrowitz bei einem Gottesdienst am 11.9.2001 in Seattle.

Fassungslosigkeit: Carie Pelle schaut durch einen Zaun auf die Trümmer.

»Going Home« – Abschied für die Feuerwehrmänner

Hunderte New Yorker Feuerwehrmänner und ihre Angehörigen sind zur St.-Patrick's-Kathedrale gekommen, um Abschied von den Opfern unter den Helfern zu nehmen.

Abschied für die Feuerwehrmänner vom WTC in der St.-Patrick's-Kathedrale. Tränen in Washington am Tag des Gedenkens.

Die »Emerald Society Pipes and Drums« – der Spielmannszug des New York City Fire Department spielt auf den Dudelsäcken und Trommeln den langsamen Marsch »Going Home«. Von einem roten Feuerwehrwagen wird vorsichtig der mit der US-Flagge bedeckte Sarg des Feuerwehr-Captains Terence Hatton (41) über die 5th Avenue hinauf, in die St.-Patrick's-Kathedrale getragen. Hunderte Feuerwehrmänner und ihre Familien sind zum Abschied von Hatton und sechs seiner Kameraden am Donnerstag, den 4. Oktober 2001 in die Kirche gekommen. Bürgermeister Giuliani sagt in seiner Trauerrede: »Ich habe schon viele gute Männer in meinem Leben gekannt und belobigt. Terry Hatton war wirklich einer, der herausragt. Ein Mann, den ich wirklich gern als Sohn gehabt hätte.«

Der tragische Tod des Helden, der in 21 Berufsjahren 19 Belobigungen für Tapferkeit erhielt, geht durch die US-Medien. Zwei Tage nach seinem Tod im WTC erfuhr seine Frau Beth Petrone Hatton, die 17 Jahre lang als persönliche Assistentin für Bürgermeister Giuliani gearbeitet hat, dass sie schwanger ist.

Am Freitag, den 14. September 2001 trägt auch der Himmel über Washington Trauer. Tiefe Regenwolken hängen über der Washington National Cathedral, als Präsident George W. Bush zur Trauerfeier für die Opfer von New York, Washington und Pittsburgh eintrifft. An seiner Seite nehmen sein Vater, Ex-Präsident George Bush, und seine Mutter Barbara Platz. Bis auf Ronald Reagan sind alle noch lebenden früheren US-Präsidenten gekommen: Neben Bush senior, Bill Clinton, Jimmy Carter, Gerald Ford und viele andere Spitzenpolitiker.

Als die Opernsängerin Denyce Graves das Lied »America the Beautiful« anstimmt, fließen die Tränen, und auch der Präsident selbst ringt um Fassung. In der Kathedrale kann man eine Stecknadel

»Helden« – eine Frau hält die Titelseite der »New York Post« und ein Erinnerungsfoto des NYFD-Captains Terence Hatton in die Höhe.

fallen hören, als Bush das Wort ergreift: »In dieser Stunde bitten wir Gott, seine Hand über uns zu halten. Er möge uns Geduld und Entschlossenheit geben, bei allem, was auf uns zukommen möge.« Die Trauerfeier, an diesem vom Präsidenten ausgerufenen »Nationalen Tag des Gebets und Gedenkens«, wird landesweit im Fernsehen übertragen. Wer die Gedenkfeier nicht zu Hause am Bildschirm verfolgen kann, tut es in der Firma, wo Geräte aufgestellt wurden.

26 000 Angehörige beim »Gebet für Amerika«

Steven Perna hält bei der Gedenkfeier ein Bild seiner vermissten Freundin hoch.

Optimismus statt Trauer: Politiker, Stars und Geistliche um Bürgermeister Giuliani.

Gemeinsam trauern: Mariela Perez legt den Kopf auf die Schulter ihrer Mutter Carmen.

Über 26 000 Menschen kommen zur Gedenkfeier ins New Yorker Baseball-Stadion. Geistliche aller Religionen beten für die Opfer.

»Ein Gebet für Amerika« – nein, eine Trauerfeier sollte das nicht werden, solange es unter den Trümmern des World Trade Centers noch Hoffnung auf Überlebende gibt. Deshalb besteht New Yorks Bürgermeister Rudolph Giuliani, dass der Gottesdienst im Baseball-Stadion der New York Yankees als Gedenkfeier und weniger als Trauerfeier angelegt wird.

Über 26 000 Menschen füllen am Sonntag, den 23. September 2001 die Ränge des Stadions im Stadtteil Bronx. »Wir beten heute für Amerika«, sagt der Schauspieler James Earl Jones, der mit der Talkmasterin Oprah Winfrey durch das Programm führt. »Unsere Nation ist geeint wie nie zuvor. Wir sind nicht nur in unserer Trauer vereinigt, sondern auch in unserem Streben, eine bessere Welt zu errichten.«

Unter strengen Sicherheitsvorkehrungen sprechen Vertreter der christlichen Kirchen wie auch der jüdischen, muslimischen und hinduistischen Glaubensgemeinschaften den Trauernden Trost und Mut zu und rufen zu Solidarität auf. Großen Applaus gibt es für den Imam der New Yorker Polizei, Izak El M. Pasha: »Wir sind Muslime, aber wir sind Amerikaner. Es ist eine schwere Last, dass solche Attentäter sich als Muslime ausgeben, sie können an keinen Gott glauben.«

Der Rabbiner Joseph Potasnik erinnert an die vielen Helfer, die im Einsatz ihr Leben gelassen haben:

»Als Kinder wollten wir Feuerwehrmänner oder Polizist werden. Heute, als Erwachsene, können wir die Antwort geben, dass wir so sein wollen wie sie.« Unter den Teilnehmern sind auch viele, die Bilder von Angehörigen oder Freunden dabeihaben. Alexander Santora, ein pensionierter Feuerwehrmann, dessen 24-jähriger Sohn Christopher unter den Vermissten ist, spricht aus, was die meisten hier denken: »Wir können nur hoffen. Wenn sie nur einen weiteren Überlebenden finden, wird das den Geist unserer Stadt stärken.«

An der Gedenkfeier nehmen auch Ex-Präsident Bill Clinton und seine Frau, Senatorin Hillary Rodham Clinton, Senator Charles Schumer und die früheren Bürgermeister Ed Koch und David Dinkins teil.

Plácido Domingo singt das »Ave Maria« und Bette Midler »Wind Beneath My Wings«. Bei der Zeile »Wusstest du, dass du mein Held bist«, sind auf den großen Videoleinwänden Feuerwehrmänner im Rettungseinsatz zu sehen. Tausende fassen sich an die Hände und singen mit dem Harlem Boys & Girls Choir »We Shall Overcome«. Das Stadion verwandelt sich in ein Meer amerikanischer Flaggen.

Auf dem Präsidentenlandsitz in Camp David wird unterdessen in einer Zeremonie, an der auch der Präsident und die First Lady Laura Bush teilnehmen, die amerikanische Fahne wieder auf Vollmast gesetzt. Und auch im Yankee-Stadion weht nach der Gedenkfeier das US-Banner wieder auf Vollmast – das Ende der nationalen Trauer.

ANDACHT

Trauer von Muslimen und Christen

Kerzen werden am »Tag der Trauer« vor der US-Botschaft in Jerusalem entzündet.

Weltweit wird an die Opfer der Anschläge in den USA gedacht. Muslime bekunden ihre Trauer ebenso wie Christen in Ost und West.

Auch in Palästina und im Libanon gedenkt man der Tausende Toten der Anschläge von New York und Washington. Weltweit trauern die Menschen am 14. September 2001: Christen, Juden und Muslime zünden gemeinsam Kerzen vor der US-Botschaft in Jerusalem an. Russland schweigt in einer Trauerminute schon einen Tag zuvor. Mit einer Anordnung lässt Präsident Wladimir Putin landesweit die Flaggen auf Halbmast senken. In der gesamten Europäischen Union steht das Leben um 12 Uhr (MEZ) still. In London, Paris, Rom und Madrid bleiben Busse und Bahnen stehen.

An vielen Kirchen läuten die Glocken, sind Gedenkgottesdienste angesetzt. Die EU hat diesen Freitag als »Tag der Trauer« ausgerufen, und auch die EU-assoziierten Länder schließen sich an. Die Regierung von Saudi-Arabien entzog Osama bin Laden die Staatsbürgerschaft. Dieses erklärt der saudi-arabische Botschafter in den USA, Prinz Bandar bin Sultan bin Abdul Aziz. Die offizielle saudi-arabische Nachrichtenagentur SPA zitiert den Prinzen: »Die Regierung in Riad und das Volk fühlen, dass jeder, der in den Terrorismus verwickelt ist, nicht mehr zum Königreich gehöre.« Nach Informationen verschiedener Nachrichtenagenturen hat Saudi-Arabien allerdings bin Laden bereits 1994 die Staatsbürgerschaft entzogen.

HILFE

»Concert for New York City«

Im Madison Square Garden trifft sich das »Who's who« der Musikbranche zum Benefizkonzert.

Ex-Beatle Paul McCartney rief zum »Concert for New York City«, und alle Stars kamen in den Madison Square Garden. Schauspieler Billy Crystal, der die Show moderiert, vergleicht diesen Abend mit Woodstock. Buddhist Richard Gere ruft ins Mikro: »Ich hoffe, wir können die Energie von heute Abend in Liebe und Verständnis umwandeln.« Das bringt ihm Buhrufe der vielen anwesenden Feuerwehrmänner ein. Die Backstreet Boys singen und tanzen. Keith Richards und Eric Clapton zeigen, wie gut weiße Jungs den Blues spielen können. Billy Joel singt »New York State of Mind«, und Paul McCartney, der in einem verwaschenen Feuerwehr-T-Shirt auftritt, präsentiert seinen neuen Charity-Song: »From A Lover To A Friend.«

Eric Clapton (li.) und Buddy Guy spielen Blues im Madison Square Garden.

ANTEILNAHME

Die Schweigeminuten – fast absolute Stille in der ganzen Republik

Deutschland trauert mit den Amerikanern: Schweigeminuten, Gedenkgottesdienste – 200 000 Menschen kommen zum Brandenburger Tor.

Minutenlang herrscht in Deutschland am Donnerstag, den 13. September 2001, um 10 Uhr fast absolute Stille. Bei VW und Opel bleiben in den Werken die Bänder stehen, Bahnen und Busse von Flensburg bis München beteiligen sich an den Schweigeminuten für die Terroropfer.

Auch die Politiker von Senat und Abgeordnetenhaus in Berlin unterbrechen für eine Schweigeminute eine Sondersitzung des Senats. In der Düsseldorfer Johanneskirche beginnt am Freitag (14. Septem-

Schweigeminute bei einer Gedenkveranstaltung im Berliner Abgeordnetenhaus.

ber) um 12 Uhr der ökumenische Friedensgottesdienst. Kardinal Karl Lehmann, Vorsitzender der Deutschen Bischofskonferenz und Präses Manfred Kock, Vorsitzender des Rates der Evangelischen Kirche in Deutschland, halten gemeinsam die Predigt. Am Nachmittag ziehen 200 000 Menschen zur großen Trauer- und Solidaritätskundgebung vor das mit einem schwarzen Trauerflor dekorierte Brandenburger Tor. Nach der Rede von Bundespräsident Johannes Rau (siehe Seite 370) spricht US-Botschafter Daniel Coats sichtlich beeindruckt von der Anteilnahme der Deutschen: »Amerika wird dies nie vergessen! Wir stehen vor einem neuen Kampf.«

Schmerzvoller Abschied am »Ground Zero«

Über 9000 Menschen nehmen direkt an der Unglücksstelle Abschied von ihren Angehörigen und Freunden. Vielen bleibt nicht mehr als eine Holz-Urne mit Staub und Asche.

»Das ist meine Frau«, sagt Rolando Paz und deutet auf die mahagonifarbene Urne mit der Gravur »09-11-01« in seinen zitternden Händen. »Ich werde sie immer bei mir haben.« Seine Ehefrau, Patrice (51) arbeitete am 11. September im 92. Stock des Südturms des World Trade Centers. Von ihr fehlt bis heute jede Spur. Fast 10 000 Angehörige sind an diesem Morgen zur Trauerfeier am »Ground Zero« gekommen, um Abschied von ihren Ehepartnern, Geschwistern, Kindern und Eltern zu nehmen. Hinter den Absperrungen nehmen Tausende Menschen Anteil an dem Schicksal der Opfer vom 11. September.

Feuerwehrmänner legen Kränze und Blumengebinde nieder, und noch immer quillt Rauch aus den Ruinen der Zwillingstürme. Noch werden 4167 Menschen vermisst. Von den 506 geborgenen Leichen konnten bisher 454 identifiziert werden, gibt Bürgermeister Rudolph Giuliani bekannt, der es heute den Angehörigen und Freunden der Opfer gestattete, so nah wie möglich an der Unglücksstelle Abschied nehmen zu können. »Für viele ist es sehr wichtig, hier zu sein und genau dort zu beten, wo ihre Lieben ums Leben gekommen sind«, sagt der Politiker.

Viele der Opfer werden wohl nie gefunden. Deshalb erhalten die Familien, wenn sie es wünschen, vom Roten Kreuz symbolisch eine Urne, gefüllt mit Staub und Asche vom Unglücksort. Die letzte Erinnerung an ihre geliebten Angehörigen und Freunde. Während der Trauerfeier kommt es zu bewegenden Szenen. Über 5000 US-Fahnen wehen über dem Trümmerplatz, die Menschen halten Fotos ihrer vermissten Ehefrauen und -männer, ihrer Söhne, ihrer Töchter oder anderer Verwandter in die Batterie der Nachrichtenkameras, die hinter der Trauergemeinde auf einem Podest steht. Trauernde müssen sich gegenseitig stützen, 250 freiwillige Helfer des Roten Kreuzes versuchen so gut wie es nur geht, den Menschen Trost zu spenden.

»Es ist, als ob ich auf dem Grab meiner Mutter stehe«, weint der 11-jährige Brian Terzina. Der blinde Opernsänger Andrea Bocelli singt vor der Trauergemeinde das »Ave

Eine Frau überreicht einem Feuerwehrmann auf der Trauerfeier am »Ground Zero« Blumen als letzten Gruß an die Angehörigen.

Maria«. Als Musicalkomponist Andrew Lloyd Webber auf der großen Videoleinwand erscheint und am Piano »Let Us Live In Peace« (»Lasst uns in Frieden leben«) spielt, kann auch die Senatorin und Gattin von Ex-Präsident Bill Clinton, Hillary Clinton, ihre Tränen nicht mehr zurückhalten.

»Dieser Tag hier hat mir in meinem Schmerz weitergeholfen. Die Leere in meinem Leben wurde ein wenig gefüllt«, sagt Rolando Paz nach der 55 Minuten dauernden Trauerfeier.

Kardinal Edward Egan, Erzbischof von New York, bringt es auf den Punkt: »Es ist hier kaum möglich, alle seelischen Risse vergessen zu machen. Alles, was die vielen Helfer von der Polizei, der Feuerwehr und dem Roten Kreuz tun können, ist, die Tränen der Angehörigen wegzuwischen.«

Während der Zeremonie stimmt die Starsopranistin der New York Metropolitan Opera, René Fleming, das »God Bless America« an. Und Tausende singen trotz ihrer Trauer mit.

Am Ende der Gedenkfeier schreien viele die Namen ihrer Familienmitglieder in Richtung Ruinen und immer wieder laut: »We love you, we love you!«

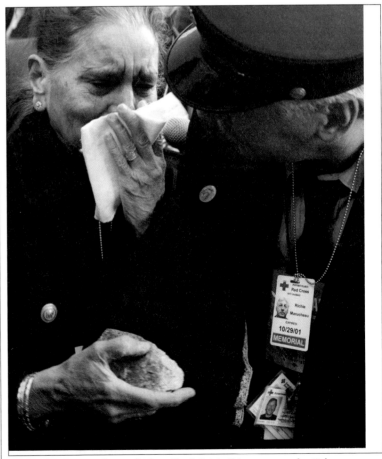

Ein Stück Beton von der Unglücksstelle als letzte Erinnerung an den Sohn.

Ein hoch begabter junger Mann, tolerant, mit ausgeprägtem Gerechtigkeitssinn –
so haben ihn Professoren und Studienkollegen erlebt. Und er hat etwa 4000 Menschen umgebracht.
Die Geschichte eines »Märtyrers« und seines 19-köpfigen Terrorkommandos.

Das Doppelleben des Mohammed Atta

Familienidyll in Kairo: Der junge Mohammed Atta mit seinem Vater, einem angesehenen Rechtsanwalt, und seiner Mutter. Das Bild wurde 1983 aufgenommen.

»Mein Gebet und meine Opferung und mein Leben und mein Tod gehören Allah, dem Herrn der Welten.«
Koran, 6 – 162

Diese frommen Worte standen in arabischen Schriftzeichen über der Diplomarbeit eines Studenten der Stadtplanung an der Technischen Universität Hamburg-Harburg. Danach folgten Berichte, Analysen, Belegfotos zum Thema »Khareg Bab-en-Nasr – Ein gefährdeter Altstadtteil in Aleppo«. Die Probleme beim Aufeinandertreffen muslimisch-historischer und westlich-moderner Stadtarchitektur wurden präzise herausgearbeitet. Eine hervorragende Arbeit. Die Beurteilung war eindeutig: Note 1,7.

Mündlich schnitt Mohammed Atta noch besser ab. Da bekam er eine glatte 1,0. Ein sympathischer, intelligenter, engagierter, fachlich hoch begabter junger Mann sei dieser frisch gebackene Diplomstädteplaner gewesen. »Präzises Denken und ausgeprägter Gerechtigkeits-

sinn« hätten ihn ausgezeichnet. »Klug und sensibel« sei er gewesen. Einen »starken Glauben, aber Toleranz gegenüber anders Denkenden« habe er gehabt.

So erinnern sich Professoren, Dozenten und Studenten an den Sohn eines Rechtsanwalts aus Kairo. Und während sie all dies sagen, was doch einmal die Wahrheit gewesen ist, spiegelt sich Entsetzen in ihren Gesichtern, Fassungslosigkeit und Zweifel an der eigenen Menschenkenntnis.

Hätte man Böses ahnen können, als Mohammed Atta im August 1999 seine Diplomarbeit mit dieser Widmung aus dem Koran versah? »Diese Sure hat mich damals irritiert, weil in seinen Texten sonst keine Religiosität vorkam«, sagt Professor Dittmar Machule, ein respektierter Fachmann für Städtebau. Er hat Mohammed Atta jahrelang gekannt und betreut. Nichts, aber auch gar nichts, habe in dessen Diplomarbeit auf eine radikal-fundamentalistische Gesinnung des

Autors hingedeutet. »Keine dieser unmenschlichen Positionen kam rüber«, sagt Machule. Im Gegenteil: Atta habe in seiner Arbeit sogar für ein friedliches Zusammenleben mit den Israelis plädiert.

Doch nach dem 11. September brennt sich das Koranzitat von der Opferung des Lebens für Allah wie ein Menetekel ins Bewusstsein ein, wie eine Prophezeiung für das, was geschehen ist. Denn es gibt kaum Zweifel: Mohammed Atta war der Anführer des 19-köpfigen Selbstmordkommandos, das die entführten Flugzeuge auf New York und Washington gestürzt hat. Der begabte und beliebte Student ist zum Killer geworden, zum terroristischen Massenmörder, der 4000 Menschenleben auf dem Gewissen hat.

Was war dieser Mohammed Atta für ein Mensch? Spurensuche auf einem verschlungenen Lebensweg, der ins Verderben geführt hat:

Mohammed El-Amir Atta wird am 1. September 1968 in der kleinen Stadt Kafr al-Sheikh im fruchtbaren Delta des Nils geboren. Sein Vater ist Rechtsanwalt und Bauunternehmer. Im Jungenalter ist Atta ein schmächtiges Kerlchen. Er geht Raufereien aus dem Weg. Er spielt lieber Schach und ist gern mit sich allein. Ein Mitschüler zeichnet später Karikaturen der ganzen Klasse und schreibt unter Attas Bild: »Näherkommen und Fotografieren verboten!«. Sein Vater ruft ihn »Bolbol« – »Singvögelchen«. Der kleine Mohammed wird von seinen beiden älteren Schwestern dominiert, die beide Karriere machen, die eine wird Ärztin, die andere Professorin für Zoologie.

Auch Mohammed Atta ist ein sehr guter Schüler. Er studiert an der Universität von Kairo Architektur und macht einen Abschluss als Bauingenieur. Er ist ehrgeizig. Er möchte es weiterbringen. Deshalb geht er nach Deutschland.

Als Mohammed Atta im Herbst 1992 nach Hamburg kommt, ist er 24 Jahre alt. Er lässt sich an der Technischen Universität Hamburg-Harburg für Städtebau und Stadtplanung immatrikulieren. Er lernt schnell. Bald spricht er sehr gut Deutsch, mit hartem Akzent. Gelegentlich korrigiert er sogar Grammatikfehler seiner deutschen Kommilitonen. Nach den ersten Semestern stößt er auf das große Thema, das ihn fünf Jahre lang bis zum Diplom beschäftigen wird: Die Geschichte der Altstadt von Aleppo, der uralten islamisch-orientalischen Metropole im Norden Syriens. Professor Machule, der sehr an arabischer Kultur interessiert ist, fördert diese Arbeit. Zu Studienzwecken darf Atta in den nächsten

Ziad Samir Jarrah mit seiner Mutter in Beirut: Im Februar 2001 – sieben Monate vor den Anschlägen – machte der Terrorist einen letzten Heimatbesuch.

Jahren ein halbes Dutzend Mal nach Aleppo reisen.

Ein deutscher Kommilitone reist ein paar Mal mit. Volker H. erlebte seinen muslimischen Reisebegleiter als offen und freundlich. »Er fand bei sehr unterschiedlichen Menschen immer den richtigen Ton. Doch nie fiel jene Ernsthaftigkeit von ihm ab, die aus seinem Glauben kam.« Als selbstbewussten, stolzen Vorbeter hat der Deutsche Atta erlebt, als der in einer Moschee den Koran rezitierte. Seine politischen Äußerungen seien moderat gewesen. Er habe sich ganz allgemein gegen »die Amerikanisierung der arabischen Welt« gewandt. Als Volker H. seinen Abschluss macht und Ende 1995 die Uni verlässt, verlieren sich die beiden Männer aus den Augen.

Atta reist weiterhin in den Nahen Osten, angeblich für seine Diplomarbeit. Bei einer Rückkehr erzählt er, er habe eine Pilgerfahrt nach Mekka gemacht. Was er nicht erzählt, was sich aber inzwischen als ziemlich gesichert herausgestellt hat: Mohammed Atta war auch in Afghanistan, in einem der Ausbildungslager von Osama bin Ladens Terrororganisation Al-Qaida.

Nach seiner Rückkehr im Zeitraum 1997/98 verändern sich sein Wesen und sein Aussehen völlig. Plötzlich trägt er einen Vollbart und traditionelle arabische Kleidung. Professor Machule wundert sich über seinen Studenten, »denn Mohammed schien bis dahin nicht zu den orthodoxen Muslimen gehört zu haben«.

Von nun an ist er in Hamburg fast nur noch mit seinen arabischen Freunden zusammen. Er wohnt im Stadtteil Harburg, in der Nähe seiner Universität in der Marienstraße. Ein ruhiges, kleinbürgerliches Viertel. Im Haus Nr. 54 zieht Mohammed mit einer Wohngemeinschaft in eine kleine Dreizimmerwohnung im ersten Stock. Auch Marwan Al-Shehhi (23) wohnt hier, ein Student der Elektro- und Schiffbautechnik, ein dicklicher, freundlicher Mann mit Brille, der aus den Vereinigten Arabischen Emiraten stammt. Al-Shehhi hatte im Sommer 1996 vorübergehend bei einer Gastfamilie in Bonn gelebt. Als er nach Hamburg-Harburg umzieht, hinterlässt er einen Brief in gut gemeintem Deutsch für die Vermieter: »Ich danke ihnen für gute Gästschaft. Ich hoffe für ihnen lange zu leben …«

Auch der Libanese Ziad Samir Jarrah (26) zieht in die Marienstraße ein. Jarrah studiert an der Hamburger Fachhochschule Flugzeugbau. »Ein ausgesprochen unauffälliger Student mit durchschnittlichen Leistungen«, sagt Professor Ludwig Schwarz. Der Mitstudent Melih Demir weiß noch, dass Jarrah »ganz normal fünf Mal am Tag betete und keinen Tropfen Alkohol trank«. Aber ansonsten habe er »europäisch und weltoffen« gewirkt. Bevor er nach Hamburg kam, hatte Jarrah in Greifswald studiert und sich dort in die hübsche Kom-

Die Keimzelle des Terrors: In dieser Holzbaracke auf dem Uni-Gelände in Hamburg-Harburg war die »Islam-AG« untergebracht. Hier beteten die Studenten Atta, Al-Shehhi und Ziad Jarrah (v. li.), hier sollen sie die ersten Pläne für die Anschläge geschmiedet haben.

militonin Ayse verliebt. Als die junge Türkin nach Bochum umzieht, besucht er sie regelmäßig.

»Es waren angenehme Leute, die pünktlich ihre Miete zahlten«, sagt der Hausverwalter über die arabischen Mieter. Die Nachbarn wundern sich dagegen über die fremdartigen Männer mit den dunklen Vollbärten. Manchmal laufen sie in Kaftanen und Pluderhosen durch die Marienstraße. »Sie haben oft bis in die Nacht laut gebetet und gesungen. Sie waren immer ernst und wirkten ein bisschen finster«, sagen die Bewohner im dritten Stock. Im Treppenhaus hätten die jungen Orientalen kaum gegrüßt und ihre Tür sofort zugezogen, wenn jemand vorbeikam. Die Wohnungseinrichtung schien aus Gebetsteppichen zu bestehen.

In der Universität schottet sich diese arabische Studentengruppe immer mehr ab. Sie gründet eine »Arbeitsgemeinschaft Islam«. Ihr Sprecher: Mohammed Atta. Der beantragt im Januar 1999 bei einer AStA-Sitzung einen eigenen Gebetsraum auf dem Uni-Gelände. Andere Studentenvertreter wollen das ablehnen, denn »die Universität muss ein religionsfreier Raum bleiben«. Darauf erklärt Mohammed ultimativ: »Wir Muslime müssen fünf Mal am Tag beten, und wenn wir nicht beten können, können wir auch nicht studieren.«

Die »Islam-AG« bezieht einen Gebetsraum in einer containerartigen Holzbaracke am Rande des Uni-Geländes. Der harte Kern der Islam-Aktivisten umfasst ein Dutzend Männer um Mohammed Atta. Heute sind die Ermittler sicher, dass der Barackenraum und die Wohnung in der Harburger Marienstraße die Keimzellen der Terrorgruppe gewesen sind. Die Freunde Atta, Al-Shehhi und Jarrah bilden später den harten Kern der 19 Flugzeugführer.

Zur Harburger Gruppe gehört auch noch Said Bahaji, ebenfalls Student an der Technischen Universität. Er wohnt mit seiner türkischen Frau und dem gemeinsamen sechs Monate alten Sohn nur ein paar Hundert Meter von der Marienstraße entfernt in der Bunatwiete. Said Bahaji gilt als Logistiker der Terrorgruppe. Er soll Pässe, Visa und Geld für die Reisen nach Amerika und für Anschläge besorgt haben. (Bahaji wird seit den Anschlägen vom 11. September mit internationalem Haftbefehl gesucht. Er soll sich in Pakistan versteckt haben.)

Am 2. Mai vorigen Jahres hat sich Mohammed Atta beim amerikanischen Generalkonsulat in Ham-

Mit einer Cessna lernten die Terroristen Mohammed Atta, Marwan Al-Shehhi und Ziad Samir Jarrah bei Huffman Aviation in Venice/Florida das Fliegen.

Said Bahaji, mit und ohne Bart, gilt als der Logistiker der Hamburger Terrorgruppe. Er hat die deutsche Staatsbürgerschaft und wohnte in diesem Haus in der Bunatwiete in Harburg. Bahaji verschwand kurz vor dem 11. September. Er wird mit internationalem Haftbefehl gesucht.

Hamburg-Harburg, Marienstraße: Im ersten Stock des Hauses Nr. 54 hatten Atta und seine Freunde eine Wohnung gemietet. Die Nachbarn hörten oft laute Gebete.

burg ein Visum abgeholt. Als Begründung gab er an, er wolle sich nach abgeschlossenem Studium in Deutschland in den USA zum Piloten ausbilden lassen. Auch Marwan Al-Shehhi und Ziad Samir Jarrah reisen in die USA.

Noch vor ihrer Ankunft in Florida verändern die Männer wiederum ihr Aussehen und ihren Lebensstil. Die Bärte kommen ab. Sie tragen Jeans und T-Shirts. In den USA wirken sie wie westliche, moderne junge Leute südländischer oder arabischer Herkunft. Die in Harburg streng nach dem Koran lebenden Freunde trinken jetzt sogar in aller Öffentlichkeit Alkohol. Ihr neuer Lebensstil – das weiß man heute – ist Tarnung. Sie wollen nicht in den Verdacht geraten, das zu sein, was sie in Wirklichkeit sind: muslimische Fundamentalisten, Gotteskrieger und Terrorkämpfer, die bereit sind, den Märtyrertod zu sterben.

Vorher lernen sie fliegen. »Das waren nette, sympathische Leute«, sagt Rudi Dekkers, der Chef der Huffman Aviation am Venice Airport über seine arabischen Flugschüler Mohammed Atta und Marwan Al-Shehhi. Sie hätten von ihrem Studium in Deutschland erzählt. Ihre Papiere seien in Ordnung gewesen. Die Anzahlung für die Ausbildung, 10 000 Dollar, hatte jeder wie üblich im Voraus bezahlt. Insgesamt hat ihr Pilotentraining 40 000 Dollar gekostet.

Geld schien kein Problem zu sein. Wie man heute weiß, haben Atta und seine Leute für die jahrelange Planung, Vorbereitung und Durchführung der Anschläge insgesamt eine halbe Million Dollar gebraucht – Kleingeld im Vergleich zu dem direkten und indirekten Schaden von mehr als zweihundert Milliarden Dollar, den sie angerichtet haben. Das Geld wurde ihnen auf verschlungenen Wegen aus arabischen Ländern von Mittelsmännern über europäische und amerikanische Banken überwiesen.

Nach einer fünfmonatigen Ausbildung von Juli bis November letzten Jahres können Atta und Al-Shehhi einmotorige und kleine zweimotorige Maschinen steuern. Sie nehmen anschließend noch jeder drei Trainingsstunden in einem Flugsimulator, der einem Boeing-727-Cockpit gleicht. Sie üben, so erinnert sich der Instrukteur, fast nur scharfe Kurvenflüge – keine Starts und keine Landungen. Diese Kenntnisse brauchen sie am 11. September nicht.

Ziad Samir Jarrah macht zur gleichen Zeit in einer anderen Flugschule in Florida seinen Piloten-

19 Männer und vier Flugzeuge – das Todeskommando vom 11. September

Das FBI hat am 27. September 2001 die Fotos der 19 Selbstmordattentäter veröffentlicht, die am 11. September 2001 an der Entführung der vier Verkehrsmaschinen und den Anschlägen in New York und Washington bzw. am Absturz in Pittsburgh beteiligt gewesen sind.

American Airlines, Flug 11 Mit einer Boeing 767 starteten um 7.59 Uhr diese fünf Männer vom Flughafen Boston in Richtung Los Angeles: Waleed Alshehri, Satam Al Suqami, Wail Alshehri, Abdulaziz Alomari und Mohammed Atta. An Bord dieser Maschine starben 92 Personen, als sie um 8.45 Uhr in den Nordturm des World Trade Centers gelenkt wurde.

United Airlines, Flug 175 An Bord einer Boeing 767 starteten um 7.58 Uhr von Boston in Richtung Los Angeles die Entführer Marwan Al-Shehhi, Fayez Rashid Ahmed Hassan Al Qadi Banihammad, Ahmed Alghamdi, Hamza Alghamdi und Mohand Alsheri. 65 Personen starben an Bord, als die Maschine um 9.03 Uhr in den Südturm des WTC gelenkt wurde.

American Airlines, Flug 77 Mit einer Boeing 757 starteten um 8.10 Uhr die fünf Entführer Khalid Almihdhar, Nawaf Alhazmi, Majed Moqed, Salem Alhazmi und Hani Hanjour vom Flughafen Dulles/Washington in Richtung Los Angeles. 64 Personen starben beim Absturz der Maschine um 9.43 Uhr auf das Pentagon in Washington.

United Airlines, Flug 93 Um 8.01 Uhr startete in Newark die Boeing 757, die über Pennsylvania um 10.29 Uhr abstürzte. An Bord waren Ahmed Al-nami, Saeed Alghamdi, Ahmad Ibrahim Al Haznawi und Ziad Samir Jarrah. Es starben 44 Menschen.

schein. In Arizona und Kalifornien lernen Hani Hanjour und Nawaf Alhazmi das Fliegen. Die fünf »Piloten«, die intellektuellen Anführer des ganzen Terrorkommandos, treffen sich im August dieses Jahres zu einer letzten Vorbereitungsbesprechung in Las Vegas. (Siehe Seite 260)

Im Frühjahr und Sommer dieses Jahres reisen die übrigen 14 Flugzeugentführer in die Vereinigten Staaten ein. Die meisten kommen aus Saudi-Arabien. Sie sind die »harten Jungs«, die »Muskelmänner«, die an Bord der entführten Maschine die Piloten umbringen und Passagiere, die Widerstand leisten, ausschalten sollen. Diese Leute sind eher von schlichtem Gemüt. Eine Pensionsbesitzerin erzählt. »Die konnten noch nicht mal eine Glühbirne auswechseln«.

Dagegen war Mohammed Atta ein Mann von Welt, einer der wirklich viel herumgekommen ist. Im Sommer 2000 und auch noch in diesem Jahr fliegt er von Florida aus ein paar Mal nach Europa. Zufällig wird er in Hamburg in einem Einkaufszentrum von einem Dozenten seiner alten Uni gesehen. Auf die Frage, was er jetzt mache, sagt er: »Ich arbeite an meiner Doktorarbeit« und verabschiedet sich sehr schnell. Stattdessen fährt er per Bus nach Prag. Dort trifft er sich mit einem Agenten des irakischen Geheimdienstes. Der tschechische Geheimdienst beobachtet die beiden. Gerüchte, Atta habe dabei von dem Iraker Anthrax-Sporen erhalten, bestätigten sich bisher nicht.

Atta reist wieder weiter. Diesmal nach Madrid. Er fährt mit einem Mietwagen 2000 Kilometer weit durch Spanien. Dabei soll er sich mit Mitgliedern des Terrornetzes Al-Qaida getroffen haben. Dafür gibt es Hinweise, aber keine Beweise. Eines steht jedoch mit Sicherheit fest: Mohammed Atta fliegt am 11. September die erste der vier entführten Passagiermaschinen in den Nordturm des World Trade Centers.

Doch alle Beweise dieser Welt können Mohammed Attas Freunde und Verwandte nicht von seiner Schuld überzeugen. Sein Vater, ein westlich-elegant gekleideter, weißhaariger Rechtsanwalt hält das Ganze für ein israelisches Komplott. »Mohammed konnte ja nicht mal ein Huhn schlachten«, sagt er. Und Ahmed Khalifa (33), früher einer seiner besten Freunde, erzählt, Mohammed Atta sei zwar gegen die »Amerikanisierung der arabischen Länder gewesen«, aber fundamentalistische Terroristen habe er als »gehirnlose, verantwortungslose Leute« bezeichnet.

Vom Millionenerben zum gefährlichsten Mann der Welt

Osama bin Laden ist Multimillionär und fanatischer Heiliger Krieger. Er ist der Brandstifter, der hinter den Terroranschlägen steht. In vielen arabischen Ländern wird er als Held gefeiert und als Legende verehrt. Für die Amerikaner ist er der Staatsfeind Nr. 1. Auf seinen Kopf sind 25 Millionen Dollar ausgesetzt.

Ein Mann macht Angst. Er sagt: »Ich schwöre bei Gott… Amerika und die Menschen, die in Amerika leben, werden sich nie wieder sicher fühlen können, solange die Menschen in Palästina nicht sicher sind und solange, bis die Armeen der Ungläubigen nicht das Land Mohammeds – Friede sei mit ihm – verlassen haben.« Der Mann predigt Tod und Vernichtung: »Die Tötung von Amerikanern und ihren zivilen und militärischen Verbündeten ist eine heilige Pflicht für jeden Muslim!« Alle Mittel würden diesen Zweck heiligen – auch chemische, biologische und atomare Kampfstoffe. Deshalb sei es »eine religiöse Pflicht, sich solche Waffen für die Verteidigung aller Muslime zu beschaffen«. So spricht Osama bin Laden.

Das Bild hat sich jedem eingeprägt, wie er da am Tag, als die Amerikaner die Luftangriffe auf Afghanistan beginnen, vor einer Felswand hockt, flankiert von vollbärtigen Getreuen, mit der unvermeidlichen Kalaschnikow im Hintergrund. Wie er das Mikrofon nimmt und mit leiser Stimme ungeheure Drohungen von sich gibt. Mal wirkt er bei seinen Auftritten unheimlich wie Rasputin, mal freundlich und gutmütig wie der Baghwan, mal erscheint er im weißen, wallenden Gewand, mal im gelb-grün-braun gescheckten Kampfanzug. Mit langem, grauschwarzem Bart und mit Krückstock sieht der mehr als 1,90 Meter große Osama bin Laden wie ein weiser, alter Mann aus. Dabei ist er erst 44 Jahre alt.

Er wurde 1957 geboren. Sein Vater Mohammed war aus dem Hadramaut, einer wilden Gegend im Jemen, nach Saudi-Arabien gekommen und hatte es hier zum reichsten Bauunternehmer des ölreichen Landes gebracht. Osama, das 17. von mehr als 50 Kindern, erbte nach dem Tod des Vaters 300 Millionen Dollar. Nach einem Betriebswirtschaftsstudium in Dschidda bewarb

Mit Gewehr und in weißem Gewand sitzt Osama bin Laden vor einer Karte des arabischen Raums: Er will die »Ungläubigen« aus dem Land des Propheten vertreiben.

er sich bei der saudischen Religionspolizei »Mutawa«, die mit knüppelharten Methoden das Gesetz des Korans durchsetzt. Wegen seiner extremen Ansichten wurde er jedoch nicht rekrutiert. Als 1979 die Sowjets in Afghanistan einmarschierten, hörte Osama bin Laden den Ruf zu Höherem. Er ging nach Afghanistan und wurde zum »Mudschahed«, zum Heiligen Krieger. Unter seinem Kriegsnamen »Abu Abdullah« führte er Scharen arabischer Freiwilliger in viele siegreiche Gefechte.

Der reiche Mann, der für die Armen und Unterdrückten kämpfte, wurde zum Helden. Sogar der amerikanische Geheimdienst CIA war beeindruckt und unterstützte Osama bin Laden und seine Kämpfer finanziell und mit Waffenlieferungen bei seinem Kampf gegen die Sowjets.

Das hinderte den heiligen Krieger nicht daran, flammende Reden und Predigten gegen die »gottlosen Kommunisten«, gegen den »dekadenten Westen« und speziell gegen die Amerikaner zu halten.

Nach dem Abzug der Sowjet-Armee aus Afghanistan gründete Bin Laden die Al-Qaida. Sein Ziel: Die unheilige Allianz von »westlichen Kreuzzüglern und Zionisten« aus allen arabischen Ländern zu vertreiben. Sein Kampfmittel: Terror. »Terrorismus kann lobenswert und verantwortungsbewusst sein, wenn er gegen die Tyrannen und Aggressoren und gegen die Feinde Allahs gerichtet ist.«

Bin Laden verschanzte sich erst in seinen Ausbildungslagern und in sicheren Felshöhlen Afghanistans. Als dort in den achtziger Jahren ein blutiger Bürger- und Stammeskrieg ausbrach, zog er sich in den Sudan zurück, in dem gerade ein radikalislamisches Regime an die Macht gekommen war. In Khartum baute der Sohn eines saudischen Milliardärs ein eigenes Firmenimperium auf. Bin Laden und seine Finanzberater investieren und verteilen die Gewinne in Geschäfte und auf getarnte Bankkonten auf der ganzen Welt. Mit diesen Geldern, davon ist das FBI überzeugt, wurden und werden Terrorzellen und Terroranschläge finanziert.

Nachdem die extrem religiösen Taliban 1996 an die Macht gekommen waren und die USA Druck auf die Regierung des Sudan ausgeübt hat, geht Osama bin Laden nach Afghanistan zurück. Er baut die teilweise zerstörten Ausbildungslager der Al-Qaida wieder auf und stampft neue aus dem Boden. Immer wieder beschimpft und bedroht er die USA.

Ende 1996 erklärt er den Amerikanern den »Heiligen Krieg«. 1998 wiederholt und verstärkt er diese Fatwa (Siehe Seite 364). Kurz darauf attackieren Selbstmordattentäter die amerikanischen Botschaften in Nairobi und Daressalam. 224 Menschen werden getötet, mehr als 5000 verletzt. Daraufhin feuern die Amerikaner 75 Tomahawk-Raketen auf Bin Ladens Stellungen und Verstecke in der Nähe der afghanischen Stadt Khost. Und sie zerstören eine angebliche Chemiewaffenproduktion in Khartum – in Wahrheit eine Arzneimittelfabrik, die zu Bin Ladens legalem Firmenkonzern gehört.

Seine Terroranschläge und die Fehlschläge seiner Feinde machen Osama bin Laden bei den radikalen Islamisten zur unbesiegbaren Legende, zum Mythos.

Dabei bekennt sich Bin Laden niemals persönlich zu Attentaten, wie denen am 11. September in New York und Washington, er hütet sich, dafür die direkte Verantwortung zu übernehmen. Er sagt immer nur: Die Täter hätten ganz in seinem und in Allahs Sinne gehandelt, und er sei stolz auf sie, und das Paradies sei ihnen sicher.

Gut möglich, dass Bin Laden selber keine konkreten Befehle für bestimmte Anschläge gibt. Unwahrscheinlich, dass er Attentate selber plant und organisiert. Das »System Bin Laden«, so erklärt ein deutscher Verfassungsschützer, funktioniere anders. Die Al-Qaida gleiche einem Franchiseunternehmen wie McDonald's: Es gibt eine gut organisierte Zentrale, die alle Mitarbeiter auf die generelle Geschäftsidee einschwört und sie für die Unternehmensziele ausbildet. Aber später könnten die Leute in den Filialen weit gehend selbstständig arbeiten, auf eigenes Risiko Aktionen planen und durchführen. Bei Bedarf bekämen sie logistische und finanzielle Unterstützung von der Zentrale. Osama bin Laden sei »der geistige Brandstifter, der aus der Distanz zusieht und sich freut, wenn die Flammen lodern!«

Genau so sieht es der Chef der Al-Qaida auch selbst. Er sagt: »Die Anstiftung ist unsere Aufgabe, und das haben wir durch die Gnade Gottes getan. Und gewisse Leute leisten dieser Anstiftung Folge.« Und sein nächster Satz klingt heute wie ein Nachruf auf Mohammed Atta und die anderen Selbstmordattentäter vom 11. September: »Diejenigen, die ihr Leben riskieren, um Gott eine Freude zu machen, sind echte Männer. Sie schaffen es, die islamische Nation von der Schande zu befreien. Wir halten sie in höchster Wertschätzung.«

Der Chef der Al-Qaida, der große Anstifter, ist der meistgesuchte Terrorist der Welt. Osama bin Laden steht ganz oben auf der Fahndungsliste des FBI. Auf seinen Kopf sind 25 Millionen Dollar Belohnung ausgesetzt.

Al-Qaida – Das Netzwerk des Terrors

»Das Terrornetzwerk der Al-Qaida«. Seit dem 11. September gehen immer wieder diese Worte um die Welt. Was ist das? Wer steckt dahinter? Al-Qaida, arabisch für »Die Basis«, nennt Osama bin Laden seine Truppe arabischer Kämpfer in Afghanistan und seine international verbreitete Terrororganisation. Unter der Kontrolle der Al-Qaida agieren nach Schätzungen westlicher Geheimdienste etwa 5000 Terroristen in mehr als 50 Ländern, die sich versteckt hielten und jederzeit zum Zuschlagen bereit seien. Zu diesem Terrornetz werden auch nationale fundamentalistische Gruppen wie Dschihad in Ägypten, GIA in Algerien und Abu Sayyaf auf den Philippinen gezählt.

Osama bin Laden hat die Al-Qaida im Herbst 1989 in Afghanistan gegründet, im Lager al-Farouq in der Nähe der Stadt Khost. Die sowjetischen Truppen waren vertrieben worden. 30000 freiwillige Krieger aus vielen islamischen Ländern, die so genannten Arabi (»Arabischen Afghanen«) waren beschäftigungslos. Bin Laden bot ihnen eine neue Aufgabe: Nun sollten die »Kreuzzügler des Westens«, die Amerikaner, die Zionisten und deren Verbündete, aus der ganzen arabischen Welt gejagt werden, vor allem aus Saudi-Arabien, dem Land der beiden heiligen Städte Mekka und Medina. Einige Tausend Männer unterzeichneten damals einen »Bayat«, eine Verpflichtungserklärung, mit der sie Bin Laden und der Al-Qaida ewige Treue gelobten.

Die Führung der Al-Qaida wurde hierarchisch straff organisiert: Der Anführer »Emir General« Osama bin Laden hat zwei Stellvertreter: Ayman Zawahiri und Mohammed Atef, beide Ägypter. Zawahiri gilt als radikaler Chefideologe. Er war Kinderarzt und Chirurg und soll einer der Gründer des Ägyptischen Dschihad sein, der für die Ermordung von Anwar el-Sadat verantwortlich gemacht wird. Muhammed Atef ist der Militärchef. (Er stirbt bei Kämpfen Mitte November in Afghanistan.)

Mohammed Atef, Ayman Zawahiri und Osama bin Laden – unter diesem Triumvirat kontrolliert eine Art Aufsichtsrat die Geschäfte der Al-Qaida. Der »Shura« gehören Bin-Laden-Gefolgsleute und Vertreter verbündeter Terrorgruppen aus Ägypten, Algerien, Pakistan, und Jordanien an. Die Shura kontrolliert vier Vorstandsbereiche:

»Der Militärrat« organisiert die Rekrutierung, Ausbildung und Bewaffnung der Kämpfer. In einem Dutzend Trainingscamps in Afghanistan – und fünf Jahre lang auch im Sudan – wurden in den vergangenen zehn Jahren mehr als 20000 Freiwillige zu Heiligen Kriegern und Terroristen geschult. Nach westlichen Geheimdienst-Erkenntnissen, soll die Al-Qaida auch über chemische und biologische Kampfstoffe verfügen, möglicherweise auch über nukleares Material zum Bau von Atomwaffen.

»Der Rat für Finanzen« verwaltet, vermehrt und verteilt das Geld, das aus unterschiedlichen Quellen auf die weltweit versteckten Konten des Terrornetzes fließt: In Afghanistan haben Bin Ladens Leute beim Rauschgifthandel Millionen kassiert. Die Haupteinnahmen kommen aus einem Firmenimperium, das Osama bin Laden mit seinem ererbten Vermögen von 300 Millionen Dollar aufgebaut hat. Zu seiner Holding Wadi Al-Aqiq gehören Dutzende von international operierenden Firmen.

»Der Medienrat« sorgt für Information der eigenen Leute und für Publicity in aller Welt. Er gab die Tageszeitung »Nashrat al-Ahkbar« heraus. Er vermittelt auch die seltenen Interviews von Osama bin Laden.

Der »Rat für islamische Fragen« stimmt die kriegerische Politik der Al-Qaida mit den Glaubensgrundsätzen des Korans ab. Er bereitet künftige Selbstmordattentäter ideologisch-religiös auf das Märtyrertum vor, das ein künftiges Leben im Paradies verspricht. »Der Rat für islamische Fragen« gewährt den Mitgliedern der Terrorzellen, die ins westliche Ausland geschickt werden, vor ihren Einsätzen Ausnahmegenehmigungen von den eigentlich unumstößlichen Gesetzen des Propheten. Diese Leute, von westlichen Diensten »Schläfer« genannt, dürfen sich dem Lebensstil ihrer jeweiligen Umgebung anpassen.

Seit einem Jahrzehnt haben die Terroristen der Al-Qaida Dutzende von Attentaten in aller Welt begangen. Die bekanntesten Fälle: Im Juni 1996 kommen bei einem Anschlag auf die Khobar-Gebäude in Dharan (Saudi-Arabien) 19 amerikanische Soldaten um, 515 Menschen werden verwundet. – Im August 1998 sterben 224 Menschen bei Bombenanschlägen auf die US-Botschaften in Nairobi und in Daressalam. Im Oktober 2000 sprengt ein Selbstmordkommando ein großes Loch in die Bordwand des Zerstörers »USS Cole«, der im Hafen von Aden ankert. 17 Besatzungsmitglieder kommen um. – Am Morgen des 11. September 2001 entführen 19 Selbstmordattentäter an der Ostküste der USA vier Passagiermaschinen…

Die Anschläge, so eine Geheimdienstanalyse, weisen Tatmerkmale auf, die typisch für die Al-Qaida seien: »Selbstmordattentäter; koordinierte Angriffe am selben Tag; das Ziel, so viele Amerikaner wie möglich zu töten; völlige Missachtung anderer Opfer, einschließlich Muslimen; sorgfältige langfristige Planungen; keine vorherigen Warnungen«.

Ein deutscher Verfassungsschützer wählt einen medizinischen Vergleich, um die tödliche Gefahr deutlich zu machen, die von diesem internationalen Netzwerk des Terrors ausgeht: »Die Al-Qaida ist ein Krebsgeschwür, das in aller Welt Metastasen gestreut hat – und nur die wenigsten davon sind bisher erkannt worden.«

Anwerbung per Rekrutierungsvideo: In einem Ausbildungslager der Al-Qaida in Afghanistan werden Freiwillige zu Heiligen Kriegern gedrillt.

Der 11. September hat die gesamte Weltpolitik erschüttert. Der Schritt der USA, die Weltgemeinschaft zu einer Anti-Terror-Allianz zusammenzuschweißen, lässt auf einen Neubeginn hoffen. Doch die Dauerkonflikte im Nahen Osten und in Asien sowie der Krieg in Afghanistan können sich zum gefährlichen Flächenbrand ausweiten.

ANTI-TERROR-ALLIANZ

Krieg oder Frieden?

In der neuen Anti-Terror-Allianz müssen viele alte Positionen aufgegeben werden. Der Westen muss neue Prioritäten setzen.

Noch nie sind so viele Menschen aus aller Welt und aller Glaubensrichtungen bei einem Attentat ums Leben gekommen wie am 11. September bei dem Angriff auf das World Trade Center in New York.

Noch nie hat ein einziges Ereignis die politische Weltbühne so unmittelbar und so gründlich verändert wie die Anschläge auf New York und Washington.

Und noch nie wurde eine Supermacht so brutal vor den Scherbenhaufen ihrer Außenpolitik gestellt und zu einem dramatischen Kurswechsel gezwungen wie die Vereinigten Staaten in den Stunden und Tagen, die der Katastrophe folgten.

Als am Abend – nach dem Kollaps der Twin Towers – Geschützfeuer und Explosionen den Nachthimmel über der afghanischen Hauptstadt Kabul erhellten, hielten viele Menschen in aller Welt zum zweiten Mal an diesem Tag den Atem an: Der Gedanke an einen blindwütigen Vergeltungsschlag der tief traumatisierten Supermacht lag so nahe.

Doch die amerikanische Regierung verhielt sich ganz anders, als es die Welt befürchtet hatte. Schon in den ersten Stunden nach den Attacken begannen US-Präsident George W. Bush und sein Außenminister Colin Powell, eine weltweite Koalition gegen den internationalen Terrorismus zu schmieden.

Dies allein war ein überraschender Schritt, denn der neue Präsident George W. Bush hatte gerade eine dramatische Wende in der Außenpolitik der Vereinigten Staaten vollzogen. Mit seinem Einzug ins Weiße Haus hatte Bush begonnen, sein Wahlversprechen umzusetzen, demzufolge sich die US-Regierung in erster Linie um die Interessen der Vereinigten Staaten (America First!) kümmern werde. Die USA sollten sich künftig aus allen internationalen Konflikten heraushalten. Weder im Nahen Osten noch auf dem

Brot und Bomben: 37 000 Lebensmittelpakete mit Tagesrationen haben die US-Luftstreitkräfte am ersten Tag des Bombenangriffs auf Afghanistan abgeworfen.

Balkan wollte Amerika moderieren oder eingreifen. Internationale Klimaschutz- und Umweltabkommen wurden verworfen, der ABM-Vertrag mit Russland zur Abrüstung atomarer Sprengstoffe für nicht mehr notwendig erklärt und die Russen brüskiert, auch die Einigung, die eine Kontrolle bei der Vernichtung biologischer Kampfstoffe konkretisiert hätte, lehnte Bush ab und forcierte stattdessen eine Neu-

auflage des Raketenabwehrschirms NMD, um die Supermacht vor Angriffen von außen zu schützen.

Dass Bush dem Land mit dieser in die Isolation der USA mündenden Politik ebenso einen Bärendienst erwiesen hat wie viele seiner Vorgänger mit ihrer rigorosen Hegemonialstrategie, die unbeirrt von allen Warnungen den »American Way of Life« und vor allem das amerikanische Wirtschaftssystem aller

Welt aufdrückten, ist eine Erkenntnis, die sich derzeit in den USA nur geringer Popularität erfreut. Perfider Symbolismus: Mit dem Kollaps des World Trade Centers stürzte auch das außenpolitische Kartenhaus der Bush-Regierung ein.

Doch auch das neue Gebäude der globalen Allianz steht auf wackeligem Fundament. Die eilig geknüpften Partnerschaften, die alte Feinde wie Indien und Pakistan, rivalisierende Großmächte wie Russland und China, die demokratischen Staaten Europas, die Diktaturen Asiens, das Mullah-Regime im Iran und absolutistische Monarchien wie Saudi-Arabien unter ein Dach und zum Kriegszug gegen eine Bande krimineller und menschenverachtender Gotteskrieger zwingen, sind äußerst fragil und wenig belastbar.

Sie kamen überhaupt nur zu Stande, weil sie nicht vordergründig gegen einen Staat gerichtet waren, sondern gegen eine kriminelle Vereinigung, die mit minimalen Mitteln maximale Wirkung erzielt hat. Die Angst vor neuen Anschlägen – seit den Milzbrandinfektionen in den USA auch vor biologischen Waffen – lähmt die Menschen in allen Staaten. Schon heute haben die Attacken schwere Rückschläge in der Weltwirtschaft hinterlassen. Solche Entwicklungen, die den ruhigen Fluss gedeihlicher Geschäfte stören, missfallen auch den Machthabern und Potentaten autoritärer Regime.

Doch in der islamischen Welt, selbst in den gemäßigten Staaten der Region, wächst im Volk der Widerstand gegen die amerikafreundliche Haltung ihrer Regierungen.

Auch wenn die Attentäter der islamischen Glaubengemeinschaft, einer sehr radikalen Randgruppe allerdings, angehören, und fanatische Islamisten die verarmten Massen mit höchst fragwürdigen Heilslehren im Namen Allahs zu mobilisieren versuchen, geht es bei diesem ersten Krieg des 21. Jahrhunderts nicht nur um einen neuen Religionskrieg, sondern um die zunehmend ungerechtere Verteilung von Kapital, Rohstoffen und Produktionsmitteln zwischen der Ersten und der Dritten Welt.

Diese Erkenntnis ist wichtig, wenn die Allianz zwischen Armen und Reichen gegen den Terror noch länger zusammenhalten soll. Bündnistreue für die USA, aber auch für Europa gibt es nicht zum Nulltarif. Über Jahre werden Milliarden an Dollars in die Staaten fließen müssen, in denen Hunger, Armut und Bürgerkriege die Menschen den religiösen Eiferern in die Arme treiben. Auch im Eigeninteresse des Westens, denn viele Rohstoffe, Erdöl und Gas, ohne die in den Industriestaaten nicht nur die Heizungen ausgingen, kommen aus den islamischen Ländern.

Allerdings wird es auf Dauer wenig nützen, das Füllhorn materieller Zuschüsse über die teils korrupten, teils militanten Regime auszukippen. Die Gefahr, dass dies zur Bereicherung der Machthaber selbst oder für gigantische Rüstungsprogramme missbraucht wird, ist zu groß.

Zu den Verhandlungen für eine neue Weltordnung, in die das amerikanisch dominierte Zweckbündnis münden muss, wenn es nicht in einer gefährlichen Konfrontation enden soll, müssen auch Programme gehören, in denen die Menschen in den Entwicklungsländern künftig ausgebildet und medizinisch versorgt werden können. Mit Hungerhilfe allein lassen sich die tiefen Gräben nicht mehr zuschütten. Der israelische Außenminister Shimon Peres brachte die Defizite in der arabischen Welt auf den Punkt: Nicht Waffen werden den Frieden bringen, sondern Wissen und Geld.

Hier liegt die große Chance der Vereinten Nationen, aber auch der Europäer – allen voran der Deutschen. Als in jüngster Geschichte weltpolitisch wenig verbrauchte Wirtschaftsmacht könnten sie ihren Einfluss im Sinne der Allianz gegen den Terror überall dort geltend machen, wo die USA in den vergangenen Jahrzehnten verbrannte Erde hinterlassen haben. Im Iran, aber auch in China und Russland sowie in einigen arabischen Staaten.

Ihre Glaubwürdigkeit als kompetenter Co-Regisseur der amerikanischen Bündnispolitik hängt aber davon ab, ob es Bundeskanzler Gerhard Schröder und seinem Außenminister Joschka Fischer gelingt, auch gegenüber den USA eine Position der Stärke und Unabhängigkeit zu bewahren. Uneingeschränkte Solidarität in Stunden der Not ist die richtige, kritiklose Unterordnung die falsche Seite der Medaille. Der Einsatz der Bundeswehr in Afghanistan könnte ein falsches Signal senden.

Vom Cowboy zum Präsidenten

Unter dem Druck der Krise entwickelte sich der Texaner George W. Bush von einem raubeinigen Provinzpolitiker zu einem allseits geachteten Staatsmann. Mit entschiedenen, aber besonnenen Reaktionen ist es dem im internationalen Politikgeschäft unerfahrenen Regierungschef gelungen, eine weltweite Allianz gegen den Terror zu schmieden.

US-Präsident George W. Bush beim Treckerfahren auf seiner Ranch in Texas

In den ersten schrecklichen Stunden, als das Grauen kein Ende hatte, als immer neue Hiobsbotschaften und Schreckensmeldungen hereinbrachen, suchte ganz Amerika seinen Präsidenten. Die traumatisierte Nation wartete auf Trost und Zuversicht aus der vertrauten Kulisse des Oval Office. Doch als George W. Bush dann das Wort ergriff, stand er nicht in der Machtzentrale in Washington, sondern in einem kargen Klassenzimmer irgendwo in Florida. Nicht die knappen Worte von der »nationalen Tragödie« waren es, die an jenem grauenvollen Tag im Gedächtnis haften blieben, sondern die Bilder von einem einsamen Mann, der sich über den Schulhof davonschlich wie ein verschreckter kleiner Junge.

Danach begann die Irrfahrt des Präsidenten. Louisiana, Nebraska, eilig arrangierte Auftritte, hölzern vorgetragene Statements, die Sicherheitsbeamten hatten die Regie übernommen. Erst spät am Abend durfte der Chef der einzigen Supermacht an seinen Amtssitz zurückkehren.

In den darauf folgenden Tagen wurden Fernsehzuschauer rund um den Globus Zeugen einer erstaunlichen Wandlung. Von Ansprache zu Ansprache stieg der raubeinige, eher provinziell wirkende Politikersohn zum Präsidenten aller Amerikaner empor. In einem geschickten Slalom zwischen rachelüsterner »Hau-drauf-Rhetorik« gegen Osama bin Laden, den mutmaßlichen Drahtzieher der Anschläge (»Wir kriegen ihn tot oder lebendig«) und moderateren Tönen wohlüberlegter Koalitionsdiplomatie, die voreiligen Vergeltungsschlägen eine Abfuhr erteilte (»Wir werden nicht mit einer Rakete für zwei Millionen Dollar auf ein leeres 10-Dollar-Zelt schießen, um ein Kamel in den Hintern zu treffen«), gelang es ihm, beide Lager der USA-Gesellschaft, die waffenrasselnden Erzkonservativen des Mittleren Westen und die pazifistischeren Ostküsten-Liberalen, zu überzeugen.

Dass George Walker Bush diesen Spagat schaffen würde, hat ihm kaum jemand in der amerikanischen Politszene zugetraut. Bislang hat Bush junior, der erst nach einem höchst umstrittenen Wahlergebnis per Gerichtsentscheid im Dezember 2000 ins Weiße Haus einziehen durfte, wenig Niveau und Fingerspitzengefühl bei der Regierungsarbeit gezeigt. In seiner kurzen Amtszeit wurden höchst umstrittene Entscheidungen gefällt: In der Energiepolitik setzte die Bush-Regierung wieder stärker auf die Nutzung fossiler Brennstoffe. Aus dem internationalen Klimaschutzabkommen zogen sich die USA zurück, und in der Außenpolitik hat Bush die Rolle der USA als Moderator und Schutzmacht bei internationalen Konflikten deutlich heruntergefahren. Nicht einmal in die eskalierenden Auseinandersetzungen zwischen Israelis und Palästinensern wollte der neue amerikanische Präsident eingreifen. Sein Hauptaugenmerk galt der Prosperität der amerikanischen Mittelklasse, um sie zufrieden zu stellen, hatte er gleich nach seinem Amtsantritt umfangreiche Steuersenkungen versprochen.

Die außenpolitischen Fehltritte und Versäumnisse, die langfristig zur Isolation der USA in der internationalen Völkergemeinschaft geführt hätten, scheinen seit dem 11. September in der öffentlichen Meinung Amerikas ebenso vergessen wie seine lässige Amtsführung – bisher hatte sich kein US-Präsident zu seinem täglichen Mittagsschläfchen bekannt oder sich einen so langen Sommerurlaub gegönnt wie »George Dabbelju«. Wochenlang weilte er fern der Washingtoner Regierungszentrale auf seiner Ranch in Texas.

Doch die entscheidende Feuerprobe steht dem neuen George W. Bush noch bevor. Er muss den begonnenen Krieg nicht nur siegreich beenden, sondern versuchen, die politischen Voraussetzungen für einen dauerhaften Frieden im Nahen und Mittleren Osten zu schaffen.

An dieser Aufgabe ist sein Vater Anfang der 1990er Jahre gescheitert. Bush senior hatte zwar den Golfkrieg gewonnen, aber den Frieden verspielt. Um diese Jahrhundertaufgabe zu schaffen, wird der Junior wohl die Fußstapfen des Vaters verlassen müssen, denen er bisher so treu gefolgt ist. So hat der 1946 in New Haven im Bundesstaat Connecticut geborene George Walker – wie Vater und Großvater vor ihm – an der renommierten Yale-Universität studiert und sich danach in der Ölindustrie versucht: Erst als Hilfsarbeiter auf Bohrplattformen, dann als Gründer einer Firma. Seine Leistungen als Unternehmer waren allerdings eher bescheiden. Seine politische Karriere und die erfolgreiche Bewerbung um das Amt des Gouverneurs von Texas verdankt er den Beziehungen seines Vaters. Auch in seiner jetzigen Rolle als Weltkrisenmanager steht ihm der erfahrene Ex-Präsident als Berater zur Seite.

USA

Der Krisenstab

Sitzung des Nationalen Sicherheitsrats der USA am 20. September (von links): Justizminister John Ashcroft (2. v. li.), Finanzminister Paul O'Neill, Vizepräsident Dick Cheney, Präsident George W. Bush, Außenminister Colin Powell, Verteidigungsminister Donald Rumsfeld und der damalige US-Generalstabschef Henry Shelton

In dieser Runde von Ministern und Beratern wird der Anti-Terror-Krieg der USA geplant.

Als George W. Bush kurz vor seinem Amtsantritt seine Minister und Berater vorstellte, waren viele Amerikaner überrascht: Unter den Neuen waren altbekannte Gesichter, die schon unter seinem Vater George Bush senior, der von 1989 bis 1993 US-Präsident war, oder dessen republikanischen Vorgängern gedient hatten.

Dies gilt vor allem für **Vizepräsident Richard »Dick« Cheney.** Der 60-Jährige war Verteidigungsminister in der Regierung von Bush senior. Er ist ein Repräsentant des konservativen Flügels der Republikanischen Partei. Er gilt im Krisenstab als einer der Hardliner. Schon als Kongressabgeordneter von Wyoming stimmte er gegen Waffen-Kontroll-

abkommen. Bis zum 11. September soll es vor allem Cheney gewesen sein, der die Regierungsarbeit im Weißen Haus erledigt hat. In den ersten Tagen nach den Anschlägen war er kaum noch öffentlich zu sehen. In Washington kursierten bereits Gerüchte, dass der herzkranke Vizepräsident einen weiteren Infarkt erlitten habe. Tatsächlich vermieden Cheney und Bush aus Sicherheitsgründen gemeinsame Auftritte und hielten sich stets an getrennten Orten auf.

Außenminister Colin Powell (64) hatte als Generalstabschef gemeinsam mit Norman Schwarzkopf den Einsatz der amerikanischen Truppen im Golfkrieg kommandiert. Nach der von ihm vertretenen Doktrin werden Waffeneinsätze abgelehnt, wenn nicht vorher politische Lösungen für die Zeit danach gefunden worden sind. Er gilt als der Regisseur der welt-

weiten Anti-Terror-Allianz. In der Bush-Regierung hatte Powell bis zum 11. September eine eher untergeordnete Rolle gespielt und sogar Anzeichen von Amtsmüdigkeit erkennen lassen. Das hat sich gründlich geändert, heute zählt er zu den wichtigsten Kabinettsmitgliedern des Präsidenten.

Verteidigungsminister Donald Rumsfeld (69) gilt als bewährter »Haudegen« im Kabinett. Er hatte schon den früheren US-Präsidenten Nixon, Ford und Reagan gedient. Bereits vor den Anschlägen vom 11. September zählte er zu den Förderern des Raketenabwehrsystems NMD. Nach Ansicht von Beobachtern soll jedoch auch Rumsfeld, der sich im Nahen und Mittleren Osten gut auskennt, in der gegenwärtigen Krise zunächst eher auf Kooperation als auf Konfrontation mit den islamischen Staaten gesetzt haben.

Condoleezza Rice (47) ist die Nationale Sicherheitsberaterin und die engste Vertraute des Präsidenten. Rice hatte bereits Vater Bush bei den 2+4-Verhandlungen zur Wiedervereinigung Deutschlands beraten. Rice ist die einzige Frau im Krisenstab und steht für eine besonnene und vorsichtige Politik. Durch ihr Aufsichtsratsmandat bei Chevron gilt die clevere Politikwissenschaftlerin und Professorin der Elite-Universität Stanford auch als hervorragende Kennerin Zentralasiens und der Golfregion.

Paul Wolfowitz (57), stellvertretender Verteidigungsminister, ist ein Weggefährte von Vizepräsident Richard Cheney. Während der Bush-Administration Anfang der

1990er Jahre leitete er die Abteilung Außenpolitik im Pentagon. Er gilt als Spezialist für internationale Konflikte und vertritt eine kompromisslose militärische Lösung. Er soll sich nach dem Einmarsch der Sowjetunion in Afghanistan darum gekümmert haben, dass die Widerstandskämpfer mit Waffen versorgt wurden.

Finanzminister Paul O'Neills eigentliche Aufgabe liegt an der Heimatfront. Der 65-Jährige soll dafür sorgen, dass die US-Wirtschaft nicht in eine schwere Rezession abrutscht. Außerdem hat der ehemalige Topmanager des Aluminiumproduzenten Alcoa den Auftrag, das Finanznetz der Terrororganisationen aufdecken und dessen Konten einfrieren zu lassen.

CIA Chef George Tenet (48) muss sich als oberster Boss des Geheimdienstes peinliche Fragen nach der Effizienz der Behörde gefallen lassen, die offenbar keine konkreten Erkenntnisse auf die bevorstehenden Attentate hatte. Zur wirksameren Terrorbekämpfung drängt er auf einen raschen Ausbau von Sonderrechten und Befugnissen der Agenten und der Geheimdienstbehörde.

Der **Stabschef im Weißen Haus, Andrew Card** (54), ist ein langjähriger Freund der Familie Bush und ein bewährter Wahlkämpfer. In den acht Jahren der Clinton-Regierung hat er als Lobbyist für den US-Autokonzern General Motors gearbeitet.

Zum engen Beraterteam des Präsidenten zählt auch der bisherige Gouverneur von Pennsylvania, **Tom Ridge** (56), der nun für das neu geschaffene Amt für Heimatschutz zuständig ist. Er soll die Arbeit von 40 Behörden in diesem Sicherheitsbereich koordinieren. Dieses Amt mit Kabinettsrang sollte schon im Sommer auf Initiative

von Vizepräsident Dick Cheney eingerichtet werden. Der erste Amtsinhaber, ein Republikaner, gilt als Repräsentant des konservativen Flügels der Partei.

FBI-Direktor Robert Mueller (56) zählt zu den Neulingen in der Mannschaft des Präsidenten. Er soll die Polizeikräfte ausbauen und effizienter machen.

Justizminister John Ashcroft (59) soll die gesetzlichen Grundlagen schaffen, damit die Befugnisse von Polizei und Geheimdiensten erweitert werden können, um die Terroristenjagd zu beschleunigen. Sollte der Topterrorist Osama bin Laden jemals lebend gefasst werden, müsste der ehemalige Gouverneur von Missouri auch den Prozess organisieren.

Generalstabschef Richard B. Myers (59) war bisher Stellvertreter von General Shelton. Seit dem 1. Oktober 2001 ist er der oberste Berater des Präsidenten in Uniform und koordiniert die Militäraktionen der vier Waffengattungen der US-Streitkräfte. Der Luftwaffenoffizier war zuvor Chef des US-Weltraumkommandos.

HINTERGRUND

Die schützende Hand des Vaters

Genau betrachtet haben die Amerikaner derzeit zwei Präsidenten – hinter den Kulissen zieht auch Bush senior die Fäden.

Manchmal sagt eine Geste mehr als jedes Wort: Als sich George W. Bush nach seiner Trauerrede bei dem Gedenkgottesdienst, mit dem Amerikas Politiker der Toten der Terroranschläge in New York, Washington und Pittsburgh gedachten, wieder auf seinen Platz setzte, griff Bush senior stumm nach der Hand des Sohnes. Fernsehkameras übertrugen diese Szene in alle Welt. Ein väterlicher, anerkennender Händedruck, der in seiner Spontaneität unbeholfen wirkte, aber doch einen fast intimen Einblick in diese spezielle, fast einmalige Vater-Sohn-Beziehung gewährte: In Demokratien ist die dynastische Erbfolge nicht vorgesehen, den Kindern früherer Amtsinhaber gelingt es denn auch nur selten, das höchste Staatsamt zu erklimmen, schon gar nicht zu Lebzeiten ihrer Altvorderen.

Deshalb werden immer wieder Fragen laut, wer eigentlich im Weißen Haus regiert, der Senior oder der Junior, Bush I oder Bush II?

Der Ex-Präsident selbst spielt seinen Einfluss auf den Junior immer herunter. Es sei nur eine »völlig normale Vater-Sohn-Beziehung«, wie sie in allen Familien gepflegt wird. Man telefoniere bisweilen. Der Jüngere frage den Älteren »gelegentlich« um Rat. Öffentlich hat sich Bush senior seit dem Amtsantritt des Sohnes stets im Hintergrund gehalten. Eine Ausnahme war sein Auftritt im Fernsehen zum Schutz von Amerikanern islamischen Glaubens wenige Tage nach den Anschlägen.

Familie Bush beim Gottesdienst für die Opfer der Terroranschläge in Washington.

Bevor der Präsident eine Moschee besuchen konnte, machte der Ex-Präsident seinen Landsleuten klar, dass nicht jeder Muslim ein Terrorist sei, und versuchte, seine Landsleute von Racheakten gegen unschuldige Bürger abzubringen.

Meist geht der Alte sogar auf räumliche Distanz zum Weißen Haus. Bei Beginn der Bombardements auf Afghanistan flog er nach Mailand – zum Golfspielen. Doch was sind schon ein paar Tausend Kilometer in Zeiten weltumfassender Telekommunikation.

Tatsächlich ist Bush senior immer präsent. Vertraute beider Präsidenten lassen denn auch durchblicken, dass die beiden in engem Kontakt stehen, dass die lange Vorbereitung des Angriffs auf Afghanistan, die Bildung der weltweiten Allianz gegen den Terror eindeutig die Handschrift des Alten trage. Der Senior habe dem Jüngeren dringend von einem voreiligen Vergeltungsschlag abgeraten.

Kann er ihn jetzt auch zum Erfolg führen?

DEUTSCHLAND

Die neue Rolle der Deutschen

Bundesinnenminister Otto Schily: Harter Kurs und scharfe Kontrollen gegen Terroristen

Außenminister Fischer bei Irans Präsident Chatami: In Ländern, wo die USA nicht willkommen sind, springen die Deutschen ein.

Mit einem umfangreichen Unterstützungsversprechen versucht die Bundesregierung, Einfluss auf die Amerikaner und die weltweite Anti-Terror-Allianz zu nehmen, um Deutschland künftig eine gewichtige Position in der neuen Weltordnung zu verschaffen. Doch der Preis ist hoch: Weil die Bundesrepublik selber ins Visier von Terroristen geraten könnte, werden Bürgerrechte eingeschränkt und Sicherheitsbestimmungen verschärft.

Noch in den ersten Stunden nach den verheerenden Angriffen auf Amerika versprach Bundeskanzler Gerhard Schröder »uneingeschränkte – ich wiederhole – uneingeschränkte Solidarität« mit den Vereinigten Staaten. Damit traf Schröder die Stimmung im Volk und in den politischen Parteien – mit Ausnahme der PDS.

So viel Einigkeit war selten in der deutschen Politik: »Wir sind alle Amerikaner«, bekannte der SPD-Fraktionsvorsitzende Peter Struck in Anspielung auf das Berlin-Bekenntnis des US-Präsidenten John F. Kennedy. Die CDU-Parteichefin Angela Merkel sekundierte dem SPD-Kanzler, dass Deutschland sich in einer solchen Krise nicht ins »Hinterzimmer der Gemütlichkeit« zurückziehen dürfe. FDP-Chef Guido Westerwelle forderte gar, dass »alle innenpolitischen Aus-

Verteidigungsminister Scharping: Konfuse Aussagen zum Einsatz der Bundeswehr

einandersetzungen« zurückgestellt werden müssten.

Unter dem Eindruck der grauenvollen Bilder aus den USA gab es für den Kanzler kein Zögern. Beherzt stellte er den Amerikanern alles zur Verfügung, was Deutschland bei Krisenfällen zu bieten hat: Den Einsatz von Kräften des Technischen Hilfswerks, volle Kooperation von Geheimdiensten, Bundesgrenzschutz und der Polizei mit den amerikanischen Behörden, verstärkten

Schutz der amerikanischen Einrichtungen in Deutschland, jede Unterstützung für Operationen, die die USA von der Bundesrepublik aus unternehmen wollen, das komplette Orchester diplomatischer und politischer Instrumente für den weltweiten Kampf gegen den Terror.

Schröder ging sogar noch einen Schritt weiter: Ausdrücklich schloss er in seine Solidaritätserklärung auch den Einsatz der Bundeswehr ein. Falls die NATO den Bündnisfall

erklären würde, sollten deutsche Soldaten neben Amerikanern, Briten und Franzosen an der Front kämpfen, auch wenn der Kriegsschauplatz außerhalb Europas und des NATO-Gebiets liegen sollte.

Neben der Betroffenheit hatte Schröder sehr realpolitische Gründe für seine weit reichenden Hilfsangebote: »Nur wenn wir im Boot sitzen und mitrudern, können wir versuchen, Tempo und Richtung der Fahrt mitzubestimmen.« Die Bundesregierung fürchtete wie viele andere Regierungen an jenem 11. September, dass die USA auf die grauenvollen Attacken mit einem blindwütigen Vergeltungsschlag antworten würde.

Als dieser ausblieb, ging es Schröder auch um die neue Rolle Deutschlands in der Welt. Die Deutschen müssen sich zu ihrer Verantwortung in der Welt bekennen. Die Bundesrepublik soll künftig als gleichwertiger Partner mitreden können, wenn Amerikaner, Briten und Franzosen internationale Konflikte beraten. Mit einem auf finanzielle oder humanitäre Hilfen beschränkten Engagement wie beim Golfkrieg 1991 lässt sich nach Ansicht des Kanzlers diese Position nicht erreichen. Ein militärischer Einsatz der Bundeswehr an der Anti-Terror-Front würde zudem – so Schröders Überzeugung – nur fortsetzen, was mit den Bundeswehreinsätzen im Kosovo und in Mazedonien bereits begonnen wurde. Im Krieg gegen den Terror habe Deutschland eine ganz besondere Verpflichtung zur Solidarität, weil die Attentate von der Bundesrepublik aus vorbereitet wurden.

Nur die PDS konnte der Kanzler nicht überzeugen. Sie lehnte ein militärisches Engagement der Deutschen ab und wurde von den Informationsrunden des Kanzlers ausgeschlossen. Die Grünen sind durch die Zusage, die USA auch bei militärischen Aktionen zu unterstützen, in eine Zerreißprobe zwischen Koalitionstreue und Pazifismus geraten. Doch als es zur Abstimmung im Bundestag über den konkreten Einsatz von 3900 deutschen Solda-

Grünen-Chefin Roth: Zähneknirschende Zustimmung zum Solidaritätsversprechen

ten im Anti-Terror-Krieg kommt, droht die Koalition am Veto des grünen Partners zu platzen. Schröder greift zur schärfsten Waffe, die einem deutschen Regierungschef zur Verfügung steht, und stellt am 16. November die Vertrauensfrage – verknüpft mit der Zustimmung zum Bundeswehreinsatz. Mit einer hauchdünnen Mehrheit von 3 Stimmen, – 336 Abgeordnete hatten mit Ja votiert und 326 mit Nein, – geht der Bundeskanzler zwar als Sieger aus der Schlacht hervor. Doch vier Abgeordnete der Grünen haben dem Kanzler das Vertrauen verweigert. Der Riss innerhalb der Regierungskoalition ist kaum mehr zu kitten, zumal die grünen Ja-Sager auf dem Bundesparteitag von Bündnis 90/ Die Grünen in Rostock schwer unter Beschuss ihrer Basis gerieten.

Doch während in Parteien und der Öffentlichkeit vor allem der

mögliche militärische Einsatz der Bundeswehr debattiert wird, entwickelt die Bundesregierung ihr größtes Engagement auf dem politisch-diplomatischen Parkett. Außenminister Fischer wird – in enger Absprache mit seinem US-Kollegen Colin Powell – zum Handlungsreisenden in Sachen Koalitionsbildung für die weltweite Allianz gegen den Terror. Besonders intensiv kümmerte sich Fischer um den Nahen Osten, um Israel und Palästina, wo der Deutsche schon vor dem 11. September versucht hatte, Friedensgespräche einzuleiten. Doch damals konnte Fischer in der Palästinafrage keinen Durchbruch erzielen, weil der Druck der US-Regierung auf den israelischen Premier Ariel Scharon fehlte.

Mit dem Segen der US-Regierung bemühten sich die Deutschen um die kritischen Bündnispartner wie Pakistan, Tadschikistan, Saudi-Arabien und den Iran, wo die US-Regierung keinen oder nur wenig Einfluss ausüben kann. Fischer geht es bei seinen Gesprächen vor allem um Lösungen für Afghanistan nach dem Ende des Krieges und der Schreckensherrschaft des Taliban-Regimes.

Begleitet werden die außenpolitischen Initiativen der Bundesregierung durch umfangreiche Anti-Terror-Maßnahmen im Inland. Die neue Rolle Deutschlands in der Welt birgt schließlich neue Risiken für die Sicherheit der Bürger.

Gut eine Woche nach dem Anschlag schnürt die Bundesregierung am 19. September ein drei Milliarden DM teures Sicherheitspaket für den Kampf gegen den weltweiten Terrorismus. 1,5 Milliarden bekommt die Bundeswehr, um ihre Reaktionsfähigkeit den neuen Herausforderungen anzupassen. Polizei, Bundesgrenzschutz und Nachrichtendienste sollen verstärkt werden.

Bundesinnenminister Otto Schily setzt die bundesweite Rasterfahndung durch, für die drei Bundesländer ihre Gesetze ändern müssen, sowie Regelanfragen beim Geheimdienst bei Einbürgerungen und bringt Gesetzesänderungen auf den Weg, die die Verfolgung ausländischer Terroristen erleichtern sollen.

Doch erst als Schily Mitte Oktober sein zweites Anti-Terror-Paket vorlegt, rührt sich Widerstand bei den Linken in der SPD, beim grünen Koalitionspartner und in den Medien. Auf Kritik stößt vor allem die Verschärfung des Asylrechts: Ausländer, die unter dem Schutz der Genfer Flüchtlingskonvention stehen, sollen künftig ohne Einspruchsfrist abgeschoben werden

PDS-Politiker Gysi: Die Partei verurteilt den Militärschlag gegen Afghanistan.

können, wenn gegen sie der Verdacht schwerster Verbrechen besteht.

Banken und Telefongesellschaften sollen auch gegenüber dem Verfassungsschutz auskunftspflichtig sein. Im Ausländerzentralregister soll die Religionszugehörigkeit von Ausländern gespeichert werden. In Ausweispapiere sollen Fingerabdruck oder biometrische Daten von Kopf, Gesicht oder Hand aufgenommen werden, um die Papiere fälschungssicher zu machen und die Identifikation von Personen zu erleichtern. Das Bundeskriminalamt soll das Recht zu »Initiativ-Ermittlungen« erhalten. Damit könnten die BKA-Beamten bereits tätig werden, wenn kein Anfangsverdacht vorliegt.

Doch während bei den Grünen noch um die Zustimmung zu dem Anti-Terror-Paket gerungen wird und der Schily-Entwurf auf Druck der SPD-Linken und des grünen Koalitionspartners in einigen Punkten abgemildert wird, steigt der eiserne Innenminister in der Gunst der Bürger. 80% der Deutschen haben Angst vor Terroranschlägen im eigenen Lande, stellen Meinungsforscher fest, und da sei ihnen jedes Mittel, das diese Gefahr möglicherweise eindämmen könnte, nur recht – auch wenn das die Einschränkung der eigenen Freiheit bedeutet.

Selten erfreute sich eine Regierungsmannschaft so großer Beliebtheit im Volk, wie das »Trio« Schröder, Schily und Fischer im Herbst des Jahres 2001.

HINTERGRUND

Wo ist Rudolf Scharping?

In Krisenzeiten wie diesen müsste der Bundesverteidigungsminister als einer der wichtigsten Männer im Kabinett stets vorne auf der Politbühne stehen. Doch während sich Schröder, Schily und Fischer als Handelnde der neuen deutschen Politik profilieren, gerät Rudolf Scharping immer mehr zum Gespött, da er von einer Panne zur nächsten taumelt. Mitten in der Debatte über uranhaltige Munition im Kosovokrieg

Rudolf Scharping: Pannen statt Punkte

posierte der Verteidigungsminister in Israel verliebt mit seiner neuen Freundin, Kristina Gräfin Pilati-Borggreve. Als es um die Mazedonien-Einsätze der Bundeswehr ging, ließ sich das Paar turtelnd beim Baden auf Mallorca ablichten. Nach dem Terrorangriff auf die USA verkündet der Minister vorschnell den Bündnisfall, als der Kanzler später vom konkreten NATO-Beschluss sprach, wusste Scharping nichts davon.

Buhlen um das Reich der Mitte

China ist ein wichtiger Partner der Anti-Terror-Koalition – die Chinesen verfolgen aber auch eigene Interessen.

Chinas Präsident Jiang Zemin ist in diesen Tagen ein gefragter Mann. Zuerst kam der US-Präsident, dessen offizieller Besuchsgrund die Konferenz der APEC-Staaten in Shanghai war, tatsächlich aber kam George W. Bush, um den Führer des Riesenreiches in die Anti-Terror-Allianz einzubeziehen. Wenige Tage später folgte der deutsche Bundeskanzler mit einem großen Tross von Ministern und Managern.

Jiang Zemin weiß die Gunst der Stunde zu nutzen. In der Anti-Terror-Allianz hat China als größter Staat Asiens ein besonderes Gewicht. Ein Ausscheren der Volksrepublik aus dem Bündnis gegen die Terrorstaaten könnte den Wackelkandidaten in der Allianz erheblichen Auftrieb verschaffen. Die Chinesen haben aber durchaus eigene Interessen, die sie als Partner des Westens besser verfolgen können. Politisch möchte China künftig in die Runde der führenden Industrie-

Staatsbesuch in aller Freundschaft und ohne Menschenrechtsgespräche: Bundeskanzler Gerhard Schröder am 1. November bei Chinas Staats- und Parteichef Jiang Zemin

staaten aufgenommen werden und bei den Treffen der G8-Staaten, die dann G9-Gipfel heißen müssten, als gleichberechtigter Partner mit am Tisch sitzen. Bundeskanzler Schröder hat Präsident Jiang Zemin bereits signalisiert, dass er sich für die Aufnahme Chinas in diese Runde einsetzen wolle.

Innenpolitisch möchte die Volksrepublik freie Hand für den Umgang mit den eigenen Minderheitsvölkern behalten. Chinas Ministerpräsident Zhu Rongji hat erklärt: »Wir sind gegen Terror in jeder Form.« Nach der chinesischen Interpretation gehört hierzu aber auch das Streben nach Unabhängigkeit einzelner Völker, die unter das Dach der Volksrepublik gezwungen und die ihrer Selbstbestimmung beraubt wurden: Tibeter und die islamischen Uiguren haben immer wieder versucht, sich gegen die Gewaltherrschaft der Chinesen aufzulehnen.

Jetzt haben Staats- und Parteichef Jiang Zemin und Ministerpräsident Zhu Rongji deutlich gemacht, dass der Kampf gegen die uigurischen Separatisten in der Region Xinjiang auch Teil der internationalen Bemühungen zur Terrorismusbekämpfung sein müsste. Bundeskanzler Schröder hat bei seinem Besuch in Peking und Shanghai auf die alten »Rituale verzichtet« und die sonst üblichen Hinweise auf die vielfältigen Menschenrechtsverletzungen in China nicht vorgebracht. Solange Amerika jedoch die Hilfe Chinas auf internationaler Ebene braucht, wird der Westen wohl die Augen vor der Minderheitenpolitik der Volksrepublik schließen.

Tanz mit dem russischen Bären

Für den Anti-Terror-Kampf brauchen die Vereinigten Staaten die Hilfe der Russen, die Kriegserfahrung in Afghanistan haben.

Seit dem Amtsantritt von Präsident George W. Bush war das Verhältnis zwischen den USA und Russland wieder merklich kühler geworden. Vor allem das Ansinnen der neuen US-Administration, die alten SDI-Pläne eines Raketenabwehrschirms unter dem neuen Namen NMD wie-

Russischer Offizier in einem tschetschenischen Flüchtlingslager bei Znamenskoje

der aufnehmen zu wollen, waren bei den Russen auf größte Ablehnung gestoßen. Als Folge der Provokation wurden auch die unter der Clinton-Regierung begonnenen Abrüstungsverhandlungen abgebrochen.

Durch den Terror-Angriff auf New York und Washington ist Bewegung in die Beziehung zwischen den beiden Staaten gekommen. Russlands Präsident Wladimir Putin verurteilte die Anschläge und schloss sich der Anti-Terror-Koalition an.

Für die Amerikaner ist dieser Schulterschluss von erheblicher Bedeutung, denn Russland hat als einzige Großmacht in diesem Bündnis Kriegserfahrungen in Afghanistan, wenn auch sehr schlechte: Der Einmarsch der sowjetischen Truppen in das kleine Land am Hindukusch endete 1989 nach zehn Jahren im Desaster. Die Armee unterlag den afghanischen Widerstandskämpfern, die vor allem mit Hilfe und Geld des amerikanischen Geheimdienstes CIA gegen den damaligen Erzfeind aufgerüstet worden waren, 15 000 sowjetische Soldaten verloren ihr Leben.

Jetzt können die Russen als Verbündete der weltweiten Anti-Terror-Koalition die alte Schmach tilgen, ohne selber ausrücken zu müssen. So hat Putin den Amerikanern Flughäfen als Stützpunkte für Rettungseinsätze zur Verfügung gestellt und Überflugrechte gewährt. Den Einsatz russischer Truppen unter NATO- oder US-Kommando hat er zwar abgelehnt, in Moskau gilt es aber nicht als ausgeschlossen, dass die Armee unter dem Befehl der eigenen Regierung eingreifen könnte.

Putin hat gute Gründe, sich der Anti-Terror-Politik unter der Führung der USA anzuschließen: Die Nachbarstaaten Afghanistans – Kasachstan, Usbekistan und Turkmenistan – zählt Moskau zu seinem engeren Einflussbereich. Die dort vermuteten Öl- und Gasvorkommen sollen auch den russischen Industriezentren zugute kommen.

Dennoch ist die Allianz für Russland nicht ohne Risiko: Der Vielvölkerstaat hat einen hohen Bevölkerungsanteil an Muslimen. Putin hofft nun auf Verständnis im Westen für sein hartes Vorgehen gegen die Tschetschenen. Die muslimischen Separatisten sollen als Terrorbande international geächtet und zur Verfolgung freigegeben werden.

Bei seinem Staatsbesuch in Washington im November konnte Putin noch einen weiteren Punkt verbuchen: Der neue Abrüstungsvorschlag sieht eine Reduzierung der atomaren Sprengköpfe von 6000 auf 2000 vor. Dafür dürfen die Amerikaner das NMD-Projekt bis zur Testphase weiterentwickeln.

PAKISTAN/INDIEN

Explosives Bündnis mit verfeindeten Atomstaaten

Nur mit viel Geld und Fingerspitzengefühl kann der Westen die zerstrittenen Nachbarn Pakistan und Indien im weltweiten Anti-Terror-Bündnis halten.

In der schwierigsten Lage von allen Regierungschefs der Anti-Terror-Allianz befindet sich Pakistans Staatschef Pervez Musharraf. Der General, der seit zwei Jahren nach einem unblutigen Putsch die Atommacht mit Dekreten regiert, ist seit seinem innenpolitisch äußerst heiklen Schwenk zu einem der wichtigsten Verbündeten auf Seiten der Anti-Terror-Allianz gegen die Taliban geworden.

Wegen seiner Unterstützung von Terrorgruppen in Afghanistan, den arabischen Staaten, Tschetschenien und in der indischen Provinz Kaschmir hätte Pakistan eigentlich in die Riege der Schurkenstaaten eingeordnet werden müssen. Doch derzeit ist Pakistan als Partner in der Allianz wegen seiner geographischen Nähe zu Afghanistan für den Westen unverzichtbar.

Im Land steht Musharraf unter stärkstem Druck. Ein großer Teil der pakistanischen Bevölkerung gehört wie die in Afghanistan regierenden Taliban zum Volksstamm der Paschtunen. Und viele der paschtunischen Pakistani, darunter offenbar auch Angehörige der Armee, sympathisieren offen mit dem Schreckensregime jenseits des Khyber-Passes und protestieren gegen die amerikafreundliche Politik der Regierung. Belastend für die pakistanische Führung ist zudem, dass auch der Erzrivale Indien mit zum Bündnis gehört. Der jahrzehntelange Streit um die reiche indische Provinz Kaschmir mit vorwiegend muslimischer Bevölkerung führte immer wieder zu militärischen Angriffen und Gegenoffensiven im Grenzgebiet beider Atomstaaten.

Musharraf kann die Zugehörigkeit zu der Allianz unter amerikanischer Führung im eigenen Land nur vertreten, wenn er erkennbare Zuwendungen erhält. Das kurz vor der Pleite stehende Land fordert nun vom Westen die Stundung der riesigen Auslandsschulden. Auf rund zweieinhalb Milliarden Dollar bezifferte die Regierung die wirtschaftlichen Kosten, die Pakistan durch die Afghanistan-Krise entstehen.

Um Musharraf gegen die wachsenden Proteste im eigenen Land an der Macht und in der Allianz zu halten, werden die reichen Partner

Konfrontation im Grenzgebiet von Kaschmir: Ein pakistanischer Ranger steht zwei indischen Soldaten gegenüber.

Militärparade in Islamabad: Pakistan lieferte Rüstungsgüter an die Terroristen.

Indische Software-Ingenieure arbeiten für internationale Großkonzerne.

des Anti-Terror-Bündnisses erheblich mehr aufwenden müssen. Vor allem die USA werden sich überlegen müssen, was ihnen ein befreundetes Regime in unmittelbarer Nachbarschaft der Taliban wert ist.

Zu große Nähe Pakistans zum Westen würde aber auch den Argwohn der indischen Führung schüren. Bislang erfreute sich das bevölkerungsreichste Land in der Region des besonderen Wohlwollens der westlichen Industriestaaten. Durch umfangreiche Investitionen amerikanischer und europäischer Konzerne in der Computer- und Softwareindustrie gelang es der indischen Regierung, Tausende von Arbeitsplätzen für die gut ausgebildeten Töchter und Söhne der Mittelschicht zu schaffen und den Boden für einen wirtschaftlichen Aufschwung zu bereiten.

Um den Wachstumskurs fortzusetzen, braucht die indische Regierung neben weiteren Hilfen aus dem Westen, neue Investitionen der internationalen Großkonzerne und Zugang zu den Ölquellen und Gasfeldern Zentralasiens. Die indische Regierung spekuliert deshalb darauf, dass nach einem erfolgreichen Kriegsausgang für die Allianz und einer friedlichen Lösung für Afghanistan auch der Bau einer Pipeline von Turkmenistan über Afghanistan und Pakistan nach Indien wieder aufgenommen wird, der bereits beschlossen, aber dann durch die andauernden Kämpfe zwischen den Taliban und der Nordallianz abgebrochen wurde.

Israel/Palästina: Druck auf Scharon und Arafat

Ohne Frieden im Nahen Osten wird es auf Dauer keine Koalition zwischen den islamischen Staaten der Golfregion und den Industrieländern des Westens geben. Deshalb hat Amerika Israels Premier Ariel Scharon unter Druck gesetzt, wieder Friedensgespräche mit PLO-Chef Arafat aufzunehmen. Doch nach den monatelangen Provokationen der Israelis ist auch der Einfluss des Palästinenserführers geschwächt worden.

Der Israel-Palästina-Konflikt ist eine der Ursachen für den Hass in der arabischen Welt gegen die Amerikaner. Eine dauerhafte Befriedung der beiden Länder wäre ein wesentlicher Beitrag, um den Terror in der Welt zu besiegen.

Seit Ariel Scharon vor einem Jahr auf den Ost-Jerusalemer Tempelberg stieg und damit eine für die Muslime heilige Stätte entweihte, ist zwischen Israel und Palästina wieder die Intifada ausgebrochen. Rund 1500 Menschen sind seit dieser Provokation auf beiden Seiten bei Selbstmordattentaten, Überfällen und Vergeltungsschlägen der israelischen Armee und den radikalislamischen Organisationen getötet worden. Der Friedensprozess, den der frühere amerikanische Präsident Bill Clinton zwischen dem damaligen israelischen Premier Ehud Barak und dem Palästinenserführer Jasir Arafat eingeleitet hatte, ist abgebrochen worden. Barak wurde abgewählt, die Koalition aus konservativen und orthodoxen Juden wählte den »Hardliner« Scharon zum Ministerpräsidenten.

Der Rückzug Amerikas von der Moderation des eskalierenden Nah-

Nach dem Attentat auf den israelischen Tourismusminister kontrollieren israelische Panzer eine Palästinenser-Siedlung in Gasa.

ost-Konfliktes bestärkte Scharon in seiner harten Haltung gegenüber Palästina. Versuche von Außenminister Joschka Fischer, neue Friedensgespräche zwischen Arafat und dem liberalen israelischen Außenminister Shimon Peres anzubahnen, wurden durch die Attentate vom 11. September zunächst zunichte gemacht.

Dennoch gibt es jetzt Chancen für einen neuen Anfang im Friedensprozess. Die amerikanische Regierung hat Druck auf Scharon ausgeübt, Verhandlungsbereitschaft gegenüber Arafat zu zeigen. Der israelische Premier gab nach, forderte aber zunächst eine 48-stündige Waffenruhe, bevor sich Peres mit Arafat treffen könne – eine Bedingung, die sich in dem aufgeheizten Klima nicht einhalten ließ. Wegen des Attentats auf den israelischen Tourismusminister Rehavam Zeewi wurde das Treffen jedoch wieder abgesagt. Das konservative Kabinettsmitglied wurde von einem Attentäter der palästinensischen Volksbefreiungsfront PFLP vor seinem Hotelzimmer erschossen.

Scharon ließ mit Panzern Ortschaften in den palästinensischen Autonomiegebieten besetzen. Doch auch diesmal musste er nachgeben: Die Amerikaner zwangen den »Hardliner«, wieder Gespräche mit Arafat aufzunehmen. Am 2. No-

vember trafen sich Peres und Arafat in Anwesenheit des ägyptischen Staatspräsidenten Mubarak bei einer Konferenz auf Mallorca.

Die Grundzüge einer Nahost-Lösung liegen seit langem auf dem Tisch: Ein palästinensischer Staat müsste geschaffen werden auf den Gebieten der Westjordanlands, des Gasastreifens und Ost-Jerusalems. Israel müsste die Siedlungen im Westjordanland aufgeben. Doch um diesen Plan durchzusetzen, müssten sich beide Seiten bewegen: Scharon müsste die Ultra-Rechten in seiner Koalition und die radikalen Siedler überzeugen, Arafat den palästinensischen Flüchtlingen klar machen, dass sie dann auch kein Recht auf eine Rückkehr nach Israel haben. Schlimmer noch: Er müsste die fanatischen Terroristen des islamistischen »Heiligen Kriegs« und der Hamas von weiteren Terrorakten gegen Israel abhalten. Allein das könnte bereits jenseits von Arafats Machtbereich liegen. Der Palästinenserführer war zwar am 8. Oktober mit einem Polizeieinsatz gegen eine Demonstration palästi-

Der Besuch von Ariel Scharon am 28. September 2000 auf dem Tempelberg löste die neue Intifada aus.

nensischer Extremisten für Osama bin Laden im Gasastreifen vorgegangen, doch weitere Schläge gegen die Fundamentalisten kann sich Arafat derzeit kaum leisten, ohne einen Putsch zu riskieren.

Obendrein müsste der Kompromiss von erheblichen Reparationszahlungen an die vertriebenen Palästinenser und ihre gemäßigten Nachbarn wie Ägypten begleitet werden. Nach Schätzung westlicher Experten müssten die USA Israel jährlich mit drei Milliarden Dollar, Ägypten mit zwei Milliarden Dollar unterstützen. Die EU müsste dem neuen Palästinenser-Staat mindestens eine Milliarde Dollar zur Verfügung stellen.

So vage die Aussichten auf eine baldige Lösung in dem seit der Gründung des israelischen Staates während Konflikt auch sein mögen, es gibt keine Alternative.

Gelingt es nicht, den Friedensprozess zügig wieder aufzunehmen, droht die Gefahr, dass auch gemäßigte arabische Staaten wie Ägypten in die Hand der Islamisten fallen. Auch Präsident Mubarak kämpft im eigenen Land mit einer wachsenden Opposition von Anhängern terroristischer Organisationen wie die Gamaas, die von Osama bin Ladens Terrorgruppe Al-Qaida unterstützt wird. Das Ziel der Gamaas, die auch von bürgerlichen arabischen Kreisen heimliche Zuwendungen erhält, ist der Sturz der pro-westlichen Regierung und die Errichtung eines islamistischen Gottesstaates.

Das würde einen Flächenbrand im Nahen Osten und am Persischen Golf auslösen, der alle gemäßigten Kräfte in der Region dahinfegen, der schnell zu einer ernsten Bedrohung des Weltfriedens führen würde und sogar einen Atomkrieg auslösen könnte. Israel würde isoliert und stärker als heute in seiner Existenz bedroht werden.

Wie Dominosteine würden auch die anderen pro-westlichen Regime der Region allen voran Saudi-Arabien, Kuwait und Jordanien in die Hände der extremistischen Organisationen fallen und dem irakischen Diktator Saddam Hussein neuen Einfluss verschaffen. Er könnte zwar nicht mit Atombomben wohl aber mit Scud-Raketen einen Angriff wagen. Die Gefahr ist groß, dass Israel solche Aggression mit einem Nuklearschlag beantworten würde. Die USA und vermutlich auch die Europäer wären aber in jedem Fall gezwungen, zu Gunsten Israels einzugreifen.

Das Ende der ohnehin fragilen Anti-Terror-Allianz wäre gekommen. Die heutigen Koalitionäre würden sich aus Angst vor eigenem Machtverlust auf antiamerikanische, das heißt: antiwestliche Positionen zurückziehen. Und da außer Israel und den westlichen Atommächten USA, Großbritannien und Frankreich auch Pakistan, Indien, Russland und China über Nuklearwaffen verfügen, stünde die Welt ganz dicht am Abgrund – vor einem Nuklearkrieg.

Israels Außenminister Shimon Peres und PLO-Chef Jasir Arafat auf Mallorca:
Langsamer Annäherungsprozess nach der monatelangen Eskalation

HINTERGRUND

Sorgenfall Saudi-Arabien

Saudische Aktienbesitzer beobachten die Börsenkurse nach dem US-Bombardement.

Der Verbündete der USA ist auch die Brutstätte des internationalen Terrorismus – Saudi-Arabien ist einer der gefährlichsten »Wackelkandidaten« der Allianz.

Größer können die Gegensätze in der islamischen Welt kaum sein: unermesslicher Reichtum, ausschweifender Lebensstil, tiefe, geradezu fanatische Religiosität, mittelalterliche Gesetze, archaische Strafen – Hüter der Heiligen Stätten in Mekka und Medina, Freund und Verbündeter der Vereinigten Staaten von Amerika mit lang währenden diplomatischen Beziehungen zum Taliban-Regime in Afghanistan und neuerdings guten Kontakten zu Iraks Diktator Saddam Hussein. Saudi-Arabien hat viele Gesichter. Und in der gegenwärtigen Krise auch ein besonders hässliches: Zwölf der bisher identifizierten mutmaßlichen Attentäter von New York und Washington hatten saudische Pässe. Auch der Top-Terrorist Osama bin Laden ist saudischer Herkunft, die Behörden des Königreichs haben ihn erst 1994, als der reiche Unternehmersohn versuchte, einen Putsch gegen das Königshaus zu organisieren, ausgewiesen.

Dieses widersprüchliche Land ist Teil des Konfliktes und soll dennoch als Mitglied der internationalen Anti-Terror-Allianz zu seiner Lösung beitragen. Saudi-Arabien ist ein unberechenbarer Bundesgenosse für die USA. So hat König Fahd zwar offiziell den Terrorakt gegen die USA verurteilt, sich aber äußerst sperrig gezeigt, den USA bei der Vorbereitung des Feldzugs gegen das Taliban-Regime in Afghanistan behilflich zu sein. Erst Ende September brach das Königshaus, das autoritär – ohne jede demokratische Volksbeteiligung – herrscht, die diplomatischen Beziehungen zu Afghanistan ab. Und noch immer dürfen die USA ihre Militärstützpunkte nicht für Kriegseinsätze in Afghanistan nutzen.

Diese halbherzige Unterstützung des großen Verbündeten ist symptomatisch für die Politik der Monarchie, der es nur um den eigenen Machterhalt geht. Die Königsfamilie will weder die Anhänger der radikalislamischen Geistlichen reizen, denen der westlich geprägte Lebensstil der 5000 Prinzen und Prinzessinnen ein Dorn im Auge ist und die auf Umsturz sinnen. Andererseits hilft die amerikanische Militärpräsenz, den Fortbestand der Königsfamilie gegen Übergriffe von außen zu sichern.

Die Amerikaner hingegen können es sich nicht leisten, Saudi-Arabien als Schurkenstaat zu ächten – wofür es schon wegen der unzähligen Menschenrechtsverletzungen viele Gründe gäbe –, weil unter saudischem Boden rund 25 % der erschlossenen Erdölvorkommen der Welt liegen. Ein Weg aus dieser Sackgasse gegenseitiger Abhängigkeiten gibt es kaum.

Auch eine Lösung des innenpolitischen Machtkampfes ist kaum in Sicht. Der Abzug der amerikanischen Truppen könnte von den religiösen Fanatikern als Schwächung des Königshauses missverstanden werden und neue Putschversuche und Aufstände hervorrufen. Auch eine schrittweise Öffnung des Landes und Stärkung demokratischer Kräfte könnte den Islamisten Auftrieb geben. Saudi-Arabien wird auch nach einem Ende des Krieges in Afghanistan ein Sorgenfall für den Westen bleiben.

AFGHANISTAN

Flickenteppich ohne Führung

Kämpfer der Nordallianz auf dem Weg zur Front. Die Verbündeten der Anti-Terror-Allianz sind schwierige Partner bei der Gestaltung der Zukunft des Landes.

Im Vielvölkerstaat tobt ein brutaler Bürgerkrieg, die Gotteskrieger und die Warlords der Nordallianz werden vom Westen unterstützt.

Bush-Beraterin Condoleezza Rice hatte sich verplappert. Kaum hatte die US-Regierung erste Pläne für einen Krieg gegen Afghanistan verkündet, sagte die Sicherheitsberaterin des US-Präsidenten, dass auch die Taliban vertrieben werden sollten, die dem Top-Terroristen Osama bin Laden Gastrecht gewährten. Frau Rice wurde von ihrem Kabinettskollegen US-Außenminister Colin Powell umgehend gerügt, eine Vertreibung des Regimes sei völkerrechtlich nicht zulässig.

Dennoch ist allen Beteiligten klar, dass es mit den radikal-islamischen Taliban wahrscheinlich keine Lösung für eine Befriedung Afghanistans geben kann.

Die Bevölkerung Afghanistans

CHINA

21,9 Mio. Einwohner, davon:

Paschtunen (38%)

Tadschiken (25%)

Hazara (19%)

Usbeken (6%)

Sonstige (12%)

200 km

Vielvölkerstaat: Paschtunen, Tadschiken und Hazara sind untereinander zerstritten.

Das Land am Hindukusch ist von jahrzehntelangen Kriegen – erst gegen die sowjetischen Truppen, dann kämpften die Warlords untereinander – zermürbt, vermint und zerbombt. Im Norden des Territoriums, das nur auf der Landkarte als ein Staatsgebiet begriffen werden kann, herrscht die Nordallianz. Doch auch die ist ein fragiles Bündnis von Tadschiken, Usbeken und Turkmenen. Im Südosten haben sich die paschtunischen Taliban festgesetzt, die sich mit Hilfe ebenfalls paschtunischer Stammesbrüder aus Pakistan und Söldnern aus den arabischen Staaten – vor allem aus Saudi-Arabien – an der Macht halten können.

Im Zentrum des gebirgigen Landes leben die schiitischen Hazara, die von den sunnitischen Taliban bekämpft und von den ebenfalls schiitischen Mullahs im Iran unterstützt werden. Teheran hilft aber auch den Usbeken in Afghanistan, deren General Dostum ein höchst unberechenbarer Führer ist, der häufig die Fronten wechselt und sich nur bei der Ausübung von Massenexekutionen und Folterungen treu bleibt. Zudem hat der Iran den früheren afghanischen Machthaber Gulbuddin Hekmatjar, einst ein Protegé der CIA, nach seiner Vertreibung aufgenommen. Hekmatjar hat seine Landsleute aber zum Kampf gegen die Amerikaner aufgerufen.

In diesem Patchwork rivalisierender Clans dürfte es der westlich dominierten Allianz gegen den Terror schwer fallen, verlässliche Partner zu finden. Getreu ihrem alten Motto – der Feind meines Feindes ist mein Freund – setzen die USA derzeit auf die Nordallianz. Doch die hat zwei Tage vor den Anschlägen auf New York und Washington ihren prominenten Führer Schah Massud verloren. Zwei als Journalisten getarnte und wohl von Osama bin Laden entsandte Selbstmordattentäter verwundeten den charismatischen Clanchef so schwer, dass er seinen

Durch seine militärischen Leistungen als Guerilla-Kommandant im Krieg gegen die Sowjets genoss Haq großen Respekt unter den Warlords. Viele seiner früheren Kampfgefährten haben sich aber mittlerweile den Taliban angeschlossen. Doch Haq, der noch immer Kontakte zur CIA hielt, hätte wohl über genügend Kapital verfügt, um sich die Loyalität seiner ehemaligen Bundesgenossen »zurückkaufen« zu können.

Der Tod des Oppositionspolitikers ist ein weiterer herber Rückschlag für die Anti-Terror-Allianz: Der Paschtune Haq galt unter den Exilafghanen als moderat und als einer der wenigen Hoffnungsträger für die Zeit nach den Taliban. Anders als viele Clanchefs war er weder in den Drogenhandel noch in Plündereien verstrickt, sondern genoss hohes Ansehen bei der Bevölkerung.

Für die militärische Auseinandersetzung müssen die westlichen Allierten nun mit der Nordallianz paktieren, denn nach den zehn Millionen Paschtunen bilden die Tad-

Afghanistans Nachbarn

❶ Pakistan
- über 3 Mio. afghanische Flüchtlinge
- Truppenaufmarsch an der Grenze
- Haupthandelsrouten nach Afghanistan
  unterstützt USA

❷ Iran
- 2 Mio. afghanische Flüchtlinge
- Ostgrenze geschlossen
- Führung gespalten zwischen Reformern und Fundamentalisten
  neutral

❸ Turkmenistan
- politisch isoliert, faktisch ein Einparteienstaat
- reich an Erdölvorkommen
- Kontakte zu den Taliban
  neutral

❹ Usbekistan
- gilt als wichtige Regionalmacht
- Regierung spricht sich klar gegen Terrorismus aus
  unterstützt USA

❺ Tadschikistan
- unterstützt die afghanischen Taliban-Gegner der Nordallianz
- Hungersnot, politisch instabil
- Russische Truppen stationiert
  Unterstützung zugesagt, Öffnung des Luftraums noch unklar

Im Bürgerkrieg in Afghanistan mischen auch die Nachbarstaaten mit.

Verletzungen erlag. Für die Amerikaner und für die Nordallianz ist Massuds Tod eine schwere Hypothek, dem »Löwen von Pandschir« hätten die meisten Afghanen noch zugetraut, dass er das zerstrittene Land einen könnte.

Ein zweiter potenzieller Führer für die Zeit nach dem Krieg, der Oppositionspolitiker Abdul Haq, ist von den Taliban umgebracht worden. Aus seinem pakistanischen Exil war Haq nach Afghanistan zurückgekehrt, um in den Reihen der Talibankämpfer Überläufer für die Nordallianz zu rekrutieren.

schiken mit rund 5,5 Millionen Stammesmitgliedern die größte ethnische Gruppe Afghanistans, die von Tadschikistan und Usbekistan jenseits der Grenze mit Kriegsgerät aus Russland und nun auch aus den USA beliefert werden.

Nach Vertreibung der Taliban aus Kabul ist der Weg zur Bildung einer Übergangsregierung frei geworden. Eine Afghanistan-Konferenz in Bonn Ende November, an der alle großen afghanischen Volksgruppen außer den Taliban teilnehmen, soll den Grundstein für die politische Zukunft des Landes legen.

HINTERGRUND

Comeback des alten Herrschers?

Paschtunen-Demonstrationen in Pakistan für den alten Herrscher Schah Zahir.

Auf einem Greis ruht die Zukunft Afghanistans: Der 87-jährige Herrscher, der seit fast 30 Jahren zurückgezogen in Rom im Exil lebt, ist plötzlich ein gefragter Mann. Amerikanische Delegationen, deutsche Diplomaten, die Außenminister Frankreichs und Italiens und zahlreiche afghanische Exilpolitiker sowie eine Delegation der Nordallianz statten Schah Zahir Besuche ab.

Die Verhandlungen zur Vorbereitung einer afghanischen Übergangsregierung nach einem möglichen Sturz des Taliban-Regimes seien schon weit vorangekommen, behaupten die in Rom lebenden Exilafghanen. Ziel der Gespräche unter den Vertretern verschiedenster politischer und ethnischer Gruppierungen Afghanistans ist es, eine gemeinsame Basis für ein Kabinett der nationalen Einheit zu finden, an dessen Spitze der ehemalige afghanische König Mohammed Zahir Shah stehen könnte.

Afghanische Exilpolitiker betonen dabei aber immer, dass an eine Rückkehr zur Monarchie nicht zu denken sei. Der allseits respektierte Ex-König solle vielmehr als Integrationsfigur wirken. Im Rückblick dürfte die Regentschaft des paschtunischen Monarchen vielen Afghanen als glücklichste Zeit in Erinnerung geblieben sein. Schah Zahir begann in den 1960er Jahren mit einer behutsamen Öffnung des Landes zum Westen. Schulen wurden gebaut, Lehrer aus Europa und Amerika verpflichtet, ein Rechtssystem nach deutschem Vorbild verfasst. Schah Zahir ließ Gärten anlegen und Krankenhäu-

ser bauen. Den Frauen wurden mehr Rechte eingeräumt. Sie durften Schulen besuchen, studieren und berufstätig sein.

Jetzt würde der Ex-König in ein zerstörtes Land mit einer zerstrittenen, hungernden Bevölkerung zurückkehren. Vor einigen Tagen hat der Monarch bereits in einem Brief an Kofi Annan vorsorglich um UN-Beistand gebeten. Friedenstruppen der Vereinten Nationen sollen nach Afghanistan geschickt werden, um die Übergangsregierung zu schützen und die Vorbereitung der so genannten Loja Jerga zu unterstützen, der Großen Versammlung aus mehreren Hundert Stammesrepräsentanten.

Allerdings – so die Forderung der Exilpolitiker – dürften den UN-Truppen keine Vertreter aus Nachbarländern Afghanistans angehören: Die Befriedung Afghanistans müsse aus dem Land selbst entstehen, Einmischungsversuche von außen gebe es schon genug.

Schah Zahir wartet im römischen Exil auf seine Rückkehr.

DER ANGRIFF

Aufmarsch am Hindukusch

Am 7. Oktober begannen amerikanische und britische Streitkräfte mit dem Luftangriff auf Afghanistan. Ziele sind die Trainingscamps Osama bin Ladens und die Stellungen der Taliban. Nach sechs Wochen Krieg gelang es den USA, der Nordallianz den Weg nach Kabul freizubomben.

»We can do deserts, but we can't do mountains«, wir sind gut in der Wüste, aber nicht im Gebirge: Diese Einschätzung eines hohen amerikanischen Militärs über die Leistungsfähigkeit der US-Truppen macht deutlich, auf welches Abenteuer sich die von den USA geführte Anti-Terror-Allianz bei ihrem Kriegszug gegen Osama bin Laden und das Taliban-Regime in Afghanistan eingelassen hat.

»Das wird ein Krieg sein, der nicht in wenigen Wochen beendet ist, sondern der sogar Jahre dauern kann«, mit gebetsmühlenhafter Penetranz versucht US-Präsident George W. Bush immer wieder, seine Landsleute auf den gefährlichen Waffengang am Hindukusch einzustimmen.

Für den Kampf um Kabul und Kandahar, wo Osama bin Laden vermutet wird, haben die Amerikaner Anfang Oktober im Persischen Golf und im Golf von Oman vier Flugzeugträger mit jeweils 75 Kampfflugzeugen in Stellung gebracht – Flottenverbände von mehr als 50 Schiffen mit Zerstörern, Kreuzern und Atom-U-Booten mit Marschflugkörpern.

Dazu kommen noch weit über 200 Kampf- und Begleitflugzeuge, F-117-(Stealth-)Jagdbomber, Abfangjäger und B-52-Bomber.

Die Briten haben einen Flugzeugträger mit 27 Begleitschiffen im Golf von Oman stationiert. Die Franzosen haben 6 Mirage-2000-Jets einsatzbereit in Dschibuti.

Ungefähr 10 000 US-Soldaten mit Panzern und Transportfahrzeugen sind in der Region stationiert, 100 Special Forces der US-Streitkräfte hielten sich bereits Anfang Oktober in Afghanistan auf, um die Verstecke und Trainingscamps von Osama bin Laden auszukundschaften und die Kampffähigkeit der Nordallianz zu inspizieren. Die Briten haben 24 000 Soldaten und davon 1500 Marine-Infanteristen sowie Spezialkräfte zu Manövern in den Golf gesandt, die Franzosen 2000 Mann.

Der britische Heeresminister, Adam Ingram, kündigte die Entsendung von weiteren 200 Marinein-

Ein amerikanischer F-14-Kampfjet startet vom Flugzeugträger »USS Enterprise« in den Einsatz.

Übung für die Bodentruppen in Oman: Britische Soldaten springen aus einem Kampfpanzer.

fanteristen an. Sie sollen bis zum Einsatz in Afghanistan auf Kriegsschiffen in der Region stationiert werden. Weitere 400 Soldaten stehen in Großbritannien in Bereitschaft.

Am 7. November fordern die USA Verstärkung aus Deutschland an. Zum ersten Mal in der Ge-

schichte der Bundesrepublik sollen 3900 deutsche Soldaten für eine militärische Mission außerhalb Europas abkommandiert und für den Kampf gegen die Terroristen und das Regime der Gotteskrieger eingesetzt werden. Die Amerikaner hätten – so die Erklärung von Bundeskanzler Gerhard Schrö-

der – Fuchs-Spürpanzer und ihre Besatzungen zur Abwehr von atomaren, biologischen und chemischen Kampfstoffen angefordert, 100 Mann einer Spezialeinheit sowie Soldaten für den Lufttransport und 1800 Marineangehörige zum Schutz gefährdeter Schiffstransporte.

Die Verbündeten der Anti-Terror-Allianz, die Nordallianz, verfügt nach eigenen Angaben über 45 000 Krieger – nach Schätzungen von Militärexperten dürften es aber nur 25 000 Mann sein. Das Kriegsgerät der Nordallianz war zu Beginn des Aufmarsches verglichen mit dem High-Tech-Maschinen-Park der westlichen Streitkräfte äußerst dürftig und stammte aus der Hinterlassenschaft der geschlagenen Sowjetarmee: Granatwerfer, 6 Transporthubschrauber und 2 Kampfhubschrauber sowie 100 Panzer und gepanzerte Fahrzeuge. Der Russland-Gesandte der Nordallianz, Abdul Wahad Assefi, erklärte indes, Moskau habe mit der Lieferung von Militärgütern an die Opposition begonnen.

Die Gegenseite, das Taliban-Regime, verfügte über ein Waffenarsenal aus vorwiegend sowjetischer Provenienz: Rund 30 Scud-Raketen, 100 alte Kampfpanzer, Stinger-Raketen, Raketenwerfer und Mörser, Flugabwehrgeschütze und Panzerfäuste sowie mobile Raketenabschussrampen, die auf Pick-up- Trucks montiert wurden.

Für den Luftkampf standen ihnen etwa ein halbes Dutzend alte MiG-Kampfjets und wenige Kampfhubschrauber zur Verfügung.

Die Taliban kommandierten eine Armee von 45 000 Soldaten, davon knapp 10 000 Pakistanis und etwa 3000 Kämpfer aus der Organisation von Osama bin Laden.

Am 7. Oktober begann das Bombardement auf Afghanistan. Bis Ende Oktober hatte die US-Luftwaffe mehr als 3000 Bomben über dem verwüsteten Gebirgsland abgeworfen. Durch die technische Überlegenheit und die massiven Bombardements konnten die USA und ihre Alliierten der Nordallianz Mitte November den Weg in die Hauptstadt Kabul freibomben. Danach rückten die Truppen der Nordallianz weiter in Richtung Kandahar, dem Zentrum der Taliban und Osama bin Ladens Al-Qaida vor. Der Widerstand der Taliban scheint gebrochen, obwohl die Gotteskrieger Unterstützung von ihren Stammesbrüdern in Pakistan erhalten hatten. Seit Osama bin Laden Anfang November die Islamisten der Region nochmals zum Kampf gegen den Erzfeind Amerika aufrief, waren Tausende von pakistanischen Paschtunen und Islamisten aus der arabischen Welt über den Khyber-Pass nach Afghanistan gegangen, um die Taliban-Armee zu verstärken.

Dennoch konnten die Gotteskrieger dem Ansturm aus dem Norden nicht standhalten. Viele Soldaten der Taliban sollen aus den Städten in die Berge geflüchtet sein. Mit den siegreichen Truppen der Nordallianz kehren auch viele Flüchtlinge in die zerbombten Städte zurück. Die Zahl der Kollateralschäden, wie Opfer in der Zivilbevölkerung im Militärjargon genannt werden, ist aber erheblich.

Außer den Kasernen der Taliban-Milizen und Trainingscamps von Osama bin Laden wurden auch Lagerhäuser des Internationalen Roten Kreuzes, Krankenhäuser, die Strom- und Wasserversorgung getroffen.

Die Lage für die Zivilbevölkerung ist auch nach dem Einmarsch der Nordallianz äußerst schwierig. Hunderttausende von Afghanen sind noch immer auf der Flucht. Tausende vegetieren in Lagern vor sich hin. Hungersnöte und Seuchen drohen. Erste Fälle von Cholera, Typhus und Tuberkulose sind bereits Ende Oktober aufgetreten. Der Winter ist hereingebrochen. Im Norden liegt bereits eine meterdicke Schneedecke. Die internationalen Hilfsorganisationen drängen auf eine Waffenruhe, um die Bevölkerung vor Einsetzen der großen Kälte mit Decken, Zelten und Nahrungsmitteln versorgen zu können.

Doch dazu konnten sich die Militärs der Anti-Terror-Allianz auch zu Beginn des Fastenmonats Ramadan noch nicht entschließen: Sie fürchteten, dass sich dadurch auch der Gegner erholen und neue Verstärkung erhalten könnte.

Zwar zögert die US-Regierung noch, doch der Einsatz von Bodentruppen wird sich wohl nicht vermeiden lassen – wenn die USA nicht ihr Gesicht verlieren und in der arabischen Welt als feige angesehen werden wollen. Das konservative amerikanische »Wall Street Journal« forderte bereits: »Send in the troops.«

Ob die den Anti-Terror-Krieg schnell beenden können, scheint dennoch fraglich. Die Erfahrungen, die die Sowjetarmee nach zehn Jahren Krieg am Hindukusch gemacht hat, sprechen dagegen: Ein kläglicher Rückzug nach mindestens 15 000 toten Sowjetsoldaten beschleunigte den Machtverlust der Moskauer Führung und den rapiden Zerfall des Sowjetreiches. In den USA geht schon jetzt die Angst um, dass der Afghanistan-Feldzug für die Amerikaner und ihre Verbündeten in einem Desaster enden könnte – wie einst der Krieg in Vietnam.

Eine neue Niederlage kann sich die letzte Supermacht nicht leisten. Die Folgen wären fürchterlich – für alle Beteiligten.

HINTERGRUND

Bomben mit Langzeitwirkung: uranhaltige Munition und tödliche Blindgänger

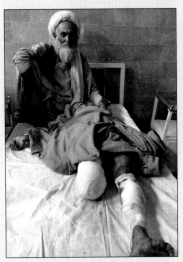

Streubomben: ein zehnjähriges Opfer

Die Streubombe

Die Vereinten Nationen sind besorgt über den Einsatz eines Waffentyps in Afghanistan, der für Zivilisten besonders gefährlich ist: Nach UN-Angaben haben die US-Streitkräfte Streubomben im Kampf gegen die Taliban eingesetzt. »Cluster bombs« wurden in den 1960er Jahren entwickelt und von den Amerikanern bereits im Vietnamkrieg eingesetzt. Auch im Golf- und im Kosovokrieg wurden sie von den westlichen Alliierten abgeworfen. Inzwischen haben viele Staaten verschiedene Typen von Streubomben entwickeln lassen. In ihrer Wirkung sind sie sich ähnlich: Ein großer Behälter in Bombenform enthält viele kleine Explosivkörper – die in Afghanistan eingesetzten sollen jeweils 1,5 Kilogramm schwer sein und die Größe einer Mineralwasserflasche haben. Ungefähr 30 solcher Clusterbomben, die jeweils mit 202 Sprengkörpern gefüllt sind, kann eine B-52 transportieren. Der Sammelbehälter öffnet sich nach dem Abwurf hoch über dem Boden, sodass die Kleinbomben im weiten Umkreis niedergehen. Deshalb werden sie vor allem gegen großflächige Ziele wie Panzerverbände oder Infanterie eingesetzt. Bei einem Abwurf aus größerer Höhe können die Streubomben aber ihr Ziel verfehlen und weit abdriften. Zudem explo-

dieren 10 bis 30 % der Bomblets nicht beim Aufprall am Boden und bleiben weiter scharf. Die Sprengkörper leuchten gelb wie die Lebensmittelpakete und sind daher besonders für Kinder eine Gefahr. Die USA wollen jetzt die Care-Pakete in blaue Folien packen, um Verwechslungen zu verhindern. Menschenrechtler fordern seit Jahren die Ächtung von Streubomben.

Die schmutzige Bombe

Nach Informationen der Londoner »Times« haben sich Osama bin Laden und seine Terror-Organisation Al-Qaida bereits atomares Material für mögliche Anschläge beschafft. Sie hätten das Material aus Pakistan bekommen, berichtete die Zeitung unter Berufung auf westliche Geheimdienstquellen. Derzeit verfüge Osama bin Laden allerdings noch nicht über die Kapazität, aus dem Material auch eine Atomwaffe zu bauen. Bin Laden habe es 1998 selbst als seine »religiöse Pflicht« bezeichnet, Atomwaffen zu erwerben, »um die Feinde Gottes zu terrorisieren«.

Westliche Geheimdienste befürchten aber, dass Osama bin Laden eine konventionelle Bombe mit radioaktivem Kern herstellen könnte. Eine solche »schmutzige« Bombe könnte ein Gebiet radioaktiv verseuchen. Kontaminierte Munition soll bereits im Kosovokrieg eingesetzt worden sein.

Die Gänseblümchen-Bombe

Diese Brandbomben (Daisy Cutter bombs) wurden von den Amerikanern bereits im Vietnamkrieg erprobt. Aus einer Clusterbombe fallen kurz vor dem Einschlag viele kleine Brandbomben, die auf 100 Quadratmetern Fläche alles Leben vernichten. Im Vietnamkrieg wurden diese Waffen gegen die Dschungel-Camps der Vietkong eingesetzt – ohne Erfolg: Die Soldaten der Nordvietnamesen hatten in unterirdischen Höhlen und Tunneln Schutz gefunden. In einem Netz von unterirdischen Stollen sollen jetzt auch Osama bin Ladens Gefolgsleute Unterschlupf finden.

Im Krieg stirbt die Wahrheit zuerst

Seit den Bombenangriffen auf Afghanistan wird der Informationsfluss dünner. Die US-Regierung wie die Machthaber in Afghanistan versuchen, die Medien für ihre Propaganda zu missbrauchen. Besonders umstritten ist der arabische TV-Sender Al-Jazeera, die einzige Anstalt, der Botschaften von Osama bin Laden zugespielt werden.

Im Golfkrieg konnte die Weltgemeinde der TV-Zuschauer noch live dabei sein – dank des US-Fernsehsenders CNN und dessen verwegenem Reporter Peter Arnett. Die verschwommen grünen Bilder von nächtlichen Bombenangriffen der US-Luftstreitkräfte auf Bagdad flimmerten – untermalt von Arnetts atemlosen Berichten und den Detonationen – in die Wohnzimmer. Von dem Heldentum des Journalisten profitierte vor allem der Sender, seine Einschaltquoten stiegen dramatisch.

In diesem Krieg gegen den Terror ist alles anders: Zwar gibt es wieder aquariumgrüne Bilder, doch die Informationen sind dürftig. Die meisten westlichen Journalisten wurden von den Taliban aus Afghanistan ausgewiesen, ihre Kollegen, die bei der oppositionellen Nordallianz ihr Quartier aufgeschlagen haben, stehen aber auch auf verlorenem Posten, sie haben kaum Zugang zu Informationen.

In Kabul ist nicht CNN vor Ort, sondern Al-Jazeera, ein arabischer Sender mit Sitz in Katar, den im Westen bis zum Beginn der Luftangriffe nur Orientkenner und internationale Medienfreaks gekannt haben.

Im Nahen und Mittleren Osten, in der islamischen Welt, ist der Sender jedoch ebenso populär wie CNN im Westen. Vor fünf Jahren wurde Al-Jazeera von BBC-Redakteuren nach Schließung des arabischen Dienstes gegründet und von Scheich Hamad Khalifa Al-Thani, dem Emir von Katar, unterstützt. 150 Millionen Dollar Startkapital gab der Scheich dem Sender für die ersten fünf Jahre, diese Summe – so will es die Legende wissen – habe er durch die Schließung der Zensurbehörde eingespart.

Der Emir ließ den Journalisten freie Hand: So bietet Al-Jazeera heute als einziger Sender im arabischen Raum ein kritisches und unabhängiges Programm, in dem nicht nur die Regierungen zu Wort kommen, sondern auch oppositionelle Kräfte – oft aus dem Exil zugeschaltet.

Al-Jazeera-Bericht über den angeblichen Absturz eines US-Hubschraubers

Etwa 40 % aller Haushalte in den Golfstaaten sollen zu den regelmäßigen Zuschauern der »Halbinsel« gehören – wie der arabische Name in der Übersetzung lautet.

In den ersten Tagen des Angriffs auf Afghanistan hat sich der Zuschauerkreis des Senders erheblich erweitert. Weil das Taliban-Regime nur den Al-Jazeera-Korrespondenten mit entsprechendem Übertragungsgerät in Kabul duldete, musste CNN dessen Filmmaterial kaufen und mit dem Logo und dem arabischen Schriftzug des Senders ausstrahlen. Über die 900 Partnersender der Amerikaner wurde Al-Jazeera so in aller Welt bekannt. Selbst der CNN-Reporter in Kabul setzte seine Berichte per Satelliten-Telefon zu den Filmberichten des arabischen Kollegen ab.

Die journalistischen Coups lieferte der Sender durch Interviews und Ansprachen von Osama bin Laden, die per Video aufgezeichnet worden waren und von dem Sender als »Dokumente« ausgestrahlt wurden. Als CNN diese Botschaften des Top-Terroristen ständig wiederholte, ließ die US-Regierung die Ausstrahlung stoppen: Über diese Videos könnte bin Laden verschlüsselte Botschaften an seine Anhänger übermitteln und sie zu neuen Terrortaten anstiften.

Auch sonst sind Weißes Haus und Krisenstab nicht zimperlich, wenn es um Zensur der Medien geht. Der Chefredakteur von CNN ermahnte Anfang November die Mitarbeiter des Senders, bei Berichten über Kollateralschäden bei der afghanischen Zivilbevölkerung

durch die Bombenangriffe der US-Luftwaffe auch stets an die 5000 unschuldigen amerikanischen Opfer der Terrorangriffe auf New York und Washington zu erinnern.

Die Nachrichten, die das amerikanische Verteidigungsministerium zunächst über den Kriegsverlauf herausgibt, sind ohnehin als Propagandamaterial aufbereitet. Verteidigungsminister Donald Rumsfeld hatte schon vor dem Beginn des Anti-Terror-Krieges gewarnt, dass die Presse nicht über alle Einsätze des Pentagons unterrichtet werde. Jetzt wurde nicht einmal der Kongress in die Einzelheiten der Militäroperationen eingeweiht. Die Amerikaner versuchten, die afghanische Bevölkerung durch Hörfunkprogramme in zwei arabischen Sprachen von ihrer Mission zu unterrichten. Störend für die Verbreitung der Botschaften war allerdings, dass nur wenige Bewohner des Staates noch ein Radio besitzen. Dieser Engpass soll jetzt mit Kurbelradios behoben werden, bei denen der Hörer für dreißig Minuten Empfang eine Minute kurbeln muss. Mit dem Vormarsch der Nordallianz wurde es möglich, diese Radios auch ins Land zu bringen.

Das Informationsdefizit der westlichen Medien wussten die Taliban geschickt für ihre Propagandazwecke zu nutzen: Ihr Botschafter im pakistanischen Islamabad hielt täglich kurze Informationsveranstaltungen ab, in denen er die Erfolge der Taliban-Milizen verherrlichte, wüste Drohungen gegen die Amerikaner und ihre Verbündeten ausstieß und die angeblichen Verluste des Gegners aufzählte.

Anfang November organisierten die Taliban für eine ausgewählte Gruppe westlicher Journalisten sogar eine Pressereise nach Kabul und führten ihnen die Schäden vor, die die Bombenangriffe in Kabul angerichtet haben. Weinende Taliban-Anhänger sollten die Trauer und das Entsetzen über die zahlreichen Opfer in der Zivilbevölkerung symbolisieren.

Doch Leichen und verletzte Zivilisten bekam der Journalistentross nicht zu sehen. Das von US-Bomben stark beschädigte Krankenhaus beherbergte vielmehr verletzte Gotteskrieger der Taliban-Milizen. Wenn es tote Zivilisten gegeben hätte, räsonierte ein kriegserfahrener BBC-Reporter, hätten die Taliban sie sicher gezeigt.

Ausfall durch Durchfall

Unmittelbar nach den Anschlägen auf Pentagon und World Trade Center fragten sich viele, wie es sein konnte, dass die Geheimdienste der Amerikaner und Europäer von den Vorbereitungen der Terroristen nichts mitbekommen haben.

Nach langatmigen Ausführungen der Leiter der Nachrichtendienste über das Versagen der hochsensiblen Überwachungstechnik und die Unmöglichkeit, Agenten in die verschworenen Bruderschaften der Islamisten einzuschleusen, brachte ein ehemaliger Geheimdienstler das Dilemma der westlichen »Schlapphut-Organisationen« auf den Punkt: »In Länder, wo Durchfall zum Alltag gehört, gehen unsere Agenten nicht hin.«

BIOTERROR

Anthrax: Gefährliche Briefe

In den USA verbreiten mit Milzbranderregern infizierte Briefe Angst und Schrecken. Vier Menschen starben bereits, doch von den Absendern fehlt jede Spur.

Seit am 6. Oktober in Florida ein 63-jähriger Bildredakteur an einer Milzbrandinfektion gestorben ist, geht in den USA die Angst vor dem Postboten um. Denn der Journalist hatte sich mit einem weißen Pulver infiziert, das Milzbranderreger enthielt und per Post in die Redaktion geschickt worden war.

Solche Briefe wurden mittlerweile an Fernsehsender, Zeitungsredaktionen, das Weiße Haus, das Außenministerium, den US-Kongress und die CIA geschickt. Vier Menschen sind an der tödlichen Krankheit gestorben, ein weiteres Dutzend hat sich infiziert, und Tausende werden vorbeugend mit Antibiotika behandelt. Die erste Briefsendung mit Anthrax-Sporen erreichte am 31. Oktober, dem Halloween-Tag, auch Europa. In der US-Botschaft im litauischen Vilnius kam ein Brief mit dem todbringenden Inhalt an.

Alarmierende Nachrichten kommen aus den USA: Das vierte Opfer, eine 61-jährige Frau aus dem Bundesstaat New Jersey hatte keinen Kontakt zu Poststellen oder Briefverteilungszentren. Hinweise auf die Versender der lebensgefährlichen Post gibt es nicht, aber Tritt-

Eine Spezialtruppe hilft einem Kollegen, der verdächtiges Material aus einem Postgebäude in West Trenton/New Jersey geholt hat.

brettfahrer, die mit »harmlosen« Waschpulversendungen Angst und Schrecken in den USA und auch in Deutschland verbreiten.

Grund zur Sorge gibt es allemal: Seit Jahrzehnten forschen Wissenschaftler in aller Welt im Auftrag ihrer Regierungen an der Entwicklung von Kampfstoffen, Bakterien, Viren, Giftstoffen und Nervengasen, die zur Massenvernichtung eingesetzt werden können. 1972 verabschiedeten zwar 143 Staaten eine Konvention gegen die Entwicklung, Produktion und Lagerung von biologischen und chemischen Kampfstoffen, doch zwei Länder – Israel und der Sudan – unterzeichneten den Vertrag nicht, andere hielten sich nicht daran. Die Geheimdienste gehen mittlerweile davon aus, dass mindestens 17 Länder vermutlich über biologische Waffen verfügen: darunter Syrien, Israel, Ägypten, Indien und China. Im Irak fanden die UN-Inspekteure nach dem Golfkrieg 1991 nicht nur Fabriken zur Herstellung von Krankheitserregern und Giften, sondern auch über 20 Tonnen Kampfstoffe und Techniken für deren Verteilung: Bomben und Raketen mit 3000 Kilometer Reichweite.

Hinzu kommt, dass einige Staaten – wie die USA – Erregerstämme in Labors weiterzüchten, um, wie es

offiziell heißt, Gegenmittel und Medikamente gegen die tödlichen Stoffe entwickeln zu können. Angeblich soll es weltweit nur noch zwei Labors mit Pockenviren geben, eines in den USA, ein zweites in Russland.

Doch auch von der defensiven Forschung gehen große Gefahren aus. Durch Genmanipulation wird nach Ansicht von Wissenschaftlern derzeit an besonders aggressiven Erregern geforscht, die beispielsweise gegen Antibiotika resistent sind oder vom menschlichen Immunsystem nicht mehr bekämpft werden können.

Besorgnis erregend ist auch, dass die Anthrax-Terroristen offenbar eine große Hürde genommen haben. Bislang galt weniger die Produktion der Giftstoffe als größtes Problem, sondern die massenhafte Verbreitung der lebensgefährlichen Substanzen, von denen sich die meisten unter UV-Strahlen, bei Sonnenschein, zersetzen. Mit dem Versand kontaminierter Briefe haben die Terroristen zwei Ziele erreicht: Sie haben die Empfänger mit der tödlichen Seuche und weite Teile der Bevölkerung mit Überlebensängsten und Panik infiziert.

Milzbrandbriefe legten den US-Kongress vorübergehend lahm.

Die wirtschaftlichen Folgen

Die verheerenden Terroranschläge auf das World Trade Center und das Pentagon haben tiefe Spuren in der Weltwirtschaft hinterlassen. Die modernen Industriegesellschaften werden sich umstellen müssen: Individuelle Mobilität sowie Energie und Rohstoffe aus aller Welt werden künftig wesentlich teurer sein.

Konjunktur: Gefahr einer Rezession?

Sinkende Wachstumsraten, schrumpfende Unternehmensgewinne, Arbeitsplatzverluste und Massenentlassungen sind die kurzfristigen Folgen, die die Kamikaze-Attacken auf das World Trade Center hinterlassen haben. Vor allem in den USA wächst die Pleitewelle. Doch auch in Europa und Japan wird der stotternde Konjunkturmotor weiter abgewürgt. Ohne den Kaufrausch der Amerikaner lässt sich auch im Rest der Welt kein Aufschwung herbeizaubern. Und den US-Verbrauchern ist die Lust am Shopping gründlich verdorben worden.

Die katastrophalen Terroranschläge von New York und Washington haben die Weltwirtschaft in einer sehr kritischen Phase getroffen. Schwere Turbulenzen an den Börsen, nachlassendes Wirtschaftswachstum in fast allen Industriestaaten, steigende Arbeitslosenzahlen in Europa, Amerika und Japan nährten schon vor den Anschlägen vom 11. September rund um den Globus Rezessionsbefürchtungen. Die New Economy, die zahllosen High-Tech-Konzerne, Internet- und Softwarefirmen haben nach dem Boom Ende der 1990er Jahre weltweit Bauchlandungen gemacht, hohe Verluste sowie eine schlechte Auftragslage präsentiert und für miese Stimmung gesorgt.

Nie zuvor steckten die drei großen Wirtschaftsregionen – Japan, USA und Europa – gleichzeitig im Konjunkturtief. Wenige Tage vor dem Terrorangriff hatten die US-Statistiker allen Pessimisten mächtig Auftrieb gegeben. Die amerikanische Arbeitslosenquote lag mit 4,9 % so hoch wie seit September 1997 nicht mehr. Binnen 13 Monaten wurden damit mehr als eine Million Stellen in der vorher auf Höchsttouren laufenden US-Industrie vernichtet.

Gleichzeitig kamen neue Hiobsbotschaften aus Japan, wo die Wirtschaft seit zehn Jahren von einem Schwächeanfall in den nächsten taumelt, ohne dass die Regierung auch nur das Geringste daran än-

dern konnte. Das Sozialprodukt schrumpft mit einer Jahresrate von mehr als 3 %. Zahllose Konjunkturprogramme haben die Staatsverschuldung auf unvorstellbare 4,5 Billionen Yen geschraubt, die höchste Verschuldung aller Industriestaaten.

Die Europäer, die lange geglaubt hatten, sie könnten sich von der

Nichts geht mehr: Einzelhandelsgeschäfte wie Möbelladen müssen schließen, …

… der Autoabsatz stagniert: Einst begehrte Modelle werden zu Ladenhütern, …

… und immer mehr Leute werden gefeuert und melden sich bei Jobvermittlungen.

ökonomischen Misere in der übrigen Welt abkoppeln, mussten ihre Erwartungen Schritt für Schritt zurückschrauben. Immer weniger Wachstum und immer mehr Arbeitslose bestimmen auch in Deutschland die Prognosen. Seit dem 11. September befindet sich die Weltwirtschaft in einer Situation von höchster Brisanz: Internationale Wirtschaftsforschungsinstitute erwarten weitere Rückgänge beim Wirtschaftswachstum, die zwischen 0,5 und knapp 1 % liegen.

Für Deutschland rechnen die sechs führenden Wirtschaftsforschungsinstitute sogar nur noch mit einem Wachstum von 0,7 % in diesem Jahr, 0,6 Prozentpunkte weniger als vor dem 11. September. Die Arbeitslosigkeit soll wieder leicht steigen auf 3,8 Millionen Erwerbslose.

Wie schnell sich die lahmende Weltkonjunktur von den Anschlägen erholen kann, hängt in erster Linie von dem Verhalten der amerikanischen Verbraucher ab, ob sie die Lust an ihrer einzigen wahren Leidenschaft – dem Kaufrausch, Shopping um jeden Preis und ungeachtet jeder Krisenlage – verlieren.

Mit sieben Zinssenkungen hatte Alan Greenspan, der mächtige Mann der US-Notenbank, in den Monaten vor den Attentaten versucht, die Amerikaner verstärkt zum Konsum anzuregen und die Wirtschaft vor einer schweren Rezession zu bewahren. Der achte Zinsschritt erfolgte am Tag des Comebacks der New Yorker Börse nach dem Desaster.

Doch gegen die Trauer und das Entsetzen der Amerikaner war Greenspans Therapie zu schwach. Der Einzelhandelsindex brach im September um mehr als 3 % ein – und verzeichnete den schärfsten Rückgang seit Anfang der 1990er Jahre.

Wohin die Wirtschaft der USA und damit der gesamten Welt steuert, wird in Afghanistan entschieden. Wenn weiterer Terror, scharfe Kontrollen oder auch nur die Angst davor den Konsum völlig abwürgen oder islamische Länder wie Malaysia, die Golfstaaten oder Indonesien in Gegnerschaft zu den Amerikanern treiben, wäre das wahrscheinlich der letzte Anstoß für eine lange und tiefe weltweite Rezession.

Wenn es hingegen gelingt, die weltweite Koalition zusammenzuhalten, birgt die derzeitige Lage auch erhebliche Chancen.

Börsen: Absturz und Aufstieg?

Am 17. September wird die New Yorker Börse nach viertägiger Zwangspause mit einer feierlichen Zeremonie wieder eröffnet.

Nach dramatischen Kursstürzen und chaotischem Handel zeigen sich an den internationalen Aktienmärkten wieder erste Signale einer Erholung.

Als Richard Grasso, Chef der New Yorker Stock Exchange, am 11. September kurz vor 9 Uhr von einem »Brand« im Nordtower des World Trade Centers erfuhr, wollte er den Handel an der größten Aktienbörse der Welt allenfalls um eine halbe Stunde verschieben. Doch schon wenige Minuten später, nach dem Crash in den Südtower, war klar, dass in New York nichts mehr ging. Vier Handelstage blieb die Wall Street geschlossen, so lange wie nie zuvor in der amerikanischen Börsengeschichte. An den Aktienmärkten in Frankfurt und London brachen – noch bevor das Ausmaß

des Desasters erkennbar wurde – sofort die Kurse ein. Der Crash auf Raten, in dem sich die Aktienkurse seit 18 Monaten unaufhörlich befinden und der Anlegerkapital von 20 Billionen Dollar vernichtet hat, hatte sich schon in der Woche vor der Katastrophe erheblich beschleunigt. Der Deutsche Aktien-Index DAX, die Fieberkurve der größten deutschen Börse, war gegenüber dem Rekordstand vom März 2000 bereits um 3500 Punkte auf die Hälfte geschrumpft – in den ersten Septembertagen allein um 3,8 %. Der DOW JONES hatte im gleichen Zeitraum rund 2100 Punkte auf 9600 Punkte verloren. Ohne Orientierung von New York stürzten die Kurse in den folgenden Tagen sogar unter die 4000-Punkte-Schwelle. Doch auch als Wall Street am Montag, den 17. September wie-

der eröffnet wurde, ließ sich der Abwärtstrend zunächst nicht stoppen. Der DOW JONES verlor in den ersten drei Handelstagen insgesamt rund 9 %. Zu den Verlierern der ersten Tage zählten die Wertpapiere der Konzerne, die von den Terroranschlägen am stärksten betroffen waren: Versicherungen, die für die Milliardenschäden aufkommen müssen, Fluggesellschaften, die vier Tage lang ihren US-Verkehr einstellen mussten und nun wegen der weltweiten Terrorangst ihre Kunden verlieren, und Tourismuskonzerne, die starke Buchungsrückgänge beobachten.

Ende September jedoch hob sich plötzlich die schlechte Laune der Börsianer: Bis Ende Oktober verzeichnete der Frankfurter Aktienindex DAX ein Plus von 25 % und der Neue-Markt-Index NEMAX hatte

sogar um 60 % zugelegt. An den Börsen herrschte wieder Goldgräberstimmung. Zu den Gewinnern zählte auch die Bayer-Aktie, die erst wenige Wochen vor den Anschlägen wegen des Blutfettsenkers Lipobay weltweit in Verruf geraten war. Sie profitierte in der zweiten Oktoberhälfte von der Angst der Amerikaner vor einer Infektion mit Milzbranderregern – Bayer stellt das einzige Antibiotikum her, das gegen die gefährlichen Anthrax-Sporen zugelassen ist.

Böser Verdacht

Haben die Terroristen an den Attentaten verdient? Kurz vor den Anschlägen gab es verdächtige Kursbewegungen.

Bei einer Überprüfung des Börsengeschehens vor dem 11. September fielen der New Yorker Börsenaufsicht einige Besonderheiten auf: In den Tagen vor den Attentaten wurden auffallende Kursverluste bei Aktien von American Airlines und einigen Versicherungskonzernen verzeichnet, große Mengen dieser Wertpapiere wurden auf den Markt geworfen – ohne dass es zu diesem Zeitpunkt wirtschaftliche Gründe für Massenverkäufe gegeben hätte.

Deshalb erweckten diese Börsengeschäfte im Nachhinein einen schlimmen Verdacht. Hatten Insider, Mitglieder der Terrororganisationen, die den Zeitpunkt der Anschläge kannten, im großen Stil auf Kursverfall bei Aktien der Unternehmen spekuliert, die unter ihren Terrorangriffen besonders zu leiden hatten?

Ein höchst lukratives Geschäft wäre es allemal: Bei solchen Leih- oder Termingeschäften fallen hohe Gewinne an, wenn die Spekulanten die Papiere vor dem Attentat zu höheren Kursen verkaufen und sie an dem Zeitpunkt, zu dem sie sie zurückgeben oder liefern müssen, zu einem deutlich niedrigeren Kurs beschaffen können.

Für die New Yorker Börsenaufsicht waren die Kursverläufe bei diesen Titeln jedenfalls Grund genug, um umfangreiche Untersuchungen einzuleiten.

Kapital: Die geheimen Geldquellen der Terroristen

Die islamistischen Organisationen verfügen über viel Geld und ein ausgeklügeltes Netzwerk. Ihre Einnahmen stammen aus kriminellen Machenschaften und legalen Geschäften.

Drogenhandel, Schutzgelderpressung, Spenden – aus diesen Geldquellen finanzieren die international operierenden Terroristen ihre Organisationen und ihre Anschläge. Nach Ansicht von Geheimdiensten beträgt das gesamte Kapital, das sich weltweit in den Händen von Terroristen befindet, rund 30 bis 50 Milliarden Dollar. Die islamistischen Gruppen zählen zu den reichsten. Sie verfügen über rund 60 % dieses Betrags.

Das Startkapital der islamistischen Organisationen beschafften oft die USA. Bin Ladens Terrortruppe wurde vom amerikanischen Geheimdienst CIA im Krieg gegen die Sowjetunion kräftig unterstützt – rund 500 Millionen Dollar verteilten die Amerikaner pro Jahr unter den einzelnen Clans von Widerstandskämpfern.

Heute zählt der Rauschgifthandel zu den wichtigsten Einnahmequellen der 1988 von Osama bin Laden gegründeten Al-Qaida. Sie soll von der afghanischen Hezb-i-Islami des ehemaligen afghanischen Machthabers Gulbuddin Hekmatjar, der im iranischen Exil lebt, den Drogenhandel übernommen haben und den Export der Ware in den Westen kontrollieren. 80 % der Heroin-Weltproduktion stammt aus Afghanistan.

Neben bin Ladens Leuten ist auch das Taliban-Regime an den Drogengeschäften beteiligt. Den Anbau von Mohn hatten die afghanischen Machthaber zwar ursprünglich verboten, jetzt aber gegen Zahlung hoher Abgaben wieder zugelassen. Vom Heroingeschäft profitiert auch die algerische GIA, die Verbindungen zur Al-Qaida unterhält. Direkte finanzielle Hilfen erhalten die Islamisten aber auch von arabischen Regimen wie Syrien, Sudan, Irak und Libanon. Die Vereinigten Arabischen Emirate sollen dem mutmaßlichen Attentäter Marwan Al-Shehhi ein Stipendium für sein Studium an der Harburger TU finanziert haben.

Einflussreiche arabische Familien in den Golfstaaten, Algerien und Ägypten spenden oft Millionenbeträge an die Islamisten – an bin Ladens Al-Qaida, die algerische GIA, die palästinensische Hamas,

Afghanistan ist weltgrößter Heroinexporteur: Ein Bauer kontrolliert die Mohnkapseln.

oder die libanesische Hisbollah, um die »Amerikanisierung« ihrer Kultur zu verhindern. Dazu kommen freiwillige Gaben der Gläubigen im Ausland. Nach dem Freitagsgebet wird in vielen Moscheen gesammelt. Das Geld leiten Wohlfahrtsorganisationen wie der Al-Aksa-Fonds in Aachen an einen der 20 Wohltätigkeitsverbände weiter, deren bekanntester die International Islamic Relief Organisation (IIRO) ist.

Zu diesen Tarnorganisationen, in denen nicht nur fromme Gebete gesprochen, sondern Nahkampf und der Umgang mit Waffen trainiert werden, zählt nach Erkenntnissen von Geheimdiensten auch

HINTERGRUND

Hawala-Banking

Bei dieser ältesten Form des Kapitaltransfers nehmen vertrauenswürdige Geschäftsleute Geldbeträge von Terroristen in einem Land entgegen und veranlassen ihren Partner in einem anderen Staat, diesen Betrag auf ein bestimmtes Zeichen hin auszuzahlen. Mit diesem auch Hawala-Banking genannten Verfahren werden alle Devisenkontrollen und Meldeverfahren umgangen.

das Al-Kifah-Zentrum im New Yorker Stadtteil Brooklyn, dessen Konten auf Anweisung von US-Präsident Bush eingefroren wurden.

Nicht immer zahlen Geschäftsleute freiwillig: Schutzgelderpressung ist ebenfalls eine weit verbreitete Methode der Kapitalbeschaffung. Der US-Geheimdienst CIA entdeckte 1999, dass fünf saudiarabische Topmanager drei Millionen Dollar auf Konten der International Islamic Relief Organisation, die von bin Ladens Al-Qaida kontrolliert wird, überwiesen hatten. Sie gaben damals an, dass es sich dabei um Schutzgeldzahlungen handele, um Attacken gegen ihre Unternehmen abzuwenden. Aufgedeckt wurde der Transfer auf Druck der USA. Das Geld floss von der größten Bank des Königreichs an Finanzinstitute in New York und London.

Doch so viel Glück haben Ermittler selten. Denn Terroristen wissen ihre Kapitaltransfers ungewöhnlich gut zu tarnen: Sie nutzen die Errungenschaften modernster Internettechnologie ebenso wie die archaische Übermittlungsmethode des seit Jahrhunderten bewährten Hawala-Bankings (siehe Kasten). Doch auch im offiziellen Kapitalverkehr schlagen die »Finanzminister« der Terrorgruppen über viele Mittelsmänner so viele Haken, dass die Spur des Geldes nur schwer verfolgt werden kann.

HINTERGRUND

Die Geschäfte des Osama bin Laden

Der meist gesuchte Terrorist bin Laden hat sich als erfolgreicher Firmengründer erwiesen.

Der Top-Terrorist kommandiert ein internationales Wirtschaftsimperium von Straßenbauunternehmen, Investment-Agenturen, Banken, Handelsfirmen und Farmen. Den Wert seines Konzerns beziffern westliche Geheimdienste auf rund 300 Millionen Dollar. Das Startkapital – die Schätzungen reichen von 80 bis 250 Millionen US-Dollar – hatte der Sohn aus reichem Hause 1978 geerbt. Sein eigenes Firmenimperium gründete bin Laden 1993 im Sudan.

In Sicherheitskreisen wird vermutet, dass diese Unternehmen wichtige Funktionen bei der Geldwäsche und der Beschaffung von Waffen und anderem Kriegsgerät erfüllen. Bin Ladens Baufirma Al-Hijrah erstellte gemeinsam mit der Nationalen Islamischen Front und dem sudanesischen Militär den Flughafen in Port Sudan und eine 800 Kilometer lange Autobahn, die die Hauptstadt Khartum mit Port Sudan verbindet. Die Handelsfirma Wadi Al-Aqiq exportierte Holz, Nüsse, Ziegenleder, Zitrusfrüchte und Kamele aus dem Sudan und importierte amerikanische Videogeräte, Waffen, südafrikanisches Uran, britische Taucherausrüstungen und deutsche Telefone. Darüber hinaus betrieb bin Laden Sonnenblumen-Plantagen, auf denen auch Al-Qaida-Anhänger für den Nahkampf geschult werden.

Engagements im Finanzsektor an der Taba Investment Company und eine 50-Millionen-Dollar-Einlage bei der Al Shamal Islamic Bank in Khartum, an der auch die Nationale Islamische Front beteiligt sein soll – sichern ihm den Zugriff auf die internationalen Finanzmärkte. Obwohl bin Laden 1996 den Sudan verlassen musste, soll die Firmengruppe noch heute unter seiner Kontrolle stehen.

ROHSTOFFE

Energieversorgung: Der Kampf um Öl und Gas

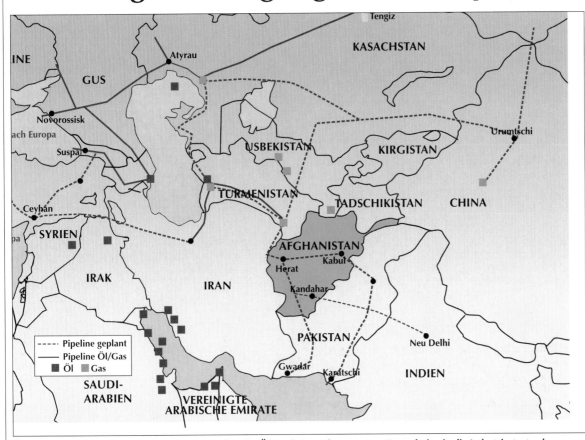

Über Pipelines und mittels Schiffstransporten sollen die Öl- und Gasvorkommen aus Zentralasien in die Industriestaaten kommen.

Die breite Allianz gegen den Terror dient auch der Sicherung der Ölversorgung der westlichen Welt und vor allem der USA. In Zentralasien liegen große Öl- und Gasvorkommen.

Der eigentliche Motor für die weltweite Koalition gegen den Terror ist tief unter der Erdoberfläche verborgen: Es geht um Öl und Gas. Die meisten der derzeit erschlossenen Ölfelder befinden sich im Territorium islamischer Staaten am Persischen Golf. Ein Aufstand in diesen Ländern gegen den Westen – vor allem gegen die USA, den größten Ölimporteur der Welt, – könnte die Rohölversorgung der Industriestaaten gefährden und eine schwere Weltwirtschaftskrise auslösen.

Wie sensibel die Rohstoffmärkte auf diese Bedrohung reagieren, zeigte sich in den ersten Stunden nach den Anschlägen in New York und Washington. Der Ölpreis schnellte von 21 Dollar pro Barrel auf 29 Dollar herauf. Nur die Zusage der OPEC-Staaten, die Versorgung der Weltmärkte notfalls durch eine Erhöhung der Fördermengen sicherzustellen, führte dazu, dass sich der Seismograph für Weltwirtschaftsbeben wieder auf ein Niveau um 20 Dollar einpendelte.

Bei dem Krieg gegen Osama bin Laden und die Taliban geht es aber auch um den Zugang zu bisher weitgehend unerschlossenen Vorräten. Vor allem in der Ex-Sowjetrepublik Kasachstan haben amerikanische Ölkonzerne Milliarden investiert, um das »Schwarze Gold« und die großen Erdgasvorkommen in den Staaten rund ums Kaspische Meer anzuzapfen und sich von der OPEC-Marktmacht, die vor allem von den Golfstaaten und Saudi-Arabien beherrscht wird, abzunabeln. Über riesige Pipelines sollen die Rohstoffe aus Kasachstan, Turkmenistan, Usbekistan und Aserbaidschan in die Industrieregionen Europas, Japans und Russlands und in die Häfen am Persischen Golf und am Schwarzen Meer gepumpt werden. Zu den größten Bauvorhaben zählt die 1700 Kilometer lange Central Asian Oil Pipeline. Afghanistan kommt bei diesen Planspielen eine zentrale Rolle zu. Die kürzeste Route für eine Rohrleitung von den Ölfeldern in dem kasachischen Tengiz-becken mit einem Vorkommen von schätzungsweise 9 Milliarden Barrel verläuft durch Afghanistan.

Der US-Multi Chevron hat sich hier in einem 20-Milliarden-Dollar-Joint-Venture namens Tengiz-Che-

vroil auf 40 Jahre an die staatliche Ölgesellschaft in Astana gebunden. Realisiert wurde kürzlich die von Chevron mitgebaute Pipeline, die von Tengiz zum Schwarzmeer-hafen Novorossisk führt. Ein weiteres Projekt, das Gas aus Turkmenistan über Herat an der afghanischen Grenze entlang nach Kandahar, Pakistan und Indien leiten sollte, wurde bereits geplant, aber schon 1998 wieder abgebrochen – wegen der Lage in Afghanistan.

Arbeiter auf einer Ölraffinerie im Irak.

Die Öl-Manager

Die US-Regierung unter George W. Bush kennt sich im Ölgeschäft und in Zentralasien aus – dank alter Beziehungen zu den großen Multis im eigenen Land.

»Das Weltbild der Bush-Regierung«, schreibt Gregg Easterbrook im Wochenmagazin »The New Republic«, »ist das Weltbild von Ölmännern«. Der US-Präsident ist wie sein Vater eng mit der Ölindustrie verbunden. George W. hatte erst in seinem Heimatstaat Texas als Hilfsarbeiter auf Bohrstellen gearbeitet und später eine eigene, wenn auch nicht sehr erfolgreiche Ölfirma gegründet.

Vizepräsident Dick Cheney war vor der Übernahme seines jüngsten Regierungsamtes fünf Jahre lang Vorstandschef des US-Konzerns Halliburton, des weltgrößten Materialzulieferers der Ölindustrie, der sich stark in den zentralasiatischen Staaten engagiert hat.

Die Nationale Sicherheitsberaterin Condoleezza Rice saß zehn Jahre lang im Aufsichtsrat des Chevron-Konzerns, der 1993 sogar einen Öltanker auf ihren Namen taufte. Nach heftiger Kritik gegen die enge Verbindung von Bushs Kabinettsmitglied zu dem Ölmulti wurde die unter der Flagge der Bahamas fahrende »Condoleezza Rice« in »Altair Voyager« umbenannt.

Kenneth Lay, Chef des US-Energiekonzerns Enron, ist ein alter Familienfreund und gilt als einflussreicher Vertrauter des Präsidenten. Lay – der im zentralasiatischen Raum mehrere Geschäftsprojekte betreibt – wirkte maßgeblich am »neuen« Energie-Konzept der Bush-Regierung mit, in dem die Rückkehr zu fossilen Brennstoffen und die Deregulierung der Ölbranche proklamiert wird. Die Energiekonzerne zählen auch zu den heftigsten Förderern der US-Regierung. Insgesamt 33,3 Millionen Dollar überwies die Ölindustrie allein im Wahlkampf 2000 in die Kassen der Parteien, den größten Teil davon an Bush und seine Republikaner. Ganz oben auf der Spendenliste: Enron, Exxon, BP, Chevron und Texaco.

Internationaler Luftverkehr: Start in Turbulenzen

Wiederaufnahme des Flugverkehrs am La-Guardia-Flughafen, New York, nach der mehrtägigen Zwangspause: Die Terror-attacken auf das World Trade Center und das Pentagon mit Passagiermaschinen von American Airlines und United Airlines haben den internationalen Fluggesellschaften Millionenverluste beschert und zu Massenentlassungen und Pleiten geführt.

Zu den ersten Opfern der Terroran-griffe zählen die Fluggesellschaften. In den USA hilft der Staat schnell und großzügig, die Deutsche Lufthansa muss sehen, wie sie sich selber aus der Krise manövriert.

Nichts ist mehr, wie es war: Geschäftsreisen werden auf unbestimmte Zeit verschoben, Urlaubsflüge kurzfristig abgesagt. Selbst die sonst so unternehmungslustigen deutschen Urlauber bleiben seit dem 11. September lieber zu Hause.

Der Terroranschlag auf das Symbol des Weltkapitalismus hat das Rückgrat der modernen mobilen Arbeits- und Freizeitgesellschaft, die internationalen Fluggesellschaften und Tourismuskonzerne, schwer getroffen. Das viertägige Flugverbot im amerikanischen Luftraum und darauf folgende Flugangst ihrer Kunden beschert den Airlines und Tourismuskonzernen horrende Verluste. Schon wenige Tage nach den ver-

hängnisvollen Crashs riefen die amerikanischen Fluglinien nach dem Staat als Retter in der Not. Und wurden – das gab es noch nie in der US-Wirtschaftsgeschichte – tatsächlich gehört. Ohne Zaudern greift die amerikanische Regierung den bedrohten Branchen kräftig unter die Arme. 15 Milliarden Dollar zur Unterstützung der Luftfahrtindustrie hat der Kongress allein den angeschlagenen Luftfahrtunternehmen bewilligt. Dazu kommen noch das bereits angekündigte Konjunkturprogramm von bis zu 75 Milliarden Dollar (83 Mrd. Euro/162 Mrd. DM) sowie ein Soforthilfepaket für Aufräumarbeiten und Sicherheitsmaßnahmen von 40 Milliarden Dollar.

Deutlich weniger freigebig zeigte sich der deutsche Finanzminister. Hans Eichel übernahm für die Deutsche Lufthansa nur die Haftung für die Sicherheit von Flugbetrieb und Passagieren, nachdem die Versicherungen die alten Verträge

wegen des dramatisch gestiegenen Haftungsrisikos gekündigt hatten.

Die Kosten des Terrorpakets von 3 Milliarden DM für den verstärkten Einsatz von Polizei und Bundesgrenzschutz in allen öffentlichen Einrichtungen wie Bahnhöfen, Flughäfen und Atommeilern will sich Eichel durch eine Erhöhung der Tabak- und Versicherungssteuer zurückholen. Ein kleines Konjunkturprogramm wurde lediglich für die seit langem Not leidende Bauwirtschaft aufgelegt – allerdings handelt es sich dabei um eine Beschleunigung ohnehin beschlossener Maßnahmen. Danach sollen jetzt zehn Autobahnabschnitte mit einer Gesamtlänge von knapp 500 Kilometern von privaten Investoren und Betreibern sechsspurig ausgebaut und betrieben werden. Insgesamt soll die Investitionssumme 7 Milliarden DM betragen. Der Staat beteiligt sich mit etwa 3,5 Milliarden DM aus dem vorhandenen Straßenbau-

Angst vorm Fliegen

Mit Massenentlassungen und Sparprogrammen reagieren die Fluggesellschaften auf die sinkenden Passagierzahlen.

Die US-Fluglinien kündigten schon wenige Tage nach den Anschlägen Massenentlassungen an: American Airlines und der Lufthansa-Partner United Airlines strichen jeweils 20 000 Arbeitsplätze. Der Flugzeugbauer Boeing will seine Belegschaft um 30 000 Mitarbeiter reduzieren. In einer brisanten Lage ist auch die Lufthansa. Seit den Terrorattacken hat sie bis Mitte Oktober allein Verluste von rund 360 Millionen DM eingeflogen. Lufthansa-Chef Jürgen Weber will jetzt ein drastisches Sparprogramm durchsetzen. Dazu gehört die Einführung der Vier-Tage-Woche, ein Stellenabbau, dessen Umfang noch nicht bekannt ist und eine drastische Anpassung der Kapazitäten an das geschrumpfte Passagieraufkommen. Insgesamt wurden 200 Flüge gestrichen, die Nordatlantikverbindungen ausgedünnt. Damit ist die Lufthansa noch immer in einer wesentlich besseren Lage als der Wettbewerber im Süden. Am 1. Oktober meldete die einst hoch renommierte und bei den Passagieren wegen ihres Service sehr beliebte Schweizer Fluggesellschaft Swissair Konkurs an. Jahrelanges Missmanagement hatte die Finanzen der Fluglinie strapaziert, der Crash in New York hat ihr nun den Todesstoß versetzt.

etat. Von psychologisch wirkungsvolleren Maßnahmen wie dem Vorziehen der Steuerreform will der Finanzminister nichts wissen.

Die deutsche Bundesregierung ist bei der Hilfe für die akut bedrohten Unternehmen und durch die schlappe Konjunktur in einer deutlich schwächeren Position als die US-Regierung. Dort hat der mehr als zehn Jahre währende Boom den Staatskassen Milliardenüberschüsse beschert, in Deutschland hingegen wuchs im gleichen Zeitraum der Schuldenberg.

Chancen für eine gerechtere Weltwirtschaftsordnung

Von der kapitalistischen Weltwirtschaftsordnung haben bisher vor allem die Industriestaaten im Westen profitiert. Kritiker der globalen Güter- und Kapitalmärkte fordern schon lange ein Umdenken. Bisher vergebens. Doch jetzt könnte sich eine Chance zu einem faireren Umgang mit den Staaten der Dritten Welt bieten.

Stahl aus China, Chips aus Taiwan, Software aus Indien, Öl aus dem Iran, Gas aus Kasachstan, Teppiche aus Afghanistan – das Karussell globaler Güterproduktion und Rohstoffbeschaffung dreht sich immer schneller. In den großen multinationalen Konzernen geht die Sonne nicht mehr unter: Irgendwo auf der Welt wird immer produziert, gehandelt, entwickelt, montiert, zu jeder Stunde, an jedem Tag. Wirtschaft total global.

Niedrige Löhne, billige Rohstoffe und neue Absatzmärkte mit riesigem Wachstumspotenzial – die Unternehmen aus Amerika und Europa wissen die Vorteile der kapitalistischen Weltwirtschaftsordnung wohl zu nutzen. »Wir haben eine Dekade prosperierender Wirtschaft durchlebt und uns der Erwartung hingegeben, dass es immer so weitergeht und dass sich der Staat aus der Wirtschaft heraushält«, resümierte die Wirtschaftswissenschaftlerin der Harvard Business School, Rosabeth Moss Kanter.

Doch die unter der Regie amerikanischer und europäischer Konzerne entwickelte Weltwirtschaftsordnung hat ihre Schattenseiten: »Die USA dehnen ihre Macht bis in den letzten Winkel der Erde aus und zwingen entlegenen Völkern ihr Wirtschaftssystem auf. Ohne Rücksicht auf die Schäden, die sie damit anrichten«, kritisiert der US-Politikwissenschaftler Chalmers Johnson die amerikanische Globalisierungspolitik.

Die unterentwickelten Länder kommen bei der internationalen Arbeitsteilung meist zu kurz. Ihnen wird oft vor allem genommen – Rohstoffe und Arbeitskraft – und den reichen Industriegesellschaften vor allem gegeben – preiswerte Produkte und ansehnliche Profite aus florierenden Geschäften. Die Fertigwaren aus der Dritten Welt, die vor Ort von lokalen Unternehmen hergestellt werden, gelangen hingegen nur selten auf die Märkte der westlichen Industriestaaten. Mit hohen Importzöllen und strenger Kontingentierung schützen sie ihre Industrie vor der unliebsamen Konkurrenz.

Gegen diese Ausbeutung und Diskriminierung hat sich in den westlichen Industriestaaten seit längerem heftiger Widerstand formiert. Globalisierungsgegner haben auf den Treffen der Regierungschefs der führenden Industrienationen in Seattle, Stockholm und Genua mit lautstarken Protesten auf die Unterdrückung und Ausbeutung der Entwicklungsländer hingewiesen.

Die vor drei Jahren in Frankreich gegründete Antiglobalisierungs-Organisation Attac, der auch der ehemalige SPD-Vorsitzende und Bundesfinanzminister Oskar Lafontaine angehört, prangert zudem die »Verwerfungen auf den internationalen Kapitalmärkten« an, durch die die armen Staaten finanziell ausgeblutet werden, und fordert Schuldenerlasse für die Staaten der Dritten Welt. Bislang wurde der Antiglobalisierungs-Front wenig Gehör geschenkt.

Doch nun kann sich das ändern: Plötzlich entdecken die Konzernchefs, dass sie vielerorts auf Pulverfässern sitzen, die sie oft genug selber dorthin transportiert haben. In vielen Konzernzentralen wird bereits über einen Rückzug aus den Krisenregionen der Welt nachgedacht. »Die Unternehmen werden sich künftig auf einige wenige Staaten konzentrieren, die wie China, Südkorea und Mexiko stabile politische Verhältnisse und viel versprechende Wachstumschancen bieten«, prognostiziert die renommierte amerikanische Unternehmensberatung Vince Tobin, Bain & Co.: »Weite Teile der arabischen Welt, viele lateinamerikanische und asiatische Länder – einschließlich Indonesiens und der Philippinen werden von den Großunternehmen des Westens gemieden werden.« Der völlige Rückzug der Industriestaaten ist allerdings keine Lösung, sie würde nur das Elend der Menschen in diesen Ländern verschlimmern und neuen Hass schüren.

Den Weg aus der Sackgasse kann nur eine gleichberechtigte Partnerschaft von Wirtschaft und Politik weisen, die langfristige Strategien entwickelt und diese umsetzt in Zusammenarbeit mit den Partnern in den Schwellenländern und in den Staaten der Dritten Welt.

Darin liegt auch die wirkliche Chance der weltweiten Allianz gegen den Terror. Sie wird nur halten, wenn den beteiligten Staaten der Dritten Welt schnell geholfen wird, die katastrophalen Lebensbedingungen der Menschen in diesen Ländern zu verbessern. Dazu gehört auch ein Umdenken in der Entwicklungspolitik – sie muss sich an den Bedürfnissen der Menschen vor Ort orientieren und nicht nur an den Wünschen und Rendite-Erwartungen von Konsumenten und Aktionären im reichen Westen.

Fairer Handel, Ächtung von Kinder- und Sklavenarbeit müssen vor Ort in den Betrieben, mit Hilfe der ausländischen Investoren umgesetzt werden. Der Markt alleine kann es nicht richten – ohne ihn geht es aber auch nicht.

»Besteuert das Kapital, befreit die Einwanderer« – rund 20 000 Globalisierungsgegner protestierten lautstark beim G8-Gipfel der Regierungschefs der führenden Industriestaaten am 20. Juli 2001 in Genua gegen die Ausbeutung der Entwicklungsländer und die Diskriminierung der Immigranten aus den Ländern der Dritten Welt.

»Rückkehr zum Alltag« fordern die Politiker von den Bürgern der Acht-Millionen-Metropole. In den Restaurants, im Sport und auch im kulturellen Leben beginnt sich die Situation zu normalisieren. Auch wenn der Schock immer noch groß ist, die New Yorker blicken zuversichtlich in die Zukunft ihrer über alles geliebten Stadt.

New Yorker sind immer Optimisten, auch wenn die Angst noch überall spürbar ist

Über 24 000 Läufer kommen am 4. November 2001 zum City Marathon, die Yankees gewinnen ihr erstes Heimspiel nach der Katastrophe mit 2:1, und in den Konzerthallen der Stadt hat die Saison begonnen – eine Stadt findet Schritt für Schritt zu ihrem Mythos zurück.

Seit dem 11. September sagt man in New York zum Abschied nicht mehr »Take care!« oder ein kurzes »See you later!«, man sagt jetzt »God bless you!«. Mütter, die ihre Kinder in die Schule fahren, Frauen, die ihre Ehemänner am Morgen auf dem Weg zur Arbeit in eines der vielen Bürohochhäuser verabschieden, oder gute Freunde, die sich nach einem Bier in einem Club in SoHo auf den Heimweg machen. Überall hört man es jetzt: »Gott segne dich!«

Für die über acht Millionen Einwohner des Big Apples ist das Wort »Angst« wie für die meisten Amerikaner ein typisch deutsches Wort. Man hat es in seinen Wortschatz übernommen, Zeitungen drucken es kursiv. Es bezeichnet einen Gemütszustand, in dem grundsätzliches Misstrauen gegenüber dem Leben, der Umwelt und der Zukunft mitschwingt. »Angst« schwebt seit jenem Dienstag, immer noch über die 21,5 Kilometer lange Insel zwischen Hudson und East River. Manhattan, der mit 58,8 Quadratkilometern kleinste der fünf Stadtteile Greater New Yorks ist – auch in der Seele der hier lebenden und arbeitenden Menschen – so verwundbar wie kein anderes Ballungszentrum dieser Welt. Auch wenn Politiker wie Präsident George W. Bush oder Bürgermeister Rudolph Giuliani unermüdlich in den Medien zum »Business as usual« aufriefen. Noch Wochen später steht die Stadt unter einem Schock. »Zurück zur Normalität« appellierte auch der New Yorker Gouverneur George Pataki: »Geht in die Restaurants, Kinos,

US-Präsident George W. Bush macht den ersten Baseballwurf im Yankee-Stadion.

Kaufhäuser, besucht den Broadway, vergnügt euch im Theater, geht mit euren Kindern am Sonntag in den Park. Seht euch die Baseballspiele an. Geht einkaufen, und helft damit unserer Wirtschaft.« Die New Yorker sind den Aufforderungen zögernd, aber willig gefolgt. Trotzdem liegt eine gewaltige Spannung über der Stadt, die auch den Bürgermeister mit seinem »öffentlichen Gesicht«, einem von sich selbst zwangsverordneten Lächeln, nicht entladen kann.

»Die beste Art, damit fertig zu werden, ist nicht nur die Trauerarbeit, sondern auch zu zeigen, dass wir uns nicht einschüchtern lassen, dass wir keine Angst haben und unser Leben weitergeht«, verlangt Rudolph Giuliani in der »New York Post«. Die Einwohner seiner Stadt haben es sich in den Tagen nach den Terroranschlägen zu Herzen genommen. Trotz der 2300 Meldungen über vermutete Bioterroranschläge mit Anthrax-Sporen bis Mitte Oktober 2001.

Schon am Tag nach den Anschlägen gibt es auch Bürger, die »Business as usual« auf ihre besondere Art definieren. Ein junger Mann im Sweatshirt läuft am Times Square zwischen Pizzarestaurant und Disney-Shop umher, hält zwei Postkarten in die Höhe. Ihm fehlen keine Briefmarken, auf seinen Karten sind die Zwillingstürme des World Trade Centers zu sehen. »Zwei Dollar, zusammen«, schreit er, »das sind die letzten Karten, die du kriegen kannst. Unten am »Ground Zero« bekommst du keine einzige mehr. Alles ausverkauft!«

Auch die T-Shirt-Händler haben über Nacht Hochkonjunktur, ein weißes Shirt bedruckt mit dem World Trade Center kostet 10 Dollar, drei Stück gibt es für 25 Dollar. Besonders beliebt sind jetzt die blauen Shirts mit dem Logo der New Yorker Polizei und die schwarz-roten der Feuerwehr.

24 057 Läufer kamen diesmal zum New York City Marathon. Sie alle mussten über die Verrazano-Narrows-Brücke, die die Stadtteile Staten Island und Brooklyn verbindet.

In keiner anderen Stadt der USA gibt es so viele Restaurants, Coffee Shops, Theater oder Kinos. Allein rund um den Times Square zeigen über 50 Kinos die neuesten Hollywoodfilme.

New York live – drei Tage nach der Katastrophe sitzt an der Ecke von Broadway und 13. Straße ein junges Paar vor einem der wenigen Cafés, die hier unten noch geöffnet sind. Beide tragen einen weißen Mundschutz. Die Frau mit dem kurzen blonden Stufenhaarschnitt nimmt ihren Mundschutz ab, trinkt einen Schluck Kaffee, und setzt ihn wieder auf.

Treffpunkt der Nachtschwärmer ist das »Florent« zwischen Greenwich und Washington Street. Hier, mitten im Herzen des alten Meat Market, liegt das ganz in Chrom gestylte, französische Diner, nur ein paar Kilometer Luftlinie vom Katastrophengebiet entfernt. In den Morgenstunden ist hier immer die Hölle los. Am Tisch sitzt Graphiker

»Keine Angst« – Paul Klein trägt ein Plakat des WTC durch die Straßen der Stadt.

Steven Nicks (38) bei Zwiebelsuppe und Tunfischsteak: »Mir scheint, dass in New York keiner schlafen will, jeder will leben und es den anderen auch zeigen. Wer schläft, verpasst einfach zu viel von dieser wunderbaren Stadt. Wir sitzen zusammen und reden und reden. Über uns, über die Anschläge, über die Zukunft der Stadt, einfach über alles. Wenn du redest, kannst du deine Ängste am besten bewältigen. So geht es den meisten hier, ganz egal, ob Künstler, Bankangestellter oder Feuerwehrmann, wir alle sind jetzt dichter zusammengerückt.«

Auch im Szeneclub »Lot 61«, dem Lieblingslokal des New Yorker Modedesigners Tommy Hilfiger, ist in dieser Nacht jeder Platz besetzt. Die ehemalige LKW-Garage mit einem riesigen Bild von Damien Hirst an der Wand in West-Chelsea ist Treffpunkt von Künstlern, Stadtprominenz und Supermodels. Barmann Thomas Spencer trauert um das ausgeflippte Nachtleben in der

Stadt: »Jeder will jetzt zeigen, wir gehen aus, wir leben noch! Aber die Partys, bei denen ausgelassen und sorglos gefeiert wird, sind vorerst nur ein laues ›Get together‹. Selbst die ›Drag-Queens‹ tragen hier Trauer im Gesicht.«

Aber nicht überall läuft das Geschäft so gut an wie in den Szenevierteln der Stadt. Selbst Spitzenrestaurants wie der »Rainbow Room« im Rockefeller Center haben tagsüber geschlossen, um wenigstens einen Teil der Personalkosten einzusparen.

Vor allem die bei den Touristen beliebten Orte bleiben leer. In den Hotels in der Stadt sind gut 40 % der Betten unbelegt. Das merken auch die Theater am Broadway. Viele waren von der Pleite bedroht, laufen nur weiter, weil die Belegschaft auf einen Teil ihres Lohnes verzichtet hat. Fünf Stücke, darunter auch »Kiss Me, Kate« und »The Rocky Horror Picture Show« werden wohl abgesetzt. Die Ensembles von Musical-Hits wie »Les Misérables«, »Das Phantom der Oper« oder »Rent« akzeptierten 25-prozentige Gagen- und Gehaltskürzungen. Doch seit Anfang Oktober steigen die Besucherzahlen wieder. Und damit dieser Aufwärtstrend auch weiter anhält, will die Regierung in Washington jedem amerikanischen Besucher, der nach New York reist und dort ein Theaterstück besucht, einen Steuerfreibetrag von 1000 Dollar einräumen. »The show must go on« – im Prinzip hat sich das New Yorker Kulturleben schneller erholt als erwartet. Auch wenn einige Musiker wegen der ungewissen Sicherheitslage absagen.

Im November präsentiert Michael Jackson am Times Square sein neues Album »Invincible«. Auch die Late-Night-Fans von David

Das Sängerehepaar Roberto Alagna und Angela Gheorghiu, die eigentlich die Saison der Metropolitan Opera eröffnen sollten, blieben zu Hause. Die meisten Musiker, Bands und Orchester kommen jedoch, es ist für sie sogar Ehrensache, in New York zu spielen.

Auch die Berliner Philharmoniker reisen an, um die Konzertsaison in der Carnegie Hall zu eröffnen. Musikalisch allerdings lassen sie Police Officer Daniel Rodriguez den Vortritt. Der schmettert zu Beginn des Abends die herzzerreißende patriotische Ballade »God Bless America« von der Bühne. Dieses Stück von Irving Berlin, das zu Beginn des Zweiten Weltkrieges zum Hit avancierte, hört man jetzt auf Hunderten von Musikveranstaltungen und im Programm der New Yorker Radiosender. Und keiner der sonst so trockenen, ironischen New Yorker stört sich daran, wenn im Saal einer seine Heimatliebe besingt.

Die meisten Symphonieorchester wie auch die Berliner Philharmoniker stellen ihr Programm um. Statt der Siebten von Mahler und Auszüge aus Wagner-Opern gibt es jetzt Beethovens Fünfte, Siebte und die Egmont-Ouvertüre. Und Kurt Masur ersetzt für das Eröffnungskonzert der New Yorker Philharmoniker eine Symphonie von César Franck durch Brahms' »Ein deutsches Requiem«.

Pop- und Rockbands können nicht so einfach ihr Repertoire umstellen. Das erste große Starkonzert nach den Anschlägen gibt die Britpop-Band »Travis«. Ihr Sänger Fran

Healy kommt mit seinen Musikern ohne den sonst üblichen großen Countdown auf die Bühne der Radio City Hall, die bis auf den letzten Platz ausverkauft ist. Sichtlich gerührt sagt Sänger Healy zum Publikum: »Wir haben die ganze Zeit an euch gedacht. Das ist sicher das erste Mal, dass ihr zu so vielen zusammenkommt. Lasst uns alles aus dem Abend herausholen.« Der Applaus gibt ihm Recht, und für ein paar Stunden fühlen sich die Konzertbesucher wie ganz sicher. Auch wenn inzwischen Bomben auf Kabul fallen.

Trotz der Trauer kehrt der Alltag nicht nur in der New Yorker Kultur langsam wieder zurück, auch auf der Sportbühne ist man wieder zum »Kick and Run« übergegangen. Nur 25 Kilometer sind es vom Schuttberg am Hudson River, wo die Bergungsmannschaften immer noch auf der Suche nach den Opfern sind, zum Shea-Stadion, in dem die New York Mets ihre Heimspiele austragen. In den vergangenen Wochen wurde der Parkplatz vor dem Stadion zu einem Lager für Sachspenden umfunktioniert. Heute parken hier die Autos der Besucher des ersten Pflichtspiels der Baseballmannschaft gegen die Meisterschaftskonkurrenz aus At-

---

Bei jedem Vierten führt der Schock zu anhaltenden Problemen

Im Radio schildern die New Yorker ihre Albträume nach den Anschlägen. Für Inez, die sich in letzter Minute retten konnte, explodieren die WTC-Türme jede Nacht wieder. Chelsea fährt im Traum auf Manhattan zu und sieht das Ende einer Brücke in Flammen in den East River versinken. »Tausende werden noch jahrelang leiden«, sagt der Traumaspezialist Russell Kormann von der Rutgers-Universität in New Jersey. Das Übel, das die Psychologen »Post-Traumatic Stress Disorder«, kurz PTSD, nennen, manifestiert sich frühestens 30 Tage nach dem traumatischen Erlebnis. »Wer jetzt noch keine Probleme hat, erlebt sie vielleicht in zwei Monaten«, sagt der klinische Psychologe George Bonanno von der Columbia Universität in New York. In der »Hauptstadt« der Psychologen haben sich Krankenhäuser und Praxen auf die Menschen, die die Katastrophe persönlich oder nur am Bildschirm miterlebt haben, eingestellt.

Die Erfahrung zeigt, dass der Schock und das Entsetzen bei jedem vierten Menschen zu anhaltenden Problemen führt. PTSD äußert sich in extremer Unruhe, überspannten Reaktionen und in immer wiederkehrenden Albträumen. Es gibt jetzt viel zu tun für die Psychologen und Therapeuten.

Letterman stehen wieder Schlange.

lanta. Ein Sportereignis mit einer Mischung aus Trauer und Trotz, Betroffenheit und Betriebsamkeit, das die derzeitige Atmosphäre in der angeschlagenen Stadt ziemlich genau repräsentiert. Dazu gehören auch die Baseballkappen mit den Buchstaben »NYPD« und »NYFD«, mit denen die Profispieler der New Yorker Polizei und Feuerwehr ihre Sympathien zeigen. Der Pitcher der Atlanta Braves, Jason Marquis, der im New Yorker Stadtteil Staten Island aufgewachsen ist, hat im World Trade Center einen Mannschaftskameraden aus der Baseball-Jugendmannschaft verloren. Die 3:2-Niederlage gegen die Mets ist für ihn schnell vergessen. »Mir sind Kälteschauer den Rücken heruntergelaufen, und ich hatte Tränen in den Augen.« Und sein Gegenüber Mets-Cheftrainer Bobby Valentine beschreibt die Gemütsverfassung seiner Profis wie folgt: »Der Home-Run war ein kleines Wunder, das hebt die Stimmung, zumindest einen Tag lang.«

US-Präsident George W. Bush macht am 30.10.2001 im Yankee-Stadion in New York den traditionellen ersten Wurf vor dem Start des dritten Spiels in der Major League Baseball (MLB). Die New York Yankees haben ihre Chance zur Titelverteidigung gewahrt. Der

Rekordmeister gewinnt im überfüllten »Yankee Stadium«, wo noch Wochen zuvor über 26 000 Menschen um die Opfer trauerten, das dritte Spiel der »World Series« gegen die Arizona Diamondbacks mit 2:1 und kann in der Final-Serie »Best of Seven« nach Siegen auf 1:2 verkürzen. Das erste Heimspiel der New York Yankees wird von mehr als 1000 Polizisten in Uniform und Zivil sowie Experten für »gefährliche Materialien« und nach Bomben schnüffelnden Hunden geschützt.

Am Sonntag, den 4. November erlebt der Big Apple sein erstes internationales sportliches Großereignis. Über 24 000 Läufer starten an diesem Morgen auf Staten Island zum 26,2 Meilen langen New York City Marathon 2001. Der Lauf zum Gedenken an die vielen Tausend Todesopfer geht über die Verrazano Narrows Bridge zum Stadtteil Brooklyn, dann weiter durch Queens über die Queensboro Bridge nach Manhattan. Auf den letzten Meilen werden auch diesmal die Langstrecken-Athleten auf der 1st Avenue in Richtung Norden von Tausenden an den Straßenrändern angefeuert, bevor es dann von der Bronx zurück nach Manhattan zum Ziel in den Central Park geht. Hier starteten bereits 1970 ein paar Hundert Läufer zum ersten City

Die Stadt lacht, und der Humor kehrt zurück

David Letterman von der »Late Show«

»Wir können keine Bush-Witze mehr machen, der Mann ist klug geworden«, entschuldigte sich Moderator Jay Leno in der »Tonight Show« und stieß damit an die Grenze des derzeit Erlaubten in Sachen Humor. Nach dem Attentat waren die Talkmaster zunächst vom Bildschirm verschwunden. Als David Letterman, das Vorbild für die deutsche »Harald Schmidt Show«, zum ersten Mal wieder seine »Late Show« moderierte, stand ein verwandelter Mensch vor der Nation. Statt Zynik servierte er dem TV-Publikum tief empfundene Ansprachen. Seine Auftritte wurden nie peinlich, weil die Angst, von der er sprach, weil die Trauer und Wut der Menschen auch ihn bewegte. Witze sind in New York wieder erlaubt, die Katastrophe aber bleibt tabu. Für die Amerikaner ist die Rückkehr der Talkmaster ein wichtiges Signal. Die bravourös durchhaltenden Moderatoren garantieren der Nation vermisste Kontinuität.

Erstmals in ihrer Geschichte, verzichtete die Redaktion des »New Yorker« auf die sonst über ihre Seiten verstreuten Karikaturen. Mit der Ausgabe vom 27. September begann die langsame Wiedergeburt der Ironie aus dem Geist der Tragödie. Cartoon-Chef Bob Mankoff brachte eine Karikatur, auf der eine Frau zu einem lächerlich akkurat angezogenen Mann in einer Bar sagt: »Ich dachte, ich könnte nie wieder lachen, doch dann sah ich Ihr Jackett.«

»Geschafft!« Der neue New Yorker Bürgermeister Michael Bloomberg (Mitte) feiert seinen Wahlsieg für die Republikaner am 7. November mit seinem Vorgänger Rudolph Giuliani (li.) und dem New Yorker Gouverneur George Pataki (re.).

Marathon. Fast nebensächlich für den Marathon sind im diesen Jahr die Gewinner, Jifar Tesfaye aus Äthiopien kommt nach 2:07:44 h durchs Ziel. Bei den Frauen ist Margaret Okayo aus Kenia mit 2:24:21 h die Schnellste. Der Präsident des New York Road Runners Club und Direktor des City Marathons, Allan Steinfeld, ist zufrieden: »Mit dem Lauf haben wir ein Zeichen für die kulturelle Vielfalt, für die Energie und den Wiederaufbauwillen New Yorks gesetzt. Es war eine große Demonstration der Solidarität mit dieser Stadt.«

Mit über 5000 Polizeibeamten – im Jahr zuvor waren es 2300 – und 12 000 freiwilligen Helfern unterliegt der City Marathon diesmal ganz besonders Sicherheitsbestimmungen. Auf den Straßen kontrollieren Polizisten immer noch die Autos und machen die Angst allgegenwärtig. In den Klassenzimmern hat der Unterricht wieder begonnen, aber die Schüler sprechen auch dort über die Folgen des Anschlags. Viele Lehrer lassen die Jüngsten Bilder und Karten für die Verletzten und die Angehörigen der Opfer malen. In New York sind nach Schätzungen Tausende von Kindern zu Halbwaisen oder Waisen geworden und können nicht fassen, dass sie durch Terroristen Vater oder Mutter verloren haben. »Sie verstehen das einfach nicht«, sagt Knox Richardson, der für die private Wohlfahrtsorganisation

HINTERGRUND

Autor Paul Auster über seine Stadt

Der New Yorker Schriftsteller P. Auster

Seit seinem achtzehnten Lebensjahr lebt der Schriftsteller Paul Auster (54) in New York. Die Stadt lieferte ihm die Themen für seine Erfolgsromane wie »Die New York-Trilogie«, »Die Erfindung der Einsamkeit«, »Mond über Manhattan« oder für das Drehbuch von »Smoke«. Im »kulturSPIEGEL« spricht er über die Stadt, die über sich hinauswächst.

»Ich bin sehr depressiv. Ich versuche, mich zu beschäftigen, etwas Nützliches zu tun, auch wenn es nicht viel zu tun gibt. Manchmal gehe ich in unsere kleine Buchhandlung in der 7. Straße…«

»New York war nie ein bequemer Ort, sondern einer, in dem man sich verlieren konnte… Wenn die New Yorker eines gelernt haben von ihrer Stadt, dann dies: Nach jedem Schock folgt wieder Schönheit. Du biegst um eine Straßenecke und siehst Menschen, die sich prügeln. Und einen Block weiter siehst du ein Liebespaar im Park, schöne Menschen, Häuser aus dem vorigen Jahrhundert. So ist New York – und das Schönste daran: Alles ist unvorhersehbar, jeden Augenblick kann sich alles ins Gegenteil kehren. So hart das auch klingen mag in diesen Tagen.«

»Anstatt das World Trade Center wieder aufzubauen, wäre es eine bessere Idee, dort ein Mahnmal mit den Namen der Toten zu errichten, einen Park etwa. Andererseits: Wir brauchen die Büroflächen. Und ich weiß auch, wie schnell es geht, dass eine Generation vergisst, worunter die vorherige noch zu leiden hatte.«

»Meine Tochter erzählt mir, dass sie schon wenige Tage nach der Katastrophe zwei Frauen in der U-Bahn bei einem Streit beobachtet hat – als sei alles wie immer. Das ist doch beruhigend. Wir sind noch nicht am Ende, das Leben geht weiter…«

»Twin Tower Orphan Fund« arbeitet. Viele sind bei Verwandten oder Freunden untergebracht, streng abgeschirmt von der Öffentlichkeit.

»Ihr werdet das Gefühl der Angst nicht mehr verlieren«, hat Terroristenführer Osama bin Laden den Amerikanern prophezeit. Er wollte die ganze Nation im Herzen treffen, deshalb hat er sich New York als Ziel ausgesucht. Die meistfotografierte, meistbesungene und auch meistbeschriebene Metropole der Welt. Hier, in der Stadt der Superlative, leben Menschen aus 176 Ländern. Wie zum Trotz gegen die Drohungen von Osama bin Laden zieht ein blond gelockter Mann in Jeans durch die Straßen Süd-Manhattans. Im Arm trägt er ein übergroßes Poster der WTC-Zwillingstürme, geschmückt mit der amerikanischen Flagge. Darüber steht in schwarzen Lettern »NO FEAR«. Paul Klein gehört zu den Optimisten im Big Apple, zu den Menschen mit ihrer sprichwörtlichen Widerstandsfähigkeit, ihrem Improvisationstalent und ihrem Nachbarschaftsgeist. Er glaubt an den ungebrochenen Lebenswillen von New York: »Keiner kann uns kaputt machen, wir werden trauern und danach wieder aufstehen, größer, schöner, besser als je zuvor. Mein Gott, ich liebe diese Stadt und werde sie nie mehr verlassen.«

Zäh zu sein ist eine Charaktereigenschaft, die sich die New Yorker gern selbst attestieren. In jüngsten Umfragen ist der Lebenswille der Metropole ungebrochen. 55 % der New Yorker sagen, dass sie in den kommenden Jahren auf jeden Fall in ihrer Stadt wohnen bleiben wollen. Einen Monat vor der Katastrophe, im August waren es nur 42 %. Im Gegenzug ist die Zahl derjenigen, die New York verlassen wollen, von 35 % auf 31 % gesunken. Vielleicht ist es ein Gefühl von Solidarität, das die Einwohner veranlasst, in solchen Umfragen Stadtpatriotismus zu zeigen. Vielleicht ist es aber auch ein Neuanfang, der den Mythos dieser Stadt neu begründet hat.

Keiner weiß, ob es jemals gelingen wird, die U-Bahn-Tunnel unter dem Trümmerberg wieder in Betrieb zu nehmen. Die vier U-Bahn-Linien, die direkt unter dem World Trade Center hindurchführten, beförderten täglich bis zu 200 000 Menschen. Bei Probebohrungen hat man festgestellt, dass ein Teil der U-Bahn-Schächte geflutet ist. Die Stadtverwaltung schätzt, dass allein die Reparaturarbeiten am Tunnel, der auf die gegenüberliegende Seite des Hudson Rivers führt, über drei Jahre dauern wird. Die Kosten für die Aufräumarbei-

Applaus für Polizei und Feuerwehr bei der Eröffnung der New Yorker Börse am Montag, dem 17. September 2001.

Die Rückkehr zum Alltag: In einer kleinen Boutique in der Nähe des abgesperrten Katastrophengebietes putzt eine Verkäuferin die Kleiderständer.

Feuerwehrleute protestieren gegen ihren Abzug von den Bergungsarbeiten in den Ruinen des WTC am 2. November 2001. Einige werden festgenommen.

Mehr als 8000 Menschen kommen auf der Suche nach einem Arbeitsplatz zur »Twin Tower Job Expo« in den Madison Square Garden beim Empire State Building.

ten gehen ins Unermessliche. Der New Yorker Stadtkämmerer, Alan Hevesi, hat kürzlich eine vorläufige Schadensbilanz vorgelegt. Demnach kosten allein die Aufräumarbeiten – einschließlich der Überstunden von Polizei, Sanitätern und Feuerwehr – rund 14 Milliarden Dollar. Die Reparatur der Telefon-, Datenleitungen und Stromkabel kostet circa 2 Milliarden Dollar. Der ehemalige Wert der zerstörten Gebäude beträgt 12 Milliarden, Verluste an Steuern noch einmal 1,3 Milliarden in den nächsten zwei Jahren. Am Schluss seiner Bilanz steht eine Summe von gut 100 Milliarden Dollar, die der Anschlag die Stadt New York bis 2003 kosten

wird. Das ist etwa so viel wie der Gesamthaushalt für die nächsten zwei Jahre. Ohne die Regierung in Washington kann die Stadt nicht überleben. 17 Milliarden Dollar werden aus dem vom Kongress verabschiedeten Nothilfeprogramm in die Stadtkasse fließen. Das reicht kaum aus, um die Rechnungen der Baufirmen zu zahlen, die die Schuttberge abtransportieren und den Wiederaufbau realisieren.

Allein 100 000 Menschen haben mit dem 11. September 2001 ihren Arbeitsplatz verloren. Die meisten der vernichteten Arbeitsplätze gab es in kleinen Geschäften, Cafés, Restaurants und Servicebetrieben, die von der Wall Street und den Touri-

sten lebten, die nun ausbleiben. Zerstört wurden 1 235 000 Quadratmeter Bürofläche, so viel wie die Metropolen Atlanta und Miami zusammen besitzen. Wieder einmal ist es Noch-Bürgermeister Rudolph Giuliani, der eine Initiative für neue Arbeitsplätze ins Leben ruft. In der Stadt sollen vier neue Jobzentren eingerichtet werden. Zur ersten Jobmesse nach den Anschlägen kommen 200 Firmenvertreter. Tausende Arbeitssuchende stehen am 25.Oktober 2001 bei der ersten »Twin Tower Job Expo« nahe dem Madison Square Garden beim Empire State Building auf der Straße. Die Schlangen ziehen sich um den Block. Viele müssen abgewiesen

werden. Mehr als 8000 Menschen sind zur »Job Expo« gekommen, um sich potenziellen Arbeitgebern vorzustellen. Die nächste »Job Expo« findet genau zehn Tage vor Weihnachten statt.

Anfang November 2001 wählte die Stadt einen neuen Bürgermeister. Der Medienunternehmer Michael »Mike« Bloomberg hat es mit dem offiziellen Segen seines Vorgängers Giuliani geschafft. Bloomberg, der mit dem Slogan »Ich bin ein Führer, kein Politiker« angetreten ist, muss jetzt beweisen, dass er nicht nur ein 8000-Mann-Unternehmen, sondern auch eine Millionenstadt erfolgreich in die Zukunft führen kann.

Krieg gegen den Terror: Die Folgen des 11. September 2001

VON PETER KLOEPPEL

Das vorliegende Buch dokumentiert in beeindruckender Weise die ganze Brutalität der Terroranschläge vom 11. September 2001 und ruft in uns noch einmal das fassungslose Entsetzen wach, mit dem wir damals die Ereignisse verfolgt haben.

Ich selbst habe an diesem Tag eine über siebenstündige Sondersendung für RTL moderiert und die schrecklichen Bilder aus den USA zum Teil live kommentiert. Es war ein ständiger Wechsel zwischen Fassungslosigkeit und der Aufgabe, diese Fassungslosigkeit in Worte zu fassen. So führte ich beispielsweise gerade ein Telefon-Interview mit dem Bertelsmann-Manager Rolf Schmidt-Holtz, der aus New York zugeschaltet war, als der Südturm des World Trade Centers einstürzte: Ein Augenblick, der auch mich für lange Momente fast verzweifeln ließ. Diese Form der Kriminalität und Menschenverachtung hat es in der Geschichte nur ganz selten gegeben, und niemals zuvor hatten die Drahtzieher solcher Verbrechen ihr grausames Werk bewusst vor den Augen der gesamten Weltöffentlichkeit inszeniert.

Ein Moderator darf in solchen Augenblicken nicht die Fassung verlieren, darf sich nicht sprachlos machen lassen. Die Zuschauer erwarten – gerade in einer solchen Situation – einen ruhenden Pol. Verarbeiten kann man das Geschehene erst sehr viel später. Ob die Schlüsse, die wir daraus ziehen, richtig waren, werden wir in ganzer Tragweite erst viel später einordnen können. Aber wegen dieser Unsicherheit dürfen wir unser Heil auch nicht in lähmendem Fatalismus suchen.

Der 11. September 2001 stellt eine Zäsur dar, in der Politik, aber auch für jeden von uns ganz persönlich – selbst wenn es nur das ungute Gefühl ist, welches uns beim Einchecken am Flughafen oder beim Betreten eines Hochhauses überkommt.

Ich selbst habe von 1990 bis 1992 als Reporter in New York gearbeitet und in dieser Zeit meine Frau Carol kennen gelernt, die Amerikanerin ist. New York ist für uns ein Stück Heimat geworden und das World Trade Center war ein selbstverständlicher Teil dieser Heimat: In dem Restaurant »Windows of the

RTL-Moderator Peter Kloeppel erhielt 2001 den Mitteldeutschen Medienpreis.

World« im 106. Stock haben wir einmal den Geburtstag meiner Frau gefeiert, und als meine Eltern zu Besuch waren, sind wir mit ihnen selbstverständlich auf die Aussichtsplattform der Twin Towers gefahren und haben aus über vierhundert Metern Höhe den spektakulären Blick über diese pulsierende Metropole genossen. Momente, die zu lieb gewonnenen Erinnerungen wurden und die jetzt von der Gewissheit überschattet sind, dass diese Augenblicke nicht wiederholbar sind, diese Türme für Tausende von Menschen zum Grab wurden.

Es sind solche Situationen, in denen die amerikanische Mentalität in ihrer ganzen Breite zu Tage tritt. Denn jeder von uns fragt sich: Wie übersteht ein Volk solch einen Angriff auf die Symbole der eigenen Zivilisation und des allgemein akzeptierten Lebensstils? Natürlich hat Amerika getrauert, offen und im Stillen. Tausende von Familien haben Väter, Mütter, Kinder verloren. Zehntausende hatten Nachbarn und Freunde, die umgekommen sind. Millionen bangen auch jetzt noch um ihre Jobs, denn die Wirtschaft gerät ins Schlingern. Und dennoch richten sie den Blick nach vorn. Amerikaner sind gefühlsbetonte, patriotische Menschen. Und sie halten zusammen, vor allem in Krisenzeiten. Eine ungeheure Welle des Mitgefühls und der Nachbarschaftshilfe hat sich nach der Katastrophe Bahn gebrochen: Football- und Baseball-Teams gaben zig Millionen Dollar, in den entferntesten Winkeln des Landes spendeten Menschen Blut und warteten dafür stundenlang vor dem Roten Kreuz. Supermärkte versorgten Freiwillige kostenlos mit Essen, freiwillige Helfer standen Schlange im Süden Manhattans.

Gleichzeitig war allen klar, dass das Leben weitergehen muss. Amerikaner sind auch Pragmatiker. Das World Trade Center war zwar ein Symbol, aber gebaut war es aus Beton und Stahl. In irgendeiner Form dürfte es in ein paar Jahren wieder stehen. Und dann wird es nicht nur ein Mahnmal gegen den Terrorismus sein, sondern in erster Linie ein Symbol für die Fähigkeit der Amerikaner, Krisen zu bewältigen.

Der »Spirit of America« ist ein Geist, der stets bejaht: optimistisch, zupackend, vorwärts treibend. Aber wer diesen amerikanischen Geist mit Coca-Cola, Disneyland und Britney Spears gleichsetzt, der liegt falsch. Der amerikanische Geist wurzelt in Werten wie Demokratie, Hilfsbereitschaft, Menschenwürde und Pluralismus.

Als US-Präsident George W. Bush am 15. September erstmals »Ground Zero« besuchte, den Ort der Katastrophe in New York, haben Feuerwehrmänner, Sanitäter und Hilfskräfte »U-S-A, U-S-A« skandiert und eben diese Werte gemeint.

Hier unterscheiden wir Deutschen uns deutlich von den Amerikanern, aber auch von Franzosen und Engländern. Denn tief im Innern hegen viele Deutsche immer noch Zweifel an der Stärke der Demokratie. Nicht an ihren Werten, aber an ihrer Wehrhaftigkeit. Auf Grund unserer Geschichte tragen wir den Zweifel, die Angst in uns: dass eine Gruppe von Radikalen in der Lage sein könnte, unsere Demokratie zu zerstören und stattdessen eine Diktatur der Überwachung oder ein Regime des Terrors zu errichten. Gepaart mit unserem Hang zu manchmal schwermütig-reflektierenden Gedankengängen werden wir Deutschen bisweilen von den Ereignissen überrollt.

Die USA haben als Reaktion auf den 11. September dem internationalen Terrorismus den Kampf angesagt und einen ersten militärischen Schlag gegen das Taliban-Regime in Afghanistan geführt, das dem Drahtzieher der Terroranschläge, Osama bin Laden und seiner Organisation »Al-Qaida«, Schutz gewährt hatte.

So gut wie alle Nationen der Erde halten diesen ersten Schritt der Amerikaner für gerechtfertigt und angemessen. Ich glaube, dass Deutschland jede Anstrengung unternehmen sollte, ein aktiver Teil in dieser Allianz zu sein, denn auch wir sind vom internationalen Terrorismus unmittelbar bedroht. Die Verästelungen von Osama bin Ladens »Al-Qaida« reichen bis nach Deutschland. Von den Terroristen, die an der Planung und Durchführung der Anschläge beteiligt waren, haben mehrere jahrelang unter uns gelebt, als unauffällige Bürger. Diese so genannten »Schläfer« könnten jederzeit bereit sein, ähnliche Terroranschläge in Berlin, Hamburg, Frankfurt, Köln oder München auszuführen.

Das heißt aber nicht, dass wir in einen unkritischen »Hurra-Patriotismus« verfallen müssen. Die Diskussion über die notwendigen Schritte der »Allianz gegen den Terror« muss offen geführt werden. Es wäre fatal, wenn wir gerade in solchen Zeiten auf eine unserer größten Stärken verzichten würden: den freien Streit der Ideen. Nicht nur militärisch, auch diplomatisch können wir viel dazu beitragen, die internationale Allianz zu festigen. Dass es dabei zu politischen Zerreißproben kommen kann, spricht nur für unsere Demokratie. Denn jeder Schritt muss gut überlegt sein und darf nie im Widerspruch zu unseren Wertvorstellungen stehen. Ohnehin ist der »Krieg gegen den Terror« kein Krieg, der allein durch militärische Maßnahmen zu gewinnen ist. Der »Krieg gegen den Terror« ist ein Krieg gegen einen Gegner ohne Gesicht, Gebiet oder Moral. Osama bin Laden ist nur der Kopf der Hydra, Afghanistan nur eines ihrer Schlupflöcher.

Wer den Terrorismus besiegen will, der muss den Nährboden trocken legen, auf dem er gedeiht. Wir müssen verstehen, was einen Osama bin Laden antreibt, aber auch und vor allem, wie es ihm und anderen radikalen Gruppierungen gelingt, Menschen wie Mohammed Atta, Marwan Al-Shehhi oder Ziad Samir Jarrah für ihre Ziele einzusetzen. Für den »Krieg gegen den Terror« gilt, was der chinesische Militärstratege Sun-Tzu vor fast 2 500 Jahren in seinem Buch »Die Kunst des Krieges« geschrieben hat:

»Wenn du den Feind und dich selbst kennst, brauchst du den Ausgang von hundert Schlachten nicht zu fürchten.

Wenn du dich selbst kennst, doch nicht den Feind, wirst du für jeden Sieg, den du erringst, eine Niederlage erleiden.

Wenn du weder den Feind noch dich selbst kennst, wirst du in jeder Schlacht unterliegen.«

Der Feind der »Allianz gegen den Terror« ist nicht der Islam und nicht die arabische Welt. Der »Krieg gegen den Terror« ist kein Religionskrieg und kein Kampf der Kulturen, auch wenn die Urheber des Terrorismus genau dies anstreben. Beide Konflikte könnten nur durch die Unterwerfung einer der beiden Seiten gewonnen werden, und in beiden Fällen wäre das Ergebnis für die Menschheit verheerend.

Muss man das immer und immer betonen? Ich glaube Ja, denn keine andere Religion und keine andere Kultur, mit der das christliche Abendland in Berührung gekommen ist, wurde so angefeindet und bewusst so missverstanden wie der Islam und die mit ihm untrennbar verbundene orientalische Kultur.

In der jüngsten Zeit hat der von politisch extremistischen Gruppierungen inflationär eingesetzte Begriff des »Dschihad« die Mär vom Islam als eine aggressive Religion und den Muslimen als eine leicht zu fanatisierende Masse gefestigt. Wobei »Dschihad« immer wieder fälschlicherweise als »Heiliger Krieg« übersetzt wird, wörtlich heißt »Dschihad« jedoch »Anstrengung«, »Abmühen« oder »Einsatz« (Sure 25, 52). Krieg ist aus islamischer Sicht nie »heilig«; selbst der Verteidigungskrieg ist ein notwendiges Übel. Überhaupt lässt der Koran Gewalt nur im Ausnahmefall zu: Sie darf erst eingesetzt werden, wenn alle anderen Mittel zur Abwehr von Gefahr ausgeschöpft worden sind, und muss beendet werden, sobald sich der Angreifer zurückzieht (vgl. Sure 2,190-193).

Immer wieder haben Terroristen wie Osama bin Laden versucht, ihre Verbrechen als religiöse Großtaten zu deuten und zum Krieg gegen alle Ungläubigen (ursprünglich nur Angehörige von polytheistischen Glaubensgemeinschaften) aufgerufen. Immer wieder sind ihre Rufe in der islamischen Welt verhallt – ein Zeichen der Besonnenheit, das viel zu wenig gewürdigt wird. Auch die Terroranschläge vom 11. September, als Signal für einen Krieg gegen die USA gedacht, haben ihre Wirkung verfehlt: In der arabischen Welt hat man sich weitgehend mit Entsetzen von den Urhebern der Terroranschläge abgewendet – Osama bin Laden bleibt isoliert. Dies ist der bis dato wichtigste Sieg der »Allianz gegen den Terror«, weil er Osama bin Laden die Aussichtslosigkeit seines Unterfangens vor Augen führt und das Bild von sich selbst als Anführer eines Befreiungskrieges gegen die USA ins Wanken bringt.

Wenn nicht im Islam und der arabischen Kultur, wo liegen dann die Wurzeln für den Anti-Amerikanismus, der sich in einigen islamischen Ländern breit gemacht hat?

Im Wesentlichen sind es drei Gründe, die hier eine Rolle spielen: 1.) die Nachwehen des Kalten Krieges, 2.) der Nahost-Konflikt, 3.) der jetzige Zustand der Weltgesellschaft und ihrer führenden Religionen.

1.) Länder wie Somalia und Afghanistan, die heute als Brutstätten für den internationalen Terrorismus gelten, waren in der Zeit des Kalten Krieges jahrelang in Stellvertreterkriege verstrickt. Nach dem Zusammenbruch des Ostblocks wurden diese Staaten in einem Zustand der Agonie und des politischen Vakuums sich selbst überlassen.

2.) In dem seit Jahrzehnten schwelenden Nahost-Konflikt stehen die USA fest an der Seite Israels. Alle Bemühungen, den Konflikt zu lösen, sind bisher gescheitert, dabei ist der Weg klar vorgezeichnet. Im Wesentlichen müssen drei Bedingungen erfüllt sein, um die Region zu befrieden: a) Die arabischen Staaten müssen das Existenzrecht Israels vorbehaltlos anerkennen, b) Israel muss alle besetzten Gebiete räumen und c) die internationale Staatengemeinschaft muss die Einhaltung der Vereinbarungen garantieren.

Der Teufel steckt in Detailfragen, wie etwa dem zukünftigen Status von Jerusalem, der Zugangsregelung zu den überlebenswichtigen Wasserressourcen und der zeitlichen Abfolge einzelner Schritte.

Dass die Terroranschläge vom 11. September mit dazu beigetragen haben, den Nahost-Friedensprozess quasi zum Erliegen zu bringen, ist der eigentliche Triumph für Osama bin Laden, denn die Vorbereitungen für den Anschlag reichen bis in eine Zeit zurück, als die Gespräche zwischen Israelis und Palästinensern auf einem viel versprechenden Weg waren. Die Blockade gegen den Friedensprozess muss möglichst rasch überwunden werden, wenn der »Krieg gegen den Terror« erfolgreich sein will.

3.) Der 11. September hat uns klar gemacht, dass das Ringen um Freiheit und Frieden mit dem Zusammenbruch des Ostblocks keineswegs beendet ist. Der Anschlag hat uns auf grausame Weise vor Augen geführt, dass die Hegemonie der westlichen Welt, gestützt auf ihre überlegene wirtschaftliche Macht, Menschen in eine geistige Verfassung treibt, die sie zu Selbstmordattentätern werden lässt. Zu diesen Taten entschließt man sich nicht in wenigen Stunden, vielmehr geht ihnen eine jahrelange »Erziehung« voraus. An ihrem Anfang steht die Herausbildung einer extremen religiösen und politischen Überzeugung, am Ende die völlige Selbstaufgabe im Tod. Noch fehlt uns das Detailwissen, wer die »Erzieher« waren, wer sie bezahlte, von wo aus sie operierten. Aber auch sie sind, wie der Nahost-Experte Thomas L. Friedman sagt, nur Teil einer großen Ideologie des religiösen Totalitarismus. Ihre Urheber sehen sich als Inhaber der alleinigen religiösen und weltanschaulichen Wahrheit, die sich über alle anderen Glaubens- und Lebensformen stellt und den Pluralismus bekämpft – wobei die USA für sie das Mekka solcher Meinungsvielfalt verkörpert, das es zu treffen gilt.

Was ist zu tun? Die Ausbildungsstätten für den internationalen Terrorismus müssen geschlossen werden – wenn nötig durch den Einsatz von militärischer Gewalt. Terrororganisationen wie »Al-Qaida« müssen von ihren Geldströmen und der Belieferung mit Waffen abgeschnitten werden – der Handel mit terroristischen Vereinigungen oder mit Ländern, die solche Vereinigungen unterstützen, muss empfindlich bestraft werden. Wir müssen dafür sorgen, dass überall auf der Welt Lebensbedingungen herrschen, die fanatischem Hass und blinder Wut die Grundlage entziehen. Wir dürfen unser Interesse nicht nur an der Globalisierung der Märkte orientieren, sondern müssen auch die Lebenschancen globalisieren, die unsere offene und freiheitliche Gesellschaft bietet. Doch auch eines dürfen wir nicht vergessen: Terrorismus ist das Werkzeug des Totalitarismus. Für den Kampf gegen weltlichen Totalitarismus wie den Nationalsozialismus waren Armeen alleine ausreichend – gegen religiöse Alleinherrschaftsansprüche muss der Kampf auch in Schulen, Moscheen, Kirchen und Synagogen geführt werden, mit der Hilfe von Imamen, Rabbis und Priestern. Positive Anzeichen gibt es: Seit dem 11. September führen verantwortungsbewusste islamische Kräfte in Staaten mit einer relativen Pressefreiheit eine offene Diskussion darüber, ob und wie sich ihre Religion an das 21. Jahrhundert annähern kann, ohne Grundlagen des Glaubens aufzugeben. So besteht Hoffnung, dass der Terrorismus zeugende Teufelskreis von Armut, Diktatur und religiösem Beharren auf Althergebrachtem aufgebrochen werden kann.

Den »Krieg gegen den Terror« können wir auch nur mit Hilfe einer starken UN gewinnen, das hat Friedensnobelpreisträger Nelson Mandela in seiner Rede vom 14. November 2001 vor der Universität von Maryland unmissverständlich klar gestellt.

»In einer Welt, in der, wie wir es jetzt miterleben, das Streben nach Frieden und die Führung von Krieg manchmal zusammenfallen, ist es unbedingt notwendig, dass unsere internationalen und multilateralen Körperschaften zu wirksameren Organisationen für Konfliktmanagement werden, in denen Vereinbarungen und vorbeugende Maßnahmen für den Kampf gegen Terror getroffen werden können.«

Die Tatsache, dass die Anschläge vom 11. September nahezu von allen Staaten verurteilt wurden, wertet Mandela als positives Zeichen, das die UN langfristig stärken sollte. Es macht erkennbar, dass es ein weltweites Interesse an Frieden und Sicherheit gibt.

Der »Krieg gegen den Terror«, so Mandela, muss auch ein Krieg gegen Armut und Entbehrung sein.

»Letztlich muss die Welt gemeinsam und global die Verantwortung für soziale und wirtschaftliche Entwicklung auf der Erde übernehmen. Dadurch dass wir den Abstand zwischen Reichen und Armen immer weiter auseinandergehen lassen, wobei die Zahl der Letzteren die der Ersteren bei weitem überschreitet, schaffen wir Platz für einen fruchtbaren Nährboden, auf dem Unzufriedenheit, Extremismus und Terrorismus gedeihen kann.«

Der »Krieg gegen den Terror« als Folge der Anschläge vom 11. September 2001 könnte, konsequent zu Ende gedacht und entschlossen durchgeführt, sogar mehr als eine Zäsur sein. Es könnte ein Wendepunkt in der Geschichte der internationalen Zusammenarbeit sein, zu dem jeder Einzelne von uns, durch die Überprüfung seiner eigenen Wertmaßstäbe und des eigenen Anspruchsdenkens, beitragen könnte. Noch einmal Sun-Tzu:

»Hundert Siege in hundert Schlachten ist nicht das höchste Ziel; das höchste Ziel ist es, die Armee des Gegners zu unterwerfen, ohne überhaupt gekämpft zu haben.«

AMERIKAS FEINDE

Terror-gruppen weltweit

28 Terrororganisationen stehen auf der Liste der USA. Die Karte rechts zeigt Attentate oder geplante Anschläge gegen die USA, hinter denen vermutlich die »Al-Qaida« steckt.

Das US-Außenministerium beobachtet bereits seit Ende der 90er Jahre folgende ausländische Terrororganisationen:

- Abu-Nidal-Organisation
- Abu-Sayyaf-Gruppe (Philippinen)
- Ägyptischer Islamischer Dschihad (al-Jihad)
- Al-Qaida, Osama bin Laden
- Aum Shinrikyo (Aun-Sekte), Japan
- Baskenland und Freiheit (ETA), Spanien
- Befreiungs-Tiger von Tamil Eelam (LTTE), Sri Lanka
- Bewaffnete Islamische Gruppe (GIA), Algerien
- Harakat ul-Mujahidin (HUM), Pakistan
- Islamische Bewegung Usbekistans (IMU)
- Islamische Gruppe – Gama'a al-Islamiyya, Ägypten
- Islamische Widerstandsbewegung (HAMAS), Libanon
- Kach/Kahane, Israel
- Kurdische Arbeiterpartei (PKK), Türkei
- Leuchtender Pfad, Peru
- Nationale Befreiungsarmee (ELN), Kolumbien
- Palästinensische Befreiungsfront (PLF)
- Palästinensischer Islamischer Dschihad (PIJ)
- Partei Gottes – Hizb Allah, Libanon
- Real IRA (Nordirland/Republik Irland)
- Revolutionäre Organisation 17. November, Griechenland
- Revolutionäre Streitkräfte Kolumbiens (FARC)
- Revolutionäre Volksbefreiungspartei – Front (DHKP/C), Türkei
- Revolutionärer Bewaffneter Kampf (Ex-ELA), Griechenland
- Vereinigte Selbstverteidigungseinheiten Kolumbiens (AUC)
- Volksfront für die Befreiung Palästinas (PFLP)
- Volksfront für die Befreiung Palästinas, Generalkommando (PFLP-GC)
- Volksmojahedin Iran (MEK)

(Stand: 5. Oktober 2001)

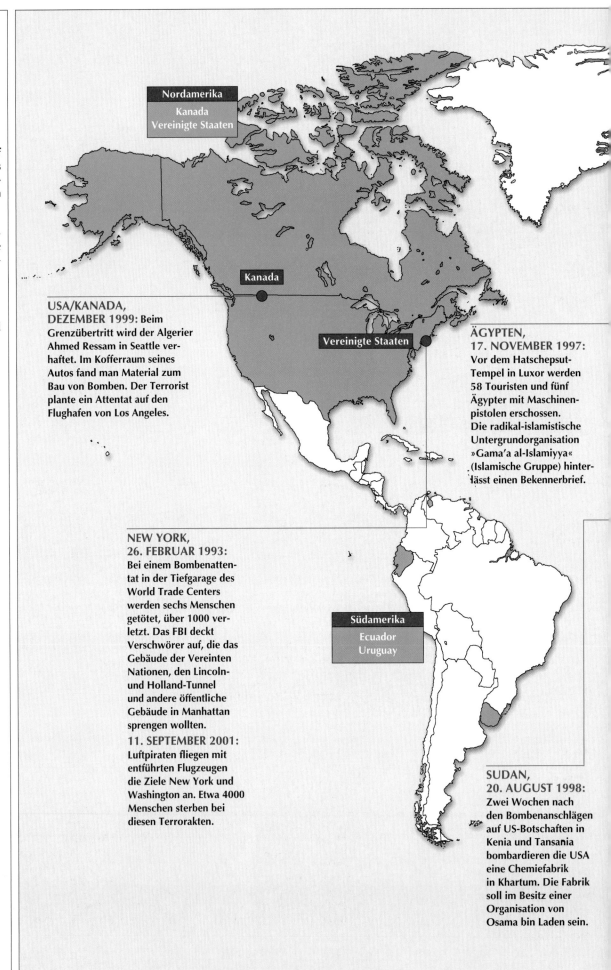

Nordamerika
Kanada
Vereinigte Staaten

Kanada

Vereinigte Staaten

USA/KANADA, DEZEMBER 1999: Beim Grenzübertritt wird der Algerier Ahmed Ressam in Seattle verhaftet. Im Kofferraum seines Autos fand man Material zum Bau von Bomben. Der Terrorist plante ein Attentat auf den Flughafen von Los Angeles.

ÄGYPTEN, 17. NOVEMBER 1997: Vor dem Hatschepsut-Tempel in Luxor werden 58 Touristen und fünf Ägypter mit Maschinenpistolen erschossen. Die radikal-islamistische Untergrundorganisation »Gama'a al-Islamiyya« (Islamische Gruppe) hinterlässt einen Bekennerbrief.

NEW YORK, 26. FEBRUAR 1993: Bei einem Bombenattentat in der Tiefgarage des World Trade Centers werden sechs Menschen getötet, über 1000 verletzt. Das FBI deckt Verschwörer auf, die das Gebäude der Vereinten Nationen, den Lincoln- und Holland-Tunnel und andere öffentliche Gebäude in Manhattan sprengen wollten.
11. SEPTEMBER 2001: Luftpiraten fliegen mit entführten Flugzeugen die Ziele New York und Washington an. Etwa 4000 Menschen sterben bei diesen Terrorakten.

Südamerika
Ecuador
Uruguay

SUDAN, 20. AUGUST 1998: Zwei Wochen nach den Bombenanschlägen auf US-Botschaften in Kenia und Tansania bombardieren die USA eine Chemiefabrik in Khartum. Die Fabrik soll im Besitz einer Organisation von Osama bin Laden sein.

In 35 Ländern und Regionen sollen Terrorzellen der »Al-Qaida« aktiv sein.

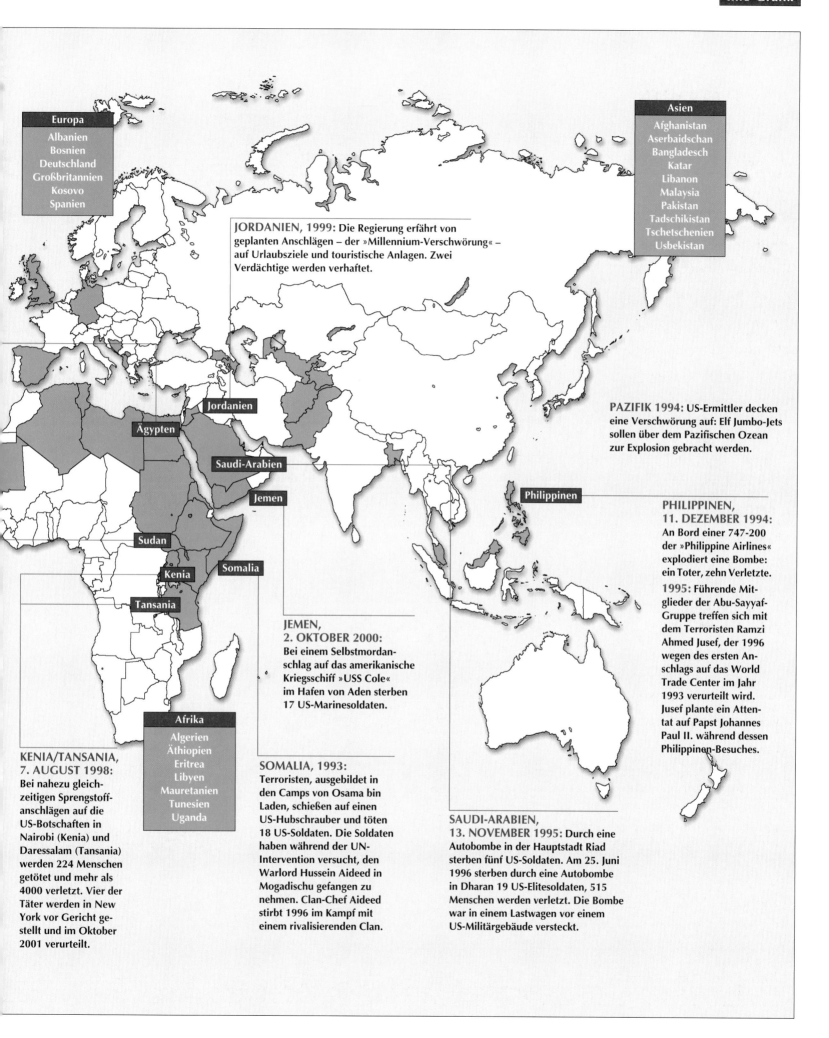

Europa
Albanien
Bosnien
Deutschland
Großbritannien
Kosovo
Spanien

Asien
Afghanistan
Aserbaidschan
Bangladesch
Katar
Libanon
Malaysia
Pakistan
Tadschikistan
Tschetschenien
Usbekistan

JORDANIEN, 1999: Die Regierung erfährt von geplanten Anschlägen – der »Millennium-Verschwörung« – auf Urlaubsziele und touristische Anlagen. Zwei Verdächtige werden verhaftet.

Jordanien

Ägypten

Saudi-Arabien

Jemen

Sudan

Kenia

Somalia

Tansania

PAZIFIK 1994: US-Ermittler decken eine Verschwörung auf: Elf Jumbo-Jets sollen über dem Pazifischen Ozean zur Explosion gebracht werden.

Philippinen

PHILIPPINEN, 11. DEZEMBER 1994: An Bord einer 747-200 der »Philippine Airlines« explodiert eine Bombe: ein Toter, zehn Verletzte.

1995: Führende Mitglieder der Abu-Sayyaf-Gruppe treffen sich mit dem Terroristen Ramzi Ahmed Jusef, der 1996 wegen des ersten Anschlags auf das World Trade Center im Jahr 1993 verurteilt wird. Jusef plante ein Attentat auf Papst Johannes Paul II. während dessen Philippinen-Besuches.

JEMEN, 2. OKTOBER 2000: Bei einem Selbstmordanschlag auf das amerikanische Kriegsschiff »USS Cole« im Hafen von Aden sterben 17 US-Marinesoldaten.

Afrika
Algerien
Äthiopien
Eritrea
Libyen
Mauretanien
Tunesien
Uganda

KENIA/TANSANIA, 7. AUGUST 1998: Bei nahezu gleichzeitigen Sprengstoffanschlägen auf die US-Botschaften in Nairobi (Kenia) und Daressalam (Tansania) werden 224 Menschen getötet und mehr als 4000 verletzt. Vier der Täter werden in New York vor Gericht gestellt und im Oktober 2001 verurteilt.

SOMALIA, 1993: Terroristen, ausgebildet in den Camps von Osama bin Laden, schießen auf einen US-Hubschrauber und töten 18 US-Soldaten. Die Soldaten haben während der UN-Intervention versucht, den Warlord Hussein Aideed in Mogadischu gefangen zu nehmen. Clan-Chef Aideed stirbt 1996 im Kampf mit einem rivalisierenden Clan.

SAUDI-ARABIEN, 13. NOVEMBER 1995: Durch eine Autobombe in der Hauptstadt Riad sterben fünf US-Soldaten. Am 25. Juni 1996 sterben durch eine Autobombe in Dharan 19 US-Elitesoldaten, 515 Menschen werden verletzt. Die Bombe war in einem Lastwagen vor einem US-Militärgebäude versteckt.

Nach den Terroranschlägen auf die USA gab es eine Vielzahl von internationalen
politischen Reaktionen und Reden aus allen Teilen der Welt. Auf den folgenden Seiten
wird eine Auswahl, teilweise in Auszügen, dokumentiert.

OKTOBER 1998

Osama bin Ladens neuer Aufruf zum Heiligen Krieg

Osama bin Laden (M.), Ayman Zawahiri (2. v. l.), Leiter einer Splittergruppe des Ägyptischen »Dschihad« und in Ägypten zum Tode verurteilt, und Mohammed Atef (2. v. r.), vermutlich beteiligt an den Anschlägen auf die US-Botschaften in Nairobi und Daressalam.

Auszüge aus der »Heiliger Krieg gegen Juden und Kreuzfahrer«-Erklärung der weltweiten Islamischen Front vom 23. Februar 1998:

Die Arabische Halbinsel ist niemals – seit Gott sie zur Ebene machte und ihre Wüste erschuf und sie mit Meeren umgab – von irgendwelchen Streitmächten so erstürmt worden wie von den Kreuzritterheeren, die sich darin wie Wanderheuschrecken ausbreiten, ihre Reichtümer vertilgen und ihre Pflanzungen verwüsten. All dies geschieht zu einer Zeit, in der bestimmte Nationen die Muslime angreifen wie Leute, die sich um einen Teller Essen streiten. Angesichts der ernsten Lage und des Fehlens jeglicher Unterstützung sind wir und seid ihr verpflichtet, die gegenwärtigen Ereignisse zu diskutieren, und wir sollten alle darin übereinstimmen, wie dieses Problem zu lösen ist. Niemand bestreitet heute drei Tatsachen, die allen bekannt sind:

Erstens – Seit mehr als sieben Jahren halten die Vereinigten Staaten von Amerika die Länder des Islam und seine heiligsten Stätten, die Arabische Halbinsel, besetzt, plündern ihre Reichtümer aus, bevor-

munden ihre Herrscher, demütigen ihre Menschen, terrorisieren ihre Nachbarn und machen ihre Militärbasen auf der Halbinsel zu einer Speerspitze, um die benachbarten muslimischen Völker zu bekämpfen. Wenn auch in der Vergangenheit noch einige Leute die Tatsache der Besetzung in Frage gestellt haben, so ist sie jetzt von allen Menschen auf der Halbinsel erkannt und anerkannt worden. Der beste Beweis dafür sind die fortwährenden Angriffe der Amerikaner auf das Volk von Irak.

Zweitens – Trotz der großen Verwüstungen und Zerstörungen, die dem irakischen Volk von der Allianz der Kreuzfahrer und Zionisten zugefügt wurden, und trotz der riesigen Anzahl der Getöteten, die eine Million überschritten hat …, trotz alledem versuchen die Amerikaner, abermals diese entsetzlichen Massaker zu wiederholen, als könnten sie sich nicht mit der lang anhaltenden Blockade zufrieden geben, die sie nach dem grausamen Krieg und der Zerstörung und Verwüstung verhängt haben. Also kommen sie daher, um zu vernichten, was von diesem Volk noch übrig ist, und um seine muslimischen Nachbarn zu demütigen.

Drittens – Alle diese von den Amerikanern begangenen Verbrechen und Sünden sind eine eindeutige Kriegserklärung gegen Gott, seinen Propheten und die Muslime. Und in der gesamten islamischen Geschichte sind die Ulema [Rechts- und Religionsgelehrte] einstimmig der Ansicht, dass der heilige Krieg eine persönliche Pflicht ist, wenn der Feind die muslimischen Länder zerstört … Auf dieser Grundlage und gemäß Gottes Gebot erlassen wir die folgende Fatwa an alle Muslime: Der Beschluss, die Amerikaner und ihre Verbündeten – Zivilisten und Militär – zu töten, ist eine persönliche Pflicht für einen jeden Muslim, und er kann sie in jedem Land, wo dies möglich ist, erfüllen, um die Al-Aksa-Moschee und die heilige Moschee [Mekka] aus ihrem Griff zu befreien und damit sich ihre Armeen – geschlagen und außer Stande, noch irgendwelche Muslime zu bedrohen – aus allen islamischen Ländern entfernen. Dies steht im Einklang mit den Worten des Allmächtigen Gottes: »…und bekämpft die Ungläubigen allesamt so, wie sie euch alle bekämpfen« und »…bekämpft sie, bis es keinen Aufruhr oder keine Unterdrückung mehr gibt, auf dass

Gerechtigkeit und der Glaube an Gott obwalten«.

Dies ergänzt die Worte des Allmächtigen Gottes: »Und warum solltet ihr nicht für die Sache Gottes kämpfen und für die Sache jener, die schwach sind, misshandelt (und unterdrückt) werden? – Frauen und Kinder, die da schreien: ›O Herr, errette uns aus dieser Stadt, deren Menschen Unterdrücker sind; und schicke du uns einen, der uns hilft!‹«

Wir rufen – mit Gottes Hilfe – jeden Muslim auf, der an Gott glaubt und belohnt werden will, nach Gottes Gebot zu handeln und die Amerikaner zu töten und ihr Geld zu rauben, wo und wann immer sie zu finden sind. Wir appellieren auch an muslimische Ulema, Führer, Jugendliche und Soldaten, den Angriff auf des Satans US-Truppen und auf die mit ihnen verbündeten Unterstützer des Teufels zu unternehmen und jene zu verjagen, die hinter ihnen stehen, auf dass es ihnen eine Lehre sein möge.

Der Allmächtige Gott sagte: »O ihr, die ihr glaubt, antwortet Gott und Seinem Apostel, wenn Er euch dahin ruft, da euch Leben gegeben wird. Und wisst, dass Gott zwischen einem Mann und seinem Herzen steht und dass Er es ist, zu dem ihr euch alle versammeln sollt.«

Der Allmächtige Gott sagt auch: »O ihr, die ihr glaubt, wie ist es um euch bestellt, dass ihr, wenn ihr aufgerufen seid, für die Sache Gottes einzutreten, euch so sehr an diese Erde klammert! Zieht ihr das Leben auf dieser Welt dem in der jenseitigen vor? Wo doch das Wohlergehen auf dieser Welt so viel geringer ist im Vergleich zu dem im Jenseits. Wenn ihr euch nicht voranwagt, wird Er euch mit schweren Strafen belegen und andere an eurer statt nehmen; doch Ihm geschieht durch euch nicht der geringste Schaden. Denn Gott hat Gewalt über alle Dinge.« Der Allmächtige Gott sagt auch: »So verliert nicht den Mut und verzweifelt nicht. Denn ihr müsst die Oberhand gewinnen, wenn ihr fest im Glauben seid.«

Die Verantwortung für die terroristischen Gräueltaten in den USA

Auszüge aus dem »Bin-Laden-Dossier« des Vereinigten Königreichs von Großbritannien und Nordirland unter dem Titel »Verantwortung für die terroristischen Gräueltaten in den Vereinigten Staaten«. Auf dieses Dossier bezieht sich auch Premierminister Tony Blair in seiner Rede (Dokument auf Seite 135) auf einer Sondersitzung des Parlaments in London. Dieses Dokument erhebt nicht den Anspruch, Material für eine strafrechtliche Verfolgung Osama bin Ladens vor einem Gericht zu liefern.

Einführung

1. Die von der Regierung gewonnenen Schlussfolgerungen sind: Osama bin Laden und Al-Qaida, das Netzwerk, dessen Kopf er ist, haben die Gräueltaten vom 11. September 2001 geplant und ausgeführt. Osama bin Laden und Al-Qaida haben nach wie vor die Absicht und die Mittel, weitere Gräueltaten zu begehen…Das Dokument enthält nicht die Gesamtheit des der Regierung Ihrer Majestät bekannten Materials, weil der unbedingt erforderliche, andauernde Schutz der Geheimdienstquellen gewährleistet werden muss.

Hintergrund

Al-Qaida ist eine terroristische Organisation mit Verbindungen zu einem globalen Netzwerk, das seit mehr als zehn Jahren besteht. Es wurde von Osama bin Laden gegründet und zu jeder Zeit geführt. Osama bin Laden und Al-Qaida befinden sich in einem Dschihad (Heiligen Krieg) gegen die Vereinigten Staaten von Amerika und ihre Verbündeten. Zu ihren ausdrücklichen Zielen gehören die Ermordung von US-Bürgern und Angriffe auf die Verbündeten von Amerika. Osama bin Laden und Al-Qaida haben seit 1996 ihre Basis in Afghanistan, operieren aber durch ihr Netzwerk weltweit.

Das Netzwerk umfasst Ausbildungslager, Lagerhäuser, Kommunikationseinrichtungen und wirtschaftliche Tätigkeiten, um beträchtliche Geldbeträge zur Finanzierung der Aktivitäten zu beschaffen…

…Osama bin Laden hat die Verantwortung für den Anschlag auf US-Soldaten in Somalia im Oktober 1993 übernommen, bei dem 13 von ihnen ums Leben kamen, wei-

terhin für die Anschläge auf die US-Botschaften in Kenia und Tansania im August 1998, bei denen 224 Menschen getötet und nahezu 5000 verletzt wurden; und er wurde in Verbindung gebracht mit dem Angriff auf das US-Schiff »Cole« am 12. Oktober 2000, bei dem 17 Besatzungsmitglieder getötet und weitere 40 verletzt wurden.

Sie haben Versuche unternommen, in den Besitz von nuklearem und chemischem Material zum Einsatz als terroristische Waffen zu gelangen. Im Hinblick auf die terroristischen Anschläge vom 11. September:…

Die Anschläge am 11. September 2001 hatten sowohl in ihren Zielsetzungen als auch in der beabsichtigten Wirkung Ähnlichkeiten mit früheren Anschlägen, die von Osama bin Laden und Al-Qaida verübt worden waren, und besaßen gemeinsame Züge. Im Einzelnen:

Selbstmordattentäter

(a) Koordinierte Anschläge am selben Tag. (b) Das Ziel, eine höchstmögliche Zahl von Opfern bei den Amerikanern zu verursachen. (c) Keinerlei Rücksichtnahme auf andere Opfer, einschließlich Muslime.

Sorgfältige langfristige Planung

(a) Keinerlei Vorwarnung. Al-Qaida besitzt die Fähigkeit und die Absicht, weitere Anschläge auf die USA und ihre Verbündeten, einschließlich des Vereinigten Königreichs, zu verüben. Al-Qaida gibt keine Vorwarnungen vor terroristischen Anschlägen.

Die Fakten:
Osama bin Laden und Al-Qaida

Im Jahr 1989 gründeten Osama bin Laden und andere eine internationale terroristische Gruppierung mit dem Namen »Al-Qaida« (die [Operations-]Basis). Er ist seither ununterbrochen der Führer von Al-Qaida. Von 1989 bis 1991 hatte Osama bin Laden seinen Sitz in Afghanistan und Peshawar (Pakistan). 1991 zog er in den Sudan, wo er bis 1996 blieb. 1996 kehrte er nach Afghanistan zurück, wo er sich seither aufhält.

Das Taliban-Regime

Die Taliban gingen Anfang der 1990er Jahre aus afghanischen Flüchtlingslagern in Pakistan her-

vor. 1996 nahmen sie Kabul ein. Sie sind noch immer in einen blutigen Bürgerkrieg um die Vorherrschaft in ganz Afghanistan verwickelt. Ihr Anführer ist Mullah Omar.

Osama bin Laden versorgt das Taliban-Regime im Kampf gegen die Nordallianz mit Truppen, Waffen und Geld. Er steht auch in enger Beziehung zu den militärischen Ausbildungsmaßnahmen, Planungen und Operationen der Taliban. Er hat Vertreter in der militärischen Kommandostruktur der Taliban…

Al-Qaida

Al-Qaida hat sich der Aufgabe gewidmet, »un-islamischen« Regierungen in muslimischen Ländern mit Macht und Gewalt entgegenzutreten.

Al-Qaida bekämpft erbittert die Vereinigten Staaten. Auf ganz eindeutige Weise drängt Osama bin Laden seine Anhänger und hetzt sie auf, amerikanische Bürger zu töten.

Am 12. Oktober 1996 gab er eine Erklärung des Heiligen Krieges (Dschihad) mit folgendem Wortlaut heraus: »Die Völker des Islam haben Aggressionen, Schandtaten und Ungerechtigkeiten durch die Allianz der Zionisten und Kreuzfahrer und ihre Komplizen erlitten… Es ist jetzt die Pflicht eines jeden Stammes der Arabischen Halbinsel, den Heiligen Krieg zu führen und das Land von der Besetzung durch diese Kreuzfahrer zu reinigen.

Ihr Vermögen gehört denjenigen als Beute, die sie töten. Meine Muslim-Brüder – eure Brüder in Palästina und im Land der beiden heiligen Stätten [Saudi-Arabien] fordern euch auf, ihnen zu helfen, und sie ersuchen euch, an dem Kampf gegen den Feind – die Amerikaner und die Israelis – teilzunehmen.

Sie bitten euch, zu tun, was ihr zu tun vermögt, um die Feinde von den heiligen Stätten des Islam zu vertreiben.«

Im Februar 1998 unterzeichnete und veröffentlichte er eine »Fatwa«, die einen Erlass an alle Muslime enthielt: »Die Amerikaner und ihre Verbündeten – Zivilisten und Militär – zu töten, ist eine persönliche Pflicht für einen jeden Muslim…«

In derselben »Fatwa« rief er muslimische Gelehrte, Anführer und Jugendliche auf, »den Angriff auf des Satans US-Truppen … zu unternehmen«.

Als er 1998 gefragt wurde, ob er chemische oder Nuklearwaffen beschaffen wolle, sagte er, »der Erwerb solcher Waffen zur Verteidigung der Muslime ist eine religiöse Pflicht.« In einem Interview, das vom Fernsehsender Al-Jazeera (Dohar, Katar) ausgestrahlt wurde, verkündete er: »Unser Feind ist jeder männliche Amerikaner, egal, ob er uns bekämpft oder nur Steuerzahler ist.«

Seit den frühen 1990er Jahren versuchte Osama bin Laden, nukleares und chemisches Material für die Verwendung bei Terroranschlägen zu beschaffen…

Es besteht eine anhaltende Bedrohung. Gestützt auf unsere Erfahrungen mit der Art und Weise, wie das Netzwerk in der Vergangenheit funktioniert hat, müssen wir annehmen, dass auch andere Zellen – etwa jene, die die terroristischen Anschläge vom 11. September 2001 ausgeführt haben – existieren.

Al-Qaida arbeitet sowohl mit dem eigenen Netzwerk als auch mit dem anderer terroristischer Organisationen. Zu diesen gehören der Ägyptische Islamische Dschihad und andere nordafrikanische extremistische Terrorgruppen sowie eine Anzahl weiterer Dschihad-Gruppen in anderen Ländern einschließlich des Sudan, Jemens, Somalias, Pakistans und Indiens.

Osama bin Laden ist das Oberhaupt des gesamten Netzwerks von Al-Qaida. Ihm untersteht eine Körperschaft mit Namen Shura, die auch Vertreter anderer terroristischer Gruppen umfasst, beispielsweise den Führer des Ägyptischen Islamischen Dschihad, Ayman Zawahiri, und führende Offiziere bin Ladens wie etwa Abu Hafs Al-Masri. Der Ägyptische Islamische Dschihad hat praktisch mit Al-Qaida fusioniert.

Neben der Shura besteht Al-Qaida aus zahlreichen Gruppen, die für militärische, Kommunikations-, Finanz- und den Islam betreffende Aufgaben zuständig sind. Mitglieder von Al-Qaida müssen ein Treuegelöbnis ablegen, dass sie die Befehle von Osama bin Laden befolgen werden…

»Tu dies für Gott den Allmächtigen« – aus dem Leitfaden des Selbstmordattentäters Mohammed Atta

Am Tag der Anschläge auf das WTC wurde im Bostoner Logan Airport die Reisetasche des Terroristen Mohammed Atta gefunden. Der Inhalt: ein Leitfaden für Selbstmordattentäter. Ein bizarres Dokument des religiösen Wahnsinns.

Die Arbeit und die Arbeit der Gruppe (das heißt: die Arbeit um des Propheten willen) sollten Priorität haben, weil dies Sunna ist. Wir sind zu dieser Arbeit verpflichtet. Tu dies nicht für dich selbst, sondern für Gott den Allmächtigen. Ein Beispiel ist Ali Ibn Abi Talib (der Schwiegersohn des Propheten Mohammed) – Gott segne seine Seele. Er hatte Streit mit einem Ungläubigen, der Ali – Gott segne seine Seele – anspuckte. Zunächst wollte Ali sein Schwert nicht gegen den Ungläubigen führen; später tat er es. Nach dem Streit fragten einige seiner Anhänger ihn: Warum hast du nicht gleich das Schwert gegen den Ungläubigen geführt? Ali – Gott segne seine Seele – antwortete: Als er mich zuerst anspuckte, scheute ich mich, sofort darauf zu reagieren, weil ich fürchtete, damit Rache für mich selbst zu nehmen; ich wollte dies aber eher für Gott tun.

Gott sagt, dass man auf Erden ohne Wünsche sein sollte, aber Gott will dich am Ende, wenn du stirbst, belohnen. Wenn die Arbeit getan und alles gut verlaufen ist, werden alle sich die Hände reichen und sagen, dass dies eine Aktion im Namen Gottes war. Andere Brüder sollten nicht in Angst versetzt oder in Verwirrung gestürzt werden, sondern man sollte mit ihnen sprechen, sie beruhigen und ihnen Mut machen. Für niemanden gibt es etwas Besseres zu tun, als die Verse des Korans zu lesen, da Gott gesagt hat, dass man in seinem Namen kämpfe und dass man das, was man im jetzigen Leben hat, für ein anderes, besseres Leben im Himmel aufgeben solle. In einem anderen Vers sagt Gott: Betrachtet die Menschen, die im Namen Gottes gehandelt haben und dabei gestorben sind, nicht als tot ... (sie leben vielmehr im Himmel).

Die Brüder, die sich gegenseitig Anerkennung zollen, sollten damit zufrieden sein und einander trösten, und ihr Herz sollte mit Glück erfüllt sein. Das Ende steht bevor, und das Himmelsversprechen ist zum Greifen nahe. Öffne dein Herz,

Attentäter Mohammed Atta, der an der Universität Hamburg-Harburg studierte, raste mit Flug 11 der American Airlines am 11. September in das World Trade Center.

heiße den Tod im Namen Gottes willkommen. Und das Letzte, was zu tun ist, ist stets die Erinnerung an Gott, und die letzten Worte sollten sein, dass es keinen Gott außer Allah gibt und dass Mohammed sein Prophet ist. Danach werde ich Gott im Himmel antreffen. Betrachtet man die Menge der Ungläubigen, so wird Gott – trotz der hohen Anzahl der Ungläubigen – dazu beitragen, dass die Gläubigen die Mehrheit besiegen.

Gott sagte: Wenn die Gläubigen den Kampf gegen die Ungläubigen aufnehmen, werden sich die Gläubigen daran erinnern, dass Gott ihnen beisteht und dass sie siegen werden.

Danach die zweite Phase: Wenn dich der Taxifahrer nach (M) fahren sollte, so sag ihm etwas über die Stadt und die anderen Orte. Wenn du ankommst und (M) siehst und aus dem Taxi steigst, dann bete zu Gott, und bete zu Gott, wo immer du auch hingehst, und lächle und vertraue darauf, dass Gott den Gläubigen stets beisteht und die Engel dich beschützen, obwohl du davon nichts bemerkst. Bete, dass alle von Gott erschaffen sind, und

bete, dass du das tust, was Gott dir aufgetragen hat. Bete, dass du es tust, weil der Ungläubige den wahren Gott nicht erkennt und du nichts mit ihm zu tun hast.

Wenn du diese Gebete gesprochen hast, wird alles leicht für dich gehen, denn die Kraft Gottes ist mit dir, und Gott versprach seinen Anhängern nach Sprechen dieser Gebete,
1. dass dies auf Grund von Gottes Segen und seiner Vergebung geschah;
2. dass den Menschen, die den Plan ausführten, nichts geschehen wird;
3. dass du den Lehren Gottes folgst. Gott sagt, dass du Gottes Segen und seine Vergebung hast und dir nichts Böses geschehen wird, solange du dem allmächtigen Gott folgst, der alle erschaffen hat, denn die Taten und Worte der Ungläubigen werden ihnen nicht helfen und dir nicht schaden, Gott ist gewillt, denn du bist ein Gläubiger. Die Gläubigen fürchten niemanden, und diejenigen, die Angst haben, sind Söhne und Töchter des Teufels, die den Teufel selbst fürchten, und sie sind Sklaven des Teufels. Aber diejenigen, die Gott fürchten und ihm folgen und nach seinem Willen handeln, werden am Ende die Richti-

gen sein. Gott sagte, dass der Teufel seine Anhänger überwältigen wird. Alle westlichen Zivilisationen, die ihre Macht genießen, sind in ihrem Inneren sehr schwach. So habe keine Angst und keine Furcht, wenn du ein Gläubiger bist, denn Gläubige fürchten nur Gott den Allmächtigen, der die Macht über alles innehat. Gläubige glauben in dem Vertrauen, dass der Ungläubige am Ende besiegt wird. Entsinne dich, dass Gott die Ungläubigen niederschlagen und besiegen wird.

Entsinne dich der Aussagen des Allmächtigen, und du musst es eintausend Mal sagen – und niemand wird es bemerken, ob du es sagst oder nicht – zum Ruhme Gottes entsinne dich seiner Aussage, dass der Gläubige, der es von Herzen sagt, in den Himmel kommen wird. Auch wie der Prophet – Gott segne ihn – sagt, wenn man den Himmel und die Erde in eine Hand nimmt und Gott in die andere, wird die Hand, in der Gott ist, oben sein. Du kannst lächeln, während du die Worte Gottes rezitierst, und die Schönheit seiner Worte besteht darin, dass du sie nicht laut sagen oder rezitieren musst, du kannst sie in Gedanken sagen. Es reicht aus, dass du versuchst, den Islam zu erheben und unter seiner Fahne zu kämpfen, wie das der Prophet – Gott segne seine Seele – und dessen Anhänger getan haben. Gebe nicht den Anschein, verwirrt zu sein, sondern sei stark und glücklich mit geöffnetem Herzen und Zuversicht, denn du tust Arbeit, die Gott gefällig ist und die er segnet. Der Tag im Himmel wird kommen, Gottes Wille, und du wirst diesen Vers im Himmel haben: Der Himmel lächelt, mein junger Sohn, denn du marschierst zum Himmel. Überall, wo du hingehst, bei allem, was du tust, entsinne dich und bete zu Gott, denn Gott ist immer bei seinen Anhängern, die an ihn glauben, und Gott wird es leicht machen und dich segnen und deine Arbeit mit Erfolg krönen, und du wirst am Ende der Sieger sein.

Die dritte Phase: Wenn du im Flugzeug bist, sobald du das Flugzeug betrittst, solltest du zu Gott beten, denn jeder, der zu Gott betet, wird gewinnen, denn du tust dies für Gott. Wie der allmächtige Prophet sagt, ist eine Tat für Gott besser als die ganze Welt und alles auf der Welt. Sobald du das Flugzeug betrittst und dich auf deinen Sitz setzt, entsinne dich dessen, was dir zu einem früheren Zeitpunkt gesagt wurde, und befleißige dich, dich Gottes zu entsinnen. Gott sagt, dass du, wenn du durch einige Ungläubige umgeben bist, still sitzen und dich entsinnen sollst, dass Gott dir den Sieg am Ende ermöglichen wird. Wenn das Flugzeug sich bewegt, sobald es sich langsam zu bewegen beginnt und sich in Richtung von (K) dreht, bete die Gebete der reisenden Muslime, denn du reist, um Gott zu treffen und die Reisen zu genießen. Du wirst bemerken, dass das Flugzeug anhalten und dann erneut fliegen wird. Dies ist die Stunde, in der du Gott treffen wirst, und bete zu Gott, wie Gott es in seinem Buch gesagt hat, Gott hilf mir, dies zu tun, und lass uns über die ungläubigen Nationen siegen, und in einem anderen Ausspruch Gottes, Gott vergib uns unsere Sünden und hilf uns, das zu erreichen, was wir versuchen, und lass uns über die ungläubigen Völker siegen, und wie der Prophet Mohammed – Gott segne seine Seele – sagte, Gott, besiege sie, und lass uns siegen und die Ungläubigen niederschlagen und sie ihre Köpfe senken lassen.

Engel rufen deinen Namen und tragen für dich die schönsten Kleider. Bete für dich und deine muslimischen Brüder um den Sieg am Ende, und fürchte dich nicht, denn du wirst bald Gott treffen. Jeder sollte bereit sein, seinen Teil zu übernehmen, und deine Tat wird durch Gottes Willen befürwortet. Wenn du deine Tat beginnst, schlage hart wie ein Held zu, denn Gott mag Menschen nicht, die ihre begonnene Arbeit nicht beenden. Du kommst nicht zur Erde zurück und pflanzt die Angst in die Herzen der Ungläubigen, wie Gott sagte, schlag sehr hart in das Genick (d.h. töte), in dem Wissen, dass der Himmel auf dich wartet, dich erwartet und du dort ein besseres Leben führen wirst, und Engel rufen deinen Namen und tragen für dich ihre schönsten Kleider. Und wie Mustafa, einer der Anhänger des Propheten, sagte, töte und denke nicht an den Besitz derjenigen, die du töten wirst. Denn dies wird dich vom eigentlichen Zweck deiner Tat ablenken, denn dies ist gefährlich für dich.

Am Abend, bevor du deine Tat verübst:

1. Du solltest rezitieren, dass du für Gott stirbst. Rasiere das gesamte überflüssige Haar von deinem Körper, parfümiere deinen Körper, und wasche deinen Körper.

2. Sieh dir deinen Plan sehr gut an, und kenne ihn, und erwarte eine Reaktion sowie auch Widerstand vom Feind.

3. Rezitiere die Verse über Vergebung und das, was Gott für Märtyrer bereithält, denn sie kommen ins Paradies.

4. Entsinne dich, dass du in dieser Nacht – der Nacht vor der Tat – zuhören und gehorsam sein sollst, denn du wirst mit einer ernsten Situation konfrontiert werden, und der einzige Weg, den es gibt, ist das Zuhören und hundertprozentiger Gehorsam. Sage dir, dass du die Pflicht hast, dies zu tun, verstehe dies im Geiste, und überzeuge dich selbst, dass du diese Tat tun musst. Gott sagte, dass du seine Befehle und die seiner Propheten befolgen sollst und keinen Widerstand leisten sollst, denn sonst wird es dir misslingen. Sei geduldig, denn Gott ist mit den Geduldigen.

5. Stehe in der Nacht auf, und bete für den Sieg, dann wird Gott alles leicht machen und dich beschützen.

6. Sei immer auf der Hut, und entsinne dich. Am besten ist es, den Koran zu rezitieren und zu wissen, dass du endlich diese Erde verlässt und bald in den Himmel kommst.

7. Reinige dein Herz von allen schlechten Gefühlen, die du hast, und vergiss alles über dein weltliches Leben, denn alles, was du in deinem Leben getan hast, wird bald vorüber sein. Die Zeit ist reif, um das Richtige zu tun. Wir haben unser Leben verschwendet, und nun ist die Gelegenheit und die Stunde gekommen, uns Gott hinzugeben und ihm zu gehorchen.

8. Öffne dein Herz, denn du bist nur einen kurzen Moment entfernt von dem guten, ewigen Leben voller positiver Werte in der Gesell-

schaft von Märtyrern. Dies ist die beste Gesellschaft, in der man sich befinden kann. Wir bitten um Gottes Segen und sind optimistisch, denn der allmächtige Gott mag optimistische Menschen, die Dinge für Gott tun.

9. Erinnere dich dessen, was du tun und sagen sollst, falls du erwischt wirst. Falls du erwischt wirst, geschieht dies nicht, weil du einen Fehler gemacht hast, und es liegt nicht an dir. Dies geschah aus Gottes Gründen, und Gott wird dich erheben und dir alle Sünden vergeben. Dies ist nur vorübergehend Gottes Wille. Genieße es, denn du wirst durch Gott den Allmächtigen belohnt werden. Gott sagte, dass jeder, der für ihn gekämpft hat, in den Himmel kommen wird.

10. Entsinne dich immer dessen, was Gott gesagt hat, du hast gehofft, zum Märtyrer zu werden, bevor du ihn triffst, und nun wurdest du ... (die Pünktchen bedeuten, dass wir beide es wissen, daher werde ich es nicht schreiben). Danach entsinne dich der Verse des Korans, die besagten, dass die kleinere Gruppe die Mehrheit besiegen wird, das ist Gottes Wille. Und wie Gott sagt, wenn Gott mit dir ist, wirst du nicht besiegt werden, und wenn du besiegt wirst, ist Gott der Einzige, der dich erheben wird.

11. Erinnere dich selbst durch die Gebete und mit deinen muslimischen Brüdern, und entsinne dich immer deiner Brüder in deinen Gebeten, morgens und abends.

12. Erinnere dich an dein Gepäck, die Kleidung, das Messer und die Dinge, die du brauchst, an dein Ausweisdokument, deinen Reisepass und all deine Papiere.

13. Überprüfe vor der Reise deine Waffe, denn du wirst sie zur Ausführung deiner Tat brauchen.

14. Trage deine beste Kleidung, und folge damit dem Beispiel deiner Vorfahren, die vor dem Kampf gute Kleidung trugen. Binde deine Schuhe sehr eng zu, und trage Socken, so dass die Schuhe eng an deinen Füßen ansitzen. Dies versteht sich alles von selbst, und Gott wird dich schützen.

15. Bete am Morgen in der Gruppe, denn das ist eine gute Belohnung, und jeder wird sich nach der Tat daran erinnern, dass du mit ihnen gebetet hast. Verlasse die Wohnung nicht, bevor du gewaschen und sauber bist, denn die Engel werden dir vergeben, wenn du sauber bist und zu Gott gebetet hast. Wie Gott sagt, ist es eine gute Angewohnheit, gut rasiert zu sein, und das steht so in seinem Buch.

Auszüge aus dem Testament des Terrorpiloten Mohammed Atta

Bereits im April 1996 verfasste der Terrorpilot Mohammed Atta seinen letzten Willen. Das Dokument wurde ebenfalls in seiner Reisetasche am Bostoner Flughafen entdeckt. Hier einige Auszüge aus dem »Spiegel« 40/2001.

Im Namen Gottes, des Allmächtigen. Ich, Mohammed, wünsche mir, dass Folgendes nach meinem Tod stattfindet:

1. Diejenigen, die meinen Leichnam aufbahren, sollten gute Muslime sein.

2. Diejenigen, die meinen Leichnam aufbahren, sollten mir die Augen schließen und beten, dass ich zum Himmel aufsteige, sie sollten mir neue Kleider geben und mich nicht in jenen lassen, in denen ich starb.

3. Niemand soll meinetwegen weinen, schreien oder gar seine Kleider zerreißen und sein Gesicht schlagen – das sind törichte Gesten.

4. Niemand, der in der Vergangenheit nicht mit mir auskam, soll mich nach meinem Tod besuchen.

5. Weder schwangere Frauen noch unreine Personen sollen von mir Abschied nehmen.

6. Frauen sollten nicht für meinen Tod Abbitte leisten.

7. Diejenigen, die Totenwache halten, sollten beten, dass ich bei den Engeln bin.

8. Die meinen Leichnam waschen, sollen gute Muslime sein.

9. Derjenige, der meinen Körper rund um meine Genitalien wäscht, sollte Handschuhe tragen, damit ich dort nicht berührt werde.

10. Die Totenkleider sollen aus drei Stücken weißen Tuches sein.

11. Frauen sollen weder bei der Beerdigung zugegen sein noch irgendwann später sich an meinem Grab einfinden.

12. Die Beerdigung soll leise vonstatten gehen und soll schnell erfolgen, im Beisein von vielen Menschen, die für mich beten.

13. Bei der Grablegung sollte ich zusammen mit guten Muslimen bestattet werden, das Gesicht gen Mekka.

14. Ich will auf meiner rechten Seite liegen. Drei Mal soll Erde auf meinen Körper geworfen werden, mit dem Spruch: »Du kommst aus Staub, bist Staub, und zum Staub kehrst du zurück.«

15. Eine Stunde sollten die Menschen an meinem Grab zubringen, auf dass ich ihre Gesellschaft genießen kann; ein Tieropfer soll erfolgen, das Fleisch an die Bedürftigen verteilt werden.

16. Das Vermögen, das ich zurücklasse, soll nach den Regeln der islamischen Religion aufgeteilt werden.

Bush: »Heute hat unsere Nation das Böse gesehen. Niemand wird diesen Tag je vergessen«

In einer Fernsehansprache spricht Präsident George W. Bush zum amerikanischen Volk. Er verurteilt den Massenmord, sagt aber auch, dass die fundamentalen Werte der Amerikaner nicht zerstört worden sind.

Guten Abend.

Heute sind unsere Mitbürger, unsere Lebensweise, unsere Freiheit selbst durch eine Reihe vorsätzlicher und tödlicher Terrorakte angegriffen worden. Die Opfer befanden sich in Flugzeugen oder in ihren Büros; Sekretärinnen, Geschäftsleute, Angehörige des Militärs und Angestellte von Bundesbehörden, Mütter und Väter, Freunde und Nachbarn. Tausende Leben wurden plötzlich durch böse, verabscheuungswürdige Terrorakte beendet.

Die Bilder von Flugzeugen, die in Gebäude fliegen, von brennenden Feuern, von riesigen zusammenbrechenden Konstruktionen haben uns mit Ungläubigkeit, schrecklicher Traurigkeit und einer leisen, unnachgiebigen Wut erfüllt. Diese Akte des Massenmordes sollten unsere Nation ängstigen, in Chaos stürzen und ihren Rückzug auslösen. Aber sie haben versagt; unser Land ist stark.

Ein großartiges Volk wurde dazu angetrieben, eine großartige Nation zu verteidigen. Terroristische Angriffe können die Fundamente unserer größten Gebäude erschüttern, aber sie können nicht die fundamentalen Werte Amerikas angreifen. Diese Akte haben Stahl zertrümmert, aber sie können keinen Riss in der stahlharten Entschlossenheit Amerikas verursachen.

Die Vereinigten Staaten wurden für den Angriff als Ziel ausgesucht, weil sie das hellste Leuchtfeuer für Freiheit und Chancen auf der Welt sind. Und niemand wird dieses Licht vom Leuchten abhalten.

Heute hat unsere Nation das Böse gesehen, das Allerschlimmste des menschlichen Wesens. Und wir haben in der Reaktion das Beste an Amerika gesehen – den Mut unserer Rettungsarbeiter, die Sorge von Fremden und Nachbarn, die kamen, um Blut zu spenden und zu helfen, wo sie konnten.

Unmittelbar nach dem ersten Angriff setzte ich die Notfallreaktionspläne unserer Regierung in Kraft. Unser Militär ist mächtig, und es ist vorbereitet. Unsere Notfallteams arbeiten in New York und

US-Präsident George W. Bush spricht rund zwölf Stunden nach den verheerenden Terrorangriffen von New York und Washington am 11.9.2001 in einer Fernsehansprache aus dem Oval Office des Weißen Hauses zum amerikanischen Volk.

Washington, um den örtlichen Rettungsarbeitern zu helfen.

Unsere oberste Priorität ist es, den Verletzten zu helfen und alle Vorsichtsmaßnahmen zum Schutz unserer Bürger im Inland und auf der ganzen Welt vor weiteren Angriffen zu treffen.

Die Arbeit unserer Regierung wird ohne Unterbrechung fortgesetzt. Die Bundesbehörden in Washington, die heute evakuiert werden mussten, werden für unverzichtbare Mitarbeiter heute Abend wieder geöffnet und morgen für das Tagesgeschäft. Unsere Finanzinstitutionen bleiben stark, und die amerikanische Wirtschaft wird ebenfalls morgen ihre Geschäfte aufnehmen.

Die Suche nach denjenigen, die hinter diesen bösartigen Angriffen stehen, hat bereits begonnen. Ich habe die vollständigen Ressourcen unserer Nachrichten- und Strafver-

folgungsbehörden für die Suche nach den Verantwortlichen und ihrer gerechten Bestrafung eingesetzt. Wir werden keine Unterscheidung treffen zwischen den Terroristen, die diese Akte begangen haben, und denjenigen, die ihnen Zuflucht gewähren.

Ich weiß es sehr zu schätzen, dass Mitglieder des Kongresses gemeinsam mit mir diese Angriffe aufs Schärfste verurteilen. Und im Namen des amerikanischen Volks danke ich den vielen Staats- und Regierungsoberhäuptern, die anriefen, um ihr Beileid und ihre Unterstützung auszusprechen.

Die Vereinigten Staaten und ihre Freunde und Bündnispartner stehen gemeinsam mit allen, die Frieden und Sicherheit auf der Welt wollen, und wir stehen zusammen, um den Krieg gegen den Terrorismus zu gewinnen. Heute Abend bitte ich um Ihre Gebete für alle, die

trauern, für die Kinder, deren Welt zerstört wurde, für alle, deren Gefühl der Sicherheit bedroht ist. Und ich bete, dass sie durch eine größere Macht als unsere getröstet werden, die seit allen Zeiten durch Psalm 23 ausgedrückt wird: »Und ob ich schon wanderte im finsteren Tal, fürchte ich kein Unglück, denn du bist bei mir.«

Dies ist ein Tag, an dem alle Amerikaner aus allen gesellschaftlichen Bereichen in ihrer Entschlossenheit zu Gerechtigkeit und Frieden vereint sind. Die Vereinigten Staaten haben schon früher Feinde besiegt, und wir werden es auch dieses Mal tun. Niemand von uns wird diesen Tag je vergessen. Dennoch schreiten wir voran zur Verteidigung der Freiheit und alles Guten und Gerechten auf der Welt.

Vielen Dank. Gute Nacht, und Gott segne Amerika.

Annan: »Der Terrorismus muss entschlossen bekämpft werden, wo immer er auftritt«

11. September 2001: UN-Generalsekretär Kofi Annan verurteilt die Terroranschläge auf die USA und ruft Politiker und Bevölkerung gleichzeitig zur Besonnenheit auf.

Wir stehen alle noch unter dem Trauma dieser schrecklichen Tragödie. Wir wissen noch nicht, wie viele Menschen getötet oder verletzt wurden, aber es ist unvermeidlich, dass diese Zahl sehr hoch sein wird. Unsere ersten Gedanken und Gebete gelten den Opfern und ihren Familien. Ich möchte ihnen, sowie der Bevölkerung und der Regierung der Vereinigten Staaten mein zutiefst empfundenes Beileid aussprechen. Es kann keinen Zweifel daran geben, dass diese Anschläge vorsätzliche Akte des Terrorismus waren, die sorgfältig geplant und koordiniert wurden. Ich verurteile diese Anschläge daher mit allem Nachdruck. Der Terrorismus muss entschlossen bekämpft werden, wo immer er auftritt.

In diesem Augenblick ist es wichtiger denn je, Besonnenheit und vernünftige Beurteilung an den Tag zu legen. Wir wissen noch nicht, wer hinter diesen Anschlägen steht oder welches Ziel die Täter damit verfolgten. Was wir aber wissen, ist, dass es keine gerechte Sache gibt, die jemals durch Terror gefördert werden kann.

Kofi Annan

Der Ghanaer Kofi Annan ist der siebte Generalsekretär der Vereinten Nationen. Er wurde am 29. Juni 2001 von der Generalversammlung auf Vorschlag des Sicherheitsrates für eine zweite Amtszeit (1. Januar 2002 bis 31. Dezember 2006) wieder gewählt. Generalsekretär Annan hat es sich zur vorrangigen Aufgabe gemacht, die Vereinten Nationen durch ein umfassendes Reformprogramm neu zu beleben; den traditionellen Einsatz der Organisation im Bereich der Entwicklung und der Wahrung des Weltfriedens und der internationalen Sicherheit zu stärken; die Menschenrechte zu fördern.

◁ UN-Generalsekretär und Friedensnobelpreis-Träger Kofi Annan

12. September 2001: Bei der 56. Jahrestagung der Vollversammlung der Vereinten Nationen spricht Kofi Annan über die internationale Zusammenarbeit im Kampf gegen den Terrorismus. Er spricht davon, dass terroristische Akte niemals gerechtfertigt sind und dass alle Nationen der Welt nicht nur Solidarität mit den Opfern zeigen, sondern auch vereint gegen die Terroristen selbst und all diejenigen, die Ihnen Unterkunft, Unterstützung und Hilfe gewähren, vorgehen sollen.

Herr Präsident der Vollversammlung – Gratulation zu Ihrer Wahl in dieses bedeutende Amt. Ich kann nur bedauern, so wie Sie es auch taten, dass Sie dieses Amt an einem solch schwarzen Tag für die Vereinigten Staaten und für die ganze Welt antreten müssen und dass dieser Resolutionsentwurf der erste Punkt der Geschäftsordnung unter Ihrer Präsidentschaft ist. Unser Gastgeberland und diese wundervolle Gastgeberstadt, die fünf Jahrzehnte lang so gut zu uns war, ist gerade zum Ziel eines terroristischen Anschlags geworden, dessen Ausmaß wir uns selbst in unseren schlimmsten Albträumen nicht vorzustellen gewagt hätten. Es fällt uns allen schwer, Worte zu finden, die unsere Trauer und Empörung, unsere tiefe Sympathie mit den un-gezählten Verletzten und Hinterbliebenen und unsere Solidarität mit dem Volk und der Regierung der Vereinigten Staaten in dieser Stunde der Prüfung ausdrücken. Wir ringen auch darum, Hochachtung und Respekt für die tapferen Polizeibeamten, Feuerwehrleute und Arbeiter in Worte zu fassen, die bei den Rettungs- und Aufräumarbeiten im Einsatz sind, und besonders für die viel zu hohe Zahl jener, die ihre Entschlossenheit, anderen zu helfen, mit dem eigenen Leben bezahlen mussten. Vor allem ringen wir darum, angemessene Worte der Verurteilung für jene zu finden, die diese widerwärtigen Attacken planten und ausführten. Solche Worte kann man eigentlich nicht finden. Und Worte allein reichen keinesfalls aus. Diese Versammlung, Herr Präsident, hat den Terrorismus zu zahllosen Anlässen verurteilt. Sie hat wiederholt festgestellt, dass terroristische Akte niemals gerechtfertigt sind, ungeachtet aller wie immer gearteter Beweggründe.

Die Vollversammlung hat alle Staaten aufgefordert, in Übereinstimmung mit der Charta und anderen internationalen Rechtsvorschriften, Maßnahmen zu ergreifen, um Terrorismus zu verhindern und die internationale Zusammenarbeit gegen ihn zu stärken. Exzellenzen, wir müssen nun einen Schritt weiter gehen. Zuvor hat heute, wie Sie wissen, der Sicherheitsrat seine Bereitschaft ausgedrückt, alle notwendigen Schritte einzuleiten, um auf die gestrigen Anschläge zu reagieren und alle Formen des Terrorismus in Einklang mit seinen in der Charta festgelegten Verantwortlichkeiten zu bekämpfen. Ich gehe davon aus, dass der Rat tatsächlich solche Schritte unternehmen wird und dass diese Versammlung – und alle ihre Mitglieder – unverzüglich Folge leisten werden. Alle Nationen der Welt müssen in Solidarität mit den Opfern des Terrorismus vereint und entschlossen sein, gegen die Terroristen selbst wie auch gegen all jene vorzugehen, die ihnen auf irgendeine Weise Unterkunft, Hilfe und Unterstützung gewähren. Ich bin überzeugt, Herr Präsident, dass diese Botschaft von jedem Mitglied dieser Versammlung, die die ganze Welt repräsentiert, laut und deutlich in die ganze Welt hinausgeht.

25. September 2001: UN-Generalsekretär Kofi Annan veröffentlicht in New York eine Erklärung zum gemeinsamen Appell der humanitären Organisationen der Vereinten Nationen zur Lage in Afghanistan. In seiner Erklärung spricht Kofi Annan über das verzweifelte Los der afghanischen Zivilbevölkerung. Sieben Jahre Unterdrückung durch die Taliban-Regierung und eine anhaltende Dürreperiode haben über fünf Millionen Menschen von ausländischer Hilfe abhängig gemacht.

Ich schließe mich mit allem Nachdruck der Erklärung an, die gestern von den Leitern aller Bereiche der Vereinten Nationen, die auf humanitärem Gebiet tätig sind, veröffentlicht wurde. Das Los der afghanischen Zivilbevölkerung ist wirklich verzweifelt.

Ein mehr als zwei Jahrzehnte anhaltender Konflikt, sieben Jahre der Unterdrückung durch die Herrschaft des Taliban-Regimes und drei Jahre einer verheerenden Dürre haben das Überleben von mehr als fünf Millionen Menschen von ausländischer Hilfe abhängig gemacht. Jetzt ist diese Hilfe tragischerweise unterbrochen worden.

All jene, die der hungernden Bevölkerung vorsätzlich Lebensmittellieferungen vorenthalten und die humanitären Hilfskräfte – ob Ortskräfte oder internationale Mitarbeiter – angreifen oder in ihrer Arbeit behindern, sollen wissen, dass die internationale Gemeinschaft sie dafür zur Rechenschaft ziehen wird.

Viele Afghanen versuchen, aus ihrem Land zu fliehen, aber der Grenzübertritt wird ihnen schwer gemacht. In Übereinstimmung mit dem Völkerrecht müssen die Grenzen für Zuflucht suchende Zivilpersonen offen gehalten werden. Gleichzeitig muss die internationale Gemeinschaft rasch und großzügig helfen, damit die Flüchtlinge den Nachbarstaaten nicht zur unmöglichen Last werden.

Unschuldige Zivilpersonen dürfen nicht für die Handlungen ihrer Regierung bestraft werden. Die Welt steht vereint gegen den Terrorismus. Möge die gleiche Einigkeit auch für den Schutz und die Hilfe für die unschuldigen Opfer von Notlagen und Katastrophen bestehen.

Rau:»Entschlossenes Handeln ist das Gebot der Stunde«

Ansprache von Bundespräsident Johannes Rau bei der Kundgebung »Keine Macht dem Terror – Solidarität mit den Vereinigten Staaten von Amerika« vor dem Brandenburger Tor in Berlin.

I.

Nirgendwo wissen die Menschen besser als hier in Berlin, was Amerika für Freiheit und Demokratie in Deutschland getan hat. Wir könnten heute Abend nicht hier stehen ohne den Beistand Amerikas in langen Jahren und in schwerer Zeit. Darum sagen wir heute hier von Berlin aus allen Amerikanern: Amerika steht nicht allein. Die ganze Welt steht in diesen Tagen an der Seite der großen amerikanischen Nation. Uns verbindet Freundschaft, uns verbinden gleiche Werte, uns verbindet die Liebe zur Freiheit. Hier in Berlin erinnern wir uns an die amerikanische Hilfe nach dem Kriege, an die Verteidigung der Freiheit Berlins und an den großen Beitrag Amerikas zur deutschen Einheit. Besonders grüße ich alle Amerikaner, die bei uns in Berlin und überall in Deutschland leben oder zu Besuch sind. Sie sind in diesen Tagen mit ihren Gedanken zu Hause. Auch wir Deutsche sind mit unseren Gedanken und mit unseren Gefühlen in Amerika. Wir alle haben noch die schrecklichen Bilder vor Augen. Sie lassen uns nicht los. Wir sind gemeinsam Zeugen mörderischer Gewalttaten geworden, wie sie die Welt – außerhalb eines Krieges – noch nie erlebt hat. Wir denken an Mütter und Väter, die ihre Kinder verloren haben. Wir denken an Kinder, die ihre Eltern nie wieder sehen werden. Wir denken an alle, die Freunde und Arbeitskollegen verloren haben. Wir denken an das unermessliche Leid, das Hass und Terror über viele Tausend Familien im ganzen Land gebracht haben. Wir denken an die vielen Menschen, die jetzt noch unter Einsatz ihres Lebens zu helfen versuchen.

II.

Die Ziele der Mörder lagen in New York und in Washington. Getroffen aber sind alle Menschen, weltweit. Unter den Opfern sind Menschen aus Asien, aus Australien und aus Europa, darunter auch viele Deutsche, Menschen aus Afrika und Amerika. Der Angriff zielte auf die ganze menschliche Gemeinschaft. Wir stehen hier vereint in Solidarität. Wir stehen zusammen gegen Hass und Gewalt. John F. Kennedy ist gerade in Berlin unvergessen. In seiner ersten Rede als amerikanischer Präsident hat er die Solidarität Amerikas mit uns Europäern so beschrieben: Allen, die seit langem unsere Verbündeten sind und mit denen uns kulturelle und geistige Wurzeln verbinden, sichern wir die Loyalität eines treuen Freundes zu. Alles können wir erreichen, wenn wir fest zusammenstehen. Nichts erreichen wir, wenn wir gespalten und zerrissen sind. Auf uns allein gestellt, schreckt uns die Übermacht der Herausforderung. Heute sage ich als deutscher Bundespräsident, und heute sagen wir alle: Auf diese Loyalität eines treuen Freundes kann auch Amerika bauen.

III.

In diesen Tagen haben viele Menschen Angst. Das verstehe ich. Diese Angst darf uns nicht lähmen. Die Wut, die viele verspüren, die Ohnmacht, die so schwer zu ertragen ist, darf uns nicht kopflos machen.

Die Mörder und ihre Anstifter sind schwer zu finden und noch schwerer zu bekämpfen. Aber ganz gleich, wer sie sind: Sie sind Mörder, nichts sonst – und deshalb müssen sie bestraft werden. Sie stehen nicht für ein Volk, sie stehen nicht für eine Religion, sie stehen nicht für eine Kultur. Fanatismus zerstört jede Kultur. Fundamentalismus ist kein Zeugnis des Glaubens, sondern der ärgste Feind des Glaubens, den es gibt.

Wir werden und wir dürfen uns von niemandem dazu verleiten lassen, ganze Religionen oder ganze Völker oder ganze Kulturen als schuldig zu verdammen. Wer sich aber mit den Mördern gemein macht – aus welchen Gründen auch immer –, wer ihnen Schutz und Hilfe gewährt, der ist den Mördern gleich.

Wir werden auf die Herausforderung nicht mit Ohnmacht und nicht mit Schwäche reagieren, sondern mit Stärke und Entschlossenheit. Und mit Besonnenheit. Hass darf uns nicht zum Hass verführen. Hass blendet. Nichts ist ja so schwer zu bauen und nichts ist ja so leicht zu zerstören wie der Friede.

IV.

Wir müssen den Terrorismus bekämpfen, und wir werden ihn besiegen. Dazu brauchen wir einen langen Atem. Wer den Terrorismus wirklich besiegen will, der muss durch politisches Handeln dafür sorgen, dass den Propheten der Gewalt der Boden entzogen wird.

Armut und Ausbeutung, Elend und Rechtlosigkeit lassen Menschen verzweifeln. Die Missachtung religiöser Gefühle und kultureller Traditionen nimmt Menschen Hoffnung und Würde.

Das verführt manche zu Gewalt und Terror. Das sät den Hass schon in die Herzen von Kindern.

Alle Menschen haben das Recht auf Anerkennung und auf Würde. Wer in seinem Leben Anerkennung erfährt und wer sein Leben liebt, der wird es nicht wegwerfen wollen. Wer in Würde und Zuversicht lebt, aus dem wird kaum ein Selbstmordattentäter werden.

Entschlossenes Handeln ist das Gebot der Stunde. Weil wir das wissen und zeigen, weil wir daran keinen Zweifel lassen, darum sagen wir auch: Der beste Schutz gegen Terror, Gewalt und Krieg ist eine gerechte internationale Ordnung.

Bundespräsident Johannes Rau bei der Trauerkundgebung. Mehr als 200 000 Menschen kamen zum Brandenburger Tor.

Die Frucht der Gerechtigkeit wird der Friede sein. Das ist mühsam. Das dauert lange, das kostet nicht nur Zeit. Aber eine friedlichere, eine sichere Welt muss uns das wert sein. Für uns und für die Kinder unserer Welt.

V.

Wir haben apokalyptische Bilder gesehen. Sie müssen uns aufrütteln, damit der Friede neuen Raum gewinnt. Die Freiheit braucht die starke Macht des Friedens, und zum Frieden gehört die Freiheit. Wir haben allen Anlass zu Wachsamkeit, aber keinen Grund zur Panik. Wir brauchen gut überlegtes Handeln. Unser gemeinsames Ziel ist Friede und Sicherheit, Gerechtigkeit und Freiheit für alle Menschen, wo immer sie leben. John F. Kennedy sagte zu seiner Zeit: »Wir wollen nicht der Macht zum Sieg, sondern dem Recht zu seinem Recht verhelfen.« Wenn die Nationen der Welt vereint zusammenstehen, dann wird der Terror keine Macht über uns gewinnen.

Schröder: »Dies ist nicht nur ein Krieg gegen die USA, dies ist ein Krieg gegen die zivilisierte Welt«

In einer Sondersitzung des Bundestages im Reichstagsgebäude spricht Bundeskanzler Gerhard Schröder (SPD) in seiner Regierungserklärung über die Terrorattentate in den USA.

Herr Präsident! Meine sehr verehrten Damen und Herren!

In meiner Regierungserklärung vom 12. September habe ich, bezogen auf die terroristischen Angriffe gegen die Vereinigten Staaten, gesagt: Dies ist nicht nur ein Krieg gegen die USA, dies ist ein Krieg gegen die zivilisierte Welt. Daran halte ich fest. Danach ist gefragt worden, ob das jener Kampf der Kulturen sei, von dem so oft gesprochen worden ist. Meine Antwort heißt: nein.

Es geht nicht um den Kampf der Kulturen, sondern es geht um den Kampf um die Kultur in einer immer mehr zusammenwachsenden Welt. Dabei wissen wir um die Verschiedenheiten der Kulturen in der Welt, und wir respektieren sie. Wir bestehen aber darauf, dass die Verheißungen der amerikanischen Unabhängigkeitserklärung universell gelten. Dort heißt es:

Folgende Wahrheiten erachten wir als selbstverständlich: dass alle Menschen gleich geschaffen sind, dass sie von ihrem Schöpfer mit gewissen, unveräußerlichen Rechten ausgestattet sind, dass dazu Leben, Freiheit und das Streben nach Glück gehören.

Meine Damen und Herren, diese Verheißungen – wenn sie auch Erbe des christlichen Abendlandes sind, das sich auch nicht ohne verhängnisvolle Irrungen zu diesen Werten hin entwickelt hat – stehen nicht im Widerspruch zu einer Interpretation des Islam ohne jeden fundamentalistischen Wahnsinn. Jener gesichts- und auch geschichtslose barbarische Terrorismus ist gegen all das gerichtet, was unsere Welt im Innersten zusammenhält, nämlich die Achtung vor dem menschlichen Leben und der Menschenwürde, die Werte von Freiheit, Toleranz, Demokratie und friedlichem Interessenausgleich.

Deutschland steht angesichts dieses beispiellosen Angriffs uneingeschränkt an der Seite der Vereinigten Staaten von Amerika.

Unser Bekenntnis zur politischen und moralischen Solidarität mit den USA ist in diesen Tagen mehr als eine bloße Selbstverständ-

Bundeskanzler Gerhard Schröder (li.) mit dem New Yorker Bürgermeister Rudolph Giuliani (re.) am Unglücksgelände des eingestürzten World Trade Centers. In der Mitte der Chef der New Yorker Feuerwehr, Tom Von Essen.

lichkeit. Gerade hier in Berlin werden wir Deutschen niemals vergessen, was die Vereinigten Staaten für uns getan haben.

Es waren die Amerikaner, die ganz entscheidend zum Sieg über den Nationalsozialismus beigetragen haben, und es waren unsere amerikanischen Freunde, die uns nach dem Zweiten Weltkrieg einen Neuanfang in Freiheit und Demo-

kratie ermöglicht haben. Sie haben nicht nur die Lebensfähigkeit, sondern auch die Freiheit Westberlins garantiert und geschützt. Sie haben uns geholfen, unsere staatliche Einheit in einem friedlichen, demokratischen Europa wiederzugewinnen.

Klar muss aber sein: Dankbarkeit ist eine wichtige und auch gewichtige Kategorie. Doch sie würde zur Legitimation existenzieller Ent-

scheidungen, vor denen wir unter Umständen stehen, nicht reichen. Bei den Entscheidungen, die wir zu treffen haben werden, lassen wir uns einzig von einem Ziel leiten: die Zukunftsfähigkeit unseres Landes inmitten einer freien Welt zu sichern; denn genau darum geht es.

Die Welt hat auf die barbarischen Anschläge reagiert, selten einmütig und selten eindeutig. Der

Sicherheitsrat der Vereinten Nationen hat in der grundlegenden Resolution 1368 einmütig festgestellt, dass die terroristischen Anschläge von New York und Washington eine, wie es in der Erklärung heißt, Bedrohung des Weltfriedens und der internationalen Sicherheit darstellen. Der Weltsicherheitsrat hat damit eine Weiterentwicklung bisherigen Völkerrechts vorgenommen. Bislang galt ein bewaffneter Angriff, eine Störung des Weltfriedens, der Weltsicherheit immer dann, wenn es sich um einen Angriff von einem Staat auf einen anderen Staat handelte. Mit dieser Resolution – das ist das entscheidend Neue – sind die völkerrechtlichen Voraussetzungen für ein entschiedenes, auch militärisches Vorgehen gegen den Terrorismus geschaffen worden.

Der NATO-Rat hat den Vereinigten Staaten seine volle Solidarität auf der Grundlage von Art. 5 des NATO-Vertrages erklärt. Auch er hat, ganz ähnlich wie der Weltsicherheitsrat, neu interpretiert, was unter einem bewaffneten Angriff auf einen Bündnispartner zu verstehen sei, nämlich nicht nur, wie bei Zustandekommen des NATO-Vertrages gedacht, der kriegerische Angriff eines Staates auf einen Staat, der NATO-Mitglied ist, sondern – ebenso wie der Weltsicherheitsrat – auch ein terroristischer Angriff, verstanden als Angriff auf einen Bündnispartner. Damit gilt dieser Angriff auf die Vereinigten Staaten als ein Angriff auf die NATO-Partner. Der NATO-Rat hat diesen Beschluss mit unserer vollen Unterstützung gefasst. Das entspricht dem Geist und dem Buchstaben des NATO-Vertrages.

Die NATO hat bisher keine konkrete Aktion beschlossen. Voraussetzung für einen Beschluss über konkrete Aktionen ist die Feststellung, dass es sich bei den Anschlägen von New York und Washington um einen Angriff von außen handelt. Außerdem muss eine konkrete Bitte um Unterstützung durch die Vereinigten Staaten ausgesprochen werden. Das ist zurzeit aus Gründen, die wir alle kennen, nicht der Fall. Welche Rechte resultieren aus diesen Beschlüssen für die Vereinigten Staaten? Die Vereinigten Staaten können auf der Grundlage der Entscheidung des Sicherheitsrates Maßnahmen gegen Urheber und Hintermänner, gegen Auftraggeber und Drahtzieher der Attentate ergreifen. Diese sind völkerrechtlich gedeckt. Sie können und sie dürfen, durch diese Weiterentwicklung des Völkerrechts gedeckt, ebenso entschieden gegen Staaten vorgehen, die den Verbrechern Hilfe und Unterschlupf gewähren. Um es klar zu sagen: Auf all das bezieht sich das, was ich uneingeschränkte Solidarität genannt habe.

Was heißt das für die Pflichten der Bündnispartner? Alle Bündnispartner haben ihre moralische und politische Solidarität ausgesprochen. Das ist selbstverständlich. Wir wissen heute noch nicht, ob und welche Unterstützung die Vereinigten Staaten von den NATO-Partnern erwarten und einfordern. Das könnte auch militärischer Beistand sein; ein solcher kann nicht ausgeschlossen werden, und deswegen darf ich ihn nicht ausschließen. Um welche Form der Unterstützung wir auch immer gebeten werden: Es ist eine absolute Selbstverständlichkeit, dass wir bei den Entscheidungen das Grundgesetz und die Rechtsprechung des Bundesverfassungsgerichts – dabei insbesondere die Rechte dieses Hohen Hauses – strikt beachten werden. Mit jedem Recht – wir wissen das – korrespondiert eine Pflicht, aber umgekehrt gilt auch: Mit der Bündnispflicht, die wir übernommen haben, korrespondiert ein Recht, und dieses Recht heißt Information und Konsultation. Wir als Deutsche und Europäer wollen bei allen notwendigen Maßnahmen eine uneingeschränkte Solidarität mit den USA erreichen. Ich betone: Zu Risiken – auch im Militärischen – ist Deutschland bereit, aber nicht zu Abenteuern. Diese werden von uns dank der besonnenen Haltung der amerikanischen Regierung auch nicht verlangt. Ich denke, das wird so bleiben.

Die Form der Solidarität, von der ich gesprochen habe, ist die Lehre, die wir aus unserer Geschichte gezogen haben, eine Lehre, die für die zivilisierte Welt bitter genug war. Allerdings: Eine Fixierung auf ausschließlich militärische Maßnahmen wäre fatal. Wir müssen und wollen ein umfassendes Konzept zur Bekämpfung des Terrorismus, zur Prävention und zur Bewältigung von Krisen entwickeln. Dieses Konzept muss auf politische, wirtschaftliche und kulturelle Zusammenarbeit sowie auf Zusammenarbeit in Fragen der Sicherheit gegründet sein. Zu diesem Zweck werden wir auch in der Europäischen Union unsere Zusammenarbeit im Kampf gegen den Terrorismus weiter verstärken müssen. Gerade jetzt muss Europa mit einer Stimme sprechen.

Auf meinen Vorschlag hin hat darum der belgische EU-Ratsvorsitzende Verhofstadt für diesen Freitag eine Sondersitzung des Europäischen Rates einberufen, auf der wir die weitere Haltung der Europäischen Union zur Bekämpfung des Terrorismus beraten werden. Unser Ziel muss sein, möglichst alle Länder in ein weltweites System von Sicherheit und Wohlstand zu integrieren. Dazu wollen wir im Rahmen der Entwicklungszusammenarbeit weitere Anreize für Staaten bieten, die sich zur Kooperation bei der Bekämpfung des Terrorismus bereit erklären. Für die Krisenregionen des Nahen Ostens und Zentralasiens müssen wir eine Perspektive für politische und wirtschaftliche Stabilisierung und Stabilität, für Frieden und Entwicklung eröffnen. Vor allem müssen wir jetzt mit vereinten Anstrengungen alles daransetzen, den Durchbruch zum Frieden im Nahen Osten zu erreichen.

Der Bundesaußenminister hat bereits mehrfach die Initiative ergriffen, die Konfliktparteien in Israel und Palästina zum Ende der Gewalt und zur Wiederaufnahme ihrer Gespräche zu bewegen. Sein beherztes Engagement in diesem Konflikt ist der beste Beweis für unsere Bereitschaft, den Konfliktparteien auf ihrem Weg zum Frieden aktiv beizustehen. Gestern haben die internationalen Vermittlungsbemühungen zu einem ersten Erfolg geführt: Palästinenserpräsident Arafat hat seinen Truppen die strikte Feuereinstellung befohlen. Daraufhin hat Israels Ministerpräsident Scharon den Rückzug der israelischen Truppen aus den Palästinensergebieten angeordnet. Diese Entwicklung ist ein ermutigender Schritt in einer schwierigen Situation, aber eben nur ein Schritt. Sie wird die internationalen Bemühungen, eine Allianz gegen den Terrorismus zu schmieden – wenn das Ganze Erfolg hat; das müssen wir uns wünschen –, sehr erleichtern. In diesem Sinne müssen wir den Dialog mit den gemäßigten Führern der arabischen Welt fortsetzen. Bereits in den vergangenen Tagen habe ich deshalb mit dem jordanischen König Abdullah und dem ägyptischen Präsidenten Mubarak Kontakt gehalten. Diesem Zweck wird auch ein erneutes Gespräch mit dem ägyptischen Präsidenten am kommenden Dienstag in Berlin dienen. Die Bundesregierung wird darüber hinaus die bestehenden Kontakte zu wichtigen Regionalmächten wie etwa zum Iran und zu Syrien nutzen, um diese Staaten zu einer Zusammenarbeit in der Bekämpfung des Terrorismus zu bewegen. Man kann es nicht oft genug betonen: Wir befinden uns nicht im Krieg gegen irgendeinen Staat. Wir befinden uns auch nicht im Krieg gegen die islamische Welt. Terroristen haben uns den Krieg erklärt, und sie werden dafür zur Rechenschaft gezogen werden.

Die Anschläge von New York und Washington haben – das wissen wir alle – nichts, aber auch gar nichts mit Religion zu tun. Sie sind Ausdruck einer verbrecherischen Gesinnung. Die erschreckende Missachtung menschlichen Lebens ist eine Kampfansage an unsere gesamte Zivilisation. Die Aufgabe, Terroristen und Fanatiker zu ächten und mit aller Entschiedenheit zu bekämpfen, stellt sich daher auch den islamischen Staaten und Glaubensgemeinschaften. Sie dürfen nicht den geringsten Zweifel daran aufkommen lassen, dass es keine politische, aber auch keine religiöse Rechtfertigung für terroristische Gewalt geben kann.

Viele Menschen in unserem Land fragen nach den möglichen Auswirkungen der terroristischen Verbrechen. Die Bundesregierung weiß um diese Sorgen und nimmt sie sehr ernst. Wir sagen deutlich: Es gibt nach derzeitiger Einschätzung und sorgfältiger Prüfung keinen Anlass zur Furcht oder gar zur Panik. Die Bundesregierung und die Sicherheitsbehörden haben entschlossen reagiert und sind weiter wachsam. Wir befinden uns nicht in einem nationalen Notstand. Unmittelbare Konsequenzen, die wir aus den tragischen Ereignissen ziehen müssen, wurden und werden gezogen. So wird die Sicherheit des Flugverkehrs am Boden wie in der Luft optimiert. Wir haben die entsprechenden Vorkehrungen getroffen und umgesetzt und auch die dafür notwendige Zustimmung der privaten Luftverkehrsträger erhalten. Das betrifft die Sicherung des Cockpits wie auch die Verbesserung der Gepäckkontrollen, die Überprüfung der Beschäftigten auf den Flughäfen oder auch die Be-

> »Zu Risiken – auch im Militärischen – ist Deutschland bereit, aber nicht zu Abenteuern«

> »Die erschreckende Missachtung menschlichen Lebens ist eine Kampfansage an unsere gesamte Zivilisation«

gleitung deutscher Flugzeuge durch Sicherheitspersonal. Unsere Nachrichtendienste haben bei der Bekämpfung des weltweit agierenden Terrorismus bisher gute Arbeit geleistet. Sie haben in enger Kooperation mit den amerikanischen und europäischen Diensten Anschläge verhindert und Strukturen des Terrorismus offen legen können. Sie haben in der Vergangenheit durch ihre Ermittlungen die Festnahme zum Beispiel des damaligen Finanzchefs aus dem Umfeld von bin Laden ermöglicht.

Wir werden weiterhin unsere besondere Aufmerksamkeit auf die finanziellen Strukturen der terroristischen Netzwerke richten müssen. Es ist unsere Aufgabe, aber nicht nur unsere Aufgabe, diese Finanzströme zu erfassen und zu unterbinden. Die Finanzierung des Terrors darf nicht zur Kehrseite des freien Welthandels und des freien Kapitalflusses werden. Desgleichen werden wir auch auf Finanzierungen des Terrors genauer achten müssen, die sich mit dem Mantel der Wohltätigkeit tarnen. Auch das gibt es.

Meine Damen und Herren, bereits heute Nachmittag werden wir im Bundeskabinett ein Maßnahmenpaket beschließen, um die Bekämpfung des Terrorismus im Lichte der jetzt evidenten Erkenntnisse zu optimieren. Dazu gehört auch eine Neuregelung im Strafrecht, die es uns ermöglicht, aus dem Ausland operierende Unterstützer krimineller Vereinigungen künftig genauso zu belangen wie Mitglieder und Unterstützer inländischer krimineller Vereinigungen. Dazu gehört weiter die Abschaffung des Religionsprivilegs im Vereinsrecht; denn die grundgesetzlich garantierte Glaubens- und Bekenntnisfreiheit darf nicht jene schützen, die Religion missbrauchen, um Mord und Terror zu planen.

Wir werden Qualität und Effizienz in der Bekämpfung des Terrorismus verbessern. Aber – ich denke, auch da sind wir uns ungeachtet der Diskussionen über Details, die vor uns liegen, einig – wir werden unter keinen Umständen den Rechtsstaat abschaffen, um den Terror zu bekämpfen. Begäben wir uns auf einen solchen Weg, dann würden wir die Werte, die die Terroristen angreifen und die wir zu verteidigen haben, selbst in Frage stellen. Das darf nicht sein. Unser Kampf gegen den Terrorismus ist eine Verteidigung unserer offenen Gesellschaft, die auf festen Werten basiert, eine Verteidigung unserer Liberalität und auch unserer Art, in einer offenen Gesellschaft zu leben. Der Terrorismus – das müssen wir immer wieder deutlich machen

– wird es nicht so weit bringen, dass wir die Werte, die wir gegen den Terrorismus verteidigen, selber in Frage stellen. Deshalb darf und wird der Terrorismus uns auch nicht daran hindern, ein modernes, auf die Anforderungen unserer Volkswirtschaft abgestimmtes Zuwanderungsrecht zu beschließen.

Mit dem Gesetzentwurf des Bundesinnenministers haben wir ein zeitgemäßes Zuwanderungsrecht auf den Weg gebracht. Das Gesetz wird in Deutschland dringend gebraucht. Sinnvolle deutsche Ausländer-, Zuwanderungs- und Integrationspolitik braucht mehr denn je ein abgewogenes rechtliches Instrumentarium; denn Zuwanderung wird sich nicht von allein steuern und regeln. Natürlich sind wir offen für Überarbeitungen in dem einen oder anderen Punkt. Notwendige Ergänzungen und Anpassungen können auch im weiteren parlamentarischen Verfahren berücksichtigt werden. Gera-

de in der aktuellen Situation werden die Stärken und Vorzüge des Entwurfs mehr als deutlich: Dieses Gesetz bringt mehr Sicherheit, beispielsweise durch die Personenüberprüfungen im Visaverfahren schon vor der Einreise bei den deutschen Auslandsvertretungen. Auch erlaubt die Neuregelung eine genauere Unterscheidung zwischen den Menschen, die ein Aufenthaltsrecht erlangen können, und den Menschen, für die das nicht gilt. Alle erhalten schneller Gewissheit über ihre weitere Situation und die daraus folgenden Konsequenzen. Dadurch werden sich deutlich weniger Personen hier aufhalten, denen die sichere Perspektive für einen Aufenthalt bei uns fehlt.

Die Fragen nach Zuwanderung, Flüchtlingsschutz und Integration stellen sich nicht allein in Deutschland. Unsere europäischen Partner diskutieren diese Fragen gleichermaßen. Im europäischen Vergleich

– auch das gilt es auszusprechen – nehmen wir, was die Zahlen angeht, schon länger keinen Spitzenplatz mehr ein. Trotzdem haben wir als Land in der Mitte Europas ein erhebliches Interesse daran, auch auf europäischer Ebene zukunftsfähige Regelungen bei der Zuwanderung zu beschließen. Mit unserer eigenen Diskussion und auch mit der Kritik in dieser Diskussion können wir dazu beitragen.

Wie so viele andere Nationen ist auch Deutschland ganz direkt von den terroristischen Attentaten in den Vereinigten Staaten betroffen. Wir trauern um viele Deutsche, die in den entführten Flugzeugen oder im World Trade Center einen schrecklichen Tod fanden. Ihre genaue Zahl wissen wir immer noch nicht. Unsere Gedanken sind bei den Opfern und ihren Angehörigen. Ihnen gelten – ich denke, da spreche ich für alle – unser Mitgefühl und unsere Anteilnahme. Kein Zweifel: Viele unserer Landsleute ängstigen sich. Sie haben Angst vor dem Terror und auch Angst vor Krieg. Es sind insbesondere jene älteren Menschen, die die Grauen des Zweiten Weltkriegs noch persönlich erlebt haben, aber auch – wir alle spüren es; Sie spüren es in Ihren Wahlkreisen – die ganz jungen. Diese Angst mag übertrieben, mag unbegründet sein, gleichwohl ist sie da, und sie bewegt die Menschen in unserem Lande. Wir alle zusammen, denke ich, müssen uns bemühen, diese Angst zu verstehen. Aber die politischen, ökonomischen und kulturellen Eliten unseres Landes dürfen nicht zulassen, dass uns diese Angst lähmt. Ich verstehe meine Arbeit so, dass sie gerade jetzt darin besteht, dabei zu helfen, aus Angst Zuversicht zu entwickeln, und ich bin davon überzeugt, dass es dazu Anlass gibt, meine Damen und Herren.

Zu Beginn dieses neuen Jahrhunderts steht Deutschland auf der richtigen Seite – fast ist man versucht zu sagen: endlich –, auf der Seite der unveräußerlichen Rechte aller Menschen. Diese Menschenrechte sind die große Errungenschaft und das Erbe der europäischen Aufklärung. Diese Werte der Menschenwürde, der freiheitlichen Demokratie und der Toleranz sind unsere große Stärke im Kampf gegen den Terrorismus. Sie sind das, was unsere Völker- und Staatengemeinschaft zusammenhält, und sie sind das, was die Terroristen zerstören wollen. Diese Werte, meine sehr verehrten Damen und Herren, sind unsere Identität, und deshalb werden wir sie verteidigen, mit Nachdruck, mit Entschiedenheit, aber auch mit Besonnenheit.

HINTERGRUND

Artikel 5 und 6 des NATO-Vertrages

In seiner Erklärung spricht Bundeskanzler Gerhard Schröder von der neuen Interpretation eines bewaffneten Angriffs auf die Bündnispartner – der vollen Solidarität der NATO-Partner nach Artikel 5 und 6 des Vertrages vom 4. April 1949. Die Artikel sehen vor, dass ein bewaffneter Angriff gegen einen Bündnispartner, als Angriff gegen alle gewertet wird.

NATO-Vertrag im Wortlaut:
Artikel 5
• Die Parteien vereinbaren, dass ein bewaffneter Angriff gegen eine oder mehrere von ihnen in Europa oder Nordamerika als ein Angriff gegen sie alle angesehen wird; sie vereinbaren daher, dass im Falle eines solchen bewaffneten Angriffs jede von ihnen in Ausübung des in Artikel 51 der Satzung der Vereinten Nationen anerkannten Rechts der individuellen oder kollektiven Selbstverteidigung der Partei oder den Parteien, die angegriffen werden, Beistand leistet, indem jede von ihnen unverzüglich für sich und im Zusammenwirken mit den anderen Parteien die Maßnahmen, einschließlich der Anwendung von Waffengewalt, trifft, die sie für erforderlich erachtet, um die Sicherheit des nordatlantischen Gebiets wiederherzustellen und zu erhalten.

• Von jedem bewaffneten Angriff und allen daraufhin getroffenen Gegenmaßnahmen ist unverzüglich dem Sicherheitsrat Mitteilung zu machen. Die Maßnahmen sind einzustellen, sobald der Sicherheitsrat diejenigen Schritte unternommen hat, die notwendig sind, um den internationalen Frieden und die internationale Sicherheit wiederherzustellen und zu erhalten.

Artikel 6
Im Sinne des Artikel 5 gilt als bewaffneter Angriff auf eine oder mehrere der Parteien jeder bewaffnete Angriff
• auf das Gebiet eines dieser Staaten in Europa oder Nordamerika, (auf die algerischen Departements Frankreichs), auf das Gebiet der Türkei oder auf die Gebietshoheit einer der Parteien unterliegender Inseln im nordatlantischen Gebiet nördlich des Wendekreises des Krebses;
• auf die Streitkräfte, Schiffe oder Flugzeuge einer der Parteien, wenn sie sich in oder über diesen Gebieten oder irgendeinem anderen europäischen Gebiet, in dem eine der Parteien bei Inkrafttreten des Vertrags eine Besatzung unterhält oder wenn sie sich im Mittelmeer oder im nordatlantischen Gebiet nördlich des Wendekreises des Krebses befinden.

Putin: »Auch in Russland kamen Hunderte ums Leben«

Die Rede des Präsidenten der Russischen Föderation, Herrn Wladimir W. Putin, im deutschen Bundestag (Simultanübersetzung):

Sehr geehrter Herr Präsident!
Sehr geehrter Herr Bundeskanzler!
Meine sehr geehrten Damen und Herren!

Ich bin aufrichtig dankbar für die Gelegenheit, hier im Bundestag zu Ihnen zu sprechen. Es ist das erste Mal in der Geschichte der deutschrussischen Beziehungen, dass ein russisches Staatsoberhaupt in diesem Hohen Hause auftritt. Diese Ehre, die mir heute zuteil geworden ist, bestätigt das Interesse Russlands und Deutschlands am gegenseitigen Dialog.

(...)

In Russland hegte man gegenüber Deutschland immer besondere Gefühle. Wir haben Ihr Land immer als ein bedeutendes Zentrum der europäischen Kultur behandelt, für deren Entwicklung auch Russland viel geleistet hat. Diese Kultur hat nie Grenzen gekannt. Sie war immer unser gemeinsames Gut und hat die Völker verbunden. Deshalb darf ich mir heute erlauben, den Hauptteil meiner Ansprache in der Sprache von Goethe, Schiller und Kant, in der deutschen Sprache, zu halten.

(...)

Ich bin der festen Meinung: In der heutigen sich schnell ändernden Welt, in der wahrhaft dramatische Wandlungen in Bezug auf die Demographie und ein ungewöhnlich großes Wirtschaftswachstum in einigen Weltregionen zu beobachten sind, ist auch Europa unmittelbar an der Weiterentwicklung des Verhältnisses zu Russland interessiert.

Niemand bezweifelt den großen Wert der Beziehungen Europas zu den Vereinigten Staaten. Aber ich bin der Meinung, dass Europa seinen Ruf als mächtiger und selbstständiger Mittelpunkt der Weltpolitik langfristig nur festigen wird, wenn es seine eigenen Möglichkeiten mit den russischen menschlichen, territorialen und Naturressourcen sowie mit den Wirtschafts-, Kultur- und Verteidigungspotenzialen Russlands vereinigen kann.

Die ersten Schritte in diese Richtung haben wir schon gemeinsam gemacht. Jetzt ist es an der Zeit, daran zu denken, was zu tun ist, damit das einheitliche und sichere Europa zum Vorboten einer einheitlichen und sicheren Welt wird.

Sehr geehrte Damen und Herren, im Sicherheitsbereich haben

Wladimir Putin hält während einer Sondersitzung die erste Rede eines russischen Präsidenten im Bundestag.

wir in den letzten Jahren viel erreicht. Das Sicherheitssystem, welches wir in den vergangenen Jahrzehnten geschaffen haben, wurde verbessert. Eine der Errungenschaften des vergangenen Jahrzehnts war die beispiellos niedrige Konzentration von Streitkräften und Waffen in Mitteleuropa und in der baltischen Region. Russland ist ein freundlich gesinntes europäisches Land. Für unser Land, das ein Jahrhundert der Kriegskatastrophen durchgemacht hat, ist der stabile Frieden auf dem Kontinent das Hauptziel. Wie bekannt, haben wir den Vertrag über das allgemeine Verbot von Atomtests, den Vertrag über die Nichtverbreitung von Kernwaffen, die Konvention über das Verbot von biologischen Waffen sowie das START-II-Abkommen ratifiziert. Leider folgten nicht alle NATO-Länder unserem Beispiel.

Da wir, meine Damen und Herren, angefangen haben, von der Sicherheit zu sprechen, müssen wir uns zuerst klar machen, vor wem und wie wir uns schützen müssen. In diesem Zusammenhang kann ich die Katastrophe, die am 11. September in den Vereinigten Staaten geschehen ist, nicht unerwähnt lassen. Menschen in der ganzen Welt fragen sich, wie es dazu kommen konnte und wer daran schuld ist. Ich möchte diese Fragen beantworten. Ich finde, dass wir alle daran schuld sind, vor allem wir, die Politiker, denen einfache Bürger in unseren Staaten ihre Sicherheit anvertraut haben. Die Katastrophe geschah vor allem darum, weil wir es

immer noch nicht geschafft haben, die Veränderungen zu erkennen, die in der Welt in den letzten zehn Jahren stattgefunden haben. Wir leben weiterhin im alten Wertesystem. Wir sprechen von einer Partnerschaft. Aber in Wirklichkeit haben wir immer noch nicht gelernt, einander zu vertrauen.

Trotz der vielen süßen Reden leisten wir weiterhin heimlich Widerstand. Mal verlangen wir Loyalität zur NATO, mal streiten wir uns über die Zweckmäßigkeit ihrer Ausbreitung. Wir können uns immer noch nicht über die Probleme im Zusammenhang mit dem Raketenabwehrsystem einigen usw. Und tatsächlich lebte die Welt im Laufe vieler Jahrzehnte des 20. Jahrhunderts unter den Bedingungen der Konfrontation zweier Systeme, welche die ganze Menschheit mehrmals fast vernichtet hätte.

Das war so Furcht erregend, und wir haben uns so daran gewöhnt, in diesem Countdown-System zu leben, dass wir die heutigen Veränderungen in der Welt immer noch nicht verstehen können, als ob wir nicht bemerken würden, dass die Welt nicht mehr in zwei feindliche Lager geteilt ist. Die Welt ist, meine Damen und Herren, sehr viel komplizierter geworden. Wir wollen oder können nicht erkennen, dass die Sicherheitsstruktur, die wir in den vorigen Jahrzehnten geschaffen haben und welche die alten Bedrohungen effektiv neutralisierte, heute nicht mehr in der Lage ist, den neuen Bedrohungen zu widerstehen. Oft streiten wir uns weiterhin über Fragen, die unserer Meinung nach noch wichtig sind. Wahrscheinlich sind sie noch wichtig.

Aber währenddessen erkennen wir die neuen realen Bedrohungen nicht und übersehen die Möglichkeit von Anschlägen – und von was für brutalen Anschlägen! Infolge von Explosionen bewohnter Häuser in Moskau und in anderen großen Städten Russlands kamen Hunderte friedlicher Menschen ums Leben. Religiöse Fanatiker begannen einen unverschämten und großräumigen bewaffneten Angriff auf die benachbarte Republik Dagestan, nachdem sie die Macht in Tschetschenien ergriffen und einfache Bürger zu Geiseln gemacht hatten. Internationale Terroristen haben offen – ganz offen – ihre Ab-

sichten über die Schaffung eines neuen fundamentalistischen Staates zwischen dem Schwarzen und Kaspischen Meer angekündigt, des so genannten Halifat oder der Vereinigten Staaten des Islam.

Ich will gleich hervorheben: Ich finde es unzulässig, über einen Zivilisationskrieg zu sprechen. Fehlerhaft wäre es, ein Gleichheitszeichen zwischen Muslimen im Generellen und religiösen Fanatikern zu setzen. Bei uns zum Beispiel sagte man im Jahre 1999: Die Niederlage der Aggressoren beruht ausgerechnet auf der mutigen und harten Antwort der Bewohner Dagestans – und die sind zu 100 Prozent Muslime.

Kurz vor meiner Abfahrt nach Berlin habe ich mich mit den geistlichen Führern der Muslime in Russland getroffen. Sie haben die Initiative ergriffen und eine internationale Konferenz in Moskau unter der Losung durchgeführt: Islam gegen Terror. Ich finde, wir sollten diese Initiative unterstützen.

Heutzutage verschärfen sich nicht nur die internationalen Probleme, die wir schon kennen, sondern es entstehen auch neue Gefahren. In der Tat baut Russland zusammen mit einigen GUS-Ländern eine reale Barriere gegen Drogenschmuggel, organisiertes Verbrechen und Fundamentalismus aus Afghanistan wie auch aus Zentralasien und dem Kaukasus in Richtung Europa auf. Terrorismus, nationaler Hass, Separatismus und religiöser Extremismus haben überall dieselben Wurzeln und bringen dieselben giftigen Früchte hervor. Darum sollten auch die Kampfmittel gegen diese Probleme universal sein. Aber zuerst sollten wir uns in einer grundlegenden Frage einigen. Wir sollten uns nicht scheuen, die Probleme beim Namen zu nennen. Sehr wichtig ist es, zu begreifen, dass Untaten politischen Zielen nicht dienen können, wie gut diese Ziele auch sein mögen.

Natürlich soll das Böse bestraft werden; ich bin damit einverstanden. Doch wir müssen verstehen, dass keine Gegenschläge den vollständigen, zielstrebigen und gut koordinierten Kampf gegen den Terrorismus ersetzen können. In diesem Sinne bin ich voll und ganz mit dem amerikanischen Präsidenten einverstanden.

(...)

»Islam gegen Terror. Ich finde, wir sollten diese Initiative unterstützen«

Bush: »Ich bin stolz auf die Arbeit des FBI«

US-Präsident Bush hält eine Dankesrede vor den Mitarbeitern des FBI in der Washingtoner Zentrale.

Vielen Dank. Danke. Es ist mir eine Ehre, hier zu sein, um Ihnen allen für ihre harte Arbeit zu danken. Ich weiß, viele hier beim FBI machen eine Menge Überstunden. Viele sehen ihre Familie seltener, als ihnen lieb ist. Aber meine Anwesenheit hier sollte Ihnen zeigen, dass ich mir des bedeutenden Beitrags bewusst bin, den Sie leisten, und dass das FBI und die wunderbaren Männer und Frauen, die hier arbeiten, ein unglaublich wichtiger Teil der Armee sind, die den Krieg gegen den Terrorismus gewinnen wird.

Sie haben einige sehr gute Generäle hier, angefangen bei General Ashcroft, der als Justizminister der Vereinigten Staaten sehr gute Arbeit leistet. Als ich den Mann aussuchte, habe ich dem Land gesagt, man müsse sich keine Sorgen darüber machen, wo er steht oder welche Werte er für seine Arbeit mitbringt. Ich bin stolz auf seine Arbeit, und ich bin auch Larry sehr dankbar, dass er von Atlanta/Georgia gekommen ist, um unserem Land zu dienen.

Wie Sie wissen, habe ich einen wichtigen Mann als Leiter des FBI ausgesucht. Ich habe einen guten, soliden Amerikaner gewählt. Einen Mann, der bereits unter Beschuss gearbeitet hat und der auch jetzt nicht zurückschreckt, wenn er unter Beschuss gerät. Es handelt sich um Bob Mueller. Vielen Dank für Ihre herausragende Arbeit. Erstens – wie ich gegenüber vielen Ihrer Kollegen erwähnte – sehen wir uns mit einer anderen Art von Krieg konfrontiert, als ihn unser Land gewohnt ist – vor zwei Wochen wurde Amerika mit einem kriegerischen Akt der Krieg erklärt. Niemand hätte sich im Traum vorstellen können, dass es kommen würde, wie es gekommen ist. Und natürlich hat das unsere Nation schockiert. Wir hatten hier im Land Zeit, darüber nachzudenken, und wir sind wütend. Aber wir haben auch eine klare Vision dessen, was das Land tun muss. Dies ist eine Nation, die zusammengekommen ist, um ihre Freiheit und ihre Lebensweise zu verteidigen. Ich sehe die Dinge folgendermaßen: Die Menschen, die diese Anschläge gegen Amerika verübt haben und möglicherweise weitere Anschläge planen, sind böse Menschen. Sie stehen weder für eine Ideologie noch für eine legitime politische Gruppe

von Menschen. Sie sind ganz einfach böse. Das Böse ist alles, woran sie denken können. Und als eine Nation guter Menschen werden wir auf sie Jagd machen, und wir werden sie finden, und wir werden sie ihrer gerechten Strafe zuführen.

Wir sind keine Nation, die auf Rache aus ist, aber wir wollen Gerechtigkeit. Es ist mir egal, wie lange es dauern wird, den Terrorismus auszumerzen, wir werden es schaffen. Wir werden keine Zeit und Mühen scheuen und die nötigen Ressourcen einsetzen, und nicht nur, um diejenigen – diese Übeltäter – zu finden, die Amerika das am 11. September angetan haben. Dies ist ein größer angelegter Feldzug gegen jeden, der die Freiheit hasst, jeden, der es nicht erträgt, wofür Amerika, seine Bündnispartner und Freunde stehen.

Deshalb bin ich hier beim FBI, um Ihnen für Ihre Arbeit zu danken. Der Großteil Ihrer Arbeit besteht darin, uns zu helfen, den Krieg hier im Inland zu gewinnen. Der Großteil Ihrer Arbeit besteht darin, zu verhindern, dass noch etwas geschieht. Ich weiß, dass Hunderte FBI-Beamte und andere Mitarbeiter des FBI sehr viele Überstunden machen, um das zu tun. Ich habe die Lagezentren gesehen, in denen Informationen gesammelt, analysiert und weitergegeben werden. Ich habe die Kontrollpulte gesehen, an denen Mitarbeiter Überstunden machen, um alle im ganzen Land gesammelten Informationen ausführlich zu katalogisieren. Ich weiß, dass über 4000 Mitarbeiter des FBI nicht nur daran arbeiten, Beweise für die Anschläge vom 11. September zu sammeln, sondern dass sie jedes bisschen Information untersuchen, das in unserem ganzen Land gefunden wird, die Informationen analysieren und unsere großartige Nation darauf vorbereiten, jede Maßnahme zu sabotieren, die vielleicht geplant wird.

(...)

Wir müssen wissen, was sie planen. Deshalb müssen wir dem FBI die Möglichkeit geben, Anrufe zu verfolgen, wenn die Terroristen beispielsweise von verschiedenen Telefonen aus Anrufe tätigen.

Dies tun wir bei Drogenhändlern und Mitgliedern des organisierten Verbrechens. Es scheint mir, wenn

das FBI diese Techniken bei der Bekämpfung dieser Bedrohungen Amerikas anwenden kann, so sollten wir dem FBI jetzt, wo wir uns im Krieg befinden, die erforderlichen Instrumente an die Hand geben, um die Terroristen aufzuspüren. Deshalb hoffe ich, dass der Kongress auf die klugen vom Justizminister vorgebrachten Vorschläge hören wird, den im Feld tätigen FBI-Beamten die erforderlichen Instrumente zu geben, um diejenigen zu finden, die vielleicht denken, dass sie weitere Anschläge verüben können.

Wir bitten den Kongress um die Befugnis, mutmaßliche Terroristen, die abgeschoben werden sollen, bis zu ihrer Abschiebung zu inhaftieren. Es erscheint sinnvoll, einen inhaftierten mutmaßlichen Terroristen, der auf Geheiß unserer Nation abgeschoben werden soll, in Haft zu halten, bis die Abschiebung tatsächlich stattfindet. Wir sind der Meinung, dass dies ein notwendiges Instrument ist, um Amerika zu einem sicheren Ort zu machen.

Natürlich würde dies streng von einem Richter überwacht werden. Die Alternative wäre, mutmaßliche Terroristen in unserem Land frei zu lassen. Ich glaube nicht, dass irgendjemand das tun möchte. Ich hoffe es jedenfalls nicht. Wir beantragen außerdem die Befugnis, Informationen zwischen den Nachrichtendiensten und der Strafverfolgung auszutauschen, so dass wir bei diesen ent-

> *»Wir sehen uns mit einer anderen Art von Krieg konfrontiert, als ihn unser Land gewohnt ist«*

scheidenden Anstrengungen die besten Kräfte dieser Organisationen sinnvoll einsetzen können. Auch das ist eine vernünftige Forderung an den Kongress. Ich möchte, dass Sie wissen, dass jeder einzelne der Vorschläge, die wir im Kapitol durch den Justizminister unterbreitet haben, sorgfältig überprüft wurde. Es sind wohlüberlegte Forderungen, es sind vernünftige Forderungen, und es sind verfassungsmäßige Forderungen. Wir sind ein Land, das den verfassungsmäßigen Rechten jedes einzelnen Bürgers hohen Wert beimisst. Natürlich werden wir diese Rechte beachten. Aber wir befinden uns in einem Krieg, einem Krieg, den wir gewinnen werden. Und um den Krieg zu gewinnen, müssen wir sicherstellen, dass die in der Strafverfolgung tätigen Frauen und Männer die nötigen Instrumente haben – unter Einhaltung der Verfassung –, um den Feind zu besiegen. Und es gibt eine weitere Sache, die erforderlich ist, um den Feind zu besiegen – und das ist der Wille und die Entschlossenheit des amerikanischen Volkes. Meiner Ansicht nach haben die Übeltäter sich verschätzt, als sie Amerika angriffen. Sie dachten, wir würden zurückschrecken. Sie dachten, ihre Drohungen würden diese Nation zur Geisel machen. Sie müssen gedacht haben, dass sie unsere Seele treffen können. Aber genau das Gegenteil ist geschehen. Sie haben den Kampfgeist Amerikas gestärkt.

Sie haben unser Land geeint. Sie haben einer mächtigen Nation vor Augen geführt, dass die Freiheit Angriffen ausgesetzt ist, einer mächtigen Nation, die nicht ruhen wird, bis diejenigen, die meinen, sie können auch nur einem Bürger der Welt die Freiheit vorenthalten, gerecht bestraft wurden. Sie stehen vor einem Problem. Wir werden sie finden. Wenn sie sich verstecken, werden wir sie ausräuchern. Wir werden sie ihrer gerechten Strafe zuführen. Und wir werden nicht nur sie gerecht bestrafen, wir werden diejenigen, die ihnen Zuflucht gewähren, die sie verstecken, ihnen Nahrungsmittel geben, sie ermutigen, gerecht bestrafen. Amerika ist eine auf Freiheit – auf den Grundsätzen der Freiheit, auf den Werten der Freiheit – aufgebaute Nation. Dies ist eine Nation, die nicht vor einem Kampf zurückschrecken wird. Dies ist eine Nation, die sich für die großen Werte stark machen wird, die sie einzigartig gemacht haben. Ich bin stolz auf die Arbeit des FBI. Ich möchte Ihnen allen für ihr Pflichtbewusstsein danken.

George W. Bush spricht im FBI-Hauptquartier in Washington über die Pläne der Regierung und sichert Unterstützung zu.

Lord Robertson über die Auswirkungen der Anschläge

Der NATO-Generalsekretär Lord George Robertson spricht auf dem »WELT am SONNTAG«-Forum in Berlin über die Reaktion der NATO auf den 11. September 2001.

Meine Damen und Herren!
Seit dem 11. September ist uns unsere Welt fremd geworden. Inmitten dieser ungewohnten Bilder und Empfindungen gab es jedoch einige beruhigende Leuchtfeuer der Beständigkeit und Sicherheit. Die heldenhaften Leistungen der Rettungshelfer in New York und Washington bestärken unseren Glauben an das Gute im Menschen. Und die ungewöhnlichen Gefühlsäußerungen von Wut, Trauer und Mitgefühl quer durch die ganze internationale Gemeinschaft machen uns die greifbaren Vorteile unseres heutigen »Global Village« bewusst, in dem wir uns zusammenschließen, um uns auf einer weltweiten Grundlage dem Terrorismus entgegenzustellen und ihn zu besiegen. Die NATO ist eines der wichtigen Leuchtfeuer der Stabilität und Sicherheit. Die Reaktion der Regierungen der NATO-Staaten auf die Ereignisse vom 11. September zeigte, dass die Verpflichtungen, die seit 52 Jahren die Grundlage dieser Allianz bilden, real und greifbar sind. Die historische Entscheidung der NATO, sich auf Artikel 5 des Vertrags von Washington zu berufen, also den Bündnisfall auszurufen, machte dies sehr deutlich. Es unterstrich bedingungslos die grundlegende Bindung zwischen den beiden Kontinenten und den 19 Nationen. (…)
Es ist zu früh, um zu sagen, was die Entscheidung über den Artikel 5 rein praktisch für die unmittelbare Zukunft bedeuten wird. Die Reaktion der Vereinigten Staaten ist zu Recht mit Maß erfolgt. Die Regierung hat noch nicht formell bestätigt, dass die Anschläge vom Ausland her ausgeführt wurden, und hat noch nicht darüber entschieden, um welche Art von Hilfe sie ihre Verbündeten ersuchen will. Ich möchte auch keine Spekulationen über diese Themen anstellen – aus Gründen, die Sie sicherlich verstehen werden. Deshalb will ich mich heute auf die langfristigen Auswirkungen dieser Anschläge und die nachfolgenden Schritte konzentrieren. (…)
Die Antwort auf diese Fragen kann nur ein eindeutiges Ja sein. Die NATO verfügt über die Erfahrungen, die Abläufe und Verfahrensweisen und das Personal, um

»Das ist ein Akt der Solidarität«, der Generalsekretär Lord George Robertson über die Entscheidung der NATO zur Bereitstellung von AWACS-Systemen.

all dies zu tun – und um es gut zu machen. Und das ist schon einmal sehr gut, denn im Augenblick ist die NATO das beste – und tatsächlich einzige – verfügbare Instrument. Die europäische Sicherheits- und Verteidigungspolitik befindet sich noch in einem frühen Entwicklungsstadium. Und die Strukturen und Funktionen der UN und der OSZE sind ganz unterschiedlich und entsprechen mit Sicherheit nicht denen der NATO, die in ihrem Aufbau, ihrer Stärke und ihrem Zusammenhalt einzigartig ist.
Lassen Sie mich deshalb einen neuen Mythos im Keim ersticken,

der die Runde zu machen scheint: dass nämlich die Anschläge auf New York und Washington irgendwie die bewährte Tagesordnung der NATO aufgehoben hätten. Den Mythos, der behauptet, dass das, was wir auf dem Balkan tun, ein Klacks sei im Vergleich zu der dringenderen Aufgabe, Terroristen überall auf der Welt zu jagen. Den Mythos, der behauptet, dass eine Erweiterung der NATO jetzt nicht mehr auf der Tagesordnung stehe, weil es darum gehe, sich auf dringendere Aufgaben zu konzentrieren. Ich will das ganz deutlich sagen: Es stimmt, dass die NATO eine kleine Organisation

mit einem festen Stab von 200 bis 300 Mitarbeitern im NATO-Hauptquartier ist, die eine wachsende Fülle anspruchsvoller Aufgaben zu bewältigen haben. Es trifft ebenfalls zu, dass sie einige der Aktivitäten nach Vordringlichkeit ordnen muss, falls irgendwelche Verbündete in nennenswerte militärische Operationen verwickelt werden. Aber die Ereignisse des 11. September haben nicht die Tagesordnung der NATO von vor dem September gegenstandslos gemacht. Vielmehr haben sie verstärkt die Logik dieser Handlungsplanung erwiesen. Sie haben nachdrücklich gezeigt, wie sinnvoll es ist, den Frieden auf dem Balkan zu erhalten – weil vor allen Dingen der Aufbau stabiler Vielvölkerstaaten unsere beste Versicherung gegen aufkeimenden Terrorismus ist. Sie haben die Logik der Initiative zur Verteidigungsfähigkeit bestätigt, deren Zweck es ist, unsere Streitkräfte für die heute so unterschiedlichen und unberechenbaren Bedrohungen auszurüsten. Sie haben zudem gezeigt, wie sinnvoll die NATO-Erweiterung ist – weil die breiten Koalitionen, die wir benötigen, die Unterscheidung zwischen eigentlich Dazugehörigen und Nichtdazugehörigen immer bedeutungsloser machen. Und sie haben den Wert unserer Partnerschaften erhöht – weil die Verbindungen, die wir mit Russland und sogar weit entfernt liegenden Gegenden in Zentralasien aufgebaut haben, sich im Notfall als entscheidend wichtig erweisen können.
Deshalb werden wir nicht erlauben, dass die terroristischen Anschläge des vergangenen Monats unser planvolles Vorgehen zum Entgleisen bringen. Wir werden unsere Vorhaben erweitern müssen, anpassen, modifizieren, ja – aber nicht durch etwas vollkommen anderes ersetzen. Denn unsere Arbeit war vor dem 11. September sinnvoll, und sie ist es auch weiterhin nach dem 11. September. (…)
Als Erstes müssen wir dafür sorgen, dass die Täter den Preis bezahlen. Es liegt in der Natur der Sache, dass man Selbstmordattentäter nicht abschrecken kann. Andere hingegen sehr wohl. Denn hinter dem Fußvolk der Terroristen stehen terroristische Offiziere und Generäle – und diese zeigen wenig Neigung zu sterben. Diese Herren haben nur wenige Stunden vor den Anschlägen an der Börse spekuliert. Sie sind keine fanatisch besessenen Selbstmörder.

Sie haben Jahre darauf verwendet, um ein höchst kompliziertes Netzwerk aufzubauen. Und genau auf dieses Netzwerk muss die internationale Gemeinschaft Jagd machen. Wir müssen sie dort treffen, wo es ihnen weh tut, wo wir die Finanzströme aufspüren und wo wir ihre einträglichen Machenschaften zerschlagen können. Und deshalb ist die Entscheidung Präsident Bushs, als erste Reaktion der USA Bankkonten einzufrieren, sowie der EU, sich dem anzuschließen, außerordentlich sinnvoll.

Zweitens müssen wir die internationale Gesetzgebung weiterentwickeln. Vor einem Jahr hätte noch kaum jemand geglaubt, dass Milošević einmal in Den Haag landen würde. Aber es ist geschehen. Nicht minder wichtig – er wurde bereits angeklagt, während er noch Präsident von Jugoslawien war. Diese Anklage destabilisierte ihn in einer entscheidenden Phase der militärischen Eingreifaktion. Rückblickend müssen wir sehen, dass sie damals weitaus mehr verändert hat, als wir im Moment glaubten. Als Folge davon verzichten anderswo im früheren Jugoslawien so manche Leute auf gesetzeswidrige Handlungen, weil sie wissen, dass sie unter Beobachtung stehen – und weil sie wissen, dass sie nicht straffrei davonkämen. Wir besitzen damit ein Instrument, das wesentlich wertvoller ist, als es manchmal erscheinen mag.

Drittens müssen wir noch systematischer manche Dinge, die wir bereits tun, miteinander verknüpfen. Die NATO braucht nicht die führende Organisation für die Bekämpfung des weltweiten Terrorismus zu sein. Aber wir haben die Möglichkeiten einer Zusammenarbeit mit unseren Partnern gegen diese Bedrohung noch nicht ausgeschöpft. Der Euro-Atlantische Partnerschaftsrat EAPC hat in dieser Hinsicht mehr zu bieten. Unmittelbar nach den Ereignissen im September hat der EAPC eine sehr deutliche Erklärung herausgegeben, in der die Anschläge verurteilt wurden – die erste dieser Art. 46 Nationen stellten sich hinter diese eine Absichtserklärung. Das war schon für sich allein bemerkenswert. Aber es gibt dabei auch eine praktische Dimension. Der EAPC kann sich viel spezieller auf Themen konzentrieren, die der Bekämpfung des Terrorismus dienen. Wirksame Grenzkontrollen

»Die NATO braucht nicht die führende Organisation gegen den Terrorismus zu sein«

sind beispielsweise insbesondere für einige unserer zentralasiatischen Partner ein Problem. Wenn wir den EAPC dafür einsetzen könnten, um solche Themen gründlicher in Angriff zu nehmen, gelänge es uns, den Terroristen das Leben erheblich zu erschweren.

Viertens müssen wir die Beziehungen zwischen der NATO und Russland weiter voranbringen. Hierfür hat sich jetzt eine Gelegenheit ergeben, die wir nicht versäumen dürfen. Aus der Sicht der Russen ist der Artikel 5 stets der wesentliche Ausdruck der antirussischen Haltung der NATO gewesen. Jetzt haben wir uns auf Artikel 5 berufen – aber in völlig anderem Zusammenhang, einem Zusammenhang, den die Russen verstehen können. Wir müssen diesen Impuls nutzen und die verbliebenen Klischees des Kalten Krieges beseitigen – auf beiden Seiten.

Fünftens müssen wir unsere Aufmerksamkeit weiterhin der Nichtverbreitung von Atomwaffen und der Raketenabwehr widmen. Kritiker mögen einwenden, dass die Ereignisse des letzten Monats die Überflüssigkeit von beiden bewiesen hätten. Sie irren sich. Einer der Gründe, warum sich die Terroristen am 11. September auf so unübliche Taktiken verlegt haben, war, dass die Maßnahmen zur Nichtverbreitung von Atomwaffen ihre Bemühungen und die der Schurkenstaaten zunichte gemacht haben, gängigere Massenvernichtungswaffen zu beschaffen und zu benützen. Wir müssen deshalb unsere Bemühungen in dieser Hinsicht verdoppeln. Aber wir können uns nicht eines hundertprozentigen Erfolges sicher sein. Deshalb muss das Thema der Raketenabwehr – sowohl von Kurz- als auch von Langstreckenflugkörpern – auf der Tagesordnung bleiben. Und wir müssen mit der Entwicklung Schritt halten, einschließlich fortwährender Verhandlungen unter den Verbündeten und der Fortsetzung unserer Arbeit an der Nichtverbreitung in unserem WMD-Zentrum sowie unserer Zusammenarbeit in der taktischen Raketenabwehr.

Sechstens gilt es, den technischen Schutz zu erhöhen. Die erforderlichen Technologien stehen zur Verfügung. Wir haben heute die Möglichkeit, den »Fingerabdruck« von Waffen zu identifizieren und sie bis zu ihrer Herkunft zurück-

zuverfolgen, sogar bis zu der Fabrik, in der sie hergestellt wurden.

Siebtens sollten wir einen ganzheitlicheren Zugang zu innerer und äußerer Sicherheit suchen. Terroristen verwischen die Grenze zwischen Verbrechen und Kampf. Deshalb benötigen wir einen viel engeren Austausch zwischen militärischen und zivilen Sicherheitseinrichtungen. Ich meine damit nicht einen Polizeistaat oder eine Militarisierung unserer Gesellschaft. Dieser Preis wäre in der Tat zu hoch. Aber da ich aus einer Familie von Polizeibeamten stamme, vermag ich den Vorschlag zu machen, dass eine engere Zusammenarbeit unserer inneren und äußeren Sicherheitseinrichtungen auf eine Weise erreicht werden könnte, die die Offenheit unserer Gesellschaft nicht beeinträchtigen würde.

Achtens müssen wir Fortschritte in der europäischen Sicherheits- und Verteidigungspolitik machen. Die Ereignisse des 11. September führen unweigerlich zu einer erneuten Diskussion über die globale Rolle der Vereinigten Staaten von Amerika. Isolationisten werden die Ereignisse als Argument für ihre Ansicht ins Feld führen, dass die USA ihr weltweites Engagement einschränken sollten. Sie werden behaupten, dass Anschläge dieser Art das Ergebnis unserer Einmischungen seien. Doch ihre Argumente dürften nicht überzeugen. Vielmehr können die Europäer gewiss eine härtere Haltung der USA in der Frage der Verteilung der transatlantischen Lasten erwarten. Wenn dies geschieht – wenn der Kongress der USA die Europäer fragt: »Und was habt ihr in letzter Zeit für uns getan?« –, sollten wir bereit sein, eine anständige Antwort zu geben. Politische Solidarität ist nur ein Teil der Antwort. Die starke europäische Militärpräsenz auf dem Balkan ist ebenfalls nur ein Teil der Antwort.

Vielmehr sollte die Antwort umfassender sein. Sie muss eine neue europäische Bereitschaft einschließen, ernst zu nehmende Möglichkeiten zur Krisenbewältigung zu entwickeln – und dazu neue militärische Waffen. Und das bedeutet: mehr Geld, das überlegt ausgegeben wird. Kurzum, die transatlantischen Aspekte beim Aufbau einer ESVP (Europäische Sicherheits- und Verteidigungspolitik) werden in der Zukunft noch viel stärker im Mittelpunkt des Interesses stehen.

»Die Waffen in diesem Kampf werden vielfältig und kompliziert sein«

Und schließlich müssen wir die Frage der finanziellen Folgen und Mittel in Betracht ziehen, die sich infolge dieser neuen Herausforderungen und Aufgaben erhebt. Wenn wir in der Bekämpfung des Terrorismus gute Arbeit leisten wollen, benötigen wir das richtige Handwerkszeug. Man kann nicht Sicherheit und Verteidigung zum Billigtarif fordern und gleichzeitig mehr Maßnahmen, mehr Schutz gegen neue Bedrohungen verlangen. Für die NATO ist das »Mantra« vom Nullwachstum, das so manche auf das Thema Sicherheit und Verteidigung anzuwenden belieben, eine unzulängliche, vielleicht sogar gefährliche Antwort auf die Sicherheitserfordernisse des 21. Jahrhunderts. (…)

Wir verstehen auch, dass unsere politische Entschlossenheit auf die Probe gestellt werden wird. Und wir haben bereits wahrgenommen, dass die Waffen in diesem Kampf vielfältig und kompliziert sein werden. Aber es gibt Präzedenzfälle in der Geschichte, die uns hier am Anfang eines langen Weges ermutigen sollten. Die internationale Gemeinschaft hat in der Vergangenheit gegen Verhaltensweisen zusammengehalten, die sie für inakzeptabel erachtete. Im 19. Jahrhundert beruhte die zunehmende internationale Einmütigkeit in der Ablehnung der Sklaverei auf einem ähnlichen moralischen Abscheu und wurde von einer ähnlich vielfältigen Reihe politischer, wirtschaftlicher und militärischer Maßnahmen unterstützt, wie wir sie uns heute in unserem Kampf gegen den Terrorismus vorstellen. Der Unterschied besteht darin, dass man damals fast das ganze Jahrhundert brauchte, um die internationale Koalition gegen die Sklaverei zu Stande zu bringen, während es im Fall der Anschläge auf die USA eine Sache von Stunden oder Tagen war. Und es ist in der Tat eine weltumspannende Koalition von Vancouver bis Wladiwostok, von Reykjavik bis Islamabad. Es gibt ein neues Bewusstsein, dass wir einer Bedrohung ausgesetzt sind, die uns alle angeht. Und aus diesem Bewusstsein entspringt ein neuer Impuls der Zusammenarbeit – einer Zusammenarbeit, die schließlich, und da bin ich mir ganz sicher, dazu führen wird, dem Terrorismus im 21. Jahrhundert den Todesstoß zu versetzen, so wie die Sklaverei im 19. Jahrhundert überwunden wurde.

Giuliani: »Ein Anschlag auf die Grundprinzipien der USA«

»Es gibt keine Rechtfertigung für Massenmord«, sagt der New Yorker Bürgermeister Rudolph Giuliani vor der UN-Vollversammlung.

Ich danke Ihnen, dem Präsidenten der Vollversammlung, Dr. Han Seung-soo, und dem Generalsekretär Annan. Ich danke Ihnen sehr für die Gelegenheit, hier sprechen zu dürfen, und auch für die Rücksichtnahme, die Sie der City erwiesen, indem Sie die Sitzung der Vollversammlung verschoben haben. (…)

Es war der tödlichste terroristische Anschlag in der Geschichte. Er forderte mehr Menschenleben als Pearl Harbor oder der D-Day. Und es war nicht allein ein Anschlag auf die Stadt New York oder die Vereinigten Staaten von Amerika. Es war ein Anschlag auf die ideellen Werte einer freien, offenen und zivilisierten Gesellschaft. Es war ein Angriff auf die Gründungsprinzipien der Vereinigten Staaten selbst.

Die Präambel der Charta der Vereinten Nationen erklärt ausdrücklich, dass diese Organisation geschaffen wurde, um den Glauben an die grundlegenden Menschenrechte, an Würde und Wert jedes einzelnen Menschen zu stärken, Toleranz zu üben, ein friedliches Zusammenleben als gute Nachbarn zu ermöglichen und unsere Kräfte zu vereinen, um Frieden und Sicherheit international zu bewahren.

Tatsächlich setzt dieser brutale Angriff Aufgaben und Ziele der Vereinten Nationen aufs Spiel. Terrorismus beruht auf beständiger und willkürlicher Verletzung menschlicher Grundrechte. Mit Kugeln und Bomben und jetzt mit gekaperten Flugzeugen verleugnen diese Terroristen die Würde des menschlichen Lebens. Der Terrorismus vergreift sich vor allem an Kulturen und Gemeinwesen, die Offenheit und Toleranz üben. Dass sie sich unschuldige Zivilisten als Ziele aussuchen, verhöhnt die Bemühungen all jener, die als Nachbarn in Frieden miteinander leben wollen. Es widersetzt sich schon allein dem Gedanken der Nachbarschaftlichkeit. Dieser gewaltige Anschlag verfolgte die Absicht, unseren Geist zu brechen. Aber er hat es nicht geschafft. Er hat uns stärker, sicherer, entschlossener gemacht.

Die Tapferkeit unserer Feuerwehrleute, unserer Polizeibeamten, unserer Notfallhelfer und von Privatpersonen, deren Namen wir nie erfahren werden, bei der Rettung

Der New Yorker Bürgermeister Rudolph Giuliani spricht vor der Vollversammlung der Vereinten Nationen in New York und dankt den UN für ihre Solidarität.

von 25 000 Leben an jenem Tag und bei der Durchführung der erfolgreichsten Rettungsaktion in unserer Geschichte ist ein leuchtendes Vorbild für uns alle. (…)

Bitte verstehen Sie, dass Amerika die Kraft für seine Reaktion aus den Grundprinzipien bezieht, die unser gemeinsames Fundament bilden. Amerikaner sind nicht eine einzige ethnische Gruppe. Amerikaner haben nicht nur eine Rasse, eine Religion. Amerikaner kommen aus allen Ihren Nationen. Wir definieren uns als Amerikaner durch unseren Glauben, nicht durch ethnische Herkunft, durch Rasse oder Religion. Unser Glaube an religiöse Freiheit, politische Freiheit, wirtschaftliche Freiheit – das ist es, was einen Amerikaner ausmacht. Unser Glaube an Demokratie, an Recht und Gesetz und an die Achtung des menschlichen Lebens. So wird man

zu einem Amerikaner. Und ebendiese Prinzipien und die Möglichkeiten, die diese Prinzipien so vielen Menschen eröffnen, für sich und ihre Familien ein besseres Leben zu schaffen, machen Amerika und New York gleichsam zu einer weithin leuchtenden Stadt oben auf einem Berg. (…)

Die Vereinten Nationen müssen jedes Land, das den Terrorismus unterstützt oder stillschweigend billigt, zur Verantwortung ziehen. Andernfalls werden Sie Ihre vorrangige Aufgabe als Hüter des Friedens nicht erfüllen. Sie müssen jede Nation ächten, die den Terrorismus unterstützt. Sie müssen jede Nation isolieren, die sich im Kampf gegen den Terrorismus neutral verhält. Jetzt ist – mit den Worten Ihrer Charta, der Charta der Vereinten Nationen – die Zeit gekommen, um unsere Kräfte zur Erhaltung des internationalen Frie-

dens und der Sicherheit zu vereinigen. Jetzt ist keine Zeit mehr für vertiefende Studien oder verschwommene Weisungen. Der Beweis für die Brutalität und Unmenschlichkeit des Terrorismus, für seine Verachtung des Lebens und der Idee des Friedens liegt unter dem Schutt des World Trade Centers – keine zwei Meilen von hier entfernt, wo wir heute zusammenkommen.

Sehen Sie sich die Zerstörung an, die gewaltige, sinnlose, grausame Vernichtung menschlichen Lebens – und dann bitte ich Sie, in Ihre Herzen zu schauen und zu erkennen, dass es in der Frage des Terrorismus keinen Platz mehr für Neutralität gibt. Man kann nur entweder auf der Seite der Zivilisation oder der der Terroristen stehen. Auf der einen Seite sind Demokratie, Recht und Gesetz und die Achtung menschlichen Lebens. Auf der anderen Seite sind Tyrannei, willkürliche Hinrichtungen und Massenmord.

Wir sind im Recht, und sie sind im Unrecht. So einfach ist das. Und damit meine ich, dass Amerika und seine Verbündeten in der Sache der Demokratie, der religiösen, politischen und wirtschaftlichen Freiheit im Recht sind. Und dass die Terroristen Unrecht haben, ja schlechthin böse sind mit ihrer massenhaften Vernichtung menschlichen Lebens unter dem Vorwand angeblich erlittener Ungerechtigkeiten.

Sollen doch diejenigen, die da sagen, wir müssten die Gründe für den Terrorismus verstehen, mit mir zu den tausendfachen Totenfeiern in New York City kommen und die abartigen, wahnsinnigen »Gründe« der Terroristen den Kindern erklären, die ohne Väter und Mütter aufwachsen werden, und den Eltern, denen die Kinder weggerissen wurden, grundlos, sinnlos!

Stattdessen bitte ich jeden von Ihnen, es mir zu gestatten, bei all diesen Trauerfeiern sagen zu dürfen, dass Ihre Nationen auf der Seite Amerikas stehen bei dem feierlichen Versprechen und Gelöbnis, dass wir einen bedingungslosen Sieg über den Terrorismus und die Terroristen erringen wollen. Es gibt keine Rechtfertigung für Massenmord, ebenso wenig wie es eine Entschuldigung für Völkermord gibt. Jene, die Terrorismus ausüben, unschuldige Zivilisten ermorden oder ihnen Leid zufügen, verlieren jegliches Recht auf Verständnis für ihre Sache seitens anständiger Menschen oder gesetzestreuer Nationen. Beim Thema Terrorismus müssen die Vereinten Nationen klare Grenzen ziehen. Die Ära moralischer Relativierungen zwischen jenen, die Terrorismus ausüben oder dulden, und jenen Nationen, die dagegen aufstehen, muss ein Ende finden. In dieser Diskussion oder Auseinandersetzung ist kein Platz für moralischen Relativismus. Es gibt keine moralisch zu rechtfertigende Möglichkeit, mit höchst unmoralischen Handlungen zu sympathisieren. Denn dadurch – oder durch den Versuch, dies zu tun – ist bedauerlicherweise bereits ein fruchtbares Feld entstanden, auf dem der Terrorismus prächtig gedeihen konnte. Der beste und wirkungsvollste Weg zur Förderung des Friedens ist, sich gegen Terror und Einschüchterung zu erheben. Die einstimmige Verabschiedung der Resolution Nr. 1373 des Sicherheitsrats, die weit reichende Anti-Terror-Maßnahmen in die internationale Gemeinschaft einführt, ist ein sehr guter erster Schritt. Als ehemaliger US-Staatsanwalt finde ich es besonders ermutigend, dass die Vereinten Nationen Präsident Bushs Aufruf entsprochen haben, die Terroristen von ihren Geldmitteln und ihren Finanzströmen abzuschneiden. Das ist außerordentlich wichtig.

Wir haben dies bereits sehr erfolgreich bei Gruppen organisierter Krimineller in Amerika getan, indem wir ihnen die Möglichkeit nahmen, große Geldmengen anzuhäufen. Man nimmt ihnen dadurch die Mittel, andere für sich weiterhin tätig sein zu lassen, falls sie selbst beseitigt, verhaftet, verfolgt oder durch Krieg oder gesetzliche Gewalt ausgeschaltet worden sind. Das durchtrennt die Lebensader der Organisation. Deshalb glaube ich, dass es ein sehr guter erster Schritt ist.

Nun liegt es aber an den Mitgliedstaaten, dies und andere Einzelheiten der Resolution in Kraft zu setzen, und an den Vereinten Nationen, diese neuen Mechanismen anzuwenden, um den Terroristen die finanzielle Grundlage zu entziehen. Nehmen Sie ihnen ihr Geld weg, nehmen Sie ihnen den Zugang zum Geld weg, und verringern Sie dadurch deren Fähigkeit, komplizierte Vorhaben durchzuführen. Jeder von Ihnen, die Sie hier in diesem Saal sitzen, ist hier, weil sich Ihr Land verpflichtet hat, Teil der Völkerfamilie zu sein. Wir müssen jetzt mehr denn je zuvor als eine Familie zusammenhalten, über alle unterschiedlichen Auffassungen hin-

weg, und die Tatsache anerkennen, dass die Vereinten Nationen für die Überzeugung stehen, dass menschliche Wesen mehr Gemeinsamkeiten haben als Trennendes.

Wenn Sie sich dies in Erinnerung rufen wollen, brauchen Sie nicht weit zu gehen. Machen Sie einfach einen Spaziergang in den Straßen und Parks von New York. Sie brauchen nur um einen oder zwei Häuserblocks zu gehen und werden immer jemanden treffen, der anders als Sie aussieht, redet, denkt. Wenn Sie in New York aufwachsen, dann lernen Sie das. Und wenn Sie ein intelligenter und anständiger Mensch sind, lernen Sie noch etwas – dass alle diese Unterschiede nichts sind im Vergleich zu den Dingen, die uns verbinden. Wir sind wie keine andere Stadt, eine Stadt der Einwanderer in einer Nation der Einwanderer. Wie die Opfer des Anschlags auf das World Trade Center sind wir Menschen jeder Rasse, jeder Religion, jeder ethnischen Herkunft. Und unsere Vielfältigkeit ist unsere größte Kraftquelle. Es ist etwas, das uns in jeder Generation erneuert und verjüngt und unsere Offenheit für neue Menschen aus allen Teilen der Welt belebt. (…)

Wir haben in New York sehr starke, dynamische muslimische und arabische Gemeinschaften. Sie sind auch ein wichtiger Teil des Lebens in unserer Stadt. Wir achten ihren religiösen Glauben – wir respektieren den religiösen Glauben von jedermann. Das ist das Wesen von Amerika, und das ist es, was New York ausmacht.

Ich habe die New Yorker nachdrücklich gebeten, sich nicht auf irgendeine Form von pauschaler Schuldzuweisung oder Gruppenhass einzulassen. Denn das ist ja gerade das Böse, das uns in diesen Terroristen entgegentritt. Wenn wir sie und den Terror besiegen wollen, dann müssen unsere Ideale, Prinzipien und Wertvorstellungen über jede Form von Vorurteil erhaben sein. Dies ist ein wichtiger Teil unseres Kampfes gegen den Terrorismus.

Es geht nicht um eine Auseinandersetzung zwischen religiösen oder ethnischen Gruppen. Alle Religionen, alle anständigen Menschen sind vereint in dem Wunsch, Frieden zu erlangen, und sie verstehen, dass wir den Terrorismus ausschalten müssen. Darüber sind wir nicht geteilter Meinung.

> *»Alle anständigen Menschen sind vereint in dem Wunsch, Frieden zu erlangen«*

Während meiner Kandidatur für das Bürgermeisteramt in New York und seit ich es innehabe, gab es immer wieder Tage und Wochenenden, da ich freitags in eine Moschee und samstags in eine Synagoge und sonntags in eine oder zwei Kirchen ging. Und danach habe ich immer wieder zu mir selbst gesagt: Ich weiß, dass wir zu Gott gelangen können. Wir sprechen mit ihm in jeder Sprache, die er versteht, wir benützen jede bestehende Liturgie, und ich weiß, wir gelangen alle zu demselben Gott. Wir tun es nur auf geringfügig unterschiedliche Weise. Gott hat viele verschiedene Namen, und es gibt viele verschiedene Traditionen. Aber wir erreichen ihn durch ein beständiges, einheitliches Gefühl: Liebe. Liebe zu den Menschen, insbesondere Liebe zu den Kindern. Liebe besiegt schließlich den Hass. Ich glaube daran. Und ich bin sicher – Sie auch.

Aber Liebe bedarf auch unserer Hilfe. Gute Absichten allein genügen nicht, um das Böse zu überwinden. Denken Sie an den britischen Premierminister Neville Chamberlain, der, allein mit guten Absichten ausgestattet, mit den Nazis verhandelte und in der Hoffnung zurückkehrte, für seine Zeit den Frieden gesichert zu haben. Doch diese Versuche einer Beschwichtigung beschleunigten nur Hitlers Terrorwellen. Um den Preis von Millionen von Menschenleben mussten wir lernen, dass Worte allein – so wichtig sie sein mögen – nicht genügen, um den Frieden zu sichern. Nur die Taten zählen.

Von den Vereinten Nationen und ihren einzelnen Mitgliedsstaaten wird entschiedenes Handeln erwartet, um den Terrorismus daran zu hindern, auch nur ein einziges weiteres Kind zur Waise zu machen. Das betrifft die Nationen. Für jeden Einzelnen besteht das wirkungsvollste Handeln im Interesse der Wiederherstellung der Normalität darin, entschlossen das eigene Leben weiterzuführen.

Wir dürfen es nicht zulassen, dass die Terroristen unsere Lebensweise verändern. Sonst haben sie bereits einen Erfolg zu verbuchen. In gewisser Hinsicht ist die Unverwüstlichkeit des Lebens in New York das deutlichste Zeichen der Verachtung für die Terroristen. Wir bezeichnen uns vor allem deshalb als die Hauptstadt der Welt, weil wir die vielfältigste Stadt der Welt sind. Und wir sind die Heimat der Vereinten Nationen. Und deshalb ist der Geist der

> *»Gute Absichten allein genügen nicht, um das Böse zu überwinden«*

Einheit inmitten all unserer Vielfalt niemals stärker gewesen.

Am Samstagabend ging ich über den Times Square. Er war überfüllt, er war hell erleuchtet, er war voller Leben. Tausende von Menschen waren aus allen Teilen der Vereinigten Staaten und der ganzen Welt zu Besuch da. Und viele von ihnen kamen zu mir und schüttelten mir die Hände und klopften mir auf die Schultern und sagten: Wir sind hier, um der Stadt New York unsere Unterstützung zu zeigen. Und deshalb gab es nie eine bessere Zeit, um nach New York zu kommen. Ich sage das den Menschen überall im Land und überall auf der Welt. Wenn Sie vorhatten, irgendwann einmal nach New York zu kommen, dann tun Sie es jetzt! Kommen Sie, erfreuen Sie sich an den Tausenden von Restaurants, Museen, Sportveranstaltungen, Einkaufsgelegenheiten und Broadway-Theatern. Aber kommen Sie auch, um gegen den Terrorismus Widerstand zu leisten.

Wir sollten die Worte eines Liedes beherzigen, das ich und der Polizeipräsident und der Feuerwehrchef immer wieder bei den vielen Trauerfeiern und Gedenkgottesdiensten während der letzten beiden Wochen gehört haben. Das Lied beginnt: Habt keine Angst! Freiheit von Angst ist ein menschliches Grundrecht. Und wir müssen unser Recht auf ein Leben frei von Angst mit größerer Zuversicht und Entschlossenheit als je zuvor einfordern – hier in New York, überall in Amerika und auf der ganzen Welt. Einhellig und mit klarer, kräftiger Stimme müssen wir sagen, dass wir dem Terrorismus nicht nachgeben werden.

Wir sind von Freunden aller Glaubensrichtungen umgeben, und wir wissen, dass dies nicht ein Zusammenprall der Kulturen ist. Es ist ein Konflikt zwischen Mördern und der Menschheit.

Es ist auch keine Frage der Vergeltung oder Rache. Es ist eine Sache der Gerechtigkeit, die zum Frieden führt. Das einzig akzeptable Ergebnis ist die vollständige und gänzliche Ausrottung des Terrorismus. New Yorker sind stark und nicht unterzukriegen. Wir fühlen uns als Einheit, und wir werden uns nicht dem Terror unterwerfen. Wir lassen es nicht zu, dass die Angst Entscheidungen für uns trifft. Wir wählen das Leben in Freiheit.

Ich danke Ihnen. Gott segne Sie.

Jospin: »Frankreich hat den Anti-Terror-Plan umgesetzt«

Premierminister Lionel Jospin spricht vor der französischen Nationalversammlung zur Situation nach den Attentaten vom 11. September 2001. Hier die Rede in Auszügen:

Der Kampf gegen den Terrorismus ist ein gemeinsamer Imperativ aller Demokratien, dem sich alle Nationen anschließen müssen. Dies ist kein Kampf, in den wir hineingezogen werden, sondern eine notwendige und methodische Maßnahme, die wir freiwillig und mit all unserer Kraft unterstützen.(...)

Frankreich mit seinen eigenen Denkansätzen und seinem Geflecht von internationalen Beziehungen muss einen Beitrag dazu leisten, dass die Welt gestärkt aus dieser Krise hervorgeht, gegenüber einem Terrorismus, der ganz klar verurteilt wurde, und dazu, dass die Welt entschlossen ist, sich zu einen, um die Unterschiede und die Ungerechtigkeiten zu überwinden, die der Gewalt Vorschub leisten und der Sache der Demokratien abträglich sind. (...)

Präsident Bush hat festgelegt, dass das Ziel des Gegenschlags seines Landes darin besteht, die Schuldigen zu finden und zu bestrafen und darüber hinaus die terroristischen Netze zu zerschlagen, und zwar durch die Zusammenarbeit der Länder, in denen sie aufgebaut wurden. Das sind die genauen Ziele, denen sich Frankreich voll und ganz anschließt.

Die Vereinigten Staaten, die eine offene internationale Koalition für den Kampf gegen den Terrorismus aufbauen wollen und die sich der Risiken bewusst sind, die die Repressalien zur Folge haben könnten, haben sich für eine langfristige und vielfältige Strategie entschieden, bei der der Gebrauch von Waffen nur einer von mehreren Aspekten ist. (...)

Frankreich wird gemeinsam mit seinen Partnern in den geeigneten internationalen Gremien Europäische Union, G7/G8 oder FATF [Task Force gegen Geldwäsche der OECD] Überlegungen dahingehend anstellen, wie man gemeinsam am effizientesten die Finanzierung des Terrorismus unterbinden kann. (...)

Drei Wochen nach den Attentaten führen die Vereinigten Staaten die Entsendung ihrer Streitkräfte fort, vor allem der Luftwaffe und der Marineluftwaffe, im Nahen Osten und im Arabischen Meer. Diesbezüglich scheint es, dass die amerikanische Regierung ein methodisches Vorgehen, allein verantwortlich oder in einer Koalition, favorisiert. Das erklärte Ziel ist die dauerhafte Effizienz bei der Vernichtung der Bin-Laden-Organisation und der terroristischen islamistischen Netze.

Die militärischen Optionen in dem Kampf können, über punktuelle Maßnahmen hinaus, Operationen von größerer Tragweite beinhalten. Für die erfolgreiche Durchführung beider sind hochwertige Informationen nötig, um die sehr komplexen Aktionen zu planen, sowie exakte und geeignete Ziele. Unsere Nachrichtendienste (...) tragen mit ihren Fähigkeiten dazu bei. Um diese Aktionen oder Operationen vorzubereiten, muss die Truppenentsendung der Vereinigten Staaten weitergehen. Diesbezüglich wurde Frankreich, genauso wie andere Verbündete, gebeten, seinen Luftraum für die amerikanischen Militärmaschinen zu öffnen. In Übereinstimmung mit Staatspräsident Chirac wurde diese Bitte erfüllt. Selbstverständlich gibt es weiterhin enge Abstimmungen zwischen den Verantwortlichen unserer beiden Länder, wozu unter anderem ein Ankündigungsverfahren gehört. Wir wurden ebenfalls um eine Marinezusammenarbeit gebeten. Es gibt eine Zusammenarbeit zwischen den in den Indischen Ozean entsandten Nationalen Marineschiffen und der US Navy, um einen Beitrag für die logistische Unterstützung der ins Arabische Meer entsandten Marineluftwaffe zu leisten.

Über diese Kooperation hinaus haben die außerhalb des Staatsgebiets (ohne die Überseegebiete) vorgelagerten französischen Streitkräfte eine Lageanpassung vorgenommen und befinden sich in erhöhter Alarmbereitschaft. Es ist jederzeit möglich, sie durch neue militärische Kapazitäten zu verstärken, insbesondere durch Spezialkräfte, die in erhöhter operationeller Bereitschaft sind.

Die möglichen Entscheidungen werden vom Staatspräsidenten und der Regierung getroffen, so wie es die verfassungsmäßigen Verantwortungsbereiche beider Seiten vorsehen. Wenn (...) eine militärische Beteiligung Frankreichs an Operationen erforderlich sein sollte, würde das voraussetzen, dass unser Land in vollem Umfang an der Festlegung der politischen Ziele und der Planung der Aktionen beteiligt ist.

Sollten französische Militärmaßnahmen zum Einsatz kommen, würde das Parlament befragt werden und regelmäßig über die Durchführung der Operationen informiert werden, so wie das beim Kosovokonflikt die ganze Zeit über der Fall war. Heute richten sich alle Blicke auf Afghanistan. Über die Aktionen hinaus, die wegen der Terroristen nötig werden könnten, muss an die Frauen und Männer in Afghanistan, die Opfer eines Unterdrückungsregimes sind, gedacht werden, damit sie ihr Schicksal wieder in die eigenen Hände nehmen können. (...) Frankreich wird die internationalen Anstrengungen zu Gunsten der afghanischen Zivilbevölkerung unterstützen.

Frankreich hat den Terrorismus leider schon oft am eigenen Leib erfahren. Deshalb unternimmt die Regierung beständig und wachsam Anstrengungen für die Sicherheit ihrer Mitbürger.

Noch am gleichen Tag der Attentate in New York und Washington hat Frankreich den verstärkten Anti-Terror-Plan »Vigipirate renforcé« umgesetzt. Dieser sieht unter anderem eine verstärkte Präsenz von Polizei, Gendarmerie und Streitkräften an öffentlichen Orten vor. (...)

Aber dieser Plan muss durch spezielle Maßnahmen ergänzt werden, die der reellen Gefahr der terroristischen Bedrohung angemessen sind. Zu diesem Zweck müssen die Bedrohungen für unser Land heute so genau wie möglich festgestellt werden.

(...) Ich begrüße in diesem Zusammenhang die außergewöhnliche Arbeit der Nachrichtendienste. Sie liefern wertvolle Informationen im Kampf gegen den Terrorismus und haben bereits, in Frankreich und im Ausland, zur Verhaftung von Personen geführt, die verdächtigt werden, terroristischen Netzen anzugehören und Attentate in Europa vorzubereiten.

Was die Sicherheits- und Schutzmaßnahmen angeht, so wurde bereits von 1999 an die Verteidigungs- und Sicherheitsplanung modernisiert, und ihre menschlichen, finanziellen und materiellen Mittel wurden verstärkt. (...)

Unsere Wachsamkeit muss in erster Linie der Sicherheit des Luftverkehrs gelten. Dafür sind Maßnahmen auf internationaler Ebene erforderlich (...). Wir messen deshalb der Abstimmung, die im Rahmen der Internationalen Zivilen Luftfahrtbehörde eingeleitet wurde, um die Verpflichtungen der Staaten im Bereich der Sicherheit zu erhöhen und um Sicherheitsvorschriften an die neuen Bedrohungen anzupassen, große Bedeutung bei. In diesem Bereich der Terrorismusbekämpfung und auch in anderen Bereichen ist die europäische Harmonisierung ein wesentliches Ziel. Der Rat der Verkehrsminister vom 14. September in Brüssel hat unter anderem beschlossen, die Expertise und die Koordinierung im Rahmen der Konferenz der europäischen zivilen Luftfahrt, der 38 Staaten angehören, zu erhöhen.

»Die französischen Streitkräfte haben eine Lageanpassung vorgenommen«

Frankreichs Premierminister Lionel Jospin spricht vor der Nationalversammlung.

Blair: »Wir sind pausenlos auf diplomatischer, humanitärer und militärischer Ebene aktiv«

In einer zweiten Sondersitzung des Parlaments spricht der britische Premierminister Tony Blair (48) über die Schuld von Osama bin Laden und des von ihm geleiteten Terrornetzwerks Al-Qaida. Die Briten erleben Tony Blair in einem ganz neuen Gewand. Ihr Labour-Premierminister, der noch vor wenigen Monaten gerade mal knapp 60 Prozent der Bürger an die Wahlurnen locken konnte, wandelt sich im atemberaubenden Tempo zum Staatsmann und »Kriegsherrn«.

Ich bin Ihnen dankbar, dass Sie das Parlament zu einer zweiten Sondersitzung einberufen haben, so dass wir die Entwicklung seit der ersten Sondersitzung behandeln können.

Damals war das Ausmaß der Tragödie vom 11. September noch unklar. Auch heute wissen wir die genaue Zahl der Opfer noch nicht, die vermutlich den Tod gefunden haben. Doch bietet sich ein düsteres Bild: Es wird befürchtet, dass mehr als 7000 Menschen, darunter viele Briten und Bürger aus 70 anderen Ländern, ihr Leben verloren haben. Viele von ihnen waren Muslime. Es kann nicht oft genug gesagt werden: Die anständigen Muslime auf der Welt sind entsetzt über diese abscheulichen Verbrechen, die in krassem Gegensatz zur wahren Lehre des Islam stehen. Und wir verurteilen vorbehaltlos alle rassistischen Übergriffe auf britische Muslime, wie neulich in der Moschee von Edinburgh.

Für derartige Handlungen gibt es keinerlei Rechtfertigung, und die volle Härte des Gesetzes wird jene treffen, die sie begangen haben.

Ich möchte all jenen in Amerika, die an der Überwindung der menschlichen Folgen der Anschläge beteiligt sind, meine Anerkennung aussprechen. Den Rettungsteams, Ärzten und Sanitätern, die unermüdlich und aufopferungsvoll unter den schmerzhaftesten Bedingungen, die man sich vorstellen kann, gearbeitet haben. Mein Dank gilt auch unseren eigenen Konsularbeamten in New York und London, den Familienbeiständen und Beamten der Metropolitan Police, die Verwandten der Opfer Beistand geleistet haben. Und vor allem gilt meine Anerkennung den Verwandten der Opfer selbst. Jene, die ich in New York kennen gelernt

Der britische Premierminister Tony Blair hält die Anschläge von New York und Washington für einen Einschnitt, der Veränderungen zur Folge haben muss. Am 7. Oktober 2001 stehen nach Umfragen mehr als 70 Prozent der Befragten hinter Blair.

habe und die noch immer nichts Genaues über das Schicksal ihrer geliebten Angehörigen wussten, haben ihren Kummer mit großer Würde ertragen, was unser aller Bewunderung verdient.

Die Attentäter finden

Seit dem 11. September werden hier und anderswo intensive Bemühungen unternommen, um diese Attentate aufzuklären und die

Schuldigen zu ermitteln. Unsere Erkenntnisse, die wir unseren Verbündeten mitgeteilt haben und die wir mit ihnen koordinieren, sind eindeutig. Sie lauten: Erstens: Es waren Osama bin Laden und Al-Qaida, das von ihm geleitete Terroristennetz, die die abscheulichen Anschläge vom 11. September geplant und ausgeführt haben. Zweitens: Osama bin Laden und Al-Qaida konnten ihre Terroranschlä-

ge dank ihres engen Bündnisses mit dem Taliban-Regime in Afghanistan begehen, das ihnen gestattet, bei der Verfolgung ihrer terroristischen Ziele unbehelligt auf ihrem Territorium zu operieren.

Ich werde noch im Laufe des heutigen Tages in der Bibliothek des Unterhauses ein Dokument hinterlegen, in welchem die Grundlage unserer Schlussfolgerungen ausführlich dargelegt wird. Dieses

Dokument belegt die Hintergrundgeschichte Osama bin Ladens, seine Beziehungen zu den Taliban, unser Wissen über die Terrorakte, die er begangen hat, und einen Teil dessen, was wir über den 11. September wissen.

Ich muss an dieser Stelle jedoch einen wichtigen Vorbehalt anbringen: Ein großer Teil der Beweise, über die wir verfügen, sind nachrichtendienstliche und sehr heikle Informationen. Ohne andere Menschen bloßzustellen oder die Sicherheit zu gefährden, ist es nicht möglich, genauere Einzelheiten preiszugeben. Außerdem erhalten wir täglich neue Informationen. Dennoch hoffe ich, dass die Angaben als Zwischeninformation für Sie nützlich sind.

Der Oppositionsführer und der Führer der Liberaldemokraten haben die Einzelheiten, auf denen dieses Dokument beruht, auf vertraulicher Grundlage im Rahmen des Geheimen Staatsrates einsehen können. Für mich selbst und alle anderen Minister der Regierung, die die gesamten Informationen studieren konnten, besteht absolut kein Zweifel daran, dass bin Laden und sein Netz für die Anschläge vom 11. September verantwortlich sind. Das war auch die einmütige Meinung der NATO-Mitglieder, die am 2. Oktober über alle Fakten informiert wurden.

Was frühere Terroranschläge angeht, können wir weit mehr Beweismaterial zugänglich machen, da es bereits Gegenstand von Gerichtsverhandlungen ist. Und das ist für sich schon aussagekräftig.

Bin Ladens Programm ist in der Tat kein Geheimnis. Er spricht offen die Sprache des Terrors, er bezeichnet Terrorakte gegen Amerika als »eine religiöse und logische Verpflichtung«. Im Februar 1998 unterzeichnete er eine Fatwa, in der es heißt, dass »das Töten von Amerikanern und ihrer zivilen und militärischen Verbündeten eine religiöse Pflicht« ist. Wie unser Dokument belegt, ist er für eine Reihe von Terroranschlägen der letzten zehn Jahre verantwortlich.

Der Anschlag auf amerikanische Soldaten 1993 in Somalia – 18 Soldaten wurden getötet. Die Bombenattentate auf die amerikanische Botschaft in Kenia und Tansania – 224 Tote und über 4 500 Verletzte. Versuchte Bombenattentate um die Jahrtausendwende in Jordanien und Los Angeles – die glücklicherweise verhindert werden konnten. Der Anschlag auf das amerikanische Kriegsschiff »USS Cole« vor fast einem Jahr, bei dem

17 Besatzungsmitglieder getötet und 40 verletzt wurden. Die Anschläge vom 11. September tragen die Handschrift einer Bin-Laden-Operation: minutiöse, langfristige Planung; das Ziel, Massenverluste zu verursachen; absolute Missachtung des Lebens von Zivilisten (einschließlich Muslimen); mehrere gleichzeitig verübte Anschläge; und der Einsatz von Selbstmordattentätern. Ich kann jetzt bestätigen, dass mindestens drei von den 19 Flugzeugentführern, die an Hand der Passagierlisten der vier am

11. September entführten Flugzeuge identifiziert werden konnten, mit Sicherheit als bekannte Gefolgsleute von bin Laden identifiziert worden sind, ihre Spur lässt sich in bin Ladens Ausbildungscamps und seine Organisation zurückverfolgen. Die Identität der anderen Entführer wird noch untersucht.

Die Nachforschungen haben bewiesen, dass einer dieser drei sowohl bei den Anschlägen auf die Botschaften in Ostafrika als auch bei dem Anschlag auf die »USS Cole« eine Schlüsselrolle gespielt hat.

Tony Blair

Regierungschef Blair: »Ich bin ein Macher und keiner, der nur redet«

Der britische Regierungschef Anthony (Tony) Charles Lynton Blair ist seit dem Tode seines Vorgängers John Smith am 12. Mai 1994 Chef der traditionsreichen Labour Party. Seitdem hat er die Partei aber so weit reformiert und zur politischen Mitte hin ausgerichtet, dass sie unter dem Schlagwort »New Labour« zum Begriff wurde.

Der am 6. Mai 1953 geborene schottische Anwaltssohn hat nach seinem Studium der Rechtswissenschaft am St. John's College in Oxford selbst erst als Anwalt praktiziert, ehe er 1983 ins Unterhaus einzog.

Mit straffer Hand trennte er Labour von überholten Ideologien. Blair hat aus der einst sozialistischen Labour Party eine sozialdemokratische Partei gemacht.

Kritiker werfen ihm allerdings vor, er verzichte zu oft noch auf konkrete Darstellung politischer Inhalte, um die erwünschte Wirkung nicht zu gefährden. Die Konservativen haben ihn beschuldigt, ihre bisherige Politik in neuem Gewande zu präsentieren.

»Ich bin ein Macher und keiner, der nur redet«, sagte Blair in einem Interview über seine Reformtätigkeit. Seine 14 Jahre im Parlament, in denen er nur reden und nicht handeln konnte, seien eher frustrierend gewesen. Blair ist mit der erfolgreichen Anwältin Cherie Booth verheiratet; die beiden haben vier Kinder.

Nach Lebensstil und biederer Wohnungseinrichtung sind die Blairs eher dem bürgerlichen Lager zuzurechnen. Von Parteikritikern werden sie als »Toskana-Sozialisten« verhöhnt. Beide Eheleute sind zutiefst religiös. Schon als jugendlicher Rockmusiker soll Blair lieber zur Kirche gegangen sein, während Gleichaltrige Joints rauchten.

Noch heute ist die Sonntagsmesse mit der (katholischen) Cherie und seinen Kindern Euan, Nicholas, Kathryn und Leo wesentlicher Punkt eines jeden Wochenendes. Cherie will aber als Spitzenanwältin ihrem Beruf treu bleiben und die Kindererziehung auch weiterhin einer Kinderfrau überlassen.

Der beispiellose Wahlsieg Labours habe seinen schönsten Traum erfüllt, sagte Blair, »Labour ist ab heute die Partei des Volkes.« Labours Mandat erlaube aber weder Dogma noch die Rückkehr zur Vergangenheit. »Wir sind eine Regierung für die Zukunft, für alle Menschen, für die ganze Nation.« Unter seiner Führung sollen »noble Ziele mit pragmatischen Maßnahmen« erfüllt werden.

Seit den Anschlägen haben wir die folgenden nachrichtendienstlichen Erkenntnisse erhalten: Kurz vor dem 11. September hat bin Laden einige seiner Gefolgsleute informiert, dass er eine größere Operation gegen Amerika plane. Eine Reihe von Personen wurden aufgefordert, nach Afghanistan zurückzukehren, da am oder um den 11. September eine Aktion durchgeführt werde. Das Wichtigste ist jedoch, dass einer der engsten Stellvertreter bin Ladens deutlich erklärt hat, dass er bei der Planung der Anschläge vom 11. September geholfen habe und dass er seine Beteiligung an der Organisation Al-Qaida zugegeben hat. Wir verfügen über weitere nachrichtendienstliche Informationen, die noch eindeutiger sind und auf eine Mitschuld hinweisen, die wir jedoch nicht veröffentlichen können.

**Osama bin Ladens
Verbindungen zu den Taliban**

Auch bin Ladens enge Verbindungen zu den Taliban sind eindeutig. Er versorgt die Taliban mit Truppen, Waffen und Geld für den Kampf gegen die Nordallianz. Er ist eng an der militärischen Ausbildung der Taliban, ihrer Planung und ihren Operationen beteiligt. Seine Vertreter sitzen in der militärischen Kommandostruktur der Taliban. Von Osama bin Laden kontrollierte Streitkräfte haben an der Seite der Taliban im Bürgerkrieg in Afghanistan gekämpft. Das Taliban-Regime seinerseits bietet bin Laden eine sichere Zuflucht, innerhalb derer er operieren kann, und gestattet ihm, Ausbildungslager für Terroristen zu unterhalten. Beide profitieren vom Drogenhandel in Afghanistan. Als Gegenleistung für die aktive Unterstützung durch Al-Qaida, räumen die Taliban Al-Qaida Operationsfreiheit ein, einschließlich der Planung und Vorbereitung von terroristischen Aktivitäten und der Ausbildung von Terroristen. Zusätzlich garantieren sie die Sicherheit der gelagerten Drogen.

Unmittelbare Ziele

Herr Präsident, angesichts dieser Beweise sind unsere unmittelbaren Ziele klar. Wir müssen bin Laden und andere Führer von Al-Qaida vor Gericht bringen und die von ihnen ausgehende terroristische Bedrohung ausschalten. Und wir müssen dafür sorgen, dass Afghanistan dem internationalen Terrorismus nicht länger Zuflucht und Unterstützung gewährt. Wenn das Taliban-Regime diesem Ziel nicht folgt, müssen wir Veränderungen in diesem Regime herbeiführen, damit Afghanistans Verbindungen zum internationalen Terrorismus zerschlagen werden.

Diplomatische, humanitäre und militärische Schritte

Seit der letzten Sitzung des Parlaments waren wir pausenlos auf diplomatischer, humanitärer und militärischer Ebene aktiv.

Ich kann bestätigen, dass wir erste Gespräche mit den Vereinigten Staaten über mehrere militärische Möglichkeiten geführt haben, bei denen Großbritannien behilflich sein kann. Wir haben darauf auch bereits positiv reagiert. Wir werden alle weiteren Bitten um Beistand sorgfältig erwägen und das Parlament angemessen hierüber informieren. Aus verständlichen Gründen kann ich keine Einzelheiten über den Charakter unserer Gespräche enthüllen. Doch ich bin zutiefst überzeugt, dass sie im Einklang mit unseren gemeinsamen Zielen stehen.

Die humanitäre Koalition zur Unterstützung des afghanischen Volkes halte ich für ebenso wichtig wie jede militärische Aktion selbst. Schon vor den Ereignissen des 11. September befand sich Afghanistan in einer humanitären Krise. Vier Jahre Dürre und mehr als zwei Jahrzehnte andauernde Konflikte haben Millionen von Menschen gezwungen, das Land zu verlassen, und haben weitere Millionen von internationaler humanitärer Hilfe abhängig gemacht. In der vergangenen Woche haben die Vereinten Nationen einen Appell an die Welt gerichtet, 584 Millionen Dollar aufzubringen, um die Bedürfnisse der Not leidenden Menschen in Afghanistan und den angrenzenden Regionen zu decken. Der Appell erfasst die kommenden sechs Monate.

Die internationale Gemeinschaft hat bereits ausreichende Mittel zugesagt, um die dringendste Not zu lindern. Die britische Regierung hat 25 Millionen Pfund beigetragen, wovon der überwiegende Teil bereits den Vereinten Nationen und Spezialorganisationen zugeteilt worden ist. Wir haben außerdem weitere 11 Millionen Pfund zur Unterstützung der ärmsten Regionen Pakistans bereit gestellt, besonders für jene, die am unmittelbarsten vom Flüchtlingsstrom betroffen sind. Ich weiß auch, dass Präsident Bush in Kürze Einzelheiten eines größeren amerikanischen Hilfsprogramms ankündigen wird.

Ich habe ausführliche Beratungen mit Kofi Annan, dem General-sekretär der Vereinten Nationen, mit Ruud Lubbers, dem Hochkommissar für Flüchtlinge der Vereinten Nationen, und anderen hohen Persönlichkeiten geführt. Kofi Annan hat nun Lakhdar Brahimi zu seinem hochrangigen Koordinator für die humanitären Hilfsanstrengungen in Afghanistan und den umliegenden Regionen ernannt. Wir werden Mr. Brahimi jede erdenkliche Unterstützung geben, damit die Vereinten Nationen und die gesamte internationale Gemeinschaft in der Lage sind, diese humanitäre Herausforderung zu bewältigen.

Maßnahmen sind bereits ergriffen worden, um den zusätzlichen Flüchtlingsstrom aus Afghanistan zu bewältigen. Das erste Flugzeug mit Hilfsgütern des Hochkommissariats, darunter von der britischen Regierung gespendete Zelte, ist gestern im Iran eingetroffen. Ein zweites Flugzeug wird Ende dieser Woche starten und noch mehr Zelte, Plastikfolien und Decken transportieren, so dass wir für die Flüchtlingen dringend benötigte Unterkünfte errichten können.

Wir intensivieren unsere Bemühungen, um Lebensmittel nach Afghanistan zu schaffen, bevor die Schneefälle einsetzen. Am Dienstag hat ein UNICEF-Konvoi mit Decken und anderen Versorgungsgütern Peshawar in Richtung Kabul verlassen. Am Montag ist ein Konvoi des Welternährungsprogrammes mit 200 Tonnen Weizen in Kabul eingetroffen. Weitere Konvois des Welternährungsprogrammes sind von Pakistan und Turkmenistan nach Afghanistan unterwegs.

Wir werden alles in unseren Kräften Stehende tun, damit das afghanische Volk unter diesem Konflikt so wenig wie möglich leiden muss. Wir verpflichten uns, anschließend innerhalb und außerhalb Afghanistans mitzuhelfen, eine friedlichere Zukunft aufzubauen, die frei von der Unterdrückung und der Diktatur ist, die das jetzige Leben bestimmen.

An der diplomatischen Front haben der Außenminister und ich in den vergangenen drei Wochen intensive Kontakte zu führenden Politikern in allen Teilen der Welt aufgenommen. Zusätzlich hat der Außenminister den Nahen Osten und den Iran besucht. Ich war zu Gesprächen mit Bundeskanzler Schröder, Präsident Chirac und Präsident Bush in Berlin, Paris und Washington. Und noch heute werde ich nach Moskau reisen, um mit Präsident Putin zu sprechen.

Bei all diesen Begegnungen haben wir eine nie dagewesene Solidarität und das Engagement verspürt, gemeinsam gegen den Terrorismus vorzugehen. Dieses Engagement umfasst alle Kontinente, Kulturen und Religionen und ist durch solche Attentate wie den jüngsten Anschlag auf das Parlament von Jammu und Kashmir in Srinagar, in dem mehr als 30 unschuldige Menschen getötet wurden, noch gestärkt worden.

Gute Fortschritte haben wir auch schon bei der Formulierung einer internationalen Agenda gemacht. In der vergangenen Woche hat der Sicherheitsrat der Vereinten Nationen einstimmig die Resolution 1373 verabschiedet. Darin werden alle Staaten aufgefordert, die Finanzierung terroristischer Handlungen zu verhüten und zu bekämpfen, sowie denjenigen, die terroristische Handlungen finanzieren, planen, unterstützen oder begehen, einen sicheren Zufluchtsort zu verwehren.

EU-Maßnahmen

Auch die EU hat entschlossene Maßnahmen ergriffen. Die Verkehrs-, Innen-, Finanz- und Außenminister haben sich getroffen, um weit reichende und wirksame Gegenmaßnahmen auf europäischer Ebene miteinander abzusprechen: verstärkte Zusammenarbeit der Polizei ihrer Länder, beschleunigte Auslieferung, Unterbindung der Finanzierung von Terrorismus und erhöhte Flugsicherheit.

Wir überprüfen auch unsere nationale Gesetzgebung. In den kommenden Wochen wird der Innenminister ein Gesetzespaket vorlegen, mit dem die bereits bestehenden rechtlichen Vollmachten auf einigen Gebieten ergänzt werden sollen. Es wird sorgfältig geprüfte Maßnahmen enthalten: hart, aber ausgewogen und dem Risiko, dem wir ausgesetzt sind, angemessen. Dazu werden auch Maßnahmen gegen die Finanzierung von Terrorismus gehören. Damit werden unsere Möglichkeiten erweitert, solche Personen, die terroristischer Handlungen verdächtig sind und die unsere Asylverfahren missbrauchen wollen, auszuschließen und zu entfernen. Wir werden das Gesetz gegen Volksverhetzung erweitern, so dass auch das Schüren von religiösem Hass davon erfasst wird. Wir werden eine Vorlage zur Modernisierung unseres Auslieferungsgesetzes einbringen.

Das wird keine spontane Reflexhandlung sein. Aber ich möchte betonen, dass wir unsere Gesetze verstärken müssen, damit wir, und sei es auch nur in wenigen Fällen, die nötigen Mittel in der Hand haben, die Freiheit unserer Bürger und unsere nationale Sicherheit schützen zu können.

Die Britischen Sicherheitsmaßnahmen

Soweit es möglich ist, haben wir auch dafür gesorgt, dass alle erdenklichen Maßnahmen zum Schutz unserer inneren Sicherheit ergriffen werden. Wir haben für alle Formen des Terrorismus Notstandspläne erstellt, die ständig und auf allen Ebenen überprüft und erprobt werden.

Daneben werden wir auch weiterhin alle Entwicklungen in der britischen und internationalen Wirtschaft sorgfältig verfolgen. Bestimmte Sektoren der Wirtschaft hier und in anderen Teilen der Welt sind unvermeidlicherweise schwer betroffen, aber ich wiederhole, dass die Grundlagen aller größeren Volkswirtschaften, einschließlich der unsrigen, nach wie vor fest sind. Wie der 11. September gezeigt hat, ist die Verminderung der Bedrohung durch Terrorismus im großen Maßstab auch von wirtschaftlicher Bedeutung. Also besteht auch in dieser Hinsicht jeder Anreiz, das Netzwerk bin Ladens zu eliminieren.

Schluss

Herr Präsident, drei Wochen nach dem entsetzlichsten Akt von Terrorismus, den die Welt je erlebt hat, ist unsere Koalition stark, ist die militärische Planung stabil, nehmen die humanitären Pläne Gestalt an.

Die Beweise gegen bin Laden und sein Netz sind erdrückend. Unser Feind ist nicht das afghanische Volk. Ihm gilt unser Mitgefühl, ihm gilt unsere Unterstützung.

Unsere Feinde sind Osama bin Laden und das Netzwerk von Al-Qaida, sie sind für die Ereignisse vom 11. September verantwortlich. Das Taliban-Regime muss sich von ihnen trennen, oder es wird auch unser Feind werden. Wir werden nicht handeln, um uns zu rächen. Wir werden handeln, um unsere Menschen und unsere Lebensform, einschließlich des Vertrauens in unsere Wirtschaft, zu schützen. Wir müssen die von bin Laden und seinem Terrorismus ausgehende Bedrohung eliminieren. Wir handeln für die Gerechtigkeit. Wir wissen die Weltöffentlichkeit hinter uns. Wir sind fest entschlossen, dafür zu sorgen, dass der Gerechtigkeit Genüge getan wird, dass das Übel des Massenterrorismus bekämpft und besiegt wird.

7. OKTOBER

Bin Laden: »Amerika ist von Gott getroffen, an seiner empfindlichsten Stelle«

Nur kurz nach dem Beginn der US-Angriffe auf Ziele in Afghanistan strahlt der arabische TV-Sender Al-Jazeera des Golfemirats Katar ein Video mit einer offenbar vorbereiteten Erklärung des Terroristenführers Osama bin Laden aus. Aus dem Video ist nicht ersichtlich, wann der Film aufgenommen wurde. Die Erklärung von Osama bin Laden bezieht sich auf die Anschläge vom 11. September, aber nicht konkret auf die Angriffe der USA. Bin Laden sagt, dass die Schlacht zwischen dem Glauben und dem Unglauben begonnen hat. Im Anschluss dokumentieren wir den Wortlaut der Erklärung in einer inoffiziellen Übersetzung.

Ich bezeuge, dass es keinen Gott außer Allah gibt, und Mohammed ist sein Prophet. Da ist Amerika, von Gott getroffen an einer seiner empfindlichsten Stellen. Seine größten Gebäude wurden zerstört, Gott sei Dank dafür. Da ist Amerika, voll Angst von Norden nach Süden, von Westen nach Osten. Gott sei Dank dafür.

Was Amerika jetzt erfährt, ist unbedeutend im Vergleich zu dem, was wir seit etlichen Jahren erfahren. Unsere Gemeinschaft erfährt diese Erniedrigung und diese Entwürdigung seit mehr als 80 Jahren.

Ihre Söhne werden getötet, ihr Blut wird vergossen, ihre Heiligtümer werden angegriffen, und niemand hört es, und niemand nimmt Notiz. Als Gott eine der Gruppen des Islams segnete, Speerspitzen des Islams, zerstörten sie Amerika. Ich bete zu Gott, dass er sie erhöhen und segnen möge.

Während ich spreche, werden Millionen unschuldiger Kinder getötet. Sie werden in Irak getötet, ohne Sünden zu begehen, und wir hören keine Verurteilungen oder eine Fatwa von der Führung. Dieser Tage suchen israelische Panzer Palästina heim – in Jenin, Ramallah, Rafah, Beit Jalla und an anderen Orten im Land des Islams, und wir hören niemanden, der seine Stimme erhebt oder sich einen Schritt bewegt.

Wenn das Schwert niedergeht, nach 80 Jahren, richtet die Heuchelei ihr hässliches Haupt auf. Sie trauern, und sie klagen um diese Mörder, die das Blut, die Ehre und die Heiligtümer der Muslime missbraucht haben. Das Geringste, was man über diese Leute sagen kann, ist, dass sie verderbt sind. Sie sind der Ungerechtigkeit gefolgt. Sie haben dem Schlachter den Vorzug vor dem Opfer gegeben, dem Unterdrücker vor dem unschuldigen Kind. Möge Gott ihnen seinen Zorn zeigen und ihnen geben, was sie verdienen.

Ich sage, dass die Lage klar und offensichtlich ist. Nach diesem Ereignis, nachdem die Regierungsvertreter in Amerika gesprochen haben, angefangen mit dem Kopf der Ungläubigen weltweit, Bush, und seinen Begleitern, sind sie mit Macht mit ihren Männern angetreten und haben sogar die Länder, die zum Islam gehören, zu diesem Verrat bewogen, und sie wollen Gott ihre Kehrseite zeigen, um den Islam zu bekämpfen, um Menschen im Namen des Terrorismus zu unterdrücken.

Als Menschen am Ende der Welt, in Japan, zu Hunderttausenden getötet wurden, Junge und Alte, wurde das nicht als Kriegsverbrechen betrachtet, sondern es gilt als etwas, das gerechtfertigt ist. Millionen Kinder in Irak, auch das ist etwas, das gerechtfertigt ist. Aber wenn sie Dutzende Menschen in Nairobi und Daressalam verlieren, wird Irak angegriffen und Afghanistan angegriffen. Die Heuchelei stand mit ganzer Macht hinter dem Kopf der Ungläubigen weltweit, hinter den Feiglingen dieses Zeitalters, Amerika und denen, die auf dessen Seite sind. Diese Ereignisse haben die ganze Welt in zwei Lager geteilt: das Lager der Gläubigen und das Lager der Ungläubigen, möge Gott euch von ihnen fern halten. Jeder Muslim muss danach drängen, seiner Religion zum Sieg zu verhelfen. Der Sturm des Glaubens ist gekommen. Der Sturm der Veränderung ist gekommen, um die Unterdrückung von Mohammeds Insel auszumerzen, Friede sei mit ihm. An Amerika und sein Volk richte ich nur wenige Worte. Ich schwöre bei Gott, der den Himmel ohne Säulen errichtet hat, weder Amerika noch die Menschen, die dort leben, werden von Sicherheit träumen, bevor wir diese in Palästina leben und nicht bevor alle ungläubigen Armeen das Land Mohammeds verlassen, Friede sei mit ihm.

Der arabische TV-Sender Al-Jazeera strahlte nach den ersten amerikanischen Angriffen auf Afghanistan ein neues Video aus, das den saudischen Terroristenführer Osama bin Laden im Kampfanzug in einem Versteck in den Bergen Afghanistans zeigt. Er ruft in diesem Video die Muslime in aller Welt zum Heiligen Krieg (Dschihad) gegen die USA auf.

Fischer: »Es geht um Solidarität, Humanität und um ein neues Engagement in einer globalen Welt«

Einen Monat nach den Anschlägen spricht Bundesaußenminister Joschka Fischer vor dem Deutschen Bundestag über die Auseinandersetzung mit dem Terrorismus.

Der 11. September hat uns einen Kampf aufgezwungen, den niemand von uns wollte, nicht die Menschen in den USA, nicht die Regierung der USA, nicht die Führung der NATO, auch nicht die Bundesregierung und die Menschen in Deutschland. Es war ein Angriff auf die Menschen in New York, auf die Regierung der Vereinigten Staaten, auf unseren wichtigsten Bündnispartner. Insofern ist umfassende Solidarität eigentlich eine Selbstverständlichkeit. Es war auch ein Angriff auf die offene Gesellschaft, ein Angriff auf unsere Demokratie. Insofern sind es unsere elementaren Interessen, die uns zwingen, hier zu widerstehen, ja Widerstand zu leisten.

Es ist eine mörderische, eine totalitäre Herausforderung, vor der wir stehen. Wer gestern im Fernsehen gesehen hat, wie neue Massenmorde angekündigt werden, und wer weiß, dass es sich hierbei nicht mehr nur um Rhetorik handelt, der stellt nicht mehr die Frage nach den Beweisen, die ja vorliegen, die vorhanden sind. Alles zieht sich dorthin zu. Es gibt keine alternativen Erkenntnisse, nicht nur bei uns nicht, sondern auch im gesamten Bündnis und bei anderen Diensten nicht. Nach den vorbereiteten Erklärungen von bin Laden und nach dem gestrigen Aufruf zu neuen Massenmorden ist völlig klar: Wir stehen hier vor einer internationalen totalitären Herausforderung, die den Islam missbraucht, die die religiösen Gefühle von Menschen missbraucht, um ihre totalitären Ziele mit dem Mittel des Massenmordes durchzusetzen. Und das darf nicht siegen, meine Damen und Herren. Die Auseinandersetzung mit dem Terrorismus ist kein Kampf der Kulturen – das anzunehmen wäre der größte Fehler, den wir innen- wie außenpolitisch machen könnten –, aber sie ist ein Wertekonflikt. Die Grundwerte der Demokratie, die Grundwerte der Menschenrechte werden hier in Frage gestellt – auf mörderische Art und Weise. Deswegen geht es um die Verteidigung dieser Grundwerte und nicht um ihre Infragestel-

Auf dem Flug nach Pakistan spricht Bundesaußenminister Joschka Fischer am 19.10.2001 mit mitreisenden Journalisten.

lung. Wie der Bundeskanzler in seiner, wie ich finde, großen Rede heute Morgen klar gemacht hat, muss die Linie sein: Festigkeit und Besonnenheit, Entschlossenheit im Kampf gegen den Terrorismus, Entschlossenheit aber auch in der Verteidigung der offenen Gesellschaft, der Demokratie sowie – ich betone dies – des multikulturellen Charakters der offenen Gesellschaft, den wir haben.

Ich finde, das verdient nachdrücklich Unterstützung. Die Antwort auf den Terrorismus muss umfassend sein. Das Militärische steht jetzt sehr stark im Vordergrund. Ich kann hier nur unterstreichen, was der Bundeskanzler in seiner Regierungserklärung gesagt hat: Die Antwort muss auf die Lösung ökonomischer und politischer Probleme ausgerichtet sein und wird sehr

stark auch des kulturellen Dialogs bedürfen. Die eine Welt ist eben nicht nur eine Sonntagsveranstaltung, sondern sie ist auch voller Konflikte und voller Gefahren.

Aber die eine Welt ist unsere Zukunft. Die Pluralität der Kulturen bedarf nicht der kulturellen Konfrontation, sondern des interkulturellen Dialogs im Zentrum der internationalen Politik. Wir reden hier über nichts Geringeres als über den Entwurf einer Friedenspolitik im 21. Jahrhundert. Anders als zu Zeiten des Kalten Krieges bedeutet Friedenspolitik in der einen Welt im 21. Jahrhundert internationale Ordnungspolitik im Kampf gegen den internationalen Terrorismus. Das heißt, es geht darum, eine Weltordnung zu schaffen, die Zonen der Ordnungslosigkeit oder gar, wie es in weiten Teilen der Fall

ist, des völligen politischen Ordnungsverlustes nicht mehr zulässt. Ich sage das nicht nur unter dem Gesichtspunkt der Bedrohungen, die durch Zonen der Ordnungslosigkeit für uns erwachsen können; die eigentliche Gefahr besteht vielmehr in dem Leid der betroffenen Zivilbevölkerung. Das ist der entscheidende Punkt.

Wenn wir uns in letzter Zeit, was die Schaffung einer Weltordnung angeht, alle miteinander selbstkritisch etwas vorzuwerfen haben, dann vielleicht, dass wir der Illusion einer friedlichen Welt zu sehr erlegen waren. Für die Europäer gilt das zwar weniger, weil der Balkan so nahe ist – aber nur deswegen! Wenn Sie dem zustimmen, dann komme ich – völlig unpolemisch – zu der Frage, ob angesichts der neuen Herausforderungen über das

Ziel eines Niedrigsteuerstaats nicht völlig neu diskutiert werden muss. Ich möchte einmal sehr ernsthaft die Frage diskutieren, ob das neue Engagement für eine auf Pluralität gründende Weltordnung, das ein Mehr an Sicherheit im Inneren und Äußeren erfordert und mehr Einsatz in der Außenpolitik, in der Friedenspolitik und in der Entwicklungspolitik notwendig macht, mit den Vorstellungen von einem Niedrigsteuerstaat, denen wir alle angehangen haben, tatsächlich noch vereinbar ist.

Eine Weltordnung schaffen, die allen Völkern die Perspektive voller Teilhabe ermöglicht, das klingt sehr ambitioniert, ist aber nur die Konsequenz aus einem erfolgreichen Kampf gegen den Terrorismus. Lassen Sie mich hier unterstreichen: Multilateralismus und nicht Unilateralismus wird die Welt im 21. Jahrhundert zu bestimmen haben. Auch das ist eine wichtige Konsequenz dessen, was wir erlebt haben.

Dabei gewinnen die Vereinten Nationen eine völlig neue Bestimmung. Bei all den Tragödien, die sich ereignet haben, müssen wir auch das Positive herausarbeiten: dass der Sicherheitsrat jetzt geschlossen handelt, dass das Völkerrecht fortentwickelt wird, und zwar auf eine sehr robuste, handlungsfähige Art und Weise, wie es immer gefordert worden ist. Ich erinnere mich an all die Auseinandersetzungen über die Einsätze auf dem Balkan. Jetzt handelt der Sicherheitsrat geschlossen.

Ich stimme auch Frau Merkel völlig zu – wir haben das schon vorher nachdrücklich unterstrichen –, dass diese Koalition der Staaten die Gemeinsamkeit in den Grundwerten nicht vergessen machen darf: Menschenrechtsverletzungen sind Menschenrechtsverletzungen, auch wenn sie von Koalitionspartnern begangen werden; Unterstützung von Terrorismus ist Unterstützung von Terrorismus, auch wenn sie durch Koalitionspartner erfolgt. So wichtig es ist, dass wir in dieser Auseinandersetzung Festigkeit bewahren, so wichtig ist es auch, dass wir mehr und nicht weniger an Menschenrechtsorientierung brauchen, wenn wir diesen Kampf bestehen wollen.

Lassen Sie mich einen weiteren Punkt ansprechen, der in vielen Reden, vor allen Dingen sonntags,

»Die Lösung des Nahost-Konflikts wird von entscheidender Bedeutung für das Gelingen des Kampfes gegen den Terrorismus sein«

diskutiert wird – allerdings weiß ich von vielen Kollegen, dass sie auf diesem Gebiet auch werktags sehr praktische Arbeit geleistet haben –: Was sind die Ziele des islamistischen Terrorismus? Ziel ist die Befreiung der islamischen Welt von äußerem Einfluss, was sich aktuell an den USA festmacht. Ziel ist aber auch – das ist eines der wichtigsten Ziele – die Zerstörung Israels. Hier sind wir besonders gefordert, wenn all die Erklärungen, die wir fraktionsübergreifend immer abgegeben haben und die ich immer ernst genommen habe, ernst gemeint waren. Hier haben wir eine besondere, auch historische Verantwortung und Verpflichtung. Eine Politik, die mit den Mitteln des Terrorismus und des Massenmordes auf die Zerstörung Israels zielt, verdient unseren energischsten Widerstand und den Einsatz aller Möglichkeiten, die wir haben.

Terror gegen Israel ist von uns ohne Wenn und Aber zu verurteilen, egal, ob dieser von Bin Laden, von Hamas, von einem islamischen Dschihad, von der Hisbollah oder von wem auch immer ausgeht. Terrorismus gegen Israel wird von uns nicht akzeptiert. Hier wissen wir uns mit dem Staate Israel und den Menschen dort einig.

Wir betonen hier noch einmal ausdrücklich das Existenzrecht Israels und seinen Anspruch auf sichere Grenzen und Frieden. Hier möchte ich als Freund Israels auch betonen, dass wir, weil wir das Existenzrecht Israels sichern wollen, den Friedensprozess wollen und alles tun werden, um diesen Friedensprozess weiter voranzubringen. Dazu gehört auch die Berücksichtigung der legitimen Interessen des palästinensischen Volkes; das schließt sein Selbstbestimmungsrecht und die Option auf einen eigenen Staat ein, wie es in der Berliner Erklärung der Europäischen Union während der deutschen Präsidentschaft hier geheißen hat; allerdings unter Wahrung des Existenzrechtes und der Sicherheitsinteressen Israels.

Ich denke, das war eine wichtige Klarstellung, denn in Israel schaut man schon sehr genau danach, wie geschlossen unsere Haltung in diesem Punkt ist. Mir geht es hier gar nicht um kleinliche parteipolitische Aufrechnung. Was wir hier, und zwar alle Fraktionen, in Deutschland bezüglich Israel sagen, tun oder nicht tun, wird dort auf Grund der tragischen historischen Beziehungen besonders wahrgenommen. Ich erlebe das als Außenminister. Insofern weiß ich, wie wichtig es ist, dass wir hier einen partei- und fraktionsübergreifenden Konsens im Deutschen Bundestag haben.

Für mich ist neben der Lösung der Regionalkonflikte noch ein anderer Punkt ganz entscheidend: Die Lösung des Nahost-Konflikts wird von ganz entscheidender Bedeutung für das Gelingen des Kampfes gegen den Terrorismus sein, nicht auf Grund eines unmittelbaren Zusammenhangs, sondern weil die Gefühle von Millionen von Menschen in der Region missbraucht werden können. Andere Regionalkonflikte, zum Beispiel in Zentralasien oder auch im südlichen Kaukasus, spielen ebenfalls eine Rolle; der Maghreb wird miteinzubeziehen sein. Das sind alles Regionen, die nicht in unmittelbarer Nachbarschaft zu Deutschland, aber zu Europa liegen.

Gestatten Sie mir, dass ich hier eine Entwicklung anspreche, die ich mit einer gewissen Sorge betrachte. Wir erleben gegenwärtig die Verschiebung der zentralen Achsen der internationalen Politik. Russland wird sich völlig neu aufstellen. Das liegt in unserem Interesse. Die ernsthafte Öffnung Russlands, die sich, wie Präsident Putin hier in seiner Rede zum Ausdruck gebracht hat, in einer neuen russischen Politik niederschlägt, liegt im deutschen und im europäischen In-

ZUR PERSON

Joschka Fischer

Außenminister und Vizekanzler (Bündnis 90/Die Grünen). Geboren am 12. April 1948, seit 1982 Mitglied der Grünen, **1983–1985** Mitglied des Deutschen Bundestages, **12.12.1985–9.2.1987** Staatsminister für Umwelt und Energie des Landes Hessen, **8.4.1987–4.4.1991** Vorsitzender der Fraktion der Grünen im Hessischen Landtag, **April 1991–6.10.1994** Staatsminister für Umwelt, Energie und Bundesangelegenheiten des Landes Hessen, **19.10.1994–25.10.1998** Sprecher der Fraktion Bündnis 90/Die Grünen im Bundestag. **Seit 27.10.1998** Bundesminister des Auswärtigen Amtes.

teresse. Wenn wir nicht Acht geben, könnte das ungewollte Konsequenzen haben. Ich halte überhaupt nichts davon, hier eine Entwicklung negativ zu bewerten, die in unserem Interesse liegt und eigentlich positiv ist. Wenn wir sie allerdings national betrachten und in einem rückwärts gewandten Sinne missverstehen, das heißt, wenn wir gewissermaßen diesen Schönheitswettbewerb der europäischen Nationalstaaten mitmachen, ohne zu begreifen, wie kurzsichtig ein solcher ist, und die Europäische Union dafür verbal kritisieren oder ihr sogar mit einer gewissen Arroganz entgegentreten, weil sie noch nicht so weit ist, wie sie sein müsste, dann laufen wir Gefahr, einem historischen und strategischen Irrtum zu unterliegen. Wir müssen nämlich sehen, dass in der Welt des 21. Jahrhunderts, in der sich die Zentralachsen verschieben, nicht Deutsche, Franzosen oder Briten eine Rolle spielen werden, sondern nur ein integriertes Europa.

Deswegen wird es von entscheidender Bedeutung sein, jetzt das europäische Engagement zu stärken. Wir werden weniger Zeit haben, als viele von Ihnen und ich bisher dachten, weil sich die Welt jetzt dramatisch verändert hat. Das ist ein weiteres Argument dafür, dass Deutschland nicht abseits stehen darf. Wir sind im europäischen Konzert zu groß und zu wichtig. Es geht hier nicht um Schönheitswettbewerbe, sondern es geht neben der Solidarität, die sehr wichtig ist, auch um Humanität, Menschenrechte und ein neues Engagement in einer globalen Welt. All das wird nur eine Zukunft haben, wenn wir den europäischen Integrationsprozess mit dem ganzen Gewicht unseres Landes in der Außen- und Sicherheitspolitik und durch die Schaffung einer europäischen Demokratie voranbringen. Wenn wir jetzt am nationalen Denken festhielten, würden wir einen großen Fehler machen. Meine Damen und Herren, Kampf gegen den Terrorismus bedeutet deswegen nicht nur das Eintreten für eine neue, humanere Weltordnung und ein neues Engagement, mit dem wir ein Mehr an Leistungen aufzubringen und ein Mehr an Risiken zu schultern haben, es müssen auch Regionalkonflikte gelöst und interkulturelle Dialoge geführt werden. Er bedeutet vor allen Dingen auch, dass wir bei der europäischen Integration vorankommen müssen. Wenn wir getrennt bleiben, werden die Europäer in der neuen Weltordnung marginalisiert.

Bush: »Nun werden die Taliban den Preis zahlen«

Knapp eine Woche nach Beginn der Militärschläge der USA gegen Afghanistan wendet sich der amerikanische Präsident in einer Radioansprache an die Nation. Auf seinen Befehl hin wurden Militäreinrichtungen der Taliban bombardiert.

Guten Morgen.

Diese Woche haben wir den Krieg gegen den Terror an einigen wichtigen neuen Fronten begonnen. Wir bringen den Krieg zum Feind, und wir stärken unsere Verteidigung hier im Inland.

In meiner Radioansprache vorige Woche warnte ich, dass die Frist für die Taliban abgelaufen sei, die Terroristen, denen sie Zuflucht gewähren, auszuliefern. Sie hörten nicht darauf, und nun zahlen sie den Preis.

Am Sonntag haben amerikanische und britische Streitkräfte Militärschläge gegen Terroristenlager und militärische Ziele der Taliban in Afghanistan ausgeführt. Unsere Männer und Frauen in Uniform machen ihre Arbeit, wie sie es immer tun: qualifiziert und mutig. Sie haben die Ziele der ersten Phase unseres Feldzugs erreicht. Wir haben das Netzwerk der Terroristen in Afghanistan zerschlagen. Wir haben das Militär der Taliban geschwächt. Und wir haben die Luftabwehr der Taliban lahm gelegt.

Amerikanische Streitkräfte beherrschen den Luftraum über Afghanistan. Wir werden diese Dominanz nutzen, um sicherzustellen, dass die Terroristen Afghanistan nicht weiterhin ungehindert als Operationsbasis verwenden können.

Dieser Feldzug wird nicht mit einem Angriff abgeschlossen sein. Unser Feind zieht es vor, die Hilflosen anzugreifen. Er versteckt sich vor unseren Soldaten. Aber wir gehen entschlossen vor, um ihm seine Verstecke zu nehmen. Die beste Verteidigung gegen den Terrorismus ist eine starke Offensive gegen die Terroristen. Diese Arbeit dauert an.

Gleichzeitig ergreifen wir weitere Maßnahmen zur Stärkung unseres Schutzes gegen Terroristen im Inland. In dieser Woche habe ich einen Erlass unterzeichnet, mit dem ein neues Amt für innere Sicherheit ins Leben gerufen wurde. Das Amt wird von einem fähigen und erprobten Politiker, dem ehemaligen Gouverneur von Pennsylvania Tom Ridge, geleitet.

Gouverneur Ridge ist ein mit Medaillen ausgezeichneter Veteran des Vietnamkriegs. Er ist eine er-

US-Präsident George W. Bush berichtet in Washington über die Militärschläge gegen Afghanistan. Bush weist in seiner Rede darauf hin, dass er die Taliban wiederholt gewarnt und dazu aufgefordert habe, Osama bin Laden auszuliefern.

folgreiche Führungspersönlichkeit und weiß, womit wir es zu tun haben, da sein eigener Bundesstaat einer der drei war, in dem am 11. September Amerikaner starben.

Gouverneur Ridge ist damit beauftragt, die umfassenden nationalen Bestrebungen zum Schutz unseres Landes vor Terrorismus zu koordinieren, die Pläne der Terroristen zu durchkreuzen, zum Schutz gefährdeter Punkte beizutragen und unsere Reaktion auf potenzielle Bedrohungen vorzubereiten. Tom Ridge wird mir direkt Bericht erstatten, und er wird die volle Unterstützung der gesamten Regierung genießen.

Ich verstehe, dass sich viele Amerikaner unwohl fühlen. Aber ich kann allen Amerikanern versichern: Wir treffen strenge Sicherheitsvorkehrungen, wir sind wachsam, wir sind entschlossen, das Land ist in Alarmbereitschaft, und

die große Macht der amerikanischen Nation wird zu spüren sein.

Unsere Nation ist den vielen Amerikanern dankbar, die sich unserer Sache anschließen und sich auf den vor uns liegenden Kampf vorbereiten: FBI-Beamte, Mitarbeiter der Nachrichten- und Notdienste, Gesundheitsbehörden, Beamte der Bundesstaaten und Kommunen, unsere Diplomaten im Ausland, Mitarbeiter der Strafverfolgungsbehörden, die unsere innere Sicherheit garantieren, Soldaten, Seeleute, Marineinfanteristen und Flieger, die uns, so weit von zu Hause entfernt, verteidigen.

Viele andere fragen: Was kann ich tun? Die Amerikaner tragen bereits durch ihre Geduld und ihren Patriotismus, ihre Entschlossenheit und Großzügigkeit zum Krieg gegen den Terror bei. Dennoch habe ich eine weitere Aufgabe, insbesondere für die Kinder Amerikas. Ich bitte

euch, das Beste an Amerika zu zeigen, indem ihr den Kindern in Afghanistan, die unter der Unterdrückung ihrer eigenen schlechten Regierung leiden, direkt helft. Viele sind unterernährt, viele hungern. Legt einen Dollar in einen Umschlag. Schreibt darauf »Amerikas Fonds für afghanische Kinder«, und schickt ihn hier ans Weiße Haus, 1600 Pennsylvania Avenue, Washington, DC, 20509-1600. In Zusammenarbeit mit dem Roten Kreuz werden wir das Geld zu den Not leidenden afghanischen Kindern bringen.

Dies ist etwas, das die Kinder Amerikas für die Kinder Afghanistans tun können, selbst während wir uns gegen das grausame Talibanregime stellen. Wir werden ihren Übeltaten mit standfester Gerechtigkeit begegnen, und wir werden auf ihren Hass mit Mitgefühl für das afghanische Volk antworten.

Vielen Dank fürs Zuhören.

Menschen und Themen 2001

Renate Künast: Agrarpolitik in schwierigen Zeiten

Kontrahenten im Nahostkonflikt: Scharon und Arafat

Chefanklägerin Carla Del Ponte

Wim Duisenberg und der Euro

Thomas Haffa und die Krise der New Economy

Nkosi Johnsons Kampf gegen Aids

Dennis Tito und das Leben im All

Jüdisches Museum Berlin

Rivalen in der Formel 1: Die Schumachers

Verbraucherschutzministerin Renate Künast und die Agrarwende

Nach zahlreichen Krisen und Skandalen im Agrarwesen wird Renate Künast im Januar 2001 zur Bundesministerin für Verbraucherschutz, Ernährung und Landwirtschaft ernannt. Ihre Bemühungen, in der Landwirtschaftspolitik neue Wege zu beschreiten, stoßen bei den Interessenvertretern der Bauernverbände in Deutschland und auch in anderen Staaten der Europäischen Union (EU) auf vielerlei Widerstand, durch den sich die energische Grünen-Politikerin allerdings nicht entmutigen lässt.

Durchsetzungsvermögen war nach eigenem Bekunden eine Eigenschaft, die Renate Künast schon früh entwickeln musste. 1955 in Recklinghausen geboren, musste sie sich als Jugendliche »unter Geheul und Getrampel« von ihren Eltern den Wechsel von der Haupt- zur Realschule ertrotzen. Nach der Fachhochschule arbeitete sie als Sozialarbeiterin im Gefängnis in Berlin-Tegel, studierte Jura und trat 1979 der Berliner Alternativen Liste (AL) bei. Als Künast 1985 in das Berliner Abgeordnetenhaus einzog, wurde sie noch vom Verfassungsschutz beobachtet. Grundsätzliche Zweifel an ihrer demokratischen Gesinnung konnte sie allerdings rasch zerstreuen, denn schon damals zeigte sich bei ihr ein ausgeprägter Wille zur Macht: Gemeinsam mit dem Sozialdemokraten Walter Momper zimmerte sie 1989 das erste rot-grüne Bündnis für die damals noch geteilte Stadt. Allerdings ließ sie als Fraktionsvorsitzende mitten in der Legislaturperiode die Koalition platzen, nachdem in Ost-Berlin auf Anordnung der SPD zahlreiche besetzte Häuser geräumt worden waren.

Als Renate Künasts größte Stärken gelten ihre uneingeschränkte Erfolgsorientierung und ihre extreme Belastbarkeit, die sie befähigt, ihr Anliegen gegen breite Widerstände auch dann noch durchzufechten, wenn

andere längst kapituliert hätten. Dabei offenbarte Künast häufig jene angriffslustige Streitbarkeit, durch die sie über die Reihen ihrer eigenen Partei hinaus bekannt wurde, eine Streitbarkeit, mit der sie selbst in harmlosen Talkshows hitzige Diskussionen auslösen kann. Dabei begegnet sie ihren politi-

Renate Künast erhält beim Besuch auf einem Bauernhof ein Ferkel zum Geschenk.

schen Widersachern mit einer Aggressivität, die ihr bisweilen als uneinsichtige Rechthaberei ausgelegt wird. Situative Sensibilität und abwartende Taktik, häufig Eigenschaften erfolgreicher Politiker, zeichnen sie nicht aus, dafür aber ein fast schon ruppiger Umgang mit Andersdenkenden, der ihr zwar häufig Respekt, aber nur selten Zuneigung eingebracht hat.

Sachkompetenz und Engagement – der Schlüssel zum Aufstieg

Künast galt trotz der Kompromisslosigkeit, mit der sie ihre eigenen Positionen durchzusetzen versucht, stets als Pragmatikerin. Mit einigen Prinzipien der Fundamentalisten in ihrer Partei konnte sie sich nie anfreunden. Die strikte Trennung von Amt und Mandat lehnt Künast ab, gegenüber der Doppelspitze bei Bündnis 90/Die Grünen zeigte sie sich wiederholt skeptisch. Auch die Frauenquote ist für Künast, die sich immer für die Gleichstellung der Frau eingesetzt hat, kein brauchbares Mittel, um Frauen an der Macht zu beteiligen. Sie ist davon überzeugt, dass sich Sachkompetenz und Engagement auch ohne vorgeschriebene Quoten durchsetzen können.

Bestes Beispiel dafür ist sie selbst. Mit akribischem Aktenstudium arbeitete sie sich im Laufe ihrer Karriere in die verschiedensten Sachgebiete ein – vom Wohnungsbau über die Sozialpolitik bis in die verästelte Problematik der Wirtschaftsförderung. Dass bei der damit verbundenen Arbeitsbelastung ihr Privatleben häufig auf der Strecke blieb, beklagte Künast wiederholt: Sie vermisse es, wie früher mit Freunden in Kreuzberg nach der Arbeit Rotwein zu trinken und dabei ihrer Lieblingsbeschäftigung nachzugehen: Über Politik zu streiten. Außerdem war ihr nach eigenem Bekunden ihre Popularität eher unangenehm; gern würde sie einmal wieder unbehelligt mit der U-Bahn durch Berlin fahren.

Entschädigt für diesen Verlust an Lebensqualität wurde sie durch die zunehmend anspruchs- und verantwortungsvolleren Aufgaben, die ihr im Laufe der Zeit anvertraut wurden. Nach der Bundestagswahl 1998 saß sie bei den Koalitionsverhandlungen mit der SPD für Bündnis 90/Die Grünen als Rechtsexpertin mit am Verhandlungstisch. Dabei hinterließ sie mit ihren Kenntnissen einen so tiefen Eindruck, dass sie damals sogar als Justizministerin in der Regierung des neuen Bundeskanzlers Gerhard Schröder (SPD) im Gespräch war. Im letzten Augenblick setzten sich aber die Sozialdemokraten mit ihrer Kandidatin Herta Däubler-Gmelin durch.

Künast zeigte sich nicht enttäuscht von dieser Entscheidung, sondern arbeitete danach weiter konzentriert und engagiert als Fraktionsvorsitzende im Berliner Abgeordnetenhaus. Sie wurde bei Bündnis 90/Die Grünen zur grauen Eminenz, deren Meinung nicht nur zu allen wichtigen Fragen eingeholt wurde, sondern die auch mit allen herausragenden Positionen in Verbindung gebracht wurde, die ihre Partei zu vergeben hatte. 1998 wurde ihr der Posten der Parteivorsitzenden angetragen. Sie zauderte und lehnte schließlich ab – eine Entscheidung, die sie schon ein Jahr später bereute, als ihre Partei in ein Stimmungstief geriet. Mitte 1999 war sie für einen der beiden vakanten deutschen Posten in der EU-Kommission in Brüssel im Gespräch. Kaum jemand zweifelte damals daran, dass sie mit ihrer Ent-

Kühe auf ihrem Weg zur Schlachtbank: In ihrer Herde gab es einen BSE-Fall.

schlossenheit auch dieser als unbeweglich geltenden Riesenbehörde neue Impulse geben könnte. Doch Künast bevorzugte die Bundespolitik und wurde im Juni 2000 dann doch noch Bundesvorsitzende von Bündnis 90/Die Grünen.

Neue Prioritäten in der Landwirtschaftspolitik

Auf dem Höhepunkt der BSE-Krise in Deutschland, das jahrelang als BSE-frei gegolten hatte, wurde Künast schließlich im Januar 2001 von Bundeskanzler Gerhard Schröder ins Kabinett berufen. Aus dem vorherigen Bundesministerium für Landwirtschaft, Ernährung und Forsten, dem bis dahin der glücklose SPD-Politiker Karl-Heinz Funke vorgestanden hatte, sollte das Ministerium für Verbraucherschutz, Ernährung und Landwirtschaft werden. Schröder legte Wert auf die neue Reihenfolge dieser Zuständigkeiten, weil sie die neuen Prioritäten in diesem Bereich signalisieren sollte. Künast erteilte er den Auftrag, eine radikale Wende in der deutschen Agrarpolitik einzuleiten.

Die Ernennung von Künast galt als große Überraschung, weil sie selbst niemals einen Hehl daraus gemacht hatte, eine »Städterin« zu sein. Nun sollte also die zierliche Frau mit dem frechen Berliner Mundwerk anstelle des bulligen Karl-Heinz

Funke vor eine Bauernversammlung treten – auch für viele Regierungsmitglieder eine ungewohnte Vorstellung. Doch Künast fasste ihre Unerfahrenheit auf dem Gebiet der Agrarpolitik als Startvorteil auf: »Vielleicht besteht die Chance genau darin, jemanden zu haben, der nicht ganz heftig in den Fachthemen steht.« Sie war überzeugt, dass Durchsetzungsvermögen und der Wille zu Veränderungen wichtiger als landwirtschaftliche Detailkenntnisse seien. Denn die gesamte Agrarpolitik befand sich im Januar 2001 gerade in einer schweren Krise, die nach ihrer Ansicht mit den herkömmlichen Mitteln nicht zu überwinden war.

Künasts Vorgänger: Agrarminister Karl-Heinz Funke (l.)

Renate Künast legt den Amtseid ab.

Ein BSE-infiziertes Rind wird zerlegt.

Krise und Chaos in der Landwirtschaft

Bis November 2000 war die Welt für die deutschen Bauern noch weit gehend in Ordnung. Zwar litt der gesamte Berufsstand unter dem starken Strukturwandel, der dazu geführt hatte, dass die Zahl der landwirtschaftlichen Betriebe in Deutschland von 1949 bis 2000 von 2,3 Millionen auf 458 000 zurückgegangen war. Doch die großzügige Subventionspolitik der EU sorgte dafür, dass die Landwirte sich insgesamt über solide steigende Einkommen freuen konnten. So erhöhte sich noch 1999 der Gewinn der Agrarbetriebe durchschnittlich um 13,5% auf rund 60 700 DM.

Am 24. November 2000 entdeckten Wissenschaftler im schleswig-holsteinischen Hörsten bei einer Kuh BSE, nachdem man jahrelang geglaubt hatte, dass der Rinderwahnsinn ein weit gehend auf Großbritannien beschränktes Problem sei. Ausgelöst wurde die Rinderseuche dort vermutlich dadurch, dass Schlachtabfälle von Schafen, die mit der Krankheit Scrapie infiziert waren, zu Tiermehl verarbeitet und an Rinder verfüttert wurden. Britische Tiermehlproduzenten begingen den Fehler, auf chemische Mittel zum Herauslösen der Nervenstränge zu verzichten und die Temperaturen bei der Kadaververbrennung zu senken, so dass die Erreger nicht abgetötet wurden. Im November 1986 wurde in Großbritannien erstmals eine an Rinderwahnsinn erkrankte Kuh gemeldet. Bis 2001 stieg dort die Zahl der offiziell registrierten BSE-Fälle auf rund 178 000 an. Die EU reagierte nach den ersten BSE-Fällen mit einem zeitweiligen Exportverbot für britische Rinder und Rinderprodukte. Außerdem wurde die Schlachtung von etwa vier Millionen Rindern, die älter als 30 Monate waren, angeordnet.

Die Seuche wurde in der gesamten EU auch deshalb als große Katastrophe gewertet, weil viele Mediziner davon ausgehen, dass eine neue Variante der Creutzfeldt-Jakob-Krankheit (vCJK), an der seit 1995 in Europa mindestens 90 Menschen gestorben sind, mit BSE im Zusammenhang stehen könnte. Bei vCJK handelt es sich um eine seltene Erkrankung des Gehirns, die von Eiweißmolekülen, so genannten Prionen, ausgelöst wird. Nach jahrelanger Inkubationszeit werden Neuronen im Hirngewebe zerstört, so dass es unter anderem zu Gedächtnisstörungen, Verwirrtheit und Krampfanfällen kommt; die Krankheit ist bis heute nicht therapierbar und verläuft tödlich. Auch wenn dies im Einzelfall noch nicht nachgewiesen ist, sehen viele Forscher eine Verbindung mit dem Verzehr von Rindfleisch, das mit BSE infiziert ist. Die britische Regierung rechnet im schlimmsten Fall damit, dass aufgrund der jahrelangen Vernachlässigung und Verharmlosung des BSE-Problems noch bis zu 136 000 Menschen an der Creutzfeldt-Jakob-Krankheit sterben könnten.

Der schwierige Kampf gegen den Rinderwahnsinn

Angesichts der Gefahr, die von BSE ausgeht, war es nicht verwunderlich, dass die Bundesregierung nach dem ersten Fall von Rinderwahnsinn in Deutschland eine Reihe von Maßnahmen ergriff, um die Seuche in den Griff zu bekommen. Am 2. Dezember 2000 verbot sie generell die Verfütterung von Tiermehl (die auch vorher schon an

Kampf gegen MKS: Brennende Scheiterhaufen r

Rinder nicht erlaubt war) und ordnete an, alle über 30 Monate alten Rinder auf BSE zu testen. Zum 1. Januar 2001 wurde die Herstellung von tiermehlhaltigem Viehfutter für sechs Monate verboten. Mit Ausnahme von Bayern beschlossen alle Bundesländer, alle Tiere einer Herde zu töten, in der ein BSE-Fall vorgekommen war.

Alle diese Maßnahmen sollten dazu beitragen, das Vertrauen der Bundesbürger in die Qualität des Fleisches aus Deutschland zurückzugewinnen, nachdem mit der Meldung über den ersten BSE-Fall der deutsche Rindfleischmarkt vollkommen zusammengebrochen war. Doch die Glaubwürdigkeit der Fleischindustrie sank weiter, weil Lebensmittelkontrolleure Ende Dezember 2000 in Supermärkten falsch deklarierte Wurstwaren fanden, die entgegen den Angaben auf dem Etikett Rindfleisch enthielten. Außerdem gaben die beiden zuständigen Minister der Bundesregierung, die damali-

November 2000: Kühe aus dem Stall jenes Bauern in Hörsten (Schleswig-Holstein), bei dem im November 2001 der erste BSE-Fall aufgetreten ist.

...rkadavern in Dales (Großbritannien)

...ge Gesundheitsministerin Andrea Fischer (Bündnis 90/Die Grünen) und der damalige Bundeslandwirtschaftsminister Karl-Heinz Funke (SPD), eine derart unglückliche Figur bei der Krisenbewältigung ab, dass sie am 9. Januar ihre Ämter niederlegen mussten.

BSE, MKS, Antibiotika und Hormone

Der Rinderwahnsinn war aber nicht das einzige Problem in der deutschen Landwirtschaft, vor dem Renate Künast kurz nach ihrem Amtsantritt stand. In Großbritannien brach im Februar 2001 die Maul- und Klauenseuche (MKS) aus, eine meist schnell fortschreitende, fieberhafte Viruserkrankung der Wiederkäuer und Schweine. Das MKS-Virus, der Aphtovirus Picornaviridae, gilt als weitgehend harmlos für Menschen und kann bei ihnen allenfalls milde Symptome wie zum Beispiel leichtes Fieber hervorrufen; doch dafür ist der Erreger hoch ansteckend und verbreitet sich auch über große Distanzen durch Wind, kontaminiertes Material oder Personen. Nach einer von der britischen Regierung in Auftrag gegebenen Untersuchung soll illegal aus Südostasien importiertes Fleisch den Ausbruch von MKS in Großbritannien verursacht haben. Aufgrund der Befürchtung, das MKS-Virus könnte sich rasch über

ganz Europa ausbreiten, wurden in Großbritannien brennende Haufen aus notgeschlachteten Tierkadavern zu einem vertrauten Bild. Allein in Großbritannien wurden bis zum Sommer 2001 etwa 3,5 Millionen Schafe, Rinder, Schweine und Ziegen gekeult. Nach dem Übergreifen von MKS auf die Niederlande im März 2001 musste dort ein Seuchen-Katastrophenplan in Kraft gesetzt werden, der unter anderem einen landesweiten Transportstopp für Vieh, Geflügel, Gülle, Tierfutter und Mist vorsah. MKS verursachte EU-weit insgesamt einen Schaden von rund 65 Milliarden Euro.

Neben BSE und MKS sorgte fast zeitgleich mit der Ernennung von Renate Künast zur Ministerin für Verbraucherschutz, Ernährung und Landwirtschaft ein weiterer Missstand dafür, dass den Verbrauchern der Appetit auf Fleisch immer mehr verging: Der Schweinemast-Skandal. Um Infektionen bei den meist in Massenhaltung gezüchteten Schweinen zu verhindern, ist die prophylaktische Gabe von Antibiotika in Deutschland erlaubt. Jährlich werden rund 1500 Tonnen Antibiotika in der Tiermast verfüttert. Sie werden nahezu unverändert mit der Gülle ausgeschieden und gelangen ins Grundwasser. Nicht diese allgemein übliche Praxis war Gegenstand des Skandals, sondern der Anfang 2001 aufgekommene Verdacht, Tierärzte aus Niederbayern hätten illegal Antibiotika und Hormone an 1200 deutsche und österreichische Züchter verkauft. Am 23. Januar 2001 trat Barbara Stamm (CSU), die Gesundheitsministerin von Bayern, von ihrem Amt zurück, nachdem ihr Versäumnisse bei der Aufklärung des illegalen Handels von Medikamenten zur Tierzucht vorgeworfen worden waren; sie hatte diese Kritik stets zurückgewiesen.

So gab es aus der Sicht der frisch gekürten neuen Ministerin für Verbraucherschutz,

BSE-Fälle in Europa	
Land	Registrierte Fälle
Großbritannien	177780
Irland	625
Portugal	531
Schweiz	370
Frankreich	286
Deutschland	120
Spanien	34
Belgien	23
Italien	15
Niederlande	14
Dänemark	4
Luxemburg	1
Stand: Mitte 2001	

Ernährung und Landwirtschaft im Januar 2001 zahlreiche Gründe, eine radikale Wende in der Landwirtschaftspolitik einzuleiten. Allerdings konnte sie sich anfangs selbst kaum vorstellen, welche Widerstände sie dabei zu überwinden haben würde.

Umstritten: Impfen als Schutz gegen MKS

Maßnahmen der EU gegen BSE

Seit 1990 hat die EU zahlreiche Vorschriften erlassen, um der Rinderkrankheit BSE Herr zu werden:

März 1990: Eine europaweite Meldepflicht für jeden Fall von BSE wird eingeführt.

Juni 1994: Die Verfütterung von Tiermehl an Wiederkäuer wird verboten.

Juli 1996: Strengere Auflagen für die Verarbeitung tierischer Abfälle werden erlassen, die dafür sorgen sollen, dass die BSE-Erreger abgetötet werden.

Juni 2000: Die Vernichtung von BSE-Risikoteilen (u.a. Hirn, Augen, Rückenmark) wird angeordnet.

Januar 2001: Ein allgemeines Verfütterungsverbot von Tiermehl tritt in Kraft; außerdem werden BSE-Schnelltests für alle Risikotiere über 30 Monate angeordnet.

Erstes Umsteuern in der Landwirtschaftspolitik

Noch bevor Renate Künast eine konkrete Maßnahme in ihrem neuen Aufgabenbereich getroffen hatte, waren die Vorbehalte gegen sie unter den deutschen Landwirten groß. Der Bauernstand in Deutschland hatte das Landwirtschaftsministerium mit seinen rund 1000 Mitarbeitern stets als einen Erbhof betrachtet, der nur mit Leuten aus den eigenen Reihen besetzt werden dürfe. Ob Josef Ertl (FDP), der von 1969 bis 1983 Landwirtschaftsminister war, Ignaz Kiechle (CSU), der von 1983 bis 1993 das Amt bekleidete, Jochen Borchert (CDU), der von 1993 bis 1998 dem Ressort vorstand, oder auch Künasts Vorgänger Karl-Heinz Funke (SPD), der mit der Wahl Schröders zum Kanzler 1998 als Landwirtschaftsminister von Niedersachsen zum Bund gewechselt war – sie alle besaßen einen Hof, hatten Agrarwissenschaften studiert oder hatten eine erfolgreiche Karriere im Deutschen Bauernverband hinter sich. Diesen Anspruch an einen Landwirtschaftsminister brachte Funke nur wenige Tage vor seinem Rücktritt auf einem Treffen mit hessischen Bauern unter tosendem Applaus noch einmal zum Ausdruck: Um in der Agrarpolitik mitreden zu können, »muss man mal einen Stall ausgemistet haben, und zwar nicht nur für zwei Wochen, sondern länger, auch am Sonntag«.

Daher war es nicht verwunderlich, dass sich der Chef des Deutschen Bauernverbandes, Gerd Sonnleitner, im Januar 2001 von Funkes Rücktritt »überrascht und schockiert« zeigte und die Ernennung von Künast äußerst kühl kommentierte: »Wir müssen mit jedem Minister leben.« Die zukünftige Zusammenarbeit mit der neuen Amtsinhaberin bezeichnete Sonnleitner zwar als eine »echte Herausforderung«, doch er zeigte sich äußerst zuversichtlich, wie eh und je die Vorstellungen seines Verbandes in der Landwirtschaftspolitik durchzusetzen: »Wir Bauern haben schon mit vielen politischen Strömungen gelebt.« Immerhin

Bauernpräsident Gerd Sonnleitner

Glückliche Hühner in ökologischer Freilandhaltung

hätten die meisten Grünen als große Naturliebhaber »durchaus ein Herz für die Landwirtschaft«.

Die Forderung nach radikalen Reformen in der Landwirtschaft

Künasts erste Äußerungen als frisch gekürte Ministerin schienen den Deutschen Bauernverband in seinen Befürchtungen zu bestätigen. Sie kündigte zwar an, »keine Politik gegen die Bauern machen« zu wollen, betonte aber auch, »Herzblut für die Verbraucher zu vergießen«. Um zukünftig solche Katastrophen wie BSE und MKS zu verhindern, sprach sie sich für eine grundlegende Neuorientierung der Agrarpolitik aus. Der Öko-Landbau müsse Vorrang haben, Subventionen müssten nach ökologischen Kriterien vergeben werden. Bundeskanzler Schröder bestärkte seine neue Ministerin in diesem Vorhaben: »Es ist zentral, dass die BSE-Krise ein Umdenken in der Landwirtschaftspolitik erforderlich macht.« Schröder warf dem Bauernver-

band eine »falsche Politik« vor, die den »Gau der industriellen Agrarwirtschaft«, wie er die BSE-Krise nannte, mit hervorgerufen habe.

Künast ergriff zahlreiche Maßnahmen, um die Krisen in den Griff zu bekommen und die Agrarwende auf den Weg zu bringen. Im Rahmen eines BSE-Bekämpfungsgesetzes wurde unter anderem die Herausnahme von Tiermehl aus der Futtermittelkette beschlossen. Außerdem wurde festgelegt, dass ab März 2001 Verstöße gegen das Rindfleischetikettierungsrecht schärfer geahndet werden. Seit dem 1. April ist auch die Verwendung von Wiederkäuer-Separatorenfleisch in Nahrungsmitteln verboten. Auf Initiative von Künast wurde das im Dezember 2000 beschlossene Marktentlastungsprogramm der EU so weiter entwickelt, dass die Vernichtung von Rindfleisch auf ein Minimum beschränkt werden konnte. Dadurch ermöglichte die Ministerin, dass ein Teil des Fleisches der rund 400 000 Rinder, die zur Marktentlastung geschlachtet wurden, kostenlos an das Hunger leidende Nordkorea geliefert werden konnte.

Bund und Länder beschlossen, die Investitionsförderung im Agrarbereich an eine art-

Ökologischer Landbau in der EU		
	Anteil an der landwirtschaftlichen Nutzfläche (%)	Zahl der Ökobetriebe
Belgien	1,5	628
Dänemark	6,2	3466
Deutschland	2,6	12732
Finnland	6,8	5225
Frankreich	1,3	9260
Griechenland	0,7	5270
Großbritannien	2,9	3563
Irland	0,8	1014
Italien	7,0	51120
Luxemburg	0,8	51
Niederlande	1,4	1391
Portugal	1,3	763
Spanien	1,5	13424
Schweden	6,3	3329

Stand: 31.12.2000

gerechtere und flächengebundene Tierhaltung zu binden und besonders umweltverträgliche, nachhaltige und standortangepasste Wirtschaftsweisen besser zu honorieren. Dem Bundesrat wurden Verordnungen zugeleitet über eine Reduzierung der Zahl der zugelassenen Aromastoffe und über die verstärkte Kontrolle von Arzneimitteln in der Tiermast. Auf EU-Ebene setzte sich Künast nachdrücklich für ein möglichst rasches Verbot von antibiotischen Leistungsförderern ein. Im europäischen Agrarministerrat verlangte Künast eine drastische Verkürzung der quälend langen Tiertransportzeiten.

Nach ihrem Amtsantritt versuchte Künast auch, dem Tierschutz in der Landwirtschaft größere Geltung zu verschaffen. Als Ziel nannte sie eine »ethisch vertretbare Haltung« von Tieren, also »keine Hühner in Käfigen, keine Schweine an Metallgitter gebunden, keine Rinder auf Vollspaltenböden«. Ein wichtiger Schritt auf diesem Weg gelang ihr im Oktober 2001, als sie sich im Bundesrat mit ihrem Vorhaben durchsetzte, die herkömmlichen Käfigbatterien für Legehennen von 2007 an zu verbieten. Die

Verordnung sieht einen Stufenplan vor. Noch bis Ende 2002 sollen Käfigbatterien erlaubt sein, die jeder Henne 450 Quadratzentimeter und damit weniger Raum als ein DIN-A4-Blatt lassen. Käfige mit 550 Quadratzentimetern pro Henne bleiben bis Ende 2006 zugelassen, danach müssen jedem Tier mindestens 1100 Quadratzentimeter zur Verfügung stehen. Bis 2012 bleibt die Haltung in größeren, so genannten ausgestalteten Käfigen erlaubt. Für die Umstellung auf Freiland- oder Bodenhaltung versprach Künast den Eierherstellern finanzielle Hilfen durch die Bundesregierung. Außerdem kündigte sie eine Werbekampagne für Eier aus Boden- und Freilandhaltung an.

Das Herzstück der Agrarwende – das Öko-Siegel

Künasts Lieblingsprojekt ist das so genannte Öko-Siegel, über dessen Einführung sie über ein halbes Jahr lang hart mit Landwirten, Handel und Verbraucherverbänden verhandelte, bis sie es im September 2001 stolz der Öffentlichkeit präsentieren konnte. An dem grün umrahmten Sechseck mit der schlichten, etwas sperrig anmutenden Aufschrift »Bio nach EG-Ökoverordnung« soll der Verbraucher in Zukunft Bioprodukte erkennen, die diesen Namen auch verdienen. Ausgezeichnet werden nur landwirtschaftliche Produkte, bei deren Herstellung der Bauer ohne chemisch-synthetische Pflanzenschutzmittel ausgekommen ist und auf mineralische Stickstoffdünger verzichtet hat. Fleisch muss aus einer Tierhaltung stammen, die artgerecht gewesen ist. Gentechnik darf bei der Produktion nicht zum Einsatz kommen. Diese Kriterien richten sich nach der bereits seit langem gültigen EG-Öko-Verordnung. Darin ist vorgeschrieben, wie die Bio-Bauern welches Produkt herstellen müssen. Was nicht ausdrücklich erlaubt ist, darf nicht verwendet werden. Generell verboten sind die Anbindehaltung und die Verwendung von gentechnisch veränderten Organismen. Vorgeschrieben ist die Verfütterung von ökolo-

Künast präsentiert das neue Öko-Siegel.

gisch erzeugten Futtermitteln ohne Zusatz von Antibiotika oder Leistungsförderern.

Das ehrgeizige Ziel des Siegels hatte Künast auf dem Höhepunkt der Verbraucherkrise um den Rinderwahnsinn Anfang des Jahres vorgegeben: In den nächsten zehn Jahren soll der Anteil von Bioprodukten in Deutschland von derzeit 2,5 Prozent auf 20 Prozent steigen.

Ökologischer Landbau in Deutschland	
Bundesland	Anteil an der landwirt-schaftlichen Nutzfläche (%)
Deutschland gesamt	2,6
Baden-Württemberg	4,2
Bayern	1,8
Berlin	4,2
Brandenburg	5,4
Bremen	0,9
Hamburg	4,7
Hessen	6,0
Mecklenburg-Vorpommern	6,2
Niedersachsen	1,0
Nordrhein-Westfalen	1,4
Rheinland-Pfalz	1,6
Saarland	3,2
Sachsen	1,2
Sachsen-Anhalt	1,9
Schleswig-Holstein	1,5
Thüringen	2,0
Stand: 31.12.2000	

Bauern machen lautstark auf Existenzsorgen aufmerksam.

1987: Bauern gießen aus Protest gegen Brüsseler Agrarbeschlüsse Milch auf die Straße.

Kritik und Widerstand von vielen Seiten

Trotz des umfangreichen Maßnahmenkatalogs, den Renate Künast nach ihrem Amtsantritt durchsetzte, wurde der neuen Ministerin von vielen Seiten vorgeworfen, die versprochene Agrarwende nicht energisch genug voranzutreiben. Im Oktober 2001 sprach die Vorsitzende des Bundesverbandes der Verbraucherzentralen und Verbraucherverbände, Edda Müller, von einer »erheblichen Diskrepanz zwischen Anspruch und Wirklichkeit« in der Verbraucherpolitik. Sie behauptete, das Verbraucherschutzministerium von Renate Künast erfahre innerhalb der Regierung nur mäßige Wertschätzung und sei chronisch unterfinanziert. Als Beleg für diese Einschätzung führte sie die Tatsache an, dass es Künast im Juni 2001 erst nach erheblichen Anstrengungen gelungen sei, für die geplante Agrarwende bis zum Ende der Legislaturperiode eine Etataufstockung von insgesamt 330 Millionen DM durchzusetzen. Außerdem bemängelte Müller, dass der Verbraucherschutz innerhalb des Ministeriums faktisch immer noch eine untergeordnete Rolle spiele; es sei noch »zu stark auf die Landwirtschaft ausgerichtet«.

Enttäuscht von der Agrarwende zeigten sich auch zahlreiche Umweltschutzverbände. So forderte beispielsweise der Bundes-

geschäftsführer des Naturschutzbundes (Nabu), Gerd Billen, Künast auf, in der Förderpolitik noch konsequenter Ökobetriebe zu unterstützen. Billen bemängelte, dass in einigen Regionen Deutschlands die Zahl der Bauanträge für – ökologisch bedenkliche – Schweine- und Putenmastbetriebe weiter steige anstatt zu sinken. Auch die finanzielle Unterstützung für Bauern, die ihren Betrieb auf ökologische Bewirtschaf-

Grünes Vorbild: Künast auf Inline-Skates

tung umstellen wollten, falle zu gering aus. Die Chefin des Bundes für Umwelt- und Naturschutz (BUND), Angelika Zahrnt, kritisierte, dass einige Regierungsvertreter offensichtlich von der Vorgabe abrückten, die Künast selbst bei ihrem Amtsantritt formuliert hatte, nämlich den Flächenanteil für Ökolandbau in Deutschland von zweieinhalb Prozent bis 2005 auf zehn Prozent zu steigern. Der Parlamentarische Staatssekretär im Künast-Ministerium, Gerald Thalheim (SPD), hatte Zweifel geäußert, ob dieses Ziel tatsächlich erreichbar sei.

Die Blockierer: EU und Deutscher Bauernverband

Was den Naturschützern nicht weit genug geht, stellt für den Deutschen Bauernverband hingegen eine unerträgliche Überforderung seiner Mitglieder dar. Zwar lobte Sonnleitner das Krisenmanagement, mit dem es Künast gelang, die Seuchen einzudämmen; doch grundlegende Reformen, wie sie Künast vorschwebten, lehnte er ab. »Eine Neuformierung der Agrarpolitik ist aus Sicht der Bauern unverständlich«, formulierte der Präsident des Deutschen Bauernverbandes die grundsätzliche Abneigung seiner Klientel. Die Landwirte seien in den Jahren 1992 und 2000 bereits von der EU mit zwei umfassenden Reformen konfrontiert worden, die dazu geführt hätten, dass sich die wirtschaftliche Situation der Bauern weiter verschlechtert habe. Sonnleitner wandte sich vor allem gegen die geplante Umschichtung von Fördermitteln zugunsten des ökologischen Landbaus. Er beklagte die nach seiner Auffassung ohnehin schon hohen Umweltauflagen für die deutschen Landwirte, die große finanzielle Belastungen hervorgerufen hätten. Auch das Verbot der Käfighaltung bei Legehennen ab 2007 bezeichnete Sonnleitner als schädlich, weil es zu einer Verlagerung der Eierproduktion aus Deutschland in andere Länder führe. Die Eierproduktion werde schrumpfen und durch Importe aus Ländern ersetzt werden, in denen die Käfighaltung noch erlaubt sei.

Auf energischen Widerstand stieß Künast mit ihrem Reformeifer auch innerhalb der EU, welche die großen Linien der Agrarpolitik für ihre Mitgliedstaaten vorgibt. Zwar signalisierten Italien und die Niederlande ihre Unterstützung für die deutsche Ministerin, und auch der EU-Agrarkommissar Franz Fischler trat verbal für eine stärkere

1999: Aktion von Landwirten in Aix-en-Provence gegen die EU

ökologische Ausrichtung ein. Der französische Landwirtschaftsminister Jean Glavany hingegen äußerte sich unverhohlen kritisch über Künast und betonte, dass er mit dem Begriff Agrarwende »überhaupt nichts anfangen« könne.

Franz Fischler

Die deutsche Ministerin gab sich von Anfang an keinen Illusionen über die Kooperationsbereitschaft der meisten anderen EU-Staaten hin. Sie machte sich auf den Protest von »notorischen Blockierern« auf dem Weg zur Reform der europäischen Landwirtschaftspolitik gefasst. »Dicke Bretter« werde sie bohren müssen, um die anderen Staaten für ihre neue Politik gewinnen zu können.

Die EU-Landwirtschaftspolitik: Fleischberge und Milchseen

Dass die Europäische Union zum unnachgiebigsten Gegner von Reformen wurde, liegt an den Ursprüngen der gemeinsamen Agrarpolitik. Sie reichen bis in die 60er Jahre zurück, als den Europäern der Hunger der Nachkriegsjahre noch in Erinnerung war. Der damaligen Europäischen Gemeinschaft (EG) ging es darum, den Bauern durch großzügige Subventionszahlungen einen Anreiz zu geben, viele Nahrungsmittel zu produzieren. Der Erfolg war überwältigend. In den 70er Jahren wussten die EG-

Staaten nicht mehr, was sie mit den Überschüssen anfangen sollten. Die Milchseen, die Butter- und Fleischberge wurden so groß, dass die Lagerkapazitäten nicht mehr ausreichten und Nahrungsmittel vernichtet werden mussten. Etwa 700 Milliarden DM ließ sich die 1992 in EU umbenannte EG von 1975 bis 1995 den Luxus von Subventionen, Lagerhaltung und Vernichtung von Lebensmitteln kosten.

Erst 1992 gelang dem damaligen EU-Agrarkommissar Ray McSharry eine kleine Reform: Die Garantiepreise für die produzierten Lebensmittel wurden gesenkt, Flächenstilllegungsprämien und Milchquoten wurden eingeführt. Dadurch konnte zwar die unsinnige Überproduktion von Lebensmitteln gebremst werden, die Zahlungen an die Bauern in der EU verringerten sich allerdings nicht wesentlich, denn diese wurden nun dafür belohnt, dass sie weniger Fleisch, Milch und Butter erzeugten. Auch die nächste Reform, die 1999 im Rahmen der »Agenda 2000« beschlossen wurde, änderte daran nichts. So erhielten beispielsweise 1998 die deutschen Landwirte knapp 29,4 Milliarden DM Subventionen aus dem Bundeshaushalt. Die durchschnittliche Höhe der Zuschüsse von 57 000 DM pro Kopf überstieg das von den Bauern selbst erwirtschaftete Einkommen. »Es ist nach wie vor so, dass die Agrarpolitik vor allem dazu dient, die Einkommen der Bauern zu sichern«, kritisierte daher der Direktor des Europäischen Büros der Verbraucherverbände (BEUC), Jim Murray. »Andere politische Ziele wie die Verbesserung des Verbraucherschutzes spielen bis heute kaum eine Rolle.«

Ein Grund dafür ist die praktisch fehlende politische Kontrolle der EU-Agrarpolitik: Die nationalen Minister können unter sich aushandeln, wie sie den Brüsseler Agrarhaushalt verteilen. Auf die nationalen Parlamente müssen sie keine Rücksicht nehmen. Außerdem sind die Landwirte in allen Staaten der EU hervorragend organisiert und verstehen es, durch nachdrückliche Lobbyarbeit in Brüssel und in den anderen europäischen Hauptstädten ihre Pfründe zu sichern.

Bei einem tief greifenden Agrarwandel könnten auch die Zahlungen der einzelnen Mitgliedstaaten in die EU-Kasse auf den Prüfstand gestellt werden. Während Deutschland jährlich rund neun Milliarden DM mehr in die EU-Agrartöpfe einzahlt, als es überwiesen bekommt, erhält Frankreich jedes Jahr aus Brüssel etwa fünf Milliarden DM mehr auf seine Konten, als es aus Steuermitteln abführen muss. Daher ist Frankreich an einer Wende nicht sonderlich interessiert.

Die Agenda 2000

In der Agenda 2000 beschlossen die EU-Staaten im März 1999 tief greifende Reformen, mit denen unter anderem die Ausgaben in der Agrarpolitik begrenzt werden sollten. Die Mitgliedstaaten fürchteten, nach der geplanten Aufnahme mittel- und osteuropäischer Staaten in die EU die Kosten für die gemeinsame Agrarpolitik nicht mehr aufbringen zu können. Für die Landwirtschaft wurden für die Jahre 2000 bis 2006 rund 300 Milliarden Euro zur Verfügung gestellt. Um die Agrarausgaben von rund 43 Milliarden Euro jährlich konstant zu halten, wurden die Garantiepreise bei Getreide um 7,5 Prozent gesenkt. Rindfleischgarantiepreise wurden um 20% verringert. Die Reform des Milchmarktes, durch die der Garantiepreis für Milch um 15 Prozent reduziert werden soll, tritt voraussichtlich 2005 in Kraft.

Wirtschaftsinstitute bezweifeln den Erfolg der Agenda 2000, weil die Kandidaten für den Beitritt zur EU stark agrarisch geprägt sind. Sie prognostizieren daher nach einer EU-Erweiterung 40 Prozent höhere Ausgaben im Agrarbereich, als sie in der Agenda 2000 kalkuliert sind.

Ein Bauer in Sternberg (Mecklenburg-Vorpommern) protestiert gegen die Agenda.

Der Verbraucher und die Krise der Landwirtschaft

In ihrem Kampf gegen Kritiker und Gegner der Agrarwende setzt Künast große Hoffnung auf eine Personengruppe, die in einer Marktwirtschaft in der Regel entscheidend dafür ist, welche Produkte angeboten werden: Den Verbraucher. Nachdem im November 2000 in Deutschland die ersten BSE-Fälle bekannt geworden waren, schienen die Konsumenten mit ihrem Verhalten an den Lebensmittelregalen die neue Ministerin in ihrer Überzeugung von der Notwendigkeit umfassender Reformen bestärken zu wollen. Denn den meisten Verbrauchern war angesichts der Bilder von BSE-Rindern, die auf Weiden herumtorkelten, der Appetit auf Fleisch vergangen. Der Fleischverkauf ging bis März 2001 EU-weit um 27 Prozent, in Deutschland sogar um 50 Prozent zurück. Aufgrund der geringen Nachfrage fielen die Preise für Jungbullen bis Februar 2001 um 32 Prozent, für Kühe um 36 Prozent.

Die Verbraucher schienen im Zuge der unappetitlichen Ereignisse ihre Essgewohnheiten zu ändern. Fleisch aus ökologischem Landbau erfreute sich plötzlich großer Nachfrage, so dass Bioläden im März 2001 freudig die Verdopplung ihrer Absätze vermeldeten. Findige Anbieter nutzten das verlorene Zutrauen der Konsumenten in herkömmliche Fleischsorten und boten als Alternative beispielsweise Straußenfleisch an. Unzählige Deutsche verzichteten vollständig auf Fleisch; sie stiegen auf Fisch und Geflügel um oder wurden sogar Vegetarier.

Die deutschen Bioläden erfreuen sich nach dem BSE-Skandal großen Zulaufs.

Lachsfarmen profitieren von der Angst vor Fleischgenuss.

Auf dem Höhepunkt der BSE-Krise im Frühjahr 2001 versuchte Künast den Schock und die Sensibilität der Verbraucher zu nutzen, um ihnen die nach ihrer Einschätzung immer deutlicher werdende Perversion einer jahrzehntelang fehlgeleiteten EU-Agrarpolitik vor Augen zu führen.

Die moralische Fragwürdigkeit dieses Systems von Subventionen, Quoten und Abnahmegarantien offenbarte sich nach Meinung der Ministerin insbesondere in dem von der EU-Kommission vorgelegten »Entsorgungsprogramm«, das zur Stabilisierung des Marktes die Vernichtung von etwa zwei Millionen gesunden Rindern vorsah, gegen deren Verzehr eigentlich nichts einzuwenden wäre. Für nicht hinnehmbar hielt sie auch den Vorschlag des EU-Agrarkommissars Franz Fischler, die so genannte Herodes-Prämie wieder einzuführen, ein Programm zum Aufkaufen und Vernichten neugeborener Kälbchen: Die Tiere müssen geboren werden, damit die Mutterkühe weiterhin Milch geben, aber sie sollen nicht mehr aufgezogen werden, damit der Rindfleischmarkt entlastet wird. »Was ist das für eine Agrarpolitik, wo man ein Mitgeschöpf züchtet und füttert, um es dann ins Nichts zu schicken?«, empörte sich Künast über die Tiere verachtende Logik der EU-Landwirtschaftspolitik.

Moral gegen Geld und Kurzzeitgedächtnis

Ihren zahlreichen Kritikern flößte der Versuch, durch moralische Argumente die Verbraucher für ihre Agrarwende zu gewinnen, wenig Angst ein. Sie wussten, dass die Konsumenten auch jahrzehntelang darüber hinweggesehen hatten, wie sich Milchseen aufstauten und Fleischberge auftürmten, wie Obst und Gemüse verbrannt wurden und die Nahrungsmittel im Supermarkt nach immer weniger schmeckten. Auch die Hormonskandale bei den Kälbern und die Dioxinaffären bei den Hühnern, die in den Jahren vor der BSE-Krise für Schlagzeilen gesorgt hatten, vermochten keinen bleibenden Eindruck bei den Konsumenten zu hinterlassen. Daher verwunderte es nur wenige, dass bereits im August 2001 der Fleischkonsum wieder rund 80 Prozent des Niveaus von der Zeit vor der Krise erreichte und dass die Begeisterung für die Produkte aus dem ökologischen Landbau wieder merklich abnahm.

Dieses offensichtliche Kurzzeitgedächtnis stimmte den Deutschen Bauernverband Ende 2001 auch optimistisch, den harten Kampf um den Verbraucher zu gewinnen. Sein Präsident Sonnleitner glaubte, die Schwachstelle des Konsumenten erkannt zu haben, an der die radikale Umstellung auf den ökologischen Landbau scheitern könnte: Das Bedürfnis nach Niedrigpreisen. Er erklärte, als Besitzer eines 100-Hektar-Betriebes in Südbayern selbst die Erfahrung gemacht zu haben, dass sich viele Öko-produkte aufgrund der um durchschnittlich 25 Prozent höheren Preise auf dem Markt nicht durchsetzen ließen: »Die teureren Hühner oder Eier werden die meisten Bauern doch nicht los.«

Künast erkannte die Schlagkraft des Kostenarguments. Sie sprach daher mit den Supermarktketten, um sie dazu zu bewegen, ihre Angebotspolitik zu verändern und Waren aus dem ökologischen Landbau auch für den kleineren Geldbeutel in die Regale zu stellen. Massendiscounter wie Aldi oder Tengelmann versprachen tatsächlich, zukünftig eine vernünftige Auswahl an Bioprodukten mit dem neuen Siegel anzubieten. Um den großen Handelskonzernen einen ökonomischen Anreiz für den Einstieg in das Biosegment zu ermöglichen, musste sich Künast allerdings auf einen umstrittenen Handel einlassen. Denn das Siegel, das sie im September einführte, orientiert sich eben nicht an den strengen Vergabevorschriften der deutschen Anbauverbände, sondern an den Minimalstandards der EU-Ökoverordnung.

Millionen für die Aufklärung von Öko-Skeptikern

Den Öko-Skeptikern unter den Deutschen will Künast ihr neues Siegel mit einer breit angelegten Marketingkampagne nahe bringen. Im Oktober 2001 ging ein so genannter Biobus auf Reisen, der bis Ende 2003 quer durch die Republik fahren soll. Dabei sollen Werbematerialien im Wert von insgesamt 28 Millionen DM verteilt werden. Außerdem stellte Künast 50 Millionen DM für den Aufbau von Öko-Regionen zur Verfügung. Mit diesem Geld soll in jedem Bundesland ein Gebiet erschlossen werden, in dem die Neuausrichtung der Agrarpolitik für die Menschen sichtbar wird. Künast hofft, dass in diesen Regionen Bauern, Umweltschützer und Kommunen gemeinsam in Tourismus, Naturschutz und Landschaftspflege investieren, um die Agrarwende für alle Menschen »greifbar zu machen«.

Nach all diesen Werbemaßnahmen sollen die Verbraucher durch ihr eigenes Kaufverhalten an der Ladentheke selbst darüber entscheiden, ob die von ihnen Anfang 2001 so lautstark eingeforderte Neuausrichtung

Der Codex Alimentarius

Der Codex Alimentarius enthält weltweit anerkannte Kriterien für ökologisch angebaute Erzeugnisse, an denen sich auch die EU bei der Förderung des ökologischen Landbaus orientiert. Danach soll unter anderem:

▷ auf einem Bauernhof dem innerbetrieblichen Kreislauf der Vorzug vor dem Einsatz externer Produktionsfaktoren und nicht erneuerbarer Ressourcen gegeben werden

▷ auf chemische Hilfsstoffe verzichtet werden

▷ eine nachhaltige Nutzung von Wasser, Luft und Boden erfolgen sowie pflanzlicher und tierischer Abfall möglichst verwertet werden.

Um das offizielle EU-Zertifikat eines Ökobetriebes führen zu dürfen, müssen die Betriebe unter anderem einmal jährlich einen Besuch von unangemeldeten Kontrolleuren akzeptieren, welche die Einhaltung dieser Kriterien überprüfen.

der Ernährungs- und Agrarpolitik in Deutschland Realität wird oder nicht. Nach Meinung von Künast müssen die Konsumenten dann zeigen, dass es ihnen auch in Zeiten, in denen es um BSE ruhiger geworden ist, ernst ist mit ihrem Wunsch nach gesunden und sauber produzierten Lebensmitteln.

Lange galt Deutschland als BSE-frei; aus diesen Zeiten stammen die Hinweisschilder in den Schlachterläden (Fotos von 1996 und 1998).

Renate Künast und die Krise bei den Grünen

Obwohl Renate Künast sich mit ihrer Landwirtschafts- und Verbraucherpolitik nicht vollständig durchsetzen konnte, offenbarte sich schon bald nach ihrem Amtsantritt, dass sie mit ihrem resoluten Einsatz für die Agrarwende zumindest in der Bevölkerung einen tiefen Eindruck hinterlassen hatte. Schon einen Monat nach ihrer Ernennung war sie der neue Politikliebling der Deutschen. Nach der repräsentativen Umfrage zum ZDF-Politbarometer sprang die Verbraucherschutzministerin im Februar 2001 in der Rangliste der zehn wichtigsten Politiker mit 1,3 Punkten von Platz acht auf Rang drei. Ein so starker Gewinn innerhalb eines Monats war nach Angaben der Mannheimer Forschungsgruppe Wahlen vorher noch nie gemessen worden.

Bündnis 90/Die Grünen schienen nach Außenminister Joschka Fischer, der unter den Vertretern seiner Partei in der deutschen Bevölkerung stets die höchsten Popularitätswerte erzielte, eine zweite Politikerin gefunden zu haben, die über die Parteigrenzen hinaus einen größeren Bekannt-

heitsgrad erreichen und die Sympathien breiter Kreise gewinnen konnte. Insofern kam ihre Berufung auch für ihre eigene Partei zur rechten Zeit. Bündnis 90/Die Grünen befanden sich nämlich Anfang 2001 längst in einer schweren Krise, die unmittelbar nach der Bundestagswahl von 1998 ihren Ausgang genommen hatte. Durch die Koalition mit den Sozialdemokraten, die den Grünen zum ersten Mal auf Bundesebene zur Macht verhalf, gerieten sie sofort in das Spannungsfeld zwischen den Ansprüchen von eigener Basis und Stammwählerschaft einerseits und der Verantwortung als Regierungspartei andererseits.

Bundesumweltminister Jürgen Trittin posiert für das Dosenpfand.

Die Grünen zwischen Anspruch und Wirklichkeit

Das sichtbarste Zeichen dieses Dilemmas ist die Atompolitik. Waren Bündnis 90/Die Grünen vor der Bundestagswahl noch mit dem vollmundigen Versprechen angetreten, im Falle einer Regierungsbeteiligung den sofortigen Ausstieg aus der Atomenergie herbeizuführen, so zwangen die harten Verhandlungen mit der Elektrizitätswirtschaft zu einem schmerzhaften Kompromiss: Das letzte der 19 deutschen Atomkraftwerke wird wahrscheinlich erst 2021 vom Netz gehen. Außerdem fuhren im April 2001 erstmals seit drei Jahren wieder Castor-Transporte durch Deutschland, die von massiven Anti-Atom-Protesten begleitet waren.

Während sich die traditionellen Wähler der Grünen angesichts der aus ihrer Sicht gescheiterten Atompolitik von ihrer Partei abwandten, verprellte man mit der Ökosteuer breite Wählerschichten. Der starke Anstieg der Benzinpreise wurde den Grünen angelastet, obwohl sich mit der neuen Stufe der Ökosteuer zu Jahresbeginn der Liter Kraftstoff jährlich lediglich um sieben Pfennig (inklusive Mehrwertsteuer) erhöhte. Der größte Teil der Preisexplosion war auf die Verknappung des Rohölangebotes durch die Organisation der Erdöl exportierenden Länder (OPEC) und eine gestiegene Nachfrage aus den USA zurückzuführen.

Von gegenläufigen Ansprüchen derart in die Zange genommen, stolperten die Grü-

2001 haben sie Gegenwind: Die Grünen-Vorsitzenden Claudia Roth und Fritz Kuhn.

nen seit 1998 bei Landtagswahlen von Niederlage zu Niederlage. Stets mussten sie zum Teil starke Stimmenverluste hinnehmen, die dazu führten, dass die Grünen in einigen Landesparlamenten nicht mehr vertreten waren. Insofern erkannte Künast bereits Anfang 2001, dass die Krisen in der Landwirtschaft die Möglichkeit boten, sich und die eigene Partei bei der Wählerschaft zu profilieren.

Die Agrarwende rückt in den Hintergrund

Künasts Beliebtheit und ihr Bekanntheitsgrad stiegen aber nur so lange, wie die BSE- und MKS-Krise akut blieben. In dem Maße, wie sich die Aufregung um die Skandale auf den Bauernhöfen bis zum Sommer 2001 allmählich wieder legte, wurden auch sie und ihre Arbeit in der Bevölkerung immer weniger wahrgenommen. So sank ihr Wert im ZDF-Politbarometer in der Rangliste der zehn wichtigsten Politiker bis August wieder auf 0,7 Punkte. Im Oktober wurde sie in dieser Rangliste schon nicht mehr geführt.

Dass die von Künast so energisch propagierte Agrarwende Ende 2001 die Menschen immer weniger beschäftigte, war wesentlich auf die Anschläge in den USA am 11. September zurückzuführen, durch die andere Themen wie die Bekämpfung des Terrorismus und der Krieg in Afghanistan in den Mittelpunkt rückten. Der Schutz der Menschen vor der Gewalt fanatischer Terroristen nahm im Bewusstsein der Bevölkerung nun einen höheren Rang ein als der Schutz der Tiere vor der Massenproduktion auf den Bauernhöfen. Inwieweit sich die Partei im November mit ihrer Zustimmung im Bundestag und auf dem Parteitag in Rostock zu einem möglichen Anti-Terror-Einsatz der Bundeswehr so profiliert hat, dass sie wieder für mehr Menschen wählbar ist, ist noch nicht abzusehen.

Renate Künast aber kämpfte weiterhin engagiert für ihre Ziele und versuchte der Öffentlichkeit zu vermitteln, dass eine an ökologischen Prinzipien ausgerichtete Landwirtschaft auch zum Frieden unter den Völkern und zu einer gerechteren Welt beitragen könne. Auf einer Veranstaltung des Hilfswerks »Brot für die Welt« geißelte die Ministerin im Herbst 2001 erneut die Fehlentwicklungen einer industrialisierten Landwirtschaft, die mit dazu beigetragen habe, dass weltweit über 800 Millionen

Künast und Fischer mit ihren französischen Amtskollegen Vedrine (l.) und Glavany (r.)

Menschen Hunger leiden müssten. In den Ländern der EU würden Lebensmittel im Überfluss produziert, und dennoch komme es immer noch zu Importen von Nahrungsmitteln aus Ländern, deren Bevölkerung hungere.

Die Verbraucher könnten dies ändern, indem sie ein neues Qualitätsbewusstsein entwickelten. »Global denken, lokal handeln«, verlangte sie und legte den Konsumenten nahe, beispielsweise auf Lebensmittel weitgehend zu verzichten, die über weite Strecken transportiert worden sind. Die Verbraucher hätten die Möglichkeit, »Po-

litik mit dem Einkaufskorb« zu betreiben. Sie sollten ihre Marktmacht nutzen, um Veränderungen zu erreichen.

NRW-Umweltministerin Bärbel Höhn mit BSE-Schnelltest

Verwüstungen nach der Zündung einer Autobombe durch einen palästinensischen Attentäter am 9. September 2001

Selbstmordattentate der Palästinenser

In Israel wurden 2001 über ein Dutzend Selbstmordattentate verübt, die mehr als 50 Israelis in den Tod rissen. Die Täter, die sich aufgrund einer umstrittenen Islamauslegung als »Märtyrer« verstehen, kamen aus den Reihen der religiösen Fundamentalisten sowie der Organisationen, die jedes Abkommen mit Israel ablehnen.

Der blutigste Selbstmordanschlag seit Beginn der Al-Aksa-Intifada forderte am 1. Juni in Tel Aviv 20 Todesopfer. Der Attentäter hatte seine Bombe in einer Warteschlange vor einer Stranddisko gezündet. Infolge der Vermittlungsbemühungen des deutschen Außenministers Joschka Fischer konnte der gerade ausgerufene Waffenstillstand erhalten bleiben.

Auf die nächsten Anschläge, wie das Selbstmordattentat in einer Pizzeria in Jerusalem, das am 9. August zum Tod von 16 Menschen führte, reagierte Israel wieder mit Vergeltungsmaßnahmen. Kamen die Selbstmordattentäter bislang aus dem Westjordanland oder dem Gasastreifen, so verübte am 9. September erstmals ein in Israel lebender Araber einen Anschlag, der in Naharije drei Juden mit in den Tod riss.

Scharon und Arafat: Kontrahenten im neu entflammten Nahostkonflikt

Eine sich immer schneller drehende Spirale der Gewalt beendete 2001 jede Hoffnung auf einen baldigen Friedensschluss zwischen Israelis und Palästinensern. Weder der israelische Ministerpräsident Ariel Scharon noch der Präsident der Palästinensischen Autonomiebehörde Jasir Arafat scheinen ohne internationale Vermittlung in der Lage zu sein, eine Lösung des Konflikts herbeizuführen.

Seit Beginn der sog. Al-Aksa-Intifada im September 2000 erleben Israel und die Palästinensischen Autonomiegebiete die schwersten Unruhen seit 1993, dem Jahr, in dem sich Israel und die Palästinensische Befreiungsorganisation (PLO) auf das Osloer Grundlagenabkommen verständigten, das unter dem Motto »Land gegen Frieden« einen Weg zur Verständigung suchte.

Die Intifada, benannt nach der Moschee auf dem für Juden wie Muslime heiligen Tempelberg (arabisch: Haram al-Scharif) in der Jerusalemer Altstadt, entstand aus Enttäuschung darüber, dass der Friedensprozess nahezu zum Erliegen gekommen war und den Palästinensern nicht die erhoffte Verbesserung ihrer Lage gebracht hatte. Der

Palästinenserchef Jasir Arafat

Aufstand gegen die Besatzung wurde von Israel mit einem als unverhältnismäßig hart kritisierten Einsatz der Sicherheitskräfte beantwortet. Von der Eigendynamik der Gewalt angetrieben, geriet die Region in die Gefahr eines neuen Flächenbrandes.

Getragen wird die Intifada von Gruppierungen mit unterschiedlichen Zielen und Operationsmethoden: Von Jugendlichen und unabhängigen Milizen, von paramilitärischen Einheiten aus Arafats Fatah-Bewegung und einzelnen Mitgliedern der regulären palästinensischen Sicherheitskräfte (Arafat hat keine Armee, nur Sicherheitsdienste) sowie den islamistischen, teils im Untergrund operierenden Palästinensergruppen Hamas und Islamischer Dschihad.

Israels Premier
Ariel Scharon

Fanden anfangs vor allem Demonstrationen sowie Straßenschlachten statt, so nahmen Anfang 2001 die gezielten Angriffe auf israelische Sicherheitskräfte sowie auf jüdische Siedlungen im Gasastreifen und Westjordanland – deren Siedler ihrerseits ebenfalls gegen Palästinenser vorgingen – sowie auf die Zivilbevölkerung in Israel zu. Die Attacken auf israelische Sicherheitskräfte und jüdische Siedler werden von den meisten Palästinensern als Teil ihres Befreiungskampfes angesehen, da sie die Siedlungen in den besetzten Gebieten für völkerrechtlich illegal halten. Die Selbstmordattentate, die 2001 wie in den Vorjahren auf Zivilisten in Israel verübt wurden, gingen hingegen allein auf das Konto der militanten Fundamentalisten.

Das Klima der Verunsicherung und der schwindende Glaube an die Friedensbereitschaft der Palästinenser trugen dazu bei, dass der als Hardliner geltende Ariel Scharon (Likud) am 6. Februar 2001 mit deutlicher Mehrheit zum neuen Ministerpräsidenten gewählt wurde. Stärker als sein Vorgänger Ehud Barak (Arbeitspartei) riegelte er als Vergeltungsmaßnahme palästinensische Dörfer und Städte, z. T. monatelang, ab; und seit dem 4. April ließ er mehrfach israelische Streitkräfte in voll autonome, also eigentlich souveräne palästinensische Gebiete einrücken, wo sie palästinensische Stellungen, aber auch Ortschaften beschossen. Bei Luftangriffen setzte die israelische Regierung am 19. Mai erstmals seit dem Sechstagekrieg von 1967 F-16-Kampfbomber ein. Wiederholt ging die Armee gezielt gegen Gebäude der Autonomiebehörde vor und liquidierte sogar Intifada-Aktivisten, denen Anschläge vorgeworfen wurden.

Hunderte von Toten

Die israelischen Vergeltungsschläge, von Arafat schon Ende 2000 als Kriegserklärung

bezeichnet, lösten weitere palästinensische Vergeltungsschläge aus. Gegenseitiges Misstrauen und Hass, das Gefühl der Ohnmacht auf Seiten der Palästinenser und der Verletzbarkeit auf Seiten der Israelis, insbesondere durch die Selbstmordattentate, boten zu wenig Raum, um wieder an den Verhandlungstisch zurückzukehren. Vielmehr heizten die Scharfmacher beider Lager den Konflikt weiter an. Zu einer neuerlichen Eskalation führte die Ermordung des israelischen Tourismusministers Rehavam Zeewi von der Partei Moledet am 17. Oktober. Auf das Attentat, das die Volksfront zur Befreiung Palästinas (PFLP) in einem Bekennerschreiben als Vergeltung für die Tötung ihres Generalsekretärs Abu Ali Mustafa durch einen israelischen Raketenangriff bezeichnete, antwortete die israelische Regierung mit der größten Offensive in den Autonomiegebieten seit Beginn der Intifada.

Diese Spirale der Gewalt forderte allein im ersten Jahr der Intifada auf israelischer Seite 177 Todesopfer und 1740 Verletzte. Palästinensische Bürgerrechtsorganisationen gaben auf ihrer Seite 650 Tote an, unter denen sich über 100 zufällig anwesende oder sich an der Intifada beteiligende Kinder und Jugendliche befanden; die Zahl der Verletzten wurde mit 15 000 beziffert, von denen 6000 minderjährig waren.

Gezielte Tötungen durch Israels Armee

Zu den Maßnahmen der israelischen Regierung, die international am heftigsten kritisiert wurden und auch im eigenen Land nicht unumstritten sind, gehört die gezielte Tötung mutmaßlicher Attentäter oder Drahtzieher von Anschlägen in den besetzten Gebieten. Dieser Liquidierungspolitik fielen in knapp zwölf Monaten mehr als 50 Palästinenser zum Opfer, unter denen sich auch zufällig Anwesende befanden. Bei einem Raketenangriff auf ein Hamas-Büro in Nablus kamen am 31. Juli 2001 nicht nur zwei führende Hamas-Mitglieder zu Tode, denen die Planung des Selbstmordanschlags von Tel Aviv zur Last gelegt wurde, sondern auch zwei Kinder. Die israelische Regierung versteht die extralegalen Tötungen als »präventive Schläge« bzw. »präventive Verteidigung«. Sie begründete sie mit dem Argument, Arafat unternehme zu wenig gegen Verdächtige, denen die Beteiligung an Anschlägen vorgeworfen wird, und verwies auf eine Liste mit den Namen von hundert beschuldigten Extremisten, deren Verhaftung oder Auslieferung Israel verlangt. Die Autonomiebehörde nahm zwar Verdächtige fest, ließ sie aber – anders als vor Ausbruch der Al-Aksa-Intifada – oftmals bald wieder frei.

Israelischer Truppenaufmarsch an der Grenze zu den Autonomiegebieten

Scharon und Arafat: Zwei alte Kämpfer

Mit Ariel Scharon und Jasir Arafat stehen sich zwei Kontrahenten gegenüber, die sich in ihren Prioritäten und Zielen stark unterscheiden. Während der israelische Ministerpräsident fordert, Arafat müsse die Gewalt stoppen, bevor es zu neuen Friedensgesprächen kommen könne, beharrt der Palästinenserchef darauf, es müsse politische Fortschritte geben, um eine Waffenruhe umsetzen zu können. Scharon hält den Osloer Friedensprozess für gescheitert, trat im Wahlkampf damit an, die Unruhen mit Gewalt niederzuschlagen, um Sicherheit zu schaffen, und zeigte sich allenfalls zu einem Interimsabkommen bereit. Für Arafat hingegen ist ein endgültiger Friedensschluss, der die Gründung eines Palästinenserstaates festschreibt, eine Überlebensfrage.

Der Kampf für ihr Land bzw. ihre Sache kennzeichnet sowohl den Lebensweg Scharons wie den Arafats. Beide im Heiligen Land geboren – Scharon 1928 in dem Dorf K'far Malal bei Tel Aviv, Arafat 1929 in Jerusalem (nach anderen Quellen in Gasa oder Kairo) –, kämpften sie in ihrer Jugend gegen die britische Mandatsmacht in Palästina. Der Landstrich zwischen Mittelmeer und Jordan war nach dem Ersten Weltkrieg

Scharon als junger Offizier, 1967

Rotkreuzhelfer bergen die Leichen der 1982 in den Flüchtlingslagern Sabra und Schatila ermordeten Palästinenser.

Völkerbundmandat geworden, obwohl sowohl die Juden als auch die Araber während des Krieges Zusicherungen auf eine Heimstatt bzw. einen eigenen Staat in Palästina bekommen hatten.

Nach der Gründung des Staates Israel 1948 startete Scharon seine Karriere in der israelischen Armee und errang in den ersten israelisch-arabischen Kriegen zum Teil große militärische Erfolge. Arafat wurde in den 50er Jahren für die Sache der Palästinenser aktiv und machte die Al Fatah, eine Fraktion der 1964 gegründeten PLO, zur stärksten palästinensischen Guerillaeinheit.

1982, im fünften Nahostkrieg, ordnete Scharon, mittlerweile Verteidigungsminister, den Einmarsch in den Libanon an, um dort eine Israel gewogene Regierung einzusetzen und gegen die PLO vorzugehen, die im Libanon eine Art Staat im Staat errichtet hatte. Nach der Belagerung und Bombardierung Beiruts wurden im August knapp 15 000 PLO-Kämpfer und -Funktionäre zum Abzug gezwungen; PLO-Chef Arafat wich nach Tunesien aus. Einen Monat später verübten libanesische christliche Milizen unter den Augen der israelischen Besatzungstruppen ein Massaker in den palästinensischen Flüchtlingslagern Sabra und

Schatila, bei dem mehr als tausend Palästinenser ermordet wurden. Eine israelische Untersuchungskommission wies Scharon eine Mitverantwortung nach. Er konnte jedoch seine politische Laufbahn fortsetzen, während Arafat in der ersten Intifada von 1987 neuen Einfluss gewann und sich Anfang der 90er Jahre zu Friedensgesprächen mit der israelischen Regierung bereit fand.

Im September 2000 trug Scharon zum Ausbruch der Al-Aksa-Intifada bei. Sein umstrittener Besuch auf dem Tempelberg in Jerusalem, mit dem er sich im Vorwahlkampf innenpolitisch profilieren wollte, wurde von den Palästinensern als Provokation empfunden und mit einer Protestkundgebung beantwortet. Als dabei vier Palästinenser von der israelischen Polizei, die scharfe Munition gegen Steinewerfer einsetzte, getötet wurden, weiteten sich die Proteste rasch aus.

Symbolfiguren im politischen Kampf

Beim Ausbruch der Intifada waren sowohl Scharon als auch Arafat längst zu Symbolfiguren geworden: Als Kriegsheld und einer der letzten Angehörigen der Gründergeneration gilt Scharon in Israel als glaubwürdiger Verfechter israelischer Sicherheitsinteressen und steht für eine kompromisslose

Scharon und Likud

Scharon, seit September 1999 Vorsitzender von Likud, gehörte schon zu den Gründern dieses Parteienblocks, der 1973 aus mehreren rechts stehenden Parteien gebildet wurde. Vier Jahre später gelangte Likud erstmals an die Regierung und stellte mit Menachem Begin den Ministerpräsidenten. Scharon wurde Landwirtschaftsminister und Präsident eines interministeriellen Komitees, das die Gründung zahlreicher israelischer Siedlungen in den besetzten Gebieten initiierte. Weitere zentrale Programmpunkte des Likud-Blocks wurden die Ablehnung eines souveränen Palästinenserstaates und die Befürwortung einer starken Präsenz der israelischen Streitkräfte in den besetzten Gebieten. Während der Amtszeit von Yitzhak Rabin (Arbeitspartei) warfen eine Reihe von Likud-Politikern, unter ihnen auch Scharon, der mit der PLO verhandelnden Regierung den Ausverkauf der jüdischen Siedlungen vor.

Haltung gegenüber den Palästinensern. Arafat hingegen ist die Symbolfigur für die nationale Identität der Palästinenser. Er machte aus der PLO, die zunächst, insbesondere im Westen, als Terrororganisation angesehen wurde, eine international anerkannte Befreiungsbewegung bzw. einen Dialogpartner und aus dem palästinensischen Flüchtlingsproblem die Frage nach einem eigenen Staat.

Doch während Scharon als Ministerpräsident hohe Sympathiewerte auf sich zieht, muss Arafat als Präsident der Autonomiebehörde in den Palästinensischen Autonomiegebieten um sein Ansehen ringen. Je weniger politische Erfolge Arafat in der Auseinandersetzung mit Israel aufweisen konnte, desto mehr wuchs die Unzufriedenheit unter den Palästinensern. Die Al-

Verwüstetes Café nahe Haifa nach einem Selbstmordattentat des Islamischen Dschihad (12.8.2001)

Aksa-Intifada, der es ohnehin an politischer Strategie mangelte, gewann von daher rasch eine kaum zu kontrollierende Eigendynamik. Arafat will und kann sich der Enttäuschung und Wut der Palästinenser über einen Friedensprozess ohne greifbare Vorteile und über fortgesetzte israelische Angriffe im Westjordanland und Gasastreifen nicht entgegenstellen. Andererseits möchte er sich die Chance auf einen eigenen Staat nicht von den Palästinenserorganisationen Hamas und Dschihad ruinieren lassen.

Je nach internationaler Lage taktierte er deshalb zwischen Gewähren-Lassen und Druck auf extremistische Gruppierungen bzw. der Inhaftierung Militanter.

Beobachter fragen sich allerdings, ob bzw. inwieweit er, der zudem als gesundheitlich angeschlagen gilt, noch die Kontrolle hat. So widersetzten sich nicht nur Hamas und Dschihad, sondern auch einige PLO-Fraktionen der von Arafat am 18. September ausgerufenen Waffenruhe.

Arafat vor der UN-Vollversammlung 1974

Jasir Arafat und die PLO

1959 gründete Arafat zusammen mit weiteren palästinensischen Studenten die Al Fatah, die Bewegung zur Befreiung Palästinas, die später Mitglied der 1964 entstandenen PLO wurde, des politischen und militärischen Dachverbands der für einen unabhängigen arabischen Staat Palästina kämpfenden Gruppierungen. 1969 wurde Arafat zum Vorsitzenden des Exekutivrats der PLO gewählt, in eine Position, die er trotz wiederholter Flügelkämpfe bis heute innehat. In den folgenden Jahren gewannen der als politisch gemäßigt geltende Arafat und die PLO trotz etlicher Terroranschläge an Reputation. 1974 konnte Arafat erstmals vor den Vereinten Nationen sprechen und sein Anliegen vertreten. Im Gegensatz zu anderen Fraktionen der PLO wie der Volksfront zur Befreiung Palästinas (PFLP) und der Demokratischen Front zur Befreiung Palästinas (DFLP) trat die Al Fatah seit Beginn der 90er Jahre für Verhandlungen mit Israel ein.

Die Autonomiegebiete: Ein zerstückeltes Land

Die Palästinensischen Autonomiegebiete umfassen den größten Teil des Gasastreifens sowie Städte, Ortschaften und ländliche Bezirke im Westjordanland. Sie gingen im Zuge des Osloer Friedensprozesses in mehreren Schritten zwischen 1994 und 2000 von israelischer Oberhoheit in palästinensische Verwaltung über. Gasastreifen und Westjordanland waren von Israel 1967 im Sechstagekrieg erobert und besetzt worden; auf das Westjordanland hatte Jordanien, das dieses Gebiet im ersten israelisch-arabischen Krieg (1948/49) eingenommen hatte, 1974 und 1988 zugunsten der Palästinenser formell verzichtet.

Das Westjordanland und der Gasastreifen sind in verschiedene Zonen eingeteilt, in denen jeweils unterschiedliche Hoheitsrechte gelten. Zone A unterliegt völlig der palästinensischen Selbstverwaltung; in Zone B ist die Zivilverwaltung palästinensisch, während für die militärische Sicherung auch israelische Streitkräfte zuständig sind; Zone C untersteht gänzlich israelischer Kontrolle. Zur Zone A gehören gut 11 Prozent des Westjordanlandes und 80 Prozent des Gasastreifens; zur Zone B, in der der größte Teil der palästinensischen Bevölkerung lebt, etwa 29 Prozent des Westjordanlandes. In Zone C befinden sich die stark bewachten und durch eigene Straßen miteinander verbundenen Siedlungen der etwa 175 000 jüdischen Siedler, die neben den etwa drei Millionen Palästinensern im Westjordanland und im Gasastreifen leben. Ein Teil der Palästinenser im Gasastreifen ist noch in Flüchtlingslagern untergebracht. Weder Zone A noch B bilden einen zusammenhängenden Landstrich, die autonomen Gebiete stellen sich vielmehr als zerstückeltes Territorium dar.

Politische Macht

Bei den ersten palästinensischen Wahlen im Januar 1996 wurde Jasir Arafat, der 1994 nach Gasa-Stadt zurückgekehrt war, mit 87,1 Prozent der Stimmen zum Vorsitzenden der Autonomiebehörde gewählt. 50 der 88 Sitze im Autonomierat, dem Parlament der Palästinenser, gingen an Arafats Fatah-Bewegung. Aufrufe zum Wahlboykott von linken und islamistischen Gegnern Arafats fanden damals kaum Gehör.

Ob die Fatah immer noch die dominierende politische Kraft ist, erscheint mittlerweile fraglich. Denn die islamisch fundamentalistischen Palästinenserorganisationen Hamas und Dschihad haben an Boden gewonnen. Die Hamas wurde nach dem Sechstagekrieg von Scheich Ahmed Jassin als palästinensischer Zweig der ägyptischen Muslimbruderschaft gegründet und anfangs von Israel, als Gegenpol zur als gefährlicher eingestuften PLO, finanziell unterstützt. Zunächst sozial-religiös ausgerichtet, ging die Hamas nach Ausbruch der ersten Intifada zu militanten Aktionen über. Ihr Ziel ist ein islamischer Staat auf dem Territorium des historischen Palästina, dem für sie »heiligen Boden«; daher lehnt sie Abkommen mit Israel ab. Sie hat ihren Hauptsitz im Gasastreifen, während der 1983 gegründete Islamische Dschihad (Heiliger Krieg) von Syrien aus operiert. Auch er ruft zum »heiligen Krieg« gegen Israel bzw. zur Zerstörung des Staates auf. Auf das Konto beider Organisationen gingen zahlreiche Anschläge und Selbstmordattentate gegen Israelis. Den Einfluss der islamistischen Opposition zurückzudrängen und weitere Anschläge zu unterbinden dürfte zur entscheidenden Machtfrage Arafats und der Autonomiebehörde werden.

Seit Israel mutmaßliche Drahtzieher von Anschlägen gezielt ausschaltet, gehen die palästinensischen Behörden vehement gegen Kollaborateure vor, von denen die israelischen Sicherheitskräfte entscheidende Tipps bekommen haben sollen. Nachdem Ende Juli und Anfang August erneut mehrere Palästinenser wegen Kollaboration zum Tode verurteilt worden waren, kritisierten Menschenrechtsgruppen wie amnesty international die Urteile, die zum Teil nach extrem schnellen Verhandlungen ergangen waren und für die es keine Berufung gab.

Ahmed Jassin, Führer der Hamas

Die Beisetzungen der in der Intifada getöteten Palästinenser entwickeln sich 2001 oft zu anti-israelischen Kundgebungen (Gasa-Stadt, Januar 2001).

Zusammenbruch der Wirtschaft

Die Palästinensischen Autonomiegebiete sind in ihrer wirtschaftlichen Entwicklung völlig von anderen Staaten, insbesondere von Israel, abhängig. Vor der Intifada arbeitete etwa ein Fünftel der Palästinenser in Israel, wohin auch etwa 80 Prozent des palästinensischen Exports gingen. Umgekehrt sind die Autonomiegebiete darauf angewiesen, Trinkwasser, Strom und andere wichtige Güter aus Israel zu beziehen.

Die israelische Politik, auf die Intifada mit einer kurzzeitigen oder sogar Monate während Abriegelung der Autonomiegebiete bzw. einzelner Städte sowie mit Ausgangssperren zu reagieren, bewirkte einen Kollaps des wirtschaftlichen Lebens. Nachdem 1999 ein zögerlicher Aufschwung zu verzeichnen gewesen war, gingen der palästinensischen Wirtschaft laut Schätzungen der Vereinten Nationen mit jedem Aussperrungstag etwa 2,4 Millionen Dollar verloren. Die Arbeitslosigkeit stieg bereits im ersten Halbjahr der Intifada rapide an, auch deshalb, weil mehr als 120 000 Palästinenser, die einen Job in Israel hatten, durch die Sperrung der Grenzen ihren Arbeitsplatz verloren. Auch der Verkehr von Waren und Personen zwischen den einzelnen palästinensischen Ortschaften kam wiederholt zum Erliegen. Die Kontrollen an den Checkpoints, die langen Wartezeiten und der Zwang, wegen der Absperrung selbst für einen Arztbesuch weite Umwege in Kauf zu nehmen, trugen zur Verbitterung der Palästinenser über die Sanktionen bei.

Gesperrter Grenzübergang Eres zwischen Israel und dem Gasastreifen (1997). Auf die Al-Aksa-Intifada reagierte Israel 2000/01 mit einer verstärkten Abriegelung der Autonomiegebiete.

Seit Beginn der Intifada stoppte oder verzögerte die israelische Regierung die Überweisung der von ihr erhobenen, aber der Autonomiebehörde zustehenden Zoll- und Steuereinnahmen. Der Tourismus, mit mehr als 300 000 Besuchern im Jahr 1999 ein aufblühender Wirtschaftszweig, brach völlig ein. Nach Schätzungen palästinensischer Experten dürfte es Jahre dauern, um die durch die israelischen Angriffe bewirkten Schäden an der Infrastruktur zu beheben. Das Pro-Kopf-Einkommen der Bevölkerung sank auf den Stand von 1994, im Sommer 2001 lebte etwa ein Drittel der Palästinenser unterhalb der Armutsschwelle. Nur durch ein Hilfspaket der Europäischen Union konnte die Autonomiebehörde, der größte Arbeitgeber der Region, im Frühjahr 2001 vor der Zahlungsunfähigkeit bewahrt werden.

Die erste Intifada der Palästinenser 🛈

Die erste Intifada wurde im Dezember 1987 durch einen als Anschlag verstandenen Verkehrsunfall ausgelöst. Ein isralischer Militärtransporter hatte vier in Autos sitzende Araber getötet, von denen drei aus dem größten Flüchtlingslager im Gasastreifen stammten. Ihre Beisetzung geriet zur Demonstration gegen die israelische Besatzung, die die Palästinenser als Unterdrückung erlebten. Da israelische Regierung wie Militär hart gegen nachfolgende Demonstrationen vorgingen (scharfe Munition gegen Steine) und es schon bald die ersten Toten gab, weiteten sich die zunächst spontanen Proteste zum Aufstand aus. Die PLO, deren Führungsspitze im Ausland saß, war von den ersten Kundgebungen überrascht worden, neben ihr gewannen im weiteren Verlauf der Intifada auch die Islamisten von Hamas und Dschihad an Einfluss.

Die erste Intifada öffnete der Welt die Augen für die Lage der Palästinenser in den besetzten Gebieten und bewirkte ein langsames Umdenken. Sie trug mit dazu bei, dass sich im Herbst 1991 erstmals Delegationen aus Israel, Syrien, dem Libanon und aus Jordanien, zu dessen Abordnung auch Palästinenser gehörten, in Madrid an den Verhandlungstisch setzten, was in die Osloer Gespräche mündete.

▷ *Jugendliche Palästinenser demonstrieren während der ersten Intifada in Ramallah gegen die israelischen Besatzer.*

Außenminister Schimon Peres (l.) und Palästinenser-Präsident Arafat treffen sich am 3. November 2001 auf Mallorca.

Israel: Regierung der Nationalen Einheit

Nachdem Ariel Scharon am 6. Februar 2001 die Ministerpräsidentenwahlen gewonnen hatte, bildete er eine Regierung der Nationalen Einheit, in die auch rechte und fundamentalistische Gruppierungen aufgenommen wurden. Scharon wollte die Regierungsarbeit auf eine breite Basis stellen, da seine eigene Partei, der Likud-Block, seit den letzten Parlamentswahlen im Mai 1999 über keine Mehrheit in der Knesset verfügte. In dem im März vorgestellten Kabinett – dem größten seit der Gründung des Staates Israel – gehörten neben Scharon, der auch für Immigration zuständig wurde, acht Minister dem Likud an und fünf der Schas, der Partei der ultra-orthodoxen orientalischen Juden. Zwei Ministerämter entfielen auf die rechtsgerichtete Nationale Union – Unser Haus Israel, den Zusammenschluss von Moledet (Heimat), einem Wortführer der radikalen Siedler, und Yisrael Beitenu (Israel gehört uns); jeweils ein Minister vertrat die sozialistische Partei Am Echad/Ein Volk und die konservative Einwanderer-partei Israel B'Alija. Außerdem nahm Scharon acht Mitglieder der Arbeitspartei, die 1999 die meisten Sitze in der Knesset errungen hatte (im Bündnis Ein Israel), in sein Kabinett auf. Zu ihnen gehörten Schimon Peres, der 1994 mit Yitzhak Rabin und Jasir Arafat den Friedensnobelpreis erhalten hatte und 2001 wie damals Außenminister wurde, sowie Benjamin Ben-Elieser, der Verteidigungsminister wurde.

Da zwischen den verschiedenen an der Regierung beteiligten Parteien große programmatische Unterschiede bestehen, traten 2001 wiederholt Spannungen auf, insbesondere bezüglich des Kurses gegenüber den Palästinensern bzw. der Intifada. Während die Arbeitspartei Scharon politische Konzeptionslosigkeit vorhielt, bezeichnete das rechte Lager, von Scharons parteipolitischem Rivalen Benjamin Netanjahu bis zu den radikalen Gruppierungen der Siedler und Religiösen, seine Politik im Nahostkonflikt als zu moderat oder zu kompromissbereit.

Ultrarechte Politiker forderten sogar offen den Sturz Arafats; wobei völlig unklar ist, wer dann noch ein Ansprechpartner für Israel sein könnte. Moledet fiel durch rassistische Äußerungen über die Palästinenser auf und propagierte ihren Transfer in die arabischen Nachbarstaaten. Nationalisten und religiöse Fundamentalisten wie die radikalen Siedler, die für ein Israel in seinen biblischen Grenzen (inklusive Westjordanland) eintreten, lehnen seit Jahrzehnten territoriale Kompromisse mit den Arabern ab.

Israelische Politiker, die zu einer Verständigung mit den Palästinensern bereit waren, wurden von den Ultrarechten von daher bereits als »Verräter« bezeichnet. 1995 hatte eine mit Nationalismus und religiösem Fundamentalismus operierende Stimmungsmache dazu beigetragen, dass der damalige Ministerpräsident Yitzhak Rabin (Arbeitspartei) von dem extremistischen Studenten Yigal Amir erschossen wurde.

Rabin hatte mit Peres den Osloer Friedensprozess eingeleitet, der einen Wendepunkt in den israelisch-palästinensischen Beziehungen bedeutete. Peres versuchte auch 2001, einer friedlichen Lösung den Weg zu bereiten, und traf sich im Juli, September und November mit Arafat. Doch sein Spielraum war begrenzt. Die September-Begegnung fand erst nach mehrmaliger Verschie-

Auszeichnung für Friedensbewegung

Friedenspreisträger Uriel Avnery auf einer Pressekonferenz in Washington

Die israelische Friedensgruppe Gusch Schalom (»Friedensblock«) und ihre Gründer Uriel und Rachel Avnery gehörten 2001 zu den Preisträgern, die den Alternativen Nobelpreis erhielten. Diese Auszeichnung wird seit 1980 von der »Stiftung für richtiges Leben« für praktische Lösungen für die drängendsten Probleme der Welt vergeben.

Die Jury würdigte die Friedensaktivisten für ihre »auch unter schwierigsten Umständen unerschütterliche Überzeugung, dass Frieden und ein Ende des Terrorismus nur durch Gerechtigkeit und Versöhnung erreicht werden können«. Seit der Gründung 1993 setzt sich Gusch Schalom für einen Rückzug Israels aus den besetzten Gebieten, die Aufgabe der jüdischen Siedlungen im Gasastreifen und Westjordanland sowie die Anerkennung eines eigenen palästinensischen Staates mit Ost-Jerusalem als Hauptstadt ein. Der in Israel als linke Außenseitergruppe geltende Friedensblock ist nach wie vor davon überzeugt, dass eine Aussöhnung zwischen beiden Völkern gemäß seinem Motto »Zwei Völker, zwei Staaten, eine Zukunft« möglich ist.

Friedenskundgebung in Tel Aviv am 4. November 1995, auf der ein jüdischer Extremist den israelischen Ministerpräsidenten Yitzhak Rabin ermordete

Die Siedlungen

Die ersten Siedlungen in den besetzten Gebieten entstanden vor allem aus strategischen Gründen. Sie lagen in der Nähe der Grenzen zu Jordanien und Ägypten und sollten angreifende arabische Truppen notfalls aufhalten können. Aus Sicherheitsgründen die Kontrolle über die besetzten Gebiete zu behalten ist bis heute ein Anliegen nicht nur der nationalen Parteien.

In einer zweiten Phase der Besiedlung gewannen Auffassungen radikaler Siedler und religiöser Fundamentalisten wie der Siedlerbewegung Gusch Emunim die Oberhand. Ihr Ziel ist ein Israel in seinen biblischen Grenzen, die auch das Westjordanland, das alte Judäa und Samaria, umfassen – eine Vorstellung, die Kreise bis weit ins konservative Lager und insbesondere des Likud-Blocks zog. Ihr Bezugspunkt ist nicht der sich säkular verstehende Staat Israel, sondern das Land Israel (»Erez Israel«), dem ein heiliger Status zugesprochen wird und das zu besiedeln und in Besitz zu nehmen ihnen als unverzichtbar gilt. Sie gründeten in der Nähe palästinensischer Orte eigene Siedlungen, so dass das Siedlungsnetz mittlerweile die gesamten besetzten Gebiete durchzieht.

In einer dritten, demografisch begründeten Phase entstanden Siedlungen in der Nähe israelischer Städte. Hierhin zogen Menschen, die vor allem durch die günstigen Mieten oder Kaufpreise der dortigen Wohnungen angelockt wurden.

bung statt, da Scharon die Einhaltung einer 48-stündigen Waffenruhe zur Voraussetzung gemacht hatte.

Stimmen der Scharon-Gegner

Ein Jahr Intifada hat in Israel Resignation bezüglich des Osloer Weges hinterlassen und selbst in weiten Teilen der israelischen Friedensbewegung Zweifel an der Friedenswilligkeit der Palästinenser geweckt. Dennoch fand Anfang August in Tel Aviv eine Demonstration für ein Ende der Besatzung im Gasastreifen und im Westjordanland statt. Rund 10 000 Israelis hatten sich, erstmals seit Monaten wieder, aus Sorge vor einem neuen Krieg versammelt.

Die arabischen Bürger Israels, die etwa 18 Prozent der Bevölkerung ausmachen, bekundeten seit Beginn der Intifada Solidarität mit den Palästinensern. Als Anfang Oktober 2000 bei einer Protestkundgebung in Nazareth 13 arabische Israelis von israelischen Polizisten getötet wurden, vertiefte sich die Spaltung zwischen der jüdischen Mehrheit und der arabischen Minderheit, die seit Jahrzehnten in vielen gesellschaftlichen Bereichen diskriminiert wird. Im Februar 2001 boykottierten viele Israelis arabischer Herkunft die Ministerpräsidentenwahlen, was sie mit der unverhältnismäßigen Gewaltanwendung der Sicherheitskräfte begründeten. Ihre Wahlenthaltung dürfte mit dazu beigetragen haben, dass Ehud Barak, Scharons Vorgänger, bei der Stimmenauszählung weit hinter den Likud-Vorsitzenden zurückfiel.

Jüdische Siedlung und gegenüberliegendes palästinensisches Dorf im Westjordanland

Friedensinitiativen: Kurze Lichtblicke

Vermittlungsbemühungen und Waffenruhen standen auch 2001 trotz der anhaltenden Welle der Gewalt auf der Agenda und wiesen auf Wege zur Lösung dieses Jahrhundertkonflikts. Im Frühjahr und Sommer sowie in der jüngsten, im November gestarteten Vermittlungsinitiative der USA konzentrierten sich die Anstrengungen darauf, die Empfehlungen des Mitchell-Reports umzusetzen.

Die Einsetzung einer Kommission, die Ursachen und Verlauf der Al-Aksa-Intifada untersuchen sollte, war Ergebnis eines Gipfeltreffens in Scharm el Scheich (Ägypten), an dem Mitte Oktober 2000, also kurz nach Ausbruch der neuen Unruhen, u. a. der israelische Ministerpräsident Ehud Barak, Jasir Arafat und der US-amerikanische Präsident Bill Clinton teilgenommen hatten. Nachdem Clinton am 8. November 2000 George Mitchell, einen ehemaligen US-Senator, der auch am Zustandekommen des Friedensabkommens für Nordirland von 1998 beteiligt gewesen war, als Vorsitzenden benannt hatte, nahm die mit weiteren hochrangigen Politikern besetzte Kommission ihre Arbeit vor Ort auf und legte im Mai 2001 ihren Bericht vor (→ S. 411).

In ihm setzte sie sich für vertrauensbildende Maßnahmen ein, da die Nichteinhaltung einzelner Vereinbarungen im Osloer Friedensprozess auf beiden Seiten zu einem Vertrauensverlust geführt habe und es sowohl Israelis wie Palästinensern an Verständnis für die Lage der jeweils anderen Seite fehle. Beide Seiten trügen Verantwortung dafür, neues Vertrauen sowie neue bilaterale Beziehungen aufzubauen, und sollten eine intelligente Risikobereitschaft aufbringen. Der Ausbruch der Intifada sei nicht, wie von der israelischen Regierung vorgebracht, von der Autonomiebehörde geplant gewesen, doch danach seien beide Seiten nicht konsequent gegen die Ausbreitung der Gewalt vorgegangen.

Die Kommission sprach sich dafür aus, die Zusammenarbeit in Sicherheitsfragen wieder aufzunehmen, um die Gewalt zu stoppen und zu Verhandlungen zurückzukehren. Insbesondere plädierte sie dafür, dass die Autonomiebehörde gegen Terrorismus vorgehen, die israelische Regierung die Siedlungstätigkeit in den besetzten Gebieten einstellen und ihre Armee aus den Autonomiegebieten abziehen solle.

Da Scharon die Forderung nach einem Siedlungsstopp kategorisch ablehnte, akzeptierte die israelische Regierung den Bericht nur mit Vorbehalten, während Arafat sich mit ihm einverstanden erklärte, auch wenn sein Wunsch nach Entsendung von UN-Truppen in die besetzten Gebiete nicht aufgegriffen worden war.

Ungeachtet ihrer Vorbehalte rief die israelische Regierung Ende Mai eine Waffenruhe aus. Sie wurde auch nach dem Selbstmordanschlag von Tel Aviv eingehalten, bei dem ein islamistischer Extremist am 1. Juni 20 junge Menschen ermordet hatte. Der deutsche Außenminister Joschka Fischer, der gerade im Nahen Osten war, konnte Scharon dazu bestimmen, auf Vergeltungsschläge zu verzichten, und auch Arafat dazu bewegen, ebenfalls eine Waffenruhe anzuordnen.

Der Osloer Friedensprozess

1993 einigten sich die israelische Regierung unter Yitzhak Rabin (Arbeitspartei) und Arafats PLO nach monatelangen Geheimverhandlungen in der norwegischen Hauptstadt Oslo auf ein Grundlagenabkommen (Oslo-Abkommen). Es sah vor, dass die Palästinenser schrittweise die Autonomie in den besetzten Gebieten Westjordanland und Gasastreifen erhalten und sich die israelischen Truppen schrittweise von dort zurückziehen. Die Vereinbarung stand – nach jahrelangen, oft blutigen Auseinandersetzungen – unter dem Motto »Land für Frieden«, enthielt aber nur wenige konkrete Vereinbarungen. Vor der Unterzeichnung erkannte Israel die PLO an, wie auch die PLO das Existenzrecht Israels. Die erste Umsetzung der Grundlagenvereinbarung erfolgte mit dem Gasa-Jericho-Abkommen von 1994: Die Palästinenser übernahmen die Verwaltung im Gasastreifen und der Stadt Jericho im Westjordanland, die israelische Armee zog aus diesen Territorien ab. Im folgenden Jahr gelangten weitere Städte des Westjordanlandes zu den Autonomiegebieten.

1996 geriet der Friedensprozess ins Stocken, nachdem Palästinenser Selbstmordattentate verübt hatten und die neue israelische Regierung unter Benjamin Netanjahu (Likud) den seit 1992 bestehenden Baustopp für jüdische Siedlungen in den Autonomiegebieten aufgehoben hatte. Zwar wurden noch weitere Abkommen geschlossen, die den Rückzug isralischer Truppen vorsahen und mit Verzögerungen umgesetzt wurden, doch im Juli 2000 scheiterte das Gipfeltreffen in Camp David (USA), das die in der Osloer Prinzipienerklärung ausgesparten strittigen Fragen klären und zu einem abschließenden Friedensabkommen sollte.

Arafat, Peres und Rabin (v.l.) bei der Verleihung des Friedensnobelpreises 1994 in Oslo

Eine Woche später nahm der Direktor des US-amerikanischen Geheimdienstes CIA, George Tenet, mit Israelis und Palästinensern Gespräche über eine Umsetzung der Mitchell-Empfehlungen auf. Vorgesehen war, dass Israel seine Truppen aus den Autonomiegebieten zurückzieht und die Autonomiebehörde Hamas- und Dschihad-Extremisten verhaftet.

Das Abkommen wurde jedoch nur unvollständig umgesetzt. Und wie der vorherige erwies sich auch der nach den Terroranschlägen vom 11. September in den USA proklamierte Waffenstillstand als nur begrenzt haltbar. Arafat hatte am 18. September die palästinensischen Sicherheitskräfte angewiesen, selbst im Fall eines Angriffs nicht zurückzuschießen; daraufhin hatte

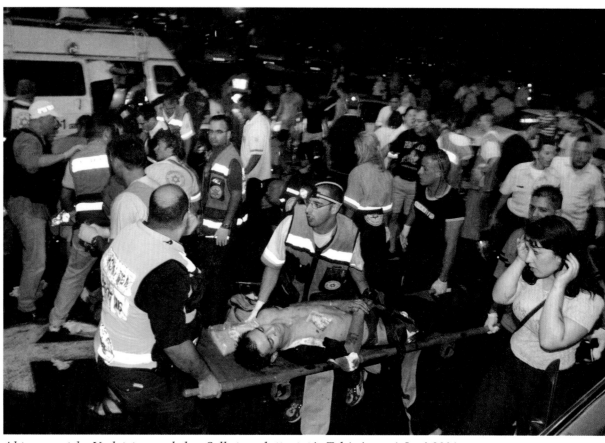

Abtransport der Verletzten nach dem Selbstmordattentat in Tel Aviv am 1. Juni 2001

auch die israelische Regierung eine Waffenruhe angeordnet. Solche und andere ermutigende Signale wurden 2001 mehrfach dadurch zunichte gemacht, dass kurz darauf eine der nicht an einem Ausgleich interessierten Gruppierungen einen neuen Anschlag verübte oder neue Gefechte ausbrachen. Der israelische Tourismusminister Zeewi wurde zum Beispiel ermordet, nachdem Scharon erstmals von einem Palästinenserstaat gesprochen hatte. Mit der daraufhin fast zwangsläufig einsetzenden Gewalt-Gegengewalt-Spirale konnten die Hardliner beider Lager wechselseitig ihren jeweiligen Einfluss verstärken. Zudem erlebten sich beide Seiten immer wieder als Opfer, was die Wahrnehmung für die Situation des jeweils anderen erschwerte.

Der Bericht der Mitchell-Kommission

In ihrem Bericht über die Al-Aksa-Intifada rief die nach ihrem Vorsitzenden, George Mitchell, benannte Kommission die Kontrahenten im Mai 2001 dazu auf, die Gewalt zu beenden und wieder zu Verhandlungen zurückzukehren.

In den Eingangspassagen ging sie auf das fehlende Verständnis beider Seiten füreinander ein: »Einige Israelis scheinen nicht zu verstehen, welche Entwürdigung und Frustration die Palästinenser wegen der israelischen Besatzung, der Präsenz des Militärs und der Siedlungen täglich ertragen müssen, noch scheinen sie die Entschlossenheit der Palästinenser zu begreifen, ihre Unabhängigkeit und Selbstständigkeit zu erlangen. Einige Palästinenser scheinen nicht zu verstehen, in welchem Ausmaß der Terrorismus die Angst im israelischen Volk schürt und damit den Glau-

ben an die Möglichkeit der Koexistenz untergräbt. Auch scheinen sie nicht die Entschlossenheit der israelischen Regierung zu verstehen, alles Notwendige zum Schutz der Bevölkerung zu tun.«

Um neues Vertrauen zu gewinnen, hält die Kommission es an erster Stelle für notwendig, »dass beide Seiten bereit sind, sich als Partner anzuerkennen«.

Für den Aufbau einer neuen bilateralen Beziehung empfahl sie: »Die palästinensische Autonomiebehörde sollte ... deutlich machen, dass Terrorismus verwerflich und unannehmbar ist ... Die israelische Regierung sollte sämtliche Siedlungsaktivität einfrieren« und »sicherstellen, dass die Verteidigungskräfte ... Maßnahmen ergreifen, die zu nichttödlichen Antworten auf unbewaffnete Demonstranten ermuntern.«

Kommissionsvorsitzender George Mitchell

Nahostkonflikt und Anti-Terror-Allianz

Mit den Terroranschlägen in New York und Washington vom 11. September hat auch der Krisenherd Naher Osten einen neuen Stellenwert bekommen. Zum einen hat es an Dringlichkeit gewonnen, Entspannung in einem Konflikt zu erreichen, der bereits von Osama bin Laden für seine Zwecke instrumentalisiert wurde – wovon sich die Autonomiebehörde Arafats distanzierte. Zum anderen sind die USA in ihrem Feldzug gegen den islamisch-fundamentalistischen Terrorismus bestrebt, auch oder gerade arabische Staaten in ihre Anti-Terror-Allianz einzubinden und jeden Anschein einer anti-islamischen Haltung zu vermeiden.

Anfang Oktober kündigte die US-amerikanische Regierung eine eigene Friedensinitiative für den Nahen Osten an. Sie markiert eine Wende in der Haltung des republikanischen Präsidenten George W. Bush, der zu Beginn seiner Amtszeit, anders als sein Vorgänger, der Demokrat Bill Clinton,

Israelische Besatzer in Hebron (Westjordanland)

kaum Engagement für den Nahostkonflikt erkennen ließ und auch den Posten des Nahostkoordinators nicht neu besetzte. Und sie bezeichnet den Ansatz zu einer Abkehr von der bisherigen amerikanischen

Strategie, die vor allem auf Unterstützung Israels angelegt war, was in arabischen bzw. muslimischen Ländern oft als einseitige Parteinahme für Israel angesehen wurde. Neben dem Existenzrecht Israels steht nun auch die Gründung eines Staates Palästina im Zentrum amerikanischer Nahostpolitik.

Intensive diplomatische Bemühungen lösten Mitte Oktober die Ermordung des israelischen Tourismusministers Zeewi und die darauf folgenden israelischen Vergeltungsmaßnahmen aus. Sowohl die USA als auch die Europäer und die Vereinten Nationen suchten mittels einer »Staffeldiplomatie« die neuerliche Krise zu entschärfen. Israel hatte auf das Attentat, den ersten palästinensischen Anschlag auf ein israelisches Regierungsmitglied, mit der größten Offensive im Westjordanland seit Unterzeichnung des Osloer Abkommens von 1993 reagiert. Israelische Panzer rückten in mehrere autonome Städte vor; allein in der ersten Woche kamen bei den Gefechten mehr als 40 Palästinenser, sowohl Sicherheitskräfte als auch Zivilisten, ums Leben.

Vor allem die amerikanische Regierung drang auf einen Rückzug Israels aus den besetzten Städten in den Autonomiegebieten. Sie befürchtete, weitere Konfrontationen im Nahen Osten könnten die Zusammenarbeit mit den arabischen Staaten in der Anti-Terror-Allianz belasten oder dem Image des Westens in islamischen Ländern schaden. Doch erst nach zehn Tagen zog sich Israel aus der ersten der belagerten Städte zurück.

Neue Erwartungen an Nahost-Politiker

Nach den Terroranschlägen von New York und Washington und der Bildung der Anti-Terror-Allianz sahen sich Scharon und Arafat der Erwartung gegenüber, die veränderte Weltlage in ihrer Politik zu berücksichtigen. Arafat zeigte sich bemüht, seinen Fehler von 1991 nicht zu wiederholen, als er

Von israelischem Militär zerstörtes Haus in einem Flüchtlingslager im Gasastreifen

sich im Golfkrieg auf die Seite des irakischen Diktators Saddam Hussein gestellt hatte. Er war bestrebt, die Unterstützung der USA zu gewinnen, der wichtigsten Vermittlungsinstanz im Nahen Osten seit Beginn der 90er Jahre. Der Palästinenser-Chef erklärte nicht nur, sich am Kampf gegen den Terrorismus beteiligen zu wollen, er ging auch, zum Teil gewaltsam, gegen anti-amerikanische Demonstrationen und Pro-bin-Laden-Kundgebungen in den Autonomiegebieten vor.

Die Israelis taten sich mit der neuen Situation schwerer. Der Eindruck, die Welt werde nun mehr Verständnis für ihre Politik und ihr Land aufbringen, das schon lange von Selbstmordattentaten bedroht ist, verflog schnell, als die USA auf weitere Verhandlungen mit den Palästinensern drangen und klar wurde, dass Israel in der Anti-Terror-Allianz allenfalls im Hintergrund eine Rolle spielen könnte. Scharon reagierte darauf zunächst, indem er Anfang Oktober die Lage Israels mit der der Tschechoslowakei von 1938 verglich, als Frankreich, Großbritannien und Italien der Forderung Nazi-Deutschlands stattgegeben hatten, das Sudetenland, das zur Tschechoslowakei gehörte und in dem viele Deutsche lebten, zu annektieren. Scharon warnte davor, die Araber auf Kosten Israels zu beruhigen, und bekräftigte, dass sein Land für seine Rechte kämpfen werde. Für die eigene Sicherheit oder das Überleben selber eintreten zu müssen und zu wollen – diese Vorstellung gehört nach der Erfahrung des Holocaust zum Grundkonsens des jüdischen Staates. Nach dem überzogenen Vergleich gestand Scharon eine gute Woche später jedoch zu, Israel sei bereit, einen Palästinenserstaat zu akzeptieren. Die Gründung eines unabhängigen, entmilitarisierten Staates für die Palästinenser bildete auch den Schwerpunkt der Friedenspläne von Außenminister Peres, die Ende Oktober bekannt wurden. Danach soll sogar eine Räumung jüdischer Siedlungen im Gasastreifen vorgesehen sein.

Doch nach wie vor ist das Misstrauen auf beiden Seiten groß, und ein Friedensschluss zwischen Israelis und Palästinensern scheint in weiter Ferne zu liegen. Viele Beobachter der Region sind überzeugt, dass nur internationale Vermittlung die Chance birgt, die Kontrahenten wieder an den Verhandlungstisch zu bringen und eine Lösung zu entwickeln, die allen Frieden und Sicherheit verspricht.

Israel besetzt das Orienthaus in Ost-Jerusalem, den inoffiziellen Sitz der PLO.

UN-Resolution 242 zum Nahostkonflikt

Die Vereinten Nationen befassten sich seit 1948 immer wieder mit dem Nahostkonflikt und formulierten in zahlreichen Resolutionen ihre Positionen und Lösungsvorschläge. Als grundlegend gilt insbesondere die Resolution 242, die am 22. November 1967 nach dem Sechstagekrieg verabschiedet wurde. Sie nahm bereits die Devise des Osloer Friedensprozesses von 1993, Land gegen Sicherheit, vorweg und lautet in ihren wichtigsten Passagen:

»Der Sicherheitsrat, in Bekundung seiner ständigen Sorge über die ernste Lage in Nahost, in Betonung der Unzulässigkeit, Gebiete durch Kriege zu erwerben, und der Notwendigkeit, für einen gerechten und dauerhaften Frieden zu arbeiten, in dem jeder Staat des Gebietes in Sicherheit leben kann, ...

1. bekräftigt, dass die Erfüllung der Grundsätze der Charta die Einrichtung eines gerechten und dauerhaften Friedens in Nahost verlangt, der die Anwendung der beiden folgenden Grundsätze einschließt:

I Rückzug der israelischen Streitkräfte aus Gebieten, die während des jüngsten Konflikts besetzt wurden;

II Einstellung aller Behauptungen oder Formen eines Kriegszustandes sowie die

Flüchtlinge aus dem Westjordanland, das Israel im Sechstagekrieg von 1967 besetzte, passieren eine zerstörte Brücke.

Beachtung und Anerkennung der Souveränität ... eines jeden Staates in diesem Gebiet und die seines Rechtes, innerhalb sicherer und anerkannter Grenzen frei von Drohung und Akten der Gewalt in Frieden zu leben;

2. bekräftigt die Notwendigkeit

... b) eine gerechte Regelung des Flüchtlingsproblems zu verwirklichen;

c) die territoriale Unversehrtheit und die politische Unabhängigkeit eines jeden Staates in dem Gebiet durch Maßnahmen sicherzustellen, zu denen die Schaffung entmilitarisierter Zonen zählt ...«

Friedenshindernisse: Die strittigen Fragen

Um zu einer Lösung des Nahostkonflikts zu gelangen, stehen – auch unabhängig von der aktuellen Gewaltwelle – schwierige Verhandlungen bevor. Denn sie müssen sich den noch ungelösten Kernproblemen des Konflikts widmen, bei denen die unterschiedlichen Auffassungen, Interessen und Erwartungen besonders weit auseinander klaffen. Zu diesen strittigen Fragen gehören die Grenzen eines künftigen Palästinenserstaates, die jüdischen Siedlungen in den besetzten Gebieten, das Rückkehrrecht für Palästinenser und der Status von Jerusalem. Ihre Klärung war bei Beginn des Osloer Friedensprozesses ausgeklammert worden, um zunächst durch den schrittweise erfolgenden israelischen Rückzug und die Ausweitung der palästinensischen Autonomie eine Vertrauensgrundlage zu schaffen. Allerdings sollten die Beratungen über die kontroversen Fragen nach dem ursprünglichen Plan 1999 abgeschlossen sein, doch diese so genannten Endstatusverhandlungen wurden nur zögerlich aufgenommen. Bestimmendes Thema waren sie beim Gipfeltreffen von Camp David (USA) im Juli 2000, der an ihrer Lösung scheiterte.

Arafat nach dem Abzug aus Beirut 1982

Die Frage der Grenzziehung betrifft sowohl die Größe eines künftigen Staates Palästina als auch die nach einem zusammenhängenden Staats-

Unruhen in Ramallah nach der Beisetzung eines erschossenen Palästinensers (6.7.2001)

gebilde. Sie ist mit der Siedlungsfrage verbunden, da das gesamte Westjordanland und Teile des Gasastreifens vom Netz der jüdischen Siedlungen durchzogen sind, für deren Ausbau meist palästinensisches Land enteignet wurde. Während die meisten Siedlungen im ländlichen Raum oder in der Nähe autonomer Ortschaften liegen, gibt es in Hebron auch mitten im Stadtzentrum eine jüdische Siedlung. Bewacht von mehr als 1000 israelischen Soldaten, leben dort etwa 500 Siedler inmitten von über 100 000 palästinensischen Bewohnern.

Ehud Barak hatte in Camp David zwar einen weiteren Rückzug Israels angeboten, doch auch nach diesen Vorschlägen wäre der künftige Palästinenserstaat ein zerstückeltes Gebilde geworden, zwischen dessen einzelnen Teilen jüdische Siedlungen und israelische Militärstützpunkte gelegen hätten. Scharon schloss vor seiner Wahl zum Ministerpräsidenten eine Rückkehr zu den Grenzen von 1967 aus, während die Palästinenser Anspruch auf das ganze Westjordanland erheben.

Siedlungspolitik und (militärischer) Schutz der jüdischen Siedler sind seit Jahren fester Bestandteil israelischer Politik. Auch nach 1993 wuchsen die jüdischen Siedlungen in den besetzten Gebieten an, trotz der Bestimmung des Osloer Abkommens, beide Seiten sollten den Status quo nicht verändern. Noch im April 2001 genehmigte die Scharon-Regierung den Bau von mehr als 700 Häusern im Westjordanland. Wie sich ein Zusammenleben von Juden und Palästi-

Jerusalem – wechselvolle Geschichte einer umstrittenen Stadt

Aufgrund der religiösen Bedeutung der Stadt für Juden wie Palästinenser sah der Zwei-Staaten-Plan der Vereinten Nationen von 1947 vor, Jerusalem unter internationale Verwaltung zu stellen – eine Position, die bis heute von vielen Ländern vertreten wird. Doch der erste israelisch-arabische Krieg endete mit der Teilung in einen jordanischen Ost- und einen israelischen Westteil, den die Knesset 1950 zur Hauptstadt bestimmte.

Im Sechstagekrieg von 1967 besetzte Israel Ost-Jerusalem und öffnete den Tempelberg wieder Besuchern aller Religionen. 1980 gliederte es Ost-Jerusalem seinem Staatsgebiet ein, was international nicht allgemein anerkannt wird. Um das Anrecht auf ganz Jerusalem zu untermauern, siedelten sich seit 1967 etwa 200 000 Israelis im ehemals jordanischen Teil an bzw. in neu errichteten Vororten auf besetztem Gebiet.

In der Realität ist Jerusalem im Jahr 2001 immer noch eine geteilte Stadt. Sie hat zwei Stadtzentren, zwei Transportsysteme, zwei Elektrizitätswerke und zwei Sozialsysteme. Zwischen Juden und Palästinensern gibt es kaum Kontakte. Bei der Vergabe der öffentlichen Gelder werden die israelischen Viertel gegenüber den palästinensischen bevorzugt, und Ansprüche von Juden auf Besitz im Ostteil werden meist ohne weiteres anerkannt.

nensern in einem Palästinenserstaat gestalten ließe, ist ebenso offen wie die Frage, ob es in Israel politisch durchsetzbar wäre, Siedlungen aufzugeben. Zumindest von Seiten der radikalen Siedler dürfte mit heftigen, auch militanten Protesten zu rechnen sein. Allerdings war eine israelische Regierung, in der auch Scharon Minister war, bereits einmal zur Aufgabe von Siedlungen bereit: 1979, beim Abschluss des Friedensvertrages mit Ägypten, der die Räumung der Sinai-Halbinsel einschloss.

Rückkehrrecht für Flüchtlinge

Ein weiterer strittiger Punkt betrifft das Rückkehrrecht für die Palästinenser, die 1948/49 nach der Gründung des Staates Israel im ersten israelisch-arabischen Krieg aus ihren Wohngebieten geflohen sind oder von der israelischen Armee vertrieben wurden, bzw. für ihre Nachkommen. Mitte 2000, am letzten Stichtag, waren gut 3,7 Millionen palästinensische Flüchtlinge beim für sie zuständigen Hilfswerk der Vereinten Nationen (UNRWA) registriert. Etwa ein Drittel von ihnen lebte im Westjordanland und im Gasastreifen, die anderen waren in Jordanien, Syrien und im Libanon ansässig. Vor allem denjenigen, die immer noch in Flüchtlingslagern hausen, fehlen jegliche Chancen auf ein Fortkommen; anderen hingegen ist es gelungen, sich in ihren Zufluchtsstaaten einzurichten.

Die Gewährung eines Rückkehrrechts ist in Israel mit der Befürchtung verbunden, im eigenen Staat zu einer Minderheit zu werden. Damit ist das Selbstverständnis einer Gesellschaft tangiert, die sich als jüdischer Staat begreift. Die israelische Regierung war daher bislang nur zu einer humanitär begründeten Familienzusammenführung bereit, bei der bis zu 150 000 Palästinenser nach Israel kommen könnten.

Für die Palästinenser ist das Rückkehrrecht eine Grundsatzfrage – war doch die PLO mit dem Anspruch gegründet worden, die Rückkunft aller Flüchtlinge in ihre Heimat zu erreichen. Allerdings wird auch über ein nur formales, nicht faktisches Rückkehrrecht und die Möglichkeit von Entschädigungen nachgedacht, zumal nicht davon auszugehen ist, dass tatsächlich vier Millionen Palästinenser nach Israel wollen. Eine Berechnungsgrundlage für Entschädigungen bilden alte Akten, in denen das Eigentum geflüchteter Araber, das von Israel konfisziert wurde, aufgelistet ist.

Jerusalem – die heilige Stadt

Für Israelis wie Palästinenser, für Juden wie Muslime (und auch für Christen) ist Jerusalem (arabisch Al Kuds) eine Stadt von überragender religiöser und historischer Bedeutung. Deshalb erklärte Israel die ganze Stadt zu seiner »ewigen, ungeteilten« Hauptstadt, deshalb beanspruchen die Palästinenser Ost-Jerusalem als Hauptstadt ihres künftigen Staates Palästina.

Kristallisationspunkt aller Auseinandersetzungen um den künftigen Status von Jerusalem ist der Tempelberg (Haram al-Scharif) in der im Ostteil gelegenen Altstadt. Hier steht die Klagemauer, an der sich die gläubigen Juden zum Gebet versammeln. Sie ist der einzige Überrest des von den Römern zerstörten Tempelbezirks, dessen Glanzpunkt der Tempel Salomos war, der Aufbewahrungsort der Bundeslade. Wenige Schritte weiter erhebt sich der Felsendom über dem Felsen, von dem der Prophet Mohammed nach islamischem Glauben auf seinem Pferd Buraq seine Himmelsreise antrat. Felsendom wie Al-Aksa-Moschee entstanden, als Jerusalem zum Kalifenreich gehörte, sie machten die Stadt zur drittheiligsten Stätte des Islam.

Ausblick

Die strittigen Fragen lassen sich nur lösen, wenn beide Seiten zu Kompromissen bereit sind. Israelis und Palästinenser müssten an den Verhandlungstisch zurückkehren, doch die Lage im Nahen Osten wurde 2001 statt von Gesprächen von immer neuen gewaltsamen Konfrontationen bestimmt. Es bleibt abzuwarten, ob es internationaler Vermittlung gelingt, den Kreis von Gewalt und Gegengewalt zu durchbrechen.

△ Jerusalems heilige Stätten: Klagemauer und Felsendom mit goldener Kuppel

◁ Ariel Scharon bei seinem umstrittenen Besuch auf dem Tempelberg am 28. September 2000

Chefanklägerin Carla Del Ponte und das Haager Kriegsverbrechertribunal

Mit Slobodan Milosevic erhält Carla Del Ponte, Chefanklägerin des UN-Kriegsverbrechertribunals in Den Haag, im Sommer 2001 den bislang störrischsten Widersacher ihrer Karriere. Das wenig kooperative Verhalten des ehemaligen serbischen Diktators vor dem Gericht scheint die Schweizer Juristin allerdings nicht zu beirren. Sie betont wiederholt, dass sie nicht ruhen werde, bis alle mutmaßlichen Kriegsverbrecher, deren die internationale Völkergemeinschaft habhaft wird, verurteilt worden sind.

Als UN-Generalsekretär Kofi Annan im September 1999 Carla Del Ponte zur Chefanklägerin des Kriegsverbrechertribunals ernannte, wählte er bewusst die selbstsichere Frau, welcher der Ruf vorauseilte, bei der Verfolgung von Verbrechen besonders unnachgiebig zu sein. »Die Gerechtigkeit ist eine Frau«, verkündete der Diplomat und lobte das »kraftvolle und entschlossene Auftreten« Del Pontes.

Die als äußerst karrierebewusst geltende Juristin wurde 1947 in Lugano geboren und wuchs im Tessiner Maggiatal auf. Die Wirtstochter musste sich in jungen Jahren nicht nur gegen drei Brüder, sondern auch gegen ihren Vater durchsetzen, der sie nicht zur Universität gehen lassen wollte. Nach ihrem Jurastudium in Bern und Genf arbeitete sie zunächst als Rechtsanwältin, bevor sie 1981 zur Untersuchungsrichterin und vier Jahre später zur Staatsanwältin im Tessin ernannt wurde. Ihren Wechsel von der Verteidigerin zur Anklägerin begründete sie damit, dass sie es leid gewesen sei, »schuldige Straftäter zu verteidigen«.

Das organisierte Verbrechen im Visier

Schon bald machte sich Del Ponte als unerschrockene Gegnerin des organisierten Verbrechens einen Namen. Mit ihrem kompromisslosen Ermittlungsstil wurde sie zu einer der gefährdetsten Personen der Schweiz. Gemeinsam mit dem Staatsanwalt Paolo Bernasconi rollte sie in ihrem Geburtsort Lugano eine Drogen- und Waffenschieberbande auf. Sie ging gegen die »Pizza Connection« vor und deckte auf, wie Mafiosi aus Italien im Zusammenhang mit ihren Drogengeschäften Tessiner Banken zur Geldwäsche nutzten.

Außerdem kooperierte Del Ponte eng mit dem Mailänder Richter Giovanni Falcone. Dieser zog gegen die Finanzoperationen der italienischen Drogen- und Waffenkartelle zu Felde und erklärte die Jagd auf die Mafia zu seinem Lebensziel. Wie Falcone, der schließlich 1992 einem Mordanschlag zum Opfer fiel, erhielt auch Del Ponte zahllose Morddrohungen; 1989 entging sie in dessen Haus nur knapp einem Attentat. »Wer keine Nerven hat, sollte diesen Beruf nicht ergreifen«, antwortete sie einmal auf die Frage, wie sie mit der ständigen Gefahr umgehe. Am Anfang habe sie noch Angst gehabt, doch inzwischen habe sie »einen gewissen Fatalismus entwickelt«.

1994 wurde Del Ponte von der Schweizer Regierung zur Bundesanwältin berufen. Auch in diesem Amt erregte sie großes Aufsehen, weil sie wiederum mit ebenso großer Energie wie Verbissenheit gegen die organisierte Kriminalität vorging. Sie ermittelte gegen die dunklen Geschäfte der Algerischen Islamischen Heilsfront ebenso wie gegen Raul Salinas, den Bruder des früheren mexikanischen Präsidenten, der im Verdacht stand, Drogengeschäfte finanziert zu haben. Den beim damaligen russischen Präsidenten Boris Jelzin in Ungnade gefallenen Staatsanwalt Juri Skuratow unterstützte sie bei seinen Ermittlungen gegen Korruption im Umfeld des Kreml. Sie war an den spektakulären Ermittlungen gegen angebliche Helfer des Top-Terroristen Carlos beteiligt. Und schließlich machte sie auch im Zusammenhang mit den Prozessen gegen italienische Politiker wie Bettino Craxi oder Silvio Berlusconi Schlagzeilen. Hier leistete sie gern »Amtshilfe« über die Landesgrenzen hinweg, wodurch sie dem Ruf der Schweiz, ein sicherer Zufluchtsort für wohlhabende Kriminelle zu sein, entgegenzuarbeiten versuchte. »Auch manche Schweizer Bankiers finden, dass ich zu eifrig bin«, stellte sie einmal in diesem Zusammenhang fest.

Die unbequeme Persönlichkeit der Chefanklägerin

Der Mord an Falcone gilt als ein wesentlicher Grund, warum Del Ponte mit der Zeit immer konsequenter gegen das organisierte Verbrechen auftrat. Für ihr unerbittliches Vorgehen erntete sie allerdings nicht nur

Carla Del Ponte beim UN-Kriegsverbrechertribunal in Den Haag

Bewunderung, sondern auch Ablehnung. Sie wurde als blonder Racheengel bezeichnet, der sich der Bekämpfung des Verbrechens nicht aus moralischen Gründen, sondern aus Eitelkeit verschrieben habe. Ihre Kritiker rieben sich insbesondere an ihrem öffentlichen Auftreten. Ihr wurde vorgeworfen, eine Schaumschlägerin zu sein, die ihre Erfolge mit Fanfarenklängen in die Welt posaune. Außerdem halte sie sich bei ihrem Vorgehen gegen Verdächtige selbst nicht immer an das Recht: Als sie im Zuge der Ermittlungen gegen Raul Salinas 100 Millionen US-Dollar beschlagnahmen ließ, die auf Schweizer Konten des Mexikaners lagerten, stellte das Schweizer Bundesgericht fest, dass Del Ponte ihre Befugnisse überschritten habe. Kritik erntete sie auch, weil sie die Telefone in den Redaktionen von mindestens drei Zeitungen abhören ließ. Damit wollte Del Ponte diejenigen aus ihrem Amt überführen, die Quelle von Indiskretionen waren. »In der Schweiz wird sie als oberste Anklägerin vorab in Erinnerung bleiben, weil sie aus Mücken Elefanten machte, aus Presseleuten Verdächtige und aus Hausdurchsuchungen gutes Dorftheater«, resümierte die »Weltwoche«.

Del Ponte selbst bezeichnete solche Vorwürfe als Ausdruck des Neides und betonte, dass sie »ein dickes Fell« habe, das sie unempfindlich gegen diese Art von Kritik mache. Sie gestand aber ein, dass sie selbst für

Die Richter Ende 1999; hinten v. l.: Mohamed Bennouna, David Anthony Hunt, Fouad Abdel-Moneim Riad, Patricia Wald, Rafael Nieto-Navia, Patrick Lipton Robinson; vorn v.l.: Almiro Simoes Rodrigues, Antonio Cassese, Florence Ndepele Mwachande Mumba, Claude Jorda, Richard May, Wang Tieya, Lal Chand Vohrah.

ihre Freunde unangenehm sein könne. Ungeduld und aufbrausendes Temperament bezeichnete Del Ponte als ihre größten Schwächen. Damit bestätigte sie indirekt ihren früheren Sprecher Paul Risley, der sie als »stur« charakterisierte und im Rückblick von einem »Höllenjob« sprach, den er unter ihr zu erledigen hatte.

Obwohl Del Ponte von Annan mit viel Vorschusslorbeeren präsentiert wurde, galt ihre Berufung zur Chefanklägerin des Haager Tribunals als Überraschung, und dies nicht nur deshalb, weil sie als Juristin umstritten

war. Die Entscheidung rief Erstaunen hervor, weil Del Ponte wiederholt über sich gesagt hatte, dass sie sich für Politik niemals sonderlich interessiert habe. Deshalb falle es ihr auch schwer, mit Begriffen wie Staatsräson, Pragmatismus oder Kompromissbereitschaft umzugehen. Der sichere Umgang mit diesen politischen Grundsätzen erschien aber vielen Beobachtern als unverzichtbare Voraussetzung für das Amt des Chefanklägers beim UN-Kriegsverbrechertribunal, das wie kaum ein anderes Rechtsinstitut auch auf diplomatische Notwendigkeiten Rücksicht nehmen muss.

Del Pontes Vorbild: Der ermordete Richter Giovanni Falcone

Carla Del Pontes großes Vorbild ist Giovanni Falcone. Der italienische Richter, 1939 in Palermo geboren, leitete ab 1978 in seiner Heimatstadt eine Sonderabteilung der Staatsanwaltschaft zur Bekämpfung der Mafia. Er wurde getrieben von der Überzeugung, dass der Staat durchaus die Möglichkeit habe, das organisierte Verbrechen in Italien zu besiegen. Er trat dem damals in der Bevölkerung weit verbreiteten Eindruck entgegen, dass der Staat zum Komplizen von Mafia und Cosa Nostra geworden sei. Die Unbestechlichkeit und Hartnäckigkeit, mit der er ohne Rücksicht auf

Mafiajäger und -opfer: Giovanni Falcone

prominente Namen ermittelte, machte ihn in Italien zu einem verehrten Volkshelden.

Höhepunkt seiner beruflichen Karriere war 1987 der Prozess in Palermo gegen 338 führende Mafiamitglieder, die teilweise zu hohen Haftstrafen verurteilt werden konnten. Allerdings wurde er dadurch auch zum meistgehassten und meistgejagten Richter Italiens. Im Mai 1992 kam er bei einem Bombenattentat auf der Autobahn nach Palermo ums Leben. Zwei Monate später wurde auch sein designierter Nachfolger Paolo Borsellino durch eine Autobombe getötet.

Die Einrichtung des Kriegsverbrechertribunals

Das Kriegsverbrechertribunal wurde im Mai 1993 vom UN-Sicherheitsrat mit der Resolution 827 begründet. Es war das erste Gericht seiner Art seit den Prozessen der Siegermächte des Zweiten Weltkrieges in Nürnberg und Tokio. Vor ihm sollten Personen angeklagt werden, die im Verdacht stehen, sich nach dem 1. Januar 1991 in der ehemaligen sozialistischen Republik Jugoslawien des Mordes, Massenmordes, der Vergewaltigung, Plünderung, Folter, der gewaltsamen Vertreibung von Menschen aus ihren Siedlungsgebieten und der absichtlichen Zerstörung von Eigentum schuldig gemacht zu haben. Der Gerichtshof in Den Haag besteht aus drei Strafkammern mit 14 von der UN-Vollversammlung gewählten Richtern und einer Berufungskammer. Es beschäftigte Ende 2001 rund 1100 Mitarbeiter aus 74 Ländern, unter ihnen Juristen, Ermittler und Übersetzer. Der Jahresetat für 2001 belief sich auf 96 Millionen US-Dollar.

Völkerrechtliche Grundlage für die Gründung des Kriegsverbrechertribunals war das von der Völkergemeinschaft anerkannte Prinzip, den Angehörigen eines Staates zu Hilfe zu eilen, wenn dieser sie in einer Art behandelt, die das Gewissen der Menschheit belastet. Aus dem Bestreben heraus, im Falle eines bewaffneten Konfliktes die Zivilbevölkerung weit gehend zu schonen, entstanden im Laufe der Geschichte zahlreiche internationale Vereinbarungen wie die Haager Kriegsrechtskonvention von 1907, die Pariser Völkermord-Konvention von 1948 und die Genfer Konvention zum Schutz von Kriegsopfern von 1949. Auf der Grundlage dieser Rechtsquellen soll das Verhalten mutmaßlicher Kriegsverbrecher beurteilt werden, wobei das Kriegsverbrechertribunal in Den Haag gegen Angeklagte lediglich Freiheitsstrafen, nicht aber die Todesstrafe verhängen darf.

Die schwierige Suche nach den mutmaßlichen Verbrechern

Die Tatsache, dass das Kriegsverbrechertribunal niemanden in Abwesenheit verurteilen darf, war der entscheidende Grund dafür, warum es erst im April 1995 den ersten Fall zu verhandeln begann und erst im November 1996 sein erstes Urteil sprach. Obwohl alle UNO-Mitgliedstaaten ver-

Das Plakat mit den Konterfeis von Milosevic und anderen mutmaßlichen Kriegsverbrechern hängte sich Del Ponte in ihr Zimmer.

pflichtet wurden, den Anweisungen des Gerichtshofes Folge zu leisten und beispielsweise Haftbefehle zu vollstrecken und gegebenenfalls Gefängnisplätze bereitzustellen, war es schwierig, der mutmaßlichen Kriegsverbrecher habhaft zu werden. In Jugoslawien wurden sie von der Regierung des Diktators Milosevic gedeckt, so dass die Festnahme der Gesuchten häufig von Zufällen abhing und zunächst auf die Schergen der Drahtzieher beschränkt blieb.

So wurde beispielsweise im Februar 1994 in München der bosnische Serbe Dusan Tadic verhaftet. Ihm war vorgeworfen worden, 1992 im Lager Omarska bosnische Muslime gefoltert zu haben und an der Ermordung von zwei Muslimen beteiligt gewesen zu sein. Das Tribunal verurteilte ihn wegen Verbrechen gegen die Menschlichkeit und Kriegsverbrechen zunächst zu 25 Jahren, in

der Berufung 2000 dann zu 20 Jahren Haft. Auch der Kroate Drazen Erdemovic, der im November 1996 zu einer fünfjährigen Haftstrafe verurteilt wurde, war lediglich ein Handlanger. Bei ihm sah das Gericht mildernde Umstände, weil er unter Zwang an den Massenhinrichtungen muslimischer Männern nach der Eroberung der ehemaligen Muslim-Enklave Srebrenica durch serbische Militärs teilgenommen habe. Im Dezember 1998 erhielt der bosnische Kroate Anto Furundzija eine zehnjährige Haftstrafe. Als Leiter einer paramilitärischen Sondereinheit hatte er 1993 beim Verhör der Vergewaltigung einer Frau tatenlos zugesehen.

Die Beweisaufnahme bei den Prozessen strapazierte oft die Nerven der Richter. Sie mussten sich mit Zeugenaussagen auseinander setzen, die brutalste Verbrechen zum Inhalt hatten. Männer wurden während der Kriege im zerfallenden Jugoslawien systematisch gefoltert, bevor sie umgebracht wurden, Frauen, teilweise noch Kinder, wurden gezielt aufgesucht, vergewaltigt, als Sklavinnen gehalten und schließlich für wenig Geld an vorbeiziehende Soldaten verkauft.

Mit Beharrlichkeit und List an die großen Fische

Um aber nicht nur die Schergen, sondern auch die eigentlichen Anstifter der Verbrechen festnehmen zu können, griff die Vorgängerin Del Pontes im Amt des Chefanklägers, die Kanadierin Louise Arbour, zu einer List. Sie teilte die Anklagen in öffentliche und geheime ein, so dass nicht alle mutmaßlichen Kriegsverbrecher wussten, dass sie auf der Fahndungsliste standen. So gelang es beispielsweise, General Momir Talic, den bosnisch-serbischen Generalstabschef aus der Zeit des Bosnienkriegs, vor das Tribunal zu bringen. Er tappte bei einem Besuch in Wien in die Falle, wurde von der österreichischen Polizei festgesetzt und schließlich an Den Haag ausgeliefert.

So konnte Arbour 1999, als sie ihr Amt an Del Ponte übergab, eine insgesamt erfolgreichere Zwischenbilanz vorweisen, als es diejenigen, die das Kriegsverbrechertribunal bei seiner Gründung als »zahnlosen Papiertiger« bezeichnet hatten, für möglich gehalten hatten. Bis dahin waren insgesamt 35 mutmaßliche Kriegsverbrecher verhaftet, die im Hochsicherheitstrakt des Scheveninger Gefängnisses einsaßen.

Ex-Chefankläger Richard Goldstone

Allerdings gab es auch Schattenseiten: 33 vom Haager UN-Tribunal offiziell als Kriegsverbrecher gesuchte Personen konnten nicht inhaftiert werden. Unter den Flüchtigen war auch Radovan Karadzic, der Serbenführer, der sich 1995 zum Präsidenten der Serbischen Republik in Bosnien ausrufen ließ und die Eroberung der Muslim-Enklave Srebrenica befahl. Ausgeführt wurde die Eroberung, die mit Massenmorden an der männlichen Muslim-Bevölkerung endete, von dem Serbengeneral Ratko Mladic. Auch er stand ganz oben auf der öffentlichen Fahndungsliste von Louise Arbour. Dingfest machen wollte das Haager

Bosnien: Das Massaker von Srebrenica

Die nordöstlich von Sarajevo gelegene Stadt Srebrenica wurde zum Synonym für die Untätigkeit und Machtlosigkeit des Westens angesichts der Grausamkeiten des Bosnienkrieges. Nachdem die UNO aus humanitären Gründen im Sommer Blauhelmtruppen nach Bosnien entsandt hatte, begannen die USA im Februar 1993, die von serbischen und jugoslawischen Truppen drangsalierte bosnische Bevölkerung aus der Luft zu versorgen. Im Mai 1993 wurden durch einen Beschluss des UN-Sicherheitsrates zahlreiche Städte in Bosnien-Herzegowina, unter ihnen auch Srebrenica, zu Sicherheitszonen erklärt. Die Serben respektierten diese Schutzzonen nicht lange und nahmen sie trotz mehrerer NATO-Ultimaten unter Beschuss. Im Juli 1995 schließlich nahmen serbische Truppen die Schutzzone von Srebrenica ein. Etwa 400 Soldaten der Blauhelmtruppe ergaben sich widerstandslos, nachdem die angeforderte Luftunterstützung der NATO ausgeblieben war. Sie sahen mit an, wie mehr als 42 000 Menschen aus der Stadt vertrieben und 7000 Männer ermordet wurden.

Muslimische Frauen gedenken ihrer Angehörigen, die in Srebenica getötet wurden.

Tribunal ferner den serbischen Präsidenten Milan Milutinovic sowie den Generalstabschef der jugoslawischen Armee, Dragoljub Ojdanic.

Ganz oben auf der Fahndungsliste prangte auch der Name des jugoslawischen Staatspräsidenten Slobodan Milosevic, der wegen des von ihm inszenierten ethnischen Säuberungskriegs gegen die Kosovo-Albaner als Kriegsverbrecher gesucht wurde. Das war insofern ein Novum, weil vorher noch nie von der UNO mit internationalem Haftbefehl nach einem amtierenden Staatspräsidenten gefahndet worden war.

Arbour unternahm in ihrer Amtszeit alles, um der Rädelsführer der Verbrechen im ehemaligen Jugoslawien habhaft zu werden. Sie reiste unermüdlich in mehrere Hauptstädte und plädierte in Washington, London, Berlin, Paris und New York für die Verhaftung der von ihr gesuchten prominenten Kriegsverbrecher. Doch der entscheidende Erfolg blieb ihrer Nachfolgerin Del Ponte vorbehalten, die sich nach ihrem Dienstantritt ein Fahndungsplakat des US-Außenministeriums in ihr Arbeitszimmer hängte: »Wanted: Slobodan Milosevic, Radovan Karadzic, Ratko Mladic up to 5 Million Dollar.« Die Schweizerin profitierte allerdings wesentlich von den revolutionären Ereignissen in Jugoslawien.

Streng bewacht: Der Sitz des UN-Kriegsverbrechertribunals in Den Haag

Trauerfeier in Mostar für Kriegsopfer, die aus einem Massengrab exhumiert wurden

Del Pontes Gegenspieler Slobodan Milosevic

Slobodan Milosevic hatte eine lange Karriere hinter sich, bevor er gestürzt und im Juni 2001 an das UN-Kriegsverbrechertribunal ausgeliefert wurde. Bereits 1959 trat er der Kommunistischen Partei (KP) bei. Der Jurist war ab 1969 Vizedirektor und später Generaldirektor des jugoslawischen Gasunternehmens Technogas. 1983 wurde er Direktor der größten Bank in Jugoslawien, 1984 stieg er in die Parteiführung der KP auf. Die Führung der serbischen KP übernahm er im Mai 1986. 1989 wurde er serbischer Präsident, 1997 Präsident von Jugoslawien.

Während seiner gesamten politischen Laufbahn war es Milosevic' Ziel, mit nationalistischen Parolen, Unterdrückung und Gewalt die serbisch dominierte Einheit des Vielvölkerstaates Jugoslawien zu bewahren. Nach seinem Aufstieg an die Spitze der serbischen KP übernahm er die Kontrolle über die Medien, die er zu einem willfährigen Instrument seiner Ziele machte. Mit organisierten Demonstrationen in Städten Serbiens, der Wojwodina und in Montenegro, die einen aggressiven serbischen Nationalismus förderten, steigerte er die Spannungen unter den Völkern in Jugoslawien. Höhepunkt war im Sommer 1989 die 600-Jahr-Feier zum Gedenken an die Niederla-

ge der Serben gegen die Türken auf dem Amselfeld (1389). In Montenegro zwang Milosevic im Januar 1989 die Führung der Republik zum Rücktritt und ersetzte sie durch treue Anhänger.

Vertreibungen, Massaker und Krieg auf dem Balkan

Trotz dieser Bemühungen erklärten 1991 Kroatien, Slowenien und Mazedonien ihre Unabhängigkeit, Bosnien-Herzegowina folgte 1992. Die Kriege des serbisch dominierten Jugoslawien gegen Slowenien (Ju-

ni/Juli 1991) und Kroatien (Sommer 1991 bis Januar 1992), die den Zerfall des Staates nicht mehr aufzuhalten vermochten, waren die Konsequenz aus der nationalistischen Propaganda, die Milosevic in den Jahren zuvor angeheizt hatte. Der Hass unter den Volksgruppen steigerte sich derart, dass der Krieg in Bosnien-Herzegowina (März 1992 bis November 1995) ebenso wie der Konflikt in Kroatien von so genannten ethnischen Säuberungen begleitet war.

Im Februar 1998 kam es zu ersten Massakern an Albanern in der zu Jugoslawien gehörenden autonomen Provinz Kosovo. Verübt wurden sie von serbischen Polizeieinheiten mit dem Ziel, die albanische Bevölkerung zu vertreiben. Zugleich versuchte die Guerillaorganisation UCK mit Waffengewalt die Unabhängigkeit des Kosovo zu erkämpfen. Im März 1998 verhängte der UN-Sicherheitsrat ein Waffenembargo gegen Jugoslawien, im April folgten Wirtschaftssanktionen der EU; die NATO begann, die Möglichkeit einer militärischen Intervention zu prüfen. Während im Kosovo die Vertreibungen fortgesetzt wurden und serbische Sicherheitskräfte brutal gegen die Zivilbevölkerung vorgingen, verzögerte Milosevic durch geschicktes Taktieren ein internationales Eingreifen.

Im März 1999 begannen schließlich die NATO-Luftangriffe, die Milosevic dazu zwangen, im Kosovo-Konflikt einzulenken. Um die Rückkehr der vertriebenen Bevölkerung in das Kosovo zu ermöglichen und den Aufbau einer zivilen Verwaltung zu sichern, rückten nach dem Ende der Luft-

Milosevic' Sturz: Tausende stürmen das jugoslawische Bundesparlament.

angriffe im Juni 1999 die internationalen Friedenstruppen der so genannten Kosovo Force (KFOR) in die Konfliktregion ein.

Der Krieg im Kosovo beschleunigte Milosevic' Abstieg. Die wegen der kriegerischen Politik von der UNO und der EU gegen Jugoslawien verhängten Sanktionen trafen die jugoslawische Wirtschaft schwer und verschlechterten die Lebensbedingungen des Volkes. Die Wirtschaftsleistung schrumpfte um mehr als die Hälfte, die Arbeitslosenquote stieg auf rund 50 Prozent. Der Unmut der Bevölkerung entlud sich in Demonstrationen, bei denen bis zu 200 000 Menschen gegen das Regime von Milosevic

Del Ponte im Gespräch mit Javier Solana (r.), Klaus Reinhardt (2. v. l.) und Bernard Kouchner (l.) im Oktober 1999 in Pristina

protestierten. Bei den Präsidentschaftswahlen im September 2000 erhielt der damalige Oppositionskandidat Vojislav Kostunica 48,2 Prozent der Stimmen, Milosevic lediglich 40,2 Prozent. Es wurde eine Stichwahl angesetzt, die Kostunica ablehnte, weil Beobachter Unregelmäßigkeiten bei der Stimmauszählung zum Nachteil der Opposition festgestellt hatten. Milosevic weigerte sich aber, den Sieg der Opposition anzuerkennen, bis er im Oktober 2000 dem stetig steigenden Druck der Bevölkerung nicht mehr gewachsen war und zum Rücktritt gezwungen wurde.

Die »Katze vor dem Mauseloch«

Nach dem Sturz von Milosevic erkannte Carla Del Ponte rasch, dass sich die Aussichten, den Diktator vor Gericht zu stellen, verbessert hatten. »Ich lauere wie eine Katze vor dem Mauseloch, denn es ist keine Frage, einmal werden sie herauskommen«, hatte sie ihre Haltung umschrieben. Im Januar 2001 reiste sie nach Belgrad und forderte die Auslieferung des gestürzten Diktators an das Tribunal. Dabei stellte sie erneut unter Beweis, dass Politik und diplomatische Rücksichtnahmen sie nicht interessierten. Den im Westen häufig formulierten Einwand, eine Auslieferung von Milosevic und anderen namhaften Kriegsverbrechern könnte die fragile Stabilität der jungen De-

mokratie in Serbien zerstören, wies sie schroff zurück. Das Gegenteil sei der Fall: »Solange sich Milosevic in Belgrad frei bewegen kann, stellt er auch eine Gefahr dar. Wenn man ein demokratisches Land werden will, gehören die Kriegsverbrecher von dort weg.« Bei ihren Gesprächen in Belgrad verwies Del Ponte geschickt auf die desolate wirtschaftliche Lage Jugoslawiens und erklärte der neuen Führung unmissverständlich, dass der Westen nur für den Fall einer uneingeschränkten Zusammenarbeit mit dem Kriegsverbrechertribunal bereit sei, mit finanziellen Hilfen den Wiederaufbau des Landes zu unterstützen. Dass die Regierung durch die Aussicht auf Geld zu beeinflussen war, zeigte sich, als sie dem Ultimatum der USA folgte, die eine Festnahme Milosevic' bis zum 31. März 2001 gefordert und im Gegenzug mit einer Finanzspritze von 50 Millionen Dollar gelockt hatten. Mit einem Tag Verspätung war der Ex-Diktator am 1. April in Belgrad festgesetzt.

Die Frage, ob Milosevic nach der Festnahme an Den Haag ausgeliefert werden sollte, spaltete die Bevölkerung und stürzte die neue Führung des Landes in eine Krise. Während Kostunica die Kooperation mit dem Tribunal ablehnte, weil sie gegen die jugoslawische Verfassung verstoßen würde, befürwortete der serbische Ministerpräsident Zoran Djindjic mit dem Verweis auf die Notwendigkeit guter Beziehungen zum Westen die Auslieferung des gestürzten Diktators. Zu dieser Haltung trug auch der US-amerikanische Außenminister Colin Powell bei, der Djindjic in einem Telefonge-

spräch die Konsequenzen einer Verzögerung in der Zusammenarbeit mit dem UN-Kriegsverbrechertribunal verdeutlichte. In diesem Falle werde der Westen dem Land kein Geld zum Neuaufbau und zur Tilgung der Schulden gewähren.

Djindjic ordnete die Auslieferung an, wurde aber zunächst vom Verfassungsgericht in Belgrad gebremst, welches das entsprechende Dekret der Regierung für verfassungswidrig erklärte. Doch der serbische Ministerpräsident setzte sich über den höchstrichterlichen Beschluss hinweg. Er vertrat die Meinung, dass die Entscheidung des Verfassungsgerichtes nichtig sei, weil Serbien ohne die Überstellung von Milosevic international isoliert werden könnte.

Außerdem seien die Richter des obersten Gerichtes Relikte des Milosevic-Regimes, die dessen Diktatur und notorische Wahlfälschungen mitgetragen hätten. Darüber hinaus meinte Djindjic, dass völkerrechtliche Verpflichtungen über nationalem Recht ständen. Im Juni 2001 wurde Milosevic ausgeliefert, wenige Tage vor einer internationalen Geberkonferenz in Brüssel, von der sich Jugoslawien rund 1,25 Milliarden US-Dollar erhoffte – Belgrad bekam schließlich sogar 1,28 Milliarden.

Tageszeitungen berichten mit großen Schlagzeilen von Milosevic' Festnahme.

Kräftemessen im Gerichtssaal

Milosevic kam wie alle mutmaßlichen Kriegsverbrecher in das Scheveninger Gefängnis, wo ihn nach Auffassung einiger Vertreter von Opfern vergleichsweise komfortable Verhältnisse erwarteten. Ihm wurde eine 15 Quadratmeter große Zelle mit Toilette, Dusche, Schreibtisch und einem Satellitenfernseher zugewiesen, mit dem er auch ein serbisches Programm empfangen konnte. Ein Sportlehrer sowie eine Diätassistentin wurden ihm wie allen anderen mutmaßlichen Kriegsverbrechern im Gefängnis zur Verfügung gestellt.

Del Ponte präsentierte Milosevic eine umfangreiche Anklageschrift, die sie bis Oktober 2001 ständig erweiterte. Zunächst wurden ihm im Zusammenhang mit dem Kosovo-Konflikt die Ermordung von mehreren hundert Zivilisten und die Vertreibung von Hunderttausenden vorgeworfen. Im September erklärte Del Ponte, dass der gestürzte Diktator auch für die Ermordung und Vertreibung von Zivilisten Anfang der 90er Jahre in Kroatien zur Verantwortung gezogen werden solle. Mit 15 anderen führenden Serben soll er dort 1991/92, so die Anklageschrift, ein »gemeinschaftliches kriminelles Unternehmen« betrieben haben. Bei den »ethnischen Säuberungen« seien damals mindestens 659 namentlich bekannte Zivilisten umgebracht, Tausende widerrechtlich gefangen gehalten und mindestens

170 000 aus ihrer Heimat vertrieben worden. Del Ponte wertete die auf Kroatien bezogenen Vorwürfe als Verbrechen gegen die Menschlichkeit sowie als Verstöße gegen das Kriegsvölkerrecht und gegen die Genfer Konventionen. Außerdem kündigte die Schweizer Juristin eine weitere Anklage an, in der sie das Verhalten Milosevic' im Bosnienkrieg anzuprangern beabsichtigte. In diesem Konflikt habe sich Milosevic des Völkermordes schuldig gemacht.

Der grollende Diktator erkennt das Gericht nicht an

Bereits bei der ersten Anhörung demonstrierte Milosevic seine Missachtung des UN-Kriegsverbrechertribunals. Als er gefragt wurde, ob er die Anklage hören wolle, antwortete er barsch: »Das ist Ihr Problem.«

Richard May, Vorsitzender Richter, bei der ersten Vorführung von Milosevic am 3. Juli

Er betonte, dass er den Gerichtshof für illegal halte. Er sei überzeugt, dass er nicht wegen angeblicher Kriegsverbrechen in Den Haag sei, sondern weil er die Allmacht der NATO in Zweifel gezogen habe.

Die Missachtung des Gerichtes steht Milosevic bei allen Anhörungen ins Gesicht geschrieben.

Ein Vorläufer: Das Kriegsverbrechertribunal in Nürnberg

Als ein Vorbild für das UN-Kriegsverbrechertribunal in Den Haag gilt das Internationale Militärtribunal in Nürnberg, das von November 1945 bis Oktober 1946 über 24 Hauptkriegsverbrecher des nationalsozialistischen Regimes in Deutschland richtete. Im Gegensatz zum Haager Tribunal wurde es allerdings nicht von der Völkergemeinschaft, sondern von den Siegermächten eingesetzt. Außerdem durfte es auch in Abwesenheit von Angeklag-

ten, zum Beispiel gegen Martin Bormann, den Sekretär von Adolf Hitler, verhandeln. Auch hatte es im Unterschied zum heutigen Kriegsverbrechertribunal die Befugnis, Todesurteile auszusprechen. Ähnlich wie Milosevic in Den Haag versuchten damals die Verteidiger der NS-Kriegsverbrecher die Zuständigkeit des Gerichtes in Frage zu stellen. Ihre Forderung, das Verfahren zu beenden, weil das Tribunal keine internationale Rechtsbasis habe, wurde

aber zurückgewiesen. Am Ende wurden zwölf der Angeklagten zum Tode durch den Strang verurteilt und mit Ausnahme von Hermann Göring, der sich seiner Exekution durch den Freitod entzog, und Martin Bormann, der in Abwesenheit verurteilt wurde, am 16. Oktober 1946 hingerichtet. Die anderen Angeklagten erhielte lebenslange bzw. langjährige Haftstrafen, doch es gab auch drei Freisprüche.

Bei einer weiteren Anhörung erklärte Del Ponte, dass die Ermittlungen gegen Milosevic noch andauern würden, weshalb sie die endgültige Version der Anklageschrift noch nicht vorlegen könne. Teams des Tribunals seien seit März 1999 auf dem Balkan unterwegs und würden nach Beweisen und Zeugen, nach Massengräbern und nach Opfern suchen. »Was ich gerade gehört habe«, sagte Milosevic daraufhin, »ist sehr interessant. Es beweist, dass diese Anklage falsch ist.« Und nach einer kurzen Pause fügte er hinzu: »Zweieinhalb Jahre sind vergangen seit der NATO-Aggression. Zweieinhalb Jahre, seit ich mein Land verteidigt habe. Und Sie haben es immer noch nicht geschafft, ausreichende Beweise zu sammeln.« Dann rief er Del Ponte und dem Vorsitzenden Richter, dem Briten Richard May, mit höhnischer Stimme zu: »Auf meiner Seite ist nichts als die Wahrheit«. Das Gericht sei keine juristische Institution, sondern ein politisches Werkzeug, weshalb er es nicht für nötig halte, einen Rechtsbeistand zu berufen.

Nicht nur Milosevic' widerspenstiges Verhalten bereitete Del Ponte Probleme, sondern auch die Beweislage. Um einen Schuldspruch zu erreichen, muss die Chefanklägerin Milosevic' persönliche Verantwortung belegen. Sie muss aufzeigen, dass Milosevic die Kontrolle über die Kommandeure hatte, dass er von den Verbrechen wusste und nichts unternahm, um die Untaten zu unterbinden. Dieser Zurechnungsgrundsatz der so genannten Vorgesetztenverantwortlichkeit, wonach jemand für ein Massaker mit verantwortlich ist, wenn er es nicht zu verhindern versucht, ist im Völkerrecht anerkannt, im Einzelfall aber schwer nachzuweisen.

Internationale Völkerrechtler vermuteten, dass sich das Tribunal vielleicht einer von einem deutschen Gericht formulierten Lehre anschließen werde, um Milosevic verurteilen zu können. Der Bundesgerichtshof erkannte in den Verfahren gegen ehemalige führende Politiker der DDR im Zusammenhang mit den Morden an der Mauer die Täterschaft derjenigen an, die am Anfang einer verbrecherischen Befehlskette standen. Wenn die Richter in Den Haag diesem Prinzip folgen würden, wäre es möglich, Milosevic nicht nur als Hintermann eines Völkerrechtsverbrechens, sondern so zu bestrafen, als hätte er die Verbrechen an den Menschen selbst ausgeführt.

Milosevic-Anhänger protestieren gegen die Auslieferung mutmaßlicher Kriegsverbrecher.

Licht und Schatten – die Zwischenbilanz des Tribunals

Unabhängig von dem weiteren Verlauf des Verfahrens gegen Milosevic trug Del Ponte wesentlich dazu bei, das Ansehen des UN-Kriegsverbrechertribunals hinsichtlich der juristischen Aufarbeitung der Gräueltaten im ehemaligen Jugoslawien zu heben. Ende 2001 waren mehr als 100 Personen öffentlich angeklagt worden. In Haft befanden sich 42 Verdächtige. 14 Angeklagte waren verurteilt worden, zwei wurden freigesprochen. 67 Personen, die beschuldigt werden, Kriegsverbrechen begangen zu haben, waren auf der Flucht.

Die Tatsache, dass einige der prominenten Angeklagten bislang nicht zu fassen waren, verärgerte Del Ponte ebenso sehr wie das Verhalten Milosevic' vor dem Tribunal. General Ratko Mladic, auch bekannt als »Schlächter vom Balkan«, ließ sich häufig gut gelaunt in Belgrader Restaurants sehen. Und Radovan Karadzic, Befehlsherr der »ethnischen Säuberungen«, hielt sich in den Bergen seiner bosnischen Heimat versteckt. Für die Chefanklägerin stellten diese Fälle die größte Provokation dar. »Ich kann mir nicht vorstellen, dass sich jemand wie Karadzic seit fünf Jahren unerkannt in einem Territorium aufhält, das von Soldaten der weltgrößten Militärmacht kontrolliert wird«, beklagte sie sich. Sie beschwerte sich daher auch bei NATO-Generalsekretär George Robertson über die Untätigkeit der Friedenstruppe SFOR. »Es ist möglich, dass man nicht weiß, wo er ist, weil man ihn eben nicht sucht«, sagte Del Ponte über den angeblich unauffindbaren Karadzic. Sie zweifelte daher gelegentlich, ob sie sich auch ohne Einschränkungen auf die Mitarbeit der NATO-Friedenstruppe verlassen könne.

Ein Demonstrant erinnert an Opfer des Milosevic-Regimes.

Die Völkergemeinschaft und ihre Gerichtsbarkeit

Milosevic war nicht der einzige prominente Angeklagte, den Del Ponte 2001 vor dem Haager Kriegsverbrechertribunal präsentieren konnte. Fast ebenso große Aufmerksamkeit erregte das Verfahren gegen Biljana Plavsic, die von 1996 bis 1998 Präsidentin der bosnischen Serbenrepublik war. Sie wurde vor allem durch ein Foto aus den ersten Tagen des Bosnienkrieges 1992 bekannt, das im Westen als Ausdruck für den grausamen Zynismus der Kriege im zerfallenden Jugoslawien gewertet wurde. Es zeigte Plavsic, wie sie kaltblütig über einen ermordeten bosnischen Muslim hinwegstieg, um den serbischen Milizenführer Zeljko Raznjatovic, bekannt als »Arkan«, zu küssen. Für die bosnischen Muslime in Sarajevo war Plavsic daher das Symbol für ihre Unterdrückung und einen Krieg, in dem mehr als 200 000 Menschen getötet wurden.

Biljana Plavsic vor Gericht in Den Haag

Plavsic, 1930 im ostbosnischen Tuzla geboren, stammte aus einer großbürgerlichen, serbisch-orthodoxen und antikommunistischen Familie. Sie studierte Biologie an mehreren Hochschulen in Kroatien, Tschechien und den USA. Anschließend arbeitete sie als Biologieprofessorin an der Universität von Sarajevo. Sie gehörte zu den Gründungsmitgliedern von Karadzics Serbischer Demokratischer Partei (SDS).

Das Kriegsverbrechertribunal suchte sie wegen Völkermord, Verbrechen gegen die Menschlichkeit und Kriegsverbrechen während des Bosnien-Krieges. Anfang 2001 stellte sich Plavsic freiwillig, kurz nachdem die bis dahin geheim gehaltene Anklage öffentlich gemacht worden war.

Nachsicht mit Kalkül – Hoffnung auf breite Akzeptanz

Nach einer ersten Anhörung, bei der sie sich für nicht schuldig erklärte, wurde Plavsic im August 2001 vorübergehend auf freien Fuß gesetzt. Überraschend war vor allem, dass sie bis zum Prozessbeginn zurück in ihre Heimat reisen durfte. Erwartet worden war, dass sich die ehemalige Präsidentin in den Niederlanden zur Verfügung halten müsse; diese Auflage blieb ihr erspart.

Dass die als unerbittlich geltende Del Ponte ihre Zustimmung zur vorläufigen Freilassung gab, lag nicht nur daran, dass sich Plavsic freiwillig dem Tribunal gestellt hatte. Wahrscheinlich versuchte die Chefanklägerin damit auch ein wenig dem Vorwurf entgegenzuarbeiten, das Kriegsverbrechertribunal sei ein Instrument der USA und betreibe Siegerjustiz. Dass die Auslieferung Milosevic' auf Druck der USA erfolgte, diente den Kritkern als Beweis für diese Behauptung. So sprach sein Nachfolger, der demokratisch gewählte Präsident Vojislav Kostunica, von einer »selektiven Justiz« des Tribunals und verlangte, dass die NATO-Angriffe auf Jugoslawien in Den Haag verhandelt werden sollten – eine Forderung, die Del Ponte zurückwies.

Die Schweizer Juristin weiß, dass das UN-Kriegsverbrechertribunal auf eine möglichst breite Anerkennung angewiesen ist, um erfolgreich zu arbeiten. Ab 2004 wird voraussichtlich ein Weltstrafgerichtshof eingeführt. Er soll das Haager Tribunal ablösen und künftig vielleicht auch andere Formen der Regierungskriminalität anklagen. Eine solche Perspektive erscheint auch Del Ponte nur realistisch, wenn das derzeitige Kriegsverbrechertribunal jeglichen Eindruck der Parteilichkeit vermeidet und dadurch die Zustimmung möglichst aller Mitglieder der Völkergemeinschaft erhält.

Regieren wird schwieriger – Präsidenten vor Gericht

Dass der geplante Weltstrafgerichtshof in Zukunft viel Arbeit bekommen könnte, verdeutlicht die hohe Zahl an ehemaligen Staats- und Regierungschefs, die 2001 wegen vermuteter Verbrechen in Bedrängnis

---

Angeklagt: Die Schergen des Krieges

Rahim Ademi: Der kroatische General Rahim Ademi stellte sich im Juli 2001 dem UN-Kriegsverbrechertribunal in Den Haag. Ihm wird vorgeworfen, im serbo-kroatischen Krieg im September 1993 bei einer Offensive in der kroatischen Region um Gospic an der Zerstörung von serbischen Dörfern beteiligt gewesen zu sein.

Dragoljub Kunarac: Im Februar 2001 verurteilte das Kriegsverbrechertribunal in Den Haag die drei serbischen Lageraufseher Dragoljub Kunarac, Radomir Kovac und Zoran Vukovic zu Gefängnisstrafen zwischen zwölf und 28 Jahren. Sie hatten im Sommer 1992 den Bosnienkrieg dazu genutzt, ihre perversen Phantasien an Musliminnen auszuleben. Zum ersten Mal wurden Vergewaltigung und sexuelle Versklavung als Verbrechen gegen die Menschlichkeit geahndet.

Radislav Krstic: Im August 2001 wurde der bosnisch-serbische General Radislav Krstic vom Kriegsverbrechertribunal zu einer Haftstrafe von 46 Jahren verurteilt. Das Gericht befand den General des Völkermordes und der Verbrechen gegen die Menschlichkeit für schuldig. Es sah es als erwiesen an, dass Krstic die Vertreibung und Ermordung der meisten Muslime in Srebrenica geplant und angeordnet hat.

Dragan Obrenovic: Im April 2001 nahmen SFOR-Soldaten in Bosnien Dragan Obrenovic fest. Dem Oberst der Armee der Republika Srpska werden Verbrechen gegen die Menschlichkeit vorgeworfen. Er soll 1995 eine Brigade seiner Armee in der ostbosnischen Gemeinde Zvornik befehligt haben, die an der Ermordung von etwa 7000 Menschen beteiligt gewesen sein soll.

Rahim Ademi   *Dragoljub Kunarac*   *Radislav Krstic*   *Dragan Obrenovic*

Opfer serbischer Machtpolitik: Kosovo-Flüchtlinge im März 1999 in Mazedonien

zufrieden mit seiner Rechtsprechung war. Daher versuchte sie teilweise in Konkurrenz zum Kriegsverbrechertribunal in Arusha die Verbrechen zu sühnen, wobei die Urteile der Gerichte in Ruanda rigoroser ausfielen als die des Tribunals. Bis Mitte 2001 wurden in Ruanda etwa 3000 Menschen vor Gericht gestellt und mehr als 500 Todesstrafen ausgesprochen. Etwa 120 000 Tatverdächtige saßen noch in Untersuchungshaft und warteten auf ihren Prozess.

Die Ereignisse um das UN-Kriegsverbrechertribunal für Ruanda gelten vielen als Indiz dafür, dass durch die juristische Aufarbeitung von Regierungskriminalität durch ein internationales Rechtsinstitut bereits vernarbte regionale, ethnische oder nationale Konflikte wieder aufbrechen könnten.

»Was dort passiert, ist ganz unglaublich; fast alle Hutu sind außer sich vor Zorn darüber, dass sie durch das Tribunal vor der Weltöffentlichkeit als Volk von Mördern und Verbrechern dargestellt werden. Parallel dazu wächst auch wieder der Hass auf die Hutu«, fasste der frühere US-amerikanische Justizminister Ramsey Clark seine Zweifel am Sinn solcher internationaler Tribunale zusammen.

Auch in Kambodscha, wo im Januar 2001 die Nationalversammlung nach jahrelangem Ringen mit der UNO der Errichtung eines internationalen Tribunals zur Aburteilung der Kriegsverbrechen aus der Zeit der Roten Khmer unter Pol Pot (1975–1979) zustimmte, wurde befürchtet, dass die alten politischen Gräben in der Bevölkerung sich wieder vertiefen könnten. Zahlreiche internationale Völkerrechtler meinen daher, dass solche internationalen Strafgerichte in Zukunft nur dann Aussicht auf Anerkennung haben können, wenn ihre Chefankläger über größeres diplomatisches Fingerspitzengefühl verfügen als die Schweizerin Carla Del Ponte.

gerieten. Im Januar 2001 wurde der ehemalige chilenische Diktator Augusto Pinochet in seiner Heimat unter anderem wegen Anstiftung zum Mord an 57 Menschen im Zusammenhang mit der »Todeskarawane« von 1973 angeklagt, nachdem er bereits im Oktober 1998 aufgrund eines spanischen Haftbefehls in London festgenommen worden war. Das Verfahren gegen ihn wurde im Juli 2001 aus Gesundheitsgründen vorläufig eingestellt.

Im Juni 2001 wurde der frühere argentinische Präsident Carlos Menem festgenommen. Ihm wurde vorgeworfen, während seiner Regierungszeit von 1989 bis 1999 illegale Waffenlieferungen an Ecuador und Kroatien vorangetrieben zu haben. In Belgien wurde eine Klage gegen den israelischen Ministerpräsidenten Ariel Scharon eingereicht, in der ihm vorgeworfen wurde, 1982 die Massaker in zwei palästinensischen Flüchtlingslagern im Libanon zugelassen zu haben.

Ein zukünftiger Weltstrafgerichtshof müsste eventuell auch die Arbeit des Internationalen Ruanda-Tribunals im tansanischen Arusha fortsetzen, das dem UN-Kriegsverbrechertribunal untersteht. Es wurde 1994 vom UN-Sicherheitsrat eingesetzt, um den Völkermord von Hutu-Stammesmitgliedern an den Tutsi juristisch aufzuarbeiten, bei dem 1994 rund eine Million Menschen umgebracht wurden. Das Ruanda-Tribunal geriet vor allem 2001 in die Kritik, nachdem es im Juni den ehemaligen Bürgermeister von Mabanza, Ignace Bagilishema, freigesprochen hatte. Er war verdächtigt worden, an der systematischen Ermordung von 45 000 Menschen in seiner Gemeinde aktiv beteiligt gewesen zu sein. Der norwegische Richter des Tribunals, Erik Mose, erklärte, dass die Zeugenaussagen gegen Bagilishema widersprüchlich und unglaubwürdig seien.

Die Gefahren der juristischen Aufarbeitung

Insbesondere die ruandische Regierung, die Bagilishema wiederholt als notorischen Mörder bezeichnet hatte, reagierte verärgert auf den Freispruch und kündigte Berufung an. Bereits 1999 hatte die Regierung von Ruanda vorübergehend die Zusammenarbeit mit dem Kriegsverbrechertribunal abgebrochen, weil sie un-

Laity Kama, Vorsitz Ruanda-Tribunal

Duisenberg hat die neue Währung fest im Visier: Blick auf das Eurozeichen vor der Europäischen Zentralbank in Frankfurt am Main.

EZB-Präsident Wim Duisenberg und die Einführung des Euro

Für Wim Duisenberg, den Präsidenten der Europäischen Zentralbank (EZB), war 2001 das schwierigste Jahr seiner Amtszeit. Angesichts der schwächelnden Konjunktur im Euro-Raum stieß seine restriktive Zinspolitik sowohl bei Politikern als auch bei Volkswirten zunehmend auf Unverständnis. Angesichts der Sorgen um die wirtschaftliche Entwicklung geriet ein Projekt fast in den Hintergrund, das als beispiellos in der Wirtschaftsgeschichte gilt: Die Einführung des Euro.

Als Wim Duisenberg 1997 von der Europäischen Union zum Präsidenten des Europäischen Währungsinstitutes, des Vorläufers der Europäischen Zentralbank, berufen wurde, bezweifelten nur wenige, dass der weißhaarige Niederländer die beste Wahl sei, denn kaum ein anderer Europäer konnte auf eine so große Erfahrung als Notenbanker verweisen wie Duisenberg.

1935 im friesischen Heerenven geboren, studierte Duisenberg Wirtschaftswissen-schaften an der Universität von Groningen und promovierte 1965 mit einer Arbeit über »Die wirtschaftlichen Folgen der Abrüstung«. Danach startete er eine Karriere, die der heimliche Kettenraucher kokettierend einmal als eine »Summe von Zufälligkeiten« charakterisierte. Zunächst ging er 1966 zum Internationalen Währungsfonds (IWF) nach Washington. Diese Zeit bezeichnete Duisenberg als äußerst lehrreich, wenngleich seine Erinnerungen daran nicht die besten sind: Ein Vorgesetzter strich po-litisch brisante Passagen aus einem Artikel, den Duisenberg für eine holländische Wirtschaftszeitung geschrieben hatte. Duisenberg war empört und verwies darauf, dass das Journal nur 900 Abonnenten habe. »Von den Abonnenten interessieren mich nur zwei«, erwiderte sein Vorgesetzter, »der Präsident der Zentralbank und der Finanzminister.« Duisenberg zog aus dieser Episode die Lehre, dass Vorsicht und Kompromissbereitschaft in politischen Debatten unverzichtbar seien.

Nach einem kurzen Intermezzo bei der Nederlandse Bank (1969/70) lehrte Duisenberg als Professor Makroökonomie an der Universität von Amsterdam. Dann zog es ihn in die Politik: 1973 wurde er von dem damaligen sozialdemokratischen Regierungschef Joop den Uyl zum niederländischen Finanzminister ernannt. Die vier Jahre in diesem Amt gelten als der Schlüssel für die wirtschafts- und finanzpolitischen Ansichten, die Duisenberg heute als Präsident der EZB vertritt.

Als Finanzminister war Duisenberg damals mitverantwortlich für eine Politik vermehrter Staatsausgaben, mit denen die Niederlande eine schwere Wirtschaftskrise in den Griff zu bekommen versuchten. Das Parlament verabschiedete ein wirtschaftliches Ermächtigungsgesetz, das der Regierung die Preiskontrolle bei Mieten, Löhnen und Waren erlaubte. Die Folgen dieser Maßnahmen waren verheerend: Die Mehrausgaben stimulierten nicht die Konjunktur, sondern hinterließen lediglich ein riesiges Loch im Staatshaushalt. Sie trugen dazu bei, dass die Inflationsrate 1976 auf 8,9 Prozent stieg und die Arbeitslosenquote ein Jahr später auf für damalige Verhältnisse skandalöse 5,5 Prozent hoch getrieben wurde.

Abkehr von den Lehren des Ökonomen Keynes

Duisenberg begann, seine makroökonomischen Ansichten zu überdenken. Er fragte sich, ob die Grundsätze der Wirtschafts- und Finanzpolitik, mit denen die Niederlande der konjunkturellen Schwäche begegnet waren, richtig gewesen seien. Bis dahin war er ein erklärter Anhänger des berühmten britischen Volkswirtschaftlers John Maynard Keynes. Dieser hatte gelehrt, dass die Hauptursache für Arbeitslosigkeit eine zu geringe effektive Nachfrage der Unternehmen und der privaten Haushalte sei. Diese Nachfragelücke, so Keynes, müsse durch zusätzliche staatliche Nachfrage unter Hinnahme höherer Staatsschulden ausgeglichen werden, um Wohlstand und Vollbeschäftigung zu sichern.

Angesichts des wirtschaftlichen Desasters, das die Mehrausgaben in den Niederlanden angerichtet hatten, gelangte Duisenberg zu der Überzeugung, dass Keynes' Vorstellungen in der Praxis nicht viel taugten. Er wandte sich von dessen Theorien ab, strich den niederländischen Staatsetat rigoros zusammen und führte die berühmte »Einprozentklausel« ein, wonach die Staatsausgaben nicht stärker als um ein Prozent jährlich wachsen dürfen. 1977 verlor die Sozialdemokratische Partei zwar die Macht und Duisenberg damit seinen Ministerposten; doch heute gilt als unstrittig, dass er mit seinen Kür-

zungen den Grundstein für die kräftige wirtschaftliche Erholung legte, welche die Niederlande in den 80er Jahren erfuhren.

Duisenbergs Feldzug für den schlanken Staat

Höchste Anerkennung als Notenbanker genoss Duisenberg nach 1981, als er zunächst als Direktoriumsmitglied und schließlich als Präsident der Niederländischen Zentralbank (ab 1982) seine Vorstellungen von einer stabilitätsorientierten Geldpolitik durchzusetzen versuchte. Ständig ermahnte er die Politiker nicht nur seines Landes, sondern auch anderer Staaten in Westeuropa zu wirtschaftlicher Mäßigung. Sein Credo: Durch eine moderate Ausgabenpolitik werde nicht nur die Schuldenlast des Staates, sondern auch die Inflation in Schach gehalten; und durch eine niedrige Inflation blieben die Zinsen auf einem geringen Niveau, wodurch wiederum ein Klima für Investitionen in der Privatwirtschaft und damit für neue Ar-

beitsplätze geschaffen werde. Mit dieser Überzeugung widerspricht Duisenberg auch einem alten Diktum der Sozialdemokratie, wonach fünf Prozent Inflation immer noch besser seien als eine Arbeitslosenquote von fünf Prozent. Der EZB-Chef befürchtet, dass sich dieser Irrglaube aus den 70er Jahren, der damals die Wirtschaftskrise verschärfte, angesichts drastisch steigender Arbeitslosenzahlen in Europa wieder ausbreiten könnte.

Obwohl er bei seinem Kreuzzug für einen schlanken Staat in den Niederlanden zahlreiche Widerstände zu überwinden hatte, gelang es Duisenberg als Chef der niederländischen Zentralbank, mit einer restriktiven Geldpolitik den Gulden zu einer der stabilsten und vertrauenswürdigsten Währungen der Welt zu machen. Dadurch verhalf er seinem Land bis weit in die 90er Jahre hinein zu bemerkenswerten wirtschaftlichen Wachstumsschüben.

Seinen Job als niederländischer Zentralbankchef genoss Duisenberg nicht nur, weil ihm der Erfolg zu weltweiter Reputation verhalf, sondern auch wegen gewisser Bequemlichkeiten, die dieser Beruf im Vergleich zu anderen mit sich brachte: Als niederländischer Finanzminister, so gestand er einmal freimütig, habe er doch mehr gearbeitet als in der Zeit als Zentralbankchef. Banker bräuchten im Grunde nicht so viel zu tun. »Wenn es jemanden gibt, der um sechs am Abend hinter seinen Bratkartoffeln sitzt, dann bin ich das.«

Wenngleich überbordender Arbeitseifer nicht zu Duisenbergs Tugenden gehören mag, so vermochte der Niederländer selbst Kritiker mit seinem gewaltigen Fachwissen zu überzeugen. »Er kennt alle Dossiers im Detail, es gibt kein Argument, auf das er nicht vorbereitet ist«, sagte der frühere niederländische Wohnungsbauminister Marcel van Dam bewundernd über ihn. Außerdem verfügt Duisenberg über hervorragende kommunikative Eigenschaften, die allgemein als unentbehrlich für einen Zentralbankchef gelten. »Wenn er etwas im Fernsehen erklärt, versteht es auch meine Mutter«, behauptete einmal Harald Benink, ein Wirtschaftswissenschaftler an der Maastrichter Universität.

European Banker of the Year 1996: Eine der vielen Auszeichnungen für Duisenberg

427

Duisenbergs Aufstieg zum Chef der EZB

Duisenbergs Aufstieg vom Chef der niederländischen Zentralbank zum Herrn des Euro begann im Dezember 1991 mit einer historischen Entscheidung: Die Staats- und Regierungschefs der Europäischen Gemeinschaft (EG) vereinbarten damals im niederländischen Maastricht nicht nur die Gründung der Europäischen Union (EU), sondern auch einen Zweistufenplan, der die Abschaffung der nationalen Währungen der Mitgliedstaaten und ihren Ersatz durch eine gemeinsame Währung bis spätestens 1999 vorsah. Die europäischen Staats- und Regierungschefs hofften damals, dass mit der Schaffung einer Gemeinschaftswährung der Druck auf die Mitgliedstaaten zur Aufgabe ihrer nationalstaatlichen Interessen erhöht und dadurch die politische Einigung vorangetrieben werde. Nach dem Untergang des kommunistischen Ostblocks und nach der Wiedervereinigung Deutschlands wollten sie ein Europa schaffen, in dem jegliche Form von Nationalismus keinen Platz mehr haben sollte.

Unmittelbar nach dem Beschluss für diese Europäische Währungsunion (EWU) machte sich insbesondere unter Volkswirtschaftlern Skepsis breit. Ohne vorherige politische Union sei eine gemeinsame Währung für die EU-Mitgliedstaaten zum Scheitern verurteilt, behaupteten sie. Jedes Land habe eine eigene wirtschaftliche Struktur mit spezifischen Problemen und befinde sich in einem anderen Stadium innerhalb eines Konjunkturzyklus; wichtige ökonomische Rahmendaten wie Staatsverschuldung, Zinsen, Inflation oder Haushaltsdefizit befänden sich auf einem jeweils anderen Niveau. Die neue Währung sei daher dazu verdammt, eine Weichwährung zu werden, weil die EU-Mitgliedstaaten in einer Währungsunion andauernd versucht sein könnten, ihre ökonomischen Probleme durch eine mangelhafte Ausgabendisziplin auf die Staaten zu übertragen, die solide wirtschafteten.

Um all diese Bedenken, die insbesondere in Deutschland, aber auch in den Niederlanden und in Luxemburg formuliert wurden, zu zerstreuen, knüpften die europäischen Staats- und Regierungschefs die Teilnahme an der EWU an gewisse Bedingungen, auch Konvergenzkriterien genannt. So sollte die Gemeinschaftswährung nur in den Ländern eingeführt werden, deren Defizit aller öffentlichen Haushalte höchstens drei Prozent des Bruttosozialproduktes (BSP) betrug und deren gesamte Staatsschuld nicht 60 Prozent des BSP überstieg. Außerdem durfte die Inflation in den Staaten der EWU höchstens 1,5 Prozentpunkte über dem Durchschnitt der drei stabilsten Mitgliedsländer liegen; die langfristigen Zinsen sollten den Durchschnitt der drei stabilsten Länder um nicht mehr als zwei Prozentpunkte übersteigen.

Europa erinnert sich des starken Währungshüters

Neben den Konvergenzkriterien sollte auch eine starke Europäische Zentralbank die Stabilität der zukünftigen gemeinsamen Währung garantieren. Diese Institution sollte unabhängig von Regierungen oder Organen der EU eine auf Preisstabilität ausgerichtete Zins- und Währungspolitik betreiben. Als Vorbild wurde die Deutsche Bundesbank genannt, die nach dem Zweiten Weltkrieg durch ihre stabilitäts- und währungsorientierte Zinspolitik die Deutsche Mark zu einer der härtesten Währungen der Welt gemacht und dadurch den wirtschaftlichen Aufstieg der Bundesrepublik Deutschland maßgeblich unterstützt hatte. Um den Vorbildcharakter der Deutschen Bundesbank zu unterstreichen, bestimmten die Staats- und Regierungschefs der EU Frankfurt am Main zum zukünftigen Sitz der EZB.

Hans Tietmeyer begleitete als Präsident der Deutschen Bundesbank 1993 bis 1999 den Weg von der Deutschen Mark zu Euro und Währungsunion.

Nun galt es, einen ersten Präsidenten für die gemeinsame Notenbank zu finden. Er sollte mit seiner Person jenes Misstrauen zerstreuen, das sowohl die Finanzmärkte als auch ein Großteil der Bevölkerung in den nördlichen und nordwestlichen EU-Staaten gegenüber dem Euro hegten. Und für diese exponierte Position schien niemand besser geeignet zu sein als Duisenberg, der als Chef der Niederländischen Zentralbank bereits demonstriert hatte, wie man eine Währung stabil hält.

Es war daher keine große Überraschung, als im Dezember 1996 auf dem EU-Gipfel der Staats- und Regierungschefs im irischen Dublin Duisenberg zum Präsidenten des Europäischen Währungsinstitutes (EWI), das die Einführung des Euro vorbereiten sollte, bestellt wurde. Alle Beobachter glaubten damals, dass damit auch die Entscheidung über den ersten Präsidenten der EZB gefallen sei, die zum 1. Januar 1999 ihre Arbeit aufnehmen sollte.

Das französische Veto gegen eine unabhängige Notenbank

Doch schon kurz darauf regte sich Widerstand. »Die Entscheidung über die Nomi-

Repräsentativ: Der Eurotower in Frankfurt ist Sitz der Europäischen Zentralbank.

Nach langem Gezerre einigten sich die Staats- und Regierungschefs der EU im Mai 1998 auf Wim Duisenberg als ersten Präsidenten der Europäischen Zentralbank: vorn v.l. Tony Blair (Großbritannien), Romano Prodi (Italien), Jacques Chirac (Frankreich) und Helmut Kohl.

nierung zum Chef des Währungsinstituts präjudiziert nicht die Entscheidung über den Chefposten der Europäischen Zentralbank«, ließ der französische Staatspräsident Jacques Chirac verlauten. Frankreich, so stellte sich schon bald heraus, wollte die EZB unter französische Führung bringen, und so präsentierte Paris auch gleich seinen eigenen Kandidaten: Den damaligen französischen Zentralbankpräsidenten Jean-Claude Trichet.

Das Verhalten der französischen Regierung offenbarte das Konfliktpotenzial, das die gemeinsame Währung in sich barg. Denn Trichet verkörperte eine andere währungs- und zinspolitische Philosophie, als sie Duisenberg vertrat. Während der Niederländer für eine unabhängige EZB stand, die sich durch eine restriktive Zinspolitik vornehmlich der Preisstabilität im Euro-Raum verschreiben wollte, trachtete Trichet danach, die künftige europäi-

Der Rivale: Jean-Claude Trichet

sche Notenbank für eine Politik des lockeren Geldes einzuspannen, in dem Glauben, dadurch die Konjunktur anzukurbeln und die Massenarbeitslosigkeit abzubauen.

Die Besetzung des Chefsessels bei der EZB stellte die EU vor eine schwere Zerreißprobe, die mit einem komplizierten Handel endete. Frankreich zog zwar seinen Kandidaten Trichet zurück, verlangte aber, im Widerspruch zum Vertrag von Maastricht, Duisenberg nicht für acht Jahre, sondern lediglich für vier Jahre zum ersten Präsidenten der EZB zu ernennen. Als die Mehrheit der anderen EU-Staaten dies ablehnte – Deutschland und die Niederlande mit besonderer Vehemenz –, machte Duisenberg selbst den Weg für seine Wahl frei: Er erklärte, dass er sich vorstellen könne, bereits nach vier Jahren freiwillig den Spitzenposten bei der EZB zu räumen.

Das als peinlich empfundene Gerangel um die EZB-Präsidentschaft wurde vor allem in der Finanzwelt als ein Zeichen dafür interpretiert, dass sich die Zentralbank ihre Unabhängigkeit von den EU-Regierungen noch erkämpfen müsse, auch wenn sie ihr formal garantiert worden war. Das Ansehen der EZB war beschädigt, noch bevor sie am 1. Juni 1998 mit Duisenberg an der Spitze ihre Arbeit aufnehmen konnte.

Grund zum Feiern hatten Duisenberg und die Finanzminister der EU-Staaten nach der Einführung des Euro im bargeldlosen Zahlungsverkehr zum 1. Januar 1999.

Der mühsame Kampf für einen harten Euro

Unmittelbar nach der Einführung des Euro im bargeldlosen Zahlungsverkehr zum 1. Januar 1999 in damals noch elf der 15 EU-Staaten wurde deutlich, dass die internationalen Finanzmärkte kein großes Zutrauen zu der neuen europäischen Gemeinschaftswährung hatten. Bis Mitte 1999 sackte der Wechselkurs des Euro von 1,1789 US-Dollar auf unter 1,04 US-Dollar ab.

Ein wichtiger Grund für den Fehlstart war nach Ansicht von Volkswirten und Devisenhändlern die Konjunktur in den Vereinigten Staaten, die damals ein weitaus höheres Wachstum als die Länder der Euro-Zone aufwiesen, so dass vermehrt Kapital in die USA floss. Doch von weitaus größerem Einfluss auf den Wechselkurs war die Tatsache, dass Italien für 1999 erlaubt wurde, mit 2,4 Prozent des Bruttoinlandsproduktes (BIP) 0,4 Prozentpunkte mehr Schulden zu machen, als es nach dem so genannten Stabilitätspakt erlaubt war. Dieser war erst im Juni 1997 in Amsterdam von den EU-Staaten ausgehandelt worden, um die Nachhaltigkeit der Konvergenzkriterien zu sichern. Die Sondergenehmigung für Italien, die Schulden wieder zu erhöhen, galt vielen als Indiz dafür, dass es die EU-Staa-

ten mit der im Vorfeld der Euro-Einführung viel beschworenen Ausgabendisziplin – eine wesentliche Voraussetzung für die Stabilität einer Währung – zukünftig nicht mehr so ernst nehmen könnten.

Die Politik probt den Aufstand gegen die EZB

In diese Richtung wies auch eine Auseinandersetzung zwischen dem damaligen deutschen Finanzminister Oskar Lafontaine (SPD) und EZB-Chef Duisenberg, die dem Euro ebenfalls großen Schaden zufügte. Lafontaine forderte wiederholt die EZB auf, die Zinssätze zu senken, weil er eine höhere Inflation für weniger bedenklich hielt als

Euro-Umrechnungskurse in den Mitgliedstaaten		
	1 Euro entspricht	1 DM entspricht
Belgischer Franc	40,3399	20,6255
Deutsche Mark	1,95583	–
Finnmark	5,94573	3,04001
Französischer Franc	6,55957	3,35386
Griechische Drachme	340,750 1	74,22
Holländischer Gulden	2,20371	1,12674
Irisches Pfund	0,787564	0,402676
Italienische Lira	1936,27	990,002
Luxemburgischer Franc	40,3399	20,6255
Österreichischer Schilling	13,7603	7,03552
Portugiesischer Escudo	200,482	102,505
Spanische Peseta	166,386	85,0722

eine steigende Arbeitslosigkeit. Lafontaines Neigung, der EZB in aller Öffentlichkeit Ratschläge zu erteilen, wurde als frontaler Angriff auf die Unabhängigkeit der neuen europäischen Notenbank gewertet.

Duisenberg verwahrte sich gegen solche Versuche aus der Politik, Druck auf die EZB auszuüben. Ohne Lafontaine direkt anzugreifen, sagte er, dass einige Regierungen die Geld- und Zinspolitik der EZB zum »Sündenbock« machen wollten, um von eigenen Versäumnissen abzulenken. Er sprach damit insbesondere den Arbeitsmarkt an, der nach seiner Auffassung stärker dereguliert werden müsste. Doch trotz der verbalen Gegenwehr senkte Duisenberg im April 1999 den zentralen Leitzins, zu dem sich die Banken bei der Notenbank Geld ausleihen können, von 3,0 auf 2,5 Prozent. Während der EZB-Chef diesen Schritt mit der schwachen Konjunktur im Euro-Raum begründete (im vierten Quartal 1998 gab es eine Wachstumsrate von nur 0,7 Prozent), werteten die internationalen Finanzmärkte die Zinssenkung als ein Zugeständnis an die Politik.

Dass der Wechselkurs des Euro nach seiner Einführung auf Tauchstation ging, schien Duisenberg zunächst nicht sonderlich zu beunruhigen. Er verwies darauf, dass sich die Stabilität einer Währung nicht allein nach ihrem so genannten Außenwert, also ihrem Kurs im Vergleich zu anderen Währungen, bemesse, sondern nach ihrem inneren Wert, der insbesondere an der Preissteigerungsrate in einem Wirtschaftsraum festgemacht werde. Diese sei mit 0,8 Prozent vorbildlich, so dass sich objektiv kein Bürger in den Euro-Staaten Sorgen um die Kaufkraft seines Geldes zu machen brauche. Die Ängste großer Teile der Bevölkerung vor einer Weichwährung basierten daher nach seiner Auffassung schlicht und einfach auf »menschlicher Ignoranz«.

Selbst die Kritiker der EWU mussten im Frühjahr 1999 eingestehen, dass sich die Inflationsrate im Euro-Raum auf einem erstaunlich niedrigen Niveau befand. Dies war auf die vielfältigen Anstrengungen zurückzuführen, welche die EU-Mitgliedstaaten in ihrer Haushaltspolitik bereits im Vorfeld der Euro-Einführung unternommen hatten, um die Konvergenzkriterien zu erfüllen und damit die Erlaubnis zur Teilnahme an der EWU zu bekommen.

Inflationsgefahr durch einen schwachen Euro

Doch trotz der niedrigen Inflationsrate setzte sich die Talfahrt des Euro fort. Bis Mitte 2000 verlor er gegenüber anderen Währungen rund 30 Prozent an Wert; im Mai 2000 lag er nur noch bei 0,88 US-Dollar. Nun zeigte sich auch Duisenberg zunehmend beunruhigt über die schleichende Erosion des Euro-Außenwertes. Der EZB-Chef warb in der Öffentlichkeit um Vertrauen zum Euro, ließ verlautbaren, dass er gegenüber anderen Währungen fundamental unterbewertet sei, und betonte immer wieder, dass sich die Bürger keine Sorgen um ihre Ersparnisse zu machen brauchten.

Duisenberg wusste aber auch, dass ein dauerhaft niedriger Wechselkurs seine Stabilitätspolitik gefährden könnte: Der schwache Euro stimulierte zwar die europäische Exportwirtschaft, weil diese ihre Waren auf dem Weltmarkt preiswerter als die Konkurrenz anbieten konnte; aber gleichzeitig verteuerte er auch die Einfuhren in den EU-Raum, so dass die Gefahr einer importierten Inflation immer größer wurde. Als weitere Belastung für die Preisstabilität im Euro-Raum kam hinzu, dass die EU-Konjunktur

Ende 1999 einen deutlichen Aufschwung erfahren hatte. Mit den hohen Wachstumsraten, in einigen Regionen sogar bis zu acht Prozent, nahm die Wahrscheinlichkeit einer höheren Preissteigerungsrate zu, zumal auch der Ölpreis zu klettern begann. In der Tat stieg die Inflation 2000 im gesamten EU-Raum auf 2,4 Prozent an.

Da sich die EZB zum Ziel gesetzt hatte, die Teuerung deutlich unter zwei Prozent zu halten, sah sich Duisenberg gezwungen, an der Zinsschraube zu drehen. Bis Ende 2000

Nein danke: Die Dänen lehnten 2000 per Referendum den Euro ab.

erhöhte er die Leitzinsen schrittweise auf 4,75 Prozent. Dadurch sollte nicht nur die Konjunktur vor einer Überhitzung bewahrt, sondern auch der Wechselkurs des Euro stabilisiert werden. Denn höhere Zinsen führen in der Regel zu einem höheren Zufluss an Kapital in die entsprechende Währung und stabilisieren auf diese Weise ihren Außenwert.

Zunächst hatten die meisten Regierungen Verständnis für Duisenbergs Zinspolitik: Der Konjunkturaufschwung im Euro-Raum schien robust zu sein und selbst durch eine Verknappung des Geldes nicht an Kraft zu verlieren.

Außerdem begrüßten sie es, dass es Duisenberg erst einmal gelungen war, den Euro-Kurs zu stabilisieren: Er kletterte bis Ende 2000 wieder auf 0,93 US-Dollar. Doch die Zustimmung schlug schon bald in Ablehnung um, als die Wirtschaft zur Jahreswende 2000/01 zu schwächeln begann.

Hüter des Euro: Das Direktorium der Europäischen Zentralbank

Das Entscheidungsgremium der EZB ist das Direktorium, dem neben Duisenberg noch folgende Personen angehören.

 Christian Noyer: Der französische Karrierebeamte war Anfang der 80er Jahre Finanzattaché an der Brüsseler Vertretung Frankreichs bei der EU. Internationale Finanzpolitik gestaltete Noyer nach 1993 als Präsident des Pariser Clubs mit, wobei er mit der Umschuldung der Kredite von Entwicklungsländern betraut war.

 Otmar Issing: Der Chefvolkswirt der Deutschen Bundesbank soll dafür sorgen, dass die jahrzehntelang erfolgreiche Stabilitätspolitik der Bundesbank in der EZB konsequent fortgesetzt wird. Nach zweijähriger Mitgliedschaft im Sachverständigenrat der »fünf Weisen« war der frühere Hoch-

schullehrer 1990 in das Direktorium der Bundesbank eingetreten. Zusammen mit dem damaligen Bundesbankchef Hans Tietmeyer (ab 1993) hat er im Zentralbankrat eine Geldpolitik der harten Hand durchgesetzt, auch um die Inflationsgefahren im Gefolge der deutschen Einheit einzudämmen.

 Sirkka Hämäläinen: Die Wirtschaftswissenschaftlerin übernahm 1992 die Führung der Bank von Finnland. Sie gab vorübergehend die Politik der harten Finnmark auf und musste den Kurs ihrer Währung frei schwanken lassen. Im Oktober 1996 konnte sie die Finnmark aber rechtzeitig für die Währungsunion in den europäischen Wechselkursmechanismus einbringen.

Tommaso Padoa-Schioppa (o.r.): Die berufliche Karriere des Italieners ist mit der Banca d'Italia eng verknüpft. Nachdem er von 1979 bis 1983 als Generaldirektor für Wirtschaft

 und Finanzen in der Europäischen Kommission in Brüssel tätig war, übernahm er in der italienischen Notenbank unter anderem die Direktion der Abteilung Wirtschaftsforschung, später war er stellvertretender Generaldirektor der Zentralbank und wurde dann noch zum Präsidenten der Börsenaufsicht seines Landes ernannt.

Eugenio Domingo Solans: Ehe der promovierte Wirtschaftswissenschaftler 1994 an die Spitze der spanischen Zentralbank berufen wurde, hatte er Erfahrungen in der öffentlichen Verwaltung, in der Privatwirtschaft und als Universitätsprofessor gesammelt. Er war unter anderem Chef der Studienabteilung des arbeitgebernahen Wirtschaftsforschungsinstituts IEE und bekleidete hohe Posten bei verschiedenen Banken.

Konjunktureinbruch erfasst den Euroraum

Der Konjunktureinbruch, den der EU-Raum 2001 erlebte, ging von den USA aus. Dort hatte Duisenbergs Amtskollege, der US-amerikanische Notenbankchef Alan Greenspan, bis Herbst 2000 die Zinsen kontinuierlich erhöht, um die boomende Wirtschaft zu bremsen und die Inflationsgefahr zu verringern. Dies trug dazu bei, dass die Unternehmensinvestitionen in den USA unerwartet stark einbrachen; im vierten Quartal 2000 waren sie erstmals seit neun Jahren rückläufig. Außerdem sank infolge von Massenentlassungen das Verbrauchervertrauen – nach allgemeinem Urteil Anzeichen für eine bevorstehende Rezession.

Aufgrund der engen Verzahnung zwischen der US-amerikanischen und der europäischen Wirtschaft verdüsterte sich auch über dem Euro-Raum der Konjunkturhimmel. Das Bruttoinlandsprodukt legte im ersten

Quartal 2001 im Vergleich zum Vorjahreszeitraum lediglich um 1,6 Prozent zu, im dritten Quartal nur noch um 0,7 Prozent. Dieser Abschwung machte sich insbesondere in Deutschland, der größten Volkswirtschaft in der EU, bemerkbar. Dort lag das Wirtschaftswachstum bereits im ersten Quartal nur bei 0,4 Prozent, im dritten Quartal gab es sogar überhaupt keinen Anstieg des Bruttosozialprodukts mehr.

Ruhige Hand in der aufziehenden Wirtschaftskrise

Doch während Greenspan in den USA die Leitzinsen schon im Januar 2001 beherzt zu senken begann, um die erlahmende Konjunktur wieder anzukurbeln, blieb die EZB untätig. Die nach wie vor bestehenden Risiken für die Preisstabilität und die Aussichten auf eine weiterhin robuste Konjunktur in den Euro-Ländern gäben zum gegenwärtigen Zeitpunkt keinen Anlass zu einem Zinsschritt, erläuterte Duisenberg im Februar 2001 die Entscheidung der EZB. Er ging damals noch davon aus, dass die Konjunktur auch ohne eine Lockerung der Geldpolitik schon bald wieder anspringen werde. Außerdem fürchtete er aufgrund der hohen Energiepreise einen weiteren Anstieg der Inflationsrate im Euro-Raum.

Wesentlich mitgetragen wurde die Entscheidung aber auch von dem Bestreben der EZB, den Finanzmärkten und insbesondere der Politik ihre Unabhängigkeit zu demonstrieren. Politiker aus dem sozialdemokratischen Spektrum Europas sowie Gewerkschaftsvertreter hatten im Vorfeld des EZB-Beschlusses wiederholt die mutige Geldpolitik der US-amerikanischen Notenbank gelobt und Duisenberg aufgefordert, diesem Beispiel zu folgen. Spekulationen, die EZB könne sich dem energischen Senkungskurs des US-amerikanischen Währungshüters Greenspan auf Dauer nicht entziehen, trat Duisenberg daher kühl entgegen: »Wir treffen eigenständige Entscheidungen.«

Die Kritik an der EZB nahm weiter zu, als sie auch noch im April 2001 bei ihrer restriktiven Politik blieb, während Greenspan in den USA die Zinsen weiterhin kräftig senkte. Zur Begründung des Zinsbeschlusses sagte Duisenberg, es gebe trotz abnehmender Konjunkturdynamik keinen Anlass zu übertriebenem Pessimismus: »Es gibt keine Anzeichen für eine globale Re-

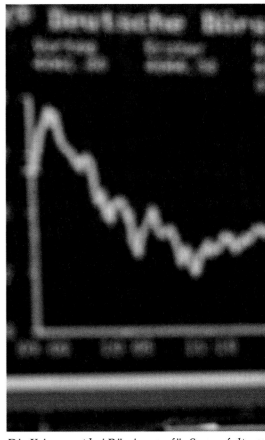

Die Krise sorgt bei Börsianern für Sorgenfalten;

zession«, so Duisenberg damals. Auch weltweit werde es nach einer kurzen Schwächeperiode schon bald wieder aufwärts gehen.

Die Gewerkschaften teilten diese Auffassung nicht. Margret Mönig-Raane, stellvertretende Vorsitzende der neuen deutschen Dienstleistungsgewerkschaft ver.di, reagierte gereizt auf die Entscheidung der EZB: »Angesichts der deutlichen Konjunkturrisiken wäre eine kräftige Senkung ein wichtiger Beitrag zur Stabilisierung des Wachstums in Deutschland und in der Eurozone gewesen.« Das Vorstandsmitglied des Deutschen Gewerkschaftsbundes, Heinz Putzhammer, glaubte, bei der EZB »strukturelle Mängel in der Entscheidungsfindung« festgestellt zu haben, und warf ihr vor, dass sie zunehmend ihre »gesamtwirtschaftliche Verantwortung« vernachlässige.

Duisenberg zeigte sich von solchen Äußerungen unbeeindruckt und merkte an, dass es seine Kritiker selbst in der Hand hätten, die Konjunktur wieder zu beleben und die Wirtschaft auf den Wachstumspfad zurückzuführen. Er forderte die europäischen Regierungen auf, weitere Einsparungen in ihren Haushalten vorzunehmen. Damit

Auch im Online-Banking macht sich der Konjunktureinbruch bemerkbar: Die Gewinne der Banken gehen stark zurück.

die Kurse sinken weltweit.

Die neuen Euroscheine und -münzen

vollkommen wegzubrechen. Die EZB senkte daher in einer konzertierten Aktion mit der US-amerikanischen Notenbank die Zinsen um einen halben Prozentpunkt, um die Finanzmärkte ein wenig zu beruhigen. Diese Maßnahme war nach Überzeugung von Ökonomen umso notwendiger, als rund um den Globus die meisten Volkswirtschaften endgültig in die Rezession geraten waren. Die Produktion kam nach den Anschlägen in einigen Bereichen für Tage vollkommen zum Erliegen; insbesondere die Luftfahrtgesellschaften verzeichneten Milliardenverluste und befanden sich plötzlich am Rand der Pleite. Fast alle großen Unternehmen kündigten Massenentlassungen an, die Arbeitslosenquote schnellte in die Höhe, und der private Konsum, vor allem in den USA eine bedeutende Stütze der Konjunktur, ging weiter zurück. Der einzige Lichtblick war die rückläufige Inflation, die infolge fallender Rohölpreise und des weltweiten Konjunktureinbruchs im dritten Quartal 2001 im EU-Raum wieder deutlich unter zwei Prozent gesunken war. Dies schien der EZB die Möglichkeit zu eröffnen, die Zinsen mutiger zu senken, als sie es in den Monaten zuvor getan hatte.

Angesichts dieser Situation war die Enttäuschung unter Politikern, Gewerkschaftern und Volkswirten groß, als Duisenberg keine weiteren zinspolitischen Schritte unternahm. »Die schwachen Zahlen hätten für eine Senkung gesprochen«, monierte der Chefvolkswirt der Dresdner Bank, Klaus Friedrich.

könnten die Inflationsrate gesenkt und der EZB Spielraum gegeben werden, um eine weniger strikte Geldpolitik zu verfolgen. Den Gewerkschaften legte Duisenberg nahe, ihren Widerstand gegen tief greifende Reformen auf den Arbeitsmärkten und bei den Sozialversicherungen aufzugeben.

Zwar senkte die EZB in den Monaten darauf bis zu den Terroranschlägen vom 11. September in den USA dann doch noch in zwei kleinen Schritten die Zinsen von 4,5 Prozent auf 4,0 Prozent; doch insgesamt blieb Duisenberg bei seiner Überzeugung, dass die Inflationsgefahr im EU-Raum größer sei als das Risiko einer dauerhaften Wirtschaftsflaute.

Kritik von allen Seiten

Mit den Ereignissen vom 11. September schien sich aber auch für den obersten europäischen Währungshüter die Lage neu darzustellen. Die Börsen, ohnehin schon seit Frühjahr 2000 auf Talfahrt, drohten in einer Panikreaktion auf die Anschläge

Frankreichs Ministerpräsident Lionel Jospin betonte, dass die EZB durchaus Spielraum gehabt hätte. Und Bundeskanzler Gerhard Schröder (SPD) bemerkte spitz: »Die EZB macht eine vernünftige Politik. Aber Vernunft ist immer noch steigerungsfähig.« Eine weitere Zinssenkung um 0,5 Punkte folgte dann am 8. November.

Wichtige Zinsarten

Hauptrefinanzierungssatz: Seit der Einführung des Euro im bargeldlosen Zahlungsverkehr ist der Hauptrefinanzierungssatz der wichtigste Zins. Er bestimmt die Konditionen, zu denen sich Banken einmal pro Woche für 14 Tage gegen Sicherheiten bei der EZB Geld leihen können.
Diskontsatz: Banken können sich in einigen Währungsräumen durch den Verkauf von Wechseln bei der Zentralbank Geld beschaffen, wobei die Zentralbank einen Abzug (Diskont) berechnet.
Basiszinssatz: Die Deutsche Bundesbank berechnet dreimal im Jahr, jeweils am 1. Januar, 1. Mai und am 1. September, den Basiszinssatz, der in allen Verträgen an die Stelle des früheren Diskontsatzes der Bundesbank getreten ist.
Lombardsatz: Zentralbanken vergeben in einigen Währungsräumen so genannte Lombard-Kredite an Banken gegen Verpfändung von Wertpapieren.
Einlagenfazilität: Dies ist der Zins, den Banken erhalten, wenn sie bei der EZB Geld einzahlen.

Der Herr der amerikanischen Geldpolitik: US-Notenbankchef Alan Greenspan

433

Strikter Fahrplan zur Einführung des Euro

Strikter Fahrplan zur Einführung des Euro

Die Einführung des Euro im allgemeinen Zahlungsverkehr verläuft in Deutschland nach einem strikten Zeitplan.

1. September 2001: Die Deutsche Bundesbank hat die Erstausstattung mit Euro-Scheinen und -Münzen an die Banken und Sparkassen ausgegeben (»frontloading«). Diesen steht es frei, die neue Währung in eigener Regie an den Handel weiterzugeben (»sub-frontloading«). Das Euro-Bargeld darf jedoch noch nicht in Umlauf gebracht werden. In Deutschland liefern die Geldtransporter fast ausschließlich Münzen aus. Banken zögern noch bei der Nachfrage nach Euro-Geldscheinen, weil sie für die Bargeldhaltung in den Banktresoren hohe Versicherungsprämien zahlen müssten. Die großen Transporte werden daher erst im Dezember vorgenommen.

17. Dezember 2001: Die Banken beginnen damit, den Euro an die Kunden auszugeben. Rund 53 Millionen Startpakete (»Starter Kits«) werden für ein erstes Kennenlernen der neuen Währung verkauft. Für 20 DM ist die Plastiktüte mit einer »Münzhaushaltsmischung« im Wert von 10,23 Euro erhältlich. Darin sind enthalten: zwei 2-Euro-Stücke, drei 1-Euro-Stücke, vier 50-Cent-Münzen, vier 20-Cent-Münzen, drei 10-Cent-Münzen, zwei 5-Cent-Münzen, eine 2-Cent-Münze, eine 1-Cent-Münze.

1. Januar 2002: Mit Beginn des neuen Jahres wird der Euro das alleinige gesetzliche Zahlungsmittel in Deutschland. Allerdings kann bis zum 28. Februar auch noch mit der Deutschen Mark bezahlt werden (»Doppelbargeldphase«).

1. März 2002: Die Doppelbargeldphase ist zu Ende. Von jetzt an gilt nur noch der Euro als Zahlungsmittel. Noch vorhandene Scheine und Münzen in DM können nach wie vor und zeitlich unbefristet und gebührenfrei bei den Landeszentralbanken umgetauscht werden. Die Kreditinstitute und die Geschäfte sollen eine Annahme von DM nach dem 1. März flexibel regeln. Sie sind jedoch nicht dazu verpflichtet.

Bundesbankpräsident Ernst Welteke präsentiert die neuen Geldscheine.

Duisenbergs Zinspolitik in der Zwickmühle

Die Kritik der Politiker an der restriktiven Zinspolitik der EZB offenbarte, dass sie Duisenbergs wirtschafts- und finanzpolitische An- und Absichten immer noch nicht verstanden hatten. Der EZB-Chef agierte vor dem Hintergrund der Erfahrungen, die er in den 70er Jahren als niederländischer Finanzminister gesammelt hatte. Er fürchtete Ende 2001, dass die EU-Staaten ähnlich wie die Niederlande nach 1973 den Fehler begehen könnten, mit einer großzügigen Ausgabenpolitik die Konjunktur ankurbeln zu wollen.

Getrieben von den bevorstehenden Bundestagswahlen und Prognosen, die für den Winter 2001/02 wieder eine Arbeitslosenzahl von vier Millionen in Deutschland vorhersagen, deutete beispielsweise Bundeskanzler Schröder im Oktober 2001 an, die Sparpolitik der Regierung lockern zu wollen. Er sagte, »dass wir alles tun müssen, um Investitionen vorzuziehen, die arbeitsplatzsichernden und -schaffenden Charakter haben«. Deshalb sollten konjunkturbedingte Mindereinnahmen und Mehrausgaben des Staates nicht durch zusätzliche Ausgabenkürzungen ausgeglichen werden. Ausdrückliche Unterstützung erfuhr Schröder in seiner Haltung durch den DGB, der die Regierung dazu aufrief, öffentliche Investitionen zu forcieren sowie eine zeitlich begrenzte höhere Neuverschuldung im Haushalt hinzunehmen.

Mit ähnlichen Gedanken trugen sich auch andere Euro-Staaten. So kündigte beispielsweise der erst im Mai 2001 gewählte italienische Ministerpräsident Silvio Berlusconi eine großzügige Steuersenkung an, ohne sagen zu können, wie sie finanziert werden sollte. Dabei lag die italienische Staatsverschuldung im Jahr 2000 mit 110 Prozent des Bruttoinlandsprodukts deutlich über dem Durchschnitt der anderen EU-Staaten (69,7 Prozent).

Die Finanzpolitik wird in ihre Schranken gewiesen

Angesichts solcher Tendenzen war es nicht verwunderlich, dass nicht nur von der EZB, sondern auch von anderen Institutionen der EU mahnende Worte gesprochen wurden. So forderte die EU-Haushaltskommissarin Michaele Schreyer die Regierungen auf, am strikten Konsolidierungskurs festzuhalten. Sie warnte namentlich Deutschland davor, der Versuchung von Ausgabenerhöhungen zu erliegen. »Es wäre ein fatales Signal, wenn die Euro-Länder wegen der Wirtschaftsschwäche nun nationale Konjunkturprogramme auflegten oder den europäischen Stabilitäts- und Wachstumspakt aufgäben. Dieser Pakt setzt klare Vorgaben für die Rückführung der Haushaltsdefizite in der Eurozone.« Noch deutlicher als Schreyer wurde Ernst Welteke, Präsident der Deutschen Bundesbank und Mitglied im EZB-Rat, der im Oktober 2001 die Schuld an der restriktiven Zinspolitik der EZB den Finanzministern der EU-Mitgliedstaaten zuwies. »Es sind gerade die großen Mitgliedstaaten – Italien, Deutschland und Frankreich –, die von ihren Stabilitätszielen weit entfernt sind«, erklärte er. Das eigentliche Ziel des Stabilitäts- und Wachstumspaktes sei die Schaffung eines finanzpolitischen Handlungsspielraums für schwierige Situationen wie die im Herbst 2001 eingetretene. Weil dieser Handlungsspielraum aber heute in den meisten Staaten nicht vorhanden sei, könne die EZB die Zinsen auch nicht massiv senken.

Duisenberg selbst nannte noch einmal die Voraussetzung für eine Lockerung seiner Geldpolitik, wobei erneut deutlich wurde, dass er sich von den Lehren Keynes' längst verabschiedet hatte: »Die Länder, deren Haushalte aus dem Ruder gelaufen sind, sollten trotz möglicher Wachstumsprobleme auf Restrukturierungen bestehen und daran festhalten, ihre Haushalte mittelfristig in der Waage zu halten. Es sei »wichtig, dass alle Staaten der Euro-Zone die in ihren jeweiligen Stabilitätsprogrammen festgelegten Verpflichtungen gebührend respektieren«. Ein Nicht-Festhalten könnte die Ziele eines »stabilen Haushalts und nichtinflationären Wachstums« gefährden.

Zinsen und Arbeitslosigkeit: Die eigentlichen Probleme

Viele Ökonomen halten den Dauerstreit zwischen der EZB und ihren Kritikern ohnehin für müßig, weil sie der Überzeugung sind, dass Zinssenkungen bei der Bewältigung der Wirtschaftskrise im Euro-Raum ohnehin nur eine geringe Rolle spielten. »Die Vorstellung, dass mit einer viertelprozentigen Senkung der Zentralbankzinsen irgendetwas für die Konjunktur bewirkt wird, ist super optimistisch und überzogen«, meint beispielsweise Rüdiger Pohl, der Präsident des Instituts für Wirtschaftsforschung Halle. Auch der Bundesverband deutscher Banken warnt davor, eine konjunkturelle Wende von der EZB zu erwarten. Denn verunsicherte Unternehmen könnten auch durch billigeres Geld kaum zu Investitionen animiert werden. Ohnehin dauere es mehrere Monate, bis Zinssenkungen ihre Wirkung entfalteten. Entscheidend für eine durchgreifende Wiederbelebung der Wirtschaft bleibe eine grundlegende Verbesserung der Investitionsbedingungen innerhalb des Euro-Raums.

Mit dem Hinweis auf die schlechten Investitionsbedingungen sprach der Bundesverband der deutschen Banken die zahlreichen strukturellen Probleme an, die 2001 vor allem nach Ansicht der Arbeitgeberseite auf der deutschen Wirtschaft lasteten. Auch viele Wirtschaftsforschungsinstitute sahen in den hohen Arbeitskosten einen Nachteil im globalen Wettbewerb und eine Ursache für die im Vergleich zu anderen Industriestaaten hohe Arbeitslosigkeit in Deutschland. Die Sozialabgabenquote lag 2001 in Deutschland mit 40,8 Prozent deutlich höher als in Portugal (18,4 Prozent) und Griechenland (18,2 Prozent) – Ausdruck nicht nur einer finanziellen Last, sondern auch eines hohen sozialen Standards. Für eine Verringerung dieser Abgabenlast, die als eine wesentliche Voraussetzung für die Schaffung neuer Arbeitsplätze angesehen wird, müssten tief greifende Reformen bei der Renten- und Arbeitslosenversicherung sowie im Gesundheitswesen durchgeführt werden. Die rot-grüne Bundesregierung behauptete hingegen, dass seit ihrem Amtsan-

Der Bau leidet 2001 besonders unter der lahmenden Konjunktur. Sinkende Zinsen sollen dafür sorgen, dass neue Büro- und Einkaufszentren (oben: Großbaustelle in Frankfurt) entstehen. Dank einer Politik des billigen Geldes könnten auch die Einkaufspassagen (links: Berlin) wieder besser besucht werden.

tritt 1998 die Sozialabgaben- und Steuerquote gesenkt worden seien und die Umstellung der Rentenversicherung zugunsten der privaten Vorsorge durch Einführung der Riester-Rente 2001 geglückt sei.

Außerdem beklagten die Arbeitgeberverbände die Überregulierung des deutschen Arbeitsmarktes und den hohen Kündigungsschutz, der Unternehmen daran hindere, Neueinstellungen vorzunehmen. Als ein weiteres strukturelles Problem nannte das arbeitgebernahe Institut der deutschen Wirtschaft in Köln (IW) die geringen Ausga-

ben für Bildung, die 1999 in Deutschland mit 4,2 Prozent des BIP lediglich im Mittelfeld der Industriestaaten lagen.

Die zögerliche Haltung der EZB bei ihrer Zinspolitik war nicht nur auf die nachlassenden Bemühungen bei der Konsolidierung der nationalen Haushalte zurückzuführen, sondern auch auf die bevorstehende Einführung der neuen Währung als gesetzliches Zahlungsmittel. Denn die Umstellung auf den Euro zum 1. Januar 2002 barg auch die Gefahr einer wieder steigenden Inflationsrate in sich.

Optimismus: Duisenberg hofft, dass sich die Deutschen rasch an den Euro gewöhnen werden.

Im Einzelhandel werden einige Monate die Preise in DM und in Euro angegeben.

tens im Frühjahr 2001 müssen sich die Bürger im Euro-Raum an das neue Zahlungsmittel gewöhnt haben.

Die Skepsis in der Bevölkerung gegenüber dem Euro ist insbesondere in Deutschland groß. Nach einer Umfrage des ZDF-Magazins WISO begrüßte im Oktober 2001 lediglich die Hälfte der Bundesbürger das neue Geld, wobei mit zunehmendem Alter die Akzeptanz der Gemeinschaftswährung sank. Demnach fanden nur 38 Prozent der über 60-Jährigen die Euro- Einführung gut. Auch in anderen Euro-Ländern gab es Ende 2001 deutliche Hinweise darauf, dass sich die Menschen nur ungern von ihrem gewohnten Zahlungsmittel trennen. In Frankreich beispielsweise plädierte der nationale Verbraucherrat beim Wirtschaftsministerium in Paris dafür, die Untereinheit des Euro nicht wie geplant »Cent«, sondern wie beim Franc »Centimes« zu nennen. Außerdem sollten die Franzosen auf Schecks analog zu »Francs« weiter auch »Euros« schreiben, also die Mehrzahl mit einem »s« bilden dürfen. In Griechenland zeigte sich der sozialistische Ministerpräsident Kostas Simitis besorgt, weil die Griechen nach der Einführung des Euro klarer als vorher die Einkommensunterschiede zwischen den Bürgern in der Euro-Zone wahrnehmen werden. Die Kaufkraft der Griechen betrug 2001 etwa 70 Prozent des Durchschnitts in der Gemeinschaft. Außerdem waren laut Umfragen etwa 40 Prozent der griechischen Bevölkerung an der bevorstehenden Währungsänderung nicht interessiert.

Der Euro wird das alleinige Zahlungsmittel

Nachdem bereits zum 1. Januar 1999 der Euro in elf Ländern der EU als gemeinsame Währung im bargeldlosen Zahlungsverkehr eingeführt worden war, werden zum 1. Januar 2002 auch die Banknoten und Münzen in nunmehr zwölf Staaten der EU (Dänemark, Großbritannien und Schweden sind aus freien Stücken nicht dabei) in Umlauf gebracht. Zwar dürfen noch bis Ende Februar 2001 die nationalen Währungen für Barzahlungen verwendet werden, so dass keine Notwendigkeit besteht, bereits zum Jahreswechsel das gesamte Bargeld auf einen Schlag umzutauschen; doch späte-

Die Angst der Deutschen vor dem Wertverlust ihres Geldes

Dass sich vor allem die Deutschen von ihrer alten Währung ungern verabschieden, hat nach Auffassung des Präsidenten der Deutschen Bundesbank, Ernst Welteke, vor allem historische Gründe. Die Deutschen täten sich mit der Umstellung besonders schwer, »weil sie mit der D-Mark den wirtschaftlichen Aufstieg ihres Landes verbinden und in jüngster Vergangenheit drei Währungsreformen mit hohen Verlusten erlebt haben«. Bestätigt wurde Weltekes Vermutung von der Umfrage des ZDF-Magazins WISO: Danach gingen 80 Prozent der befragten Deutschen davon aus, dass die Preise im Zusammenhang mit der Währungsumstellung steigen werden und dass die Menschen mit dem Euro real an Kaufkraft verlieren werden.

Die Befürchtung einer durch den Umtausch hervorgerufenen Inflation ist nach Auffassung von Ökonomen nicht vollkommen von der Hand zu weisen. Denn mit der Einführung der neuen Währung sind für die Unternehmen in Deutschland Kosten in Höhe von rund 19 Milliarden Euro verbunden, die durch die Umstellung des Zahlungsverkehrs, das Umprogrammieren der Computer, neue Preiskennzeichnungen und die Reorganisation von Betriebsabläufen entstehen. Die Unternehmen könnten versuchen, diese Mehrausgaben über höhere Preise für ihre Waren und Dienstleistungen auf den Verbraucher abzuwälzen. Das Statistische Bundesamt wies beispielsweise schon im Herbst 2001 Erhöhungen bei den Verbraucherpreisen zwischen 0,2 und 0,4 Prozentpunkten nach, die im Zusammenhang mit der Einführung des Euro standen. Es stellte fest, dass der Handel in einigen Fällen die Mark-Preise erhöhte, um sie dann nachher auf einen attraktiven Euro-Preis umstellen zu können.

Solche Tendenzen alarmierten auch zahlreiche Politiker, die sich infolge der Preiserhöhungen um das Image des Euro sorgten. So erinnerte die Bundesministerin für Verbraucherschutz, Ernährung und Landwirtschaft, Renate Künast (Bündnis 90/Die Grünen), im Oktober 2001 den Einzelhandel daran, dass er eine besondere Verantwortung bei der Einführung des Euro habe, da »die Stabilität der Preise ein Schlüsselfaktor für eine erfolgreiche Umstellung auf das neue Bargeld« sei. Unternehmen, die glaubten, die Euro-Umstellung als Vorwand für Preiserhöhungen nutzen zu können, sollten nicht glauben, dass dies ohne Folgen bleibe. Die Verbraucher sollten plötzlich teurer gewordene Ware ruhig einmal liegen lassen und sich bei der Konkurrenz umsehen.

Die Verteilung des neuen Geldes – ein logistisches Kunststück

Während sich Politiker und Konsumenten um die Kaufkraft der neuen Währung sorgten, standen die Banken mit der Euro-Bargeldeinführung vor einer gewaltigen logistischen Herausforderung. Etwa 14,25 Milliarden Euro-Geldscheine müssen im gesamten EU-Raum unter das Volk gebracht werden, was einem Wert von 624 Milliarden Euro entspricht. Außerdem müssen 50 Milliarden Euro-Münzen im Gegenwert von fast 16 Milliarden Euro in Umlauf gebracht

---

Sicherheitsmerkmale der Euroscheine

Um Fälschungen beim Euro zu erschweren, sind die Münzen und Scheine mit modernsten Sicherheitsmerkmalen versehen. Laut EZB ist der Euro im Vergleich zu allen anderen Währungen der Welt besonders schwer zu fälschen. Durch »Fühlen, Sehen und Kippen« soll jeder Bürger dazu in der Lage sein, die echten Scheine von Fälschungen zu unterscheiden.

Fühlen: Die Euro-Banknoten fühlen sich anders an als die herkömmlichen Scheine aus Papier, weil sie aus reiner Baumwolle hergestellt sind. Durch den so genannten Stichtiefdruck erhalten sie zudem eine Oberfläche, bei der einzelne Bildelemente auf der Vorderseite zu ertasten sind.

Sehen: Alle Scheine sind mit Wasserzeichen und Sicherheitsfäden versehen. Im Gegenlicht sind beim Wasserzeichen der Wert und das jeweilige Architekturmotiv zu erkennen. Die Sicherheitsfäden erscheinen im Gegenlicht als dunkle Linie.

Kippen: Wenn ein Euro-Schein gekippt wird, kommen eine Hologramm-Folie und ein Perlglanzstreifen zum Vorschein. Dieser Streifen erscheint bei den 5-, 10- und 20-Euro-Scheinen goldfarben. Zu erkennen sind das Euro-Symbol und die jeweilige Wertzahl. Bei den 50-, 100-, 200- und 500-Euro-Noten schillert die rechts unten aufgedruckte Wertzahl von purpurrot zu olivgrün oder braun. Der Folienstreifen zeigt bei den niedrigeren Banknoten auf silbernem Grund je nach Betrachtungswinkel das Euro-Symbol oder die jeweilige Wertzahl im Hologramm. Bei den größeren Scheinen wird beim Kippen ein Hologramm an der rechten Seite sichtbar, welches das Architekturmotiv oder die Wertzahl zeigt.

---

werden. Nach Berechnungen der Deutschen Bundesbank fließen hingegen allein in Deutschland insgesamt 28,5 Milliarden Stück D-Mark-Münzen über die Banken und den Handel zurück.

Die Bearbeitung, Lagerung und der Transport dieser immensen Münzmenge stellen die Banken vor erhebliche Sicherheitsprobleme. Bund und Länder kündigten daher an, in der heißen Phase der Bargeldumstellung alle verfügbaren Polizeikräfte zur Sicherung der Transporte einzusetzen. Außerdem wurde die Bundeswehr verpflichtet, logistische Unterstützung zu leisten und Transportfahrzeuge sowie Lagerstätten zur Verfügung zu stellen. Im ganzen Land wur-

den Informationskampagnen durchgeführt, mit denen die Bürger über das Aussehen der neuen Scheine und Münzen aufgeklärt werden, damit sie nicht Betrügern zum Opfer fallen.

Für Duisenberg, der als EZB-Chef die Verantwortung für einen reibungslosen Ablauf der Euro-Einführung trägt, stellt diese Aufgabe die Krönung seiner Laufbahn dar: Fast 300 Millionen Menschen verschiedener Nationen und Kulturen mit einer gemeinsamen Währung auszustatten, ohne dass es das Fundament eines einheitlichen Staatengebildes gibt – das ist einmalig in der Wirtschaftsgeschichte. Daher ist es für die meisten Beobachter durchaus vorstellbar, dass Duisenberg Mitte 2002 nach der Hälfte seiner Amtszeit seinen Rücktritt erklärt, um einem französischen Kandidaten Platz zu machen. Allerdings betonte Duisenberg stets, dass er nie eine Verpflichtung eingegangen sei und daher allein den Zeitpunkt seines Rücktritts bestimmen könne. Der Niederländer will dadurch die Unabhängigkeit der EZB demonstrieren und damit auch für die Zukunft sicherstellen, was ihn während seiner gesamten Amtszeit am meisten beschäftigt hat: Die Stabilität des Euro.

Unter starken Sicherheitsvorkehrungen bringen gepanzerte Fahrzeuge das neue Geld in alle Teile Deutschlands.

Der EM.TV-Chef Thomas Haffa und die Krise der New Economy

Er galt in den 90er Jahren als der große Star unter den jungen Unternehmern in Deutschland: Thomas Haffa gründete den Medienkonzern EM.TV und erfreute seine Aktionäre jahrelang durch ein rasantes Firmenwachstum und einen stetig steigenden Aktienkurs. Falsche unternehmerische Entscheidungen, Pannen bei der Bilanzierung und schließlich der Vorwurf, die wirtschaftliche Lage von EM.TV in der Öffentlichkeit nicht richtig dargestellt zu haben, führten jedoch im Juli 2001 zum Rücktritt Haffas von seinem Vorstandsposten und schließlich zur Anklage wegen des Verdachtes, gegen das deutsche Aktiengesetz verstoßen zu haben.

Thomas Haffas Karriere schien das amerikanische Klischee des Aufstiegs vom Tellerwäscher zum Millionär zu erfüllen. 1970 brach er im Alter von 18 Jahren kurz vor dem Abitur die Schule ab. Da er ohne Reifeprüfung seinen Traumberuf des Zahnarztes nicht ergreifen konnte, schlug er eine ganz andere Richtung ein: Er sah sich zum Verkäufer berufen. Zunächst heuerte er bei BMW als Lehrling an und brachte dort Autos an die Kunden, dann ging er zu IBM, wo er u. a. Schreibmaschinen verkaufte. Anfang der 80er Jahre kam Haffa schließlich zur Kirch-Gruppe. Für den Filmhändler Leo Kirch baute er das Video-Geschäft auf und übernahm die Leitung der Kirch-Tochtergesellschaft »Merchandising München«.

Lukrative Geschäfte mit Kinderprogrammen

Bei Kirch lernte Thomas Haffa alle kaufmännischen Schliche, bis er sich 1989 reif genug fühlte, sein eigener Herr zu werden: Er gründete die »EM-Entertainment München Merchandising Film- und Fernsehgesellschaft« und übernahm mit seinem Bruder Florian die Leitung. Hinter dem komplizierten Namen dieser Firma, die bald als EM.TV bekannt wurde, verbarg sich eine einfache Idee, die Thomas Haffas Geschäftssinn offenbarte: Er kaufte preiswert die Vermarktungsrechte an Zeichentrickfiguren und verkaufte sie mit beträchtlichem Gewinn an Fernsehsender, die auf diese Ware angewiesen waren, um ihre Programme zu füllen. So erwarb Haffas EM.TV die von Hermann van Veen entwickelte Zeichentrickserie Alfred J. Kwak. Die Gestalt entwickelte sich zu einer der erfolgreichsten Lizenzfiguren in Europa. Außerdem akquirierte EM.TV die TV- und Vermarktungsrechte an den Teenage Mutant Hero Turtles für den gesamten deutschsprachigen Raum.

Später sicherte sich das Unternehmen die Merchandising-Rechte von dem Computerspiele-Hersteller Nintendo, dem Deutschen Sportbund sowie den Themenkatalog der Hanna-Barbera Studios. Zum Merchandising-Portfolio zählten auch so bekannte Charaktere wie die Familie Feuerstein, die Jetsons, Yogi Bär und Scooby Doo. 1992 unterzeichnete die Gesellschaft den ersten Koproduktionsvertrag über 26 halbstündige Episoden der Zeichentrickserie Blinky Bill. Ein Jahr später folgte der zweite Koproduktionsvertrag für die Zeichentrickrealisierung von Peter Maffays kleinem Drachen Tabaluga. Ab 1995 begann das Unternehmen mit der Vermarktung von weltweit bekannten Events wie dem Münchner Oktoberfest und der Eishockey-Weltmeisterschaft des Jahres 1996 in Wien.

Ende 1998 gelang Haffa sein bis dahin größter Deal. Er kaufte seinem einstigen Mentor Leo Kirch für 500 Millionen DM 20 000 halbstündige Episoden für das Kinder- und Familienprogramm ab. Kirch brauchte damals dringend Geld, um sein ambitioniertes Pay-TV-Geschäft vor dem Bankrott zu bewahren. EM.TV hingegen gelang mit diesem Geschäft der Durch-

Der Bulle, Symbol der Börsianer für steigende Kurse, stand 2001 nicht mehr an der Seite des erfolgsverwöhnten Thomas Haffa.

bruch zum führenden Anbieter von Kinder- und Familienprogrammen in Europa.

Der Erfolg macht den Unternehmer übermütig

Der rasante Aufstieg und das ständige Wachstum seines Unternehmens beeinträchtigten allerdings Haffas Gespür für lukrative Geschäfte. 2000 tätigte er zwei riskante Investitionen, durch die EM.TV in die Krise geriet. Im Frühjahr 2000 erwarb er für 1,4 Milliarden DM die Mutter der Muppets, die Jim-Henson-Gruppe, wenig später kaufte er für 3,6 Milliarden DM einen Anteil von 50 Prozent am Formel-1-Zirkus von Bernie Ecclestone. Zunächst wurde Haffa für diese Akquisitionen von der Finanzwelt gefeiert. Sie sah damit den Grundstein für den Bau eines gigantischen Medienimperiums gelegt, das unbestrittene Größen wie beispielsweise den Walt-Disney-Konzern eines Tages hinter sich lassen sollte. Doch schon bald mehrten sich die kritischen Stimmen, die insbesondere den Einstieg in die Formel 1 als Fehlentscheidung bezeichneten, da der Automobilsport nicht ins Konzept von EM.TV passte.

Florian Haffa (l.), der jüngere Bruder von Thomas Haffa, war Finanzvorstand bei EM.TV – bis ihm 2001 ein schwerer buchhalterischer Fehler unterlief. Leo Kirch (u.) war lange Zeit der Mentor und Lehrmeister von Thomas Haffa.

Dass sich Haffa bei diesen Investitionen offensichtlich gewaltig verkalkuliert hatte, stellte sich schnell heraus. Das Henson-Studio machte im ersten Halbjahr 2000 rund 30 Millionen DM Verlust – bei einem Umsatz von 60 Millionen DM. Auch das Formel-1-Geschäft entwickelte sich für EM.TV nicht rentabel, zumal mit dem Kauf des 50-Prozent-Anteils nur ein geringes Mitspracherecht verbunden war. Also trugen die gewaltigen Investitionen dem Medienunternehmen statt der erhofften satten Gewinne gewaltige Liquiditätsschwierigkeiten ein.

Die Bruttoverbindlichkeiten stiegen bis zum Herbst 2000 auf vier Milliarden DM. Zur Sicherung von Bankkrediten musste Haffa einen Teil seines Aktienpaketes bei Kreditinstituten als Sicherheit verpfänden.

Zu den finanziellen Schwierigkeiten kam im Oktober 2000 eine Peinlichkeit hinzu, die offenbarte, dass Haffa in dem kompliziert gewordenen Firmengeflecht die Übersicht verloren hatte. Sein Bruder Florian, der in dem Vorstand des Unternehmens für die Finanzen zuständig war, gestand der erschreckten Finanzwelt einen buchhalterischen Fehler ein, der es erforderlich mache, die für das erste Halbjahr 2000 veröffentlichte Bilanz von EM.TV zu korrigieren. So waren »versehentlich« 6,3 Millionen DM Ertrag und 31,6 Millionen DM Umsatz beim Henson-Studio erfasst worden, die erst für das zweite Halbjahr hätten verbucht werden dürfen. Auch die Umsätze und Erträge aus dem Formel-1-Business flossen irrtümlich in die Bilanz des ersten Halbjahres ein, obwohl EM.TV dort erst im Mai 2000 eingestiegen war.

Düstere Prognosen und Kritik von allen Seiten

Die Finanznöte steigerten sich derart, dass im November 2000 der ehemalige Ziehvater und Mentor Leo Kirch seinem einstigen Schützling unter die Arme greifen musste. Er übernahm 16,74 Prozent der Anteile an EM.TV und half Haffa so zunächst aus der Misere. Doch die Probleme blieben.

Der renommierte Unternehmensberater Roland Berger prognostizierte damals, das Unternehmen werde erst 2004 wieder schwarze Zahlen schreiben – und das auch nur unter der Voraussetzung, dass sich bis dahin ein Käufer für die viel zu teuer erworbene Jim-Henson-Gruppe finde.

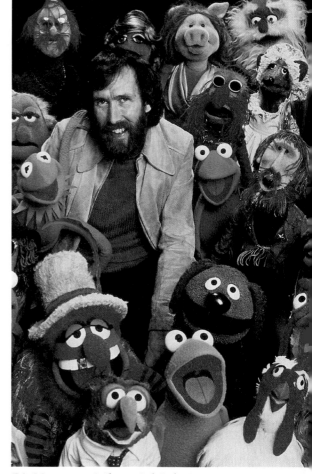

Die Muppets mit ihrem Schöpfer Jim Henson – für EM.TV keine lukrative Investition

So fühlten sich nach Beginn der Krise bei EM.TV im Herbst 2000 all jene Kritiker bestätigt, die von jeher Thomas Haffa für einen überschätzten Parvenü und für einen Blender gehalten hatten und sich in ihrem Verdacht bestätigt sahen, dass die großen Stärken des Unternehmensgründers vor allem die Selbstvermarktung und Selbstinszenierung gewesen seien. Sie behaupteten, dass es Haffa nicht nur an Seriosität, sondern insbesondere auch an der betriebswirtschaftlichen Ausbildung gemangelt habe, die notwendig sei, um ein großes Unternehmen zu führen. Der Jungmanager sei dem ständigen Wachstum des Konzerns kaufmännisch schlicht und einfach nicht mehr gewachsen gewesen.

Haffa musste sich aber nicht nur beißende Kritik gefallen lassen – die bisweilen auch das in Frage stellte, was er in den erfolgreichen Jahren geleistet hatte –, nun traf ihn auch der Zorn all jener, welche die Zeche für das wirtschaftliche Desaster bei EM.TV mitzuzahlen hatten. Und das waren in erster Linie die Aktionäre des Unternehmens.

Der Tempel der Finanzwelt: Die Börse in New York ist die wichtigste weltweit.

vor. Zunächst geriet das in der Spitze mit fast 120 Euro bewertete Papier im Frühjahr 2000 in den allgemeinen Strudel des Crashs am Neuen Markt. Mit den Schreckensmeldungen aus dem Unternehmen beschleunigte sich ab Herbst 2000 der Sturz der Aktie, die bis Oktober 2001 auf einen Wert von weniger als zwei Euro fiel.

Die wertvollsten Medienunternehmen der Welt nach ihrem Börsenwert zum 4. Januar 2001		
Name	Land	Marktwert*
Viacom Inc.	USA	85,36
Time Warner	USA	77,29
Vivendi Universal	Frankreich	69,02
Sony	Japan	67,07
Walt Disney	USA	66,58
Comcast	USA	37,08
Reuters	Großbritannien	23,89
Thomson	Kanada	22,60
Pearson	Großbritannien	18,67
News Corporation	Australien/Großbritannien/USA	18,09
zum Vergleich:		
EM.TV	Deutschland	0,81

*in Milliarden Dollar

Steil- und Sinkflug: EM.TV an der Börse

Die Aktionäre von EM.TV standen lange Zeit auf der Sonnenseite der Finanzmärkte. Im Herbst 1997 ging Thomas Haffa mit EM.TV an den so genannten Neuen Markt, das Segment für junge und innovative Wachstumsunternehmen an der Frankfurter Wertpapierbörse. Mit Talent und gekonnter Medienarbeit stieg er zu einer Ikone der New Economy in Deutschland auf. Bedingt durch das rasante Wachstum des Unternehmens kannte der Kurs der Aktie nur eine Richtung: Aufwärts. Wer von Anfang an EM.TV-Aktien besaß, hatte seinen Einsatz bis zum Frühjahr 2000 um mehr als 30 000 Prozent vermehrt. Wer also 3500 DM eingesetzt hatte, durfte sich drei Jahre später, als das Börsenpapier den Gipfel erklommen hatte, als Millionär fühlen. Das Unternehmen war zeitweise an der Börse 27 Milliarden DM wert.

Daher war es nicht verwunderlich, dass Thomas Haffa auf den Hauptversammlungen von EM.TV gefeiert wurde. Ehrfurchtsvoll lauschten die Aktionäre den Reden des Vorstandsvorsitzenden, der die magische Gabe zu besitzen schien, aus allem, womit er sich beschäftigte, Geld zu machen. Haf-

fas Siegerlächeln versetzte seine Anhänger in Entzücken, und bisweilen waren seine Autogramme so gefragt wie die eines Sportcracks oder eines Hollywoodstars.

Der Traum von stetig steigenden Kursen – eine Illusion

Viele Anleger waren durch Haffa reich geworden, und sie blieben es, sofern sie so klug waren, rechtzeitig ihre Aktienpakete zu verkaufen. Denn bereits im Frühjahr 2000 setzte der Kurs der EM.TV-Aktie zu einem Sinkflug an, der noch spektakulärer verlief als der gewaltige Höhenflug in den Jahren zu-

Die Biene Maja gehörte nicht nur zu den Lieblingen der Kinder, sondern auch zu den profitabelsten Lizenzfiguren von EM.TV.

Vor allem die Kleinaktionäre, die Anfang 2000 zu Höchstkursen eingestiegen waren, traf der beispiellose Kursverfall hart. In ihrem Ärger über das verlorene Geld wandten sie sich gegen ihren einstigen Guru Haffa. Bundesweit fühlten sich mehr als 2000 Anleger von ihm geprellt und warfen ihm vor, gegen das Aktiengesetz verstoßen zu haben. Haffa, so argumentierten sie, habe als Vorstandsvorsitzender von EM.TV die Aktionäre zu spät unterrichtet, dass Gewinn- und Umsatzprognosen nicht zu erreichen seien, und falsche Angaben zur Unternehmenssituation gemacht.

Doch die Hoffnungen, Haffa vor Gericht haftbar machen zu können und dadurch zumindest einen Teil der Verluste wiederzubekommen, erhielten im August 2001 einen Dämpfer. Das Münchner Amtsgericht wies eine erste Schadenersatzklage eines Anlegers aus dem Kölner Raum ab, der durch den massiven Kurssturz der EM.TV-Aktie rund 5000 DM verloren hatte. Das Gericht folgte mit seinem Urteilsspruch gängiger Praxis, denn bis dahin hatte in Deutschland kein einziger Aktionär wegen falscher Informationen vom Vorstand eines Unternehmens Schadenersatz bekommen.

Im Wertpapierhandelsgesetz, so stellte das Gericht klar, würden Unternehmen zwar zu wahrheitsgemäßen Veröffentlichungen verpflichtet, ein Schadenersatzanspruch der Anleger aus falschen Angaben werde aber explizit ausgeschlossen. Dem Aktionär hätte – so die Argumentation – klar sein müssen, dass eine Geldanlage am Neuen Markt mit hohem Risiko behaftet sei. Ein Anspruch auf Schadenersatz könne sich lediglich aus »unerlaubter Handlung« ergeben. Dies setze jedoch voraus, dass die Vorschriften des Wertpapierhandelsgesetzes »eine individuelle, drittschützende Wirkung« beinhalteten. Dies sei jedoch nicht der Fall, weil die Regelungen nur »dem allgemeinen Interesse an einem funktionierenden Börsenmarkt« dienten.

Auch den Straftatbestand des Betrugs sah das Gericht nicht als gegeben an, weil keine unwahren Tatsachenbehauptungen nachzuweisen seien: Die Äußerungen von EM.TV zu den Umsatz- und Gewinnerwartungen des Konzerns seien lediglich Prognosen, keine Fakten. Auch liege kein Kapitalanlagebetrug vor, weil die vom Kläger zitierten Mitteilungen zum Unternehmen nicht in Prospekten, Darstellungen oder Übersichten erfolgt seien.

Kursverluste von Unternehmen im Nemax 50 vom 1. Januar bis 21. September 2001	
Unternehmensname	Kursverlust in %
1. Telegate	98,21
2. Kinowelt	97,60
3. Intershop	96,39
4. Brokat	96,12
5. Carrier 1	96,69
6. Adva	94,95
7. Broadvision	93,80
8. Heyde	91,64
9. Lion Bioscience	90,15
10. Pixelpark	89,94
27. EM.TV	77,97

Obwohl das Gericht die Schadenersatzklage abwies, stand Haffa Ende 2001 weiteres juristisches Ungemach ins Haus. Neben anderen Schadenersatzklagen privater Anleger mit ungewissem Ausgang erhob auch die Staatsanwaltschaft Anklage gegen ihn wegen des Verdachtes, er könnte gegen das Aktiengesetz verstoßen haben. Anwälte von Kleinanlegern verwiesen darauf, dass Haffa ohne Genehmigung eigene Aktien verkauft habe. Damit habe der Prospekt zu einer Kapitalerhöhung von EM.TV falsche Informationen enthalten. Darin sei eine so genannte Lockup-Vereinbarung zwischen

Werner Klatten, der neue Chef von EM.TV, will den angeschlagenen Konzern sanieren.

dem Vorstand und den Konsortialbanken festgelegt worden, nach der innerhalb von sechs Monaten keine Aktien verkauft werden durften. Haffa habe im Oktober 2000 kurz vor einer Gewinnwarnung trotzdem 400 000 Aktien im Wert von 30 Millionen DM verkauft.

Auf der schwierigen Suche nach einem Neuanfang

Unabhängig vom Ausgang all dieser Verfahren wird Haffa finanziell voraussichtlich glimpflicher davonkommen als die zahlreichen Anleger, die im Frühjahr 2000 zu Höchstkursen EM.TV-Aktien gekauft haben. Einen Teil seines Immobilienvermögens überschrieb Haffa im April 2001 seiner Ehefrau. Außerdem hatte er bereits im September 1998 eine Versicherung gegen Schadenersatzansprüche von Aktionären über 200 Millionen DM abgeschlossen, die allerdings, wie eine Sprecherin seines Unternehmens betonte, nicht bei grober Fahrlässigkeit oder Vorsatz greife.

Auch wenn Thomas Haffa wohl kaum zu einem Sozialfall werden wird, stand er Ende 2001 vor den Trümmern seines beruflichen Glücks. Im Juli musste er seinen Rücktritt vom Amt des Vorstandsvorsitzenden von EM.TV bekannt geben, weil ihm kaum jemand die Sanierung des krisengeschüt-

telten Unternehmens zutraute. Sein Nachfolger wurde der Anwalt Werner Klatten, Chef der Internet-Firma SPIEGELnet AG und Geschäftsführer von SPIEGEL TV.

Mit dem Wechsel an der Firmenspitze änderte sich auch die Eigentümerstruktur des Medienunternehmens. Zum 2. Januar 2002 soll Klatten 25,1 Prozent aller EM.TV-Aktien von Haffa übernehmen. Die Börse begrüßte Haffas Rücktritt mit einem kurzfristigen Kursfeuerwerk, bei dem die EM.TV-Aktie sich binnen weniger Tage im Wert verdoppelte. Analysten meinten, dass es dem erfahrenen Klatten gelingen könnte, durch den Verkauf von unrentablen Beteiligungen den Konzern wieder in die Gewinnzone zu bringen.

Während die Finanzmärkte Haffas Rücktritt feierten, suchte der einstige Star der New Economy nach einem beruflichen Neuanfang. Seine Autogrammkarten benötigt er dabei nicht mehr, wohl aber Bodyguards, die ihn angesichts zahlreicher Morddrohungen schützen müssen.

Der Crash am Neuen Markt lässt Anleger und Börsianer verzweifeln.

Die Krise der New Economy

Der steile Aufstieg und der tiefe Fall Thomas Haffas und seiner EM.TV waren beispielhaft für das Schicksal vieler anderer Unternehmen der New Economy, die Ende der 80er oder Anfang der 90er Jahre mit großen Hoffnungen gegründet worden waren und schließlich 2001 einen beispiellosen Absturz erlebten. Dazu gehörten Firmen, die das Internet zum Blühen brachten, immer schnellere Computer und bessere Software entwickelten, komfortable Handys fertigten oder nach neuen, mit Mitteln der Gentechnik erzeugten Medikamenten forschten, mit denen bislang als unheilbar geltende Krankheiten therapiert werden sollten.

Ausgangspunkt dieser Entwicklung waren die USA, wo Unternehmen wie Cisco Systems, AOL, EMC, Yahoo, Amgen oder Oracle zum Schrittmacher einer technologischen Revolution wurden. Ihnen gelang es in der Tat, ihre Produkte zu vermarkten und zu vergolden. Jährliche Gewinnsteigerungen von mehr als 100 Prozent waren eher eine Selbstver-

Banken spielten eine unrühmliche Rolle beim Crash am Neuen Markt.

ständlichkeit als eine Ausnahme. Solche Meldungen trieben die Kurse der zumeist an der New Yorker Wachstumsbörse Nasdaq notierten Aktien in vorher kaum für möglich gehaltene Höhen.

Im Windschatten dieser Konzerne gingen auch in Deutschland innovative Unternehmen an den Start, die insbesondere rund um das Internet interessante Geschäftsmodelle anzubieten schienen: Business-to-Business-Programme, welche die Geschäftsbeziehungen von Firmen regeln und Unternehmen den Einkauf auf so genannten Internet-Marktplätzen ermöglichen, Versteigerungen im Internet, Jobvermittlung im Internet, Aktienhandel über das Internet und vieles mehr.

Phantasie und Märchen treiben die Kurse

Das notwendige Kapital für ihre ehrgeizigen Expansionspläne erhielten diese jungen Unternehmen, die auszogen, etablierte Weltkonzerne wie Siemens oder Philips das Fürchten zu lehren, zumeist über den Neuen Markt an der Frankfurter Börse. Mit ihren vollmundigen Versprechungen von

---

Börse: Verdacht von Kursmanipulationen und Insiderhandel

An den deutschen Börsen gab es 2001 zwei Vorfälle, die an der Seriosität des Aktienhandels nicht nur am Neuen Markt, sondern auch an den traditionellen Börsensegmenten Zweifel aufkommen ließen.

Chinesische Mauer: Im August 2001 verkaufte die Deutsche Bank für einen Großkunden 44 Millionen Aktien der Deutschen Telekom, nachdem am Tag zuvor ein Analyst des Geldinstituts das Papier noch zum Kauf empfohlen hatte. Anleger, die dem Rat des Analysten gefolgt waren, kauften die Aktie und mussten daraufhin zusehen, wie durch den Massenverkauf der Papiere am nächsten Tag der Kurs der Deutschen Telekom massiv unter Druck ge-

riet. Der Vorwurf zahlreicher Anleger, der Analyst der Deutschen Bank habe die Kaufempfehlung ausgesprochen, um für den Großkunden einen besseren Kurs zu erzielen, wies die Bank zurück. Sie betonte, dass die Vorschriften des Bundesaufsichtsamtes für den Wertpapierhandel exakt eingehalten worden seien. Danach dürfen die Informationen der Handelsabteilung einer Bank und der Researchabteilung, die Aktien beurteilt, nicht untereinander ausgetauscht werden. Diese so genannte Chinesische Mauer habe funktioniert.

Insiderhandel: Die Mannheimer Staatsanwaltschaft durchsuchte im April 2001 aufgrund eines Verdachtes wegen Insider-Ge-

schäften Büros der BHF-Bank, der DG-Bank, der Heidelberger Volksbank und der Deutschen Börse AG. Ein anonymer Anrufer hatte Anzeige gegen unbekannt wegen Insider-Handels mit Papieren des Finanzdienstleisters MLP erstattet; dabei ging es um die geplante Aufnahme der Aktie in den DAX im August 2000. Angeblich verkauften Insider, die eher als andere Marktteilnehmer davon wussten, dass MLP damals noch nicht in den DAX aufgenommen werden würde, die Aktie, um Kursverluste zu vermeiden. Nach dem Wertpapierhandelsgesetz macht sich strafbar, wer »Kenntnis von einer Insidertatsache« für eigene Wertpapiergeschäfte nutzt.

phantastischen Wachstumsraten fiel es ihnen nicht schwer, den institutionellen Investoren und Privatanlegern das Geld aus der Tasche zu ziehen. Die Banken, welche die Börsengänge dieser jungen Unternehmen begleiteten und daran exzellent verdienten, fachten die Begeisterung der gierigen Anleger mit ihren Aktienanalysen an, in denen sie immer höhere Kursziele ausriefen.

Zunächst schien die Rechnung aufzugehen. Obwohl die meisten der jungen Unternehmen am Neuen Markt zu keiner Zeit Gewinn machten, verstanden sie es, mit ihren neuen Ideen die Anleger zu verzaubern. Die zumeist tiefroten Bilanzen interessierten niemanden; was zählte, war die mit geschickter PR-Arbeit angeregte Phantasie der Aktienkäufer. So erreichten im März 2000, auf dem Höhepunkt der Euphorie, kleine Firmen des Neuen Marktes, die noch keine einzige Mark verdient hatten, teilweise eine höhere Börsenkapitalisierung als große Weltkonzerne, die solide Gewinne erwirtschafteten.

Das böse Erwachen – Crash, Pleiten und Betrügereien

Als die Kurse nach dem 10. März 2000 am Neuen Markt massiv zu sinken begannen, glaubten die meisten Investoren noch, dass es sich dabei um die heilsame Korrektur einer übertriebenen Kurssteigerung handele. Der Nemax 50, der Index für die nach Marktkapitalisierung und Börsenumsatz 50 größten Unternehmen am Neuen Markt, stürzte von 9660 Punkten bis zum Sommer 2000 auf 5500 Punkte ab.

Dass es bei dieser scharfen Korrektur am Neuen Markt nicht blieb, sondern der Nemax 50 in einem beispiellosen Crash bis zum September 2001 auf unter 800 Punkte sank, hatte zahlreiche Gründe. So führten steigende Zinsen in den USA und höhere Energiepreise zu einer weltweiten Konjunktureintrübung, die dazu beitrug, dass die meisten jungen Unternehmen ihre vollmundigen Versprechungen nicht einhalten konnten und regelmäßig Gewinn-

warnungen veröffentlichen mussten. Darüber hinaus wurde deutlich, dass viele der gepriesenen Geschäftsmodelle nicht funktionierten, weil die Unternehmensgründer die Marktlage falsch eingeschätzt hatten.

Endgültig erschüttert wurde das Vertrauen der Anleger in den Neuen Markt durch kriminelle Machenschaften, welche die Staatsanwaltschaften auf den Plan riefen, aber auch durch einige Firmenpleiten. Bis November 2001 mussten 15 Unternehmen des Neuen Marktes Insolvenz anmelden – teilweise hatten sie noch kurz zuvor in offiziellen Mitteilungen ihre Zukunft in rosaroten Farben gemalt. Als unredlich empfanden viele Anleger auch das Verhalten einiger Großbanken, Kaufempfehlungen für einzelne Werte auszusprechen und gleichzeitig die damit häufig verbundene Aufwärtsbewegung der Kurse zum Verkauf eigener Aktienbestände zu nutzen.

Buhlen um Vertrauen – neue Regeln für den Neuen Markt

Der Crash am Neuen Markt hatte aber nicht nur für die Anleger, die teilweise über 90 Prozent ihres eingesetzten Kapitals verloren, verheerende Folgen. Weit reichend wa-

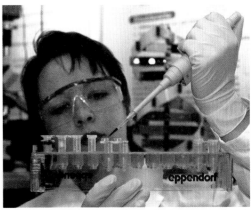

Die Biotechnologie verspricht für die Zukunft neue Medikamente – und satte Gewinne.

ren die Konsequenzen auch für die Gesamtwirtschaft. Denn durch den Vertrauensverlust des Neuen Marktes mussten zahlreiche geplante Börsengänge junger Unternehmen 2001 abgesagt werden. Dadurch wurde eine wichtige Quelle für privates Risikokapital abgeschnitten, die jede auf Innovation, Wachstum und Vollbeschäftigung ausgelegte Volkswirtschaft braucht.

Um das Vertrauen der Anleger zurückzugewinnen, verschärfte die Deutsche Börse das Regelwerk am Neuen Markt. Zum 1. Oktober 2001 trat eine Reform in Kraft, die dafür sorgen soll, dass Skandalunternehmen vom Neuen Markt ausgeschlossen werden. Danach darf ein Unternehmen in diesem Segment nur dann weiter gelistet werden, wenn es mindestens bei einem Euro notiert und eine Marktkapitalisierung von mindestens 20 Millionen Euro hat. Wer an 30 aufeinander folgenden Börsentagen beide Grenzwerte unterschreitet, wird auf eine Beobachtungsliste gesetzt. Wenn ein Unternehmen auf der Liste steht, bleibt ihm eine Bewährungsfrist von 90 Tagen. In dieser Zeit muss es an wenigstens 15 aufeinander folgenden Börsentagen beide Grenzwerte überschreiten, sonst wird es unwiderruflich vom Neuen Markt ausgeschlossen.

Die Neuregelung, gegen die einige vom Ausschluss bedrohte Unternehmen bereits erfolgreich geklagt haben, wurde von Investoren und von der Deutschen Schutzgemeinschaft für Wertpapierbesitz insgesamt als unzureichend bezeichnet. Sie forderten unter anderem, dass die Kriterien für Neuemissionen verschärft werden. Es sollte also schon vor einem Börsengang sorgfältiger geprüft werden, ob das Unternehmen die notwendige Qualität besitzt, um dauerhaft auf dem Markt existieren zu können.

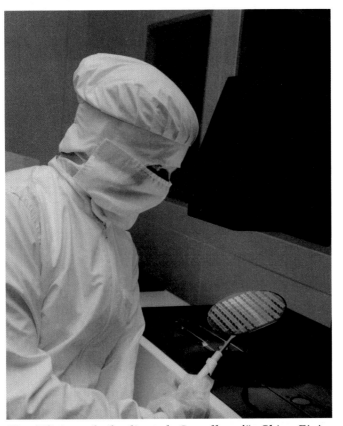

Eine Siliziumscheibe dient als Grundlage für Chips. Einige hundert davon können auf einer Scheibe entstehen.

Der Anfang vom Ende eines großen Booms?

Für alle Unternehmen des Neuen Marktes, die eine ähnliche Krise wie EM.TV erlebten, war es wahrscheinlich nur ein schwacher Trost, dass 2001 auch die großen Schlachtschiffe der New Economy durch stürmisches Fahrwasser in Schieflage gerieten. Ob der finnische Handyhersteller Nokia, der britische Telekomausrüster Marconi, der US-amerikanische Weltmarktführer für Computerchips, Intel, das französische Medienunternehmen Vivendi, der deutsche Elektronikkonzern Siemens oder die spanische Telefonica – nahezu alle erfolgsverwöhnten Giganten der Hochtechnologie bezeichneten 2001 als ein schwieriges Jahr, das verheerende Spuren in den jeweiligen Bilanzen hinterließ.

Die Gewinneinbrüche, auf die viele der großen High-Tech-Konzerne mit einem massiven Abbau ihrer Belegschaft reagierten, waren vor allem auf so genannte Überkapazitäten zurückzuführen: In den 1990er Jahren hatten die Unternehmen in dem optimistischen Glauben, dass die Nachfrage nach neuen Computern, Handys oder Speicherchips ständig wachsen würde, ihre Produktionsmöglichkeiten kontinuierlich ausgeweitet, so dass der Konjunktureinbruch sie besonders hart traf. Die Flaute führte in einigen Bereichen der New Economy zu einem dramatischen Preisverfall. Die Siemens-Tochter Infineon war beispielsweise im September 2001 gezwungen, aufgrund der fehlenden Nachfrage 64-Megabit-Speicher für eineinhalb Dollar anzubieten, obwohl die Produktionskosten für diese Ware bei sieben Dollar lagen. Ähnlich erging es auch einigen anderen Halbleiterherstellern wie etwa Philips, ST Microelectronic oder Texas Instruments.

Katastrophal wirkte sich auch die Versteigerung der Lizenzen für das Universal-Mobile-Telecommu-nication-System (UMTS) aus. Allein in Deutschland zahlten europäische Telekomunternehmen für die Lizenzen dieser Technologie, die unter anderem Multimedia-Anwendungen aus dem Internet auf dem Handy ermöglichen soll, rund 100 Milliarden DM. Da sich

Ein Bild aus besseren Tagen: Infineon-Chef Ulrich Schumacher beim Börsengang 2000

Telekom-Unternehmen wie die Deutsche Telekom, die niederländische KPN, die France Telecom oder die finnische Sonera dabei massiv verschuldeten, fehlte ihnen das Geld für Investitionen zur weiteren Modernisierung ihrer

Kommt mit den UMTS-Handys der Aufschwung in der Telekommunikation?

Festnetze, worunter in erster Linie Telekom-Ausrüster wie die französische Alcatel, die kanadische Nortel Networks oder

auch in Deutschland der Netzwerkbereich von Siemens zu leiden hatten.

Die Krise der Technologieunternehmen und die damit verbundenen Kursverluste an den Börsen verleiteten einige Analysten dazu, bereits das Ende des Booms in der New Economy zu verkünden: Den gesamten Bereich der Informationstechnologie, der in den 90er Jahren insbesondere in den USA, aber auch in Europa für hohe Wachstumsraten gesorgt hatte, werde dasselbe Schicksal ereilen wie in früheren Zeiten die Eisenbahnindustrie oder die Autobranche. Auch diese Bereiche seien einmal als New Economy mit hohem Wachstumspotenzial und stetig steigenden Aktienkursen gehandelt worden, bis der Markt mit ihren Produkten gesättigt gewesen und ihr Geschäft den normalen zyklischen Schwankungen der Weltkonjunktur unterworfen worden sei.

Hoffnung für High-Tech – eine neue technologische Revolution

Die High-Tech-Unternehmen selbst verwiesen hingegen darauf, dass die vollständige Technologisierung der Gesellschaft noch bevorstehe und daher die Krise von 2001 lediglich eine kurzfristige Wachstumsdelle darstelle, die den langfristigen Aufwärtstrend in diesem Segment nicht brechen werde. Sie warteten Ende 2001 mit zahlreichen Innovationen auf, von denen sie sich in der Zukunft wieder einen deutlichen Anstieg ihrer Gewinne erhofften.

So soll in den kommenden Jahren das Internet durch neue Übertragungstechniken wie ADSL zur Hochgeschwindigkeitspiste für Daten und Videos werden. Telekommunikationsunternehmen trieben 2001 die Verlegung von Übersee-Glasfaserkabeln voran, mit denen die Daten-Transportkapazität zwischen Europa, Amerika und Asien erhöht werden soll. Die herkömmlichen Personal Computer werden Prognosen zufolge durch Taschencomputer, MP3-Player oder Settop-Boxen ersetzt. Neue Speicherchips wurden entwickelt, die dazu beitragen sollen, die Flut an Informationen im Internet zu bewältigen. Bis 2003 wollen die Telekom-Unternehmen UMTS zur Marktreife gebracht haben, wodurch das Surfen im Internet per Handy mit einer Übertragungsrate bis zu zwei Megabit pro Sekunde ermöglicht werden soll.

Im Bereich der so genannten Spracherkennungscomputer, die Sprechbefehle des Benutzers verstehen und umsetzen, wurden 2001 gewaltige Fortschritte erzielt. Durch so genannte Customer-Relationship-Management-Programme sollen Außendienstmitarbeiter künftig die kürzeste Anfahrt zum Kunden finden, während Call-Center-Telefonisten per Knopfdruck alle verfügba-

Der Sitz von EM.TV in Unterföhring – hier sollte ein Mediengigant entstehen.

ren Kundendaten erhalten können. Durch die Vernetzung von Firmen mit Lieferanten und Kunden über Internet-Marktplätze sollen die Gewinnmargen der Unternehmen deutlich erhöht werden.

Biotechnologie als Motor der New Economy?

Das größte Wachstum in der New Economy wurde Ende 2001 allerdings der Gentechnologie vorausgesagt. Durch die Mitte 2000 abgeschlossene Analyse des menschlichen Erbmaterials seien, so die nahezu einhellige Ansicht von Medizinern, der Wirkstoffforschung und der Therapie komplexer Krankheiten ungeahnte Möglichkeiten eröffnet worden. Alle bis dahin verfügbaren Medikamente und Therapien nutzten lediglich 400 bis 500 molekulare Angriffspunkte, so genannte Targets, die in den vorherigen Jahrzehnten von Biochemikern und Zellbiologen entdeckt worden waren. Experten gingen jedoch 2001 von mehreren tausend neuen Targets im Genom des Menschen aus. Die Kenntnis solcher Gene und der daraus resultierenden Proteine könnte zu einer Vielzahl neuer Medikamente mit weitaus effektiveren Wirkungen führen.

Obwohl vor allem Unternehmen aus den USA wie Amgen,

Biogen oder Immunex auf diesem Gebiet die Vorreiterrolle übernommen haben, gab es auch in Deutschland in den vergangenen Jahren Gründungen kleinerer Biotechnologiefirmen, die sich der Erforschung neuer Wirkstoffe verschrieben haben. Die Kurskapriolen, welche die Aktien von Unternehmen wie Evotec, Lion Bioscience oder MorphoSys am Neuen Markt bereits geschlagen haben, verdeutlichen allerdings, wie schwer ihr wirtschaftlicher Erfolg vorherzusagen ist. Denn voraussichtlich werden noch 10 bis 15 Jahre vergehen, bis die entsprechenden Medikamente die Marktreife erlangt haben. Die Gründer dieser Unternehmen sind aber überzeugt, dass sie irgendwann das große Geld verdienen und nicht in eine ähnliche Krise geraten werden wie jetzt Thomas Haffa und EM.TV.

Aus der Traum – Thomas Haffa vor den Trümmern seiner Arbeit

High-Tech-Trends 2001

ASP: Große Softwarehersteller verleihen ihre Software über so genannte Application Service Provider (ASP). Unternehmen brauchen somit wenig genutzte Software nicht mehr zu kaufen, sondern können sie leasen. Die Unternehmen zahlen dann lediglich monatlich Lizenzgebühren für die Nutzung der Software.

CRM: Customer-Relationship-Management-Programme erleichtern Unternehmen und insbesondere Mitarbeitern im Außendienst den Umgang mit ihren Kunden. Solche Programme enthalten alle Daten von Kunden und können E-Mails analysieren und beantworten.

High Speed Internet: Immer neue Übertragungstechniken wie ADSL sollen die Schnelligkeit der Datenübertragung erhöhen, damit größere Datenmengen und Videos problemlos über das Internet gesendet werden können.

Mobile Computing: Neue Handys, Taschencomputer, MP3-Player und Settop-Boxen ermöglichen das Surfen im Internet und verdrängen den herkömmlichen Personal Computer.

SCM: Supply-Chain-Management-Programme kontrollieren die Warenflüsse von Unternehmen. Sie sollen dazu beitragen, dass Zulieferer und Entwicklungsabteilungen stärker zusammenarbeiten.

Web Hosting: Unter Webhosting wird die Auslagerung von Servern samt der Datenbestände an videoüberwachte Serverparks verstanden. Unternehmen greifen auf das Web Hosting zurück, um die eigenen Betriebskosten zu senken.

Nkosi Johnson – ein afrikanisches Kind kämpft gegen Aids

Als Nkosi Johnson am 1. Juni 2001 an Aids stirbt, hat er in seinem kurzen zwölfjährigen Leben vermutlich mehr im Kampf gegen die Immunschwächekrankheit erreicht als Politiker des afrikanischen Kontinents in den 20 Jahren seit Ausbruch der Seuche: Er hat ein Bewusstsein für die Katastrophe geschaffen, die Aids insbesondere für Afrika südlich der Sahara bedeutet.

Nkosi Johnson geriet ins Scheinwerferlicht der Weltöffentlichkeit, als er bei der Welt-Aids-Konferenz im südafrikanischen Durban Mitte 2000 ans Mikrofon trat und die in Afrika weit verbreitete Stigmatisierung von Aids-Kranken anprangerte: »Wir sind normale menschliche Wesen. Wir können laufen, wir können spielen.« Unter Tränen forderte er, Schwangere mit Aids-Medikamenten zu versorgen, die das Übertragungsrisiko der Krankheit auf das ungeborene Kind verringern. Bei seiner Geburt war Nkosi bereits mit dem HI-Virus infiziert. Die Mutter starb kurze Zeit später.

Als Gail Johnson den kleinen Nkosi im Alter von zwei Jahren adoptierte, gaben ihm die Ärzte bestenfalls neun Monate. Tatsächlich blieben ihm noch zehn Jahre. Seine Pflegemutter erfocht, dass Nkosi in eine Schule gehen konnte. Er hasste seine Krankheit, aber er setzte durch, dass sie zur Kenntnis genommen und er selbst deshalb nicht geächtet wurde.

Das letzte halbe Jahr seines Lebens war Nkosi ans Bett gefesselt. Nach einem Zusammenbruch im Dezember 2000 lag er zeitweise im Koma. Zu seinem zwölften Geburtstag am 4. Februar erreichten ihn zahlreiche Glückwünsche aus aller Welt, über die er sich sehr freute. Prominente besuchten ihn an seinem Krankenbett, und allen gab er dieselbe Botschaft mit auf den Weg: Kümmert euch um die Opfer der Aids-Epidemie. Gebt ihnen ein würdevolles Leben und Sterben.

Nkosi Johnson rüttelt in Durban die Welt wach.

Am frühen Morgen des 1. Juni, des Weltkindertags, starb Nkosi im Schlaf. Nelson Mandela nannte es beispielhaft, wie der jüngste Aids-Aktivist Afrikas mit der Immunschwäche umgegangen war. Mit seinen Auftritten in Durban und auf anderen Konferenzen hatte er viel dazu beigetragen, dass die Weltöffentlichkeit darauf aufmerksam wurde, welche apokalyptischen Ausmaße die Krankheit in Afrika südlich der Sahara erreicht hat.

Wirtschafts- und Entwicklungsfaktor Aids

Frühere Epidemien wie die Pest rafften überwiegend Kinder, Alte und Schwache dahin; in Schwarzafrika trifft Aids die jungen Erwachsenen am schlimmsten. Nach Schätzungen von Unaid, dem Aids-Programm der Vereinten Nationen, wird von den heute 15-Jährigen in Schwarzafrika jeder Dritte an Aids sterben. Viele junge Männer und Frauen, die an den Universitäten studieren oder eine andere Ausbildung absolvieren, werden das Wissen, das sie erworben haben, nicht mehr für ihr Land einsetzen können, weil sie der Krankheit zum Opfer fallen, bevor sie ins Berufsleben eintreten. Die werktätige Bevölkerung zwischen 25 und 40 Jahren ist die sexuell aktivste und daher besonders von Aids betroffen. Von der Krankheit dahingeraffte Anwälte, Ärzte, Lehrer, Beamte und Facharbeiter können nicht hinreichend ersetzt werden.

Auch wirtschaftliche Vorzeigestaaten wie Botswana werden das nicht ohne weiteres verkraften. Die Weltbank geht davon aus, dass viele afrikanische Staaten durch Aids derzeit jährlich etwa 1,2 Prozent des Pro-Kopf-Wirtschaftswachstums einbüßen. In Südafrika, das eines der wenigen stärker industrialisierten Länder südlich der Sahara ist, wird das Wirtschaftswachstum durch Aids Jahr für Jahr um 0,3 bis 0,4 Prozentpunkte verringert, so dass das Bruttoinlandsprodukt bis 2010 voraussichtlich um 17 Prozent unter dem Wert liegen wird, den es ohne die Immunschwächekrankheit erreicht hätte. 22 Milliarden US-Dollar werden der südafrikanischen Wirtschaft UN-Schätzungen zufolge so entzogen.

All die kleinen und großen Fortschritte, die in den vergangenen Jahren und Jahrzehnten in Schwarzafrika realisiert wurden, drohen mit den Aids-Opfern zu sterben. War durch eine Verbesserung der Lebensumstände, der Ernährungssituation und der Gesundheitsversorgung in vielen afrikanischen Staaten bis in die 90er Jahre hinein die Lebenserwartung kontinuierlich gestiegen, so wird sie nun Schätzungen zufolge bis 2010 wieder auf 44 Jahre sinken. In einigen Staaten wird ein Großteil der Menschen das 40. Lebensjahr nicht erreichen. Im Süden Afrikas wird zur Jahrtausendwende nicht einmal die Hälfte der Menschen 60 Jahre

Aktivisten und Kinderärzte fordern in Südafrika Aids-Medikamente für Schwangere.

alt, in den Industrienationen sind es dagegen 90 Prozent.

Der traditionell starke Familienverband in Afrika wird durch Aids zerstört. Die Ernäh-

rer der Familie sind die Opfer der Immunschwäche. Ihre Frauen werden meist von den Brüdern des Mannes übernommen. Sie tragen das Virus durch ihren Mann in sich und geben es weiter an den Schwager. Ihre Kinder werden nach dem Tod der Eltern von den Großeltern betreut, doch es fehlen die Mittel für das Nötigste.

Mädchen werden so im Kindesalter in die Prostitution gezwungen, in eine Szene, in der das Risiko, sich mit dem HI-Virus zu infizieren, mit jedem Freier steigt. Jungen gleiten ab in die Kriminalität. Mit Aids stirbt die Zukunft des Kontinents.

Würdeloser Tod in Afrika

Die Menschen, die jeden Tag zu Hunderten die Krankenstationen aufsuchen, sind an Aids erkrankt oder leiden an einer der typischen Folgekrankheiten wie Pilzbefall oder Tuberkulose. Die Krankenstationen sind überfüllt, Aids-Medikamente sind nicht vorhanden, Präparate, die wenigstens die Schmerzen lindern würden, sind ebenfalls Mangelware. So werden die Patienten wieder nach Hause geschickt, mit einer Aspirin-Tablette oder mit etwas Milchpulver, falls sie feste Nahrung nicht mehr zu sich nehmen können.

Aids ist nach wie vor in den Augen vieler Afrikaner keine Krankheit, sondern Teufelszeug, der Kranke wird also gesellschaftlich geächtet. So sterben Millionen von Menschen einen einsamen und schmerzvollen Tod in den abgedunkelten Behausungen der afrikanischen Dörfer, Slums oder Vorstädte, ängstlich verborgen vor den Augen der Nachbarn. Familien, die das Geld für ein Begräbnis nicht aufbringen können, legen die Sterbenden oft vor die Tür kirchlich betriebener Hospitäler. Die Nonnen stellen keine Fragen und verlangen kein Geld. Sofern ein Bett zur Verfügung steht, wird es genutzt. Und täglich kommt der Leichenwagen, um die Toten zu einem der anonymen Massengräber zu fahren.

Schütze Dich vor Aids, nutze ein Kondom, so die Aussage des Plakats zur Aids-Aufklärung in Äquatorialguinea

Südafrikas Präsident Thabo Mbeki stellt öffentlich in Frage, dass HIV zu Aids führt.

Die Ursachen: Wie konnte es nur so weit kommen?

Die Ursachen der Aids-Katastrophe in Afrika sind vielfältig. Einerseits sind politische Versäumnisse und eine tödliche Lethargie im Umgang mit der Krankheit zu konstatieren, andererseits leisten auch ethnische Besonderheiten der Ausbreitung des HI-Virus Vorschub.

Verpasste Chancen der Politik

Dass Politik, dass die Regierungen beim Kampf gegen Aids in Afrika eine wichtige Rolle spielen, belegt das Beispiel Uganda. Schon früh war das Land von einer hohen Infektionsrate und einer rasanten Ausbreitung des HI-Virus betroffen. Präsident Yoweri K. Museveni machte Aids daraufhin zur Chefsache. Er richtete eine Stelle zur Koordination der Maßnahmen gegen die Krankheit ein und unterstellte sie dem Amt des Präsidenten, damit Aktionen nicht im Kompetenzgerangel einzelner Verwaltungen untergingen. Er trug mit öffentlichen Auftritten dazu bei, die Zusammenhänge zwischen Sexualverhalten und HIV-Infektion zu verdeutlichen. Auch über Plakate forderte er die Bevölkerung auf, sich durch Kondome zu schützen.

Diese Offenheit brachten andere Regierungsführer lange Zeit nicht auf. Daniel Arap Moi in Kenia und Robert Mugabe in Simbabwe tabuisierten das Thema Aids. Andere flüchteten sich in wirre Theorien. Sam Nujoma, der Präsident Namibias, behauptete im Frühjahr 2001, Aids sei eine von den US-Amerikanern kreierte biologische Waffe, die ursprünglich für den Vietnam-Krieg entwickelt worden und beim Einsatz in Afrika außer Kontrolle geraten sei. Libyens Revolutionsführer Muammar al-Gaddhafi führte auf der internationalen Aids-Konferenz in Abuja/Nigeria im April 2001 aus, der US-Geheimdienst CIA setze Aids als Teil einer Vernichtungsstrategie gegen Schwarze in aller Welt ein.

Weniger phantastisch, aber genauso fatal waren Äußerungen des südafrikanischen Präsidenten Thabo Mbeki, der den Zusammenhang zwischen einer HIV-Infektion und dem Ausbruch von Aids immer noch bezweifelt. Das Land am Kap wurde zuletzt von der Aids-Seuche befallen. Da sie Ende der 80er Jahre zunächst weiße Homosexuelle heimsuchte, wurden keine Gegenmaßnahmen ergriffen – was sollte man schon tun gegen das, was man als sexuelle Perversion ansah, warum sollte man gerade diese Minderheit schützen?

Dann kam die Zeit des Umbruchs, der Abschaffung des Apartheid-Systems, der Freilassung des Nationalhelden Nelson Mandela, der Demokratisierung. Das Virus trat in den Hintergrund. Ein nationaler Aids-Plan scheiterte 1994 an bürokratischen Hemmnissen, am fehlenden Willen, ihn tatsächlich umzusetzen, und eben auch an dem von Thabo Mbeki formulierten Zweifel, ob denn die These der Wissenschaftler über die Ausbreitung und Entstehung von Aids wirklich richtig sei. 2000 ist bereits jeder fünfte Südafrikaner zwischen 15 und 49 HIV-positiv. Und bis zu jener denkwürdigen Welt-Aids-Konferenz in Durban im Juli 2000, auf der Nkosi Johnson zum Handeln aufrief, hatte Nelson Mandela als Präsident des Landes Aids lediglich einmal, 1998, zum Gegenstand einer Rede vor einem größeren Auditorium gemacht. Die Gesundheitsministerin verweigerte hartnäckig die Abgabe von Medikamenten an Schwangere zur Vermeidung der

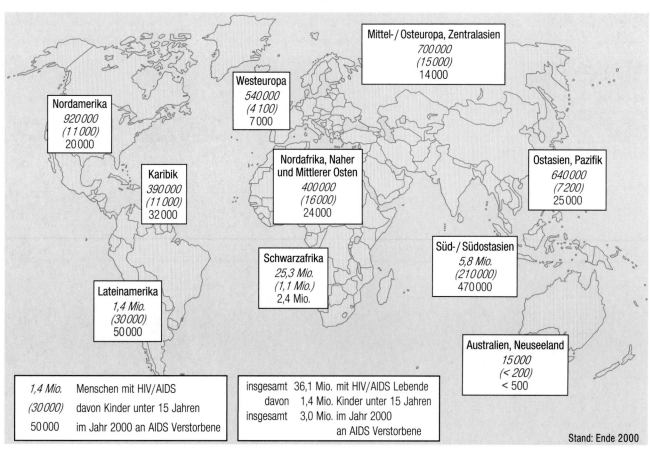

Übertragung des HI-Virus auf das ungeborene Kind, angeblich aus Kostengründen. Das staatliche Aids-Budget wurde aber bis 2000 in keinem Jahr ausgeschöpft. Viele politische Führer Schwarzafrikas haben die Augen vor der Katastrophe verschlossen und Millionen Opfer von Aids in ihrer Not allein gelassen.

Ethnische Besonderheiten

Größer als in anderen Teilen der Welt ist die Bedeutung von Kindern für Schwarzafrikaner. Sie selbst, so glauben sie, hätten nicht wirklich gelebt, wenn sie keine Nachkommen gezeugt oder geboren haben. Je größer die Zahl der Kinder, desto besser. Selbst bereits vom Vollbild der Immunschwächekrankheit Gezeichnete haben den Wunsch, Kinder in die Welt zu setzen. So werden Frauen von ihren in der Regel älteren Männern infiziert und übertragen das Virus auf ihr ungeborenes Kind.

Nelson Mandela (2.v.r.) mit Prinz Charles und den Spice-Girls; über Aids redete er lange nicht.

US-Außenminister Colin Powell vor Aids-Plakaten bei seiner Afrikareise im Mai 2001 in Kampala/Uganda

Dass viele Familienväter ihrem Zuhause lange fern sind, etwa indem sie als Wanderarbeiter oder Lastwagenfahrer tätig sind, fördert die Promiskuität einerseits und die Prostitution andererseits. Beides trägt zur Ausbreitung des HI-Virus bei. Hinzu kommen eine große Armut sowie mangelhafte Gesundheitsversorgung und Aufklärung.

Anders als in den modernen Industriestaaten ist vielen Afrikanern der Zugang zu Massenmedien wie Zeitung, Fernsehen, Radio oder gar Internet versperrt. Das erschwert die Information der Bevölkerung über Aids, flächendeckende Aufklärungskampagnen sind kaum möglich. Außerdem ist das Thema, wie erwähnt, in vielen Gegenden tabu.

Die gesellschaftliche Stellung der Frau

Ein Schlüssel für die rasante Verbreitung von Aids in Schwarzafrika liegt zudem in der untergeordneten gesellschaftlichen Stellung der Frau. Wenn sie einem Mann Geschlechtsverkehr verweigert, wird sie gesellschaftlich geächtet und verlacht. Die Mädchen verlieren im Alter von elf oder zwölf Jahren ihre Unschuld. Meist sind die Partner wesentlich älter, sexuell bereits aktiv und viel zu oft schon Träger des HI-Virus. Da eine feuchte Vagina vielen Afrikanern als lustmindernd gilt, trocknen Frauen die Scheide mit Kräutern aus, was das Risiko beträchtlich erhöht, sich beim Sexualverkehr zu verletzen, so dass HI-Viren direkt in die Blutbahn eindringen können.

Die Schutzlosigkeit und Ohnmacht der Frau ist die eine Seite der Medaille, die übergeordnete Stellung der Männer die andere. Wer am Sexualverhalten etwas ändern möchte, der muss sich an die Männer wenden. Der beste Schutz vor einer Infektion ist die Benutzung eines Kondoms – geradezu unvorstellbar für die meisten schwarzafrikanischen Männer. Es erscheint illusorisch, dass sie sich gerade von Frauen dazu überreden lassen könnten. Ein Verzicht auf häufig wechselnde Sexualpartner widerspricht ebenfalls dem männlichen Selbstverständnis. Um hier etwas zu verändern, bedarf es vor allem der politischen Führung. In Afrika sind viele staatliche Strukturen auf eine charismatische Persönlichkeit an der Spitze ausgerichtet. Der Einfluss, den eine solche Persönlichkeit in Sachen Aids ausüben könnte, ist – so meinen viele Experten – beträchtlich, um nicht zu sagen Voraussetzung für die Eindämmung der Aids-Epidemie im südlichen Afrika.

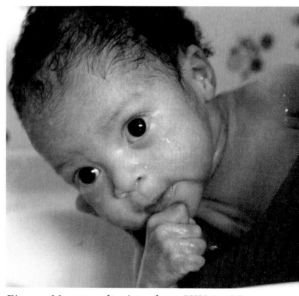

Einen Monat alt ist das HIV-positive Mädchen, das nun im Waisenhaus lebt, weil die Mutter es ausgesetzt hat.

Der Kampf gegen Aids hat gerade erst begonnen

Sieht man von Uganda und einigen anderen Ländern ab, so ergibt sich Schwarzafrika in sein von Aids bestimmtes Schicksal. Auf die Immunschwächekrankheit reagieren Betroffene und staatliche Institutionen vielfach mit Untätigkeit und Fatalismus.

Schwarzafrika muss ein neues Bewusstsein für Aids entwickeln

Hier setzen die zahlreichen privaten Initiativen in ihrem Kampf gegen Aids an. Sie wollen ein gesellschaftliches Bewusstsein dafür wecken, dass der Kampf um jedes Menschenleben den Einsatz lohnt. Damit attackieren sie nicht nur die in der Bevölkerung weit verbreitete Schicksalsergebenheit, sondern auch die Passivität der Regierungen, die 20 Jahre nach dem ersten Aids-Fall noch kein Konzept zur Bekämpfung der galoppierenden Epidemie entwickelt

haben. Durch gezielte Information über die Krankheit, die Übertragungswege und vor allem die Möglichkeiten, sich zu schützen, wollen diese Initiativen die Menschen aus ihrer Lethargie aufrütteln. Sie kämpfen aber auch gegen die Stigmatisierung der Opfer, wollen sie nicht in abgedunkelten Behausungen versteckt sterben lassen, sondern ihnen eine Behandlung zukommen lassen, die sie in ihrer Menschenwürde respektiert.

Wie groß diese Aufgabe ist, daran erinnert in Durban die monumentale Gussstahl-Aids-Schleife, die für die Sozialarbeiterin Gugu Dlamini errichtet wurde. Sie wurde hier 1999 vom Mob erschlagen, weil sie die Dinge beim Namen genannt hatte: Die Ohnmacht der Frauen gegenüber den Männern, die sexuelle Macht der Männer über die Frauen und den Zusammenhang von beidem mit der Immunschwächekrankheit.

Im Kampf um ein verändertes Bewusstsein errang Nkosi Johnson mit seinen Auftritten auf Aids-Konferenzen entscheidende Siege. Er machte schmerzlich klar, dass HIV-infizierte Schwangere das Virus nicht zwangsläufig an ihr ungeborenes Kind weitergeben müssen, denn es gibt Mittel, das zu verhindern. Er konstatierte, dass HIV-Positive Menschen sind wie du und ich, keine Aussätzigen. Und er forderte, Aids als eine Aufgabe zu begreifen, welche die ganze Gesellschaft angeht.

Aids-Waisen in Südafrika. Aids macht am Kap bis 2006 eine weitere Million Kinder elternlos.

Strategie gegen den Aids-Tod: Das Beispiel Botswana

Was den zahlreichen Initiativen und Hilfsorganisationen aus dem In- und Ausland nicht nur in Südafrika fehlt, ist die Koordination, die Verlinkung ihrer Arbeit zu einem effizienten Netzwerk. Daran arbeitet in Gaborone, der Hauptstadt Botswanas, Donald de Korte. Der Angestellte des Pharmakonzerns Merck & Co. wurde von seinem Arbeitgeber beauftragt, eine Strategie gegen den Aids-Tod in Afrika südlich der Sahara zu entwickeln. Das Unterfangen unterstützen Merck und die Bill-und-Melinda-Gates-Stiftung, die der Software-Milliardär Bill Gates zusammen mit seiner Frau ins Leben gerufen hat, mit jeweils 50 Millionen Dollar. De Korte, zuvor Afrika-Repräsentant des Unternehmens, soll in fünf Jahren ein Krisenmanagement für den

südlichen Kontinent entwerfen, das Vorsorge und Aufklärung sowie Fürsorge der Erkrankten umfasst.

Erste Ergebnisse liegen vor: Allen in Bildung und Ausbildung Tätigen soll ein Aufklärungsprogramm für den Unterricht an die Hand gegeben werden. Zur Vorsorge gehört zudem, durch die Abgabe des Medikaments Nevirapin die Übertragung des Virus von Schwangeren auf Babys zu verhindern. Das Medikament stellt der deutsche Hersteller Boehringer Ingelheim kostenlos zur Verfügung.

Zur Fürsorge zählt, zunächst in Botswana Beratungsstellen einzurichten, Möglichkeiten für Bluttests zu schaffen, mit denen eine HIV-Infektion festgestellt werden kann, Pflege von Aids-Kranken zu Hause zu organisieren und die Mittel in der Pflege allgemein zu verbessern. Wichtig ist auch die Begleitung von Patienten, die mit der Diagnose HIV-positiv konfrontiert werden. So ist unter Jugendlichen, die von ihrer tödlichen Infektion erfahren haben, die Selbstmordrate drastisch gestiegen.

Ärzte aus Botswana sollen zur Ausbildung in die USA geschickt werden, um sich dort mit Diagnose- und Behandlungsmethoden vertraut zu machen und das Management der Krankheit zu erlernen. Medikamente

Das Aids-Schleifen-Denkmal in Durban/Südafrika – seit der Aids-Konferenz weltbekannt

Aids nahm ihnen die Eltern: Ende 2001 hat sich die Zahl der Aids-Waisen weltweit auf 13 Millionen Kinder erhöht – ein Ende dieser verheerenden Entwicklung ist nicht in Sicht.

Vorbild Brasilien

Wie das Bewusstsein für Aids als gesellschaftliche Herausforderung geschaffen und wie die Ausbreitung der Krankheit eingedämmt werden kann, das hat Brasilien beispielhaft vorgeführt. Unaid, das Aids-Programm der Vereinten Nationen, lobte das Zusammenspiel von politischem Willen, offiziellem Regierungsprogramm und dem öffentlichen Bewusstsein in dem südamerikanischen Land, dem es gelungen ist, die Sterblichkeitsrate der an Aids Erkrankten zu halbieren. Seit 1983 in São Paulo das erste Hilfsprogramm gegen Aids ins Leben gerufen wurde, arbeiten Politik und private Initiativen Hand in Hand. Auch die Kirche unterstützt die Bemühungen, Vorurteile oder gar eine Tabuisierung des Themas Aids sind weder in kirchlichen Kreisen noch in der Gesellschaft zu finden.

Vorrangige Aufgabe ist es in Brasilien wie in Schwarzafrika, überall bekannt zu machen, dass man sich vor einer Infektion mit dem HI-Virus schützen kann. So verbreiten nun auch in Südafrika große Plakate lebenserhaltende Slogans wie »Aids tötet! Sei enthaltsam! Nutze Kondome!« In- und ausländische Hilfsorganisationen und Initiativen versuchen, mit der Bevölkerung über Aids ins Gespräch zu kommen. Das scheint am aussichtsreichsten, wenn die Information über die Krankheit mit Entertainment verknüpft wird. Theaterstücke über die Immunschwäche, ihre Übertragungswege und die Auswirkungen auf Betroffene und ihre Familien werden in Schulen und Gemeindezentren mit Kindern und Jugendlichen erarbeitet. Konzerte von Stars mit entsprechender Botschaft werden organisiert. Als hilfreich erweist es sich, wenn Mitglieder der einzelnen Gruppen und Gemeinschaften selbst zum Sprachrohr der Hilfsorganisationen werden. Sie haben den größten Einfluss auf ihre Freunde und Bekannten.

müssen verfügbar sein – ein Punkt, dem Schwarzafrika mit dem Sieg im Prozess um Aids-Medikamente in Südafrika im April 2001 näher gekommen ist.

Selbst wenn dies alles geschieht und die erhoffte Wirkung zeigt, müssen die Ärzte doch erst das Vertrauen der Bevölkerung gewinnen, bevor sie effektiv behandeln können. Die Einnahme der lebenserhaltenden Medikamente muss nach einem strikten Zeitplan erfolgen, soll sie wirksam sein. Das muss jemand überwachen. Derzeit ist es oft so, dass die Kranken die Pillen in den Mund nehmen und wieder ausspucken, sobald der Arzt wegschaut, weil das Vertrauen in die Medizin und ihre Vertreter fehlt.

Der Umgang mit Aids-Waisen: Das Beispiel Simbabwe

Wie können die Aids-Waisen am besten betreut und versorgt werden, lautet eine weitere ungelöste Frage. Zumindest eine mögliche Antwort gibt Sue Parry mit ihrem Farm Orphans Support Trust in Simbabwe. Die Ärztin, die als Betreiberin einer Farm selbst vor das Problem gestellt war, wie Kinder von an Aids gestorbenen Arbeitern zu versorgen seien, entwickelte die Idee, einen Fonds einzurichten. In diesen Fonds zahlen Farmer ein, und das Geld dient als Anreiz, verwaiste Kinder aufzunehmen. Inzwischen sind 70 Prozent der Farmer angeschlossen. Der Fonds vermittelt Aids-Waisen entweder an Verwandte der Eltern oder

Zur Erinnerung an Aids-Opfer entstand in Washington ab 1987 ein überdimensionaler Teppich aus Quilts mit den Namen der Toten.

an Pflegeeltern, z. B. kinderlose Farmarbeiter. Die Vereinten Nationen lobten das Projekt der Ärztin in Simbabwe als beispielhafte Antwort auf das Aids-Waisen-Problem.

Strategien, die sich als erfolgreich im Kampf gegen die Immunschwächekrankheit erweisen, könnten möglicherweise auch auf andere Länder übertragen werden. So soll allmählich ein Konzept entstehen, das die Ausbreitung der Aids-Epidemie bremst. Für Millionen von Schwarzafrikanern wird es allerdings zu spät kommen.

»Leben geht vor Profit!« – Aids-Aktivisten fordern in Durban preiswerte Aids-Medikamente.

menten für 200 Dollar pro Aids-Krankem und Jahr hergestellt werden könnte. Nicht nur in Afrika, auch in den USA und Europa reagierte die Öffentlichkeit zunehmend empört auf die Klage der Pharma-Industrie.

Der Vermittlung von UN-Generalsekretär Kofi Annan war es zu verdanken, dass eine außergerichtliche Einigung erzielt werden konnte: Die südafrikanische Regierung erkennt das Patentrecht der Pharma-Hersteller an und darf im Gegenzug nun kostengünstige Arzneimittel und Nachahmerpräparate herstellen und importieren. Die Pharma-Konzerne bieten Südafrika ihre Medikamente mit Preisnachlässen bis zu 90 Prozent an. Sie tragen ferner die Kosten des Rechtsstreits. Trotz der Genugtuung, mit der Südafrika und die Welt diese Nachricht aufnahmen, nutzten die Aids-Aktivisten am Kap die Aufmerksamkeit der Weltöffentlichkeit, um darauf hinzuweisen, dass selbst die reduzierten Preise für die meisten afrikanischen Staaten unerschwinglich seien.

Erste Etappensiege in der Aids-Therapie

Mit Beifallsstürmen quittierten die Menschen am 19. April 2001 im Gericht von Pretoria, in Südafrika und in der ganzen Welt den Rückzug der Klage von 39 Pharma-Unternehmen gegen die Regierung Südafrikas. Die Konzerne hatten gegen ein Gesetz von 1997 geklagt, das die Einfuhr und Herstellung von Nachahmerpräparaten patentierter Medikamente (sog. Generika) gegen Aids erlauben sollte. Die südafrikanische Regierung wollte ermöglichen, dass die 4,7 Millionen HIV-Infizierten im Land besser mit Arzneimitteln versorgt werden; für sie sind die Originalprodukte in der Regel viel zu teuer. Die Pharma-Industrie sah dadurch ihre Patente verletzt und fürchtete, dies könne zu einem Präzedenzfall für den Umgang mit Patentrechten in den Entwicklungsländern werden.

Der Streit um preiswerte Aids-Medikamente

Das Verfahren entwickelte sich zum Image-Desaster der klagenden Konzerne, darunter auch deutsche Unternehmen wie Aventis, Bayer und Boehringer Ingelheim. Zwar wiesen sie immer wieder darauf hin, dass

mit der Aushebelung des Patentrechts die Einnahmen aus den entsprechenden Bereichen minimiert würden und Forschungsanreize für die Unternehmen wegfielen. Doch die zahlreichen Aids-Aktivisten im In- und Ausland brachten den Konflikt auf die schlichte, medienwirksame Formel: Big Business kontra Moral, Profitgier der Unternehmen gegen Millionen von Aids-Toten.

Die Gegner der Konzerne in diesem Konflikt konstatierten, dass einige Aids-Medikamente inzwischen einen Jahresumsatz von rd. 500 Millionen US-Dollar erzielten. Eine lebensverlängernde Therapie mit einem Cocktail aus Medikamenten kostet 2001 in den Industrienationen etwa 10 000 Dollar pro Patient und Jahr. Generikaproduzenten wagten die Prognose, dass zumindest eine Kombination aus drei Medika-

Südafrikas Gesundheitsministerin M. Tshabalala-Msimang bejubelt das Urteil.

Behandlungsfortschritt, aber keine Heilung

Wohl proportionierte, kräftige Körper von jungen Männern in Hochglanzmagazinen für Homosexuelle in den USA, die für Aids-Medikamente werben, suggerieren, Aids habe seine Schrecken verloren, die Krankheit werde beherrscht. Doch dem ist nicht so. Nach wie vor ist Aids unheilbar, einer Infektion folgt unweigerlich der Ausbruch der tödlichen Krankheit. Allerdings erzielte die Medizin in den vergangenen Jahren erhebliche Fortschritte in der Therapie, die das Leben von HIV-Infizierten um Jahre, wenn nicht um Jahrzehnte verlängern.

Das äußerst aggressive und wandlungsfähige HI-Virus greift, wenn es in den menschlichen Körper gelangt, eine an der Immunabwehr beteiligte Zellart an, die T-Helfer-Lymphozyten. Beide, Viren und Immunzellen, erneuern sich ständig, doch allmählich lässt das Regenerationsvermögen der Immunzellen unter dem Einfluss der Viren nach. Es kommt zu zahlreichen Infektionen mit Bakterien und Pilzen, denen der Mensch ohne funktionierendes Immunsystem hilflos ausgeliefert ist.

Die meisten der etwa 15 zugelassenen Medikamente gegen Aids setzen an zwei Enzymen an (Reverse Transkiptase und Protease), die das Virus für seine Vermehrung braucht. Die Funktion der Enzyme wird blockiert, so dass keine neuen Viren mehr entstehen können. Als 1987 mit AZT das erste Aids-Präparat angeboten wurde, stellte sich heraus, dass das Mittel schon nach wenigen Wochen oder Monaten bei den meisten Kranken nicht mehr wirkte. Das HI-Virus hatte sich auf den Angreifer eingestellt und eine Resistenz entwickelt.

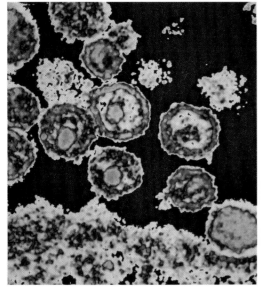

HI-Viren im Blut: Mit Elektronenmikroskop und Computertechnik werden sie sichtbar.

Diese unglaubliche Wandlungsfähigkeit des Virus galt es zu unterlaufen. Daher setzten die Mediziner ab Mitte der 90er Jahre mit der so genannten Kombinationstherapie einen Cocktail aus mindestens drei Medikamenten ein, mit dem es gelang, die Zahl der Viren im Blut unter die Nachweisbarkeitsgrenze zu drücken.

Die Gefahr von Resistenzen ist damit nicht gebannt. Wenn sie auftreten – in den USA ist das 2001 bei zehn Prozent der Neuinfizierten der Fall, die gegen mindestens ein Mittel resistent sind –, werden andere Kombinationen getestet. Doch es ist schwierig herauszufinden, welche Mittel jeweils noch wirksam sind. Auch gelingt es mit der Kombinationstherapie nicht, die Viren gänzlich im Blut zu vernichten. Im Gehirn, im Bereich der Genitalien und in Abwehrzellen versteckt, überdauern sie und vermehren sich wieder rasant, sobald die Medikamente abgesetzt werden. Aids-Therapie bedeutet also eine lebenslange Behandlung.

Sie bedeutet auch, dass der Patient eine ungeheure Disziplin aufbringen muss, um die bis zu 60 Pillen am Tag nach einem minu-tiösen Zeitplan einzunehmen. Einnahmefehler können tödlich sein.

Erhebliche Belastung durch Nebenwirkungen

Die Kombinationstherapie ist mit zahlreichen Nebenwirkungen verbunden. Störungen des allgemeinen Wohlbefindens wie Übelkeit und Erbrechen gehören dazu, ebenso erhöhte Blutfett- und Blutzuckerwerte. Welche Effekte das längerfristig haben kann, ist noch nicht abzusehen. Eine weitere Nebenwirkung besteht in der Umverteilung von Körperfett. So schwindet das Fettgewebe im Bereich von Wangen und Schläfen. Andererseits kommt es zu verstärkten Ablagerungen im Bereich von Nacken und Bauch. Das äußere Erscheinungsbild des Patienten wird völlig verändert. Vor allem in den USA gehen viele Aids-Kranke dazu über, sich diese auffallenden Fetthöcker absaugen zu lassen.

Impfstoff frühestens in acht bis zehn Jahren

Eine sichere, wirksame und preiswerte Impfung wäre das ideale seuchenmedizinische Instrument gegen Aids. Doch auch 20 Jahre nach Ausbruch der Seuche gibt es sie noch nicht. Das ist eventuell auch darauf zurückzuführen, dass die Pharma-Konzerne die Forschung in diesem Bereich bisher eher vernachlässigt haben, weil ein Impfstoff eben auch in den Entwicklungsländern bezahlbar sein müsste und die aufwändige Suche danach daher keine großen Gewinne verspricht. Die Herstellung einer Vakzine, also eines Impfstoffs aus lebenden oder toten Krankheitserregern, stellt allerdings auch eine besondere Herausforderung für die Wissenschaft dar.

Seth Berkley, Direktor der International Aids Vaccine Initiative (IAVI), informiert über Impfprojekte seiner Organisation.

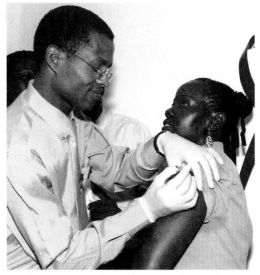

Hoffnung auf Schutz durch Aids-Impfung in Kenia: Das Serum ahmt eine Besonderheit bei resistenten Prostituierten nach.

Das HI-Virus gibt es in zwei Arten, HIV 1 und HIV 2, und in mindestens zehn Varianten von HIV 1. Ein Impfstoff müsste gegen alle Varianten wirksam sein. Zudem verändert der Erreger unablässig seine Form. Innerhalb kürzester Zeit weicht die Erbinformation von HI-Viren im Blut um 15 Prozent von der Virengeneration ab, die zur Infektion führte, das entspricht dem Unterschied zwischen Mensch und Meerkatze.

Zur Jahrtausendwende steigt die Pharmaindustrie wieder verstärkt in die Aids-Vakzine-Forschung ein. Das ist nicht zuletzt der International Aids Vaccine Initiative (IAVI) in New York zu verdanken, einer Non-Profit-Organisation, die Gelder für die Impfstoffforschung sammelt. Mehr als 30 Impfstoffe wurden bisher getestet – vergeblich. Die IAVI will bis 2007 weitere zwölf in Labors und zwei am Menschen ausprobieren. Dabei sind die Forscher bescheiden geworden. Da die Vermeidung einer Infektion noch utopisch erscheint, wären sie schon froh, wenn sie die Vermehrung der HI-Viren im Blut nach einer Infektion unterbinden könnten. Den bisher größten Erfolg erzielten 2001 Wissenschaftler vom Pharmakonzern Merck. Es gelang ihnen, Rhesusaffen so weit zu immunisieren, dass ihr Immunsystem das Affen-Aids-Virus SIV in Schach hielt.

Nkosi Johnson mit Pflegemutter. Der Junge würde leben, hätte man die Mutter behandelt.

UN-Sondergipfel Aids: Annan bittet um Hilfe

Erstmals in der Geschichte der UNO haben die Vereinten Nationen eine Krankheit und ihren tückischen Erreger in den Mittelpunkt einer Sondersitzung und damit in den Brennpunkt der Weltöffentlichkeit gestellt. Aids und seine verheerenden Auswirkungen insbesondere in Schwarzafrika, aber auch in Asien, Osteuropa und der Karibik haben die Welt wachgerüttelt.

UN-Generalsekretär Kofi Annan erklärte den Kampf gegen Aids zu seiner »persönlichen Priorität«, und auf seine Initiative kam der Sondergipfel auch zustande. Staats- und Regierungschefs, Minister und Experten, Risikogruppen und Erkrankte aus 180 Ländern folgten seinem Ruf und berieten Ende Juni 2001 drei Tage lang im New Yorker Hauptquartier der Vereinten Nationen.

Die Welt berät über Aids

Staatschefs aus dem südlichen Afrika wie Olusegun Obasanjo aus Nigeria zeichneten ein düsteres Bild der Zukunft in ihrer Heimat. Es fehle an allem, an Beratungsmöglichkeiten, an Pflegepersonal und vor allem an Geld, um der Aids-Seuche Einhalt zu gebieten, beklagten sie.

Auch in Zentralasien und in Osteuropa steigerten sich die Infizierten- und Erkrankten-zahlen binnen Jahresfrist um 60 Prozent. Umfragen zufolge kannten in China nur 3,8 Prozent der Befragten die Übertragungswege von Aids. In weiten Teilen Asiens herrscht zur Jahrtausendwende eine konservative Sexualmoral. Über Sexualität spricht man nicht, was die Aufklärung und Prävention im Zusammenhang mit Aids natürlich enorm erschwert.

In Russland und anderen Staaten der ehemaligen Sowjetunion wie der Ukraine infizierten sich die Menschen 2000 in 90 Prozent der Fälle über den gemeinsamen Spritzengebrauch beim Drogenkonsum, weltweit fanden dagegen 70 Prozent der HIV-Infektionen über Sexualkontakte statt. Am stärksten von Drogensucht und Aids waren die Gebiete entlang der traditionellen Drogenhandelswege betroffen. Doch, das ist den Delegierten des Sondergipfels klar, kein Winkel auf der Welt ist vor der Immunschwächekrankheit sicher.

Ziele des UN-Generalsekretärs

Angesichts dieser Situation könnte man verzweifeln, doch Annan sieht seine Aufgabe gerade darin, die Welt davon zu überzeugen,

dass es nicht zu spät ist zum Handeln. Staaten wie Brasilien, Thailand und Uganda zeigten beispielhaft, dass Aids zu bekämpfen und dass dies auch in Ländern mit geringem oder mittlerem Einkommen möglich sei. Um das zu erreichen, bedürfe es einer Strategie. Annan stellte bereits im April auf der Aids-Konferenz in Abuja/Nigeria fünf Ziele vor, mit denen Aids auf der ganzen Welt eingedämmt werden kann:

▷ Durch Aufklärung vor allem junger Menschen kann die Ausbreitung von Aids gestoppt werden

▷ Das Risiko der Übertragung des HI-Virus von der infizierten Schwangeren auf ihr Kind kann mit den entsprechenden Medikamentengaben minimiert werden

▷ Pflege und Aids-Medikamente müssen für alle Infizierten und Erkrankten verfügbar sein. Jedoch darf Behandlung nicht als Alternative zur Prävention betrachtet werden, sondern nur als ergänzende Maßnahme

▷ Die Suche nach einem Impfstoff und einer Heilungsmethode muss mit allen Mitteln und unter allen Umständen intensiviert und beschleunigt werden

▷ Besonderer Schutz muss jenen gewährt werden, die besonders durch Aids bedroht sind, z. B. den Aids-Waisen.

Annan nannte diese Ziele weltweit realisierbar, vorausgesetzt, alle Staaten setzten sich wirklich dafür ein.

Schlusserklärung des UN-Sondergipfels

Obwohl alle Delegierten sich in der Bekämpfung von Aids vereint sahen, erwies es sich als äußerst schwierig, konkrete Ziele für ein gemeinsames Vorgehen

UN-Generalsekretär Kofi Annan erläutert den Delegierten des Gipfels seine Aids-Strategie.

gegen die Seuche als Schlusserklärung des Sondergipfels zu formulieren. Das zähe Ringen um den Wortlaut einer für alle akzeptablen Erklärung zeigt, dass die Aids-Bekämpfung vielerorts an gesellschaftlichen und religiösen Tabus scheitert. Insbesondere für streng katholische oder islamische Staaten sind »Homosexualität«, »Prostitution« und »Drogensucht« Reizworte, die in einer Schlusserklärung nicht auftauchen sollten.

Ihnen geht schon die Teilnahme der Internationalen Schwulen und Lesbischen Menschenrechtskommission als Delegation beim Gipfel zu weit. Sie wollten die Gruppe aus San Francisco von der Sitzung ausschließen, weil ihr Name sich auf Homosexualität beziehe und beleidigend sei.

Nach langen Verhandlungen fand eine Absichtserklärung allgemeine Zustimmung, die allerdings nicht bindend ist:

▷ Alle Teilnehmerstaaten sollen bis 2003 Konzepte zur Aids-Bekämpfung entwickeln, vor allem Programme zur Verringerung der Infektionszahlen und zum Schutz von Risikogruppen
▷ Bis 2005 sollen alle Länder Aufklärungsprogramme erarbeitet haben
▷ Die Zahl an Aids erkrankter Kinder soll bis 2010 halbiert werden
▷ In allen Staaten soll die Versorgung Kranker mit entsprechenden Aids-Medikamenten gesichert sein.

Für all dies braucht man Geld, und so hatte Annan bereits vor dem Sondergipfel die Einrichtung eines Fonds vorgeschlagen, in den alle Länder einzahlen. Er nutzte nun den Gipfel, um Gelder zu sammeln für diesen Fonds, aus dem weltweit Maßnahmen gegen Aids bestritten werden sollen. Jährlich müsste eine Summe von etwa 20 Milliarden US-Dollar zusammenkommen, soll der Kampf gegen Aids erfolgreich sein. Der Betrag entspricht dem Fünffachen dessen, was bisher gegen Aids eingesetzt wurde, dennoch zeigte sich Annan optimistisch, ihn mit seiner Sammlungsaktion aufbringen zu können.

Beistand für Annan aus der Wirtschaft

Große Wirtschaftsbosse helfen nicht nur direkt durch Einzahlungen in den Fonds – die Bill-und-Melinda-Gates-Stiftung stellte be-

Aids ist auch Thema auf dem G8-Gipfel im Juli in Genua; Politiker aus Afrika reisen an.

reits 100 Millionen Dollar zur Verfügung –, sondern auch durch zahlreiche andere Initiativen. Besonders engagiert sind naturgemäß Unternehmen mit Zweigstellen im südlichen Afrika, deren Belegschaft mehr oder minder stark von Aids betroffen ist.

2000/01 erklärten sich im Zusammenhang mit dem Prozess um preiswerte Aids-Medikamente in Südafrika mehrere Pharma-Konzerne bereit, Aids-Medikamente zum Selbstkostenpreis in Schwarzafrika abzugeben. Der Getränkehersteller Coca Cola versprach, sein Marketing- und Verteilernetz in Afrika für die Aufklärung und Vorbeugung zur Verfügung zu stellen.

Ferner gründeten einige der weltgrößten Unternehmen wie AOL Time Warner, Unilever und Viacom den Global Business Council on HIV/Aids (GBC, Globaler Wirtschaftsrat gegen HIV/Aids). Als Präsident dieses Rats konnte der US-Botschafter bei den Vereinten Nationen, Richard Holbrooke, gewonnen werden, der in den 90er Jahren als Sonderbeauftragter des US-Präsidenten Bill Clinton in der Balkankrise und als Architekt von mehreren Friedensabkommen auf dem Balkan bekannt wurde. Ziel des GBC ist die Erarbeitung von eigenen Programmen gegen Aids.

Mit vereinten Kräften und »beispiellosem Einsatz«, und nur so, kann es laut Annan gelingen, diese »beispiellose Krise« schließlich zu meistern. »Jeder Tag, den wir verlieren, ist ein Tag, an dem sich Zehntausende Menschen neu mit HIV infizieren und an

dem viele Millionen Menschen mit Aids unnötig leiden. Wir können diese Krankheit besiegen. Wir müssen sie besiegen. Aber je länger wir warten, desto höher wird der Preis, den wir dafür zahlen.«

Nkosi Johnsons Beitrag im Kampf gegen Aids wird auch nach seinem Tod unvergessen bleiben. Ein Hort für Aids-Waisen in Johannesburg trägt nun seinen Namen: »Nkosi's Haven«.

Schuldenerlass für arme Länder und mehr Geld für Aids-Projekte in den Industriestaaten fordern Protestanten vor dem Sondergipfel.

Der erste Weltraumtourist: Dennis Tito und das Leben im All

Der Urvater fantastischer Reisen, Jules Verne, schickte 1865 Menschen »Von der Erde zum Mond« und schilderte in seinem utopischen Roman die »direkte Fahrt in 97 Stunden 20 Minuten«. Aber erst gut hundert Jahre später, 1969, gelang der erste und entscheidende Schritt auf den Erdtrabanten. Von nun an hielten sich immer mehr Menschen immer länger im Weltall auf. Dabei standen Forschung und Kommerz im Vordergrund – bis 2001. Im April dieses Jahres konnte der Amerikaner Dennis Tito die teuerste Urlaubsreise aller Zeiten buchen: Eine Woche auf der Internationalen Raumstation (ISS) für rund 44 Millionen DM, all inclusive.

Wer schon alle Ecken unserer Erde kennt, wen spektakuläre Reisen zu Wasser, zu Lande und durch die Luft eher langweilen, der strebt nach Höherem, hebt ab. Weltraumtourismus hieß 2001 das Zauberwort für viele Abenteurer – spätestens nach dem gelungenen Ausflug von Dennis Tito. Aber so einfach ist die Tour ins All nicht. Die derzeit einzige Unterkunft im Orbit ist permanent belegt, sie ist bis 2005 eine ständige Baustelle und dient zudem vorrangig wissenschaftlichen Zwecken.

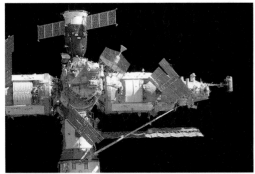

Die Raumstation »Mir«, 1998 aufgenommen von Bord des Space Shuttles »Endeavour«

Das zweite Problem ist lösbar, wenn auch nur für Millionäre: Erhebliche Millionenbeträge zur Ausbildung und Vorbereitung der Reisenden, für Transport und Treibstoff müssen aufgebracht werden, noch bevor die ersten Meter himmelwärts überhaupt in Angriff genommen sind.

Verschiedene Luftfahrtunternehmen beschäftigen sich heute damit, wie Shuttleflüge billiger und sicherer werden können. Damit Reisende in bequemen Sesseln ihre Runden durch den Erdorbit drehen und sanft wieder im Shuttle landen können, sind nach Expertenmeinung noch 15 bis 20 Jahre Forschung, Entwicklung, Erprobung und viele Milliarden nötig.

Der erste Weltraumtourist

Rund 44 Millionen DM, zehn Prozent seines Vermögens, war es dem Kalifornier Dennis Tito wert, als erster Privatmann ins All zu fliegen. Der 1941 als Sohn italienischer Einwanderer in New York geborene Unternehmer betreibt die Investmentfirma Wilshire Associates in Los Angeles. Schon in den siebziger Jahren beschäftigte er sich von Berufs wegen mit dem Weltall: Fünf Jahre arbeitete er als Ingenieur in einem NASA-Forschungslabor und berechnete u. a. Flugbahnen für Mars- und Venus-Missionen der US-Weltraumbehörde.

Bevor Titos Jugendtraum wahr werden konnte, waren zahlreiche Hürden zu überwinden. Acht Monate oder 900 Stunden härtestes Kosmonauten-Training im so genannten Sternenstädtchen bei Moskau und ein Russisch-Intensivkurs mussten absolviert werden. Zu den Tests des Hobby-Kosmonauten gehörten Aufenthalte in Unterdruckkammer und Zentrifuge, Gleichgewichtstraining, Gesundheits- und Psycho-Tests. Am Ende stand die Abschlussprüfung im Simulator, die Tito ohne Einschränkung bestand.

Warum die ursprüngliche Buchung storniert wurde

Nach langen Verhandlungen mit der russischen Raumfahrtbehörde Rosawijakosmos gelang es Tito, für 2000 einen Flug zur russischen Raumstation »Mir« zu vereinbaren. Für den damals geplanten Kurzurlaub wollte er 20 Millionen US-Dollar zahlen, einen Betrag, den die Russen gern im Voraus entgegennahmen, um damit ihre leeren Kassen ein wenig zu füllen.

Bereits seit 1986 kreiste die im Endausbau 136 Tonnen schwere »Mir« in einer Um-

laufbahn von 400 Kilometer Höhe um die Erde. 106 Raumfahrer aus zwölf Nationen sammelten in der Station Weltraum-Erfahrungen, meist bei Langzeitaufenthalten. Mit 439 Tagen stellte der Kosmonaut Waleri Poljakow dort 1994/95 den noch heute gültigen Langzeit-Weltrekord im All auf. Aber auch durch Pannen machte die »Mir« von sich reden. Feuer an Bord konnte nur mit Mühe gelöscht werden, ein unbemannter Raumtransporter rammte die Station und verursachte große Schäden, Hauptcomputer und Stromversorgung fielen aus und ließen die Station steuerlos im All trudeln.

Trotz aller Probleme wollte man die »Mir« nicht aufgeben. So leaste 2000 die niederländische Firma MirCorp, ein internationales Konsortium, für etwa 30 Millionen US-Dollar die Station. Überraschend beschloss das russische Kabinett dann aber schon Ende des Jahres, die »Mir« gezielt im Meer abstürzen zu lassen. Die 250 Millionen US-Dollar Betriebskosten jährlich und die Beteiligung an der neuen Internationalen Raumstation ISS waren bei leeren Staatskassen den Betreibern auf Dauer zu viel. Hinzu kam das »Russische Roulette« um die Sicherheit der altersschwachen »Mir«.

Mit dem Andocken eines »Progress«-Weltraumtankers, der noch einmal zwei Tonnen Treibstoff für die letzten Manöver zur »Mir« brachte, begann der planmäßige Absturz. Bis zum 23. März 2001 wurde die Station langsam abgesenkt. Etwa 1500 Trümmer, die unterwegs noch nicht verglüht waren, fielen wie vorgesehen in einem Feuerschweif vor der australischen Küste ins Pazifik-Zielgebiet.

Damit war zunächst auch der Traum von Dennis Tito geplatzt. Da er aber im Voraus bezahlt hatte, musste sich die russische Raumfahrtbehörde für ihn etwas Neues einfallen lassen. Sie bot ihm zum selben Preis einen freien Platz in einer »Sojus«-Kapsel an. Deren so genannte Taxiflüge dienen dazu, halb-jährlich die permanent an die ISS gekoppelten »Sojus«-Rettungskapseln auszutauschen. Natürlich nahm Tito dieses wesentlich attraktivere Angebot sofort an.

Die NASA sträubt sich

Bis der Countdown für den ersten Weltraumtouristen in Baikonur starten konnte, gab es allerdings heftigen Widerstand – ausgerechnet von Titos eigenen Landsleuten. Der US-amerikanischen Raumfahrtbehörde NASA passte es nicht, dass ein Amateur zur ISS fliegen sollte; sie sah in ihm einen Störenfried und zugleich ein Sicherheitsrisiko. Ein schon länger schwelender Konflikt kam zum Ausbruch, bei dem es um Geld, Nationalstolz und vor allem darum ging, ob die NASA als größter Anteilseigner der Raumstation in allen Fragen immer das letzte Wort haben könne.

Im russischen Weltraumbahnhof Baikonur wird die »Sojus TM-3«-Rakete für den ersten Alltou-risten per Bahn zur Startrampe gefahren – 40 Jahre nach dem ersten Flug von Juri Gagarin.

Tito sei zu alt, zu schlecht ausgebildet und spreche zu wenig russisch, hieß es. Zudem sei die Station in der Aufbauphase, und es dürfe durch einen Touristen keine Störungen der wissenschaftlichen Arbeit geben.

Ein Sprecher der Moskauer Raumfahrt-agentur Rosawijakosmos konterte spöttisch: »Wir waren es, die ihnen auf der ›Mir‹ erst beigebracht haben, wie man Langzeit-flüge absolviert. Also kann man uns wohl auch vertrauen, wenn es um die Sicherheit eines Wochenflugs zur ISS geht.« Im Übrigen würde die NASA auch nicht Russland um Erlaubnis fragen, wenn sie wieder einmal einen alternden Senator aus politischen Gründen ins All fliegen lasse – eine Anspielung darauf, dass der Raumfahrt-Veteran John Glenn 1998 mit 77 Jahren noch einmal in den Weltraum durfte. Zudem sei Titos Flug eine gute Gele-

Nach fast acht Tagen im All hat Dennis Tito (60) am 6. Mai wieder festen Boden unter den Füßen.

genheit, die Öffentlichkeit für die bemannte Raumfahrt zu begeistern.

Der Streit erreichte im März 2001 einen Höhepunkt, als Dennis Tito, begleitet von seinen russischen Kosmonautenkollegen, zum einwöchigen Training im Johnson Space Center in Houston erschien: Er wurde am Tor abgewiesen. Die NASA verlangte vor dem Training die Klärung rechtlicher Probleme. Tito zog sich verärgert zurück, und aus Solidarität traten die beiden Kosmonauten für diesen Tag in den Streik.

Selbst eine Woche vor dem Start war der Zwist noch nicht beigelegt. Erst als die Russen Härte zeigten und den Flug als rein russische Angelegenheit bezeichneten, gaben die Amerikaner nach. Jetzt gingen die Verhandlungen nur noch darum, festzulegen, welche Sektoren der ISS Tito betreten dürfe und wer für eventuell von ihm angerichtete Schäden aufkommen müsse.

Als sich Tito dann im All befand, meldeten die Amerikaner Schadenersatzforderungen für entgangene Konstruktions- und Forschungszeit auf der ISS an. Russische Experten schlossen aber ein Sicherheitsrisiko durch ihn aus und meldeten, dass dieser sich in der Bordküche mit Sortierarbeit von Lebensmittelpackungen nützlich mache. »Tito ist zu einem organischen Teil der Besatzung geworden«, lobte der russische »Sojus«-Kommandant Talgat Musabajew.

Die International Space Station und ihr Gast

Das Anpassen eines maßgeschneiderten Raumanzugs für Dennis Tito war das untrügliche Zeichen, dass der Start ins All unmittelbar bevorstand. Auch Titos Sessel in der »Sojus«-Raumkapsel wurde auf dem Weltraumbahnhof Baikonur in Kasachstan vermessen und angepasst. Am 28. April ging es dann wirklich los.

Wie es dem ersten Weltraumtouristen auf seinem fast achttägigen Ausflug erging, verdeutlicht folgende Chronologie.

Urlaub der besonderen Art – ein Tagebuch

28. 4. 2001: Um 9.37 Uhr MESZ startet Dennis Tito zusammen mit den russischen Kosmonauten Talgat Musabajew (50) und Juri Baturin (51) von Baikonur. Tito meldet per Funk, dass es ihm gut gehe.

29. 4. 2001: Tito klagt über einen ersten Anfall von Weltraumübelkeit: »Ich trank ein wenig Saft, aß ein paar getrocknete Früchte, das ist mir nicht bekommen. Ich musste mich übergeben.« Das Schweben in der Umlaufbahn findet er bequem, aber sein Gesicht ist aufgedunsen durch das durch die Schwerelosigkeit zum Kopf steigende Blut.

30. 4. 2001: Um 9.58 Uhr dockt die »Sojus«-Kapsel an die ISS an, Tito schwebt an Bord und bekommt eine Sicherheitseinführung. »Das übertrifft meine kühnsten Träume«, funkt er. »Gerade haben wir Ägypten und Israel überflogen, und ich konnte die gepflügten Felder sehen ...«

1. 5. 2001: Der Wecker klingelt um sieben Uhr, es folgen eine Katzenwäsche mit einem

Tito schwebt mithilfe der russischen Kosmonauten Usatschew und Musabajew (r.) in die ISS.

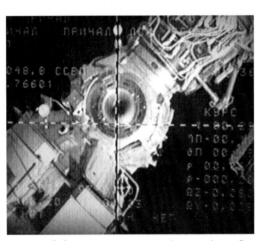

ISS-Modul »Sarja« erwartet in wenigen Sekunden das Andocken der »Sojus«-Kapsel.

feuchten Lappen und Zähneputzen. Zum Frühstück gibt es Haferflocken, Cornflakes, Rührei in kleinen Plastiktassen. Die Nahrung wird mit heißem Wasser vermischt getrunken. Am Nachmittag treibt Dennis Tito Sport auf dem Laufband.

2. 5. 2001: Tito schreibt E-Mails zur Erde, telefoniert mit seinen Söhnen Mike und Brad. »Ich liebe Euch. Das alles ist so fantastisch, so überwältigend.«

3. 5. 2001: Alle 92 Minuten (eine Erdumrundung) erlebt der Urlauber einen Sonnenaufgang und macht Fotos von der Erde. Dabei hört er über Kopfhörer klassische Musik.

4. 5. 2001: Die meiste Zeit verbringt Tito im russischen Teil der ISS. Er räumt die Küche auf, teilt Essen aus, putzt. Um 22.30 Uhr ist Nachtruhe. Die Astronauten schlafen in einem hängenden Schlafsack. »In der Schwerelosigkeit schläft man wie ein Baby«, erklärt der Weltraum-Urlauber.

5. 5. 2001: Die letzten Fotos werden geschossen – insgesamt sind es mehr als 1000. Zum Abendessen gibt es eine kleine Abschiedsfeier. Dann packt Tito seine Sachen

---

40 Jahre Menschen im Weltraum ℹ️

12. 4. 1961: Der 27-jährige sowjetische Kosmonaut Juri Gagarin umkreist als erster Mensch in der Raumkapsel »Wostok« 89 Minuten die Erde.
20. 2. 1962: Erster US-Amerikaner im Orbit ist John Glenn, der vier Stunden 50 Minuten mit dem Raumschiff »Friendship 7« im Weltraum unterwegs ist.
20. 7. 1969: Die Amerikaner landen auf dem Mond (Raumschiff »Apollo 8«).

19. 4. 1971: Die erste Raumstation der Sowjets, »Saljut 1«, wird in eine Erdumlaufbahn gebracht.
12. 4. 1981: Genau 20 Jahre nach Gagarin startet der erste Space Shuttle.
Februar 1986: Das Zentralteil der »Mir« wird im Weltall platziert.
6. 12. 1998: Mit dem Aufbau der ISS wird begonnen – das US-Modul »Unity« folgt dem russischen Modul »Sarja«.

für die vierstündige, 400 Kilometer lange Rückreise zur Erde.

6. 5. 2001: Die Kapsel koppelt um 4.22 Uhr MESZ von der ISS ab und landet sicher um 7.41 Uhr in der kasachischen Steppe.

Die ISS – ein Außenposten der Menschheit

Die in 400 Kilometer Höhe kreisende, von 16 Ländern betriebene Internationale Raumstation ISS bietet Platz für sieben Besatzungsmitglieder. Als Dennis Tito mit den beiden russischen Kosmonauten andockte, waren drei Langzeitbewohner an Bord: Der russische Kommandant Juri Usatschew sowie seine Kollegen James Voss und Susan Helms aus den USA.

Seit 1998, als das erste russische Kontroll- und Lagermodul »Sarja« (Morgenröte) seine Umlaufbahn einnahm, ist die ISS kontinuierlich ausgebaut worden. Mittlerweile umfasst die Anlage außerdem Verbindungs- und Andockmodul, Wohnmodul, Technikmodul, Forschungs- und Kommandomodul. Für die Energieversorgung installierte man mehrere Sonnensegel. Die komplette Station wird etwa die Größe eines Fußballfeldes haben. Als Evakuierungsmodul dient derzeit eine »Sojus«-Kapsel, die halbjährlich ausgetauscht werden muss und nur drei

ISS im (hier simulierten) Endausbau, geplant für 2005

Personen Platz bietet. Das limitiert die ISS-Besatzung, so dass die Forschungsarbeit an Bord stark eingeschränkt ist. Deshalb ist ein so genanntes Crew Return Vehicle geplant, das sieben Personen Platz bietet, ständig angedockt bleibt und eine sofortige Evakuierung erlaubt. Noch ist die Finanzierung dieses Projekts nicht gesichert, denn der US-amerikanische Präsident George W. Bush weigerte sich im Frühjahr, das NASA-Budget um die geforderten 4,8 Milliarden US-Dollar aufzustocken.

Zum Transport von Menschen, Versorgungs- und Ausrüstungsgütern setzen die Betreiber neben den Space Shuttles auch russische »Proton«-Trägerraketen, europäische »Ariane«-Raketen und japanische H-IIA-Trägerraketen ein.

Das Konzept der ISS sieht vor, bis 2005 den Aufbau der Infrastruktur mit allen konzipierten Modulen für eine dauerhafte Präsenz der Menschen im All zu schaffen. Dank der dort durchgeführten Langzeituntersuchungen am Menschen, der Forschungen zu Lebenserhaltungssystemen im All und autarken, erdunabhängigen Versorgungssystemen wird es dann irgendwann vielleicht möglich sein, bemannte Missionen zu anderen Planeten durchzuführen.

Daneben soll die Industrieforschung zur Verbesserung von Produkten und Prozessen auf der Erde eine wichtige Rolle auf der Raumstation spielen. Mit der Ankopplung des 1,4 Milliarden US-Dollar teuren und 8,5 Meter langen Forschungsmoduls »Destiny« (Schicksal) im Februar 2001 konnten die ersten Projekte dieser Art bereits in Angriff genommen werden.

Die multifunktionale Forschungsanlage MSG (Microgravity Science Glovebox) hat der im Auftrag der Europäischen Weltraumorganisation ESA tätige deutsche Hersteller bereits an die NASA geliefert. Diese Experimentierplattform mit 260 Litern Nutzungsvolumen soll im Frühsommer 2002 zur ISS gebracht werden, wo sie im US-Labormodul »Destiny« betrieben wird. Im Zentrum der Arbeit stehen materialwissenschaftliche Versuche, u. a. sollen neue Wege zur Herstellung von leichten Werkstoffen und zur Optimierung der Rohölgewinnung erkundet und Prozesse bei der Kosmetik- und Schmierstoffproduktion analysiert werden. Die Forschungsanlage kann manuell durch Wissenschaftsastronauten, aber auch vollautomatisch oder online gesteuert von der Erde aus betrieben werden.

Das Weltraumlabor »Columbus Orbital Facility«	
Länge	6,50 m
Durchmesser	4,50 m
Gewicht	12 t
Arbeitsplätze	max. 3
Fertigstellung	2004

Ein weiterer Forschungsschub wird vom Einsatz des europäischen Weltraumlabors »Columbus Orbital Facility« ab Oktober 2004 erwartet. Nicht weniger als elf europäische Staaten arbeiten mit Hochdruck an der Fertigstellung des Moduls.

Derzeit werden in den aus Italien gelieferten Tubus innerhalb von 15 Monaten bei Astrium in Bremen unter Reinraumbedingungen die Computer und Messgeräte installiert. Ein 1:1-Modell von »Columbus« kann schon heute dort besichtigt werden. Ab 2002 erfolgt die Ausbildung im Simulator für die künftigen Forscher im Weltraumlabor. Neben verschiedenen medizinischen Experimenten sind in »Columbus« vor allem Untersuchungen im Bereich Werkstofftechnik vorgesehen. Siliziumkristalle sollen in der Schwerelosigkeit gezüchtet werden, um Erkenntnisse für die Halbleiterherstellung zu gewinnen. Weiter soll der Pflanzenwuchs unter den Bedingungen der Schwerelosigkeit beobachtet werden.

Die Internationale Raumstation in Daten und Fakten	
Abmessungen	
Spannweite	107 m
Länge	80 m
Volumen	1200 m³
Masse	ca. 500 t
Orbit	
Bahnhöhe	ca. 350–450 km
Inklination	51,6°
Erdumlaufzeit	90 min
Stromerzeugung	
Solarpanele	4500 m² Gesamtfläche erzeugen 110 kW
Module	
Forschungslabors	6 (je 2 USA/Russland, je 1 Europa/Japan)
Wohneinheiten	2 (je 1 USA/Russland)
Verbindungselemente	3
Versorgungsmodule (Strom, Treibstoff)	4
Außenanlagen	
Roboterarm-Systeme	3 (je 1 Kanada/Europa/Japan)
Freiflieger »Inspector«	1 (Europa)

Glückliche Rückkehr – Fortsetzung folgt?

Nach sechs Tagen an Bord der ISS landete Dennis Tito am 6. Mai 2001 planmäßig mit der an einem Fallschirm hängenden »Sojus«-Raumkapsel in der kasachischen Steppe. Ärzte und Rettungsteams waren sofort zur Stelle und halfen dem erschöpften, aber glücklichen Weltraumtouristen und den beiden Kosmonauten beim Ausstieg.

»Großartig, ich komme geradewegs aus dem Paradies. Es war die beste Zeit meines Lebens«, so Titos erstes Resümee. Noch Monate könne er im All verbringen. Er habe in der Raumstation so gut geschlafen wie seit Jahren nicht mehr. Nach der Landung dauerte es etwa eine Woche, bis die drei Rückkehrer wieder koordiniert und freihändig gehen konnten. Nach Tagen in der Schwerelosigkeit müssen vor allem schnelle Bewegungen neu erlernt werden.

Zwar führt das russische Raumfahrtunternehmen Energija eigenen Angaben zufolge bereits Verhandlungen mit Dutzenden weiterer Interessenten für einen Raumausflug. Die russische Raumfahrtbehörde dämpfte jedoch die Hoffnung auf eine allzu schnelle Fortsetzung von Touristenreisen und verwies auf die langwierigen und komplizierten Vorbereitungen für Reisen ins All.

Die Firma MirCorp, Amsterdam, hat dagegen schon jetzt sehr konkrete Pläne für den Weltraumtourismus. Bereits in drei Jahren soll das erste von ihr finanzierte und betriebene Hotel in einer Umlaufbahn um die Erde kreisen. Das Sternehotel höchster Kategorie könnte jeweils 20 Tage lang drei Reisende aufnehmen. Im Wechsel sollen »Sojus«-Kapseln als Taxi und »Progress«-Transporter als Versorger andocken. Nach den Ende 2001 von MirCorp veröffentlichten Plänen wurden über den Bau der »Mini Station 1« bereits Abkommen mit dem staatlichen russischen Raumfahrtkonzern Energija geschlossen. Details stehen jedoch noch in den Sternen. Experten zufolge muss für das privat finanzierte Hotel mit Investitionen von mindestens 100 Millionen US-Dollar gerechnet werden.

»Atlantis« mit geöffneter Ladebucht

Bisherige und künftige Raumtransportsysteme

Die ISS könnte durch die MirCorp-Weltraumhotels also bald Gesellschaft bekommen. Wichtig für den Weltraumtourismus sind jedoch nicht nur die stationären Aufenthaltsorte, sondern ebenso die Transportsysteme dorthin. Die folgende Übersicht stellt die Raumtransporter der Gegenwart und Zukunft vor.

Buran: Bereits in den 80er Jahren entwickelte die damalige Sowjetunion die Raumfähre »Buran«. Sie ist die einzige Fähre mit 100 Tonnen Nutzlast (US-Shuttles können dagegen nur etwa 20 Tonnen transportieren). Mit einer Verlängerung der Fähre wäre sogar eine Last bis zu 200 Tonnen möglich. 1988 hat das riesige Gerät auf dem Jungfernflug die Erde zweimal ohne Besatzung erfolgreich umkreist. Das ehrgeizige Programm wurde jedoch 1992 nach dem Zusammenbruch der Sowjetunion gestoppt. Jetzt will der russische Staatskonzern Energija das Projekt wieder aufleben lassen. Zum einen gibt es einen wachsenden Bedarf an Satellitenstarts, zum anderen könnte »Buran« auch für ISS-Transporte genutzt werden, da der Aufbau der Station bisher nicht im Zeitplan liegt. 2001 standen zwei fertige Shuttles und drei Antriebssysteme zur Verfügung.

Space Shuttle: Von diesem wiederverwendbaren und bemannten Raumfähren-Typ existieren vier Exemplare: »Atlantis«, »Columbia«, »Discovery«, »Endeavour«. Sie wurden bereits Anfang der 80er Jahre von der NASA entwickelt und bringen regelmäßig Nutzlasten und Astronauten in den Weltraum, vor allem zur ISS. Für die Montage der Station sind etwa 34 Shuttle-

Tito (l.) und sein Kommandant Musabajew direkt nach der Landung der »Sojus«-Kapsel

Frauen an Bord der Raumstation

Über fünf Monate war sie im All – Susan Helms, die erste Frau und Mitglied der zweiten Langzeitbesatzung an Bord der ISS. Sie hatte u. a. die Aufgabe, an der Inbetriebnahme einer neuen Luftschleuse zu arbeiten und bei Außeneinsätzen von sieben Stunden den 18 Meter langen Roboterarm »Canadarm 2« zu bedienen.

Seit 1993 konnte Susan Helms bei insgesamt fünf Missionen viel Raumerfahrung sammeln. Ihr Werdegang ist außergewöhnlich: Zunächst absolvierte sie bei der US Air Force eine Ingenieur-Ausbildung im Bereich Luftfahrttechnik, dann an der Stanford-Universität ein Studium in Aeronautik und Astronautik. Außerdem ließ sie sich zur F-16-Pilotin ausbilden. Als Flugtestingenieurin war sie in den USA und Kanada mit 30 verschiedenen Militär-Flugzeugtypen unterwegs.

Privat betätigt sich die 43-Jährige als Rock-Musikerin und spielt Keyboard in der Astronauten-Band »Max-Q's«. Für ihre letzte Mission brach das Single alle Verbindungen zur Erde ab: Sie verkaufte ihr Apartment in Portland/Oregon, brachte ihre Katze bei Bekannten unter und kündigte sogar alle ihre Kreditkarten.

Am 22. August 2001 um 18.46 Uhr MESZ beendete Susan Helms mit der Landung der Raumfähre »Discovery« in Cape Canaveral/Florida ihre Reise.

Ende Oktober 2001 flog bereits die nächste Frau zur ISS. Die 44-jährige Französin

Susan Helms mit Usatschew im März 2001

Claudie Haigneré war die erste Europäerin auf der Station. An Bord einer »Sojus«-Kapsel startete die Fachärztin für Rheumatologie und Sportmedizin von Baikonur aus ins All. Mit an Bord des »Taxi-Flugs« waren zwei russische Kosmonauten, Versorgungsgüter sowie Material für wissenschaftliche Experimente. Während ihres achttägigen Aufenthalts an Bord machte sich Claudie Haigneré im Auftrag der ESA mit der ISS vertraut.

Flüge vorgesehen. Aber auch Versorgungsflüge zur »Mir« sowie Wartungsflüge zum Weltraumteleskop »Hubble« standen schon auf dem Programm. Nur einmal kam es zu einer schweren Panne. 1986 explodierte die Raumfähre »Challenger« beim Start, sieben US-Astronauten starben.

X-33: Ab 2004 sollte das einstufige, auch ohne Pilot steuerbare Raketenflugzeug mit maximal 27 Tonnen Nutzlast einsatzbereit sein, ab 2012 sollte es die alte Flotte der Space Shuttles vollständig ersetzen. Doch dann stoppte die NASA 2001 nach mehrjähriger Forschung und Entwicklungsinvestitionen von einer Milliarde US-Dollar den Bau wegen zu hoher Kosten. Nun müssen die Space Shuttles noch bis ca. 2015 ihren Dienst verrichten.

Proton: Nach dem Ersteinsatz 1965 hat die 45 Meter lange russische Trägerrakete sich als zuverlässiges Lastenpferd für Raumtransporte erwiesen. Sie kann bis zu viereinhalb Tonnen in eine geostationäre Umlaufbahn bringen. Zum Transport von Frachten dient der unbemannte Raumflugkörper »Progress«. Bis zu drei Personen werden in der Raumkapsel »Sojus« in den Weltraum befördert.

Ariane: Die von der europäischen Raumfahrtagentur ESA seit 1986 entwickelten Raketentypen »Ariane 4« und »Ariane 5« bringen Nutzlasten von 4,9 bzw. 5,9 Tonnen ins All. Bei der dreistufigen »Ariane 4« können für Satelliten-Starts bis zu vier Flüssigtreibstoff-Zusatzraketen an die erste Stufe angeschlossen werden. Ende 1999 erfolgte der erste kommerzielle Start der zweistufigen »Ariane 5«. Versorgungsflüge zur ISS sollen in einigen Jahren mit der neuen »Ariane 5 plus« mit neuem Antrieb und neuer Oberstufe möglich sein.

ATV-Raumtransporter: Unter der Bezeichnung »Automated Transfer Vehicle« (ATV) entsteht derzeit bis 2004 im Auftrag der ESA ein omnibusgroßes, unbemanntes Versorgungsfahrzeug für die ISS. Insgesamt sieben Tonnen Treibstoff, Proviant und wissenschaftliches Gerät kann das 8,5 Meter

lange und 22 Tonnen schwere ATV transportieren. Es ist mit eigenen Triebwerken, Solargeneratoren sowie einem Navigationssystem ausgerüstet und wird mit der »Ariane-5«-Trägerrakete gestartet. Neben dem »Columbus«-Labor stellt ATV den wichtigsten europäischen Beitrag für die ISS dar. Bis zu zehn Einheiten wird das europäische Unternehmen Astrium produzieren, damit alle 15 Monate bis mindestens 2015 ein Start erfolgen kann. Angedockt an die Raumstation, kann der Transporter auch Hilfe leisten, wenn die langsam absinkende ISS in regelmäßigen Abständen wieder auf die richtige Bahnhöhe zu bringen ist. Sobald ein ATV seine Aufgaben erfüllt hat, wird er mit Entsorgungsgut aus der Raumstation beladen, abgekoppelt und gezielt zum Absturz gebracht, wobei alles verglüht.

Der Gesamtetat für ATV wurde im ver-

Der wiederverwendbare Raumtransporter »Phoenix« im Modell

gangenen Jahr auf immerhin eine Milliarde DM aufgestockt.

ASTRA/Phoenix: Wiederverwendbar dagegen soll ein anderer europäischer Raumtransporter sein. Im Rahmen des nationalen Technologieprogramms »ASTRA« (Ausgewählte Systeme und Technologien für zukünftige Raumtransport-Anwendungen) beteiligen sich Bund, Länder und Industrie an der 32 Millionen DM teuren Entwicklung. »Phoenix« heißt der Erprobungsträger für den neuen Raumtransporter, mit dem die technische Machbarkeit des Projekts zunächst nachgewiesen werden soll. Aufgrund einer Vielzahl von physikalischen Einflüssen in der Atmosphäre können nicht alle Details des Fluggeräts auf der Erde simuliert werden. Im Aussehen ähnlich wie ein Space Shuttle soll »Phoenix« (knapp sieben Meter lang, Spannweite 3,8 Meter, 1200 Kilogramm schwer) bis 2003 fertig entwickelt, gebaut und erprobt sein.

Daniel Libeskinds Meisterwerk: Der Neubau des Jüdischen Museums Berlin

Das Jüdische Museum Berlin, seine Schöpfer und Gestalter

Das Experiment ist gelungen: Ein Architekt, der bis dahin noch kein Haus gebaut, und ein Museumsdirektor, der bis dahin noch keine Ausstellung gemacht hatte, haben das weltweit größte und bedeutendste Museum zur Jüdischen Geschichte geschaffen. Es steht in der Bundeshauptstadt Berlin und wurde am 9. September 2001 eröffnet.

Architekt Daniel Libeskind, Museumsdirektor Michael Blumenthal und Ausstellungsmacher Ken Gorbey haben an diesem Tag eine lange und intensive Diskussion beendet und zu neuem Nachdenken eingeladen. Der leere Museumsbau war schon 1999 zur Besichtigung freigegeben worden und hatte in zwei Jahren einen Ansturm von 350 000 Menschen erlebt, die Ausstellung fand dann allein in den ersten vier Wochen 100 000 Besucher. Das Jüdische Museum Berlin ist eine nationale Institution mit einen Jahresetat von zwölf Millionen Euro. Es zählt schon jetzt zu den meist besuchten Orten deutscher Geschichte.

Summe der Geschichte

»Soviel ich weiß, hat bis jetzt noch keine Nation auf ihrem eigenen Boden Mahnmale errichtet zum Gedenken an die Opfer jener Verbrechen, die von ehemaligen Regierungen des Landes und den eigenen Mitbürgern begangen wurden.« Mit diesen Worten stellte der Direktor des Jüdischen Museums Berlin, Michael Blumenthal, sein Haus in eine Reihe mit den etwa 2000 Gedenkstätten, die deutsche Verbrechen am jüdischen Volk zum Thema haben. Diese Feststellung ergänzte Bundespräsident Johannes Rau bei der feierlichen Eröffnung: »Wenn wir die Erinnerung an die Katastrophe wach halten, dann bekommen wir auch den Blick dafür frei, dass der Holocaust nicht die Summe der deutsch-jüdischen Geschichte ist.«

Die Aussagen zeigen, dass sich das Museum einer historischen Aufgabe gestellt hat. Schon seine eigene Gründungsgeschichte wirft ein bezeichnendes Licht auf den deutschen Umgang mit der nationalsozialistischen Vergangenheit und auf die neue Rolle des vereinigten Deutschlands in der Welt.

Das Jüdische Museum Berlin geriet in das Interesse der Weltöffentlichkeit unter der Fragestellung: Wie geht die neue Bundeshauptstadt in Zukunft mit der deutschen Vergangenheit um? Dementsprechend geschah nichts im Jüdischen Museum einfach und selbstverständlich. Das gilt für seine Entstehung, für die Auswahl der Verantwortlichen, die Architektur und natürlich für die Ausstellung und ihr Konzept.

Ein erstes, nachdrücklich positives Signal in der Museumsentwicklung war Libeskinds Neubau für das Museum, der für sich allein bereits als angemessene Darstellung deutsch-jüdischer Geschichte gewertet wurde – ein radikaler Bau mit magischer Anziehungskraft, der Geschichte und Geschichtsverlust körperlich spürbar macht. Auch nach der Eröffnung des eigentlichen Museums blieb die Wirkung des Hauses erhalten; viele meinen, dass die Ausstellung stets im Schatten der radikalen Architektur des Gebäudes stehen werde.

Ein radikaler Bau

Der jüdisch-amerikanische Architekt Daniel Libeskind schuf ein Museum »um einen leeren Raum herum«, also, wie er selbst meinte, ein Haus, in dem die Besucher den Verlust jüdischer Kultur in Deutschland empfinden sollten. Sieben Jahre, von 1992 bis 1999, dauerte es, bis das Bauwerk stand. Libeskind baute ein anspielungsreiches Gedankengebäude, eine architektonische Großskulptur. Nach Ansicht vieler Betrachter wirkt das Museum an der Lindenstraße in Berlin-Kreuzberg wie ein schimmernder Blitzstrahl, wie ein zersprengter Davidstern oder ein entgleister Zug: Ungeordnet und drängend. Der Architekt sieht sein Jüdisches Museum aber auch als Sinnbild der Hoffnung; es könne fortgesetzt werden und weise darum in die Zukunft.

Wie auch immer: Das Haus ist so verstörend und einmalig, dass es mit keiner herkömmlichen Architektur zu vergleichen ist. Es war die Grundlage, auf der alle weiteren Überlegungen zum Jüdischen Museum Berlin aufzubauen hatten. Wegen dieser überragenden Bedeutung lohnt es sich, vorab einen Blick in die Gedankenwelt des Architekten

Daniel Libeskind zu werfen. Die Deutung einiger seiner anderen künstlerischen Projekte ist dabei hilfreich.

Kriegsmuseum in Manchester

1997 gewann Libeskind den Wettbewerb für ein Kriegsmuseum im englischen Manchester. Ein Kriegsmuseum scheint auf den ersten Blick eine fremde Entwurfsaufgabe für Libeskind zu sein, denn sein Werk ist sehr stark mit der Ablehnung von Gewalt verbunden. Kriegsverherrlichung gehört aber auch nicht zu den Aufgaben von The Imperial War Museum North. Vielmehr soll es Menschen jeden Alters herausfordern, über den enormen Einfluss nachzudenken, den Kriege im 20. und 21. Jahrhundert besaßen und weiter besitzen werden. Es soll Ursachen, Wirkungen und Abhilfe aufzeigen. Dazu Libeskind: »Dieses Projekt entfaltet das Reich demokratischer Offenheit, Vielfalt und Möglichkeiten. Ich stellte mir einen zerbrochenen Erdball vor und nahm seine Bestandteile, um ein Haus zu formen. Drei Scherben stehen für die Konflikte zu Land, in der Luft und auf dem Wasser.« Halb Museum, halb Bürgerforum, soll das Haus, mit dessen Fertigstellung 2002 zu rechnen ist, Räume für Ausstellungen, Schulungen, Kino und Gastronomie vereinen. Von der 55 Meter hohen Luft-Scherbe wird man eine spektakuläre Aussicht genießen können. Die zweite Scherbe eröffnet ein Panorama auf die Schifffahrt am Kanal. In der Ausstellungshalle wölbt sich der Boden wie die Erdkrümmung, die Besucher sollen sich fühlen, als stünden sie auf dem Gipfel der Welt.

Bühnenbild in Saarbrücken

Libeskinds Gestaltungsvorstellungen beschränken sich nicht auf Architektur. Sein Debüt als Bühnen- und Kostümbildner gab er am 1. April im Staatstheater Saarbrücken. Richard Wagners Oper »Tristan und Isolde« hatte Premiere. Getreppt, gewunden, gezirkelt – Libeskinds weiße, raffiniert beleuchtete Bühnenbauten sollten nach dem Wunsch des Schöpfers der Aufführung Kraft und Magie verleihen. Interessant ist Libeskinds Interpretation der Inszenierung von Regisseur Christian Pöppelreiter: »Ich mag Richard Wagner nicht, ich mag das Üble nicht, das er geschrieben hat. Tristan und Isolde, diese besondere Liebesgeschichte, ist immun gegen all die ideologischen Fehler, die er gemacht hat. Die Musik ist geheimnisvoll, interessant und voller Leben und erzählt von Dingen, die mit dem Leben ganz allgemein zu tun haben: Tod, Leben, Licht, Dunkelheit. In einem Theater zu arbeiten, das von Nazis entworfen wurde und einer Stadt als Geschenk Hitlers überlassen wurde, hat meine Arbeit beeinflusst. Die Nazi-Architektur ist grausam und hässlich, weil sie die übelsten Gedanken der Menschheit verkörpert. Das Schöne am Theater ist, dass man darin all das vergessen kann. Wenn die Zuhörer intensiv der Musik lauschen, verschwindet die Architektur des Gebäudes.«

Das Nussbaum-Haus in Osnabrück

In Osnabrück schuf Daniel Libeskind 1995 bis 1998 das Felix-Nussbaum-Haus, ein »Museum ohne Ausgang«. Die Aufgabe, ein Museum zu errichten, das die künstlerischen Hinterlassenschaften des Malers Felix Nussbaum (1904–1944) beherbergen sollte, warf nicht nur architektonische, sondern auch moralische Fragen auf. Libeskind kommentierte seinen Bau: »Jedes Element der Raumeinteilung, der Geometrie und des programmatischen Gehalts bezieht sich auf das paradigmatische Schicksal Nussbaums: Das ihm von den Nazis wieder entzogene Rom-Stipendium, seine Zeit in Berlin, die Folgen seines dauernden Exils von

Unruhiger Baukörper: Das Nussbaum-Haus

Osnabrück, die Vergeblichkeit seiner Fluchtwege durch Frankreich und Belgien und letztlich seine Deportation und Ermordung in Auschwitz. Und dennoch: Das ganze tragische Schicksal ist eingebettet in Nussbaums beharrliche Hoffnung auf eine letzte Gerechtigkeit.«

Mit einem System von Bezugslinien – zwischen Osnabrück, Berlin, Brüssel und Auschwitz – symbolisiert die Architektur die ständige Bewegung und zunehmende Orientierungslosigkeit im Leben Felix Nussbaums. Die Atmosphäre allgegenwärtiger Unsicherheit vermittelt das Gebäude auf Schritt und Tritt: Leicht ansteigende oder abfallende Fußböden, nicht parallel verlaufende Wände, Fenster ohne rechten Winkel und teilweise transparente Geschossdecken sorgen für ständige Irritation. Die verwendeten Materialien – Holz am Nussbaum-Haus, Beton im Nussbaum-Gang und Zink an der »Brücke« – stehen mit ihrer zunehmenden Kälte für Nussbaums Lebensweg von der behüteten Jugend über die Zeit der Vertreibung und Bedrohung bis zum Tod im Vernichtungslager.

Das Felix-Nussbaum-Haus begann Libeskind deutlich später als das Jüdische Museum in Berlin, aber er war in Osnabrück ein Jahr früher fertig. Auch Osnabrück ist eine Pilgerstätte für Architekten.

Daniel Libeskind entwarf Bühnenbild und Kostüme für Wagners »Tristan und Isolde«.

Menschen im Museum – Architekt und Direktor

Es gibt zahlreiche Gründer, Kämpfer, Wegbereiter, Stifter, Leihgeber und Mitarbeiter, die sich in den letzten 30 Jahren um das Entstehen des Jüdischen Museums Berlin verdient gemacht haben. Daniel Libeskind, Michael Blumenthal und Ken Gorbey (→ S. 471), die nun aktuell für das Haus in der einen oder anderen Funktion führend verantwortlich sind, wissen das und knüpfen ganz bewusst an die Vorstellungen und Ideen ihrer Vorgänger an.

Der Gerechtigkeit halber muss gesagt werden, dass alle über die Jahre am Museum Beteiligten gemeinsam dafür gesorgt haben, dass der Wunsch nach einem solchen Haus Wirklichkeit wurde. Trotzdem standen nach der Fertigstellung des Museums in der Wahrnehmung der Öffentlichkeit die derzeit Verantwortlichen im Vordergrund.

Daniel Libeskind, der Schöpfer des Bauwerks

Avantgarde-Architekt Daniel Libeskind

Pole und Amerikaner, Musiker und Architekt: Daniel Libeskind ist international bekannt für neue Ansatzpunkte in der Architektur und für sein fächerübergreifendes Denken. Sein künstlerisches Schaffen reicht von Museen und Konzertgebäuden über Landschafts- und Stadtplanungen bis hin zum Entwurf von Bühnenbildern, Installationen und Ausstellungen.

Daniel Libeskind wurde 1946 in Polen geboren. Als Kind war er ein virtuoser Pianist. Mit Daniel Barenboim, Itzhak Perlman und Pinchas Zukerman gewann er Ende der 50er Jahre den amerikanisch-israelischen Kulturpreis für Musik. Er konzertierte in der Carnegie Hall und ernährte mit dem Klavierspielen seine Familie, die 1959 in die Vereinigten Staaten übergesiedelt war. »So viel Geld wie mit 15 werde ich nie wieder in meinem Leben verdienen«, behauptete Libeskind noch 1998.

1965 nahm Libeskind die amerikanische Staatsbürgerschaft an. Er studierte Musik in Israel sowie in New York und wurde professioneller Musiker. Dann wechselte er von der Musik zur Architektur, schloss 1970 sein Architekturstudium ab und machte 1972 seinen Abschluss in Architekturgeschichte und -theorie.

Während der folgenden beiden Jahrzehnte als Architekt war Libeskind überraschenderweise nicht daran interessiert, tatsächlich etwas zu bauen. Stattdessen machte er sich als Theoretiker avantgardistischer Architektur einen Namen. Erst für das Jüdische Museum Berlin gab er seine bauliche Enthaltsamkeit auf. Ein Jahr nachdem er den Wettbewerb für das Jüdische Museum 1989 gewonnen hatte, zog Daniel Libeskind nach Berlin, wo er bis heute lebt und arbeitet. Außer den hier vorgestellten Projekten entwirft und baut er momentan The Spiral, einen Erweiterungsbau des Victoria & Albert Museums in London, sowie das Konzerthaus Musicon Bremen. In der Planungsphase sind das Jüdische Museum in San Francisco, die mexikanische JVC Universität in Guadalajara und das Shoah Centre in Manchester. Ferner beteiligt er sich an der Reurbanisierung des früheren SS-Geländes in Oranienburg-Sachsenhausen.

Libeskind hat an vielen Universitäten der Welt gelehrt und Vorträge gehalten. Er

Jüdisches Museum, radikal auch im Detail

Modell des Museums mit historischem Kollegien

gründete und leitete von 1986 bis 1989 Architecture Intermundium, ein privates, nicht profitorientiertes Institut für Architektur und Stadtplanung in Mailand. Gegenwärtig ist er, ein echter Kosmopolit, unter anderem Professor an der Hochschule für Gestaltung in Karlsruhe.

Libeskind hat zahlreiche Auszeichnungen erhalten, zuletzt den Deutschen Architekturpreis 1999, die Goethe-Medaille im Jahr 2000 sowie den Hiroshima-Kunstpreis 2001. Ihm wurde die Ehrendoktorwürde der Humboldt Universität Berlin und des College of Arts and Humanities der Essex University verliehen. Sein Werk wurde weltweit in großen Museen und Galerien ausgestellt und war Thema zahlreicher internationaler Publikationen. Seine Ideen haben eine neue Architektengeneration nicht unwesentlich beeinflusst.

Michael Blumenthal, der Organisator der Ausstellung

Seine Unterschrift findet sich auf Dollarnoten, weil er es bis zum Finanzminister der USA brachte. Er war ein Top-Manager, dessen Computerfirmen florierten. Er durchlebte eine Karriere vom mittellosen Flüchtlingskind zum Millionär. Als Michael Blumenthal sich 1997 auch noch auf das

haus und »blitzförmigem« Neubau

Wagnis einer Museumsleitung einließ, waren die meisten seiner Freunde und Bekannten überrascht: Er hatte sich nie vorher mit Museen beschäftigt.

Aber das Urteil steht fest: Die Dynamik des 75-Jährigen, sein organisatorisches Geschick, seine Fähigkeit, die schwierigsten und unterschiedlichsten Zeitgenossen zu begeistern und unter einer gemeinsamen Aufgabe zusammenzubringen – sie haben dafür gesorgt, dass der Libeskind-Bau, bis dahin nur eine bestaunte architektonische Provokation, zu einem wirklichen Museum wurde, mit Exponaten, welche die Geschichte jüdischen Lebens in Deutschland lebendig werden lassen. Und das alles gelang ihm innerhalb von nur vier Jahren.

Direktor Werner Michael Blumenthal

Werner Michael Blumenthal, 1926 in Oranienburg geboren, wuchs als Sohn assimilierter jüdischer Eltern in Berlin auf, wo der Vater ein kleines Geschäft hatte. Weil sich seine Eltern als Deutsche fühlten, dachten sie trotz Beschimpfungen, Schikanen und Geschäftsboykott nicht daran, auszuwandern, bis die Polizei den Vater während des Novemberpogroms 1938 verhaftete und ins Konzentrationslager Buchenwald brachte.

Als der Vater nach zwei Monaten freikam, war er gezeichnet und sah als einzigen Ausweg für sich und seine Familie die Flucht aus Deutschland. Über Italien gelangte die Familie nach Schanghai. In der chaotischen fernöstlichen Metropole schlug man sich durch, Michael Blumenthal besuchte dort die Schule und lernte Englisch, Französisch und Straßenchinesisch.

1947 immigrierte die Familie in die Vereinigten Staaten. Fünf Jahre später nahm Michael Blumenthal die amerikanische Staatsbürgerschaft an. Er studierte bis 1956 Volkswirtschaft und promovierte mit einer Arbeit über die Mitbestimmung in der jungen Bundesrepublik Deutschland. Danach war er als Wirtschaftsprofessor an der Princeton University tätig. 1961 bis 1967 arbeitete er im US-Außenministerium als Berater der Präsidenten John F. Kennedy und Lyndon B. Johnson. 1977 berief ihn der damalige US-Präsident Jimmy Carter als Finanzminister in sein Kabinett. Von diesem Posten trat Blumentahl 1979 zurück. 1980 ging er wieder in die Wirtschaft und arbeitete in verschiedenen US-amerikanischen Großunternehmen im Vorstand, bis er schließlich 1990 in den Ruhestand trat. Das hieß aber nicht, dass er nun untätig werden sollte.

Nachdem Blumenthal sich umfassend in seiner alten Heimat Deutschland und in allen einschlägigen Archiven umgesehen hatte, erschien 1998 in den USA, im Jahr darauf in Deutschland sein Buch »Die unsichtbare Mauer: Die dreihundertjährige Geschichte einer deutsch-jüdischen Familie«. Blumenthal zeichnet darin anhand der eigenen Familiengeschichte ein Bild jüdischen Lebens in Deutschland über mehrere Generationen hinweg. Die Arbeiten zu seinem Buch machten ihn dann wohl zum Kandidaten für die Direktion des Jüdischen Museums.

Doch bevor die Ausstellung im Museum der gespannten Öffentlichkeit vorgestellt werden konnte, blieb noch viel zu tun, und Blumenthal ging mit festen Vorstellungen an seine Aufgabe. 1999 erreichte er die Selbstständigkeit des Jüdischen Museums und konnte dann seine inhaltlichen Vorstellungen verwirklichen: »Wir haben gesagt, dass wir das Museum so ausstatten wollen, dass es für viele Menschen – nicht nur für Intellektuelle, nicht nur für besonders Geschulte, nicht nur für Menschen mit vielen Vorkenntnissen – zugänglich ist, für alle Menschen.«

Als Anerkennung für seine Arbeit in Berlin erhielt Blumenthal 1999 das große Bundesverdienstkreuz und wurde im Jahr 2000 Ehrenbürger von Oranienburg.

Eröffnet: Einer der meistbesuchten Orte deutscher Geschichte

Im neuen Museum: Stoffbahn mit aufgedruckten Judensternen

Geschichte eines Geschichtsmuseums

Einige grundsätzliche Fragen, mit denen sich das Jüdische Museum Berlin auseinander zu setzen hat, sind altbekannt. Als vor gut hundert Jahren in Europa die ersten Judaica-Sammlungen von jüdischen Gemeinden ausgestellt wurden, ging es dabei um die Bewahrung der eigenen Tradition vor dem Hintergrund einer wachsenden kulturellen Anpassung an die Mehrheitsgesellschaft. Nur was eigentlich sollte man ausstellen: Was ist denn jüdische Kultur, jüdische Kunst? Durch die NS-Rasseterminologie und ihre Folgen wurde diese Fragestellung pervertiert, für viele Juden und Nichtjuden bis auf den heutigen Tag. Lässt sich »das Jüdische« ethnisch, kulturell, religiös oder gar genetisch bestimmen?

Fragen zur jüdischen Identität spielten auch eine Rolle, als am 24. Januar 1933 in der Nähe der Synagoge das erste Berliner Jüdische Museum an der Oranienburger Straße eröffnet wurde. Sechs Tage später wurde Adolf Hitler zum Reichskanzler ernannt.

Das Museum ging aus der Kunstsammlung der jüdischen Gemeinde Berlin hervor. Den Grundstock bildete die Sammlung des Dresdener Juweliers Albert Wolf, der sie 1907 der Gemeinde testamentarisch vermacht hatte. 1917 wurde die Sammlung im Verwaltungsgebäude an der Oranienburger Straße 29 erstmals der Öffentlichkeit vorgestellt, es folgten dort bis 1927 drei weitere Ausstellungen. Ende 1929 wurde dann ein Jüdischer Museumsverein gegründet, dessen Ehrenvorsitz der berühmte Maler Max Liebermann übernahm, damals Präsident der Preußischen Akademie der Künste. Schon seit 1927 betreute Karl Schwarz die Kunstsammlung, er leitete dann auch das Museum.

Max Liebermann, Selbstbildnis, 1929

Nach der Machtübernahme der Nationalsozialisten war das Museum in steigendem Maße Schikanen ausgesetzt; trotzdem hielt man den Betrieb mit viel Engagement aufrecht. Im Vordergrund stand das Bemühen, Lebensmut und Widerstandswillen der jüdischen Gemeinschaft zu stärken. Allein von Januar 1936 bis März 1938 veranstaltete das Museum 14 Sonderausstellungen. Bereits im Mai 1933 war Karl Schwarz emigriert; er wurde Leiter des Städtischen Museums in Tel Aviv. Seinen Posten in Berlin erhielt Erna Stein, bis auch sie 1935 nach Palästina auswanderte. Der Breslauer Kunsthistoriker Franz

Landsberger übernahm die Direktionsgeschäfte. Nachdem er im KZ Oranienburg inhaftiert gewesen war, konnte er ebenfalls noch emigrieren und ging in die USA.

Das Berliner Jüdische Museum wurde nach der »Reichskristallnacht« im November 1938 von der Gestapo geschlossen. Der Bestand, darunter auch einige wertvolle Kunstwerke, wurde konfisziert und verschleppt, nach Kriegsende ausgelagert. Er gelangte dann an das Jewish Museum New York, das Israel Museum in Jerusalem und an andere Häuser.

»Leistung und Schicksal«

Es sollte 33 Jahre dauern, bis wieder eine Ausstellung zur jüdischen Geschichte in Berlin zu sehen war. Zum 300. Jahrestag der Gründung der Jüdischen Gemeinde zu Berlin gab es die Schau »Leistung und Schicksal«, die jüdische Beiträge zur deutschen Geschichte aufzeigen sollte. Sie fand im heutigen Eingangsgebäude zum Jüdischen Museum Berlin statt, im Kollegienhaus, das 1962 vom Berliner Stadtmuseum bezogen worden war. Damals wurde die Idee zur Neugründung eines Berliner Jüdischen Museums erstmals vernehmlich formuliert. Es kam der Wunsch auf, an das 1933 gegründete Jüdische Museum in der Oranienburger Straße anzuknüpfen.

1975 wurde die Gesellschaft für ein Jüdisches Museum in Berlin e.V. als Förderverein gegründet, dem auch viele ins Ausland emigrierte Berliner Juden angehörten. 1978 zeigte das Berlin Museum zum ersten Mal Neuerwerbungen für das künftige Jüdische Museum. Seit 1979 war für den Neuaufbau der Jüdischen Abteilung des Berliner Stadtmuseums Vera Bendt verantwortlich, eine Frau, deren Kindheit in einer »nicht-arischen« Familie durch die Ausgrenzungsstrategie der Nürnberger Rassengesetze gefährdet gewesen war; nach dem Krieg war sie zum Judentum übergetreten.

1983 folgte eine große Ausstellung über Synagogen in Berlin. Von 1986 bis 1998 wurden im Martin-Gropius-Bau weitere Ausstellungen präsentiert: Über den Maler Jakob Steinhardt, die Architektur der Heinz-Galinski-Schule von Zvi Hecker, die Installation »Klagelied« von Joachim Bandau, die Entwürfe für ein Mahnmal auf dem Judenplatz in Wien, über Berliner Juden im Exil in Schanghai (1938–1947) und schließlich drei Kunst-Installationen als Beitrag zur Ausstellung »Deutschlandbilder«. Die Aktivitäten bewiesen, dass die Abteilung Jüdische Geschichte im Berliner Stadtmuseum mehr Raum benötigte.

Berlin Museum

Um zusätzliche Ausstellungsflächen für das Stadtmuseum und dabei gerade auch für die jüdische Abteilung des Berlin Museums zu schaffen, wurde 1988 ein Architektenwettbewerb für einen Erweiterungsbau des Berlin Museums ausgeschrieben. Den gewann Daniel Libeskind 1989 unter 165 Teilnehmern. Was Libeskind mit seinem preisgekrönten Entwurf aber vorlegte, war ein eigenständiger Baukörper für jüdische Geschichte, mit wenig Fläche für Belange des Berlin Museums. Dennoch: Nachdem die Kosten der Wiedervereinigung sogar das gesamte Projekt zu gefährden drohten, konnte im November 1992 der Grundstein für den Neubau gelegt werden, das Richtfest war im Mai 1995. Am 20. Januar 1999 wurde der Bau schlüsselfertig übergeben.

Während der Bauphase wurde heftig und kontrovers über die Verwendung des Neubaus und den Status der jüdischen Abteilung diskutiert. Ursprünglich bestand Einigkeit mit den Repräsentanten der jüdischen Gemeinde: Die neue Abteilung sollte in den Kontext des Stadtmuseums als Teil der allgemeinen Geschichte Berlins eingebunden werden. Als 1994 Amnon Barzel zum Direktor des »Jüdischen Museums als Abteilung des Berlin Museums« berufen wurde, erkannte er schnell die offensichtliche Kluft zwischen konzeptionellem Anspruch und architektonischer Wirklichkeit. Er forderte mehr Eigenständigkeit für die

Abteilung Jüdisches Museum im Stadtmuseum. Dabei kam ihm zugute, dass dieses Gebäude im öffentlichen Bewusstsein nicht mit dem Stadtmuseum, sondern mit dem Jüdischen Museum gleichgesetzt wurde. Die jüdische Gemeinde unterstützte Barzels Kurs. Sein Konzept für ein vom Berliner Stadtmuseum unabhängiges Jüdisches Museum gewann Modellcharakter. Barzel durchkreuzte damit aber Pläne der Berliner Kulturpolitiker. Sie wollten das prestigeträchtige Haus mit Sammlungen des Stadtmuseums füllen, wobei der jüdischen Geschichte das Untergeschoss des Neubaus vorbehalten bleiben sollte. Es entbrannte ein öffentlicher Streit, schließlich kündigte der Berliner Senat im Juni 1997 dem Museumsleiter, was die jüdische Gemeinde zu heftigen Protesten veranlasste.

Erst unter der Leitung von Michael Blumenthal erhielt das Jüdische Museum Berlin zum 1. Januar 1999 einen autonomen Status als Stiftung öffentlichen Rechts unter der Aufsicht des Bundes. Blumenthal verweist immer darauf, dass er ohne Barzels Vorarbeit diesen Erfolg nicht hätte erreichen können. Sein Vorteil war aber auch, dass er ebenso diplomatisch wie durchgreifend zu handeln verstand. Außerdem konnte es sich die relativ frisch gekürte Bundeshauptstadt nicht leisten, eine hoch gestellte Persönlichkeit deutsch-jüdischer Herkunft aus den USA vor den Kopf zu stoßen, geschweige denn das Projekt »Jüdisches Museum« ganz sterben zu lassen.

Holocaust-Mahnmal und »Topographie des Terrors«

In der Diskussion um das Jüdische Museum Berlin spielen zwei weitere Berliner Projekte zur deutschen Geschichte im Nationalsozialismus eine Rolle. Um sie wurde ebenso heftig und lange gestritten: Das Denkmal für die in der Zeit des Nationalsozialismus ermordeten Juden Europas und die »Topographie der Terrors«.

Dort, wo die Villa von Reichspropagandaminister Joseph Goebbels gestanden hat, wachsen seit Oktober 2001 für das Holocaust-Mahnmal 2700 Betonsäulen aus dem Boden. Bis zu

vier Meter hoch, werden sie in der Nachbarschaft von Brandenburger Tor, Bundestag und Kanzleramt als Stelenfeld nach dem Entwurf des amerikanischen Architekten Peter Eisenman errichtet.

Um das berüchtigte Prinz-Albrecht-Palais an der Wilhelmstraße herum, in der NS-Zeit die Zentrale des Sicherheitsdienstes von Reinhard Heydrich, lagen die Büros und Folterstätten der SS. Die Reste der zerstörten Bauten sind der Öffentlichkeit zugänglich gemacht worden, denn an der Wilhelmstraße ist die »Topographie des Terrors« angesiedelt. Der Schweizer Architekt Peter Zumthor entwarf für das Gelände einen bewusst neutralen Ausstellungsbau.

Nicht Konkurrenz, sondern Ergänzung des Museums: Entwurf zum Holocaust-Mahnmal

Manchem weniger Informierten gab und gibt es allmählich ein Zuviel der Mahnung und Zuviel an Kosten für »unselige« Erinnerungen. Tatsächlich aber hoffen in Berlin zahlreiche weitere Projekte zur NS-Zeit mit guten Gründen auf Verwirklichung. Da die finanziellen Möglichkeiten begrenzt sind, stehen die engagierten Vorhaben leider oft in einem unerfreulichen Konkurrenzverhältnis zueinander. In diesem politischen und gestalterischen Spannungsfeld entstand die Architektur des Jüdischen Museums Berlin. »Ich konnte kaum ahnen, was mir bevorstand, als ich den Wettbewerb gewonnen hatte«, meinte Daniel Libeskind im Nachhinein.

Es war nach alledem nicht erstaunlich, dass das leere Haus von 1999 bis 2001 so viele Besucher anzog – und dass es polarisierte: Schlechte Weltanschauungsarchitektur sagen die einen, ein Ort, an dem eine seelenreinigende Erfahrung möglich ist, begeistern sich die anderen.

Das Kollegienhaus von 1735, Eingang zum Jüdischen Museum

Besichtigung der Leere – eine Baubeschreibung

Beim Jüdischen Museum Berlin handelt es sich um ein sehr großes Gebäude mit einer Gesamtfläche von über 10 000 Quadratmetern. Das Baubudget betrug rund 120 Millionen DM, das Ergebnis war laut Libeskind »eine Erweiterung, zwei Gebäude, drei sichtbare Formen, vier separate Strukturen, fünf Lücken/leere Räume, sechs geleerte Gebäudeabschnitte, sieben Gebäude in der Schräge, acht Untergründe, neun leere Wände, zehn Verbindungsgänge, elf ursprüngliche Hauptlinien, zwölf Töne, 23 Winkel, 24 Mauern, 25 Ebenen, 39 Brücken, 81 Türen und nicht weniger als 365 Fenster.«

Im Exil-Garten stehen Ölweiden auf 49 Säulen, in der mittleren ist Erde aus Jerusalem.

Der Besucher erlebt das anders. Er sieht das barocke preußische Kollegienhaus und den berühmten Neubau unabhängig und kontrastreich nebeneinander stehen. Beide Häuser sind von Grünanlagen umgeben, für die Gestaltung der Gartenanlagen am Neubau war Libeskind gemeinsam mit dem Architekturbüro Müller, Knippschild und Wehberg verantwortlich.

Neben dem Hauptgebäude ragen der Holocaust-Turm und der E.T.A.-Hoffmann-Garten des Exils und der Emigration aus dem Boden, die beide nur vom Museumsbau aus erreichbar sind. Wege und Fluchtlinien aus Eisenbahnschienen durchziehen das weite Terrain um das Museum herum. Der Libeskind-Bau ist umgeben vom Walter-Benjamin-Kinderspielplatz und dem Hof für den Dichter Paul Celan. Rote und weiße Rosen blühen am Rand des Exilgartens als Zeichen des Lebens, der Verletzung und der Versöhnung. Am Rande des Rosenhains wurde der Lieblingsbaum Celans, die Paulownia, gepflanzt. Ein Bodenrelief, inspiriert von der Witwe des Dichters, der französischen Künstlerin Gisèle Celan-Lestrange, prägt die gepflasterten Außenbereiche.

Ein Paradiesgarten aus Robinien vervollständigt die Außenanlagen. Er ist ein Stück ungepflegte Wildnis, gewachsen auf den Kriegstrümmern Berlins. Dieses Robinienwäldchen stellt eine zeitgemäße Umkehrung des Paradiesgarten-Motivs dar. Der Leben spendende, wohl geordnete Hain inmitten einer Wüste oder eines wilden Urwaldes ist hier ins Gegenteil verkehrt, denn gegenwärtig gelten nicht die kultivierten Landschaften, sondern Wüsten und Urwälder als »letzte Paradiese«.

Wahrheit und Gerechtigkeit

Eintreten in das Museum kann man nur unter dem barocken Giebelfeld mit dem preußischen Staatswappen und den allegorische Figuren der Wahrheit und Gerechtigkeit. Das Kollegienhaus war 1735 für die bis dahin im Stadtschloss untergebrachten Gerichts- und Verwaltungsbehörden errichtet worden. Entworfen hat es Philipp Gerlach. Es fungierte später u. a. als Kammergericht, an dem der Dichter E. T. A. Hoffmann als Richter wirkte. Der bis auf Reste der Außenmauern zerstörte Bau wurde für das Berliner Stadtmuseum rekonstruiert, das, wie erwähnt, 1962 dorthin umzog. Schon in dem historischen Gebäude ist einer der von Libeskind viel beschworenen leeren Räume erlebbar, die auf Englisch als »Voids« bezeichnet werden. Die Rautenform dieses ersten Großraums ist in einem Void im Neubau nachgebildet. Aus dem Leerraum im Kollegienhaus führt der Weg tief in das Untergeschoss, in ein Labyrinth mit steigenden und kippenden Achsen, die Altbau und Neubau – von außen unsichtbar – miteinander verbinden.

Mittlerweile wird meist nur von fünf Voids im vielfach gefalteten Hauptgebäude gesprochen. Das trifft aber die ursprüngliche Entwurfsabsicht nicht ganz, zumal auch der Holocaust-Turm und das Treppenhaus im Altbau als sechstes und siebtes Void gezählt werden müssen. Libeskind sieht die fünf Voids als einen Zusammenhang: »Der Baukörper des Jüdischen Museums wird durchschnitten durch ein Void, eine gerade Linie. Um von einem Raum in den anderen zu gelangen, überschreiten die Besucher 60 ›Brücken‹, die sich in den Leerraum öffnen.« In dieser Verkörperung der Abwesenheit ist nichts ausgestellt, hier soll kein Laut zu hören sein, es gibt weder Heizung noch Klimaanlage. Die bedrückend leeren Räume stehen für all die bis heute spürbaren Verluste, die daraus resultieren, dass ein scheinbar zivilisiertes Land sich daran machte, seine Bürger umzubringen. Durch die hohen Innenhöfe soll spürbar werden, »was nicht mehr sichtbar ist, weil es zu Asche geworden ist«.

Drei »Achsen« führen im Tiefgeschoss des Neubaus weiter: Ein Gang endet in der Sackgasse des Holocaust-Turmes. In den von einer Eisentür verschlossenen, kahlen Betonturm dringt kaum ein Geräusch, und nur ein schmaler Fensterschlitz hoch oben erhellt den Raum spärlichst. Die hohen, kalten Betonwände und die Dunkelheit üben eine tiefe Wirkung auf die Besucher aus. Er habe hier schon Menschen in Tränen ausbrechen sehen, berichtet Ausstellungsmacher Ken Gorbey.

Ein zweiter Gang führt hinaus in den E. T. A.-Hoffmann-Garten. Aber dieses Erlebnis im Freien soll die höchst problematische Freiheit des Exils spürbar machen. »Man empfindet eine gewisse Übelkeit beim Hindurchgehen, und das ist recht so«, meint Libeskind. Die geneigte Ebene und das Labyrinth der Betonpfeiler sollen das Gefühl der Wurzellosigkeit in der Emigration wachrufen. Der Garten ist vollkommen rechtwinklig angelegt, er allein hat im ganzen Museumskomplex eine »ordentliche« Form: Es ist die bürokratisch aufgezwungene Ordnung des Exils.

Ankommen im Museum

Kehrt man aus dem Garten des Exils in das Untergeschoss zurück, führt ein dritter Gang hoch zu den eigentlichen Museumsräumen. Über eine lange Treppe erreicht

Der leere Bau mit Lichtbändern, Schattenzonen und Ausblicken durch Wandschlitze

man die ebenerdigen, hohen Räume mit Tageslicht und den Saal für Wechselausstellungen. Er ist der einzige Raum im Neubau, der auch von außen zugänglich ist. In den oberen Ausstellungsgeschossen haben die schrägen Linien der Decken und mancher Fensterbänder den optischen Effekt, dass hier und da die Fußböden oder Decken nicht mehr horizontal zu sein scheinen, was aber eine Täuschung ist.

In allen Geschossen begegnet man den Voids. Meist wenden sie den Ausstellungsräumen ihre graphitbeschichtete, schwarze und geschlossene Außenseite zu. Nur kleine dunkle Sichtfenster vermitteln einen Blick in die Leere. Den geradlinigen Zusammenhang der Voids untereinander und durch alle spitzen Winkel des Gebäudes hindurch veranschaulichen schwarze Flächen an Boden und Decke.

Zwischen den Zeilen – eine Deutung der Architektur

»Between the lines« nennt Libeskind seinen Entwurf, was zu übersetzen ist mit »zwischen den Linien« oder auch »zwischen den Zeilen«. Die Grundrisslinien sind in ihrer Verlängerung wirkliche Verbindungslinien zwischen den Wohnorten großer Gestalten der jüdischen Kulturgeschichte wie Heinrich Heine, Ludwig Mies van der Rohe, Rahel Varnhagen und Paul Celan. In die von Libeskind so genannte unsichtbare Matrix, die geregelt-ungeregelten Grundmuster der Linien im Neubau, haben sich auch die Höhen und Tiefen der deutsch-jüdischen Beziehungen eingeschrieben. Das Zickzack des Museumsgrundrisses steht für den Verlauf der nicht-jüdischen deutschen Geschichte, die von der geraden Linie der jüdischen Geschichte gekreuzt wird. Die Zuordnung der Linien mag aber auch umgekehrt sein, Sicherheit in der Auslegung ist vom Architekten hier wohl nicht gewünscht. An den Kreuzungspunkten schnitt Libeskind jedenfalls die Folge der 22 Meter hohen Voids ein, die eindeutig als schmerzliche Begegnungspunkte gemeint sind.

Manche Außenwand wirkt abweisend und auf geheimnisvolle Weise wehrhaft.

Im Konzept des Baus klingt auch Arnold Schönbergs unvollendete Oper »Moses und Aron« (1930–1932) an, die Libeskind baulich zu vollenden suchte. Was von ihm allerdings auch nicht wirklich schlüssig erklärt wird: Am Schluss dieser Oper möchte Aron, der Bruder des Moses und dessen Sprecher, dem Volk etwas mitteilen, um es ins Gelobte Land führen zu können. Aber Moses ist nicht in der Lage, die Offenbarung Gottes durch irgendwelche Bilder zu vermitteln. Schließlich singt Moses nicht, sondern spricht nur: »Oh Wort, du Wort, das mir fehlt.« Dieses fehlende Wort kann und darf es gar nicht geben, interpretiert Libeskind die Oper. Er sieht das Werk durch die zwangsläufige Abwesenheit eines Wortes als vollendet an. Und damit ist er beim Thema seiner »Voids« im Jüdischen Museum.

Weit konkretere Bezugspunkte fand Libeskind im Gedenkbuch für die Opfer der in den Konzentrationslagern ermordeten Juden: »Es ist unglaublich eindrucksvoll, denn es enthält alle Namen, nichts als Namen, Geburtsdatum, Deportationsdaten und die Orte, an denen diese Menschen vermutlich ermordet wurden. Ich suchte darin die Namen der Berliner und die Orte, an denen sie gestorben sind: In Riga, im Ghetto von Lodz, in den Konzentrationslagern.«

Zuletzt ist auch Walter Benjamins Aphorismen-Sammlung »Einbahnstraße« (1928) als Darstellung städtischer Apokalypse in der Architektur aufgegriffen. Jede der 60 »Stationen des Sterns«, die Benjamin in seinem Text beschreibt, ist durch einen der 60 Abschnitte entlang der Zickzackform des Gebäudes verkörpert; 60 Brücken öffnen sich zum Void.

Verstand und Sinne

Dem Philosophen und Architekten Daniel Libeskind gelang es so, aus einem Museumsbau einen bleibenden Appell zu machen. Die in Bauformen geronnene Zerbrechlichkeit deutsch-jüdischer Geschichte wird im Libeskind-Bau sinnlich erfahrbar. Die dekonstruktivistisch geformte Gestalt des Museums ist darum keine modische Hülle zeitgenössischer Architekturströmungen. In dieser gebauten Abwehr gegen jede Glorifizierung oder Verharmlosung einer noch lange nachwirkenden Vergangenheit liegt eine der großen Qualitäten dieses Museums. Darüber hinaus erlangt es umfassendere Bedeutung, weil seine Zerklüftungen, Brechungen und Fragmente nicht nur Spuren deutsch-jüdischer Geschichte, sondern auch die historischen Narben des blutigen 20. Jahrhunderts als Ganzes in sich zu tragen scheinen. An der Schwelle zum dritten Jahrtausend entstand in Berlin eines der großen Kunstwerke zeitgenössischer Architektur.

Ein neuer Abschnitt: Das Gebäude füllt sich

»Wir müssen aus der Skulptur ein Museum machen.« Dieser programmatische Satz des Museumsdirektors Michael Blumenthal schärft den Blick auf das Dilemma, in dem sich das Jüdische Museum befand. Wohin mit den Objekten, die zeigen sollten, wie Juden die deutsche Geschichte über Jahrhunderte prägten? Exponate aus der Zeit des Mittelalters bis in das 20. Jahrhundert sollten die Räume füllen: Briefe, Tagebücher, Stammbäume, Familienalben, Porträts, Orden, Firmenprospekte, Spielzeug, Geschirr, Zeremonialgegenstände und vieles mehr.

Gegenwart: Barbie-Puppen mit Kippa

Hier werden die Koffer gepackt; Inszenierung zur Auswanderung im 19. Jahrhundert.

Libeskind aber hatte einen Raum für das Abwesende geschaffen. Leerstellen und Sackgassen stehen in seinem Bau für das, was an jüdischer Kultur in Deutschland verloren ging, gewaltsam abgeschnitten und ausgemerzt wurde. Dieses Mahnmaldesign erschien vielen Besuchern bereits als angemessene Form der Erinnerung. Dass das Gebäude als Ausstellungsort für die 2000-jährige deutsch-jüdische Geschichte gedacht war, geriet dabei in den Hintergrund. Lebenswelten, Kultur und Glaube der Juden in Deutschland durch die Jahrhunderte sollten hier präsentiert werden. Dies musste Blumenthal immer wieder gegen anders lautende Auffassungen unterstreichen: »Der Bau ist ja nicht entwickelt worden, damit er hinterher leer dasteht. Da sind Räume, in denen was passieren soll. Ich erlebe immer wieder, dass Leute richtig begierig darauf sind, mehr über die jüdische Geschichte zu lernen. Es sind Fragen wie: Was ist ein Jude? Was bedeutet Judentum? Kann man Deutscher und Jude zugleich sein? Aus diesen Gründen stellt sich uns die Frage, das Museum leer zu lassen, gar nicht. Es ist eine Herausforderung, es richtig zu machen. Wenn es ein normaler Bau wäre, mit geraden Wänden und gutem Licht und weiter nichts, dann wäre es eine einfache Sache, aber längst nicht so interessant.«

Das Gebäude stellte die Ausstellungsmacher vor schwierige Aufgaben. 4500 Quadratmeter »bespielbare« Ausstellungsfläche standen ihnen zur Verfügung. Der expressive dekonstruktivistische Raum entzog sich einer üblichen musealen Gestaltung. Dem Gebrochenen, Zufälligen, Bruchstückhaften der Architektur wurde zunächst ein eindeutiger Rundgang zugewiesen, dem der Besucher folgen kann. Treppen, Zwischengeschosse und Böden wurden eingezogen, um die Sammlungsstücke zur Geltung zu bringen. Ein Vorhaben, das Risiken barg, denn die begehbare Skulptur wurde dadurch notwendigerweise eines Teils der Wirkung beraubt. Den Vorwurf, die Architektur entzaubert zu haben, weist Blumenthal allerdings zurück. »Wir glauben, dass wir eine gewisse Formel gefunden haben, die es uns erlaubt, das Architektonische mit dem Musealen zu verbinden. Man darf nicht gegen die Architektur ankämpfen und versuchen, sie zu verstecken oder in den Hintergrund drängen. Im Gegenteil: Man muss sie benutzen. Und wir tun das. Gewisse Teile des Museums,

---

Museum Blindenwerkstatt Otto Weidt

Die ehemalige Blindenwerkstatt Otto Weidt ist eine Dependance des Jüdischen Museums Berlin. Sie befindet sich im Seitenflügel der Rosenthaler Straße 39, nahe der Hackeschen Höfe. Zur Zeit des Nationalsozialismus arbeiteten hier jüdische und nicht-jüdische Blinde und Taubstumme unter dem Schutz des Kleinfabrikanten Weidt, der in seinem »wehrwichtigen« Betrieb Besen und Bürsten herstellen ließ. Bis 1943 konnte er hier jüdische Mitbürger vor ihren Verfolgern verbergen. So versteckte Otto Weidt eine vierköpfige Familie in einem Hinterraum der Werkstatt, holte seine Arbeiter aus dem Deportations-Sammellager zurück und bemühte sich, einer Angestellten zur Flucht aus dem KZ Auschwitz zu verhelfen.

Die Schriftstellerin Inge Deutschkron hat in der Werkstatt im Zweiten Weltkrieg gearbeitet und in ihrem Buch »Ich trug den gelben Stern« über Otto Weidt und seine Schützlinge berichtet.

Auf Porzellan: Bankier Daniel Itzig, sein Gut

wir nennen sie ›Libeskind-Momente‹, werden allerdings leer bleiben, weil wir sagen: Da passt nichts rein.«

Museumsmacher Ken Gorbey

Im April 2000 nahm Kenneth C. Gorbey seine Tätigkeit als Projektdirektor des Jüdischen Museums Berlin auf, ein von der deutschen Geschichte »unbelasteter« Museumsmacher, wie immer wieder hervorgehoben wird. Ihm oblag es, die leeren Libeskind-Räume zu füllen. Um der Einladung von Michael Blumenthal Folge zu leisten und nach Berlin zu kommen, gab er seine Stellung als Leiter für

Ausstellungsmacher Kenneth C. Gorbey

Ausstellungen und Forschung bei Te Papa, dem Nationalmuseum Neuseelands, auf. Dank seiner vielfältigen Erfahrungen und seiner Fähigkeiten, die er als Museumsdirektor, Manager großer Museumsprojekte und kulturpolitischer Berater erworben hatte, gelang es Ken Gorbey, das Museum binnen weniger Monate so einzurichten, dass es im September 2001 für Besucher eröffnet werden konnte.

1942 in Neuseeland geboren, studierte Gorbey Anthropologie und Archäologie an der Universität von Auckland. Nachdem er 1968 als Archäologe für die neuseeländische Treuhandverwaltung historischer Stätten gearbeitet hatte, begann im folgenden Jahr seine Karriere als vielseitiger Museumsmacher. Zunächst war er 1969 für ein Jahr stellvertretender Direktor des Taranaki-Museums. Als Direktor des Waikato-Museums für Kunst und Geschichte war er von 1971 bis 1984 für den Aufbau und die weitere Gestaltung dieser Institution verantwortlich. Dabei entstanden fruchtbare Bindungen zwischen den Maori, den Ureinwohnern Neuseelands, und dem Museum. In den folgenden fünf Jahren war Gorbey Museums- und kulturpolitischer Berater, u. a. für das Canterbury-Museum, das Auckland-Museum und die Wellington City Gallery.

Ab 1988 war Ken Gorbey im Museum Te Papa insbesondere für jene Installationen verantwortlich, die einen großen Teil des Besuchserlebnisses ausmachen. Te Papa ist ein außerordentlich erfolgreiches Museum; im ersten Jahr seines Bestehens zog es über

Neu betrachtet: Der Stern ist Zeichen König Davids.

zwei Millionen Besucher an. Parallel zu seiner Arbeit dort beriet Gorbey unter anderem das Museum von Melbourne, das Australische Museum und das Nationale Museum von Australien.

»Wir haben alles geschafft, was wir uns vorgenommen hatten«, erklärte Ken Gorbey schon einige Wochen vor der Eröffnung des Jüdischen Museums Berlin. »Ich arbeite hier mit einem tollen Team. Es sind intelligente junge Leute voller Enthusiasmus, die in den letzten zehn Monaten mit Herzblut gearbeitet und ihre ganze Kraft für das Museum eingesetzt haben.«

Karikatur aus dem »Illustrierten jüdischen Witzblatt« (1904).

So sah eine Synagoge vor tausend Jahren aus.

Blick ins Leben – Führung durch die Ausstellung

Schon während der Konzeptionsphase hatte es kritische Stimmen gegeben, die sich gegen Ken Gorbeys Präsentation der Exponate wandten. Als erste Informationen an die Öffentlichkeit drangen, dass multimediale Techniken breit zum Einsatz kommen sollten, wurden Warnungen laut, das Museum könnte zu einem »jüdischen Disneyland« verkommen, die Exponate könnten durch die museumspädagogische Darstellungsform regelrecht erdrückt werden – Reaktionen, die darauf hindeuteten, dass das Thema »Jüdisches Museum« auch in dieser Hinsicht heftige Emotionen weckte.

Das 80-köpfige Team um Gorbey entwickelte ein Konzept, das diesen Befürchtungen standhält. Eine unterhaltsame Zeitreise durch die 2000 Jahre alte Geschichte der Juden in Deutschland will die Ausstellung sein. Der Brückenschlag zu der eigenen und zugleich fremden Geschichte soll auf vielerlei Weise ermöglicht werden. Spielerische Einladungen an Kinder finden sich darum ebenso wie wissenschaftliche Exkurse. Ein Haus, wie gesagt, nicht für den Besucher mit Spezialkenntnissen, sondern ein Museum für Jung und Alt, für Menschen, die auf Spurensuche gehen wollen, ohne dass ein erhobener Zeigefinger sie zur Betroffenheit mahnt. 13 Stationen umfasst der Rundgang, welcher der Chronologie folgt, sich aber immer wieder vertiefend bestimmten Themen widmet. Die behandelte Zeitspanne reicht von der Abschrift eines Dekretes des Kaisers Konstantin aus dem Jahre 321 bis in die jüdische Gegenwart der Bundesrepublik, für die der TV-Quizmaster Hans Rosenthal (1925–1987) ebenso steht wie die 1998 zwischen dem Autor Martin Walser und dem damaligen Vorsitzenden des Zentralrats der Juden in Deutschland, Ignatz Bubis, geführte Debatte über die richtige Form der »Bewältigung« deutscher Vergangenheit.

Emotionen schüren nicht nur die Leerstellen des Gebäudes. Dem Sog der so genannten Voids wird sich der Besucher schwerlich entziehen können. Vor starken Gefühlen hat Ken Gorbey aber auch in der Ausstellung kein Angst: »Eine emotional ergreifende Ausstellung ist nicht sentimental. Wir zeigen Dinge, die sehr starke Gefühle hervorrufen können. Auch wir arbeiten mit dem Thema der Leere, des unwiederbringlichen Verlustes.« In der »Galerie der verschwundenen Objekte« etwa haben zerstörte Kulturgüter einen Platz gefunden.

Fundstücke werden in Schattenrissen präsentiert, die den Besucher umfangen.

Doch es mangelt auch nicht an Greifbarem. Über 3000 Exponate umfasst die Ausstellung. Zur Hälfte handelt es sich um Repliken, Faksimiles, Nachbauten oder multimediale Inszenierungen. Das Fehlen von historischen Originalen verweist dabei auf eine Ebene, die in der jüdischen Kultur begründet ist. Aufgrund des religiös verankerten Bilderverbotes lag hier der Schwerpunkt auf der Schrift und nicht so sehr auf veranschaulichenden Objekten. Umso mehr war eine erfindungsreiche Vermittlung der Ausstellungsmacher gefragt.

Haus des Lebens

Ganz bewusst bricht die Ausstellung mit der Opferrolle der Juden in Deutschland. Das Jüdische Museum ist kein Haus des Holocaust geworden, auch wenn die Architektur deutlich die abgerissenen Stränge thematisiert. Es ist ein »Haus des Lebens« – so formuliert es Michael Blumenthal und spielt damit wohl auf diese Bezeichnung der jüdischen Friedhöfe an. Diese spiegeln das komplexe wechselseitige Bedingungsverhältnis von Leben und Tod als Ort gegenwärtiger Erinnerung, Ort der Vergangenheit und Ort der Zukunft immer zugleich. Die Opfer sind präsent, aber sie wer-

Installation »Shalechet« von Menashe Kadishman (1997–1999)

Jüdische Kultgegenstände rund um die Tora, die heilige Schrift des Judentums

Das Alijah-Spiel: Reise nach Jerusalem

Es war eine lange und beschwerliche Reise nach Palästina. Spielerisch wurden die Kinder auf die Einwanderung vorbereitet: »Das Alijah Spiel kann von beliebig vielen Personen gespielt werden. Man braucht einen Würfel und für jeden Mitspieler einen Stein in einer jeweils anderen Farbe, außerdem eine KKL-Büchse. Sieger wird, wer zuerst in Emek Cheferi eintrifft.« Unterwegs werden die Spieler mit vielfältigen Problemen konfrontiert: Die nötigen Papiere werden ihnen verweigert, ihre Koffer werden vertauscht usw. Mangelnde Hebräisch-Kenntnisse sorgen für weitere Komplikationen. Eine stürmische See vereitelt die Landung. Glücklich, wer dann endlich in Emek Cheferi siedeln kann.

den nicht präsentiert. Fast provozierend schlicht erinnern nur wenige Exponate an den Holocaust. Diese Dinge sprechen von den abwesenden Menschen in einer leisen Sprache. Das unwiederbringliche Vergangene steht neben dem Bewahrten.

Dazu gehören ein Brief, geschrieben im Lager Auschwitz III, ein Koffer, der seine Besitzerin nach Theresienstadt begleitete, eine gestreifte Häftlingsjacke sowie die jiddischen Aufzeichnungen des KZ-Häftlings Salmen Gradowski, eine Rohrpost, in der Martha Liebermann ihre Angst vor dem Abtransport schildert. Die Angst trieb sie in

Von Aleph bis Tau, das hebräische Alphabet

den Selbstmord. Der Empfänger der Rohrpost quittierte: »Abgeholt 5.III.43 morgens! Gift genommen!«

Die Ausstellung insgesamt zeigt dagegen eine Geschichte, die sich nicht auf den Holocaust reduzieren lässt: Erzählen sollen die Exponate. Daher sind sie nicht nach kunsthistorischen oder religiösen Gesichtspunkten ausgewählt, sondern im Hinblick auf ihre Beredsamkeit. Ein angegilbtes Handtuch weiß von der abenteuerlichen Reise ins Exil zu berichten. Ein mehrseitiges Manuskript enthält eine wissenschaftliche Revolution: Es ist die Relativitätstheorie Albert Einsteins. Der Besucher wird in die Salonkultur einer Rahel Varnhagen eingeführt. Gegenstände aus dem Alltagsleben jüdischer Familien finden sich neben Hetzschriften. Die Ausstellung will daran erinnern, wie viel jüdisches Leben und Zusammenleben in Berlin, in Deutschland vorhanden war. Jüdische Bürger waren nicht immer hilflose Opfer, sie trugen viel zum deutschen Leben bei, sind ein Stück deutscher Geschichte.

Fällt die Mauer?

Für Blumenthal ist das Jüdische Museum auch der Versuch einer Normalisierung. »Nach meiner Beobachtung gibt es in Deutschland weiterhin eine unsichtbare Mauer. Juden werden immer noch als eine besondere Gruppe gesehen, denn wenn man ihnen begegnet, denken die meisten Menschen unweigerlich, wenn auch unausgesprochen, erst einmal an Auschwitz. Es

100 Felder bis Jerusalem: Alijah, wörtlich »Aufstieg«, bezeichnet die Einwanderung.

ist die große Aufgabe für die Gegenwart und Zukunft, mit der gemeinsamen Erinnerung so fertig zu werden, dass späteren Generationen ein unbeschwertes, positives Zusammenleben ermöglicht wird.« Bewusstseinsschärfung ist die erklärte Absicht der Ausstellung. Der Besucher soll zum Nachdenken darüber angeregt werden, wie es gegenwärtig um Deutschland bestellt ist. Blumenthal hofft, »dass viele junge Berliner und Deutsche kommen werden, um aus der Geschichte Lehren zu ziehen: Es geht um Toleranz gegenüber allen Minderheiten und um eine Wertschätzung der Beiträge, die solche Minderheiten für ein vielfältiges, reiches Kulturleben leisten können.«

Die Schumacher-Brüder – Rivalen um den Titel in der Formel 1

Die Formel 1 wird in der Saison 2001 fast zu einer »Formel Schumacher« – in zwölf von 17 Rennen kommt der Sieger aus Kerpen. Neunmal hat Weltmeister Michael die Nase vorn, dreimal Ralf. Die Konkurrenz flüchtet sich in Galgenhumor: »Zum Glück gibt es nicht noch einen dritten Schumacher«, so der Kommentar des zweimaligen Weltmeisters und McLaren-Mercedes-Piloten Mika Häkkinen nach dem Großen Preis von Kanada auf dem Circuit Gilles Villeneuve auf der Insel Notre Dame am 10. Juni.

Das Rennen im kanadischen Montreal hätte dank des ersten Doppelsiegs eines Brüderpaars in der Formel 1 seit dem WM-Beginn im Jahr 1950 fast als Kerpener Stadtmeisterschaft durchgehen können. Allerdings gab es aus der Sicht des amtierenden Weltmeisters einen kleinen Schönheitsfehler: Ralf im BMW-Williams kam vor Michael im Ferrari ins Ziel. Freundlich umarmte Michael Schumacher (32) seinen sechs Jahre jüngeren Bruder und erklärte später auf der Pressekonferenz: »Unsere Eltern werden stolz auf uns sein. Das erste Brüderpaar auf eins und zwei. Den zweiten Sieg für Ralf, für mich sechs sehr wichtige Punkte. Das ist ein guter Tag für die Familie.«

Alle Welt fragte sich: Wie können die Schumachers so unverkrampft miteinander umgehen? Werden die Duelle auch in Zukunft immer so friedlich ausgehen, da die beiden Rennfahrer nun zu öffentlichen Rivalen im Ringen um Siege, Popularität und Anerkennung geworden sind? Wird der große Bruder dem kleineren auch künftig nach Niederlagen noch auf diese Weise gratulieren, da sich »Schumi II« in seinem fünften Formel-1-Jahr anschickt, ein ernsthafter Herausforderer im Kampf um die höchste Krone im Automobilrennsport zu werden?

Seinen ersten Formel-1-Sieg hatte Ralf Schumacher am 15. April 2001 beim Großen Preis von San Marino in Imola feiern können, doch bei diesem Rennen saß ihm der Bruder nicht auf den Fersen: Michael kam nicht über den Zielstrich, sondern musste nach einer Serie technischer Defekte sein Auto in der 25. Runde an der Box abstellen. Ralf benötigte 70 Anläufe,

Ralf Schumacher feiert seinen ersten Sieg.

um auf die höchste Treppenstufe bei einer Formel-1-Siegerehrung klettern zu können, sein großer Bruder erlebte diesen Triumph schon bei seinem 18. Start.

»Bruderkrieg« auf dem Nürburgring

Für die Schlappe von Montreal revanchierte sich Michael am 24. Juli beim Grand Prix von Europa auf dem Nürburgring: Gleich mit dem Start setzten die Schumachers ihr Duell fort. Der von der Pole-Position gestartete »Große« fuhr einen Zickzack-Kurs und drängte seinen Bruder so bedrohlich nah an die Boxenmauer, dass Ralf vom Gas gehen musste. Darüber zeigte sich »Schumi II« nach dem Rennen fast so ungehalten wie über die Zehn-Sekunden-Strafe, die ihm wegen eines regelwidrigen Überfahrens der weißen Linie an der Boxenausfahrt auferlegt worden war.

Am Ende eroberte Ralf noch Rang vier, verweigerte Michael – der auch bei diesem Rennen den Sieg davontrug – aber erst einmal die Gratulation und suchte schnellstens das Weite. »Er macht mir keine Geschenke und ich ihm auch nicht. Von außen sah es vielleicht hart aus. Aber man muss schauen, dass man als Erster in der Kurve ist«, verteidigte sich Michael Schumacher.

Vorbei an den jubelnden Fans fährt Michael Schumacher in Budapest zum vierten Titel.

Ralf Schumacher bei der Zieldurchfahrt in Imola

Ralf Schumachers Teamkollege bei BMW-Williams, Juan Pablo Montoya, kommentierte die Aktion mit den Worten: »Wenn Michael schon mit seinem Bruder so harte Duelle austrägt, dann macht er es mit uns anderen erst recht.« Immerhin kam es aber nicht zum Crash unter den Schumacher-Brüdern – so wie dies am 28. September 1997 beim Großen Preis von Luxemburg, ebenfalls auf dem Nürburgring, geschehen war, ein Vorfall, den Formel-1-Pilot Heinz-Harald Frentzen seinerzeit mit den denkwürdigen Worten kommentierte: »Bin ich froh, dass ich ein Einzelkind bin.«

Der Familienkrach bei den Schumachers hielt im Sommer 2001 nicht lange an: Beim nächsten Rennen, am 1. Juli in Magny-Cours, ließ der große Schumi seinen Bruder Ralf als Zweiten sportlich einwandfrei hinter sich. Michael Schumacher feierte hier den 50. Grand-Prix-Sieg seiner Karriere und kam seinem vierten Weltmeistertitel ein gutes Stück näher. Beim Heim-Grand-Prix auf dem Hockenheimring gelang Ralf Schumacher dann am 29. Juli der dritte Saisonerfolg, und sein Bruder hatte Glück im Unglück: Nachdem er einen schweren Startunfall wie durch ein Wunder unverletzt überstanden hatte, schied er nach dem Neustart in der 24. Runde aus und behielt dennoch seinen Vorsprung von 37 Zählern auf seinen einzigen Konkurrenten im Kampf um den Titel, David Coulthard, denn der McLaren-Mercedes-Pilot musste vier Runden später ebenfalls den Rennwagen abstellen.

Michael Schumacher auf Rekordjagd

Beim Großen Preis von Ungarn in Budapest am 19. August sicherte sich Michael Schumacher mit einem souveränen Start-Ziel-Sieg nach 13 von 17 Saisonrennen vorzeitig den Weltmeistertitel 2001; Zweiter wurde sein Ferrari-Kollege Rubens Barrichello. »Ich liebe euch alle, es ist schön, mit euch zusammenzuarbeiten«, lobte Schumacher das Team über den Boxenfunk. Die italienische Zeitung »La Gazzetta dello Sport« inspirierte Schumachers zweiter Titelgewinn für Ferrari

(und sein vierter insgesamt nach 1994, 1995 und 2000) zu einer wahren Lobeshymne: »Jetzt ist Michael ein Italiener. Ein historischer Tag für Ferrari in Budapest: Schumi war ein Wunder, Barrichello perfekt, Ferrari unfehlbar – es war, als spiele ein Violinen-Chor eine ungarische Rhapsodie. Mit Schumi ist Ferrari wieder auferstanden. Dieser perfekte und manchmal auch wieder so menschliche Deutsche hat Italien einen Mythos zurückgegeben.«

In den fast elf Jahren seiner Formel-1-Karriere hat Michael Schumacher der Königsklasse des Motorsports nachhaltig seinen Stempel aufgedrückt. Die stolze Bilanz nach seinem Sieg zum Abschluss des Formel-1-Jahres 2001 am 14. Oktober in Suzuka: 53 Grand-Prix-Siege – Weltrekord; neun Erfolge innerhalb eines Jahres – mehr schaffte noch kein Fahrer; mit insgesamt 801 Zählern überflügelte er den Franzosen Alain Prost, der die bisherige Weltrekordmarke mit 798,5 Punkten hielt; auch die 123 Saisonzähler bedeuteten Weltrekord. Nur der legendäre Argentinier Juan Manuel Fangio hat als fünfmaliger Champion einen Weltmeistertitel mehr.

Michael Schumacher hat Grund zum Feiern: In Suzuka endet am 14. Oktober 2001 seine vierte Weltmeistersaison.

Die Mehrfach-Weltmeister der Formel 1		
Titelzahl	Name (Land)	Jahre
5	Juan Manuel Fangio (Argentinien)	1951, 1954, 1955, 1956, 1957
4	Alain Prost (Frankreich)	1985, 1986, 1989, 1993
	Michael Schumacher (Deutschland)	1994, 1995, 2000, 2001
3	Jack Brabham (Australien)	1959, 1960, 1966
	Jackie Stewart (Großbritannien)	1969, 1971, 1973
	Niki Lauda (Österreich)	1975, 1977, 1984
	Nelson Piquet (Brasilien)	1981, 1983, 1987
	Ayrton Senna (Brasilien)	1988, 1990, 1991
2	Alberto Ascari (Italien)	1952, 1953
	Graham Hill (Großbritannien)	1962, 1968
	Jim Clark (Großbritannien)	1963, 1965
	Emerson Fittipaldi (Brasilien)	1972, 1974
	Mika Häkkinen (Finnland)	1998, 1999

Michael Schumacher – Rennfahrer aus Passion

Mit einer Jahresgage von etwa 75 Millionen DM ist Michael Schumacher der teuerste Rennfahrer der Welt. Der Motorsport hat ihn, der seine Karriere auf der Kartbahn von Kerpen startete, zum Idol der Massen gemacht und ihm Einlass in die Welt der Super-Reichen und Berühmten verschafft. Das Kürzel »Schumi« wurde zum Markenzeichen für den unbedingten Willen zum Erfolg. »Rennfahren ist mein Leben«, sagt der Ferrari-Pilot, der den Fußball zu einem seiner liebsten Hobbys zählt und seine balltechnischen Fertigkeiten bei diversen Wohltätigkeitsspielen rund um den Globus demonstrieren konnte.

Sein Privatleben vermag der am 3. Januar 1969 in Hürth-Hermühlheim geborene Schumacher, 1,74 m groß und mit dem erlernten Beruf des Kfz-Mechanikers, weitgehend vor der Öffentlichkeit abzuschirmen. Am 1. August 1995 heiratete er seine Freundin Corinna und zog mit ihr gut ein Jahr später von Monte Carlo nach Vufflens-le-Château in die Schweiz um. Am 20. Februar 1997 kam eine Tochter (Gina Maria) zur Welt, am 22. März 1999 schenkte Corinna einem Sohn (Mick) das Leben. Michael Schumacher gilt als Familienmensch: Jede freie Minute – so heißt es – verbringt er mit Frau und Kindern. Das Image des fairen, in einer heilen Welt lebenden Sportlers, mit dem ihn seine Bewunderer gern umgeben, erfasst nicht den ganzen Schumacher, denn der ist auch deshalb ganz nach oben gekommen, weil er ehrgeizig ist, manchmal auch rücksichtslos gegen sich und andere.

Karrierestart auf der Kartbahn

Schon mit fünf Jahren fuhr Michael Schumacher seine ersten Kart-Rennen. Sein Vater Rolf Schumacher baute für ihn das erste Fahrzeug und meldete ihn im Kart-Club Kerpen-Horrem an. 1980 bauten die Mitglieder des Kerpener Kartclubs eine neue Bahn im Stadtteil Manheim, wo nun Michael und sein Bruder Ralf die Strecke unsicher machten. Bei den ersten Duellen auf der Kartbahn ließ – so wird berichtet – der Große dem Kleinen stets den Vortritt, um ihn nicht zu entmutigen.

Allerdings war Michael für Meisterschaftsrennen damals noch zu jung, bis 1983 musste er auf die Kart-Lizenz warten. Nach Erfolgen bei den Junioren gewann er 1987 die Deutsche Kartmeisterschaft und die Europameisterschaft. Trotz seines unbestreitbaren fahrerischen Talents war es für ihn keineswegs ein Spaziergang, als es galt, den Führerschein zu machen. Am 23. Januar 1987 absolvierte er die praktische Prüfung nach immerhin 21 Fahrstunden, dann allerdings »völlig unkompliziert«, wie sich der Fahrlehrer erinnert. 1988 bestritt Michael Schumacher seine erste Saison in einem Formel-Rennwagen. Er wurde Deutscher Meister in der Formel König und Vize-Europameister in der Formel Ford 1600.

Ende 1988 wurde Manager Willi Weber auf ihn aufmerksam. Weber lud ihn zu einer Testfahrt in seinem WTS-Formel-3-Team (Weber-Tuning-Stuttgart) ein. Schumacher erhielt einen Zweijahresvertrag für 1989 und 1990. Den Lehrjahren in der Formel 3 folgte gemäß der Karriereplanung, die Willi Weber für seinen Schützling aufgestellt hat-

Der junge Michael Schumacher geht Anfang der 90er Jahre auf seinem Kart in die Kurve.

Die »Schumacher-Frauen«: l. Corinna, r. Cora, seit dem 5. Oktober 2001 Ralfs Ehefrau

te, eine Ausbildung bei Mercedes-Benz in der Gruppe-C-Weltmeisterschaft. 1990 gewann Michael Schumacher den Formel-3-Meisterschaftstitel und nahm parallel an der Gruppe-C-Weltmeisterschaft teil. 1991 fuhr er Sportwagenrennen in der Formel 3000 und in der Deutschen Tourenwagenmeisterschaft.

Einstieg bei der Formel 1

Ende August 1991 wurde im Rennstall von Eddie Jordan kurzfristig ein Formel-1-Cockpit frei. Weil der belgische Jordan-Pilot Bertrand Gachot nach einem Streit mit einem Londoner Taxifahrer zu einer Gefängnisstrafe verurteilt worden war, brauchte Jordan dringend einen Ersatzfahrer für das anstehende Rennen im belgischen Spa-Francorchamps – und fand ihn in Schumacher. Ob der junge Mann denn die gefährliche Rennstrecke in den Ardennen schon einmal gefahren sei, wollte Eddie Jordan wissen. »Ja, schon hundert Mal«, so Webers ebenso unzutreffende wie schlagfertige Antwort.

Auf Anhieb belegte der damals 22-jährige Schumacher im Qualifikationstraining Platz sieben. Das Rennen am 25. August 1991 war für ihn allerdings schon nach 700 Metern wegen eines Kupplungsschadens zu Ende – nicht aber die Karriere des Kerpeners: Benetton nahm Schumacher unter Vertrag; schon bei seinem zweiten Rennen in Monza am 8. September 1991 holte er als Fünfter seine beiden ersten Weltmeisterschaftspunkte und schloss die Saison mit vier Punkten als Zwölfter ab.

Der erste Sieg und der erste Titel

In Michael Schumachers erster kompletter Saison folgte am 30. August 1992 der erste Formel-1-Sieg, und zwar auf seiner »Hausbahn« in Spa-Francorchamps. 1993 wuchs seine Fangemeinde weiter an, auch wenn er wegen mehrerer Ausfälle bei der Weltmeisterschaft nur Vierter wurde.

Die ersten beiden Rennen des Jahres 1994 gewann Schumacher überlegen. Dann ging es zum Großen Preis von San Marino nach Imola. Am Tag vor dem Rennen verunglückte der Österreicher Roland Ratzenberger tödlich. Der Brasilianer Ayrton Senna startete am 1. Mai 1994 von der Pole-Position vor Schumacher in ein Rennen, das sein letztes sein sollte: Mit gebrochener Len-

Ayrton Senna am 1. Mai 1994 in Imola vor seinem letzten Start

Die Erinnerung an Senna: Ein weinender Michael Schumacher am 10. September 2000

kung raste der führende Senna in der Tamburello-Kurve in die Mauer, sein Helm wurde von einem Aufhängungsteil durchbohrt, er war fast sofort tot. Wie tief Sennas Tod Schumacher erschüttert hatte, zeigte sich noch sechs Jahre später: Nach seinem Sieg in Monza am 10. September 2000, durch den er in der ewigen Bestenliste mit Senna gleichzog (jeweils 41 Grand-Prix-Erfolge), brach er auf der Pressekonferenz in Tränen aus. »Der Roboter weint«, überschrieb anschließend eine italienische Zeitung ungläubig ihren Bericht.

1994 war das Jahr des ersten ganz großen Triumphes, aber auch der Skandale. Sie brachten Schumacher den Makel des »Schummel-Schumi« ein. In Silverstone übersah Schumacher am 10. Juli die schwarze Signalflagge. Er hatte in der Aufwärmrunde unzulässigerweise den führenden Damon Hill überholt und dann die Signale nicht beachtet, die ihn wegen einer Zeitstrafe an die Box beorderten. Er verlor

die Punkte für den zweiten Platz und wurde für zwei Rennen gesperrt. Wenige Stunden nach seinem Sieg in Spa am 28. August folgte die »Holzplatten-Affäre«: Disqualifikation, weil eine Bodenplatte seines Benettons nicht dem Reglement entsprach.

Dank seiner acht Saisonsiege stand Schumacher die Weltmeisterschaft trotzdem noch offen. Er durfte nur das letzte Rennen am 13. November 1994 in Adelaide gegen Damon Hill nicht verlieren. In der 36. Runde kam Schumacher mit seinem Benetton-Ford von der Strecke ab, krachte mit der rechten Seite in eine Begrenzungsmauer, wurde auf die Piste zurückgeschleudert und kollidierte mit dem unmittelbar hinter ihm fahrenden Briten, der rechts vorbeiziehen wollte.

Schumacher blieb liegen, Hill konnte mit seinem an der Radaufhängung irreparabel beschädigten Williams-Renault noch an die Boxen fahren. Beide schieden aus, der in der Gesamtwertung mit 92 Punkten vor Hill (91 Punkte) führende Schumacher war als erster Deutscher Weltmeister in der Formel 1.

Der zweite Titel 1995 und der Wechsel zu Ferrari

Mit dem zweiten Titel 1995 wurde Schumacher der jüngste Doppel-Weltmeister der Formel-1-Geschichte. An seiner sportlichen Überlegenheit war in dieser Saison, in

der er neun Grand-Prix-Siege einfuhr, nicht zu rütteln. Am 16. August 1995 gab er bekannt, er werde 1996 und 1997 für ein geschätztes Jahreseinkommen von rund 35 Millionen DM für Ferrari fahren. Dort feierte man 1979 den letzten WM-Titel.

»Schumacher ist pro Runde eine Sekunde schneller als alle anderen«, rechtfertigte Luca di Montezemolo, der Präsident der Scuderia Ferrari, die kostspielige Neuverpflichtung. Doch das Premierenjahr bei den roten Rennern aus Maranello ging als Pannenjahr in die Formel-1-Historie ein. Bei 16 Starts kam Schumacher nur neunmal ins Ziel und belegte mit drei Siegen und 59 Punkten in der Endabrechnung Platz drei hinter dem Briten Damon Hill und dem kanadischen Newcomer Jacques Villeneuve. Gleichwohl wusste man diese mageren Erfolge bei dem italienischen Rennstall zu würdigen.

Mit dem Saisonstart 1997 bekam Schumacher Konkurrenz aus der eigenen Familie: Sein Bruder Ralf stieg mit 22 Jahren, also im selben Alter wie 1991 Michael, in die Formel 1 ein; er unterzeichnete seinen ersten Vertrag bei Jordan-Peugeot.

Michael Schumacher in der Formel-1-Statistik							
Jahr	Auto/Motor	Grand-Prix-Starts	Grand-Prix-Siege	WM-Punkte	WM-Rang	Pole-Position	Schnellste Runden
1991	Jordan 191 – Ford/ Benetton B 191 – Ford	6	–	4	12	–	–
1992	Benetton B 192 – Ford	16	1	53	3	–	2
1993	Benetton B 193B – Ford	16	1	52	4	–	5
1994	Benetton B 194 – Ford	14	8	92	1	6	8
1995	Benetton B 195 – Renault	17	9	102	1	4	8
1996	Ferrari F 310 – Ferrari	15	3	59	3	4	2
1997	Ferrari F 310B – Ferrari	17	5	78	20	3	3
1998	Ferrari F 300 – Ferrari	16	6	86	2	3	6
1999	Ferrari F 399 – Ferrari	10	2	44	5	3	5
2000	Ferrari F1-2000 – Ferrari	17	9	108	1	9	2
2001	Ferrari F1-2001 – Ferrari	17	9	123	1	11	3

Ganz in Rot: Die Fans feiern im Oktober 2000 Schumachers ersten Titelgewinn mit Ferrari.

Zwei Schumacher auf der Formel-1-Bühne

Als Ralf Schumacher am 30. Juni 1975 in Hürth-Hermülheim geboren wurde, drehte sich in der Familie wegen seines sechs Jahre älteren Bruders Michael schon alles um den Kartsport. Ralf sammelte erste Kart-Erfahrungen im Alter von drei Jahren. Mit sechs nahm er an Clubrennen teil. 1991 gewann er den NRW-Cup, den Gold-Cup und die Deutsche Junioren-Kartmeisterschaft. 1992 startete er in der Deutschen Kartmeisterschaft und beendete die Saison als Deutscher Vizemeister. Einen zweiten Platz belegte er auch in der ADAC-Formel-Junior.

Ralf Schumachers erste Karrierestufen

1993 fuhr Ralf Schumacher seine erste komplette Saison in der ADAC-Formel-Junior-Meisterschaft. Nach Platz zwei in der Meisterschaft nahm ihn Manager Willi Weber für sein Formel-3-Team unter Vertrag. 1994, als der ältere Schumacher-Bruder erstmals Weltmeister wurde, fuhr Ralf die erste vollständige Formel-3-Saison. Im Endklassement der Deutschen Formel-3-Meisterschaft belegte er Rang drei. 1995 wurde er in der Formel 3 Vizemeister.

Der weitere Weg nach oben war vorgezeichnet: 1996 gewann Ralf Schumacher die japanische Formel-3000-Meisterschaft, startete dort auch in der GT-Meisterschaft, gewann in dieser Serie drei Rennen und wurde Vizemeister. Ein Angebot des McLaren-Formel-1-Teams, dort Testfahrer zu werden, lehnte Ralf Schumacher ab; er wollte lieber Rennen fahren. In der Saison 1997 gab er sein Formel-1-Debüt im Jordan-Team. Schon beim dritten Rennen gelang ihm – und damit sehr viel früher als seinem Bruder – der erste Sprung auf das Treppchen: Am 13. April wurde er Dritter beim Großen Preis von Argentinien. Auch beim Rennen um den Großen Preis von Großbritannien in Silverstone am 13. Juli, beim Heim-Grand-Prix auf dem Hockenheimring am 27. Juli und beim Großen Preis von Österreich auf dem A1-Ring am 21. September fuhr er in die Punkteränge.

Schumi I im Duell mit Villeneuve – Schumi II zweimal vorn dabei

Für Ralfs älteren Bruder war 1997 das Jahr des Duells mit Jacques Villeneuve. Vor dem letzten Rennen im spanischen Jerez am 26. Oktober hatte Michael Schumacher einen Punkt Vorsprung vor dem Kanadier. Er hätte nur vor ihm im Ziel sein müssen, und der Titel hätte ihm gehört. Nach dem zweiten Boxenstopp lag Michael Schumacher denn auch in Führung. In der 47. Runde setzte Villeneuve in einer Rechtskurve zum Überholen an. Zu spät erkannte Schumacher die Situation, steuerte gleichfalls nach innen, und es kam zum Crash: Die vordere rechte Radaufhängung seines Ferraris traf den Seitenkasten von Villeneuves Williams. Doch diesmal war es anders als 1994 in Adelaide: Der Kanadier konnte – anders als damals Damon Hill – weiter fahren, während Schumacher im Kiesbett stecken blieb. Villeneuve rettete den Titel mit Platz drei ins Ziel.

Wegen dieses Vorfalls erkannte der Internationale Automobilverband (FIA) Schumacher alle Punkte ab, die dieser in der Saison 1997 gewonnen hatte, und annullierte seinen zweiten Platz in der Gesamtwertung. Tröstlich für Schumacher: Er behielt seine fünf in dieser Saison errungenen Siege und ging ohne Punktabzug in die neue Saison.

Nach dem skandalösen Saisonfinale 1997 von Jerez ging es Michael Schumacher 1998 darum, seinen Ruf wiederherzustellen. Er verlängerte seinen Vertrag bei Ferrari um drei Jahre bis einschließlich 2002 und hielt den Kampf gegen die technisch überlegenen Rennwagen von McLaren-Mercedes bis zum letzten Rennen in Japan offen. Von den ersten sechs Saisonrennen gewannen die McLaren-Piloten Mika Häkkinen und David Coulthard fünf. Erst beim Großen Preis von Kanada am 7. Juni begann mit Schumachers Sieg die Aufholjagd. Beim letzten Rennen am 1. November in Suzuka hätte Häkkinen ein zweiter Platz gereicht, Schumacher aber musste gewinnen. Er ging aus

Ralf Schumacher in der Formel-1-Statistik							
Jahr	Auto/Motor	Grand-Prix-Starts	Grand-Prix-Siege	WM-Punkte	WM-Rang	Pole-Position	Schnellste Runden
1997	Jordan 197 – Peugeot	17	–	13	11	–	–
1998	Jordan 198 – Mugen-Honda	16	–	14	10	–	–
1999	Williams FW 21 – Supertec	16	–	35	6	–	1
2000	Williams FW 22 – BMW	17	–	24	5	–	–
2001	Williams FW 23 – BMW	17	3	4	9	4	15

der Pole-Position an den Start, doch nach einer Serie von Pleiten, Pech und Pannen schied er durch Reifenschaden aus.

Sein Bruder Ralf stand 1998 zweimal auf dem Treppchen und belegte am Ende Rang zehn mit 14 Punkten. Beim Jordan-Doppelsieg in Spa wurde Ralf per Stallorder gebremst, obwohl er schneller unterwegs war als Teamkollege Damon Hill. Daraufhin der erboste Ralf: »Es war das erste Mal, dass ich einer Stallorder folgen musste. Ich hoffe, es war auch das letzte Mal!«

M. Schumachers Ferrari in Silverstone 1999

Geplatzte Träume für den großen, Rang sechs für den kleinen Bruder

1999 sollte es endlich klappen mit dem Weltmeistertitel, das hatte sich Michael Schumacher fest vorgenommen. Vor Silverstone, dem achten Saisonlauf, lag er in der Gesamtwertung lediglich acht Punkte hinter Weltmeister Mika Häkkinen zurück. Doch dann erlitt Schumacher am 11. Juli 1999 den bis dahin schwersten Unfall seiner Karriere: Er kam mit dem Auto von der Strecke ab, raste frontal in einen Reifenstapel und brach sich das rechte Schien- und Wadenbein. Weil ein Ferrari-Mechaniker vergessen hatte, eine Schraube festzuziehen, konnte Bremsflüssigkeit austreten, und die Bremsen wirkten nicht mehr. Zwar feierte Schumacher nach 98-tägiger Verletzungspause bereits am 17. Oktober in Kuala Lumpur ein sensationelles Comeback – er überließ seinem Teamkollegen Eddie Irvine großzügig den Sieg –, doch am Ende der Saison triumphierte zum zweiten Mal Mika Häkkinen im Silberpfeil.

Ralf Schumacher war zur Saison 1999 von Jordan zum Williams-Team gewechselt und fuhr dort noch mit den alten Renault-Motoren, die von der französischen Firma Supertec überarbeitet wurden. 35 Punkte bedeuteten am Ende Platz sechs.

2000: Michael endlich Weltmeister auf Ferrari

Am 8. Oktober 2000 war es endlich soweit: Michael Schumacher gewann den Großen Preis von Japan und stand vor dem Saisonfinale in Malaysia als Weltmeister fest. Mit seinem dritten Weltmeistertitel in der Formel 1 nach 1994 und 1995 beendete er eine 21-jährige Durststrecke für Ferrari und krönte mit dem insgesamt 44. Formel-1-Sieg sein bis dahin erfolgreichstes Jahr.

Ein überzeugender Start und ein furioses Finale bescherten Schumacher den Titelgewinn. Drei Siege bei den ersten drei Rennen in Melbourne, Sao Paulo und Imola auf dem völlig neu entwickelten Boliden Ferrari F1-2000 weckten in Maranello bereits Hoffnungen auf den Titel, doch hintere Plätze in England und in Spanien sorgten wieder für Ernüchterung. Beim Großen Preis von Europa am 21. Mai auf dem Nürburgring und beim Großen Preis von Kanada am 18. Juni in Montreal kehrte Schumacher auf die Siegerstraße zurück, ehe ihn Ausfälle in Frankreich, Österreich und auf dem Hockenheimring zurückwarfen. Nach Mika Häkkinens brillantem Überholmanöver in Spa – der Finne überrundete gleichzeitig Ricardo Zonta und überholte Michael Schumacher – schien die Weltmeisterschaft für Ferrari wieder einmal verloren. Das Comeback des Kerpeners am 10. September in Monza war

der Auftakt für den Schlussspurt: Die letzten vier Rennen der Saison entschied Michael Schumacher für sich.

BWM-Williams – die dritte Kraft

Im Schatten des Zweikampfes zwischen Ferrari und McLaren-Mercedes etablierte sich die neue Kombination Williams und BMW dank der starken Leistung von Ralf Schumacher als »dritte Kraft« in der Formel-1-Welt. Drei dritte Plätze – in Melbourne, Spa-Francorchamps und Monza –, aber auch sechs Ausfälle waren die Ups-and-Downs der Millenniumssaison, in der Ralf Schumacher auch eine Schrecksekunde zu überstehen hatte: Beim Grand Prix von Monaco am 4. Juni in Monte Carlo prallte er in der Sainte-Devote-Kurve in die Leitplanke, zog sich aber nur eine Schnittwunde am linken Unterschenkel zu.

2001 sorgte der Wahl-Österreicher nicht nur durch seine Rennerfolge für Aufsehen, sondern auch durch die heimliche Hochzeit mit seiner Verlobten Cora Brinkmann am 5. Oktober – allerdings nicht dort, wo die Meute der Fotografen wartete, im Salzburger Schloss Mirabell, sondern in seiner neu renovierten Villa in der Flachgauer Gemeinde Hallwang. 18 Tage nach der Hochzeit kam in Salzburg ein gesunder Junge zur Welt. Der Taufpate stand schon vorher fest: Ralfs großer Bruder Michael Schumacher.

Beifall für den Sieger: Ralf applaudiert Michael Schumacher in Magny Cours am 1. Juli 2001.

Personenregister

Das Personenregister enthält alle in diesem Buch genannten Personen (nicht berücksichtigt sind mythologische Gestalten und fiktive Persönlichkeiten sowie Eintragungen im Anhang mit Ausnahme des Nekrologs). Kursive Zahlen verweisen auf Abbildungen.

Personenregister

Sachregister

»Chronik 2001« und »Menschen und Themen 2001«

Das Sachregister enthält Stichwörter zu den Ereignissen, die in den einzelnen Artikeln des Chronik-Teils (S. 8–205) und im Thementeil (ab S. 388) behandelt sind, sowie Hinweise auf die im Anhang (S. 210–241) erfassten Daten. Während politische Ereignisse im Ausland unter den betreffenden Ländernamen zu finden sind (Beispiel: »Nordallianz« unter »Afghanistan«), ist das politische Geschehen in der Bundesrepublik Deutschland unter den entsprechenden Schlagwörtern erfasst. Ereignisse und Begriffe, die sich einem großen Themenbereich (außer Politik) zuordnen lassen, sind unter einem Oberbegriff aufgelistet (Beispiel: »Berlinale« unter »Film«). Die Chronik »Der 11. September 2001«(S. 248–387) ist in einem gesonderten Sachregister erfasst; es findet sich im Anschluss an dieses Register. Für die Recherche zu den Terroranschlägen und den Folgen empfiehlt sich die Konsultation beider Register.

Sachregister

Sachregister

Chronik »Der 11. September 2001«

Das Sachregister enthält Stichwörter zu den Ereignissen, die in der Chronik »Der 11. September 2001« behandelt sind. Die Teile »Chronik 2001« (S. 8–241) sowie »Menschen und Themen 2001« (ab S. 388) sind in einem gesonderten Sachregister erfasst; es findet sich vor diesem Register. Für die Recherche zu den Terroranschlägen und den Folgen empfiehlt sich die Konsultation beider Register.

Bildquellen

Abbildungsnachweis

AAdam Opel AG, Rüsselsheim (1); aisa, Barcelona (2); Art Das Kunstmagazin, Hamburg (1); Associated Press GmbH, Frankfurt (17) – Ahounou (1) – Alastair (1) – APTN (1) – AUDI (1) – Augstein (4) – Bagci/Anatolia (1) – Baker (1) – Bandic (1) – Bangash (2) – Barker (1) – Bauer (1) – Berger (1) – Bimmer/Sarbach (1) – Borner (1) – Boroviczeny (1) – Brinon (1) – Bruno (4) – Bullit (1) – Caulkin (3) – Cironneau (3) – Cito (1) – Cleaver (1) – Conroy (1) – Cook (1) – Cornier (1) – Crasto (1) – Defence Department (1) – Deinov (1) – Di Gaetano (1) – Djansezian (1) – Dolezal (1) – Drew (1) – Ena (2) – Endlicher (1) – Euler (1) – Finck (1) – Finley (1) – Fleeler/Keystone (1) – Galazka (1) – Gardin (1) – Garrison (1) – Gay (1) – Ghirda (2) – Giakoumidis (1) – Givon (1) – Grant (2) – Grdanoski (2) – Griffith (1) – Grits (1) – Guitierrez (1) – Guttenfelder (1) – Hadebe (1) – Hatch (1) – Helber (1) – Holland (2) – Ilic (1) – Inouye (1) – Israel Goverment Press Office (1) – Izquierdo (3) – Japaridze (1) – Kabalo (1) – Kambayashi (3) – Kammerer (1) – Kastro (1) – Keiser (1) – Khan (1) – Kienzle (5) – Knippertz (2) – Knosowski (2) – Kochetkov (1) – Kryeziu (1) – Kumar (1) – Lambert (1) – Larma (1) – Lennihan (1) – Lewis (1) – Ligtenberg (1) – Lindhardt (1) – Lipchitz (1) – Lovetsky (1) – Lutz (1) – Marquette (1) – Marquez (1) – Marti (1) – McConnico (1) – Medichini (2) – Meissner (1) – Meißner (1) – Mills (2) – Mondelo (1) – Moore (1) – Morrison (4) – Morse/White House (1) – Moyer (1) – Musau (1) – Nazari (1) – Nijhuis (1) – Ochoa (1) – Oinuma (1) – Okten (1) – Oregon Regional Primate Research Center (1) – Peska (1) – Pfaffenbach (1) – Pizac (1) – Poroy (1) – Press Trust Of India (1) – Pressens Bild/Ekstromer (1) – Proepper (1) – Rahman (1) – Rauch (2) – Rebours (1) – Reiss (2) – Rietschel (1) – Roque (1) – Rothermel (1) – Rumpenhorst (3) – Russian Space Agency (1) – Rycroft (1) – Safodien (1) – Sancetta (3) – Sasahar (1) – Schmidt (1) – Schoelzel (1) – Schreiber (3) – Seavans (1) – Sekrearev (3) – Shah (4) – Sokolowski (1) – Spingler (1) – Stampfli (1) – Stanislawski (1) – Takahashi (1) – Thayer (1) – Trovati (1) – Villa (1) – Vojinovic (2) – Washavsky (1) – Weitz (1) – Willens (1) – Xinhua (1) – Xinhua/Wang Song (1); Yuan Man (1) – Zaheeruddin (1) – Zatari (1) – Zilwa (1); Jürgen Bauer, Wiesbaden (1); Bertelsmann Lexikon Verlag, Gütersloh (9); Thilo Beu, Bonn (1); Biologisch-botanisches Bildarchiv Dr. W. Buff, Biberach (1); BMW AG, München (3); Ford-Werke AG, Köln (1); Wilfried Böing, Berlin (1); Bongarts Sportfotografie GmbH, Hamburg (1); Bretz Wohnträume GmbH, Gensingen (1); BUNTE Entertainment Verlag, München (2);Carl Hanser Verlag, München (2); Caro Fotoagentur GbR, Berlin – Jandke (1); Cinetext Bild- und Textarchiv, Frankfurt (16); ClassiCon GmbH, München (1); Corbis-Bettmann, New York – (1) – AFP (1) – Reuters (1); Christoph & Friends, Essen (1); DaimlerChrysler Communications, Stuttgart (1); Arno Declair, Hamburg (2); Der Spiegel, Hamburg (1); DESY – Dt. Elektronen-Synchroton, Hamburg (1); Deutsche Bahn AG, Berlin (1); DIZ München GmbH, München (1); Document Vortragsring e.V., München – Göhler (1); dpa, Frankfurt (9) – Action Press (1) – AFP (1) – afp Kahana (1) – afp Mata (1) – AFP/Deghati (1) – Agassi Enterprise (1) – Alabiso (1) – Altwein (1) – Andersen (1) – Aserud (1) – Athenstädt (1) – Bachmann (1) – Bat (1) – Batchelor (1) – Baum (1) – Becker & Bredel (2) – Berg (1) – Berhart (1) – Berlin Picture Gate (1) – Berlin Picture Gate/Fröhling (1) – Berlin Picture Gate/Gudath (1) – Berlin Picture Gate/Wächter (1) – Bernd (1) – Breloer (2) – Buck (1) – Canbanis (1) – Carapezza (1) – Carstensen (1) – Christensen (1) – Deck (3) – Dedert (2) – Elsner (1) – Endig (3) – Engelsmann (1) – epa afp (1) – epa afp Lemmer (1) – epa afp Vidanagama (1) – epa anp Wind (1) – epa ansa Brambatti (1) – epa apa Schlager (1) – epa Gustavson (1) – epa Humphreys (1) epa PA Noble (1) – epa pressenbild/Ekstromer (2) – Ernert (1) – Falch (1) – Felix (2) – Flemming (1) – Försterling (2) – Getty (1) – Green (1) – Grimm (4) – Grubitzsch (1) – Haid (1) – Harari (1) – Herschelmann (1) – Hesse (1) – Hiekel (2) – Hirschberger (5) – Honda (1) – Hoslet (1) – Iglo (1) – Jaspersen (1) – Jensen (2) – Joe (1) – Jung (4) – Kalaene (1) – Kang (1) – Kanter (1) – Kasper (1) – Kenare (1) – Keystone (1) – Keystsone/Bieri (1) – Khan (1) – Kluge (2) – Kneffel (1) – Kumm (2) – Landry (1) – Langenstrassen (2) – Link (2) – Lösel (1) – Mächler (2) – Maelsa (3) – May (1) – Mettelsiefen (3) – Multhaup (2) – Nestle Deutschland Pressedienst (1) – Nietfeld (2) – Nisametdinov (1) – Nogi (2) – NYPD (1) – Onorati (1) – Ostrop (1) – Perrey (2) – Pilick (3) – Pleul (1) – Pressensbild Persson (1) – Pressensbild Sofia Sabel (1) – Puchner (2) – Rehder (1) – Reich (1) – Roessler (1) – Saukkomaa (1) – Scheidemann (3) – Schrader (1) – Schutt (1) – Settnick (7) – Seyllou (1) – Shaver (1) – Sixt (1) – Skarzynski (3) – Stache (1) – Stratmann (1) – Suki (1) – Theiler (1) – Thieme (1) – Tinazay (1) – Tschauner (2) – Tsuno (2) – Tsuöno (1) – Vidon (1) – Wagner (3) – Weitzel (1) – Wilhelmsen Group (1) – Wood (1) – Zucchi (1); E.ON AG, Düsseldorf (1); EMBL, Hamburg (1); Alexander Paul Englert, Frankfurt (1); FC Schalke 04, Gelsenkirchen (1); Fiat Automobil AG, Frankfurt (1); Friedrich Berlin Verlagsgesellschaft, Berlin (2); Gala, Life & Style, Hamburg (2); Galerie EIGEN+ART, Berlin, Leipzig – Uwe Walter (1); Galerie Gmurzynska, Köln – Sasa Fuis (1); Sabine Haymann, Stuttgart (1); Hoffmann und Campe, Hamburg (1); Hypothekenbank in Essen AG, Essen (1); Interfoto, München (13); Jüdisches Museum, Berlin (1); Keystone, Hamburg (2); Kicker-Sportmagazin, Nürnberg (1); Gert Kiermeyer, Halle (1); Andrea Kremper, Dortmund (1); Antje Kunstmann Verlag, München (1); Paul Leclaire, Köln (1); Klaus Lefebvre, Gevelsberg (1); Leipziger Volkszeitung, Leipzig (1); Mainzer Rhein-Zeitung, Mainz (1); Marburger Tapetenfabrik, Kirchhain (1); Roman Mensing, Münster (1); Ministerium für Schule, Wissenschaft und Forschung NRW (2); Münchner Zeitungs-Verlag (1); Museum für Neue Kunst, ZKM, Karlsruhe – Christof Hierholzer, Karlsruhe (1); NASA, Washington (1); Neue Zürcher Zeitung, Zürich (1); Newsweek, Heidelberg (1); Dr. Oetker, Bielefeld (1); Thomas Pinzka, Erlangen (1); plus 49 GmbH, Hamburg (1); Public Address, Hamburg (2); Eva Lotte Reimann, Hamburg (1); Reuters AG New Pictures, Berlin – Behraki (2) – Bensemra (1) – Jones (1) – Pfaffenbach (1) – Prouser (1) – Qusini (1) – Rattay (1) – Salahuddin (1) – Stubblebine (1); Christian Richters, München (2); Monika Rittershaus, Berlin (1); Rothweiler, Düsseldorf (1); Rowohlt Verlag GmbH, Reinbek (2); RTL Deutschland, Köln (1); Sächsische Zeitung, Dresden (1); SAT.1, Berlin (1); Science Photo Library, London (1); Siemens AG, München (1); Silvestris Fotoservice, Kastl – Skibbe (1) – Wisniewski (1); Sipa Press, Paris (1) – Nebinger (1) – Niviere (1) – Tschaen/Meigneux/Witt (2); Axel Springer Verlag, Hamburg (1); Studio X Image de Presse, Limours (1); Matthias Stutte, Krefeld (1); Gisela Them, Unterhaching (10); Tony Stone Images, London – Monneret (1); Toyota Deutschland GmbH, Köln (1); ARD, München (1); Transglobe Agency, Hamburg – Bäsemann (1); Ver.di Bundesvorstand, Berlin (1); Victoria Versicherung AG, Düsseldorf (1); Norbert Wangen, München (2); WelliS AG, Willisau (2); Sabine Wenzel, Berlin (1); Zanotta S.p.A. Press Office, Nova Milanese (1); Leonard Zubler, Adliswil (1);

© Jenny Holzer, Installation Fassade Jüdisches Museum – VG Bild-Kunst, Bonn 2001.
© Neo Rauch, Tabu – VG Bild-Kunst, Bonn 2001.
© Gregor Schneider, Haus ur Eingangstür – VG Bild-Kunst, Bonn 2001.

Abbildungsnachweis für »Chronik 11. September 2001«

dpa, Frankfurt: Henny Ray Abrams (1) – afp (1) – afp Paul Buck (1) – afpi/Al-Jazeera (1) – Odd Andersen (1) – Jamal Aruri (1) – Nestor Bachmann (2) – Werner Baum (1) – Hubert Boesl (2) – Yves Boucau (1) – Tim Boyle (1) – Tim Brakemeier (1) – Gero Breloer (2) – Paula Bronstein (1) – Paul Buck (1) – Jens Büttner (1) – CBS RTL2 handout (1) – Gerard Cerles (1) – CNN (2) – Jerzy Dabrowski (1) – db bka (1) – George De Sota (1) – Christoph Dernbach (1) – Andre Durand (1) – Ehlers (1) – Pius Utomi Ekpei (1) – Richard Ellis (1) – epa afp (18) – epa afp Abrams (1) – epa afp Al-Jazeera (2) – epa afp Almeida (1) – epa afp Brewer (1) – epa afp Ceneta (1) – epa afp Clary (1) – epa afp Dept. of Defense (1) – epa afp Desmazes (1) – epa afp Draper (1) – epa afp Dunand (1) – epa afp Emmert (1) – epa afp Frazza (1) – epa afp Goh Chai Hin (1) – epa afp Haynes (1) – epa afp Honda (2) – epa afp Jane Rosenburg (1) – epa afp Jeff Haynes (1) – epa afp Kanter (5) – epa afp Keiser (1) – epa afp Kenare (1) – epa afp Keres (1) – epa afp Kleponis (1) – epa afp Kovarik (1) – epa afp Maury (1) – epa afp Mike Theiler (1) – epa afp Paul J. Richards (1) – epa afp Rajneesh Parihan (1) – epa afp Rhona Wise (1) – epa afp Richards (2) – epa afp Roberto Schmidt (1) – epa afp Rudisill (1) – epa afp Schmidt (1) – epa afp Scott Rovak (1) – epa afp Simon (1) – epa afp Sloan (1) – epa afp Tannen Maury (1) – epa afp Theiler (1) – epa afp Tim Sloan (2) – epa afp Tom Mihalek (1) – epa afp Weißes Haus (1) – epa afp Wise (1) – epa Anja Niedringhaus (1) – epa ansa Brambatti (1) – epa ansa Del Castillo (1) – epa belga Collet (1) – epa belga pirlet (1) – epa PA Fearn (2) – epa PA Fearn (1) – epa PA Ison (1) – epa PA Parsons (1) – epa Pool (1) – epa Stringer (1) – Paul Faith (1) – FBI (1) – Getty (2) – Getty Agam (3) (1) – Getty Brandt (3) – Getty Bronstein (1) – Getty Draper (1) – Getty Ellis (1) – Getty George De Sota (1) – Getty Handout (1) – Getty Hicks (1) – Getty IAl Rai Al Aam (1) – Getty Images (3) – Getty Images Jim Varhegyi (1) – Getty Images Joe Raedle (1) – Getty Jimenez (6) – Getty Kelly Price (1) – Getty Kirk (1) – Getty Matsui (1) – Getty Mecea (2) – Getty Platt (2) – Getty Surowiecki (2) – Getty Tama (8) – Getty Wilson (1) – Getty Wong (1) – globus (4) – John Gress (1) – Peer Grimm (3) – Ralf Hirschberger (1) – Stan Honda (4) – Chris Hondros (3) – Luke Hunt (1) – Ipol (2) – Ipol Babolcsay (1) – Ipol Bowe (1) – Ipol Lynch (1) – Michael Jung (1) – Beth A. Keiser (1) – Saeed Khan (2) – Wolfgang Kumm (4) – Wolfgang Langenstrassen (1) – Torsten Leukert (1) – David Maxwell (1) – Seth Mccallister (2) – Darren McCollester (1) – Kevin J. Mccormick (1) – Rabih Moghrabi (2) – Karim Mohsen (1) – Nasa Video (1) – Alexander Nemenov (2) – Lucy Nicholson (1) – Kay Nietfeld (1) – pid/afp/epa (1) – Stephanie Pilick (1) – Oscar Pipkin (1) – Spencer Platt (3) – Stefan Puchner (1) – Bilal Qabalan (1) – Joe Raedle (4) – Carsten Rehder (2) – Richards (1) – Michael Rieger (1) – Suhaila Sahmarani (1) – Eliot J. Schechter (1) – Shaul Schwarz (1) – Bernd Settnik (1) – Tim Sloan (1) – Sulley (1) – Justin Sullivan (1) – Mario Tama (2) – Gali Tibbon (1) – Ingo Wagner (1) – Bernd Weissbrod (1) – Mark Wilson (1) – Alex Wong (1) – Alexander Zemlianichenko (1) – Anna Zieminski (1).

Rüdiger Gärtner. Karten auf Seiten 351 und 362/363: Redaktion 4 GmbH, Hamburg.

Abbildungsnachweis Thementeil (ab Seite 390)

aisa, Barcelona (1); Associated Press GmbH, Frankfurt (3) – APTN (1) – Augstein (1) – Azim (1) – Bauer (2) – Bimmer (1) – Boujo (1) – Bradlow (1) – Brinon (1) – Burton (1) – Ernst (1) – Farrell (2) – ap – Hadebe (3) – Hana (1) – ICTY (1) – Kabolo (1) – Kammerer (1) – Knez (1) – Ligtenberg (1) – Lipchitz (1) – Mauer (1) – Meißner (3) – Metzel (1) – Morrison (1) – NASA (1) – Pajic (1) – Paris (1) – Petrovic (1) – Proepper (1) – Rumpenhorst (1) – Safar (1) – Sezer (2) – Stillwell (1) – Stringer (1) – Trovati (1) – Vranic (2) – Warshavsky (1) – Wolfson (1) – Zilwa (1); Boehringer Ingelheim GmbH, Ingelheim – Lennart Nilsson (1); Caro Fotoagentur, Berlin – Froese (2) – Jandke (1); Christoph & Friends, Essen (1); Cinetext Text- und Bildarchiv, Frankfurt (1); Colorific, London (1); Corbis-Bettmann, New York (2) – UPI (1); dpa, Frankfurt (5) – Abrams (1) – afp (2) – ANP (1) – Ansadpa/Bridges (1) – Aruri (1) – Awad (2) – Beck (1) – Benvenuti (1) – Berg (3) – Bernd (1) – Bureau (1) – Büttner (2) – Chirikov (1) – Dean (1) – Demir (2) – Elsner (1) – EPA (2) – epa afp Jantilal (1) – Giles (1) – Grimm (3) – Hellmann (1) – Honda (1) – Jansen (1) – Jaspersen (1) – Jensen (1) – Joe (2) – Kadobnov (1) – Kitamura (1) – Kluge (1) – Kluiters (1) – Kneffel (1) – Kolomoisky (1) – Lampen (1) – Lenz (1) – Link (1) – Multhaup (1) – Multhaup (1) – Nemenov (1) – Nietfeld (1) – Nureldine (1) – Oliverio (1) – Perrey (1) – Pilick (2) – Pipkin (1) – Pleul (1) – Ranze (1) – Reeh (1) – Schrader (1) – Settnik (3) – Tibbon (1) – Vranic (1) – Wagner (1) – Wieseler (1) – Zucchi (3); European Central Bank, Frankfurt (2); Jüdisches Museum (15); Daniel Libeskind, Berlin (1); NASA, Washington (1); Gerhard Noack, Steinheide Kartbahn (1); Panos Pictures, London (1); Reuters AG, Frankfurt – Dalder (1) – Winkler (1); Siemens AG, München (2); Sipa Press, Paris (4) – Alfred (1) – Andrew (1) – Kesler (1) – Meigneux (1) – Niko (1) – Trippett (1); Stadt Osnabrück (1); Stiftung Jüdisches Museum Berlin – Jens Ziehe (1); Stöß, Saarbrücken (1); Studio X, Limours.